湖州年鑑

譚建丞題

2018

湖 州 市 人 民 政 府　　主办
湖州年鉴编纂委员会　　编

方志出版社
Publishing House of Local Records

图书在版编目（CIP）数据

湖州年鉴．2018／湖州年鉴编纂委员会编．—北京：方志出版社，2018.9
ISBN 978-7-5144-3281-7

Ⅰ．①湖…　Ⅱ．①湖…　Ⅲ．①湖州—2018—年鉴
Ⅳ．①Z525.53

中国版本图书馆 CIP 数据核字（2018）第 219897 号

湖州年鉴（2018）

编　　者：湖州年鉴编纂委员会
责任编辑：顾　洁

出 版 人：冀祥德
出 版 者：方志出版社
地址　北京市朝阳区潘家园东里 9 号（国家方志馆 4 层）
邮编　100021
网址：http：//www.fzph.org
发　　行：方志出版社发行中心
电话（010）67110500
经　　销：各地新华书店
印　　刷：杭州余杭人民印刷有限公司

开　　本：787×1092　1/16
印　　张：28
字　　数：979 千字
版　　次：2018 年 9 月第 1 版　2018 年 9 月第 1 次印刷
印　　数：0001～1600 册

ISBN 978-7-5144-3281-7　　定价：150.00 元

4月27日，省委书记、省长车俊（左二）在湖州市安吉县调研

7 月 31 日，省委副书记、省长袁家军（前排左一）看望慰问驻湖州部队官兵

6月8日，市委书记陈伟俊（左三）深入中心城区街巷检查文明城市创建工作

11月7日，市委副书记、市长钱三雄（前排右二）赴湖州开发区、吴兴区实地调研新开工工业项目建设

3 月 4 日，新当选的八届市委常委会成员。从左至右为：范庆瑜、夏文星、干武东、陈浩、陈伟俊、钱三雄、高屹、崔凤军、梁雪冬、蔡旭昶

4 月 26 日，新当选的市八届人大常委会主任、副主任、秘书长。从左至右为：许学峰、张兰新、胡国荣、曹德平、胡菁菁、董立新、喻运鑫、沈志华、项乐民

4月26日，新当选的湖州市市长、副市长。从左至右为：卢跃东、杨六顺、李上葵、钱三雄、高屹、闵云、施根宝

4月25日，新当选的政协第八届湖州市委员会主席、副主席、秘书长。从左至右为：竺鸽、叶理中、钟鸣、方新旗、杨建新、李建平、魏明、高东、葛伟、钮建新

全国休闲农业和乡村旅游大会在安吉县召开

农业部部长韩长赋（前排左一）和省委副书记、省长车俊（前排左二）共同启动“中国美丽乡村休闲旅游行”活动

4月10日至11日，由农业部和浙江省人民政府共同主办的全国休闲农业和乡村旅游大会在安吉县召开。农业部部长韩长赋出席会议并讲话，省委副书记、省长车俊致辞，两人共同启动“中国美丽乡村休闲旅游行”活动。会议发布了《全国休闲农业和乡村旅游安吉倡议》，表彰了全国休闲农业与乡村旅游示范县和星级企业（园区）。

▼“中国美丽乡村休闲旅游行”启动仪式现场

全国生态文明建设现场推进会在安吉县召开

9月21日，全国生态文明建设现场推进会在安吉县召开。省委副书记、省长袁家军，环保部部长李干杰出席会议并讲话。会议播放了“两山”重要思想纪录片，向全国第一批13个“绿水青山就是金山银山”实践创新基地，第一批46个国家生态文明建设示范市、县授牌。

省委副书记、省长袁家军讲话

环保部部长李干杰讲话

推进会现场

1 月 11 日，全省小城镇环境综合整治工作现场会在德清县召开

4 月 5 日，全省推进工业设计发展工作现场会在湖州召开

8月14日，湖州市召开纪念“两山”（绿水青山就是金山银山）重要思想发表十二周年暨第三个“湖州生态文明日”活动座谈会

12月16日，由中国生态文明研究与促进会和湖州市人民政府联合主办的绿水青山就是金山银山湖州会议在湖州市召开

湖州市举办第二届国际乡村旅游大会

7月17日，由中国旅游协会、省旅游局和湖州市人民政府主办的第二届国际乡村旅游大会在湖州市安吉县开幕。全国政协常委邵琪伟，联合国世界旅游组织执行干事、亚太区主任徐京，亚太旅游协会副主席克里斯·伯特利等参加。副省长梁黎明宣布大会开幕。大会先后举行亚太湖州峰会，第二届国际乡村旅游联盟会暨《湖州市乡村旅游条例》研讨会等，并发布《国际乡村旅游湖州宣言》。

主持人白岩松主持开幕式

副省长梁黎明宣布大会开幕

开幕式现场

2017 湖商发展大会

市委书记陈伟俊（右一）向亚非集团创始人陆增祺（右二）颁发“湖商终身成就奖”

11 月 14 日，湖州市举办以“凝聚湖商力量，加快赶超发展”为主题的 2017 湖商发展大会。副省长梁黎明致辞，市委书记陈伟俊发表题为“共同谱写湖州未来发展的锦绣篇章”的演讲，市委副书记、市长钱三雄主持。科技部原部长朱丽兰、上海市政协原副主席谢丽娟、中国工程院院士高从堦、中国科学院院士沈树忠，在外湖商、到湖州投资企业代表和当地企业家 600 余人参加。

大会现场

6月1日，湖州市召开"中国制造2025"试点示范城市建设动员大会

7月31日，湖州市召开国家绿色金融改革创新试验区建设动员大会

10月29日，浙江生态文明干部学院在湖州市委党校挂牌成立

11月28日，中国·湖州太湖绿色金融小镇推介暨湖州绿色金融政策发布会在京举行

8月24日，湖州市举行第八届政产学研合作大会暨湖州科技城奠基仪式

10月27日，湖州市举行全市重点建设推进大会暨花漾年华绿色小镇等重大项目集中开（竣）工仪式

1月9日，湖州市方志馆举行开馆仪式。市委副书记、市长陈伟俊（左一）和省方志办主任潘捷军（左二）为方志馆揭牌

湖州市方志馆坐落于中心城区项王公园内的望湖楼

7 月 28 日，2017 湖州・深圳科技创新招商推介会在广东省深圳市举行

6 月 17 日，2017 浙江省足球超级联赛开幕式暨湖州奥体中心启用仪式在湖州奥体中心体育场举行

5 月 27 日，电视剧《青恋》开机仪式暨新闻发布会在德清县莫干山镇裸心谷举行

11 月 23 日，“浙江湖州桑基鱼塘系统”通过联合国粮农组织（FAO）评审，被认定为“全球重要农业文化遗产”（GIAHS）

6 月 25 日，湖州哈啦水乐园开园

6 月 26 日，湖州影视城项目一期民国影视基地建成并投入试运营

美丽乡村 湖州印象

长兴县泗安镇上泗安村

德清县乾元镇金火村

吴兴区妙西镇

安吉县孝丰镇溪南村

南浔区石淙镇石淙村杨树兜自然村

安吉县天荒坪镇余村村

长兴县洪桥镇陈家埭村

安吉县灵峰街道大竹园村

南太湖产业集聚区（长兴分区）计家滨村

南浔区菱湖镇勤劳村

德清县下渚湖街道上杨村

安吉县山川乡高家堂村

德清县阜溪街道民进村

吴兴区东林镇南山村

2017 年地区生产总值构成示意图

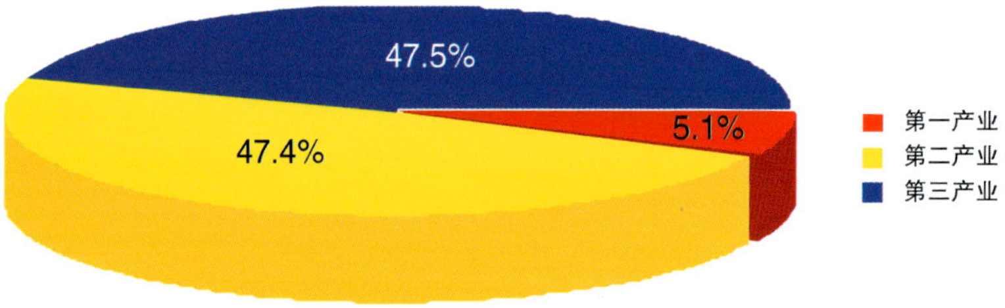

地区生产总值及增速示意图

单位：亿元　%

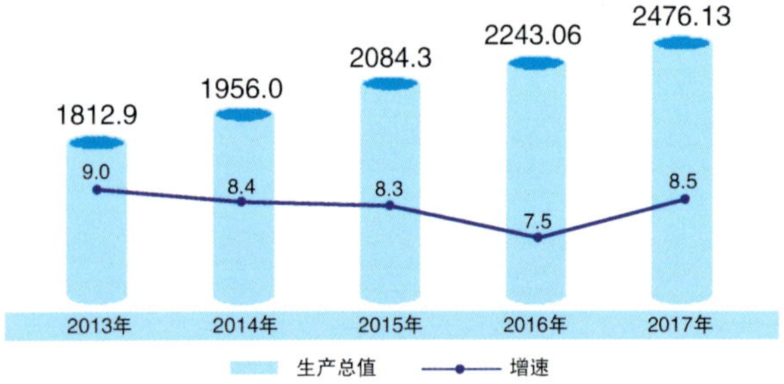

人均地区生产总值（按户籍人口）示意图

单位：元

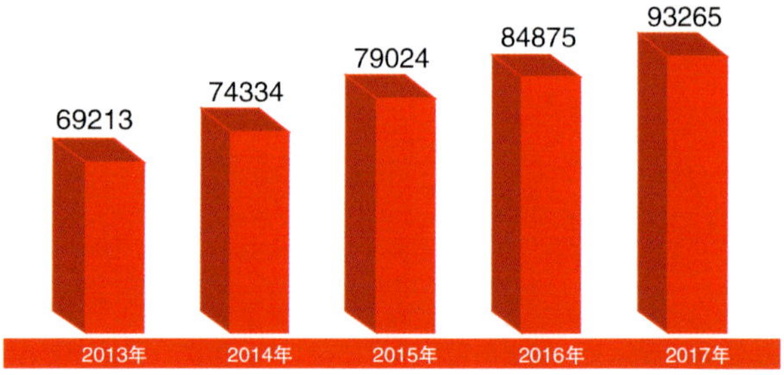

财政收入示意图

单位：亿元

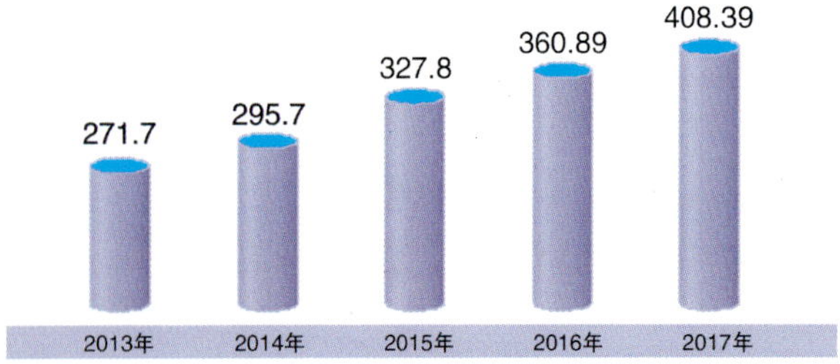

全社会固定资产投资总额示意图

单位：亿元

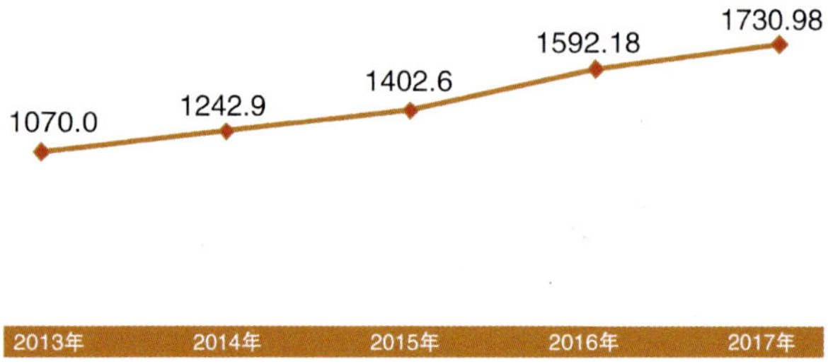

城镇居民人均可支配收入与农村居民人均可支配收入示意图

单位：元

实际利用外资示意图

单位：亿美元

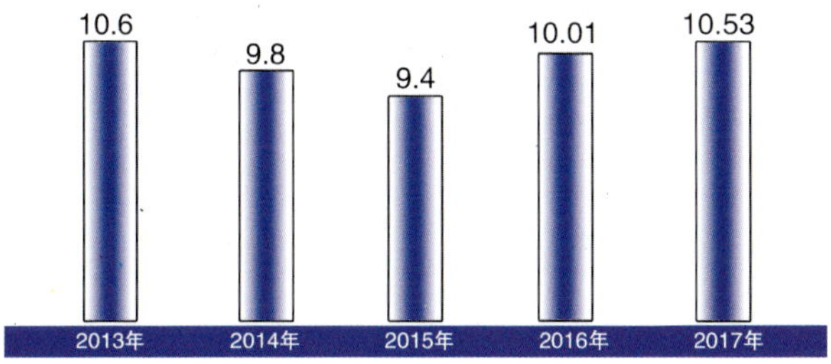

外贸出口额示意图

单位：亿美元

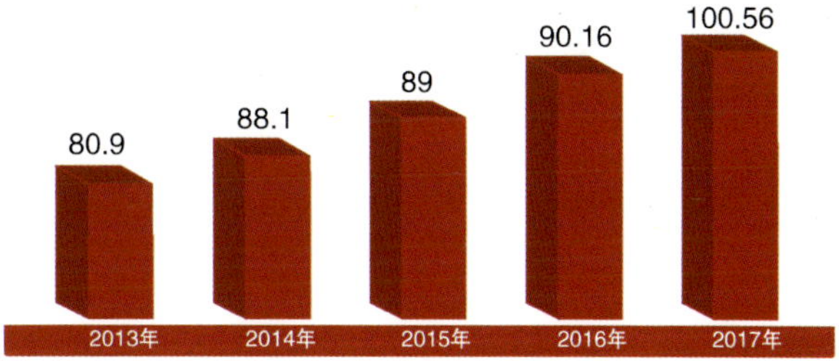

城乡居民人民币储蓄存款余额示意图

单位：亿元

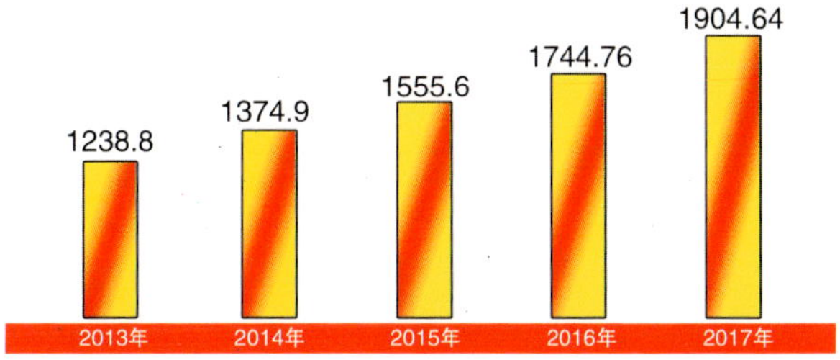

城镇单位在岗职工平均工资示意图

单位：元

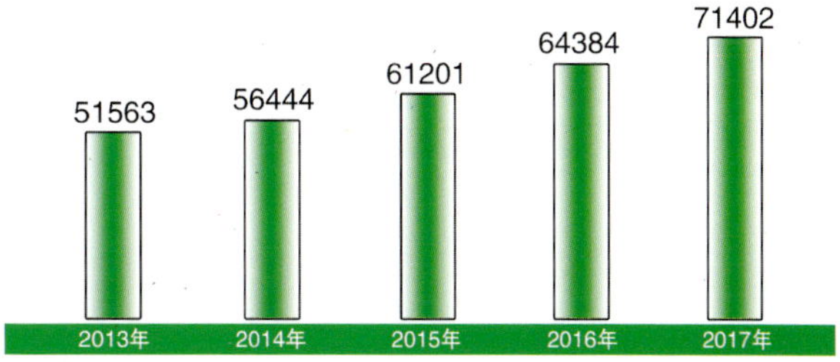

《湖州年鉴》编纂委员会

《湖州年鉴》主编　副主编

主　　　编：梅梓华　顾国良

常务副主编：张云峰

副　主　编：费新章　徐育雄　倪跃田　曹毅平

　　　　　　李红英　杜尉东

《湖州年鉴》编辑部

主　　任：杨洪权

副 主 任：潘　良　吴振振　陆林宝

县（区）编辑室主任：

吴兴区：邱丽佳　　南浔区：周光宇

德清县：应聿央　　长兴县：吴连意

安吉县：袁学平

编辑说明

一、《湖州年鉴（2018）》以马克思列宁主义、毛泽东思想、邓小平理论、“三个代表”重要思想和科学发展观、习近平新时代中国特色社会主义思想为指导，坚持辨证唯物主义和历史唯物主义的立场、观点和方法，旨在逐年全面、系统地记述湖州市行政区域中自然、政治、经济、文化、社会和生态文明建设等方面的情况，记载湖州市改革开放和现代化建设的历史进程。为宣传湖州、认识湖州、研究湖州、建设湖州提供服务。

二、《湖州年鉴（2018）》贯彻落实习近平总书记系列重要讲话精神和治国理政新理念、新思想和新战略，翔实地反映2017年全市人民在市委、市政府的领导下，认真贯彻落实中共十九大精神，坚定不移地践行“绿水青山就是金山银山”重要思想，全力争做“两山”理念的样板地、模范生。全面落实市委、市政府重大决策部署，在开展“新标杆、新业绩、新形象、新征程”为主题实践中迈出了新的步伐，取得了新的成绩，保持了经济社会持续健康发展。同时，还记载了湖州市在前进道路上遇到的新情况和新问题，使年鉴更好地为各级领导提供决策服务，为社会各界和海内外人士了解湖州提供信息资料。

三、《湖州年鉴（2018）》是《湖州年鉴》自1994年创刊以来连续出版的总第25卷，在编辑过程中，继续采用分类编辑法，保持卷首、百科、卷尾3个基本组成部分和类目、分目、条目3个层次的框架结构。卷首设特载、大事记和总述。百科部分设经济建设［包括农业、工业、服务业、邮政·电信、金融·保险、对外开放、开发（园）区、城乡建设与管理、交通运输、科学技术、财政·税收、经济管理与监督］，政治建设（包括党政群团、法治、地方军事、外事·侨务·台务·民族宗教），文化建设（包括文化、新闻出版·广播电视），社会建设（包括教育、社会保障·人力资源、民政、卫生计生·体育·生活），生态文明建设（包括生态文明等）以及县（区）6个大类目，23个小类目。卷尾设人物、统计资料、地方文件选编、名录。类目以下设分目，并以条目为记载资料的基本单位。类目和分目标题使用不同的字体、字号，条目标题一律以黑体字并加【　】号。

四、《湖州年鉴（2018）》内容按照年鉴编辑部的组稿意见和撰稿要求，由湖州市各有关部门、单位和各县（区）指定专人负责撰写并经主管领导审核，撰稿人姓名加括号列在条目后面。主要数据以湖州市统计局提供为准，保持了资料和数据的准确性和权威性。年鉴中凡使用“湖州市”“全市”，其范围包括德清县、长兴县、安吉县和吴兴区、南浔区，凡使用“湖州市区”“市本级”的，其范围包括吴兴区和南浔区。

目　录

特　载

大事记

总　述

经济建设

农　业

工　业

服务业

邮政 电信

金融 保险

对外与港澳台经济往来

开发（园）区

城乡建设与管理

交通运输

科学技术

财政　税收

经济管理与监督

政治建设

党政群团

法　　治

地方军事

外事　侨务　台务　民族宗教

文化建设

文　　化

新闻出版　广播电视

社会建设

教　　育

县（区）

人　　物

统计资料

地方文件选编

名 录

特　　载

在市委八届三次全体（扩大）会议暨经济工作会议上的报告

湖州市委书记　陈伟俊

（2018 年 1 月 2 日）

这次会议的主要任务是：深入学习贯彻党的十九大和中央经济工作会议精神，按照省第十四次党代会、省委十四届二次全会和省委经济工作会议的要求，认真总结市第八次党代会以来的工作，研究部署今年任务，审议通过《中共湖州市委关于高举习近平新时代中国特色社会主义思想伟大旗帜，奋力当好践行“两山”理念样板地模范生的决定》。

下面，我代表市委常委会向全会报告工作。

一、奋力谱新篇，顺利实现良好开局

市第八次党代会以来，新一届市委常委会在中央和省委的坚强领导下，坚持以习近平新时代中国特色社会主义思想为指导，团结带领全市人民奋勇拼搏、创新实干，朝着加快赶超、实现“两高”的奋斗目标迈出了坚实步伐。重点抓了八件大事：

一是认真组织学习宣传贯彻十九大精神。十九大召开前，我们深入学习贯彻习近平总书记“7·26”重要讲话精神，引导党员干部以优异成绩迎接十九大胜利召开。十九大召开后，我们按照“学懂、弄通、做实”的要求，通过召开全市领导干部会议、党校集中轮训、“进千村入万企大宣讲促赶超”专项调研等形式，深入学习宣传贯彻十九大精神，围绕加快赶超、实现“两高”的奋斗目标，部署了打造美丽湖州、现代经济、幸福民生、先进文化、民主法治、政治生态“六个新高地”的具体任务，引导党员干部立足新时代、践行新思想、续写新篇章。

二是圆满完成集中换届任务。我们认真贯彻中央和省委文件精神，科学制定人事方案，严明换届纪律，高质量完成市、县区换届工作。市党代会一结束，我们就以“新标杆新业绩新形象新征程”为主题，深化“两学一做”学习教育，召开市委第一次集体学习会。在安吉余村，我们重温总书记“绿水青山就是金山银山”的谆谆教诲；在南太湖畔，我们重温总书记“一定要把南太湖建设好”的重要指示；在南浔丝业会馆，我们再次体验近代湖商创造的辉煌；在仁皇山顶，我们细细品味湖州 4700 年文明史和 2300 多年建城史；在新四军苏浙军区纪念馆，我们重温入党誓词。通过回顾历史、启迪今天、展望未来，吹响了跑好接力赛、加快大赶超的进军号角，踏上了赶超发展的新征程。

三是高标准建设生态文明先行示范区。我们坚持奋力率先走向社会主义生态文明新时代的工作标准、生态立市优先战略的制度标准、生态文明效应最大化的检验标准，拉高标杆、精准施策，推动生态文明继续走在前列。成功举办全国生态文明建设现场推进会和“绿水青山就是金山银山”湖州会议，成为首批国家生态文明建设示范市和“两山”实践创新基地，跻身全国水生态文明城市，湖州的知名度、美誉度和影响力不断提高。特别是“两山”理念写入党章后，人民日报、中央电视台等主流媒体给予湖州全方位、多视角的报道，在国内外产生积极影响。

四是全力推动国家重大战略落地。在中央领导、国家有关部委和省委、省政府的重视关心下，我们成功获批“中国制造 2025”试点示范城市、国家绿色金融改革创新试验区两大国家级试点，标志着我市的绿色智造、绿色金融已经站在全国前沿，在绿色发展道路上作出了积极探索，有效提升了我市发展的战略能级，逐步形成了以“两山”理念为引领，以“中国制造 2025”试点示范城市、国家绿色金融改革创新试验区和国家全域旅游示范区、全国内河水运转型发展示范区为抓手的经济转型新格局。

五是成功创建全国文明城市。我们坚持“十五年磨一剑”，全城总动员、全民齐上阵，高频率部署、高标准推进、高水平迎检，以全国第七的优异成绩被命名为全国文明城市；同时，长兴县被命名为县级全国文明城市，安吉余村等6个村镇被命名为全国文明村镇，超威集团等5个单位被命名为全国文明单位，浙江信息工程学校被命名为全国文明校园，取得了市县镇村四级、政企村校等多个领域创建成功的可喜成绩，展示出湖州幸福宜居的新形象。

六是隆重举办湖商发展大会。我们把办好2017湖商发展大会，作为振兴实体经济、弘扬企业家精神的重大举措，精准定位、精心策划、精细保障、精彩宣传，办出了水平、办出了特色、办出了实效。我们向外界充分展示了湖州历史与现实交相辉映的独特韵味，充分展示了湖州改革开放以来取得的巨大成就，充分展示了“敢为人先、务实创新、义利并重、实业报国”的湖商精神，进一步点燃了广大湖商创业创新的蓬勃激情，汇聚起全社会建设家乡的强大合力。

七是扎实推进“最多跑一次”改革。我们坚持把“最多跑一次”改革作为撬动各领域改革的“牛鼻子”，大力推进服务窗口、服务平台、审批标准、网络数据“四个集成”，全面推行“一窗受理、集成服务”，“最多跑一次”和“零上门”事项覆盖率分别达到97.8%和59.0%；企业投资项目承诺报备制改革被列为省级试点，审批效率、服务质量和群众满意度明显提升，初步构筑起高效服务的新机制。

八是切实加强常委会自身建设。我们坚持“打铁必须自身硬”，向全市人民作出了“做到六个带头，争做六个表率”的庄严承诺，建立了下基层若干规定、“十联”等制度。召开市委八届二次全会，作出了《关于深入贯彻省第十四次党代会精神，扎实推进“新标杆新业绩新形象新征程”主题实践的决定》。加强思想政治建设，严守政治纪律和政治规矩，坚决维护习近平总书记核心地位和党中央集中统一领导。严格执行民主集中制，共同维护坚持党性原则基础上的团结。坚决贯彻落实中央和省、市委各项决策部署，破解发展难题，倾情造福群众。严格遵守党纪国法和规章制度，自觉接受各方面监督。通过市委常委会以上率下，推动全市上下呈现出忠诚干净担当的崭新风貌。

具体工作中，围绕统筹推进“五位一体”总体布局、协调推进“四个全面”战略布局在湖州的生动实践，主要抓了十个方面：

1. 坚持以“两山”理念为引领，着力建设生态文明。市委常委会认为，湖州作为总书记“两山”理念诞生地，肩负着当好样板地、模范生的重大使命。我们深入实施生态立市战略，既努力创造更多物质财富和精神财富满足人民日益增长的美好生活需要，又努力提供更多优质生态产品满足人民日益增长的优美生态环境需要。大力整治生态环境。以中央环保督察组来我市督察为契机，切实解决环境突出问题。督察期间转办的283件信访件，已整改落实228件，正在持续整改55件。全域推进治水剿劣，在全省第一批通过验收，县控监测断面Ⅲ类以上水质比例达到100%。深化大气污染防治，预计全年市区PM2.5平均浓度下降10.6%。巩固矿山整治成果，被列为全国绿色矿业发展示范区。大力创新生态制度。坚持立法、标准、制度“三位一体”，出台了《湖州市禁止销售燃放烟花爆竹规定》，发布了全国首部《生态文明标准体系编制指南》，制定了生态环境损害责任追究办法，实现了市、县区法院环境资源审判庭全覆盖。大力培育生态文化。广泛开展绿色细胞创建，在绿色学校、绿色家庭、绿色医院等15个领域出台创建标准，全省纪念第46个“世界环境日”主题宣传活动在我市举行。挂牌成立浙江生态文明干部学院，成为全国第一个以“生态文明”命名的干部学院。桑基鱼塘系统被列入全球重要农业文化遗产。大力发展生态旅游。推进国家全域旅游示范区建设，举办第二届国际乡村旅游大会和全国休闲农业与乡村旅游大会。全年接待国内外游客首次突破1亿人次、旅游总收入首次突破1000亿元。

2. 坚持以“六重”工作为抓手，着力加快经济转型。市委常委会认为，发展是第一要务，唯有高质量、高效益的发展，才能为实现“两高”奠定坚实基础。我们以供给侧结构性改革为主线，深入实施“六重”工作，建立并实施市领导协调推进重点产业“八个一”工作机制，推动经济稳中有进、稳中向好、稳中趋优。预计全年地区生产总值增长8.3%左右，固定资产投资增长15%以上。全年财政总收入和地方财政收入分别增长13.3%和15.2%。致力于谋大招强，深入“谋划大产业·招引大项目”，坚持引进来与走出去相结合，先后在北京、上海、深圳等地开展系列招商活动，新引进“大好高”项目162个，其中首期投资超10亿元项目15个，列入省“411”重大项目数量全省第一。致力于优化产业，明确每年安排25亿元财政资金推动两大国家级试点建设，建立235亿元的政府产业引导基金，加快构建“4+3+N”现代产业体系。去年1至11月，战略性新兴产业、装备制造业、高新技术产业增加值分别增长9.0%、14.3%和9.6%。预计全年全市规上工业增加值增长8.4%。农业现代化发展水平综合评价连续第4年位居全省首位。致力于做优平台，持续提升湖州开发区等3个国家级平台，加快建设长兴吕山等万亩大平台，南太湖绿色发展新区被纳入全省大湾区十大高能级平台。出台小微企业园建设管理“10条”，推动相关产业入园集聚发展。开展“五未”土地处置，消化批而未供土地1.74万亩，盘活存量建设用地1.37万亩。致力于振兴实体，出台企业上市“五年倍增行动”计划和支持企业上市挂牌“10条意见”，培育“金象金牛”大企业15家，完成“个转企”1400多家，新增上市公司7家，累计达到30家。整合出台新一轮降本减负政策，预计为企业减负60亿元以上。

3. 坚持以改革创新为引擎，着力增强内生动能。市委常委会认为，改革创新是推动赶超发展的“金钥匙”。我们始终把改革创新摆在突出位置，以改革促发展，以创新增活力。强化改革攻坚。扎实推进资源要素配置市场化改革，第二轮排污权交易实现企业全覆盖。公共资源交易监管体制机制改革基本完成，走在全省前列。出台市属国企改革发展政策，推动国有企业做大做强、国有资产保值增值。深化商事制度改革，共办理“多证合一”营业执照4.9万份。深化城乡体制改革，被列为全国唯一整市推进的基层农技推广体系改革创新试点市。强化创新驱动。围绕打造国家创新型城市，启动建设湖州科技城，出台支持众创空间发展“10条”，加快建设科技孵化器、众创空间等创新平台。新增国家重点扶持高新技术企业96家、省科技型企业363家、省级众创空间12家、省级企业研究院13家，国家知识产权强县强区实现全覆盖。强化人才集聚。举办“智汇湖州·助力赶超”南太湖精英峰会，全面推进地校合作工作，遴选资助领军型创新创业团队和人才项目211个，新入选“国家千人计划”人才13名、“国家万人计划”人才2名、“省千人计划”人才19名，入选省领军型创新创业团队数量居全省第一。连续四年被考核为全省人才工作优秀市。

4．坚持以均衡协调为方向，着力统筹城乡发展。市委常委会认为，新型城市化是实现现代化的必由之路。我们深入贯彻总书记“一定要把南太湖建设好”的重要指示精神，统筹建设美丽城市、美丽城镇、美丽乡村。围绕提升美丽城市，高起点抓好新一轮城市总体规划修编，高标准推进南太湖区域一体化开发，龙之梦、鑫远国际健康城、湖州影视城等重大项目进展顺利，金融小镇、花漾年华等项目积极实施，小梅山核心区块启动改造；深入开展城中村改造攻坚行动，圆满完成建设项目遗留问题“清零”，全市拆除城中村面积1050万平方米，腾出用地空间10.8万亩；加快城市有机更新，完成状元街、小西街等区块改造，奥体中心投入使用。围绕提升美丽城镇，以“一加强三整治”为抓手，以“8+X”项目为载体，全面铺开115个小城镇环境综合整治，项目开工率达到100%，投资完成率已达三年计划的65%。德清莫干山镇等3个小城镇通过省级验收。围绕提升美丽乡村，扎实推进市校合作第三轮“1381行动计划”，新建市级美丽乡村43个、精品村86个，7条示范带质量进一步提升，创建省级美丽示范乡镇8个、省级特色精品村27个、AAA景区村庄22个，35个村庄入选省级传统村落。166个农村生活污水治理提标改造村全部完成，新增受益农户2.07万户。

5．坚持以重大交通建设为支撑，着力扩大对外开放。市委常委会认为，赶超发展之路是扩大开放之路。我们坚持完善开放格局、拓展开放领域，努力提升开放发展水平。全面构建大交通。启动实施“五年千亿百项”综合交通大会战，沪苏湖高铁开工在即，商合杭高铁、申嘉湖高速西延加快推进，杭宁高速改扩建、杭州绕城高速西复线德清段启动建设，中心城市轨道交通等项目前期扎实开展。预计完成水利投资30亿元，太嘉河等四大水利工程基本建成。全市水运集装箱吞吐量达到35.4万标箱，增长71.5%。全面对接大战略。积极融入“一带一路”、长江经济带和全省大湾区大花园大通道大都市区以及宁杭生态经济发展带建设，预计浙（湖）商回归省外到位资金490亿元，完成年度任务的158%；实到外资10.5亿美元。全面推进大合作。加快建设各类国际产业合作园，拓展对外贸易，预计外贸进出口增长14%。组织党政代表团赴杭州、南京、宣城等地学习考察，推进与丽水市“山海协作”和与吉林白山市对口合作，统筹做好援疆、援藏、援青、援川等工作。

6．坚持以文明创建为龙头，着力发展先进文化。市委常委会认为，文化是城市的灵魂，文化自信是城市发展最基本、最深沉、最持久的力量。我们坚持以先进文化感染人、激励人、塑造人，推动社会主义核心价值观落细落小落实。切实加强宣传思想工作。严格落实意识形态工作责任制，建立责任清单，开展综合督查，层层压实主体责任。加强高校思想政治工作，开展“净化网上舆论环境专项整治”，依法管理意识形态阵地，牢牢掌握领导权、主导权、话语权。精心组织各类重大主题宣传，唱响了主流舆论好声音，汇聚了网上网下正能量。不断提高全社会文明程度。深入实施城市品质提升工程，整治老旧小区191个、主次干道104条、农贸市场69家，中心城区新增停车泊位1.4万余个。深入实施市民素质提升工程，深化“四大”最美系列创评，2人荣获浙江省道德模范称号，2人入选“中国好人榜”。今年的全国文明城市创建攻坚，全市共有70多万人次的志愿者走上街头、服务社会，“红帽子”“红马甲”“红袖标”成为一道靓丽风景。大力发展文化事业和文化产业。加快构建现代公共文化服务体系，开展基层文化活动2000多场。深化基层“六文”阵地建设，新建文化礼堂60家。加快发展文化创意、影视传媒等文化产业，在我市拍摄的电视剧《青恋》十九大期间在央视一套播出，引起热烈反响；歌曲《绿水青山》等五部作品荣获浙江省第十三届精神文明建设“五个一工程”奖。去年前三季度，全市文化产业增加值105.9亿元。

7．坚持以发展社会主义民主政治为要求，着力增进安定团结。市委常委会认为，中国特色社会主义政治发展道路，是坚持党的本质属性、践行党的根本宗旨的必然要求。我们坚持党的领导、人民当家做主和依法治市有机统一，不断巩固发展生动活泼、安定团结的政治局面。保证人大依法行使职权。推行市人代会票决民生实事项目。召开市八届人大二次会议，依法选举产生我市出席省第十三次人代会代表。召开全市立法工作会议，发挥市人大立法主导作用。支持人大围绕落实食品安全法、治水剿劣等开展专项监督。重视发挥协商民主重要作用。支持市政协围绕建设“中国制造2025”试点示范城市、“最多跑一次”改革等工作，开展市委书记、市长与政协委员“面对面”协商；围绕建设湖州科技城、做实政府产业基金等问题开展民主监督。深化法治湖州建设。启动实施“七五”普法，深化司法体制改革，加强党内规范性文件备案审查，在全省率先成立行政争议调解中心，省对市领导班子法治实绩考核成绩居全省首位。进一步推动大团结大联合。支持各民主党派、工商联和无党派人士积极建言献策，办好非公企业家圆桌会议，统筹做好各领域统战工作。推进群团改革，促进群团组织建功立业。加强党管武装工作，召开议军会议，支持部队建设和军队改革，深化双拥共建和国防动员。完成市政府咨询委换届。

8．坚持以百姓增收致富为目标，着力改善民生福祉。市委常委会认为，增进民生福祉是一切工作的出发点和落脚点。我们牢固树立以人民为中心的发展思想，切实解决事关群众利益的重点热点问题。去年1至11月，全市民生支出208.6亿元，增长12.1%。预计全年城乡居民人均可支配收入分别增长8.5%左右和9%以上。大力推进创业就业。出台促进大学生创业就业双“10条”，扶持创业2900多人。实施重点人群精细化就业援助，新增城镇就业9万人。健全完善保障体系。深入实施全民参保计划，基本养老和基本医疗保险参保率分别达到89.0%、99.0%。统筹推进危旧房改造，棚户区改造新开工1.95万套、竣工3.15万套。加快发展社会事业。坚持教育优先发展，学前教育“安吉游戏”模式推广覆盖面达到50%，义务教育标准化学校覆盖率达95%，滨湖高中启动前期工作。深化公立医院综合改革和分级诊疗制度改革，扎实推进浙北医学中心、市第一人民医院、市中医院等项目迁建、改建。第十六届省运会承办筹备进展有序。

9．坚持以防范风险为重点，着力创新社会治理。市委常委会认为，稳定压倒一切。我们主动防范化解各类风险，圆满完成党的十九大、“一带一路”高峰论坛、省第十四次党代会、第四届世界互联网大会等重大安保任务，为改革发展创造了稳定环境。切实保障公共安全。坚持20多年不放弃，成功破获织里晟舍“1995年11月29日”特大抢劫杀人案和南浔练市“1998年8月28日”抢劫杀人案。推进安全生产隐患大排查大整治，集中开展环境安全大检查，全市重大刑事案件、交通事故、火灾事故发生数同比下降31.4%、13.4%、10.7%。切实加强源头治理。全面建成县区矛盾纠纷多元化解中心，统筹做好涉军群体、三峡移民等重点人员的教育、疏导和稳控，持续加强信访维稳工作。推动社会治理重心下移，乡镇(街道)“四个平台”基本建成。切实维护市场秩序。出台稳定房地产市场“新10条”，促进房地产市场平稳健康发展。加强政府债务管理，控制规模，减少存量。开展互联网金融、非法集资、恶意逃废债专项整治，加强涉企风险防范，优化金融生态环境。截至去年11月底，全市银行贷款余额3262亿元、存款余额4053亿元，分别增长19.5%、14.0%，增幅均居全省第1位；直接融资606.5亿元，完成年度目标的121.3%；全市银行不良贷款率为1.05%，低于全省平均0.7个百分点，资产优良率居全省第3位。

10．坚持以管党治党为保障，着力加强党的建设。市委常委会认为，坚持党要管党、从严治党，是我们党永葆生机和活力的根本保证。我们严格履行主体责任，推动全面从严治党向纵深发展。加强思想政治建设。扎实推进“两学一做”学习教育常态化制度化，深入开展“党性党纪教育一刻钟”活动，引导党员干部自觉增强“四个意识”、坚定“四个自信”，不断厚植良好政治生态的土壤。加强干部队伍建设。抓住换届契机，选优配强各级领导班子，组织提名人选全部高票当选，进一步换出了凝聚力、向心力、战斗力。深入推进“四新”主题实践，创设市级部门“百姓考场”，开展县区“互学互比互看”、乡镇（街道）双月主题交流比拼，实现村社干部集中办公，推动各级干部比学赶超、奋勇争先。强化干部教育、监督和管理，培训县处级干部1300多人次，选派近2000名年轻干部参与中心工作。探索建立容错纠错机制，引导干部担当干事。统筹做好老干部工作，老年大学迁建顺利推进。加强基层组织建设。突出政治功能，深化“整乡推进、整县提升”，完成2185名村社主职干部全员轮训，成立了两新组织“红领学院”，全省主题党日、特色小镇党建两个现场会在我市召开。狠抓软弱落后村整转，年经常性收入15万元以下的欠发达村全部“摘帽”。加强纪律作风建设。制定实施建设清廉湖州和清廉乡村两个意见。深入推进监察体制改革试点工作。坚持把纪律挺在前面，驰而不息纠正“四风”，严肃整治群众身边腐败问题，查处违反中央八项规定精神问题37起52人、处分40人。围绕扶贫等民生重点补助资金开展巡回执纪监督，检查扶贫资金项目129个。出台五年巡察工作规划，完成对12家市直单位的政治巡察。充分运用监督执纪“四种形态”，落实函询谈话、组织处理、纪律处分等措施，加大审查调查力度。全年给予党纪政务处分750人，其中科级以上干部60人。

同志们，以上是市第八次党代会以来的主要工作。这些工作的开展和成绩的取得，是党中央和省委坚强领导的结果，是全市广大党员干部奋力拼搏的结果，凝聚了在座同志们的心血和汗水。在此，我代表市委常委会，向大家表示衷心的感谢！

回顾一年来的奋斗历程，我们既实现了改革发展的稳转好进，又厚植了蓄势蝶变的强大后劲；既开创了赶超发展的崭新局面，又奠定了实现五年目标的坚实基础；既取得了丰硕的发展成果，又收获了宝贵的经验启示。我们深深体会到：一是只有紧跟核心，才能提高政治能力。舟行万里，操之在舵。我们必须坚定不移地维护核心、忠贞不渝地紧跟领袖，确保各项工作始终沿着正确的政治方向前进。二是只有联系实际，才能提高谋划能力。成事之要，贵在求实。我们必须从实际出发谋划事业，使点子、政策、方案符合实际，符合客观规律，符合科学精神，真正做到能实施、能操作、能落地。三是只有抓牢重点，才能提高推动能力。纲举才能目张。我们必须突出主要矛盾和矛盾的主要方面，既要学会“弹钢琴”，更要抓关键、抓要害，以点带面、推动全局。四是只有传承创新，才能提高改革能力。传承启迪智慧，创新引领未来。我们必须把传承创新贯穿于工作始终，既要坚持一张蓝图绘到底，又要在实践中完善战略、丰富战术，不断提高工作水平。五是只有充满激情，才能提高执行能力。激情体现担当、成就事业。我们必须以坚定的信心、饱满的热情、昂扬的斗志、顽强的作风来抓发展、促赶超，努力闯出一片新天地。六是只有同心同德，才能提高干事能力。上下同心，其利断金。我们必须调动各方面的积极性、主动性、创造性，心往一处想、劲往一处使，不断推动形成心齐、气顺、劲足、实干的生动局面。实践证明，这些经验做法是弥足珍贵的，必须一如既往地坚持弘扬、创新完善。

在总结工作的同时，市委常委会深刻分析了改革发展中存在的问题和不足。我们清醒地看到，当前湖州发展中不平衡不充分的问题尚未解决，特别是综合实力还不够强、质量效益还不够高、新旧动能转换还不够快，单位能耗高、亩均产出低还是突出短板，地方政府债务问题必须下力气解决；一些重大改革试点才刚刚破题，有些改革红利还未充分释放；环境质量持续向好的基础还需进一步夯实，污染防治和生态建设需要持续加力；影响平安稳定的风险点依然不少；推动中央八项规定精神风化俗成还需要不懈努力，等等。对于这些问题，我们一定高度重视，在今后的工作中努力加以解决。

二、践行新思想，准确把握形势要求

今年是贯彻党的十九大精神的开局之年，是改革开放40周年，是决胜高水平全面建成小康社会、实施“十三五”规划承上启下的关键一年。做好今年工作，首先是要坚持以习近平新时代中国特色社会主义思想为指导，深刻理解党的十九大和中央、省委经济工作会议作出的重大判断，准确把握改革发展的“形”与“势”，不断提高工作的针对性、精准性、实效性。市委常委会认为，当前湖州最大的“形”与“势”，就是处在重大战略机遇期、经济走势上扬期、高端要素加速集聚期。我们要充分看到：

一是宏观利好的组合效应正在不断显现。习近平总书记指出，“十三五”时期，是我国发展仍处于可以大有作为的重要战略机遇期。十九大报告又指出，我国发展仍处于重要战略机遇期，前景十分光明。这是中央对今后一个时期发展大势的深刻把握和精准判断。对于湖州来说，随着十九大精神的深入学习贯彻，将为我们提供更好的政治环境；随着改革开放新阶段的到来，将为我们提供更好的社会环境；随着习近平总书记“两山”理念的深入践行，将为我们提供更好的发展环境；随着省委“四个强省”“六个浙江”的深入推进，将为我们提供更好的工作环境。对此，我们一定要抢抓机遇、因势利导、主动作为。

二是赶超发展的蝶变效应正在加速形成。习近平总书记指出，新常态下我国经济增长动力结构，既不同于原来快速释放后发优势阶段的模式，也不同于欧美经济体主要靠创新驱动和消费主导的模式，而是介于二者之间的过渡模式。这几年，我们主动适应经济新常态、贯彻新发展理念，统筹推进“六重”工作，经济发展稳的基础更加巩固、进的动力更加强劲、好的态势更加明显。近五年，全市地区生产总值年均增长8.6%，高于全省平均0.7个百分点。特别是产业、平台、项目、工程齐头并进，一批超五十亿、超百亿项目落户湖州，战略性新兴产业、装备制造业、高新技术产业增加值增幅普遍快于面上，休闲旅游、信息经济、健康养生等新兴产业发展势头强劲，当前的湖州已经进入转向高质量发展的关键阶段，正处在“破茧成蝶、振翅而飞”的重要时期，并朝着赶超的目标加速迈进。对此，我们一定要满怀信心、乘势而上、不断突破。

三是竞争优势的叠加效应正在持续累积。在经济全球化背景下，国家之间、区域之间的竞争，越来越表现为高端要素之间的竞争。这几年，我们湖州的文化、区位、生态、交通优势叠加，均衡、和谐、滨湖、美丽特质彰显。特别是我们的“两山”转化之路持续拓宽，生态环境不断改善；我们的国家级重大试点持续落地，发展能级不断提升；我们的现代交通体系持续完善，区域枢纽地位不断凸显；我们的重大平台持续优化，项目承载能力不断增强；我们的“最多跑一次”改革持续推进，服务效能优势不断显现；我们的房价、地价持续稳定在相对的低位，居住成本、创业成本优势日益明显。这些都使湖州正在逐步成为各类高端要素的向往之地、聚集之地、成功之地，这几年我们在引进优质项目、高端人才、绿色金融、战略资本等方面不断取得新突破，并继续朝着好的方向发展。对此，我们一定要广聚动能、争先晋位、加快赶超。

基于以上形势的分析判断，我们做好今年工作的指导思想是：高举习近平新时代中国特色社会主义思想伟大旗帜，全面贯彻党的十九大和中央经济工作会议精神，坚决落实省第十四次党代会、省委十四届二次全会和省委经济工作会议决策部署，坚持稳中求进工作总基调，坚持新发展理念，紧扣社会主要矛盾变化，按照高质量发展的要求，坚定不移沿着“八八战略”指引的路子走下去，坚定不移践行习近平总书记“绿水青山就是金山银山”理念和“一定要把南太湖建设好”的重要指示精神，坚定不移一张蓝图绘到底，大力弘扬红船精神、浙江精神，持续深化“四新”主题实践，以供给侧结构性改革为主线，打好防范化解重大风险、低收入百姓增收、污染防治三大攻坚战，统筹推进稳增长、促改革、调结构、惠民生、防风险各项工作，扎实推进全省“两个高水平”建设在湖州的生动实践，奋力当好践行“两山”理念的样板地、模范生，为加快赶超、实现“两高”奠定更加坚实的基础。

根据中央和省委部署要求，今年我们要把推动高质量发展作为主题，牢牢把握理念转换这个前提基础、动能转换这个根本路径、结构转换这个主攻方向、效率转换这个关键所在、环境转换这个重要保障，正确处理好稳和进的关系、破和立的关系、实体和虚拟的关系、即期和长远的关系、发展和惠民的关系，全面推进湖州发展的高质量、加速度、均衡性、可持续。今年的主要预期目标是：全市生产总值增长8%以上；居民消费价格涨幅3%左右，城乡居民收入增长与经济增长基本同步；城镇新增就业6.5万人，城镇登记失业率控制在3.5%以内；外贸出口保持稳定增长，继续提升占省份额；全员劳动生产率增长8%左右，R&D经费占比达到2.70%；单位生产总值能耗和污染排放量按省下达目标完成。上述安排是经过充分考虑的，主要是更加注重劳动效率、资源效率、环境效率和科技贡献率，更加强调质量结构效益和分配。各县区要科学制定工作目标和举措，努力为加快赶超、实现“两高”多做贡献。

围绕上述指导思想和预期目标，今年工作中我们要坚持“八个为先”的基本原则：一要坚持高举旗帜、方向为先。深入践行习近平新时代中国特色社会主义思想，坚决向以习近平同志为核心的党中央看齐、向党的理论和路线方针政策看齐、向党中央决策部署看齐。二要坚持“两山”引领、保护为先。全面贯彻坚持人与自然和谐共生的基本方略，进一步把整个湖州大地作为一个生态产品、生态作品来塑造，打造领跑全国的绿色发展高地，奋力率先走向社会主义生态文明新时代。三要坚持质量第一、效益为先。以供给侧结构性改革为主线，以“六重”工作为抓手，以推动互联网、大数据、人工智能和实体经济深度融合为方向，以调整优化能源结构、降低单位能耗、提高亩均产出为重要着力点，不断改造旧动能、培育新动能，推动发展质量变革、效率变革、动力变革，加快建设现代化经济体系。四要坚持改革创新、活力为先。切实以改革的办法破解发展难题，以创新的举措打开增长之锁，促进改革与创新“双轮驱动”、同向发力，让全社会创业创新的活力竞相迸发、充分涌流，不断增强经济创新力和竞争力。五要坚持扩大开放、融合为先。把湖州放在长三角一体化发展的大格局中来审视，以更加主动有为的姿态融入“一带一路”、长江经济带等国家战略，对接大湾区大花园大通道大都市区和宁杭生态经济发展带建设，深度做好接轨沪杭、联通苏皖的文章，充分发挥好桥头堡作用。六要坚持民生为本、均衡为先。牢固树立以人民为中心的发展思想，围绕解决人民日益增长的美好生活需要和不平衡不充分的发展之间的矛盾，既尽力而为，又量力而行，在发展中补齐民生短板，使人民群众的获得感、幸福感、安全感更加充实、更有保障、更可持续。七要坚持平安底线、治理为先。深化平安湖州、法治湖州建设，深入推进社会治理创新，全面提升社会治理的社会化、法治化、智能化、专业化水平。八要坚持从严治党、保障为先。坚决贯彻落实新时代党的建设总要求，以政治建设为本、以思想建设为魂、以组织建设为体、以作风建设为形、以纪律建设为尺、以制度建设为矩，不断提升管党治党水平，为全市改革发展稳定各项事业提供坚强政治保证。

三、聚焦高质量，不断创造优秀业绩

新时代开启高质量发展新征程。做好今年工作，我们要把推动高质量发展的根本要求贯穿始终，围绕加快赶超、实现“两高”的奋斗目标，紧扣打造“六个新高地”的具体任务，坚持“民意导向、问题导向、改革导向、落实导向、绩效导向”，既注重工作过程，又注重工作结果，更注重工作效果，全力推动中央和省、市委决策部署落地生根、结出硕果。重点要抓好六个方面：

1. 建设更新境界的生态文明。我们要按照省委提出的开辟绿水青山就是金山银山新境界的要求，在更高起点上深入践行“两山”理念，努力扛起更大的责任、确立更高的标准、赋予更新的内涵、探索更多的实践，积极争创全国践行“两山”理念先行示范区。一要以“统筹治理”为基础，进一步创优美丽环境。坚持像对待生命一样对待生态环境，统筹“山水林田湖草”系统治理，持续坚决整改落实中央环保督察组的反馈意见，打好治水治气治矿治土治固废等攻坚战，健全长效机制，持久抓、抓持久，彻底治、治彻底，不断优化宁静、和谐、美丽的自然生态。大力倡导简约适度、绿色低碳的生活方式，广泛开展创建绿色机关、绿色家庭、绿色学校、绿色社区和绿色出行等行动，发挥文化的熏陶、教化、激励作用，真正让美丽成为习惯、让生态成为时尚。二要以“三美”同步为支撑，进一步创靓美丽城市。围绕提升城市品质，深化“多规合一”，继续推进城中村改造攻坚，抓好中心城市有机更新和新区开发建设。统筹滨湖区域一体开发，整治提升小梅山核心区块，进一步扮靓南太湖65公里黄金岸线，努力打造“滨湖新区、产业高地、生态典范、幸福乐园”。全面推进115个小城镇环境综合整治，完成50个以上小城镇整治验收。按照产业兴旺、生态宜居、乡风文明、治理有效、生活富裕的总要求，着力打造实施乡村振兴战略先行示范区，大力推进村庄景区化，高标准抓好美丽乡村示范带、精致镇、美丽村、样本户建设，力争市级美丽乡村基本实现全覆盖，使点上更加出彩、带上更有风情、片区更有特色、面上更加美丽。坚持以绿色产业为基础，以美丽建设为载体，进一步推动绿色发展和全域旅游。三要以“三位一体”为保障，进一步创造美丽经验。统筹抓好生态文明立法、标准、制度建设，出台美丽乡村建设管理条例、文明行为促进条例等地方性法规，深化自然资源资产产权和有偿使用制度改革，努力使我们制定的标准、建立的机制、探索的模式继续引领全国。

2. 建设更有效益的现代经济。我们要按照贯彻新发展理念、建设现代化经济体系的要求，坚持工业强市、产业兴市不动摇，增强消费对经济发展的基础性作用，发挥投资对优化供给结构的关键性作用，加快构筑实体经济、科技创新、现代金融、人力资源协同发展的“4+3+N”现代产业体系。一要深入实施重大战略。紧扣绿色发展这一主题、助推赶超这一目标、领先领跑这一标准、形成经验这一任务，扎实推进“中国制造2025”试点示范城市、国家绿色金融改革创新试验区以及国家全域旅游示范区、全国内河水运转型发展示范区等重大试点，努力取得推动经济转型的“乘数”效应。前不久，国务院下发了《关于创建“中国制造2025”国家级示范区的通知》，相关部门要加强对接，争取早日升格，变“试点示范城市”为“示范区”。二要着力调优产业结构。坚持和完善重点产业“八个一”工作机制，大力建设产业创新服务综合体，扎实推进“互联网+”“大数据+”“机器人+”“标准化+”“品牌+”，发展壮大战略性新兴产业，改造提升传统优势产业，推动产业向“高”、“新”方向加速升级。特别是要坚持以新技术、新业态、新产品、新模式为重点，抢抓数字经济变革的时间窗口，加快构筑数字经济基础设施和创新平台，着力打造以数字经济为核心、以新经济为引领的现代经济新高地。今年，要高水平承办世界地理信息大会。同时，我们要大力发展现代物流、研发设计、金融保险等生产性服务业，提升发展休闲旅游、餐饮娱乐、商贸流通等生活性服务业，加快发展电子商务、文化创意、健康养生等新兴服务业，促进服务业提档升级。要突出休闲农业发展新引擎，积极创新“全产业链”模式；深入推进现代农业园区和粮食生产功能区建设，加快培育一批家庭农场、农民合作社和农业龙头企业，提升新农业农村经济发展水平。三要精准推进项目招引。坚持招商引资“一把手”工程，精准推进谋大招大，完善招商机制，健全考核办法，注重实际效果，力争在引进旗舰式、支撑型、引领性的“大好高”项目上不断取得新突破。以打造特色创新集群和提升土地产出率、资源循环利用率、智能制造普及率“一打造三提升”为目标，推进各类开发区、集聚区和工业平台向集成产业功能、生态功能和制度创新功能的现代产业园区转型，加快建设南太湖绿色发展新区。四要大力发展实体经济。坚持精准发力、综合用力、持续加力、政企合力，打好政府引导搭台、企业主体运作、深度开放合作、推进股改上市、资源政策保障等组合拳，分类实施凤凰行动、小巨人培育行动和小微企业提质行动，促进实体经济做大做强，进一步推动形成“金象金牛”等大企业“顶天立地”、高技术高成长性中小企业“铺天盖地”的喜人局面。充分运用2017湖商发展大会成果，持续放大后续效应，引导海内外湖商把更多更好的项目建在湖州，把更多优秀的人才引回湖州，把更多优质的资本技术投向湖州。认真落实降成本、减负担的各项政策措施，及时为企业排忧解难，促进企业持续健康发展。五要不断深化改革创新。深入推进“最多跑一次”改革，深化企业投资项目承诺报备制改革，打破信息孤岛，推进数据共享，实现事项全面覆盖、投资审批过程全面覆盖、流程全面优化、乡镇（街道）全面延伸，不断提升审批效率、优化营商环境。统筹推进资源要素配置市场化、国资国企、农业农村、投融资等各领域改革，推动改革释放更多红利。全面推行德清县“标准地”改革试点经验，带着能耗、环境、建设、亩产等标准出让建设用地，用市场选择项目、引进项目。以争创国家创新型城市为载体，在更高起点上打造创新平台、培育创新主体、集聚创新要素，着力破解技术交易和成果转化的瓶颈，让创新链与产业链深度紧密对接。尤其是要全力建设科技城和国家级开发区、高新区，以超常规的举措引进一流的实验室、一流的大学生以及一流的创新人才，为创新发展提供源源不断的智力支撑。六要持续扩大对外开放。坚持走出去与引进来并重，深化跨境电商综合试验区和各类国际产业合作园建设，加快创建湖州保税物流中心，推动出口产品结构和贸易主体结构“双优化”，提高外向型经济发展水平。围绕建好货畅四海之路，持续打好“五年千亿百项”综合交通大会战，加快启动建设沪苏湖高铁，商合杭高铁力争2019年建成，全面推进申嘉湖高速西延、杭州绕城高速西复线德清段、杭宁高速改扩建等工程，尽快做到每个县区都通高铁、都有两条以上高速公路，努力实现与上海、杭州、南京等重要城市的同城发展。

3. 建设更加幸福的民生家园。我们要坚持把人民利益摆在至高无上的地位，做到群众想什么我们就干什么，不断满足人民日益增长的美好生活需要，推动民生福祉更加均衡、优质、普惠。一要做深富民的文章。实施更加积极的就业政策，进一步完善创业扶持机制。健全科学的工资水平决定机制、正常增长机制和支付保障机制，因地制宜发展高端民宿、农村电商等富民经济，拓宽居民经营性、财产性收入渠道，促进城乡居民特别是农村居民持续普遍增收。建好管好护好运营好农村公路，为广大农民增收致富提供更好保障。实施新一轮促进低收入农户增收行动，把扶贫与扶志、扶智结合起来，做到精准识别、精准帮扶、精准脱贫。二要做深惠民的文章。围绕推动幼有所育、学有所教、劳有所得、病有所医、老有所养、住有所居、弱有所扶不断取得新进展，持续办好民生实事，健全社会保障体系，加快发展教育、医疗卫生等社会事业。重点要优化调整市属普通高中布局，有序推进中小学教师“县管校聘”管理体制改革，提高各类教育办学质量。优化医疗资源布局，深化公立医院改革，抓好医联体、智慧医疗建设，加快推进浙北医学中心、市第一人民医院、市中医院等项目迁建、改建工作，争创健康中国示范区。同时，要扎实推进慈善、救助、养老等工作。高水平承办好第十六届省运会。三要做深安民的文章。深入排查分析，有效防范和化解金融风险、地方政府债务风险、房地产市场风险，稳定发展的基本面。坚持“防为主、防为上”，打造全方位、立体化、信息化社会治安防控体系升级版，依法严厉打击违法犯罪，有效化解矛盾纠纷，加强安全生产监管，做到“大事不出、小事少出”，在确保实现平安湖州“十一连冠”的基础上，冲刺“十二连冠夺金鼎”。深化乡镇（街道）“四个平台”建设，更好发挥平台在基层治理中的作用。

4. 建设更高水平的文明城市。我们要牢固树立文明创建永远在路上的强烈意识，在实践中完善，在完善中提升，巩固创建成果，推动德清、安吉加快创建，持续改善发展软环境，提升发展软实力。一要以核心价值引领意识形态。充分发挥社会主义核心价值观对公民教育、精神文明创建、精神文化产品创作传播的引领作用，进一步推动转化为人们的情感认同和行为习惯。加强高校思想政治工作和中小学德育工作，有效引导和管控社会舆论，不断巩固马克思主义在意识形态领域的指导地位、巩固人民群众团结奋斗的共同思想基础。尤其是要把互联网作为意识形态斗争的主战场，依法加强管控，让网络空间越来越清朗。二要以精细管理提升城市品质。落实中心城区精细化管理的《实施意见》，重点抓好危旧房改造、城市防涝、解决停车难、小区管理、垃圾分类处置、“厕所革命”等工作，努力补齐影响群众生活质量的突出短板。加强市容市貌治理，坚决防止一些区域环境“脏乱差”的问题反弹回潮。加快智慧城市建设，提高城市管理的智能化、信息化水平。三要以先进文化滋养思想道德。以提高全社会的思想觉悟、道德水准、文明素养为重点，广泛开展中国特色社会主义和中国梦教育，深化“四美”系列创评，推进社会公德、职业道德、家庭美德、个人品德建设，推动最美现象由“风景”变成“风尚”。扎实推进“小城镇文明行动”，提升农村精神文明建设水平。坚持社会效益和经济效益相统一，深化文化体制改革，大力发展先进文化产业和文化事业，扶持发展一批具有较强竞争力的文化龙头企业和文化产业园区，推动湖笔、丝绸、茶叶等具有湖州特色的文化产业发展。深入实施文化惠民工程，大力推进“书香湖州”建设，加快推进市美术馆等项目建设，深化文化礼堂等“六文”建设，统筹推进“城市客厅”“城市阳台”“城市书房”“城市街景”等城市系列文化，不断丰富人民群众的精神文化活动。

5. 建设更具活力的民主法治。我们要坚定不移走中国特色社会主义政治发展道路，深入推进社会主义民主政治制度化、规范化、程序化，保证人民依法通过各种途径和形式管理国家事务，管理经济文化事业，管理社会事务。一要依法保障人民当家做主。支持和保证人民通过人民代表大会行使国家权力，支持和保证人大依法行使立法权、监督权、决定权、任免权，更好地发挥人大代表作用，使各级人大及其常委会成为全面担负起宪法法律赋予的各项职责的工作机关，成为同人民群众保持密切联系的代表机关。二要大力发展社会主义协商民主。加强协商民主制度建设，把协商民主贯穿于政治协商、民主监督、参政议政全过程，统筹推进政党协商、人大协商、政府协商、政协协商、人民团体协商、基层协商以及社会组织协商，推动协商民主广泛、多层、制度化发展，更好地增进共识、促进团结。三要巩固发展爱国统一战线。牢牢把握大团结大联合主题，大力支持各民主党派、工商联、无党派人士积极发挥作用，扎实做好民族宗教、党外知识分子、新社会阶层、海外统战工作，以最大公约数画出最大同心圆。继续深化群团改革，进一步增强群团组织的政治性、先进性、群众性。四要全面深化法治湖州建设。强化法治政府建设，巩固扩大司法体制改革成果，不断提高依法行政和执法司法水平。深入实施“七五”普法，进一步提升社会公众的法治素养。以“法治武装”为抓手，深化国防教育、国防动员和后备力量建设，促进军民融合深度发展。

6. 建设更为坚实的党建工程。我们要把抓好党建作为最大政绩，全面推进党的政治建设、思想建设、组织建设、作风建设、纪律建设，把制度建设贯穿其中，不断提高党的建设科学化水平。一要重抓理论武装。坚持把党的政治建设放在首位，深入开展“不忘初心、牢记使命”主题教育，不断深化“四新”主题实践，扎实推进“两学一做”学习教育常态化制度化，深化“党性党纪教育一刻钟”活动，引导党员干部深入践行习近平新时代中国特色社会主义思想，坚定理想信念，坚守精神家园，做政治上的明白人。二要重抓依规治党。坚决把纪律和规矩挺在前面，突出建章立制的问题导向，强化制度执行的刚性约束，推动全面从严治党的思路举措更加科学、更加严密、更加有效。加强和规范党内政治生活，大力开展批评和自我批评，增强党内政治生活的政治性、时代性、原则性、战斗性。三要重抓铁军建设。按照“四个铁一般”的要求，坚持政治标准，从严抓好党员干部的教育、管理和监督，完善培养机制，加强执政本领建设，注重选拔经过基层锻炼和实践考验的干部，打造勇立潮头、勇争一流的湖州铁军。大力弘扬埋头苦干、真抓实干、创新巧干的过硬作风，完善干部考核评价机制和容错纠错机制，推动全市上下形成担当是责、实干为荣的良好风气。四要重抓基层基础。以提升组织力为重点，牢固树立“一切工作到支部”的鲜明导向，按照“把好方向、建好班子、找好路子、树好样子”的要求，持续深化“整乡推进、整县提升”，推动基层党建全面进步、全面过硬。严格落实“三会一课”、组织生活会等制度，使基层党员教育管理进一步严起来、紧起来、实起来。深入推进服务型基层党组织建设，使基层党组织的每一项工作、每一次活动都能融入中心工作、融入党员需求、融入群众关切，使党的旗帜在每一个基层阵地上高高飘扬。五要重抓监督执纪。以清廉湖州建设为总抓手，牵住主体责任“牛鼻子”，严格执行问责制度，推动党员模范带头、干部清正廉洁、社会风清气正。持续深化纪检监察体制改革，发挥巡察“利剑”和派驻监督“探头”作用，完善巡回执纪监督机制，健全监督体系。高标准落实中央八项规定精神，出台我市贯彻实施细则的具体办法，以“钉钉子”的精神纠“四风”、正作风。深化运用监督执纪“四种形态”，始终保持反腐高压态势，深入开展纪律教育，推进标本兼治，持续优化政治上的绿水青山。

四、关于《决定》稿的说明

为更好地贯彻落实十九大精神，市委常委会提议本次全会作出《关于高举习近平新时代中国特色社会主义思想伟大旗帜，奋力当好践行“两山”理念样板地模范生的决定》(以下简称《决定》。)

《决定》起草是在市委常委会的直接领导下进行的。我们组织力量深入调研，广泛征求方方面面的意见，市委常委会专门作了研究。在《决定》起草过程中，把握了“三个注重”：一是注重以习近平新时代中国特色社会主义思想为引领。习近平新时代中国特色社会主义思想是党的十九大的灵魂，是新时代中国特色社会主义的理论纲领和行动指南。《决定》稿以“高举习近平新时代中国特色社会主义思想伟大旗帜”为主题，通篇以这一新思想为根本遵循。二是注重把握新时代我国社会主要矛盾转换。十九大明确提出，我国社会主要矛盾已经转化为人民日益增长的美好生活需要和不平衡不充分的发展之间的矛盾。《决定》稿紧密结合湖州实际，把握社会主要矛盾变化，紧扣满足人民日益增长的美好生活需要，把破解发展不平衡不充分的问题作为谋划今后工作的着力点。三是注重与贯彻省市党代会精神有机结合。省第十四次党代会提出“两个高水平”奋斗目标，市第八次党代会作出加快赶超、实现“两高”决策部署，这与十九大精神是高度契合的。我们把贯彻落实十九大精神，与贯彻落实省第十四次党代会和省委十四届二次全会精神结合起来，与贯彻落实市第八次党代会精神结合起来，努力体现湖州实际、湖州元素、湖州特色。《决定》稿的主要特点有：

第一，突出强调使命担当。湖州是总书记“两山”理念诞生地，十九大把“两山”理念写进报告和党章，我们无比自豪。省委车书记要求我市成为践行“两山”理念的样板地、模范生，湖州重任在肩。我们必须准确把握历史方位，奋力扛起历史责任，以生动丰富的实践不断彰显“两山”理念的真理力量和实践力量。以此为引领，《决定》稿对从现在到20世纪中叶，作出战略安排，即：到2020年高水平全面建成小康社会；到2035年高质量基本建成现代化生态型滨湖大城市，高水平基本实现社会主义现代化；到20世纪中叶，高水平全面建成社会主义现代化。

第二，突出强调绿色发展。绿色发展，既是新时代的大势，更是湖州发展的最大优势和最佳胜势，我们必须全面贯彻新发展理念，以此引领和推动湖州发展高质量、加速度、均衡性、可持续。为此，《决定》稿提出要着眼建设南太湖绿色发展新区，深入实施“中国制造2025”试点示范城市、国家绿色金融改革创新试验区，加快经济转型升级；着眼创建全国践行“两山”理念先行示范区，全域规划、建设整个湖州大地，将其塑造成为生态作品；着眼推行生活方式绿色化，全面开展创建节约型机关、绿色家庭、绿色学校、绿色社区和绿色出行等行动。

第三，突出强调统筹推进。发展的不平衡不充分问题，是新时代社会主要矛盾的主要方面，这昭示我们必须统筹推进各项事业的协调发展。遵循十九大对中国特色社会主义事业“五位一体”的总体布局和“四个全面”的战略布局，也与市委提出的打造“六个新高地”的具体任务相衔接，《决定》稿提出要打造山清水秀的自然生态、优质高效的经济生态、幸福和谐的社会生态、开放自信的文化生态、民主公正的法治生态、风清气正的政治生态等“六个生态”，对今后一个时期的工作作了全面系统部署。

第四，突出强调人民至上。十九大旗帜鲜明地强调，带领人民创造美好生活，是我们党始终不渝的奋斗目标。《决定》稿聚焦人民群众最关心、最直接、最现实的利益问题，提出了一系列的重要举措。围绕补齐民生工作短板，强调要实施“碧水蓝天净土工程”，推进低收入农户和产业工人收入倍增计划，加快城中村和老旧小区改造，整治交通拥堵，优化教育卫生资源配置，纵深推进“厕所革命”，积极回应人民群众的热切期盼。

第五，突出强调党建保障。贯彻十九大精神，关键在行动，重点在落实，党建是保障。为此，需要持续深入推进党的建设新的伟大工程，为当好践行“两山”理念样板地、模范生提供政治保障。《决定》稿强调要突出抓好党的政治建设，坚持完善“党性党纪教育一刻钟”，深化“红色年轮见初心”主题党日品牌，深入实施领导干部素质提升工程，大兴调查研究之风，实施干部激励计划和容错纠错机制，深化“四新”主题实践，建设“清廉湖州”，引导激励党员干部坚定信念、满怀豪情、砥砺前行。

现将《决定》稿提交全会审议。我们希望《决定》通过后，成为我市贯彻落实十九大精神的指导性文件，推动习近平新时代中国特色社会主义思想在湖州取得更加丰硕的实践成果。

同志们，新思想领航新征程，新时代呼唤新作为。让我们紧密团结在以习近平同志为核心的党中央周围，高举习近平新时代中国特色社会主义思想伟大旗帜，不忘初心、牢记使命、接续奋斗，努力为加快赶超、实现“两高”作出新的更大的贡献！

湖州市人民代表大会常务委员会工作报告

——在湖州市第八届人民代表大会第三次会议上

湖州市人民代表大会常务委员会主任　胡菁菁

（2018年3月29日）

各位代表：

受市人大常委会的委托，我向大会报告工作，请予审议，并请列席会议的同志提出意见。

一、换届以来的主要工作

2017年是本届人大常委会任期的第一年。在中共湖州市委的坚强领导下，市人大常委会高举习近平新时代中国特色社会主义思想伟大旗帜，认真学习贯彻党的十九大精神，按照市第八次党代会的决策部署，自觉服务大局，紧紧依靠代表，继承发扬优良传统，认真行使法定职权，共召开常委会会议7次、主任会议15次，制定地方性法规2部，听取和审议各项报告31个，作出决议决定和审议意见18项，开展重点执法检查、专题视察20次，任免国家机关工作人员110人次，顺利实现新一届工作的良好开局，为全市加快赶超、实现“两高”做出了积极贡献。

（一）坚持党的领导，牢牢把握政治方向

党的领导是做好人大工作的根本保证。换届以来，常委会树牢“四个意识”，增强“四个自信”，自觉在市委领导下加强人大建设、推动人大工作、发挥人大作用。

深入贯彻党的十九大精神。迎接十九大、学习十九大、贯彻十九大，是贯穿去年人大工作的一条主线。常委会按照学懂弄通做实的要求，深入学习习近平新时代中国特色社会主义思想，切实以十九大精神武装头脑、统领实践、指导工作，始终同以习近平同志为核心的党中央保持高度一致。通过学习，全面领会十九大对加强人民当家做主制度保障的新要求，深刻认识新时代人大工作的职能定位，切实强化担当精神、奋斗意志和履职激情。紧密结合学习贯彻市第八次党代会精神，及时把市委主张通过法定程序转化为全市人民的共同意志，为湖州加快赶超发展汇聚智慧力量。

认真谋划工作思路。深入调查研究，把握工作规律，提出了“坚持党的领导是人大工作的根本点、服务赶超发展是人大工作的基本点、维护民生民利是人大工作的落脚点、树优自身形象是人大工作的着力点”的总体要求，统筹安排履新之年各项工作，努力做到紧贴中心大局、精心谋篇布局、奋力开创新局。围绕市委全力打造“六个新高地”的决策部署，常委会专门进行务虚讨论和集中调研，创新推出新一年工作“一要点五计划”，确保人大工作与市委同向、与政府同力、与人民同心。

扎实开展“四新”主题实践。坚持市委有号召、人大有行动，在人大系统积极推进“四新”主题实践，组织开展“思想引领、助力赶超、法治提升、代表履职、活力机关”等行动。主动参与市委中心工作，主任会议成员带头深入“六个一”基层单位，联系服务“六重”工作，指导推进5个市重点产业，认真履行“河长制”职责，包干化解信访积案，积极配合中央环保督查，累计走访150余次，协调解决问题70余个。认真开展“进千村入万企大宣讲促赶超”专项调研30余次，推动十九大精神在基层落地生根，以实际行动服务市委工作大局。

（二）聚力法治湖州，有序推进地方立法

良法是善治的前提，质量是法律的生命。换届以来，常委会坚持党管立法、为民立法、创新立法，为强化发展的法治保障，发挥了独特优势，起到了不可替代的作用。

切实加强重点立法。认真行使城乡建设与管理、环境保护、历史文化保护三个方面的立法权，从实安排立法规划和年度计划，把制定文明行为促进条例等列为重点立法项目，抓紧开展立法准备。积极、扎实、稳妥地做好烟花爆竹“双禁”的立法工作，对禁止范围、管理措施、法律责任等关键条款，广泛听取意见，反复调研论证，平衡各方利益，确保法规立得住、行得通、真管用。聚焦使用、维护、管理等事项，制定了电梯使用安全条例，为预防和减少电梯事故加上“法制安全锁”。同时，认真开展6个二类项目的立法调研。

建立健全立法机制。认真贯彻市委立法工作会议精神，完善人大主导的立法工作机制，制定了提高立法质量的若干规定，出台法规草案征求意见、部门参与立法工作等4项制度，推动立法工作更加规范。充实立法咨询专家库，邀请浙大专家团队进行评估，成立立法研究中心，立法专业化水平得到提升。坚持开门立法，发挥基层立法联系点作用，共开展调研、座谈、听证、论证60余次。

着力推动法规执行。高度重视我市已出台地方性法规的贯彻执行，建立“六个一”工作载体，实行“一督几年、每年必督”工作机制。烟花爆竹“双禁”规定出台后，多次听取政府实施准备工作的汇报，开展集中检查、现场视察、部门督查40余次，向全市人大代表发出带头宣传法、遵守法的倡议书，市人大全体机关干部签订承诺书，引导更多群众理解支持禁放工作，为法规实施奠定良好基础。坚持“全市齐动、自身主动、县区联动”，检查视察10部法律法规的执行情况，促进落实“谁执法谁普法”责任。同时，加强规范性文件备案审查，共审查29件，维护法制统一。

（三）围绕加快赶超，切实提升监督实效

实行正确监督、有效监督是行使监督权的基本遵循。换届以来，常委会紧紧围绕赶超发展，突出效果导向，加强改进监督工作，着力推动各项重点工作抓落实。

有效推动经济运行。把“中国制造2025”试点示范城市建设作为监督的重中之重，统筹开展调研、视察和审议，推动政府建立标准体系、抓好示范项目、推进绿色制造、完善体制机制，加快经济发展质量变革、效率变革、动力变革。加强地方政府债务监督，要求政府严控规模、降低成本、优化结构，把债务“高的变低的、短的变长的”，切实提高使用绩效。打造“民主预算、透明预算、绩效预算”全过程监督体系，初步实现市县“在线监督”全覆盖，跟踪问效审计问题整改，深化部门预算审查，推动部门调减专用公用类项目资金2000余万元，更好发挥财政资金在经济发展中的引导保障作用。同时，听取审议政情报告和计划执行情况报告，加强对综合交通建设大会战的监督，促进经济平稳健康增长。

全力支持深化改革。抓住“最多跑一次”改革的关键环节，实施“五督五促”主题监督，组织980余人次各级代表开展督查，审议专项工作报告，问政企业办事提速，支持政府深化简政放权，“最多跑一次”和“零上门”事项覆盖率分别达到97.8%和59.0%。围绕绿色金融改革创新试验区建设，深入调研，提实建议，推动政府加快探索创新，放大改革红利。关注支持监察体制改革试点。听取公检法司关于司法体制改革情况的汇报，加强对法院执行工作的监督，要求更好落实司法责任制、提升司法公信力，筑牢社会公平正义的底线。

切实促进生态改善。积极助力打造践行“两山”理念样板地、模范生。力促剿灭劣V类水工作，组织7个督查组明察暗访重点小微水体治理情况，发动424人次代表开展“河长制工作落实情况”主题监督，依法作出审议意见，督促支持政府完成1752个小微水体整治销号，一大批“小微污点”变成“小微景点”。围绕矿山复绿，组织在矿山相邻县区的市人大代表交叉异地检查，每月跟踪问效进展情况，督促整治力度再加大、机制再完善。针对反映强烈的毁林（竹）种茶问题，打好异地调研、专项督查、动态监督组合拳，推动毁林（竹）行为的遏制。

积极助推城乡建设。把推动全国文明城市创建作为义不容辞的责任，实施“六个一”活动，开展“察市容、促创建”专题视察，为决胜夺牌贡献力量。迅速响应市委号召，开展城中村改造攻坚专项监督，组织现场视察和专题调研11次。广大代表和机关干部积极投身创建和攻坚一线，当好倡导者和排头兵，展现了人大的良好形象。精心组织建筑法执法检查，就房屋使用安全、建筑工程质量等问题，督促严格依法治建、规范市场秩序，推动建筑业提升发展。实施“五问五督五促”监督模式，调研视察美丽乡村提档升级、田园综合体发展、供销社综合改革等情况，在推动依法治农、乡村振兴中作出有益探索。

着力增进民生福祉。创新食品安全执法检查方式，实行“五督联动”，组建代表监督团、专家顾问团、市民观察团，“十问”职能部门暗访发现问题，严督重推小餐饮监管、定点屠宰、源头治理等工作，让群众吃得更放心。心系农民增收，深入开展调研和审议，要求抓重点、补短板、强弱项、重长效，不断增强农民增收的后劲和动能。专项监督道路交通安全工作，通过现场检查、暗访抽查和专题调查，作出16个方面的审议意见，推动改善群众出行环境。全面推进民生实事项目代表票决制，协助市委出台实施意见，建立全程督办工作链，今年已实现市县乡三级人代会票决全覆盖。从去年10月开始，组织代表开展313次接待活动，征集到建议2305条，梳理后转交各级政府，厚植实事的民意基础。同时，加大对动物检疫防疫、医疗卫生“双下沉两提升”、现代职业教育等的监督力度，让群众更好共享改革发展成果。

（四）注重依法规范，扎实开展决定任免

讨论决定重大事项和选举任免是法律赋予人大的重要职权。换届以来，常委会根据市委部署，聚焦大事要事，坚持依法规范，提高决定和任免工作水平。

科学决定重大事项。去年常委会共作出5个事关大局的决议决定。为依法保障“中国制造2025”试点示范城市建设，列出3张表格清单、46项具体指标作为决定的附件，重点监督推动，确保有效落实。迅速作出加快城中村改造、提升城市品质的决定，要求统一思想、讲究方法、攻坚克难，推动政府破解要素瓶颈，抓实各项工作。作出规范市民文明行为、加强文明城市建设的决定，为在全社会践行社会主义核心价值观，树立文明新风发挥了积极作用。探索实行“五审”机制，批准2017年度政府重大投资项目计划11个，总投资45亿元，促进政府投资行为更加科学有效。

规范开展人事任免。坚持党管干部和依法任免相统一，建立健全了任前考法、供职发言、审议表决、颁发任命书、宪法宣誓等制度，顺利完成新一届政府工作部门主要负责人和监察委领导班子任命工作。加强任后监督，完善政府工作部门主要负责人述职测评制度，增强任命干部的法治意识、履职责任和工作绩效。

顺利完成选举任务。切实增强政治责任感，坚决贯彻省、市委做好省人大代表换届选举的部署，不折不扣落实时间安排、连任推选、名额分配等任务，把好代表人选质量关，把牢绷紧换届纪律这根弦，精心筹备召开市八届人大二次会议。全体市人大代表依法履行职责、投好神圣一票，选举出35名省第十三届人大代表，确保了选举依法有序、风清气正。

（五）突出代表主体，创新发展代表工作

人大工作的主体是代表、基础在代表、活力靠代表。换届以来，常委会把代表工作放在突出位置，丰富载体，创新方法，强化保障，支持代表充分履职。

提升代表履职水平。换届伊始，即着手制定本届代表培训规划，对初任培训、选学培训和专题培训作出系统安排。创新培训方式，组织211名基层代表赴复旦大学开展专题培训，有效增强了代表整体素质，受到代表广泛好评。同时，建立主任会议成员届内走访基层代表全覆盖制度，邀请130人次代表列席市人大常委会会议和政府开门听建议活动，推行代表述职，建立履职积分制，代表热情充分激发。

创设代表问政会制度。打造代表履职的全新平台，建立每季“代表问政会”制度，围绕“加快‘最多跑一次’改革、推动企业办事再提速”“关注市容和环境卫生、深化建设城市文明”等主题，组织有关代表深入开展调研，选取民意集中度高、发展关联度强的28个问题，面对面询问政府部门负责人。代表们有的放矢、直击要害，应询人态度诚恳、严肃认真。常委会强化对部门答复意见的跟踪督办，真正确保问而有效，并积极推动代表问政向县区延伸。《人民代表报》头版头条报道了我市这一创新做法。同时，深化“双岗建功”，开展“助力‘四新’实践、展示代表风采”等活动。广大代表踊跃参与，充分体现了新一届代表的担当和作为。

全面创建“五星级”代表联络站。对现有136个代表联络站，确立了建设代表“学习之家、履职之所、活动之地、凝心之寓”的总体目标，以“五个有”提升硬件配套，以“五公开”接受群众监督，以“五到位”强化组织管理，以“五定期”常态开展活动，目前已建成“五星级”代表联络站67个。市委市政府主要领导带头，各级领导干部纷纷参加，走进联络站接待群众、开展座谈、听取意见，自觉履行代表职责。各级代表共开展活动7983人次，接待群众6641人次，收集意见建议4152条，联络站联系服务群众的作用发挥得更加充分。

认真督办代表建议。切实加强代表建议督办工作，对所有建议承办单位进行梳理，分类排出办理大户、新承担主办任务单位等4份清单，采用常委会领导领衔重点督办、相关专工委对口督办、代表工作机构全程督办、立体式集中考核督办等方法，形成全方位的督办体系。政府及有关部门高度重视、认真落实，市八届人大一次会议期间代表提出的195件建议，在法定期限内全部办理完毕，问题解决率同比提高1.73个百分点。

（六）加强自身建设，着力夯实工作基础

打铁必须自身硬。换届以来，常委会坚持重抓自身建设，提高履职水平，有力保证了开局之年工作任务的完成。

扎实推进制度治理。及时修订和建立了常委会议事规则、常委会组成人员守则、加强自身建设意见、机关内部管理等16项制度。为提高会议质量，专门出台进一步规范人大常委会会议的规定，对请假制度、审议组织、会场纪律等作了明确要求。重视制度执行，抓好制度落实，常委会各项工作规范、顺畅、高效开展。

切实增强履职能力。针对换届实际，引导常委会组成人员“学习人大、熟悉人大、热爱人大、奉献人大”，夯实履职的思想基础。打造书香人大，开展“共读三本书”活动，多读书、读好书蔚然成风。成立地方人大工作研究会。坚持会前学法，举办法制讲座5次。加强对基层人大的指导，举办全市乡镇（街道）人大负责人培训班，确定14个乡镇（街道）人大进行规范化试点，全面推动乡镇参与式预算与民生实事票决协同有序开展，得到省人大充分肯定。加强市人大机关建设，发挥委室作用，建设“代表之家”，为常委会履职提供有力服务保障。

加快建设智慧人大。主动顺应“互联网+”发展趋势，科学谋划、有序推进人大工作信息化，开通运行湖州人大手机APP和微信公众号，开发代表监督治水信息化管理模块，先行开展监督畜禽养殖无害化处理信息化系统省试点工作，逐步完善功能，丰富内容供给，推动实际运用，为人大工作插上“智慧翅膀”。

各位代表，换届以来常委会工作取得的成绩，靠的是市委的正确领导，离不开全体常委会组成人员和代表的共同努力，得到了市政府、市政协、市监委、市法院、市检察院和社会各界的大力支持，得益于历届人大打下的坚实基础。在此，我谨代表市人大常委会，向大家表示衷心的感谢和崇高的敬意！

同时，常委会也清醒地看到，工作中还存在一些需要改进和加强的方面，主要是：精准、精细、精干立法还需推进；监督工作的针对性和实效性还需加强；代表履职的服务保障还需强化；人大工作的法治化专业化水平还需提升等。对此，常委会将高度重视，认真研究，切实改进。

二、在党的十九大精神引领下 做好新时代湖州人大工作

各位代表，人民代表大会制度是坚持党的领导、人民当家做主、依法治国有机统一的根本政治制度安排。党的十九大对加强人民当家做主制度保障、做好人大工作提出了一系列重要论述，为在新时代坚持和完善人民代表大会制度，提供了根本遵循和强大动力。常委会要切实按照十九大的部署，自觉以习近平新时代中国特色社会主义思想为指导，全面担负起宪法法律赋予的各项职责，在市委的坚强领导下，努力实现服务大局的主动性有新增强、履职行权的实效性有新提升、探索实践的时代性有新体现，在加快赶超、实现“两高”的广阔舞台上，奋力开创湖州人大工作新局面。

——坚持党的领导、忠诚履职，更加自觉地保证人大工作正确政治方向。方向关乎根本、指引行动、决定未来。我们要强化“四个意识”，坚定“四个自信”，筑牢精神支柱，提高政治站位，毫不动摇保持对党的绝对忠诚，坚决维护习近平总书记党中央的核心、全党的核心地位，坚决维护以习近平同志为核心的党中央权威和集中统一领导，坚持在市委领导下谋划开展工作，发挥常委会党组把方向、管大局、保落实作用，确保工作沿着正确方向坚毅前行、健康发展、不断进步。

——坚持服务赶超、奋发履职，更加自觉地为全面建成小康社会贡献人大力量。服务赶超发展，聚焦聚力高质量、竞争力、现代化，是本届人大的重要使命和第一要务。我们要主动呼应、积极融入全市发展大局，强化责任担当，主动站位一线，突出实干导向，注重工作效果，认真行使立法权、监督权、决定权和任免权，着力推动解决我市存在的不平衡不充分的发展问题，为高水平全面建成小康社会发挥职能优势、提供法治保障、贡献人大力量。

——坚持植根群众、为民履职，更加自觉地服务人民日益增长的美好生活需要。人民群众是人大工作最坚实的根基。我们要始终坚持以人民为中心的发展思想，始终和人民群众想在一起、干在一起，充分发挥代表来自于民、植根于民的独特优势，积极回应社会关切，综合运用法定职能，千方百计为湖州百姓办实事、干好事、解难事，更好地为人民用权、为人民履职、为人民服务。

——坚持依法行权、规范履职，更加自觉地运用法治思维和法治方式开展工作。全面依法治国是国家治理的一场深刻革命。我们要切实加强修改后宪法的学习贯彻，增强宪法意识、履行宪法使命、维护宪法权威，严格按照法定原则、法定程序和法定方式来履职行权，不断健全人大组织制度和工作制度，扎实推进人大工作法治化、规范化、科学化，使法治真正成为履职的鲜明底色和自觉追求。

——坚持与时俱进、创新履职，更加自觉地推动人大工作持续焕发生机活力。创新是引领发展的第一动力。我们要站位新时代、融入新时代，主动顺应形势，紧跟时代步伐，坚持改革开放，解放思想、锐意进取、传承创新，积极探索体现时代精神、符合湖州实际、提升履职绩效的载体、方法和举措，使我市人大事业在新的历史条件下，焕发出更加蓬勃的生机和活力。

三、2018 年的主要任务

2018 年是贯彻党的十九大精神的开局之年，是改革开放 40 周年，是决胜高水平全面建成小康社会、实施“十三五”规划承上启下的关键一年。市人大常委会要高举习近平新时代中国特色社会主义思想伟大旗帜，全面贯彻党的十九大和十九届一中、二中、三中全会精神，按照十三届全国人大一次会议的部署要求，在市委的领导下，认真依法履职，积极主动作为，为推进湖州发展高质量、加速度、均衡性、可持续，当好践行“两山”理念样板地、模范生做出新的贡献。

（一）聚焦高质量发展，扎实履行法定职权

坚持新发展理念，抓重抓精，依法行权，积极助力“三大攻坚战”，着力推进法治湖州建设，依法保障推动市委重大决策部署的落实。在立法工作方面，安排文明行为促进条例和美丽乡村建设管理条例 2 个一类立法项目，修订市容和环境卫生管理条例，开展 5 个二类立法项目调研。要进一步贯彻落实市委立法工作会议精神，发挥人大主导作用，提高立法质量，保证管用有效。同时，加强规范性文件备案审查。在重大事项决定方面，按照市委八届三次全会“八个聚力”的要求，坚持谋大事议大事，拟作出批准城市总体规划、批准政府投资重大项目、森林资源保护等 7 项决议决定。加强对城中村改造等有关决定落实情况的回头看。要完善“议前重调研，议中讲民主，议后抓跟踪”的机制，不断提高议决水平。在监督工作方面，安排听取和审议政情报告和计划、预算报告，听取和审议 11 个专项工作报告，听取 14 个专题汇报。围绕提高发展的质量效益，开展“十三五”规划中期评估审议，开展对绿色金融改革、智能制造、农业供给侧结构性改革等工作的审议监督，跟踪问效“最多跑一次”改革，推动建立现代化经济体系，促进落实乡村振兴战略，实现高质量发展。围绕强化发展的法治保障，切实加强宪法实施和监督，开展省社会养老服务促进条例执法检查，听取和审议以审判为中心的刑事诉讼制度改革情况的报告，监督环境资源审判、生态检察等工作，促进依法行政、公正司法。围绕美丽湖州建设，加强对生态文明建设、“三条控制线”划定等工作的监督，推动治水治气等攻坚战，助力争创全国践行“两山”理念先行示范区。围绕更好满足人民美好生活需要，加大对民生实事落实、学前教育发展、公立医院建设与改革、公共文化服务、病死动物无害化处理等的监督力度，使群众获得感、幸福感、安全感更加充实。在人事任免方面，修订相关制度，完善工作流程，依法按程序做好机构改革有关准备实施工作，更好做到党管干部和依法任免的有机统一。

（二）加强服务保障，充分激发代表活力

坚持代表主体地位，巩固创新做法，打响特色品牌，发挥代表作用。要拓展代表履职平台。推进代表问政会制度化、常态化，围绕农产品质量安全、养老事业、公立医院建设与改革、环境保护等组织 4 次问政活动，力求问准、督深、做实。深化“五星级”代表联络站创建，建立市领导进站接待群众机制，推动联络站建设规范提升、全面加强。推广建立街道人大议政会制度。深化民生实事项目代表票决制，健全征集、议决、问效工作链，探索项目建议统一交办日制度，推动实事更合民意，好事办得更好。要增强代表履职动力。以“当好人民满意的人大代表”为主题，深化“双岗建功”。加大建议督办力度，健全建议网上办理系统，提升问题解决率和代表满意率。稳步推行代表年度述职评价，完善代表履职积分制。要优化代表履职服务。采取菜单式选学等方式加强培训。完善“两个联系”制度，扩大代表对常委会工作的参与。加强代表履职管理，引导大家做有品位、有涵养、有风骨的人大代表。

（三）坚持固本强基，不断强化自身建设

牢牢把握人大是权力机关、又是政治机关；人大是立法机关、又是监督机关；人大是担负宪法法律赋予职责的工作机关、又是同人民群众保持密切联系的代表机关，着力抓好自身，打牢履职基础。要突出加强政治建设。把政治建设摆在首位，认真开展“不忘初心、牢记使命”主题教育，持续推进“两学一做”常态化制度化，自觉践行习近平新时代中国特色社会主义思想，大力弘扬红船精神，夯实做好新形势下人大工作的思想根基。要继续抓好能力建设。大兴调查研究之风，继续扎实开展“四新”主题实践。建立专委会智库团队，提升工作专业化水平。深化书香人大建设，坚持会前学法，举办人大论坛，提高审议质量。全面建设智慧人大，更好地运用信息化手段推动工作。加强对基层人大工作的指导。要扎实推进作风建设。高标准落实中央八项规定实施细则精神，加强机关党建，重视制度治理，弘扬实干导向，打造过硬队伍，形成风清气正的良好局面。

各位代表，奋进新时代，要有新作为。让我们更加紧密地团结在以习近平同志为核心的党中央周围，在中共湖州市委的领导下，以新的精神状态和奋斗姿态，不忘初心，牢记使命，依法履职，奋力书写人民满意的新时代人大工作答卷，为加快赶超、实现“两高”而不懈奋斗！

政府工作报告

——在湖州市第八届人民代表大会第三次会议上

湖州市市长　钱三雄

（2018年3月28日）

各位代表：

现在，我代表湖州市人民政府，向大会报告工作，请予审议，并请市政协委员和其他列席人员提出意见。

一、2017年主要工作

回顾本届市政府开局之年，在省委、省政府和市委的坚强领导下，在市人大、市政协等各方面的监督和支持下，我们紧紧依靠全市人民，以迎接党的十九大胜利召开、学习贯彻党的十九大精神为动力，按照市第八次党代会作出的决策部署，自觉践行新发展理念，持续深化供给侧结构性改革，全力投入“四新”主题实践，认真落实“六重”工作，紧盯26件重大事项，统筹推进经济社会发展，较好地完成了市八届人大一次会议确定的主要目标任务。地区生产总值达到2476.1亿元，增长8.5%，增幅居全省第二位；财政总收入达到408.9亿元，其中地方财政收入237.4亿元，分别增长13.3%和15.2%，增幅居全省第二和第一位；城镇、农村居民人均可支配收入分别达到49934元和28999元，增长9%和9.4%，增幅居全省第二和第四位；十方面民生实事项目全面完成。

过去一年，面对重重考验，我们昂扬奋进，抓了一批关系全局、关乎长远、关及根本的大事、要事、实事、难事，加快赶超、实现“两高”迈出了全新步伐。一年来，我们从湖州发展最紧缺的事情抓起，深度对接国家战略，陆续获得了“中国制造2025”试点示范城市、国家绿色金融改革创新试验区、国家生态文明建设示范市等多个国家级试点示范；一年来，我们从湖州发展最紧迫的事情抓起，大力优化基础环境，沪苏湖高铁项目取得突破性进展，2017湖商发展大会隆重举办，一批新的万亩大平台打造成形，招商引资、招才引智、扶持实体经济等政策和工作力度不断加大；一年来，我们从湖州发展最紧要的事情抓起，全力投入攻坚克难，全面打响了“最多跑一次”改革、城中村改造和建设项目遗留问题清零、全域剿灭劣Ⅴ类水等攻坚战。尤其倍感振奋的是，全市上下众志成城、决战决胜，以优异成绩成功创建了全国文明城市。

（一）坚持提质增效，实体经济稳中向好

产业转型升级迈出新步伐。全面推进“中国制造2025”试点示范城市建设，设立15亿元的专项资金，以绿色制造、智能制造引领工业转型升级，规上工业增加值增长8.7%，其中战略性新兴产业、高新技术产业、装备制造业分别增长9.5%、10.4%和14.5%，新能源汽车、美妆时尚、地理信息等新增长点不断发展壮大。开展“四无”企业（作坊）整治，淘汰和整治“低小散”企业及作坊3058家。服务业继续保持增速较快、占比提升的发展势头，增加值增幅达到10%。旅游总收入突破千亿元，安吉灵峰旅游度假区跻身国家级行列；网络零售额达到423.6亿元；内河集装箱吞吐量突破35万标箱，居全国同类型港口首位。我市在农业现代化发展水平综合评价中连续第四年居全省首位，现代生态循环农业试点市建设通过省级验收。新建成粮食生产功能区4.7万亩，新增省级现代农业园区4个、农业品牌25个，累计建成产值10亿元以上的省级示范性农业全产业链10条。

项目引进推进实现新突破。完善招商引资工作机制，精准对接浙商、外资、央企等资本，浙商回归省外到位资金531.1亿元，实到外资10.5亿美元，引进首期固定资产投资超10亿元的“大好高”项目22个，游侠汽车超级工厂、唯品会华东中心、万邦德“绿色智造”新材料、天士力大健康产业基地等项目签约落户。全力扩大有效投资，完成固定资产投资1731亿元，其中市重点建设项目完成投资超过1000亿元，列入省重点建设项目、“411”重大项目、重大产业项目的数量均居全省首位，太湖龙之梦、长龙山抽水蓄能电站等项目加快推进。启动长兴绿色智能制造产业园、吴兴高新区、南浔经济开发区、太湖度假区长东片区等万亩大平台规划建设，4个特色小镇新列入省级创建和培育名单。

企业培大育强取得新进展。深入实施“金象金牛”大企业、“高技术高成长”企业和科技型小微企业成长等培育计划，“双金”企业达到16家、“双高”企业达到126家，9家企业入围中国民企制造业500强，新增上市公司7家，累计达到30家，完成“个转企”1506家、“小升规”358家、“下升上”284家。出台新一轮降本减负政策，为企业减轻负担67.5亿元。深化质量标准品牌建设，新增国家标准40项、“浙江制造”品牌培育企业37家。推动企业全方位对接国际资源和市场，完成进出口总额772.1亿元，其中出口681.4亿元，分别增长14.6%和14.7%，服务贸易规模突破百亿元，新增省级国际产业合作园2家。

（二）坚持改革创新，发展活力不断迸发

“最多跑一次”等改革全面推进。群众和企业到政府办事“跑一次”和“零上门”事项分别占到全部办事事项的97.8%和59%，市、县区两级办事事项分别减少47.5%和38.9%。“多证合一”改革顺利推进，办理“多证合一”营业执照4.9万份。开展企业投资项目承诺报备制和发改委“一窗服务”改革试点；实施“区域能评+区块能耗标准”“区域环评+环境标准”制度；全省首块“标准地”在德清成交，供地模式在全市推广。调整市对区财政体制，财力进一步向基层倾斜。深化国有企业改革与发展，市属四大国企集团净资产增长20.1%，县区国企重组步伐加快。完成盐业体制改革。启动“五未”土地处置专项行动，促进土地节约集约利用，新增建设用地指标2.65万亩，消化批而未供土地2.15万亩，盘活存量建设用地1.35万亩。农村土地承包经营权确权登记颁证基本完成，流转土地经营权证、宅基地及房屋登记发证实现应发尽发，集体经营性建设用地入市改革不断深化。

绿色金融改革创新扎实开展。全方位推进国家绿色金融改革创新试验区建设，设立10亿元的专项资金，建立绿色金融专营机构12家，开发绿色金融产品94只，太湖绿色金融小镇挂牌成立。引导资金支持先进制造业等实体经济发展，金融机构贷款余额3281亿元，增长19%，增幅居全省第一位；完成直接融资802.3亿元。政府产业引导基金发挥实效，子基金规模达到232.8亿元，项目投资总额73.8亿元。切实防控金融风险，银行不良贷款率进一步降低至0.95%，信贷资产质量居全省第二位，企业资金链担保链等领域风险得到有效管控。加强政府性债务管理，压缩负债规模，壮大可用财力，市级及各县区政府债务率全面下降。

创新创业氛围日益浓厚。深入实施“人才新政”，打出聚引人才、促进创新、推动创业的组合拳，新引进各类人才2.9万名、“南太湖精英计划”领军型创新创业团队和人才项目211个、省领军型创新创业团队5个，入选“国千”人才13名、“省千”人才19名，扶持大学生创业3727人，新增高技能人才1.8万名。大力支持众创空间建设，新认定国家级和省级众创空间26家。推进国家科技创新服务体系建设试点，深化政产学研合作，启动地校合作四年行动计划，新增国家重点扶持高新技术企业96家、发明专利授权量2190件，3家产业创新服务综合体列入省级创建和培育名单。全面启动湖州科技城建设，加快莫干山国家级高新区等创新平台发展，长兴新能源装备、安吉绿色制造高新技术产业园区成为创建型省级高新区。国家创新型试点城市建设通过验收评估。我市在全省党政领导科技进步目标责任制考核中连续第五年获评为优秀单位。

（三）坚持“两山”引领，城乡面貌显著改善

生态文明建设继续走在前列。入选全国首批“绿水青山就是金山银山”实践创新基地，成为全国水生态文明城市。制定党政领导干部生态环境损害责任追究办法，开展乡镇领导干部自然资源资产离任审计试点，划定生态保护红线，生态文明标准体系全面建立。扎实整改中央环保督察发现的问题。9905名河长带头治水，在全省率先剿灭劣Ⅴ类水，完成河道清淤1200万方，商品温室龟鳖养殖实现全域清零，77个县控及以上断面水质全部达到或优于Ⅲ类。持续开展大气污染防治，实施电能替代项目230个，火热电企业全部达到国家清洁化排放标准，10蒸吨以下高污染燃料小锅炉全部淘汰，市区空气质量优良率68.5%，提高2.9个百分点，PM2.5平均浓度每立方米42微克，下降10.6%。矿山开采量稳步下降，完成废弃矿山治理1.5万亩。“两路两侧”“四边三化”环境治理继续深化。扎实开展综合治理毁林（竹）专项行动，完成造林更新7981亩、平原绿化1.8万亩，建设珍贵彩色健康森林7.9万亩。

文明城市创建工作取得硕果。在创建全国文明城市过程中，全民总动员、全员齐上阵，“路长制”“红马甲”遍布湖城、成为常态，累计有70多万人次的志愿者走上街头、服务社会，城市精神全面彰显，文明张力充分激发。扎实开展“十整治一完善”百日攻坚行动，累计整治老旧小区270个、农贸市场81家，新增停车位1.8万余个，学府路“垃圾街”、银瑞小商品市场等一批老大难问题得到彻底解决，市容市貌明显改善，城市品质切实提升。全面开展中心城市生活垃圾分类收集处置，推进“厕所革命”，入选国家公交都市创建城市。禁止销售燃放烟花爆竹初战告捷。长兴荣膺县级全国文明城市。全市首批43个小城镇完成环境综合整治，城镇危旧住宅房屋治理改造三年任务提前完成。安吉入列全省首批“无违建县”。

城乡建设水平加快提升。全面完成建设项目遗留问题清零，在此基础上城中村改造攻坚拆除2.6万户、1042万平方米，均通过房票等形式妥善安置，为民生增添了福祉，为发展腾出了空间。全市核发工程规划许可项目827个，增长53.1%。南太湖滨湖一体化高质量推进，太湖度假区、长兴图影、吴兴东部新区、湖州开发区、南浔中心城区等板块融合发展进程加快。湖山大道、湖长二通道等项目有序推进，南太湖湿地奥体公园投入使用。持续推进交通大建设大发展，商合杭高铁、杭宁高速公路改扩建、申嘉湖高速公路西延、京杭运河整治等项目加快实施，杭州绕城高速公路西复线、长湖申航道西延等项目开工建设。四大重点水利工程基本建成，城乡防洪能力大幅提升。美丽乡村建设提标升级，市级美丽乡村覆盖率达到89.6%，创建56个精品村和11个示范乡镇，农村生活垃圾分类处理基本实现全覆盖，创建美丽乡村路355.8公里。与浙江大学合作共建美丽乡村不断深化。

（四）坚持民生为本，社会发展持续进步

社会保障水平稳步提高。以大学生、城镇零就业家庭和低收入农户等为重点，精准提供就业服务，城

镇新增就业10.6万人，登记失业率2.22%。深入实施全民参保计划，基本养老保险待遇水平进一步提高。全面落实全市统一的城乡居民基本医疗保险和大病保险政策，实施医保个人账户家庭共济。加快养老服务体系建设，每千名老人拥有养老床位增加到36.4张。市老年大学新建项目开工建设。健全社会救助体系，全面实施支出型贫困家庭基本生活救助，低保标准进一步提高。扩大住房公积金制度覆盖面，新增缴存职工8.4万人。关爱道德模范工作切实加强，妇女、儿童事业加快发展，残疾人共享全面小康工程深入推进。

社会事业发展更加协调。新高考平稳有序实施，义务教育标准化学校覆盖率达到95%，学前教育“安吉游戏”模式享誉国际，职业教育、特殊教育加快发展，湖州师院获得硕士学位授予权，浙工大德清校区开工建设。南浔区创建成为省教育基本现代化区。全面启动中心城区医疗资源布局调整，浙北医学中心等项目加快建设。深化医药卫生体制改革，药品供应保障机制改革取得突破，公立医院薪酬制度改革稳步推进，基层医疗卫生服务体系更加完善，“双下沉、两提升”工程取得更多实效。长兴县成为国家级综合医改示范县。全国基层中医药工作先进县区实现全覆盖。完成红十字应急救护普及培训10.5万人。公共文化服务体系不断完善，综合性公共数字文化服务平台“湖上云”上线运行，新建成农村文化礼堂60家，桑基鱼塘系统被认定为全球重要农业文化遗产。第十六届省运会筹备工作全面推进，群众体育蓬勃发展，省级体育强县区实现全覆盖。档案、地方志等事业加快发展。

社会治理体系不断完善。“七五”普法深入实施，公共法律服务体系建设持续加强，社会信用体系建设加快推进，有力推动了法治湖州建设进程。加快建立全方位、立体化、信息化社会治安防控体系，依法严厉打击工程建设、环境保护、食品药品安全等领域违法犯罪活动，成功破获织里、练市等地重特大命积案，刑事案件发生数下降31.4%。严格落实安全生产主体责任、监管责任，全方位排查整治重点行业领域事故隐患，安全生产事故起数下降25.8%。全面建成“基层治理四平台”、县区矛盾纠纷多元化解中心，吴兴区入选全国首批街道服务管理创新实验区。重大安保任务圆满完成，平安湖州建设有望实现“十一连冠”。深化国防动员和全民国防教育，启动新一轮双拥模范城创建工作。民族、宗教、外事侨务、对台等工作进一步加强。

（五）坚持担当实干，政府自身建设切实加强

行政效能建设扎实推进。大力倡导分内的事认真干、交叉的事主动干、分外的事愉快干，坚持一般事项答复、请示件办理、群众来信批阅“三个不过夜”，政府工作效率持续提升。坚持精细化抓推进，年初确定全年重点工作清单，市政府常务会议定期听取26件重大事项进展情况汇报，并进行打分评价考核。深化“互看互比”活动，对在全省排名靠后的工作，及时研究和落实改进举措，努力争先进位。完善统一政务咨询投诉举报平台，受理群众诉求84.2万件，基本得到有效办结。

法治政府建设不断深化。加强政府立法工作，出台市政府规章制定程序规定，提请市人大常委会审议2部地方性法规草案。全面清理行政规范性文件。严格落实行政执法责任制，加强执法主体资格管理。启动行政复议体制改革，推动行政机关主要负责人出庭应诉，成立全省首个设区市行政争议调解中心。全面加强政府信息公开，建立市人大代表、市政协委员列席市政府常务会议制度，形成政府决策“开门听建议”常态化机制。市政府咨询委、法律顾问组等智库建设进一步加强。认真参与人大代表问政会、政协委员与市长“面对面”、“电视问政”等活动，办结市人大代表建议191件、政协提案293件。

党风廉政建设持续加强。认真履行市政府党组主体责任，全面从严加强政府系统党的建设，扎实推进“两学一做”学习教育常态化制度化，严格落实中央八项规定精神，严守各项纪律规矩。支持纪检监察机关监督执纪问责，重点环节、重点领域廉政风险防控工作进一步加强。强化机构编制管理，规范编外用人。整合建立公共资源交易集中监管体制，初步形成全市统一的公共资源交易平台体系。切实管好用好财政资金，开展审计体制改革试点，审计监督覆盖面进一步扩大。坚持惩治腐败无禁区、全覆盖、零容忍，反腐败斗争压倒性态势已经形成并巩固发展。

各位代表！本届政府工作开局良好。看似寻常最奇崛，成如容易却艰辛。这些成绩的取得，是省委、省政府和市委正确领导的结果，是全市上下、各个方面团结拼搏的结果。在此，我代表市人民政府，向包括全体人大代表、政协委员、离退休老同志在内的全市人民，向各民主党派、工商联、人民团体和社会各界人士，向驻湖人民解放军和武警部队官兵，向所有关心和支持湖州发展的海内外朋友，表示衷心的感谢，致以崇高的敬意！

在看到成绩的同时，我们也清醒地认识到，发展中不平衡不充分的现象依然突出，工作中问题和短板依然不少。主要是：产业结构调整还不够快，高端创新要素、重大产业项目不够多，亩均产出水平不高，节能降耗压力不小，高质量发展任重道远；教育、医疗、养老等社会公共服务水平与群众需求相比还有较大差距，文明城市的长效管理需要加强，公共安全方面仍有不少薄弱环节；生态环境领域短板不少，空气质量、水体感观仍有不小差距；互联网金融、地方政府性债务等领域存在一定的风险隐患，防范和化解重大风险进入攻坚期；政府转职能、提效能的任务仍然艰巨，少数干部担当精神不强，不想为、不善为、不敢为的现象不同程度地存在，腐败问题还有发生。我们一定正视困难、直面挑战，坚持抓重点、补短板、强弱项、防风险，努力把各项工作做得更好。

二、2018年重点任务

党的十九大指出，中国特色社会主义进入了新时代，这是我国发展新的历史方位。新时代的湖州，正处在重大战略机遇期、经济走势上扬期、高端要素加速集聚期，“两山”红利持续释放，交通优势加快形成，发展速度质量同步提升，干部群众精神状态更加振奋，各种有利因素向湖州汇聚。同时，发展中仍然面临着不少风险和挑战，城市间的竞争发生深刻变革，前进道路上有许多关口亟待攻克和突破。我们必须始终坚持高质量、竞争力、现代化的总体发展导向，把质量效益作为核心追求，把赶超争先作为根本任务，把改革创新作为源头活水，把特色优势作为最大本钱，把实干攻坚作为工作常态，把为民清廉作为政府铁律，奋力谱写新时代中国特色社会主义事业湖州新篇章。

今年是全面贯彻党的十九大精神的开局之年，是改革开放40周年，是决胜全面建成小康社会、实施“十三五”规划承上启下的关键一年。做好今年政府工作，总的是要高举习近平新时代中国特色社会主义思想伟大旗帜，全面贯彻党的十九大精神和中央以及省、市委各项决策部署，坚持稳中求进工作总基调，坚持新发展理念，紧扣社会主要矛盾变化，按照高质量发展的要求，坚定不移沿着“八八战略”指引的路子走下去，坚定不移践行习近平总书记“绿水青山就是金山银山”理念和“一定要把南太湖建设好”的重要指示精神，坚定不移一张蓝图绘到底，大力弘扬红船精神、浙江精神，持续深化“四新”主题实践，全力推进“六重”工作，打好防范化解重大风险、低收入百姓增收、污染防治三大攻坚战，统筹推进稳增长、促改革、调结构、惠民生、防风险各项工作，扎实推进全省“两个高水平”建设在湖州的生动实践，奋力当好践行“两山”理念的样板地、模范生，为加快赶超、实现“两高”奠定更加坚实的基础。

综合考虑各方面因素，建议今年全市经济社会发展的主要预期目标为：全市生产总值增长8%以上；固定资产投资增长11%；社会消费品零售总额增长10%；外贸出口保持稳定增长，继续提升占全省的份额；财政总收入和地方财政收入均增长8%以上；城镇新增就业6.5万人，登记失业率控制在3.5%以内；城镇、农村居民人均可支配收入分别增长8%以上和8.5%；研究与试验发展经费支出相当于地区生产总值的比例达到2.7%；节能减排降碳完成省下达任务。

重点做好以下工作：

（一）聚焦实体经济，加快构建现代产业体系

推动制造业向中高端迈进。深入推进“中国制造2025”试点示范城市建设，运行好“八个一”重点产业推进机制，加快绿色智能制造标准体系建设，争创“中国制造2025”国家级示范区。加快提升新型动力电池、高端绿色家居等优势产业，大力发展以数字经济为核心的新经济，确保规上工业增加值增长8%以上，确保战略性新兴产业增长快于规上工业。突出纺织、建材、蓄电池、金属加工、家具竹木、电梯电机等重点领域，落实创新升级、整合优化、集聚入园、有序退出等举措，淘汰100家以上企业的落后产能，建设小微企业园区15家，新建标准厂房150万平方米，全面加快传统制造业改造提升步伐。加快推动大数据、云计算、人工智能等与制造业融合发展，新增上云标杆企业20家、工业机器人1000台。大力开展品质革命，推进质量标准品牌建设，培育“品字标”企业30家，新增“浙江制造”标准30项，争创全国质量强市示范城市。

大力发展现代服务业。推进国家全域旅游示范区、国家级旅游业改革创新先行区建设，实施以“个十百千万”工程为主体的“龙腾计划”，推动太湖龙之梦项目顺利开业，确保旅游总收入增长10%。深化全国内河水运转型发展示范区建设，促进河海联运、水陆一体，力争内河集装箱吞吐量突破50万标箱。完善城乡物流体系，加快市农产品物流集散中心等项目建设。推进餐饮行业“厨房革命”，打造“放心消费在湖州”品牌。推动乡镇商贸振兴发展、社区商贸提升发展和线上线下融合发展，促进商贸业转型升级。大力培育和扶持创意设计、影视动漫、手游电竞等文化产业。坚持“房子是用来住的，不是用来炒的”定位，强化科学调控，促进房地产业平稳健康发展。

深化农业供给侧结构性改革。全面落实粮食安全责任制，稳定粮食产能，确保供给安全。实施现代渔业绿色发展和茶产业提升行动，整合特色水果、蔬菜、笋竹、花卉苗木等优势产业向园区集中，引领农业生态高效发展。大力发展林下经济。培育做大乡村旅游、精品民宿、农村电商等新业态。推进国家特色农产品优势区创建，建设一批省级现代农业园区、特色农业强镇，发展田园综合体和“星创天地”。大力培育新型农业经营主体和农业品牌，新增市级以上示范性家庭农场50家、市级农业龙头企业15家、新型职业农民1800名、省级以上农业品牌10个。完善农技推广服务体系，推进“互联网+农业”，建成20个省级现代农业科技示范基地。

（二）聚焦创新创业，大力汇聚发展新动能

以最实的举措扩大有效投资。强化招商引资“一号工程”，完善考核评价办法，落实倒逼激励措施，推动各园区平台“70%的人员、70%的精力”用于招商引资和项目推进，确保浙商回归省外到位资金增长10%以上，力争实到外资11亿美元。实施市县（区）长项目工程，主抓一批五十亿、二十亿大项目好项目。主攻工业项目特别是中高端制造业项目的引进推进，确保亿元以上工业项目新开工超过170个、竣工超过100个。深入实施和全面落实促进有效投资的各项政策措施，确保民间投资、重大产业项目投资、高新技术产业投资均增长12%以上，努力实现更高质量、更好效益、更可持续的投资增长。

用最大的力度集聚创新资源。以国家创新型城市建设为引领，实施“1+N”人才强市新政和新一轮南太湖人才工程，全面落实促进大学生就业创业等政策措施，瞄准国内外高校院所集中的区域，精准对接人才资源、创新要素，新引进大学生等各类人才6万名以上、“国千”和“省千”人才20名以上、领军型创新创业团队和人才项目200个左右，新增与大院名校合作共建的创新载体15家。促进湖州师院、湖州职院等地方高校办学与产业发展深度融合，深化与浙江大学等市外高校的合作。加快湖州科技城等重大创新平台建设，高水平打造产业创新服务综合体。鼓励民间资本利用库存楼宇、闲置厂房等存量资源发展众创空间，新增各类众创空间50家。大力推进创新成果转化应用，确保每万人发明专利拥有量达到26件。

靠最好的环境培育企业主体。大力弘扬新时代湖商精神和工匠精神，保护企业家财产权益、创新权益和自主经营权，营造更加优越的营商环境。落实各项降成本、促发展政策措施，有效运作政府产业引导基金，统筹用好涉企专项资金。加大企业梯度培育力度，力争“金象金牛”企业达到18家，启动新一轮“高技术高成长”企业培育计划，新增国家重点扶持高新技术企业90家，完成“个转企”950家、“小升规”400家、“下升上”180家。实施“五年倍增行动”计划，推动企业股改上市和并购重组，力争完成股改100家，新增上市公司6家、挂牌企业20家。推动建筑企业晋升资质、做强做大，力争建筑业总产值增长20%以上。开展第四次全国经济普查。

（三）聚焦深化改革，持续释放制度红利

以深化“最多跑一次”改革促进政府自身改革。深化行政审批制度改革，继续大幅减少审批事项，大幅缩短审批服务时间，大幅下放审批权限，大幅提升网上审批能力，大幅降低审批服务费用。全面推广“一窗受理、集成服务”，确保所有民生事项和企业事项实现“一次办结”，其中80%以上开通网上办理、50%以上的民生事项实现“一证通办”。全面推行企业投资项目承诺报备制改革，进一步减少前置环节，加强事中事后监管，力争项目受理到开工许可的审批时限全省最短。有效运行市大数据管理中心，打破“信息孤岛”，基本实现数据共享，提升“互联网+政务服务”水平。深化公共资源交易集中监管体制改革，进一步规范招投标行为。积极稳妥推进经营类事业单位改革。

以绿色金融改革创新撬动投融资领域改革。坚持绿色金融支持绿色产业、服务实体经济导向，丰富产品、做大规模，确保绿色贷款增速快于全部贷款。推动设立保险公司、民营银行、财务公司等总部型法人金融机构，培育私募基金、股权投资等新业态，推进湖州银行改革发展，加快建设太湖绿色金融小镇、长三角金融后台服务基地、长兴太湖资本广场等集聚平台，确保新增社会融资规模1000亿元以上。打好防范化解重大风险攻坚战，严厉打击非法违规金融活动，继续加强银行不良资产处置和企业资金链担保链风险化解，确保信贷资产质量位居全省前三位。严控政府性债务总量，进一步降低成本、优化结构，确保政府债务率继续下降。深化国企国资改革，狠抓主业发展、效益提升和资产证券化，加大经营性资产整合盘活力度，推动国有企业做强做大、国有资产保值增值。

以“标准地”改革和“五未”土地处置助推要素配置市场化改革。推行企业投资项目“标准地”供地模式，政府设标出让、按标监管，企业对标竞价、照标履约，让有限的新增建设用地资源发挥出最佳效益。深化“亩均论英雄”改革，强化企业分类综合评价结果应用，对批而未供、供而未用、用而未尽、建而未投、投而未达标的建设用地进行专项处置，力争工业亩均税收、单位建设用地生产总值均提高10%，盘活存量建设用地6500亩。开展全域土地综合整治，推进矿地综合利用，科学利用低丘缓坡，严格落实耕地占补平衡。

（四）聚焦对外开放，努力拓展发展格局和空间

主动融入开放大战略。全面对接“一带一路”、长江经济带，开展外向型经济发展提升行动、外向型项目招引行动、跨境电商扩强行动。抢抓“上海2035”规划启动实施的机遇，谋划打造沪湖绿色智造大廊道，加快融入上海同城化都市圈。推动南浔等地更好发挥接轨上海的桥头堡作用。紧密对接宁杭生态经济带、大湾区大花园大通道大都市区、运河文化带等规划建设，进一步凸显湖州在区域发展中的战略地位。全力办好首届联合国世界地理信息大会以及国际锂电池峰会、世界木地板大会、国际乡村旅游大会，向世界展现美丽开放的湖州形象。深化与吉林省白山市等地的对口合作，做好对口支援、东西部扶贫协作以及外事侨务等工作。

加快建设开放大通道。全面实施交通“五年百项千亿”大会战，加速形成接轨沪杭、联通苏皖的大通道，构建外通、内畅、互联的现代综合交通网络，打造全国区域重点联运枢纽城市。实施高铁“三线”攻坚战，全速建设商合杭项目，全线开建沪苏湖项目，力争开工湖州至杭州西项目，加快推进安吉、南浔等配套场站建设，加速实现县区高铁全覆盖。完成宣杭铁路电气化改造，开展中心城市及杭德轨道交通项目前期。加快杭宁高速公路改扩建、杭州绕城高速公路西复线等工程建设，推进织新高速公路、苏台高速公路联络线等项目前期。开工建设申嘉湖高速公路安吉孝源至唐舍段、浙北高等级航道网集装箱运输通道等项目，加快推进京杭运河整治、长湖申航道西延等项目建设。

全力打造开放大平台。高起点谋划建设南太湖绿色发展新区，提升各类集聚区、开发区、高新区、度假区承载能力，加快形成10个万亩大平台的空间布局，争创国家级产业平台。在国家级开发区、高新区开展“证照分离”改革，实施重大平台项目准入新标

准，深化“区域能评+区块能耗标准”“区域环评+环境标准”改革，构筑产业平台体制机制新优势。全面提升特色小镇产业、文化、旅游、社区等融合功能，打造全面践行新发展理念的高端平台。加快建设国际产业合作园，设立B型保税物流中心。

（五）聚焦生态文明，不断提升城乡人居环境

深化生态文明建设领域改革创新。按照“样板地、模范生”的要求，深入推进生态文明先行示范区、“两山”实践创新基地建设，争创践行“两山”理念先行示范区。完善立法、标准、体制“三位一体”的生态文明制度体系，加强生态文明领域地方性法规建设，制订市级地方标准15项以上，完成环保机构监测监察执法垂直管理制度改革，推进自然资源资产产权制度改革，建立健全国有森林资源有偿使用制度，落实“河长制”“湖长制”“林长制”等制度。建立促进绿色生产生活的激励与约束机制，加快构建“生态+电力”模式，全面推行中心城市单位生活垃圾强制分类，创建国家节水型城市，实现市区公交车电动化全覆盖。大力发展绿色建筑，稳步推进装配式建筑。

打好污染防治攻坚战。深入实施“811”美丽湖州建设行动，全域推进美丽湖州建设。开展10条重点河道区域综合治理，创建100个“污水零直排区”，打造1000条美丽生态河道，完成15万亩渔业养殖尾水治理，确保达到或优于Ⅲ类水质的县控及以上断面比例、水环境功能区达标率、县级以上城市集中式饮用水水源地水质达标率均保持100%，“五水共治”再夺大禹鼎。打好蓝天保卫战，开展“蓝天杯”考核，推进PM2.5和臭氧协同治理，实施机动车尾气排放遥感监测，全面禁止秸秆、垃圾露天焚烧，加快推进煤炭减量替代，推动禁止销售燃放烟花爆竹向更广区域拓展，深化挥发性有机物污染治理，确保市区PM2.5浓度下降到每立方米40微克以内、空气质量优良率达到72%以上。启动第二次全国污染源普查。全面开展土壤污染调查，逐步推进污染地块分类治理，完成南太湖垃圾焚烧发电厂四期、固体废物综合利用处置场项目建设。坚持总量压缩、自用为主，从紧从严、依法依规管理矿山，深化全国绿色矿业发展示范区建设，基本完成重点废弃矿山生态修复。

加强城市规划建设管理。完成“湖州城市总规2035”编制，开展第三次全国土地调查，启动新一轮土地利用总体规划编制，推进“多规合一”，建成市规划展览馆。坚持中心城区和长兴、南浔“一体两翼”组团发展，推动德清、安吉组团协同发展，提高全域城市化水平。统筹推进滨湖一体化开发建设，整体提升小梅山核心区块，基本建成湖长二通道，进一步扮靓南太湖65公里黄金岸线。抓好老城有机更新和新区开发建设，有序推进老旧居住区块征收改造，启动内环道路快速化改造，基本贯通湖山大道，建成五一大桥。深入推进“三改一拆”，完成城中村改造任务，争创基本无违建市。以生态修复、城市修补为抓手，改善城市生态环境，增强城市宜居性。巩固提升全国文明城市创建成果，全面实施中心城市精细化管理。推进物联网安防小区建设，规范和提升小区物业管理。加快智慧城市建设，实施市民卡工程，推进“雪亮工程”建设。深入实施小城镇环境综合整治。

打造实施乡村振兴战略示范区。实施产业提升、美丽建设、人文发展、乡村治理、民生优化、制度完善等“六大行动”，高水平创建农业全面现代化、环境全域美丽、生活全民幸福、要素全效流动的乡村振兴示范区。推动美丽乡村全方位提档升级，打造180个A级景区村庄，力争市级美丽乡村基本实现全覆盖。启动实施促进农民增收三年行动计划和新一轮促进低收入农户全面发展行动，努力增加农民收入。全面建成四大重点水利工程，加快推进三大后续工程，基本建成东苕溪绿道。加强农田水利基础设施建设，启动病险水库山塘“清零”行动。提升改造农村公路130公里，争创全国美丽公路示范市。统筹推进农村文化建设和乡村治理，打造100个自治法治德治相结合的善治示范村。全面完成农村“三权”确权登记颁证，稳步开展“活权”改革，深化农村集体资产股份合作制改革，推进承包地、宅基地“三权分置”，推动集体经营性建设用地入市改革，深化“三位一体”农合联建设。

（六）聚焦民生福祉，切实增强人民群众获得感、安全感

提高居民收入和社会保障水平。精准帮扶困难群体就业，完善劳动关系协商机制，统一城乡失业保险政策，完善多层次社会救助机制，推动低保和扶贫政策的有效衔接，健全低保扩面提标机制，打好低收入百姓增收攻坚战。稳步提高退休人员养老保险待遇水平。完善城乡一体化基本医疗保险政策，探索长期护理保险制度。加快养老机构和养老床位建设，推动医养结合。加强妇女儿童权益保障，加大对重病和重残儿童救助力度，确保自闭症、先天性耳聋等患儿全部得到及时救治。推进住房制度改革，进一步扩大住房公积金覆盖面和受益面。大力发展红十字、残疾人、慈善等事业。

加快社会事业改革发展。大力弘扬社会主义核心价值观，选树“最美”典型，让“红马甲”“黄丝巾”等更多正能量温暖湖城。实施新一轮教育布局调整，推进普通高中质量提升工程，确保高考一段上线率有新提高。实施新一轮学前教育发展行动计划，推动义务教育优质均衡发展，完成中职教育现代学徒制改革试点。发展民办教育，推动与知名高校合作办学。推进健康湖州建设，争创健康中国示范区和综合医改先进市。全面推动医疗机构布局优化，启动市中医院迁建等重点项目建设。深化公立医院综合改革，高水平推进医联体建设，加快构建分级诊疗制度。提升智慧健康水平，强化医疗卫生服务能力建设，持续改善群众就医体验。推进人口计生服务管理转型。深入实施文化惠民工程，高标准打造“城市书房”“城市客厅”

"城市阳台"等文化品牌，支持原创精品创作。推进文物活化利用，加强溇港圩田、桑基鱼塘等文化遗产的保护、利用和展示，讲好"丝、茶、笔"等文化故事，办好第九届湖笔文化系列活动。高质量办好第十六届省运会，广泛开展"全民健身与省运同行"群众性体育活动，推动竞技体育、群众体育和体育产业协调发展。

打造共建共治共享的社会治理格局。落实"谁执法谁普法""谁服务谁普法"的普法责任制，增强全社会法治信仰。畅通群众诉求反映渠道，完善人民调解、行政调解、司法调解无缝对接机制，加快仲裁事业发展，注重矛盾纠纷的源头防范和多元化解。加强"基层治理四平台"能力和全科网格规范化建设，夯实社会治理基层基础。以幸福邻里中心建设为切入点，推动社区、社会组织、社会工作者有序参与社会治理，促进政府治理和社会调节、居民自治良性互动。健全守信联合激励和失信联合惩戒机制，营造"诚实守信光荣、背约失信可耻"的社会信用环境。坚持"防为主、防为上"，开展扫黑除恶专项斗争，打造社会治安防控体系升级版，提高社会治理社会化、法治化、智能化和专业化水平。强化从田头到餐桌的全过程监管和智慧监管，保障"舌尖上的安全"，争创省级食品安全市和国家农产品质量安全市。深化安全生产领域改革发展，严格落实安全生产责任制，创新监管机制和手段，清单化排查和整治事故隐患。推进气象现代化，加强应急管理，增强防灾减灾能力。加快构建综合性、全方位、系统化的城市安全发展体系，全力夺取平安金鼎。落实军民融合发展战略，推进人民防空建设，实现省级双拥模范城"八连冠"。扎实做好民族、宗教等工作。

各位代表！增进民生福祉是发展的根本目的。经过广泛征集、深入论证，市人民政府向本次大会提交今年民生实事十二方面的候选项目，提请票决选出其中十个方面。民生实事项目确定后，我们将以高度负责的态度、扎实有力的举措，认真抓好推进和实施，确保群众真正得到实惠。

三、全面加强政府自身建设

越是重任在肩，越要自身过硬。我们要不断深化"四新"主题实践，坚持团结、奋发、担当、高效、干净，全面加强政府自身建设，着力提升政府执行力和公信力，努力建设人民满意的服务型政府。

*（一）始终坚持不忘初心、牢记使命，着力打造为民政府。*切实增强"四个意识"，坚定"四个自信"，坚决同以习近平同志为核心的党中央保持高度一致，不折不扣贯彻落实好省委、省政府和市委各项决策部署。扎实开展"不忘初心、牢记使命"主题教育，坚定理想信念，坚守人民立场，永葆蓬勃朝气，勇立时代潮头，带着初心和使命干好政府工作。把人民对美好生活的向往作为奋斗目标，牢记群众之事无小事、企业之事无小事，大兴调查研究之风，走进基层、走进一线、走进矛盾，从一件件"关键小事"抓起，切实解决发展所需、群众所盼的实际问题，以改革发展的实际成效取信于民、造福于民。

*（二）始终坚持大抓落实、大干实事，着力打造有为政府。*优化政府机构设置和职能配置，深化机构改革，加快形成职责明确、依法行政的政府治理体系。以奋发有为的精神状态、勤勉务实的工作作风，出实招、办实事、求实效。坚决不搞虚假政绩、不搞数字游戏，始终突出"六重"工作，继续排出一批于当前迫切、对长远有利的重大事项，一件一件抓好落实。进一步完善抓落实的工作机制，确保事事有人干、人人有责任。加强督促检查和绩效管理，全面整治庸政懒政怠政，加大对工作落实不力、效能低下、敷衍塞责、弄虚作假等行为的追责问责力度。建立健全正向激励和容错纠错机制，为敢闯敢试者撑腰，给改革创新者鼓劲，让广大公务人员愿干事、敢干事、能干事、干成事。

*（三）始终坚持依法行政、公开透明，着力打造法治政府。*自觉接受人大依法监督和政协民主监督，主动接受司法监督、社会监督和舆论监督。严格遵守宪法法律，深化法治政府建设，推动重点领域立法，加强行政执法规范化建设，完成行政复议体制改革，更好发挥政府法律顾问制度的作用。认真听取民主党派、工商联、无党派人士和人民团体的意见，加强新型智库建设，持续深化"开门听建议"。严格执行行政决策法定程序，完善市人大代表、市政协委员列席市政府常务会议等制度，切实做到"开门作决策"。坚持以公开为常态、不公开为例外，全面推进政务公开，将行政行为放在阳光之下，全面落实"开门晒结果"。

*（四）始终坚持防微杜渐、干净干事，着力打造清廉政府。*坚定不移推动全面从严治党，严明纪律规矩，坚持"一岗双责"、以上率下，层层压实责任，狠抓清廉湖州建设各项任务落实，持续提升政府系统从严管党治党水平。严格执行贯彻落实中央八项规定实施细则的办法，坚决防止隐形变异的"四风"问题反弹回潮。牢记廉洁之事无小事，全力支持纪检监察机关履行职责，严查侵害群众利益的不正之风和腐败问题，切实做到干部清正、政府清廉。完成事业单位和国有企业公务用车制度改革，进一步规范机关事业单位资产管理。推进审计体制改革，在政策落实、权力运行、公共资金、重大工程、自然资源资产等领域，全面加强审计监督，不断完善权力运行的制约监督机制。

各位代表！新时代开启新征程，新使命呼唤新担当。让我们高举习近平新时代中国特色社会主义思想伟大旗帜，在中共湖州市委的领导下，团结一心、锐意进取、脚踏实地、埋头苦干，为加快赶超发展，高质量建设现代化生态型滨湖大城市、高水平全面建成小康社会而努力奋斗！

中国人民政治协商会议
第八届湖州市委员会常务委员会工作报告

——在政协第八届湖州市委员会第二次会议上

湖州市政协主席　杨建新

（2018 年 3 月 27 日）

各位委员：

我代表政协第八届湖州市委员会常务委员会，向大会报告工作，请予审议，并请列席会议的同志提出意见。

一、2017 年主要工作

2017 年是新一届市政协起步之年。在中共湖州市委的坚强领导下，市政协常委会深入学习习近平新时代中国特色社会主义思想，全面贯彻市第八次党代会精神，坚持团结和民主两大主题，认真履行政治协商、民主监督、参政议政职能，在传承历届政协工作经验的基础上不断开拓创新，有力推动了我市人民政协事业取得新进步，为全市加快赶超、实现“两高”做出了积极贡献。

（一）坚定政治方向开启新征程

切实提高政治站位。始终把坚持和发展中国特色社会主义作为巩固共同思想政治基础的主轴，牢固树立政治意识、大局意识、核心意识、看齐意识，切实增强道路自信、理论自信、制度自信、文化自信。坚决贯彻党的基本理论、基本路线、基本方略，始终在政治立场、政治方向、政治原则、政治道路上同以习近平同志为核心的中共中央保持高度一致。认真践行市委对政协提出的“画好同心圆、奏响大合唱、架实连心桥、争做实干家”的工作要求，努力把全市各级政协组织、政协各参加单位和广大政协委员的思想行动统一到市委的重大决策部署上来。

着力加强理论武装。按照中央和省、市委的部署要求，及时传达学习习近平新时代中国特色社会主义思想和中共十九大精神，深入学习贯彻习近平总书记关于人民政协的重要指示精神、中共中央关于加强政协协商民主建设、加强和改进政协民主监督工作等制度文件，认真组织学习省、市党代会和市委八届二次、三次全会精神，通过市政协党组会议、主席会议、主席读书会、理论学习中心组学习等形式，全年开展专题学习 19 次。

精心谋定工作思路。围绕市委“四新”主题实践和政协年度目标任务开展集中调研，市政协主席会议成员带头深入各民主党派、工商联和有关人民团体以及市直部门、区县乡镇、基层群众等，广泛听取意见建议，进一步集众智、汇众力、谋众举。与市委、市政府联合制定实施《2017 年度协商工作计划》，细化排定年度履职 24 项清单式任务，严格实施项目化推进，努力做到全年工作目标明确、重点突出、路径清晰，为新一届政协履职开好局、起好步奠定扎实基础。

（二）聚焦中心工作展现新作为

围绕重大决策部署开展协商议政。精心选择“扎实建设‘中国制造 2025’试点示范城市，加快绿色发展”主题，与市委书记开展“面对面”协商建言，就打造新型产业体系、构建协调创新体系、健全人才引育体系、完善配套政策体系、提升城市国际化水平等 5 个专题提出对策建议，并得到相关方面的积极吸收采纳；《人民政协报》以“打造绿色智造的‘湖州样本’”为题在头版予以报道。精心选择“全面推进‘最多跑一次’改革，打造政府服务高地”主题，与市长开展“面对面”协商议政，从简化投资项目审批、完善信息平台建设、科学界定“容缺受理”等提出 5 个方面 19 条意见建议，政府有关部门逐条进行办理反馈，特别是改进项目竣工验收、加强中介机构引培、简化办事证明等建议得到及时有效办理落实。两次“面对面”活动提出的对策建议，都得到了市党政主要领导的充分肯定。精心选择“关于湖州中心城市轨道交通规划和建设问题的研究”主题，扎实深入开展调研，组织召开市政协八届二次常委会议进行专题协商，在首建线路、制式选择、资金筹措等方面提出对策，形成 1 份建议案和 1 份调研报告，为我市轨道交通规划建设决策提供参考。

围绕热点难点问题开展民主监督。积极参与省政协持续开展的三级政协联动“五水共治”专项集体民主监督，组织市、区县两级委员开展全面剿灭劣 V 类水“干、查、督”大行动。紧扣“六重”工作、《当前需抓紧落实的 26 件重大事项》，与市政府联合召开委派民主监督小组工作会议，就做实政府产业基金、加快湖州科技城建设、加强“金蓝领”技能人才培训、完善绿色银行评级制度等主题，组建 8 个民主监督小组，分别委派到相关市级部门，开展定题定点式监督，形成 8 份《民主监督建议书》报送市委、市政府及受派部门，切实做到开展监督有计划、有主题、有载体、有成效。选择城乡生活垃圾分类处置、小城镇环境综合整治、裸露矿山复绿、农村危房改造等有关重点难点问题，扎实开展视察监督，努力助推党委政府重大决策部署的贯彻落实。

围绕重点工作任务开展建言献策。着力聚焦“两山”理念践行、生态文明先行示范区建设、城市总规修编、滨湖一体化、特色小镇建设、全域旅游发展等，深入开展调研，积极咨政建言。特别就全国文明城市创建、城中村改造攻坚等中心工作，向全市各级政协组织、政协各参加单位和广大政协委员发出倡议书和通知，广泛开展“我为全国文明城市创建献一计”活动，共收集到意见建议100多条，及时整理报送有关职能部门，为我市重点工作推进凝心聚力、献计出力。

（三）坚持履职为民强化新担当

真心体察民忧民愿。围绕人民群众关心关注的切身利益问题，就促进农民增收、加强动物安全检疫、打造医联体、强化农村饮用水安全管理、规范中心城区流动摊贩、加强学校周边食品安全监管等关键“小事”，广泛动员和组织市、区县政协委员走进基层、深入群众，积极视察监督，助推民生改善。一年来，共组织涉及民生方面的调研督查50余次、形成大会发言26份、提交政协提案210余件，努力让群众真切感到政协离自己很近、政协委员就在身边。

真实反映社情民意。充分发挥人民政协联系广泛、渠道畅通的优势，积极做好反映社情民意信息工作，全年编发各类《社情民意专报》130多期，其中《建议将区域特色农产品标准化作为农业科技推广应用的重点》等43期信息，被全国政协和省政协录用；《建议率先试行“山长制”，为统筹推进山水林田湖综合治理提供“浙江方案”》《吸引更多人才来湖创业》等22期信息，得到省、市党政主要领导的批示肯定，为党政科学决策提供参考。反映社情民意信息工作位居全省政协系统考评第2名。

真诚助解民生民困。进一步完善政协委员联系群众、服务群众工作机制，组织动员市、区县两级政协1500多名政协委员，深入城乡社区开展以送文化、卫生、科技、教育、法律、体育“六送下乡”为主要内容的为民服务月活动，及时为基层群众排忧解难。据统计，一年来，全市两级政协共开展医疗义诊1200余人次，组织农业科技、法律宣传、体育健身等知识讲座80余场次，发放各类科普资料1.1万多册，受益群众1.3万余人。积极引导广大政协委员和机关工作人员参与慈善捐赠、爱心助学、扶贫慰问、结对帮扶等公益事业，累计捐款达1000多万元，涌现了美欣达集团、大东吴集团、久盛地板等一批热心慈善的委员法人企业，特别是美欣达集团名列2017年度湖州市慈善排行榜首位。

（四）加强团结联谊凝聚新合力

深化合作共事。牢牢把握人民政协大团结大联合的独特优势，进一步密切市政协党组成员同各民主党派、工商联和有关人民团体的联系。全面贯彻民族宗教政策，促进各界人士像石榴籽一样紧紧抱在一起，共同团结奋斗，共享发展成果。加强与港澳台侨、在外湖州商会会长的联系，联合举办湖州港澳乡亲和台湾同乡新春团拜会，协助开展“海外侨胞故乡行”，广泛动员参与湖商大会，不断激发其在湖投资兴业的积极性。

密切交流交往。精心做好全国政协、省政协和兄弟市政协来湖视察调研的服务保障工作。切实发挥市政协之友社、书画联谊会、民营经济促进会作用。关心重视老干部工作，精心举办离退休老干部座谈会。参加八省十四市政协工作交流会和十一省二十一市政协书画联展，积极宣传我市经济社会发展和生态文明建设成果，努力扩大湖州在外知晓度和美誉度。

助推文化发展。探索创新方法路径，推进政协文史资料的内容系列化、编撰精品化、成果品牌化建设，编辑出版《湖州文史——近现代湖州书画家纪实》，充分彰显文史工作“存史、资政、团结、育人”的独特作用。围绕推进国家历史文化名城建设，组织政协委员就传承地域特色文化、保护农业文化遗产、建立桑基鱼塘主题公园等开展调研、提出提案，助力湖州“瓷之源”品牌建设，助推“桑基鱼塘系统”列入全球重要农业文化遗产。

（五）秉持传承创新打造新亮点

发挥委员主体作用。政协的历史要靠委员来书写，政协的风采要靠委员来展现。一年来，市政协常委会充分发挥全市各级政协委员的阵地、桥梁、旗帜作用，引导委员在政协履职和本职岗位上两手抓、双建功、当表率。坚持完善市政协主席会议成员联系走访委员制度，全面了解广大委员的创新创业动态和履职建议，全年走访委员300余人次。修订完善《委员履行职责若干规定》《委员履职考评办法》，建立委员履职数据库，实施委员履职全面评估。开展委员全员集中培训，组织年度优秀委员评选表彰，着力提高委员履职能力，进一步增强委员的责任感、使命感和自豪感。

提升提案工作实效。深化完善市委、市政府领导领办各民主党派、工商联重点集体提案机制，加强重点提案遴选和督办，市政协八届一次会议以来立案的311件提案已全部办结。制定出台《关于开展常委会民主评议提案办理工作的办法》，首次在市政协常委会议上对市农业局、市卫生计生局、市旅发委开展提案办理民主评议，并形成提案办理民主评议报告，大力促进提案办理成果转化落实。制定实施《市级部门（单位）政协提案办理工作考核细则》，创新开展提案选题协商活动，认真组织提案办理“回头看”，努力使提案工作更加规范、更为精准、更富实效。

注重一线攻坚作为。按照《市委关于完善市领导联系制度的实施方案》要求，统筹开展好市政协领导“六联”和市政协机关联系村（社区）工作，认真协调反映企业和群众生产生活中的实际问题。市政协主席会议成员积极参与“进千村入万企大宣讲促赶超”

专项活动、“河长制”“路长制”、落实“中央环保督察边督边改”和环境安全大督查、坐班接访和包案督导信访积案等工作。两位副主席负责牵头联系绿色家居和现代纺织产业发展，指导制定相关规划，切实助推产业转型发展。

（六）践行严实要求树立新形象

完善制度体系。换届以来，常委会在梳理总结历届政协工作基础上，紧密结合新时代人民政协工作实际，先后修订完善市政协党组、主席会议、常委会工作规则和关于加强自身建设的意见，修订出台《区县政协工作年度考核办法》《关于加强界别工作的意见》等15份制度文件。特别是协助市委制定下发《关于着力构建人民政协协商议政新格局，切实提高协商民主制度化规范化程序化水平的实施意见》，进一步加强制度的顶层设计，使政协履职更加有制可依、有章可遵、有规可守、有序可循。

注重宣传研究。加强对政协重点工作、重大活动、重要成果的新闻宣传，全年在人民网、《中国政协》《人民政协报》《联谊报》等各级各类媒体刊发报道200余篇。加强政协理论研究，2个课题成果入选《全国政协理论研究年度论文集》；《创新设立高端协商平台，着力提升政协履职实效》获省政协理论研究论文一等奖。首次受邀参加全国政协新闻舆论工作和理论研究年度研讨会，进一步扩大了我市政协工作的影响力。

加强队伍建设。切实加强对专委会工作领导，健全市政协主席会议定期听取和研究专委会工作机制。充分发挥界别优势，建立界别活动组召集人和联络员制度，探索界别工作多样化、常态化机制，推进界别工作更加规范有效。大力加强政协机关干部队伍建设，扎实开展“四新”主题实践，深入推进市政协“两学一做”学习教育常态化制度化，创新举办“湖州政协·崇学讲坛”。严格执行中共中央八项规定精神和实施细则及市委制定的办法，驰而不息纠正“四风”，支持派驻市政协机关纪检监察组开展工作，高标准严要求抓好机关党风廉政建设和反腐败工作，努力打造一支“懂政协、会协商、善议政，守纪律、讲规矩、重品行”的政协铁军。

各位委员！中共湖州市委对市政协工作高度重视、十分关心，始终把政协工作纳入全局统一谋划、部署和推进，为政协履行职能、发挥作用提供了坚强保证，创造了良好条件。换届以来，市委、市政府主要领导参加市政协会议活动11人次，对市政协工作作出批示25件次；市委、市政府其他领导参加市政协会议活动33人次，作出批示15件次。

各位委员！一年来，各区县政协在当地党委的坚强领导下，开拓创新、务实奋进，成效明显、亮点纷呈，吴兴区政协持续开展履职“双建”大比拼，南浔区政协创新设立委员界别工作室，德清县政协实施提案办理跨届追办机制，长兴县政协加强委员服务管理，安吉县政协借力社情民意信息提升“两山”品牌等等，为推进我市人民政协事业发展作出了积极探索，提供了宝贵经验。

各位委员！回顾过去一年的工作，常委会较好地完成了各项目标任务。这是中共湖州市委坚强领导的结果，是市人大常委会、市政府大力支持的结果，是市直各部门各单位和社会各界积极配合的结果，更是全市各级政协组织、政协各参加单位和广大政协委员共同努力的结果。在此，我代表市政协常委会，向大家表示衷心的感谢！

在肯定成绩的同时，常委会也清醒地看到，我们许多工作同新时代新任务的要求相比、同人民群众期待相比还有差距。比如，联系服务群众的途径还需进一步拓展，加强界别工作的举措还需进一步创新，发挥委员主体作用的机制还需进一步完善，政协履职制度化规范化程序化水平还需进一步提升，等等。这些都需要在今后工作中认真研究，切实改进，不断提高。

二、2018年工作总体要求和主要任务

2018年是全面贯彻中共十九大精神的开局之年，是改革开放40周年，是决胜全面建成小康社会、实施“十三五”规划承上启下的关键之年，也是八届市政协全面履职、创新发展的重要之年。在新的一年里，我们要：高举习近平新时代中国特色社会主义思想伟大旗帜，认真贯彻落实中共十九大精神和市第八次党代会、市委八届三次全会决策部署，牢牢把握团结和民主两大主题，充分发挥作为社会主义协商民主重要渠道和专门协商机构作用，坚决维护核心、紧紧围绕中心、倾力服务大局、真情服务群众，认真履行政治协商、民主监督、参政议政职能，着力构建我市人民政协“1246 + X”协商议政新格局，与时俱进推动我市政协事业蓬勃发展，努力为我市奋力当好践行“两山”理念的样板地、模范生，加快赶超、实现“两高”广泛凝聚共识、凝聚人心、凝聚智慧、凝聚力量。具体要把握好五个方面：

一是要把“坚持党对一切工作的领导”体现到政协整体工作的政治方向上来。中国特色社会主义最本质的特征是中国共产党领导。党政军民学，东西南北中，党是领导一切的。做好政协工作，最根本是要坚持中国共产党的领导，坚定不移地维护以习近平同志为核心的中共中央权威，进一步增强“四个意识”、坚定“四个自信”，切实做到思想上充分信赖、政治上坚决拥护、组织上自觉服从、情感上深刻认同。

二是要把“坚持以人民为中心”体现到政协履职为民的价值追求上来。人民政协为人民，是政协组织与生俱来的本质属性，也是政协履职的基本准则。我们要坚定自觉地把人民群众放在心中至高无上的位置，积极顺应新时代社会主要矛盾的新变化和人民群众对美好生活的新期待，把为民、利民、助民体现到履职工作的各个方面，力促改革发展成果更多更公平地惠及全市人民。

三是要把“坚持新发展理念”体现到政协建言献

策的实际行动上来。坚定不移贯彻创新、协调、绿色、开放、共享的发展理念，集中体现了当前和今后更长时期我国的发展思路、发展方向、发展着力点，也是人民政协履职的重要遵循。我们要坚持以新发展理念为引领，聚焦党委政府中心任务，建诤言、献良策、出实招，着力推动全市高质量发展。

四是要把“坚持社会主义协商民主”体现到政协协商议政的制度安排上来。有事好商量，众人的事情由众人商量，是人民民主的真谛。我们要认真贯彻市委实施意见，着力构建以政协全体会议集中协商为龙头，以“面对面”高端协商、政协常委会议例会协商、双月座谈协商为重点，以对口协商、界别协商、提案办理协商、政协基层协商等为常态的“1246 + X”协商议政新格局，扎实推进协商民主在我市的生动实践。

五是要把“坚持全面从严治党”体现到政协自身建设的具体要求上来。全面从严治党永远在路上。我们要在政协自身建设中，进一步贯彻新时代党的建设总要求，把加强党的政治建设摆在首位，严守政治纪律和政治规矩，不断深化“四新”主题实践，进一步筑牢防线、守住底线、不越红线，确保信念过硬、政治过硬、责任过硬、能力过硬、作风过硬。

根据上述指导思想和总体要求，2018 年我们要着重抓好以下五个方面的工作。

（一）筑牢思想基础，始终做到坚决维护核心。思想建设是基础性建设。要坚持深学笃行中共十九大精神，将学懂弄通做实要求落到实处，真正做到内化于心、外化于行、实化于效。一要着力增进政治共识。坚定自觉用习近平新时代中国特色社会主义思想武装头脑，始终同以习近平同志为核心的中共中央保持高度一致，坚决维护中共中央的权威和集中统一领导，切实增强各党派团体、社会各界人士对新时代中国特色社会主义的政治认同和思想认同。二要着力把握履职方向。深刻领会新时代中共中央对人民政协工作的新要求，明确人民政协的新方位新使命，进一步加强对政协工作特点和规律的研究把握。不断强化理论引领，深化专题研究，务求政协履职更加体现方向性、把握规律性、保持时代性、富有创造性。三要着力推动工作实践。坚持以中共十九大精神和省、市委重大决策部署为引领，科学谋划政协各项履职任务，大力推动政治协商更加有方、民主监督更加有力、参政议政更加有效，使政协工作接续推进、行稳致远、永葆活力。

（二）深化协商议政，始终做到紧紧围绕中心。商以求同，协以成事。要充分发挥人民政协的独特优势和作用，认真按照市委出台的《关于着力构建人民政协协商议政新格局，切实提高协商民主制度化规范化程序化水平的实施意见》和《市委市政府市政协 2018 年度协商工作计划》，聚焦党委政府中心任务，深度调研、广泛协商、有效建言。一要深入开展高端和重点课题协商。围绕事关改革发展中的重大问题，精心选择“全力推进滨湖一体化，加快建设湖州南太湖绿色发展新区”和“加大人才引育力度，打造我市创新创业高地”两大主题，分别举办市委书记、市长与政协委员“面对面”活动，开展高端协商；就“关于新时代背景下深度接轨大上海、融入长三角，推动我市高质量发展的对策研究”重点课题，开展市政协常委会议专题协商。同时，根据市委安排，就市委全会重大决策部署开展专题政治协商。二要创新举办双月座谈协商。围绕人民群众关心关注的民生问题，就加强居民小区物业管理、构建大气污染防治长效机制、加强普惠性幼儿园建设等议题，组织委员与政府有关部门，以座谈会形式，开展双月座谈协商，广泛听取民意，提出意见建议，助推问题解决。三要探索推进政协基层协商。加强顶层设计与基层探索“两个互动”，总结和推广村（社区）议事会、委员工作室、民主恳谈会等基层协商形式，贯通基层居民自治与政协基层协商渠道，打通基层协商“最后一公里”，推动基层社会治理水平的不断提升。

（三）加强民主监督，始终做到倾力服务大局。助推党委政府重要决策部署的贯彻落实，是人民政协民主监督的重中之重。要坚持从党政所思、群众所盼、政协所能出发，高度自觉护大局、助大局、利大局，在有效监督助推中充分发挥钉钉子抓落实的重要一锤作用。一要联动开展专项民主监督。认真贯彻落实中共中央和省委《关于加强和改进人民政协民主监督工作的意见》精神，协助市委制定出台我市进一步加强政协民主监督的意见，规范有序推进民主监督。围绕城乡生活垃圾分类处理，组织参与全省三级政协联动专项集体民主监督；围绕深化“最多跑一次”改革落实情况开展专项集体民主监督。二要持续深化委派民主监督。围绕做强重点产业引导基金、加快湖州科技城建设等主题，认真做好委派民主监督小组工作，形成《民主监督建议书》，积极助推党政决策落到实处。三要有效实施提案办理监督。研究制定《关于进一步提高提案质量的意见》，不断完善市委、市政府领导领办重点集体提案机制，认真开展提案选题协商、市政协常委会民主评议提案办理、承办单位提案办理考核、提案办理“回头看”等工作，进一步增强提案办理实效。

（四）维护民生民利，始终做到真情服务群众。时代是出卷人，我们是答卷人，人民是阅卷人。要把更好满足人民日益增长的美好生活需要，作为政协全部工作的出发点和落脚点，多谋为民之策、多献利民之计、多行惠民之举。一要积极助力改善民生。通过政协提案、大会发言、专题调研、监督视察、社情民意信息等方式，积极反映民声，认真为民建言。组织各界别委员围绕践行“两山”理念、推进公共服务均等化等开展调研视察，围绕小城镇环境综合整治、城乡供水一体化、健康湖州建设等进行跟踪督查。二要大力帮扶助解民困。健全完善政协委员联系群众、服务群众工作机制，广泛动员组织市、区县两级政协委员深入城乡社区和困难家庭，竭力助解民困民忧民难。集中开展以“六送下乡”为主要内容的为民服务月等公益活动，努力以实际行动把履职为民的理念立得更牢、扎得更深、践得更实。三要广泛联谊促进民和。牢牢把握大团结大联合的主题，充分发挥广泛代表性的统一战线组织作用，健全与市各民主党派、工商联和无党派人士的合作共事机制，进一步加强与各界人士的密切联系。创新工作载体，完善与港澳台侨人士、民族宗教界人士和在外湖商的联系服务长效机制，组织来湖参观考察，为其在湖投资兴业搭桥铺路，努力为我市经济社会发展融合各方、汇聚智慧、贡献力量。

（五）提升能力素质，始终做到高效履行职责。打铁必须自身硬。要坚持以更高标准从严从实加强自身建设，着力打造高素质的政协委员和机关干部队伍。一要加强委员队伍建设。完善市政协主席会议成员联系走访委员制度，广泛听取委员意见建议。实施委员学习培训五年规划和年度计划，开展有针对性的专题培训。修订《政协湖州市委员会优秀委员评选表彰办法》，健全委员履职考评体系，切实用事业凝聚委员、用机制激励委员、用真情服务委员，充分激发委员的主体意识，让委员在政协履职中唱主角、担主责、当主力。二要加强专委会和界别建设。注重发挥政协专委会的基础性作用，修订《专委会通则》，完善以专委会为依托的政协专题调研、视察、协商等工作机制，确保扎实有效地开展工作。大力发挥政协界别的特色作用，推广设立“界别活动室”，努力拓展界别工作内涵，丰富界别工作形式，注重界别工作规范，增强界别工作实效。三要加强政协机关建设。认真开展“不忘初心、牢记使命”主题教育。按照打造“委员之家”和“智慧政协”的要求，不断增强政协机关干部的责任意识、服务意识和创新意识，着力提升机关信息化水平，进一步营造风清气正、团结友爱、和谐融洽的良好工作氛围。加强对区县政协工作的联系联络，形成更强履职合力。

各位委员！新时代赋予新使命，新征程催发新担当。让我们更加紧密地团结在以习近平同志为核心的中共中央周围，高举习近平新时代中国特色社会主义思想伟大旗帜，在中共湖州市委的坚强领导下，凝心聚力、锐意进取、扎实工作，不断推动人民政协事业蓬勃发展，为我市奋力当好践行“两山”理念的样板地、模范生，加快赶超、实现“两高”作出新的更大贡献！

大 事 记

·2017年湖州市大事记·

1月

4日，市领导裘东耀、陈伟俊分别主持召开座谈会，邀请市各民主党派、工商联负责人和老干部参加，听取对市委常委会班子及成员的意见和建议。

4~5日，市领导金建新、夏文星、董立新，分别带队在县（区）督查安全生产大检查工作落实情况。

5日，中央编办副主任李晓全，在德清县调研金融监管体制有关工作。

5~6日，省政府办公厅副主任、省治水办副主任傅晓风，带领考核组在湖州考核湖州市2016年度“五水共治”和美丽浙江建设工作。

6日，湖州市委召开经济工作会议。

是日，湖州市和浙江大学联合举行市校合作第十次年会。省政协副主席孙文友、浙江大学党委书记金德水、浙大校长吴朝晖、浙大发展委员会主席张曦，市领导裘东耀、陈伟俊等参加。

9日，国务院侨办副主任、中国侨商会常务副会长王晓萍，在湖州市考察芯启源电子科技有限公司等企业。

是日，湖州市举行湖州方志馆开馆仪式。

10~24日，省领导任泽民、郑继伟，市领导裘东耀、陈伟俊、朱坤民、吴水霖等，分别在各县（区）走访慰问低保对象、优抚对象、困难党员、困难劳模、困难残疾人、困难职工、困难企业和福利院、敬老院等。

11日，全省小城镇环境综合整治工作现场会在德清县召开。省委副书记袁家军到会并讲话。

12日，湖州市委召开2016年度县（区）委书记抓基层党建工作述职评议会。

13日，湖州市举行“大爱湖州、温暖你我”2016年度四大“最美”系列评选活动颁奖典礼。

14日，湖州市中级人民法院召开首批员额法官宣誓仪式暨“荣誉天平奖章”授奖典礼。

14~22日，市领导裘东耀、陈伟俊等，分别走访慰问市级离退休老干部，代表市委、市人大、市政府、市政协，向他们致以新春的祝福。

22日，杭长高速公路北延工程正式通车。副省长高兴夫出席通车仪式并宣布通车。

是日，市委书记裘东耀在湖州开发区、吴兴区基层企业、车站和人员密集场所，实地检查安全生产工作。

23日，湖州市召开2017年工商企业界人士新春联谊会。

24日，湖州市召开市纪委七届六次全会。

25日，湖州市召开2017年新春团拜会。

是日，市领导裘东耀、陈伟俊等，看望慰问坚守岗位的一线员工，向全市春节期间仍然奋战在工作一线的干部职工致以新春祝福。

是日，市委副书记、市长陈伟俊，在吴兴区、湖州开发区有关重点单位和场所检查安全生产工作。

27日，年三十，市委书记裘东耀在市消防支队看望慰问坚守岗位的消防官兵。

28日，大年初一，市委书记裘东耀走访慰问电力、水务、燃气和公用事业管理中心等节日期间值班值守的应急抢修人员。

2月

3日，春节假期后上班第一天，省领导夏宝龙、朱从玖、姚克，市领导裘东耀、陈伟俊、朱坤民、吴水霖等在湖州市各地，开展新春下基层调研活动。

4日，湖州市召开全市深化“四个年”活动暨作风建设动员大会，全面部署深化转型升级会战年、城乡一体提升年、文明创建攻坚年、基层组织加强年“四个年”活动。

是日，市委书记裘东耀，在湖州经济技术开发区和太湖旅游度假区走访调研企业，向广大企业家和员工祝贺新春。

7日，湖州市委召开政法工作会议。

8日，市委书记裘东耀主持召开县（区）委书记座谈会，征求对市第八次党代会工作报告的意见和建议，听取县（区）做好“两会”筹备、组建监察委员会以及“开门红”等工作情况汇报。

是日，市委书记裘东耀在长兴县走访调研企业，向企业员工祝贺新春。

是日，湖州市召开全市国税工作会议。

9日，市委书记裘东耀在南浔区和孚镇调研基层组织建设整乡推进工作。

10日，湖州市政协召开专题政治协商会议，围绕市第八次党代会报告（征求意见稿）进行政治协商。

13日，湖州市举行全市深化“转型升级会战年”

重大工业项目集中开工仪式。

13～14日，科技部社会发展科技司司长吴远彬率领考察组，在湖州调研湖州市争创国家可持续发展议程创新示范区工作。

13～14日，国土资源部副部长张德霖，在湖州市实地考察农村土地制度改革情况。

14日，湖州市召开全市财政地税和审计工作会议。

15日，湖州市委召开民主党派、工商联及无党派人士座谈会，征求对市第八次党代会报告的意见和建议。

是日，湖州市召开经济责任审计联席会议。

15～16日，省人大常委会副主任程渭山，在湖州市调研苕溪流域水环境治理工作。

17日，湖州市举行2017年湖州市重大旅游项目洽谈会。

是日，湖州市委召开老干部座谈会，征求对市第八次党代会报告的意见和建议。

18日，省委决定：陈伟俊任中共湖州市委书记；钱三雄任中共湖州市委委员、常委、副书记；梁雪冬任中共湖州市委委员、常委、市纪律检查委员会委员、常委、书记；范庆瑜任中共湖州市委委员、常委。免去陈浩的中共湖州市纪律检查委员会书记、常委、委员职务。

21日，湖州市委、市政府召开全市美丽乡村建设推进会。

是日，市委副书记钱三雄在基层走访调研，与干部群众共谋赶超发展大计。

23日，市委副书记钱三雄在安吉县走访调研，看望基层干部群众，了解经济运行情况。

是日，湖州市召开全市信访工作会议。

24日，湖州天心天思互联网软件有限公司与中国航天系统工程有限公司在吴兴区总部自由港签署战略合作协议。

28日，市领导陈伟俊、钱三雄等到出席市第八次党代会的市级机关、德清县、长兴县、安吉县、南浔区、企事业单位和部队、吴兴区等代表团驻地，看望党代表和列席人员。

3月

1～4日，湖州市召开中国共产党湖州市第八次代表大会。1日，举行开幕式，陈伟俊代表中共湖州市第七届委员会向大会作题为《把握历史方位，加快赶超发展，为高质量建设现代化生态型滨湖大城市、高水平全面建成小康社会而努力奋斗》的报告。4日，选举产生中共湖州市第八届委员会委员、候补委员，中共湖州市第八届纪律检查委员会委员，湖州市出席省第十四次党代会代表；通过关于七届市委报告的决议和关于七届市纪委工作报告的决议，通报代表提案审查报告。

4日，湖州市召开中国共产党湖州市第八届委员会第一次全体会议。会议差额选举产生中国共产党湖州市第八届委员会常务委员会委员，等额选举产生中国共产党湖州市第八届委员会书记、副书记。陈伟俊当选市委书记，钱三雄、陈浩当选市委副书记。

6～8日，省委副书记、政法委书记袁家军在湖州检查平安建设工作。

7～8日，市委书记陈伟俊率领八届市委全体人员开展集体学习考察，重温习近平总书记“两山”理论和“一定要把南太湖建设好”的重要指示精神。

8～10日，中国工程院院士钱旭红，带领中国工程院联合工信部组成的“绿色制造发展战略研究”课题组在湖州市调研。

9日，市委书记陈伟俊分别在市纪委、市委组织部、市委宣传部、市委统战部进行调研。

10日，湖州市春季义务植树活动拉开序幕，市领导陈伟俊、钱三雄、吴水霖等带领各级机关干部、社会志愿者在318国道改建工程南浔段，开展义务植树活动。

是日，余姚市委书记奚明，市委副书记、市长潘银浩，率领余姚市党政代表团在湖州市考察。

是日，市委书记陈伟俊会见在湖州考察的中国恒天集团董事长张杰和东北虎女装品牌、御锦文化创意有限公司负责人。

是日，湖州市召开全市安全生产工作视频会议。

13日，湖州市委召开全市党建工作会议暨“四新”主题实践动员会。

13～15日，爱尔兰友好代表团在湖州访问考察。爱尔兰公共工程与洪水防治国务部长肖恩·坎尼、驻华大使康宝乐、国会议员诺埃尔·格里利什等参加。

14日，台州市委书记王昌荣、市委副书记吴海平，率领台州市党政代表团在湖州市考察。

17日，副省长孙景淼在湖州市调研休闲农业和乡村旅游发展情况，并参加森林消防宣传日活动。

18日，市委副书记、代市长钱三雄调研水利、气象工作。

21日，市委书记陈伟俊以市级“河长”身份在西苕溪沿线检查指导治水工作。

是日，市委副书记、代市长钱三雄以东苕溪“河长”身份在东苕溪沿线，实地调研治水工作。

23日，市委书记陈伟俊在深圳考察有关企业，参加深圳湖州商会全体会员大会。

是日，湖州市召开全市国土资源工作会议。

23～24日，省政协副主席陈艳华率省政协“五水共治”专项集体民主监督“干、查、督”大行动第三督导组在湖州市督导。

24日，湖州市召开全市生态文明建设暨治水治气治土治矿工作推进会。

25～26日，由中国工程院院长周济院士担任组长，工信部领导和中国工程院及国家制造强国建设咨询委专家组成的“中国制造2025”城市试点示范国家考察评估组，在湖州市现场考察评估创建工作。

27～28日，市领导陈伟俊、钱三雄，率领市党政代表团，在杭州市、宁波市学习考察。

29日，副省长熊建平在湖州市调研剿灭劣Ⅴ类水工作。

30日，省委常委、组织部部长任振鹤，在湖州市调研基层党建工作。

30～31日，全国人大常委会委员、财经委主任委员李盛霖，在湖州市调研推进供给侧结构性改革、加快制造业转型升级工作。

30～31日，全国水资源管理工作座谈会在德清县召开。水利部副部长陆桂华到会并讲话。

30～4月1日，国家旅游局副局长王晓峰，在湖州市调研民宿经济、旅游标准化和全域旅游。

31日，全省建设平安浙江工作会议召开，湖州市连续第十年荣获“平安市”称号，三县两区均获“平安县（区）”称号，其中德清县、安吉县、南浔区捧得“平安金鼎”。

3月31日～4月1日，国家安全生产监督管理总局和国际劳工组织，在湖州市举办企业可持续发展项目（SCORE）推广活动，对湖州市相关经验成果全面推广应用。

4月

1日，全省公安基层基础和治安防控工作会议在湖州召开。省委常委、公安厅厅长徐加爱到会并讲话。

是日，钱壮飞纪念馆“全国国家安全教育基地”揭牌活动在湖州市革命烈士陵园举行。国家安全部领导和省委常委、省公安厅厅长徐加爱参加。

是日，中国气象局党组书记、局长刘雅鸣在湖州市调研汛期气象服务工作。

5日，湖州市召开全市“六重”工作暨“最多跑一次”改革动员部署会。

是日，湖州军分区召开党委四届十六次全体（扩大）会议。

6日，市委书记陈伟俊到联系镇吴兴区织里镇和联系村织里村调研剿灭劣Ⅴ类水和村（社）换届工作。

5～6日，全省推进工业设计发展工作现场会在湖州市召开。副省长冯飞到会并讲话。

6～7日，省政协副主席黄旭明在湖州市调研农村生活污水治理工作。

7日，市委副书记、代市长钱三雄在南浔区调研剿灭劣Ⅴ类水体工作。

8～9日，广东省委常委、省纪委书记黄先耀在湖州市考察纪检监察工作。

10～11日，由农业部和浙江省人民政府共同主办的全国休闲农业和乡村旅游大会在安吉县召开。农业部部长韩长赋到会并讲话，省委副书记、省长车俊致辞，并共同启动“中国美丽乡村休闲旅游行”活动。

10～11日，省人大常委会党组书记、副主任王辉忠，在湖州市调研人大换届选举和人代会筹备、开展剿灭劣Ⅴ类水专项监督和代表主题活动、民生实事项目代表票决制、预算审查监督等工作。

11日，省政协副主席孙文友，在湖州市调研杭宁高速公路（浙江段）改扩建工程。

是日，湖州市召开2017年一季度全市乡镇（街道）党委书记工作交流会。

是日，市委书记陈伟俊会见在湖州市考察的中国电子商务协会民营经济研究院院长谭小英一行。

11～13日，省人大常委会副主任袁荣祥，在湖州市调研小城镇环境综合整治工作。

13日，湖州市召开“四新”主题实践项目比拼暨唯品会等重大项目集中开工仪式。

17日，湖州市举行湖州开发区重大项目集中签约仪式。

18日，湖州市召开全市建设平安湖州暨综治维稳工作会议。

是日，海王集团生物医药产业园及健康小镇项目，在湖州市举行签约仪式。

19日，湖州市召开全市上市公司并购重组推进会。

是日，市政府与中国出口信用保险公司浙江分公司签署支持湖州境外投资及国际产能和装备制造合作协议。

是日，吴兴区政府与上海游侠汽车有限公司签署合作协议，计划在吴兴区建设游侠汽车（湖州）超级工厂项目。

21～25日，湖州市召开市政协八届一次会议。21日，举行开幕式，七届市政协主席吴水霖向大会作工作报告。23日，举行第二次全体会议，听取委员大会发言。25日，选举产生政协八届委员会主席、副主席、秘书长、常务委员，杨建新当选八届市政协主席，李建平、方新旗、魏明、钟鸣、高东、叶理中、葛伟、竺鸰当选八届市政协副主席，钮建新当选八届市政协秘书长。是日，举行闭幕式，会议通过政协第八届湖州市委员会第一次会议提案审查委员会关于八届一次全会提案收集初审情况的报告，通过政协第八届湖州市委员会第一次会议决议。

21日，市领导陈伟俊、钱三雄、吴水霖等，会见参加市“两会”的政协港澳委员和在湖州的港澳台侨投资企业代表及在外湖州商会会长。

22～27日，湖州市召开市八届人大一次会议。22日，举行开幕式，代市长钱三雄代表市政府作《政府工作报告》。24日，市七届人大常委会主任朱坤民作湖州市人民代表大会常务委员会工作报告，市中级人民法院代院长李章军和市人民检察院代检察长孙颖作工作报告。26日，依法选举产生市八届人大常委会主任、市人民政府市长、市监察委员会主任、市中级人民法院院长、市人民检察院检察长，胡菁菁当选市八届人大常委会主任、钱三雄当选市人民政府市长、梁雪冬当选市监察委员会主任、李章军当选市中级人民法院院长、孙颖当选市人民检察院检察长。是日，依法选举产生市八届人大常委会副主任、市人民政府副市长。董立新、曹德平、喻运鑫、胡国荣、沈志华、张兰新、项乐民当选为市八届人大常委会副主任，高屹、李上葵、闵云、杨六顺、施根宝、卢跃东当选为副市长。27日，依法选举市八届人大常委会秘书长和委员，票决2017年度湖州市人民政府民生实事项目，通过市八届人大各专门委员会组成人员名单。是日，举行闭幕式，会议通过关于政府工作报告的决议、关于湖州市2016年国民经济和社会发展计划执行情况与2017年国民经济和社会发展计划的决议、关于2016年全市和市本级预算执行情况及2017年全市和市本级预算的决议、关于湖州市人民代表大会常务委员会工作报告的决议、关于湖州市中级人民法院工作报告的决议、关于湖州市人民检察院工作报告的决议。

23日，市政府与省交通投资集团战略合作协议签约仪式在湖州市举行。

27日，省委书记、省长车俊在安吉县调研。

28日，湖州市举行湖州市庆祝“五一”劳模表彰大会暨第十三届职工歌会。

5月

2日，湖州市召开庆祝中国共青团成立95周年暨“践行四新助推赶超服务两高”青春建功主题实践大会。市委书记陈伟俊会见“最美湖州人——第七届十大杰出青年”代表并颁奖。

3日，市委副书记、市长钱三雄实地调研部分综合交通重点项目进展情况。

4~5日，全国政协副主席、九三学社中央主席韩启德，在湖州市调研“促进科技型中小微企业创新发展”课题。

5~6日，全国政协常委、经济委员会副主任陈锡文围绕“大力发展农村新产业、新业态，增强农业新动能”主题在湖州市开展调研活动。

7日，全国政协副主席王家瑞在湖州市考察。

10日，市委书记陈伟俊专程赴安吉县余村村调研，和市、县、镇、村干部一起集体学习省委书记车俊的署名文章《坚定不移沿着“八八战略”指引的路子走下去》。

11日，市委召开理论学习中心组专题研讨会，就“推进供给侧结构性改革”主题开展集体学习。

是日，市委副书记、市长钱三雄专题调研湖州市公安工作。

14日，市委副书记、市长钱三雄，在德清县会见香格里拉酒店创始人、嘉里集团董事长郭鹤年一行。

17日，湖州市召开“两学一做”学习教育常态化制度化工作暨《中国共产党浙江省第十四次代表大会报告（征求意见稿）》征求意见座谈会。

是日，全省推进万里美丽经济交通走廊建设现场会在安吉县召开。副省长高兴夫到会并讲话。

19日，湖州市召开创建全国文明城市工作推进会。

21日，总投资约100亿元的天士力大健康产业德清基地项目在德清县签约。

22日，市委书记陈伟俊在市中级人民法院和市人民检察院走访调研。

23日，市委书记陈伟俊在吴兴区调研南太湖高新技术产业园区、八里店镇等重大平台建设工作。

24日，市委副书记、市长钱三雄在湖州开发区、太湖度假区调研“三改一拆”工作。

26日，湖州市举行2017年全省公安机关警务实战技能大比武特警类科目比武决赛。省委常委、公安厅厅长徐加爱宣布比赛开始。

是日，湖州市举行第三届“湖州慈善奖”颁奖典礼。市委副书记、市长钱三雄看望获奖代表。

27日，浙江省委宣传部、东海电影集团、浙江广播电视集团、湖州市委、市政府等单位联合出品的电视剧《青恋》开机仪式暨新闻发布会在德清县莫干山镇裸心谷举行。省委常委、宣传部部长葛慧君宣布项目开机，并和主创人员一起启动开机仪式。

31日，市领导陈伟俊、钱三雄等，分别看望慰问少年儿童，与孩子们一起庆祝“六一”。

是日，湖州市召开全市剿灭劣V类水工作推进会。

6月

1日，湖州市召开“中国制造2025”试点示范城市建设动员大会。副省长高兴夫等参加会议。

是日，省人大常委会党组书记、副主任王辉忠，在湖州市调研人大工作。

3日，市委书记陈伟俊专题检查全市“三防”工作。

5日，浙江省在“两山”理论的诞生地安吉县余村村举行纪念活动。省委副书记、代省长袁家军参加活动并讲话。

是日，省委副书记、代省长袁家军，在湖州市检查指导防汛工作。

6日，市委、市政府召开全市卫生与健康大会。

7~8日，省政协副主席孙文友，在湖州市督查小城镇环境综合整治行动和城乡生活垃圾分类处置工作情况。

8日，市委书记陈伟俊在中心城区街巷检查文明城市创建工作。

9日，省委常委、纪委书记刘建超，在湖州市调研党风廉政建设。

11～16 日，湖州代表团在杭州参加省第十四次党代会。

14 日，湖州市召开全市地质灾害隐患综合治理“除险安居”行动推进会。

17 日，2017 浙江省足球超级联赛开幕式暨湖州奥体中心启用仪式在湖州市举行。副省长梁黎明宣布浙超联赛开幕。

19 日，由市工商联、市总商会、飞洲集团主办的“‘一带一路’背景下中国民企如何走出去”海外资本与市场机遇研讨会在南太湖畔举行。

20 日，市委、市政府召开城中村改造攻坚和建设项目遗留问题清零专项行动动员大会。

是日，市委书记陈伟俊在中心城区街巷检查公厕提升等全国文明城市创建工作。

是日，市委副书记、市长钱三雄在安吉县实地检查“三防”工作。

21 日，市委书记陈伟俊主持召开座谈会，研究推进绿色金融试点工作。

是日，市委副书记、市长钱三雄，在湖州师范学院调研。

是日，河南省三门峡市委书记刘南昌、市委副书记吴云率领党政代表团在湖州市考察。

是日，市委副书记、市长钱三雄在吴兴区调研美妆小镇建设。

21～22 日，市委书记陈伟俊率领湖州市代表团，在江西省吉安市学习考察。

22～23 日，安徽省滁州市委副书记、市长张祥安，市人大常委会主任王图强，市政协主席何希勇，率领党政代表团在湖州市考察。

26 日，2017 年美丽湖州建设领导小组召开第一次会议。

是日，湖州市召开以生态文明建设为主题的第二次全市乡镇（街道）党委书记工作交流会。

是日，湖州市举行“全民禁毒，天下无毒”主题汇报会暨第二届禁毒微视频摄影大赛颁奖典礼。

27 日，市委召开市直部门县局级正职领导干部集体谈话会。

是日，市委办公室机关党委以“不忘初心、从‘新’出发”为主题，举行党员集体“政治生日”仪式。市领导陈伟俊、陈浩等以普通党员的身份同市委办机关党员一起过集体“政治生日”。

28 日，湖州开发区与海王集团举行签约仪式。

29 日，湖州市召开纪念中国共产党成立 96 周年座谈会。

30 日，市直机关在湖州大剧院举行“不忘初心、从‘新’出发”主题党日暨集体政治生日活动。

是日，市委书记陈伟俊，实地察看太湖度假区仁皇山街道，向奋战在改革发展稳定一线的广大党员和干部群众送去“七一”的亲切问候和党委的深情关怀。

7 月

3～4 日，省政协主席乔传秀，在湖州市开展“最多跑一次”改革举措落实情况专项集体民主监督集中行动。

4 日，市委副书记、市长钱三雄督查 2017 年度市政府十大民生实事项目。

是日，湖州市召开深化征管体制改革和国、地税合作工作视频推进会。

5 日，湖州市召开省第十四次党代会精神宣讲报告会。省委宣讲团成员、省人大教科文卫委员会副主任、省中特理论研究中心主任胡坚作专题报告。

是日，全国妇联书记处书记杨柳，在湖州市调研妇联改革和女性创业创新工作。

10 日，省委、省政府以“省主会场＋地市分会场”视频会议的形式，举行全省扩大有效投资重大项目集中开工活动。全省活动结束后，湖州市分阶段举行 2017 年三季度重大项目集中开工活动暨海王集团大健康产业项目、敏实集团汽车零部件生产项目开工仪式。

11 日，副省长孙景淼在湖州市就田园综合体试点示范建设情况开展调研。

12 日，湖州市召开全市打击和防范经济犯罪联席会议暨工作部署会。

是日，2017 德清投资贸易人才洽谈会暨上海活动周在上海中国金融信息中心开幕。

13 日，市委副书记、市长钱三雄在南太湖产业集聚区、市经信委调研并召开座谈会。

15～16 日，交通运输部调研组在湖州市调研内河水运转型发展示范区创建工作情况，并就《中国水运史》《中国水运工程建设实录》编撰工作提出相关要求。

16 日，浙江省能源集团投资的浙江智慧能源科技产业园项目及浙能集团与长兴县系列合作项目签约仪式在长兴县举行。

是日，副省长梁黎明、市委书记陈伟俊等，在安吉县会见参加第二届国际乡村旅游大会的世界旅游组织执行干事、亚太区主任徐京，亚太旅游协会副主席克里斯·伯特利，亚太旅游协会首席运营官戴尔·劳伦斯，尼泊尔国家旅游局局长迪帕克·拉杰·乔希等嘉宾。

16～18 日，湖州市召开第二届国际乡村旅游大会。

17 日，中国旅游协会、省旅游局和市政府主办的第二届国际乡村旅游大会在安吉县开幕。全国政协常委邵琪伟，联合国世界旅游组织执行干事、亚太区主任徐京，亚太旅游协会副主席克里斯·伯特利等参加，副省长梁黎明宣布大会开幕。大会发布了《国际乡村旅游湖州宣言》。

18 日，湖州市召开市领导牵头协调推进重点产业发展工作座谈会。

20日，丽水市委书记史济锡，丽水市委副书记、市长朱晨丽率领党政代表团在湖州市考察，两市举行了深化山海协作工作交流会暨签约仪式。

21日，市领导陈伟俊、钱三雄，在中心城区街区、车站等重点场所和重点保障单位，看望慰问高温酷暑坚守岗位的干部职工。

是日，湖州市召开优秀退役士兵和拥军模范座谈会。

22日，市委副书记、市长钱三雄在德清县检查安全生产工作、调研工业项目建设。

23日，市委副书记、市长钱三雄主持召开座谈会，研究现代渔业和农村电商发展工作。

25日，市委召开议军会议，专题研究全市党管武装工作和湖州军分区建设有关问题。

26日，湖州市举行“四新”主题实践二季度比看活动。

27日，杭州市委副书记、市长徐立毅，率领杭州市代表团在湖州市考察。

27~28日，第十三届“海峡两岸暨港澳地区大学校长联谊活动”考察团在湖州市考察。全国人大常委会副委员长、民盟中央主席张宝文，民盟中央副主席徐辉等参加。

28日，湖州市举行以“湖州军民鱼水情深”为主题的湖州市军民联欢会。

是日，2017湖州·深圳科技创新招商推介会在广东省深圳市举行。

31日，省领导袁家军、朱从玖，市领导陈伟俊、钱三雄等，在第72集团军、72旅警调连和湖州消防支队特勤中队，看望慰问驻湖州部队官兵。

是日，湖州市召开国家绿色金融改革创新试验区建设动员大会。副省长朱从玖出席并讲话。

8月

1日，市委召开八届二次全体（扩大）会议。市委常委会主持会议。市委书记陈伟俊讲话，并就《中共湖州市委关于深入学习贯彻省第十四次党代会精神扎实推进“新标杆新业绩新形象新征程”主题实践的决定（审议稿）》向全会作了说明。市委副书记、市长钱三雄就抓好经济工作讲话。

1~3日，“凝聚浙江新企联、携手港青庆回归”香港青年逐梦浙江湖州行联谊活动在湖州举行。3日，活动举行创业分享会等系列活动，省委常委、统战部长冯志礼参加。

2日，全国人大环资委副主任委员夏宝龙在湖州市调研。

4日，省委常委、宣传部部长葛慧君，在安吉县《青恋》剧组拍摄地看望慰问剧组人员。

7日，市委书记陈伟俊调研全市教育工作。

8~9日，市领导陈伟俊、钱三雄，率领湖州市党政代表团，在安徽省宣城市学习考察，并举行经济社会发展座谈会。

9日，湖州市召开全市教育工作暨高校思想政治工作会议。

是日，副省长高兴夫在湖州市调研工业经济与安全生产工作。

10日，省委常委、省纪委书记、省监委主任刘建超，在湖州市调研纪检监察工作。

10~11日，省政协副主席郑继伟，在湖州市调研“完善家庭责任医生签约服务制度”相关情况。

11日，水利部副部长陆桂华带领水利部验收专家组，对湖州市全国水生态文明试点城市建设进行行政验收。

12日，市委书记陈伟俊在乡镇（街道）走访企业，实地调研环境问题整改工作。

14日，湖州市召开纪念“两山”重要思想发表十二周年暨第三个“湖州生态文明日”活动座谈会。

是日，湖州市召开全市国有企业改革发展暨党的建设工作会议。

16日，市委副书记、市长钱三雄检查环保督察边督边改工作落实情况。

16~17日，宁波市委副书记、市长裘东耀，率领宁波市代表团在湖州市考察。

18日，市委书记陈伟俊调研综合交通重大项目建设。

22日，市委书记陈伟俊调研规划测绘工作。

是日，市委书记陈伟俊在市信访局接待群众来访，协调解决有关问题。

是日，市委书记陈伟俊实地调研太湖绿色金融小镇规划建设工作。

23日，全省深化支部主题党日暨“两学一做”学习教育现场推进会在安吉县召开。省委常委、组织部长任振鹤到会并讲话，市委书记陈伟俊介绍湖州市支部主题党日工作经验。

23~24日，副省长孙景淼在湖州市调研现代农业等工作。

23~24日，安徽省马鞍山市委书记魏尧、市人大常委会主任靳林春，率领马鞍山市党政代表团在湖州市考察

24日，湖州市举行第八届政产学研合作大会暨湖州科技城奠基仪式。

24~25日，市领导陈伟俊、钱三雄，率领湖州市党政代表团在江苏省南京市、苏州市学习考察。江苏省委书记、省人大常委会主任李强等会见湖州市代表团一行。

25日，市委书记陈伟俊在苏州市吴江区主持召开南太湖滨湖一体化发展工作座谈会。

28日，湖州市召开第三次全市乡镇（街道）党委书记工作交流会。市委书记陈伟俊到会并讲话。

29日，天能集团与长兴县政府、煤山镇政府签署投资合作协议，共建天能绿色制造产业园项目。

30日，市地校合作领导小组召开第一次会议，全面部署推进地校合作工作。

9月

1日，国土资源部副部长王广华，在湖州市调研土地二级市场试点工作。

2日，湖北省荆州市委书记、市人大常委会主任杨智，率领荆州市党政代表团在湖州市考察。

4日，市委副书记、市长钱三雄在湖州开发区，走访调研由中科院原副院长施尔畏领衔实施的中科院上海硅酸盐研究所湖州碳化硅晶体项目，并召开座谈会。

7~8日，市领导钱三雄、胡菁菁、杨建新等分别在大中专院校和中小学校，走访慰问耕耘在教育一线的广大教师和教育工作者。

9日，市委书记陈伟俊主持召开高中校长座谈会，研究部署高中教育工作。

13日，市委书记陈伟俊对台风防御工作作出批示，市委副书记、市长钱三雄在市防指研判台风发展趋势，部署防御工作。

是日，市委副书记、市长钱三雄在吴兴区和太湖旅游度假区，实地调研城中村改造工作情况，看望慰问征迁一线干部。

14日，湖州市召开全市平安护航十九大大会战推进会暨侦破织里“1995年11·29”特大命案表彰大会。

20日，全国政协副主席马飚，就“保护南方古村落，建设美丽乡村”重点提案在湖州市考察。

21日，全国生态文明建设现场推进会在安吉县召开。省委副书记、省长袁家军，环保部部长李干杰到会并讲话。

22日，市委、市政府以四会合一形式，召开全市城中村改造、“三改一拆”、小城镇环境综合整治和特色小镇建设推进会。

25日，靠港船舶使用岸电现场推进会暨京杭运河岸电全覆盖启动仪式在湖州市举行。交通运输部副部长何建中等参加。

25~26日，中央文明委测评组，在湖州市对湖州创建全国文明城市进行实地测评。

27日，首届杭州湖州青年创新创业大赛在湖州市举行。

28日，湖州市召开2017吴兴经贸科技洽谈会暨接轨上海推介会。

是日，游侠汽车全球合作伙伴大会在上海举行。市委副书记、市长钱三雄到会祝贺并讲话，广邀客商携手湖州共建新能源汽车产业发展高地。

是日，市委副书记、政法委书记陈浩，在湖州开发区海明商住楼、罗师庄村居住出租房，吴兴区银瑞小商品市场、星海名城住宅小区，检查消防安全工作。

29日，2017湖州市融入杭州都市圈推介会在杭州召开。

30日，在第4个国家“烈士纪念日”和第68个国庆节到来之际，湖州市各界民众代表齐聚湖州革命烈士陵园，举行烈士公祭仪式。

10月

1日，湖州市举行升国旗仪式，庆祝中华人民共和国成立68周年，喜迎中共十九大召开。

2日，市委书记陈伟俊，在市委政法委和市公安局调研平安稳定工作，看望慰问坚守岗位的政法干警。

3日，市委书记陈伟俊在联系镇吴兴区织里镇实地调研，督查环境安全工作，慰问节日期间坚守岗位、奋战一线的广大党员干部群众。

4日，市委书记陈伟俊在南浔区农村走访调研，向基层一线干部群众表示节日的问候和祝福。

9~11日，省治水办副主任、省环保厅副巡视员许履中带领省验收组在湖州市，对剿灭劣Ⅴ类水工作进行复核验收。

11日，市委副书记、市长钱三雄在联系学校湖州中学调研。

是日，市委副书记、市长钱三雄在吴兴区织里镇调研经济发展和平安建设。

是日，省人大常委会副主任厉志海带领省人大常委会督查组，在湖州市就贯彻落实中央和省委有关加强人大工作和建设文件的情况进行专题督查。

12日，市委副书记、市长钱三雄在南浔区、吴兴区和太湖度假区调研市本级万亩大平台建设。

13日，市委书记陈伟俊在市驻京信访工作组驻地，看望慰问湖州市驻京信访干部。

是日，全国政协常委、中国和平统一促进会香港总会首席顾问刘汉铨，率领香港特别行政区全国政协委员考察团在湖州市实地考察。

15日，湖州市举行欢送会，欢送十九大代表市委书记陈伟俊、安吉县委书记沈铭权赴北京参会。

17日，中共十九大代表、市委书记陈伟俊，在京接受人民日报记者采访。

是日，湖州市举行代号“浙江金盾—17”浙江省暨湖州市人民防空实战化演习。副省长、省人防指挥部指挥长熊建平参加。

20日，市委召开理论学习中心组扩大会议，开展学哲学用哲学专题学习，听取北京师范大学马克思主义学院教授、博士生导师杨世文作“学好用好《实践论》《矛盾论》”专题辅导报告。

是日，市委副书记、市长钱三雄在湖州银行调研。

25日，湖州市召开全市妇女儿童工作会议。

是日，市委副书记、市长钱三雄在南浔调研现代渔业工作。

26日，市委副书记、市长钱三雄调研众创空间建设工作。

27日，市委召开全市领导干部会议，传达党的十九大和全省领导干部会议精神。

是日，湖州市举行全市重点建设推进大会暨花漾年华绿色小镇等重大项目集中开（竣）工仪式。

28日，市委、市政府举行2017“智汇湖州·助力赶超”南太湖精英峰会。

是日，浙江省海外高层次人才联谊会生物医药分会2017年会在湖州市举行。

29日，浙江生态文明干部学院在湖州市成立。省委书记车俊专门就干部学院建设作出重要批示。

是日，湖州市举行2017中国·太湖明珠——长兴国际投资贸易洽谈会暨第三届长商大会开幕仪式。副省长高兴夫宣布开幕。

是日，总投资50亿元的浙能智慧能源科技产业园项目举行开工仪式。副省长高兴夫参加。

31日，杭州绕城高速公路西复线湖州段工程开工仪式在德清县举行。副省长高兴夫宣布开工。

11月

3日，市委副书记、市长钱三雄在市国土资源局专题调研低效闲置土地处置工作。

4日，湖州市举行2017中国（安吉）绿色金融创新暨股权投资论坛。副省长高兴夫参加。

6~12日，市委副书记陈浩代表市委、市政府走访久立、升华、泰普森、微宏动力、大东吴、超威、天能、美欣达、飞洲、银润、永兴特钢、长峰、巨人通力等企业，慰问周志江、夏士林、杨宝庆、吴扬、吴仲清、周明明、张天任、单建明、郑生华、廖春荣、高兴江、童锦泉、钱江等企业家。

8日，中央宣讲团成员、中央文献研究室主任冷溶，在安吉县天荒坪镇余村村考察。

10日，白银小镇项目在太湖旅游度假区举行签约仪式。

是日，中国航空工业集团公司、浙江省人民政府、中国航空学会、中国保利集团公司主办的第五届国际无人飞行器创新大奖赛暨2017安吉航空嘉年华活动在安吉县启动。省政协副主席孙文友参加并致辞。

是日，湖州市召开第四次乡镇（街道）党委书记工作交流会。

11日，市委书记陈伟俊在吴兴区织里镇漾西人大代表联络站，向人大代表、基层群众宣讲党的十九大精神。

14日，湖州市举办以“凝聚湖商力量、加快赶超发展”为主题的2017湖商发展大会。副省长梁黎明致辞，市委书记陈伟俊发表题为《共同谱写湖州未来发展的锦绣篇章》的主旨演讲，科技部原部长朱丽兰、上海市政协原副主席谢丽娟、中国工程院院士高从堦、中国科学院院士沈树忠等参加。

是日，市委副书记、市长钱三雄会见保加利亚驻华大使格里戈尔·波罗瓦诺夫等来访外宾。

15日，湖州市举行“她力量”点亮“她时代”——2017年湖州市女企业家协会年会。

17日，在京参加全国精神文明建设表彰大会的陈伟俊、周卫兵、潘文革3位湖州代表受到习近平总书记的亲切接见并合影留念。在习近平总书记和湖州代表一一握手时，陈伟俊简短地向总书记汇报了湖州工作。陈伟俊说：“总书记好！湖州人民想念您！盼望您早日来看看南太湖的变化，看看湖州的绿水青山、金山银山！”总书记听后一一点头。在随后举行的全国精神文明建设表彰大会上，陈伟俊、周卫兵分别代表湖州市和长兴县接受市级、县级“全国文明城市”奖牌。安吉县余村村党支部书记潘文革作为全国文明村镇代表上台领奖并作美丽乡村建设典型发言。

18日，庆祝香港回归祖国20周年暨湖州旅港同乡会成立30周年庆典活动在港举行。

21日，浙江恒林椅业股份有限公司在上海证券交易所挂牌上市，成为湖州市第29家上市公司。

21~23日，省发改委副主任、省能源局局长蔡刚率省督查组，对湖州市中央环保督察问题整改情况开展“回头看”检查。

23日，湖州市举行科技外交官浙江（湖州）行活动。

28日，中国湖州太湖绿色金融小镇推介暨湖州绿色金融政策发布会在京举行。

是日，市委副书记、市长钱三雄在长兴县画溪街道人大代表联络站，向人大代表、基层群众宣讲党的十九大精神，征求2018年市政府民生实事项目及对政府工作的意见和建议。

29~30日，省政协副主席孙文友在湖州市调研。

30日，市委副书记、市长钱三雄在南浔区练市镇，向基层干部群众宣讲党的十九大精神，调研经济社会发展情况，检查世界互联网大会维稳安保工作。

12月

2~3日，吉林省白山市委书记张志军，市委副书记、市长王志厚，率领白山市党政代表团在湖州市考察。

4~6日，省人大常委会副主任袁荣祥，在湖州市调研苕溪流域水环境治理工作。

7日，市委副书记、市长钱三雄在湖州职技院宣讲党的十九大精神，调研学校改革发展情况。

是日，市委副书记陈浩在南浔区双林镇向阳村开展“进千村入万企大宣讲促赶超”专项调研活动，并召开座谈会宣讲党的十九大精神。

9日，湖州市召开立法工作会议。

9~10日，湖州市召开市八届人大二次会议。9

日，举行开幕式，市长钱三雄代表市政府作《关于2017年度湖州市政府民生实事项目实施情况的报告》。10日，依法选举产生35名湖州市出席省第十三届人民代表大会的代表。

12日，湖州市召开人大代表问政会，与会市人大代表围绕“关注市容和环境卫生，深化建设城市文明”主题，与市政府部门负责人“面对面”交流互动。

14日，湖州市举行华为湖州云计算中心揭牌仪式。

15日，湖州市举行全市职工创新创业大会暨首届“匠心智造助力赶超”职工创新成果展。

16日，中国生态文明研究与促进会和湖州市人民政府联合主办的绿水青山就是金山银山湖州会议在湖州市召开。十一届全国政协副主席、中国生态文明研究与促进会会长陈宗兴到会并讲话。

17日，2017湖州市接轨上海推介会在上海举行。

21日，湖州市召开全市文化产业发展大会。

是日，湖州市举行法官授职典礼暨宪法宣誓仪式。

21～22日，省人大常委会副主任刘力伟，就《浙江省小型无人驾驶航空器安全管理条例（草案征求意见稿）》在湖州市开展立法调研。

22日，湖州市召开全市贯彻实施《湖州市禁止销售燃放烟花爆竹规定》动员大会。

28日，“两山”讲习所在安吉县挂牌成立。

29日，市委副书记、市长钱三雄走访湖州市金融系统，向年终决算工作人员表示慰问。

总　述

·历史沿革·

【概况】 湖州历史悠久。考古发现，大约在80万年以前，今之西苕溪流域已有远古人类繁衍生息；6000多年前，太湖流域已有人类生存活动。相传，夏代初（前21世纪），封禺二山之间（在今德清县三合乡）被大禹封为防风国。

周武王十一年（前1066），湖州地属吴国。周元王三年（前473），地属越国。周显王三十五年（前334），地属楚国。楚考烈王十五年（前248），春申君黄歇徙封于吴，筑菰城（今道场乡云巢窑头村下菰城），置菰城县。

秦王政二十五年（前222），改称乌程县，县治仍在菰城，隶属于会稽郡。

秦二世元年（209），项梁、项羽起兵于吴，并在乌程县建子城（即项王城，在今湖城中心一带）。汉高祖元年（前206），项羽自立为西楚霸王，领九郡，乌程县属西楚。西汉初，乌程县治由菰城迁子城。秦至汉400多年间，今之湖州市境内先后有乌程县与故鄣、安吉、原乡四县建置。

三国吴宝鼎元年（266），以乌程为郡治建吴兴郡。吴兴郡由原乌程、阳羡（宜兴）、永安（武康）、余杭、临水（临安）和丹阳郡的故鄣、安吉、原乡、於潜组成，共9个县，隶属于扬州。吴兴之称由此开始。

西晋太康三年（282），分乌程县，西乡地置长城（长兴）县，东乡地置东迁县，吴兴郡共辖11个县，遂成东南望郡。

南北朝梁敬帝绍泰元年（555），改吴兴郡为震州。太平元年（556），罢震州，复为吴兴郡。

隋开皇九年（589），东迁县复并入乌程县。隋仁寿二年（602），置州治，以滨太湖而名湖州，湖州之名由此开始。

唐太宗贞观元年（627），分全国为十道，湖州属江南道。永隆元年（680），分乌程置吴兴县，此为历史上首个吴兴县建制，不久即废。唐玄宗开元二十年（732），分全国为十五道，湖州属江南东道。唐肃宗乾元元年（758），置浙江西道，湖州属浙江西道。

南宋理宗宝庆二年（1226），改湖州为安吉州。南宋景炎元年（1276），升安吉州为湖州路安抚司，次年改为湖州路总管府，湖州路辖乌程、归安、长兴、武康、德清、安吉6县。

元顺帝至正十六年（1356），改置为吴兴郡。元顺帝至正二十六年（1366），朱元璋攻下吴兴郡，改设湖州府，直隶中书省。

明洪武十四年（1381），改隶浙江布政司。明弘治二年（1489），分长兴3个乡归安吉，分安吉9个乡置孝丰县，湖州府辖7个县。

清世祖顺治二年（1645），设浙江省巡抚，湖州隶属浙江省。乾隆十八年（1753），设杭嘉湖道，湖州府隶属于杭嘉湖道。湖州府辖乌程、归安、长兴、安吉、孝丰、德清、武康7个县的格局沿袭至清亡。

民国元年（1912），撤杭嘉湖道，废湖州府，并乌程、归安2县改称吴兴县，与长兴、安吉、孝丰、德清、武康同属浙江省管辖。民国17年（1928），浙江省分为12个县政督察区，吴兴区辖吴兴、长兴、德清、武康、安吉、孝丰6个县。民国24年（1935），浙江省分为9个行政督察区，湖地为浙江省第一督察区，辖吴兴、长兴、安吉、德清、武康、余杭、孝丰、临安、於潜、昌化10个县，专员公署设在吴兴县。

湖州解放后，1949年5月成立浙江省第一专区，辖湖州市、嘉兴市、吴兴县、嘉兴县、长兴县、嘉善县、桐乡县、崇德县、德清县、海宁县、海盐县、平湖县12个县（市），专署驻地湖州市。1949年10月，专署移驻嘉兴，改称嘉兴专区。1950年5月，撤销湖州、嘉兴两县级市，嘉兴专区辖10个县。1951年5月，恢复湖州、嘉兴二市，嘉兴专区辖吴兴等市县和嘉兴、湖州二市。1953年2月，安吉、孝丰、武康、昌化、余杭、於潜、临安划入嘉兴专区，嘉兴专区辖19个县（市）。1955年，於潜与昌化、余杭与临安先后划归建德专区。1958年，湖州市、嘉兴市改为县属市，分别属吴兴县、嘉兴县管辖。撤销武康县并入德清县、撤销海盐县划归平湖、海宁二县，撤销孝丰县并入安吉县，撤销崇德县并入桐乡县，撤销嘉善县并入嘉兴县，嘉兴专区辖吴兴、长兴、德清、安吉、嘉兴、桐乡、平湖、海宁8个县，专署迁回湖州。1961年，恢复嘉善县、海盐县建置，嘉兴专区辖10个县。1978年，更名为嘉兴地区。1979年9月，恢复湖州、嘉兴二市，嘉兴地区辖12个县（市）。1981年1月，撤销吴兴县并入湖州市，撤销嘉兴县并入嘉兴市，嘉兴地区辖10个县（市）。

1983年7月，湖州、嘉兴二市升为地级市，吴兴县分为城区与郊区，湖州市辖德清县、长兴县、安吉县和城区、郊区。1988年11月，撤销城区、郊区，实行市直管乡镇体制，湖州市辖长兴县、德清县、安吉县和市区。1993年9月，市区建立城区、南浔区、菱湖区。2003

年3月，撤销城区、南浔区、菱湖区，设立吴兴区、南浔区2个市辖区。此体制一直延续至今。

（姚国强）

·地理·

【地理位置和面积】 湖州市位于浙江省北部，地处长江三角洲中心地带，东接嘉兴桐乡市及苏州吴江区，南连杭州余杭市，西依天目山脉与安徽省广德、宁国两县毗邻，北濒太湖，与苏州市、无锡市隔湖相望，下辖德清、长兴、安吉三县和吴兴、南浔两区。地理位置介于北纬30°22′～31°11′、东经119°14′～120°29′之间。地域东西长度126公里，南北宽度90公里。土地总面积5818平方公里，占全省土地面积的5.72%，中心城市建成区面积127.2平方公里。

【地形地貌】 境内地势自西南向东北倾斜。西南部为山地丘陵，属天目山余脉，最高峰为安吉县境内的龙王山，海拔1587.4米。西部垄岗蜿蜒，构成大小不等的河谷平原。东北部属长江三角洲冲积平原，河港密布，平均海拔2.5米左右。其中山地丘陵占49.3%，平原占41.5%，水面占9.2%，概称"五山一水四分田"。

【河流湖泊】 境内河流属长江下游太湖流域水系，主要河流有西苕溪、东苕溪中下游、荻塘、双林塘、泗安塘等；境边南接东苕溪上游，北濒太湖，东连大运河及黄浦江。西苕溪和东苕溪是湖州市主要河流，也是浙江省七大水系之一。东苕溪发源于天目山南麓临安县南市岭，由南向北，由德清县三合乡进入湖州市境内，汇湘溪、余英溪和阜溪等支流。东苕溪主流长165公里，在湖州市境内59公里，河面宽度90米左右。东苕溪流域面积2267平方公里，在湖州市境内840平方公里。西苕溪发源于天目山北麓安吉县狮子山，上游称西溪，与南溪会合后，始称西苕溪。流向东北，纳大溪、浒溪、浑泥港、晓墅溪、和平港、妙西港，抵湖州市区杭长桥会合东苕溪人太湖。西苕溪主流长150公里，干流河面宽90～100米。流域面积2274平方公里。

（姚国强）

·气象特征·

【主要气象要素评述】 2017年，湖州市天气气候条件较为平稳，气象灾害影响总体偏轻，但高温干旱、暴雨、连阴雨和强对流等恶劣天气，仍给工农业生产和人民生活带来一定影响。2017年，市、县平均年降水量1411.1毫米、年雨日152.3天、年日照1778小时，均接近常年；年平均气温17.3℃，比常年偏高1.0℃，其中湖州市创历史新高。1月至3月，冷空气影响频繁，气温起伏较大；4月至5月，气温攀升，局部地区出现强对流天气；6月9日入梅后降雨集中，7月5日出梅后转为晴热高温天气；7月中、下旬，持续高温少雨，高温强度强，气象干旱发展，部分地区旱象显露；8月上旬，晴热高温持续，多午后雷阵雨，中、下旬高温缓和；9月上、中旬，总体多晴少雨；9月下旬至10月中旬，多雨寡照，日照创新低；10月下旬至11月上旬，连晴为主；11月中旬，连续阴雨，气温下降，对秋收冬种不利，下旬晴雨交替；12月，晴多雨少，雾、霾较多。

气温：市、县年平均气温16.9℃～17.6℃，与常年相比，湖州市、长兴县显著偏高1.2℃～1.3℃，德清县、安吉县偏高0.8℃～0.9℃，其中，湖州市创历史新高，德清县为历史并列第三高值，长兴县为历史第二高值，安吉县为历史并列第四高值。

湖州市平均气温：1月、4月、7月和8月，分别为6.4℃、17.9℃、31.1℃和29.5℃，比常年异常偏高1.6℃～2.7℃；2月、5月和11月，分别为6.8℃、22.3℃和13.0℃，比常年显著偏高1.1℃～1.3℃；3月，为10.6℃，比常年偏高0.9℃；6月、9月、10月和12月，均正常。其中，1月创历史同期新高；4月、5月、7月和8月，均接近历史同期极端最高值。

市、县极端最高气温为39.7℃～41℃，出现在7月23日至25日，其中湖州市、长兴县和安吉县，除2013年外为极端最高气温最高的一年，德清县接近历史极端最高值。高温日数为31天～36天，比常年多7.5天～19.7天。市、县极端最低气温为－4.1℃～－5.9℃，出现在1月21日和12月18日，其中，长兴县、安吉县接近历史极端最高值。低温日数为12天～31天，比常年少7.5天～21.4天，其中，德清县为历史低温日数最少的年份，长兴县为历史第二少。

降水：市、县全年雨量1267.3毫米～1512.4毫米，全年雨日142天～158天，与常年相比，均正常。年内，市、县出现1次～3次暴雨，其中6月12日，安吉县日雨量达68.3毫米。

湖州市雨量：2月，为21.6毫米，比常年同期显著偏少56.3毫米；8月，为84.2毫米，比常年同期偏少71.3毫米；9月，为181.7毫米，比常年同期显著偏多77毫米；10月，为103.5毫米，比常年同期偏多27.2毫米；1月、3月、4月、5月、6月、7月、11月和12月，均正常。

湖州市雨日：8月，为19天，比常年同期偏多5.7天；9月，为19天，比常年同期显著偏多8天；8月和9月，均接近历史同期极端最高值；10月、11月，分别为12天和13天，分别比常年同期偏多3.2天和4.2天；2月、7月，分别为6天和8天，分别比常年同期偏少5.2天和5.4天；1月、3月、4月、5月、6月和12月，均正常。

日照：市、县全年日照为1631小时～1961.5小时，均正常。

湖州市日照：2月、7月，分别为143.1小时和270.2小时，分别比常年同期偏多34.9小时和65.9小时；6月、9月，分别为102.6小时和105.7小时，分别比常年同期偏少38.9小时和49.3小时，其中9月接近历史同期极端最低值；1月、3月、4月、5月、8月、10月、11

月和12月，均正常。

【气候事件及影响】 1. 2017年平均气温创新高。2017年，湖州市年平均气温为17.6℃，比常年显著偏高1.2℃，为自1956年有气象记录以来平均气温最高的年份。长兴县年平均气温为17.5℃，比常年显著偏高1.3℃，仅次于2007年，为历史第二高值；德清县为17.3℃，比常年偏高0.9℃，为历史并列第三高值；安吉县为16.9℃，比常年偏高0.8℃，为历史并列第四高值。2. 梅雨量偏少强降水集中。2017年，湖州市6月9日入梅，7月5日出梅，入梅、出梅时间均比常年偏早，梅期比常年略长。全市面雨量218.6毫米，梅雨量南多北少，其中，湖州市梅雨量178.5毫米，比常年偏少三成左右。梅雨期内出现2次集中降雨过程，为6月10日至14日、6月19日至25日；6月30日至7月4日，多雷阵雨天气。其中，6月12日至13日，大部地区出现大雨到暴雨，最大降雨量德清县武康中学达130.1毫米；24日，南部地区出现大雨到暴雨，最大降雨量德清县三合达114.8毫米。3. 持续高温气象干旱发展。7月5日出梅后，湖州市迎来晴热高温天气，尤其是7月中、下旬和8月上旬，连续晴热高温，使土壤墒情下降，气象干旱发展。市、县平均高温日数为34.5天，比常年多13天，其中湖州市为35天，是常年的2倍多，仅次于2013年和1971年，为历史第三多。市、县最高气温分别为湖州市40.7℃、德清县39.7℃、长兴县40.9℃和安吉县41.0℃，其中，湖州市、长兴县、安吉县除2013年外为高温最高的一年；湖州市、长兴县为有气象记录以来，7月，首次出现40℃以上的高温天气。湖州市持续高温过程主要出现在7月11日至29日和8月3日至7日，其中，7月21日至27日连续7天最高气温超39℃。4. 夏季强对流天气多发。2017年，湖州市强对流天气多发，出现短时强降雨、雷暴、大风和冰雹等。4月16日，安吉县上墅出现短时小冰雹。6月5日，普降大雨到暴雨，湖州市雨量达65毫米。6月30日，长兴县局部出现强雷电、短时强降水、8至10级雷雨大风和冰雹。7月1日、5日，局部地区出现短时强降水、强雷电和8至9级雷雨大风，其中，湖州市1小时雨量达44.1毫米。8月7日，长兴县和吴兴区局部地区，出现8至9级雷雨大风。8月26日、29日，局部地区出现短时强降雨，德清县洛舍、湖州开发区三天门和安吉县港口等自动气象站1小时雨量超60毫米。9月10日，局部出现短时强降雨，安吉县城市站、吴兴区东林、长兴县吴山和南浔区云北等自动气象站，1小时雨量超40毫米。5. 秋季连阴雨影响农业生产。9月下旬至10月中旬和11月中旬，湖州市出现秋季长连阴雨天气，其间，日照少、雨日多和雨量大，对各类农作物生长发育不利，造成单季晚稻空秕率增加，部分稻田倒伏，病害重发等。连阴雨天气主要集中在9月19日至10月18日、11月12至22日。9月19日至10月18日，市、县平均雨日为22.8天，是常年同期的2倍多，市、县均创历史同期新高；雨量为249.2毫米，是常年同期的3倍左右，其中，长兴县创历史同期新高；日照为48.3小时，仅占常年同期的三成左右，市、县均创历史同期新低。11月12日至22日，市、县平均雨日为9.8天，是常年同期的2倍多，其中，湖州市创历史同期新高，德清县、长兴县、安吉县与历史同期最高值持平；雨量为70.1毫米，是常年同期的3倍左右；日照为14.7小时，仅占常年同期的三成左右。6. 霾日连年减少强度较弱。近年来，全市霾日总体呈显著减少趋势，强度明显减弱。2017年，市、县平均霾日降至40天，以轻微霾为主，占总霾日的87%，轻度霾占11%，中度以上霾占2%；其中霾高发期主要集中在2月和12月，市、县平均为8至9天。（盛　琼、陈中赟）

·行政区划·

【概况】 2017年，全市三县两区、乡镇（街道）行政区划保持稳定。至年末，在湖州市行政区域范围内，有市辖区2个、县3个，建制镇39个、乡6个、街道24个，城市社区居民委员会200个，居民委员会75个，村民委员会994个。其中，吴兴区辖织里、八里店、妙西、埭溪、东林5个镇，道场1个乡，月河、朝阳、爱山、飞英、龙泉、环渚、龙溪、杨家埠、凤凰、康山、仁皇山、滨湖12个街道；南浔区辖南浔、练市、双林、菱湖、和孚、善琏、旧馆、千金、石淙9个镇；德清县辖乾元、新市、钟管、洛舍、雷甸、禹越、新安、莫干山8个镇和武康、舞阳、阜溪、下渚湖4个街道；长兴县辖洪桥、李家巷、夹浦、林城、泗安、虹星桥、和平、小浦、煤山9个镇，水口、吕山2个乡，雉城、龙山、画溪、太湖4个街道；安吉县辖梅溪、天子湖、鄣吴、杭垓、孝丰、报福、章村、天荒坪8个镇，上墅、溪龙、山川3个乡，昌硕、递

2017年湖州市行政区划一览表

表1

地区	土地面积（平方公里）	户籍人口（万人）	镇（个）	乡（个）	街道（个）	城市社区居民委员会（个）	乡镇居民委员会（个）	村民委员会（个）
全市	5820	266.1413	39	6	24	200	75	994
市区	1565	111.6895	14	1	12	123	24	445
吴兴区	863	62.7015	5	1	12	95	15	224
南浔区	702	48.9970	9	0	0	28	9	221
德清县	938	44.1394	8	0	4	26	8	148
长兴县	1431	63.4486	9	2	4	30	37	213
安吉县	1886	46.8548	8	3	4	21	6	188

铺、灵峰、孝源4个街道。

【界线管理】 按照第三轮行政区域界线界桩联合检查工作的要求，完成市级界线“嘉湖线”、县级界线“吴南线”“南德线”的界线联检工作，形成联检报告，整理成档。建立省、市、县三级界线毗邻乡（镇）之间联席会议制度和定期走访制度，走访完成率达100%。开展全市陆域界线纠纷隐患问题自查工作，完成省、市、县三级行政区域界线11条，长度784公里的界线纠纷隐患问题排查，掌握情况，完善对策，健全制度。积极开展区划调研工作，进一步提高界线管理和平安建设水平。 （翁光杰）

·人口·

2017年年末，湖州市户籍人口总数达到266.14万人，同比增长0.5%。分县（区），吴兴区人口62.70万人，增长0.7%；南浔区人口49.00万人，增长0.3%；德清县人口44.14万人，增长0.6%；长兴县人口63.45万人，增长0.3%；安吉县人口46.85万人，增长0.5%。分性别，男性人口131.54万人，增长0.4%；女性人口134.60万人，同比增长0.6%。

2017年，全市出生人口29073人，出生率为10.95‰；死亡人口21879人，死亡率为8.24‰；自然增长人口7194人，自然增长率为2.71‰。分县（区），吴兴区出生人口7516人，出生率为12.03‰，死亡人口5387人，死亡率为8.62‰，自然增长人口2129人，自然增长率为3.41‰；南浔区出生人口4624人，出生率为9.45‰，死亡人口4391人，死亡率为8.97‰，自然增长人口233人，自然增长率为0.48‰；德清县出生人口4829人，出生率为10.97‰，死亡人口3499人，死亡率为7.95‰，自然增长人口1330人，自然增长率为3.02‰；长兴县出生人口6902人，出生率为10.90‰，死亡人口5183人，死亡率为8.18‰，自然增长人口1719人，自然增长率为2.71‰；安吉县出生人口5202人，出生率为11.13‰，死亡人口3419人，死亡率为7.32‰，自然增长人口1783人，自然增长率为3.82‰。

（王 熠）

·经济和社会发展概况·

【概况】 2017年，全市学习贯彻中共十九大精神和习近平新时代中国特色社会主义思想，坚决落实中央和省委各项决策部署，坚持稳中求进工作总基调，认真落实新发展理念，践行“两山”理念，持续深化供给侧结构性改革，以“四新”主题实践为主载体，以“六重”工作为主抓手，按照市第八次党代会、市委八届二次全会提出的各项要求，统筹抓好稳增长、促改革、调结构、惠民生各项工作，经济运行总体良好，呈现“运行稳健、稳中有进、稳中提质、稳中趋优”的发展态势。全年实现地区生产总值（GDP）2476.1亿元，比上年增长8.5%。分产业：第一产业增加值127.3亿元，增长2.2%；第二产业增加值1173.7亿元，增长7.8%，其中工业增加值1059.7亿元，增长8.3%；第三产业增加值1175.1亿元，增长10.0%。三次产业结构比例为5.1:47.4:47.5。按户籍人口计算的人均GDP为93265元，增长8.0%，折合13813美元；按常住人口计算的人均GDP为82952元，增长7.7%，折合12286美元。全年实现财政总收入408.9亿元，其中地方财政收入237.4亿元，分别比上年增长13.3%和15.2%。财政总收入占GDP的比重为16.5%。地方财政收入中，税收收入202.5亿元，增长14.0%，占比为85.3%；主要税种中，增值税、企业所得税、个人所得税分别为62.8亿元、39.7亿元和28.9亿元，分别增长15.9%、26.4%和7.1%。全年财政支出325.0亿元，增长12.6%，其中民生改善支出241.1亿元，增长11.3%。全年城市居民消费价格总水平比上年上涨1.8%，其中服务项目价格上涨3.0%，消费品价格上涨1.0%。在八大类商品和服务价格中，居住上涨5.1%，医疗保健上涨2.8%，教育文化和娱乐上涨1.8%，衣着上涨1.1%，其他用品和服务上涨0.6%，生活用品和服务上涨0.5%，食品烟酒上涨0.3%，交通和通信上涨0.1%。

【第一产业】 农业总体平稳。全年实现农林牧渔业总产值220.1亿元，比上年增长1.0%。其中，农业产值98.5亿元，增长2.7%；林业产值22.7亿元，增长1.7%；牧业产值26.7亿元，下降22.2%；渔业产值60.6亿元，增长11.7%。全年粮食播种面积133.0万亩；经济作物播种面积116.1万亩，其中蔬菜面积56.8万亩，花卉苗木面积34.6万亩。全年粮食产量62.5万吨；油菜籽产量1.9万吨；生猪出栏47.9万头，下降49.6%；肉类产量8.8万吨，下降34.3%；蚕茧产量0.6万吨，下降19.5%；家禽出栏2690.6万羽，下降26.9%；禽蛋产量3.4万吨，下降18.4%；水产品产量42.2万吨，增长10.1%。全市年末，拥有现代农业示范园312个，其中省级109个；全年新建现代农业示范园18个。年末，拥有无公害水产品基地112个；拥有农业龙头企业238家；拥有省级无公害农产品基地122.7万亩，无公害农产品1134只，绿色食品183只。

【第二产业】 工业稳中提升。全年规模以上工业增加值比上年增长8.7%，其中轻、重工业分别增长7.3%和9.6%。分行业：33个行业大类中，30个行业实现增长。其中，通用设备制造业增长19.6%，化学原料和化学制品制造业增长15.3%，橡胶和塑料制品业增长14.1%，电气机械和器材制造业增长12.9%，化学纤维制造业增长11.0%，家具制造业增长10.9%。重点产业中，高新技术产业增长10.4%，战略性新兴产业增长9.5%，装备制造业增长14.5%。全年规模以上工业主营业务收入比上年增长17.5%，利税、利润分别增长22.1%、27.3%。全市年末拥有建筑企业279家，其中一级资质企业45家、二级资质企业67家。全年建筑企业完成建筑业总产值781.5亿元，比上年增长16.2%，其中建筑工程产值689.4亿元，安装工程产值56.3亿元，分别增长18.4%和1.4%；房屋建筑施工面积4268.0万平方米，增长6.4%；竣工面积1945.7万平方米，下降10.9%。

【第三产业】 服务业较快发展。2017年，服务业增加值1175.1亿元，同比增长10%，快于GDP 1.5个百分点。全年实现社会消费品零售总额比上年增长11.2%。其中，批发零售业增长9.9%；住宿餐饮业增长21.0%。限额以上批发零售贸易企业零售额增长13.9%。其中，家用电器和音像器材类增长43.0%；石油及制品类增长20.1%；食品类增长13.8%；汽车类增长4.8%；金银珠宝类增长1.0%；服装类下降5.1%。全年接待国内外旅游人数10658.3万人次，比上年增长20.5%。其中，国内旅游人数10552.6万人次，增长20.6%；入境旅游人数105.7万人次，增长15.3%。全年实现旅游总收入1104.9亿元，增长25.2%。其中，国内旅游收入1075.9亿元，增长25.1%；旅游外汇收入4.1亿美元，增长16.3%。全年旅游景区门票收入10.4亿元，增长22.7%。全市年末公路通车里程达到7958公里，其中高速公路319公里、一级公路521公里、二级公路635公里。全年完成客运量5261万人，比上年增长5.1%；客运周转量17.2亿人公里，下降3.9%。完成货运量16756万吨，增长15.2%，其中公路9817万吨，增长13.6%，水路6939万吨，增长17.4%；货运周转量176.3亿吨公里，增长15.3%，其中公路77.4亿吨公里，增长17.2%，水路99.0亿吨公里，增长13.8%。全年内河港口货物吞吐量10540万吨，增长21.7%，内河集装箱吞吐量35.4万标准箱，增长71.5%。全市年末汽车保有量达到73.4万辆，比上年增加9.1万辆，增长14.2%；私人汽车保有量66.9万辆，增加8.0万辆，增长13.6%，其中轿车66.4万辆，增加24.6万辆，增长58.7%。全年小型汽车上牌量10.3万辆，下降0.8%。全年邮政业务收入22.2亿元，其中快递业务收入17.8亿元，增长25.8%。全年电信业务收入36.0亿元，增长5.6%；全市年末固定电话用户80.3万户，比上年减少3.2万户；移动电话用户443.1万户，增加2.7万户，其中4G用户266.1万户；年末，国际互联网宽带用户157.8万户，增加40.1万户。全市金融机构年末本外币存款余额4045.3亿元，比上年增长13.9%，其中住户存款1914.8亿元，增长9.0%；本外币贷款余额3281.0亿元，增长19.0%，比年初增加523.5亿元；年末，金融机构不良贷款余额为31.2亿元，比年初减少3.4亿元，不良贷款率为0.95%，比年初下降0.3个百分点。全年证券营业机构股票成交额5524.2亿元，比上年下降12.3%。全年新增上市公司7家，实现首发融资49.1亿元；全市年末，已拥有上市公司30家，其中境外8家，境内22家；全年11家上市公司通过资本市场平台实现再融资104.6亿元。全年保险公司保费收入90.5亿元，增长15.1%。其中，财产险35.0亿元，增长7.1%；人身险55.5亿元，增长20.8%。各项保险赔款和给付支出29.9亿元，增长0.6%。其中，财险赔款19.8亿元，与上年持平；人身险赔款和给付支出10.1亿元，增长1.8%。

【固定资产投资】 投资增速平稳增长。全年固定资产投资1731.0亿元，比上年增长13.7%。其中，基础设施投资576.2亿元，增长30.5%；非国有投资1287.5亿元，增长20.0%。按产业划分，第一产业投资10.2亿元，增长7.2%；第二产业投资717.7亿元，增长11.9%，其中工业投资716.6亿元，增长12.2%；第三产业投资1003.1亿元，增长15.1%。全年完成房地产开发投资301.2亿元，比上年增长9.8%。全年房屋施工面积2193.6万平方米，增长3.2%；房屋竣工面积342.1万平方米，下降22.8%；商品房销售面积743.9万平方米，增长33.6%，其中住宅639.2万平方米，增长30.5%；商品房销售额621.4亿元，增长60.6%，其中住宅540.6亿元，增长62.8%。

【对外经济】 外贸出口持续向好。全年实现外贸进出口总额778.0亿元，比上年增长14.5%。其中，出口687.3亿元，增长14.6%；进口90.7亿元，增长13.7%。按主要产品分，机电产品出口230.9亿元，增长15.0%，纺织原料及纺织制品出口196.8亿元，增长9.6%。按主要市场分，非洲出口增长较快，达到20.4%；北美洲、大洋洲、拉丁美洲、亚洲和欧洲分别增长17.9%、16.5%、14.2%、12.8%和12.1%，“一带一路”国家增长15.8%。全年新批准及增减资利用外资及港澳台资项目182个。其中，外商及港澳台商投资企业115家，增资项目50个；总投资1000万美元以上项目82个。全年合同外资及港澳台资23.6亿美元，比上年增长10.7%。全年实到外资及港澳台资10.5亿美元，比上年增长5.2%。其中，第一产业0.05亿美元，下降94.4%；第二产业4.3亿美元，下降2.6%；第三产业6.2亿美元，增长30.3%。

【社会事业】 社会事业稳步发展。全市年末拥有各级各类学校480所，全年招收学生12.36万人，在校学生43.24万人，毕业生11.17万人。高等教育毛入学率60.6%，比上年提高1.29个百分点；初中毕业升高中段比例99.15%，提高0.04个百分点；初中、小学入学率均为100%；十五年教育毛入学率99.49%，提高0.07个百分点。全市各类学校拥有专任教师2.95万人，其中中小学专任教师2.14万人；每百名中小学生拥有专任教师7人。全年专利申请量28808项，比上年增长23.8%；专利授权量12025项，其中发明专利2190项，比上年减少354项，下降13.9%。

全年经认定登记的技术成交项目877项，比上年增长3.5倍；技术成交金额41.8亿元，增长1.3倍。全市年末拥有省级高新技术研究开发中心297家，比上年增加39家；拥有国家级高新技术企业969家，增加286家。全年获市级以上政府奖的科技成果79项，其中国家级2项、省级27项。全市年末拥有影剧院35个，文化馆、艺术馆6个，全年举办展览262个，组织文艺活动1443次；公共图书馆5个，总藏量290.10万册件；乡镇（街道）文化站67个；博物馆（纪念馆）25个；文物保护单位406个，其中国家级25个，省级58个。公共文化服务体系不断完善，全年新建文化礼堂60个、年末达468个，运行综合性公共数字文化服务平台“湖上云”。持续深化“文化走亲”等活动，全年共引进高雅艺术演出307场，举办大型广场文化活动267场，组织基层文化活动1205场，开展电影下乡放映1.3万场次。全年出版各类报纸4042万份，其中《湖州日报》1639万份，《湖州晚报》2247万份，《湖州广播电视报》156万份。第十六届省运会筹备工作全面推进，群众体育运动蓬勃开展，环太湖国际公路自行车赛等重大赛事成功举办，省级体育强县（区）实现全覆盖。全年向上输送优秀体育人才14名，共派出2182名运动员参加了省级以上体育赛事60个大项、260个小项的比赛，取得210金、121银、179铜的好成绩。完成体育彩票销售8.97亿元。全市年末拥有医疗卫生机构1393个，其中医院58家、卫生院91家、妇幼保健院4家、社区卫生服务站649个；等级医院24家，其中三级医院8家；拥有医疗床位15669张，其中医院（含妇保院、卫生院）床位15216张；卫生技术人员22762人，其中执业医师6979人、执业助理医师1101人、注册护士9405人。全年婴儿死亡率、5岁以下儿童死亡率分别为22.2‰、2.94‰，分别比上年上升0.26和0.21个千分点。

【人民生活环境和质量】 环境质量持续改善。南太湖滨湖一体化高质量推进，太湖度假区、长兴图影、吴兴东部新区、湖州开发区、南浔中心城区等板块融合发展进程加快。湖山大道、湖长二通道等项目有序推进，南太湖湿地奥体公园投入使用。成功创建全国文明城市，入选首批国家生态文明建设示范市和“绿水青山就是金山银山”实践创新基地，成为全国水生态文明城市。在全省率先剿灭劣Ⅴ类水，1752个挂号小微水体完成整治销号，完成河道清淤1200万立方米，温室龟鳖养殖实现全域清零，77个县控以上断面水质全部达到Ⅲ类以上。市区空气质量优良率68.5%，比上年提高2.9个百分点，PM2.5平均浓度每立方米42微克，下降10.6%，降幅居全省第一。全市年末户籍人口266.14万人，其中男性131.54万人、女性134.60万人；城镇人口108.02万人；60岁以上人口66.06万人，占总人口的24.8%，占比提高0.8个百分点。全年出生人口2.91万人，出生率为10.95‰；死亡人口2.19万人，死亡率为8.24‰；人口自然增长率为2.71‰。全年新增城镇就业10.65万人，帮扶下岗失业人员再就业3.95万人；年末，城镇登记失业率为2.22%。据616户城镇居民家庭抽样调查，全年城镇居民人均可支配收入达到49934元，比上年名义增长9.0%。其中，工资性收入增长8.8%，经营净收入增长7.7%，财产净收入增长9.6%，转移净收入增长11.4%。人均生活消费支出28962元，增长4.4%。据575户农村居民家庭抽样调查，全年农村居民人均可支配收入达到28999元，比上年名义增长9.4%。其中，工资性收入增长9.2%，经营净收入增长7.5%，财产净收入增长7.5%，转移净收入增长22.4%。人均生活消费支出18665元，增长6.0%。按户籍人口计算的人均本外币住户存款余额达72123元。全市年末参加城镇基本养老保险人数达到143.84万人，比上年增加8.29万人；参加城镇职工基本医疗保险人数124.78万人，增加7.83万人；参加失业保险人数72.32万人，增加6.71万人；参加工伤保险人数83.57万人，增加5.24万人；参加生育保险人数71.64万人，增加5.30万人；参加生活保障和生活补助制度的被征地农民7.33万人，减少0.79万人。全市年末住房公积金正常缴存人数达到33.76万人，比上年增加3.29万人；全年归集住房公积金48.22亿元，增长11.6%；当年发放个人住房贷款35.43亿元，下降38.7%。全市年末农村特困对象人数为1394人；全年最低生活保障家庭24665户，人数39333人，其中农村32884人、城镇6449人；全市城镇和农村低保标准均为每人每月738元。全年销售社会福利彩票10.6亿元，筹集社会福利资金2.1亿元。

（孙洪波　张　潮　尹成荣）

·体制改革·

【概况】 2017年是全面深化改革向纵深推进的关键一年。湖州市按照中央和省委关于改革工作的总体部署，始终坚持目标导向、问题导向和满意度导向，全力推动重点领域和关键环节改革落地见效，催生了一批有力度、有分量的改革成果，全市改革工作呈现出蹄疾步稳、纵深推进、全面开花的良好局面。

【经济体制改革】 1.“最多跑一次”改革成效显著。全面推行“一窗受理、集成服务”和“全城同办”，实现“最多跑一次”2760项、“零上门”1468项，事项覆盖率分别达97.8%和59.0%。着力建立新型审批模式，企业投资项目承诺制改革在全省推广，德清县“标准地”改革得到省委书记车俊、省长袁家军等省领导的肯定。2.“中国制造2025”试点示范城市建设深入推进。“绿色智造”改革试点工作走在全国前列，工业经济发展实现量质并进。创新能力和政策要素保障不断增强，高标准推进湖州科技城建设，引进北大青鸟（湖州）科技产业园等10个重点项目，设立

“中国制造2025”产业基金规模总量超100亿元。3. 国家绿色金融改革创新试验区建设走在前列。在全国率先制订绿色金融改革实施方案，出台绿色金融政策意见，建立规模为10亿元的专项资金。构建全国首套区域绿色监管评价体系，大力推进银行绿色专营机构建设，全力开展太湖绿色金融小镇建设，白银小镇等30余家绿色金融机构落户。4. 供给侧结构性改革不断深化。联动推进“三去一降一补”重点任务，在全省率先出台《进一步减轻企业负担降低企业成本政策十八条》，加快落后产能淘汰和“低小散”企业整治，全力构建新型制造业产业体系，着力打造公共资源交易集中监管“湖州模式”。5. 全域旅游改革工作加快推进。扎实开展首批国家级旅游业改革创新先行区建设和国家全域旅游示范区创建，形成以乡村旅游、滨湖旅游两大引领产业的大旅游产业体系，举办第二届国际乡村旅游大会，全年旅游总收入首次突破1000亿元。6. 内河水运转型示范区建设稳步提升。积极推动湖州本地集装箱港口企业与上海港、宁波舟山港等沿海大港交流合作，共同推进河海联运业务发展。启动“绿色交通港口岸电工程”示范项目建设，京杭大运河湖州段沿线实现5个水上服务区岸电全覆盖。7. 多元化投融资机制不断完善。创新经营性国有资产管理体制，组建四大国有投资集团，全市累计批准设立政府产业母基金7个，总规模52.5亿元，设立子基金35个，总规模232.8亿元，政府产业基金实现实质性运作。8. 城乡区域协调发展机制进一步健全。加快建立新型居住证制度，新型城镇化综合试点稳步推进，成为全省唯一实现小城市培育试点县（区）全覆盖的设区市。

【民主法制领域改革】 1. 不断创新民主实现样式。积极探索人大履职的新机制，票决通过全市十大民生实事项目。持续深化民主监督工作，召开市政协委派民主监督小组工作会议，围绕“最多跑一次”改革等中心工作开展专项民主监督。2. 全面深化法治政府建设。制订《关于推进行政复议改革的实施意见》，行政复议体制改革迈出新步伐。探索改进行政执法样式，出台《全面推行“双随机一公开”抽查监管实施方案》。3. 不断完善新型办案机制。出台《关于轻微刑事案件快速办理机制的指导意见》等规定，在全省率先开展刑事诉讼涉案财物实物和信息管理两个平台建设。4. 深入推进司法制度改革。市中级人民法院出台《关于推进知识产权民事、刑事、行政审判“三合一”工作的初步方案》。市人民检察院加强侦查阶段指导取证工作，推进侦查阶段同步录音录像工作。

【文化体制改革】 1. 加快推进传统媒体与新媒体深度融合。完善媒体年度目标责任制考核，推进媒体融合项目15个。制订“中央厨房”项目2018～2020年三年发展计划，搭建全媒体信息共享平台。2. 不断完善公共文化服务体系建设。积极创建国家公共文化服务体系示范区。探索社会力量参与公共文化服务机制，加大本土题材优秀文艺作品创作推广力度，电视剧《青恋》等一大批文艺精品在湖州生产创作。3. 着力健全文化产业发展体制机制。切实完善落实文化经济政策，出台《湖州市文化产业（基地）认定管理办法》等政策，大力推进湖州影视城、“美妆小镇”等产业平台建设，不断加快文化创意街区建设。4. 持续深化文化管理体制改革。完善文化市场监管长效机制，开展《关于进一步深化文化市场综合执法改革的实施意见》调研，完成市图书馆事业单位法人治理结构试点。5. 着力创新互联网属地治理模式。落实属地管理责任和“依法管网”要求，成立市委网络安全和信息化领导小组，进一步理顺市、县两级网络管理体制。

【社会体制改革】 1. 公立医院综合改革取得新突破。出台深化市级公立医院管理体制改革的实施意见，建立公立医院绩效评价考核体系，切实强化公立医院公益性，组建药品联合集中采购共同体，完成2批、693个品种的集中采购。2. 特色教育改革步伐不断加快。加强幼儿园课程游戏化建设，“安吉游戏”在国内外产生一定影响力。扎实推进具有湖州特色的现代学徒制试点深化扩面工作，6个市级“产业学院”加快建设。3. 惩治通信（网络）新型违法犯罪取得新成效。扎实做好疑似被骗用户落地人工干预工作，将惩治治理通信（网络）诈骗犯罪向事中事前拓展。4. 基层治理综合信息指挥系统区域全覆盖。围绕提升基层治理能力，全面开展乡镇（街道）“四个平台”建设，着重提升运行实效和规范化水平。5. 全科网格员实训基地建成落地。成立全省首家全科网格员实训基地，全方位搭建复合型教学训练平台，按照“实景实战”要求，全面提升基层网格的实战能力。

【生态文明体制改革】 1. 深入推进国家生态文明先行示范区建设。承办全国生态文明建设现场推进会，湖州市被评为首批国家生态文明建设示范市和全国“绿水青山就是金山银山”实践创新基地。召开绿水青山就是金山银山湖州会议。2. 不断开辟生态经济发展新模式。在全省率先实现省级以上循环经济综合类试点示范县（区）全覆盖，农业现代化指数连续四年发展列全省第一。3. 积极创新生态建设体系。推进国家生态文明先行示范区标准化建设，发布全国首个地市级地方标准规范《生态文明标准体系编制指南》。4. 探索开展自然资源统一确权登记试点。以长兴县为试点，制订自然资源统一确权登记试点实施方案，研究形成自然资源统一确权登记试点工作规则、标准成果计划等制度。5. 深化领导干部自然资源资产离任审计试点工作。完成德清县雷甸镇等6个乡镇（街道、园区）的13名领导干部自然资源资产离任审计项目。6. 建立健全按污染程度分类、分档计价及多因子计收工业污水处理费标准。通过收费政策促使企业预处理和达标排放，促进污染物减排。

【党的建设制度改革】 1. 深化干部选拔任用制度改革。规范干部考核考察工作流程，强化党组织的领导和把关作用，在部门全面推行实绩考核，积极推进司法体制改革和审计机关人、财、物管理改革试点。2. 探索建立干部容错纠错机制。制订《湖州市激励干部改革创新干事创业容错纠错实施办法（试行)》，按程序启动、调查核实、研判认定、结果反馈和报备存档“五步法”进行容错认定。3. 健全“两新”组织党建工作管理体系。建立“两新”组织党建工作动态覆盖机制，制订《关于进一步深化“党员人才工程”助推特色小镇建设的若干意见》，深入实施“红色动力工程”。4. 推行村社干部集中办公制度。着力加强换届后村社干部队伍建设，村社书记、主任不单设办公室，推动村社干部实行集中式办公、一站式服务和网格式联系，全市1223个村社全部完成办公场所的调整，在全省率先实现村社干部100%集中办公。5. 创新完善人才发展体制。着眼打造人才生态最优市，提升“南太湖精英计划”，制定《湖州市海外工程师引进实施办法》等“1+N”人才系列政策，分类推进人才评价机制改革，大力引进支持高层次人才和团队来湖州创业创新。

【纪律检查体制改革】 1. 扎实推进国家监察体制改革试点工作。有序抓好转隶组建，整合检察院反贪污贿赂、反渎职侵权等部门工作力量，完成市、县两级监察委员会组建。2. 全面巩固党的纪律检查体制改革成果。完善监督执纪问责工作制度，制定谈话函询等具体操作办法，推进执纪审查规范化。进一步健全党委反腐败协调小组工作机制，探索建立监察委员会与执法机关、司法机关的协调衔接机制。3. 不断深化政治巡察。建立健全市、县两级巡察工作领导小组。把巡察工作作为落实全面从严治党主体责任的重要举措，强化市、县联动，有效地提高了巡察效率和质量。4. 探索建立巡回执纪监督工作机制。根据纪检监察阶段性重点任务，实施靶向监督、精准发力，切实做到情况明、责任清、作风正和工作实。

【农业和农村体制改革】 1. 深入推进农业供给侧结构性改革。编制完成《德清县农业供给侧结构性改革集成示范试点方案》，列入全省改革试点，举办农业供给侧结构性改革高峰论坛。2. 全面实施产权制度改革。加快推进农村土地承包经营权确权登记颁证工作，德清县在全省率先完成农户签字确认和第三方质检，颁发全省农村土地承包经营权“第一证”。安吉县作为全省的试点县，实现林权统一登记。3. 进一步深化“三位一体”改革。出台《湖州市农合联农民合作基金管理暂行办法》，县（区）农民合作基金逐步到位，各县（区）级“农合联”的资产经营公司基本组建完成。4. 扎实推进基层农技推广体系改革。被农业部列为全国唯一整市推进的基层农技推广体系改革创新试点市，农民学院被农业部确定为首批全国新型职业农民培育示范基地。5. 不断提升改革试验区建设。南浔区城南改革试验区社区管理方式不断创新；吴兴区八里店南片改革试验区进一步提升完善，开展集镇改造、产业集聚等活动。

【群团改革】 1. 统筹协调推进群团改革。市、县（区）两级全部出台群团改革总体方案和工青妇科改革实施方案及相关配套政策文件，项目化推进群团工作运行机制。2. 着力完善群团组织体系。适应群众流动和分布变化，坚持“小机关、强基层、全覆盖”，推动形成完善的群团组织体系。调整优化群团机关内设机构设置，创新基层群团组织设置，加强新领域群团组织建设，大力支持群团组织开展网上服务。3. 注重发挥群团组织枢纽性作用。坚持把群团组织作为联系社会组织的重要渠道，支持群团组织在党组织领导下加强对有关社会组织的政治引领、示范带动和联系服务。4. 有效地推动群团在中心工作中建功立业。充分发挥群团组织扎根基层、联系广泛的优势，深入推进构建和谐劳动关系创建等工作；实施青年创业创新行动和助力创新驱动工程，服务推动经济转型。

（王　超）

市、县（局）级机构及负责人名单

2017年内担任以下所列职务的领导人全部开列在内。姓名后有*注号者，表明在2017年内已因退休、调职、免职、辞职等原因而去职；没有注号者，表明2017年年底仍在职。

中国共产党湖州市第七届、第八届委员会

书　记　陈伟俊　裘东耀*

副书记　钱三雄　陈　浩

　　　　陈伟俊*　金建新*

常　委　高　屹　干武东

　　　　夏文星　梁雪冬

　　　　范庆瑜（女）

　　　　蔡旭昶

　　　　胡菁菁（女）*

　　　　杨建新*　温永东*

　　　　崔凤军*

委　员（按姓氏笔画为序，书记、副书记、常委均为委员，从略）

　　　　干永福　王　树（女）

　　　　王志芳　王琴英（女）

　　　　卢跃东　朱荣章

　　　　刘宏伟　刘剑虹

　　　　孙　颖（女）

　　　　李上葵　李全明

　　　　李建平　李章军

　　　　杨卫东　杨中校

　　　　杨六顺　杨建新

　　　　吴　伟　吴智勇

　　　　沈铭权　陈　江

　　　　陈永华　罗安生

　　　　周卫兵　周建明

　　　　周家健　房石磊

项乐民　柳国强
钟　鸣　饶如锋
施会龙　施根宝
姚广民　莫汝强
夏坚定　钱仲良
徐晏平　梅梓华
董立新　臧学萍（女）
熊全龙　潘　音（女）
王伯安*　方永庆*
叶理中*　吕志良*
朱　鸿*　朱坤民*
孙锦林*　杨　柳*
杨建明*　吴水霖*
吴继平*　何国富*
张兰新*　陈亚明*
金民安*　胡国荣*
祝时伟*　曹会明*
喻运鑫*　蔡小凡*

候补委员（以得票多少为序）
孙国文　王剑峰
陈发瑶　许　宏
周建新　邱见春
沈振建　张伟林
章新泉　褚连荣
石一婷（女）*
沈铭权*　沈志华*
沈晓蓝（女）*
杨兴龙*　房石磊*
臧学萍（女）*

秘书长　蔡旭昶　高　屹*
副秘书长　钱仲良　田立新
吴焱国　杨伟民
沈利剑　章新泉
柳国强　唐　华（女）
蔡旭昶*　吕志良*
叶理中*　孙锦林*
沈昕耀*　章旭东*
朱荣章*　杨兴龙*
喻运鑫*

市委工作部门及直属单位、派出机构

市委办公室
主　任　钱仲良　孙锦林*
副主任　陈　伟　董　平
闵旭锋　章旭东*
杨伟民*
室务会议成员　翁明皓（女）
金淦英（女）*
魏继东　洪　流
沈康康　章国华
张国良

纪检监察组
组　长　翁明皓（女）
金淦英（女）*
副组长　柏建华

市委督查室
主　任　魏继东

市委组织部
部　长　干武东
常务副部长　邱见春　张兰新*
副部长　王　树（女，兼）
姚广民（兼）
夏　冰（女，兼）
饶如锋　贺雪荣
邱见春（兼）*
钱仲良*
部务会议成员　赵　晖　沈　秋
范海鸣

纪检监察组
组　长　赵　晖
副组长　崔　侃

市委两新工委
书　记　饶如锋　钱仲良*
副书记　沈　秋　王　枫（兼）
刘克毅（兼）
周建荣（兼）
项侃文*　邵　坚（兼）*

市委宣传部
部　长　范庆瑜（女）
胡菁菁（女）*
常务副部长　吴　伟
副部长　何元庆　徐　新
王有娣（女）
楼　婷（女）*
部务会议成员　徐林财　张西廷
龚贵庭　丁　勋

纪检监察组
组　长　徐林财
副组长　唐国平　丁　勋*

市委统战部
部　长　崔凤军*
常务副部长　蒋晓勇
副部长　沈火江　任玉林
孙虎林（兼）
黄宝根（兼）
王　枫（兼）
部务会议成员　黄丹华
庞丽红（女）
施静龙　缪　盛

纪检监察组
组　长　黄丹华
副组长　庞丽红（女）

市委政法委
书　记　陈　浩　金建新*
常务副书记　章新泉　喻运鑫*
副书记　高　屹（兼）
夏文星（兼）
马依群
杨建新（兼）*
张伟林*
委　员　李章军　孙　颖（女）
沈晓蓝（女）　佘光亮
裘明珠（女）　邓信学
陈晓杰　李泽福
孔　璋*　傅松苗*
委务会议成员　章新泉　沈永余
沈利益　姚建荣
邓信学　沈建春
喻运鑫*

纪检监察组
组　长　邓信学
副组长　王为民　曹根荣*

市委维稳办
主　任　马依群　张伟林*
副主任　陈晓杰　姚建荣

市综治办
主　任　马依群*
副主任　沈利益　沈建春

市委防范办
主　任　裘明珠（女）
副主任　高海洪

市农办
主　任　柳国强
副主任　吴云妹（女）　毛荐先
沈国忠　姚红健*
张国强*
室务会议成员　毛毓良

市委政研室
主　任　钱仲良　章旭东*
副主任　魏继东　闵旭锋*

市台办
主　任　黄宝根
副主任　余文祥　陆佩佩（女）

市直机关工委
书　记　唐　华（女）　杨兴龙*
副书记　王建祥　陈立新
邵志强*　唐　华（女）*
委　员　刘慧敏

纪工委
书　记　丁　勋　王根强*

市委老干部局

局　长　夏　冰（女）
副局长　陈慧敏（女）　陈宜明
局务会议成员　熊永春　王为民

市编委办

主　任　姚广民　邱见春*
副主任　吴国平　顾蔼慈*
室务会议成员　杜李威

市信访局

局　长　沈利剑　朱荣章*
副局长　徐学军　胡才明（兼）
　　　　沈建忠　汪　伟
　　　　陈立新*
督查专员　朱美玲（女）

市委党史研究室

主　任　吴猋国　沈昕耀*
副主任　王智勇　梅锦连

市委党校

校　　长　干武东（兼）
常务副校长　刘宏伟
副　校　长　舒川根　王　磊
　　　　　　史淦宝
　　　　　　施　经（女）
教　育　长　胡继妹（女）

市社会主义学院

院　　长　崔凤军（兼）*
常务副院长　刘宏伟
副　院　长　舒川根　王　磊
　　　　　　史淦宝
　　　　　　施　经（女）

市行政学院

院　　长　钱三雄（兼）
　　　　　陈伟俊（兼）*
常务副院长　刘宏伟
副　院　长　舒川根　王　磊
　　　　　　史淦宝
　　　　　　施　经（女）

浙江生态文明干部学院

院　　长　干武东（兼）
常务副院长　刘宏伟
副　院　长　舒川根　王　磊
　　　　　　史淦宝
　　　　　　施　经（女）
教　育　长　胡继妹（女）

市社科院

院　长　吴晓斌

湖州日报集团

社务委员会社长　沈振建
社务委员会副社长　王伟锋
　　　　　　　　王欣欣
社务委员会委员　毕崇云
　　　　　　　　朱建飞
　　　　　　　　黄建东
　　　　　　　　谢占强
　　　　　　　　徐　敏
经营管理委员会主任　沈振建
经营管理委员会副主任　王欣欣
编辑出版委员会总编辑　王伟锋
编辑出版委员会副总编辑　朱建飞
　　　　　　　　　　　谢占强
　　　　　　　　　　　徐　敏
党委书记　沈振建
副书记　王伟锋　毕崇云
委　员　王欣欣　朱建飞
　　　　黄建东　谢占强
　　　　徐　敏
纪委书记　黄建东

中共湖州市
第六届纪律检查委员会

书　记　梁雪冬　陈　浩*
副书记　莫汝强　沈　亮
　　　　何国富*
常　委　顾国琴（女）　沈月强
　　　　张　斌　田立新*

湖州市第七、八届
人民代表大会常务委员会

主　任　胡菁菁（女）
　　　　朱坤民*
副主任　董立新　曹德平
　　　　喻运鑫　胡国荣
　　　　沈志华　张兰新
　　　　项乐民　周　杰*
　　　　方新旗*　施荣耀*
　　　　徐嘉华（女）*
　　　　王　勤（女）*
　　　　蔡福民*
秘书长　许学锋　沈志华*
常　委　王武良　王剑峰
　　　　方建平　朱　鸣
　　　　朱建民　乔明军
　　　　孙长志　劳敏敏
　　　　杨兴龙　吴继平
　　　　吴康丽（女）
　　　　沈　斌　沈财根
　　　　沈晓蓉（女）
　　　　张亚华（女）
　　　　张国强　张建平
　　　　陈　洁（女）
　　　　邵水荣　郁晓红（女）
　　　　周明明　周美凤（女）
　　　　侯军呈　秦　芹（女）
　　　　钱仲良　徐晓军
　　　　高兴江　黄俊慧
　　　　董太群　蒋育琴（女）
　　　　虞伟瑛（女）
　　　　臧学萍（女）
　　　　王后明*　石一婷（女）*
　　　　叶白云*　沈新康*
　　　　许学锋*　杨海江*
　　　　吴　旭（女）*
　　　　吴　斌*　张兰新*
　　　　陈　纯（女）*
　　　　顾林祥*　梁为民*
　　　　潘阿祥*
副秘书长　张国强　杨兴龙
　　　　　陈　洁（女）
　　　　　沈晓蓉（女）
　　　　　吴　斌*　许学锋*

市人大常委会党组

书　记　胡菁菁（女）　朱坤民*
副书记　董立新　周　杰*
成　员　喻运鑫　胡国荣
　　　　沈志华　张兰新
　　　　项乐民　许学锋
　　　　施荣耀*　徐嘉华（女）*
　　　　王　勤（女）*
　　　　蔡福民*

市人大常委会机关党组

书　记　许学锋　沈志华*
副书记　张国强　许学锋*
成　员　孟正良　徐晓军
　　　　吴培林　吕　平
　　　　孙长志　陆琪琪

纪检监察组

组　长　孟正良
副组长　吕　平

市人大常委会办公室

主　任　张国强　许学锋*
副主任　吴培林　陆琪琪
　　　　顾云飞*

市人大常委会研究室

主　任　黄俊慧
副主任　陆琪琪*

市人大法制委

主任委员　王武良　杨海江*
副主任委员　蒋育琴（女）
　　　　　　孙长志*

市人大常委会法工委

主　任　王武良　杨海江*
副主任　汪　昊

市人大内司委
主任委员　张建平　王武良*
市人大常委会内司工委
主　任　张建平　王武良*
副主任　胡月静（女）
　　　　汪　昊*
市人大财经委
主任委员　虞伟瑛（女）
　　　　　周　杰*
副主任委员　张亚华（女）
　　　　　王后明*　刘一闻*
市人大常委会预算工委（2017年2月机构更名为市人大常委会财经预算工委）
主　任　周　杰*
副主任　张亚华（女）*
市人大常委会财经预算工委
主　任　虞伟瑛（女）
副主任　刘一闻*
市人大教科文卫委
主任委员　吴康丽（女）
　　　　　郁晓红（女）*
副主任委员　潘月山　费文晟
　　　　　陈　纯（女）*
市人大常委会教科文卫工委
主任委员　吴康丽（女）
　　　　　郁晓红（女）*
副主任委员　费文晟*
市人大民宗侨外委
主任委员　邵水荣
副主任委员　汪友余
市人大常委会民宗侨外工委
主　任　邵水荣
副主任　胡文乔
市人大农委
主任委员　沈　斌
副主任委员　梁为民（兼）
　　　　　乔明军
市人大常委会农工委
主　任　沈　斌
副主任　张　曦（女）
市人大城建环资委
主任委员　沈财根
副主任委员　劳敏敏
　　　　　华新民（兼）
市人大常委会城建环资工委
主　任　沈财根　祝时伟*
市人大常委会代表与选任工委
主　任　徐晓军
副主任　曹燕鸣（女）　陆　炜

湖州市人民政府

市　长　钱三雄
　　　　陈伟俊*
副市长、代理市长　钱三雄*
常务副市长　高　屹
　　　　杨建新*
副市长　李上葵
　　　　闵　云（女）
　　　　杨六顺
　　　　卢跃东
　　　　施根宝
　　　　王德胜（挂职）
　　　　李建平*
　　　　董立新*
党组书记　钱三雄　陈伟俊*
副书记　高　屹　杨建新*
成　员　李上葵　杨六顺
　　　　施根宝　卢跃东
　　　　陈亚明　王德胜
　　　　徐晏平　李建平*
　　　　董立新*
秘书长　徐晏平　陈亚明*
副秘书长　汪蚕清　金江澜（女）
　　　　丁泉观　朱荣伟
　　　　陆利明　龚　丁
　　　　忻忠华　沈斌章
　　　　饶亮明（挂职）
　　　　林福呈（挂职）
　　　　倪跃田（兼）
　　　　徐晏平*
　　　　王晓军（兼）*
　　　　丁芳芳*　鲍　鸿*
　　　　徐旭萍（女）*
　　　　鲁兴萌（挂职）*

市人民政府工作部门及直属事业、驻外机构

市政府办公室
主　任　沈斌章　徐晏平*
副主任　顾云飞　顾国良
　　　　钟建林　翁明皓（女）*
　　　　陆利明*
党组书记　沈斌章　徐晏平*
成　员　孙国强　陆利明
　　　　李　才　顾国良
　　　　钟建林　黄骆意
　　　　张铁成　沈春晓
　　　　陈纯志　翁明皓（女）*
纪检监察组
组　长　孙国强
副组长　徐　超
市发改委（物价局）
主任（局长）　梅梓华
　　　　胡国荣*
副主任（副局长）　费新章
　　　　徐育雄
　　　　倪跃田
　　　　曹毅平（女）
　　　　张云峰
　　　　李红英（女）
　　　　杜尉栋
　　　　黄培林*
　　　　金新根*
党组书记　梅梓华　胡国荣*
副书记　费新章　黄培林*
成　员　徐育雄　胡明山
　　　　倪跃田　曹毅平（女）
　　　　张云峰　李红英（女）
　　　　杜尉栋　周建荣
　　　　金新根*
纪检监察组
组　长　胡明山
湖州省际承接产业转移示范区管委会
主　任　梅梓华　胡国荣*
市经合办、市对口办
主　任　梅梓华
副主任　徐育雄
市经信委（中小企业局）
主任（局长）　丁芳芳
　　　　熊全龙*
副主任（副局长）　方安明
　　　　赵家义
　　　　周　勇
　　　　金　敏（女）
　　　　蔡　丰
　　　　姚建忆
　　　　姬海荣*
　　　　周亚平*
　　　　金永和*
党委书记　丁芳芳　熊全龙*
副书记　姬海荣*
委　员　方安明　赵家义
　　　　周　勇　陈阿四
　　　　金　敏（女）
　　　　蔡　丰　王宏娟（女）
　　　　周剑平　周亚平*
　　　　金永和*
纪检监察组
组　长　陈阿四

市教育局
局　长　潘　音（女）
副局长　朱建平　许方明
　　　　朱建伟　黄桂众
　　　　钱　旻（女）*
　　　　金毅伟*
党委书记　潘　音（女）
副书记　许方明
委　员　朱建平　王淦勤
　　　　朱建伟　黄桂众
　　　　金毅伟*
纪检监察组
组　长　王淦勤
市科技局
局　长　王志芳
副局长　沈欢良　金顺明
　　　　徐建学　王　磊*
党组书记　王志芳
副书记　沈欢良
成　员　徐建学　姚　勇
　　　　张利剑　王　磊*
　　　　沈建良*
纪检监察组
组　长　姚　勇
市民宗局
局　长　沈火江
副局长　郑　峻（女）
市公安局
局　长　夏文星
常务副局长　李泽福　沈利剑*
副局长　徐伟明　沈连江
　　　　陈雄伟　梅旗华
　　　　徐志宏*
党委书记　夏文星
副书记　李泽福　沈利剑*
专职副书记　徐志宏　李泽福*
委　员　张建乐（女）
　　　　徐伟明　沈连江
　　　　陈雄伟　梅旗华
　　　　朱有江　凌　冬
　　　　姚金泉
纪检监察组
组　长　张建乐（女）
副组长　朱有江　李龙华
市监察局（2017年4月机构撤销）
局　长　何国富*
副局长　金顺明*
市监委
主　任　梁雪冬
副主任　莫汝强　沈　亮
委　员　顾国琴（女）
　　　　沈月强　田立新*
市民政局
局　长　朱荣章　姚广民*
副局长　沈建军　吴建英（女）
　　　　罗广平　周建荣
　　　　张振光
　　　　吴　巍（女，挂职）
党委书记　朱荣章　姚广民*
委　员　沈建军　罗广平
　　　　谢　冰（女）
　　　　周建荣　张振光
　　　　战召芳*
纪检监察组
组　长　谢　冰（女）　战召芳*
市司法局
局　长　沈晓蓝（女）
副局长　俞　栋　何成华
　　　　张佰元　李　伟*
党委书记　沈晓蓝（女）
委　员　俞　栋　何成华
　　　　毛建平　盛新莲（女）
　　　　张佰元　易明安
　　　　李　伟*　金晓星*
市财政局
局　长　周建明
副局长　屠培红（女）
　　　　张向阳　黄长泉
总会计师　孙倩如（女）
党组书记　周建明
副书记　屠培红（女）
成　员　姚　温　钱汇丰
　　　　王红明　张向阳
　　　　黄长泉　袁学平
纪检监察组
组　长　王红明
市地税局
局　长　周建明
副局长　姚　温　钱汇丰
总经济师　袁学平
市国税局
局　长　黄德超
副局长　陈利民（女）
　　　　沈振斌　章晓儿*
总经济师　陆志华
总会计师　杨根荣
党组书记　黄德超
成　员　陈利民（女）
　　　　沈振斌
　　　　曾月霞（女）
　　　　陆志华　杨根荣
　　　　章晓儿*
纪检监察组
组　长　曾月霞（女）
市人力社保局
局　长　王　树（女）
副局长　陆凤江　沈福群
　　　　丁会强　池丽萍（女）
　　　　汪　竑（女）
党组书记　王　树（女）
副书记　陆凤江
成　员　沈福群　丁会强
　　　　池丽萍（女）
　　　　汪　竑（女）
　　　　沈建良　施建永
　　　　李　晟　吴云芳*
纪检监察组
组　长　沈建良　吴云芳*
市社保局
局　长　施建永
市国土资源局
局　长　王晓军　朱仲华*
副局长　龚西征　傅自强
　　　　叶建新　徐建洪
党委书记　王晓军　朱仲华*
副书记　傅自强
委　员　项根宝　叶建新
　　　　徐建洪　毕勤峰
纪委书记　项根宝
市住房和城乡建设局
局　长　李全明
副局长　郭旭华　曹军民
　　　　沈应华　金　宁
总工程师　杨　治
党委书记　李全明
副书记　郭旭华
委　员　邵光明　曹军民
　　　　沈应华　金　宁
　　　　杨　治
纪检监察组
组　长　邵光明
市规划局
局　长　戴　健
副局长　陈嗣栋　王俊杰
总规划师　任　立
党组书记　戴　健
成　员　钱艳萍（女）
　　　　陈嗣栋　任　立
　　　　王俊杰　钱　超
纪检监察组
组　长　钱艳萍（女）
市交通运输局
局　长　房石磊

副局长　周　军　章宇强
陈元青　倪建国
孟立忠　陈振华（兼）
李向东
总工程师　沈建荣
党委书记　房石磊
委　　员　周　军　王武元
章宇强　陈元青
倪建国　孟立忠
沈建荣　陈振华（兼）
李向东
纪检监察组
组　长　王武元

市水利局
局　长　罗安生
副局长　张树明　章瑛婴（女）
吴继国
党委书记　罗安生
副书记　张树明
委　　员　黄永庆　章瑛婴（女）
马建华　吴继国
江　涛　郭忆滨（女）*
总工程师　江　涛　吴继国*
纪检监察组
组　长　黄永庆　郭忆滨（女）*

市农业局
局　长　方　杰*
副局长　朱建友　陶忠华
沈红星　张云威
凌跃锋　王秀琴（女）*
总农艺师　许建红
党委书记　娄显杰　方　杰*
委　　员　朱建友　陶忠华
濮智辉　沈红星
凌跃锋　许建红
纪检监察组
组　长　濮智辉

市林业局
局　长　黄文鑫
副局长　郑永敢　陈德会
唐建平
党委书记　黄文鑫
委　　员　郑永敢　陈德会
唐建平　於国人

市商务局（市粮食局）
局　长　褚连荣
副局长　钱树春　施群英（女）
周　军　王　坚
傅远超　沈康民*
党委书记　褚连荣
副书记　钱树春
委　　员　施群英（女）
周　军　顾仿勤
王　坚　傅远超
朱国强　沈康民*
纪检监察组
组　长　顾仿勤

市文广新局（市文物局）
局　长　楼　婷（女）
宋　捷*
副局长　许建跃　沈康民
郜世通　胡培强
赵家义*
党委书记　楼　婷（女）
宋　捷*
副书记　许建跃
委　　员　沈康民　郜世通
沈新芳　胡培强
赵家义*
纪检监察组
组　长　沈新芳

市卫生和计划生育局
局　长　施会龙
副局长　潘人伟　魏　明
沈霞萍（女）
姜宝荣
王洁宏（女，挂职）
党委书记　施会龙
副书记　潘人伟
委　　员　施梅轩　沈霞萍（女）
姜宝荣　钱建莉（女）
顾建明　钮富荣
纪检监察组
组　长　施梅轩

市红十字会
会　　长　闵　云（女）
常务副会长　徐旭萍（女）
吴康丽（女）*
专职副会长　朱冶方
党组书记　徐旭萍（女）
吴康丽（女）*
成　　员　朱冶方　郭建根

市审计局
局　长　童建华
副局长　费林海　丁颂辉
汤晓龙　汤政强
总审计师　施　瑜（女）
党组书记　童建华
副书记　费林海
成　　员　丁颂辉　汤晓龙
汤政强　何　斌
沈木荣　金翠萍（女）

市环境保护局
局　长　沈昕耀　饶如锋*
副局长　姚玉鑫　周　峻
徐兆辉　戴建国
朱荣伟*　吴张敏*
党组书记　沈昕耀　饶如锋*
副书记　朱荣伟*
成　　员　姚玉鑫　周　峻
徐兆辉　施　捷（女）
戴建国　余　勇*
吴张敏*　唐国平*
纪检监察组
组　长　施　捷（女）

市统计局
局　长　臧学萍（女）
梅梓华*
副局长　闵新华　臧新昌
总统计师　钱中勇
党组书记　臧学萍（女）
梅梓华*
副书记　闵新华
成　　员　臧新昌　钱中勇
费百田

市旅游发展委员会
主　任　干永福
副主任　何继红　王　栋
孙　军
覃　泓（女）*
伍　毅*
党委书记　干永福
委　　员　何继红　费　越
王　栋　孙　军
邱丽华（女）
覃　泓（女）*
伍　毅*
纪检监察组
组　长　费　越

市安全监管局
局　长　张伟林　章新泉*
副局长　沈金山　蒋赪兵
曹伟龙
党组书记　张伟林　章新泉*
成　　员　沈金山　蒋赪兵
曹伟龙　孙小雄
傅文虎　吴　斌
总工程师　傅文虎
纪检监察组
组　长　孙小雄

市综合行政执法局
局　长　闵山明

副局长　沈国民　李忠奎
　　　　王桂林　姚金泉（兼）
党委书记　闵山明
委　　员　曹根荣　沈国民
　　　　　李忠奎　王桂林
　　　　　姚金泉（兼）
　　　　　张红英（女）
　　　　　童锡方*
纪检监察组
组　长　曹根荣　童锡方*

市外事侨务办

主　任　孙虎林
副主任　徐汝忠　潘宇文（女）
　　　　沈　列
党组书记　孙虎林
副书记　徐汝忠
成　　员　沈　列　蒋晓霞（女）

市国资委

主　任　鲍　鸿　孔培康*
副主任　施顺林　杨　倬
　　　　朱　辉　胡劲平*
党委书记　鲍　鸿　孔培康*
副书记　覃　泓（女）
委　　员　施顺林　杨　倬
　　　　　沈建民　朱　辉
　　　　　覃　泓（女）*
　　　　　胡劲平*
纪检监察组
组　长　沈建民

市金融办

主　任　钱洪文
副主任　周昳文　刘一闻
　　　　蒋小明*
党组书记　钱洪文
成　　员　周昳文　刘一闻
　　　　　黄立忠*

市质量技监局

局　长　宋　波
副局长　金　伟　汪建标
　　　　张杰华*　徐兆辉*
总工程师　杨　凌
党委书记　宋　波
委　　员　金　伟　张杰华
　　　　　杨　凌　杨　伟
　　　　　钱莲香（女）
　　　　　王红英（女）
　　　　　汪建标　徐兆辉*
纪检监察组
组　长　钱莲香（女）

市安全局

局　长　佘光亮
党委书记　佘光亮

市贸促会

会　长　金　凯
副会长　杨　颖　蔡　丰*
党组书记　邵　坚　杨宇澄*
成　　员　杨　颖　张海明
　　　　　蔡　丰*

湖州广电集团

台　长　陈发瑶
副台长　秦　敏（女）
　　　　陈　东　潘　鸣
　　　　吴继任　金加宝
　　　　赵　星　徐卫勇
　　　　徐小平*　毛荐先*
总编辑　秦　敏（女）
党委书记　陈发瑶
副书记　秦　敏（女）
委　　员　陈　东　汪东海
　　　　　潘　鸣　吴继任
　　　　　金加宝　赵　星
　　　　　徐卫勇　费兴海
　　　　　徐小平*　毛荐先*
纪委书记　汪东海

市体育局

局　长　宋　捷　沈宝山*
副局长　蔡　缨（女）
　　　　钟培方　杨　颖*
党组书记　宋　捷　沈宝山*
副书记　杨　颖*
成　　员　蔡　缨（女）　钟培方

市机关事务局

局　长　吴巨波
副局长　刘伦辉　黄定红
　　　　金江澜（女）*
党组书记　吴巨波
副书记　金江澜（女）*
成　　员　刘伦辉　黄定红

市人防办（市民防局）

主　任　凌伯勋
副主任　白和明　郑传刚
　　　　黄　猛（兼）
党组书记　凌伯勋
成　　员　白和明　郑传刚
　　　　　黄　猛（兼）
　　　　　程志明

市政府法制办

主　任　沈斌章　徐晏平*
副主任　李　才　肖体红
　　　　蒋育琴（女）*

市政府研究室

主　任　沈斌章　徐晏平*

副主任　沈春晓　顾国良*

市矿治办

主　任　龚西征
副主任　韩新伟　张光评
　　　　徐伟明（兼）
　　　　傅文虎（兼）
　　　　祝益民（兼）
　　　　戴建国（兼）
　　　　沈金山（兼）*
　　　　姚玉鑫（兼）*
　　　　徐建洪（兼）*

市政务服务管理办公室

主　任　夏　威
副主任　庞娟英（女）
　　　　施建中　蒋夕根
党组书记　夏　威　王晓军*
副书记　庞娟英（女）
　　　　夏　威*
成　　员　施建中　蒋夕根
　　　　　卓存定

市市场监管局

局　长　许　宏
副局长　陈丽霞（女）
　　　　顾吉生　蒋国强
　　　　慎金星　刘克毅
　　　　邵　坚*
党委书记　许　宏
副书记　陈丽霞（女）
　　　　邵　坚*
委　　员　顾吉生　蒋国强
　　　　　慎金星　刘克毅
　　　　　曹颖青　丁治中
纪检监察组
组　长　曹颖青

市食安办

主　任　许　宏　邵　坚*
副主任　丁治中　顾吉生*
　　　　沈霞萍（女，兼）
　　　　李忠奎（兼）
　　　　徐伟明（兼）

湖州经济技术开发区管委会

主　任　凌建荣　施根宝*
副主任　李　节　金卫亮
　　　　李　强　姚　星
　　　　潘郁泉　金永和
　　　　黄建丰　蔡胜权
　　　　丁泉观*　郜世通*
　　　　徐惠荣*
党委书记　熊全龙　施根宝*
副书记　凌建荣　徐惠荣
委　　员　金卫亮　李　强

王　艰（女）
姚　星　潘郁泉
金永和　陈共团
黄建丰　蔡胜权
丁泉观*　郜世通*

纪检监察组
组　长　王　艰（女）

湖州南太湖产业集聚区管委会

主　任　熊全龙　施根宝*
副主任　凌建荣　李　节
金卫亮　李　强
姚　星　潘郁泉
金永和　黄建丰
蔡胜权　丁泉观*
郜世通*　徐惠荣*

南太湖科创中心

主　任　夏　阳

湖州太湖旅游度假区管委会

主　任　葛　伟
副主任　徐建兵　佘国勤
张征红　梅根华
周　燕（女）
伍　毅　陈明法
计欣华（女）*
杨　倬*
党委书记　葛　伟
副书记　徐建兵
委　员　张征红　梅根华
王　俊　伍　毅
陈明法　王阿平
赵江峰　计欣华（女）*
杨　倬*
张　曦（女）*

纪检监察组
组　长　王　俊

湖州检验检疫局

局　长　梁　升
副局长　郑蔚涛　江小明
许全华　王晓峰*
党组书记　梁　升
成　员　郑蔚涛　江小明
许全华　王晓峰*

湖州海关

关　长　吴春雷*
副关长　朱忠荣　钱峰燕（女）
党组书记　吴春雷*
成　员　朱忠荣　钱峰燕（女）

市档案局

局　长　张楼岩
副局长　张永才　马炼鸿
沈永明
党组书记　张楼岩
成　员　张永才　马炼鸿
沈永明

市烟草专卖局

局　长　龚一正
副局长　徐水春
经　理　龚一正
副经理　王　卫
党组书记　龚一正
副书记　徐水春
成　员　薛治国　王　卫
钱　瑛（女）*

纪检监察组
组　长　薛治国　钱　瑛（女）*

市接待办

主　任　沈康康
副主任　倪新强

市政府应急办

主　任　沈斌章　徐晏平*
副主任　黄骆意　张铁成

市信息中心

主　任　奚立明

市太湖管理局

局　长　马建华
党委书记　戚斌斌　徐学军*

市畜牧兽医局

局　长　裴兰顺*

市公积金管理中心

主　任　沈小龙
副主任　刘　斌　王　财
金培荣
党组书记　沈小龙
成　员　刘　斌　王　财
金培荣　沈勤伟

市政府驻北京联络处

主　任　蒋德保
副主任　胡才明

市政府驻上海联络处

主　任　计欣华（女）
许金根*
副主任　汤月良

市援疆指挥部

指挥长　沈孔鸿
副指挥长　查建华　许行峰
党委书记　沈孔鸿
副书记　查建华
委　员　许行峰
纪委书记　查建华

市人民中级法院

院　长　李章军　傅松苗*
副院长　吴　云　胡新春
何　新　费会平*
审判委员会专委　王　怡
方海明
党组书记　李章军　傅松苗*
副书记　吴　云
成　员　胡新春　莫国繁
徐　力　何　新
王　怡　费会平*

纪检监察组
组　长　徐　力

市人民检察院

检察长　孙　颖（女）
孔　璋*
副检察长　钟伟锋　费会平
吴拥军　周晓杨
沈　亮*
检委会专委　刘善军　屠晓景
党组书记　孙　颖（女）
孔　璋*
副书记　钟伟锋
成　员　费会平　方世民
吴拥军　周晓杨
尹湘农　沈　亮*

纪检监察组
组　长　方世民

政协湖州市委员会

主　席　杨建新　吴水霖*
副主席　李建平　方新旗
魏　明　钟　鸣
高　东　叶理中
葛　伟　竺　鸰（女）
曹会明*
沈琪芳（女）*
夏　平*　叶　鸣*
曹德平*　徐克强*
秘书长　钮建新　姚新兴*
副秘书长　杨兴荣　薛淦江
蒋小明　李　钰（女）
钮建新*
吴传侠（女）*
周少翌（兼）*
李　钰（女，兼）
常　委（以姓氏笔画为序，主席、副主席均为常委，从略）
干梅林　叶晓虹（女）
冯文明　戎美勤（女）
朱万里　朱建方
朱唤山　刘美凤（女）
刘姝姗（女）
孙虎林　杜方林

李　红（女）
李　莉（女）
李　钰（女）
李庆峰　杨兴荣
吴　巍（女）
吴传侠（女）
吴淑英（女）
吴媛华（女）
邱小永　汪少华
沈兴元　沈坚强
沈金才　沈佳音
张　明　陈　湘
金　凯　周　伟
周少翌　周明强
周桂珠（女）
周清泉　郑生华
单建明　施建军
姬海荣　黄　红（女）
黄文华　黄立明
黄玲琳（女）
蒋晓勇　释界隆
潘林荣　薛　锋
方建平*
左　军（女）*
庄成鑫*　纪广平*
刘忠卫*　杜　英（女）*
李雪华*　李鲁勤（女）*
沈顺新*　陆小平（女）*
陈　洁（女）*
梅会珠（女）*
梅　成*　郑　勇*
闻晓明（女）*
敖玲玲（女）*
钱志远*　董黎明*
龚景兴*　屠永海*
虞炳泉*　管仲良*
滕凌云（女）*

市政协党组

书　记　杨建新　吴水霖*
副书记　李建平　曹会明*
成　员　钟　鸣　叶理中
　　　　葛　伟　钮建新
　　　　叶　鸣*　徐克强*
　　　　姚新兴*

市政协办公室

主　任　杨兴荣　钮建新*
副主任　林型怀　杨健康
　　　　李　莉（女）*
　　　　刘　丽（女）*

市政协研究室

主　任　杨兴荣　钮建新*
副主任　陈华良

市政协提案委

主　　任　姬海荣
　　　　　左　军（女）*
专职副主任　王惠荣
副 主 任　庞娟英（女）
　　　　　翁明皓（女）
　　　　　沈虎根*

市政协人口资源环境委

主　　任　汪少华
专职副主任　梅会珠（女）
副 主 任　朱荣伟　傅自强
　　　　　虞伟瑛（女）*
　　　　　陈元青*

市政协文史资料委

主　　任　戎美勤（女）
专职副主任　吴建英（女）
副 主 任　龚景兴　张西廷
　　　　　袁　健　徐育雄*

市政协经济科技委

主　　任　沈金才
专职副主任　刘　丽（女）
　　　　　张晓春（女）*
副 主 任　沈欢良　方安明
　　　　　施顺林　沈红星
　　　　　孙倩如（女）
　　　　　李鲁勤（女）*
　　　　　朱延林*
　　　　　李家芳（女）*

市政协教文卫体委

主　　任　李　莉（女）
　　　　　薛淦江*
专职副主任　吴　瑶（女）
副 主 任　蔡　缨（女）
　　　　　许方明　潘人伟
　　　　　许建跃　王克林
　　　　　钱　旻（女）*
　　　　　吴康丽（女）*
　　　　　董玉梅（女）*

市政协社会法制委

主　　任　杜方林
　　　　　滕凌云（女）*
专职副主任　张杰华
副 主 任　陆凤江　李泽福
　　　　　陈丽霞（女）
　　　　　沈建军　许淦林*
　　　　　裘明珠（女）*
　　　　　沈利剑*　姬海荣*

市政协港澳台侨委

主　　任　沈兴元
　　　　　闻晓明（女）*
专职副主任　张晓春（女）
副 主 任　孙虎林　钱树春
　　　　　陆佩佩（女）
　　　　　钱丽琴（女）*

市政协委员工作委

主　　任　吴传侠（女）
　　　　　梅　成*
专职副主任　杜跃东　杨健康*
副 主 任　蒋晓勇　王　枫
　　　　　贺雪荣　张兰新*

市政协机关党组

书　记　钮建新　姚新兴*
副书记　杨兴荣　钮建新*
成　员　沈金才　戎美勤（女）
　　　　陈明新　林型怀
　　　　陈华良　杨健康
　　　　倪建平*　濮智辉*
　　　　吴传侠（女）*

湖州军分区

司令员　许启富*
副司令员　董太群
战备建设处处长　黄　猛
动员处处长　周　忠
政治委员　温永东
参谋长　董太群*
政治部主任　刘忠卫*
政治工作处主任　蒋立杰
后勤部部长　周　忠*
保障处处长　吴士彬

武警湖州市支队

支队长　陈　勇
党委第一书记　夏文星
党委书记、政治委员　徐良道
副支队长　厉宏胜　陈尚宏*
副政治委员　潘利平
参谋长　包祖才　卢　栋*
政治处主任　孟尧军
后勤处处长　尹文杰　厉宏胜*

市公安（武警）消防支队

支队长　刘海权　王雄雄*
政治委员　王雄雄　李　勇*
副支队长　赵　刚　马振波
　　　　　徐国茂*　江　伟*
副政治委员　劳　量　周衍挺*
参谋长　聂林华　赵　刚*
政治处主任　马义泉
后勤处处长　吴　为　马振波*
防火处处长　周恩平
副参谋长　裘海军　聂林华*
政治处副主任　谭　烂　何来春*
党委书记　王雄雄　李　勇*

副 书 记　刘海权　王雄雄*
委　　员　马振波　赵　刚
　　　　　劳　量　聂林华
　　　　　马义泉　吴　为
　　　　　周恩平　徐国茂*
　　　　　孙永其*　江　伟*
　　　　　周衍挺*
纪委书记　劳　量　周衍挺*

群众团体组织

市总工会

主　　席　钟　鸣
常务副主席　郁晓红（女）
　　　　　虞伟瑛（女）*
副 主 席　张显东　王列兵
　　　　　冯海英（女）
党组书记　郁晓红（女）
　　　　　虞伟瑛（女）*
成　　员　张显东　沈　宏
　　　　　王列兵
　　　　　冯海英（女）

团市委

书　记　王剑峰
副书记　刘姝姗（女）
　　　　杨国志
　　　　金　祥（挂职）
　　　　王笑笑（女，兼）
　　　　沈　杰（兼）
党组书记　王剑峰
成　　员　刘姝姗（女）
　　　　　杨国志

市妇联

主　席　金淦英（女）
　　　　臧学萍（女）*
副主席　吴媛华（女）
　　　　孙　晓（女）
　　　　冯海英（女，兼）
　　　　张敏敏（女，兼）
　　　　周柏清（女，挂职）
党组书记　金淦英（女）
　　　　　臧学萍（女）*
成　　员　吴媛华（女）
　　　　　孙　晓（女）

市文联

主　席　沈宝山　竺　鸽（女）*
副主席　马卫忠　徐　新（兼）
　　　　朱元更（兼）
　　　　汪　洋（兼）
党组书记　沈宝山
　　　　　楼　婷（女）*
成　　员　马卫忠　卢　萍（女）

市科协

主　席　董黎明　高　东*
副主席　沈维勇　陆叙林
　　　　叶金云（兼）
　　　　潘人伟（兼）
　　　　顾志敏（兼）
　　　　姬海荣（兼）
　　　　夏　阳（兼）
　　　　周建祥*
党组书记　董黎明
成　　员　沈维勇　陆叙林
　　　　　周建祥*

市侨联

主　席　孙虎林
副主席　沈　列　钱　凯（兼）
　　　　陆建新（兼）
　　　　徐　伟（兼）
　　　　温晓红（女，兼）
　　　　黄立明（兼）
　　　　吴淑英（女，兼）
　　　　张文华（女，兼）
　　　　胡立江（兼）

市社科联

主　席　张西廷
副主席　沈梦月（女）
　　　　管国平
　　　　舒川根（兼）
　　　　周家健（兼）
　　　　杨　柳（兼）
　　　　丁根林（兼）
　　　　查建华（兼）
　　　　倪跃田（兼）

市残联

理 事 长　李　红（女）
副理事长　陈　钢　潘永如
党组书记　余加伟
成　　员　陈　钢　潘永如

市工商联

主　席　方新旗
副主席　王　枫　钱守仁
　　　　吴　静（女）
党组书记　王　枫
成　　员　钱守仁　吴　静（女）
　　　　　陈根三

企事业单位

市邮政管理局

局　长　陈振华
副局长　古月兵
党组书记　陈振华
成　　员　古月兵　闵　宏

电信湖州分公司

总 经 理　蒋运华
副总经理　嵇宇成　李　歆
　　　　　章宏侃　徐伟斌
工会主席　李　歆
党委书记　蒋运华
委　　员　嵇宇成　李　歆
　　　　　章宏侃　徐伟斌
纪委书记　嵇宇成

邮政湖州分公司

总 经 理　汪向涛　蒋章有*
副总经理　李象刚　蔡正喜
　　　　　黄　勤*
党委书记　汪向涛　蒋章有*
纪委书记　蔡正喜　黄　勤*

国网湖州供电公司

总 经 理　李颖毅
副总经理　邵学俭　王　伟
　　　　　华国栋　黄晓明
　　　　　方旭初*　张　浩*
总工程师　黄晓明　张　浩*
总会计师　吴要毛
党委书记　邵学俭　方旭初*
副 书 记　李颖毅　蒋仁林
委　　员　李颖毅　邵学俭
　　　　　蒋仁林　王　伟
　　　　　华国栋　吴要毛
　　　　　石　军　方旭初*
　　　　　张　浩*
纪委书记　蒋仁林

市供销社

主　任　黄培林　沈财根*
副主任　杨洪亮　周建祥
　　　　陆齐良　沈兴元*
　　　　陈鑫堂*
党委书记　黄培林　沈财根*
副 书 记　沈兴元*
委　　员　陈金宝　杨洪亮
　　　　　周建祥　陆齐良
　　　　　谢鑫祥　陈鑫堂*

中国人民银行湖州市中心支行

行　长　郑锦国
副行长　刘红庆　喻晓岚（女）
　　　　郑晓虹（女）
　　　　吴　维
党委书记　郑锦国
委　　员　刘红庆　喻晓岚（女）
　　　　　郑晓虹（女）
　　　　　陈华明　吴　维
纪委书记　陈华明

外汇管理局

局　长　郑锦国
副局长　刘红庆

中国银行业监督管理委员会湖州监管分局

局　长　周明强
副局长　陈　杰　蓝春锋
党委书记　周明强
委　　员　陈　杰　蓝春锋
　　　　　施晓霞（女）
纪委书记　施晓霞（女）

工商银行湖州分行

行　长　李幼平
副行长　周　强　宋　军
　　　　孙清扬　陈正楠（女）
　　　　李幼平*　王锦平*
工会主席　戴克英（女）
党委书记　李幼平
副书记　周　强　李幼平*
委　　员　李幼平　周　强
　　　　　宋　军　戴克英（女）
　　　　　孙清扬　陈正楠（女）
　　　　　王锦平*
纪委书记　戴克英（女）

农业银行湖州分行

行　长　胡　隽　厉文世*
副行长　胡　隽　闵云忠*
　　　　吴　伟*
行长助理　胡　旦（女）
　　　　　唐　华
党委书记　厉文世
副书记　闵云忠　吴　伟*
　　　　胡　隽*
委　　员　胡　隽　胡　旦（女）
　　　　　唐　华　张家才
　　　　　廖士宏　闵云忠
　　　　　厉文世*　吴　伟*
纪委书记　闵云忠　吴　伟*

农业发展银行湖州市分行

行　长　董其江
副行长　陈铮铮　邵文广
　　　　严　慧（女）
　　　　王　娟（女）*
党委书记　董其江
委　　员　董其江　陈铮铮
　　　　　邵文广
　　　　　严　慧（女）
　　　　　王　娟（女）*
纪委书记　陈铮铮

建设银行湖州分行

行　长　李　冰
副行长　王卫成　季松林
　　　　刘志伟　沈桂芳（女）
　　　　王满儿（女）*
合规官　曹金山
高级专家　王剑雄
党委书记　李　冰
副书记　王卫成　王满儿（女）*
委　　员　李　冰　王卫成
　　　　　季松林　刘志伟
　　　　　沈桂芳（女）
　　　　　王满儿（女）*
纪委书记　王满儿（女）*

中国银行湖州市分行

行　长　杨水平（女）
副行长　钱建英（女）
　　　　姚备勇　阮　霄
　　　　牛雪松　刘晓东
党委书记　杨水平（女）
委　　员　钱建英（女）
　　　　　姚备勇　阮　霄
　　　　　牛雪松　刘晓东
纪委书记　牛雪松

交通银行湖州分行

行　长　徐　耀　蔡建军*
副行长　吴坤华　沈　强
党委书记　徐　耀　蔡建军*
委　　员　吴坤华　沈　强

湖州银行

董事长　路国民*
行　长　应建国
监事长　张恩林
副行长　方锋杰　高煜民
　　　　俞吉人　周建良
　　　　郑国平
党委书记　吴继平
副书记　应建国　孙锦林
　　　　张恩林　路国民*
委　员　方锋杰　高煜民
　　　　俞吉人　郑国平
　　　　周建良
纪委书记　孙锦林　张恩林*

中保财险湖州分公司

总经理　吴生强　杨培根*
副总经理　朱　魏　朱新明
党委书记　吴生强　杨培根*
委　　员　朱　魏　朱新明
　　　　　沈　炜

中国人寿湖州分公司

总经理　冯四明
副总经理　周　明　高于峰
　　　　　王洪铨
党委书记　冯四明
委　　员　周　明　高于峰
　　　　　王洪铨　俞　锋

太平洋财险湖州中支公司

总经理　姚志伟
副总经理　李建华　陶祖民
党委书记　姚志伟
委　　员　李建华　陶祖民

太平洋寿险湖州中支公司

总经理　方秀兰（女）
副总经理　刘培荣　李力华
　　　　　陈　炎
党委书记　方秀兰（女）
委　　员　刘培荣　李力华
　　　　　陈　炎　林　中
纪委书记　刘培荣

平安财险湖州中支公司

总经理　吴　杰
副总经理　李延红（女）
　　　　　张　辉　官德云
　　　　　胡后锋*

平安寿险湖州中支公司

总经理　唐守林　杜加卫*

中华联合财保湖州中支公司

副总经理　汪　斌（主持工作）
　　　　　杨志伟*
党委副书记　汪　斌（主持工作）
　　　　　　杨志伟*
委　　员　沈美华（女）
　　　　　陈昌建
纪委书记　沈美华（女）
　　　　　杨志伟*

市气象局

局　长　朱　红（女）
副局长　杨咏钢　罗国军
党组书记　朱　红（女）
成　　员　杨咏钢　赵小兰（女）
　　　　　罗国军
纪检监察组
组　长　赵小兰（女）

湖州师范学院

院　长　张立钦
副院长　陆永良　叶金云
　　　　马志和　陈亚明
　　　　沈建民*
党委书记　刘剑虹
副书记　张立钦　黄建平
　　　　蒋云良
委　　员　陆永良　叶金云
　　　　　朱　鸿　马志和
　　　　　何小青（女）

杜　宁（女）
陈亚明　沈建民*
纪委书记　朱　鸿
湖州职业技术学院、湖州广播电视大学
院　长　沈建民　胡世明*
副院长　丁继安　叶　主
李起潮
党委书记　周家健
副书记　丁根林　沈建民
金毅伟
委　员　丁继安　吴海燕
叶　主　曹金良
沈　楚　沈建红（女）
纪委书记　吴海燕
浙江税务干部学校（国家税务局培训中心）
校　长　沈建良
副校长　王　平　周祖良
闵　俊
党委书记　沈建良
副书记　王　平
委　员　周祖良　闵　俊
纪委书记　闵　俊
省淡水所
所　长　顾志敏
副所长　沈智华（女）
贾永义　郑阿钦
宓国强*
沈锦玉（女）*
工会主席　沈金火
党委书记　张海琪　顾志敏*
副书记　沈智华（女）
纪委书记　沈智华（女）
中石化湖州分公司
总经理　徐海荣
副总经理　朱哲明
沈礼文（女）
周雄江　徐建荣*
工会主席　朱哲明
党委书记　徐海荣
副书记　朱哲明
纪委书记　朱哲明
移动湖州分公司
总经理　马守武
副总经理　周利民　朱宏伟
夏　斌*
党委书记　马守武
委　员　周利民　朱宏伟
程国安　夏　斌*
纪委书记　朱宏伟
联通湖州分公司
总经理　潘海峰
副总经理　王建海　沈巍峰
方三乐（女）
吴继建*
党委书记　潘海峰
委　员　王建海　沈巍峰
方三乐（女）
纪委书记　沈巍峰*
纪检监察组
组　长　方三乐（女）
市无线电管理局
局　长　平　峰　尹金泉*
站　长　平　峰　沈　伟*
市公路管理局
局　长　徐伟国
党委书记　郑其良　杨少章*
纪委书记　胡　益（女）
市道路运输管理局
局　长　孟立忠
党委书记　俞　正
纪委书记　马贵根
市港航管理局
局　长　赵列克
党委书记　黄　勇　郑其良*
纪委书记　毕春红
市交通建设管理局
局　长　周云龙
党委书记　杨海平　王　栋*
纪委书记　吴大鹏
湖州监狱
第一政委　沈晓蓝（女，兼）
政　委　毛建平
监狱长　金晓星　张建平*
副政委　费国民
副监狱长　丁天跃　黄登嵩
何振进
党委书记　毛建平
副书记　金晓星　张建平*
市强制隔离戒毒所
第一政委　俞　栋（兼）
李　伟（兼）*
政　委　易明安　金晓星*
所　长　戴泽斌　易明安*
党委书记　易明安　金晓星*副书记　戴泽斌　易明安*
湖州市城市集团、市交通集团、市旅游集团、市产业集团监事会
主　席　姜　捷
湖州市城市集团、市旅游集团监事会
副主席　袁菊林
湖州市交通集团、市产业集团监事会
副主席　蔡志蔚（女）
湖州市产业集团
董事长　车少宏
副董事长　陈百民
总经理　陈百民
副总经理　潘自敏　王建强
任　勇
党委书记　车少宏
副书记　陈百民　张　莉（女）
委　员　潘自敏　王建强
任　勇
纪委书记　张　莉（女）
湖州市交通集团
董事长　孙跃简
副董事长　娄显杰*
总经理　娄显杰*
副总经理　朱建富　董训浩
王　岑（女）
曾云峰
党委书记　孙跃简
副书记　沈　亮　娄显杰*
委　员　杨忠华　朱建富
王　岑（女）
曾云峰
纪委书记　杨忠华
湖州市城市集团
董事长　周建新
副董事长　王建民　沈宏明
总经理　王建民
副总经理　沈宏明　王　鹏
潘一品　沈国强
党委书记　周建新
副书记　王建民　沈小强
委　员　沈宏明　王　鹏
潘一品　沈国强
纪委书记　沈小强
湖州市旅游集团
董事长　李晓良
副董事长　潘耕峰　姚世民
总经理　潘耕峰
副总经理　姚世民　邵　珏（女）
党委书记　李晓良

副书记　潘耕峰　项侃文
委　员　姚世民　邵志强
邵　珏（女）
褚建荣*
纪委书记　邵志强　褚建荣*

德清县

县委

书　记　项乐民
副书记　王琴英（女）
敖煜新
常　委　谈　斌　罗　芳（女）
陆卫良　陈亦平
蔡惠江　陈　健
沈志伟　宋明亮
齐　宁（挂职）

县人大常委会

主　任　罗国建
副主任　杨明连　方　芳（女）
杨文华　陈佐平
孙政文　宋文金
王仲义*　潘月山*
姚夏林*

县人大常委会党组

书　记　罗国建
副书记　杨明连　王仲义*

县人民政府

县　长　王琴英（女）
副县长　陈　健　王少华
周志方　姚夏林
洪延艳（女）
陈永明
沈忠平（挂职）
陈佐平*　闻洪泉*
康忠立（挂职）*
高敬东（挂职）*

县人民政府党组

书　记　王琴英（女）
副书记　陈　健

政协德清县委员会

主　席　张林华　王顺章*
副主席　杨永林　王秀琴（女）
嵇金星　姚　欣
沈　健　王法弟*
王克林*

政协德清县委员会党组

书　记　张林华　王顺章*
副书记　杨永林

县纪委

书　记　谈　斌

长兴县

县　委

书　记　周卫兵
副书记　杨中校　高胜华
常　委　何文全　楼秋红（女）
沈玉龙　徐晓惠（女）
王　勇　何志强
沈孔鸿　沈洪峰
史会方　沈秋伟*

县人大常委会

主　任　叶白云
副主任　王庆忠　钱慧明
章玉坤　尚亿强
徐　骅　倪建忠
杨福成*
张群英（女，兼）*
王春新*

县人大常委会党组

书　记　叶白云
副书记　王庆忠　杨福成*

县人民政府

县　长　杨中校
副县长、代理县长　杨中校*
副县长　楼秋红（女）
盛洪卫　王伟新
陈少鹏　杨永章
陈　峰
应叶青（女，挂职）
黄江疆（挂职）
高胜华*
徐晓惠（女）*
史会方*　何卫宏*
何志强*
卢李东（挂职）*
刘　卉（女，挂职）*

县人民政府党组

书　记　杨中校
副书记　楼秋红（女）

政协长兴县委员会

主　席　潘华明　金树云*
副主席　姚根泉　郑　勇
何卫宏　余双全
李彩琴（女）
张加强*
袁　健（女）*
章玉坤*

政协长兴县委员会党组

书　记　潘华明
副书记　姚根泉　张加强*

县纪委

书　记　王　勇

安吉县

县　委

书　记　沈铭权
副书记　陈永华　赵德清
常　委　杨新初　乐叶俊
吕　立　任　烽
陆建卫　陈旭华（女）
赵怀君　谷炳方
王海稳（挂职）

县人大常委会

主　任　陆为民　梁为民*
副主任　吴佩勋
王爱民（女，兼）
孙　松　黄先国
俞立安　梁蕴伟
周小平*　杨路侠*
黄根凤（女）*

县人大常委会党组

书　记　陆为民
副书记　吴佩勋

县人民政府

县　长　陈永华
副县长、代理县长　陈永华*
副县长　乐叶俊　任贵明
何承明　杨建新
杨绍军　王　捷（女）
王海稳（挂职）
陈　瑶（女，挂职）
任　烽*　陆建卫*
张小莹（女，挂职）*

县人民政府党组

书　记　陈永华
副书记　乐叶俊

政协安吉县委员会

主　席　叶海珍（女）
副主席　朱玉成　侯献荣
梁　霜（女，兼）
伍水荣　陈卫卫
曾庆山*

政协安吉县委员会党组

书　记　叶海珍（女）

县纪委

书　记　杨新初

吴兴区

区　委
书　记　吴智勇
副书记　陈　江　石一婷（女）
常　委　宋建方　朱建祥
　　　　张国英（女）
　　　　朱剑梁　温建飞
　　　　潘永锋　陈建良
　　　　陈共团
　　　　洪　波（挂职）
区人大常委会
主　任　吴　旭（女）
副主任　茅利荣　韩新梅（女）
　　　　汤益培　杨华林
　　　　严安成　甘道民
　　　　王元根*
　　　　褚玉明（兼）*
区人大常委会党组
书　记　吴　旭（女）
副书记　茅利荣
区人民政府
区　长　陈　江
副区长、代理区长　陈　江*
副区长　潘永锋
　　　　洪　波（挂职）
　　　　王　青（女）
　　　　费屹巍　朱建忠
　　　　滕　辉　张文斌
　　　　张顺利　朱建豪*
　　　　汪胜富*　温建飞*
　　　　韩新梅（女）*
　　　　郑晓红（女，挂职）*
区人民政府党组
书　记　陈　江
政协吴兴区委员会
主　席　潘　华
副主席　朱建豪　钱　旻（女）
　　　　束明德　汪胜富
　　　　徐滟燕（女，兼）
　　　　姚志凌*　王正泉*
政协吴兴区委员会党组
书　记　潘　华
副书记　朱建豪
区纪委
书　记　张国英（女）

南浔区

区　委
书　记　夏坚定
副书记　杨卫东　徐昌军
常　委　徐　娟（女）
　　　　王建荣　朱德清
　　　　杨长海　马　骁
　　　　姚昌喜　金荷新
　　　　支德永
区人大常委会
主　任　梅爱祥
代主任　蔡建新*
副主任　魏海松　李雪华
　　　　施小平　潘金宝
　　　　陆龙根　莫建华
　　　　吕建蓉（女，兼）*
　　　　戴悦泉*　华新民*
区人大常委会党组
书　记　梅爱祥
副书记　魏海松　蔡建新*
区人民政府
区　长　杨卫东
副区长、代理区长　杨卫东*
副区长　姚昌喜　徐国华
　　　　黄卫军　沈雪芬（女）
　　　　朱　伟　秦　胜
　　　　陈先训（挂职）
　　　　王洪波　施小平*
　　　　胡　隽（挂职）*
　　　　阿　江（挂职）*
区人民政府党组
书　记　杨卫东
副书记　姚昌喜
政协南浔区委员会
主　席　孙根祥　马志祥*
副主席　陈文龙　王湘起
　　　　万子牛（兼）
　　　　孙水根（兼）
　　　　钱玉明*　闵建国*
政协南浔区委员会党组
书　记　孙根祥
副书记　陈文龙　马志祥*
区纪委
书　记　徐　娟（女）

经济建设

农　业

·综　述·

【概况】　2017年，湖州市农业农村工作以推进农业供给侧结构性改革、培育农业农村发展新动能为主线，以“产业升级强融合、环境优化抓提升、改革攻坚重落地、社会治理善创新、民生改善促均衡”为抓手，积极开展“四新”主题实践，加大补齐短板力度，着力改革创新、真抓实干，确保“三农”发展和美丽乡村建设持续向好。全年全市实现农业增加值135.12亿元，同比增长2.6%；农村居民人均可支配收入28999元，增长9.4%；城乡收入比1.72:1，比上年缩小0.01个百分点。湖州市在2016年度全省农业现代化发展水平综合评价中得分89.84分，高出全省平均得分6.73分，连续4年排名全省第一。2017年，湖州市全域建设“美丽乡村”、全面推进“乡村振兴”的做法，得到中央政治局常委、国务院副总理汪洋的批示肯定；中央财经领导小组办公室领导韩俊、陈锡文等多次到湖州市考察并给予充分肯定。全国生态文明建设现场推进会和“绿水青山就是金山银山”湖州会议在湖州市举办，入选首批国家生态文明建设示范市和“两山”实践创新基地；首届全国休闲农业与乡村旅游大会和第二届国际乡村旅游大会成功举办；全国水生态文明试点城市建设任务全面完成，成为全省首批国家水生态文明城市。

【加快发展现代农业】　以推进农业供给侧结构性改革为契机与动力，深入实施“1861”行动计划，狠抓产业结构优化、重要平台建设、重大项目实施、新增长点培育等，促进现代农业加快发展，着力加速农业“绿化”。一是加快农业生产提“绿”增效。全面完成整建制推进现代生态循环农业建设试点目标任务，建成现代生态循环农业示范区10个、示范主体126家、示范点1065个。全面实施主导产业提升发展行动，积极推进水产、茶叶、水果、蔬菜等特色优势产业绿色生产、提档升级，农业主导产业产值占比达80%以上。其中，制订现代渔业绿色发展“2222”行动计划，推行健康生态养殖方式，推广跑道养鱼模式，不断优化养殖结构与池塘水质，全市水产养殖面积73.74万亩，水产品产量42.18万吨；茶叶种植面积41万亩，产量1.2万吨，品牌价值不断提升，安吉白茶荣获中国优秀茶叶区域公众品牌称号，“莫干黄芽”获得国家农产品地理标志认证；加快推进畜牧业绿色发展，创建美丽牧场25家、国家级示范场3家；蔬菜、水果产量有效增长，同比分别增长4.2%、7.79%，长兴兴源葡萄科技有限公司组织50吨“藤稔”葡萄发往哈萨克斯坦，实现长兴葡萄出口零突破；湖州宝宝蚕业有限公司成功向西亚国家出口12万张优质蚕种。全面落实粮食安全责任制，全年粮食种植面积193.91万亩，粮食总产85.02万吨，超额完成省定任务。二是加快农业平台建设项目招引。培育农业“12188”工程新平台，成功创建第一批省级现代农业园区4个，列全省第一；创建省级特色农业强镇2个、累计4个；创建省级示范性农业全产业链10条，列全省第一；创建浙江省出口农产品生产示范基地2个。建成粮食功能区71个、4.7万亩，累计84.18万亩，提前一年完成省定建设任务。大力推进水利重点工程建设和水利工程标准化管理，治太四大重点水利工程基本完成，实现十条骨干大溪大河全面提标整治，新一轮太湖治理太嘉河及环湖河道后续、苕溪清水入湖后续工程开工建设；220个水利工程通过全省标准化管理验收。全市385个现代农业园区实现销售额65亿元，同比增长4.4%。以农业“大好高”项目招引为重点，全年实际完成投资额38.695亿元。三是加快新型业态培育发展。大力发展休闲农业，全市225个休闲农业园区实现营业收入30.7亿元，同比增长36.1%；安吉县鲁家村“田园鲁家”入围全国首批田园综合体试点项目，吴兴区田园综合体项目被列入浙江省农业综合开发田园综合体试点；德清县东衡、安吉县“田园鲁家”创建为首批国家农村产业融合发展示范园；湖州桑基鱼塘系统被认定为全球重要农业文化遗产；德清县淡水珍珠传统养殖与利用系统被认定为第四批中国重要农业文化遗产；圆满承办第四届东亚农业文化遗产研讨会。农村电子商务蓬勃发展，全市6000余个农产品电子商务经营主体销售额12亿元，同比增长40.6%。四是加快农业经营主体壮大步伐。香飘飘食品股份有限公司在上交所上市，挂牌上市农业龙头企业累计达10家；全年创建省级家庭农场67家、市级62家，省级示范性农民专业合作社3家、市级24家；新培育市级以上农业龙头企业26家。截至2017年年底，全市市级以上家庭农场183家、农民专业合作社146家、农业龙头企业238家。新增联合社5家、累计41家，首次评定市级示范性联合社7家。完成各类农民培训16733人，其中培训初级新型职业农民2105人、中级120人。建立“定向培养+社会化职评”人才培养模式，全市基层农技人员定向培养招生8人、引导社会化农技人员参加联称评审21人。确定育繁推一体化企业培育提升对象12家，其中新增9家、提升3家。在全省首批6家重点农业企业研究院中，湖州市独占2家。五是加快农产品质量安全建设。吴兴区、南浔区通过省级农产品质量安全可追溯体系县创建验收，湖州成为全省第一个实现全覆盖的设区市，90%县级以上示范性农业生产主体实施二维码追溯管理；全市被列入全省首批国家农产品质量安全市创建名单；安吉县完成省级农产品质量安全放心县创建验收；全球第一家BAP认证（最佳水产养殖规范）的大闸蟹基地落户长兴县。新获批无公害农产品287个，新认证绿色食品25个，新认定无公害农产品产地11.55万亩，省级农产品质量安全例行监测合格率达99.5%。

【全面推进农村改革】 以补齐改革落地生根短板为目标，深入实施既有改革，积极争取新的改革试点，着力激发更大活力。一是深化“三位一体”改革。市、县（区）农合联完成民政部门注册登记，共发展会员4291个，其中农民合作经济组织会员2802个。市农合联农民合作基金达3000万元，各县（区）1000万元。市农合联资产经营公司注册资金1亿元，引导涉农企业合作发展，重点投资参与现代农业发展项目、构建农产品营销体系、建设专业大型农批市场等。安吉县农合联副理事长单位——浙江两山农林合作社联合社，吸收县域317家社员、覆盖所有涉农产业，直接带动农户6000余家，探索走出一条以金融支农为切入点，“产前金融支持、产中技术帮扶、产后产品销售”三位一体的服务支持“三农”发展路径，取得多方共赢的初步成效，得到省委书记车俊、省长袁家军等省领导批示肯定；两山农林合作社在吴兴区落地生根；长兴县新组建芦笋、大闸蟹产业农合联。二是完善农村产权制度改革。大力推进农村土地承包经营权确权登记颁证，完成审核公示的村855个，占需确权颁证村数的99.5%，完善承包合同数41.6万份，完成率为97.4%，换发权证17.2万本，权证发放率为40.2%，全部标段均通过省质监站质检，相关指标均列全省第一；德清县成为全省首个完成确权登记颁证工作的县。出台《湖州市深化完善农村宅基地及房屋登记发证实施方案》，发放宅基地权证45.46万宗、实现应发尽发，发放农房证36.86万宗；实现安吉县林权统一登记；以长兴县为试点开展自然资源统一确权登记工作；新发放农村不动产权证3.4万宗、累计4.41万宗；德清县全国农田水利设施产权制度改革和创新运行管护机制试点通过验收；德清集体经营性建设用地入市改革试点持续推进，已入市宗地136宗、889.1亩，成交总额1.92亿元，增加农民和农村集体收益1.55亿元，惠及农村居民9.1万人；全市土地流转率达61.3%。加大对产权抵押贷款的金融支持，全年授信余额38.9亿元，贷款余额32.5亿元，比年初新增9.6亿元，2017年累计发放贷款18.2亿元；鼓励引导10项权能以转让、租赁、入股等方式进入农村产权交易平台流转交易，新增交易733笔、2.25亿元，累计3015笔、8.5亿元。深化户籍制度改革，德清县依附在原有城乡户口性质上的33项城乡差异政策实现全面并轨。三是强化农村金融改革。省邮储银行三农金融事业部湖州市分部挂牌成立，下设小额贷款中心（扶贫业务中心）、农业产业化中心、审查审批中心三个管理中心，并在辖内县支行下设事业部营业部，进一步构建和完善邮储银行全覆盖、专业化的“三农”服务体系。大力推进德清、长兴县农村承包土地经营权抵押贷款试点，强化“整村授信、整村批发”模式的推广，评定信用农户、信用村、信用乡（镇）数分别占总数的80.52%、59.71%、63.08%。深化“金融创新与美丽乡村升级互促共进示范点”建设，已发放美丽乡村富民卡116085张，授信3721户，共10.91亿元。四是实施改革新试点。湖州被农业部列为全国唯一整市推进的基层农技推广体系改革创新试点市。德清县有序开展农业供给侧结构性改革集成示范试点，以农业增效、农民增收、农村增美为主要目标，以提高农业供给质量为主攻方向，以体制改革和机制创新为根本途径，全面深化农业供给侧结构性改革，加快培育农业农村发展的新动能，加速推进农业绿化、农村美化、农民转化，把德清县打造成“三农”工作标杆县、城乡一体新样本、全域美丽示范县，已完成29项改革试点任务。

【不断优化农村民生】 牢牢抓住让农民群众过上更好生活这一美丽乡村建设根本目的，积极关注农民持续增收和民生改善，推进低收入农户认定和薄弱村发展，切实抓好基层基础建设。一是持续提升农民获得感。市政府专门举行“农民增收”主题座谈活动，认真开门听取专家、经营主体、基层干部等对促进农民持续增收的意见和建议；通过大力发展生态种养和新型业态、强化培训提升就业创业技能、加大公共服务和社会保障投入等，确保农民收入保持持续普遍较快增长，不断增强获得感。全市农村居民人均可支配收入增幅高于城镇居民0.4个百分点，比上年高出0.8个百分点，比全省平均高0.3个百分点，绝对值比全省平均高出4043元，绝对值和增幅分居全省第6、第4，城乡收入比居全省第三位、比全省平均小0.33。新建成居家养老服务照料中心80家，96家中心实现社会化运营，48家养老机构实现医养结合；加强社区照料中心与卫生服务站的合作，完成医养结合合作签约45家、累计314家；新建文化礼堂54个、累计465个，推进5个中心镇“文化广场”建设，完成文化走亲332场次；南浔区成功创建为省教育基本现代化县（区）、全市累计已有三个县（区）；美丽乡村公路建设完成355.85公里，农村公路等级提升完成191.5公里，完成桥梁加固与改造40座；农村困难群众危房改造开工605户、竣工

537户，“腾空”C级、D级农村危房2518户、治理改造率100%，统筹解决了农村低保且完全无自救能力困难家庭的住房问题；全市城乡居民基本养老保险基础养老金标准由每人每月135元调整至150元；研究完善被征地农民转企业职工基本养老保险政策；全面落实全市统一的城乡居民基本医疗保险和大病保险政策。二是推进低收入农户认定与增收。按照全省扶贫办主任会议要求，结合湖州实际，以最低生活保障对象、最低生活保障边缘对象和支出型贫困对象为重点，由市农办和民政部门共同组织，全面开展新一轮低收入农户认定工作，共认定22740户、41156人，占农村人口的2.53%。市委、市政府召开全市扶贫帮困情况工作汇报会，专题研究帮扶低收入农户和困难群体发展增收工作；有关部门、各县(区)通力协作，认真落实帮扶低收入农户增收12条政策措施；以低收入农户、扶贫重点村和集体经济薄弱村为重点，确定分年度实施目标任务，因地制宜推进家庭屋顶光伏工程建设，完成9329户。全市低收入农户人均可支配收入14429元，同比增长15.3%，比面上农民收入增幅高出5.9个百分点；其中“省标”收入12734元，同比增15.1%。全市“低收入农户收入倍增行动”目标任务全面完成。三是切实加强基层建设。深化“百村示范、千村晋位”专项行动，评选表彰5个市级“整乡推进”示范乡镇(街道)党委和56个市级先锋示范村。大力推进换届工作，全市982个村、232个社区全面完成组织换届，村社党组织、村(居)民委员会选举一次成功率分别达99.4%、97.7%。注重发挥“第一书记”和农村工作指导员在换届中的作用，动员组织各级农村工作指导员(第一书记)参与村级组织换届、剿灭劣V类水督导等全市性重点中心工作，省委督导组来湖州督导时对有关工作给予充分肯定。安吉县发布全国首个农村基层党建工作标准体系。南浔区发布全国首个村级党群服务中心地方标准。继续推进村级集体经济“造血”项目实施，全面完成“五年强村计划”，其中市本级共组织100个欠发达村和2个市级扶贫重点村实施欠发达村物业项目26个，实现年经营性总收益932.02万元、村均年收益9.14万元，吴兴区全面消除集体经济经营性收入15万元以下村，湖州发展壮大集体经济的做法及成效被新华社《内参选编》刊发，并得到省委常委、组织部部长任振鹤批示肯定。不断完善基层治理管理体系，全市所有乡镇(街道)综治工作、市场监管、综合执法、便民服务“四个平台”基本建成。按照“六个一”和“八个一”建设标准，乡镇(街道)规范化公共法律站建成68个、建成率93.1%，村(社区)标准化公共法律服务点建成1209个、建成率99.5%。《美丽乡村民主法治建设规范》成为全国首个民主法治村创建市级地方标准。安吉县争创全国农村社区示范县并申报全国农村社区治理实验区。强化道德典型选树，持续推选“身边好人”，广泛开展“道德模范在身边”学习宣传活动，推动最美现象由“风景”转化为“风尚”。全市有2人荣获浙江省道德模范称号，2人入选“中国好人”榜，28人入选“浙江好人”榜，两个家庭分别荣膺全国“最美家庭”和第十届全国“五好文明家庭”荣誉称号，全面推进小城镇文明行动、倡导绿色生活反对铺张浪费等活动。

【着力强化部署推进】 市委、市政府召开美丽乡村建设推进会，以市委一号文件出台《湖州市美丽乡村建设2017年行动计划》，全面部署、大力推进全市2017年“三农”工作。一是目标更高远。坚定不移践行“绿水青山就是金山银山”重要思想，坚持以“五大发展理念”引领赶超发展，全力打造城乡一体发展和“三农”工作标杆市，为高质量建设现代化生态型滨湖大城市、高水平全面建成小康社会做出新贡献。二是重点更突出。在产业上，深入推进农业供给侧结构性改革，加大农业转型升级力度，加快构建大园区、大景区、大产业、大主体发展格局；在建设上，坚决打赢拆违治危、环境综合整治、美丽乡村创建提升三场硬仗；在改革上，重点深化“三位一体”、农村产权制度、农村金融和国家、省级试点试验改革；在民生上，着重针对农民持续增收乏力、农村基本公共服务难于跟上群众需求升级的新情况，进一步加大农村民生投入力度；在治理上，着力把村“两委”打造成为坚强战斗堡垒，发展壮大村级集体经济，真正形成共治共管机制。三是推进更扎实。全市农办系统积极投身深化“四个年”活动和“四新”主题实践，结合工作特点深化“深化‘两学一做’、开展‘四新’主题实践，主动对齐“三农”工作新标杆。农业系统全面打响农业产业平台提升、农业新型经营主体培育和生态渔业示范三大专项行动，积极推进农业转型升级大会战。林业系统进一步明确新形势下林业在“三农”工作中的作用与地位，着力抓好深化林业综合改革、坚持国土绿化改造、推进产业深度整合等六大任务，确保现代林业又好又快发展。四是合作更深入。召开市校合作第十次年会，启动全面深化市校合作第三轮“1381行动计划”。签订深化南太湖现代农业科技推广中心建设、提升农业科技创新服务平台功能协议，不断完善“农推联盟”建设，市级产业联盟拥有专家282名，直接联结农业经营主体1432家，新签技术入股协议2份，引进推广新品种57个，组织制定农业生产技术规范或操作规程16项，申报实施市级以上科技项目84项，如茶叶联盟启动全省首个“白茶一、二、三产提升”试点项目，以“标准茶园+茶叶深加工+交易市场和茶博园建设”为主要建设内容，旨在打造生产、加工和休闲旅游于一体的白茶产业链；浙江大学农推中心、市农业科学研究院和长兴意蜂蜂业科技有限公司在长兴县建立全省首家市级蜂业研究所，获得发明专利8项，参与起草的《蜂花粉生产技术规范》国家标准已获公示；浙医二院与长兴县政府合作共建浙医二院长兴医联体，中国工程院邱贵兴院士工作站落户市中心医院。浙江农林大学与安吉县灵峰寺林场合作建成全国首个光皮桦设施种子园，浙江工业大学德清校区开工建设。全年新增市校合作项目133项、累计2227项。

（毛毓良）

·粮　油·

【概况】　2017年，全市粮食生产总体稳定，完成粮食播种面积193.91万亩，粮食总产量85.02万吨，超额完成省下达的179万亩播种面积和80万吨粮食总产生产目标任务。其中，春粮生产获得丰收。全市春粮种植面积41.13万亩，比上年增加4.71万亩，增长12.93%；平均亩产299.2公斤，比上年亩产增加14.2公斤，增长4.98%；总产量12.31万吨，比上年增加1.93万吨，增长18.59%。晚稻生产基本平稳。全市晚稻种植面积114.3万亩，比上年减少1.22万亩，下降1.06%；平均亩产544.8公斤，比上年减少0.2公斤，与上年基本持平；总产量62.27万吨，比上年减少0.69万吨，下降1.09%。旱杂粮生产有所下降。全市旱杂粮种植面积38.48万亩，比上年增加1.28万亩，增长3.44%；平均亩产271.3公斤，比上年亩产减少49公斤，下降15.3%；总产量10.44万吨，比上年减少1.48万吨，下降12.42%。2017年，全市油菜生产在经历了连续几年下滑后，止跌转稳，油菜种植面积17.7万亩，比上年增加0.52万亩，增长3.03%；平均亩产157公斤，比上年亩产增加4.8公斤，增长3.15%；总产量2.78万吨，比上年增加0.17万吨，增长6.51%。

【粮食生产】　围绕稳定粮食生产，积极推进粮食生产扩面绿色增产行动。一是落实粮食生产责任制。2017年，省下达湖州市粮食种植面积179万亩、粮食产量80万吨的目标任务。湖州市按照任务分解至各县（区），并纳入年底对各县（区）的目标考核，确保对粮食生产工作的组织领导。二是出台粮食生产扶持政策。市政府出台《关于深入推进农业供给侧结构性改革促进农业绿色发展的十条意见》，全面推行农业三项补贴政策综合改革的惠粮政策。三是继续开展晚稻优质高产示范竞赛，全市共建立晚稻1000亩高产示范方28个，面积3.35万亩；100亩高产示范方63个，面积8700亩。其中，17个1000亩高产示范方、57个100亩高产示范方申报参加市级晚稻绿色高产竞赛活动。根据市农业局组织测产验收，有3个100亩示范方平均亩产超过900公斤，其中德清县新市镇加元村种植的160亩浙优18，平均亩产达到924.8公斤。四是开展旱粮生产示范基地创建，促进旱粮生产区域化、规模化和特色化发展。全市有4个旱粮示范方申报省级粮食高产创建示范方，其中，南浔区1个、德清县1个、安吉县2个。五是继续开展粮食生产功能区建设。2017年，省下达湖州市粮食生产功能区建设任务4.64万亩，实际新建粮食生产功能区71个，面积47004亩。截至2017年年底，全市累计建设粮食生产功能区84.18万亩，超额完成省下达的81万亩粮食生产功能区建设任务。

【耕地保护】　一是深化测土配方施肥行动，促进耕地质量提升。全市完成测土配方施肥推广面积315.99万亩次，测土配方施肥覆盖率达88%。推广商品有机肥8.18万吨、应用配方肥2.88万吨。二是稳妥推进农业“两区”（粮食生产功能区、现代农业园区）土壤污染防治工作。全面规范化完成全市121个土壤污染监测点位建设任务，初步建立农田土壤污染监测预警体系，保障监测网络的正常运转。加快新型肥料的引进推广，促进化肥减量增效，落实水肥一体化技术示范点10个、缓控释肥技术示范点10个，在吴兴区、南浔区和安吉县分别布置水稻肥料利用率小区试验，以点带面促进化肥减量，全市减少不合理化肥施用2103.17吨、减少农药用量125.54吨。加强与省农科院数农所合作，开展湖州市农业“两区”土壤污染治理信息服务系统建设工作，为土壤重金属污染治理提供可视化信息、技术支撑。三是配合有关部门做好湖州市自然资源负债表编制工作。对2016年全市耕地质量平均等级进行统计评价，相比2015年，全市耕地质量平均等级上升0.02个级别。除吴兴区（含开发区和度假区）耕地质量平均等级保持不变外，南浔区、德清县、长兴县和安吉县均有小幅提升。这与标准农田质量提升项目的实施情况相吻合。四是加强耕地质量建设与管理工作。2月，市农业局和财政局组织对长兴县、安吉县、德清县、南浔区承担的4万亩标准农田质量提升项目进行全面评价，项目通过4年实施，全部达到一等田标准，达标率100%。9月，对安吉县承担的补划标准农田质量提升项目实施情况进行专项检查，形成检查报告并上报省农业厅，12月，对该项目开展质量评价、项目验收工作。在县（区）年度耕地质量监测报告的基础上，编制全市年度耕地质量监测报告。配合市国土资源局对全市永久基本农田、高标准农田划定工作开展现场督察、资料审核及结果初验。

【种子管理】　一是注重优质高产新品种的推广应用。2017年，全市晚稻优高新品种、超级稻新组合和优质油菜新品种在粮油生产上得到广泛应用，全市晚稻优高品种主推“嘉58”“秀水134”“浙粳99”，“嘉58”全市种植面积达32.9万亩，占全市晚稻面积的28.78%，“浙粳99”和“秀水134”种植面积分别为22.25万亩和18.55万亩。超级稻组合主推籼粳杂交稻“甬优538”和“春优84”，面积分别达到4.6万亩和5万亩。油菜主栽品种突出，“浙油50”面积达6.55万亩，占油菜种植面积的37.01%，“浙油51”，面积4.05万亩，占22.88%。小麦重点推广“扬麦11”和“扬麦12”，面积分别为7.10万亩和4.50万亩，分别占小麦种植面积的

23.65%和15%。二是开展种子生产经营备案工作。种子生产经营备案是《中华人民共和国种子法》新设的一项重要制度，是全面推进依法治种和提升市场监管能力的重要举措。截至2017年年底，浙江可得丰种业有限公司安吉分公司等4家省内大型种子企业已通过在湖州市设立分支机构经营备案，湖州金满园农业科技有限公司等2家种子门店通过不再分装种子经营备案，湖州科奥种业有限公司等2家种子经营单位通过委托代销经营备案。该制度的实施，进一步规范全市种子生产经营秩序，从源头上把好种子准入关，促进全市现代种业健康发展，确保湖州市农业生产用种安全。三是组织开展春、秋两季种子市场专项检查。为确保农作物种子质量和种子市场健康发展，加强种子质量监督管理，组织开展春、秋两季种子市场专项检查。春季种子市场专项检查围绕春耕备耕生产开展，共检查三县两区种子企业及其分支机构、种子经营门店12家，抽取水稻、蔬菜种子样品13个。秋季种子市场专项检查围绕冬种备种、绿色生态过冬开展，共检查三县两区种子企业及其分支机构、种子经营门店13家，抽取小麦、油菜、蚕豆等种子样品11个。四是组织开展全市农作物种质资源普查和收集行动。2017年，浙江省启动"第三次全国农作物种质资源普查与收集行动"，安吉、长兴、德清县和吴兴区4个县（区）确定为农作物种质资源全面普查县（区）。为切实推进湖州市农作物种质资源普查与收集工作，专门组织召开"湖州市农作物种质资源普查与收集行动工作推进会"和"湖州市农作物种质资源普查与收集现场培训会"，各县（区）分别成立普查工作领导小组，制订行动方案，落实人员。共征集提交到省种质库（圃）种质资源数48份。五是组队参加全省种子检验技能大比武活动。大比武活动有来自全省各市的10个代表队、30名选手参加，角逐三个团体优胜奖和九位个人优胜奖。比武活动采用种子检验基本知识闭卷考试与操作技能考核相结合的方式进行。湖州市代表队以理论测试成绩286分、实际操作成绩90分、总分376分的好成绩，获得第一名，赢得该次大比武活动团体优胜奖。（钱　屹）

·蚕　桑·

【概况】　2017年，茧丝市场行情回暖，生丝价格（4A以上）从年初的40万元/吨上涨至年底的55万元/吨，蚕茧收购价格提高，全年50公斤平均茧价2100元以上，但是蚕农养蚕积极性仍然不高，蚕种饲养量继续减少。全年蚕桑生产呈现"二减三增一提高"。"二减"：全市饲养蚕种114421张，比上年减少36633张，同比下降24.2%。其中南浔区饲养蚕种55763张，比上年减少17183张，下降23.5%；吴兴区饲养蚕种7170张，比上年减少3102张，下降30.2%；德清县饲养蚕种29287张，比上年减少13713张，下降31.2%；长兴县饲养蚕种16631张，比上年减少2575张，下降13.4%；安吉县饲养蚕种5570张，比上年减少60张，下降1%。全市蚕茧总产量5965吨，同比减少1841.2吨，下降23.5%。"三增"：全年平均单产达52.1公斤，增加0.4公斤，为三年又一个高产年份。全市50公斤平均茧价2138元，比上年同期提高了479元，增长28.8%。蚕茧总收入26104.5万元（包括蚕农补助款项），比上年增加206.3万元。"一提高"：据湖州中维茧丝公司了解，蚕茧解舒率比上年有了明显提高，春茧、中秋茧、晚秋茧解舒率分别达53%、60%、56%。蚕桑生产在蚕种饲养量大幅减少、中秋蚕局部地区大面积中毒的情况下，仍取得高产增收好成绩。

全市春蚕饲养蚕种75407张，比上年同期减少26259张，下降25.8%。其中，南浔区饲养蚕种37704张，比上年减少11732张，下降23.7%；吴兴区饲养蚕种4720张，比上年减少2440张，下降34%；德清县饲养蚕种18863张，比上年减少9637张，下降33.8%；长兴县饲养蚕种11100张，比上年减少2000张，下降15.2%；安吉县饲养蚕种3020张，比上年减少450张，下降13%。春茧单产56.9公斤，比上年同期增加1.4公斤；总产蚕茧4295吨，比上年同期减少1346吨，下降23.8%；50公斤平均茧价2095元，比上年同期增加519元，增长32.9%；春茧总收入18006万元，同比增加215万元。

夏蚕饲养蚕种1978张，比上年同期减少712张，下降26.4%。其中南浔区饲养蚕种463张，比上年增加168张，增长56.9%；吴兴区饲养蚕种100张，与去年持平；德清县饲养蚕种1230张，比上年减少820张，下降40%；长兴县饲养蚕种185张，比上年减少50张，下降21%；安吉县无夏蚕饲养。夏茧单产44.5公斤，比上年同期增加0.5公斤；总产蚕茧88吨，比上年同期减少30.59吨，下降25.8%；50公斤平均茧价1767元，比上年同期增加506元，增长40%；夏茧总收入311万元，同比增加16.63万元。

秋蚕饲养蚕种37036张，比上年同期减少9662张，下降20.6%。其中南浔区饲养蚕种17596张，比上年减少5619张，下降24.2%；吴兴区饲养蚕种2350张，比上年减少662张，下降21.9；德清县饲养蚕种9194张，比上年减少3256张，下降26.1%；长兴县饲养蚕种5346张，比上年减少525张，下降8.9%；安吉县饲养2550张，比上年增加400张，增长18.6%。秋茧单产42.3公斤，比上年同期减少1.5公斤；总产蚕茧1581.8吨，比上年减少463吨，下降22.6%；50公斤平均茧价2273元，比上年同期增加363元，增长19%；蚕茧收入7190.3万元，同比减少622.3万元。

【政策扶持】　上半年，湖州市人民政府出台《关于提升发展蚕桑产业的若干意见》，市农业局据此专门制订对蚕桑种子种苗、主体培育、基地建设、一带一路等奖补政策有关实施方案。

【技术培训与模式创新】　浙江大

学——湖州市现代农业蚕桑产业联盟、湖州市经济作物技术推广站联合举办了全市春期蚕桑新技术暨产业形势报告会，邀请山东农业大学教授和农业部原客座教授，对全市重点乡（镇）蚕桑负责人、蚕桑合作社、相关企业、蚕桑科技大户进行了蚕桑机械应用技术培训和举办全国蚕桑形势分析讲座。湖州市蚕茧产业协会第四次会员大会邀请省蚕桑首席专家专门作“蚕桑产业趋势与传承发展的主要任务”专题报告，提振信心。据统计，全年市、县（区）、乡（镇）各级培训15期次，培训1200人次，发放技术资料2500余份。开展省“五大主推技术和新型农作制度模式”在全市的项目设施。在南浔区善琏顺荣蚕桑专业合作社、湖州开发区盛禾农业发展有限公司、云豪家庭农场3个示范点开展杂交桑机械收获和机器养蚕试验与应用。在南浔区练市朱家兜蚕桑专业合作社开展蚕桑畜禽复合种养、桑园套种桑枝大球盖菇2项蚕桑新型农作模式示范。

【项目与成果】 湖州市经济作物技术推广站承担的市公益性技术应用研究（重点）科技项目《桑枝稻秆露地大球盖菇栽培技术的研究与应用》通过验收，拍摄制作《桑枝大球盖菇栽培技术》课件，申请专利1项。湖州市农科院承担的浙江省公益技术应用研究项目《太湖流域桑基鱼塘生态高效循环技术研究与示范》、湖州市公益性技术应用研究项目《以分子标记为辅助技术的家蚕实用品种选育》《新型家蚕丝腺生物反应器构建及人胶原蛋白表达的研究》《猪α、γ干扰素在家蚕生物反应器中的共表达研究及应用试验》通过验收。湖州市农科院完成的《桑园病虫害抗性监测体系建设与可持续控制技术研究》项目获湖州市科学技术进步奖三等奖。

【优质优价】 蚕茧优质优价评价体系示范与应用试点成效明显。全年春、中秋、晚秋三期，在南浔区练市朱家兜蚕桑专业合作社实行优质优价试点，258户蚕农参加，共收购优质蚕茧（不收购毛脚茧）19.5吨，50公斤平均茧价2398元，比当地面上高出280元，蚕农增加收入9万余元。蚕茧质量明显提高，平均化蛹率94.23%，平均上茧率95.78%，平均茧层含水率20%左右，春茧、中秋茧、晚秋茧解舒率分别达到57.69%、76.17%、63.88%，比生产面上提高3~5个百分点，优质优价得到充分体现，受到农民和丝厂欢迎。

【中秋蚕中毒】 9月10日，湖州市局部地区中秋蚕发生大面积农药中毒，涉及德清县、吴兴区、南浔区的10个乡（镇）、85个村、4507户蚕农，出现阿维菌数类农药中毒蚕种4296张，其中绝收3838张。中毒发生后，各级领导高度重视，成立省、市、县（区）专家组，会同当地深入乡间地头，经过业务部门大量的入户调查和技术补救，事件最终得到妥善解决，蚕农获得597万元茧款赔偿。

【蚕桑“一带一路”】 市农业部门主动介入，培育壮大湖州市“蚕宝宝”品牌，扩大蚕桑产业发展新路子，支持蚕桑种子种苗出口企业积极参与国家“一带一路”战略，加强对外合作交流，实施蚕桑“走出去”，培育壮大“一带一路”种业出口。5月5日至12日，市人大、市农业局有关领导率领相关企业和业务部门对乌兹别克斯坦、柬埔寨两国进行访问考察。8月，柬埔寨国际商会到湖州考察蚕桑生产。全市16.6万张蚕种、30万株桑苗成功出口到乌兹别克斯坦、土库曼斯坦、伊朗等国家。11月3日，市农业局、省农科院蚕桑所与柬埔寨国际商务签订战略合作框架协议。

【蚕桑文化】 湖州蚕桑文化传承内容丰富。3月，钱山漾文化交流中心（中国蚕桑丝织技艺非遗传承中心）开馆，以“世界丝绸之源”为核心，以湖州蚕桑丝织业发展的历史，展现湖州丝绸之府的魅力。11月23日，“浙江湖州桑基鱼塘系统”在意大利罗马通过联合国粮农组织评审，被正式认定为“全球重要农业文化遗产（GIAHS）”

（杨永健）

·蔬　菜·

【概况】 2017年，全市蔬菜播种面积3.79万公顷，总产量91.24万吨，总产值25.05亿元，比上年分别增加600公顷、3.94万吨和减少0.35亿元。其中播种面积居前10位的蔬菜品种为普通白菜3849.19公顷、辣椒1866.6公顷、茄子1842.74公顷、黄瓜1690.67公顷、莲藕1576.5公顷、茭白1551.19公顷、芹菜1422.04公顷、大白菜1400.19公顷、番茄1348.43公顷、豇豆1316.82公顷，合计播种面积1.79万公顷，占蔬菜总播种面积的47.2%；总产量48.2万吨，占蔬菜总产量的52.9%；总产值13.6亿元，占蔬菜总产值的54.6%。

【蔬菜产业发展】 一是设施蔬菜面积略有下降，设施结构逐步优化，产量增加。2017年，全市设施蔬菜面积7607公顷，其中大棚面积4375公顷，占设施蔬菜总面积的57.51%，同比增加66.33公顷，提高1.17个百分点；中棚1026.14公顷，占13.49%，分别减少29.86公顷和下降0.32个百分点；小棚2206.2公顷，占29.00%，分别减少76.2公顷和下降1.95个百分点。2017年，设施蔬菜播种面积1.33万公顷，同比减少300公顷；全市设施蔬菜产量36.76万吨，比上年增加4400吨，增长1.21%。二是特色蔬菜持续增加。2017年，全市特色蔬菜新增面积283.83公顷，总面积达6663.16公顷，增长4.45%，其中水生蔬菜3311.33公顷、山地蔬菜（含高山蔬菜）2466.67公顷和芦笋885.16公顷。特色蔬菜以芦笋产业发展速度最快，同比增加126.67公顷，总产量1.48万吨，总产值1.21亿元，产量、产值同比分别增加2000吨和1300万元。其中，长兴县芦笋面积800公顷，新增100公顷。全市芦笋平均价格8.0元/公斤，同比下降2.4%；每667平方米

(亩) 均产值 10240 元，同比下降 6.8%。

【蔬菜生产技术】 一是调整品种结构，满足市场需求。根据市场需求变化，适当减少萝卜、冬瓜、芹菜和莴笋等的播种面积，适当增加花椰菜、青花菜、黄瓜、苦瓜、西葫芦和芦笋等的播种面积；在西瓜生产中，减少露地栽培的大中果型西瓜，增加了大棚设施栽培的“小兰”“拿比特”等小型西瓜面积；在草莓生产中，“越心”等特色品种面积在扩大，“章姫”“丰香”等传统老品种减少；在番茄生产中，以“黄妃”“浙樱粉 1 号”品种为主的特色优质樱桃番茄播种面积逐步扩大。二是开展集约化育苗，应用和示范嫁接技术。在长兴县虹星桥镇、吕山乡、夹铺镇，德清县乾元镇等地西瓜嫁接苗得到广泛应用，吴兴金农生态农业发展有限公司在茄子嫁接苗试验成功的基础上扩大示范面积，又在瓠瓜嫁接苗上又取得较好的增产、增收效果。三是示范推广水肥一体化技术。2017 年，全市示范推广水肥一体化技术 1000 余公顷，取得明显的省肥、省工、节本和增收效果。如长兴县 6.67 公顷大棚芦笋水肥一体化示范点，平均每 667 平方米（亩）效果如下：鲜笋产量 1600 公斤，产值 13440 元，增加产值 856 元，节约人工和肥料成本 340 元，节本增效 1196 元。吴兴区 6.67 公顷大棚番茄、甜瓜水肥一体化示范点，节省劳动用工 58.7%，减少化肥用量 35.7%，减少农药用量 30%，提高商品率 20%，每 667 平方米（亩）经济效益增加 3200 元，其中甜瓜增效 1700 元，樱桃番茄增收 4700 元。四是示范推广菜稻轮作模式。2017 年，全市水旱轮作面积 4553 公顷，取得较好的生态和经济效益。如南浔区示范甜瓜、番茄等大棚瓜菜与水稻轮作，面积 6.67 公顷，甜瓜选用“玉姑”品种，每 667 平方米（亩）效果如下：产量 1780 公斤，产值 15130 元，净收入 9100 元，比连作对照提高产量 17.1%，减少肥料、农药及人工成本 5.9%，节本增收 2742 元；番茄选用“黄妃”品种，每 667 平方米（亩）效果为：产量 1950 公斤，产值 21450 万元，净收入 12825 元，比连作对照提高产量 14%，减少肥料、农药及人工成本 2.8%，节本增收 2880 元；水稻选用“嘉 58”品种，每 667 平方米（亩）效果为：产量 605 公斤，加工优质米出售，产值 5082 元，放养麻鸭 12 只，不施农药，减少化肥 74.4%，净收入 3049 元。五是示范种养结合模式。2017 年，全市立体种养面积 573 公顷，有效地促进农业废弃物的综合利用。如长兴县推广芦笋—湖羊—有机肥生态循环模式，通过秸秆“喂”羊，羊粪“肥”芦笋，可满足成年湖羊粗饲料 60%的供给，解决芦笋基地 50%的用肥量，土壤和芦笋产量、品质提升，节本增效明显。六是制订和应用标准化技术。2017 年，共通过 3 个湖州市市级蔬菜地方标准：《夏秋季青梗菜栽培技术规程》《夏秋季苗用型大白菜栽培技术规程》两个标准于 5 月 5 日开始实施，《设施小型西瓜网架栽培技术规范》于 12 月 11 日通过湖州市技术监督局组织的专家组的验收。通过标准的应用和实施，有效提升全市蔬菜产业的标准化水平。

【自然灾害影响】 1. 高温影响。7~8 月，35℃以上高温天气长达 34 天，38℃ 以上 10 天，40℃ 以上 3 天，使叶菜播后出苗困难，瓜类、茄果类、豆类蔬菜坐果结荚困难，产量普遍下降 5% ~ 10%，严重的田块产量下降 30% 以上。2. 阴雨天气影响。9 月，3 次连阴雨天气对蔬菜生产特别是露地蔬菜造成很大影响，其中 6 ~ 8 日总雨量 17.6 毫米、日照 0 小时；10 ~ 12 日总雨量 27.8 毫米、日照 15.1 小时；19 ~ 30 日总雨量 134.5 毫米、日照 5.4 小时。连阴雨天气使露地蔬菜烂苗死苗严重，白菜软腐病普遍发生，设施蔬菜病虫害也呈加重趋势，产量严重下降，因灾害性天气导致蔬菜市场价格的上涨。

【荣誉奖项】 6 月 1 日，在浙江省蔬菜瓜果产业协会与浙江省种植业管理局联合举办的“2017 年浙江精品西甜瓜评选活动”中，湖州市获得 2 金 5 优共 7 个奖。其中，长兴虹韵西瓜专业合作社的“虹观”牌西瓜、湖州绿腾生态农业有限公司的“绿腾万叶”牌甜瓜两个产品获金奖。8 月 5 日，在浙江精品果蔬展上，湖州市获得 1 金 2 优共 3 个奖。其中，长兴许长蔬菜专业合作社获得金奖。12 月 28 日，在“2017 全省精品草莓评选活动”中，湖州市获得 3 金 4 优共 7 个精品草莓奖。其中，湖州吴兴金农生态农业发展有限公司的“金农之星”牌草莓（越心）、长兴馨意草莓专业合作社的“馨意”牌草莓（红颊）、长兴新欣草莓专业合作社的“新庄梦之莓”牌草莓（晶瑶）3 个产品获得金奖。 （叶飞华）

·茶　叶·

【概况】 2017 年，湖州市茶园总面积 410018 亩，采摘面积产茶 11990 吨，产值 420370 万元，比上年分别增加 44847 亩、816 吨和 73099 万元。其中名优茶 5107 吨、产值 389149 万元，同比分别增加 478 吨和 61342 万元。名优茶每公斤平均价格 762 元，比上年增加 54 元，增长 7.6%。湖州市茶园面积、产量、产值和亩产值在浙江省排名分别为第四、第六、首位和第一名，茶叶总面积占全省 12.2%，产量占 6.7%，产值占 21.7%，茶叶总产值继续位列全省首位。亩产值超过 10000 元，居全省首位。出圃茶苗 21350 万株，增加 1950 万株。初制茶厂 300 家，茶产业从业人数 282860 人。

【开采时间】 2017 年，早生品种与上年差异不大，中生品种推迟。湖州市最早开采时间是 3 月 5 日长兴县的“浙农 117”，零星采摘，与上年同期。德清县的“乌牛早”于 3 月 6 日开采，正常采摘，比上年早 1 天。“龙井 43”最早在长兴县 3 月 7 日开采，比上年早 2 天。“白叶一号”安吉县发布的开采日期为 3

月28日，比上年晚8天。

【茶叶价格】 “乌牛早”头茶价格1800元/斤，“浙农117”头茶价格1300元/斤，“龙井43”头茶价格1650元/斤，各品种茶叶价格均与上年持平。“白叶一号”最高价格达8000元/斤。

【技术培训】 依托浙江大学产业联盟，邀请中国农科院茶叶研究所、浙江大学和浙江省农业厅等专家，组织对技术人员、茶企和专业合作社举办产业形势分析、质量安全管理、标准化生产和生态茶园建设等内容开展培训，全年开班30余期、2000余（人次）参加。8月28日，为强化生态理念，举办茶园生态建设培训；11月28日，为提高茶企、技术人员质量、安全意识，湖州市组织全市茶叶质量安全管理培训班。

【机器换人】 2017年，机采茶园面积15045亩，基本与上年持平，机剪茶园面积318100亩，同比增加13300亩。已建21条流水线，产茶315吨，产值35037万元。通过自动化、连续化生产流水线生产，产品品质明显提高、产能显著增加和效益明显提升。新省标准化名茶厂5家，湖州市累计达到18家。

【产品延伸】 开发茶叶新产品，延伸茶叶产业链。安吉县已开发饮料、茶含片、茶酒、茶食品和功能性等一批新产品；长兴县推出多种类茶品；德清县推出茶旅游路线等，茶产业链不断创新开发，提高产品价值。全市精深茶加工企业10家，消化茶叶量36480吨，实现产值20330万元。

【茶事活动】 4月29日，湖州市举办第八届全民饮茶日活动，6月13～15日，举办中国·湖州陆羽茶文化博览会暨中国（浙江）丝瓷茶与人类文明学术研讨会，宣传湖州名茶名企。3月24日，安吉县召开“茶商大会”，围绕“安吉白茶”品牌进行世界推广。4月28日，长兴县举行紫笋茶产业发展论坛，促进紫笋茶产业转型升级，提升品质、提高效益，重振紫笋茶品牌知名度。4月29日，德清县举行全民饮茶日活动，提高企业知名度。

【组织参展】 5月18～21日，组织德清、长兴和安吉县22家茶企参加农业部和省政府主办的首届中国国际茶叶博览会的展示展销；同时，市农业局和湖州陆羽茶文化研究会共同打造湖州市茶产业展示厅，努力展现名茶名企及茶文化。10月27～30日，代表湖州市，长兴县浙江绿野仙踪生态农业发展有限公司参加第五届中国茶叶博览会。

【媒体合作】 新华社、人民网、光明网等媒体在春茶季对湖州市的茶产业进行报道。CCTV国际频道借助传统中国节·清明，对安吉白茶、长兴祭祀茶圣陆羽大典等作专门报道。湖州市本地的主流媒体湖州电视台、《湖州日报》《湖州晚报》等都对湖州市的茶产业进行了专题报道。

【茶叶保险】 2017年，湖州市茶叶低温气象指数保险进一步推广范围，德清县也开始试行。安吉县已参保已达面积5万亩，实现赔付500万元。德清县投保面积2598亩，赔付23.5万元。

【电子商务】 2017年，湖州市乡级以上茶叶交易市场13个，交易量14714吨，产值445919万元。茶企涉足电商，借助淘宝、天猫和京东等平台，增加线上销售比重，让更多消费者能方便快捷买到原产地的湖州名茶。

【科技与人才】 2017年，湖州市科技项目《引进白化茶树品种“新安1号”栽培模式及配套加工技术应用与示范》开始实施，通过项目实施带动，建立起市本级的茶树品种资源圃。浙江省产业技术团队项目《茶叶机采机制标准化技术示范与推广》《紫笋茶与白叶红茶质量提升技术示范与推广》《白叶茶优质高效生产技术的熟化集成》继续实施。首次突破职称评定的条件，注重实绩，5名茶企业主潘元清、许万富、宋昌美、张文华和莫仕琴获得高级农艺师资格。

【品牌成绩】 在首届中国国际茶叶博览会期间，安吉县参加中国十大茶叶品牌评选活动，获中国优秀茶叶区域公用品牌。2017年，安吉白茶以34.78亿元的品牌价值连续8年获得品牌价值全国10强，跻身全国第5位。12月，安吉白茶被农业部评为中国特色农产品优势区名单（第一批）第一位。

【获奖情况】 湖州市举行第四届陆羽杯名茶评比，31家企业送样，德清县云鹤茶叶专业合作社等12家企业获金奖，湖州长林农庄等19家企业获优质奖。组织湖州市茶企参加“中茶杯”全国名优茶评比，湖州市获金奖5个；获绿茶银奖6个；黄茶银奖1个。在第五届中国茶叶博览会的全国斗茶大赛中，长兴县浙江绿野仙踪生态农业发展有限公司的“唐源紫贡”紫笋茶获得绿茶金奖。 （柳丽萍）

·水　果·

【概况】 2017年，全市果园面积14813公顷，比上年减少786.67公顷，下降5.04%（主要原因是长兴县调减其他类水果面积2910.87公顷）；产量16.06万吨，同比增加1.67万吨，增长11.61%；产值13.79亿元，增加2.04亿元，增长17.36%。其中葡萄4440公顷，同比增加573.33公顷，增长14.83%；产量7.69万吨，同比增加1.15万吨，增长17.58%；产值5.93亿元，同比增加1.18亿元，增长24.84%。

【产业调研】 一是开展湖州市水果产业发展现状与对策研究。通过对各县（区）具有代表性的企业、合作社、家庭农场和种植大户进行广泛调查，充分掌握全市水果产业现状、生产规模、地域分布、品种布局、品牌建设及科技水平；分析了存在问题与机遇，提出基本对策及建议，为领导决策提供科学的依据。二是完成水果联盟代表性主体效益调研。通过对全市具有代表性的多家企业详细调查，并进行对比分析，充分掌握第一手资料，并为更科学理性地指导主体发展提供经验借鉴。三是进行湖州市与南浔区柑橘产业调研，并分别撰写了《湖州市柑橘产业的发展现状与打算》及《南浔区柑橘（红美人）产业发展五年规划（2018 年 ~ 2023 年）》。为湖州市与南浔区近几年柑橘新品种产业发展作出科学规划。四是积极参与省内外各类学术活动。为提升业务能力，组织水果专业技术人员分别赴浦江县学习大樱桃栽培技术、青田县和兰溪市学习杨梅避雨促成栽培技术，赴丽水市学习枇杷避雨设施栽培技术等；同时，分别于 4 月 17 ~ 20 日，派员参加云南宾川的全国葡萄生态栽培与绿色防控技术培训班，7 月 15 ~ 17 日，参加江苏新沂的第六届桃产业技术交流会，11 月 29 日 ~ 12 月 2 日，参加全国第四届健康葡萄栽培研讨会，并考察了当地葡萄、桃产业的发展情况，扩充知识面，促进湖州水果产业紧跟全省、全国发展形势。五是加强考察交流。11 月 2 日，浙江大学——湖州市水果产业联盟组织专家与企业代表 35 人由国家水果产业岗位科学家、上海交通大学王世平教授带领，赴上海崇明岛考察柑橘根限与地面覆膜技术；11 月 27 ~ 28 日，南浔区水果产业联盟组织 15 家企业赴象山县考察学习红美人柑橘种植技术；12 月 14 日 ~ 15 日，组织联盟专家与企业代表 30 人考察调研南浔区柑橘新品种示范基地、德清县休闲观光果园。

【技术创新】 一是开展科研研究。2017 年，全市各级业务部门主持或参与项目在湖州实施的有十余项，主要有：湖州市果树种质资源创新团队（桃、葡萄新品种选育）；浙江省果品产业技术团队项目《吴兴区桃“Y”字形整形技术试验示范》《长兴县葡萄品质提升技术试验示范》及省“三农六方”项目《根域限制栽培在葡萄产业中的应用研究》；并完成市科技一般项目《安吉县优新品种葡萄选育与栽培技术的研究》，实施了市科技攻关项目《庚村阳桃品种选育及其品质提升技术研究》等。这些科研项目极大地提高了全市水果产业的科技水平，为全市精品水果的生产奠定了良好的基础。二是推广新技术。引进梨连枝式棚架、平棚和纺锤形，果桑棚架，桃“Y”字形整形省力化栽培技术，葡萄架式改良、果园肥水同灌、葡萄控产提质、葡萄省力化短梢修剪技术、葡萄柑橘根域限制栽培等新技术 10 项。同时，发布 2017 年湖州市主推技术 5 项：水果避雨设施栽培技术、水果套袋技术、梨棚架栽培技术、葡萄根域限制栽培技术和桃“Y”字形整形技术。三是引进新品种。共引进水果新品种 17 个，主要有：葡萄新品种“玫瑰香 × 自杂”系列 4 个，“寒香蜜”“玉手指”“新雅”“天工 2 号”“08 – 13”“08 – 19”“09 – 47”“09 – 150”，桃新品种“金秋红蜜”“圆梦”“雪里蕻”“金美人”“红美人柑橘”等。同时，发布 2017 年湖州市主推品种（10 个）：“东魁杨梅”“翠玉梨”“庚村阳桃”“锦绣黄桃”“阳光玫瑰葡萄”“巨峰葡萄”“醉金香葡萄”“白沙枇杷”“红美人柑橘”“红肉火龙果”。四是引入新模式。大力推广果园养鸡、鹅、葡萄、火龙果套种 LED 补光、葡萄与蔬菜套种、桃园套种油菜、葡萄与藏红花套种、保温促成栽培等新模式。

【技术培训】 一是蹲点技术指导。2017 年，多次派出专家、技术人员深入乡、村，全市走访指导企业、合作社和农户共 150 余家，现场指导服务活动 200 余次，主要是对桃树、葡萄、柑橘、枇杷和杨梅等进行安全生产技术指导。重点关注南浔区愚公生态农业公司、双林向阳村、双林古镇科技葡萄园、吴兴区三生农业科技有限公司、道场乡清水河农庄、妙西四锦黄桃专业合作社、长兴县沃丰家庭农场、长兴水红葡萄专业合作社、长兴红珠葡萄专业合作社、长兴城山沟桃源山庄、安吉县仙溪自良果园、德清县野毛滩家庭农场等主体。同时，还邀请了上海交通大学、浙江大学、省农科院等专家到湖州指导葡萄根限与柑橘新品种栽培、果品加工等技术。二是加强技术培训。组织举办葡萄、桃、杨梅、梨等各类培训多次。主要有：3 月 19 日，在长兴县举办的葡萄产业提质增效技术培训会，由浙江省农科院研究员吴江授课；7 月 18 日，浙江农林大学教授徐凯专门为全市 130 余位梅农讲授杨梅培育技术培训；7 月 28 日，浙江大学教授贾惠娟在长兴开展“基于葡萄新品种新技术的研究与应用”的专题培训；11 月 18 ~ 19 日，贾惠娟、苏平、徐凯三位教授与湖州中心医院主任药师钱晓东就水果新品种与综合栽培技术、水果加工技术、桃新品种与栽培技术、葡萄根限与阳光玫瑰栽培技术和葡萄套种西红花栽培技术 5 个方面做专题培训，并进行现场指导，120 余位主体全程参与，互动热烈，效果显著。当地专家在全市各地进行授课，强烈感受到参会果农对于水果栽培技术与新品种的渴求。部分果农还表示，就算自费也要参加培训。特别是在葡萄收益下滑状态下，湖州广大葡农对转型升级、技术提升品质和增加收益充满热情和期待。

【品牌建设】 一是举办湖州市桃王争霸赛与早熟桃、葡萄评鉴会。举办“‘城山沟’杯桃王争霸赛”，全市共 18 家企业选送 20 个桃品参赛，湖州四锦果蔬专业合作社选送的锦香黄桃等 3 个产品获金奖；长兴曹氏家庭农场选送的白凤水蜜桃等 5 个产品获优质奖。同时，举办 2017 年湖州市早熟桃、葡萄评鉴会，向与会专家与主体隆重推出湖州地方特色传统桃品种——“庚村阳桃”与早熟葡萄新品种“南太湖特早”。二是 2017 浙江精品果蔬展销会满载而归。在精品果蔬展销会上，湖州四锦果蔬专业合作社的“四锦”牌黄桃、长兴城山沟桃源山庄生态农业开发有限公司的“城山沟”牌水蜜桃、南浔双林古镇科技葡萄园艺家庭农场的“得源”牌葡萄、安吉冰露蓝莓专业合作社的“可可蓝”牌蓝莓获得金奖；长兴四合园果蔬专业合作社的葡萄、荣满彤蜜梨专业合作社的蜜梨、安吉冰露蓝莓专业合作社的蓝莓、安吉喜农果蔬专业合作社的水蜜桃获得2017杭州市民最喜爱的鲜食果蔬产品；同时，湖州展团还获得了最佳组织奖。三是积极参加省、市各类水果评先评优。长兴兴源葡萄科技有限公司选送的“长兴一品”牌鄞红葡萄获得浙江省十佳葡萄；在浙江农业之最梨擂台赛上，长兴荣满彤蜜梨专业合作社获得二等奖，南浔双林古镇科技葡萄园艺家庭农场获得三等奖；方道东、方国营两位种桃能手在浙江省新型职业农民农业技能大赛暨职业院校农业技能大赛上荣获二等奖，是湖州农业线在此次大赛上的唯一奖项；指导南浔青藤生态农业有限公司的葡萄获得2017年度湖州市农产品质量奖；指导长兴紫山红杨梅专业合作社获得浙江省名牌农产品。指导帮助金丰葡萄种植专业合作社获得湖州市育繁推一体化一星级种业企业。这些活动与获得荣誉有力地宣传湖州精品水果的品牌，促进水果产业与乡村旅游业的融合发展，加强企业、合作社和家庭农场之间的交流学习，促进农民增收，农业增效。

（殷益明）

·畜　牧·

【概况】　2017年，畜牧业在省、市治水治气和畜牧业转型升级决策部署下，生猪、家禽产业继续改造提升，湖羊、蜂蜜产业特色凸显，畜牧业绿色发展势头强劲。全市畜牧业产值26.6亿元（含蚕茧产值2.24亿元），同比下降27.36%，占全市农业总产值的12%。全市肉类总产量8.83万吨，下降34.27%，其中猪肉3.62万吨，下降47.89%；禽肉4.26万吨，下降23.79%；牛肉232吨，下降7.57%；羊肉8851吨，增长5.9%；兔肉444吨，增长8.82%。禽蛋总产量3.43万吨，下降18.42%。牛奶产量4429吨，下降13.12%。兔毛产量62吨，下降30.34%。

【政策扶持】　贯彻落实国家和省支农惠农政策，落实各项支农惠农资金420.38万元。其中落实省级家禽业临时补助资金390.93万元；落实后备奶牛补贴金额29.45万元，补贴后备母牛1户、589头。

【项目建设】　2017年，组织申报并审批立项畜牧类项目18个，其中中央畜禽标准化建设项目（原国家菜篮子项目）2个、现代农业发展资金项目4个、畜牧业转型升级项目3个、畜牧业绿色发展示范县项目1个、湖羊产业振兴项目3个、农业技术推广项目2个、农林渔业经营与管理体系建设专项资金项目3个，争取到省级以上项目补助资金1175万元。

【畜牧生产】　2017年，全市生猪饲养量66.6万头，同比下降45.25%，其中年末存栏18.75万头，下降29.91%，年内出栏47.85万头，下降49.58%。家禽年末存栏719.27万羽，下降31.25%，家禽年内出栏2690.56万羽，下降26.87%。羊年末存栏32.13万只，下降14.84%，年内出栏41.99万只，增长2.77%。牛年末存栏2302头，下降15.24%，年内出栏1211头，下降19.27%。兔年末存栏18.58万只，下降21.07%，年内出栏28.33万只，下降2.18%。

【规模化养殖】　至2017年末，全市共有畜牧类专业合作社98家、市级以上龙头企业33家。全市年出栏500头以上的生猪规模场（户）104户，出栏生猪32.2万头，占生猪总出栏数的73.09%；全市年出栏100只以上的规模羊场（户）346户，出栏羊23.13万只，占羊总出栏数的61.77%；全市存栏1万羽以上的规模蛋鸡场（户）25户，存栏74.65万羽，占蛋鸡总存栏数的73.8%；全市存栏2000羽以上的规模蛋鸭（种鸭）场（户）20户，存栏40.71万羽，占蛋鸭总存栏数的56.88%。

【畜牧价格】　2017年，由于供求关系变化，生猪价格持续下跌，平均售价15.06元/公斤，同比下降18.74%，其中生猪（外三元）价格15.47元/公斤，下降19.04%；生猪（内三元）价格14.73元/公斤，下降18.4%；二元猪价格14.36元/公斤，下降18.51%。家禽市场前期受流感疫情影响，销售困难，价格下跌，后期随着疫情影响减轻，价格回升。温氏肉鸡平均售价10.54元/公斤，下降7.73%；放养土鸡平均售价30.42元/公斤，苗鸡均价2.05元/羽；草鸡11.23元/公斤，增长2.35%，苗鸡1.64元/羽，下降13.25%；白羽肉鸡7.63元/公斤，下降13.35%，苗鸡1.47元/羽，下降50.07%；商品鸡蛋平均批发价6.55元/公斤，下降7.86%；绍兴麻鸭平均售价13.56元/公斤，增长0.40%；商品鸭蛋8.6元/公斤，下降0.63%。太湖白鹅市场均价15.26元/公斤，下降68.6%。受外地调入限制和本地养殖量较少影响，草食动物价格有所回暖，湖羊肉羊全年平均售价23.57元/公斤，增长12.45%；长毛兔兔毛120元/公斤，增长1.16%；商品獭兔50元/只，增长42.01%。全年饲料价格波动不一，玉米价格平均进价1.86元/公斤，下降8.50%；豆粕价格平均进价3.06元/公斤，增长0.34%。

【畜牧业绿色发展】　2017年，全市关停“低小散”养殖场户13家、规模场310家。生猪年末存栏18.75万头，比实施生猪减点控量前下降82.80%。湖羊年末存栏32.13万只，比实施湖羊产业振兴计划前增长22.82%。建成省级畜牧业绿色发展示范县1个；创建完成25家美丽生态牧场，累计建成55家；创建完成3家农业部标准化示范场，累计建成22家；规模畜禽排泄物资源化利用率达96.57%。

【疫病防治】 规范科学防控，加强监测预警，健全应急机制，完善应急预案，全力保障公共卫生安全。2017年，组织开展牲畜口蹄疫、高致病禽流感、高致病性猪蓝耳病、猪瘟和小反刍兽疫等疫病的强制免疫，全市免疫猪口蹄疫52.13万头，使用疫苗103.71万毫升；免疫禽流感3856.90万羽，使用疫苗2145.85万毫升，规模养殖场重大疫病免疫率达100%。全市监测血样5.71万份，其中禽流感免疫抗体合格率达90.14%，生猪口蹄疫合格率达83.20%，其他主要动物疫病免疫抗体合格率及人畜共患病等检测均达省级要求。加强H7N9流感、布病等人畜共患病防控工作，共检测H7N9流感非免疫和免疫抗体8113份，湖羊、奶牛布病7857份。

【动物卫生监督】 继续强化动物卫生监督体系建设，评审认定5个省级动物卫生监督示范窗口和6个市级动物卫生监督示范窗口。全市通过国家执业兽医资格考试、获得执业兽医师资格证书21人，获得执业助理兽医师资格7人。新增官方兽医26名，年内登记在册的官方兽医137名。在全市范围内深入推进"最多跑一次"改革，加快省智慧畜牧业云平台使用，动物检疫领域全面实现云平台电子出证。完善病死动物无害化收集处理长效机制，制定涵盖各环节全流程的运行制度和考核办法，全年收集处理病死猪10.73万头，其他病死动物1073.98吨。严把检疫关口，全市5个省际公路动物防疫监督检查站查验生猪158.02万头，增长71.4%；家禽1171.78万羽，下降8%；动物产品27.46万吨，下降11.7%；检查、消毒各类动物及动物产品运载车辆6.56万余辆（次）。在生猪养殖及定点屠宰环节检测"瘦肉精"样品27.66万份（次），检测合格率达100%。强化动物卫生监督执法，开展"严查严管严打"、动物防疫条件、病死动物无害化处理监管和动物卫生监督执法等专项行动，全年依法查处违反动物防疫法律法规案件74起，比上年增长39.6%，结案72起，罚没款18.2万元。

【畜禽屠宰监管】 深入开展畜禽屠宰企业整治提升，着力规范屠宰行业生产经营秩序。开展生猪屠宰监管"扫雷"行动和"百日行动"等专项整治，督促企业开展"瘦肉精"自检，着力规范屠宰企业畜禽"代宰"行为，2017年，全市生猪和牛羊定点屠宰场点全部实施"瘦肉精"等违禁药物自检和官方抽检工作。严厉打击屠宰违法违规行为，深化畜禽屠宰环节废弃物无害化处理和污水污物排放治理工作。2017年，全市生猪定点屠宰企业屠宰加工生猪137.5万头，县以上城镇进点屠宰率达100%，乡（镇）进点率保持在97.3%以上。全市家禽定点屠宰企业屠宰量达831.2万只。德清县丰盛食品有限公司新市肉类加工厂牛，羊集中屠宰点，长兴县雉城屠宰场肉牛集中屠宰点、南浔区练市国华湖羊屠宰中心有限公司等牛，羊屠宰场点已定点运营。（陈巧妙）

·水　产·

【概况】 2017年，全市各级渔业部门认真贯彻落实中央、省、市农村工作会议精神，按照深化"两学一做"活动的总体部署，紧紧围绕渔业现代化建设目标，以加快转变发展方式为主线，渔业各项工作在克难攻坚中迈出新步伐，渔业经济、渔农民收入实现稳定增长。全市养殖面积减少，水产品产量和产值继续保持较快增长，水产品价格稳中有升，经济效益提高。常规鱼价格除草鱼上涨外，其他品种较稳定，多数名优鱼类价格上涨，其中乌鳢、青鱼、翘嘴红鲌、鳜鱼上涨，黄颡鱼、加州鲈鱼等价格稳中有跌，甲壳类中河蟹价格上涨，青虾、罗氏沼虾稳中稍降。2017年，全市各类水域养殖总面积4.92万公顷，比上年减少2800公顷，同比下降5.38%，其中，稻田养鱼面积2.31万公顷，下降12.17%。水产品总产量42.17万吨，比上年增加3.86万吨，增长10.09%，其中，养殖产量40.66万吨，增长10.16%；捕捞产量1.51万吨，增长7.86%。全年渔业经济总产出116.68亿元，增长9.24%，其中，养殖产出85.41亿元，增长11.34%；捕捞产出1.44亿元，下降10.56%；水产苗种产出4.25亿元，增长16.12%；涉渔工业和建筑业产出19.28亿元，增长2.5%；涉渔流通和服务业产出6.29亿元，增长4.66%。

【水产品养殖及市场】 2017年，鲢、鳙、草、鲫、鳊和鲤鱼等常规鱼养殖产量11.95万吨，比上年增长5.85%；龟、鳖、虾、蟹和鲈、鳜、鳢、鲌鱼等名、特、优、新水产品养殖产量28.71万吨，增长12.06%，占养殖总产量的70.61%，比上年上升1.2个百分点。常规鱼市场价格总体稳定，草鱼价格上涨30%；名优鱼类市场价格有升有降，其中，乌鳢、青鱼价格上涨幅度达30%～50%，翘嘴红鲌、鳜鱼上涨10%～30%，黄颡鱼、加州鲈鱼价格下跌20%；虾类价格稳中有降，青虾、罗氏沼虾价格下跌10%～20%，河蟹价格上涨30%；龟、鳖价格止跌上涨。由于饲料价格及其他生产资料价格稳定，水产养殖总体经济效益比上年提高。全市名、特、优水产品专养面积3.5万公顷，比上年增长10.76%。受上年市场价格等因素影响，青虾等虾类养殖面积增加较大，加州鲈鱼、翘嘴红鲌养殖面积增加，龟、鳖类池塘养殖面积继续减少，其他品种养殖面积稳中有增。

【水产种子种苗】 2017年，淡水苗种繁育量增加，鱼苗价格总体稳定，青、草、鲢、鳙四大家鱼苗生产量和价格稳定；加州鲈鱼、泥鳅、翘嘴红鲌、花鱼骨和黄颡鱼等名优产品苗种生产量增加，销售价格稳中有降。全市淡水鱼苗总量为90.77亿尾，比上年增长17.52%。虾类苗种生产量145亿尾，比上年下降27.5%，其中罗氏沼虾苗种生产量大幅减少，价格上涨，总销售量85亿尾，比上年下降15%，产值2.98亿元。由于受商品鱼价格上涨影响，青鱼、草鱼、翘嘴红鲌和乌鳢等鱼类品种的冬片鱼种价格上涨，其余品种冬片鱼种价格稳定。新认定省级翘嘴红鲌良种场1家（湖州浙北水产新品种繁育技术开发有限公司），复查通过省级翘嘴红鲌良种场1家（湖州沈氏水产苗种开发有限公司）；浙江毅达水产种苗科技有限公司、湖州吴氏生态农业有限公司分别被评定为市级育繁推一体化种业二、一星级企业。

【无公害水产品生产】 2017年，新认定无公害水产品生产基地58个，面积1270.6公顷，新申报无公害水产品16个品种、131个产品；3年有效期内无公害水产品生产基地112个，面积3090公顷。南浔区练市镇嘉鸿家庭农场等5家企业新创建为农业部水产健康养殖示范场，湖州吴氏生态农业有限公司等4家企业通过复查，至年末，示范场累计达19家，面积652.23公顷。突出水产品质量安全监管体系建设，狠抓农产品质量的安全监管，实施主要水产品药物残留与质量安全监控计划，增加抽样频率，完成农业部、省级水产品药物残留监控500个水产品样本，合格率为100%；全市新建立51个水产品质量、安全追溯试点，年内共计142个，把试点数据全部录入浙江省水产品质量管理平台。全球第一家BAP（最佳水产养殖规范）认证的河蟹基地落户长兴县。

【养殖水域滩涂规划】 按照农业部规范、省海洋与渔业局具体要求，已按计划全面完成县级《养殖水域滩涂规划》的编制任务，为全省首个整体完成编制任务的设区市。湖州市将以规划为依据，科学、合理、绿色、可持续发展渔业。

【园区建设】 2017年，吴兴区八里店镇日晨渔业精品园等4家市级现代农业园区（渔业）验收通过，建设面积80.07公顷。至年末，湖州市累计建设市级现代农业园区（渔业）41家。

【休闲渔业】 建成一批休闲渔业特色基地和渔业旅游综合体，充分展现渔俗文化、渔乡风情和渔业生产方式。南浔区鱼文化节、荻港渔庄分别被农业部认定为国家级示范性渔业文化节庆和国家级精品休闲渔业示范基地。全国休闲渔业带头人和管理人才能力提升大会在湖州召开，荻港渔庄成为行业模板。全市新增浙江申浩农业科技发展有限公司等4家省级休闲渔业精品基地。

【渔业保险】 根据《浙江省人民政府办公厅关于加强政策性渔业互助保险工作的意见》要求，由浙江省渔业互保协会运作，技术推广部门技术支撑，在全市开展水产养殖保险，参保单36个，总保额4362.38万元，总保费200万元（其中省财政补助100万元），吴兴区、长兴县财政补助25%，保险涉及龟鳖类、鱼类。

【渔技推广】 1. 主推技术及品种。2017年，推广应用6项主推技术，池塘养殖尾水的净化技术应用面积1.12万公顷；加州鲈鱼等配合饲料替代冰鲜鱼技术应用面积680公顷；稻渔综合种养技术应用面积621公顷；池塘生态养殖青虾技术应用面积1.07万公顷；池塘内循环流水养殖技术建设跑道已建成125条、面积1.38万平方米；池塘种草养蟹生态技术推广应用面积3333公顷。主要推广品种有“优鲈1号”加州鲈鱼、“全雄1号”和杂交黄颡鱼、“南太湖2号”罗氏沼虾、“太湖1、2号”青虾、“长江1、2号”河蟹等优良品种。2. 开展渔业技术服务工作。举办全市性技术培训班5次，内容有水产品质量安全、水产品药残快速检测、配合饲料替代冰鲜饵料、稻渔综合种养等新品种、新技术，参加培训342人。市水产联盟7名专家参与农民学院组织的市新型职业农民、农民大讲堂等培训授课，受训农民1598人次。3. 新品种、新技术试验。长兴县引进光唇鱼（淡水石斑）养殖，吴兴区引进“申江1号”河蟹苗；湖州湖旺水产种业有限公司和湖州吴氏生态农业有限公司进行加州鲈鱼秋季苗种繁育技术试验，初步取得成功，为春季养殖提供大规格鱼种，提高经济效益，探索“互联网+”智慧渔业新技术，使水质在线监测、人工智能控制在渔业得到应用。

【渔业环境治理】 1. 实施“温室龟鳖清零专项行动”。对南浔区余留的温室龟鳖养殖进行全面拆除，拆除大棚138万平方米，创建5个生态化龟鳖养殖示范乡镇和5个标准化龟鳖养殖示范场，实现全市范围温室龟鳖商品养殖彻底清零。2. 池塘养殖尾水治理。在全省率先开展全流域养殖尾水综合治理工作，制定《淡水养殖池塘尾水净化工艺》，建设由沉淀池、过滤坝、曝气池、生物处理池和人工湿地等组成的基础设施，应用物理和生物净化处理技术，使养殖尾水经处理后达标排放，或循环再利用。全市三县两区全面铺开治理工作，全年完成11200公顷，其中德清县治理面积10066.67公顷，成为全域治理的全国样板，得到省委书记车俊、省政府副省长孙景森多次批示肯定，并得到农业部渔业局领导的赞扬。3. 继续推进“生态养殖模式、生态养殖技术、养殖尾水处理”为主要模式的养殖池塘生态化改造，加快生态渔业建设，全市完成水产养殖塘生态化改造7590.07公顷，推广稻田养鱼面积1370.13公顷，划定禁、限养区面积645.16公顷。

【渔业管理】 1. 渔民整体转产转业和渔船转产减船工作。市区渔民整体转产、转业是年内市委、市政府十大民生实事项目，政府投入资金2.7亿元，统一收回渔业水域捕捞、养殖权证，将转产渔民纳入基本生活保障，实施网具、船只等相关生产设施补偿及清理，总计完成4220名渔民转产、转业。助力全省渔船转产减船工作，共涉及湖州市

22个渔村，清退渔船1162艘，共计压减捕捞渔船功率10208千瓦。2. 开展渔业“一打三整治”行动。依法打击涉渔“三无”船舶和违反休渔规定等违法生产经营行为，全面开展渔船“船证不符”和禁用渔具整治，出台《全市渔业“一打三整治”暨幼鱼资源保护工作实施方案》。3. 禁渔制度实施与增殖放流。划定禁渔范围，包括东、西苕溪渔业资源繁育保护区、重要经济鱼类繁殖区和洄游通道、市河及重要渔业水域。完成渔业资源增殖放流任务，全市组织开展增殖放流各类淡水苗种1.6亿尾，投入资金400万元，并加强放流前、中、后期管理。4. 智慧渔政和执法监管。推进渔政视频监控系统建设，年内建设第二批80个视频监控点，共计160个，为渔船安全生产监管和精准打击各类非法捕捞行为提供重要平台，市级通过监控系统在线发现并查处的案件占总数1/3。强化农业与公安涉渔联动执法，惩治以禁渔区内鱼类繁殖期电鱼为重点的渔业违法行为，组织开展惩治快艇电鱼专项行动，全市有3起电捕鱼案件移送公安机关，依法刑事追责。江浙两地渔政联动联检，通过联合检查、联合演练和联动防台等多种形式强化合作，组织开展太湖开捕期渔船安全及渔业违法行为检查。

（沈乃峰）

·农　机·

【概况】　2017年，湖州市深入贯彻落实全省农机工作会议、省政府《关于加快推进农业领域“机器换人”的意见》和省农机局《2018年全省农业机械化工作要点》精神，以推动农业机械化“全程、全面、高质、高效”发展为指引，以农业供给侧改革和解决发展不平衡不充分问题为突破口，以“四新”主题实践为载体，以农机化示范创建为抓手，强化农机与农艺融合，大力开展农机化新技术、新机具推广应用，着力提高农机安全水平，圆满完成了全年各项目标任务。全市农机具继续呈新增、淘汰、更新和结构优化态势，至年末，新增农机具12006台（套），农业机械原值20.94亿元，农机总动力151.45万千瓦。水稻耕种收综合机械化水平达85.98%，其他产业机械化、智能化有效推进，有力地助推了现代农业发展。

【补贴政策】　坚持“总量控制、优化结构、突出重点、分级扶持、包干使用”的原则，结合农业产业结构、农机化存量需求等湖州市实际情况，组织实施农机补贴工作。为进一步完善补贴政策操作办法，组织举办农机补贴工作培训，开展政策解读、研讨和工作交流，完善农机补贴受理、确认、公示、资金拨付和资料整理归档等工作流程。通过集中宣传、走访调研等形式，深入农机合作社、生产企业和农户宣传农机补贴政策，规范政策实施流程。结合推进全市农业“机器换人”示范建设，强化行政管理与推广服务相结合，找准农业机械化薄弱环节、发展重点，研究确定补贴机具配套扶持对象与方式，提高补贴的精准性和指向性，确保农机购置补贴、报废补偿、更新补贴、设施农业大棚补贴和新机具新产品补贴等强农惠农富农政策落实到位，并认真做好绩效评价工作。至年末，全市受理申请补贴农机具5674台，受益农业主体2160户，涉及中央和省级农机购置补贴资金2737.3万元；组织报废老旧、高耗能农业机械1216台（套）。各县（区）在农机购置补贴政策的基础上，出台相应政策，加大重点环节的补贴力度，助推农业领域“机器换人”。

【农机助农】　一是开展农机质量调查和免费实地检验。制订《2017年湖州市农机产品质量调查工作方案》，组织开展农机质量宣传、质量调查、打假护农和投诉处理等工作。开展喷雾机械产品质量调查，进行机具适用性、安全性、可靠性、作业质量和售后服务情况调研，督促引导企业改进农机产品质量和售后服务。开展拖拉机、收割机、插秧机和烘干机的免费实地安全检查，组织人员进村入户到社，现场检验各类农业机械1121台次，消除农机安全隐患，提高农业机械技术安全性能，确保农忙季节机械顺利作业。二是推进农机用油“三优一免”和金融支持服务。分别与中石化、中石油磋商并联合下文，明确农机加油卡申领对象、办理方式和优惠幅度，深入农机专业合作社、大户，开展免费办理，方便就近优价采购农机作业用油，惠及农户169户。加强金融机构的沟通联系，开展政策性农业保险宣传，引导安信农保、人保与农机企业、合作社有效对接，开展涉及人身财产安全农机具保险，在帮助农业生产经营主体增强抗风险能力，为下步推进农机政策性保险实施创造条件。三是积极推进农机社会化服务。围绕加快发展农机社会化服务，推进农业“机器换人”，组织开展“发展农机社会化服务促进农业经营主体发展”课题调研，下发《关于切实加强服务体系建设大力发展农机社会化服务的通知》，提出加快发展农机社会化服务的对策措施。

【技术推广】　一是试验推广，引进装备。3～5月，开展粮油、蔬菜、茶叶、水产、畜牧五个产业规模经营主体农机化应用情况的调查，在此基础上，围绕产业亟须、农民要求迫切的重点，大力开展农业机械新装备新技术的引进试验、示范推广，普及先进适用农业机械设施装备，优化提升农机化装备结构，拓展农业机械应用领域。组织人员赴武汉国际农机展及江苏、台州等地考察新型农机具，积极推广新型新机具补贴目录农机，其中履带自走式方草捆打捆机、山地单轨运输机、多用途履带式耕作机3种机型填补了全市空白。二是机艺融合，提升效率。围绕农业“机器换人”示范创建重点工作，充分利用农业产业联盟和“农广校”两个平台，加强与农艺部门的联系与沟通，积极征求农艺部门专家的意见和建议，深入生产一线指导农机化技术应用。春耕备耕期间，重点对新增的机械化栽植示范点进行指导服务，认真听取各方意见，积极出台地方标准，开展考察调研和引进示范，重点示范推广适用本地的新型高性能机具。至年末，完成4个示范乡镇和9个示范基地农业“机器换人”和1个主要农作物生产全程机械化示范县的创建任务，德清县出台2017～2018年创建省农业领域“机器换人”示范县的实施意见，做好2018年“机器换人”示范县创建的准备工作；新建农机与农艺融合点6个；新增农机综合服务中心5个；完成水稻机械化栽植面积44.5万亩，水稻耕种收机械化率达85.98%；粮食批次烘干能力达7760吨。

【信息宣传】 信息宣传是营造农业领域“机器换人”良好氛围的重要手段。湖州电视台2期专题《合作社里的大智慧》《流水线上飘茶香》，深入报道全市农业“机器换人”，《湖州日报》连续刊发农业“机器换人”专题报道。全年全市通过电视、报刊和广播等新闻媒体报道农机化新闻30余次，编报并被有关媒体录用的农机化信息100余篇，悬挂宣传横幅、设立展板专栏等100余个，组织集中宣传活动75次，为农户现场咨询解答2000人（次），发放各类宣传资料20000余份。

【教育培训】 大力培育新型职业农民、农机化应用人才与经营服务主体，努力构建一主多元的新型职业农民培育工作体系，认真做好新型职业农民培育认定管理工作，负责好受理审核、建档立册、证书发放及相关组织管理与服务等工作。大力开展“农广校”招生，加强学籍注册、教学教务、技能鉴定、考试考务和毕业鉴定等各项工作，强化教学管理，提升教学水平，培养农业农机后备人才。大力开展农机驾驶操作人才培养，为农业“机器换人”培养农机化应用后备人才。将新型职业农民培育与新型农业社会化服务主体培育有机结合，大力培育发展农机作业专业化服务组织，推进农机服务社会化。全年全市完成新型职业农民认定2117名，农广校招生265名，职业技能鉴定615名，创建农民田间学校10所，组织农业经营领军人才生源22名。

【农机安全】 一是加强领导，落实监管。结合农机产业转型升级和服务管理工作需要，强化目标责任管理与创新体系建设。明确年度工作重点，制订年度工作思路、目标措施与具体任务。层层分解监管工作责任，签订安全生产和购置补贴责任书，进一步健全农机化监管网络体系，对照农机安全生产目标责任书，开展督查检查，促进监管责任落实，出台农机安全生产综合治理计划。二是强化源头，夯实基础。以农机监理规范化建设为抓手，落实监理业务各项规章制度，狠抓源头管理，组织开展当地拖拉机牌证治理、报废清理和外省籍拖拉机排查登记活动。全市培训新机手并发证400余人次。注销驾驶证档15400余份、拖拉机档案18800余份，整理完善驾驶证档案2000余份、拖拉机档案3000余份。办理高耗能报废拖拉机等1216台，本地变型拖拉机存量降到1689台，同比下降40.2%。三是落实职责，专项整治。落实工作职责，切实抓好拖拉机专项整治与“三项治理”。市政府出台全市拖拉机“三项治理”行动工作方案，建立行动工作领导小组，建立联席会议制度，协调部门强化源头监管，深入实施“三项治理”专项行动，以“零容忍”加大联合整治，有效威慑违法违规行为，进一步营造高压态势。四是排查隐患，共建平安。根据农机生产特点，以农机安全宣传培训、隐患排查治理、应急体系建设和平安示范创建为重点，切实抓好农机安全生产监督管理。通过宣传引导，开展一系列农机安全生产大检查大整治活动，完善修订农机事故应急处置预案，积极推进“平安农机”示范创建工作。五是增强意识，提升服务。强化农机化生产管理服务，组织调度和跨区作业，做好农机化管理统计，开展农机质量调查和免费实地检验工作，通过农机社会化服务调研，提升农机社会化服务水平，推行农机用油“三优一免”和金融支持服务，进一步提升农机政策性保障。全市发生同等以上责任拖拉机道路交通事故18起、死亡3人，同比分别下降36%和70%，未发生道路外农机死亡事故和较大以上拖拉机道路交通事故，农机安全生产形势趋稳向好。（斯武军）

·林　业·

【概况】 2017年，全市林业系统紧紧围绕“绿水青山就是金山银山”理念，以打造“浙江林业标杆市”为目标，狠抓资源保护、国土绿化和综合改革等重点，全市林业各项工作均保持了良好的发展态势。年初，湖州作为全国8个市、县代表之一参加全国林业厅局长会议，并在大会上作“护美绿水青山、做大金山银山”的交流发言。

【毁林（竹）种茶综合治理】 一是坚持集中力量，配强一线队伍。成立专项行动领导小组，充实一线队伍，全市森林公安力量达56名民警、14名辅警及10余支专项行动小组，人员557人，各重点乡（镇）还建立了新植茶叶攻坚拔除队伍，为综合治理工作的顺利推进奠定坚实基础。二是坚持源头防控，严厉打击查处。全面推行“林区警长制”，开展护林员队伍改革，强化部门联防联动，确保及时发现毁林（竹）行为。全年日常巡查达13266人（次），查处毁林（竹）案件270起，处理涉案人员（单位）274人（个），发现并制止毁林（竹）种茶行为574起，开展违法种植白茶拔除200次，面积764.85公顷。三是坚持分类管理，加快生态修复。划定重点区域禁止种茶范围，进一步严格林地、林木审批审核，加强项目林地审批事中、事后监管；出台《湖州茶园及毁林（竹）地林业生态修复技术措施》，制订《湖州市茶园林业修复实施方案》，组织实施茶园生态修复，全年完成茶园生态修复面积908.43公顷。四是坚持严格督查，落实监管责任。11月，由市政府督查室联合市林业局对专项行动进行督查，结果显示全市毁林（竹）行为已经得到基本遏制，实现了“毁林种茶增量为零、毁林（竹）案件存量清零”的阶段性目标。五是坚持机制创新，完善长效管理。11月13日，市政府印发《湖州市“林长制”工作实施方案》，湖州市在全省率先建立四级“林长制”，进一步巩固和扩大前期综合治理毁林（竹）专项行动成果，逐步实现全市森林资源的“三保、三增、三防”（三保，即保森林面积总量、保林地〈湿地〉面积总量、保林区秩序稳定；三增，即森林蓄积量增加、受保护国土面积增加、林业经济增长；三防，即森林防火、森林病虫害防治、重大生态破坏行为防范）。起草《综合治理毁林（竹）长效管理十二条措施》，拟通过行之有效的行政措施弥补法律支撑不足的问题。

【林业改革创新】 一是深化林权配套改革。重点做好林地经营权流转证发放和建立林业股份合作制工作，全市有3个县（区）开展了公益林补偿收益权质押贷款，完成林权抵押贷款1.75亿元，林地流转1373.33公顷，森林保险续保18.2万公顷，各县（区）均新建股份合作社2个以上，组建家庭林场11家。二是推进县级综合执法改革。长兴和安吉县作为省级综合执法改革试点县，通过内部挖潜力、外部整合，进一步加强执法办案能力；三是启动护林员改革。长兴县护林员人数从121名减少到36名，平均年龄降低至50岁以内，并通过提待遇、明奖惩和强考核，有效地发挥了护林员的第一道防线作用。

【林业生态建设】 一是平原绿化超额完成。以通道绿化为重点，加快推进杭宁高铁、318国道两侧道路景观绿化等工程，全市新建提升平原绿化1182.2公顷（其中新建669.07公顷，提升513.13公顷）。二是山区绿化深入推进。以珍贵彩色健康森林建设为抓手，进一步加大森林抚育政策引导和资金投入。全市共建设珍贵彩色健康森林5260公顷，新植珍贵树146万株。其中德清县出台《德清县珍贵彩色健康森林项目实施管理办法》，安吉县开展珍贵彩色森林示范村创建，对综合考评90分以上的村实行以奖代补10万元/个。三是森林质量有效提升。继续做好长兴县合溪水库和安吉县赋石水库周边7920公顷森林封育管理，并扩大新封面积。安吉县在赋石水库流域退经转封竹林6013.33公顷、板栗林689.33公顷。全市共完成茶园生态修复面积908.43公顷。

【森林资源保护】 一是开展全市森林资源调查监测。通过抽调力量或委托第三方运作等方式，全面完成县级林地变更调查和森林资源二类调查，森林资源一体化监测项目建设有序推进，440个监测点全部启用，视频监控、无人机巡查等科技手段得到广泛运用。二是强化森林灾害防控。强化森林防火宣传、严格林区火源管控、加强队伍演练，全年全市发生森林火情26起，未发生森林火灾。加强松材线虫病防治，完成除治面积1.11万公顷，投入资金349.38万元。安吉县建立全省首个“网络森林医院”，在线提供森林病虫害防治技术服务。三是加强“一区两园”（自然保护区、湿地公园、森林公园）建设。（自然保护区、湿地公园、森林公园）出台《湖州市级森林公园、湿地公园认定办法（试行）》，并在全省率先修编完成《湖州市湿地保护规划》，率先印发实施《湖州市湿地生态保护五年行动计划（2016～2020年）》，此项工作得到省林业厅的肯定并在全省推广。全年恢复湿地植被1533.33公顷，新增1个省级森林公园、2个省级湿地公园和5个省级重要湿地，新建市级森林公园2个、湿地公园4个。四是加快推进野生动植物保护。重点加快德清县下渚湖朱鹮浙江种群重建与野外放归项目，至年末，朱鹮总数已达到273只，年内新孵育51只，其中野外孵育21只，实现朱鹮首次在南方地区的野外放飞和繁育；长兴县扬子鳄野外放归总数达450余条（总数5876条）。

【林业产业转型】 一是传统产业转型加快。推进花卉苗木、笋竹和森林食品等传统优势产业转型升级。长兴县制定实施苗木产业扶持政策，销售额同比增长19.8%。安吉县推动竹产业转型提升“5个1”工程（争创1块国家级牌子、设立1个竹产业发展基金、建立1个竹产业实验试验区、引进1批高新科技企业、培育1批新型林业经济组织），得到省林业厅重视和支持。二是切实加强科技支撑。通过“一亩山万元钱”林技推广示范、建立林下经济选种园途径，积极探索复合经营发展模式，全市新增“一亩山万元钱”面积130余公顷。“安吉人竹共生系统”被列入第四批中国重要农业文化遗产推荐名单；《浙江省主要经济竹类新品种选育与育种技术创新》项目获得省科技兴林一等奖。三是推动产业融合发展。创建省级森林城镇3个（德清县洛舍镇、安吉县鄣吴镇、灵峰街道），新增“省级森林村庄”18个。新申报创建“省级森林特色小镇”2个、“省级森林人家”12个，累计完成投资7800余万元，成效初显。组织29家林业企业参加第10届义乌森博会，湖州荣获最佳组织奖。

【举办重大活动】 10月17日，2017中国（长兴）花木大会在长兴县泗安镇的中国长兴花木城开幕。浙江省林业厅副厅长、党组成员胡侠出席开幕式并讲话；湖州市政府副市长施根宝，市政协副主席叶理中等出席。一年一度的中国（长兴）花木大会已成为湖州市扩大对外开放，开展对外合作的重要平台，为推进湖州现代林业发展提供了新的契机。（冷华南）

·水　利·

【防汛防台工作】 2017年，全市汛情比较平稳，雨量与常年基本持平，先后遭遇了梅雨洪水以及“纳沙”“海棠”“泰利”等台风的外围影响。市水利局按照省水利厅统一部署，以“防大汛、抗大灾”的标准，扎实做好监测、预警、巡查和值守等工作，确保全年安全度汛。一是汛前准备扎实充分。以行政首长负责制为核心，逐条堤段、逐个工程落实防汛责任人1.8万人，落实各类防汛抢险队伍1219支、2.55万人。扎实做好防汛物资更新、储备，共储备袋类343万条、布膜类2.9万平方米、桩木3913立方米、水泵3834台套和防汛舟艇220艘等防汛物资。扎实做好工程度汛方案和抢险预案修订工作，重点修订了11座大、中型水库控运计划。全年派出县级以上检查组157个，发现防汛隐患293处，在主汛前全部整改到位。二是防汛指挥科学有序。切实开展水文基础设施建设，完成长兴县港口、姜湾、德清县武康水文站，安吉县横塘村、递铺、箬河口水文站的竣工验收，年内已开展测验工作。扎实开展水文测站标准化建设，完善水文预报预测信息系统，全市192个站点实现与省防汛水情信息网络的实时传输。根据水文、防汛监测预报数据有序开展水利工程调度，梅雨期间，对合溪、老虎潭等大、中型水库、东苕溪导流诸闸等实施动态调度，有力保障全市防洪安全。围绕水环境治理，启动实施环太湖、溇港及东苕溪导流港沿线诸闸口门的水量自动监测项目，逐步实现水量自动连续测量。三是防汛基础不断夯实。以群测、群防体系为主要抓手，不断完善基层防汛、防台网络，完成全市1291个乡（镇）、村级防汛、防台体系全部配备“一图”“一平台”，即编制“村级防汛防台形势图”，确保村级防汛调度指挥及时有效；启用“基层防汛体系信息管理平台”和“防汛手机APP”，确保基层防汛责任人履职到位，并实现“痕迹化”（在防汛过程中，不留间隙或空白的工作记录）管理。深入开展防汛宣传、培训和演练，组织开展市、县两级防指培训22次，培训人员2100余人（次）；组织演练13场，参加演练人数610人次，观摩人数1020人次。稳步推进防汛信息化建设，谋划智慧防汛系统建设，完成顶层设计，年内已通过审查。

【水利建设工作】 2017年，湖州市以“千人万项”（组织全省水利系统千名以上干部和专家，深入推进千项重点水利工程，带动万项水利项目）蹲点指导服务为主要抓手，深入工程一线，开展蹲点服务，认真落实省水利厅厅长陈龙到湖州调研时的指示部署，全面加快工程推进步伐。2017年，全市完成水利总投入30亿元，完成率达115%，其中中央投资5.6亿元，完成率达97%。一是“四大骨干工程”加速建成。作为“172重大项目”的太湖治理“四大工程”（太嘉河工程、环湖河道整治工程、苕溪清水入湖工程和扩大杭嘉湖南排工程），经过三年努力，已基本建成，期间经受住了太湖高水位考验，并在多次防汛中发挥重要作用。据统计，截至年底，“四大骨干工程”完成投资12.9亿元，累计完成109.8亿元，完成率达96.6%。其中，苕溪清水入湖完成年度投资11.4亿元，累计完成61.7亿元，完成率达95.2%，主体工程基本建成；扩大杭嘉湖南排完成年度投资1.5亿元，累计完成9.3亿元，完成率达92.1%，主体工程基本建成；太嘉河工程累计完成22.15亿元、杭嘉湖地区环湖河道整治工程累计完成16.75亿元，完成率均达100%，年内已开展验收。二是“三大后续”前期进展顺利。环湖大堤后续可研报告已报水利部待批；苕溪清水入湖河道整治后续工程（开发区段）获批，已全面启动政策处理，并开工建设，完成投资3亿元；太嘉河及“杭嘉湖”地区环湖河道整治后续工程完成年度投资计划，启动前期政策处理工作。“百项千亿”（全省138个水利项目，到2020年完成投资额近2000亿元）推进主要做法获得副省长孙景淼批示肯定。另外，在水资源调度、“杭嘉湖”防洪能力调查、“杭嘉湖”北排通道（湖州段）后续工程、《湖州市信息化及智慧水利规划》等方面进行了探索，取得初步成果。三是农田基础设施建设提档升级。围绕服务农业“两区”（粮食生产功能区和重要农产品生产保护区）和农业现代化建设，以中央财政小型农田水利重点县为主要抓手，深入开展农田水利建设，加速农田水利设施提档升级，取得显著成效。2017年，完成3座水库除险加固，完成率达150%；13座水库安全鉴定，完成率达130%；53座山塘综合整治，完成率达129%；9800公顷圩区整治，完成率达113%；提升农村饮水安全人口6.07万人，完成率达100%；新增高效节水灌溉面积2040公顷，完成率达195%；灌溉水有效利用系数提升至0.627，比上年进一步提升。三是工程建设管理趋于规范。严格执行水利工程招标、投标行政监督和设计变更规定，不断强化实现水利工程重大的过程监管。不断创新工程建设监管手段，灵活采用委托检测、移动监督APP等新型方式，开展水利工程质量大排查、大整治，实现质量监督突击检查常态化。出台《湖州市水利工程安全文明标准化工地管理办法（暂行）》，从长兴县开始逐步向全市文明工地进行检查考核。2017年，全市水利工作无人员伤亡事故发生，无重大财产损失，安全生产工作取得较好成绩。

【水环境治理工作】 2017年，全市水利系统积极参与“五水共治”剿劣行动，深化“河长制”，大力实施以河道清淤保洁、生态河道建设和水土水源保护，水环境治理成效明显，全市在测的71个重要水功能区平均水质达标率为98.6%，比上年同期上升7个百分点，在全省率先通过剿劣验收。一是高质量完成清淤保洁。扎实推进河道清淤，截至年底，全市共完成河道清淤1200万立方米，完成率达108%。为妥善处置淤泥，建立54个淤泥循环利用堆场处置淤泥，在省对市清淤现场检查考核中获得好评。2017年，吴兴区太湖溇港水利风景区创建为国家级水利风景区。落实河道长效保洁管理，组织开展水葫芦、蓝藻的集中打捞工作，有效地改善河道面貌。2017年，全市开展入河排污口的普查和登记工作，实行入河口“身份证”式的管理，后续将对新增入河排污口开展纳污能力审核，审核意见作为环保部门审批排污口的前置条件，进一步从源头减少污染入河。二是打造秀美生态河道。依托农村河道连片整治和中小河流、中小流域治理，完成河道生态化整治300公里。结合湖州实际，制定《水工程生态建设技术规范》地方标准，打造一批水清岸绿的生态示范河道，河道水环境面貌得到提升。吴兴区太湖溇港水利风景区成功创建成为国家级水利风景区。三是严格监管深化水源保护。严格开发建设项目水土保持监督管理，2017年，共审批水土保持方案26件，市本级征收水土保持设施补偿费1313万元。全年实施水土流失综合治理19.3平方公里。在老虎潭、合溪、对河口、赋石、凤凰等大、中型供水水库，健全完善水库水源地保护生态补偿机制，落实专项资金，用于水源保护区内镇、村的水源保护考核奖励、生态保护项目补助及污染企业整治补偿。全市主要供水水库水质稳定保持在Ⅰ类和Ⅱ类，县级以上集中式供水水源地水质达标率为100%。

【标准化管理】 2017年，全市有220个水利工程启动创标工作，其中德清、长兴、安吉作为示范县，启动全部工程的标准化创建。截至10月底，220个水利工程都达到“制度化、规范化、景观化、信息化”要求，通过全省标准化验收。涌现出导流东大堤、西险大塘、青山水库和湘溪闸站等一批示范样板工程，6处工程被省水利厅评为“典型工程”，占全省的1/6。湖州市标准化管理工作得到副省长孙景淼、省水利厅厅长陈龙等领导的批示肯定。

【水资源管理】 严格落实取水许可、计划、计量和收费等基本制度，全面推行“三条红线”（水资源开发利用控制，用水效率控制和水功能区限制纳污）考核。在省政府水资源管理考核中，连续4年获得“优秀”，“全国水资源管理工作会议”在德清县举办，湖州市水利局被省水利厅向水利部推荐为“全国水资源管理工作先进单位”。德清、安吉县完成节水型社会年度任务，吴兴、南浔县启动第三批节水型社会建设，长兴县完成节水型社会达标建设工作方案。全市完成水平衡测试企业32家，节水型企业28家，节水型灌区3个，节水型小区12个，节水型公共机构56家。

【水利改革】 一是“最多跑一次”逐步落地，2017年，市水利局梳理水利办事事项，优化办事服务，有效地提升水利审批效率。年内，全市20项涉水办事事项已全部完成办事流程精简、办事指南公示等工作，实现网上在线审批，实现“最多跑一次”目标。二是水利投融资改革取得突破，长兴县泗安水库除险加固工程采用PPP模式，年内动工建设。长兴县泗安塘综合整治工程也完成PPP招标，政企合作共同建设。长兴县环湖大堤后续、苕溪清水入湖后续，南浔区“百漾千河”积极谋划推行PPP模式。三是其他各项试点稳步推进，湖州市“国家级河湖管护体制机制创新试点市”进入验收阶段。德清县“国家级农田水利设施产权制度改革试点县”通过验收，启动水利现代示范园建设。长兴县被省水利厅列为“践行新时期水利工作方针先行区”；德清县、南浔区被列为“全省农业水价改革试点县”。

（朱 慧）

工 业

·综 述·

【概况】 2017年，湖州市工业和信息化系统紧紧围绕市委、市政府工作部署，深入践行“两山”重要理念，以“加快赶超、实现两高”为总目标，深入开展“四新”主题实践，以“中国制造2025”试点示范城市建设为总牵引，以“六重”工作为总抓手，着力稳增长、调结构、增后劲、抓改革、强创新、防风险，主要经济指标增速居全省前列，全市工业和信息化工作保持平稳健康发展，呈现“稳中有进、转中向好”的良好态势，工业对全市经济发展的支撑作用进一步凸显。

【经济效益平稳增长】 2017年，湖州市规模以上工业实现增加值821亿元，同比增长8.7%（居全省第4），高于全省平均0.4个百分点；规模以上工业利税、利润同比分别增长22.1%和27.3%，增速分别高于全省平均8.4个百分点和10.7个百分点，增速均列全省第3位；规模以上工业企业主营业务收入利润率为7.1%，创下7年来最高盈利水平。全市2851家规模以上工业企业中亏损216家，同比下降10%，亏损面7.6%，低于全省平均6.3个百分点。

【产业结构持续优化】 全市战略性新兴产业、高新技术产业和装备制造业增加值同比分别增长9.5%、10.4%和14.5%。信息技术、高端装备、生物医药三大重点培育新兴产业分别增长14.6%、8.0%和15.3%，物流装备、美妆新的经济增长点分别增长11.8%和31.2%，整体增势高于面上、快于同期。全市八大高耗能行业占规模以上工业比重43.3%，比上年同期下降0.4个百分点。

【大企业培育成效明显】 2017年，湖州市积极推进大企业培育工作，持续开展以弘扬湖商精神为特色的“金象金牛”大企业培育行动计划，工业大企业运行总体稳健。38家“金象金牛”及培育企业共完成市内制造业主营业务收入1823.6亿元，比上年增长22.01%，占全市规模以上工业的31%，税收占规模以上制造业的44%。天能、超威、升华、佐力、永兴、美欣达、泰普森、久立、大东吴9家大企业被认定为“金象”企业，德华、巨人通力、恒林、恒腾纤维、欧诗漫、新凤鸣、华祥高纤7家大企业被认定为“金牛”企业，比上年净增2家。全市9家企业入围中国民营企业制造500强，其中天能集团、超威集团在500强中排位第14名和第15名，年营业收入突破1000亿元。德清县、长兴县被列入全省进一步深化“三名”培育县市名单（全省共10个县市区）。全年全市完成“小升规”企业358家。

【创新能力明显提升】　全力实施湖州市“千企创新”行动计划，全市工业创新能力不断增强。2017年，全市规模以上工业企业科技活动经费支出50.8亿元，同比增长7.2%，居全省第1，高于全省平均水平4.4个百分点；全市规模以上工业实现新产品产值1619.8亿元，增长25.6%，产值率达37.38%，新增省级工业新产品备案1418项，备案数居全省第1。省级优秀新产品12项、省内首台（套）7项、智能产品107项。全市新增诺力机械入选国家企业技术中心备案，新增科宁电机、贝盛光伏等9家省级企业技术中心，新增太平微特等44家市级企业技术中心，新增求精汽车、创盛光能等26家企业入库培育。引进和认定“南太湖精英计划”创新领军人才75人，组织实施技术创新、管理创新项目75项。

【信息经济加快发展】　以推动“两化”深度融合为载体，全力加快信息经济发展。2017年，全市“两化”融合指数为78.42。至年末，规模以上企业198家，工业增加值达到77.7亿元，同比增长15.2%。全市互联网出口带宽达到2500G。全市固定宽带用户达150.98万户，其中有97万用户具备100M光接入能力。公共区域以“i-zhejiang”为标识的Wi-Fi建设AP数量为11166个。新建、改建铁塔基站1010个，累计达5181个。

【绿色发展成效明显】　推进生态文明先行示范区建设，绿色发展取得新成效。2017年，全市单位工业增加值能耗同比下降8.5%，居全省第2；淘汰162家企业的落后产能，腾出用能空间16.08万吨标准煤；完成“低小散”块状行业整治，淘汰企业和作坊3058家。率先在全省出台《绿色工厂评价办法》《绿色园区评价办法》，天能集团、超威电源等9家企业被列入工信部绿色工厂名单。

【工业发展环境进一步优化】　《湖州市“中国制造2025”试点示范城市建设的若干意见》发布实施，2017年，市本级工业发展专项资金由上年的1.2亿元增加至5亿元。在全省11个设区市中率先制定出台《湖州市进一步减轻企业负担降低企业成本政策十八条》，全年全市为企业减轻负担67.5亿元。围绕“用而未尽、建而未投、投而未达标”低效工业用地，制定出台工业领域“三未”土地用地认定标准和处置办法。以“简化审批+优化服务”为目标，强势推行区域能评改革，实施负面清单制管理，通过采取事前定标准、事中作承诺、事后强监管等举措，切实提高能评效率。年内，湖州市所有县（区）的区域能评报告均已通过专家评审。牢固树立“亩均论英雄”理念，全面推进企业分类综合评价改革，初步实现对全市规模以上企业和用地5亩以上规模以下企业用地、用电效益评价工作的全覆盖。探索实施差别化资源要素政策措施，全年全市共征收差别化电价1029万元；征收差别化排污费354.7万元；减免城镇土地使用税2.46亿元。

【工业投资逐步回升】　实施项目建设攻坚战，全市工业投资保持稳定增长，技术改造投资增长较快。2017年，全市完成工业投资716.62亿元，同比增长12.2%，高于全省平均6.1个百分点，居全省第二；完成技术改造投资584亿元，增长12.4%，高于全省平均10.7个百分点，居全省第二，占全部工业投资的81.49%，比上年同期提高1.09个百分点。

【“大好高”项目引建】　根据市委、市政府“谋划大产业招引大项目”战略部署，进一步完善工业“大好高”项目评审认定标准、工作网络和统计体系，加快形成上下联动、部门合力的项目引进推进机制。全年全市新引进工业“大好高”项目91个；累计认定战略性新兴产业项目31个，全市战略性新兴产业投资同比增长15.8%，增速比上年同期上升3.1个百分点。全市工业“大好高”项目引进推进工作实现提升换挡。

【传统制造业改造提升】　制订实施《湖州市传统制造业改造提升行动计划（2017～2020年）》，坚持“创新升级、整合优化、集聚入园、有序退出”四条路径，确定纺织产业、金属加工产业、家具竹木产业、建材产业、蓄电池产业、电梯电机等传统制造业作为湖州市改造提升重点领域，大力实施绿色制造和智能制造，全力推进湖州市传统制造业改造提升工作。长兴县蓄电池产业基地被列入国家级新型工业化产业示范基地。长兴县非金属矿物制品业成功列入传统制造业改造提升分行业省级试点。

【工业设计发展提速】　2017年，湖州国际工业设计中心省级特色工业设计示范基地不断完善公共服务平台，创新工作方式，加快推进设计与制造对接，不断提高综合服务水平，提升集聚效应，基地荣获浙江省2017年考核第三名。集聚工业设计企业46家，其中产品设计类企业25家，创新设计类企业21家。累计专职设计人员489人（新增中级职称人员4名），设计服务收入达1.6亿元，比上年同期增长33%；设计成果转化产值超26亿元，专利授权280项（其中外观专利170、实用新型109项、发明专利1项），比上年同期增长45%；荣获国际奖项2项，国内奖项3项。新增欧诗漫为国家级工业设计中心，新增11家省级工业设计中心，至年底，全市共有66家市级工业企业设计中心，其中省级工业设计中心40家、国家级工业设计中心2家，位居全省前列。成功举办第四届全国童装设计大赛和第二届“安吉椅业杯”中国座椅设计大奖赛和2017全国高校竹建造设计大赛。

【智能制造水平提升】 围绕“互联网+”应用，将物联网、大数据、云计算等贯穿于各个生产环节，促进创新应用模式；浙江天能能源科技被列为工信部制造业与互联网融合发展试点示范项目，怡达等9家企业被列入2017年工信部两化融合管理体系贯标试点。推广应用智能制造五大新模式；2017年，微宏动力、中电华莹和泰普森3家企业入选工信部智能制造新模式应用项目，三一装备等19家企业入选浙江省智能制造新模式应用项目，认定16家市智能制造示范企业、37家市智能制造试点企业。大力推进千家“企业上云”，全力实施百家“上云标杆”试点行动，加快建设华为云平台、海瑞数据中心、长兴云计算数据中心、德清广电云计算中心。年内，全市新增企业上云5002家，9家企业成功入选省级上云标杆，新增市级上云标杆企业50家。

【企业创新平台建设加快】 2017年，全市新增诺力机械入选国家企业技术中心备案，新增科宁电机、贝盛光伏等9家省级企业技术中心，新增太平微特等47家市级企业技术中心，新增求精汽车、创盛光能等26家企业入库培育；新增金洲管道、云峰新材2家省技术创新示范企业，久立特材为国家制造业单项冠军企业。

【隐形冠军实力雄厚】 全市有省级“隐形冠军”（“隐形冠军”是指长期专注并深耕于某一细分行业的产品研发和生产，在国内行业市场占有率排名前10位或在国际市场上占据工业行业细分领域较高份额，企业具有专注的发展战略、科学的管理体系、独特的产品服务、专业的技术研发和显著的经营效益，但社会知名度较低的中小企业）企业4家，市级“隐形冠军”企业49家，久立特材入选工信部第二批制造业单项冠军企业。其中，湖磨抛光的磨料磨具产销量已达国内及亚洲第一；洁美电子是全球唯一一家提供片式电子元器件包装材料整体解决方案的企业；东尼电子自主研发的金刚线销量占国内市场的1/4；前进机械铸造生产的船用灰铸铁齿轮箱箱体铸件市场占有率和产销量居全国第一；华飞电子基材生产的微电子封装用球形二氧化硅销量全国排名第二；长虹制链产销额列全国同行业前三；诺力机械手动液压搬运车占据全球市场份额的35%、欧洲市场的65%；物流电梯等整机产品销售量占据全国电梯市场份额的11%。

【扶持小微企业发展】 2017年，建立228家企业的“小升规”培育库，对培育库内企业组织实时监测，并按季对县（区）工作开展情况进行通报。建立“隐形冠军”培育库，2017年，共甄选入库培育企业68家。全年全市完成“小升规”企业358家，被认定省级“隐形冠军”企业2家，市级“隐形冠军”企业15家。分别制定出台《湖州市工业行业“隐形冠军”企业培育认定实施意见》《湖州市市级商业银行支持制造业发展考评暂行办法》《湖州市工业小微企业创业创新服务券使用管理办法（暂行）》等一系列促进湖州市小微企业发展的制度举措，全市小微企业发展环境得到了进一步的优化和提升。

【高端技术人才队伍建设】 全面落实市委、市政府《关于深化“南太湖精英计划”加快引进高层次创业创新人才的实施意见》《湖州市优化企业人才服务十条举措》等政策，引导企业引育创新人才。2017年，新引进和认定“南太湖精英计划”创新领军人才70人，组织实施技术创新、管理创新项目70项；以“中国制造2025”、智能制造、绿色制造为主题，协助组织开展专题培训活动8场。

【精细化管理和人员培训】 认定2017年度湖州市精细化管理示范企业11家。8家企业入围省级管理创新试点企业；珀莱雅化妆品股份有限公司湖州分公司等6家企业被认定为省级管理创新示范企业，占全省的40%。2017年，全市各县（区）举办各类培训班190期，培训企业管理干部18035人。与上海交通大学联合举办为期一年的“湖州市工商管理暨新生代企业家研修班”。组织全市17家工业企业赴德国进行为期半个月的智能制造学习培训。

【完成节能降耗任务】 制定《湖州市“十三五”能源“双控”工作实施方案》《湖州市“十三五”能源“双控”考核方案》，明确全市“十三五”期间单位GDP能耗下降18.5%以及能源消费总量年均增长1.9%的控制目标。加快推进可再生能源应用，全市风电、光伏发电、水电等可再生能源发电装机容量累计达到138万千瓦，全年实现发电量15.4亿千瓦时。全市单位GDP能耗下降5.2%，单位工业增加值能耗下降8.5%，降幅在全省分别排名第二和第三，较好地完成了省下达的目标任务。

【淘汰落后及低小散行业整治】 以建材、金属压延（铸造）加工、印染、造纸、电镀、制革、化工等高耗能和重污染行业为重点，坚决淘汰一批能耗超标、污染严重、管理落后、安全隐患的落后产能。以“四无”企业为重点，坚持“改造提升一批、整合入园一批、合力转移一批、关停淘汰一批”的工作思路，通过实施淘汰落后、污染减排、能耗对标、安全生产、质量对标等专项整治，立足区域特色，分类施策，全力推动德清小木业、长兴纺织、安吉膨润土、吴兴铝合金、南浔小木业等细分行业整治提升。全年淘汰162家企业的落后产能，腾出用能空间16.08万吨标准煤；整治“低小散”企业3058家，尤其是对大气重污染的南浔小木业进行重点专项整治，淘汰1336家小木业企业。

【节能技改和清洁生产】 聚焦重点用能、用水行业，加快节能、节水新技术的推广应用，全年实施重点节能技改项目102项。结合治水、治气等工作要求，以高耗能和重污染企业为重点，组织开展清洁生产审核工作，全年通过清洁生产审核验收的企业76家，实施清洁生产中高费方案194项，方案总投入2.2亿元，年节能量3.8万吨标准煤，年节水量37.9万立方米。扎实推进化工、金属加工、造纸、印染、食品、医药等高耗水行业节水改造，28家企业开展水平衡测试工作，19家企业被评为省级节水型企业。

（蔡建明）

·信息经济·

【概况】 2017年，全市信息经济工作紧紧围绕“加快赶超、实现两高”奋斗目标，以“中国制造2025”试点示范城市创建为契机，全力发展信息经济，信息经济呈现良好发展态势。全市规模以上信息经济企业256家，核心产业实现主营业务收入597.49亿元，同比增长8.4%，规模居全省第五；实现利润总额39.58亿元，税金总额16.56亿元，分别增长18.7%和7.8%。

【加快核心产业发展】 一是抓重大项目引推。以新型电子元器件、地理信息、智能电梯等领域为发展重点，围绕建链、补链、延链、强链，突出关键环节、关键技术强化项目招引，建立20个产业项目和60个“两化”融合项目入库，实施动态管理。二是抓重点企业培育。强化龙头带动，经过多年的培育发展，年内全市拥有信息经济产业类上市企业3家（洁美电子、东尼电子、长城电工），全市有长城电工等8家企业入围省电子信息产业重点企业名单；华莹电子等6家企业入选省电子信息50家成长性特色企业。三是抓特色平台打造。重点规划集成电路芯片产业平台、地理信息特色小镇、智慧物流谷、电磁线与电子信息及多媒体产业园等特色信息产业园、信息经济科创园、智能制造产业基地、云计算与数据中心公共服务平台七大产业平台。其中吴兴区、德清县和安吉县已成功创建省级软件和信息服务业创业基地。德清县地理信息产业园是华东地区唯一的产业集聚区，首届联合国世界地理信息大会将在德清县召开。在全省15个创业基地考核评估中，吴兴区、德清县分列第一名和第三名。

【推进“两化”深度融合】 一是开展百项“机器换人”行动。深入实施“机器换人”智能化改造行动，聚焦100项“机器换人”项目和1000台工业机器人应用，引导制造业生产模式向自动化、智能化、绿色化升级；全市技改投资增速达12.4%，居全省第二。二是开展百项“两化融合”行动。围绕“互联网+”应用，促进个性化定制、按需制造、众包众设、异地协同设计等“互联网+”创新应用模式；浙江天能能源科技被列为工信部制造业与互联网融合发展试点示范项目，怡达等9家企业被列入工信部“两化融合”管理体系贯标试点。三是开展百项“智造项目”行动。以在建100项智能制造重点项目为重点，推广应用智能制造五大新模式；微宏动力、中电华莹和泰普森3家企业入选工信部智能制造新模式应用项目，三一装备等19家企业入选浙江省智能制造新模式应用项目，认定16家市智能制造示范企业、37家市智能制造试点企业。四是开展千项“产品创新”行动。重点打好优秀工业新产品、首台（套）、浙江制造精品等创新载体组合拳，大力实施千项产品创新行动。全市规模以上工业实现新产品产值1619.8亿元，同比增长25.6%，产值率达37.38%，新增省级工业新产品备案1418项，备案数居全省第一。新增装备制造业首台（套）17项、智能产品130项。五是开展千家“企业上云”行动。全市新增企业上云5002家，9家企业成功入选省级上云标杆，新增市级上云标杆企业50家。

【开展信息经济融合应用】 全市网络零售额423.6亿元，同比增长37.5%，增速列全省第4位；电商交易额超1亿元的企业有19家，比上年增加3家，其中欧诗漫全年电商销售额达10.99亿元，同比增长52.4%。市、县区联动，全面推进6个智慧城镇（街道）试点创建工作。吴兴区朝阳街道被评定为国家级智慧健康养老示范街道。智慧德清时空信息云平台成为全国首个县级智慧城市时空信息云平台建设试点项目；长兴县综合治理智慧化工程项目成为全国第一个县域综合治理信息化平台。智慧医疗、智慧交通、智慧城管、智慧环保等民生领域智慧化应用不断加快。

【夯实信息经济基础设施】 一是加强组织领导。制订全市通信基础设施建设计划，加强工作督察考核；出台《关于进一步加强全市移动通信基础设施建设的通知》，推进通信基础设施共建设共享。二是优化提升宽带网络。互联网出口带宽达到2500千兆，全市固定宽带用户达150.98万户，有97万用户具备100兆光接入能力，湖州千兆光网覆盖率已达93.5%，居全省前列。三是深化无线宽带网络覆盖。深化公共区域免费Wi－Fi建设，公共区域以“i－zhejiang”为标识的Wi－Fi建设AP数量为11166个，人均AP数量列全省第4位，4G用户数达到266.07万户。四是推进云中心建设。华为云基地、中国联通德清数据中心等一批云设施项目相继落成，全市已形成近10万台服务器支撑能力。

（沈宁儿）

·高端装备产业·

【概况】 2017年，湖州市以“中国制造2025”试点示范城市建设为契机，以高端装备制造业为主攻方向，突出创新引擎、龙头带动和做强规模，全力推进高端装备产业加快发展和高质量发展。全年全市装备产业实现规模以上工业增加值237亿元，同比增长14.5%，占规模以上工业企业比重的26.3%，比上年同期提升1个百分点。

【壮大产业规模】 产业集聚发展态势明显，形成了以智能电梯（占全国11%）、水稻收割机（占全国的30%）、物流装备、节能环保装备、数控机床及其控制系统、关键部件等为主导的装备制造业。湖州开发区智能电动汽车、长兴新能源2个特色小镇被列入省重点建设名单；现代农机、现代物流装备园区被评为省级智能制造示范区。2017年，全市装备制造业完成投资200.33亿元，鼎力三期、亚太制动、微宏三期等一大批重大项目顺利开工；三星机电、诺力机械四期、德马克等一批重大项目陆续竣工投产。

【突出大企业带动】 天能、超威2家企业集团总产值超1000亿元；星光农机、永兴特钢、鼎力机械、诺力股份4家在主板上市；德马科技、恒立数控、精雷电器、中德股份、万享科技、瑞虹空调等企业在"新三板"挂牌。诺力股份液压搬运车分别占欧盟市场的45%和全球市场的35%，德马科技的物流分拣设备列国内行业第三，中力机械铁臂小金刚荣获"红点奖"；星光农机履带式联合收割机占国内市场的12%，明泉涂装、华立涂装的金属涂装设备占国内市场的10%，天马轴承成为中国轴承行业综合排名前三强等。

【创新成效显著】 企业创新投入明显加大，创新平台建设、创新人才凝聚取得新进展，自主创新能力有较大提升。湖州市装备制造业国家企业技术中心3家（诺力2017年新认定）、浙江省企业技术中心达20家；省级高新技术企业研发中心累计75家；引进国家和省"千人计划"人才20人，创新领军人才30人，领军型创新团队15个。全市有50项产品入选国内、省首（台）套产品。数控机床、智能装备、工业机器人、全自动柔性钣金等先进生产装备得到广泛应用，企业生产的自动化水平、数字化水平显著提高；ERP、MES、SCM和数字化设计工具普及率均居全省前列。鼎力机械、诺力机械、天能、超威等企业的一批项目被列入国家智能制造试点示范和技术改造预算内投资，争取到专项资金超1亿元。

（胡丕国）

·新能源汽车·

【产业链逐步完善】 2017年，全市新能源汽车产业规模以上工业增加值同比增长13.7%，实现产值460亿元。产业已涵盖整车制造、动力电池全产业链制造、电机、轻量化材料等关键零部件制造领域，新能源汽车产业链日趋完善。长兴县画溪街道、湖州开发区分别被浙江省列入新能源小镇和智能电动汽车小镇培育，湖州市被列入浙江省五大新能源汽车产业培育基地之一。

【动力电池支撑明显】 动力电池产业是湖州市新能源产业最重要的支撑点，年内，在铅酸动力电池领域，湖州市有天能、超威两大龙头企业，产品在国内市场占有率超过70%以上；在锂离子动力电池领域，湖州市现有微宏、超威、天能、天丰、百成、创亚、伊卡、金冠鸿图等家10余家生产企业，已形成正负极、隔膜、电解液等关键原材料以及单体制造、系统集成、BMS等完整的产业链。永兴特钢收购了江西省一处锂矿，进一步延伸产业链。从锂电技术路线来看，涵盖三元、磷酸铁锂、钛酸锂等多个方向，技术路线较为齐全。微宏、天能、超威、天丰4家企业进入《汽车动力蓄电池行业规范条件》目录，全市锂电池现有产能千兆瓦时年，2017年，实际配套约2.75千兆瓦时，占全国总配套量的8%。锂电池在建项目有微宏三期、遨优三元电池、金冠鸿图隔膜项目等。

【整车项目取得突破】 普朗特纯电动物流车和恩驰纯电动客车已通过工信部《道路机动车辆生产企业及产品公告》准入目录，普朗特已有两款车型发布，规模化制造基地主体厂房竣工；恩驰三款车型已发布，进入规模化生产；吉利集团总投资326亿元的年产30万辆新能源汽车、60万台变速器项目已正式签约；游侠超级汽车项目已开始动工建设。

【创新能力显著增强】 拥有国家技术创新示范企业2家，国家级企业技术中心2家，省级企业技术中心4家、企业研究院9家；拥有院士专家工作站13个，高层次人才队伍中拥有"两院"院士13位；引进国家"千人计划"专家9名，省"千人计划"专家17名，"南太湖精英计划"领军型创业团队16个，领军型创新团队3个，创新领军人才8名。动力电池领域具有较高的技术优势，其中微宏动力在快充技术、快充电池循环寿命、电池安全性等方面已达到世界顶级水平，年内，电池单体能量密度比已成功突破270瓦时/公斤，电池循环达到与整车同寿命，在国内发布首款"不燃烧电池"。此外，湖州市各企业在多元复合材料、石墨烯材料、新型锂盐材料等技术领域也取得了重大成果，中山集团的氢燃料电池已成功应用于军工领域，新体系电池布局开始起步。 （胡丕国）

·生物医药产业·

【概况】 2017年，湖州市生物医药产业呈现稳步发展态势，部分行业发展较快，产业投资持续扩大，创新水平明显提升，大企业培育显现成效。2017年，全市有生物医药产业规模以上企业182家，实现工业增加值同比增长13.5%，高于全市规模以上工业增加值平均增速4.8个百分点；规模以上企业实现主营业务收入330亿元，增长18%；实现利税、利润分别增长9.5%和8.0%；出口交货值增长

39.1%。

【县（区）产业发展较快】 各县（区）通过加大项目招引力度，加快企业创新步伐，优化发展环境，生物医药产业呈现较快发展态势。吴兴区生物医药产业增长势头强劲，全年实现主营业务收入同比增长18%；德清县生物医药产业发展走在全省前列，实现主营业务收入同比增长18.1%，浙江省生物医药创新服务平台落户德清县，企业创新能力和发展环境得到进一步的提升；湖州开发区生物医药业实现主营业务收入增长8.2%，南太湖生物医药产业园已初具规模，产业呈现高速集聚态势；长兴县生物医药产业实现主营业务收入增长23.1；安吉县生物医药产业实现主营业务收入增长28.5%；南浔区生物医药产业实现主营业务收入增长24.8%。

【骨干企业培育加快】 2017年，在全市342家重点骨干企业中，有生物医药企业33家，占9.6%，完成主营业务收入200.5亿元，同比增长13.6%；实现利税25亿元，其中利润17.99亿元。企业通过加快产品创新，加大研发投入，逐步打开市场。

【项目建设加快推进】 围绕产业链关键领域，瞄准国内外龙头企业，加大招商引资力度。2017年，新引进"大好高"项目13个，投资47.8亿元；青春宝总部迁移、天士力国际医药产业基地等一批项目已签订协议。加大在建项目推进力度，确保一批生物医药项目早开工、早投产、早见效，尽快形成新的经济增长点。全市投资5000万元以上生物医药产业项目40个，累计完成投资38亿元，增长24.56%，其中，1亿元以上项目33项，累计完成投资34.95亿元。一批重点项目推进平稳有序，老恒和酿造有限公司总投资56亿元的古法酿造生态生产基地项目；海王健康总投资12亿元年产党参配方颗粒1200吨等项目；正大青春宝总投资8.1亿元年产颗粒剂5亿袋、单方颗粒4亿袋、片剂20亿片、胶囊剂8亿粒项目；核力欣健药业总投资5亿元的年产化药首仿药胶囊制剂10万粒和一类生物药片剂制剂20万片项目等陆续开工建设，带动产业投资的快速增长。

【技术创新成效明显】 通过"南太湖精英计划""365创新团队计划"、人才引进战略合作联盟等，加强技术人才团队引进，同时，引导企业不断加大研发和新产品开发力度。2017年，全市有74个省级新产品通过备案，浙江硕华生命科学研究股份有限公司的SBS标准2D冻存项目被评为省级优秀工业新产品。至年末，全市生物医药产业有工业企业技术中心18家，其中国家级技术中心1家（浙江升华拜克生物股份有限公司企业技术中心）、省级技术中心4家、市级（含培育）技术中心13家。

【龙头企业培育初见成效】 培育一批实力较强的生物医药"金象金牛"企业，升华集团控股有限公司被列入"金象"企业；湖州老恒和酿造有限公司、香飘飘食品股份有限公司被列入"金象金牛"企业培育名单。浙江五味和食品有限公司入选浙江省"隐形冠军"培育企业；浙江隆泰医疗、爱诺药业等企业进入湖州市工业行业"隐形冠军"企业名单。全年销售收入超10亿元的企业有5家，其中香飘飘食品股份有限公司26.24亿元、升华集团控股有限公司16.16亿元、浙江五龙新材股份有限公司15.83亿元、浙江中山化工集团股份有限公司15.69亿元、浙江新市油脂股份有限公司13.90亿元。（鲁　敏）

·金属新材产业·

【概况】 湖州市金属新材产业是支撑全市工业持续较快发展的重要产业，主要包括不锈钢棒、线材制造、不锈钢及其他金属材质工业用管道、电磁线和其他新型合金材料产品。2017年，全市共有174家规模以上企业，增加值同比增长4%；主营业务收入、利税、利润总额分别增长21.3%、25.3%、37.3%，实现了快速增长，扭转了2016年发展疲软的颓势。

【产业布局】 金属新材产业发展日益集聚（主要集中在市本级），"一中心二基地"即在湖州经济技术开发区建设不锈钢坯、材供应中心及高端钢材；吴兴区以建设碳素钢、不锈钢为主的石油、天然气行业管道和不锈钢板、型材深加工全国性基地；南浔区金属新材主要包括金属管道及不锈钢、电磁线两大产业。

【龙头企业】 久立集团是专业生产工业用不锈钢管的大型企业，是国内不锈钢管行业中唯一一家上市公司，是浙江省行业龙头骨干企业、湖州市明星企业，是中石化、中石油、中海油等大型企业不锈钢管的主要供应商。被列为2017年度湖州"金象"企业，获得年度国家"制造业单项冠军"、国家"绿色制造示范"企业等荣誉称号。永兴特钢是专业从事不锈钢棒线材研发、生产和销售的特钢企业，是国内不锈钢长材行业龙头企业、国家高新技术企业、中国民营企业500强、浙江省工业行业龙头骨干企业、浙江省高新技术企业50强、浙江省制造业100强企业、上市公司、浙江省"三名"培育试点企业、国家企业技术中心、省级"两化"融合试点企业，被列为2017年度湖州"金象"企业。金洲集团生产的工业用管材达到国内领先水平，生产的燃气专用涂覆管获国家火炬计划产业化示范项目。万邦德（栋梁新材母公司）作为国内首家上市的铝型材生产专业企业，是湖州市本级首家超100亿元企业，是华东地区最大的铝型材粉末喷涂和氟碳喷涂生产基地。

【技术创新成效明显】 2017年，企业技术创新步伐不断加快，兆龙线缆获得浙江省企业技术中心；久立特材科技获得省级智能制造新模式应用，永兴特钢、栋梁新材、米皇铝业获得省级节水型企业；正导光电获得省级绿色企业；先登获得省级制造业与互联网融合示范试点；三星新材自动定位结构门体获得2017年度浙江省第二批优秀工业新产品一等奖；金洲管道多工位中频感应加热内衬PE复合钢管、东尼电子超硬脆材料切割用极细金刚石线、华莹电子北斗接收射频前段模块NDM9001、明天炉料再生防爆型快干型浇注料等产品获得2017年度浙江省第二批优秀工业新产品二等奖。

【重点项目扎实推进】 2017年，金属新材1亿元以上工业投资项目达34个。永兴特钢争取到国家技术改造专项中央预算内投资项目3300万元。其中金洲管道年产25万吨高品质ERW钢管和新型螺旋焊接钢管和新型螺旋焊接管项目生产线项目，总投资8.5亿元，固定资产投资8亿元，年内完成投资1.7亿元；诚杰金属制品年产744万套厨电核心关键部件项目，总投资6.1亿元，固定资产投资5.1亿元，年内完成投资2亿元；中兴电缆年产2000万米各类铝合金电缆项目，总投资5.1亿元，固定资产投资5亿元，年内完成投资1.3亿元；永兴特钢年产25万吨高品质不锈钢和特种合金棒线项目，总投资8亿元，固定资产投资6.1亿元，年内完成投资3.8亿元。

【行业发展重点和方向】 不锈钢棒、线材制造行业向“高端工艺、高端品质、高端产品”改造提升，着力开发耐热、耐蚀和高强度等高性能不锈钢棒材、线材。不锈钢及其他金属管材、型材行业向“特色市场、特种行业、特种产品”改造提升，鼓励发展应用于电站（包括核电）、石化、页岩气和医药等领域的特种不锈钢管道，开发舰艇、飞机、潜艇等高科技核心构件和军工用特殊钢材，发展可替代进口的不锈钢特种合金钢无缝钢管和焊接钢管。电磁线和特种电缆行业向“特种产品、特种领域、特色品质”改造提升，重点开发无公害电磁线、变频电机与仪器仪表专用特种电磁线、特种漆包铝圆（扁）线和耐压耐腐蚀电磁线等，发展低烟无卤环保电线电缆、核电电缆、海底电缆、轨道交通电缆和石油平台电缆及新能源电缆等。其他新型合金材料行业向“高新企业、高新产品、高新技术、特殊功能”改造提升，围绕航空、交通、电力和建筑等领域，大力发展新型铝合金材料、钛合金材料、铜合金材料等特殊功能材料。 （黄伟祺）

·现代纺织·

【概况】 2017年，全市规模以上纺织企业736家。其中纺织业完成主营业务收入增长4.15%，利税增长9.37%，利润增长14.89%；服装服饰业主营业务收入增长2.93%，利税下降14.7%，利润下降1.93%；化学纤维制造业主营业务收入增长31.14%，利润增长38.95%，利润增长68.28%。

【纺织业效益呈恢复性增长】 全市纺织行业在承接上年产品价格反弹的支撑下，效益呈现出恢复性增长态势，特别是涤纶长纤丝价继续呈现回升的格局，明显拉动了行业利润的增长。化学纤维制造业中的涤纶纤维制造利润增幅达60.34%。

【项目投资增添后劲】 2017年，全市纺织行业投资5000万元以上的在建项目31个，总投资115.91亿元，其中固定资产投资98.2亿元，年内完成投资51.78亿元，其中完成设备投资19.31亿元。已竣工项目11个。

【重点骨干企业稳中趋好】 2017年，现代纺织行业被列入市重点骨干企业有56家，比上年减少4家，占全市纺织规模以上企业7.61%，全年重点骨干企业中的纺织业完成主营业务收入145.24亿元，实现利润9.76亿元；服装服饰业完成主营业务收入18.84亿元，实现利润0.61亿元；化学纤维制造业完成主营业务收入242亿元，实现利润14.77亿元。重点企业引领行业作用明显。

【纺织行业出口呈回暖态势】 2017年，全市纺织业出口交货值同比增长8.45%。其中43家非家用纺织制成品制造增长27.8%，高于全市纺织业平均19.35个百分点。从细分行业看，非织造布、麻加工、麻纤维纺前加工和纺纱、化纤织造加工等产业的出口增长态势明显，出口交货值比上年同期分别增长67.53%、204.5%、43.56%和30.01%。

【企业不断培大育强】 经过多年引商提质和企业培育，涌现了桐昆、新凤鸣、华祥高纤、尤夫、美欣达印染、珍贝羊绒、米皇羊绒、帕罗羊绒等一批产品附加值高，市场占有率大的龙头企业。桐昆、新凤鸣、华祥高纤、尤夫已成为功能性纤维领域的领军企业。上市企业美欣达印染成为智能制造、绿色制造标杆企业，引领全市智能制造、绿色制造向前推进。珍贝羊绒、米皇羊绒、帕罗羊绒分别位于中国羊绒十大品牌前五。

【创新能力提升明显】 通过利用科技发展专项资金，引导企业加大研发投入，不断强化自主创新能力，以政府为主导、企业为主体、科研院所和大专院校为支撑的政企研合作体系不断完善，技术创新驱动产业发展模式正逐步形成。美欣达等15家企业被列入省级高新技术企业研发中心；尤夫等4家企业被列入省级企业研究院；金三发等33家企业被列入国家重点扶持的高新企业。

【园区建设成效明显】 吴兴区持续开展砂洗、印染、童装等细分行业整治提升，在倒逼传统纺织转型升级和淘汰落后产能的同时，高标准推进小微企业园区建设。截至2017年年底，已建设砂洗城（一期、二期）、童装产业园一期等小微企业园区，入驻童装设计、生产、砂洗等各类企业324家。在建童装产业园二期计划总投资8.6亿元，计划总用地165亩，建筑总面积15.2万平方米。（顾　晨）

·绿色家居产业·

【概况】 湖州绿色家居产业是湖州传统优势产业之一，产业链配套较为完善，拥有多个超100亿元产业集群，主要集中在南浔区木地板、德清县装饰建材以及安吉县椅业和竹业。久盛地板、世友木业、德华集团、恒林椅业、永艺家具和永裕竹业等行业龙头企业，在全国具有较高的知名度和较强的市场竞争力。2017年，湖州市制定出台《湖州市绿色家居产业发展三年行动计划（2017～2019年）》，提出2017～2019年的发展目标和发展重点；全市绿色家居产业331家规模以上企业实现工业增加值87.3亿元，占全市规模以上工业增加值总额的10.8%；成功引进世界500强圣戈班石膏建材（长兴）有限公司、总投资100亿元的万邦德集团投资的绿色智造新材料产业园等重大项目；创建国家级外贸转型升级示范基地2个、省级跨境电商产业集群1个。

【南浔木地板产业】 南浔区木地板产业集群主要集中在南浔区辖区内的南浔经济开发区、南浔镇、旧馆镇等三大区域，行业覆盖地板、家具、板材、木门、线条等各细分领域，并配套建有南浔国际建材城。2017年，南浔区114家木业规模以上企业实现产值140.96亿元，税收1.57亿元；南浔区开展木业行业环境污染专项整治行动，投入资金逾16亿元，全年通过环保整治验收592家，关停3222家，拆除1559家；木业行业被列入浙江省“机器换人”试点行业，久盛地板有限公司获评国家绿色工厂。南浔实木地板的产销量占全国的60%以上，地板产品已辐射全国30个省市、450余个县（区），基本形成“中国地板看浙江、浙江地板看南浔”的格局。

【安吉竹业】 截至2017年年底，安吉县竹产业企业总数达1200家；规模以上企业53家，2017年实现销售收入53.6亿元，同比增长5.4%，占全县规模以上企业销售收入总额的10%；1亿元以上企业达12家，产值5000万元以上企业41家，竹地板产量已占世界产量的60%以上。安吉县的立竹量、商品竹年产量、竹业年产值、竹制品年出口额、竹业经济综合实力五项指标在全国均名列前茅；并建成毛竹现代园区21个，总面积20余万亩；建立各类专业合作社80家，合作社经营面积近20万亩。安吉县竹工机械制造业占据80%的国内市场，并出口印度、越南、南非等10个国家。

【安吉椅业】 2017年，安吉县椅业企业总数达700家，全年销售收入达335亿元，其中规模以上企业154家，实现销售收入195.3亿元，占全县规模以上企业销售收入总额的36.4%，利税贡献值在全县主要行业中排名第一；1亿元以上企业达49家，拥有永艺股份、恒林椅业、中源家居3家上市公司，占全县主板上市企业的75%；安吉县是全国最大的办公椅生产基地，产量占国内市场1/3，出口量占全国1/2；被科技部火炬中心授予“高端功能座具特色产业基地”。9月，安吉县生产的金砖会晤领袖椅、双边会谈椅以及媒体区桌椅、设备等登上了金砖国家领导人厦门会晤舞台，共计800余套桌椅、设备，作为重中之重的金砖会晤领袖椅分别用于开幕式、圆桌会及双边会谈现场。

【装饰建材】 2017年，德清县93家规模以上装饰建材企业实现工业产值、销售、利税、利润分别为347.8亿元、322.2亿元、29.7亿元和22.4亿元；销售收入超5亿元企业9家，其中超10亿元企业6家，有上市企业3家。行业拥有中国驰名商标5个、省级名牌21个和浙江省著名商标19个；有国家认定的高新技术企业27家，有25家企业参与制修订上级标准，外观和实用新型等专利申请量在行业内位居前列。德华兔宝宝、升华云峰等企业品牌在全国具有广泛的影响力，技术研发能力、生产设备国内领先，处于世界领先地位。德清县注重延伸产业上下游，构建集群生态网络，行业逐步向个性化定制等服务型制造转变。（石　杨）

·电　力·

【概况】 2017年，湖州全社会用电量244.33亿千瓦时，同比增长9.96%，增幅居全省第二；其中工业用电182.16亿千瓦时，增长9.92%，增幅居全省第四；城乡居民生活用电28.12亿千瓦时，增长7.40%，增幅居全省第三。全社会最高用电负荷411.9万千瓦，同比增长4.79%。城网综合供电电压合格率达99.99%，城网供电可靠率达99.95%；农网综合供电电压合格率达99.98%，农网供电可靠率达99.84%。国网湖州供电公司深入贯彻省电力公司和市委、市政府的决策部署，坚持“行稳致远，奋楫争先”的工作思路，率先完成京杭运河湖州段绿色岸电建设，全国靠港船舶使用岸电现场推进会暨京杭运河岸电全覆盖启动仪式在湖州举行，交通部、国家能源局、国家电网公司在京杭大运河及沿海沿江推广湖州智能岸电模式，共同推进靠港船舶岸电使用；开展湖州市电动公交充电设施建设运营，在省电力公司系统开启混合所有制企业改革的先河；积极推进增量配电业务改革试点，增量配电放开稳妥有序；获评“全国电力行业QC小组活动优秀企业”；在湖州市创建全国文明城市工作中排名全市同类别考核单位第一名，获集体三等功，通过全国文明单位复评；在湖州市“12345”阳光热线评价中获服务型企业第一、全行业第二。

【电网建设】 2017年，完成电网建设投资13.94亿元，湖州各级电网统筹发展，取得长足进步。主网方面，投产项目14个，投产线路140公里，变电容量100万千伏安。

配网方面，新一轮城农网升级改造圆满收官，完成56个小城镇（中心村）电网升级改造任务，新增改造10千伏线路1960公里、400伏线路2680公里，新增配电容量64万千伏安。配合小城镇环境综合整治行动，完成33个乡镇（街道）的电力专项整治。抽调18名精干人员远赴西藏高原，在全省率先完成西藏那曲新一轮农网改造升级工程对口帮扶工作。截至2017年年底，全市有35千伏及以上变电所233座，总变电容量达1910万千伏安，35千伏及以上输电线路346条，总长度达5126公里。

【服务保障】 以市场为导向，优化供电服务体系，深化营配末端融合，Ⅰ、Ⅱ类园区供电所和园区供电服务部实现实体化运作。完成市、县渠道运营支持机构组建，设立供电服务指挥中心，启动“全能型”乡镇供电所建设，全面完成25个乡（镇）供电所低压营配业务整合。营配协同显著加强，“95598”供电抢修工单量同比下降37.15%，抢修到达时间缩短15分钟，故障平均修复时长减少17分钟。推行业扩工程装表、接电和送电“三同步”联合作业模式，压缩客户用电报装时间。应用电费管理新模式，稳步推广智能交费78.87万户，推进进度全省领先。开展走进“行风热线”、走访大客户和回访客户满意度等活动，供电服务品牌认可度进一步提升。稳步推进大用户直接交易，全市直购电用户扩大至3670户，全年完成交易电量70.34亿千瓦时，减少客户电费支出2.08亿元。

【生态＋电力】 出台《湖州市构建“生态＋电力”助推生态文明建设实施方案》。加快创建全国内河水运转型发展示范区，完成全省首个内河港口岸电专项规划，开展港口节能减排，改善港城生态环境，京杭大运河湖州段5个水上服务区率先实现岸电全覆盖，全年可减少燃油消耗520吨，减排硫氧化物25吨、氮氧化物14.7吨和颗粒污染物4.8吨，减少烟气量624万立方米。全省首家出台《家庭屋顶光伏接网技术规范》，促进光伏产业健康发展，全市新能源装机容量新增76万千瓦，累计133万千瓦；人均新增容量256.3瓦，居全省第一。推进电能对化石能源深度替代，实施“政府主导、企业主动、电网主推”的工作模式，针对湖州市产业集聚发展的特点，因地制宜开展行业性小锅炉“煤改电”“油改电”，形成吴兴区织里童装、安吉县竹制品等电能替代示范带，全市累计实施电能替代项目230个，增加清洁用能3.62亿千瓦时。完善充电网络建设运营，新建沪渝高速4座服务区充电站，累计建成高速公路充电站10个，实现湖州境内高速服务区充电网络全覆盖。 （刘承飞、蔡雪丹）

2017年湖州市全社会用电量按行政区域构成情况一览表

表2　　单位：万千瓦时

地　　区	全年用电量	构成（%）	比上年增长（%）
合　计	2443328.64	100	9.96
吴兴区	554885.99	23	12.30
南浔区	444123.54	18	8.54
长兴县	727693.71	30	6.60
德清县	403129.67	17	9.23
安吉县	292197.8	12	17.96

2017年湖州市全社会用电量按行业构成情况一览表

表3　　单位：万千瓦时

用电分类	用电量	构成（%）	比上年增长（%）
合　计	2443328.64	100	9.96
（一）农、林、牧、渔业	45391.17	2	1.86
（二）工业	1821629.96	75	9.92
（三）建筑业	32778.01	1	25.98
（四）交通运输、仓储、邮政业	25796.45	1	16.63
（五）信息传输、计算机服务和软件业	19831.82	1	7.86
（六）商业、住宿和餐饮业	106301.16	4	10.75
（七）金融、房地产、商务及居民服务	38901.57	1	24.56
（八）公共事业及管理组织	71459.95	3	10.79
（九）城乡居民生活用电	281238.55	12	7.40

服务业

·综　述·

【概况】 2017年，湖州市服务业发展工作以加快赶超、实现“两高”（高质量建设现代化生态型滨湖大城市、高水平全面建成小康社会）为总体目标，以开展“四新”（新标杆、新业绩、新形象、新征程）主题实践活动为契机，以“六重”（重大项目、重点工程、重大平台、重点产业、重大政策、重点要素）工作为主抓手，引项目、促产业，强载体、抓主体，服务业各领域全面推进，有效地推动全市经济结构加速优化升级。一是总体持续较快增长。全年全市服务业实现增加值1175.13亿元，同比增长10.0%，增速居全省第一；分别高于全市GDP增速（8.5%）和第二产业增速（7.8%）1.5个百分点和2.2个百分点；对GDP增长贡献率达53.3%，拉动GDP增长4.5个百分点。二是占比首次超第二产业。服务业增加值占GDP比重达47.5%，首次超过第二产业占比（47.4%）、高出工业占比（42.8%）4.7个百分点，第一、第二、第三产业结构比例进一步调整优化为5.1∶47.4∶47.5，湖州市首次形成“三二一”的产业结构体系。三是投资势头保持强劲。全市服务业完成投资突破千亿，达1003.06亿元，同比增长15.1%，增速居全省第二，高于全省平均（9.8%）5.3个百分点，分别高于全市固定资产投资增速（13.7%）和工业投资增速（12.2%）1.4个百分点和2.9个百分点；服务业投资占全市固定资产投资比重达57.9%，拉动全社会固定资产投资增长8.6个百分点，对投资增长贡献率达63%。四是发展平台集聚提升。全市12家省级现代服务业集聚示范区在全省（100家）综合考核中，有4家跻身全省20强（德清·长三角金融业公共后台服务基地、南浔古镇文化休闲旅游集聚区、湖州太湖旅游休闲集聚区、湖州南太湖科研设计服务集聚区，其中前2家列全省10强），创下湖州市在省级现代服务业集聚示范区考核中的最好成绩。全市12家省级现代服务业集聚示范区完成投资120.73亿元，实现营业收入547亿元，实现营业利润41.5亿元，上缴税收13.98亿元；累计入驻企、事业单位6813家，从业人员达47246人。五是税收贡献更加突出。服务业税收入库190.89亿元，同比增长16.68%，高于第二产业税收增速5.9个百分点；全市服务业税收占总税收比重达49.91%，比上年提高0.5个百分点，对税收收入增长的贡献率达60.02%；其中，信息传输、计算机服务和软件业、交通运输、仓储及邮政业、租赁和商务服务业的税收分别增长70.31%、50.7%、45.27%。服务业入库地税95.55亿元，占地税总收入的68.2%。

【服务行业创新提升】 紧扣湖州市休闲旅游、内河水运和绿色金融等获得国家级“金字招牌”的重点领域，借势借力、狠抓推进，同时在供应链物流、影视文化、软件信息和电子商务等方面都发展较快，“互联网+”“生态+”的模式在传统的商贸流通、市场交易等方面深入融合和提升。一是重点行业稳步发展。以推进国家级旅游业改革创新先行区、全域旅游示范区试点为契机，全年全市接待游客1.07亿人（次），同比增长20.5%；实现旅游总收入1104.95亿元、增长25.2%，成为湖州市第二个突破1000亿元产值的主导产业。商贸流通业保持快速、健康发展，实现增加值378.45亿元，增长8.2%；实现社会消费品零售总额1188.15亿元，增长11.2%；限额以上批发零售销售总额2203.72亿元，增长29.6%；限额以上住宿餐饮营业总额39.01亿元，增长20.9%。金融业运行稳中向好，实现增加值172.45亿元，增长10.6%，增速居全省第一；全市金融机构人民币存贷款余额达到3963.05亿元和3266.82亿元、分别增长14.0%和19.2%。物流业实现良好发展，交通运输、仓储和邮政业完成增加值101.52亿元，增长9.6%；公路、水路运输周转量分别增长18.2%和14.8%。全市软件和信息服务业不断发展壮大，实现增加值41.27亿元，增长27.9%；电信业务收入增长5.2%。房地产市场健康平稳发展，房地产业实现增加值147.78亿元，增长9.3%；商品房销售面积743.92万平方米、增长33.6%。二是新业态产业蓬勃发展。新技术、新产业、新业态和新模式的“四新”经济快速发展。重点围绕全国首个“内河水运转型发展示范区”创建工作，大力引导公水、公铁和河海等多式联运，集装箱河海联运初具规模，湖州港已开辟集装箱航线6条，货物吞吐能力达到1.31亿吨；全年内河集装箱吞吐量达35.36万标准箱，增长71.5%，吞吐量和增幅均居长三角同类型内河港第一，更是上海港、宁波—舟山港的喂给港。全市电子商务发展良好，实现网络零售额423.6亿元，增长37.5%；快递业务量和业务收入分别增长36.1%和25.8%。金融新业态培育发展成效明显，新增纳入金融集聚平台管理的金融新业态538家，累计1154家，管理资本2316.3亿元。地理信息经济发展迅速，德清地理信息产业园已成为全国领先、华东地区唯一的地理信息产业基地，2017年，该园区完成税收4亿元、增长62%。

【县（区）服务业特色纷呈】 县（区）服务业保持较快增长，吴兴区、安吉县产业结构均实现“三二一”格局，同时创出各自的特色和亮点：如德清县举办现代服务业高级研修班，组织全县服务业工作业务骨干，在复旦大学进行业务提升培训，提升了队伍综合素质；长三角金融业公共后台服务基地发展成效显著，在2016年度省级现代服务业集聚示范区综合评价中跃居全省第四、全市第一；洋家乐正式成为全国首个服务类生态原产地保护品牌；全面推进电子商务发展，欧诗漫集团入选“国家电子商务示范企业”；莫干山省级国际旅游度假区正式成立。长兴县项目建设成效明显，总投资200亿元的龙之梦乐园项目全面铺开，进展顺利；以打造长三角区域物流中心为目标，疏港公路、铁路货运南站搬迁扩建工程等一批配套项目有序推进，“铁公水”多式联运成效逐步显现；长兴县水口茶乡乡村旅游集聚示范区成为全省首个正式认定的省级乡村旅游产业集聚区。安吉县服务业增加值增长10.4%、占GDP比重提高1.7个百分点、服务业固定资产投资增长16.4%，该三项指标均在全市三县两区中排名第一；安吉县灵峰旅游度假区成功跻身第二批国家级旅游度假区，成为浙江省唯一上榜的度假区；“中南百草园”服务商标获中国驰名商标认证；中国物流浙江（安吉）现代物流园项目一期试运营。吴兴区狠抓省、市重点项目建设引进，全年列入省服务业重大项目16个、新认定市服务业“大好高”项目11个、市服务业重点项目“双百计划”31个，数量均居全市第一；35家服务业企业被评为2017年度市服务业优强企业，企业家数继续蝉联全市第一，创历史新高；以传统商贸、信息服务、文化创意等100余家服务业规模以上企业为重点对象，举办服务业发展专题培训会，做好产业发展引导和政策宣传。南浔区出台《关于精准支持服务业发展若干政策意见》，服务业发展环境不断优化；南浔古镇文化休闲旅游集聚区在全省综合评价中升至第9位；南浔国际建材城作为浙北地区规模最大、品种最多和交通最便捷的建材类市场，进一步强化提升集聚效益；湖州市南浔创业测绘与土地规划院股份有限公司成为南浔区首家“新三板”挂牌服务业企业。湖州经济技术开发区现代物流发展迅速，总投资近100亿元的南太湖铁公水综合物流园区加快推进，招引行业龙头企业项目入驻，其中唯品会华东运营总部、湖州西铁路物流中心、宝供物流和保税物流中心等均已陆续启动；四大物流平台（多式联运平台+电商贸易平台+跨境交易平台+信息服务平台）初具雏形；大力发展金融新业态，依托南太湖金融产业园平台，全力引进融资租赁、财富管理和产业基金等金融公司。太湖旅游度假区以国家级旅游度假区为载体，坚持把紧盯大企业、培植大产业作为主攻方向，努力打造旅游、健康、影视文化、绿色金融和蜜月婚庆五大主导产业；鑫远太湖国际健康城进展顺利，浙江鑫达医院一期工程主体结构成功结顶；利用废弃厂房改造的湖州影视城项目一期已建成开园，年内热播的《那年花开月正圆》等多部影视作品都在此处完成拍摄，为度假区集聚人气、扩大国内外影响力，二期梦上海正在快速推进中，已初具形象。

【重点工作成效明显】 一是统筹推进服务业工作。对照全市服务业年度推进计划，通过年初定目标、日常抓监测、月度强推进、季度重督促和年度抓考核等举措，顺利实现“开门红”“半年红”“秋季红”和“全年红”，服务业增加值增速均居全省前列。充分发挥市发改委（市服务业发展工作领导小组办公室）对全市面上服务业的综合协调统筹作用，联动市级多部门，逐季召开重点行业牵头部门研判会，不断营造比学赶超、合力推进服务业整体加速发展的良好氛围。借助报纸、电台、网络和微信等各种媒体渠道，多角度、全方位报道湖州市服务业的发展情况。二是培育企业做大做强。分类分层次做好各类服务业企业培大育强工作。7家企业入选省级服务业重点企业名单（两年评选一次）；浙北大厦集团和丝绸之路控股集团公司当选为2017年全省服务业百强企业；完善出台《2017年湖州市服务业优强企业评选办法》，131家企业被评为2017年度市服务业优强企业；围绕推动服务业小微企业做精做特、培育壮大工作，全年服务业小微企业完成“规模以下升规模以上”新增284家、净增161家；着力做好服务业领域标准化和服务质量等工作。三是“三进”行动成效明显。扎实开展服务业“三进”（进集聚区、进工地、进企业）专项行动，组织各县（区）和重点行业部门全年走访省级现代服务业集聚区、服务业项目工地和各类服务业企业，通过走访摸排，送政策、强协调和破难题，做好“优质店小二”。全年共走访集聚区、工地、企业合计达885个（家）；摸排到涉及政府职责的问题546个，协调解决率达95.7%，获得企业主、项目业主等的好评。在走访中将服务业相关扶持政策等结合起来，积极帮扶湖州喜来登酒店兼并重组等事宜。四是加快推进项目建设。以省服务业重大项目、市服务业“大好高”和“双百计划”三个项目单子为抓手，强势推进服务业重点项目加快建设。湖州市76个省服务业重大项目全年累计完成投资192.0亿元；新引进服务业“大好高”项目56个，其中首期固定资产投资10亿元以上的大项目12个；年内，新引进及结转的服务业“大好高”项目累计完成投资232.61亿元；145个市服务业重点项目“双百计划”完成投资293.07亿元。哈拉水乐园、浙北明州医院、华为湖州云计算数据中心一期等项目竣工投运，长兴龙之梦乐园、吴兴区妙西原乡小镇、唯品会华东运营总部、南太湖铁公水综合物流园区等一批服务业重大项目加快建设。五是积极向上争取资源。安吉、德清县2个首批省级服务业强县，在省考核评价中分别跻身Ⅲ类和Ⅱ类中的一档和三档，分别获得省级专项奖励资金450万元和300万元；德清地理信息产业园挤入全省100家省级现代服务业集聚区，使得湖州市拥有省级服务业集聚区12家，占比居全省前列；76个项目被列入省服务业重大项目计划，其中新增项目50个，新增数和项目总数均列全省第一；7个项目列入省级“互联网+”高效物流重大项目计划；争取到8281吨棉花、粮食等进口关税配额。（孙 瑗）

·商 贸·

【概况】 2017年，湖州市商贸流通工作紧紧围绕省商务厅工作要点，以深化供给侧结构性改革为主线，致力于“扩消费、抓行动、重创新、建体系、育主体、强监管”六个方面工作，有力地促进全市商贸流通业绿色健康发展，全市商贸流通业总体保持了良好的发展势头。2017年，实现社会消费品零售总额1188.2亿元，同比增长11.2%，增速列全省第三；其中，限额以上社会消费品零售总额379.1亿元，增长14.5%，增速列全省第二。全市实现商贸业增加值378.45亿元，增长8.2%，占GDP、服务业比重分别为15.3%和32.2%，对GDP的贡献率为15.5%，对服务业贡献率为29%；其中批发和零售业增加值292.9亿元、住宿和餐饮业增加值85.55亿元，同比分别增长8.4%和7.2%。全年实现网络零售额423.6亿元，占全省比重3.2%，增长37.5%，增速列全省第四；实现居民网络消费额284.1亿元，占全省比重4.2%，增长33.8%，增速列全省第一，实现顺差139.6亿元。2017年，全市编报实施类商贸建设项目66项，完成投资187.30亿元，完成年度投资计划的171.16%。

【创新做好消费促进工作】 一是推进商旅文体互动发展。充分利用“中国乡村旅游第一市”品牌，联合市旅游、文化、体育和农业等部门策划举办“浪漫婚庆季”“房车节”“钓鱼节”“森林音乐会”“湖羊文化节”等一系列集旅游、购物和娱乐为一体的互动体验类活动，吸引大批游客，推动全市餐饮住宿快速增长，限额以上营业额同比增长20.3%。积极开展“消费促进月”和“金秋购物节”促消费活动，会同市广电传媒等部门举办汽车展、家博会和年货节等品牌会展，全年举办各类节会活动40余场次，努力营造消费氛围，丰富城乡居民消费载体。推进湖州市场援疆工程，开设网点，销售1500万元。二是推进线上线下融合发展。以省级“老字号”创新发展模式试点为抓手，推进“老字号”企业入驻各类平台“老字号”专区，开拓线上业务。指导餐饮、住宿企业紧跟形势，利用美团、携程等第三方平台拓展延伸，提高销售额。以老娘舅为例，全年线上销售额达总销售额的38%。三是推进新兴消费方式发展。积极发展进口商品消费，浙北购物中心、银泰城、红星美凯龙和星火百货等大型商场先后开设进口商品专区，提升消费品质。大力发展信息消费，依托智慧城市建设，完善信息基础设施建设，推动公共区域Wi-Fi建设并免费开放，普及移动支付、智慧家庭和智慧交通的应用推广，提升市民生活消费的便利程度。大力促进健康消费，围绕湖州市发展生态养生和户外运动产业发展定位，打造一批综合性健康旅游休闲养生基地。推进生活方式绿色化，打造绿色商场、绿色商品和绿色消费。四是推进国内国际市场发展。大力开拓国内、国外两个市场，全年共组织全市“老字号”企业、食品企业和农产品企业等70余家次企业参加浙江名品展、宁波食博会、成都国际家具工业展览会等6场大型展会。首次组织老恒和、诸老大等以“老字号”为主的重点企业作为独立展团参加2017香港美食博览会。跨境电商产业集群化发展、海外仓建设和产业园平台建设加快推进，实现跨境网络零售出口2亿元，同比增长44.9%。

【加快推进“电商换市”工程】 积极开展电商应用普及、农村电商增效、跨境电商突破、服务业电商创新和公共服务体系提升的五大行动，深入推进“电商换市”工程。一是积极推进电商应用普及行动。深入贯彻落实《湖州市全面推进生产企业利用电子商务开拓市场的实施方案》和《湖州市推进专业市场电子商务发展的实施方案》，截至2017年年底，全市已推动2000家规模以上工业企业和80%的专业市场实现了电子商务应用，其中2017年新增700家规模以上工业企业和10家专业市场；新开发上线9个电子商务平台，累计达69个。二是积极推进农村电商增效行动。认真贯彻落实《湖州市农村电子商务工作实施方案》，打造10个“一乡一品”示范乡（镇），培育43个省级电子商务专业村、20个淘宝村，其中2017年分别新增了13个和8个。新建202个农村电子商务服务站，累计超1300个，基本实现全覆盖。三是积极推进跨境电商突破行动。加快推动吴兴区纺织服装（童装）产业、安吉县绿色家居产业省级跨境电商产业集群发展试点；德清县、安吉县4家企业获批开展省级海外仓建设试点；浙江省跨境电子商务产业园（安吉上港园区）探索实现“水水中转”（FOB安吉港）跨境电商模式；长兴县南太湖电商总部大楼（跨境电商产业园一期）顺利开园，已吸引30家企业入驻。四是积极推进服务业电商创新行动。实施“电商便民一网通”工程，完成市政协电子商务服务业发展重点提案。推动全市40%左右的本地服务行业商家开展网络营销，10万家商户实现无现金收银；2017年，新建110个社区智能投递终端，累计建成584个；加快“96345”等本地生活性服务O2O平台的建设。五是积极推进公共服务体系提升行动。在市级部门中率先试点电子商务有关政府职能向社会组织委托转移；在全省率先开展电子商务产业基地等级评定工作；实施电子商务培训“万千”计划，2017年，完成电商普及培训2.1万人次；统一组团参展“义博会”“电博会”等活动；举办“湖州市首届电子商务创业创新大赛”，其中推荐参加省赛的“得威电商”获得全省一等奖；积极开展“品质浙货上天猫招商会”、亚马逊“全球开店”等资源对接活动。

【着力打造商贸新特色】 一是开展乡（镇）商贸提升工程。积极实施“乡镇商贸振兴工程”，在全市范围内选择5个建制乡（镇）先行试点推进，重点围绕打造一条示范街、推进一批商贸项目、配备一个农贸市场和构建一套服务机制的“四个一”目标，构建乡（镇）安全便利消费服务网络，有效促进农民增效、消费扩大、产业发展和城镇化水平提升，进一步推进城乡融合发展。指导安吉县昌硕街道省级现代商贸特色镇试点建设。二是开展智慧商圈试点工作。围绕基础设施智慧化、商业发展智慧化和商圈交通智慧化、公共服务智慧化、物流配套智慧化和商圈管理智慧化6个重点，推进吴兴区爱山商圈的省级智慧商圈试点工作，着力培育太湖度假区滨湖商圈、长兴县海洋城智慧商圈、德清县余英坊商圈和安吉县九州昌硕广场4个市级智慧商圈，不断增强商圈服务功能和现代化水平。三是开展流通综合改革工作。湖州市本级、德清县被列入省级批发零售业改造提升试点名单。长兴县围绕深化流通体制机制改革、完善商贸规划执行保障机制、加快公益性流通基础设施建设和培育新型商贸业态等方面内容，创新思路，狠抓落实，取得新突破；建立东鱼坊商文结合、龙之梦商旅结合和新农都农产品三级流通等新模式，推动流通业发展上规模、提水平。四是开展楼宇经济促进工程。对湖州市中心城市单幢建筑面积0.5万平方米以上的商务楼宇、商业楼宇、科研楼宇和总建筑面积在5万平方米以上的城市综合体共62幢进行专题调研，完成《湖州市中心城市楼宇经济发展现状及对策研究》调研报告，初步掌握中心城市楼宇资源、发展规模和产业特色等现状，并对湖州市楼宇经济加快发展提出对策和建议。

【推进商贸流通绿色发展】 一是构建“两网融合”体系。加快推进再生资源回收利用与生活垃圾分类处置“两网”融合，市政府出台《关于加快推进湖州市再生资源回收利用体系建设的实施意见》，提出“四二一”行动计划，浙江美欣达集团先行先试，在吴兴区选择骏明国际社区、浙北大厦和江南车城等不同消费场所，采取废弃物合同管理、智能回收等形式进行试点。同时，配套建设分拣中心、产业园等项目，并加强产业对接，通过专家团队研发破布条再利用。二是构建城市共同配送体系。继续深化城市共同配送体系建设，由湖州长运汽车运输有限公司、浙江愚公生态农业发展有限公司、浙江福晔物流科技有限公司和湖州鲜绿多农产品有限公司4家企业为共同配送主体，建成末端配送网点700个，配送产品涉及生鲜农产品、医药、家电和城市快速消费品等，试点企业集中配送率超90%，共同配送网点数增加10%以上。开展城市共同配送标准化建设调查摸底工作，进一步完善共同配送信息平台和标准化建设。三是构建公益性农产品市场体系。农产品市场体系建设不断完善，拥有浙北农副产品交易中心和浙江新农都长兴农副产品批发市场在内的各类农副、农贸市场100余家，“菜篮子”平价商店6家，社区“菜篮子”微市场14家。以省级农产品市场体系公益性建设试点为示范，深入实施“农商互联”“产销对接”，着力培育一批农产品流通龙头企业和生产基地。在全市范围选择首批10家农贸（农批）市场实施“智慧菜场”建设，2020年年底全面实现“智慧菜场”建设。浙北新农批市场已启动建设。四是构建预警监测和应急保供体系。建立完善突发公共事件物资能源及粮食、猪肉、蔬菜和成品油“1+4”应急预案体系和灾害性天气等突发事件市场保供应急保障机制。建立完善30家应急骨干企业和90个应急供应网点组成的生活必需品应急供应网络，进一步提升湖州市生活必需品应急保供能力。全面落实生猪活体3.8万头（市本级2.8万头）、冻猪肉140吨应急储备任务。加强“八大商圈”和黄金周消费市场定点监测，密切关注市场动态，强化商务运行及市场走势的分析研判。

【加快推进商业转型升级】 一是抓好重大项目建设。建立完善商贸业重大项目动态库和项目联系服务推进机制，中心农贸市场重建工程、鑫远邻里商业中心和湖州鲜绿多“菜篮子”工程宅配等民生项目稳步推进；太湖龙之梦乐园、德清古婚俗文化街和长兴历史文化街区等商旅文互动项目加快建设；湖州织里星火百货大楼、南浔东方财富中心和德清新市银河城市广场等项目助力乡（镇）贸新提升。全市66项重点商贸项目完成投资191.65亿元。二是抓好龙头企业培育。积极培大育强商贸企业，年内，获得省级重点流通企业2家、省级商贸流通诚信示范企业3家，建成浙江商品国际采购中心1家；培育市服务业优强企业45家、市级农产品流通龙头企业30家，建成市级城市共同配送示范企业4家；新增住宿餐饮企业“限下”转“限上”200家。大力扶持商贸企业发展，2017年，发放各类商贸扶持资金520万元。三是抓好商贸品牌培育。大力推进商贸品牌建设，举办“湖州名宴”和“长兴味道”创新风味菜展示评选活动，打造特色美食品牌，培育湖城餐饮消费新亮点。提升“老字号”的市场影响力，开展首批“湖州老字号”认定评选工作，认定首批39家“湖州老字号”，并以此为契机，开展湖州“老字号”企业调研，加大对湖州“老字号”企业的宣传力度。有序推进2017年“浙江名品进名店”试点项目，星火百货、浙北超市等4家湖州本土商贸企业共引进浙江名品56个，完成试点目标的112%。四是抓好特色街区建设。加快特色街区建设，改造提升中心城区以衣裳街、爱山广场商业街区、小西街、状元街和渔人码头为主的一批商业特色街区，加强智慧网络等基础设施建设布局，挖掘突显街区个性特色，强化差异化运营，进一步提升商业特色街区的消费集聚度和商旅文融合度。完成大学城美食街建设工程，按照业态提升、品牌培育和城市名片要求，真正打造“月光经济”。

【精细管理规范有序】 一是加强行业规范管理。组织开展典当、融资租赁等行业风险排查防范，促进二手车流通管理与备案、报废车回收拆解现场管理。全面推行“双随机一公开”抽查监管工作，对“成品油市场管理”“单用途商业预付卡管理”“商业特许经营管理”“典当管理”和“拍卖管理”等事项实施检查。严格执行成品油经营资格初审，强化依法行政，规范管理，保障行业健康有序发展。二是加强诚信商务建设。继续做好全市打击侵犯知识产权和制售假冒伪劣商品工作，各部门协同配合，推动“双打”工作制度化、规范化和常态化。开展诚信示范企业创建工作，全年共组织湖州丁莲芳食品有限公司等8家企业参加浙江省商贸流通业诚信示范企业创建工作，德清县莫干山大酒店等7家企业参加复评；结合全国文明城市创建工作，深入企业宣传“诚信兴商”理念，全年共制作8000份文明餐桌牌(贴)，4000份诚信宣传海报。加强单用途商业预付卡监管，年内共受理各类预付卡类投诉84件，办结84起。三是加强安全生产监管。强化行业安全生产监管工作机制，认真履行“一岗双责”，完善网格化管理，制订《2017年全市商务领域安全生产“月月抓”活动实施方案》，形成安全生产常态化监督管理机制。与所属企业签订安全生产目标管理责任书。抓常抓细，抓好隐患排查治理工作。举办安全生产专题培训3次，累计培训300余人次，确保整个系统安全无事故发生。四是加强行业协会建设。指导美容美发协会、婚庆协会做好协会成立相关筹备工作，联合家政服务业协会举办“蓝海杯”湖州市首届家政服务技能大赛，推动家政服务技能水平的不断提高；指导市餐饮商会、“老字号”协会等加强行业自律，提高行业整体水平。

（吴夏平）

·供　销·

【概况】 2017年，湖州市供销社围绕加快赶超发展，实现“两高”目标，推进体制机制创新，突出“三位一体”（将农民合作经济组织和各类为农服务组织联合起来，建立具有生产、供销和信用“三位一体”服务功能的农民合作经济组织体系）农合联体系建设，强化为农服务，培育经济新动能，壮大社有经济实力，强化责任担当，提升素质能力，为党和政府做好“三农”工作发挥重要作用。

【推进体制机制创新】 一是进一步完善机制体制。在全省率先完成市、县、乡三级“三位一体”农民合作经济组织联合会（以下简称“农合联”）组织架构，发展会员4293个，其中农民合作经济组织会员2802个；率先出台机构调整新的“三定方案”，市、县（区）供销社承接“农合联”执委会职能，内设机构调整到位，使“农合联”与供销社有机融合，完成民政注册登记，确保“农合联”按“非营利性社会组织”的属性运转；率先出台乡（镇）“农合联”规范化建设和特色产业农合联标准化建设2个指导意见；率先成立农民合作基金会；率先下发《2017年县（区）“三位一体”改革“农合联”建设工作考核评分办法》，发挥指挥棒作用，重点推进“三位一体”改革的决策部署。二是“两大平台”有实质性进展。《湖州市“农合联”农民合作基金使用管理办法》和市“农合联”资产经营公司组建方案经市深化改革领导小组研究通过后，市“农合联”农民合作基金初始基金为3000万元，各县（区）为1000万元，市“农合联”资产经营公司注册资金1亿元，引导涉农企业合作发展，重点投资参与现代农业发展项目、参与构建全市农产品营销体系、城乡商贸流通体系、建设专业大型农批市场、发展农产品深加工和提供农业综合服务等，服务全市农业发展。经过深入调研，建立可以参与或论证后直接投资的库项目10个。安吉县“农合联”资产经营公司承建笔架山现代化综合型生态循环农业园区项目，投资2亿元，规划面积150平方公里；德清县“农合联”资产经营公司搭建区域农机服务平台已经开始服务；长兴县“农合联”资产经营公司投资成立四合茶叶合作社；吴兴区“农合联”资产经营公司投资组建两山合作社联合社，集合区域优质农产品的直销体验中心已开业；南浔“农合联”资产经营公司农村电商项目和鱼产业等项目已实施运作。三是培育一批典型。全市“农合联”积极培育典型，为全省“农合联”建设提供样板。安吉两山农林专业合作社以信用为切入点，为农民合作经济组织提供“三位一体”的服务，得到财政部、农业部的肯定，得到省委书记车俊、省长袁家军的批示肯定，《中华合作时报》在头版头条进行大篇幅报道。长兴县“农合联”在创办全省首家特色产业“农合联”——长兴巨丰葡萄产业“农合联”后，又组建长兴县芦笋产业“农合联”和长兴县大闸蟹产业“农合联”，得到省委原副书记王辉忠和副省长孙景淼的肯定。两个典型在全市复制推广，各县（区）结合各自产业优势，新建2家以上特色产业“农合联”，德清县4个特色产业“农合联”已组建，两山农林合作社已在吴兴区落地生根。吴兴区“农合联”推动农业社会化服务，尹家圩农机植保专业合作社作为全国培育新型农业主体现场会参观点，国务院副总理汪洋在视察时得到肯定，成为全国的样板。钱山下粮油基地被作为全省供销社系统农业社会化服务现场会的考察点。德清县“农合联”积极参与农业供给侧改革试点工作，组建农机服务平台，覆盖全县种粮大户，逐步向市内和省外发展。南浔区“农合联”做好城乡供销服务，与阿里巴巴合作，已建设农村淘宝服务站100余个，服务农产品购销。

【完善“三位一体”综合服务】 一是生产服务全领域。传统农资供应充足，全年供应化肥11万吨、农药8000吨和农膜2300吨。已建成现代农业综合服务中心10家，新建庄稼医院51家，农民专业合作社总数达324家，入社社员1.8万户，带动农户11.5万余户，种养殖面积27000公顷；开展配方施肥、统防统治和农机作业等各类社会化服务8000公顷；组织开展农产品质量安全与检测、电商等培训58期、2300人（次），为会员开展“气象直通车”服务，推进农产品气候品质认证和农业气象指数保险。二是供销服务大网络。大力推进“新网工程”，做强农资保障、生活日用品供应、医药零售、成品油经营、农产品购销和废旧物资回收供销“六张网”，新建连锁网点47个，总数达2453个。德清县、安吉县、吴兴区、南浔区“农合联”建成农药废弃包装物回收网点132家，年回收200余吨，回收率达80%以上，无害化处置率达100%。组织农产品对外展示展销活动8场（次），其中市“农合联”组织“两送一推销”下乡服务，为吴兴区912户低保贫困农户赠送9万余元的农资商品。三是信用服务多渠道。市农信担保公司成为湖州市现代农业发展政府性融资平台，为涉农经营主体服务。各县（区）“农合联”与农商银行签订战略合作协议，已为1136家“农合联”会员提供授信8.7亿元。长兴县“农合联”进一步完善“合力贷”资金互助模式和“农产品价格指数”、农业设施保险等互助保险。安吉县两山农林专业合作社联合社自成立以来办理的担保业务达215笔、共涉资金1.7亿元，为200余家联合社社员提供短融及资金互助业务7亿元。

【社有经济平稳发展】 全年全市供销社实现销售233亿元，实现利润2.2亿元，上缴税收2.2亿元，所有者权益达25.6亿元。市供销社本级销售83.7亿元，实现利润1.6亿元。一是项目建设快速推进。建设项目顺利实施，为社有经济新的增长点打下良好基础。全年全市供销社计划建设项目21个，计划总投资40亿元，已开工项目20个，当年完成投资10亿元。美信佳集团中维药业研发大楼、吴兴区织里童装仓储物流中心，南浔区农村电商产业园、供销石油加油站等项目抓紧建设。德清县新银河城市广场、梦里水乡，长兴县新农都农批市场、永康五金城等1亿元以上项目进展顺利。浙北大厦创新传统零售营销模式，按照供给多元化的需求，打造“跨界混搭+线上线下融合”的商业综合体，湖州、安吉、长兴、南浔等地浙北大厦购物中心（广场）改建完成，长兴东鱼坊主题百货店和长兴和平超市项目顺利开业。二是业态培育显著增强。重点打造现代商业零售，加大联合合作和向外向基层延伸力度，浙北大厦集团立足百货、酒店、超市和家电四大板块发展新理念新思路，6个1000万元项目达产，酒店、超市等其他合作项目顺利实施，占据全市商业主渠道，巩固浙北大厦湖州零售旗舰作用，连续第13年获得中国服务业企业500强。发展医药制造业；大力支持社有企业发展生物制药，美信佳集团中维药业完成工业级纤维素销量4600吨，药辅销量1000吨，年产值1.5亿元，集团全年完成销售16亿元，上缴税收5000万元。浙江爱诺药业生物制药板块产值1亿元，比上年翻一番。2家企业上年完成上市后在资本市场实现新的突破，吸收新的资金进入；拓展石化零售业，与中石化、中石油和中化3家央企合作，拓点建站，逐步形成规模，系统内3家石油企业已建成加油站32座，2.8万立方米和1.4万立方米油库2座。全年汽柴油供应12万吨，实现销售8亿元；推动农产品电子商务，加快电子商务发展，重点在农产品购销上提升服务水平，全系统农产品电商销售突破1亿元。其中，南浔区供销社新组建电商公司，新发展农村电子商务服务点50余个；德清县新增村淘点12家，实际运营村淘点达109家，服务村民18.6万人（次），服务金额2600余万元；安吉县安吉馆、安吉购和美丽E家3个电商平台实现销售额2000万元。三是服务企业培大育强。在加强调研的基础上，制定出台《湖州市供销合作社培育经济新动能行动方案》，配套出台《湖州市供销合作社全资控股和参股企业监督管理办法》《湖州市供销合作社重大项目投资决策管理办法》《湖州市供销合作社对外借款担保管理办法》《湖州市供销合作社联系服务社有企业办法》，健全完善现代企业制度，强化监督管理。全力服务企业发展，帮助企业理清发展思路，制定发展规划，一企一策。指导和帮助企业争取政策，破解融资难、用地难、人才难等难题。着力推进项目建设，协助企业落实土地、规划、环保和资金等各种实施要素，促进项目早建成、早达产和早见效。年内，市本级1亿元以上企业9个，全系统省级以上龙头企业、商号达27个，省级以上著名商标、名牌达18个。 （邰宝春）

·烟　草·

【概况】 2017年，湖州市烟草专卖局认真贯彻落实国家烟草专卖局、省烟草专卖局和市委、市政府决策部署，抓好年度各项工作目标任务的落实，继续保持“稳中有进、稳中提质、稳中有为”的良好发展态势。2017年，湖州市烟草专卖局不为环境变化所惑，保持战略定力，尊重市场规律与行业发展规律，经济运行质量与效益、企业管理水平与内在能力实现“稳中有进”。全市实现批发销售卷烟13.41万箱；实现税利18.13亿元。查处各类涉烟案件1308起；查获各类非法卷烟12.84万条。

【经济运行实现逆势增长】 坚持“稍紧平衡、均衡销售”，全市烟草系统牢固树立“全局一盘棋”思想，聚焦销量、税利等核心指标，主动调整状态、提振信心和全员营销，主要经济指标高于全省平均水平。在品牌供给上，实施引进和出清并举，充分尊重客户和市场选择，零售户盈利率提升至9.2%，盈利水平不断提升。在需求把握上，合理把控节奏，着力优化供给，有选择的开展分县（区）投放、大数据选点投放和分价位段投放，运行调控向稳处发力。探索旅游、商务、婚庆市场消费定制，卷烟定制礼盒上市销售。2017年，全市完成卷烟批发销量13.41万箱，增长0.34%，增幅列全省第三；实现销售额63.27亿元，增长6.05%，增幅列全省第一；实现单箱销售额4.72万元，列全省第二，增长5.69%；实现税利18.13亿元，增长8.12%，主要经济指标保持在合理区间，连续3年获得全省卷烟营销特别贡献奖。

【外打内管实现提质增效】 坚持以卡口治理和对标管理为突破口，多领域打假打私，多手段强化监管，多部门协作发力。年内，部署开展“利剑二号”和“百日会战”专项行动，在打假打私和真烟治理领域不断发力、频频亮剑，从关键区域、关键节点上提高非法流通卷烟的治理效果，全力守卫主渠道市场空间。2017年，查获各类涉烟违法案件1308起；查获各类涉案卷烟12.84万条，查获卷烟总量同比上升8%；查获涉案卷烟案值2802万元；5万元以上案件137起；破获国标网络案件5起，其中部督案件

1起，厅督案件1起。抓获违法犯罪嫌疑人数与刑事拘留人数远超历年水平，1起案件被央视等新闻媒体报道。修订合理布局规定、制定勘验标准规范和实现办证中心进驻，办证期限缩短7个工作日，网上办证率达42%，实现从“最多跑一次”向“跑零次”升级。严格把控重点领域的法律风险，判定风险等级，梳理风险清单，实现法律风险防控由“事后型”向“全程型”转变。

【一体化管理实现固本强基】 主动对接全省“重点项目”找准转型跑道，精益管理效益逐步显现。全面落实全省物流资源一体化管控、整合方案，分流物流人员35名，精减送货线路4条，“两周一送”客户比例达27.8%，单车平均配送量和车辆装载率得到同步提升。开展车辆油耗和维修费用定额管理试点工作，人均配送效率同比上升26.51%；新物流中心易地技改项目调试运行。积极跟进分层分类对标，8项指标优于先进水平，14项指标优于平均水平。优化“四位一体”目标设置，实施全市基层部门一体化考评机制，探索改进机关部门员工绩效考核，目标绩效管理体系更趋完善。严格落实“三个保障机制”（即“应招尽招”保障机制、“真招实招”保障机制、“办事公开民主管理同业务工作深度融合”保障机制）和“三关三审”（即初审关、复审关、终审关），强化市烟草专卖局（公司）归口部门对全市项目的把控审核，落实定点供应商考评进退机制，合理扩大电商采购品类，实现公开招标率达93.71%，累计节约金额243万元。加强制度管理规范和后续监督，强化制度“立改废”的流程管理，制定制度9项，废止制度33项。配送中心QC成果实现全市系统专利零的突破。

（姚旭东）

·旅　游·

【概况】 2017年，湖州旅游以国家全域旅游示范区创建和国家级旅游业改革创新先行区建设为主线，以“六重”（重大项目、重点工程、重大平台、重点产业、重大政策、重点要素）、“四新”（新标杆、新业绩、新形象、新征程）为抓手，聚焦“两高”（高质量建设现代化生态型滨湖大城市、高水平全面建成小康社会）、实现赶超，在旅游体制、平台建设、产业融合、乡村旅游、市场推广、服务体系、行业监管和旅游队伍“八个方面”实现了新突破。2017年，全市共接待游客1.07亿人（次），同比增长20.50%；实现旅游总收入1104.95亿元，增长25.2%，成为全市第二个突破1000亿产值的主导产业。

【旅游体制实现新突破】 把抓体制机制改革创新作为旅游发展的“灵魂”。抓领导体制改革。进一步完善以市主要领导为组长的旅游发展领导小组和市旅游部际联席会议制度为重点的领导体制；抓管理体制改革。在实现市、县旅游体制全覆盖的基础上，旅游管理体制改革不断深入，经省编办批复，湖州市旅游局委员会更名为湖州市旅游发展委员会，为全省第一个，在市农办、规划、交通的基础上增设公安为兼职副主任，吴兴区撤并交通局成立旅游发展委员会，从而进一步健全“统筹规划、统筹产业、统筹管理、统筹考核、统筹营销”的“五统筹”大旅委体制；抓执法体制改革。在全省率先建立“1+3+N”（综合执法+旅游警察+市场监管旅游分局+旅游巡回法庭+N）旅游综合执法体制，全市17个AAAA级以上旅游景区和6个省级以上旅游度假区设立20家警务室、21家旅游维权消费中心和21家旅游巡回审判点（庭），覆盖率分别达87%，92%，92%，实现“1+3+N”旅游综合执法体制全覆盖。旅游综合执法工作得到省、市领导肯定，省高级人民法院院长陈国猛批示“要将莫干山旅游巡回法庭建设成为全省‘样板’”，市委书记陈伟俊作出全力打造“样板”的重要批示，旅游体制改革走在全国前列，改革经验多次在《中国旅游报》报道推广。

【平台建设实现新突破】 规划体系不断完善，全面深化多规合一，以《湖州市旅游业发展总体规划》《湖州市休闲旅游业发展“十三五”规划》2个总体规划为引领，编制和修编《湖州市旅游交通体系专项规划》《湖州市旅游产业用地专项规划》《湖州市乡村旅游发展规划》《湖州市城市旅游发展专项规划》《湖州市旅游公共服务体系产业发展专项规划》《湖州市滨湖旅游产业发展规划》《湖州市乡村旅游集聚示范区产业发展专项规划》7个产业规划，完成《湖州市全域旅游规划》编制，“2+8”旅游发展规划体系全面形成；项目推进不断加快，全面落实全市旅游项目推进“领导联系、季度例会、专题会商、督查通报、专项考核、项目预评估”六项制度，德清、安吉县旅游项目预评估制度逐步深化，全市有旅游在建重点项目105个，其中省重点建设项目30个，省服务业重大项目22个，省扩大有效投资“411”重大项目19个，市重点建设实施类项目41个，市服务业“双百”（100个以上项目、项目当年投资超100亿元）项目45个，总投资1199.24亿元，年度计划投资100亿元，实际完成投资200亿。其中原乡小镇、九祺国际骑行营、芝麻谷艺术酒店、湖州影视城、哈拉水乐园和港中旅（安吉）灵峰旅游综合体等一批旅游重点项目竣工运营，湖州国际乡村旅游度假精品示范区、江南瑶坞、江南影视城、百亩漾花间堂精品度假酒店和云上草原旅游度假区等一批旅游重点项目开工建设，开元森泊下渚湖度假乐园、长兴龙之梦、阿鲁阿家乡土乐园、丝绸创意文化村、智慧谷庄园和长颈鹿庄园等一批旅游重点项目加快推进，进一步丰富全市旅游产业体系。总投资200亿元的太湖龙之梦项目2017年计划投资62.5亿元，实际投资65亿元。举办全市重大旅游项目洽谈会，洽谈会集中签约12个重大旅游项目，总投资额达102亿元，吴兴区投资100亿元的江南影视城项目和50亿元的海亮国际康养小镇项目先后签约；平台建设不断优化，安吉灵峰旅游度假区创建为国家级旅游度假区，一个设区市拥有2个国家级旅游度假区，为全国同类设区市唯一；安吉浪漫山川旅游度假区创建省级旅游度假区已通过省旅游局资源评估；吴兴原乡小镇、安吉天使小镇和吴兴移沿山景区创建为国家AAAA级旅游景区，安吉两山景区、安吉翠谷石浪景区、德清莫干山庾村景区、南浔湖笔小镇、太湖演艺小镇5家单位创建国家AAAA级旅游景区已通过资源评估；长兴水口茶乡乡村旅游集聚示范区成为浙江省首个认定的省级乡村旅游产业集聚区，也是全省唯一；长兴太湖演艺小镇列入第三批省级旅游类特色小镇创建名单，吴兴原乡蝴蝶小镇列入第二批省级旅游类特色小镇培育名单，南浔古镇、莫干山镇等12个乡（镇）列入省级旅游风情小镇创建名单；德清二都村、长兴顾渚村景区等35家单位成功创建国家AAA级旅游景区。

【产业融合实现新突破】 产业体系不断完善，出台《湖州市“十三五”旅游产业融合发展行动纲要》和《湖州市休闲旅游产业发展推进实施方案》，形成以乡村旅游、滨湖旅游两大引领产业，生态旅游等十大重点产业和健康养生等十大新兴产业为主体的大旅游产业体系；产业融合不断加快。加快“旅游+”“+旅游”步伐，推动旅游元素融入各行业、各领域，不断加大旅游与农业、文化、体育、工业等产业的融合力度，延长产业链。德清欧诗漫集团等5家公司创建为省级工业旅游示范基地，安吉县山川乡大里村创建为省级老年养生旅游示范基地，吴兴钱山漾（世界丝绸之源）文化交流中心等4家创建为省级文化旅游示范基地，长兴顾渚大唐贡茶院等3家单位创建为省级中医药文化养生旅游示范基地；年内，全市营业额达到1000万元以上旅游企业有80家，利税100万元以上旅游企业有35家，新创1家五星级旅游饭店、1家金鼎级省级特色主题酒店。全市已有旅游商标193件，逐渐形成一批品牌旅游企业，已列入国家AAAAA景区培育名单的安吉中南百草原游客量连续6年突破100万人（次），成为全省首个旅游景区驰名商标，天下湖品成为全省首个统一旅游商品商标和品牌，旅游主体的品牌意识和旅游发展的主体意识全面增强。

【乡村旅游实现新突破】 加快示范引领。推动全市创建全国休闲农业与乡村旅游示范市，推动安吉中南百草原创建国家生态旅游示范区，长兴县水口乡顾渚村、安吉县天荒坪镇余村、南浔区和孚镇荻港村、德清县阜溪街道五四村、吴兴区妙西镇妙山村等12个村创建省级休闲旅游示范村，湖州南浔世友生态农业发展有限公司等4家单位创建为省休闲农业与乡村旅游示范点。出台《湖州市人民政府关于印发〈湖州市关于全面推进民宿规范提升发展的实施意见〉》，全面部署“六个一”民宿提升任务，进一步加强全市民宿业规范化管理，促进民宿产业转型提升；继续深入实施全市乡村旅游集聚示范区、示范村、示范农家、示范农庄和乡村民宿五大认定标准，年内全市有1200家乡村民宿已实现规范办证；与省标准化研究院共同编写《乡村旅游集聚示范区建设与管理规范》《乡村旅游示范村建设与管理规范》2个地方标准，十大乡村旅游产业集聚区加快推进速度，长兴水口成为首个省级认定的乡村旅游产业集聚区，开创了历史先河；培育个性产品。全面实施乡村旅游产品差异化发展，进一步凸显三县两区乡村旅游“四大模式”（“生态+文化”“洋式+中式”“景区+农家”“农庄+游购”）的区域个性和“乡村十景”（安吉大竹海、安吉黄浦江源、滨湖乡村、德清东湖水乡、莫干山国际、南浔荻港古镇、吴兴妙西、南浔浔练、长兴水口、长兴泗安）的区域特色，全面打响“洋家乐”“渔家乐”等一批各具特色又具影响力的乡村旅游区域特色产品品牌和“裸心谷”“裸心堡”等乡村旅游个性化产品品牌；打响国际品牌，积极推动全市乡村旅游走向国际化，在安吉县举办第二届国际乡村旅游大会，来自“一带一路”沿线国家、欧美国家共16个国家和国内旅游界专家学者400余人参加会议，共同研讨中国乡村旅游全域化、国际化、生态化、品牌化和产业化发展之路，国内外主流媒体、业内媒体、新媒体近70家新闻单位对大会进行报道，特别是央视新闻联播、《人民日报》分别进行报道。加快建设国家乡村旅游观测扶贫中心，编制完成并发布《国际乡村旅游发展报告》《国际乡村度假目的地标准》《中国乡村旅游发展监测报告》《中国乡村旅游扶贫观测报告》，出版发行《乡村旅游概论》。举办由国家旅游局委托湖州市承办的云南怒江州乡村旅游扶贫培训班。

【市场推广实现新突破】 加大营销推广力度。全面激活活动营销，持续推进140余项以“湖州人游湖州”“旅游惠民进社区”“万名游客乐湖州”“万名职工本地行”活动为主体的全市“1+4”“湖州旅游月月红”系列活动，先后举办第二届国际乡村旅游大会、第三届中国·菰城文化旅游节暨天下湖品狂购节、第五届南太湖梅花艺术节、第九届城山沟桃花节、第四届莫干赏花节、“中国旅游日”惠民活动暨南浔区第五届桑果采摘旅游节、吴兴区“夏之梦”第二届灵兰山谷采花节、湖州丝瓷茶文化之旅主题推介会和南浔第九届鱼文化节等活动；不断加大专业营销，组织企业参与浙江（广东、贵州）推介活动、杭州都市圈（怀化）推介会、第十三届海峡旅游博览会、中国“一带一路”与古丝绸之路重要货源地旅游发展论坛、2017宁波国际旅游展、“城市1+1”旅游对口合作暨“长白山之冬”冰雪旅游节、“诗画浙江”乡村旅游嘉年华活动、2017中国国际旅游交易会和浙江旅游上海“四美”特卖会，先后在上海、南京、杭州、合肥、徐州、郑州、济南和北京等地举办湖州旅游交易会，并增聘湖州旅游“三大员”（驻外兼职营销员、驻外媒体观察员和驻外重点客源旅行社组织员）800余名，湖州旅游驻外推广与联络处，专业营销队伍建设进一步完善。年内，积极拓展珠三角市场，广东首趟旅游专列驶进湖州，近600名广州游客赴湖州开展“花漾湖州之旅”；旅游产品打响品牌。全面提升全市170家职工疗休养基地，新增培育30家职工疗休养基地，并以200个特色产业基地为主体，以湖州市十大主题精品旅游线路为重点，加快培育并推广“湖州2000——菰城之旅”和全域旅游卡（“湖州旅游e卡通”）为龙头的全市统一特色旅游产品；旅游统计加快改革。全面落实《湖州市旅游统计改革工作推进方案》，推广长兴和天台旅游统计改革试点经验，完成全市各县（区）基础数据库建设工作，完成全市旅游产业名录库建设。

【服务体系实现新突破】 加快公共服务基础建设。全力推进以厕所革命、通景公路、标牌标识和旅游客运等为重点的旅游基础设施体系建设，联合市公安、交通、质监等部门出台《关于加快旅游标准化道路建设的实施意见》《关于建设提升太湖百里观光大道的通知》《湖州旅游厕所建设与管理三年行动方案》等文件，全面启动旅游观光大道和旅游厕所形象建设，制定《旅游交通指示牌设置规范》，推动旅游干道、通景公路、旅游绿道和景区道路等旅游产业配套标准化示范工作，长兴县旅游观光大道建设走在前列，吴兴区和南浔区也在加快推进。省委书记车俊在《湖州市“三化”模式助推“厕所革命”走在全国前列》专报信息上作出重要批示；加快公共服务主体建设。推进建设以湖州市旅游公共服务（集散）中心为主体，逐步构建“湖州旅游公共服务（集散）中心、湖州旅游推广与营销中心、湖州市职工疗休养运作与服务中心、天下湖品旅游商品研发与管理中心、湖州旅游大数据中心和湖州旅游统计数据中心”“六位一体”的旅游公共服务运行体系，全面提升自驾服务、旅游客运、导游服务、信息数据、旅游购物和消费维权六大服务功能，湖州旅游服务中心实施转型，为下步全市旅游公共服务体系构建夯实基础；加快公共服务信息建设。基本建成湖州市旅游大数据中心，打造全市旅游数据信息平台和旅游统计分析平台，全面提升旅游公共服务信息化水平。

【行业监管实现新突破】 按照“依法治旅”总体要求，以“旅游公共服务提升年”为主线，全面深化以“1+3+N”为主体的旅游综合执法体制改革，增强执法力量，激活执法机制，强化行业监管，全面提升服务水平，打响“品质旅游”行业品牌。执法改革深入推进。出台《关于推进县（区）旅游综合执法体制改革的指导意见》，建立市旅游综合执法工作联席会议制度，重点推进联席会议日常工作协商机制、联合执法督查机制、执法信息通报机制和年度激励表彰机制四项机制建设。全市办理旅游刑事案件10起、治安案件58起；调解处理旅游纠纷648起；受理旅游投诉226件，同比下降9.23%；旅游巡回法庭受理各类涉旅纠纷案件832件，涉及金额769.2万元；行业监管力度加大。组织开展全市旅游市场秩序“四打一整”综合整治行动，全面助力全国文明城市创建，大力推进文明旅游创建工作，成立全市旅游系统文明志愿者总队。出动检查（执法）372批（次），检查旅游企业800余家，查处涉嫌违法违规行为的旅游企业4家，其中已立案调查2家，下发责令改正通知书4份，完成安全隐患整治31起；文明旅游扎实开展。深入开展文明旅游创建工作，树立旅游行业良好形象，推动旅游企业提档升级，增强旅游行业可持续发展能力。出台《市旅委2017年全国文明城市创建工作实施方案》《市旅委领导带班督查全国文明城市创建情况工作方案》《关于加快旅游企业四大建设、全面提升文明旅游水平实施意见》等文件，全面加快旅游企业环境、文化、服务和品牌四大建设。在创建全国文明城市活动中市旅发委获得集体三等功，天煌大酒店、易行服务有限公司等4家旅游企业获得先进集体，8名旅游系统干部获得先进个人以上荣誉。建立委文明办，成立市文明旅游志愿者总队，全市已有文明旅游注册志愿者293名。（高　霄）

邮政　电信

·邮　政·

【体制改革】 2017年9月，湖州市邮政业安全中心挂牌运行，为财政全额拨款公益一类事业单位，是全省首个设区市邮政业安全中心。中心组建速度快、配置保障强、工作成效大，为全省邮政体制改革提供了实践案例。

【行业综合实力不断增强】 2017年，全市邮政业务总量完成60.76亿元，同比增长48.9%，高于全省平均10个百分点；快递业务量完成2.54亿件，增长36.1%，高于全省平均4个百分点，位居全国城市第34位。全市邮政业呈现发展快速、结构优化和提质增效的良好态势。

【行业发展质效全面提升】 快递业龙头企业培大育强成效初显，行业基础设施不断完善，中邮速递、顺丰、申通、圆通、中通、韵达、百世和天天八大品牌企业业务量占全市96%以上，集聚程度稳步提高。5年来，全市邮政业新建项目占地超20公顷，总投资超5亿元，申通浙北中心、圆通仓配中心和中通分拨中心等10余项重大工程建成投产，全市建成面积10000平方米以上的处理场地7个，快件日处理能力达500万件以上。信息化水平有较大提升，“无人机”配送、自动化分拣、影像监控、高速扫描、“人脸识别”和专用号段等技术得到广泛应用。绿色发展意识不断增强，主要品牌快递企业环保编织袋使用率从40%提升至80%，电子面单的使用率从60%提升至90%以上，新能源汽车保有量增加至129辆，快件平均耗材使用量有所减少。

【行业服务能力大幅提升】 邮政普遍服务全面实现“乡乡设所、村村通邮”，在全省率先实现市、县机关党报、党刊当日送达，公共服务职能不断强化。快递服务实现“市县布端点、乡镇无盲点”，打通快递“最后一公里”难题。截至2017年年底，全市共有邮政、快递企业74家，邮政局（所）90个，空白乡镇补建网点7处，信息化村邮站1005个，农村电商服务站990个，快递营业网点337个，末端投递点2643个，快递校园超市2个，投入使用E邮柜410个，智能快件箱300余组，直接从业者超6000人，支撑电商就业超8万人，服务制造业协议客户1.5万家，日均服务人（次）超80万。人民群众用邮满足感和获得感不断增强。2017年，第三方测评结果显示，湖州市邮政快递行业的综合满意度达85.3分，比上年提升6个百分点。三县两区行政服务中心全部设立EMS专窗，2017年，5万份证照通过快递方式寄送给用户，助推“最多跑一次”改革取得实效。

【行业发展环境持续改善】 在全省率先出台《促进快递业健康发展实施意见》和《车辆通行管理办法》，颁布实施《湖州市邮政业“十三五”发展规划》，多项内容被纳入地方总体规划和综合交通等专项规划。先后与市综治办、物流办、经信委和商务局等部门联合印发文件，推进电商快递协同发展、龙头企业培育扶持和寄递渠道安全管理等工作。安检机配备、实名制终端、新能源车辆和村邮站维护等获得地方财政补助。2017年，各县多举措优化行业发展环境，在全省率先实现快递行业协会全覆盖；陆续完善配套政策保障，德清县出台《关于推进快递行业健康发展的实施意见》；长兴县协调推进快递园区规划建设；安吉县将快递业发展纳入《中国最美县域行动计划》。

【法治邮政建设深入推进】 全行业呈现良好的依法依规经营局面，市场经营秩序明显好转。依法办理邮政普遍服务相关审批和日常监管工作，开展服务质量、邮政机要通信、“扫黄打非”和邮票销售监督等专项检查。严格依法开展快递业行政许可事项，先后开展快递业清理整顿“百日攻坚”、寄递业安全综合整治等10余次专项行动。全面实施“双随机、一公开”，依法开展行政约谈、行政处罚和跨区域协作监管等，不断提升执法综合管理能力。组织开展6批（次）国家局、省政府执法证件考试工作。认真做好行业“七五”普法、“国家宪法日”宣传等工作。2017年，县邮政管理局18名工作人员取得省政府核发的执法证件。举办首届县域执法研讨培训班，开展县域交叉执法检查，深入推进县域执法工作。

【行业治理能力显著提高】 以严格落实寄递安全“三项制度”为抓手，实施“六必查三步走”工作法，完成中共十九大、世界互联网大会等重大活动寄递安保工作，行业安全基石更加坚固。以“三不两保”为前提，切实做好“双十一”等业务旺季服务保障和岁末年初安全维稳工作。创新监管理念，全面打造“安全监管示范区”，在全国率先提出进出港邮件快件“双向安检”，在全省率先出台企业主体责任落实、安全生产综合考核、协议客户备案等文件规范，在全省率先完成行业统计专项调查、从业人员背景审查等工作。创新监管模式，全力打造“信息化监管示范区”，推进“四到”信息化综合监管平台建设，建成市、县联动的视频集中监控平台，接入监控图像1653路，建成政企协同办公系统和行业综合监测平台，建立全流程化的企业安全隐患巡查整改机制，实现信息化、清单式闭环管理。2017年，全市共出动执法检查1073人（次），检查企业5954家（次），开具整改通知书196份，发现并处理各类问题隐患1183处，暂扣各类违法物品6000余件，取缔和关停网点44个，行政约谈323家（次），实施行政处罚23起。通过安检，堵截查获各类禁限寄物品40余批（次）、1500余件，协助公安等部门侦办破获涉枪、涉爆和涉毒类案件10余起。

【行业影响力不断提升】 2017年3月，人民日报社、新华社等11家中央、省级媒体集中采访报道湖州信息化监管工作；6月，全省快递业安全应急演练在湖州举办；7月，全省平安工作培训班在湖州举办，寄递信息化平台和平安寄递项目被纳入教学内容；12月，中央综治办主任陈训秋一行到湖州现场调研并肯定湖州市邮政管理局信息化监管工作。

【湖州“快递小哥”助力文明城市创建】 市邮政管理局与市委宣传部联合发布《“快递小哥”助力文明创建活动方案》，组织动员全行业从业人员积极参与全国文明城市“百日攻坚”行动。“快递小哥”作为“行走的城市名片”，围绕文明交通、自觉做好收寄验视、文明作业、文明用语和文明寄递5项要求，跑千家、串万户，开展文明传递活动。全市6000余名“快递小哥”统一佩戴“我是文明使者”徽章，时刻提醒自己要文明驾驶、文明送快递、争做文明小哥。2000余辆快递车辆统一张帖“争创全国文明城市争做文明有礼湖州人”宣传语，使每一位收到包裹的湖州市民看到“快递小哥”亲手贴上的文明创建宣传标语。全市400余家快递企业和网点集中张贴社会主义核心价值观和全国文明城市创建宣传语。“快递小哥”利用走街串巷的工作性质，寻访各种不文明行为，并做好“建议员”，积极为湖州市文明创建工作建言献策。

【全国集邮巡回展亮相湖州】 6月

23日，“驿路·丝路·复兴路——行走新丝路喜迎十九大”2017全国集邮巡回展览浙江湖州站启动仪式在湖州宾馆举行。湖州市人民政府副市长杨六顺、浙江省邮票局局长鲁鸣、中华全国集邮联合会会长林衡夫与湖州市委宣传部、湖州市总工会、湖州市邮政分公司、湖州市集邮协会等领导和嘉宾参加启动仪式。此次湖州站共展出邮集30部、113框，展品含传统集邮类、邮政史类、邮政用品类和现代集邮类等多个类别。

【开展庆祝第48届世界邮政日系列活动】 为全面展现行业发展面貌，10月9日，全市邮政管理系统积极开展形式多样的主题宣传活动，庆祝第48届世界邮政日。市邮政管理局党组书记、局长陈振华发表第48届世界邮政日致辞，号召全行业、全系统干部职工以新的精神状态和奋斗姿态决胜全面建成与小康社会相适应的现代邮政业，为湖州加快赶超、实现“两高”做出更大的贡献。德清邮政管理局在武康沃尔玛商场门口开展世界邮政日主题宣传活动，通过悬挂横幅、展板和发放资料等形式，积极开展《中华人民共和国邮政法》《快递市场管理办法》《寄递安全宣传知识》等邮政快递法规政策宣传和业务咨询，发放宣传资料200余份，接受咨询300余人，为市民普及邮政、快递小常识。长兴邮政管理局联合县邮政分公司走上街头，向市民发放“寄出安全、收到幸福”寄递安全宣传册，并通过长兴新闻频道及相关媒体平台向全县广大市民发出“寄递安全从我做起”的倡议，主要负责人就如何完善服务网络、保障寄递安全及打造“智慧邮管”等方面在《长兴新闻报》上作专题访谈。安吉邮政管理局联合县快递协会组织邮政、快递企业开展“以民为本、邮政惠民”主题宣传活动，活动当天，共接待消费者咨询250余人（次），发放宣传资料380余份，现场受理投诉3起，得到消费者的一致好评。

【开展“邮政服务进军营”活动】 12月5日，湖州市邮政分公司开展“邮政服务进军营”活动，走进驻湖州某部队，为2017年退伍军人提供收寄包裹业务，贴心服务退伍军人复员返乡。为确保活动的顺利开展，湖州邮政公司精心策划，提前与部队进行沟通，专门制订上门收寄包裹方案。活动当天，湖州邮政公司要求相关网点负责人亲自带领业务素质高、工作责任心强的工作人员，在部队军营大院内设置军包收寄点。邮政企业工作人员一边细致、耐心地指导军人们填写包裹单，一边忙着称重、封装、搬运包裹，为退伍军人提供包裹收寄“一条龙”服务，缩短寄递时限。活动当天，为部队40余名退伍军人办理收寄包裹300余件。部队官兵对邮政走进军营的优质、贴心服务给予赞扬。（金晓林）

·电　信·

【概况】 2017年，中国电信湖州分公司全面深入贯彻中共十九大精神以及习近平新时代中国特色社会主义思想，践行习近平总书记提出的“绿水青山就是金山银山”重要思想及“对党忠诚、勇于创新、治企有方、兴企有为、清正廉洁”20字要求，全面落实市委、市政府重大决策部署，扎实推进“新标杆新业绩新形象新征程”主题实践活动，坚持党建统领，推进企业战略转型，做“领先的综合智能信息服务运营商”，助推网络智能化、业务生态化和运营智慧化。全面完成全年收入管控目标，为加快赶超实现“两高”不懈奋斗，真正做到向中心聚焦、为大局聚力，不断创造企业工作新业绩。

【网络建设实现新突破】 继4G双百兆全光网络后，中国电信提出“千兆引领，百兆普及”目标任务。4G移动精品网络全面实现主城区、重点乡（镇）的网络深度覆盖，实现了3G、4G网络的城乡全覆盖。光网建设实现跨越式发展，实现全光网络城市建设。精品Wi－Fi网络广泛落地，完成市行政中心、市民服务中心、科创园区及村镇农家乐等重点公共区域及旅游景区网络部署，为打造“智慧湖州”奠定基础。

【确实做好安全管理工作】 强化信息安全，抓好实名制和“一证五卡”整治工作、积极配合反诈中心工作和垃圾短信治理、打造中国电信保密工作的“五个规范”（规范的组织机构、规范的制度落实、规范的教育培训、规范的设施设备和规范的检查监督）；强化责任落实，成立中共十九大专项保障工作领导小组，加强门卫和人员密集场所的安全管理，重点部位和重要目标保卫力量，明确责任、优化流程，十九大期间，确保通信保障、业务保障和信息安全等方面做到万无一失；强化防范和检查，定期进行微型消防站演练，严抓薄弱环节，进一步做好智慧安防平台系统省公司试点工作，加快技术更新，不定期地组织开展“四不二直”（不发通知、不打招呼、不听汇报、不用陪同接待、直奔基层、直插现场）安全检查、隐患整改工作；强化网络安全，开展“安全生产月”“安康杯”活动，加大隐患排查力度，开展态势感知、风险识别和主动防御的探索实践，加强全员安全生产培训教育。在日常工作中，用信息化手段保平安湖州。加强视频监控，挖掘“云”潜力，建设全市互联网监控云平台，提升接入能力，利用“网”和4G光网优势，全市搭建专网高清监控，全面接入互联网平台监控；设立各层网站等保，查漏补缺，开展全市网站态势检测，强化网站接入电信态势感知监测平台，提供高质量安全服务。

【信息安全达到新高度】 打击通信诈骗，维护社会和谐稳定。围绕“6个100%”开展活动，一是落实实名登记100%，完成非实名用户补登工作，按要求关停因各种原因未完成补登的非实名用户；二是网络信息安全防护100%，建设防范打击通信诈骗管理系统，全网

100%覆盖，提升用户终端安全防护能力；三是虚假码号整治率100%，不具备鉴权能力的做好改造、迁移工作，主叫鉴权实现100%，集中清理改号软件；四是相关业务规范率100%，核实100%出租专线的客户资质、使用用途、允许传送的主叫号码等信息，并定期抽查复核；五是代理渠道规范管理100%，社会营销渠道代理资质100%审核。严禁社会营销渠道转租转售语音专线等业务；六是强化监督，问责考核100%，强化惩治通信违法犯罪工作领导小组及办公室职能，强化监督检查，出现问题，100%问责考核。

【服务水平保持前列】 2017年，中国电信湖州分公司注重服务能力建设，努力提升服务水平。电信湖州分公司在全省关键触点即时满意度综合排名第一，阳光指数满意率同城同业第一。坚持强化服务意识，全面提高一线服务水平；坚持主动跨前一步，有效解决热、难点问题，为经济社会提供有力网络通信保障；坚持加强团队协作，提升触点满意度。倾力打造湖州阳光政务"12345"热线，以社会责任为第一服务要务，全面整合便民服务资源，构筑便企、利民绿色通道，通过市委、市政府考核。"智慧家庭"营造舒适家，以光网宽带、天翼4G+网络为载体，在网速和应用上实现无缝对接，将丰富的信息应用向家庭延伸。天翼高清电视的应用，让视频节目的清晰度大幅提升。智慧家庭安防系统可提供家庭红外监测、高清视频监控等服务，并通过实时向手机推送报警短信、报警录像，打造安全、可靠的居家生活。

【业务转型迈上新征程】 一是量、收兼顾稳健经营。完成全年收入管控指标任务，宽带、4G、高清IPTV等重点业务实现同比和环比均持续提升，新兴业务占比不断攀升；二是强势推进行业应用。借力"两化"融合，推进行业应用。互联网+政务服务、互联网+智能制造和互联网+现代农业等全面提升；三是精确管理创新经营。通过精确管理和创新经营，业务工作取得显著成绩；在全面质量管理、创新管理项目上均有建树。劳模凌建勤创新工作室项目"糊粥街访"入选中国电信集团公司创投孵化。财务管理、审计监察、风险管控等多方面管理水平不断提升。

【企业文化塑造新价值】 以企业文化打造温馨、和谐、亲情和活力的工作团队；以创建"职工小家"为载体，做到企业文化建设进基层、进班组（支局）和进岗位，促进企业文化落地生根。开展天翼杯建军90周年征文比赛和颁奖活动，共征文142篇，《秋霞，好军嫂》等23篇作品获奖。在企业文化宣传上，天目山的秘密、军嫂秋霞新媒体作品获中国电信集团公司、省电信公司官方微信发布，入选央视评比，其中"两山"主题"天目山的秘密"获投票59.12万，全国排名13位；青年文明号助推"最多跑一次"主题作品入围湖州国资党建官方微信公众号发布的30幅先锋微拍；湖州电信"百兆进村"系列报道围绕"特色小镇、农村电商"等项目，被《湖州日报》连续报道，宣传电信优质网络及百兆乡村示范工程服务。积极组织开展远教进村、入户和文化礼堂建设，助推"文化礼堂"建设省级先进满堂红，"文化走亲"等品牌建设成效显著，文化发展指数居全省前列。

【获得荣誉】 2017年，电信湖州分公司被中共湖州市委、湖州市人民政府授予创建全国文明城市工作集体三等功荣誉；被湖州市人民政府评为"中国制造2025"试点示范城市建设单位；被湖州市人民政府评为湖州市服务业优强企业；被浙江省审计厅评为全省内部审计先进集体；被湖州市审计局评为全市内部审计先进集体；被中共湖州市直属机关工作委员会、湖州市精神文明建设委员会办公室评为文明机关；被中共湖州市直属机关工委评为市直机关党建工作优胜单位；被中共湖州市国资委委员会评为湖州市国有企业党建工作优秀单位；被共青团湖州市委评为先进团委；被湖州市公安局、湖州市社会治安综合治理委员会办公室评为市级治安安全单位；被浙江省安康杯竞赛组委会办公室评为浙江省"安康杯"竞赛优胜单位；电信湖州分公司被浙江电信评为省级财务管理双优单位；被浙江电信评为省级新闻宣传先进集体；被浙江电信评为省级安全管理二等奖；电信凤凰厅被"放心消费在湖州"行动领导小组办公室评为"浙江省示范放心商店"；全国QC小组成果发表赛中，电信湖州分公司的QC成果分获一、二等奖。 （柏旭晟）

·移　动·

【概况】 2017年，移动湖州分公司深入学习贯彻中共十九大精神，积极开展"四新"主题实践，扎实推进党建和生产运营工作；紧紧围绕"发展创优、转型创先"的目标要求，全面践行"大连接"战略，立足行业使命，加快赶超发展，服务社会经济。全年实现运营收入18.83亿元，用户数达275万，其中4G用户突破200万。

【夯实网络基础优化网络品质】 围绕"深度覆盖提升"与"VoLTE语音质量提升"两个专项工作，深化4G（TD－LTE）网络建设，2017年，新增投资1.5亿，4G基站规模达6100余个，高铁全程综合覆盖率达98%，通话接通率达99.8%。全面提升光纤宽带网络质量，开展城区扩容补强及农村地区的深入覆盖，新增驻地网建设整体投资5000万元，驻地网累计覆盖137万户，具备200兆的基础服务能力，城域网出口带宽达1000千兆。开展蜂窝物联网一号工程建设，投资6295万元，完成全市3836个站点的2G设备替换，开通704个NB－IOT站点，实现县主城区、重点乡（镇）、工业园区NB－IOT（窄带物联网）连续覆盖。面向5G进行传送网架构演进，开展节点机房和传输管线资源储备，不断提升基础网络能力，光缆长度达92244皮长公里、管道达6564公里、杆路达161655公里。

【坚持信息惠民提升服务质量】优化内部管理及投诉处理机制，提升客户满意度；广泛接受群众监督，加强与公众热点问题的沟通，触点服务客户满意度达98.13%，投诉处理满意率达91.24%。深入推进“最多跑一次”改革，全地区营业窗口“最多跑一次”业务告知落实率达100%；加大电子渠道推广，提升业务服务承载，手机营业厅活跃用户数95万，用户数量占比达56%。完善4G惠民体系，优化4G产品组合，丰富终端品类，加大高清语音终端普及，结合视频、手机阅读、和包等应用的内容运营做好流量服务，视频客户端用户达49.69万户，月户均流量达2.3千兆，4G用户累计达200万，用户数量占比达73.5%，手机上网用户占比达82.8%，实现“全民4G”，有力地促进了公众信息消费。积极响应“宽带中国”战略，优化产品组合、连接质量和网络保障，全面普及中小企业宽带，助力中小企业“双创”（大众创业万众创新），光纤宽带用户总数达45.54万户，市场份额超过40%，商务光宽带总数达1.93万户。全面落实“提速降费”工程，下调70个国家和地区的国际长途直拨资费，全面取消国内长途及漫游费；大幅下调流量单价，推出不限量流量套餐、节假日流量礼包等服务，4G用户月均上网流量达到2.5千兆。

【推进战略合作助力“智慧城市”建设】扎实推进“十三五”信息化建设战略合作项目的落地，促进云计算、大数据和物联网等信息技术在社会经济各领域的应用创新，推动产业转型升级。与市卫计局共同打造智慧社区医疗试点，推进新型医疗卫生信息化技术的应用及“智慧养老”项目，开展“健康湖州”平台的升级改造。与市旅游委员会合作加快智慧旅游基础数据中心平台建设，实现数据中心平台在17家国家AAAA以上旅游景区、10个乡村旅游核心区、6个旅游度假区，200家疗休养基地的应用。中国移动集团公司全国“互联网+智慧医疗”“全域旅游信息化”研讨会在湖州召开，充分展现湖州市在两个产业信息化建设的成果，促进行业交流与信息化应用的深化。加快智慧商业社区平台建设、构建湖州智慧环保大数据共享平台、开展鹰眼森林火情监控，在各行业发挥移动信息化作用。积极推进基层治理综合信息系统建设，通过“四个平台”“指挥调度平台”“工作手机APP”“微信公众平台”等功能模块，实现政府数据共享和业务协同，助推服务型政府转型，年内完成吴兴和南浔两个区的平台部署。按照浙江省全面推进“十万企业上云”行动要求，积极与市经信委联动，开展企业上云产品推广，完成上云企业1500余家。推进物联网应用普及，针对本地制造业、农业和共享经济等领域，深化南浔庆渔堂、安吉按摩椅、共享单车等项目的合作，推动基于窄带物联网技术的智能停车、智慧路灯项目试点，实现城市更丰富、更优质连接，物联网用户数达53.4万。

【支持文明创建践行社会责任】积极投入湖州市全国文明城市争创工作，开展交通文明劝导、窗口自查、专项整治和对外窗口公益广告宣传等工作。积极配合开展小城镇乱拉线专项整治，全市115个乡（镇），设计完成86个，进场实施77个。持续构建安全信息网络，强化网络信息安全管理能力，加强行业端口整治；做好反诈中心驻地工作，配合市公安部门处理通信网络案件4771起，配合处理准确率、及时率均达100%。积极落实中心城区数字城管事件处理工作，处理数字城管案卷287起，结案率达100%。做好重要活动通信保障，圆满完成十九大会议期间的通信及信息安全保障工作，成功为“中国制造2025”试点示范城市建设动员大会完成技术保障，为浙超联赛、国际半程马拉松比赛等重大活动提供优质通信保障。

【获得荣誉】2017年，移动湖州分公司荣获创建全国文明城市工作集体三等功，“中国制造2025”试点示范城市建设先进单位，湖州市国企党建工作优秀单位、先进团委、服务业优强企业，湖州市第十二届消费者信得过单位等荣誉；课题《研究承载4G业务的PTN网络组网新方法》荣获中国移动第十届QC成果一等奖、中国通信企协国优奖、海洋王杯全国杯赛一等奖。

（陆璐媛）

·联合网络通信·

【概况】2017年，中国联合网络通信有限公司湖州市分公司（以下简称公司）把握互联网产业发展大势，深入学习贯彻习近平新时代中国特色社会主义思想，牢固树立“四个意识”，依照“深化聚焦战略的脚步不能等，项目攻坚的势头不能缓，网络升级的进程不能慢，创新合作发展的力度不能减，体制机制牵引的作用不能弱，牢固树立‘红线’的意识不能破”的方针，以总部战略部署和浙江联通五年战略规划为引领，不断夯实传统业务基础，努力探索新的业务增长点和运作模式，较好地实现了公司健康可持续的发展局面。公司全年实现主营业务收入4.53亿元，全市移动用户规模达60.84万户，固网宽带用户14.58万户。

【网络和支撑能力持续改善】开展“网络精雕”工程，精准开展优化建设，重点解决了200余个高价值区域、住宅小区、商务楼宇和沿街商铺的深度覆盖，4G网络良好覆盖率达90%以上，重点场景（锁定交通枢纽、景区、酒店、商业、校园、医院六类43个点）领先率达100%。强化前、后台协同，强化中台支撑能力，网上商城受理宽带工单转化率显著提升。聚焦179个重要场景区域的感知提升，制定故障限时抢修、质量持续优化和规划限期建设的工作要求，2I业务问题微网格解决率达100%。开展“降本增效”活动，提升网络效能；开展4G低效站点整治，公司迁改赔补工作再创佳绩。

【业务发展稳步提速】　手机用户数增长创5年来新高，2I2C业务迅速崛起。宽带市场实现破局，以“智慧沃家”品牌引领家庭用户生态运营，围绕“接入+终端+内容+服务”发展策略，构建家庭互联网生态运营圈。全面攻坚物联网、云计算和IDC/ICT等“蓝海市场”，创新业务持续突破，大项目及2B2C项目运作能力明显增强。2017年，全市入围省公司考核重大项目9个，“智慧织里”和“智慧城建”入选2017年全省12大信息化标杆项目。政府信息化项目合作加快，动员公司内外资源，提升“互联网+”顶层设计能力，深度参与“智慧城市”建设，打造“互联网+运营专家”形象。2017年，公司积极参与“雪亮工程”建设，全年完成建设项目4个，项目金额2000余万元。根据“城市要加密、农村全覆盖、全域都联网”总体目标，支撑各县（区）公安部门进一步完善死角监控区域，同时积极接洽市相关单位，把治安防范措施延伸到群众身边。

【客户感知明显提升】　秉承“匠心服务”宗旨，强化品牌运营。实现移网NPS转正，全年累计申诉率降至行业最低水平，申诉转办率排名全省第一。全行业首创异业合作的“客户日”服务模式，成为公司的服务名片，“客户日”聚焦老用户关怀，聚焦优势网络区域，异业合作达20余场，“客户日”到身边活动达213场，直接参与用户1.3万户，活动辐射、曝光58万户。持续塑造“匠心网络，匠心服务”和“互联网+运营专家”品牌形象，创新运营“小燕子”公益服务活动、开展联通口碑传播。参与各项社会活动，如“3·15”大型广场服务活动、《行风热线》节目等。配合“12345”政府阳光热线工作，及时响应率、群众满意率稳步提升。

【积极履行社会责任】　以“五好党委”（工作机制好、宣传教育好、干部队伍好、群众反映好、工作业绩好）建设目标为引领，坚持“走出去”战略方针，积极履行社会责任。积极助力“最多跑一次”项目改革，以优质服务保障“十九大”、第四届世界互联网大会、第八届环太湖国际公路自行车赛、“浙江金盾—17”演习等各类大型活动，深度参与军警民联合护线暨保护“三电”设施安全宣传活动，携手湖州电信开展健康绿色骑行公益宣传，持续开展“慈善一日捐”、“双千万结对帮扶”、“一杯水公益”、无偿献血、路长制巡街、交通文明劝导、道路清雪除冰等活动。

【获得荣誉】　2017年，公司在湖州市创建全国文明城市工作中荣立“集体三等功”；荣获2017年度“湖州市文明机关”、2017年度湖州市“中国制造2025”试点示范城市建设先进单位、2017年度“湖州市市级治安安全单位”、2017年度“湖州市国有企业党建工作优胜单位”等荣誉称号。同时，公司连续7年获得“湖州市服务业优强企业”称号。行业内，公司获2017年度“浙江联通党风廉政建设先进单位”称号，公司运营支撑中心“千里眼QC小组”连续第8年获通信行业“优秀质量管理小组”称号，获2017年度全省采购技能竞赛团体二等奖。　（俞　洲）

金融　保险

·金融改革与发展·

【概况】　2017年，全市新增社会融资首次突破1300亿元，达到1325.8亿元。其中，银行机构新增贷款523.5亿元，企业实现直接融资802.3亿元。多层次资本市场加速扩容，全年新增上市公司7家，新增“新三板”挂牌企业12家，新增浙江股权交易中心挂牌企业104家。绿色金融改革创新取得突破，成功获批国家级绿色金融改革创新试验区，在全国范围内率先编制了绿色金融发展规划，率先建立了绿色金融统计、绿色银行评级和绿色专营机构评估等制度，设立全国首家绿色金融事业部，太湖绿色金融小镇成功挂牌。全市实现金融业增加值172.5亿元，同比增长10.6%，增速居全省第一。

【社会融资规模稳步增长】　2017年，全市新增社会融资规模1325.8亿元，同比增长18.7%，整体融资规模较快增长。一是银行信贷投放力度持续加大。全市银行业新增贷款523.5亿元，贷款余额达到3281.1亿元，增长19.0%，高于全省平均水平8.7个百分点，增速居全省第一，建设银行湖州分行、兴业银行湖州分行和华夏银行湖州分行等9家银行新增信贷投放额居全省同系统内的前3位。二是金融服务实体能力有效提升。建立金融支持实体经济激励机制，创新财政政策、货币政策、监管政策和考核政策等激励措施的制度安排，各银行机构积极调整信贷结构，有力保障“大湾区”、“六重”、美丽乡村建设和创业创新等重大战略实施。截至2017年年末，全市有22家银行与116个重点项目达成融资合作，落实资金439亿元。三是企业直接融资渠道进一步拓宽。2017年，湖州企业充分利用直接融资工具，积极对接资本市场，灵活运用首发上市、定向增发、发行公司债、绿色债和中期票据等工具，实现直接融资802.3亿元，占新增社会融资比重达60.5%。产业基金、投贷联动等相继落地，通过投贷联动方式实现融资28.1亿元，批准设立政府产业基金（母基金）8个，子基金35个，总规模达235.21亿元。

【绿色金融改革先行突破】　6月23日，经国务院研究同意，中国人民银行、国家发改委等七部门批复湖州创建绿色金融改革创新试验区。作为全国首批八个试验区之一，湖州紧紧围绕争创践行“两山”理念样板地、模范生的目标，对准国家七部门批复的改革任务，加快推进金融组织、融资模式、服务方式和体制机制等创新试点，探索绿色金融引领绿色发展的有效途径和方式，努力创造“湖州模式”、形成“湖州经验”。一是绿色金融改革顶层设计初步确立。在五省八市中率先出台了试验区建设实施方案、行动计划和考核体系，明确试验区建设的路线图、时间表和任务书。研究制定绿色金融“25条”政策，建立规模为10亿元的专项资金，明确绿色金融机构培育、绿色产品服务创新等25项扶持政策。二是绿色金融组织体系日益健全。探索建立全国首个区域绿色金融统计指标体系、绿色银行评级体系和绿色专营机构评价体系等制度标准。全市已设立绿色事业部、绿色支行等专营机构12家，湖州银行成为首批10家中英环境信息披露试点金融机构之一，安吉农商行设立全国首家绿色金融事业部，南浔农商行成立全国首家绿色专营支行，农业银行湖州分行成为农行系统绿色金融唯一试点机构，并突破性地新设立一级部门绿色金融事业部。三是绿色金融产品服务创新深化。编制首批绿色信贷产品清单，纳入全市35家银行机构开发的绿色金融创新产品94只，绿色信贷余额达799.9亿元，占全部贷款余额比重达24.4%。累计发行绿色债券7单，总金额达76.81亿元。探索推出芦笋价格指数保险、白茶低温气象指数保险等绿色保险产品，累计为5807户农户提供2.5亿元的风险保障。中国人保财险公司率先在湖州设立全国绿色保险实验室，支持湖州创新建立“保险＋服务＋监管＋防范”的环境污染责任保险模式。德清县已先行启动环境污染责任险试点，重金属、化工等环境高风险领域环境污染责任险覆盖面达29.8%。四是绿色产业发展提质增效。探索金融支持绿色产业创新升级的途径和方式，出台全国首个金融支持“中国制造2025”试点示范城市建设指导意见，支持绿色制造和智能制造产业加快发展。金融机构全面执行“环保一票否决”制，将资源配置与“能耗－”“污染－”有机结合，倒逼传统产业改造提升。2017年，全市规模以上工业增加值增长8.7%，创近3年新高，全市单位GDP能耗下降4.8%，规模以上工业增加值能耗下降8.5%，降幅居全省第二。

【资本市场建设成效明显】 抢抓国家深化资本市场改革的政策机遇，积极补齐工作短板，全面落实省“凤凰行动”计划，分类建立企业培育工作推进机制，资本市场“湖州板块”持续壮大。一是企业上市步伐明显加快。出台企业上市和并购重组“五年倍增行动”计划和十条政策意见，围绕“4＋3＋N”产业体系，挖掘“两高六新”（高成长、高科技、新经济、新服务、新能源、新材料、新农业、新模式）企业，实施重点培育，吴兴区、南浔区和长兴县进一步完善政策，大幅提升企业上市奖励额度，多层次资本市场建设力度加大、步伐加快。2017年，全市新增股份制企业99家，新增境内上市企业7家，新增“新三板”挂牌企业12家，新增浙江股权交易中心挂牌企业104家。上市公司累计达30家，居全省第六；“新三板”挂牌企业累计达76家，居全省第四，浙江股权交易中心挂牌企业累计达602家，居全省第三。二是企业综合实力明显提升。依托资本市场平台，大力推进上市公司并购重组，2017年，全市共有13家上市公司开展并购重组21起，共涉及资金91.8亿元。其中新能源领域的并购达6起，涉及金额58.5亿元，占整个并购金额的63.7%。全市30家上市公司总市值突破2300亿元，市值超100亿元企业达8家，证券化率达93.6%。

【地方金融产业提速发展】 认真落实省委、省政府“八大万亿产业”的决策部署，积极开展金融服务体系、新型金融业态规范等方面的创新探索，通过外来招引与本土培育，促进金融要素集聚，发展壮大金融产业。一是金融集聚平台建设取得突破。根据产业布局的总体规划，围绕打造特色金融产业的目标要求，以太湖绿色金融小镇规划建设为龙头，推动南太湖现代金融产业园、浙江长三角金融后台服务基地等金融集聚平台建设，积极培育基金投资、融资租赁和支付结算等绿色金融新业态。2017年，全市新增各类金融新业态538家，累计达1154家，管理资本2316亿元。太湖绿色金融小镇成功挂牌，银河金控、中证报价系统和中国白银等30余家绿色金融机构已进驻。二是金融业态发展进一步规范。按照“稳数量、提质量、强融合、防风险”的思路，健康有序发展金融新业态。建立类金融组织市场准入联审机制，对名称和业务范围中含有“网贷”“金融”等19个字样的登记申请，原则上不予注册，从源头上防范风险；对股权投资基金、投资管理、资产管理和融资租赁等符合产业导向的金融业态，集聚到金融小镇，集中管理、强化服务，积极打造良好的金融生态环境。

【金融生态环境持续优化】 坚持优化金融服务与防控金融风险并重，打出一系列“组合拳”，着力强化企业帮扶，开展互联网金融风险专项整治，严厉惩治非法集资和恶意逃废债行为，加大不良贷款处置力度，全力稳定金融形势。一是排查整治行动有序推进。制订2017年度金融领域的风险防范专项行动工作方案，结合中共十九大、省第十四次党代会和世界互联网金融大会等重大活动会议期间金融维稳安保工作，各县（区）、各行业主管、监管部门协同联动，开展互联网金融、非法集资和交易场所专项排查整治行动。2017年，全市共立案非法集资案件14件，涉及金额4.6亿元，分别同比下降30%、22.1%，关停、取缔P2P机构13家，清理违规开展支付业务企业2家。二是涉企金融风险有效化解。严格落实守信联合管控的要求，对授信在3000万元以上的企业，采取联合授信管控措施，避免过度授信，防止企业杠杆率超出合理水平。紧盯担保圈中的“节点型”企业，逐个企业制定风险处置方案，采取有效措施降低担保链的潜在风险。金融机构加大不良贷款打包处置和对上争取核销力度，为加快发展腾出空间和资源。截至年末，全市银行机构不良贷款率0.95%，比年初下降0.3个百分点，关注类贷款比例为2.38%，比年初下降0.69个百分点，银行信贷资产质量居全省第2。

（吕　凡）

·金融业·

【概况】 2017年，湖州市金融系统深入推进供给侧结构性改革，聚焦"中国制造2025"国家级示范区、国家绿色金融改革创新试验区建设，深入开展"四新"主题实践，扎实推进"六重"工作，加快经济发展转型升级，经济运行呈现稳中有进、转中向好态势。

【社会融资结构持续调整】 2017年，全市社会融资规模增加747.09亿元，同比增加139.38亿元。受大环境资金面整体偏紧影响，全年全市社会融资规模结构出现较明显调整，表内贷款扩张明显，直接融资规模减小。全年全市银行信贷规模占新增社会融资规模的69.93%，比上年同期大幅提高33.55个百分点；直接融资规模仅为上年同期的41%，占社会融资规模的17.9%，比上年同期下降35.77个百分点。2017年，全市企业债发行额仅为上年的30%，企业"去杠杆"动机显著，同时考虑到当年高企的债务融资价格，"降成本"因素也导致企业债少增。据监测，2017年债券票面利率价格高达7%，比上年大幅提高2~3个百分点。在上市融资方面，受证券业监管部门IPO政策偏紧影响，2017年主板市场融资节奏有所放缓，全市主板市场股票融资额下降22%。

【贷款增量创历史同期新高】 至2017年年末，全市本外币各项贷款余额3281.05亿元，比年初新增523.47亿元，是2016年全年增量的2.35倍，增量创下历史同期最高水平；年内贷款增幅创2011年以来新高，至年末，同比增长18.98%，高出全省平均8.7个百分点，居全省首位。主要呈现以下特点：一是实体经济信贷投入合理增长，行业间配置更趋均衡。至年末，全市非金融企业及机关团体贷款余额1995.84亿元，比年初新增219.4亿元，占全市贷款增量的41.91%，同比提高9.11个百分点，对公贷款对全市信贷的贡献度得到进一步提升。与2016年同期51%的贷款增量投向水利环境相比，全年信贷资源结构调整明显，行业集中度有所下降，新增前三大行业分别是水利环境（24.61%）、商务服务（9.65%）和交通运输（7.72%）。二是金融助推产业结构优化，重点特色领域保障充分。2017年，全市"4+3+N"（即信息经济、高端装备、健康产业和休闲旅游四大重点主导产业，金属新材、绿色家居和现代纺织三大传统优势产业，节能环保、时尚、特色金融、地理信息、新能源汽车、生物医药、现代物流、文化创意、电子商务、休闲农业等N个新兴增长点）产业贷款余额734.79亿元，增长13.58%，其中四大重点主导产业贷款余额309.3亿元，增长16.41%。全市金融系统紧抓绿色金融改革创新试验区建设契机，大力助推经济绿色转型。至年末，全市绿色贷款余额799.91亿元，占全部贷款余额的24.38%；"两高一剩"（即高污染、高能耗的资源性行业，产能过剩行业）行业贷款持续回落，比年初减少1.43亿元。三是住户贷款持续高位运行，全面满足多元消费融资需求。2017年，全市住户贷款新增302.46亿元，其中消费贷款新增215.38亿元，接近2016年全年贷款新增总量。进入四季度，受全年信贷规模限制、住房消费回归理性等因素影响，消费贷款增幅结束年初以来逐月走高态势，并直接拉低住户贷款在全市新增贷款总量的占比，12月末，全市新增贷款中住户贷款占比57.78%，同比回落10.48个百分点。在"大众创业、万众创新"背景下，个人经营性贷款成为住户贷款的新增长点，全年全市新增住户贷款中经营贷款占比达28.79%，同比提高10.91个百分点。

【存款总量突破4000亿元大关】 至2017年年末，全市本外币存款余额4045.35亿元，比年初新增492.92亿元，同比增加30.22亿元；存款增幅达13.88%，高于全省平均6.16个百分点，居全省首位。主要呈现以下特点：一是各项存款整体呈现稳健增势。全年全市存款增长均衡性得到较大改善，波动频率与幅度都显著放缓。全年存款仅在7月与12月出现环比负增长，其余月份基本保持平稳增势。全市存款增势稳健性优于全省，除3月存款增幅略低于全省平均水平0.01个百分点外，其余11个月皆高于全省平均水平。二是居民、企业存款流动性需求分化。在资金面整体偏紧背景下，居民及企业等市场主体基于不同考虑，对资金期限结构摆布呈现出不同特点。受住房交易、资产投资等分流影响，全年全市住户存款增幅整体呈现回落态势，从首月的20.61%持续回落到年末的9.04%，其间，对低息的活期存款配置权重明显下降，全年住户活期存款新增63.86亿元，同比少增52.4亿元，占新增住户存款总量的40.3%，同比回落17.7个百分点。在企业存款期限结构方面，市场主体显著调整资金配置结构、主动改善自身流动性，全年企业活期存款新增146.72亿元，同比多增103.36亿元，占新增企业存款总量的80.1%，同比大幅提升57.97个百分点。三是政府性存款的增长贡献度提升。随着各项贷款的快速增长，金融机构更加重视存款资金组织，但受居民储蓄分流、企业持币观望等因素影响，居民与企业存款增长有限。因此，政府性存款成为金融机构重点营销方向，其中房地产市场带动土地出让金的增加，进一步抬升了财政性存款比重。

【信贷资产质量良好】 至2017年年末，全市银行不良贷款余额31.22亿元，比年初减少3.41亿元；

不良贷款率0.95%，比年初下降0.31个百分点，从2014年年初的全省第二高位（2.02%）降至第二低位。主要归功于各银行机构通过充分运用核销、不良资产转让等传统处置方式，推进押品资产交易平台和不良资产证券化等新型处置手段，加大存量不良资产消化力度，由按季处置改为按月处置，加快腾出贷款规模。全年全市通过贷款核销14.62亿元、收回现金12.42亿元、不良贷款转让4.43亿元、证券化2亿元等处置方式，累计处置不良贷款33.78亿元。随着不良贷款压力逐步释放，全市金融生态环境的改善进一步向利率定价传导，12月，全市贷款加权平均利率5.96%，环比回落0.07个百分点，比上半年高峰期回落0.16个百分点。与此同时，2017年以来金融市场利率呈上行态势，并逐步向贷款端传导，贷款利率存在一定的上行压力，12月，全市公司类短期贷款加权平均利率6.01%，比年初提高0.13个百分点，公司类中长期贷款加权平均利率5.8%，比年初提高0.3个百分点，个人住房贷款利率5.2%，比年初提高0.69个百分点。

【金融服务水平不断提升】 一是深化绿色支付体系建设。推广“智慧支付工程”。推动智慧菜场、智慧旅游和智慧公交项目落地。联合省银联、30家银行和140家商户开展全民云闪付活动。大力发展电票业务，采取约谈高管、调研企业和召开推进会等方式推广电票，至12月末，对公网点系统接入率达92%、客户开通率达80%。指导银行全省率先推出电票自助贴现业务，业务申请到资金入账只需1分钟。改善农村支付环境，农村地区手机支付交易笔数、现金汇款交易笔数同比增长1倍以上。二是深化征信服务体系建设。加快绿色信用信息共享平台建设，完成平台建设可研报告，牵头编制市级六部门信息共享合作方案，规范数据采集。大力推广应收账款融资服务平台，至12月末，新增交易104笔、金额22.94亿元。加强诚信文化教育，联合团市委等四部门开展诚信宣传周活动，打造“诚信娃娃”特色品牌，面向全市中小学生发放《诚信成长手册》。三是深化现代国库体系建设。打造标准化国库，建立权力、责任和负面三张清单，出台清单管理办法，强化代理国库业务监管。打造信息化国库，扎实做好第二代国库信息处理系统上线准备。加快推进财政支出电子化处理，拨付资金在途时间缩减至5分钟以内。推广第二代国库信息处理系统三方协议网签办理，12月末，网签数达22600余户，网签率达99%。打造服务型国库，指导银行在全省率先推出储蓄国债（凭证式）到期约定转存业务，在“湖州发布”官方微信号开通国债发行栏目，切实加强国债推介。四是深化人民币流通体系建设。加强现金投放预测分析，制订残损币回笼指令性计划、小面额券别现金投放指导性意见，全年现金投放预测准确率达95%以上。加快现金兑换服务点布局，12月末，已投放硬币自助设备9台、ATM机小面额自助取款设备8台，切实增强现金供应能力。加强反假货币宣传，邀请专家面向全市金融系统讲解两个金融行业标准，开展反假宣传24场（次），发放资料8万余份。五是深化金融消保体系建设。开展金融普惠调查，联合市统计局、金融办填报普惠金融指标，编制首份《普惠金融发展报告》。以银证保全覆盖为选样标准，挑选5家机构开展金融消费者素养和满意度两项调查，了解金融普及程度。加强金融知识普及，开展“每天五分钟，跟我学金融”金普月活动，拍摄金融消保、绿色金融等11个宣传微视频，在全市银行业和地方主流媒体公众号播放宣传。开展“金融读本送两会”“砥砺奋进的五年”等大型宣传10余次，受到社会群众一致好评。妥善处理消费者投诉，全年处置消费者投诉、咨询10余起、群众信访1起，处理满意率达100%，维护了金融消费者合法权益。

【加快绿色金融试验区建设】 一是牵头推动湖州获批成为全国绿色金融改革创新试验区。出台2017年绿金行动计划，建立“年度考核、季度例会、月度通报、每旬简报”工作机制，强化创建合力。6月23日，经国务院同意，湖州市正式获批成为全国绿色金融改革创新试验区。二是合力推进绿色金融试验区建设。参与编制《湖州市国家绿色金融改革创新试验区建设实施方案》《湖州市建设国家绿色金融改革创新试验区的若干政策意见》，出台项目、产品、政策、任务和司法保障5张清单和25项财政扶持政策。协同做好绿色金融试验区建设动员大会会务工作，受到市政府表彰。承办全国绿色金融成果湖州站巡展，为试验区建设营造强大声势。三是推动多领域取得率先突破。印发全国首个区域《绿色金融发展“十三五”规划》，全国首套区域绿色金融统计指标运行报数。推动设立20亿元绿色产业基金和每年10亿元专项资金。推动农信系统全省率先实现绿色金融事业部全覆盖，推广环境权益质押贷、节能减排贷和绿色产业链融资等创新产品90余个，全市“绿色项目库”融资对接率超75%，12月末，绿色信贷余额799.9亿元，比年初增长80.0%，

【推动本外币一体化管理】 一是加强本外币协同管理。出台《跨境资金流动本外币一体化管理实施意见》，从组织架构、对外沟通、信息共享、业务协作和联合监管5方面提出15条举措，完成县支行跨境职能整合，实现本外币业务“单一窗口”办理。编制《本外币业务操作指引》，下发金融机构，促进业务规范办理。二是加快贸易投资便利化。联合市商务局出台《重点外贸综合服务企业认定和管理办法》，支持外贸新业态发展。参与湖州市保税物流中心（B型）申报。举办外汇支持实体经济发展暨“一带一路”政策宣讲会，向全市100余家重点涉外企业提供政策咨询和辅导。推广全口径跨境融资宏观审慎管理，指导地方政府通过境外发

债，实现1.2亿美元募集资金流入，推动老恒河酿造单笔1亿美元外债资金入境，外债提款额同比增长2.5倍以上。三是加强跨境资金异常流动监管。建立资金异常流出监测机制，专项检查19家净流出重点企业，4家降为B级监管。创建个人分拆购付汇监测指标，立案查处分拆购付汇案件4起。

【维护区域金融稳定】 一是防为上，加强重要风险监测预警。强化银行风险监测，出台《投保机构风险监测、预警与纠正制度》，实行风险告知书制度，开展跨市场交叉性风险、农信系统经营风险、村镇银行流动性风险等排查整治20余次，摸清银行风险底数。关注房地产市场风险，针对房地产市场过热现象，推动出台《促进房地产市场平稳健康发展的补充意见》，组织开展个人消费信贷风险排查，严防资金违规流入房地产市场。防范互联网金融风险，会同市公安局等部门开展互金风险整治行动，立案非法集资案17起，关停取缔P2P机构13家，清理违规开展支付业务企业2家，查处信用卡非法套现案2起，形成震慑作用。二是管为要，推动金融机构合规稳健经营。加强金融机构监管，开展各类检查30余次，严格执行反洗钱、征信双罚制，全年处罚高管7人（次），罚款156.4万元。探索开展监管“回头看”，对上年被查单位进行回访，巩固监管成效。加强支付市场监管，推动反欺诈中心建设、防范网络新型违法犯罪工作纳入《全市平安维稳目标责任书》，联合开展非法买卖银行卡信息、预付卡违规经营等整治行动，保持监管高压态势。全省率先建立展业非银支付机构联席会议制度，实行常态监管。加强反洗钱监管，出台《重点可疑交易报告指引》，移送的线索立案2起、破获1起，实现洗钱定罪突破。完成反洗钱分类评级。全省率先运用银行外部审计评价反洗钱工作，受到杭州中心支行肯定。与市国、地税签署《涉税领域反洗钱合作备忘录》，强化监管合力。三是稳为重，推进市场“出清”和“去杠杆”。加快推进破产重整，推动建立“僵尸”企业处置18家单位联动机制，承担信息修复、配合惩治逃废债等职责。与市中级人民法院建立破产重整季度会商制度，邀请专家举办破产重整培训，推动3家重点推进企业初步锁定意向投资者。推动债转股取得实质进展，开展四轮摸排，按照资产负债率高低、企业意愿强弱两个标准，建立潜在目标、重点关注和重点推进三个企业库，对负债率超80%、债转股意向强烈的20家企业重点论证，一企一策推动银企签订债转股协议4单，天草生物已引入风投资金3750万元。保持不良贷款余额和不良贷款率“双降”，成功化解南方通信、环球轻纺等大型企业信贷风险。 （吴辰怡）

·银行监管·

【概况】 2017年，湖州银监分局着力打造“绿色金融、普惠金融、和谐金融”三大升级版，全力服务实体经济；深入开展“树合规、守秩序、防风险”专项行动和“主动对接新业态、改革创新促转升”主题活动，治理金融乱象，守住风险底线，加快银行业改革转型步伐。全年，湖州银监分局分别得到银监会、浙江银监局和省、市各级政府领导65次批示肯定，并得到国家级、省级主要媒体70次专题报道，行风评议总体满意率达100%，荣获“银监会系统文明单位”“浙江银监局年度考核一等分局”“浙江银行业转型升级推动优秀分局”等集体荣誉7次。

【重点领域金融服务全面加强】 引领银行业规范利用银团贷款、“PPP模式”、专项建设基金等融资模式，多渠道、全方位支持重点项目建设。年内，对接中心城区棚户区改造项目36个，融资金额356.70亿元。以建设“中国制造2025”试点示范城市为契机，推动传统制造业改造升级，支持“绿色智造”加速发展。年末，辖区内银行业高端装备制造业贷款余额60.33亿元，同比提高19.06个百分点。

【绿色金融标杆品牌持续唱响】 制定全国首个绿色金融专营体系建设标准，推动全国首家绿色金融专营支行和首家绿色小微专营支行分别在湖州南浔区和安吉县落地。截至年末，辖区内银行业已设立绿色专营机构3家、绿色事业和管理部（室）10个。建立全国首个绿色银行评级系统，实现绿色银行评级的自动化、精准化、常态化和可视化。引导银行业金融机构重点对接绿色项目、绿色智能制造、绿色普惠和绿色消费。其中，“产银融合”的绿色金融发展之路、“财银合作”助推农村绿色产业发展等案例被浦东干部学院生态文明教材采用。截至年末，全市银行业绿色贷款余额798.95亿元，占全部贷款余额的24.49%，比年初提升7.89个百分点。

【普惠金融特色成效逐步显现】 引领银行业倾斜信贷资源，保障小微企业融资需求，银行业小微企业贷款占全部贷款的比率达44%，高于全省平均水平16个百分点。创新“银行＋财政＋农合联”共担风险的助农信贷风险补偿模式，并在多地推广，获得省委、省政府肯定。将土地承包经营权抵押贷款业务拓展至14家银行机构，贷款金额同比增长53.67%。推动银行机构开展“春雨行动”，打通“双创”融资瓶颈，年末，青年“双创”户数、融资余额同比分别增长22.6%和13.51%。

【和谐金融服务品质提档升级】 充分发挥债委会作用，按照支持优质企业、帮扶困难企业和出清僵尸企业“1＋1＋1”的总体思路，指导银行业金融机构组建债权人委员会23家，对14家企业开展重点帮扶，涉及贷款30.44亿元。运用微信平台网上处置金融服务纠纷，消费者投诉处理满意率达98.5%。湖州银监分局被评为浙江银行业“金融知识进万家”宣传服务月活动先进单位，有关推进“专区”双录的工作情况在央视新闻联播中播出。

【信用风险保持低位】 深入开展信用风险专项排查，实现机构、区域、行业和业务四个“全覆盖”，摸清风险隐患。用好押品资产交易信息平台、不良信贷资产打包转让等手段，全年，处置化解不良贷款27.73亿元。截至年末，全市银行业不良贷款余额31.22亿元，不良贷款率0.95%，比年初下降0.3个百分点，信贷资产质量居全省第二。

【操作风险防控有效】 联合市银行业协会搭建负面信息查询管理系统，录入信息3000余条，令违规人员无所遁形。建立“五查”（从业人员行为排查、从业人员负面信息监测询查、新设机构拟录用人员信息预查、从业人员跨行个人账户资金协查、从业人员违规行为跨行追查）工作机制，有效地防止了200余名从业人员带病流动，对5名从业人员开展跨行追责，提升监管震慑力。编制《银行业100个风险飞行检查手册》，明确飞行检查“查什么、怎么查”。全年，湖州银监分局和辖区内银行业金融机构共开展飞行检查43次，发现整改问题600余个，责令银行内部行政警告6人。

【重点领域重点机构风险遏制有力】 “一行一策”制订风险化解方案，有效地缓解安吉交银村镇银行信用风险和德农资金互助社流动性风险。指导法人银行机构开发流动性日常监测预警系统，确保流动性风险总体可控。紧盯重点企业风险，对20家重点大型企业实行“双领办”制度；将684家企业纳入联合授信管理，多头授信、过度授信企业户均授信总额比年初下降13.62%。

【金融乱象全力整治】 围绕防风险、治乱象，深入开展“三三四十”（“三违反”“三套利”“四不当”“十乱象”）专项治理行动，全年共实施现场检查项目8个，发现问题74个，查实违规金额14.95亿元，对10家银行业金融机构和3名银行高管实施行政处罚，罚款455万元。印发“十个不得”（不得违规高息吸存、不得非法返利吸存、不得外包中介吸存、不得虚假增存吸存、不得同业内部倒存、不得超业务范围外部营销、不得超区域范围外部营销、不得擅自开展外部营销、不得虚假和贬低性宣传、不得违规清收贷款）禁令，组织专项暗访，突击暗访14个基层网点，检查范围覆盖市、县、乡（镇）、村，查实一批不规范竞争问题。银行业对合规管理的重视程度明显提高，基层从业人员合规意识明显提升。同业业务、票据业务以及相关通道业务均有下降，空转资金、空转套利现象减少，信贷资金逐步回归实体。

【稳步推进银行业改革转型】 组织开展湖州银行业“主动对接新业态、改革创新促转升”主题活动，全年确定各银行业金融机构申报的转型升级重点项目33个，逐个予以推进和突破。投贷联动业务取得突破，指导湖州银行和太湖远大集团全市首单“投贷联动”业务顺利落地。网点转型服务民生，引领银行业金融机构利用网点和资源优势，将工商、房产等窗口服务事项承接至银行网点，让居民办事“就近跑”“方便跑”。引领湖州银行扎根本土、立足主业和稳健转型，主要监管指标均排名全省城商行系统前列。推动辖区内各农村商业银行整体迈入一流农商行行列，以5年发展规划为抓手，梳理主要改革任务33项、主要工作任务23项。

（虞婷婷）

·中国工商银行湖州分行·

【概况】 2017年，中国工商银行湖州分行以“两山”精神为指导，积极践行“绿色发展”和“绿色金融”理念，持续加强和改进对制造业的金融支持，推动经营转型和持续发展，中国工商银行湖州分行获评“2017年度湖州市绿色金融改革创新试验区建设工作先进单位”“2017年度金融支持地方经济发展先进单位‘银行机构综合先进单位’”“2017年度金融支持制造业发展先进单位”，是全市银行业唯一获得大满贯殊荣的银行机构。

【发展绿色金融】 持续做好绿色经济板块市场定位，把准政策导向，细分目标市场，突出绿色智能制造、绿色支付、绿色消费、绿色普惠等领域的金融支持，优先支持污染整治、节能环保、清洁交通、低碳经济、循环利用以及资源节约类项目。至年末，绿色信贷投放金额同比增长83.76%，全部贷款增速列全省第三，绿色信贷余额占比31.28%，同比增长12.04%。

【做大制造业贷款】 2017年，湖州分行向制造业企业投放表内融资近130亿元，其中投向高新技术、装备制造、转型升级、绿色智能制造贷款金额近80亿元，占比达62%，同比增长23.37%。制造业贷款余额占比达到36.2%，高于全市平均水平12.1个百分点。制造业企业贷款加权平均利率为4.77%，比全部贷款加权平均利率下降万分之四，减少制造业企业融资成本2451万元。

【支持“中国制造2025”】 围绕全市“中国制造2025”试点示范城市建设，持续加大对先进制造业的金融支持力度，支持生物医药、新能源、装备制造、金属管道及不锈钢、特色纺织品、竹木制品等湖州地区特色产业发展，重点保障“3+4+N”产业优化升级的业务需求，继续提升制造业贷款在公司贷款中的比重。持续加大对上市和拟上市企业支持力度，通过上市顾问、并购基金、并购贷款、银团贷款等一系列金融服务方式解决企业需求。

【降低融资成本】 完善小微金融业务中心体制机制，大力推广网上小额贷款，积极申请试点，为客户在循环额度内提供网上银行“随借随还”的融资便利，在提高资金利用率的同时，帮助企业客户降低财务成本。积极尝试银政企合作模式，与湖州财政局、科技局签订合作协议，共同推动科技型企业保证保险贷款业务，利用政府贴息政策为企业减轻财务负担。2017年，湖州分行小微企业平均贷款利率为5.05%，同比下降0.03个百分点。

【严防金融风险】 坚持诚信为底线的信贷文化，注重实质性风险防控，从“控源头、防劣变、促清收”三方面入手，不断加大信贷资产质量管理，确保信贷资产质量稳定。年末，不良贷款余额2.61亿元，不良贷款率0.69%，同比下降0.04个百分点点；当年处置不良贷款3.57万元，新发生不良贷款3.79万元，处置不良贷款占新发生不良贷款的94.19%。不良率继续位列全省系统内和当地主要银行优良水平。

【践行大行责任】 严格落实政府协调事项，在市政府召集市金融办、市银监局等相关部门开展的风险处置协调会中担任主席或副主席，在充分调研、牵头各行认证的基础上，根据合规性和可操作性原则，提出具体帮扶与化解风险预案，助力全市金融安全的维护与实体企业的帮扶。2017年，缴纳税收1.4亿元。 （张胜裕）

·中国农业银行湖州分行·

【概况】 2017年，中国农业银行湖州分行紧紧围绕市委、市政府的战略部署，全力投入“四新”主题实践，以“六重”工作为主抓手，坚持“有效服务实体经济、严守金融风险底线、确保可持续发展”的原则，全力服务保障“乡村振兴”“大湾区”“沪湖发展廊道”等重大战略和绿色金融改革、“中国制造2025”等国家试点以及小微企业等重点领域。2017年，新增融资125.54亿元，贷款增幅居全省农行系统第二位，并获得全国农行五一劳动奖状、“金融支持地方经济发展综合先进单位”“绿色金融改革创新先进金融机构”和“‘小微企业三年成长计划’工作先进机构”等荣誉称号。

【加大信贷投放力度】 在信贷规模趋紧的情况下，坚持贷款投放抢先抓早，当年末，各项贷款新增77.87亿元，创历史新高，列当地国有四大银行第一。从投向看，较好地落实精准服务实体经济的要求，新增贷款主要投向棚户区改造、“五水共治”、高速公路、旅游开发等重点建设项目及先进制造业、绿色项目、现代服务业和支农支小等实体经济重点领域。

【聚力推进绿色金融改革】 在全力以赴参与湖州国家绿色金融改革创新试验区建设中，农行湖州分行成功争取到总行的大力支持，批准湖州分行作为全国农行系统首家试点，特批新设绿色金融事业部，成为全国性银行在湖州的唯一一家绿色金融事业部。以此为契机，创新建立“1+1+3+8+N”绿色专营机构体系［第一个“1”是指在市分行层面单设绿色金融事业部，第二个“1”是指设立了湖州绿色专营一级支行，“3”是指在3个县（德清、长兴、安吉）各选取了一家二级支行打造县域小而精的绿色专营二级支行，“8”是指对另外8家一级支行实施绿色转型，“N”是指创新或推广N项绿色金融产品］，建立涵盖绿色项目、绿色投行、绿色普惠、绿色支付和科技金融的五大绿色产品系列，绿色贷款余额122.03亿元，比年初新增37.33亿元，绿色信贷规模、增量居当地国有四大银行之首。

【探索金融支农新路子】 在全国首创“乡村振兴”导师制项目，推动人员下乡、智力下乡和服务下乡；引入大数据和“互联网+”，推出“美丽乡村贷”、网上惠农贷款等产品，加大农村金融供给，让农户足不出村就能享受便捷金融服务，促生态美、助百姓富。至年末，共发放县域美丽乡村建设类贷款28.98亿元，创建金融自治村368个、惠农通点801家、村民信贷档案12.25万户，发放网上惠农贷款9.72亿元。

【支持小微企业做大做强】 围绕大众创业、万众创新战略，自觉承担国有大行的担当，针对小微企业融资难、融资贵的问题，倾斜信贷资源，控制资金价格，创新推出“拍卖贷”“政府补贴贷”“税银通”等小微专属产品。至年末，小微企业贷款比年初增加13.86亿元，增长27.72%，列当地国有四大银行之首。

【维护地方金融生态环境】 全力做好信用风险管控，坚持一手抓源头防新增，一手抓清收抓处置，2017年年末，不良贷款余额和不良率均创新低，资产质量在系统内和当地国有四大银行中双第一。

（陈 洁）

·中国农业发展银行湖州市分行·

【概况】 2017年，中国农业发展银行湖州市分行紧紧围绕市委、市政府各项决策部署，认真学习贯彻中共十九大精神，坚持稳中求进工作总基调，统筹推进强党建、促发展、树合规、防风险、提效益和建队伍各项工作，有效发挥政策性银行的政策导向和战略支撑作用，提升服务地方农业农村经济发展履职能力。全年发放各项贷款30.75亿元，比上年增加0.28亿元。年末，各项贷款余额106.78亿元，比年初增加14.53亿元，增长15.75%；各项存款余额35.64亿元，比年初增加6.2亿元，增长21.06%；中国农发重点建设基金累计支付使用4.39亿元；不良贷款继续保持零余额。辖区内安吉支行被评为总行“文明单位”，德清、长兴支行被评为省级“文明单位”。

【聚焦支农重点】 面对复杂的金融经济形势和内外部政策频繁调整的严峻挑战，农发行湖州市分行始终坚守本源、专注主业，全心全意服务“三农”发展，以苦干实干的韧劲，着力在早谋划、早突破和早见效上下功夫，加大项目营销力度、加快信贷投放节奏，做大做优信贷规模，重点投向棚户区改造、水利建设，农村公路建设、改善农村人居环境和城乡一体化建设等领域，在有力服务地方“三农”发展的同时，实现自身规模、质量和效益的全面提升。一是全力保障粮食安全。认真贯彻执行国家粮棉油收储政策，及时足额提供信贷资金，顺利完成粮食收购与储备任务，全年累计发放粮食收储贷款1.97亿元，支持轮入粮食10.27万吨；积极做好政策性粮食去库存工作，共出库粮油12万吨。二是大力服务农业农村基础设施建设。围绕重大基础设施和民生工程建设，主动加强与相关部门和企业的沟通协调，加快项目审批，落实贷前条件，确保项目审批落地和项目贷款资金及时投放。全年获批项目3个，总金额13.5亿元，累计发放农业农村基础设施项目贷款28.35亿元，重点支持棚户区改造、农村公路和水利建设等13个项目，其中支持湖州市中心城区、二环南路、长兴中心城区及中心镇棚户区等17个地块的棚户区改造项目3个，发放贷款15.5亿元；支持德清县地理信息小镇建设项目等整体城镇化项目3个，发放贷款9.15亿元。三是银团贷款业务取得突破。2017年，支持银团项目4个，其中长兴县8.9亿元银团贷款获得省分行批复并实现投放，其余3个项目完成上级行评估。四是积极支持绿色金融发展。将服务“三农”与绿色信贷产品有机结合，主动对接“大湾区”“大花园”建设，生态文明先行示范区建设和绿色城市化改造，加大对生态保护、绿色产业、清洁能源、节能减排和资源综合利用等领域的支持力度，截至12月末，全行绿色贷款余额13.8亿元。

【加强风险防控】 始终把防控风险摆在突出的位置，以“信贷队伍建设年”活动为抓手，扎实做好风险防控各项举措，稳步推进全面风险管理体系建设。一是强化资金支付管理。定期开展资金支付管理情况检查，对薄弱环节进行现场辅导，通过检查—辅导—完善的方式，在全行推行规范的资金支付管理标准。二是完善风险排查机制。健全信贷管理“1＋＋”长效检查辅导工作机制，在现有常态化风险排查和适时专项检查的基础上，建立信贷条线多部门联动的季度现场全面检查辅导制度，按季开展全面飞行检查，摸清辖区内风险底数，切实提高辖区内办贷管贷规范化和精细化水平。三是加强风险管理基础。健全完善年度贷款后评价常态化工作机制，组织客户经理每年对所有项目从合规性、安全性和效益性等方面逐个展开分析，针对项目运营实际和风险状况提出明确的后续管理措施。

【深化普惠金融】 按照保本微利原则，对符合农发行政策支持范畴和业务经营范围的涉农企业，按照贷款类型，分别给予不同程度的政策优惠，有效地降低企业融资成本。一是利用人民银行抵押补充贷款（PSL），给予棚户区改造和农村公路项目贷款同期同档次基准利率下浮9.28%的融资优惠，全年累计投放PSL贷款4.5亿元，支持项目4个，为企业节省大量融资成本。二是提升金融服务水平。增强服务意识，减少控制环节，整合、简化资金使用审批流程和管理办法，进一步提高贷款审批投放效率。

【夯实管理基础】 牢固树立依法合规经营的理念，坚持抓重点、夯基础和强整改，进一步提升全行内控合规管理水平。一是完善内控合规体系建设。认真落实各项监管要求，深入开展市场乱象“三违反”“三套利”“四不当”等专项治理及“回补”工作；认真做好2017年度内部控制评价工作，不断完善全行内控管理体系建设；积极组织开展反洗钱、非法集资、信用风险、操作风险和员工行为等专项检查，传达合规经营理念。二是强化财会基础管理。严格落实厉行节约反对浪费有关规定，合理配置财务费用；积极开展各类财会专项检查，强化岗位练兵，提高窗口服务质量，狠抓财会基础管理和员工素质提升。三是强化综合服务管理。增强安全保卫意识，压实安全保卫责任制，有效提升全行技防、物防水平。

（徐玲丽）

·中国建设银行湖州分行·

【概况】 2017年，中国建设银行湖州分行（以下简称“湖州分行”）以党建为引领，以转型为主线，以创新为驱动，以安全合规为底线，践行核心理念，抢抓机遇、提比晋位、夯实基础和强化风控，不断提升发展质量，各项主营业务指标表现良好，绿色发展初显成效，市场竞争力进一步提升，为湖州经济社会发展做出积极贡献。至年末，一般性存款日均余额383.2亿元，比上年新增57.6亿，增量在当地四大国有商业银行中列第一；贷款余额325.1亿元，比年初新增61.6亿元，增量在当地四大国有商业银行中列第二；中间业务净收入同比新增0.5亿元，在当地四大国有商业银行中唯一正增长；不良贷款额、不良率持续保持“双降”，全省建行系统内最低；效益显著提升，拨备前利润同比增长11.8%。

【绿色金融改革创新初具规模】 一是在组织体系建设上，在当地金融机构中率先制订绿色金融改革创新方案《中国建设银行湖州分行绿色金融改革创新推进方案》，制订可操作的湖州分行2017年绿色金融改革创新重点工作清单。成立绿色改革创新领导小组、绿色改革创新推进办公室，设立绿色金融事业部，配备9名绿色金融产品经理。首批设立湖州分行绿色金融特色支行2家，分别为安吉支行绿色信贷特色支行、吴兴支行绿色支付特色支行。湖州银监分局同意安吉人民路支行创建绿色专营支行。二是在体制机制改革上，结合湖州实际和监管要求，制定绿色信贷业务授信指引，明确湖州分行绿色信贷支持方向、重点领域和限制行业。在强化绿色信贷业务标识管理基础上，设立“绿色通道”，对符合绿色信贷标准的业务，提供优先服务。强化绿色考核导向，将绿色资产、绿色支付、绿色出行、金融风险和绿色产品创新等8项、26个指标纳入KPI考核中的加、减分项目。制定绿色发展指数及绿色支行评级办法，以绿色发展先进支行为标杆，带动全辖区内各机构提升绿色发展水平。至年末：绿色信贷余额35.5亿元，比年初增加26.4亿，增长288%，绿色信贷在对公贷款余额占比达22.9%；网上银行、手机银行和智慧柜员机等绿色支付量占比（客户在非网点渠道办理的业务量在全渠道业务量的占比）达98.02%。

【客户综合服务能力进一步提升】 一是做突破、抢首单，带头推动投行及国际业务的创新突破。联动建银国际发行海外债，成功为重点客户湖州城投集团实现融资3亿美元；实现首单股权投资项目的投放，为长兴交通投资集团有限公司理财融资3.34亿元；承销超威电源有限公司首期3.5亿元超短期融资券发行，填补了湖州分行债券承销业务的空白；产业基金业务取得阶段性成效，与安吉县政府签订《安吉县“两山”理论实践示范县绿色发展基金框架协议》，首期项目已开始运作；在省分行协助下，实现委托贷款业务零的突破；先后推出国际业务“小微出口贷”等28项产品落地，其中“出口双保理”“大宗商品期货通”等11项产品实现首笔破零。二是持续抓好“圈、链、群”建设。新增ETC生态圈、浙北大厦生态圈、龙支付客户专享商圈以及银驾通学车一族生态圈等万户以上大圈项目4个；建设党费云、房产超市网等小圈项目9个；实现“银校通”100%全覆盖，“银医通”项目共上线10家医院，“银医通”覆盖率达61.54%，成为湖州重点学校和医院合作数最多的银行，在湖州教育和卫生系统形成品牌效应。三是不断提升管理精细化水平。在业务创新的同时，秉持“深耕一公里，做透五百米”的理念，抓人员集约化管理，减少高柜4个、低柜5个，有效地补充营销服务人员，网点逐渐从交易核算型向营销服务型转型；抓服务渠道优化，减少17个自助银行点、回收37台自助设备、撤销1个网点，转轻型网点2个。

【强化合规和风险管理责任】 一是全面加强合规文化建设。开展手写《合规承诺书》、新员工“合规第一讲”“银行信贷业务中的法律风险及防范”专题讲座、季度合规知识测试等多种形式的教育培训活动，全年举办“合规官大讲堂”19次，开展“支行行长讲合规”活动15次，编发《合规知与行》10期，组织开展季度“合规之星”评比等，增强全行合规文化氛围。二是制定风险管理职责实施意见，重视资产质量管理，持续推行由市分行行领导牵头督导、部门配合和上下联动的重大信用风险项目化解处置工作机制，进一步强化信贷主体责任。三是加大日常监测，运用各种工具和平台，提高潜在风险的预警和识别能力，早期预警客户实现提前退出，成效明显，授信审批更注重客户的现金流及对实质性风险的判断和监管工作要求，全年无新发放贷款产生不良。四是针对存量不良项目，制定一户一策，加快启动司法程序，做到应诉尽诉，排定处置路径和时间，全力推进和落实不良处置方案，完成上级行下达的不良贷款处置计划。

2017年，中国建设银行湖州分行文明创建工作屡获佳绩，安吉支行分别获得“全国文明单位”“中国建设银行总行级文明单位”荣誉称号，南浔支行团支部获评“全国金融系统五四红旗团委”，长兴支行营业部荣获全国银行业协会文明规范服务“千佳网点”，南浔支行营业部、长兴支行营业部、安吉支行营业部、市分行营业部荣获中国建设银行总行级“五星级网点”，城中支行获省级巾帼文明岗，为全行文明创建工作及服务提升工作树立了榜样。（赵　宁）

·中国银行股份有限公司湖州市分行·

【概况】 2017年，中国银行湖州市分行紧密围绕湖州市社会经济发展战略，深入贯彻总行“担当社会责任、做最好的银行”的发展理念以及浙江省分行提出的“党建引领、客户第一、效益为重、转创发展、合规经营”二十字工作方针，全力推动全行经营目标的实现，为湖州市经济发展做出应有的贡献。至年末，各项存款余额180.42亿元，比年初新增11.79亿元；各项贷款余额204.34亿元，比年初新增25.08亿元；不良贷款余额1.73亿元，比年初减少0.28亿元；不良率为0.93%，比年初下降0.34个百分点，资产质量优于当地同业平均水平。荣获市银监分局“平安金融单位”；获得市人民银行“跨境人民币业务优秀行”；获得市金融办“金融支持实体经济先进单位”；获得市文明办“2017年湖州市人民政府创建全国文明城市工作先进集体”等多项荣誉。

【支持实体经济转型升级】 主动担当支持服务地方建设的社会责任，把支持地方经济转型升级作为自身发展的基础和首要任务，围绕“湖州十三五规划”，主动融入政府主导的重点建设项目，加大对浙商回归、“五水共治”“三改一拆”等重大基础设施投资和重点产业项目的信贷支持，至年末，投放重点项目10个，投放金额10.96亿元，储备项目19个，储备金额36.7亿元。鼎力支持制造业转型升级，紧抓湖州“中国智造2025”试点市机遇，支持绿色制造、智能制造以及“4+3+N”产业，大力支持高端装备、金属材料、食品制造、绿色能源等行业龙头企业。通过量化融资标准来降低信用风险，加大先进项目和企业的授信支持力度，通过定标准、优结构、明政策来支持制造业转型升级，全力做好“加杠杆”。

新增制造业贷款3.9亿，占分行公司贷款新增比例的49%。对落后产能和影响环保的企业加大退出力度，坚定执行“去杠杆”。存量客户去产能、优结构退出金额4亿元。支持地方保障性安居工程项目的建设。积极响应国家支持城中村改造、棚户区改造和公共租赁等保障性安居工程的建设要求，至年底，分行房地产开发贷款余额25.97亿元。其中保障性住房开发贷款17.42亿元。积极响应湖州绿色金融改革工作，成立绿色金融工作小组，并向上级行提出诸如提供绿色信贷专项规模、建立绿色信贷审批专用“绿色通道”、成立绿色金融事业部、专营支行等一揽子优惠扶持政策及资源业务倾斜，力争打造成为全省中行系统绿色金融的“样板行”，为湖州绿色金融改革工作多做贡献。

【提升金融服务能力】 充分发挥中行国际化多元化的优势，加强海内外联动，提升贸易金融服务水平，支持实体经济发展。创新推出“汇总征税保函”，帮助企业提高通关效率，节约财务成本，为湖州地区唯一一家成功开立汇总征税保函的金融机构；积极开展“跨境资金池”业务，降低跨国企业集团跨境资金调剂和归集的资金成本；持续跟踪营销当地重点建筑类企业，为中铁十六局叙做大额工程“履约保函”1.1亿元，为分行迄今单笔最大的保函业务；积极拓展供应链融资业务，年内已成功为久立、香飘飘等重点客户累计叙做融易达产品2亿元，减少核心企业资金占用，有效稳固和改善买卖双方的合作关系；为香飘飘支付574.2万欧元的设备预付款、并锁定后续的设备进口信用证，此笔业务涉及总金额达1914万欧元，为分行单笔最大的设备进口业务；在人民币贷款规模紧张的现状下，大力推广外币贸易融资产品，有效地满足外贸客户的融资需求；创新担保方式，办理分行首笔“票易通+国内商贴池融资”业务，盘活企业闲置票据，满足企业低成本的融资需求，而且一并解决频繁融资导致手续烦琐、管理成本高的难题，得到了客户的赞扬。

【持续深化便民惠民服务】 除特色便民、惠民服务社保卡、安吉白茶金溯卡之外。分行持续深化便民惠民服务，自5月起，陆续向全辖各网点投放智能柜台，截至年底，已做到基本覆盖。智能柜台通过业务流程重塑，完整迁移柜面非现金业务，使“客户自助，柜员协助”成为客户办理业务的主模式，操作方便、快捷，业务办理时长节省60%，在提升客户服务能力、减少客户等候时间、改善客户体验方面取得明显成效，使得在网点排队等候时间明显减少，提升客户体验，得到客户一致认可。分行积极履行社会责任，先后开展“非法集资宣传月”“金融知识万里行”等金融知识宣传活动，通过“网点宣传”“阵地宣传”“特色宣传”等多种形式做好公众金融知识宣传教育，提高社会公众风险防范和使用正规金融服务知识。2017年，共组织宣传活动30余次，受众消费者2000余人，播放宣传飞字58条，发放宣传资料4000余份，微信推送点击量达1000余次。（赵辰林）

·交通银行湖州分行·

【概况】 2017年年末，交通银行湖州分行本外币存款138.91亿元，其中人民币存款135.4亿元，人民币各项存款日均余额127.1亿元；全融资余额195.02亿元，其中人民币贷款125.01亿元，剔除不良贷款打包、核销因素，至年末，贷款投放比年初实际增加5.87亿元，实现经营利润2.22亿元，逾期贷款和逾期贷款率实现实质性的“双降”。

【服务实体经济】 积极争取上级行资源，拓宽融资渠道，加强对“六重”清单、“4+3+N”现代产业体系和市重点项目的金融保障，截至年末，交通银行湖州分行已对接项目25个，授信总额97亿余；使用总行、省分行重点项目专项规模3.6亿元。综合运用资产池、直投、短融、中票、资管以及资产证券化等方式满足客户多元化的融资需求，2017年，落地2笔直投业务。

【发展绿色金融】 交通银行湖州分行利用湖州市绿色金融与“中国制造2025”智能制造全国试验区的政策，积极向上级行争取“三专”政策，至年末，分行绿色信贷余额27.59亿余元，比年初增加3.9亿元，增速高于各项贷款平均增速。着力优化信贷结构，至年末，鼓励类行业贷款余额19.83亿元，占比比年初上升1.17个百分点；减退敞口余额2.6亿元，压降率达41.82%。

【加强支农支小】 交通银行湖州分行贯彻国家“三农”政策，加快涉农贷款投放，2017年，分行涉农贷款增长64.51%，同比增3.24%。持续深化小微企业金融产品和服务方式创新，推广创新产品——快捷抵押贷，至年末，分行快捷抵押贷业务47户，贷款余额7047万元。针对实体经济下行的压力，提高小微业务不良的容忍度。至年末，分行小微企业贷款余额52.3亿元，比年初增加5.6亿元。

【提升服务水平】 交通银行湖州分行继续开展“百名行长进千企”大走访活动，分行领导带队深入企业了解生产经营情况和项目建设进展，调研企业融资需求，制定并有效落实解决方案，2017年，走访企业320户，其中表内企业184户，走访率达95%；表外企业126户。与企业结对帮扶108户，其中表内企业50户，表外企业58户；帮助企业解决实际问题143个，其中表内企业84个，表外企业59个，包括对接融资需求、减免费用、扩展电子产品渠道服务和优化授信调整方案等内容。

【加大风险管控】 交通银行湖州分行常态化开展日常反洗钱工作，积极参加重点可疑报告劳动竞赛，组织开展了“树合规、守秩序、防风险”专项行动，防患于未然，全年分行安全运营，未发生员工违法违规或重大声誉风险事件。以“专项行动”为抓手，综合运用多种清收手段，2017年，全年实现风险资产现金清收3.31亿元，是历年来清收力度最大的一年，并以“降损增利”为目标，落实重组方案41项，涉及重组金额6.53亿元。

【对接“最多跑一次”改革】 提升金融服务便利，交通银行湖州分行在全省系统内率先完成非税收入线上线下接入政府支付平台工作，至年末，非税收入汇缴结算账户余额1.47亿元，比年初增加8162万元。全力打造绿色支付体系，对公网点均已开通电票系统，电票业务使用率达70.8%，电子商业汇票贴现业务笔数和金额分别占分行贴现业务的82.59%和83.92%。

【加强金融宣传】 2017年，交通银行湖州分行继续参加“行风热线”节目，接受社会监督；有序推进“存款保险标识使用”“金融消费者权益日”“提升服务实体经济质效、普及金融知识万里行”“走进交行、感受温馨”等各类宣传活动，组织员工积极投身文明城市创建，有2名员工分别荣获“湖州市创建全国文明城市工作先进个人”“全国文明城市创建志愿服务类先进个人”。（潘颖谦）

·湖州银行·

【概况】 2017年，湖州银行以习近平新时代中国特色社会主义思想为指导，认真学习贯彻中共十九大精神，主动适应经济发展新常态，扎根地方、深耕本土、服务实体，加快改革创新，厚植绿色金融，各项工作取得新突破、迈上新步伐。

【经营业绩全面提升】 至年末，全行总资产443.86亿元，同比增长17.3%；总负债414.10亿元，增长18.07%；所有者权益29.76亿元，增长7.52%；全行各项存款余额372.61亿元，增长19.01%；各项贷款余额239.91亿元，增长10.25%；实现账面净利润3.15亿元，增长30.42%。湖州银行全年在省内9家同类城商行每月总资产、总负债、存贷款、不良贷款率等7项增速和质量排名中保持前三名。

【绿色金融全面深化】 一是绿色占比不断提升。年末，全行绿色信贷余额73.97亿元，占比30.83%，高于全省平均约20个百分点，高于全市平均10个百分点。二是多项工作领跑同业。出台全国城商行首部战略规划、设立全国城商行首家绿色金融部、首个绿色小微企业专营支行、创新推出全国城商行首套绿色信贷评价标准、设立全国金融机构首个董事会下绿色金融委员会等。三是行业体系高度认可。与工商银行、兴业银行、江苏银行成为中英首批试点开展环境披露的4家银行机构之一；园区贷等案例被绿色金融专业委员会和上海复旦大学收录；被推荐为中小银行代表在伦敦举行的2018年气候债券倡议组织年会暨绿色债券颁奖典礼上交流绿色金融经验。四是专家聘请成功有效。聘请中国金融学会绿色金融专业委员会主任、清华大学金融与发展研究中心主任马骏等专家为湖州银行绿色金融专家顾问团顾问，指导绿色金融建设。

【转型发展全面推进】 一是产品创新亮点纷呈。打造“园区贷”“光伏贷”等六款明星产品，全年六款产品累计发放114.2亿元，不良率仅0.24%。二是互联网金融深入发展。持续与微众银行、网商银行等互联网金融公司对接，借助外力积极探索相适应的分析模型，逐步建立特有的产品体系和运作模式，进一步拓宽互联网合作渠道，推进普惠金融的服务工作。三是中间业务发展有力。依托“互联网+”渠道，支付结算服务功能获得新突破，延伸了服务的广度；理财业务作为增量扩面的有力手段，拓展了服务的宽度；代理保险业务作为发展中间业务的突破口，提升服务的厚度。四是网点转型成效显著。全面推行“下沉”战略，推动网点业务下沉、服务下沉、人员下沉，激发二级支行活力；加大物理网点布局调整，进一步优化网点布局。

【风险控制全面加强】 2017年，湖州银行精准发力，不断完善资产质量管理激励约束机制，以信贷资产情况“三张表”为基础，落实现金清收、转化不良贷款新举措，打赢信贷资产质量保卫战。年末，全行五级不良贷款余额2.29亿元，比年初减少0.44亿元；不良率为0.95%，比年初下降0.30个百分点，保持全省城商行领先水平，优于省内其他7家同类城商行；年末，拨备覆盖率416.0%，比年初提高119.43个百分点，位列全省同类城商行第一。

【社会贡献全面提高】 全年应交税费2.91亿元，同比增长26.37%。一是做大信贷支持。通过贷款投放、引进市外资金等方式，全年累计投放贷款超300亿元，已引进市外资金余额22.30亿元，已审批资金26亿元。二是做优信贷结构。充当“城中村”改造项目金融后盾，已对接15项105.8亿元；对接“4+3+N”“中国制造2025”等重点产业、项目贷款，相关贷款余额75.63亿元；加大小微企业帮扶，贷款余额152.62亿元，比上年同期增加13.12亿元；推动科技金融服务，相关贷款余额12.86亿元；加大三农服务，相关涉农贷款余额为79.37亿元。三是做优金融服务。明确审查时效，推出贷款时效承诺；降低企业融资成本，通过“园区贷”“更新贷”等产品，节约企业融资成本3000万元；帮扶困难企业，涉及总金额3.78亿元。

（冯伟伟）

·浙江省农村信用社联合社湖州办事处·

【概况】 2017年，湖州农信系统坚持稳中求进工作总基调，坚守姓

"农"、姓"小"和姓"土"核心定位，进一步向实、向小、向内，以"比学赶超年"活动为载体，统筹推进各项工作，业务规模不断壮大，资产质量保持稳定，创新能力稳步提升，竞争实力逐步增强，农村金融主力军、地方金融排头兵、普惠金融模范生和绿色金融先行者作用更加明显，为湖州市经济社会发展做出积极贡献。全年存、贷款总额达1095.10亿元、693.64亿元，同比分别增长13.27%、10.15%，存、贷款市场份额达27.07%、21.14%，稳居全市金融机构首位。为350余万客户提供基础金融服务，为23万个人和7563户企业提供信贷支持，发放全市30%的涉农贷款和35%的小微贷款。实现财务收入63.99亿元、账面利润17.55亿元，缴纳税收6.88亿元，地方入库税收居全市银行业首位。湖州农信存款规模跻身"千亿俱乐部"，在全省农信系统普惠金融考核中居首位。辖区内南浔农商行被评为全省农信系统2017年度"普惠金融标兵单位"；安吉农商行被评为进取类（C类）考核一级单位；安吉、南浔两家农商行在全省农信系统"开门红"劳动竞赛中分获一等奖、三等奖；德清农商行被中国银行业协会评为2017年农村合作金融机构支农支小服务示范单位。

【持续深化普惠金融】 一是信用工程建设进一步提升。全面深入开展信用工程评定工作，让农民的信用品质看得见、信用价值可量化。年末，全市已评定信用乡（镇）41个、信用村621个和信用农户4.6万户，覆盖率分别达91.11%、63.11%和80.93%。发放信用贷款14.9万户、196.98亿元，分别占全部贷款总数的61.95%、28.40%，其中个人信用贷款13.91万户、161.88亿元，企业信用贷款10319户、35.1亿元。二是渠道建设进一步完善。优化电子机具布局，减少ATM机15台，增加POS机1135台、自助终端174台。新增"丰收驿站"403家，总数达846家，覆盖面占全市所有行政村的85.94%。新增个人网银客户12.71万户、企业网银客户7241户和手机银行客户25.35万户，总量分别达32.34万户、3.09万户和58.46万户。新增ETC一站式网点32家，总数达80家，新增用户7.71万户，签约客户总数达11.34万户，当年新增ETC用户占全市ETC新增总量87%以上。三是对外合作范围进一步拓宽。加大IC卡行业应用拓展力度，实现智慧菜场、智慧医疗、智慧校园、智慧旅游、智慧公交等行业应用。湖州办事处与市公积金中心、市供销社、中行湖州分行等签订合作协议。德清、南浔、长兴、安吉四家农商行成功接入全国住房公积金银行结算数据应用系统；南浔、安吉、长兴三家农商行成功开立土地使用权网上交易保证金管理系统子账户；南浔、吴兴两家农商行积极开展补贴资金政策综合改革试点。

【切实加快创新步伐】 一是方向引领发挥优势。科学实施全市12项年度重点创新项目和13项年度重点调研课题，其中长兴农商行便民支付云平台2.0项目、安吉农商行绿色金融事业部制建设项目荣获全省农信系统第四届产品与服务创新三等奖；德清农商行客户分层营销课题、安吉农商行财富管理课题荣获2017年度浙江农信系统一般课题优秀奖。二是绿色金改先行先试。贯彻落实省农信联社与湖州市政府签订的《发展绿色金融合作协议》，湖州办事处先后与安吉县政府、长兴县政府签订《推进绿色金融创新试点合作协议》，并由湖州市国家绿色金融改革创新试验区建设工作领导小组办公室发文转发《关于印发〈湖州农信绿色金融创新试点工作行动计划〉（2017～2021年）的通知》，成立湖州农信绿色金融领导小组，重点推进绿色信贷、绿色支付、多方合作、信息共享、运营管理和风险防控"六项行动"。辖区内各农商行均设立绿色金融部，南浔农商行在练市设立绿色专营支行，安吉农商行启动"绿色普惠银行"咨询项目。年末，全市农信系统发放绿色信贷134.33亿元，同比增长390.97%，占全部贷款的19.37%。三是产业链金融落地生根。加快"三位一体"（生产、供销、信用"三位一体"农民合作经济组织体系）产业链（物资链）综合化金融服务平台创新，以长兴农商行为主导，探索开展"三位一体"产业链金融服务体系建设，提供产前、产中和产后融资服务和结算服务；以南浔农商行为主导，探索农业担保基金模式，在市本级设立专项农业担保基金2500万元，放大保证金倍数授信给联合社社员，支持联合社生产经营；以安吉农商行为主导，探索丰收驿站内涵提升建设，将丰收驿站打造成为"三位一体"供销服务农资物资交易平台、产品展示销售平台和信息发布平台。

【主动加强风险管控】 一是严格控制信用风险。全市农信系统共查实隐性不良贷款7.18亿元，全部进行集中处理，其中隐性不良转入账面不良6.29亿元，清收处置隐性不良0.89亿元。持续压降3000万元以上大额贷款，全市农信系统3000万元以上大额贷款共52户、22.75亿元，分别比年初减少6户、6.46亿元。探索大额贷款集中管理，长兴、南浔、吴兴三家农商行开展不良贷款集中清收行动，并取得良好成效。二是案件风险严防密查。根据银监部门"治乱象维秩序""三违反""三套利""四不当"等专项治理排查要求，认真开展各项排查工作。强化员工行为动态管理，组织开展员工风险行为专项排查，落实重要岗位轮岗交流、"清雷排险"专项排查等工作。认真做好第五轮安全评估工作，组织全市农信系统安全保卫和消防安全大检查，切实做好中共十九大期间安全维稳工作。三是审计监督力度加大。全市农信系统实施审计项目201个，累计投入审计工作日7520天，出具审计报告216份、审计整改通知书321份、审计整改意见1567条，处理、处罚844人（次），金额82.24万元。建立日常审计督导检查机制，

对省农信联社、湖州办事处以及监管部门布置的审计工作进行督导检查。（陈　云）

·中国邮政储蓄银行湖州市分行·

【概况】 2017年，中国邮政储蓄银行湖州市分行（以下简称“湖州市分行”）紧紧围绕市委、市政府“四新”工作部署，认真践行“创新、协调、绿色、开放、共享”的发展理念，贯彻落实各项工作要求，创新提升服务质效，践行绿色金融、普惠金融、和谐金融。深化金融供给侧改革，强化实体金融保障，推进自身转型发展，维护金融稳定，履行社会责任。截至2017年年末，全行资产总额199亿元，各项存款余额185.6亿元，比上年增加6.79亿元，增长3.8%，各项贷款余额98.95亿元，比上年增加20.89亿元，增长26.6%。新增存贷比306%。贷款不良率为0.42%，比年初下降0.17个百分点，资产质量优于湖州同业平均水平0.53个百分点。

【支持地方经济】 2017年，湖州市分行增强银企合作，全力支持地方经济和社会发展，投放各类资金达100亿元，其中制造业贷款17.9亿元，比上年增加1.2亿元，增长7.21%。对接湖州“生态+”行动，制定《邮储银行湖州市分行绿色金融改革创新行动计划》，与吴兴区人民政府签订《绿色金融合作协议》。支持湖州市绿色项目建设，为长兴和平华电、安吉长龙山抽水蓄能电站、南浔城建、超威集团和湖州城市集团等提供融资支持。湖州市分行绿色金融改革创新项目荣获第五届浙江省金融青年双提升活动“金点子奖”。

【推动支农支小】 2017年，湖州市分行通过多种渠道，重点在支持县域经济、小微企业和“三农”等方面扩大信贷投放。一是扩大小微信贷投放，主动搭建银企服务平台，帮扶困难企业，降低融资成本。小企业金融部从二级部门升格为一级部门，进一步健全小微专营管理机制。至2017年年末，全行小微信贷余额39.4亿元，同比增长13.85%。小微实体贷款增量和增速创6年来的新高。湖州市分行与团市委、市银监分局、市人力社保局合作“青年创业贷款”项目，并连续4年举办“5·28”青年创业贷款咨询对接会，被中央金融团工委评为“2016～2017年度全国银团合作优秀派出机构”，有效地解决湖州青年创业难、贷款难问题。支持小微科技企业，与安吉县科技局、安吉县国信担保公司合作，创新开发“安吉科技贷”模式，探索破解轻资产型科技企业抵押物不足的难题，2017年，发放贷款1450万元。联合市经信委，共同开展小微企业信用评级工作，年内共评级200家小微企业。二是扩大“三农”信贷投放，推广农村绿色支付，升级农村金融服务。至2017年年末，全行涉农贷款余额61.1亿元，增长29.45%，惠及全辖区内4万农户及农村创业青年。推出再就业小额贷款、信用村镇小额快捷贷、美丽乡村农房建设小额贷款和光伏发电设备小额贷款等10款惠农贷新产品。湖州市分行成立三农金融事业部，并在德清、长兴和安吉3家县支行成立事业部营业部，进一步构建和完善湖州市分行全覆盖、专业化的“三农”、普惠金融服务体系。开展“银校合作”，湖州市分行被市新农办列入湖州农民学校委员会成员中。湖州市分行被人行湖州中心支行、湖州市财政局、湖州市人社局纳入“湖州市区创业担保贷款”合作行之一。至2017年年末，湖州市分行在县城及以下农村区域布设74个营业网点、144台自助取（存）款机和19个助农取款服务点，构建“延伸城乡金融服务最后一公里”的便民支农服务体系。与市公安部门合作，率先在全市试点“新居民IC卡”发卡工作，给居住证IC卡附加金融功能，为流动人口提供更多金融服务，2017年，累计发卡63.93万张。

【强化风险管控】 2017年，湖州市分行运用多种风险管控手段，全年案件零发生。一是加强合规案防管理。开展2017年“树合规、守秩序、防风险”专项活动。高密度、多维度地组织各类风险排查，包括非法集资风险专项排查、反洗钱专项整治和理财专区双录专项检查等，90个营业网点的检查覆盖率达100%。组织“内控优化年”活动，开展制度梳理、三项清单整理和手册学习等工作，营造合规氛围。二是加强资产质量管控。积极同市中级人民法院执行局加强合作，联合惩治逃废债。按季开展不良清收集中活动，及时运用风险化解和减额续贷等机制，提前化解风险贷款，全年处置不良贷款4566万元，已连续3年实现“双降”。

【履行社会责任】 一是开展金融消费者权益保护系列活动。与社区结对，在吴兴区爱山街道利民社区、安吉县郎里社区、德清县武康祥和社区、长兴县北门社区、邮储银行长兴县支行营业部和邮储银行安吉县支行营业部建立6个“金融消费权益保护服务站”，在邮储银行网点建立“金融消费者保护示范基地”“金融消费者维权监督基地”，全年开展“3·15”金融消费者权益宣传服务、“有效服务实体经济普及金融知识万里行”等各类宣传活动200次。二是积极投身社会公益事业。将每年的3月20日定为邮储银行公益日，组织员工参与到无偿“献爱心自愿献血”“文明交通劝导”“慈善一日捐”“梦想银行”“公益健步走”等公益活动中。积极响应湖州市创建全国文明城市的号召，组织行内志愿者参与“文明交通劝导”行动。2017年，湖州市分行荣获“省级文明单位”称号、湖州市“支农支小先进单位”称号。（管史璇）

·浦发银行湖州分行·

【概况】 2017年，浦发银行湖州分行（以下简称湖州分行）进入全面盈利阶段，风险得到控制，各项工作稳步推进，监管要求进一步落实。年末，本外币一般存款余额46.98亿元，比年初增加2.82亿元，增长6.39%；总资产规模达120亿元，比年初增加16.37亿元，增长15.74%，其中贷款余额82.25亿元，比年初增加11.7亿元，表外业务余额32.79亿元，比年初新增1.82亿元，类信贷业务余额5亿元，比年初新增2.85亿元；对公目标客户数1251户，比上年增加138户，增长12.4%，零售基础客户7020户，比上年增加2491户，增长55%；营业净收入2.81亿元，比上年增加0.58亿元，增长25.93%；不良贷款余额0.26亿元，不良率0.30%，比年初下降0.58个百分点。2017年，湖州分行获评湖州市文明城市创建活动先进集体；连续3年获得湖州市国家外汇管理局外汇管理A等行；湖州分行营业部获评中国银行业文明规范服务四星级营业网点。

【推动地方经济发展】 2017年，湖州分行紧密围绕市委、市政府金融工作重点和湖州经济结构、产业特点，依托地方经济转型升级，主动对接重点项目，积极支持优质工业企业，持续加大中小企业信贷支持，大力推进绿色金融发展。一是聚焦项目突出重点。全年对接政府重点项目和中长期项目36个，落地9户，金额达11.7亿元；对接PPP项目3个，金额40亿元；投放银团贷款6.82亿元；申报股权基金业务三单，申报金额4.26亿元。二是全面构建绿色金融。年末，绿色信贷余额12.51亿元，表外融资达3.73亿元。对接绿色债券需求企业3家，发生业务5笔，融资金额3.63亿元。与湖州市城市集团签署未来5年承销50亿元绿色债务融资工具的战略合作协议。三是大力打造智慧小微。在信贷行业政策管理较严的背景下，湖州分行对有核心技术、有产品优势和成长性好等特点的小微企业加大服务力度，丰富小微信贷产品推广运用。小微企业贷款余额29.01亿元，绿色小微贷款余额4.66亿元，比年初增加3.45亿元。四是积极推进零售客群增长。通过加大产品市场宣传力度、客户外呼营销力度、厅堂客户推介力度，全年新增零售基础客户7020户，增长55%；新增零售中高端客户1162户，增长31%，净增信用卡活跃户1832户，增长60%。

【强化业务转型发展】 聚焦经济新常态，以创新为驱动，明确工作思路和重点，利用投行、交易银行业务积极推动业务发展；推进综合网点（营业部）转型的实施，由单纯结算服务型向销售服务型转变；积极筹建南浔小微支行。一是继续保持优势产品。全年新增供应链客户3家，融资客户14户，融资金额12.82亿元，笔数75笔，融资成本4.41%左右，在资金紧张的情况下为实体经济切实降低成本。二是推动零售数字化建设。推出驾校项目，月均获客户1000户；“公积金点贷”“诺诺银税贷”二个线上贷款平台至年末获客户1000户，余额8000万元；拓宽信用卡线上渠道，年内3家平台已经启动。三是完成二级分行管理架构。湖州分行进行营业部改制，运营管理部与大营业部职能分离，营业部“改制”为经营机构，设立运营管理部，原营业部由单纯结算服务型向销售服务型转变。

【全力降解不良贷款】 湖州分行不良率已连续3年下降，年末，不良贷款率远低于年初计划的1.2%，资产质量实现根本性好转。一是不良率低于区域同业和系统内平均水平。2017年，全行不良贷款率0.3%，比年初下降0.58个百分点，低于全市平均水平0.65个百分点，低于杭州分行平均水平1.55个百分点。二是各项信贷结构持续得到改善。年末，湖州分行支持类贷款余额占比49%，比年初提升14个百分点，压控类贷款余额占比25%，比年初下降23个百分点；中长期贷款余额占比57.22%，比年初增长9.23个百分点；信用评级A－及以上客户贷款余额占比69.31%，比年初增长6.66个百分点；轻资产业务量13.31亿元，比年初增加3.88亿元；绿色信贷余额11.93亿元，同比增加9.21亿元，信贷结构呈现持续优化的态势。

【营造企业文化氛围】 一是提升专业化水平。鼓励持证上岗，纳入专项考核，全行学习报考热情高涨，全年通过高级客户经理考试12人，通过基金从业资格考试8人，通过银行业专业人员资格考试32人，两次报名人数164人。二是持续开展“双周学习日”活动。通过引入行外师资、监管部门负责人和行内资深员工授课的方式进行，全年开展十六期，分别就中共十九大精神、反洗钱、合规教育、案例警示、2017年主题宣传教育活动和新业务等组织学习。三是常态化合规管理工作。围绕“三违反”“三套利”“四不当”“治乱象维秩序”专项治理工作，多次进行现场和非现场检查，全年发出经济处罚单27份，处罚金额14700元。四是开展全员双聘。年内，湖州分行对本级部室组织架构进行优化，把原来分散的职能进行整合，实现集约化管理，任职超过三年的8位中层和本级普通员工全体起立，进行双聘。中层岗位流动5人，换岗13人，2名普通员工进入干部队伍，岗位轮动率10%，多名员工选择突破自己，进入了具有挑战性的岗位，队伍活力得到激发。（姚正阳）

·招商银行湖州分行·

【概况】 2017年，面对复杂的经济金融形势，招商银行湖州分行（以下简称分行）继续深入贯彻总行“二次转型”，不畏艰难、迎难而上，立足于夯实客户基础，通过调整结构、创新产品和优化流程，聚焦重点业务，进一步提升分行的综合竞争力和社会影响力。截至12月31日，全行各项存款余额42.23亿元，比年初新增14.52亿元，当年新增总量列湖州股份制银行第一；各项贷款余额80.01亿元，比年初新增21.35亿元，其中零售贷款余额及当年增量均列湖州股份制银行第一；不良贷款余额0.37亿元，不良率0.46%。全年完成营业净收入2.53亿元，实现考核利润0.79亿元。全年无案件和责任事故发生。湖州分行被湖州市政府评为“2017年度金融支持地方经济发展银行机构综合先进单位”；被中国人民银行湖州中心支行评为“2017年度综合评价A等行”“2017年金融系统共青团重点工作考核优秀单位”“2017年度湖州市银行机构重点可疑交易报告劳动竞赛先进集体”；被湖州银监分局评为“2017年度平安金融单位”“2017年度银行业转型升级先进单位”。在系统内，湖州分行获杭州分行“优秀二级分行”“批发业务优秀二级分行”“风险管理优秀二级分行”，分行有3位党委班子成员分别获评“优秀二级分行行长”“优秀二级分行批发业务分管行长”“优秀二级分行零售业务分管行长”。

【全力支持实体经济发展】 一是回归信贷本源，坚持金融服务实体经济的宗旨。在上级行表内贷款总体规模受限的情况下，从“好行业”中切入，找寻“好客户”，主动走访对接目标企业，积极争抢有限资源，年末，分行本外币信贷总量迈上80亿元新台阶。二是坚持战略定位，调整经营策略。分行响应湖州市政府和监管部门要求，根据区域、行业特点及实际情况，明确绿色金融重点营销领域和支持方向，在湖州分行公司金融事业部下设绿色金融机构部，负责对本行绿色金融工作的专项推动与管理，截至2017年年末，分行绿色金融授信余额为22.01亿元，比年初增加6.31亿元。三是积极为实体企业减负让利。响应政府号召，通过降低贷款利率、减免中间业务手续费和科技贷款发放补贴等方式，累计为客户减负让利1191万元。

【推进转型升级成绩显著】 根据湖州银监分局要求，结合业务转型重点和本行自身实际情况，成立“主动对接新业态、改革创新促转升”活动推进小组，树立创新、协调、绿色、开放和共享的发展理念，主动适应经济发展新常态，加快转型发展。一是创新制造业金融服务模式。围绕重点制造核心龙头企业创新融资模式，大力发展供应链金融业务，推出“核心企业付款代理业务”，为中小企业供应商提供低成本融资5.9亿元。二是探索多样化融资方式。分行根据外部市场环境变化，积极调整业务发展思路，以总行“轻型银行”为发展方向，通过短期融资券、中期票据等投行业务，助推优质企业及项目的多元化直接融资服务，拓展融资渠道。三是智慧项目顺利启动。以分行收费易产品及聚合支付产品为切入点，批量获取零售客户，落地智慧缴费业务。

【内控合规建设成效明显】 一是组织学习总行“员工行为禁令”“十项铁律”“员工行为合规手册”案例警示等，结合监管部门开展“三违反、三套利、四不当”整治活动。二是积极参与银监局100个风险点知识竞赛活动，按月开展内控合规履职。三是年内开展2次内控评审会，对于重点议题进行评审，落实内控管理措施。四是认真开展“扶油瓶”基础工程项目，从根本上改变基础管理较为薄弱的现状，切实提升精细化管理水平。五是通过家访、谈话征询以及召开家属座谈会等方式，开展员工异常行为排查，并建立员工异常行为排查的档案资料。 （王卫东）

·中信银行湖州支行·

【概述】 2017年，中信银行湖州支行认真贯彻中共湖州市委、市人民政府的工作部署，积极响应绿色金融改革创新试验工作，认真践行“中国智造2025”，加大信贷投放、强化风险管控，保持了效益、质量和规模的协调稳步发展。至年末，全行存款余额95.67亿元，比年初增加5.97亿元。各项贷款余额115.81亿元，比年初增加16.01亿元。不良贷款余额732万元，比年初下降3807万元；不良率0.06%，比年初下降0.39%。全年实现营业净收入32986万元，实现利润2787万元，盈利水平保持基本稳定。实现全年无案件和重大责任事故。年内，在中国人民银行湖州市中心支行组织的支付结算知识竞赛中，获全市团体总分第一；在湖州银监局组织的“树合规、守秩序、防风险”知识竞赛中，获团体总分第一名。被中信银行杭州分行评为“2017年度平安创建先进单位”。

【全力支持地方经济发展】 一是综合融资规模进一步做大。截至年末，全行包括表内、表外、表表外以及投贷联动等全口径综合融资总量达到160.25亿元，年内，新增57.52亿元，其中，表内贷款实际新增27.71亿元，表外、表表外融资实现新增29.81亿元。二是加大对制造业的支持力度。积极支持骨干企业、上市公司和拟上市公司、新能源企业等先进制造业企业，助力其做大做强。至年末，制造业融资总量54.91亿元，年内新增29.76亿元。三是有效拓展绿色金融领域。积极支持休闲旅游、特色小镇、节能环保、循环经济和现代农业等绿色行业，突出对涉农、小微、低收入人群和制造业实体中涉绿色普惠金融企业的支持。至年末，全行绿色金融贷款余额28.44亿元，年内，增加8.61亿元，增长43%，占全部贷款的比重达24%，比上年提高4.7个百分点。绿色金融主打产品“旅游贷”，贷款余额达15.81亿元，年内新增4.17亿元，增长35.89%。四是积极尝试新型融资模式渠道。顺利推进微宏动力投贷联动业务，牵头中信证券为微宏动力（湖州）提供私募股权融资，27.6亿元私募资金全部到位，2.6亿元流动资金授信完成审批。为德华集团、久立集团和美欣达集团三家企业办理股权质押融资5.3亿元。大胆探索并购基金模式，为美欣达集团设立环保并购基金10亿元。为德华集团实际控制人回购万向德农投资股份提供4.4亿元的融资服务。五是小微企业、涉农及科技型企业贷款均有较大增长。至年末，全行小微企业贷款余额52.11亿元，年内，增加1.62亿元。涉农贷款余额65.62亿元，年内，增加12.88亿元，增长24%。科技型企业贷款余额6.91亿元，年内增加0.28亿元，增长4.2%。

【强化全面风险管控】 一是努力提升信贷资产质量。加快对存量风险资产的处置进度，全年完成不良处置12547万元，其中，现金收回3124万元，核销9423万元，实现信用风险的有序释放、有序化解。二是深入开展“平安中信”建设，年内，先后开展了“树合规、守秩序、防风险”专项行动及“三三四”系列查活动，配合国家审计署对全行业务和经营管理开展全面审计，接受人民银行综合执法大检查。对发现的问题，分析原因、及时整改，并对涉及人员严肃问责处罚。三是强化员工行为动态管理。各级管理人员切实履行“一岗双责”，加强对机构和部门内员工的日常行为管理。结合不同岗位特点，采取账户排查、岗位检查和到属地公安部门走访了解等形式，加强对员工异常行为和不法行为的排查。（钱　峰）

·中国人民财产保险股份有限公司湖州市分公司·

【概况】 2017年，中国人民财产保险股份有限公司湖州市分公司（以下简称“湖州市分公司”）全年实现保费收入13.5亿元，同比增长8.5%。市场份额38.6%，同比上升0.48个百分点。2017年，湖州市分公司向社会各界提供的保险保障金额达14021.38亿元，全年向社会支付各类赔款7.38亿元，向税务部门缴纳各类税金8392.38万元，缴纳代收车船税8283.91万元。充分发挥了保险业在社会和经济发展中的“稳定器”“助推器”及“放大器”的保险效应，为地方经济社会发展做出了较大的贡献。

【加强政保合作】 一是推动创新险种。推动政府救助保险在德清县率先突破，2017年，德清支公司实现了政府救助保险，覆盖德清县所有乡（镇）。市公司通过参与全市系统校园类责任险招标，以最高分获得校园类责任险首席承保，市场份额占60%，实现校园类责任保险全市统保。市公司还对接拜访相应的政府部委办局，对接安全生产责任险，食品安全责任险，教育系统学幼险、校责险、食安险，建设工程综合保险等险种。二是网上数据一体化助推调解。年内，湖州市各县（区）人民法院在诉讼服务中心设立保险行业人民调解工作室，并选任市公司及同业公司有保险工作经验的优秀员工作为人民调解员长期驻人民法院开展调解工作，实现诉讼和非诉纠纷解决方式的有效对接，努力将纠纷化解在萌芽状态。三是积极融入绿色金改，增强公司话语权。2017年，湖州市分公司被总公司授予“中国人民财产保险股份有限公司绿色保险产品创新试验特区”称号，成为全国系统唯一的在地级市设立产品创新试验基地的公司。湖州市分公司积极融入湖州市绿色金融改革，专门设置了“绿色保险部”，成立“绿色保险产品创新实验室”，配备研发人员，设置研发基金。同时成立“绿色保险产品创新领导小组”，为全市绿色产品项目工作的开展提供坚实的组织保障。

【提升发展能力】 车险平稳增长。强化渠道管理，提升获取能力。科学配置资源，优化业务结构。聚焦新车，提升新车市场占有率。非车险健康发展。突出经营效益，加强风险管控。深入开展承保风控与防灾防损工作，强化业务结构优化与调整，重点做好中小微竹木企业财产险、涉水工程险和高保额货运险等业务的承保风险管控工作，降低正常年景下大案发生率。深挖险种潜力，实现全面“开花”。在船舶险上，全市系统在连续4年市场负增长的情况下，实现正增长，市场份额已由最初的10%提高至32%。在货运险上，继续保持公司在湖州货运险市场上的领先地位。发展特色险种。大力挖掘新的保源，在湖州市六个地方特色险种中，市公司保费居全省系统第一。当年新增保费，位列全省系统第二。开展老险种挖潜，通过深挖淡水养鱼保险，年内，市公司保费达到369.7万元，全省占比达91.2%；新增保费329.9万元，增长率超过8.2倍。

【强化销售能力】 一是加强银保和经代渠道管理。积极走访市级各大银行，增强交流，增进合作。信保通运用及出单保费量全省排名第一。二是抓好销管渠道建设。进一步强化销售管理和渠道经营两大职能，关注好四大渠道指标；以客户为中心，优化、完善渠道管理，大力加强个人营销队伍建设、互动队伍建设和自身队伍建设，持续助力业务发展。三是抓好电商渠道业务发展。依据上级公司工作部署和全市电商业务发展的实际需求，密切关注行业竞争对手动向，紧跟市场步伐，及时出台或修改营销活动方案，推动业务有效发展。四是强化IT技术对业务发展的支撑。和新疆阿克苏分公司开展“IT星火结对子”计划。

【优化服务界面】 优化完善投诉处理流程，推动差异化服务体系建设，整合增值服务资源，完善微信俱乐部服务模式。全面推进落实“线上线下”服务，通过微信理赔和远程定损，实现线上查勘、线下定损等多种形式的配合，减少中间环节，加快处理速度，实现一站式多元化服务，简化客户理赔环节，全面升级小额案件处理工作，实现3000元以下的伤人案件快处率比上年提高24.54个百分点。实现24小时内首次跟踪率和住院案件48小时内探视率均达95%以上，实现伤残自评占比为9.13%，比上年提高3.37个百分点。（吴　雁）

·中国人寿湖州分公司·

【概况】 2017年，中国人寿湖州分公司（以下简称“分公司”）按照“稳中求进、转型发展、提高效益、防范风险”的工作思路，坚持把强化对标作为重要经营策略，密切关注市场动态，看预算更看市场，重竞争更重增长，设立年度挑战目标，放大格局，积极竞争，进一步巩固市场领先地位，全年分公司实现保费收入18.36亿元，同比增长22.59%，市场份额占33.07%。

【各项业务再创新高】 2017年，全市系统实现首年标准保费2.03亿元，同比增长29.57%；首年期交保费4.07亿元，增长16.53%；10年期及以上保费2.5亿元，增长21.2%；短期险保费9852.08万元，增长16.06%；保障型业务7746.41万元。5项经营大类指标中，同比持续稳定增长。所辖安吉公司、德清公司和本级团拓3家机构，荣获省公司“五好单位”称号。

【销售队伍建设进一步改善】 2017年，个险渠道在册人力达4948人，月均增员率目标10.16%，达成率101.6%；三晋率个险渠道增员率54.92%；团险渠道有效人力净增67人，增长31%；招募综拓专员17人；银保渠道多措并举，促进队伍扩量提质。截至12月底，销售总人力达830人，其中在册客户经理48人，保险规划师782人，保规队伍组经理及以上主管人力由年初13人增至42人，增幅创历年新高，队伍绩优人力占比指标居全省系统第二。

【规范化管理持续推进】 分公司本着“精简高效、效能优化”的原则，分别开展中层干部、主管层面管理岗位的竞聘上岗和员工的双向选择工作，人均产能和工作效能得到实质性的改善。优化薪酬福利结构，改善员工总体福利水平，人均薪酬明显提高，努力让员工共享公司改革发展成果。加大业务预算管理和费用管控力度，从制度层面上强化公司的规范管理。积极响应上级公司及市场需求，丰富多元化收费手段，大力推广广发POS试点及扫码支付功能。湖州分公司荣获“浙江省文明单位”称号。

【经营管理水平不断提升】 以严抓各项考核指标为中心，紧紧围绕重点考核项目进行层层分解，落实到岗位人员。结合绩效考核办法和日常技能培训，激励员工在完成好本职工作的基础上，不断提升工作质量与服务水平。后援部门为销售渠道提供运营服务支持和风险防范工作的指导；运用微信快捷信息平台，搭建销售一线和运营二线的信息反馈渠道。 （俞 宙）

对外与港澳台经济往来

·外资及港澳台资·

【概况】 2017年，全市共批外资及港澳台资项目182个，完成合同外资及港澳台资23.6亿美元，同比增长10.7%；实到外资及港澳台资10.53亿美元，增长5.2%。两项指标总量均列全省第五。

【招大引强成效凸显】 围绕打造“高质量外资集聚地”目标，出台了《湖州市强化招商引资“一号工程”加快赶超发展的八条意见》，进一步强化招商引资“一号工程”，全面实施外资及港澳台资“大好高”项目引进推进工作。全年累计引进外资及港澳台资“大好高”项目39个，开工37个，竣工37个；合同外资11.74亿美元，新、老外资项目累计实到外资及港澳台资5.68亿美元。新引进总投资超5000万美元以上项目21个，合同外资及港澳台资7.45亿美元，占总量的31.6%。其中超1亿美元项目8个〔浙江江森自控电池有限公司2.2亿美元（增资）、浙江绿明能源有限公司总投资1.05亿美元、长兴经港实业有限公司总投资1.5亿美元、浙江安吉金友文化艺术有限公司总投资1.5亿美元、湖州市中跃化纤有限公司总投资2.79亿美元、山联龙盈（浙江）新材料股份有限公司总投资1.01亿美元、安吉神哈旅游开发有限公司1亿美元、德清中大莫干山生态园开发建设有限公司2.78亿美元（增资）〕。

【引资结构持续优化】 2017年，全市利用外资及港澳台资结构得到进一步优化。从产业分布看，全市第一、第二、第三产业新引进项目比、合同外资及港澳台资比，分别由2016年的2.8∶45.6∶51.6、3.1∶32.6∶64.3优化为3.8∶48.4∶47.8、0.9∶41.9∶57.2，制造业占比提升明显。从产业导向上看，在引进总投资1000万美元以上的82个项目中，符合湖州市4大产业导向的有60个，占比为75.6%，其中高端装备33个、健康产业6个、信息经济12个和休闲旅游9个。从资金来源看，港澳台地区对湖州市实际投资累计达7.18亿美元，占全市实际利用外资及港澳台资的68.2%，比上年提高19.4个百分点。欧美地区及日韩等国家对湖州市实际投资累计达1.4亿美元，占全市实际利用外资及港澳台资的13.3%。

【招商活动精准高效】 精心组织筹备各类招商推介活动，加强城市形象和投资环境宣传，大力提升城市综合影响力。组织参加“浙洽会”“厦洽会”和迪拜国际投资年会等重大投资活动。围绕城市形象提升，举办了“2017湖商发展大会”“2017湖州—深圳科技创新招商推介会”“2017湖州市融入杭州都市圈推介会”和“2017湖州市接轨上海推介会”等重大活动。围绕重点产业发展，吴兴区举办“信息经济产业发展推介会”；德清县举办“空间信息产业融合发展推介会”；安吉县举办“通用航空产业发展论坛”；湖州开发区举办医药健康产业企业家联盟论坛；太湖度假区举办中国湖州太湖绿色金融小镇推介会等。围绕国际产业园建设，湖州开发区在美国圣地亚哥举办优势产业推介会；吴兴中韩产业园在韩国举行美妆产业推介会；长兴中德产业园围绕高端装备等产业在德国、芬兰等地开展招商推介活动。通过开展各类活动，提升了湖州知名度，结识了一大批有潜在投资意向的客商。

【平台承载能力增强】 2017年，出台《湖州市加快开发区转型升级创新发展的实施意见》和《关于切实做好全市重大平台项目准入管理的指导意见》，全市招商引资平台建设进一步深化。全市各级开发区（园区）合同外资及港澳台资、实到外资及港澳台资分别占全市的67.8%和72.9%，在全市新批的21个总投资5000万美元以上的项目中，有15个落户在各级开发区（园区）。吴兴中韩产业园、湖州中美产业园被省政府认定为省级国际产业园。长兴中德产业园、吴兴中韩产业园、湖州中美产业园和安吉浙澳经贸合作区等国际产业园区基础设施建设进一步加快，园区形象稳步显现。德国、美国、日本等国外招商网点陆续设立，园区的对外联络和招商活动逐步顺畅。年内，引进绿明能源、森吉士马泰装备、意大利薇芮氏化妆品和韩国COSON化妆品等17个符合湖州市产业导向的优质外资项目，总投资超4亿美元。2016年，湖州开发区、长兴开发区在全省国家级开发区考核中分别列第7位和第8位；安吉开发区、南浔开发区和吴兴开发区在全省省级开发区考核中分别列第6位、第9位和第36位。 （吴培中）

·外贸及港澳台贸易·

【概况】 2017年，面对复杂严峻的宏观经济形势，湖州市外贸及港澳台贸易工作坚持迎难而上、克难而进，认真落实省、市推动外贸回稳向好向优各项决策部署，以供给侧结构性改革为主线，以“四新”主题实践为抓手，大力实施外贸领域“1234”推进计划，统筹开展稳增长、拓市场、优结构、强实体、创品牌和防风险等重点工作，推动全市外贸及港澳台贸易实现回稳向好发展。全年外贸及港澳台贸易进出口778亿元，同比增长14.5%；其中出口687.3亿元，增长14.6%；进口90.7亿元，增长13.7%。按美元计，全市出口首次突破100亿美元大关。出口占全省出口总额比重继续提升，占比从2016年年末的3.4%提高到3.5%，出口保份额目标顺利实现。

【拓多元化市场】 持续推进市场多元化发展路线，加大企业参展扶持和指导工作。2017年，全市对欧、美、日、港四大传统市场出口377.6亿元，同比增长13.8%；其中对美国、欧盟、日本和中国香港地区分别出口185.6亿元、159.9亿元、27.3亿元和4.8亿元，分别增长18%、11.3%、1.3%和25.4%。对新兴市场出口303.8亿元，增长15.7%；其中，对“一带一路”沿线国家和地区贸易持续升温，出口181.4亿元，增长15.8%，其中对印尼、越南、泰国、印度、孟加拉国、俄罗斯6国出口额均突破10亿元。

【优结构转动力】 坚持创新驱动发展新动力，引导湖州市外贸及港澳台贸易向“优进优出”迈进。2017年，全市机电、高新产品分别出口230.9亿元和22.1亿元，同比分别增长15%和14.8%，分别高出全市平均0.3个百分点和0.1个百分点。机电产品出口占全市出口总额的33.9%，占比提高0.1个百分点，继续稳居湖州市第一大出口产业。纺织行业出口196.8亿元，增长9.6%；农副产品出口38.2亿元，下降15.5%。进口总量前三位的商品分别是机电设备及零部件、木及木制品和油脂及原料，分别进口21.6亿元、19.9亿元和10.4亿元。

【育企业强实体】 全市共培育外贸及港澳台贸易进出口实绩新企业400家，累计进出口实绩企业2613家，比上年同期增加175家。本土制造业企业外向发展加快，全市生产企业实现出口435.7亿元，同比增长20.9%，高出全市平均6.2个百分点。建立重点培育大企业运行监测机制，确定75家2017年重点培育外贸大企业，合计进出口322.8亿元，增长11.4%。做精做优加工贸易企业，久立、兆龙、剑力和贝拉乔4家企业获评省级“加工贸易示范企业”。

【建平台创品牌】 获批德清、安吉两县开展省级境外外经贸综合服务试点，持续推进创新驱动发展拓市场和外贸转型升级示范点2项省级试点建设，积极探索新的外贸发展模式与拓展渠道。外贸综合服务平台加速发展，新认定外贸综合服务平台公司5家，累计帮扶企业594家，代理出口8.8亿元，同比增长78.9%。自主品牌出口建设大步推进，新增“浙江出口名牌”6项、新认定“湖州市出口名牌”13项，累计分别达到55项和124项。

【强预警防风险】 开展2017年湖州市涉外法律服务专题月活动，邀请省贸易救济局及有关法律专家到湖州开展涉外法律专题服务活动4场次。加强对遭受贸易救济案件企业的指导工作，年内指导全市144家企业应对来自美国、欧盟、印度等10个国家及地区贸易救济案件23起，涉案金额1.72亿美元，金额规模同比下降17.7%。湖州市商务运行监测点被省商务厅评为“优秀监测点”，安吉县办公家具、德清县轻质金属户外用品、长兴县纺织（面料）3个对外贸易预警示范点被省商务厅评为省级“对外贸易优秀预警示范点”。 （潘　虹）

·外经及港澳台经济合作·

【概况】 2017年，全市经备案的境外企业和机构42家，完成对外直接投资中方协议额1.46亿美元，同比下降30%（受国家“控流出”政策等影响）；全市完成境外营业额5726万美元，增长18.18%，增速列全省第三位。

【推进“一带一路”建设】 全市新批“一带一路”沿线投资项目20个，中方投资额1.09亿美元，同比分别增长53.8%和36.3%，占全市对外及港澳台经济合作投资总额的75.7%；新签沿线国家对外承包工程2个（核工业井巷集团巴基斯坦卡拉奇K－2/K－3核电站取排水工程施工和中国援建柬埔寨农村给水项目一标段施工），新签合同额5370万美元，增长79.0%。全力推动金绫家居（柬埔寨）家具、多蒙佳乐（柬埔寨）服饰、介臣木业（越南）木地板等沿线生产基地顺利投产。

【制造业对外投资增长较快】 全市新批制造业对外及港澳台经济合作投资项目17个，中方投资额9057.9万美元，同比分别增长70%和31.7%，占全市总额的81.5%。主要投向新加坡、柬埔寨、越南、印尼、埃及、印度、巴基斯坦、乌克兰、俄罗斯、埃塞俄比亚和突尼斯等“一带一路”沿线和非洲发展中国家，涉及纺织服装、家居、电机、物流设备和机械专用设备等行业。其中，安泰时装、南洋电机、德通科技、松华新材和德泰门业等7家企业为首次对外投资企业，中方协议投资额4445万美元。浙江超威电力有限公司在巴基斯坦设立公司，从事光伏和储能项目的开发建设、电动三轮车的制造和销售以及废电池回收冶炼项目。德泰门业、杰诚威林和康伟木材分别在乌克兰、克罗地亚和突尼斯设立木材加工基地。安泰时装、东元金属在埃塞俄比亚和柬埔寨设立服装生产基地。

【深入推进国际营销网络建设】 全市共设境外营销网络32家，累计中方投资额1.15亿美元，占全市总额的79.9%。新增埃塞俄比亚、乌克兰、埃及、突尼斯、巴拿马、克罗地亚、巴基斯坦7个国家。境外企业全年带动出口22.39亿美元，进一步提高湖州产业和产品在国际市场中的份额。

【加快培育湖州本土跨国公司】 建立跨国公司培育项目库，确定一批优势企业为重点培育企业并给予重点扶持。深入实施“海外湖州”战略，全力打造一批“基地在海外、营销在全球、总部在湖州”的本土跨国企业总部中心。2017年，美都能源、久立特材、诺力机械和永达实业4家企业被省商务厅列入省民营跨国公司重点培育企业名单。其中，美都能源被列入“2017年度浙江本土民营企业跨国经营30强”，诺力机械被列入“2017年浙江本土民营企业境外投资带动出口20强”。 （余 欣）

·区域合作·

【浙（湖）商回归】 2017年，湖州市浙（湖）商回归省外到位资金531.09亿元，同比增长54.61%，完成率居全省第二。在全省浙商创业创新促进浙江发展目标责任制考核中，湖州市政府再次荣获一等奖。一是领导重视，进一步提升浙（湖）商回归工作合力。市委、市政府高度重视浙商回归和招商引资工作，专题研究出台《湖州市强化招商引资“一号工程”加快赶超发展的八条意见》。各级各部门“一把手”把招商引资作为“一号工程”，确保50%以上的精力服从服务于招商引资工作，形成领导挂帅、合力聚焦、同步推进的良好工作局面。二是清单管理，进一步提升项目招引落地实效。根据省里“5213行动计划”，湖州市制订“8552行动计划”，建立完善领导小组办公室及浙（湖）商和项目工作台账。各县（区）成立专门工作小组进行全程跟踪对接服务，逐个制订路线图、时间表，明确工作内容、目标进度和责任分工。全年80个盯引项目有78个项目正式签约，签约率97.5%；50个签约项目有44个项目开工建设，开工率88%；50个在建项目到位资金144.94亿元。三是举办活动，进一步激发回归创业热情。举办2017湖商发展大会，邀请来自20余个国家地区和全国各地的湖州籍企业家800余人参加，并通过组织举办湖商发展论坛、市领导会见嘉宾、清丽湖州·家乡宴、2017湖商发展大会暨颁奖典礼、“一带一路”湖商发展联盟成立大会、“天下湖商家乡行”六大系列活动，评出并表彰了“银杏奖”“百合奖”“湖商终身成就奖”和“金象金牛企业奖”四大奖项，进一步点燃浙（湖）商回归创业创新的激情。四是谋划推进，进一步提升回归平台搭建水平。按照打造“万亩平台、千亿产业”的要求，谋划推进十大“万亩大平台”建设，先后出台《关于加快开发区转型升级创新发展的实施意见》《吴兴区高新产业万亩大平台谋划实施方案》和《南浔区大平台突破加速行动（2017～2019年）实施方案》等指导方案意见，为承接浙（湖）商回归研究新举措、提供新空间。五是上下联动，进一步扩大重大活动影响力。积极参加省浙商回归广东专题活动、第四届世界浙商大会，签约项目8个，总投资194.17亿元。组织参加2017湖州市融入杭州都市圈推介会、2017湖州接轨上海推介会，签约项目35个，总投资430.1亿元。突出打造“4＋3＋N”现代产业体系，成功举办“2017湖州·深圳科技创新招商推介会”，签约项目12个，总投资185亿元。六是感召服务，进一步营造浙（湖）商回归环境氛围。持续深入推进“最多跑一次”改革，大幅缩短审批时间，实现了“审批不出窗口、办事不出区”的目标，提高了项目落地进程。加大浙（湖）商回归宣传力度，落实每月专题报道浙商回归工作，全年累计报道24篇，并在《人民日报》《浙江日报》《华人时刊》《湖商》杂志等重要媒体中加大宣传力度。

【合作交流】 1. 抓好深度接轨上海工作。一是举办接轨上海专题研讨班。组织市县政府及单位分管领导等46人赴上海市委党校参加湖州市“接轨上海”专题研讨班，深入开展交流互动、专家授课、研讨座谈等活动，为湖州市接轨上海需要解决的突出问题和破解思路提供了新方法、探索了新路子。二是开展产业接轨上海课题研究。联合上海福卡经济研究所开展《湖州对接上海产业的研究与对策建议》课题研究，探讨分析湖州市产业主要方向、主要优势以及上海产业调整重点和可能外溢的产业等多方面实际问题。三是开展形式多样的接轨上海活动。组织各县（区）积极参加接轨上海活动，吴兴区签约大项目26个，总投资达263亿元；南浔区新引进项目21个，总投资达408.92亿元；德清县达成产业合作协议29个，总投资300亿元；长兴县签约11个项目，总投资额超过37亿元；安吉县签约7项目，安吉灵峰街道与上海浦东新区航头镇缔结为友好乡（镇）。2. 积极参与杭州都市圈建设工作。一是协调推进重大项目建设。协调推动钱江通道北接线湖州段工程、浙北航区集装箱运输通道提升改造工程、杭州绕城高速公路西复线德清段项目等三个跨区域合作共建项目。二是组织参与重大活动。参与组织2017湖州市融入杭州都市圈推介会，15个重大合作项目签约，总投资148亿元。积极参与协助杭州都市圈办公室赴德清县对河口村、安吉县鲁家村开展十周年联合采访活动。积极协调相关单位参加2017杭州市都市圈工业互联网项目推广会。三是开展重点课题研究。参与《杭州都市圈蓝皮书(2018)》编撰工作，申报《湖州美丽城市与乡村建设发展报告》重点课题，提出“十三五”期间的主要思路和发展趋势；会同杭州市经合办启动《长三角专业特色小镇发展》课题研究工作。3. 积极参与长三角城市合作工作。3月，副市长卢跃东参加长江三角洲城市经济协调会第十七次市长联席会议，并围绕“加速互联互通促进带状发展全力打造长三角地区新的增长极”在会上发言。积极协调推进长三角城市经济协调会物联网产业专业委员会建设，参与长三角城市物联网产业和信息经济的合作与发展相关工作。4. 省际合作工作方面。一是大力推进太湖水厂取水口事宜。多次赴江苏省发改委、苏州市协调对接湖州市太湖水厂取水口问题，进一步修改完善《湖州太湖水厂取水评估报告》和《关于太湖水厂水源保护区管理协议书》。二是积极开展与吉林省白山市的合作。高位推动两地对口合作工作，签订《湖州市与白山市对口合作框架协议》，市政府下发《湖州市与白山市对口合作工作实施方案》，两市重点在体制机制创新、产业协同合作、基础设施共建、重点平台对接、创新创业共享、干部人才交流等方面开展合作交流。三是积极开展与安徽省宣城市的合作。两市注重在环保、商务、旅委、交通、安监、人力社保等多个部门建立长期合作关系，并分别赴对方城市学习考察，商讨相关合作事项。四是组织企业参加国内展会。组织企业参加第20届“渝洽会”、第21届“西洽会”、第23届“兰洽会”等大型经贸活动，协议意向成交额约735万元。

【对口支援】 2017年，湖州市认真贯彻落实中央、省一系列重要会议精神，立足对口地区需求，紧扣全面建成小康社会目标，全力助推对口支援工作。1. 坚持咬定目标，全面完成下达任务。一是重大部署落实到位。贯彻落实中央、省有关东西部扶贫协作和对口支援工作会议精神，研究部署2017年工作措施。结合任务部署，7月下旬，在湖州举行深化山海协作工作交流会暨签约仪式，打造山海协作工程“升级版”。12月上旬，与吉林白山市建立对口合作关系，签订《对口合作框架协议》，构建“1+X”专题合作机制。二是项目资金拨付到位。合理编排对口援建项目计划，筹措落实对口援建资金1.16亿元，实施援建项目56个，实现资金到位率、项目开工率两个100%。三是援建队伍服务到位。择优选派32名援建干部，湖州市援疆指挥部先后被评为阿克苏地区文明单位、精神文明建设“五个一”工程示范单位、“民族团结一家亲”先进集体等荣誉。援疆医疗团队获2017年“最美湖州人”，援疆干部熊国斌获2017年湖州“最美公务员”，入选“最美新疆人”评选。2. 坚持精准发力，扎实推进援建项目。一是有效推进援疆项目。安排援疆项目20个，筹措援建资金8733万元，安居富民工程（建设任务1200户）、县公共安全信息化平台等17个项目全面竣工，体现了援建工程的“湖州力度和湖州速度”；二是稳步推进援川项目。援助四川藏区项目6个，援建资金1392万元。落实四川青川长效帮扶机制，安排专项资金30万元用于马鹿镇贫困村油牡丹特色种植产业园建设。三是加快推进三峡库区援建项目。援助项目8个，援建资金254万元，其中武陵山乡公共服务中心等7个项目已完成，其余1个项目正有序推进。四是有序推进山海协作项目。在新农村建设、劳动力就业培训、公共服务设施建设等方面为结对地区提供帮助和支持，安排援助资金631万元，帮助结对地区实施群众增收和社会事业项目20个。3. 坚持需求导向，强化产业扶持合作。一是深化市场援疆。动员全市资源支持市场援疆“十城百店”工程。年内，在湖州三县两区开设直营店14家，近300个机关企事业单位食堂进入销售范围，年销售量达2万吨。在柯坪县农产品专业合作社培育农村电商10余家。二是强化产业招商。积极推进“百村千厂”工程，成功引进诸暨市大唐康源针织厂、诸暨富涵针织有限公司等5家企业在柯坪投资办厂，协议投资1.8亿元，预期将助推900户家庭脱贫。三是做强湖羊产业。深化湖羊援疆项目，投入援疆资金1500万元，建成站点8个、村级配种点18个和县级湖羊交易市场1个，三级良种繁育体系全面建成。四是支持产业合作。引导支持湖州美欣达集团在丽水市投资建设餐厨废弃物处置中心PPP项目和青田县生活垃圾焚烧发电BOO项目。加强与结对地区开展农产品深加工、生态农业、民宿旅游、环保产业等领域合作。4. 坚持帮带结合，有效实施智力援助。一是精心实施智力援助项目。编制印发《湖州市2017年援疆援藏援青柔性智力援助项目计划》，自主性智力援助项目11个，投入援助资金215万元。二是深入开展干部人才培训。组织3批次、45名党政干部、专业技术人才到湖州交流培训，派遣4名柯坪公安维语人才到湖州跟班培训。在湖州市委党校举办2期乌兰县党政干部综合能力提升班。依托浙江大学、杭州电子科技大学举办2期木里县干部人才综合能力提升培训班（共120名）。三是实施“组团式”智力帮扶。开展“组团式”医疗教育文化援疆援藏援青，累计派遣18批、87名专家赴柯坪开展短期业务指导，涵盖扶贫攻坚、教育提升、文化融合、强基维稳等方面。5. 坚持健全机制，促进两地交流交往。一是强化高层互访，完善联系机制。市领导先后4批次赴对口地区看望慰问挂职干部，深入对接工作；接待对口地区党政代表团200余人次来湖州考察调研。二是加强文化交流，彰显援建特色。组织湖州市文化界专家、学者赴柯坪县开展送文化及书画创作活动。邀请省摄影家协会、浙江法制报、湖师院等人士开展文化交流活动。对接中央电视台拍摄专题纪录片，宣传推介柯坪旅游文化。三是深化经贸交流，推进对口合作。在签订湖州市与白山市两市对口合作框架协议的基础上，加强两市对口合作交流。12月中旬，组织相关企业赴白山市参加“长白山之冬”冰雪旅游节系列活动，协调结对地区26家农产品企业参加湖州名特优农产品新春大联展。

（刘海兵）

·检验检疫·

【概况】 2017年，湖州出入境检验检疫局弘扬“崇检、尚德、图强、担责”的精神，深化推进“六抓六促”，抓改革创新，促实力更大；抓管理提升，促水平更高；抓依法治检，促把关更严；抓能力素质，促活力更强；抓文明文化，促特色更精；抓廉政勤政，促服务更优。做到工作上提速，思想上提标，作风上提质。2017年，湖州出入境检验检疫局顺利通过全国文明单位复查，被市政府授予“全市模范集体”称号，被评为“市直机关党建示范单位”，被国家质检总局评为“质检职工书屋示范点”，1个集体和3人均被市委、市政府表彰为全国文明城市先进单位和个人，全年获各级各类荣誉表彰26项。

【推动改革创新】 深化改革创新示范区建设，与福建宁德出入境检验检疫局建立示范区共建机制，召开第一次联席会议。严把进口质量，全年退运或销毁处理24批进口设备，截获外来有害生物1374种。创新服务生态文明建设举措，建立全省首个由地方政府主导的跨部门外来有害生物联防联控工作机制。积极推进“最多跑一次”“双随机一公开”改革，“最多跑一次”事项覆盖率达100%，“零上门”事项达42.9%，确定23项“随机抽查事项清单”。全年共签发“一带一路”沿线原产地证书2.36万份，签证金额8.7亿美元，同比分别增长10%和21%。

【服务地方经济发展】 全力支持“太湖龙之梦”项目，截至年末，已完成27个隔离场审核，43项动物进境审批，从4个国家引进20个品种，共489只/头动物。支持湖州内河水运转型发展示范区建设，推动临港经济发展，湖州港集装箱吞吐量达到35.36万标准箱，整体吞吐量和增幅均位居全国内河同类型港口首位。扶持特色经济发展，全省首家IBM旧服务器进境维修再制造项目获总局批复；德清县“洋家乐”成为全国首个生态原产地服务产品，相关课题立项SN标准；清溪牌德清花（乌）鳖成为全国第一个通过生态原产地保护产品评审的甲鱼。

【建设内陆强局】 细化可量化规划指标，增加中期目标，成效明显，政务信息多次被中办、国办录用，获国家质检总局和省政府主要领导批示；企事业收入同比增长了22%；检科分院顺利通过国家认监委、认可委“二合一”复评+扩项评审工作，检测项目达到1074项参数/标准；市编办下文批复同意设立湖州市检验检疫科学研究院，属地方公益一类事业单位；1名科研人员首次入选市“1112人才工程”培养人选。推进机关事业单位养老保险制度改革，对接社保经办机构，完成养老保险基础信息采集和缴费基数申报，设立行政机关和事业单位账户，有关工作走在全省系统前列。

【质量提升建设】 多次检出进口设备重大不合格，共退运或销毁处理24批。首次检出锂电池设备不合格，杜绝质量安全隐患，并出具证书帮助企业对外索赔。加大口岸检疫把关，全年截获外来有害生物1374种次，同比增长17.54%。探索质量宏观管理机制，与地方政府部门合作加强出口产品质量监督，拟定电机、纺织品、竹木制品三类产品质量抽查方案，年内已完成141批纺织和竹木制品抽样检测工作。丰富质量月活动形式，首次“质量月”活动创新走进社区、贴近群众，在走入市科技馆的质量宣传探索和尝试中取得显著效果。

（李　芳）

·海　关·

【概况】 2017年，湖州海关坚持党建引领、文化浸润，以“内河港口强关”为新的战略目标，全面推进党的建设和业务、队伍建设，各项任务圆满完成。全年审核进出口报关单4.8万份，监管进出口货物224.6万吨，监管进出口集装箱21.5万标准箱，税收入库13.1亿元。

【深化业务改革】 主动融入全国通关一体化改革，积极适应“一次申报、分步处置”通关模式，加强与上海、宁波等口岸海关联系，充分发挥属地既有优势，通关时间压缩三分之一；扎实推进“双随机”（随机抽取查验对象，随机选派查验人员）改革，充分发挥计算机系统风险识别功能，即时动态上报调整预定式布控参数，开展精准选查，对风险级别高的货物进行严格监管，对低风险的货物实行快速放行；探索创新税收管理工作机制，实施现场规范审价与后续严格核查相结合的税收管理方式，防范税收

“跑冒滴漏”；认真开展“最多跑一次”改革，证照联办工作稳步实施，积极配合“单一窗口”标准版推广应用；开展加工贸易单耗自核试点，推广加工贸易内销集中征税模式。

【服务开放型经济】 支持临港产业发展，通过上门走访、集中座谈和现场办公等形式解决企业遇到的难题，首次牵头开展课题调研工作，助力湖州内河水运转型发展示范区建设；为城市保税功能配置提供建设性意见，积极助推B保申报工作，对县（区）招商项目保税需求研究提出合理化建议；落实主动上门服务、提前介入服务、全程跟踪服务和个性定制服务四大机制，开展“聚焦‘六重’，关爱小微”主动跑一次活动，重点突出扶持“金象金牛”企业，主动提供“预归类、预审价、原产地预确认”等服务，优化服务关爱小微企业，量身提供定制服务措施，提供障碍响应和政策指导，把问题解决在企业“上门”之前，开展10余次服务企业及调研活动，受益企业30余家；积极开展企业帮扶工作，对市重点减免税项目提前开展“一对一”辅导，建立减免税服务专职联络员制度等，认真落实各项减负措施；抓好简政放权工作，完成湖州海关责任清单和权力清单，做好行政审批“一个窗口”推进工作，严格落实一次性告知、首问责任、顶岗补位、服务承诺和文明服务等服务制度，做好企业“五证合一”办理工作。

【维护贸易安全】 强化企业实地巡查制度，定期开展风险分析，密切与市商务、国税、公安等相关执法部门的合作，进一步完善海关综合管控机制；强化“洋垃圾”监管，优化监管流程，继续巩固“绿篱”专项行动成果，严厉惩治“洋垃圾”和固体废物走私，坚决将“洋垃圾”堵在国门之外；对部分涉案企业采取处罚后回访制度，帮助企业强化管理，走规范自律的发展道路，努力为湖州的经济社会发展营造更多的和谐因素；加强与地方相关部门的联系配合，做好通关监管反恐维稳和监管场所危化品安全生产检查工作。（赵　静）

开发（园）区

·湖州南太湖产业集聚区·

【概况】 2017年，湖州南太湖产业集聚区（以下简称集聚区）重点规划区内已投产“四上”（规模以上工业企业、资质等级以上建筑业企业、限额以上批零住餐企业、限额以上服务业企业）企业237家，比上年增加31家，全年实现规模以上工业总产值453亿元，增长27.1%。完成产业增加值130.9亿元，增长19.2%。全年完成固定资产投资285亿元，增长15%。

【深化体制改革】 根据市委八届第13次常委会会议关于深化集聚区及各分区管理体制和运行机制的相关精神，进一步强化集聚区管委会统筹各分区的职能。建立集聚区工作联席会议制度，集中研究集聚区发展战略、产业布局等全局性问题，加强重大问题协调。实行“每周联系、每月督查、每季通报”常态化督查机制，对照年初任务书的要求，紧扣节点、倒逼推进。全力推进“最多跑一次”改革，全面优化再造审批服务流程，深化“办事不出门”，推行快递送达和主动上门服务，推进政务服务网上网下整合，部门承诺“最多跑一次”事项208项，覆盖率达100%。总审批服务时限在75天以内，为企业节省中介费用2000余万元、累计7200万元。纵深推进资源配置改革，聚焦“三去一降一补”五大任务，以“四换三名”为切入点，加大“去产能”力度。核心区大力推进“四破”（破僵尸企业、破围墙圈地、破低效用地、破既得利益）工作，盘活低效利用土地1594亩、改造旧厂房43万平方米。并建立“红色引领”比拼机制，每月公示工作实绩，通过奖惩手段，动真碰硬比担当，着力建设比奉献、比贡献和讲担当、守规矩的过硬队伍。

【提升产业平台】 强化科学谋划，特色载体创建提速提效。牢牢锁定“科技城、特色镇、产业园、物流港”工作重点，全力推动载体建设“创新创特”。全面启动科技城建设。科技城规划正式发布，项目建设全面推进。已集聚重点高校及地方合作平台12家，省级重点企业研究院2家、省级企业研究院7家、省级重点实验室5家和院士工作站4家。深入推进特色镇建设。着力推进智能电动汽车小镇列入第三批省级特色小镇创建，微宏动力三期、联东U谷二期等小镇项目提速推进。南浔分区电梯小镇发布浙江省首个电梯产业专利导航数据库，收录了全球100余个国家和地区的1亿余条专利文献，为全区电梯企业创新研发提供量身定制的大数据服务。太湖度假区蜜月小镇婚嫁板块已吸引湖州维纳斯、北京婚道等企业入驻，举办2017婚庆旅拍中国（湖州）高峰论坛。全面抓好产业园建设。加快南太湖金融产业园建设，金融产业园累计入驻金融新业态企业372家，管理资产规模达703亿元，实现税收3亿元。物流港建设提速推进。全面推进铁公水综合物流园一期平台征迁扫尾、配套设施和项目建设等各项工作，拆迁农户450户，完成征地200公顷。

【强化规划引领】 修改完善《湖州南太湖产业集聚区发展“十三五”规划》，经市政府同意印发实施。集聚区新能源汽车产业园、新材料产业园和鑫远太湖国际健康城等项目被纳入全省产业集聚区“十三五”重大项目计划，湖州科技城、中美合作产业园分别被纳入全省集聚区“十三五”重大科技平台和中外合作产业园。根据集聚区发展定位，主导产业调整为集中发展新能源运输装备产业，重点发展信息技术和健康产业两大特色产业。

【完善基础配套】 完善基础配套，

促进产城融合发展。围绕万亩大平台建设，加速空间拓展，不断完善基础配套。核心区以城中村改造和建设项目遗留问题清零专项行动为抓手，坚持征地拆迁、配套建设和环境打造多管齐下，大空间持续拓展，全面完成建设项目遗留问题清零任务；吴兴分区按照市本级万亩大平台战略部署，规划用地913.33公顷，总体构建“一心五区”空间布局模式，打造现代化高新技术产业集聚高地。南浔分区规划启动万亩平台拓展工程，白米塘以西4个行政村全部完成评估。关停低小散企业355家。长兴分区综合工业平台建设加速推进，项目报批涉及的所有方案（报告）已完成，场平工程PPP项目招标已完成并进场施工。太湖度假区着力打造太湖旅游休闲集聚示范区，结合黄金湖岸景区和长兜港岸线整治与生态景观提升工程，进一步拓展发展空间。

【加强招商引资】 以实施“招大引强专项行动”为抓手，牢牢锁定新能源运输装备、信息技术和健康产业等主导产业，坚持主要领导带头招商，部门比拼招商，项目招引取得新突破。2017年，集聚区共签约项目61个，总投资505亿元，同比增长12.7%。其中，总投资10亿元至20亿元（不含20亿元）项目4个，总投资20亿元以上项目8个。核心区顺利签约唯品会华东运营总部、之信新能源电池等重大项目，引进总投资125亿元的海王集团生物医药产业园及健康小镇项目；吴兴分区签约游侠智能汽车等多个重点项目；南浔分区签约总投资70亿元的中氢新能项目；长兴分区签约鑫达公铁联运、物流基地项目；太湖度假区引进湖州影视城三期、山屿海等重大项目，中国婚道婚嫁产业研究院入驻蜜月小镇。

【加快项目推进】 合力攻坚，狠抓项目推进。集聚区内77个新建产业项目，已开工建设72个，开工率为93.5%。完成投资196.7亿元。核心区遨优新能源电池项目实现开工建设，唯品会华东运营总部项目及湖州西铁路货场项目等一批重大项目施工进展顺利，上海交通大学教育集团现代教育示范园区项目实现开学，恩驰汽车、特瑞思等重点项目加快推进中。吴兴分区新增搏创物流、一力电子等开工项目8个，华为一期、上银等6个项目竣工。南浔分区艾荣达健康科技、梯友电梯等一批重点项目相继竣工，帝力驱动、亿金电梯等一批新项目实现开工建设。长兴分区桐昆三期项目正式开工建设；铁路南货场一期仓储配送中心2万平方米已完工并投入使用，辅助配套设施正在抓紧施工。太湖度假区“发现岛”项目一期水上乐园及影视城一期项目完工并开始运行。鑫达医院主体结构施工中，健康展示中心竣工投入使用。

【突出科技创新】 深化“人才管理改革试验区”建设，出台《关于实施人才发展新政策的若干意见》，强化支持扶持力度，激发人才活力。全年新引进国家“千人计划”人才6名，国家“万人计划”人才1名，入选“南太湖精英计划”项目37个。创新主体不断增强，核心区拥有省重点企业研究院2家，省级企业研究院6家，国家重点扶持高新技术企业58家，规模以上企业国际标准和国外先进标准采标率达65%，永兴特钢、新兴部件2家企业进入“浙江制造”产品标准立项程序，永兴特钢创建为国家企业技术中心。创新步伐不断加快，全区专利申请1602件，同比增长23.61%，其中发明专利429件，占比26.7%。 （康　辉）

·湖州经济技术开发区·

【概况】 2017年，湖州经济技术开发区（以下简称开发区）贯彻落实中共十九大和省、市党代会精神，紧紧围绕“加快赶超、实现两高”奋斗目标，牢固树立“六个一流”的争先意识，扎实推进“四新”主题实践，深度聚焦“六重”工作，大力实施“五大专项行动”，经济社会加快发展，城乡面貌加不断改变，民生水平明显提高，社会大局和谐稳定，圆满完成全年各项目标任务。2017年，全区实现地区生产总值158.7亿元，同比增长9.8%，列全市第一；完成财政总收入36.68亿元，同比增长21.7%，列全市第二，其中，地方财政收入完成19.95亿元，同比增长22%；完成规模以上工业增加值70亿元，增长8.6%；完成固定资产投资159.54亿元，同比增长13.4%；完成合同外资及港澳台资3.03亿美元；实到外资及港澳台资2.46亿美元，列全市第一；浙商回归省外到位资金55.6亿元。

【深化改革】 坚持向改革要活力、要红利和要竞争力，改革创新迈出坚实步伐。全力推进“最多跑一次”改革。全面优化再造审批服务流程，推进政务服务网上网下整合，部门承诺“最多跑一次”事项208项，覆盖率达100%。全年办理各类行政审批服务事项43776件，同比增长13.97%，总审批服务时限在75天以内，为企业节省中介费用2000余万元、累计7200万元。纵深推进“四破”（破“僵尸企业”、破围墙圈地、破低效用地、破既得利益）改革。加大“僵尸企业”处置力度，盘活有效资源，倒逼企业转型升级。全年盘活低效利用土地1594.46亩、改造旧厂房43.43万平方米。

【主导产业】 围绕新能源汽车、生物医药、信息经济和现代金融服务业、现代物流服务业“3+2”主导产业，坚持调结构、促转型，着力提升经济发展质量。新能源汽车、电子信息和生物医药三大主导产业实现产值占规模以上工业总产值的32%，比上年同期提高2个百分点。31家重点骨干企业实现产值187.7亿元，同比增长22.3%，占全区规模以上总产值的51.8%。实体经济前100名纳税大户中增长30%以上41家，增长50%以上33家，增长翻一番以上19家，增长翻两番以上12家。永兴特钢被认定为“金象”企业，“香飘飘”在上海证券交易所挂牌上市，上市企业累计2家、“新三板”挂牌企业4家，微宏动力、辛子精工等3家企业被列入全市“金象金牛”培育试点企业。恩驰汽车取得电动中巴、大巴客车和电动物流等专用车的生产资质。

【现代服务业】　全年开发区服务业保持了良好的发展态势。服务业增加值99.98亿元，同比增长11.2%；服务业增加值占全区GDP比重的63%。服务业投资119.3亿元，增长18.7%，占全区固定资产投资的74.7%。优势产业突出，服务外包产业异军突起，全年完成服务外包执行额6854万美元。其中，离岸执行金额2815.58万美元，在岸执行金额4038.4万美元。

【科技创新】　坚持把创新作为引领发展的第一动力，狠抓各项改革落实，动力活力持续激发。科技城规划正式发布。新引进中科院上海分院产业孵化中心、上海交大生物创新中心等创新合作平台项目11个、众创空间5家。核心区38个建设项目开工31个，完成投资60亿元。湖州新能源创新服务综合体、南太湖药谷研发中心等项目顺利推进。开发区被市委、市政府授予2017年度县（区）党政领导科技进步目标责任制考核优秀单位称号。全区高新技术企业累计达58家，占全部规模以上企业的42.6%。高新技术企业实现营业收入127.59亿元，占全部规上企业的57.6%，实现利税13.64亿元，占全部规模以上企业的64.9%，其中，利润10.87亿元，占全部规模以上企业的67.8%。战略性新兴产业、高新技术产业和装备制造业三项增加值分别增长9.4%、10.1%和11.3%。高新技术产业对全区工业经济增长的贡献率达50.5%。企业自主创新能力增强。全年专利申请1714件，其中，发明专利476件。科创平台成果转化成效明显，2017年60家产业化中心和入驻企业实现产值16.38亿元，增长63.77%；销售收入16.15亿元，增长68.57%；实现利税9840万元，增长29.47%。

【人才引进】　全年引进各类专业人才3136名，其中硕士、博士以上高层次人才176人、海外高层次领军人才38名，入选市“南太湖精英计划”（项目）团队37个、国家“千人计划”人才1人，浙江省“千人计划”人才3人；新入选市“1112人才工程”学术带头人16名；新建博士后工作站2家，格尔泰斯获得国家科技进步二等奖。全年组织申报“南太湖精英计划”项目49个，37个项目入选，其中创业团队28个、领军型创新团队2个，创新人才项目6个，院士专家工作站1家。至年末，开发区有国家“千人计划”人才22人；浙江省“千人计划”人才41人；入选“南太湖精英计划”领军人才139人，分别占全市人才数的43.14%、34.75%和17.6%。

【招商引资】　认真落实“70%的干部职工抓招商、干部职工70%的精力抓招商”的要求，成立“十局两办”，狠抓项目引进。全年签约海王大健康、遨优新能源电池和金冠电气等重大产业项目53个，总投资427亿元，其中100亿元以上1个、50亿元至100亿元2个、20亿元至50亿元3个、10亿元至20亿元5个、1亿元至10亿元23个；新认定市“大好高”项目16个，新增省重大产业项目6个、重点项目5个。完成合同外资及港澳台资3.03美元，实到外资及港澳台资2.46亿美元，浙商回归省外到位资金55.6亿元。全年引进金融新业态企业202家，注册资本87亿元，管理资产规模累计达703亿元，实现入库税收3亿元。

【项目建设】　全年全区排定105个重点产业化项目，完成投资90.9亿元，16个省重点项目完成投资36.9亿元，22个市重点项目完成投资77.15亿元。特瑞思、凯金新能源和微宏动力25亿兆瓦时锂离子动力电池车间等一批重点项目相继竣工达产；上海交大、鼎城环保等项目已投产运营，遨优动力、爱康实业等项目主体已竣工。

【产业平台】　持续深入推进黄芝山西拓区、康山分区和综合物流园等重大产业平台拓展提升，着力打造“一城五园”。全力推进康山分区、黄芝山西拓区2个万亩大平台建设，新拓展产业平台1.5平方公里；全面完成建设项目遗留问题清零任务，城中村改造完成签约2488户，拆除2394户。投入22.5亿元，全速推进铁公水综合物流园建设，弁南大道、临港大道等基础设施加快建设，唯品会、保税物流中心（B型）、宝供物流和全胜物流等项目加快推进。103个基础设施项目完成投资64亿元，康山大道、弁南大道和环北路等主要干道全线推进，2个万亩大平台加速崛起，园区配套全面完善，产业集聚效应逐步显现，生态环境显著提升。

【综合治理】　认真践行“两山”理念，全力创优美丽环境，园区品质品位持续提升。以“零容忍”“无死角”“全覆盖”为目标，铁腕推进，集中攻坚，长效管控，“三改一拆”“四边三化”“无违建”创建等工作成效明显。全区完成拆违面积101.75万平方米；完成“三改”面积353.76万平方米；拆后土地利用面积111.42万平方米，拆后利用率97.97%，居全市前列。建成省级最美示范入城口2个，完成25个“四边三化”省级、市级整治点位的整治任务。

【环境整治】　始终坚持“绿水青山就是金山银山”理念，按照市委奋力当好践行“两山”理念样板地、模范生的战略安排，协调推进“五水共治”“治尘治气”“四边三化”等中心工作。2017年，圆满完成中央环保督查迎检保障工作；完成金属表面处理行业、食品行业和VOCs排放企业等29家企业污染防治提升工作；阶段性完成剿灭劣Ⅴ类水体，Ⅲ类水河道提升到了80%，城西大桥、铁路桥等6个国、省、市控断面全部符合功能区考核要求；辖区空气质量优良率74.4%，同期提升9%，PM2.5浓度为40微克/立方米，同期下降13%。

【社会民生】 保障和改善民生，美丽乡村建设、农村环境综合整治取得新进展，完成1个省级美丽宜居示范村、2个市级美丽乡村创建，投入建设资金1480余万元；分2年（2017～2018年）完成杨家埠街道钮店桥村、杨庄村市级美丽乡村精品村创建，计划投资1495万元，年内已完成投资1146.5万元。着力夯实基层组织建设，全面完成40个村、18个社区的换届工作，创建2个市级先锋示范村、11个区级先锋示范村。完成115家“两新”组织党组织评估工作，7个街道、7家市级双强企业完成红领学院组建工作。

【社会管理】 牢牢抓住“发展”与“稳定”两件大事，坚持两手抓、两手硬。严格落实信访维稳责任制，建立“红黄蓝三色预警”和风险评估机制，加大矛盾纠纷排查化解力度，全年共排查矛盾纠纷476件，调处成功476件，调处成功率达100%；接待群众来访84批（次）、276人（次），同比分别下降7.7%和5.2%；受理群众来信46件，初信办结率达100%。全区没有发生进京赴省非正常上访，没有发生命案等重大、特大案件。“阳光热线”打造为民服务新品牌，切实践行以人民为中心的理念，全力解决群众来电、来信和来访问题，全年办理“阳光热线”12671件。全年“阳光指数”考评列全市第一；同时“群众满意率”名列第一。（金　晖）

·湖州省际承接产业转移示范区·

【概况】 2017年，湖州省际承接产业转移示范区（以下简称示范区）围绕“四新”主题实践活动，加快体制创新、做大项目招引、做强平台支撑和做优企业服务，各项工作取得显著成效。全年实现财政总收入9.4亿元，同比增长13.3%；完成规模以上工业增加值37.7亿元、工业性投入53亿元，分别增长20.4%和15.5%；引进合同外资及港澳台资1.09亿美元、实到外资及港澳台资0.64亿美元。

【招商引资成果丰硕】 坚持招商引资“一号工程”不动摇，瞄准“大好高”项目，创新招商方式，一批优质产业项目相继入驻。示范区长兴分区新引进产业项目22个，总投资50.4亿元，其中总投资1亿元以上水晶宫管业、沈达空调和人人集团汽车电器生产等项目5个，“大好高”工业项目16个，新认定科技型中小微企业22家。示范区安吉分区新引进项目27个，其中总投资1亿元以上华缔生物、洁美电材、福斯特新材料等项目10个，“大好高”工业项目6个，外资项目1个，“飞地”合作模式取得重大突破，成功与杭州江干区签订共建产业园战略合作协议。

【项目建设稳步推进】 不断深化项目推进和项目服务机制，加快推动签约项目早落地、落地项目早开工和开工项目早投产。示范区长兴分区新开工项目7个，续建项目17个，完成工业性投入21.2亿元，水晶宫管业、华鑫建设等24个工业项目全面推进建设，10个项目竣工投产。示范区安吉分区建立项目联推和“区镇派单”机制，深入开展“四季竞赛”活动，全年新开工项目13个，竣工13个，完成工业性投入31.8亿元，中策橡胶（二期）、华丰纸业科技（二期）等19个重点项目全速推进。

【平台支撑不断增强】 推进基础设施建设，加快推进示范区区域转型升级和优化产业布局，平台承载力不断提升，“框架效应”逐步显现。示范区长兴分区新建基础设施项目6个，续建项目9个，完成投资3.4亿元；220千伏林城输变电工程已全部完工并试运行；林城天然气站已完工并通气；仙山湖水务公司扩建项目完成主体施工；泗安近方新能源热电联网项目设备安装和管网施工；林城1号路已完成路面施工、泗安浙皖大道、振兴路改造提升基本完成。示范区安吉分区编制了规划环评、小微企业园和科创园等专项规划，加快南区、北区和临港区块征迁，完成拆迁217户，新建绿化项目12个，新增绿化面积约10万平方米、道路彩化面积32万平方米，启动“两纵三横两节点”部分道路景观提升工程，启动示范区燃气中压站建设，完成南区天然气供气管网、北区天长大道供气。

【企业转型力度加大】 积极引导企业开展技改、股改，全力扶持企业进军资本市场，企业规模不断扩大，技术水平加快提升。示范区长兴分区实施技改项目13个，6家企业完成挂牌上市，加大低效企业提升和闲置房产盘活力度，6家企业实现盘活，盘活低效用地27公顷。示范区安吉分区大力开展“腾笼换凤、凤凰涅槃”活动，盘活“双停”项目22个，腾活工业用地53公顷，杭胜锅炉顺利实现股份重组，南方铜业实现盘活；新增“两化”融合示范企业2家，“小升规”7家，“新上规”9家，引进添信轴承、华缔生物等一批行业“隐形冠军”；新增高新技术企业4家，省级研发中心2家，新增高端装备加速器、无人机创新中心科创平台2家。

【产城融合成效明显】 坚持产业发展和城镇建设两手一起抓，加强产城互通共融，人居环境不断优化，全面打造产业繁荣、环境优美和宜居宜业的示范区。示范区长兴分区区镇形态不断完善，完成67公顷土地征用，加大小城市培育、文明城镇建设力度，完善城区配套建设，一、二、三产联动发展成果显现。示范区安吉分区围绕“工业新区、高铁新城、通航小镇”目标，完成200公顷土地征用，加快石龙园区慧峰路和桃园路路面改造，完成临港园区纬五路和南区溪港路、纬十二路、经一路路面拓宽改造工程，完成管网探测清淤5300米，10

家企业完成废气治理，实现城乡“天眼”监控园区全覆盖。

（项顺利）

·长兴经济技术开发区·

【概况】 2017年，长兴经济技术开发区〔以下简称开发区〕根据县“双提十攻坚”（效益提升、品质提档，项目引推双百攻坚、全面创新改革试验区建设攻坚、工业转型及平台提升攻坚、长三角区域物流中心建设攻坚、现代农业强县与美丽乡村示范县建设攻坚、美丽县城试点及美丽城镇建设攻坚、治危拆违攻坚、五水共治攻坚、301省道沿线环境综合整治攻坚、全国文明城市创建攻坚）行动要求，深入开展“勇挑重担、争创一流”攻坚行动，扎实做好助推振兴实体经济工作。全年完成财政收入12.7亿元，完成规模以上工业企业总产值186.7亿元，完成工业增加值22.7亿元；完成固定资产投资93.7亿元；完成工业性投入45.1亿元；完成现代化技改投入27.6亿元；完成自营出口30.5亿元；完成县“大好高”项目认定18个、市“大好高”项目认定6个，引进科技型小微项目36个。

【选商引资】 全年引进博泰车联网、华普永明等工业项目32个，总投资160余亿元，其中总投资超50亿元项目1个。依托中德产业园，签约林奈、爱朵、AIM和万珂仕等一批实体外资项目。以国家大学科技园和太湖资本广场为载体，引进各类科技孵化项目36个、金融新业态项目30个。

【项目建设】 全年推进在建项目54个，其中工业项目43个、商业项目11个；完成开工项目24个，竣工项目21个。2017年，新签约项目全部排定推进计划表，21个项目已开工，8个项目已投产。中德产业园一期开园，二期开工建设；美东工业园奠基；诺力智能制造项目已投入试生产；德玛克自动化、三叶草生物制药和明翳医疗等一批重大产业项目顺利推进；中建投、阳光城等停缓建项目陆续启动建设。

【企业培育】 围绕“产业链、价值链、生态链”三链培育，引导企业开展股改上市、机器换人及科技创新。开发区内5家企业启动主板、创业板和H股上市工作；实施技改项目50个，完成技改投资28亿元；新认定高新技术企业6家，完成专利申报800项，其中发明专利290项；新增“国千”人才5人、“省千”人才2人。

【平台优化】 推进“四类土地”〔消化批而未供、低效用地再开发、闲置（含供而未用土地）处置、盘活存量建设用地〕处置和规模以下企业及租赁厂房整治提升工作。清退不符合开发区产业导向的50家低小散企业，10家企业实现上规模，腾出土地53.33公顷、厂房17万平方米。全年投入资金6亿元，收回慧源动力、兰花实业、豪丰服饰、光普太阳能和莱维游艇等地块，腾出土地80公顷。2017年，新签约项目中有腾笼换鸟项目24个，盘活土地86.67公顷，利用厂房40万平方米。

【推进长兴国际（中德）产业合作园建设】 12月8日，开发区举行浙江长兴国际（中德）产业合作园一期开园、二期开工暨美国工业村项目奠基仪式。园区一期启动区面积3.33公顷，总建筑面积约2万平方米，含4幢共1.6万平方米标准厂房及1幢4000平方米综合服务中心，由德国FTA公司进行设计，2016年12月启动建设，2017年12月交付使用。园区二期位于一期北侧，占地面积50.67公顷，厂房建筑面积6.2万平方米，12月启动建设。

【打造“亲”“清”新型政商关系示范区】 8月23日，开发区举行打造“亲”“清”新型政商关系示范区动员大会。为打造“服务专业热情、干事清廉清正”的干部队伍以及“守信经商、诚实做人”的企业家队伍，开发区率先试点推广。长兴县纪委监察委派驻第五纪检监察组与长兴经济技术开发区管理委员会共同编印“亲”“清”政商关系监督卡，公布“十为、十不为”行为规范。

【博泰车联网产业园项目签约】 8月17日，开发区举行博泰智能车联网产业园项目签约仪式。该项目总投资60亿元，以汽车智能座舱系统及零部件配套为核心，集研发与生产为一体。

【三叶草生物制药有限公司开工建设】 5月26日，开发区举行“奋战五个月十月大检阅”行动誓师大会暨浙江三叶草生物制药有限公司开工仪式。浙江三叶草生物制药项目总投资5亿元，通过引进四川三叶草生物制药有限公司先进生产工艺，生产重组人Ⅱ型肿瘤坏死因子受体—抗体融合蛋白注射液。

【三叶草生物制药与GE医疗合作】 12月18日，三叶草生物制药与GE医疗签约合作，GE医疗将为三叶草生物制药在长兴县建设基于FlexFactory（灵活生物药物研制平台）的临床类生物药生产工厂，主要用于生产融合蛋白产品以及未来生物仿制药和创新药。此次合作是当前GE医疗在大中华区产能最大的FlexFactory（灵活生物药物研制平台）工厂项目，配备2条2000L的生产线。

【人才工作获得新突破】 全年新增“国千”人才4人、“省千”人才5人，其中长兴制药的祁瑛博士入选“省千”创新长期人才，实现开发区自主申报“省千”人才零突破；入选“南太湖精英计划”项目8个，其中三叶草生物制药5位“国千”团队以湖州市第一的成绩获得首个“A+类”600万元的政策扶持。

【举办“周末人才集市”】 自7月起，开发区于每周六举办一次开发区人才集市，帮助企业缓解阶段性用工压力。至12月底，共举办25场周末招聘会，吸引320家（次）企业参加，提供招聘岗位4630个，与企业初步达成就业意向者578人。

（张艳嫣）

·太湖旅游度假区·

【概况】 湖州太湖旅游度假区（以下简称“度假区”）位于湖州市区北部、太湖南岸，行政区划总面积59.5平方公里，下辖仁皇山街道、滨湖街道和长田漾湿地管理处，有23个行政村（其中大钱村于2017年由吴兴区高新区划入度假区滨湖街道）、10个城市社区，总人口约14万人，是集旅游、投资、创业、度假和居住为一体的首批17家国家级旅游度假区之一，是湖州现代化生态型滨湖大城市重点打造的滨湖新区。2017年，度假区深入践行“绿水青山就是金山银山”的重要思想，以“六重”工作为抓手，深化度假区“五大专项行动”，扎实开展“十大比拼”，重规划引领，推项目建设，从环境优化、功能完善、形象提升以及干部作风转变等方面努力，不断外塑形象、内增实力和厚植优势。2017年，度假区17个市重点建设项目完成投资25.58亿元；市“大好高”项目完成投资14.58亿元；财政收入7.42亿元，同比增长34.1%。

【项目建设持续推进】 2017年，度假区排定35个年度重点建设项目，建成项目总体运营情况良好，“发现岛”一期哈啦水公园于7月1日正式营业。在建项目强势推进，总投资150亿元的花漾年华绿色小镇项目已开工建设；太湖国际健康城鑫达医院项目顺利推进；湖州影视城项目一期近期开园，二期梦上海项目主体结构部分已完成，项目三期开工前期工作有序推进；小梅山整体改造提升工程即将进入实施阶段；湖山大道、湖长二通道、G50高速互通、路网基础配套等基础设施项目按计划顺利推进。

【招商引资持续突破】 2017年，度假区通过主动拜访、以节会商和以商招商等形式，进一步推动招商引资工作，接待和主动拜访国内外重要客商500余批次，新增签约项目累计14个，包括白银小镇项目、花漾年华绿色小镇、银河金控及中证报价系统项目、华盛婚礼堂项目、温泉高尔夫俱乐部运动休闲中心项目和山屿海幸福城养老项目等；重点在谈项目14个，其中天能科技城项目、“梦想花园”主题公园、修正集团总部经济项目、泊鹭通航水上飞机项目和湖州未来城项目等进入深入洽谈阶段；太湖绿色金融小镇建设取得突破性进展，9月，与飞英融资租赁有限公司、上海华通白银国际交易中心等6家公司签订入驻小镇合作协议，累计签约金额30亿元。11月，与中国证券业协会、清华大学五道口金融研究院、中国银河金融控股有限公司等6家行业领袖达成战略协议。年内，小镇已入驻企业20余家，注册资本和管理规模总额超100亿余元，在谈项目总规模投资达400亿元，绿色基金生态圈在太湖南岸逐步呈现。

【旅游人气持续攀升】 2017年，度假区共接待国内外游客740.1万人次，同比增长16.1%，旅游收入57.5亿元，增长16.4%；“发现岛”一期哈啦水公园于7月1日正式营业，暑期营业额达3000万元；国庆期间，喜来登酒店入住率达90%，奥特莱斯品牌折扣店，全年销售额同比增长20%；组织开展梅花艺术节、第二届南太湖瑜伽节、“湖州人游南太湖”旅游惠民月、2017首届中国（湖州）婚庆旅拍产业高峰论坛和第五届南太湖金秋季等系列活动，不断做优旅游环境、做精旅游产品、做活旅游市场和做强旅游经济。

【环境品质持续优化】 度假区不断增强生态环境的吸引力和竞争力，着力提升全域品质形象。以成功创建文明城市为起点，持续推进“厕所革命”、农贸市场整治、塘甸集镇环境综合整治和“阳光厨房”建设等工作，切实抓好文明创建长效管理，保证文明创建成效成为常态；以率先解决遗留问题清零任务为契机，乘势而为，投入城中村改造攻坚行动，14个城中村2943户改造任务（包括弁山村333户综合整治）已全部完成，签约率100%，完成拆除2409户，拆除率92.3%；以省剿劣验收为抓手，抓严抓实“河长制”，持续推进河湖库塘清淤治理，不断提升截污纳管能力，全面深化农村污水处理，“五水共治”成效显著，积极开展大气污染防治工作。

【社会持续和谐稳定】 2017年，围绕元旦、春节和十九大、互联网大会等重大节庆和敏感时期，全面排查社会矛盾纠纷和不稳定因素，把握重点，推进矛盾化解，促进社会和谐稳定。一是加快平台建设。将“旅游管理”“网上旅游法庭”“河长制”“数字城管”等融入“四个平台”，不断实现平台本地化、特色化，并稳步推进“雪亮工程”建设，为实现重点景区维稳安保智能化奠定基础。加快推进社会服务管理中心规范化建设，充分发挥“全科网格”机制作用，重新对全区进行网格划分调整。年内，辖区内共细分网格131个，全科网格长131人，全科网格员336人。二是有效化解信访矛盾。认真落实度假区管委会领导接访下访制度，每月安排委领导公开接访1次，全年委领导接待群众来访31批、135人次，化解市级信访积案3件，积案化解率100%，有效地防范和减少了涉及社会稳定和突发事件的发生。三是持续强化公共安全整治与监管。牵头度假区公安、安监、消防等部门有效推进平安综治各项工作，确保度假区社会面安全有序。全年开展“清底数、整隐患”专项行动，累计出动375人次，清查生产经营单位数597家次，开展日常消防监督检查1629次，排查整改隐患1043处，全年度假区未发生较大安全生产责任事故。（朱　玲）

·湖州莫干山高新技术产业开发区·

【**概况**】 2017年，湖州莫干山高新技术产业开发区（以下简称高新区）主动适应经济发展新常态，推动高新技术产业发展，并取得较好成效。截至2017年年底，高新区已集聚规模以上工业企业197家，年产值超2亿元以上企业46家，主板上市企业6家，高新技术企业78家。高端装备制造、地理信息、生物医药和通用航空四大产业格局日趋成熟。2017年，全年实现财政收入22.69亿元，同比增长20.2%；规模以上工业产值521.5亿元，同比增长20.3%；高新产业产值327.8亿元，同比增长19.1%；高新产业增加值63.6亿元，同比增长10.9%；自营进出口86.12亿元，同比增长16.6%。2017年，国家高新区综合排名第89位，排名跻身第二梯队。

【**招商引资**】 2017年，高新区通过优化配置招商力量、科学调整招商布局，出台“项目准入评估办法”“以商引商招商办法”和新兴产业及科技人才配套政策等措施，项目引进精准度和产业聚合度得到进一步提升。坚持产业招商、以商引商，聚焦世界和国内500强、央企国企和行业龙头企业，上门考察洽谈200余次，先后在上海、杭州、温州和北京等地举办专场推介会5次，广泛推介高新区良好的产业发展环境和高标准配套政策。全年签约项目112个，总投资320亿元，其中工业项目36个，总投资205亿元，正大青春宝总部搬迁、中商亚欧通航产业园、中科微和璞翼航空等产业项目签约；地信项目51个，中科院遥感所卫星应用研究院、极飞地理、超图软件和长光卫星等行业龙头企业及研究院所投资项目相继落地。2017年，全年认定“大好高”项目30个，浙商回归到位资金36.44亿元，实到外资1.206亿美元。

【**项目推进**】 2017年，高新区重点以审批承诺制改革深化“最多跑一次”进程，全力推动项目早开工、早建成和早投产。正大青春宝、联通云数据、千寻位置、国网通航华东基地、联合国地理信息论坛会址和莫干山通航机场等项目快速推进。2月开工的正大青春宝项目已进入设备安装调试阶段；联通云数据项目已于年底竣工；中科卫星应用德清研究所项目进场装修。2017年，在“德洽会”“游子文化节”上签约的31个项目，已有17个项目迈入建设实施阶段，总投资20亿元的浙江启聚、总投资10亿元的纳奇科2块“标准地”项目强势推进。全年完成固定资产投资132.8亿元，同比增长26.1%，其中工业投资86.2亿元，同比增长21%；服务业投资40亿元，同比增长43.8%。重大项目百亿工程开竣工17个，完成投资62.5亿元。

【**转型升级**】 2017年，高新区以“厂中厂”“低小散”企业整治和闲置土地处置为主要突破口，加快传统产业结构优化和土地要素高效配置。完成“厂中厂”“低小散”企业整治150余家，其中关停企业35家；通过协议收回、收购转让、依法流转、技术改造、规范租赁和完善配套“六大措施”，收回弘道机械、德瑞化工和恒业墙体等企业闲置土地7宗，共计20.37公顷，累计盘活土地70.6公顷。建立完善企业培育库，实行“一企一策”培育辅导，成功推动凯色丽在韩国上市，金陵家居、凯润制药在新三板挂牌，我武生物、明贺钢管和天堂伞业等8家企业被列入“银象”“银牛”培育企业名单。地理信息企业培大育强成效明显，国遥等2家企业进入“亿千”行列，中海达等6家企业进入“双五”行列，园区企业自主创新能力和综合竞争力有效提升。全年实现高新产业增加值63.6亿元，同比增长10.9%；高新技术产业产值占规模以上工业产值62.8%。

【**科技人才**】 2017年，高新区科技人才工作取得历史性突破，全市首个国家海外引智基地挂牌，全县首个中国科学院院士领军项目、全市首个南太湖“A+项目”入驻“千人计划”德清产业园；引进“国千”“省千”项目19个；新入选“国千”人才3名。总投入3600万元的生物医药公共服务平台——长三角生物医药产业技术研究园开园，首批50余人浙江工业大学长三角绿色制药协同创新中心的高层次人才和团队入驻；省级专利导航试点园区申报成功；新认定省级重点企业研究院1家（欧诗漫）、省级企业研究院1家（我武生物），微波目标特性测量与遥感重点实验室获评全市首个省级重点实验室；新增高新技术企业14家、省级科技型企业36家、市级高企研发中心5家；完成技术交易5105万元；实施成果转化企业40家；新增自主拥有知识产权企业50家；新增省级专利示范企业2家；专利申报完成2786件。“千人计划”德清产业园入选省级小微企业创业创新示范园，累计实现产值2亿元，税收2500万元，并作为全市“四新”主题实践比看活动考察点，取得第一名的优异成绩。创新创业发展、高层次人才汇聚已逐渐成为高新区又一张“金名片”。

【**制度创新**】 2017年，高新区深入推进制度、机制创新，先后出台“工业项目准入评估办法”“以商引商以企引企招商办法”“科技人才双十条”“瞪羚企业培育认定管理办法”和“地理信息企业培大育强三年行动计划”等，通过调优政策、配齐要素和完善服务，将政策驱动力渗透到项目引入、人才集聚和企业培育的各个领域。在项目双进中，引入组团招商、项目双进例会、月度项目签约和季度集中开竣工等工作机制，营造了比学赶超良好氛围，有效地激发了干部干事创业活力。高新区先后承接国家知识产权试点、企业投资项目审批承诺制改革试点、“标准地”和企业投资“一窗服务”试点等，并取得初步成果，出让全省首块“标准地”，

"规划环评＋环境标准"清单式改革试点创建成功，相关事项审批时效和服务企业质量显著提升，企业、群众对高新区服务质量表示认可。

【地理信息小镇】 地理信息小镇48幢产业大楼已建成启用，6幢大楼正加快推进，160余家地理信息企业集聚于此，2017年，实现营业收入超60亿元，税收达4.69亿元，已成为国内地理信息企业聚集度最高的园区。小镇累计吸引各类创业团队67个、创业创新人才2000余人，初步形成涵盖数据获取、处理、应用和服务等完整产业链，地理信息产业生态链已日趋完善。中科院遥感所设立德清分院；微波目标特性测量与遥感实验室获评"全市首个省级重点实验室"；与长光卫星联合打造"德清一号"卫星，成为全国首颗以县域冠名的遥感卫星。地理信息小镇先后被认定为省高技术产业基地、省级高新技术特色产业基地，跻身全省优秀小镇之列，获评省"首批高新技术特色小镇"，产业承载力和发展影响力不断扩大。

【通航智造小镇】 2017年，通航智造小镇签约总投资50亿元以上的银河星际城项目，顺利推动中航通飞研究院、华东智能仓储中心等项目开工建设。年内，园区已累计投入超10亿元，小镇基础设施形象已初具轮廓，莫干山通航机场主体工程已基本完工，园区内道路建设逐步铺开。为扩大通航产业发展影响力，举办"2017中国通用航空发展（莫干山）会议""华东地区首次通用航空公共服务联动飞行演练"活动，小镇的知名度明显提升，通航产业发展氛围进一步浓厚。（王开利）

·吴兴经济开发区·

【概况】 2017年，吴兴经济开发区坚持围绕"打造增长极、提高首位度、争当排头兵"的目标任务，凝心聚力、克难攻坚，扎实开展各项工作并取得成效。主要指标呈现增长态势，实现新常态下新发展。2017年完成财政收入19.63亿元，增长21.9%；实现规模以上工业增加值39.94亿元，增长11.1%；完成合同外资及港澳台资2.25亿美元，增长20.2%，实到外资及港澳台资1.43亿美元，增长118.6%。

【平台建设】 织里和埭溪两大片区，整合提升全区工业平台，完善平台功能配套，提升平台承载能力。年内，吴兴经济开发区已开发利用土地面积13.52平方公里。一是全力推进织里片区。为整合提升工业平台，完善平台功能配套，提升平台承载能力。全年累计拓展提升1988亩，集中对大郑村、晓河村等行政村旧房清零，完成老街、织里村片区、大河村拆除的60%以上，完成旧房拆除952户，完成基础设施投资1.06亿元。二是加快拓展埭溪分区。围绕美妆小镇、中韩产业园产业发展需要，年内平台拓展提升面积3500亩，全年集中对官泽、小羊山等行政村完成拆迁115户，完成基础设施投资2.92亿元。

【项目引进】 一是提升园区整体形象。10月，省级中韩产业园已正式成立。围绕省级产业园建设标准，加大基础设施推进，发挥省级园区智力、金融、技术、要素等方面资源及效能支持，加快化妆品及相关产业链项目的招引及推进。二是强化项目招引力度。围绕智能装备、金属新材、美妆三大重点产业，以韩国、法国、意大利、上海、深圳等与开发区集聚产业相关的国家和地区为主。全年开发区新引进项目34个，成功突破100亿元项目1个（绿色智造新材料产业园），50亿元项目1个（北大教育园），10亿元项目6个，5亿元以上项目12个。其中，中韩国际合作产业园新引进薇芮氏、蔻丝恩、百E国际电商总部、摩　化妆品、伊荷美生物科技、松泽化妆品等项目11个（外资项目6个），新开工项目9个。

【项目推进】 一是谋产业，招引大项目。围绕智能装备、金属新材、化妆品等主导产业，加大力度"谋划大产业，招引大项目"，优化资源整合，完善招商机制，全区组建12个产业招商分局，其中3个招商分局针对开发区产业招商。全年引进工业"大好高"项目4个，服务业"大好高"项目2个。二是抓推进，建设大项目。围绕"项目双进突破行动"，开展"四季行动"（阳春大开局行动、仲夏大攻坚行动、金秋大冲刺行动和暖冬大储备行动），坚持完善"季开工、年考核"工作机制，开发区重点项目建设取得显著成效。中国化妆品产业生产基地等50亿元以上重大项目有序推进。17个省重点项目完成投资19.4亿元。24个市重点建设项目完成投资39.7亿元。加快推进东尼电子、韩佛化妆品和佳雪电机等重点工业项目提前实现竣工和试生产。（黄丽萍）

·南浔经济开发区·

【概况】 2017年，南浔经济开发区紧紧围绕"全力争创国家级开发区"的工作目标和要求，以"开局就是决战、起步就要冲刺"的信心决心，攻坚破难、奋力拼搏，各项工作均取得明显成效。南浔经济开发区综合实力继续保持全省省级开发区10强，荣获市委、市政府三等功，获得全区年终考核一等奖。全年完成规模以上工业企业总产值268.36亿元，同比增长27.18%；规模以上工业增加值49.75亿元，增长26.56%；固定资产投资55.7亿元，增长11.58%；实现税收收入12.75元，增长35.06%；完成合同外资及港澳台资1.99亿美元；完成实到外资及港澳台资1.26亿美元；完成浙商回归省外到位资金19.48亿元。

【平台建设加速推进】 开展城中村清零攻坚行动，为直港巷、江蒋漾和新安3个村、7个商贸地块共647亩土地挂牌出让扫清障碍，打通外环北路、外环西路和江蒋漾路，确保应界桥、南浔大道南延、联谊西路和新安农民新村二期及高铁站等重点工程项目的无障碍施工。通过城中村改造攻坚行动，完成白米塘以西4个村的1680户农户、407家企业的评估工作，农户签约341户，签约率为80.2%，拆除农房180户。全年共完成拆迁1036户，拓展平台面积2600亩；基础设施项目共投入4.28亿元。

【项目建设成效明显】 一是招商引资有新进展。紧紧围绕“谋划大产业、招引大项目”目标，全力招大引强。全年新签1亿元以上项目21个，项目总投资269.3亿元，其中20亿元以上项目1个，10亿元以上项目2个，新签约项目总数和质量均取得历史性突破。二是项目推进有新形象。以“最多跑一次”改革为契机，建立“店小二”式全程专人跟踪服务制，采用一门受理、关口前移和清单服务的方式，优化项目审批、强化协调服务和强化工作保障。同时，采用项目报批倒逼机制，积极协调区国土、环保、规划和发改等职能部门，齐头并进，加快项目报批时限。全年完成竣工投产项目9个，主体厂房项目2个，新开工项目17个，共完成投资26.8亿元；7个政府重点项目完成投资3.2亿元。

【环境面貌有效改善】 全年共规范出店经营200余处、取缔无证摊贩110余个，拆除历史违章搭建98747平方米，完成11宗土地卫片执法，共拆违15000平方米；淘汰小锅炉271台；237个小微水体全部通过省、市验收，打造小微水体整治示范点10个。

【综合保障扎实有力】 着力抓好领导班子、委机关干部和村干部“三支队伍”建设，实现岗位责任、目标任务、廉政建设和考核成绩的“清单化”管理。2017年，圆满完成村党支部换届选举工作，建成先锋示范村3个，党建示范点9个，创建党建示范带2条，20个行政村党组织星级考评达到“四星级”以上，对7个村完成农村基层作风巡查。同时，紧紧围绕创建“平安开发区”的目标，进一步健全“网格长”管理制度和信访维稳机制，紧紧围绕平安开发区建设，全年化解重大矛盾纠纷6起，接收来信来访118件次，办结112件次。在抓好主业工作的同时，进一步保民生，统筹推进农业农村、文化教育、人武民政、慈善残联、卫生计生、人大政协和统战群团等工作，各项工作均取得良好成绩。 （王新光）

·安吉经济开发区·

【概况】 2017年，安吉经济开发区坚持“奔跑中调整呼吸”，全面开展“双百千万”（百个产业类项目、百个基础设施项目和千户拆迁、万亩征地攻坚行动）工程，抢抓新一轮发展主动权，推动各项工作落地见效，着力发挥“主引擎”作用。全年完成财政收入30.53亿元，同比增长11.7%；完成规模以上工业总产值304亿元，增长15.7%；工业性投入45.6亿元，增长17%；完成合同外资及港澳台资14239万美元、实到外资及港澳台资8711万美元，均超额完成任务。

【深化改革创新】 全面推进新一轮体制改革，整合原开发区（递铺街道）和孝源街道资源，构建“一区领导、二街道保障、三平台主战、四条线运行、五片区联动”的工作格局，切实理顺体制，确保开发区突出主业。建立“五统一、两合作、三分开”运行机制，通过开发布局、人员配置、财政保障、街道基层政策和干部基础待遇统一，街道与管委会平台、街道与管委会条线分工合作，以及办公场所、职责任务和县对区街道考核分开，促进统分结合，实现新体制最优效益。同时，启用“开发区经济运行信息管理系统”，加强合同协议用章、编号、录入等流程管理和资金使用计划管理，全面系统规范业务和办事流程，实现信息和数据共享，该项工作受到省财政厅关注和专题调研。

【狠抓项目双进】 围绕“3+1+1”产业体系，精准发力攻坚项目引进。国内汽车零部件巨头敏实集团、国内建筑行业民营企业龙头宝业集团、知名品牌娃哈哈集团国际科创小镇、养生堂智能生活科技产业园和富士康集团耕德电子等一批大项目相继落地；全年累计签约1亿元以上工业项目34个、总投资358亿元，其中10亿元以上4个、20亿元以上3个，项目数量和质量明显提升。在县定“计划任务表”的基础上，自加压力形成“内控任务表”，围绕70余个在建、新建和筹建产业类项目，推出“最多呼一次”等创新举措，沉下身子抓推进；全年开工项目38个、竣工24个，17个项目当年引进当年开工，其中8个当年竣工。同时，继续保持“破解双停”工作力度，遗留多年的安工机械、奋进齿轮等“双停”项目取得重大突破。

【优化企业服务】 进一步完善干部联企制度，全力提升服务企业水平，当好“金牌店小二”；升级“安吉开发区服务”APP，推动政企掌上即时交流，推行服务企业记账销号和首问负责制，年内有210家规模以上企业试用。强化企业培育，拟定“金象金牛”企业培育计划，与洁美、恒林、永艺和中源等企业，谋划共建“双金”（金象金牛企业）工业城的思路与格局；鼓励企业登录多层次资本市场，洁美科技、恒林椅业分别在深交所、上交所主板上市。稳妥推进利豪公司脱困帮扶、新兴移山资产切割、奋进齿轮收储置换和广瑞公司收储盘活等多项重大工作，有效地解决了丰华五星、篁都酒店、中铁世贸和灵峰竹木等多个历史遗留问题，推动实现琥珀热电集中供热，全面完成中央环保督查整改，稳妥做好亚太、信多达、琥珀和藤仓等环保案件的处置，切实营造安商、亲商的发展氛围。

【助力平台提升】 编制新一轮发展战略规划，明确近、中、远期发展目标方向。优化空间布局，结合三大平台现有产业基础，谋划“一区三园”大格局，东部布局高新技术产业园，集聚健康智造项目，打造科创新城；中部建设教科文新区，探索产城融合发展，打造未来之城；西部优化绿色家居产业园，专注传统产业转型升级，打造椅业小镇。椅艺产业创新服务综合体入围全省第一批产业创新服务综合体名单，安吉绿色制造高新技术产业园区获得省政府批复同意创建省级高新技术产业园，浙澳（安吉）经贸合作区成为全市唯一的全省参与“一带一路”建设重大项目。提升平台配套，全面推进192个基础设施项目，绕城南线等主干道完成拓宽，灵峰北路及绕城北线启动改造工程，齐云路、塘浦大道和职教路等一批主干道加快建设，高新智带、地下管廊、椅业小镇等重大基础设施前期工作扎实推进。推进征迁拔钉，围绕重点项目加快征迁工作，强势推进三大平台城中村改造，全年拆迁1100余户、征地647公顷，城中村改造基本完成。

（罗时波）

城乡建设与管理

·城乡建设·

【综述】 2017年，全市城乡建设系统根据市委、市政府部署，全力以赴抓中心工作、推城乡建设和管行业发展，城市形象、环境和品质等方面都得到了显著提升。

【改拆攻坚】 根据省委、省政府“到2020年全面完成城中村改造”的要求，全员推进城中村改造、“三改一拆”“四边三化”等专项行动，取得良好成效。一是攻坚清零超额完成。牵头开展城中村改造攻坚和建设项目遗留问题清零专项行动，仅用45天就清除了跨度10余年的94个、684户、118.42万平方米的建设项目历史遗留问题。4个月时间完成城中村征迁和综合整治223个村，其中完成拆除26364户、1042.06万平方米；完成综合整治15090户、394.25万平方米，有力地保障了浙北医学中心、湖山大道、湖长二通道等一批重大项目快速推进。二是“三改一拆”全省领先。全市2017年累计完成“三改”8318.88万平方米、“一拆”2642.29万平方米，拆后土地利用率达95.98%。继安吉县率先获得全省首批“无违建县（区）”后，德清县接受省第二批“无违建县（区）”验收，长兴县通过“基本无违建县（区）”验收，湖州开发区、太湖度假区通过“无违建创建先进县（区）”验收，打造拆改用控的湖州样板。三是“四边三化”洁美同步。完成91个省级重点问题、198个自查自纠问题点位及5.12万平方米“蓝色屋面”整治，城乡环境持续改善。

【镇村整治】 全力推进小城镇环境综合整治、美丽宜居示范村建设，城乡统筹、一体化发展步伐进一步加快。一是镇域整治亮点纷呈。全市115个小城镇完成投资100亿元，其中首批43个小城镇完成投资41亿元，以全省第一的成绩获评小城镇环境综合整治行动优秀市，德清县和吴兴区被评为全省优秀县（区）。二是美丽宜居示范引领。以环境整治、风貌提升、文化展示和休闲宜游为重点，组织第5批、21个村申报中国传统村落，吴兴区菰城村等35个村庄入选省级传统村落，德清县二都村和安吉县景溪村、鄣吴村3个村获评省级优秀美丽宜居示范村，湖州开发区杨家埠街道杨庄村等13个行政村获“美丽宜居·浙江样板”双百村称号，湖州经验在省内推广，形成节点出彩、沿线美丽和面上洁净的美丽乡村格局。

【城乡统筹】 按照“勤查、严管、重罚”的要求，推进全国文明城市创建、城乡垃圾分类等工作。一是文明创建显成效。点亮中心城区44个老旧小区、1.5万余盏楼道灯，中心城区有461万平方米（占88.6%）的道路实现市场化保洁，提升完善各类道路（管道）330余公里，有效补植绿化10万平方米，各类场所新增公益广告3.7万平方米。62座直管公厕全部达到二类及以上标准并全天候开放。二是城乡垃圾分类全覆盖。基本完成中心城市499个小区及全市845个宜建村生活垃圾分类设备建设。在中心城区5个老小区（铁路新村、闻波兜小区、红丰西村、友谊新村、仪凤桥小区）、3867户居民试点推行二级分类，中心城区近1000个单位实施单位生活垃圾强制分类。设计处理能力300吨/日的湖州市餐厨垃圾资源化综合利用和无害化处理工程一期建成投运，全省首家大件垃圾分拣中心投入运营。德清县、长兴县被列入省餐厨垃圾资源化综合利用和无害化处置试点城市（县），德清县、安吉县成为全国首批农村生活垃圾分类和资源化利用示范县，城乡垃圾分类实现一体化、全覆盖。

【民生实事】 坚持“以人民为中心”的宗旨，不断改善居住环境，优化公共服务，满足群众对美好生活日益增长的需要。一是住房保障广惠民。健全公共租赁住房保障实施体系，将人均收入标准提高至4.2万元/年，同步推行政府配建与市场购买、实物安置与货币安置相结合的多元化安置模式，全市棚户区改造新开工21043套、基本建成33135套、竣工31534套，全市住房保障覆盖率达28%以上，住房保障受益面不断扩大。二是危房改造全整治。全市1321幢、49.24万平方米的省定城镇危旧住宅房屋治理改造三年任务于2017年4月提前完成。农村全部D级危房和涉及公共安全的C级危房，共2518户全部腾空，加固拆除率达95%。年内已完成农村危房治理改造2年任务的94.8%，居全省第二，高出省平均水平8个百分点。创新推出农村公建房救助模式（房屋产权归村集体所有，可循环使用），困难群众危房改造537户已竣工，统筹解决了农村低保且完全无自救能力困难家庭住房问题。

【城市管理】 围绕创新城市管理机制，严把燃气、工地、信访等多个关口，建成城建应急指挥中心、智慧工地信息平台，实现联网共管。一是抗冰雪。针对“1·25”雨雪灾害，全系统上下出动近10000人次，投入资金500万元，连续24小时奋战近1周时间，确保城市的安全稳定，赢得党委、政府和人民群众的肯定。二是管燃气。开展“十百千万”（“十”指参与本次活动的市本级十家瓶装燃气企业，“百”指参加培训并上门进行安检工作的百名送气工及社区志愿者，“千”指为市本级千家餐饮店进行安全检查、消除安全隐患，“万”指为万户居民更换燃气连接软管、避免软管老化出现漏气）公益活动，全力推进瓶装燃气销售管控及信息化监管工作。全市累计安装二维码钢瓶80万个，安装率和实名登记率均达100%。三是抓工地。系列开展建筑施工安全专项整治、工程质量安全提升行动等，对脚手架、深基坑等重大危险源开展彻底检查，全市施工现场运行平稳。四是稳信访。全年办结行政复议诉讼案件8件，接待群众来访人员427人次，收到各类信访305件，保障了中共十九大、市“两会”顺利召开。

【五水共治】 紧扣省“五水共治”行动，围绕目标、强化措施，获得省治水考核综合和单项“双第一”。一是保供水。全年累计完成投资4.55亿元，完成供水管网改造3550公里。二是“排涝水”。新建雨水管网124公里，提标改造管网72.5公里，雨污分流管网66.24公里，清淤排水管网1501公里，总长1200米的6.20特大暴雨积水区排涝系统完善工程顺利完成，全年未发生影响城市运行的暴雨积水情况。三是治污水。全市建成城镇污水管网381公里，新改建南浔区善琏、双林污水厂，德清县新安污水厂，中心城市城镇污水处理率达97.48%。农村7072套生活污水治理终端完成移交，覆盖775个行政村，受益农户25万余户。四是抓节水。在中心城区投入使用6处中水、雨水利用回收点，将中水和雨水广泛利用于城市环卫、绿化用水。同步完成屋顶集雨等雨水收集系统建设413处、节水器具改造6583千套、“一户一表”改造6万户，完成率分别达150%、219%和760%。

【行业管理】 积极加强行业监管引导，不断加快落后产业业态退出，拓展产业发展新空间。一是房地产市场平稳健康发展。针对“量价齐升”的态势，出台《关于进一步促进中心城市房地产市场平稳健康发展的若干意见》，全年全市完成房地产开发投资301.17亿元、住宅建设完成投资229.36亿元，同比分别增长9.8%和30.5%，全市商品房销售备案面积778.51万平方米、商品住宅销售备案面积629.24万平方米，分别增长39.16%和36.13%。二是加快建筑业提升发展。出台《关于加快建筑业提升发展的意见》，全市17个工程总承包项目被列入省试点，创建了一个国家级装配式建筑产业基地（中天建设集团有限公司）、一个国家优质工程（湖州师院图书馆）、一个国家AAA安全文明标准化工地（茅柴园安置项目）；中铁十六局三公司和华煜2家建筑企业从一级升至为特级。完成建筑业产值781亿元、增长16.2%，占全市地方财政收入的9.53%。其中完成省外产值160.53亿元，增长27%，“走出去”力度进一步加大。三是推广绿色建筑。《湖州市绿色建筑专项规划》颁布实施，划定近、远期装配式建筑和住宅全装修重点实施区域管控范围，为湖州市2017～2025年推进绿色建筑和建筑工业化指明方向。全年完成节能审查项目300余项、建筑面积1000万平方米，全部按一星级绿建标准及以上实施，二星级及以上占比达20%左右。（龚辛陶）

·县（区）城乡建设·

【德清县城乡建设】 2017年，德清县围绕“强规划、整环境、推项目、促管理、抓队伍”的工作目标，以“四大行动”（项目双进行动、创新引领行动、美丽德清行动、担当作为行动）“十大工程”（项目引进“双百双六”工程、项目推进“1555”工程、重大改革试点突破工程、科技成果转化“亿千百十”工程、水气土共治提升工程、美丽城镇先行工程、美丽乡村升级工程、全国文明城市创建工程、“双勇”铁军建设工程、作风建设提升工程）为抓手，切实提升城乡规划建设管理水平，取得了较好成绩。

一、以中心工作为重点，重大任务出色完成。一是“最多跑一次”改革成效显著。分批公布“零上门”和“最多跑一次”改革权力事项88主项、116子项。企业投资项目审批全流程中涉及住房和城乡建设局的审批时间由38天缩减至19天，减少项目审批环节2个、减少事项6个，提高效率50%。二是改革工作平稳有序。按照“工作不断、平稳过渡”的原则，全面抓好资产清算移交、人员重组转换和工作衔接，平稳完成国资国企和市政体制改革工作。三是环保督查履职尽责。参加各类推进协调会20余次、召开本系统各类部署推进会10次；加大污水处理、生活垃圾焚烧的监管力度，对发现的问题及时督促企业整改提升；全力配合相关部门做好垃圾填埋场渗滤液处置、生活垃圾分类和无害化处置等工作。

二、以规划为引领，优化县域空间布局。一是规划编制稳步推进。将总体规划的编制期限调整至2035年，强化总体规划的战略引领和刚性管控。完成国际化规划研究、西部地区保护与开发控制规划等5项规划研究。编制中心城区规划，完成乌回山单元、城西单元等11项控规方案的调整及优化。二是规划管理提升。严格执行规划管理委员会制度，组织召开了第59～64次规委会会议，共审议33个项目规划设计方案（总建筑面积279万平方米）、5个景观设计方案以及5项规划。三是“多规合一”助项目高效落地。“多规合一”规划协同平台在全省率先启用并稳定运行。截至12月底，累计通过项目882个、否定46个、暂缓19个。

三、攻克重点难点，改善城乡环境面貌。一是“三改一拆”巩固深化。完成“三改”2581万平方米、“拆违”287万平方米，分别完成市下达任务的1290.9%和287%，拆后利用率达95.9%。扎实推进“四边三化”，完成问题点位整治827个，完成蓝色屋面整治点位81处、37121平方米，完成农业设施用房整治4135处。二是建设“美丽城镇”提档升级。477个入省库整治项目完工372个、在建68个，累计完成投资19.3亿元，完成整治项目总体形象进度的78%。莫干山镇、下渚湖街道等10个整治对象率先完成整治任务并通过省考核验收。全年接待“美丽城镇”考察交流2500余批、7.6万余人。三是建设“美丽乡村”亮点突出。扎实推进乾元镇幸福村、钟管镇曲溪村等7个省级美丽宜居示范村建设工作，全县村居图集应用率达70%以上。

四、科学监管，推动全县经济发展。一是房地产业平稳有序。全县完成商品房开发投资32.5亿元、同比增长8.74%；实现房地产业税收9.26亿元（地税5.57亿元、国税3.69亿元），占总税收的11.98%，比上年增加1.64亿元；完成商品房销售面积63.7万平方米，销售均价达11500元/平方米。二是建筑行业转型发展。实施绿色建筑60项、200万平方米，新增节能建筑面积41.1万平方米。新开工装配式建筑面积35.65万平方米，完成市下达任务的198%。完成建筑业产值78.4亿元，实现建筑业税收3.34亿元（地税1.18亿元、国税2.16亿元），占总税收的4.32%。三是测绘行业茁壮发展。全年累计完成5项涉密、20项非涉密测绘成果审批和823项测绘项目备案审核。新增测绘企业5家，全县测绘企业达到35家。

五、立足以民为本，提升百姓民生福祉。一是住房保障全面加强。全县开工建设城市棚户区改造用房1900套，基本建成保障性住房2088套、竣工2569套、交付使用5420套，保障住房困难家庭1549户，住房保障率达24.64%。二是公用事业稳定运行。新改建供水管网147公里，环中6万立方米/日水厂和东苕溪30万立方米/日备用水源建成启用，全县供水总规模达24.5万立方米/日。完成一户一表改造3308户。完善天然气站点布局规划，完成中压管道铺设53公里、新增居民用户3134户。新改建污水管网106公里，污水处理监管中心建成启用，进水在线监测全覆盖。全年焚烧处理生活垃圾量16.39万吨。三是智慧德清成效显现。全面开展智慧德清时空信息云平台建设，完成各类数据采集规范的评审及大部分数据的获取，完成数据库建设工作，切实提升城市智慧化管理水平。

六、强化监管，保持安全形势稳定。一是安全生产平安稳定。狠抓建筑领域安全生产工作，全年检查建筑工地512次，发放隐患整改通知书415份，停工整改单36份。继续加强瓶装燃气实名登记，强化销售管控，完成3.4万只钢瓶二维码电子标签安装。二是危房治理全力推进。完成城镇危旧房屋治理改造867幢，完成三年治理改造总任务。完成农村危旧住宅治理改造656户，完成市下达任务的167.8%。（许晓春）

【长兴县城乡建设】 2017年，长兴县围绕全域美丽的目标，统筹规划、建设和管理三大环节，全面推进美丽县城与美丽城镇建设、“三改一拆”“四边三化”等工作，加强行业管理，全县城乡建设事业迈出新步伐。

一、深入推进美丽县城建设。新一轮县域总体规划编制高标准推进，“多规合一”县城规划编制进展有序。美丽县城试点实施项目96个，完工项目50个，完成投资136.44亿元。东鱼坊历史文化街区顺利开街，海兴路、县前街建成通车。以创建全国文明城市为契机，查短板、补短板，深化市政公共事业管养等体制改革，统筹推进“洁、亮、序、绿、美”，环卫总保洁面积达1043万平方米，中心城区主要道路清扫机械率达100%，次要道路达85%。解放路复绿等15项绿化工程和海兴路、县前街路灯改造等工程全面完工。中心城区255个居民小区实现生活垃圾分类全覆盖。

二、美丽城镇成效显著。完成27个小城镇综合整治规划的市级备案，有15个方案入选优秀规划方案，其中3个获一等奖。美丽城镇完工项目100个，完成投资14.77亿元。总投资19.38亿元的53个小城镇环境综合整治PPP项目全面开工。安排3年10亿元支持美丽城镇建设专项资金，至年末，1.6亿元拨付到位。扎实推进小城镇环境综合整治，9个整治对象通过省级验收；全市小城镇环境综合工作现场推进会在长兴县召开；煤山镇、吕山乡被列入省级样板，泗安、和平镇和画溪街道被列入市级样板。泗安镇上泗安村入选中国传统村落，煤山镇仰峰村入选省首批传统村落。

三、城乡环境不断改善。完成“三改一拆”1981.6万平方米，拆后利用率达98.1%。“四边”绿化79.07公里、360公顷，完成问题点位整治787个。G25高速长兴入城口省级精品创建和中央大道省级精品道路创建完成。建设供水、排水和污水管网334.44公里，完成管网提标改造14.2公里、排水管网清淤175公里，完成节水器具改造4000套，顺利通过国家节水型县城（试点）复评。全省农村生活污水运维现场会在长兴县召开，获评“2017年全省农村生活污水治理设施运维管理考核优秀县”。

四、民生保障不断提升。全年竣工各类保障性住房4200套、基本建成2350套，完成棚户区改造货币化安置1200套，新开工棚户区改造安置房1400套，新增租赁补贴保障家庭185户，新增经济适用房货币补贴保障家庭150户。分别完成城镇、农村危旧房治理改造342幢和2426幢，农村危旧房治理改造完成情况在全市排名第一。全面完成长广集团4个老小区和中心城区明珠花园等3个老小区改造。节能减排大力推进，实现COD（化学需氧量）削减量1.7万吨，氨氮削减量625.7吨。累计完成中压管网建设22.5公里，新增用户5040户。

五、行业发展提质提速。组织开展美丽县城提升等十大课题调研并取得丰硕成果。出台新一轮房地产政策，全年销售各类商品房9233套，面积117.26万平方米，同比增长37.9%。销售普通住宅8090套，建筑面积104.06万平方米，增长44.7%，可售住宅库存去化周期控制在8个月以内。全年实现建筑业总产值85.8亿元，增长17.4%，新开工装配式建筑面积17.29万平方米，落实全装修住宅24万平方米；创建市级文明标化工地11个、省级文明标化工地2个，获评湖州市建设工程“飞英杯”优质工程7个。出台实施农民工实名制考勤、民工工资发放台账公示和民工工资专项账户等制度，恶意拖欠民工工资和群体性上访事件得到有效遏制。指导25个小区完成业主委员会组建或换届，新增9个、68万平方米的物业管理项目，中心城区住宅小区物业覆盖率达85.2%。深入开展建设系统“最多跑一次”改革，“一窗受理、集成服务”和施工图联审扎实推进。（时大威）

【安吉县城乡建设】 2017年，安吉县认真落实市委“四新”和县委“拼、比、争”主题活动要求，上下齐心协力、攻坚克难，大力抓好规划设计、城乡建设、行业管理、民生保障和防空减灾等重点工作，服务“两聚一美”［2017年安吉县第十四次党代会提出建设中国最美县域总体部署。会议号召，全县人民要在中共安吉县委的坚强领导下，保持锐意进取的精神状态，聚焦“两山”实践，聚力赶超发展，为把安吉建设成为中国最美县域而努力奋斗，简称（两聚一美），确保全县经济社会发展的良好势头，对于实现2017年后五年的政府工作目标至关重要］发展大局。

一、镇村整治走在全市前列。一是城中村改造攻坚清零。牵头实施城中村改造攻坚和建设项目遗留问题清零行动，面对时间紧、任务重的考验，全力以赴，历时5个月，全面打赢安吉县史上难度最大、数量最多和涉及面最广的征迁攻坚战，平稳拆迁1925余户、建筑面积58万平方米，征收土地567公顷，圆满完成市、县下达的目标任务，取得较好的社会效应和经济效益。二是小城镇环境综合整治。在全省率先实施季度预考核，率先实现驻镇规划师、街长制全覆盖。指导32个整治点完成规划编制和方案设计，完成“六乱”（乱停车、乱堆物、乱摆摊、乱开挖、乱建筑、乱竖牌）治理3947处，10个整治点顺利通过省、市级考核验收，以全市最少的投入完成全市最多整治任务。牵头完成省级村庄规划设计及农房设计落地试点建设，获评“浙派民居”落地佳作，成为全省乃至全国农居建设典范。

二、城乡建设。孝丰镇获评“全国特色小镇”称号、灵峰街道剑山村蔓塘里自然村建设项目被授予“中国人居环境范例奖”；安吉县荣获“全国农村生活垃圾分类和资源化利用示范县”，在第三次全国改善农村人居环境工作会议和全国农村危房改造质量安全管理会议上做经验交流。一是优雅竹城提档升级。以“优雅竹城·风情小镇·美丽宜居”三级联动为抓手，扎实开展“优雅竹城”提档升级工作，每月编发简报、强化督查考核，全年启动建设项目82项、竣工34项，完成绕城南线拓宽、胜利路改造、浮玉南路等8条城市道路改造提升；推进穆皇路、玉华路、齐云路等4条断头路贯通，全年完成投资22.1亿元。稳步推进“城乡一体提升年”，全年启动建设项目16项、完工8项，总投资34.9亿元。二是老小区改造。旧住宅区改造不断扩面，完成汇丰南苑、北苑、香山花园等8个老旧小区改造；完成10条背街小巷综合治理；完成凤凰三四区雨污分流综合改造。三是美丽宜居示范村建设。争取到省级补助资金2000余万元，用于支持剑山、鄣吴等10个村建设。其中剑山等4个村顺利通过省级美丽宜居示范村验收，通过率达100%。大竹园、长潭等4个村全面启动建设。基本完成昌硕故里精品观光带工程建设。四是传统文化村落申报。一批历史文化积淀深厚，选址格局肌理保存较完整，传统建筑具有一定保护价值，村落活态保护基础好的村庄申报省级传统村落，双一、鹤鹿溪、龙王、古城、郎村5个村成功申报浙江省传统村落。

三、建筑行业管理。一是建筑业产值持续增长。建筑行业管理逐步增强，全年完成建筑业产值60.44亿元，同比增长14%。全年开工131个、建筑面积300余万平方米，竣工备案103个、建筑面积164.74万平方米。积极推广装配式建筑，新开工装配式建筑项目19万平方米，超额完成市定16万平方米任务。二是企业创优、创杯意识增强。积极开展较好、较差工地和优质工程奖评选，全年建筑企业获市“飞英杯”奖3个、市标化工地5个，被县评选为“云鸿杯”5个。建立健全建设领域农民工工资专户和农民工实名制管理，助力浙江省首批“无欠薪”试点县创建。三是工程安全监管。加大工程质量安全监督力度，全力做好护航十九大安全生产工作。全年对230个在建工程开展监督检查，排查、消除安全隐患7800余条，全年安全生产无责任事故。四是建筑绿色节能。完成既有建筑（公共建筑）节能改造2万平方米，实施太阳能等可再生能源建筑应用面积超60万平方米。按照绿色建筑要求，民用建筑严格按照绿色建筑设计标准设计。完成节能审查项目87个、总建筑面积185.5万平方米。

四、房地产市场持续健康发展。一是房地产行业产量。全年房地产累计投资34.33亿元，商品房销售135.33万平方米，同比增长65.62%，商品房销售金额123.67亿元，增长109.89%。其中，外地人在安吉县购房量57.24万平方米，增长353.21%，占房产总销售的42.30%。全县商品房存量107.50万平方米，其中住宅存量61.28万平方米，去化周期为6个月。二是房产中介监管。开展全县整顿规范房地产开发销售中介行为专项行动。完成全县房产企业和中介机构自查自纠工作。全年检查在售楼盘86家。发现问题即查即改，对没有按时整改到位的，下发整改通知书14份，经回访均已整改到位，并对2家房地产开发企业在安吉大道“站街、站路”式推广宣传作专项整治。三是房地产统一信息平台工作。4月，完成省房产统一信息平台系统建设及开发企业平台系统实务培训。5月，实现房产开发从取得出让土地到竣工验收资料网上审报，并对基本符合条件的91家房产中介机构进行资料备案，可进行二手房交易网签工作。

五、物业管理工作。建立物业项目经理向社区报到与报告及诚信档案制度。强化物业企业与社区的沟通互动，推动落实三级联动工作。6月下发通知，首次报到工作采取集中方式向物业所在社区报到。组织完成对全县38家物业企业负责人、105个小区项目经理向17个社区报到，受到社区欢迎。在全市创新出台《关于落实物业小区业主委员会成员补贴的通知》。指导各乡镇（街道）完成对辖区内业主委员会的考核，对考核完成的全县80个业主委员会发放37.7万元财政补贴资金，有效地提升业主委员会成员参与物业管理的热情。解决民意诉求。接受“阳光热线”、来人来电和数字城管等投诉970件，其中房产类投诉160件（“政府阳光热线”投诉80起，网络发言人、民情在线30起，来人来电投诉50起），物业类投诉810件（县长热线300件、信访10件、来人来电150件和数字城管350件）。召集街道、社区、房产公司和物业等，协同处理铭鸿公寓消防、停车、成立业主委员会筹备金等投诉，嘉鸿苑停车投诉和九州昌硕广场6号公馆“营改住”后的用电投诉等群体性投诉事件。（王德清）

【吴兴区城乡建设】 2017年，吴兴区深入贯彻中共十九大和省、市、区全委会精神，紧紧围绕“生态吴兴、经济强区、科技新城、幸福家园”的奋斗目标，扎实开展“四新”主题实践和“靠前站、马上办、讲实效”主题活动，紧扣加快城市化进程、服务新农村发展两大主题，进一步破解土地、资金和人力要素制约，不断提高规划、建设、管理和服务水平，狠抓落实、奋力攻坚，全力推进建设事业，各项工作稳步健康发展。

一、东部新城建设加速崛起。围绕东部新城全域城市化的新五年发展目标，坚持“建、管”并举，加快东部副中心的建设，持续引领“湖城向东看”，全年排定4大类、25个建设项目，开工24个。一是丝绸小镇建设全面推进。丝绸小镇路网全面贯通，雨污水管网及相关配套设施全面建成，婚庆、湿地和市民公园等景观公园投入使用，节假日吸引大批游客观景。创意文化村、丝织技艺非遗博览园基本完工，精品民宿“隐居”、木子工作室等品牌项目入驻。小镇客厅启动装修，创意产业园、婚庆文创园全面施工。二是公建配套更趋完善。枫叶国际学校、实验幼儿园和吴兴实验中学投入使用，区文体中心主体建成，小圆角人才公寓、丝绸小镇配套停车场、餐饮街项目加快推进。东部新城主要道路提升工程、南横塘绿道一期和八里店社区集中整治工程年内完工。区府路跨长湖申大桥工程，年内主桥完成；中兴大道、经三路与八里店大桥匝道、经一路改造工程加快推进。三是房产开发快速推进。恒大悦珑湾、融创西山宸院和大家漾山府等一批优质居住楼盘相继推出；佳源、祥生、大家和奥克斯等多家知名房产商进驻东部新城，呈现出整体宅地供需热现象。足球小镇依托绿廊优质的生态资源，打造完整足球产业链，方案进一步优化中。金诚国际医院按三级甲等综合医院软硬件建设标准规划建设，完成方案设计。汇金商业中心主体结顶。富力城商业综合体桩基工程基本完成。四是狠抓资金保障。通过积极对接银行、券商等相关金融机构，多渠道、多方式筹措建设资金，筹措资金79.59亿元。其中中信银行14.88亿元、浙商银行13亿元、兴业银行20亿元、平安银行15亿元和其他金融机构16.71亿元。

二、中心工作强势推进。围绕区委、区政府中心工作的要求，积极履行部门职能，全面参与小城镇环境综合整治、危旧房改造、“五水共治”“美丽乡村”等重点工作。一是小城镇环境整治攻坚克难。以“一加强、二整治、三彰显”为指导思想，确定16个小城镇作为环境整治对象，总投资23.9亿元，计划实施项目380个、开工365个，开工率达96.1%。2017年，16个小城镇整治规划编制已全部完成，其中轧村集镇、东林小城镇环境综合整治规划获省“优秀设计奖”。5个先行启动小城镇示范带动明显，第一批验收的7个小城镇基本完成整治工程量，荣获省级“小城镇环境综合整治优秀区”。二是危旧房治理改造强势推进。城镇危旧房改造，制订专业监测和日常巡查相结合的动态监管机制，对17幢危房安装24小时在线监测预警系统，中心城区51幢危房全部完成治理改造。农村危旧房改造，排摸67628户，排查发现疑似危房1662户，针对29户D级公共安全危房和510户自住D级危房及时开展腾空工作。至年末，D级危房已全部腾空，涉及公共安全的C、D级危房和自住D级危房662户，已治理改造631户、治理率达95.3%。53户困难群众危旧房改造完成48户。三是“五水共治”项目全面落实。新建供水管网31.02公里，污水管网32.6公里，提标改造管网5公里，改造供水管网29公里，管道清淤120公里，完成积水点改造和增加应急设备任务，屋顶集雨等雨水收集系统完成率达106%。四是美丽乡村建设显现成效。通过招投标方式，与美欣达集团签订环卫一体化协议。全面开展村庄环境督查，共采集问题照片4500余张，重点整治点位395个。认真做好90个村农村生活垃圾分类处理工作，新建垃圾收集房108个。对3个“美丽乡村”验收村（伍浦、红里山、太平桥）和3个启动村（义皋、菰城、星华）开展日常指导督查。做好农村生活污水治理设施运维工作，完成744座污水处理终端运维移交。五是住房公积金制度扩面明显。制订《2017年度各乡镇住房公积金制度扩面工作目标任务的通知》，明确目标、细化责任、加强督查和组织培训，为做好公积金扩面工作打下基础。2017年，全区公积金新增7909人，净增3151人，完成率分别达164.73%和175.06%。

三、行业管理不断优化。充分发挥部门职能，强化行业管理。2017年，全区实现建筑业总产值460余亿元，同比增长在10%以上。一是强化建设工程行业监管。全年办理新开工建设许可95个、竣工验收备案49个，全程在线监管在建工程项目92个。全面落实安全生产责任制，开展工程质量治理年行动，与全区100余家建筑施工企业签订安全生产目标管理责任书。强化质量安全监管，发出整改单198份、停工令33份，有效震慑质量安全不良行为。积极调处各类纠纷，全年处理工程质量投诉17起，受理农民工工资讨薪50余次。二是扎实开展建筑工地扬尘治理。下发《吴兴区住房和城乡建设局关于开展建筑工地扬尘污染专项治理工作实施方案》《十九大期间建筑工地扬尘管控工作方案》等文件，要求所有在建工程必须做到“七个100%”（围挡设置100%，砂、土等易扬尘材料遮盖或绿化100%，主要道路硬化100%，运输车辆冲洗且密闭加盖100%，外架密目式安全网张挂100%，拆除施工过程洒水100%，暂不开发场地绿化100%）。开展定期巡查和不定期抽查，确保扬尘治理贯穿建设全过程。2017年，检查在建工程270余项、预拌商品混凝土企业6家，提出整改建议600余条。三是推进住房保障和房地产行业管理健康平稳发展。不断加大保障性安居工程建设力度，全年新开工保障性安居工程3个，建成并完成分配2534套。严格执行房产交易合同备案、变更和撤销程序，全面启用商品房网上备案系统，商品房买卖合同网上备案2045份，合同变更138份，合同撤销239份。加强辖区内房地产管理，核准房地产企业暂定资质16家、四级资质25家。

（卢明佳）

【南浔区城乡建设】 2017年，南浔区紧紧围绕“聚力大赶超，实现新跨越”发展目标和“六大行动”战略布局，把“城乡提质”作为全年工作的重中之重，打出组合拳，干出加速度，全区城乡面貌发生新变化。

一、城乡规划管理。积极参与新一轮湖州市城市总体规划修编工作，配合完成基本情况调研，以接轨上海为重点，加速融入滨湖大城市发展。加强历史文化保护规划编制，基本完成南浔镇、菱湖镇和双林镇历史文化名镇保护规划。重视城市设计研究，基本完成頔塘两岸及城市中轴线城市设计。加快控制性详细规划成果的深化运用，启动塘北片工业区整治、建材市场整治改造和老318国道沿线风貌提升等整治方案编制。做好村镇规划编制，完成21个小城镇环境综合整治项目方案，其中旧馆镇环境综合整治方案获省级“优秀规划方案”，完成最后43个村庄规划编制，实现全区村庄规划全覆盖。加强测绘与地理信息管理，完成全区“问题地图”整治排查，对发现问题的6张地图完成整改。根据“测验合一”工作要求，完成测验合一资质的审核及单位名录库收集报送工作。

二、房地产管理。全年棚户区（城中村）住房改造4254套，以货币安置为主，其中南浔古镇危旧房改造800套，南浔城投集团和菱湖镇城中村改造3454套。全年完成152套公共租赁住房的分配、农村危旧房391户治理改造和农村困难群众危旧房98户改造任务。认真贯彻落实上级房地产市场调控的各项政策措施，坚持开展房地产市场分析研究，加大房地产市场供应，监督指导全区房地产开发，华夏幸福、碧桂园、祥生和德信等一批全国房地产50强企业相继进驻南浔区。至年底，全区房地产在建项目20个、总建筑面积170万平方米，其中南浔中心城区在建项目14个、150万平方米。全年完成商品房销售12194套，销售面积118万平方米，同比分别增长33.34%和43.6%，新开楼盘每平方米均价控制在7500至9000元之间。全年发放商品房预售许可25宗、商品现售许可1宗，建筑面积103.5万平方米。

三、城市建设管理。2017年，围绕“城市兴区”战略目标，全年实施50个项目，完成总投资55.8亿元。“三电”科技创业园（原浙商回归总部经济园）完成投资10亿元，一期工程（行政服务中心）交付使用。垂虹公园、公共卫生中心基本建成，启动嘉业路以西、泰安路以北、南林路以东頔塘南岸旧城改造，涉及征迁用地65公顷，项目总投资80亿元。按照“一年出形象、两年见成效、三年铸精品”的目标要求，基本完成1940户（完成签约1921户）房屋土地征收任务，以创纪录的“南浔速度”开创旧城改造规模化征收新模式。按照全国文明城市创建目标要求，全力修复南浔中心城区基础设施、养护补植城市绿化、修补破损围墙及公益广告画，对南浔中心城区35个物业管理小区进行大整治，市政市容面貌显著改善，南浔中心城区全年新增绿化面积145.8平方米。结合小城镇环境综合整治，狠抓污水处理工作，全年新增污水管网234.2公里，全区8家污水处理厂日处理能力达16.5万吨，实际日均处理量11.6万吨，均达到一级A排放标准。

四、建筑业管理。严控质量安全，大力开展建筑工程质量安全检查，以质量安全“每月有行动”为载体，加大监督执法力度，重点对住宅、公建项目进行原材料、实体质量和使用功能的检查，全年开展各类检查650余人（次），下发整改通知书43份，下发停工通知书6份，全区在建工程质量安全保持平稳发展态势，未发生建筑安全生产事故。全力推进“大气治理”，全年创建10个绿色施工工地，治理扬尘55.8万平方米。扎实推进建筑业转型发展，“智慧工地”信息平台投入运行，创建“智慧工地”18个，创建市级文明标化工地8个，实施装配式建筑38.13万平方米，完成既有公共建筑节能改造10000平方米。严格实施民用建筑节能审查备案，全年审查通过建筑节能项目48个。严格规范招投标监管工作，全年办理招投标工程390个，工程量84.63亿元。出台《南浔区建筑领域农民工工资支付监督管理暂行办法实施细则》，从机制上保障建筑领域农民工工资支付。全年本地企业建筑业产值达30.25亿元。

五、村镇建设管理。小城镇环境综合整治首战告捷，加压推进21个整治对象，通过前期抓规划设计编制与“拆违”整治，中期抓采用总承包项目建设，后期抓长效管理，全年开工整治项目339个、完工219个，完成投资21.6亿元。首批7个整治对象完成省级考核验收，其中和孚镇、菱湖镇下昂集镇获评“省级样板镇”，善琏镇、南浔镇和水口集镇获评“市级样板镇”。进一步完善农村环境卫生长效管理，坚持开展每月专项督查，即查即改，成效明显，成功申报市级环境卫生村星级村28个，数量居全市首位。完成147个村垃圾分类处理，新增生活垃圾资源化处理站22座，重点整治道路沿线垃圾房63处，改造建设生态型生活垃圾收集房54座。加强农村生活污水运维管理，针对运维中出现的问题，下发《关于组织开展2014～2016年农村生活污水治理设施全面排查整改落实长效运维管理的通知》，完成120个终端点位，提标改造165个终端点位。（袁榴红）

·村镇建设·

【概况】 2017年，全市村镇建设工作紧紧围绕改善农村民生、加快生态发展和提升农村风貌的总体目标，结合“三改一拆”“五水共治”“四边三化”等中心工作，美丽宜居示范引领、污水运维管理提升、环境长效提质增效、危房治理有序推进和小城镇环境综合整治领跑全省，成效明显。

【打造村镇建设新亮点】 进一步强化规划引领作用，加强规划编制修编工作。一是加快美丽宜居示范村规划编制。加大对新启动的美丽宜居示范村督促指导力度。完成2017年度14个省级美丽宜居示范村的规划编制工作，申报2018年度省级美丽宜居示范村3个，国家级2个。二是积极推进村镇历史文化遗存保护。立足历史遗存保护和文化传承，成功获评35个省级传统村落。三是全力推进宜居示范村创建工作。2017年，新启动2个国家级、15个省级美丽宜居示范村试点。进一步整合现有资源，谋划区域统筹推进，率先开展美丽宜居示范带创建。吴兴区溇港文化美丽宜居示范带、南浔区水乡古村美丽宜居示范带已列入全省美丽宜居示范带规划建设试点，并获得规划编制专项补助资金，其他县（区）均启动示范带建设，湖州市美丽宜居示范村创建逐步完善。

【农房改造建设工程】 根据省要求分两年完成治理任务的统一部署，全市排查鉴定农村危房4817户。9月，提前完成全年省定任务2518户，拆除加固率达94.6%，解危质量居全省前列。至年末，完成农房治理改造4567户，完成省定目标任务的94.8%，居全省第二。2017年，湖州市困难群众危房改造目标为510户，完成困难群众危房改造开工597户、竣工597户，超额完成省定目标任务。

【农村环境卫生长效管理工作】 完善“户集、村收、镇运、集中处置”的垃圾集中收集处理机制，探索推广商业化保洁和农村生活垃圾资源化减量化分类。2017年，全市启动垃圾分类村461个，全市845个农村生活垃圾分类宜建村全部完成农村生活垃圾分类的设施设备建设，覆盖率达100%。建立农村生活垃圾分类源头可追溯、成效有比拼和优劣联奖罚的机制，实现农村生活垃圾分类的长效模式。全市农村生活垃圾集中处置率达100%。围绕提升农村人居环境为导向，构建“多位一体”的管理机制，鼓励乡（镇）“一把笤帚扫到底”模式，推广采用第三方专业化保洁，真正实现市场化运作、全域化覆盖、标准化作业和多元化监管。市本级各乡（镇）均实现专业化保洁，大部分乡（镇）开展第三方商业化保洁，镇村一体的模式机制基本建立，保洁成效大幅提升。2017年，市本级创建56个环境优美、管理到位的“星级村”，通过“扩面、提升、深化”，促使村庄从人居环境条件改善转向生态环境优化，实现农村环境提挡升级。

【农村生活污水治理设施运维管理工作】 2017年，湖州市农村生活污水处理围绕“专业化、智能化、精细化”的方向，积极构架管理制度、健全保障体系和扩大运维覆盖，全市7072套设施全部完成移交。5月9日，全省农村生活污水运维现场会在长兴县召开，在2017年度的设施运维工作省级考核中获评优秀设区市。

【小城镇环境综合整治】 按照省委、省政府统一部署，全面启动了全市115个小城镇整治工作。铺开“一加强三整治”规划引领、卫生乡（镇）创建、“道乱占”“线乱拉”“车乱开”和“低小散”块状行业治理6个专项行动，推进了“8+X”（“8”即绘制一张蓝图、塑造一个城镇入口、打造一条示范街、配备一个农贸市场、配套一批设施、完善一个服务中心、建设一个文化广场、建立一套机制，“X”即各小城镇结合实际的特色整治项目）项目载体。经过一年的攻坚整治，完成项目建设1162个，投资80亿元。全市各小城镇环境面貌不断改善、承载功能显著提升、城镇管理不断完善、产业转型加速发展，居民获得感显著增强。首批43个小城镇全部通过省级验收，湖州市获小城镇整治综合考核全省第一，德清县、吴兴区被评为“优秀县

（区）”。（沈旭晟）

·勘察设计与建筑节能·

【概况】 2017年，湖州市有勘察设计单位49家，其中甲级资质单位9家、乙级资质单位26家、丙级资质单位10家，设计施工一体化单位4家、施工图审查企业3家，全部为施工图审查一类企业。节能评估机构4家，其中一类3家、三类1家。有专业技术人员1845人，其中高级职称362人。全年实现产值8.6亿元，其中湖州市单位7.64亿元、市外单位0.96亿元。

【勘察设计管理】 2017年，始终把保障工程质量安全放在首位，严把审查关，从设计源头确保基坑安全。充分发挥市勘察设计专家库的人才优势和技术优势，组织专家到疑难建设工程现场踏勘、抢险，解决各种技术难题，保障工程顺利实施和质量安全。为提高工程勘察质量，湖州市深入贯彻《浙江省住房和城乡建设厅关于进一步加强工程勘察质量管理的意见》，开展清理挂靠勘察资质行为，实施勘察作业外业见证制度及土工试验就位制度，加强勘察资料的真实可靠和对勘察成果的监督管理，促进全市勘察行业健康稳定发展。年内，全市勘察作业全面实施外业见证制度，外业见证人员通过培训后持证上岗。2017年，完成基坑方案专家论证56项，全面开展建筑工程施工图审查工作，审查率达98%以上。全年审查816项、建筑面积1080万平方米，纠正违反强制性条文、安全性条款和建筑节能条款等689条。

【评优评奖】 2017年，市建设科技与勘察设计协会组织定期专家讲座、参观和考察，学习建筑设计和建筑节能新观念、新思路。依照《湖州市优秀勘察设计评审细则》，开展全市勘察设计行业评优活动，全年评出一等奖4项、二等奖7项、三等奖11项和优秀节能评估专项5项。年内，获省“钱江杯”优秀勘察设计二等奖（工程勘察类）1项，省“钱江杯”优秀勘察设计二等奖、三等奖（工程设计类）各1项。成立勘察专业委员会，吸纳在湖州市有勘察业务的17家勘察单位为会员，通过行业管理，约束低价无序竞争，调动建设系统科技勘察设计人员的积极性和创造性。

【建筑节能工作】 通过开展民用建筑节能设计评估审查，从源头上对项目建筑节能把关，进一步提升民用建筑节能的科学性。2017年，全市实施节能审查项目970余项、1200万平方米。通过审查项目的可再生能源应用面积900万平方米。竣工完成采用太阳能等可再生能源应用面积达440万平方米。完成公共建筑节能改造项目5项，建筑面积达11．3万平方以上。完成仁皇山公交交通枢纽场站等用能监管示范项目5项。

【绿色建筑】 贯彻实施《浙江省绿色建筑条例》，全市新建民用建筑全部按一星级及以上绿色建筑标准进行建设。出台《湖州市绿色建筑专项规划》，绿色建筑540项、面积1086万平方米通过审查，其中湖州市滨湖小学、湖州恒大御景一期等6个项目获得绿色建筑设计标识。在项目立项、初步设计会审、节能评估审查、施工图审查、现场施工及工程验收等各环节进行全过程、全方位服务指导，确保绿色建筑各项要求实施到位。（刘登高）

·市政公用事业·

【概况】 2017年，市政公用事业以“五水共治”、交通治堵、文明城市创建和城市精细化管理等工作为抓手，加快道路综合整治，强化市政设施维护，提升污水处理设施的管理水平，城市环境基础设施得到进一步完善。中心城市水质综合合格率达99%以上；亮灯率达98%以上，中心城市城镇污水处理率达97.51%；生活垃圾无害化处理率达100%；粪便无害化处理率达100%。

【桥梁维护管理】 一是抓好桥梁维护工作。对草田漾大桥等桥梁伸缩缝进行维修，共141米。对余家漾桥等8座桥梁进行栏杆油漆，油漆长度4157米。结合日常巡查，进行桥梁零星维修，翻铺人行道760平方米，清理伸缩缝2959米，清理泄水孔759个，栏杆更换79米，栏杆零星油漆870平方米。二是抓好桥梁检测工作。对仪凤桥等101座原有桥梁和大通桥等30座新移交桥梁进行常规与结构检测，检测结果显示整体情况良好。

【道路及市政设施维护】 针对汛期、暴雨天气造成的沥青路面、人行道损坏，结合全国文明城市创建巡督查、政府阳光热线和数字城管等提出的意见和建议，加大对市政道路设施的巡查力度，重点关注道路坑洞及人行道盲道，发现问题及时处置。至年底，修复苕溪西路、学士路等62条主、次干道坑洼、破损路面3.2万平方米，人行道2.8万平方米，新增人行道无障碍坡道132个（新画人行横道线对应无障碍坡道），新铺缺损、中断盲道等盲人通行设施450平方米，更换道路检查井、雨水井盖321座。

【中间整治】 在一期三里桥港沿岸2公里绿道建设完成的基础上，对毗山水闸至杭长桥段进行连续贯通。利用沿河绿地设置亲水步道及绿道，利用桥下空间设置亲水平台及休闲广场，对沿线小区外围绿地进行提升改造，为市民提供健身、漫步、骑行和休闲的多样活动空间，完成沿线龙庭、香格里等30个小区整治、10万人受益。10月，开始实施6.20特大暴雨积水区排涝系统完善工程，工程总价1500万元，管线总长1200米（含d1200顶管220米），管径d600至d1200，有效地缓解了湖东路、九家埭路和塔下街等周边片区积水问题。

【环卫建设】 中心城区189条道路、总保洁面积521.31万平方米，实施“全面18小时长效保洁”制度和集普扫、机扫、冲洗、收集、快保和巡监“六位一体”保洁模式。截至2017年年底，市场化道路面积达461.8万平方米，占比88.6%。机械化清扫面积453.53万平方米，机扫率达85%。中心城区226只果壳箱和1200余只垃圾桶分类标注，每日清洗维护。62座公厕配置配齐助残硬件设施，统一标志标识，创新“4+X”（4指公厕标识、色彩、文化、内部管理四个统一；X指公厕个性元素）公厕标准，实现夜间亮化和24小时开放，保洁人员统一着装，做到“七无”（地面干净无积水、无粪迹、无痰迹、无鞋印、四壁六角无飞尘、无蛛网，公厕内外墙无涂写、张贴、刻画）工作要求。中心城区所有小区完成垃圾分类清运市场化服务机制。大钱港垃圾中转站正常投入运营，垃圾日处理量达300吨，实现“4+1”（4个小型中转站和1个大型中转站）垃圾中转站智能信息化监督管理。大件垃圾分拣中心已投入使用，日均处理80吨。采用“绿车绿桶、黄车黄桶”为基本标志的标准化分类清运系统，实现分类收运。

【城市供水】 市本级全年供水量15904万立方米，城乡供水一体化项目完成配水管网改造3550公里，完成一户一表改造6万户，累计完成建设投资4.55亿元。完成44个工程的给水施工任务，铺设DN300（含）口径以上管道92公里。

【城市燃气】 全年管网敷设188.1公里，其中高压0.8公里、次高压14公里、中压58.3公里和低压115公里；天然气供应总量1.865亿立方米。入户安检119009户，安检率达85.4%。

【城市亮化】 2017年，认真做好中心城区老城区、仁皇山新区范围内日常养护工作维修。全年更换灯泡5300余只，更换LED灯具120余套、整流器890余只和触发器1200余只，增补路灯盖板650余块，更换破损路灯井盖550余块，补缺、更换各类型电缆电线7800余米，处理线路故障250余次，进行2次配电箱、电缆安全检查，并及时作出整修完善。完成乌盆巷、团结巷和朝阳巷等背街小巷路灯的集中整修、补缺，更换借杆灯、墙灯40余套，更换LED球泡50余只。完成部分中心城区560余杆路灯灯杆、60余套配电箱设施的集中除锈油漆。做好老小区服务工作，根据群众需求和现场实际，增补路灯13套、完善更换电缆510米，改善老小区照明环境，保障线路稳定运行，给居民群众夜间出行提供安全和方便。 （邵　立）

·园林绿化·

【概况】 2017年，中心城市新增绿化面积417.2万平方米，绿地率达40.16%，绿化覆盖率达45%。

【长田漾湿地环境整治工程一期】 湖州太湖旅游度假区长田漾湿地环境整治工程一期是长田漾湿地的核心区域，总面积223.6公顷，其中水面面积124.6公顷，工程总造价6000万元。主要建设内容包括稻香艺韵、草洲鹭鸣、塘埔春秋、西塘晚照4个重要景点，桃园春晓和水上森林2个个区域，以及设计范围内的湖漾、河道、鱼塘清淤工程，总投资2.5亿元。以保存具有太湖地域特色的塘浦圩田农耕和鱼耕基底为基础，以渔文化的展示核心，以湿地生态和生物栖息地的营造为重点，突出湿地体验和鸟类观赏活动，建设具有生态保育、生物科普、文化展示、休闲体验功能的国家湿地公园，在国内具有重要地位和影响力。

【东部新城西山漾丝绸小镇】 该项目包括创意文化村、蚕桑园、浪漫丝艺园、丝织技艺非遗博览园、小镇客厅、520丝恋园6个工程建设，总用地面积57.5万平方米，工程总造价4.83亿元。其中创意文化村设置一条步行道为主要空间轴线贯穿整个片区，沿主体道两边布置各功能区，并在各景观区设计一些景观小品；蚕桑园主要由水系、木亭、木平台、丝绸之源、绿化种植等项目组成，以游园路为线，亭为点，通过景观微地形处理，加强景点之间的有机联系，形成明显的景观序列；浪漫丝艺园主要包括生态观光区和水景休闲区两大区域，生态观光区主要有玫瑰花海、微地形花海；水景休闲区主要有水利公园、水花海、湿地溪流、自然水塘；丝织技艺非遗博览园四面环水，展示悠久的非物质文化的精湛技艺，地块北接桑基鱼塘，散发浓厚的传统乡土气息；小镇客厅以烘焙美食的艺术化表现为基础，将梦幻童话、天马行空的想象和美食甜点相结合，重现一个能与美食完美邂逅的魔法奇园。

【南浔区南浔古镇垂虹公园】 本工程位于南浔古镇保护区内，东侧为南浔水乡古镇，南侧道路对面为南浔老浙北大楼，西侧为新建的泰安广场，北侧为頔塘河道。项目建设用地面积3.07公顷，总投资3.4亿元。永安路南侧部分，设计铺装小景，中间是大草坪供市民休闲。30米高的观光塔也设置在这里，是整个公园的制高点，可以俯瞰全貌。永安路北端，主要景观体现南浔大事记，可看到南浔历代名人雕塑像，感受南浔深厚文化。园区东北部，设置了大型石雕柱，供市民休闲。沿路沿街都是仿古建筑，与古镇呼应。

【绿化养护管理】 中心城区绿化养护主要由市公用中心负责，绿化养护管理采用市场化公开招标模式，按照绿地不同种类确定养护管理标准和考核。2017年，结合文明城市创建，进一步加强园林绿化养护管理工作，全年修剪乔木16500株；修剪灌木5次累计680万平方米；草坪7次、860万平方米；补植10万平方米绿化；更换3000株乔灌木，完善5936个裸露树池。

【绿化建设】 中心城市完成长田漾一期、王家田水系工程、浒金港滨水景观等公园绿地，新增绿化面积127.7万平方米；完成318国道南浔至吴兴段改建工程（吴兴段）

绿化工程、西塞山路、11省道连接线配套绿化景观工程等道路绿化204万平方米；完成金田家园一期、紫金花园、湖东府、浮玉花园等新建小区及单位附属绿化49万平方米。（邵　立）

·建筑业·

【概况】 2017年，湖州市建筑业认真贯彻落实《浙江省人民政府办公厅关于加快建筑业改革与发展的实施意见》和《湖州市人民政府办公室关于加快建筑业提升发展的实施意见（试行）》，大力实施“走出去”战略，进一步加大对企业产值和财政贡献、资质升级、工业化基地、市外产值和创优夺杯等方面的奖励力度，着力培育一批具有较强市场竞争力的建筑业大企业，加快全市建筑业转型升级。湖州市施工企业抢抓机遇，围绕建筑业提升发展，积极拓展市外市场，着力提升自主创新能力，提高装备水平，培养和引进人才，不断增强企业自身竞争力。2017年，市政府兑现财政贡献奖、工程总承包奖、规模产值奖、人才奖、市外产值奖、质量奖和科技创新奖7个奖励项目，奖励金额674万元，较好地调动了全市建筑企业创新创业积极性。

【行业发展】 围绕打造建筑强市的总目标，推动建筑产业结构转型升级。出台《湖州市人民政府办公室关于加快建筑业提升发展的意见（试行）》，明确建筑业发展步骤，完善政策措施，加大奖励力度，激发市场活力。大力推进新型建筑工业化，出台《湖州市推进新型建筑工业化工作领导小组办公室关于印发〈湖州市推进新型建筑工业化项目建设管理办法（试行）〉的通知》，明确新型建筑工业化项目从项目立项、规划审批、初步设计审批、施工图审查、招标投标、施工许可核发、质量安全监管、工程验收、预售许可证领取和扶持政策享受申请等各个环节的全过程操作程序，操作性较强。全年新开工装配式建筑面积152.64万平方米，其中新开工装配式住宅和公共建筑（不含场馆建筑）建筑面积41.36万平方米，新开工农村装配式住宅建筑面积3.17万平方米，新开工住宅全装修建筑面积47.56万平方米，在省住房和城乡建设厅的年度考核中被评为优秀。湖州市作为全省工程总承包试点地区，积极推进工程总承包试点工作，年内全市实行工程总承包的建设项目23个，被列入省试点项目17个。小城镇综合改造整治EPC项目全面铺开。全年完成纯建筑业总产值781.49亿元，同比增长16.2%，其中市外产值250.08亿元，增长30.9%。全市完成总产值10亿元以上的企业17家，其中10亿~20亿元的10家，20亿~40亿元2家，超40亿元的5家。

【资质资格】 全市建筑业企业不断提升完善，行业竞争力进一步增强，全年晋升施工总承包特级资质企业2家，晋升专业承包一级资质企业4家。年内，全市具有资质的建筑施工企业418家，其中具有施工总承包资质企业279家（其中特级企业4家、一级企业38家、二级企业67家），具有专业承包资质企业347家（其中一级企业41家、二级企业229家）。建筑施工资质专业门类、专业结构日趋合理，行业规模水平不断提高。全市有工程监理企业17家（其中综合资质1家、甲级5家）。

【市场管理】 按照省住房和城乡建设厅统一部署，不断完善浙江省建筑市场监管和诚信信息平台建设。年内，湖州市已基本完成企业、人员入库信息化管理，施工许可证的发放全部通过诚信平台，初步实现工程项目的信息化管理，有效地加强了对工程项目以及现场管理人员的动态监管。全市建设工程智慧工地信息平台建设已完成，实现项目与监控中心、县（区）与市级平台的实时互联互通。大力推进造价计价改革与全过程电子招标投标评标系统，切实履行好招标投标监督管理职责。全年发现串标行为1起，给予行政处罚，通过严厉惩戒招投标活动中失信行为，规范市场行为，净化市场环境。

【安全生产】 一是强化安全发展观念。着力抓好“三个体系”（完善安全生产责任体系、健全隐患排查治理体系、建立安全预防控制体系）和“一个能力”（提升安全生产治理能力）的建设，保持常态化安全生产高压态势，集中开展安全生产大检查、起重机械专项整治、护航十九大专项检查和“打非治违”一系列检查，全年全市检查建筑工地4715项（次），发现安全隐患16779个，整改率达96%以上。约谈相关企业和项目负责人123人（次），责令停工247个项目，核发执法建议书3份、行政处罚44例和不良行为记录公示18次，确保中共十九大、“第四届互联网大会”等重大活动期间安全生产平稳运行。二是推动标准化建设。按照“管理标准化、设施标准化、施工标准化”的管理理念，全面推动湖州市建筑施工安全文明施工水平稳步提升。全市81项工程获评“市建筑优胜标化工地”，27项工程获评“省建筑安全文明施工标准化工地”，82项工程获评市级“绿色施工工地”，1项工程被确认为市级标杆工地，1项工程获评“全国AAA级安全文明标准化诚信工地”，1项工地获评市级“平安工地”。三是严管工地安全。制订《湖州市建筑施工现场安全管理专家库专家管理办法（试行）》等系列文件，整合行业人才资源，争取到财政资金40万元（中心城区），采取购买服务方式，引进社会力量参与安全监督检查，发挥社会专家的技术特长，补齐监管力量薄弱的短板，提升监管效能。全市建筑施工安全生产形势总体平稳，2017年，在全省安全生产目标管理责任制考评中获“良好单位”。

【质量监管】 贯彻落实住房和城乡建设部、省住房和城乡建设厅文件精神和“质量强市”工作要求，按照“日常抓整改，长期抓整治”的工作思路，制订《湖州市工程质量安全提升行动实施方案》，以质量通病防治为重点，以季度为周期，逐项整治，全市工程质量安全水平稳步提升。大力弘扬工匠精神，打造精品工程，以质量奖项评优为抓手，激发企业树品牌意识，强化“两场”联动，全面推动全市建筑施工质量水平稳步提升。2017年，全市有55项工程获湖州市建设工程“飞英杯”奖（房建工程35项，市政工程18项和电力工程2项），10项工程获浙江省“钱江杯”优质工程奖（房建工程6项、市政工程1项和电力工程1项，援疆工程2项），1项工程获“国家优质工程”奖。（朱汉峰）

·房地产·

【概况】 2017年，湖州市紧紧围绕住房和城乡建设部、省住房和城乡建设厅关于房地产市场调控的部署，按照市委、市政府总体要求，认真贯彻落实房地产宏观调控政策，促进房地产市场持续平稳健康发展。明确科学把控土地供应、稳定市场预期、加大人才购房奖励和全力转化结构性库存等十条政策措施。通过严控商品住宅备案价格的设置和调整，全力遏制房价过快上涨，防控潜在风险，积极稳运行、保健康。

【房地产行业管理】 全市按照国家关于房地产市场分类调控、因地施策的总体要求，持续发挥4个房地产市场调控组的作用，防止房价过快上涨，化解房地产结构性库存，促进全市房地产市场持续平稳健康发展。通过市场调控，2017年，全市房地产市场呈现“四升一稳”的特点。一是商品房成交价格大幅回涨。全年全市商品房销售备案均价9107元/平方米、同比上涨19.05%，其中商品住宅9238元/平方米、上涨22.56%，比上年10月上涨23.37%。二是商品房成交面积大幅攀升。全年全市商品房销售备案面积778.51万平方米、增长39.16%，其中商品住宅销售备案面积629.24万平方米、增长36.13%。全年市本级新建商品房累计成交面积446.68万平方米、增长42.72%，其中新建商品住宅累计成交面积348.13万平方米、增长40.16%。三是商品房上市快速放量。全年全市新批商品房预售面积631.82万平方米、增长87%，其中新批住宅预售面积527.25万平方米、增长122%。中心城市新批商品房预售面积391.37万平方米、增长107.75%，其中新批住宅预售面积322.34万平方米、增长170.42%。四是房地产投资开始上升。全年全市完成房地产开发投资301.17亿元、增长9.8%，其中住宅建设完成投资229.36亿元、增长30.5%。中心城市完成房地产开发投资176.53亿元、增长12.14%，其中住宅建设完成投资134.62亿元、增长31.25%。五是商品房库存量基本持稳。截至12月底，全市商品房可售面积733.19万平方米、增长27.66%、去化周期11.3个月，其中住宅可售面积312.58万平方米、增长13.92%、去化周期6个月，非住宅可售面积420.61万平方米、增长40.22%、去化周期33.9个月。中心城市商品房可售面积398.23万平方米、增长30.54%、去化周期10.7个月，其中住宅可售面积156.4万平方米、增长26.57%、去化周期5.4个月，非住宅可售面积241.83万平方米、增长33.24%、去化周期29.5个月。中心城市隐性库存面积1009.28万 m^2，去化周期27.1个月，其中住宅面积732.15万平方米、去化周期25.2个月。在建待售面积422.89万平方米，其中住宅面积277.95万平方米；已供待建面积586.39万平方米，其中住宅面积454.2万平方米。

【商业办公地产去化】 从推动库存创新利用、强化顶层规划设计、科学调整项目规划、出台扶持政策措施和严格控制新增库存五个方面推进中心城市商业办公地产去化工作，促进非住宅去化，化解结构性库存。进一步深化城市规划研究，对原城市规划布局中商业比例偏高的区域合理调整控规，在源头上进行科学规划，严格把控商业用地供应。对前期已出让未建的商业用地，加强市场调研，适度调低商业办公比例，通过重新收回再出让等形式，消化部分潜在库存。对中心城市范围内商务、商业、科研楼宇和城市综合体落户的新注册企业给予扶持，加快闲置楼宇利用率，对已建空置待售滞销的商业办公地产，根据市场需求，在满足消防、配套等条件下，可在不改变用地性质的情况下，允许购房者入户，水、电、气参照住宅接入，把滞销的产品转化为有市场需求的产品，有效地化解了房地产结构性库存。7月17日，出台《湖州市区城中村改造房屋征收补偿和货币化安置奖励的实施意见（试行）》，对城中村拆迁房票安置购买新建商业、办公用房的，给予被征收房屋货币补偿安置奖励。截至12月底，全市商品房非住宅可售面积420.61万平方米、增长40.22%、去化周期33.9个月、比上年减少3.3个月。中心城市非住宅可售面积241.83万平方米、同比增长33.24%、去化周期29.5个月。

【物业管理工作】 按照全国文明城市创建“百日攻坚”和“十整治一完善”［重点整治：老旧小区、农贸市场、小餐饮业、交通秩序、城中村（城郊接合部）、背街小巷、城乡综合环境、建筑工地、占道经营（马路市场）、户外广告。进一步完善公共基础设施］工作部署，为进一步规范物业企业管理服务行为，提高物业管理工作水平，6月16日，出台《湖州市住房和城乡建设局关于开展物业管理集中督查考核活动的通知》，部署开展全市物业管理集中督查考核活动。成立3个市级抽查考核小组，对市本级范围物业小区开展为期三个多月不间断、滚动式和全覆盖集中抽查考核。9月，印发《湖州市住房和城乡建设局关于开展湖州市物业服务示范（优秀）住宅小区（大厦）考核评优工作的通知》，由湖州市房地产业协会组织评审小组，经过考核评审，天际花园、绿城御园和东郡红树湾3个小区被评为“2017年度湖州市物业服务示范住宅小区”；保利原乡、翰林世家等15个小区“被评为2017年度湖州市物业服务优秀住宅小区”；多媒体产业园、中国移动湖州分公司大楼被评为“2017年度湖州市物业服务优秀大厦”。浙江京兴物业管理有限公司管理的“长兴农商银行综合楼”被省住房和城乡建设厅评为“2017年度全省物业管理示范大厦”。

【规范市场经营】 开展全市整顿规范房地产开发销售中介行为专项行动。成立全市房地产市场联合监督检查组，由市市场监管局牵头，市住房和城乡建设局、发改委（物价）、银监局和金融办等部门参加。构建事中、事后监管体系，对骚扰电话、违规收取认筹金等行为联合督促检查，对违规企业采取停止网签等措施。督促开发企业在每次开盘前发布诚信销售公告，让购房户明明白白消费，安心购房，全力规范开发企业经营行为，维护房地产市场秩序。

【城中村改造】 从适用范围、补偿安置方式、补偿安置标准和房票安置操作程序四个方面对市区城中村改造征收集体土地房屋补偿和货币化安置奖励进行规定。根据2017年城中村改造攻坚和建设项目遗留问题清零专项行动决策部署，在部分出让土地中设定安置房源比例。截至12月31日，全市完成签约4.63万户、拆除4.1万户，建筑面积1620万平方米。其中，三县两区完成签约2.93万户、拆除2.64万户，建筑面积1042万平方米。中心城市共完成签约1.70万户、拆除1.46万户，建筑面积578万平方米。2017年中心城市市场化房票安置2183户，建筑面积244816平方米。

（周旭东）

·城市规划·

【概述】 2017年，湖州市规划局认真学习贯彻中共十九大精神，坚持以市第八次党代会精神为统领，紧紧围绕“加快赶超，实现两高”目标要求，深入践行“四新”主题实践，坚持“规划谋深谋实，设计做精做美，地信强基提速，短板找准补齐”的工作标准，全面争先进位，以“提升质量”为主攻方向，以“六个一”（“一规”：总规修编；“一战略”：一体化发展；“一短板”：村镇规划短板；“一体系”：包括规管系统、规划馆在内的“阳光规划”体系；“一平台”：地理信息服务平台；“一支队伍”：湖州规划铁军）为工作重点，规划服务引领、测绘基础保障作用进一步发挥，有力地推动高质量建设现代化生态型滨湖大城市建设。连续2年被省住建厅评为“全省设区市建设行业主管部门目标责任制考核优秀单位”“行政复议工作先进集体”，被省测绘与地理信息局表彰为“全省测绘地理信息工作先进单位”，被市委、市政府评为“城中村改造攻坚和建设项目遗留问题清零专项行动先进集体”，被市政府评为“重点建设和重大项目工作优秀服务奖”“服务业发展工作优秀服务单位”。

【规划编制】 一是科学抓好新一轮总规修编。全年贯彻落实部、省推进城市总体规划改革新理念新要求，加强统筹谋划，强化编制创新。年内，市规划局顺利完成旧版总规评估、总规编制单位招标和向省、市报告请示等前期工作，在编制过程中先后对三县四区（含湖州开发区、太湖度假区）、11个主要乡（镇）进行现场踏勘、座谈交流，与40余个部门进行对接沟通、基础情况摸排和梳理数据资料，展开对轨道交通规划、滨湖一体化等主要专题研究。年内，已完成总规纲要方案和前期成果，初步形成引领湖州高质量建设现代化生态型滨湖大城市的纲领性文件。二是全面推进滨湖一体化规划建设。市规划局将滨湖一体化规划建设列为年度重点工作，起到牵头抓总作用。在全面深入推进滨湖一体化工作中，赋予其新内涵，化战略支点为赶超发展的新战略支点，明确“滨湖新城、产业高地、美丽湖湾、幸福乐园”的定位，展开新的研究。首次提出并开展“南太湖新区”和“两山”重要思想先行示范区的谋划研究；厚植新优势，持续推进5年、500亿工程的高质量建设；增进新共识，市四套班子专门赴南京市、苏州市调研，市委专题召开滨湖一体化工作座谈会，思想共识进一步提升。三是健全完善名城、名镇、名村保护规划体系。督促南浔区南浔、菱湖、双林3个历史文化名镇完成保护规划编制，并已上报待批；指导安吉县完成孝丰镇和双一村、鹤鹿溪3个名镇、名村的保护规划编制，并上报待批。全市域筛选出潜在建（构）筑物计272处，其中市本级117处，德清县51处、长兴县62处、安吉县42处。根据普查结果，组织完成市本级第三和第四批历史建筑（第三批32处，第四批96处）的认定和保护图则编制工作，并获市政府批准公布；督促和指导三县开展历史建筑认定工作，认定143处（德清县51处，长兴县57处，安吉县35处），积极开展中国传统村落、国家（省）历史文化名镇、名村申报。通过以上各项保护工作，较好地促进村镇区域历史资源的保护、继承与发扬。四是持续补齐村镇规划短板。以全域规划、全域管理为目标，推进全域规划向乡（镇）延伸。全面完成115个小城镇环境综合整治对象规划，8个规划方案被评为“全省优秀规划设计方案”。完成460个村的村庄规划、173个村庄设计，实现“两个全覆盖”。聘用专、兼职驻镇规划师102名，实现县（区）、乡（镇）全覆盖，做法得到《中国建设报》、住建部网站刊载。“双百活动”品牌持续深化，按照“一个名录、一本规划、一个指南”的目标任务，在名录的基础上完成村庄规划、村庄设计的优化完善，“指南”的修订也基本完成，“双百活动”被评为“全省优秀城乡规划项目二等奖”。

【规划审批】 一是抓好全年审批工作。启用规划管理信息系统，进一步规范审批流程、提升审批效率。中心城市［包括湖州开发区、吴兴区（含织里）、太湖度假区和南浔区］建设项目全部核发“一书三证”，其中规划选址意见书72件，总用地面积921.75公顷，其中市中心14件，用地面积77.89公顷；湖州开发区10件，用地面积614.7公顷；吴兴区（含织里）33件，用地面积181.8公顷；太湖度假区3件，用地面积24.05公顷；南浔区12件，用地面积23.31公顷。规划条件194件，总用地面积807.8公顷，其中市中心34件，用地面积147.68公顷；湖州开发区48件，用地面积173.02公顷；吴兴区（含织里）54件，用地面积281.45公顷；太湖度假区17件，用地面积63.11公顷；南浔区41件，用地面积142.54公顷。建设用地规划许可证212件，总用地面积852.37公顷，其中市中心28件，用地面积146.35公顷；湖州开发区66件，用地面积275.41公顷；吴兴区（含织里）56件，用地面积172.8公顷；太湖度假区13件，用地面积63.57公顷；南浔区49件，用地面积194.24公顷。建设工程规划许可证271件，总建筑面积1172.26万平方米，其中市中心62件，建筑面积256.04万平方米；湖州开发区84件，建筑面积257.34万平方米；吴兴区（含织里）63件，建筑面积288.1万平方米；太湖度假区15件，建筑面积76.5万平方米；南浔区47件，建筑面积294.28万平方米。完成建设项目竣工验收规划核实174件，总建筑面积440.89万平方米，其中市中心43件，建筑面积98.6万平方米；湖州开发区53件，建筑面积101.62万平方米；吴兴区（含织里）51件，建筑面积140.02万平方米；太湖度假区8件，建筑面积27.7万平方米；南浔区19件，建筑面积72.95万平方米。二是推进项目建设。全年排定、推进重点项目投资计划，完成投资145.6亿元。其中开工实施类项目完成投资123.7亿元，竣工投运类项目完成投资21.6亿元，前期报批项目完成投资0.33亿元。督促加快各主体按时序推进湖州市城市规划展览馆项目建设，已完成投资7500万元，基本完成土建工程，同步开展布展工作，确保总规成果与规划展览馆同步启用。与龙之梦等重大项目建立“一对一”规划服务机制，对表对标上门服务，加强跨区域公共服务设施的协调，年内，完成投资65亿元。市区内G50度假区互通、湖山大道、长田漾景区、浙北医学中心、鑫远健康城等项目有序推进。

【规划管理】 一是严格规划审查。继续履行好市规委会办公室职责，谋深谋细城乡建设，全年召开规划委员会会议7次，讨论通过74个项目规划设计方案，总建筑面积达1007万平方米，与上年相比，会议次数增加75%、审查项目数增加72%、总建筑面积增加150%，均创历史新高。组织建筑、景观方案评审66次，评审项目102个，受理并办结行政审批事项738件，核发选址意见书67项、用地许可证162项、工程许可证213项。全市完成规划许可项目827个、建筑面积2246万平方米，同比分别增长53%和152%，成效被首次写入政府工作报告，推进科技城、海王等一批重大项目。二是全力保障民生实事。重点推进卫生、教育资源布局调整方案优化和相关项目建设，配合完成卫生资源、教育资源布局专项规划。立足高点定位、高水平设计和高标准推进相关项目建设，落实市第一人民医院改扩建、中医院迁建等项目的规划审批。抓好市北小学、西南小学、毗山中学、吴兴实验小学和织里实验小学等项目的规划审批。完成海绵城市、综合管廊和城乡燃气等专项规划编制，对农贸市场专题进行调研分析，提出对策。三是推进“最多跑一次”改革。按照落实精简事项要求，市规划局审批事项中取消4项、冻结7项，原26项主项精简到15项主项，精简率达57.70%。“最多跑一次”公布率达100%，其中“零上门”11项，占73.34%，全面完成改革目标，项目审批时限由20个工作日提速至平均6个工作日，创造了从出让地块到规委会审查19天的新速度。规划测绘窗口累计办结审批3511件，承办结率达100%，连续四个季度荣获“五星服务窗口”。

【提升服务水平】 连续3年对县（区）和重点乡（镇）开展“走访服务月”活动，与吴兴区、南浔区、湖州开发区、太湖度假区四个区建立工作会商机制，每年不少于2次上门服务。针对小城市、特色小镇和其他镇等不同层面建立规划服务机构，成立了吴兴区织里小城市规划研究所、埭溪美妆特色小镇研究所和长兴县长兴滨湖一体化规划设计所，加强一线规划服务保障，高质量推进城乡一体、美丽城镇建设。持续对南浔区旧馆镇实施重点解剖服务。对科技城、铁公水物流园、万亩大平台等重点项目实行“一对一”“店小二”式服务。

（黄永生、俞建芳、姚震骅）

·测　绘·

【概况】 截至2017年年底，湖州市有测绘单位68家，其中甲级资质单位8家、乙级资质单位28家、丙级资质单位16家和丁级资质单位16家。2017年，湖州市测绘地理信息工作紧紧抓住“地信强基提速，短板找准补齐”主线，按照围绕大局、服务民生和改革创新的总要求，继续推进测绘管理机构建设，充实管理人员，落实市、县基础测绘计划体制和财政经费保障机制，强化测绘统一监督管理，开展国家版图教育，加强地图市场、测绘市场、测绘成果和测绘质量监督管理，促进湖州市测绘事业持续、健康发展。

【机构建设】 2017年，完善吴兴区、南浔区两个市辖区行政职能和下划事权工作。德清、长兴、安吉县与南浔区测绘与地理信息机构建设已健全，德清、长兴、安吉县均成立测绘与地理信息中心。市本级已成立独立的测绘与地理信息处，德清、长兴、安吉县相继成立内设机构和地理信息中心，配备相应的管理人员，进一步提高全市测绘行政管理水平，为全面推进基础测绘、提高测绘基础保障能力和公共服务水平提供了有力保障。

【基础测绘】 按照《湖州市基础测绘“十三五”规划》，湖州市进一步完善基础测绘计划体制和投入机制。各县按照各地基础测绘“十三五”规划和年度计划，认真探索和完善市、县（区）基础测绘项目统筹规划、分级实施、共同出资、联动建设和资源共享的新机制，为政府部门和社会无偿提供大量基础测绘数据。一是完成全市基础测绘规划、计划和经费预算工作。市、县结合各自基础测绘“十三五”规划安排，认真编制上报2017年基础测绘年度计划，至6月底，市本级和三县基础测绘年度计划全部被列入当地国民经济和社会发展年度计划，测绘经费4258元。二是完成多项基础测绘项目。2017年，市本级主要完成的基础测绘项目有：中心城区1:500增量更新11平方公里，南浔区和吴兴区1:500更新50平方公里；中心城区地名地址外业数据采集6平方公里，数字湖州公共服务平台数据更新和天地图数据融合，地理国情监测，国家2000坐标系控制成果和库体数据转换，5个地理信息系统（基础地理信息数据库、城市地下管线信息系统、电子地图、三维地图、GPS跟踪站系统）的维护等基础测绘项目；完成湖州市域似大地水准面精化项目。

【地理国情普查】 支持国家普查时点更新，全面推进地理省、市、县情普查。市、县利用智慧城市、智慧云平台建设、多规合一等载体，使监测成果在地下空间、生态公益林、规划选址、美丽乡村、三改一拆和自然资源确权登记等重大项目和民生服务中得到推广运用。

【数字城市建设】 德清县和长兴县智慧城市时空信息云平台均已列入建设国家试点，总投资9852万元。德清县年内已完成技术规范体系框架、时空地理信息数据体系框架、时空信息云平台服务体系框架及云基础设施体系框架，2017年，投入经费1200万元；长兴县年内已完成时空信息云平台系统设计与原型开发，基础时空大数据及时空共享大数据处理与建库工作正在实施中，2017年，投入1000万元。“智慧德清”和“智慧长兴”项目按计划建设。

【测绘质量监督】 为了加强测绘质量管理，加大国家、地方技术标准贯彻执行的监督检查力度，根据《浙江省测绘管理条例》《浙江省测绘质量监督管理办法》，市测绘与地理信息局组织对22家测绘单位开展测绘质量监督检查工作。

【测绘资质和市场】 5月至11月，市测绘与地理信息局开展测绘资质单位专项巡查工作，主要对湖州市持证测绘单位的从业人员、仪器设备、业务范围、项目备案、质量管理、招投标、项目分包、合同履行、产品质量和市场信用等情况进行统一检查，对湖州市测绘单位情况进行全面摸底，为加强湖州市测绘行业和测绘市场管理打下扎实的基础。

【地图市场】 为维护国家版图的尊严，正确使用中国地图，7月至10月，市本级和三县对地图市场进行全面检查。检查的场所主要包括新华书店、报亭、售楼处、小商品市场、工艺品商店及地图网站等。主要检查是否存在无编制单位、无出版单位和无地图审核号的“三无”地图，是否存在涉密隐患地图，是否存在漏绘中国南海诸岛、钓鱼岛和赤尾屿等重要岛屿，错绘的国界线以及中国台湾及地图内容不符合使用目的、地图质量低下等情况，特别是对中小学教辅类地图用品，包括地球仪、地图拼图等实施重点检查。利用“互联网地理信息监管系统”对73家政府网站和全省点击量前3000位且归属地在湖州的54家网站展开实时监控，同时，对26个楼盘和文明创建宣传公开展示的地图组织现场检查。全市开展自查单位474家、自查地图总数708张，抽查单位212家、抽查地图总数256张。共发现各类“问题地图”99张，发出整改通知书16份。通过本次地图市场检查，促使湖州市地图市场健康持续发展。

【保密检查】 根据浙江省测绘与地理信息局《2017年设区市测绘与地理信息局工作考核办法》要求，从7月底开始，在全市范围内开展对涉密测绘与地理信息成果索取、使用、加工、管理和对外提供的保密检查。此次保密检查，全市自查单位103家，其中测绘与地理信息生产单位63家、涉密测绘成果使用单位40家。抽查单位73家，其中测绘与地理信息生产单位63家、涉密测绘成果使用单位10家，抽查单位占全市用图单位的70.8%；检查计算机81台；销毁涉密测绘成果电子光盘5张。

【学习宣传】 认真学习宣传贯彻新《中华人民共和国测绘法》。市测绘地理信息局及各县（区）测绘地理信息主管部门围绕宣传主题精心部署、充分准备和认真组织。一是积极开展“8·29”测绘法宣传日现场活动。8月29日，全市设置测绘法宣传站点5个、宣传展板80余块，发放印有新修订的《中华人民共和国测绘法》的《浙江省休闲旅游图》3000余份、宣传册2000余份、各类宣传品6000余份和发送公益短信2000余条，活动现场人数达1500余人，湖州电视台、安吉电视台对活动现场进行专题报道。二是严密组织新《中华人民共和国测绘法》宣传贯彻工作。省测绘与地理信息局下发新《中华人民共和国测绘法》学习宣传贯彻工作通知后，市、县测绘与地理信息局立即成立领导小组、制订相应的实施方案，对整个活动作具体的安排部署。7月1日，市、县（区）测绘与地理信息主管部门利用当地报纸、门户网站和微信微博等媒介，及时刊登新《中华人民共和国测绘法》全文、释义及相关解读文章；8月29日，全市采取异地同步的方式，严密组织新《中华人民共和国测绘法》现场宣传活动；9月至10月，灵活运用“三进”活动载体，采取知识讲座、张贴标语、有奖竞猜和发送宣传册等多种形式，积极宣传国家版图意识和新《中华人民共和国测绘法》；10月27日，专门邀请省测绘与地理信息局政策法规与行业管理处为全市测绘行政主管人员和测绘资质单位负责人宣讲辅导新《中华人民共和国测绘法》，强化测绘地理信息宣传，测绘地理信息意识得到进一步普及。（吴新民）

·住房公积金管理·

【概况】 2017年，湖州市住房公积金管理中心（以下简称中心）严格按照以“人民为中心”的发展思路和“房子是用来住的，不是用来炒的”的定位，把握群众需求，充分发挥住房公积金制度的住房保障作用，较好地完成各项目标任务，公积金事业再上新台阶。2017年，中心全面贯彻落实中共十九大和省、市党代会精神，深入学习习近平新时代中国特色社会主义思想，扎实推进“两学一做”学习教育和“四新”主题实践活动。荣获全国“巾帼文明岗”称号；顺利通过了“全国文明单位”复评，在省住建厅2017年度目标责任制考核中被评为优秀等次；连续20年年末贷款零逾期，保持全国最好水平；全市“阳光湖州服务指数”年度排名，中心列市直部门第二。

【主要指标快速增长】 2017年，中心持续推进“最多跑一次”改革。全市住房公积金业务快速发展，主要业务指标均呈快速增长态势，超额完成全年目标任务。全市放贷量、提取量和归集额创历史新高，“最多跑一次”改革成效显著。中心全年支持住房消费72.07亿元，发放贷款35.43亿元，贷款总额达312.96亿元，资金使用率达134.49%，累计实现增值收益17.62亿元。贷款连续20年年末无逾期，保持全国最好水平。全市全年归集住房公积金48.22亿元，归集总额达343.99亿元。提取金额36.64亿元。

【推进“最多跑一次”改革】 2017年，中心根据省、市的决策部署，按照“马上动起来、立即改起来、尽快连起来”的要求，以“全部跑一次、就近跑一次、最简跑一次”为目标，不断深化“最多跑一次”改革内涵。建立“家门口的公积金”，在三县两区55个乡镇（街道、园区）设立“住房公积金服务窗口”，实现了群众在家门口即可办理公积金业务。开展“优服务的公积金”。3月初以来，涉民涉企具体事项由最初的72项精简为4大类、30项，年底，实现“跑零次”达53.33%，“跑一次”达100%。三大业务同步“瘦身”，职工办事减少32种资料复印件、6种证件证明，单位办事少填4类表格。探索开展“容缺受理”工作，方便办事群众，提升服务效率。建立“智慧型公积金”。中心综合服务平台八大智能化服务渠道年中全面上线，正式接入全国异地转移接续平台，完成对接省住建厅“多证合一”接口，通过住建部“双贯标”验收，并作为全国5个城市之一做经验介绍。

【着力推进扩面建缴】 2017年，中心通过摸家底、明责任、定目标和广宣传，多措并举，大力推进扩面建缴工作，超额完成省、市扩面目标任务。2017年，全市新增缴存职工84313人；净增缴存职工38400人，归集金额48.22亿元。以上三项指标均创2003年机构调整以来新高。截至2017年年末，全市正常缴存职工人数达37.68万人，累计参加住房公积金制度的职工达70余万人。中心围绕市与县（区）政府签订的工作目标，上下联动，凝聚扩面合力。各县（区）根据实际情况，充分发挥乡镇（街道、园区）扩面工作的主力军作用，通过考核督查等有效手段全面推进扩面工作。中心紧扣扩面热点，试点开展新市民建缴，实现全市规模以上企业扩面建制全覆盖。

【科学管控提升效率】 2017年，中心着眼于提升资金流动性和使用均衡性，从政策层面、资金层面多措并举，充分发挥住房保障作用，尽力满足职工购房需求。充分发挥政策调控的积极作用，深化科学管控，提升资金利用率。中心立足于全市住房公积金资金需求持续旺盛的实际，全年支持住房消费72.07亿元，提取36.64亿元，有序发放贷款35.43亿元，带动住房销售100余万平方米。为进一步促进房地产市场平稳健康发展，建立住房公积金缴存使用长效机制，经公积金中心三届六次管委会审议通过，中心于3月起调整贷款可贷额度计算公式，恢复再次贷款政策。人均贷款额度由39万元调控至34.5万元，缓解资金流动性紧张问题。同时，为健全资金管控机制，中心分析研判动态，预测资金走势，共调剂资金4.4亿元，提高资金使用效率。出台《贷款公开排队轮候方案》，平衡全市排队时间，于年底实现全市排队轮候资金减少近6亿元，排队时间压缩3至4个月。

【着眼安全严控风险】 2017年，中心以资金安全为重点，逐步健全涵盖“排查、预防、预警、处置”各个环节的风险防范机制。中心与市中级人民法院联合出台《关于建立协作联动机制的若干意见》，在省内创新建立“点对点”网络查控和申请实现担保物权公积金执行的新模式。开展银行存款存放专项监督检查、增值收益分配及使用专项审计，委托会计事务所对三县分中心开展财务审计，配合派驻纪检监察组开展公费购买消费高档烟酒问题的专项督查，全面完善审计督查机制，提升规范化操作。同时，进一步加强与派驻纪检监察组的沟通，主动接受、积极配合派驻纪检监察组的监督指导。自觉接受并重视缴存职工的监督，通过意见箱、“12345”“12329”行风热线等多种形式，畅通缴存职工监督投诉渠道。加强对7个重要环节、39个风险节点的监督和把控。重点突出贷款催收环节的风险控制，通过“月月清”机制和年末贷款零逾期目标的设立，强化管控。坚持提取业务“一查、二问、三核实”原则，全年共防范骗提套提公积金20余笔。

（方　烨）

·综合行政执法·

【打赢文明创建攻坚战】　充分发挥“特别能战斗、特别能吃苦、特别能奉献”的精神，坚持全角度用力，全方位突破，围绕全国文明城市创建攻坚，城市管理工作水平跃上新台阶。一是强效治理占道设摊。划定重难点区域、路段，点面结合抓治理，保持常态化、长效化态势；联合多方力量，对一些长期想解决而难解决的老大难区域，合力开展攻坚行动。全年开展执法行动2723次，整治主、次干道和背街小巷162条，纠正出店经营9.3万余起，取缔马路市场50余个，取缔流动摊点15万余起，彻底解决中心城区府庙、青年路旧货市场、滨河路和吉山四社区等老大难问题，全面取缔环城西路长期占道经营水果店、小市巷固定修理摊和市职业技术学院疏导点等城市顽疾。二是着力规范停车秩序。采取“应划则划”举措，增加人行道停车场地，挖掘停车资源，全年施划停车泊位9927个、“三小车”（摩托车、电动车、自行车）停车线5万余米；加强平台建设，全市违停处罚系统互联共享平台运行启用，违停处置高效、快捷；加大处罚力度，依法惩治各种违法停车行为。全年开展行动32次，查处纠正违法行为1870余起，发放人行道违停告知单15.75万份，实施行政处罚88720辆。三是不断加强户外广告管理。加强日常监管，通过全域巡查，整治破损、老旧广告设施792处，维修加固老旧广告设施30余处，拆除各类违法户外广告设施893处、面积18.6万平方米，对4家违法设置户外广告单位进行立案查处并实施强制拆除；加大公益宣传，发放公开信和宣传手册370余份，新增公益广告896面，面积4676平方米，主城区各路段均达到30%以上的公益广告覆盖标准。四是深入推进“示范街巷”创建。制订深化“示范街巷”创建方案，发挥“示范街巷”样板引领、典型示范作用，全年新增打造10条“精品示范街”。组建专项巡查小组，对申报街巷实行巡查、暗访，对中心城区专项巡查9次，发现问题281个，反馈率达100%，办结率达100%。五是有效治理城市“牛皮癣”。畅通疏导渠道，指导社区对公共信息栏进行改造提升，科学设置便民信息服务栏；充分发动街道社区力量，引导广大市民对散布城市街面、小区等“小广告”进行清理，形成自觉清理“小广告”共识。以驻局公安治安支队为力量，坚决依法查处、打击非法涂写和张贴等违法犯罪行为，从源头上治理城市“牛皮癣”。全年查处治安案件24起，治安处罚27人，缴获各类“小广告”2.3万份，对24个非法“小广告”号码提请营运商暂停通讯服务。六是积极推进民防设施管理。对通信运营商“通信弱电”施工破坏民防设施进行专项整治，查处各类安全问题138处，有效地遏制了破坏民防设施现象；对主城区民防设施进行集中普查，对200余处问题进行全面整改，并对问题严重的3家单位进行立案查处。

【全力助推中心工作】　围绕市委、市政府“一超两高”（加快赶超发展，高质量建设现代化生态型滨湖大城市、高水平全面建成小康社会）工作总目标，牢固树立大局意识，强化责任担当，确保各项工作落实到位，努力在服务中心上取得成效。一是扎实开展小城镇环境“道乱占”综合整治。及时召开全系统小城镇环境综合整治工作会议，严格制订专项行动方案，明确具体工作职责；通过全面排查问题、对照任务清单和建立销号制度等措施，重点抓好“六乱”（乱搭建、乱堆放、乱占道、乱设摊、乱挂晒、乱张贴）整治和小城镇建设改造施工现场管理，完成穿镇国道整治点位135个、“六乱”整治点位1.92万个。二是持续深化工程车“三化”（本地化、公司化、标准化）管理。协调各方力量，抽调工作人员，开展联合执法2940人（次），暂扣车辆76辆，查扣车辆298辆，查处撒漏、有盖未盖和未取得建筑垃圾处置许可等各类违法行为80起；进一步加强工程车辆源头管控，中心城区工程车辆100%安装北斗卫星定位系统，换发建筑垃圾处置许可证和临时准入证1582辆，对不按规定时间、线路运输的本地工程车辆列入黑名单92辆；指导推进各县（区）工程车“三化”机制建设，实现县（区）全覆盖。三是积极开展餐饮油烟治理。全年新增有证餐饮企业327家，新增餐饮企业安装油烟净化器327家；加大餐饮油烟执法力度，对未正常使用油烟净化装置的餐饮店，下达责令整改通知书52份；加大夜间露天烧烤整治力度，取缔露天烧烤15家；加大露天垃圾、工业边角料焚烧等巡查和监管力度，着重做好重要时间节点的巡查；迎接中央环保督察，对餐饮油烟方面的频繁访、重复访案件加大处理力度。四是强势推进拆违清零行动。对征迁地块范围内的违法建筑进行梳理、建档，层层分解工作任务，形成“一级抓一级，层层抓落实”的良好工作格局。锁定各区域的重点清零障碍户，通过律师面谈、发送律师函等方式，助力拆违活动。实行工作进度周晾晒、问题周通报制度，营造赶超氛围，确保按时完成拆违任务。全年拆除各类违建103万平方米。五是努力做好“五水共治”相关工作。认真履行“河长制”工作职责，对牵头负责的南航道3.8公里河段进行每月定期巡视，定期赴吴兴区织里镇李家坝村进行实地察看；对中心城区16条河道沿河商业、餐饮业进行调查摸底，建立信息库，对沿河商业、餐饮行业污水直排和随意倾倒现象开展专项检查，对13座大桥的桥下空间进行整治。

【深化综合执法体制改革】　以综

合行政执法改革为契机，重点在健全体制、机制上下功夫，稳步推进改革向深层次迈进，管理效能有效增强，改革基础更加夯实，城市治理和综合执法能力明显提升。一是不断深化综合行政执法体制改革。积极推进乡镇（街道）综合执法平台建设，有效实现执法重心下移、力量下沉，全市74个乡镇（街道）、重点开发区（园区）全部设立派驻中队，派驻综合行政执法人员229名，协管人员1535名，实现中队派驻全覆盖。建立责权清单动态调整机制，添加新增、加强的职责4项，删除取消的职责2项，主要职责从原来的9项调整为10项，梳理公开公共服务事项2项。建立由市长牵头的城市管理和综合行政执法协调机制，进一步加强对城市管理和综合行政执法工作的领导。二是有效构建城市精细化管理工作机制。牵头制订《湖州市中心城市精细化管理实施意见》，制定标准、明确责任、完善机制和强化考核，努力提升城市精细化、长效化管理水平。建立领导包干制，实行领导分片包干、领办重点问题，保持巡查常态，深入基层一线查找、研究、督促和整改。实行"一线工作"法，全系统取消双休日、疗休养，机关干部下沉到基层中队。落实"定人、定点、定时、定责"责任，实施工作轮值制。建立联勤联动机制，与街道、社区、路长制单位及兄弟部门全方位对接，充分发挥驻局公安治安支队执法保障作用，凝聚城市管理工作合力。三是进一步完善大城管机制。大力提升"数字城管"效能，不断优化系统平台。完成采集员考核系统、二级平台和贴心城管手机APP的开发与应用，实现对路面采集员巡查轨迹及工作动态进行实时管控，现场案件处置时效和便民服务能力均明显提升；大力推进视频综合平台建设，基本实现联网视频资源实时传输；持续加大违法抓拍，全年发现城市管理方面的问题25.7万件，为城市管理后续处置提供数据支撑；初步建立网格化管理、"门前三包"、志愿者服务、行业自律和居民自治机制，特别是做好中心城区沿街商铺"门前三包"典型示范工作，实现湖州、南浔中心城区沿街商铺"门前三包责任书"上墙公示；充分发挥路长责任制在城市管理中的积极作用，在责任路段开展交通劝导、公交站台文明礼让和规范"三小车"停放等工作。全年路长单位共计参与8320人（次），发放宣传资料3.2万份、倡议书1.35万份，清理乱摆乱占1.56万处，清除乱张贴2.25万起，规范非机动车不按规定停放等行为1.08万起，有力助推全国文明城市创建工作。

【加强执法规范化建设】 不断强化依法履职，围绕城市管理"严管、勤查、重罚"要求，创新思路、寻求突破，全力推进法制工作建设。一是进一步加强制度建设。制定《湖州市综合行政执法机关基层法制员制度》，配齐法制员，前移法制关口；制定《湖州市综合行政执法全过程记录制度》《湖州市综合行政执法行政处罚自由裁量权细化标准》，将首批划转到位的230项行政处罚职权进行细化拆分，完成521条子项自由裁量区间的设定；出台《湖州市综合行政执法局重大行政执法决定法制审核办法》《湖州市综合执法质量考核细则》，明确重大行政执法决定法制审核的范围、程序、时限和法律责任等内容，统一各个执法环节的标准要求。二是推进基层执法规范化。以执法全过程记录实施为契机，大力提高单兵装备规范化水平，筹建执法全过程证据管理系统；推进基层中队规范化建设，参照安吉县孝丰中队试点标准，积极在县（区）域范围内推广，基层中队规范化达标率占基层中队总数的35%，超额完成全年任务。三是强化执法监管力度。加强对中心城区建设工程项目违法、违规现象的监管和核查，牵头属地执法部门开展建设项目联合竣工验收14次，及时查处重大违法建设案件；推行"黑名单"管理制度，建立跨地区、跨部门和跨领域的联合激励与惩戒机制，在"信用湖州"上公布失信主体5例；开展安全生产检查整治行动，重点对建筑施工、城镇燃气领域开展安全检查；开展"双随机"抽查（即在监管过程中随机抽取检查对象，随机选派执法检查人员）工作，利用1个月时间分4个阶段，完成对本系统抽查清单事项的执法检查，实现"双随机"抽查事项全年全覆盖。四是提升执法办案水平。积极推行浙江政务网网上办案模式，逐步实现据材案情信息和主要证料网上记载，案件审核和审批网上进行，案件卷宗和执法档案网上生成，执法问题网上预警、执法数据网上统计。（姚建丽）

交通运输

·综　述·

【概况】 2017年是湖州市综合交通建设大会战行动的开局之年，全市交通运输系统深入开展"四新"主题实践活动，紧紧围绕"5321"［建设"网络交通、秩序交通、民生交通、智慧交通、阳光交通"五个交通，推进"基础设施网络、运输服务体系、行业治理能力"三大工程，形成周边省市主要城市"一小时交通圈"和市县（区）"半小时交通圈"，到2020年湖州综合交通运输基本实现现代化］战略目标，狠抓项目攻坚、强化要素保障，交通运输事业实现平稳有序发展。市交通运输局在市委年度"四新"主题实践考核中获得市级部门一等奖，并荣膺"十大群众满意单位"称号。一是交通投资持续扩量。2017年，累计完成投资142.99亿元（不含铁路），投资同比增加60.92亿元，增长74.2%，投资总额、投资同比增加额和增长率三项指标均创历史新高。二是项目推进大干快上。编制《2017～2021年综合交通大会战行动工作方案》，启动"五年百项千亿"攻坚行动，抓实"十百千""六重"项目。杭州绕城高速西复线工程顺利开工，长湖申航道西延工程全线开工，杭长高速公路北延工程全面建成，杭宁高速改扩建、申嘉湖高速西延、京杭运河湖州段整治、104国道湖州五一大桥等项目加快推进，申嘉湖高速安吉孝源至唐舍段、104国道李家巷至施家桥段改建等工程前期取得突破。三是水运转型深耕细作。编发临港产业发展规划，深入推进内河水运转型发展，此项工作得到交通运输部副部长何建中肯定；加强与沿海大港合作，“浙澳（安吉）经贸合作区”项目被列入浙江省参与“一带一路”建设重大项目名单；2017年，全市内河集装箱吞吐量达到35.4万标准箱，同比增长71.5%，居全国同类型港口首位；启动“绿色岸电”示范项目，承办全国岸电大会，建成标准化智能岸电桩70套，京杭大运河湖州段实现水上服务区岸电全覆盖。四是物流发展创新高效。2017年，完成物流建设投资26.5亿元，减免物流企业费用4.7亿元，德清县临杭物流园获评“全国优秀物流园区”；培育发展物流新业态，长兴县开通全市首条公铁和海铁集装箱联运班列，吴兴区织里无车承运人、安吉县无人机配送等模式全省领先；全市城乡物流配送网点比上年增长70%以上。五是公交都市效益初显。湖州市入选“十三五”全国首批50个公交都市创建城市名单。围绕公交优先战略，制定提升公交分担率12项务实举措；新辟优化公交线路41条，新增纯电动公交车100辆，建成港湾式停靠站251个，投放互联网模式公共自行车1000辆，为全国首创。六是美丽公路辐射全域。出台全国首个地市级美丽公路总体规划，初步形成德清县“十景十线”、长兴县“一环五区十路十景”、南浔区“一段一景观，一路一风情”等特色品牌。安吉县作为全国首个“四好农村路”示范县，得到交通运输部部长李小鹏和党组书记杨传堂的批示肯定，分别在全国和全省现场会上作经验交流；长兴县和安吉县被省交通运输厅确定为全省首批“四好农村公路”示范县。七是行业改革强势推进。全面推进“最多跑一次”改革，实现“跑一次”事项覆盖率100%，“零上门”事项占比84.2%，办结时限提速72%。全国首推船舶证书“六证联办”创新举措，获省委书记车俊批示，得到交通运输部、省交通运输厅肯定，年内已在全省交通系统推广实施。湖州运管创新推行办事申请“免填单”、车辆网上年审等措施，获得上级领导肯定。

【公路基础设施建设】 一、高速公路建设。全面推进申嘉湖高速公路湖州鹿山至安吉孝源段、杭宁高速公路拓宽湖州段工程，开工建设杭州二绕西复线湖州段工程、申苏浙皖高速公路增设南太湖互通及连接线工程，完成投资47.40亿元，占计划投资44.9亿元的105.6%。

二、干线公路（大型桥梁）建设。全面推进104国道湖州五一大桥改建、104国道德清段改建、104国道长兴李家巷至湖州施家桥段改建、318国道南浔至吴兴段改建及配套（吴兴段）、09省道乾元至秋山段改建（二期）、S306省道安吉椅子塔至王家庄公路整治工程、海盐至安吉公路安吉钱坑桥至长思岭公路（规划303省道）、南浔至练市公路工程（规划211省道）、镇海至安吉公路德清对河口至矮部里段（规划304省道）、镇海至安吉公路安吉矮部里至南北庄段（规划304省道）、湖州综合枢纽至11省道连接线、南浔申苏浙皖至练杭高速连接线工程、保戈线西旺桥至沈家墩段公路、南太湖产业集聚区长兴县长桥至虹星桥公路工程、湖州吴兴杨渎桥至南浔菱湖公路（湖山大道）、湖州南太湖产业集聚区长兴分区码头至吕山公路工程、安吉高铁大道（商合杭高铁安吉站至申嘉湖高速孝源互通）、湖州市南浔区南浔大桥改建工程、国（省）道公路养护工程，完成投资35.88亿元，占计划投资31.52亿元的113.8%。

三、农村公路建设。建成35公里的农村联网公路，完成40座桥梁加固与改造、280公里农村公路大中修，推进其他县、乡公路等建设任务，截至12月底，累计完成投资18.27亿元，其中县、乡公路完成投资12.73亿元，联网公路完成投资6867万元；桥梁加固与改造完成投资7301万元，农村大中修工程完成投资4.13亿元。

【水运基础设施建设】 一、内河航道建设。全面推进京杭运河湖州段三级航道整治工程、长湖申线航道西延工程，开工建设航道养护工程，完成投资10.92亿元、占计划投资10亿元的104.4%。

二、港口建设。加快推进《湖州港总体规划》修编，完成送审稿编制。湖州铁公水综合物流园区码头工程完成“工可”批复和初步设计审查，项目规划选址、环评、水保和防洪评价等前期工作均已完成；南浔综合物流园区完成总体规划编制。华能长兴电厂码头工程和南方物流码头工程完成竣工验收，安吉上港码头堆场扩建一期工程完成施工图批复。深入推进码头整治，关闭码头和临河装卸点87座，整改提升码头33座。

【客运场站建设】 全面推进德清汽车总站迁建工程，开工建设仁皇山公共交通枢纽场站建设工程，农村三级以下客运站（安吉城西客运站、城中客运站、长兴和平客运站，东林客运站）和港湾式停靠站225个，完成投资2.17亿元，占计划投资2.98亿元的73%。

【重点物流基地建设与物流业发展概况】 一、重点物流基地建设。扎实推进德清升华临杭物流园区Ⅱ区公共服务中心、德清港国际物流园（一、二期）项目和长兴综合物流园B区项目建设；开工建设中国物流（安吉）物流园，完成投资24.73亿元，占计划投资19.65亿元的125.9%。

二、物流业发展概况。以建设全国区域重点联运枢纽城市为载体，物流大通道基本形成，物流园区趋于网络化，河海联运开创新局面，配送体系基本成型，智慧物流发展良好。全市2A级以上物流企业43家，鑫达物流成为5A级物流企业；全年物流业增加值达101.52

亿元，占全市第三产业增加值的8.64%，同比增长67.9%。

【民用机场工程建设】 开工建设德清通用航空机场，用地面积29.24公顷，总建筑面积1.78万平方米，总投资4.09亿元，计划2018年建成。截至12月底，累计完成投资4.09亿元，占总投资的100%。

【工程质量安全监督与造价管理】 一、工程质量监管。2017年，实施6起行政处罚，并处罚金46080元；印发质监抽查意见书114份，查处质量安全隐患800余处，责令返工7次、停工2次，约谈有关单位1次，下发黄色重点监管告知书1次；加大对全市13个在建项目的监理办履约情况和实体质量、原材料和常用产品检查力度，组织辖区内9家等级试验检测机构进行期间核查。督促和指导各在建项目开展远程视频监控新（改）建工作，完善智慧质监平台，提升非现场执法能力。

二、施工安全管理。首次引入第三方安全咨询机构，组织“平安工地”考评，开展“安全生产月”“防汛预案演练周”“全民禁毒集中宣传月”“安全生产法宣传周”等活动，推进“平安交通”创建活动；出台《湖州市交通运输企业安全生产诚信体系建设实施方案》《湖州市在建公路水运工程安全生产差别化监督管理办法（试行）》两部规范性文件；及时报送安全生产工作信息，全年报送安全月报表12份，安全生产形势季度分析4份。

三、造价与合同管理。实行邀请行业专家联审制和工程量清单预算备案制。全年开展概算审查7项，审查金额72.04亿元，净核减1.68亿元，核减率达2.32%；已备案的新（改）建项目及国（省）道养护项目的工程量清单预算41项（次），备案金额44.48亿元，净核减5276万元，核减率达1.19%。组织对13个受监项目工程实施阶段造价、合同监管情况开展专项检查1次，做好造价信息统计分析工作，上报材料价格季报4次，月报12次，造价统计报表4次。完成生态植被草毯防护补充定额的测定与编制工作。

【城市公共交通服务】 建成南浔区东林客运站，新建公交首末站5个，港湾式停靠站251个，维修公交站台1362个，整修公交车385辆，检修公共自行车4600辆，统一更新所有出租车座套；新增优化公交线路41条，创建首批生态文明示范线2条，绿色守时示范线17条，新增纯电动公交车100辆，湖州中心城区全国首创无桩公共自行车；全面启用公交信息管理平台，实现对所有公交线路、车辆100%监控，公共自行车服务网点100%安装集中控制设备和视频监控系统，新增4个场站智能查询机和20块电子站牌，城市公交所有线路实现手机移动支付，发布绿色出行卡，推出掌上公交微信版，实现城乡公交一体查询；新建改造城市道路24.46公里，建设联网路5条，新增专用停车位4100个，其中，公共停车位1408个，新建安定书院等3个公共停车场，新增车位242个。

【全行业安全生产形势】 全市全年辖区受理水上交通事故33起，死亡6人（非事故原因落水死亡2人）；全市道路运输行业未发生列入省、市考核的9座以上营运客车死亡事故。全系统未发生较大及以上事故、危险品运输事故、在建工程死亡事故和火灾事故。建立安全生产责任制、安全生产工作网络和日常工作机制，形成工作合力；扎实开展以客货运实名制、市场秩序整治、客运危运安全管理、重要桥隧隐患排查和在建工程消防安全等为重点的专项整治行动，取得较好成效；加快建设全市综合交通指挥中心，推进行业“雪亮工程”，实施安全监管职责清单化、工程安全监管差别化、安全生产社会化服务工作，提升管控水平。

【生态交通建设】 一、调整运力结构。全年全市新增、更新新能源、清洁能源公交车140辆，出租车119辆；注销老、旧船舶424艘，拆解483艘；鼓励企业发展内河集装箱、散装水泥船等特种船舶运输，推进低碳绿色水运，本港注册营运船舶由上年末的4259艘减少至3977艘，运力规模由上年末的185.9万载重吨增加至192.8万载重吨，200吨级以上船舶占全市总船舶运力的比重由上年末的94.6%上升至97.1%，单船平均吨位由上年末的444.4载重吨提升至494.4载重吨；加快培育市级重点水运物流龙头企业，1万载重吨以上市级重点水运物流企业有4家，其中3家达3万载重吨以上，5000载重吨以上骨干企业有9家。

二、发展绿色水运。安吉上港国际港务有限公司全力打造“一小时出口圈”，吸引更多的出口企业“弃陆走水”；德清多功能港区与14家干线船公司达成合作意向，10家开通国际、国内航线，5家集卡运输企业、5家货代企业入驻港区；长兴捷通码头侧重发展上海与江苏太仓方向内贸业务和浙江嘉兴乍浦精品外贸业务。各集装箱运输企业均保持良好的增长态势。

三、强化科技引领。与同济大学、交通运输部公路科学研究院等高等院校及科研单位加强合作，开展《橡胶沥青复合封层在水泥混凝土桥面铺装改造中的应用研究》《公路养护实用新型技术和工艺的后评价研究》，完成《公路半刚性基层水泥稳定再生技术规范》设区市级地方标准征求意见稿的编制，在路面大中修工程中推广应用路面冷再生、微表处、ECA极薄磨耗层、GTTECH薄层罩面、沥青马蹄脂超薄磨耗层和自发光材料应用等10多项“四新技术”。

四、加强规划研究。于2015年委托交通运输部公路科学研究院开展湖州市促进绿色出行发展课题研究，至年末，四个子课题中，湖州市绿色出行现状调查报告、湖州市绿色出行发展政策研究、湖州市绿色出行工作评价指标体系研究已完成，湖州市绿色出行指数模型研究正在有序推进中。在此基础上，借助中国标准化研究院技术力量，牵头组织中国标准化研究院、交通运输部公路科学研究院等相关科研单位力量，积极探索建立中小型城市绿色出行标准化建设新模式，努力将湖州绿色出行标准建设上升为地方标准或国家标准。

五、推进试点应用。推广应用清洁能源，加强岸电设施建设，发布实施全国首个《湖州市“十三五”内河港口岸电建设规划》。完成智能双电动力普通货船检验工作，率先启动纯电动集装箱标准化船型研究，推广应用双电动力旅游船舶；全力做好控制区船舶污染物排放工作，对进出湖州航区船舶进行燃油抽检。在湖州南方物流环保型散货码头建设上游企业到码头22千米长的全封闭水泥熟料输送带，被交通运输部列入绿色示范项目。

【交通科技】 2017年，全市交通运输系统在研的省交通运输厅科技计划项目9项。1. 湖州市绿色出行评价指标体系研究，由湖州市公路学会承担。年内项目已结题，并通过验收。2. 大跨连续梁桥中超高性能混合梁研究，由湖州市交通建设管理局承担。年内项目已结题，并通过验收。3. 建筑废弃物在道路工程中的资源化利用技术研究，由南浔交通水利投资建设有限公司承担。至年末，项目正在结题验收。4. 东南丘陵农林交错带生态公路建设关键技术研究与示范，由长宜高速公路有限公司承担。至年末，项目正在结题验收。5. 波形钢腹板PC组合箱梁桥关键部位结构分析与设计研究，由湖州交通规划设计院承担。至年末，项目正在结题验收。6. “弯桥直做”小半径曲线桥预制T梁装配式模板研究，由长兴交通投资集团有限公司承担。7. 新能源纯电动内河集装箱运输船舶标准化船型研究，由湖州市港航管理局承担。8. 高速公路路基沉降及高边坡无线远程自动监测系统研究与应用，由湖州市交通工程质量安全监督站承担。9. 单箱—多箱混合梁桥结构与快速施工技术研究，由长兴交通投资集团有限公司承担。

【交通行政执法】 全力推进“最多跑一次”审批制度改革和“互联网+交通”管理创新，努力打造交通运输法治政府部门，为加快构建现代化综合交通运输体系，提供坚实的法治保障。

一、依法行政实施顺利。建立依法行政工作领导小组，成立法制工作机构，制定《湖州市交通运输系统2017年度法制工作要点》《关于全面推进湖州法治交通建设的实施意见》《湖州市交通运输系统法治宣传教育第七个五年规划（2016~2020年）》。

二、行政决策程序到位。建立法律顾问制度，重大决策按照社会征询、专家论证和听证公示的程序办理；行政规范性文件清理及时，全年提请市政府发文2件，提交市政府法制办备案2件；行政机关合同审查严格，明确行政机关合同审查范围，落实审查责任。

三、行政执法规范透明。签订《行政执法目标责任书》，建立定期督查制度，将落实情况作为年度考核奖惩依据；全年办理行政处罚案件7293件，行政许可22617件；强化执法人员资格管理，严格执行自由裁量基准，认真落实“四张清单一张网”，推广应用“信用浙江”客户端，落实“双公示”信息和黑红名单制度。

四、行政执法监督到位。确立行政执法责任到岗、权责一致、相互制约的工作体系；聘请行风监督员，设置政务公开栏和监督台，推进行政公开；建立投诉举报制度，公开“12328”等投诉举报和服务电话，随时接受并处理投诉举报。

五、创新执法亮点突出。立足“非现场”执法，推行现代交通运输执法新模式；立足“三基三化”（基层执法队伍职业化、基层执法站所标准化、基础管理制度规范化）建设，打造现代交通运输队伍新形象；立足“放管服”改革，优化现代交通运输市场新环境；立足“双随机一公开”，提升现代交通运输行业新活力。

【交通文化建设】 一、十大文化品牌基本建成。按照交通行业文化建设五年规划，安吉“5·26”（我爱路）公路文化品牌、德清“一路风情一路歌”公路文化、长兴生态长宜、市公路局“铺路石”文化、市港航局文化展示馆、交通学校桥文化等全市交通运输系统十大文化品牌基本建成。

二、交通作协活动有声有色。配合综合交通大会战推开“文学进工地”活动；组织20名交通作协会员参加中国作协副主席何建明所作的“徐迟与讲好中国故事”讲座，提升系统文学爱好者写作水平；出版《诗韵交通》《道听图说》和记录百名最美交通人风采的《一路走来》等书籍。

三、文化故事征集起步良好。启动全市交通系统文化故事征集活动，通过对下属单位的走访调查，梳理涵盖路、船、航道等交通文化元素的故事70余篇，并与当地文保部门加强联系，征集挖掘一批极具交通文化底蕴的故事。（王世春）

·公路管理·

【公路里程和技术等级】 截至2017年年底，全市公路总里程达7958千米，其中国、省道干线公路793千米，占公路总里程的10%；农村公路7165千米，占公路总里程的90%。全市有高速公路5条、319千米，一级公路521千米、二级公路635千米。二级以上公路1475千米，占总里程的18.5%。公路密度达到136.74千米/百平方千米和30.13千米/万人。

【建设“美丽公路”】 发布《湖州市美丽公路建设规范》市级地方标准，成立湖州市美丽公路创建办公室，实行挂图作战，每月通报进度，建立“党委领导、政府负责、部门联动”工作机制，推行“有规划、有标准、有实践”三位一体的美丽公路建设模式。104国道长兴段、205省道青临线安吉段和滨湖大道入选浙江省首批十大“最美自驾公路”。

【干线公路养护管理】 以“提质量、稳路况”为重点，落实预防性养护和精细化养护，狠抓日常小修保养，加强桥梁隧道日常养护及安全管理。2017年，实施路面大中修工程215.9公里（其中高速公路144公里、普通国省道71.9公里），完成病危桥梁修复改造11座，公路路况总体保持良好。打造品质工程，启动G318沪聂线湖州段营运管理和S306鹿唐线湖州段公路养护大中修项目质量通病治理2个示范项目建设，编制实施方案，对照目标任务，养护专项工程有序推进。对全市境内G104、G318和G235等3条普通国道开展“三提”（提标、提速、提质）前期调研，编制完成初步设计方案，处治完成34个平面交叉口，做好杭长高速公路北延（泗安至浙苏界）提速标志调整工作。推进9个项目的课题研究，“四新技术”（新材料、新工艺、新技术和新设备）应用里程81.4公里，《轻量化沥青路面行驶质量快速检测系统》科技成果被中国公路学会评为一等奖。履行高速公路行业管理职责，督促业主单位加大养护投入、保证养护质量，落实路政例行巡查服务区制度，开展桥下空间专项整治，指导高速公路星级服务区创建工作。

【农村公路养护管理】 围绕“四好农村路”（建好、管好、护好、运营好农村公路）建设目标，提升农村公路等级和网络化水平，拓展农村公路服务功能附加值，促进农家乐、民宿和乡村旅游发展，带动农民增收、农业增效和农村增美。2017年，实施农村公路大中修331公里、危病桥梁改造71座，完成提升改造工程191.5公里、安全生命防护工程14.6公里、联网公路90.7公里，完成10个乡级农村公路管理站规范化建设，建成5个农村公路服务站。安吉县被交通运输部评为“四好农村路”全国示范县，安吉县和长兴县均被评为浙江省首批“四好农村路”示范县。十九大期间，安吉县“四好农村路”建设成效在人民大会堂“砥砺奋进的五年”成就展中展出。

【路域环境治理】 落实“三级路长制”，开展穿小城镇公路“道乱占”“车乱开”整治百日攻坚行动，整治完成135个“六乱”问题。完成公路边“三化”省级重点问题点91处、自查自纠问题点198处的整治工作，通过浙江省“四边三化”“双百”创建考核验收，创建成8条省级精品道路和8个省级精品入城口（其中省级精品示范道路2条、省级精品示范入城口2个）。开展全市公路指路标志专项整治行动，完成公路桥梁限载质量上限和高速公路入口限制质量标志调整工作，编制《湖州市农村公路标志标线及指路体系设置指导意见》，召开全市农村公路标志标线及指路体系试点公路（县道刘彭线）现场会，推进农村公路指路体系建设。

【安全应急保障】 结合“春运”、公路“三防”、安全生产月、平安公路专项整治和消防安全隐患排查等，开展公路安全隐患动态治理，实行危病桥梁隧道、事故多发点（段）定期排查和挂牌督办，做好节假日高速公路小型客车免费通行保畅工作。编制《2017年公路应急保障资料汇编》，调整应急抢险队伍，确定全市普通国、省道干线公路37处重点安全防范监控点。开展全市综合交通应急指挥系统二次开发，完成吴兴、南浔区公路管理局应急指挥平台建设，实现县（区）级应急指挥平台全覆盖，全市“1+5+13”应急处置体系基本形成。2017年，接入高速公路视频监控158路，新设普通国、省道固定监控点位62处，联动处警206次。推进“互联网+路网管理”，加强公路一体式事件检测分析技术应用，拟定普通国、省道视频监控设置计划，全市普通国、省道大型以上桥梁实现监控全覆盖。

【路政执法】 推行公路治超“省际联动、路地联动、路警联动”联合执法模式，开展规范公路治超执法专项整治行动和浙江省百日联合治超行动，完成5个点位、26个车道的非现场执法系统建设。2017年，共查处超限运输车辆9252辆，全市高速公路平均超限率下降至2%以下，干线公路平均超限率控制在4%以下，应卸载货物卸载率100%。

【“最多跑一次”改革】 公布公路部门“最多跑一次”事项9项，编制全新服务指南，开通快递送达服务，推行“容缺后补”制度，促进服务标准化。将公路管理分中心整合到交通服务窗口集中入驻湖州市行政服务中心，实现“一窗受理、一站服务”。

【出行服务】 致力于全市普通公路半小时服务圈建设，融入公路沿线人文历史、休闲景观、地域文化和公路文化等元素，打造布局合理、覆盖广泛和凸显特色的公路服务体系，为公众提供停车休息、旅游引导、观景购物和文化展示等服务，全市已建成43个公路服务站。2017年，104国道长兴香山公路服务站和S14杭长高速安吉服务区被评为浙江省首届十大“最美公路服务区（站）”。加强电子不停车收费系统建设，全年发展用户11.16万户，新增一站式服务网点187个，完成“ETC”多通道建设25条，“ETC”用户发展数量为历年总数之和。完善出行信息服务，2017年，共发布各类路况信息4万余条，气象信息4000余条，宣传标语1.3万余条，“12328”公路服务热线共接听电话1.3万个，湖州公路“双微”（政务微信、微博）服务平台粉丝增长数指标列全市第三，“12345”政府阳光热线案件办理即时响应率、及时反馈率、有效办结率和群众满意率四项推进指标全部达100%，全年无不满意件，连续5年在全市交通运输系统居第一。

【获得荣誉】 2017年，湖州市公路管理局被评为“全国文明单位”、获评湖州市创建全国文明城市工作集体嘉奖；湖州市公路管理局直属分局姚海军获评湖州市创建全国文明城市工作个人二等功；湖州市公路管理局闵后银获评湖州市创建全国文明城市工作个人三等功；湖州市公路管理局高速公路分局钟亮获湖州市创建全国文明城市工作个人嘉奖；湖州市公路管理局直属分局李力和湖州市公路养护应急中心钱晓燕均获湖州市创建全国文明城市工作先进个人；湖州市公路管理局项剑获2017年全省春运工作先进个人；湖州市公路管理局获“湖州市服务保障全国生态文明建设工作推进会议、全国培育新型经营主体发展农业适度规模经营座谈会先进集体”称号；湖州市公路管理局高速公路分局施明雄获“湖州市服务保障全国生态文明建设工作推进会议、全国培育新型经营主体发展农业适度规模经营座谈会先进个人”称号。　（唐秀文）

·道路运输管理·

【概况】　2017年，全市完成公路旅客运输量5166万人，同比上升4.89%，旅客周转量17.12亿人公里，下降3.98%；完成公路货物运输量9817万吨，周转量77.37亿吨公里，分别增长13.63%和17.16%。全市汽车驾驶员培训完成招生量9.16万人（次），各车辆综合性能检测站（企业）检测车辆4.43万辆。全年全市道路运输行业发生行车事故8起，其中一般事故4起、轻微事故4起，死亡4人、受伤4人，直接经济损失301万元，与上年同期相比，事故次数下降42%、死亡人数下降60%、受伤人数下降50%。

【开展文明城市创建】　2017年，按照“两个全部”工作机制，做到全行业参与、全方位体检和全方式提升，圆满完成全国文明城市创建相关任务。组织开展市区全体（1019名）公交司乘人员和（1672名）出租车从业人员参加培训并签订文明服务承诺书；组织志愿者持续开展志愿服务，志愿服务累计时间达1000小时以上；开展全行业规范经营大检查，共检查公交车辆1418辆（次）、公交站点1596个，出租车1137辆（次）。对103条公交线路实行一线一督导员制度，全面提升硬件设施；对城际、城市和城乡所有公交车辆（950辆）与城市、城乡所有公交站点（1596个）开展专项整修工程，维修公交站台1362个，整修公交车385辆，检修公共自行车4600辆，市区845辆出租车全部统一更新座套，市运管局获市“创建全国文明城市集体三等功”。

【“最多跑一次”改革全面启动】　2017年，市运管局向社会公布了全部“最多跑一次”多项目录清单，共涉及事项20项、39个子项，“零上门”事项20个子项，“最多跑一次”事项覆盖率达100%，“零上门”事项覆盖率达50%，进驻行政服务中心事项达98%，已办理“最多跑一次”事项18000余件，减少群众上门10000余次；下放3大类10余项许可权限至县（区）道路运输管理局，实现县级与市级审批90%同权，办理许可下放事项7000余件，代办各类跨市、县行政许可23件；在全省率先试点开展网上年审，实现批量审查；创新推出免填单服务，将原有道路运输业务许可细分的100余种申请表，合并为业户、车辆、人员和线路四类通用表格，并提供“代填”服务。

【率先实现农村客运“村村通”】　5月28日，德清县新市镇新塘村城乡公交通车，湖州市在全省率先提前实现全市建制村农村客运100%通车。积极探索“游运一体”模式，初步建成“湖州市运游一体化智慧管理平台”，接入全市所有7家旅游客运企业272辆旅游包车数据，创新“互联网+”共享订单模式，实现在线下单、在线抢单和在线支付的信息化管理；构建旅游交通行业大数据，实现旅游交通全过程监管。

【公共交通】　一是公交都市创建实现突破。8月4日，湖州市入选“十三五”时期首批公交都市创建城市，是继杭州、宁波市之后全省第三个国家公交都市创建城市，编制完成《创建国家“公交都市”实施方案》，已通过省级专家论证；构建市区成本规制办法，制定新一轮政府购买公交服务补贴标准；全面开展公交线路行政许可，实现市区140条公交线路、2659个公交站台的数据录入和许可，并核定7270个公交班次；出台新能源公交车辆引导政策、生态文明示范线创建标准，创建首批生态文明示范线2条，创建绿色守时示范线17条。二是超额完成市定民生实事任务目标。至11月底，全市新增优化公交线路41条、实施公交线路纯电动化改造14条、新建公交港湾式停靠站251个、新增纯电动公交车100辆、新增投放1000辆公共自行车，提前超额完成市定民生实事建设目标，完成率分别达136%、117%、251%、100%和100%。新建公交首末站5个，“两枢纽七中心”场站布局基本形成，安装启用5台自动化公交车辆清洗设备。三是加快建设智慧公交。实现公交信息管理系统升级，全面启用公交信息管理平台，实现对所有公交线路、车辆100%定位监控和视频监控，公共自行车服务网点100%安装集中控制设备和视频监控系统，新增4个场站智能查询机和20块电子站牌，城市公交所有线路实现手机移动支付，发布可以进行碳积分兑换的绿色出行卡，掌上公交发布微信版本，实现城市、城乡公交一体查询。四是打造“两车”融合发展样板。在全国首创无桩公共自行车，1000辆新款单车分布在103个公共租赁点，无桩借还、精准停车新模式，让湖州市的公共自行车进入扫码时代；通过项目改造，实现三大核心功能；率先运用地感线圈新技术，实现电子围栏内的精准停车；开发智能云锁支付模块，实现微信、支付宝扫码、公交卡拍卡、银行卡闪付和手机NFC闪付等多介质支付模式开发智能云锁借还车模块，实现各种支付介质的借还车功能，同时，通过客户端APP实现用户找车、租车、查询和投诉等功能。结合地方实际，制订《湖州市关于鼓励和规范互联网租赁自行车发展的指导意见》，进一步规范共享单车行业发展，在全国创新推出公共自行车与共享单车融合发展的湖州样板。

【现代物流】 一是强势推进重点项目。2017年，全市完成物流基建项目投资22.3亿元，其中湖州铁公水综合物流园区铁路货运西站项目完成投资4.35亿元、长兴综合物流园B区完成投资9500万元、德清临杭物流园公共货运中心项目完成投资5100万元、安吉现代物流园项目完成投资1.29亿元。二是加快培育龙头企业。营运货车平均吨位达9.7吨，同比增长25%，全市具备多式联运基础设施及配套功能物流场站达4个，全市2A级以上物流企业增加到40家，其中5A级1家，4A级4家，3A级23家。三是加快推进降本增效。制订《交通大物流降本增效专项行动实施方案》和《市领导牵头协调推进现代物流产业发展工作方案》，消除货运物流领域不合理涉企收费，取消或减免港务费、护航费和鲜活农产品货运通行费等费用4.66亿元。四是大力推进绿色物流发展。全市普通货车比重持续下降，大吨位和专用车辆增幅10%以上，占比达58.3%；全市累计更换LED节能灯具17007套，安装太阳能路灯305套，累计投入超500万元；投入电动叉车52台，电动夹抱车13台，充电电桩18个，累计投资2630万元；实施环保交通危废处理全过程信息联网联控。五是“共享物流”实现破题。加快推进“无车承运”吴兴区织里试点项目建设，整合“互联网+物流平台”，在全国首创“第一公里物流”，建成“蜂王货的”平台并投入使用，根据织里童装物流特点，突出货源组织包括用户端APP（微信小程序）、大数据中心、车载GPS系统和二维码追溯系统等核心要件，实现第一公里物流配送、干线运输、第三方支付结算和全过程监管等功能。

【行业监管】 一是全面实施综合监管。成立道路运输综合监管指挥中心，建立由“主要领导负责、分管领导主抓、所有业务科室和下属单位参与”的综合监管机制，建立综合监管中心“一中心三平台”的技术架构，汇聚全市全行业静态基础数据和所有子行业动态数据，建立视频监控专网，接入非现场执法高清监控等12900余路，形成一整套围绕平台监管为中心的综合监管流程，各县均构建完善的综合监管机制。二是积极开展专项整治。相继开展“泛长三角执法联动”“1号行动”“出租车行业拔钉行动”等专项整治行动，全年出动执法人员3.6万余人（次），检查车辆7万余辆（次），立案查处并已办结违章案件3243件。三是扎实推进平安创建。不断强化道路客货运输驾驶员安全管理，多次组织开展从业人员安全培训教育，建立完善客货运输驾驶员退出机制，加强包车客运标志牌信息化备案审核，全面落实货运实名制管理，开展危化品运输安全综合整治，积极推进电子运单试点，持续开展安全生产大检查，共组织大范围检查41次，出动检查人员4110人（次），检查企业653家（次），发现安全隐患125项，完成整改125项，立案处罚42家。

【运输服务】 一是城际客运持续优化。建成吴兴区东林客运站，不断加快道路客运联网售票系统的建设，实现全市14家三级以上客运站联网售票全覆盖，“手机购票、自助取票”模式受到广泛欢迎。二是诚信维修有序推进。以“电子健康档案”为载体，打造诚信维修市场，实现一类维修企业电子健康档案全覆盖，全面推广车主端APP，安吉县建设全市首家“三站合一”检测机构。三是阳光驾培提档升级。全面推行“先培后付、计时收费、学员评价”学驾新模式，全市60家驾校、2579辆教练车全覆盖，每季度公布驾校排行榜，德清县创新推出驾培定制服务。四是出租汽车改革提升。优化出租车市场结构，通过兼并，企业主体为10家，推广出租车智能服务终端一体机，完成市本级845辆出租车设备更新升级，切实做好网约车三项许可工作，开发“网络预约出租汽车申报平台”，组织开展网约车驾驶员考试，考试通过517人，通过率达43%，“神州优车”作为湖州市首家网约车平台公司成功落地；安吉县颁发全市首张《汽车租赁经营备案证》，并投放全市首批200辆新能源共享汽车。

【获得荣誉】 湖州市入选为第三批国家“公交都市”创建城市名单；德清临杭物流园被评为“全国优秀物流园”；湖州市运管局被授予“湖州市创建全国文明城市集体三等功”；德清县乾元高铁站至武康火车西站111班线和长兴县画溪新城公交枢纽均被评为2016年度浙江省道路运输行业“最美示范窗口”；湖州市运管局被评为2017年“全省春运工作先进单位”；湖州市公交管理处女子稽查队被评为“湖州市五一巾帼标兵岗”，获“2016湖州市最美志愿者”提名奖。

（赵　俊）

·港航管理·

【内河水运转型发展示范区创建】 浙江省交通运输厅、湖州市人民政府联合印发《湖州市创建内河水运转型发展示范区实施方案》，湖州市人民政府制定下发《湖州市创建内河水运转型发展示范区2017年重点任务和责任分解》，示范区创建工作被纳入市委、市政府“六重”和26项重点工作以及新一轮交通运输综合改革项目，十大重点工程按计划顺利推进。

【服务水运经济发展】 加快水运市场诚信体系建设，长兴仙山湖旅游投资开发有限公司、长兴太湖图影景区经营管理有限公司、湖州南太湖游船有限公司3家水路客运企业荣获省交通运输厅“诚信企业”称号。积极推进船舶交易、船舶保险和行业信息发布等航运服务业的发展，全年完成船舶交易462艘、

13.35万总吨、交易金额2.07亿元，同比分别增长42.2%、56.7%、88.2%。

【航道建设】 长湖申线扩建工程完成竣工验收；京杭运河三级航道整治工程加快推进，累计完成投资10.92亿元；长湖申线航道西延工程于12月29日全线开工；浙北高等级航道网集装箱运输通道建设工程项目“工可”报告通过省交通运输厅审查。

【航道养护】 加强航道专项养护工程建设管理，11个工程完工，9个养护工程通过竣工验收，全年完成专项养护投资8133万元，新建生态护岸13.5公里，加固护岸4407米，开挖陆上土方11.2万立方米，疏浚水下土方40.5万立方米。继续做好航道日常养护，完成投资2092万元，累计维修护岸2.12万平方米，修复管理码头27座（次），其他维修工程3处，清理碍航物66处，疏浚土方24.91万立方米，绿化养护面积102万平方米。绿化种植面积6.52万平方米。启动长湖申线航道浙江段“美丽经济交通走廊”建设工程前期工作，设计方案通过评审；编制完成《湖州市航道保护范围专项规划》和《浙江内河航道生态护岸建设指导手册》并推广应用。

【港口建设管理】 加快推进《湖州港总体规划》修编，完成送审稿编制；全力服务重点港口建设项目，华能长兴电厂码头工程和南方物流码头工程完成竣工验收，湖州铁公水综合物流园码头工程完成“工可”批复和初步设计编制，安吉上港码头堆场扩建一期工程完成施工图设计，南浔综合物流园完成总体规划编制；大力开展码头整治，全年关闭、拆除小散码头87座，整改提升33座，全市港口泊位数由2016年的889个减少至824个，泊位年均通过能力由2016年的15.6万吨上升到16.9万吨，泊位平均生产效率提高8.3%。

【船员管理】 加强内河船员信息采集、证书年审换证和考试工作，全年采集3354名船员信息，换发船员证书1609本。完成二类、三类船舶船员考试5期，参加考试船员170人（次）。推进内河船员管理改革，配合完成“非全国统考”理论考试系统升级，实现特培、基本安全理论考试无纸化，举办新系统运用后的首期三类内河船员适任考试以及一期基本安全理论考试。

【港航规费征收】 全年征收港航事业费2573.49万元，同比下降52.52%；浙北干线航道通行费2365万元，下降47.71%；船舶过闸费88.59万元，下降52.26%。从7月1日起取消浙北干线通行费，8月1日起货物港务费并入港口建设费后自动取消。至此，关于水路运输的省级行政事业性收费全部取消。积极做好规费的减免、停征和补缴工作，累计减免8728万元，补缴68.9万元。

【内河集装箱运输】 全市新增集装箱船舶2艘、96标准箱，全年完成内河集装箱吞吐量35.36万标准箱，同比增长71.5%，吞吐量位居长三角同类型内河港首位，其中出港17.24万标准箱，进港18.12万标准箱，重箱实载率为75.3%。安吉上港国际港务有限公司、长兴捷通物流有限公司和德清多功能港区分别完成集装箱吞吐量24.22万标准箱、3.84万标准箱和7.25万标准箱。

【水上客运旅游】 全市拥有水路客运企业6家，客船73艘、2299客位。完成水路客运量94.6万人、旅客周转量536.5万人公里，同比分别增长16.9%、17.5%，创历年新高。其中，市本级、德清县、长兴县分别完成客运量12.3万人（次）、33.8万人（次）和48.5万人（次），分别增长8.8%、8.7%和26%。

【船舶运力】 扎实推进船型标准化工程，年内新增船舶100艘、5.42万载重吨，注销船舶538艘、17.4万载重吨，其中拆解淘汰符合国家补助政策的老旧小吨位船舶553艘、10.03万总吨。截至12月底，全市拥有注册营运船舶3856艘，运力188.7万载重吨，其中特种船舶296艘、18.2万载重吨；水运企业40家，32.6万载重吨，企业运力占比17.3%；单船平均吨位达499.4载重吨。

【港口生产和运输】 全年完成港口货物吞吐量10540万吨，其中出港6148万吨、进港4392万吨，分别增长21.7%、18.6%和26.2%。完成水路货运量6938.6万吨、货物周转量99亿吨公里，分别增长17.4%、13.8%。

【水上交通安全管理】 一是加强安全生产常态化管理。先后开展各类安全生产专项整治行动；全力做好五一大桥、杨家庄老桥和南浔大桥等施工期间的水上交通管制以及暑期、汛期、冬季水上安全管理工作；全面开展水运企业安全生产标准化建设评价，完成率100%；完成内河航运市场秩序专项治理任务。二是优化安全生产监管模式。印发实施《安全生产监督检查手册》，推行清单式管理；创新港口（水运）企业互助检查机制，委托第三方专业机构对湖州2家危险货物港口企业开展安全体检。三是全面提升应急保障能力。完成《湖州市水上应急救援合作机制建设方案》，与湖州消防特勤中队、浙江民安湖州移沿山应急救援支队建立水上应急救援联动合作机制；全年航区受理水上交通事故33起、死亡6人、直接经济损失85.11万元。

【船舶检验】 严把船舶检验质量关，完成船用产品检验185套、船舶建造检验212艘、营运检验4549艘次，全年无重大检验质量事故。做好船舶吨位计量和船舶吨位证书发放工作，全年审核长期证书662份。

【船舶污染防治】 完成中央环保督查的迎检工作。积极开展湖州航区船舶污染防治专项整治行动，市政府先后印发《湖州市防治船舶及其有关作业活动污染水域环境应急能力建设规划》《湖州市港口船舶污染物接收转运及处置设施建设方案》和《船舶与港口污染物接收转运处置联合监管办法》，促进船舶污染物接收处置闭环管理、监管联动；通过政府购买服务的方式推进船舶油污水的接收管理，全年累计接收处置油污水415吨；积极推进北斗卫星导航系统在交通港航领域的应用，北斗+物联网船舶生活（油）污水排放在线监测平台上线试运行。

【港口岸电建设】 与国家电网湖州供电公司、国家电网浙电节能服务有限公司三方签署“湖州市绿色交通港口岸电工程”建设合作协议，建立一套高效工作机制；编制完成《湖州市“十三五”内河港口岸电建设规划》，新建80套智能共享岸电装置，已全部投入使用；成功助推全国靠港船舶使用岸电现场推进会暨京杭运河岸电全覆盖启动仪式在湖州举行，交通运输部、国家能源局、国家电网三方签署“共同推进靠港船舶使用岸电战略合作框架协议”。

【港航智慧监管】 全面开展辖区内本港籍货运船舶电子船名牌安装工作，预约率和安装率全省领先；全面推进船舶进出港报告制，报告数量全省第一；加快港航感知平台和智慧海事建设，完成水上交通指挥中心改造及航道视频监控等单项工程项目，配合省港航局完成智慧海事工程实施方案编制；加快推进港航公共信息服务平台建设。

【行政执法】 全面推行“双随机、一公开”制度和水路运输经营主体登记“双告知”工作，实现工作重心由规范市场主体资格、事前审批为主向规范市场主体行为、事中事后监管为主转变；深入推行执法过程全记录制度，实现可回溯管理和执法全程留痕。加强执法监督，全年办结行政处罚案件1739件，市港航局在2017年全国交通运输行政执法评议中荣获优秀执法单位荣誉；2件执法案卷被省港航局评为“2017年度全省水路交通行政执法优秀案卷”。

【行政服务】 办证窗口统一进驻湖州市民服务中心，“一窗受理、集成服务”机制基本形成。61项权力事项全部实现“最多跑一次”，其中43项实现“跑零次”，群众满意率达95%；通过整合资源、信息共享和容缺受理，在全国率先推出了船舶证书“六证联办”制度，需提交的材料由32种减少至18种，对外承诺时限由29个工作日缩短为7个，该项工作省交通运输厅发文在全省推广。做好“12345”政府阳光热线办理工作，完成交办事项61件，群众满意率达99%。

【获得荣誉】 市港航管理局、直属分局、安吉县港航管理局3家单位保持“省级文明单位”荣誉称号；市港航管理局被交通运输部评为“交通运输行政执法评议考核优秀执法单位”；市港航管理局被中共湖州市委、湖州市人民政府评为市级平安交通创建示范单位及“五水共治”工作先进集体；直属分局环城港航管理检查站、德清县港航局新市港航管理检查站被省港航管理局评为浙江港航行业“十大最美窗口”；直属分局双林港航管理检查站、德清县港航局新市港航管理检查站被省港航管理局评为“全省港航管理系统基层站所行风竞赛优胜单位”。（戚　慧）

·铁路建设·

【沪苏湖铁路项目前期推进工作】 1．项目概况。东起上海虹桥站经上海松江、江苏吴江，终于湖州站，西接在建商合杭铁路，设计时速为350公里/小时，线路全长163.6公里，其中，浙、苏、沪里程分别为46.5公里、52.4公里和64.7公里；项目计划总投资362.8亿元（浙江段64.8亿元）。2．前期工作进展。一是按照市主要领导的要求，派专人驻京跟踪沪苏湖铁路“可研”报送函在中国铁路总公司内部六部门的审签，参与并协调线路走向反复、征迁政策完善、征迁包干资金调整和站点设置等诸多与湖州密切相关的重大问题，实现“可研”于10月底报送国家发改委的目标任务。二是在项目前期，推进焦点问题“松江至虹桥”线位比选上，推动中国铁路总公司、上海铁路局、上海市在技术层面认可“部分置换沪昆线”方案。三是穿针引线联系中国铁路总公司领导和市委常委、常务副市长高屹会面，就开工时间、线位方案等取得共识。四是联系市委常委、常务副市长高屹带队赴北京、上海对接，推动中国铁路总公司及“两省一市”完成“可研”报送函会签。五是协调江苏省、上海市跟踪落实规划选址、土地预审、节能和稳评等相关前置审批工作。六是协调国家发改委尽快确定“可研”委托评估单位，并在湖州召开沪苏湖铁路“可研”评估会，启动沿线地方政府财政收支和债务情况及项目建设资金筹措方案。

【商合杭铁路建设推进情况】 1．项目概况。商合杭铁路起自河南省商丘，经安徽省亳州、阜阳、淮南、合肥、芜湖、宣城以及浙江省湖州至杭州，设计时速为350千米/小时，线路全长796.9千米，湖州段总长50.5千米（安吉县26.1千米，长兴县13.2千米，湖州开发区11.2千米），计划总投资77.5亿元，新增设安吉站。项目于2015年11月30日开工建设。2．工作进展。一是紧紧围绕商合杭铁路沿线企业拆迁的难点问题，多次牵头组织相关单位现场办公、群策群力，圆满完成金洲管道、辛子精工等2家特大型企业的搬迁补偿，并协助湖州开发区对个别企业实行强制拆除，为工程建设扫除障碍。二是积极协助铁路施工单位解决西昌西硕特高压停电、跨高速公路施工、工程AB料开采手续和堆土场选址等10余项难事、急事，为工程建设创造良好的施工环境。三是截至年末，湖州市征迁任务已基本完成，共征地1651.7亩，临时用地995.1亩，拆迁农户359户、9.77万平方米，拆迁企业20家、建筑面积16.08万平方米。湖州段累计完成投资29.1亿元，占计划总投资的37.5%。

【宣杭铁路电气化改造工程】1．项目概况。该项目线路起于湖州长兴县泗安镇，终点为杭州乔司站。正线里程144公里，其中湖州段110公里。项目计划总投资23亿元。项目主要以原宣杭复线电气化改造为主，零星征地建设变电等配套设施。项目业主为上海铁路局杭州铁路枢纽工程建设指挥部。2．工作进展。一是在市、县（区）政府和有关部门的共同努力下，上半年宣杭铁路电气化改造项目实现开工建设。二是积极向省发改委、省交投集团争取到省级补助3000万元，极大地缓解了湖州市沿线县（区）融资压力；三是加强与设计单位和上海铁路局、杭州东枢纽指挥部的对接，会同沿线县（区）、湖州开发区协调落实了涵洞扩建、公跨铁立交桥维修、吴兴区妙西自来水穿越铁路方案、湖州牵引变以及网工区选址等一系列难点问题，为工程建设创造了良好的施工环境；年内，完成投资4亿元。

【湖州至杭州西至杭黄铁路连接线项目】 1．项目概况。该项目在湖州高铁站与既有宁杭高铁、在建商合杭铁路和拟建沪苏湖铁路连接，途经湖州德清县、杭州余杭区，接入杭州西枢纽，南至杭州市富阳区与在建杭黄铁路和杭温铁路连接，设计时速为350公里/小时，线路全长136.9公里，其中湖州段51公里；项目计划总投资301.6亿元（湖州段106.3亿元）。2．工作进展。2月，中国铁路总公司启动该项目设计招标，中铁第四勘察设计院集团有限公司（以下简称铁四院）已完成“预可研”报告编制并报中国铁路总公司，10月中旬，完成“预可研”审查，年内，开展定测、“可研”等前期工作。

【浙江省都市圈城际铁路二期建设规划项目】 一是加强与杭州市余杭区的沟通衔接。6月14日，市委常委、常务副市长高屹带队赴余杭区专题对接杭州至德清城际铁路前期工作，双方就该项目线位走向初步达成共识。二是对接都市圈城际铁路二期建设规划工作。6月16日，邀请浙江省轨道交通协会、省发改委以及中铁上海院到湖州调研，并组织三县两区以及市发改委、规划局、交通运输局、太湖度假区参加，对接浙江省都市圈城际铁路二期建设规划工作。三是杭州至德清城际列入近期建设项目。7月20日至21日，省发改委组织召开规划咨询评估会，经过市、县与杭州余杭区的协调对接和积极争取，会议同意将杭州至德清城际列入近期建设项目。

【城市轨道交通规划深化研究】根据市委、市政府的部署，市发改委（铁办）会同市规划局、市交通运输局开展中心城市轨道交通规划研究，通过委托专业机构研究、邀请专家咨询论证、组织外出考察学习和召集有关县（区）讨论等，形成了线网规划等工作基础。8月18日，市委书记陈伟俊在调研综合交通工作时，专题听取中心城市轨道交通工作汇报，并作出“加快前期工作”等八个方面指示。会后，常务副市长高屹立即召集市发改委（铁办）专题研究。一是完成中心城市轨道交通工作实施方案初稿。二是市领导带队赴武汉、苏州、南京、淮安等地学习考察，交流城市轨道交通规划与建设工作，学习借鉴先进经验，分析中等规模城市在规划建设轨道交通中存在的难点问题，进一步梳理湖州市的规划思路。三是在市规划局提供线网布局方案的基础上，优化完善中心城市轨道交通首期建设项目线路走向、制式比选和客流预测等，形成工作情况汇报初稿。

【湖州铁路枢纽规划布局】 经过多年努力，湖州站成为多条铁路经过的枢纽站，围绕湖州站打造湖州铁路枢纽已经具备可行性。市主要领导高度重视，要求争取通过高水平谋划建设，把湖州铁路枢纽建设成为长三角区域性综合交通枢纽。一是落实专项经费并完成招投标程序。4月，委托铁四院开展湖州铁路枢纽规划布局研究，协调安排落实专项经费，并按单一来源采购办理相关手续；二是完成方案研究初稿。在铁四院完成湖州铁路总图规划布局初稿的基础上，11月2～3日，市委常委、常务副市长高屹带队赴武汉与铁四院专题对接湖州站扩大站场规模问题；三是积极向省发改委争取。11月6日，市委常委、常务副市长高屹带队赴省发改委，就江苏盐城、泰州、无锡、宜兴铁路南接湖州高铁站和结合湖州至杭州西高铁项目实施湖州站扩大站场规模的方案，协调争取省发改委的支持。 （林世全）

科学技术

·综　述·

【概况】 2017年，全市科技创新工作深入贯彻落实中共十九大和省、市党代会精神，紧紧围绕市委、市政府工作部署，按照“四新”主题实践活动要求，以“六重”工作为抓手，全面推进国家创新型试点城市建设。湖州市在省对市党政领导科技进步目标考核获得优秀，是全省唯一连续5年被省委、省政府列为“市县党政领导科技进步目标责任制优秀单位”的设区市。

【优化创新创业环境】 汇聚市内外各种力量和资源，持续提升湖州科技名片“含金量”。一是深入推进国家创新型试点城市建设。3月10日，市政府召开全市科技创新工作会议暨国家创新型城市试点工作推进会，强化2017年重点工作部署与责任落实。结合试点建设实施方案和自评要求，向科技部等部委上报《创新型城市试点建设工作自评总结》，国家创新型试点城市建设通过科技部、国家发改委的验收评估。安吉县、德清县、吴兴区被列入浙江省第一批全面创新改革联系点。二是开展国家科技创新服务体系建设试点工作。持续推进科技与金融结合，召开湖州市科技型中小企业专项贷款保证保险工作座谈会，与湖州银行、工商银行湖州分行签订保证保险贷款总额3500万元的协议，8家企业获得保证保险贷款1170万元。持续加大创新券支持力度，全年创新券发放10674万元，确认使用7445万元，均居全省第二，实现省“公众创业创新服务行动”优秀单位市区（县）全覆盖。出台《湖州市科学技术奖励办法实施细则》。全市有23项科技成果荣获2016年度浙江省科学技术奖，其中一等奖1项，二等奖10项，三等奖12项，创历史新高。2家企业参与完成的2项科技成果荣获2017年度国家科学技术进步二等奖。三是营造浓厚创新创业氛围。充分利用地方主流媒体和《科技专刊》《科技期刊》《湖州科技》微信公众号、湖州科技信息网等宣传平台，围绕全市科技创新重要政策、重大事件和创新典型等进行报道宣传，营造浓厚的创新创业氛围。组建湖州市科技发展咨询委，围绕深化科技体制改革、优化创业创新环境、推进重点产业技术创新和加快科技成果产业化等重点热点问题，为湖州科技发展决策提供咨询服务。

【强化创新主体培育】 以梯度培育市工业“双高”企业、省级科技型中小企业和国家高新技术企业为主线，充分挖掘创新潜力。一是大力培育“双高”企业。出台“双高”企业培育年度推进计划和考核评价办法，对100家“双高”培育重点企业开展走访服务，帮助企业解决难题108个。新增“高技术、高成长”企业126家，其中三星新材、洁美科技和东尼电子3家“双高”培育企业分别在上海主板和深圳中小板上市。3家企业入围“2017年度浙江省创新型领军企业”，数量居全省第二。二是加强对各类科技型企业的培育。新增省科技型企业363家。新增国家高新技术企业96家，累计776家。举办2017年度科技创新政策系列培训班，邀请省科技厅领导作高新技术企业认定有关政策解读，近200家企业参加培训。加快企业研发平台建设，新认定省级企业研究院13家、市级高新技术企业研发中心48家。三是全力推进高新技术产业发展。8月，召开全市高新技术产业发展推进会暨半年度科技工作会议，强势推进高新技术产业发展。开展高新技术产业发展“百日攻坚”专项行动，对全市200家重点企业开展集中指导、帮扶和服务。牵头推进生物医药产业发展，出台《湖州市生物医药产业发展推进工作机制》《2017年度湖州市生物医药产业发展推进工作计划》和《湖州市生物医药产业发展三年行动计划（2017～2019年）》，9月，组织召开生物医药产业培育工作推进会。全市高新技术产业实现工业增加值395亿元，同比增长10.4%，增速居全省第六；高新技术产业工业增加值占规模以上工业增加值比重为45.2%，高于全省平均2.5个百分点。高新技术产业投资额262.8亿元，增长28.9%。规模以上工业新产品产值1820亿元，增长25.6%，增速居全省第四。

【推进创新平台建设】 以“六重”工作为抓手，全面推进11个重大科技平台建设，力促高新技术产业发展。一是大力支持湖州科技城建设。市政府与中科院科技促进发展局和中科院上海分院签订《深化院地合作促进科技成果转化共同推进湖州科技城建设备忘录》，借助中科院力量加大对科技城内企业和研发机构的培育力度。科技城范围内培育省级科技型中小企业20家，省级企业研发机构5家，市级众创空间1家。二是加快推进高新园区和高新技术特色小镇建设。长兴县新能源装备高新园区和安吉县绿色制造高新园区通过创建型省级高新区认定。德清县地理信息特色小镇和长兴县新能源小镇被列入浙江省首批高新技术特色小镇，数量居全省第三。安吉县椅艺和德清县地理信息产业创新服务综合体被列入第一批浙江省产业创新服务综合体创建名单，长兴县新能源产业创新服务综合体被列入培育名单。三是推进众创空间等创新创业平台建设。出台《进一步扶持湖州市众创空间发展的十条意见》。全年新增省级众创空间12家，累计22家；新增市级众创空间17家，累计30家；2家众创空间通过国家级备案，累计7家；2家众创空间被列入2017年度省级优秀众创空间。新认定南浔区科创园和安吉县“两山”创客小镇孵化器2家国家级科技企业孵化器、湖州七幸科技创业园和长兴泗安西湖科创园2家省级科技企业孵化器，全市拥有省级以上科技企业孵化器10家（其中国家级7家）。

【实施科技人才项目】 一是健全科技创新政策体系。修订完善市级科技项目管理和验收办法，狠抓补齐科技创新短板十二条、科技项目经费管理新政、科研人员创新活力激发等政策意见的落地，配合市审计局开展政策落地情况专项审计，进一步营造良好的创新生态环境。争取到省科技型中小企业扶持和发展专项资金8529.6万元，总量居全省第二。二是实施科技计划项目。围绕主导产业和重点产业，全市组织申报2018年度省级以上项目65项，获得立项支持19项，其中省重点研发计划项目13项。主动设计市级科技项目，新立市级科技计划项目216项，其中主动设计重点研发项目21项，涵盖先进装备、新能源和生物医药等多个领域，对230个关键技术和难题提出研究路径和可行性方案。三是深化科技和人才结合。项目立项上，对重点人才领衔项目优先支持或向上推荐。经费使用中，落实相关激励费政策，扩大领军人才经费使用自主权。项目评价上，把人才培养作为重要指标进行考核。新认定省领军型创新创业团队5个，数量居全省第一，累计达10个，总数居全省第二。

【深化政产学研合作】 推进技术市场体系建设，促进政产学研深度合作，加速科技成果转移转化。一是组织各类科技合作活动。举办湖州市第八届政产学研合作大会暨湖州科技城奠基仪式，签订科技合作项目58项，总投资122.78亿元。开展“企业技术和管理诊断——日本专家湖州行活动”等国际科技合作与交流，组织国内外专家深入企业进行技术交流和合作对接。开展科技外交官浙江（湖州）行活动。组织参加2017年科技成果春季竞价（拍卖）会、2017中国浙江网上技术市场活动周暨秋季科技成果竞价（拍卖）会和第十九届深圳高交会等大型科技成果展示交易活动。全市54家企业通过竞价拍卖方式获得高校、科研院所和企业科技成果27项，累计成交额4130万元。二是引进大院名校共建创新载体。市政府分别与中科院科技促进发展局和中科院上海分院合作以及中科院上海技术物理研究所合作共建中科院系统科技成果转移转化示范基地和“中科创智”双创基地以及中科院上海技术物理研究所湖州中心。浙江久立特材科技股份有限公司浙江省智能物流装备工程技术研究中心成功获批浙江省工程技术研究中心。新筹建湖州市调味品检测与研究重点实验室、湖州市固废资源化处理装备与再生利用技术重点实验室2家市级重点实验室。三是推进科技大市场建设和地校合作。建成网上信息数据库和实时信息发布系统，2017年，发布科技成果184项，可转让专利技术651项，发布企业技术需求83项。全市实施发明专利产业化项目115项，实现销售收入108.77亿元，税收6.25亿元，利润8.2亿元。重点培育安吉县安信信息有限公司等5家科技中介服务机构，长兴县复旦南太湖创新基地发展有限公司和安吉县安信信息有限公司获批2017浙江省重点科技中介服务机构。重点支持湖州高校加强创业创新和成果转化，建设完成地校合作信息共享平台。全市技术合同总成交额40.02亿元。

【推进农业与社会科技创新】 一是推进农业创新平台建设。湖州国家农业科技园区建设通过科技部评估验收（在全国第五批45个园区中排第9）。安吉县“两山”农业科技园区创建为省级农业科技园区。5家“星创天地”被列入科技部备案，6家“星创天地”被列入省级备案，数量居全省第一。二是加快农业创新主体培育。星光智能化农机装备农业企业研究院、欧诗漫珍珠产业农业企业研究院和中山绿色农药企业研究院被认定为省重点农业企业研究院，数量居全省第一。主动设计市级现代农业专项，重点支持营养健康食品开发、现代农业装备开发及产业化、农产品质量安全与溯源研发攻关。完成第七批科技特派员选派工作，按需选派63名个人科技特派员和2个团队科技特派员。三是推进民生科技创新和防震减灾工作。深入推进全市“五水共治”、大气防治和土壤治理等环保领域的技术创新和深度治理。培育生态文明建设科技创新示范点7家。举办2017年湖州市科技活动周、第十四届科普节暨“5·12”防灾减灾宣传周，加大科普知识和法律法规宣传力度，加强地震台站建设和防震减灾示范学校、示范社区和示范基地建设，强化各级各类演示演练，提高防灾减灾能力。

【实施知识产权战略】 以提高专利创造、运用、保护和服务能力为重点，高标准建设国家知识产权示范城市。一是推进试点示范建设。出台《湖州市2017年国家知识产权示范城市工作要点》。安吉县通过考核验收，成为2017年度国家知识产权强县工程示范县。年内，全市已有4个县（区）成为国家知识产权强县工程示范县（区），1个国家知识产权强县工程试点区，实现县（区）全覆盖。全市获得专利权质押企业86家，实现贷款103笔，质押总额10.3亿元，融资总额5.19亿元。安吉县专利质押融资工作经验由省知识产权局发文在全省推广。二是提升专利技术水平。获批国家知识产权示范企业4家（累计6家），国家知识产权优势企业5家（累计17家），省级专利示范企业26家（累计143家），市级专利示范企业56家（累计305家）。全市发明专利申请量10662件，同比增长60%，增速居全省第一；发明专利授权量2190件，居全省第四。每万人发明专利拥有量24.8件，居全省第三。三是加大专利宣传和保护力度。开展“4·26”世界知识产权日系列活动，发布知识产权白皮书。加大专利保护力度，全年立案处理专利行政执法案件1263件，增长15.55%。连续4年在全省专利行政执法和维权援助绩效评价中获得“双优秀”，并在国家知识产权局年度执法工作考核中获得优秀。

（朱　慧　张　敏）

【科技项目实施情况】 2017年，全市科技计划按照围绕产业链部署创新链、围绕创新链完善资金链的总体部署，以提升自主创新能力为目标，强化制度建设，出台《湖州市深化科技计划管理改革实施方案》，推进科技计划更加聚焦湖州市战略目标，更加符合科技创新规律，更加高效配置科技资源，更加强化科技与经济、生态的紧密结合，充分激发科研人员创新热情。

一、省级以上科技项目实施情况。2017年，全市实施省级以上科技计划项目465项，其中新上项目62项，结转项目403项。新上项目中，国家级和省级项目分别为14项和48项，主要包括：自然科学基金项目25项，省重点研发计划项目12项，省公益性技术应用研究项目23项，企业运营类专利导航项目2项。2017年，全市争取省级以上科技计划实际到位资金10818.6万元，按经费来源分：中央级资金1549万元，省级资金9269.6万元。项目围绕湖州市重点产业和战略性新兴产业组织实施，不断凸显科技支撑发展的重要作用，促进科技成果产业化，推动了全市经济转型升级。

二、市级科技项目组织实施情况。2017年，全市共实施市级科技计划项目656项，其中新上项目216项，结转项目440项。按照市委、市政府加快构建“4+3+N”产业体系要求，加快对重点产业发展的支持，围绕先进装备（现代物流装备）、新能源和生物医药三大战略性新兴产业及科技惠民领域发展组织实施市重点研发计划项目。在项目组织上，加强主动设计并与市、县（区）科技部门联动，深入调研和广泛征集，发挥专家组的咨询和指导作用，形成“重点研发计划”等年度申报指南，并规定除部分民生科技领域外，重点研发计划项目承担主体，原则上要求以企业为主，不断引导企业加大研发投入。在项目立项上做到根据产业导向、先进性和产业化前景等多重目标严格筛选，择优立项；在经费安排上，向重大项目进行倾斜，根据预算改革要求，对公益类项目由“分期补助”调整为“一次性补助”，年度下拨项目扶持资金1173万元，占资金总量的45.12%；在管理上，加强对项目的全过程管理，对实施良好的项目，要求列入省级以上重点研发备选名单库，予以优先推荐。进一步强化企业创新主体作用，促进产学研用紧密结合，实行平台优先、人才优先和投入优先等“五个挂钩”原则。进一步引导企业加大科技创新投入。对2017年新立的项目统计表明，项目实施期内预计可实现产值2.61亿元，实现利润3590余万元，上缴利税1820余万元。可发表核心期刊论文140余篇，一级期刊50余篇，其中SCI文章16篇。可申请专利191件，其中发明专利71件；可获得专利授权74件，其中发明专利8件。

（曹雄飞）

【高新技术产业发展情况】 2017年，全市高新技术产业工业增加值达407.7亿元，同比增长10.9%，增幅比规模以上工业低1.5个百分点。全市高新技术产业工业增加值占规模以上工业增加值比重为45.5%，比上年增长3.55个百分点。高新技术产业实现主营业务收入、利税和利润增幅分别达18.7%、20.7%和25.0%。高新技术产业投资额达262.8亿元，增长28.9%。高新技术产业工业增加值增幅在全省排第6。

一、高新技术产业六大领域发展情况。2017年，从全市新能源及节能、光机电、生物医药、新材料、电子信息、资源与环境等高新技术产业六大领域来看，高新技术产业增加值均呈现增长，增长前3位的是电子信息、资源与环境和生物医药领域，分别达43.8%、16.6%和11.3%。规模前3位的是新材料、光机电和生物医药领域。一是生物医药领域已初步形成以“佐力”为代表的天然药物，以湖州数康蛋白芯片为代表的生物芯片，以“中维”为代表的医用辅料等构成的生物技术产业群体。2017年，实现规模以上工业增加值50.83亿元，增长11.3%。其中，医药制造业相关主营业务收入增长10.7%。二是光机电领域。主要涉及电梯制造、电机制造和物流装备制造等行业。南浔区的电梯产量已占全国总量的10%、占浙江省的50%以上。骨干企业有巨人通力电梯、沃克斯电梯和森赫电梯等。德马科技、诺力机械等物流生产相关企业发展较好。2017年，该领域实现规模以上工业增加值102.3亿元，增长10.2%。领域内电梯企业由于产品价格下降，企业产值同比下降。电机、汽车相关制造产品相关企业总体发展良好。三是新能源及节能领域。2017年，该领域实现规模以上增加值42.5亿元，增长9.5%。领域内的天能、超威等企业走在全国行业前列，产品已向纳米材料环保蓄电池、镍氢电池、锂电池和燃料电池等新型绿色动力能源以及智能电子电器产品延伸。该领域中的电池生产企业产值增幅较小，利润同比下降。光伏行业相关产值增幅较小。四是新材料领域。该领域高新技术产业主要产品分属三大类，即金属材料、无机非金属材料和高分子材料。金属材料相关骨干企业有金洲管道、久立特材和永兴特钢等；南浔区特种电磁线国家级高新技术特色产业基地内集聚长城科技、先登电工、洪波科技等企业。无机非金属材料集聚在长兴县无机非金属新材料国家级高新技术特色产业基地内。高分子材料相关骨干企业有尤夫高纤、金三发新纺织等。2017年，该领域实现规模以上工业增加值182.8亿元，增长5.2%。领域中纺织相关企业产值增长较快。电磁线及金属管道等生产企业发展良好。五是电子信息领域。该领域骨干企业有久鼎电子、洁美电子、东尼电子、华莹电子、新京昌电子、正导光电、久立电气和西比（湖州）通信等。2017年，该领域实现规模以上工业增加值18.1亿元，增长36.2%。六是资源与环境领域。领域内企业主要集中在水处理行业。“湖州水处理”板块在全国有一定知名度，龙头企业欧美化学年工程量占国内膜法水处理工程的15%左右。该领域产业规模较小，2017年，实现规模以上工业增加值4.7亿元，增长16.6%。德清县的“中孚环境”产值增长较快。南浔区的“东洋环境”发展良好，吴兴区的“斯科能”等初创企业发展较快。

二、高新技术产业集聚发展。一是省级高新技术产业园区发展良好。2017年，湖州莫干山国家高新区、湖州省级高新园区和湖州现代物流装备高新园区实现规模以上工业增加值270亿元，增长10.3%；其中，高新技术产业增加值149亿元，增长11.4%。湖州莫干山国家高新区、湖州省级高新园区和湖州现代物流装备高新园在全省30家省级以上高新园区中总体排名第12位、第13位和第10位。长兴新能源装备高新园区、安吉绿色装备高新园区通过创建型省级高新技术园区认定。二是高新特色产业基地建设加强。全市拥有省级以上高新技术特色产业基地24家，其中国家级火炬计划特色基地有德清生物与医药、长兴无机非金属新材料、南浔特种电磁线、安吉竹精深加工、德清木质装饰新材、吴兴特种金属管道、南浔智能电梯、吴兴物流装备和安吉高端功能坐具（2017年新升格国家级）等9家。省级高新技术特色产业基地有长兴电动车用蓄电池、德清涂装、南浔特种不锈钢管、吴兴羊绒制品、南浔特种小功率电机、吴兴光电产业、南浔木地板、德清数控装备制造、长兴即热型电热水器、安吉生物与医药、南浔光整研磨、长兴电子电容、德清休闲用品、德清地理信息和安吉装备制造15家。2017年，全市24家省级以上高新技术特色产业基地实现产值2173.9亿元，增长14.5%；工业增加值达520.8亿元，增长27.1%；实现利税208.0亿元，增长8.7%。三是创新主体队伍不断壮大。重点围绕装备制造、新材料、生物医药、新能源和节能、资源与环境等领域，加强对科技型中小微企业的培育服务，进一步壮大高技术、高成长的“双高”培育企业后备力量。2017年，新增高新技术企业96家，累计达636家。新认定省科技型企业363家，累计达1890家。全市工业高技术、高成长企业健康发展，2017年，全市300家“双高”培育企业实现主营业务收入584.1亿元，增长22.3%，增幅高于规模以上工业11.9个百分点；实现净利润51.1亿元，增长34.2%；上缴税金37.5亿元，增长29.6%。（张　澜）

·科技创新与成果·

【政产学研合作与交流情况】 2017年，湖州市政产学研合作坚持政府引导、市场主导、企业主体三位一体的工作模式，通过促交流、建平台、强市场和育中介等措施，全力推进技术市场建设，加速推动技术成果交易转化。

一、促交流，助推供需双方深度对接。一是组织开展企业院校行活动。在征集全市136项企业技术难题基础上，组织企业赴中科院大连化物所、上海技术物理研究所、广州能源所等中科院系统相关院所以及上海交通大学、大连理工大学和中国计量大学等国内高校开展对接交流，达成意向合作项目16项，累计征集科技成果130余项，有效推动“供、给”双方深度对接。二是组织举办科技对接交流活动。举办湖州市第八届政产学研合作大会暨湖州科技城奠基仪式，签订科技合作与成果转化项目（平台）、科技城重点项目、重大科技招商和科技成果转化项目58项，涵盖信息经济、高端装备、健康产业、金属新材、新型纺织、特色金融和节能环保等产业领域，签约金额111.4亿元，总投资122.78亿元，预计年新增产值334.18亿元。此外，组织举办各种形式的小型专场对接活动20余场（次）。三是组织参加科技成果展示交易活动。组织参加2017年科技成果春季竞价（拍卖）会、2017中国浙江网上技术市场活动周暨秋季科技成果竞价（拍卖）会和第十九届深圳高交会等大型科技成果展示交易活动，全市56家企业通过竞价拍卖方式获得西安交通大学、中国计量大学浙江省中药研究所有限公司和深圳市钧蓝自动化设备有限公司等高校、科研院所和企业科技成果26项，成交额4667.5万元。

二、建平台，加快集聚科技创新资源。一是引进高校、院所共建创新载体。2017年，全市引进中科院上海技术物理研究所、上海交通大学和中关村领创空间科技服务有限责任公司等国内高校、院所和企业合作共建中科院上海技术物理所湖州中心、上海交通大学信息内容分析技术国家实验室湖州分中心和中关村领创空间（湖州）等38家科技创新载体，其中政府为主体引进12家，企业为主体引进26家，主要涉及高端装备、节能环保、生物医药、新材料和现代农业等领域。据统计，38家科技创新载体计划总投资10.97亿元，已引进高层次人才757人，其中副高职称152人，高级职称（含博士）130人；完成研发项目156项，产生经济效益13.12亿元；申请和授权专利332项，其中发明专利86项。截至年底，湖州市累计引进高校、院所共建科技创新载体306家。二是加快建设省、市两级重点实验室。在省重点实验室（工程技术研究中心）建设上，湖州市中科卫星应用德清研究院微波目标特性测量与遥感实验室获批省级重点实验室，浙江久立特材科技股份有限公司浙江省智能物流装备工程技术研究中心获批浙江省工程技术研究中心。在市级重点实验室建设上，新筹建湖州市调味品检测与研究重点实验室、湖州市固废资源化处理装备与再生利用技术重点实验室2家市级重点实验室。投入科研设备总值3800余万元，建筑面积6500平方米，拥有固定技术人员69人，硕、博士学位人员44名的人才团队。

三、强市场，大力推进科技成果转化。一是完善科技大市场网上信息数据库。湖州科技大市场依托中科院湖州中心，有效整合现有12个专业中心的优势资源，实现成果交易、技术成果拍卖、科技金融、管理咨询、法律服务、知识产权服务和检验检测等“一站式”和“一条龙”科技服务。2017年，发布科技成果184项，可转让专利技术651项，发布企业技术需求83项。二是开展线下科技服务。根据企业技术需求为企业联系专家上门进行“一对一”跟踪对接服务，有效解决企业技术需求18项。开展技术经纪人培训2次，为湖州培养技术经纪人150余人；举办高新技术企业申报培训班2次，培训企业人员200余人（次），助力湖州市26家企业通过国家高新技术企业的认定；与南太湖科技创新中心联合举办8场中科院项目路演对接会。三是推动科技成果转化。2017年，全市累计引进中科院系统相关院所、俄罗斯圣彼得堡彼得大帝理工大学、美国普度大学、西安交通大学和苏州君安药业有限公司等70家国内外高校、院所和大型企业开展全方位、深层次的科技合作。通过成果竞价（拍卖）、技术转让、委托研发、联合攻关和引进消化再创新等多种形式，实施科技成果转化项目176项，新增产值52.81亿元，新增利税13.90亿元。

四、育中介，加速推动技术交易。一是培育专业化科技中介服务机构。重点培育长兴复旦南太湖创新基地发展有限公司等37家科技中介服务机构，主营业务涵盖技术开发、技术集成与转化、技术转移与扩散、技术投融资、技术咨询与服务网络及信息服务、技术评估、企业孵化和培训等服务等。总人数564人（包含专职人员74人），其中技术经纪人86人。2017年，完成科技中介服务项目签约12806项，实际成交额7712万元；促成技术转让和开发（含网上、大型活动）440项，技术合同成交金额12864万元；营业性总收入7090万元，科技中介服务收入31779万元。长兴复旦南太湖创新基地发展有限公司和安吉县安信信息有限公司获批2017浙江省重点科技中介服务机构。二是不断提升技术转移能力。对《湖州技术转移中心年度工作绩效考核办法(试行)》进行修订，充分发挥其机制推动作用，推进浙江大学、浙江工业大学和杭州电子科技大学3所高校在湖州技术转移中心不断提高认识、加大投入、激发活力和创新方式，有效推动科技成果转化和产业化。据统计，2017年，3所高校在湖州技术转移中心促成科技成果转化项目41项，合同成交额5369.7万元。三是积极促成技术交易。按照《加快推进“一转四创”建设“互联网+”世界科技创新高地行动计划》省对市技术合同成交金额任务指标要求，通过精心摸排重大科技招商项目并探索技术合同网上登记模式、将技术合同成交金额任务指标增补至县（区）党政目标责任考核、组织县（区）积极宣传和加强技术合同登记培训等措施，完成技术合同成交金额41.77亿元。

【科技进步奖励情况】 为深入实施科教兴市战略，提高自主创新能力，进一步鼓励广大科技人员充分发挥自己的聪明才智，根据《中华人民共和国科学技术进步法》《浙江省科学技术奖励办法》和《湖州市科学技术奖励办法》的规定，2017年，全市对50项科技成果授予湖州市科技进步奖。其中湖州师范学院与浙江大学、江南大学联合实施的“面向复杂非结构问题的信息降维决策理论与应用”、浙江天能电源材料有限公司的“废铅蓄电池资源再生利用污染防治关键技术研发与产业化”2项成果获一等奖，浙江久立特材科技股份有限公司的“大型石油化工装置用镍铬耐蚀合金系列管道及高温工艺管”等8项成果获二等奖，湖州市第一人民医院与湖州市疾病预防控制中心联合实施的“湖州地区流感样病例非细菌性病原谱及流感疫苗流行病学效果的研究”等40项成果获三等奖。50个奖励项目中，工业类35项，占获奖数的70%；农业类4项，占获奖数的8%；医药卫生和基础研究等社会发展类11项，占获奖数的22%。获奖单位64家，获奖科技人员254人，颁发政府奖金140万元。这些项目授权专利253项，其中授权发明专利125项；获得软件著作权10项，商标权16项，在国内外期刊上共发表论著和论文161篇。

湖州市25项成果荣获“2017年度浙江省科学技术奖”。湖州市作为第一完成单位获奖的有19项，其中二等奖1项，二等奖6项，三等奖12项，获奖项目数创历史新高。

湖州市浙江格尔泰斯环保特材科技股份有限公司参与完成的“工业排放烟气用聚四氟乙烯基过滤材料关键技术及产业化”项目和德华兔宝宝装饰新材股份有限公司参与完成的“基于木材细胞修饰的材质改良与功能化关键技术”项目荣获2017年度国家科学技术进步二等奖。（汪 平）

·农业与社会发展科技工作·

【概况】 2016年，湖州市农业和社会发展科技工作贯彻中共十九大精神，坚定不移践行习近平总书记“绿水青山就是金山银山”重要思想，组织实施《浙江省“十三五”农业和农村科技发展规划》《浙江省社会发展科技创新“十三五”规划》和《湖州市科学技术发展“十三五”规划》等，不断推进农业供给侧结构性改革，持续深化生态文明建设，全力促进科技强农惠民，全年争取到省级以上资金2339万元。

【推进农业科技进步】 1.建设平台，聚力推动农业农村“大众创业、万众创新”。一是农业科技园区建设成效显著。湖州国家农业科技园区通过验收。根据《科技部农村科技司关于开展第五批国家农业科技园区验收工作的通知》要求，对湖州国家农业园区建设情况进行全面梳理和总结，通过浙江省科技厅组织的专家现场考察和科技部农村中心的现场抽查，完成科技部组织的视频答辩验收。安吉“两山”农业科技园区创建为省级农业科技园区，获得省财政科技经费200万元。二是“星创天地”建设全省领先。全市新增省级星创天地创建单位1家，列入科技部备案“星创天地”5家，列入浙江省备案的“星创天地”6家（全省24家），有4家共获得省级以上经费200万元。截至年末，全市“星创天地”创建备案数累计10家，居全省首位。2.扶持企业，有效提升创新主体科研能力。一是重点农业企业研究院建设取得新突破。按照“市场需求、企业主体、政府引导、合力推进”的建设思路，围绕农业主导产业和农业战略性新兴产业，推动农业重点企业研究院建设。星光智能化农机装备研究院、欧诗漫珍珠产业研究院、中山绿色农药研究院被浙江省科技厅认定为省级重点农业企业研究院（全省两批总共认定12家，湖州市数量占全省1/4)，获得省财政科技经费600万元。二是项目实施和基地建设取得新进展。设计市级现代农业专项和生态文明先行示范区专项，重点支持营养健康食品开发、现代农业装备开发及产业化、农产品质量安全与溯源，水处理技术研究与示范、固体废物处置技术研究与示范。新立国家级科技项目子课题3项，获得经费508万元；新立省级农社领域重点研发计划项目3项，获得省级经费670万元；新立省级公益性项目26项，获得省级经费85万元；新立市级各类项目147项。认定湖州市现代农业科技示范基地21家。三是培育人才，切实增强科技服务能力。杨健等4名科技特派员被评为第十二批省优秀科技特派员。授予安吉县科技局等6家单位为第六批市科技特派员工作先进单位，授予孟华兵等11位个人为第六批“湖州市优秀科技特派员”荣誉称号，授予湖羊研究团队科技特派员、淡水鱼蟹养殖团队科技特派员2个团队特派员为先进团队特派员。确定第七批市级科技特派员32名、县（区）级科技特派员31名、团队科技特派员2个。在浙江大学湖州市南太湖现代农业科技推广中心建立科技特派员工作站1个，获得中央引导地方资金50万元。

【开展社会领域科技创新】 1.注重民生，深入推进生态文明建设。一是可持续发展水平不断提高。根据国务院印发的《中国落实2030年可持续发展议程创新示范区建设方案的通知》和上级有关要求，编制《湖州市可持续发展规划》和《浙江湖州国家可持续发展议程创新示范区建设方案》，协助浙江省科技厅做好国家可持续发展议程创新示范区建设。二是生态科技支撑能力不断提升。持续开展“生态科技3310行动”（即实施“科技治水、科技治霾、科技治土”3大生态科技行动，推广应用30项生态治理先进技术以及建设10个生态科技示范工程），深入推进全市“五水共治”、大气防治、土壤治理等环保领域的技术创新和深度治理。鼓励科技特派员积极参与“剿灭劣Ⅴ类水”工作，充分发挥科技特派员在“剿灭劣Ⅴ类水”中的科技助推与支撑作用。二是做好生态文明建设示范点创建工作。按照《湖州市生态文明建设示范点创建工作实施意见（试行）》的要求，确定“清溪稻鳖共生生态科技创新示范点”等7家为生态文明建设示范点培育单位并进行指导和考核认定。三是科技服务业发展不断巩固。根据《湖州市2017年服务业发展工作推进计划》，据统计，全年全市科技服务业营业收入791万元，增长21.5%。2.探索创新，扎实开展防震减灾工作。一是强化台站建设，监测管理工作基础不断夯实。加强地震监测设施及观测环境保护，对接电力等部门对杨家埠ZK420井地震台供电设施进行改造，保障台站稳定供电。落实台站“三化”改造。南浔区练市地震台入围全省第一批“三化”改造台站，投资6万元，由浙江省地震局专项经费列支（建成后有望成为全省把地震监测台站建在学校内的样板）。完成国家地震烈度速报与预警工程台站堪选相关任务。二是强化宣传示范，地震灾害防御意识持续增强。举办2017年湖州市科技活动周、第十四届科普节暨“5·12”防灾减灾宣传周。全年新认定市级防震减灾科普示范学校5个、地震安全示范社区6个。累计共建成市级防震减灾科普示范学校20个、地震安全示范社区21个、省级防震减灾科普教育基地2家。三是强化演示演练，抗灾应急救援能力得到提升。利用“5·12”防灾减灾日等时段开展地震避险演练、科普“进社区”等活动，由社区工作者演示地震逃生，组织老年朋友观摩。开展地震避险逃生科普，利用省级防震减灾科普教育基地场馆设计“地震避险亲子赛道”，供家庭单位学习、操练。整合民间公益救援力量助力防震减灾救援工作。摸排全市民间公益救援力量，登记并上报省地震局备案。（陈小瑛）

·专利工作·

【概况】 2017年，全市专利工作以“稳量提质”为原则，推动专利申请、授权结构进一步优化，专利申请总量和发明专利申请总量分别为28808件和10662件，同比分别增长23.79%和60.4%，均居全省第二，发明专利申请占专利申请总量比例达37.01%，居全省第二；专利授权总量和发明专利授权总量分别为12025件和2190件，同比分别减少12.19%和13.92%，发明专利授权占专利授权总量比例达18.21%，居全省第三；每万人发明专利拥有量24.8件，居全省第三。

【统筹抓好试点示范】 出台2017年年度国家知识产权示范城市建设工作要点，部署全市专利工作，将考核重点放在发明专利申请占比、发明专利授权量等指标上，并将通过“贯标”认证企业数量以及人才培养纳入考核指标体系。安吉县获批国家知识产权强县工程示范县。推进高新技术园区知识产权试点示范创建，指导湖州莫干山高新技术产业开发区国家知识产权试点园区建设和湖州经济技术开发区、长兴经济技术开发区省级知识产权工作示范创建园区建设。推进知识产权评议试点建设，指导安吉县创建浙江省重大经济科技活动知识产权评议试点县。获得“2016年度国家知识产权示范城市工作先进集体”荣誉称号。

【优化创新创业环境】 2017年，全市立案处理专利行政执法案件1263件，同比增长15.55%，其中涉嫌假冒专利案件301件，专利侵权纠纷案件962件。完善电商执法制度，全年处理电子商务领域专利侵权案件960件，假冒专利案件257件；积极开展展会知识产权保护工作，处理展会假冒专利案件2件；发挥知识产权专业人民陪审员作用和案件调解作用，参与专利案件审理13件，完成诉调对接案件14件。培养拥有专利行政执法资格人员7人，全市专利执法队伍不断壮大。组织企业申报省专利保护重点联系单位，入选3家。连续4年在全省专利行政执法和维权援助绩效评价中获得“双优秀”，并在国家知识产权局年度执法工作考核中获得优秀。

【发挥企业主体作用】 2017年，全市企业专利申请量和授权量分别达25536件和10923件，占全市申请量和授权量的88.65%和90.84%，均居全省第一。获得4项中国专利奖优秀奖，4项浙江省专利奖优秀奖。全市14个企业入围“2016年全省发明专利授权量百强企业名单”，总量居全省第三，其中超威电源有限公司发明专利授权84件，从2015年的全省第11位上升至全省第5位。全市累计47家企业开展企业知识产权管理规范“贯标”工作，新通过“贯标”认证企业37家；获批国家知识产权示范企业4家（累计6家），国家知识产权优势企业5家（累计17家），省级专利示范企业26家（累计143家），市级专利示范企业56家（累计305家）。

【推进专利资本化进程】 2017年，鼓励企业开展专利有效运营，立项“2017年省企业运营类专利导航项目”2项。湖州莫干山高新技术产业开发区地理信息产业园区获批省专利导航产业发展实验区。南浔区建立全省首个电梯产业专利导航数据库。长兴县成立全市首家知识产权运营基金。全市累计实施发明专利产业化项目115项，累计实现销售收入108.77亿元，税收6.25亿元，利润8.2亿元。召开全市专利权质押融资工作推进会。全市累计获得专利权质押企业86家，实现贷款103笔，质押总额10.3亿元，融资总额5.19亿元。新增投保企业10家（次），投保专利36件，投保总额度144万元，保费金额5.6万元。安吉县推进专利权质押融资工作的做法被作为典型经验由省知识产权局发文要求全省借鉴学习。

【提升管理服务能力】 2017年，制定“4·26”知识产权宣传周、中国专利周等工作方案，发布2016年知识产权白皮书；在各类媒体发布知识产权宣传报道100余篇，上报省级以上信息51条。推进吴兴实验中学“国家中小学知识产权教育”试点建设，并组织该校学生赴湖州中级人民法院参观学习；湖州职业技术学院成为浙江省首所推行高校知识产权管理规范的高职院校。知识产权公共服务平台全年累计受理专利申请、检索、交易及授权补助等相关咨询电话2371起、服务企业4907人（次），审查2017年市本级专利授权奖励3004项申请；完成56笔专利权质押登记申请，累计质押金额9.62亿元。印发全市2017年年度知识产权人才培训计划，培养企业知识产权“贯标”内审员64人（全市累计378人），培养企业专利挖掘与布局初级实战人员和专利信息分析与利用初级实战人员分别为60人（全市累计426人）和67人（全市累计240人）。 （王君碧）

·科技信息·

【网上技术市场建设】 2017年，中国浙江网上技术市场（湖州市场）建设工作立足区域实际，创新工作举措，以“中国制造2025”试点示范城市建设为主抓手，以完善科技成果转化的市场化机制为核心，优化配置科技资源、促进科技创新、推进技术转移和成果转化，不断完善符合科技创新规律的科技成果转移转化体系，进一步提升了全市科技创新能力，营造了良好的产学研合作氛围，并取得显著经济和社会效益。网上企业总数达6322家，发布技术成果124项，征集技术难题649项，提供资金1.7亿元，203个项目完成网上合同登记，合同成交金额达2.5亿元；德清县获评网上技术市场工作先进县；长兴复旦南太湖创新基地发展有限公司、安吉县安信信息有限公司新增为省重点科技中介服务机构。

【科技宣传工作】 2017年，全市科技宣传工作深入贯彻中共十九大和省、市党代会精神，紧紧围绕创新驱动发展战略，按照“四新”主题实践要求，以宣传国家创新型城市建设为重点，完善科技宣传工作机制、打造科技宣传平台、扩大科技宣传效应，为加快赶超、实现“两高”提供强有力的科技舆论支撑。1. 整合资源，拓展阵地，着力打造科技宣传平台。一是利用传统媒体进行广泛宣传。精心策划《湖州科技》期刊主题、改进《湖州日报·科技专刊》宣传模式、提升科技创新电视专题片质量。全年《湖州日报·科技专刊》累计刊发25期；《湖州科技》季刊发行4期；电视专题系列片完成4期、16篇，制作播放电视公益宣传片2篇。二是做强新兴媒体开展特色宣传。顺应媒体发展趋势，不断提升微信微博平台运营能力，将“湖州科技”微信公众平台作为科技宣传的主阵地，引导科技创新思维、强化科技政策解读、推进创新典型宣传，同时，配合重点工作大型活动开展专题报道、现场直播。全年累计推送信息145期、710条，其中原创278条，开通微直播4次，有效提升科技创新工作的宣传力度，营造大众创业万众创新的良好氛围。在注重内容的有效性、新颖性等基础上，重视开展粉丝互动活动，全年开展线上有奖答题活动2次，线下扫码送礼活动1次，有效提升关注度，全年关注人数已达7300余人。加大“湖州科技”“湖州科技宣传”两大政务微博的建设维护力度，累计发布消息2160条。三是借力市外媒体扩大宣传效应。加强与各类媒体的合作，配合各级媒体对全市科技创新的宣传报道工作，主动为各级媒体选送科技创新先进典型案例、优秀新闻报道。开展重大活动时邀请新华网、浙江日报社等省级以上媒体到湖州进行现场报道，扩大湖州科技工作的影响力。全年各级市外媒体宣传报道的湖州科技稿件达450余篇。2. 围绕中心，突出重点，着力扩大科技宣传实效。一是着力策划宣传主题。围绕践行“四新”助力赶超、国家创新型城市建设、推进众创空间建设、加快“双高”企业培育及加快科技成果转化等重点内容，策划宣传方案，拟定宣传重点。以湖州新闻联播视频宣传，《湖州日报》头版、科技专刊、科技期刊图文宣传及微信、微博、网站即时推送等方式进行全方位布局宣传，在全社会营造关注创新、尊重创新、参与创新的良好氛围。二是精心组织宣传活动。为进一步倡导大众创业万众创新，推进众创空间发展，开展众创空间巡礼、科技成果转化跟踪报道等活动，展现科技创新发展新气象。组织开展年度十大科技事件评选活动并进行通报宣传，有效提升科技创新工作的影响力。三是积极配合相关宣传。围绕全市经济工作会议、知识产权活动周、科技活动周、第八届政产学研合作大会、科技外交官湖州行等重大活动，研究制订宣传方案，进行会前预热、会场直播及会后跟踪等宣传报道，为重大活动的开展营造浓厚的氛围。

（朱　雯　华云飞）

·科　协·

【概况】 2017年，市科协团结带领广大科技工作者，围绕主题主线，突出重点工作，团结协作，务实创新，各项工作都取得新的成绩。2017年，湖州市科协获全国科协系统“先进集体”称号；被评为市“人才工作目标责任制考核优秀单位”。

【狠抓科协系统改革】 在全市科协系统开展大调研、大讨论，形成《关于认真履行科协职能、进一步做好新时期科协工作的调研报告》等专题报告，确保中央和省、市委的改革精神、重大部署落实到位。围绕《中共中央关于加强和改进党的群团工作意见》和中央、省、市委群团工作会议精神，结合湖州实际，组织专题调研，召开全市科协党的群团工作学习培训会、理论务虚会，博采众长，积极为群团改革工作建言献策。认真参与市委加强群团工作实施意见的调研起草工作，主持起草《湖州市科协系统深化改革实施方案》。

【高端智力招引工作成绩斐然】 全年新建市级院士专家工作站13家，新增省级院士专家工作站3家，柔性引进院士13名、特聘专家53名。完成全市62家院士专家工作站认证试点工作及64家院士专家工作站绩效考核工作，促进院士专家工作站健康高效运行。建设完成涵盖“两院”院士在内的重点产业领军人才地图信息库，助推“中国制造2025”试点示范城市建设。安吉县围绕“两山”理论，推进“院士林”项目，大力弘扬院士精神。

【推进学会服务站建设】 学会服务站建设，注重平台升级，在“新”上求突破。中国化工学会与长兴县人民政府共建长兴新能源国家级学会服务站，促进新能源产业和企业转型升级的可持续发展。全国唯一一个县域创新驱动助力工程学会企业联合体——地理信息产业（德清）创新助力学会企业联合体成立，加快国家级创新资源向基层集聚，为企业创新创业提供最佳条件。浙江省纺织工程学会湖州丝绸小镇协同创新服务站的建立，进一步推动丝绸文化的发展壮大。湖州莫干山高新区成立国内首个落户县域的海智工作基地。

【服务企业自主创新能力提升】 以院士专家工作站建站企业为先导，先后承接2项中国科协科技信息企业推广应用项目，服务全市各类科技型企业达200余家，培训“专利应用工程师”300余人次，形成“企业专利信息应用成果报告”10份，各项量化指标居全省第2位。积极实施“金桥工程”，全年共开展“金桥工程”重点项目36项，年增利税3405万元，节约资金4299万元。三个“村（企）会协作”项目升级为湖州服务站。

【主题科普活动扎实开展】 举办科技周及科普日活动。科技活动周期间，组织开展“玩转科学创新无限”科学趣味小实验、校园“十个一”、科普大篷车进百校、城乡科普宣传画廊大联展等活动，发放科普书籍25种、3000余份，展出各类展板50余块。在全国科普日期间，组织优秀中学生走进南京古生物研究所等活动120余项，参与人数达90余万人次。同时，南浔区成功创建浙江省科普示范区，使湖州市省级以上科普示范区达到全覆盖。

【科普公共服务能力显著提升】 全年新建“科普中国e站”47个，实现科普“精准推送”，解决科普“最后半公里”问题。继续推进“一听二看三扫”（“听《科普加油站》，为科学生活加满油”“看《科普一点通》，助科学生活事事通”“扫《菰城科普》二维码，享科学生活新方式”）新模式，提升科普工作的社会化、精准化及信息化水平。加强科普阵地建设。2017年，科技馆共接待游客约13余万人次，团队56个，团队游客7597人，单日最大人流量高达2381人，创历史最高纪录。结合湖州产业发展、特色小镇建设，新建成15家科普场馆。科普大篷车走进市内偏远地区学校、社区。全市共开展55场次，6.24万余名师生、市民从中受益。

【做好决策咨询服务】 一是积极组织科技工作者建言献策。2期《科技工作者建言》分别得到市长钱三雄和副市长施根宝的批示。政协科协届委员梅雪琴参加市长与政协委员“面对面”谈话。二是探索开展院士专家战略决策咨询活动。以2家本市院士专家工作站为主体，采取“站站合作”新模式，形成关于湖州生态文明决策咨询报告“山水湖州生态传承与发展的研究”，为推进湖州生态文明先行示范区建设贡献院士力量。浙江省新能源汽车产业技术咨询项目，为当地新能源汽车产业创新发展出谋划策。

【优化人才环境】 联合市委组织部（人才办）、市人社局、市科技局，举行“全国科技工作者日”湖州市主场活动，为第六届青年科技奖获得者和提名奖获得者颁奖。开展“走访”活动，在全国首个“全国科技工作者日”期间，市委副书记陈浩、副市长施根宝、市人大副主任沈志华和市政协副主席高东分别带队走访慰问湖州市德高望重的老专家和基层一线的科技工作者代表。

【发挥科技工作者主力军作用】 2017年，市级学会开展学术交流活动100余次，参与科技工作者达3万余人。市农学会组织学会农技专家参加全市农业系统三级联动春耕备耕“五送”服务活动；市计量检测学会参与“量值定义世界·创新改变未来”为主题的大型计量科普服务活动；市预防医学会组织举行“预防接种医生疫苗说明书知识竞赛”等活动；市老科协积极参加“银领南太湖志愿队”公益活动，致力成为全市“共建文明城”的一支有生力量，为创建文明城市做贡献。（钱玮彦）

财政　税收

·财政地税·

【概况】 2017年，全市财政总收入完成408.89亿元，同比增长13.3%，其中一般公共预算收入（地方财政收入）237.43亿元，增长15.2%；市本级财政总收入170.86亿元，增长14.9%，一般公共预算收入99.75亿元，增长19.0%。全市地税部门共组织各项收入325.26亿元，同口径增长26.0%，其中税收收入140.04亿元，同口径增长21.4%，非税收入185.22亿元，同口径增长29.8%。2017年，全市完成一般预算支出325.02亿元，同比增长12.6%；市本级一般公共预算支出148.80亿元，增长16.3%。

【依法组织收入】 根据上级要求和相关经济发展指标，科学、合理和稳妥地确定年度收入预期目标及任务，做到组织收入的目标与经济发展的情况及税源实际相匹配。完善组织收入工作机制，坚持全市“一盘棋”的工作理念，完善市财政、国税、地税三方横向联动的协作机制，加强市局、县局、分局三级纵向联动，及时、有效指导全市组织收入工作。深化“金税三期”（国地税征收管理信息系统）软件应用，建立“金税三期”下行数据应用机制，初步构建起全市税收数据应用综合分析平台。创新收入量化分析方式，依托综合分析平台，完善自定义报表系统，加强应征数、非即期收入和一次性收入分类统计分析工作，探索重点企业税源监控数据增值应用，全面掌握税源变化趋势，提高税收分析精准度，把握组织收入主动权。创新征管举措，强化税收风险管理各项工作的整合和协调推进，有效提升征管效能。严格落实清欠计划，进一步加强欠税清理，全年累计清欠入库税款4.93亿元。依靠党委、政府的支持，强化税收社会保障和涉税信息共享机制，初步构建起全社会协税、护税的网络体系。深化国、地税合作，巩固已有合作成果，梳理改革任务和合作项目，推进基础数据共享。深入落实“双随机一公开”管理机制，认真开展税收专项检查和重点税源企业检查工作，加大稽查执法力度，积极推进积案清理，惩治涉税违法行为，维护公平税收环境，全年共查结涉税案件158件，累计入库金额1.74亿元。着力优化收入结构，提高财政收入质量，全市一般公共预算收入占财政总收入比重达58.1%，税收收入占一般公共预算收入比重达85.27%。加强政府非税收入管理，全市完成地方政府非税收入34.98亿元，同比增长22.6%。

【助推经济发展】 出台《关于湖州市推进“中国制造2025”试点示范城市建设的若干意见》，并设立15亿元的专项资金，在促进产业导入、结构升级和技术研发等方面充分发挥财政资金的杠杆放大作用。出台《湖州市建设国家绿色金融改革创新试验区的若干意见》，并设立10亿元的专项资金，在金融创新、绿色发展等领域发挥财政资金的保障引导作用，重点扶持地方金融、绿色园区和环保类产业，推动产业和金融的有机结合。积极支持“4+3+N”重点产业发展建设，扎实推进“金象金牛”大企业、“双高”企业和“互联网+”“生态+”等新业态的培大育强，推动信息经济、高端装备和新能源汽车等战略性新兴产业发展。加快政府产业基金的实质性运作，实现财政资金与社会、产业、金融资本联动，推进重点行业提质增效，全市累计批准设立政府产业母基金7个，总规模达52.52亿元；设立子基金35个，总规模达232.84亿元；投资各类项目66个，投资总规模达73.82亿元。严格落实各项清费减负政策，出台《湖州市进一步减轻企业负担降低企业成本政策十八条》，切实减轻企业负担，扶持实体经济发展，全市累计减免各项税费47亿元。持续优化财税服务，坚持走访联系企业制度，巩固“0+1+2+3”工作机制，帮助企业解决实际问题，落实各项财税服务举措，切实提高纳税人对财税工作满意度。深化落实“8+X”纳税服务长效机制，开展“便民办税春风行动”和税法宣传系列活动，通过下企业、走基层、进学校、搞培训、办讲座和帮辅导等多种形式开展丰富多彩的税收宣传活动。进一步简化办理手续，方便纳税人办理，提升纳税人满意度和税法遵从度，在小微企业税收优惠减免时推行备案以报代备；在落实研发费加计扣除优惠时开放办税“绿色通道”，落实专人负责备案；认真组织房产税和城镇土地使用税的减免工作，加大房产税减免中“两项”省级政策性减免的优惠力度；积极推进“亩均税收”优惠和减免税优惠“先享后管”，创新开展2017年度“亩均税收”征前减免工作。推进“银税互动”，依托“互联网+”试点开展银税数据实施共享，将工作对象拓展到大部分金融机构和B级以上纳税人，为诚信企业提供“免抵押、免担保”的信用贷款，累计发放4.92亿元，惠及381户，有效地降低了企业融资成本，造福小微企业。

【重点保障民生】 以“保民生、抓重点”为原则，坚持尽力而为、量力而行的理财理念，切实抓好民生保障工作。2017年，全市完成一般预算支出325.02亿元，其中用于民生支出241.07亿元，占财政总支出的74.17%。全市投入教育支出63.67亿元、社会保障和就业支出32.73亿元、医疗卫生与计划生育支出28.14亿元，同比分别增长9.6%、26.9%和20.1%。推进整合三县二区城乡居民基本医疗保险，建立全市统一的城乡居民基本医疗保险制度，筹资标准由原来每人每年880元提高至1060元。落实“大众创业、万众创新”战略，市本级设立1000万元创业担保基金，为符合条件的大学生创业者提供贷款担保，扶持初创企业发展。落实促进就业资金6903万元，切实解决大学生、就业困难人员就业和创业。完善社会救助和福利体系建设，加快发展养老服务业，大力推进居家养老服务，鼓励民间资本发展养老事业，扶持民办养老机构建设，完善养老服务补贴制度。安排2017年市级保障房建设资金1亿元，确保保障房工作顺利进行。加大城市基础设施建设投入，提升老城区基础设施服务功能，完善老城区交通和居民出行条件。推进城区排涝系统智能化改造，扎实推进生活垃圾分类处理。大力推进公共服务均等化，制定小城镇环境综合整治市级补助政策。着力助推监察体制、司法体制及公安系统体制调整等三项改革任务。加大高校投入，支持湖州师范学院创建湖州师范大学。实施职业教育“七个现代化工程”，促进中职教育发展。科学测算并安排市奥体中心开办和运营经费，确保奥体中心顺利开放。积极提供财力保障，助推湖州市创建全国文明城市。大力推进农业三项补贴改革试点工作，配套建立粮食补贴整合机制。完善支农政策体系，重点扶持粮食生产适度规模经营、美丽乡村建设和农林生态环境保护等重大支农项目。做好传统开发项目与现代农业园区项目有机结合，着力构建新型农业经营体系，进一步提高湖州市农业综合生产能力和可持续发展能力。联合市国税局出台《深化落实“两山”重要思想助力建设“中国制造2025”试点示范城市十条举措》，积极支持和培育绿色智造新动能，推动湖州成为践行“两山”重要思想的样板地、模范生。配合市委、市政府“治水、治气、治矿、治土”四大攻坚任务的联动推进，全力支持“811”美丽湖州建设行动。2017年，市财政预算安排用于生态文明建设方面的各类专项资金达8.46亿元。安排生态转移支付资金1亿元，将“林、水、气、土壤”等生态环境基本要素作为分配依据，并设置权重计算分配，充分调动县（区）生态文明建设积极性，充分发挥财政政策引导作用。安排生态补偿资金7000万元用于生态公益林、大型集中式饮用水水源地、耕地保护和垃圾污泥等项目的生态补偿。

【强化风险防控】 加强地方政府性债务管理，推进地方政府债券置换，切实降低政府债务成本，年内，全市置换存量债务46.18亿元，累计置换存量债务642.07亿元，圆满完成阶段性任务，全市年降低融资成本36亿元。印发《关于进一步加强融资平台公司债务管理的意见》，进一步规范融资平台举债行为。加强市级融资平台债务统计监测，汇总、分析市级融资平台债务数据，以债务统计专报形式，按月向市政府报告。加大考核力度，细化考核指标，将债务率、融资成本等作为重要指标，列入市政府对县区（含开发区、度假区）综合考核，引导各主体强管理、降成本和防风险。开展违规举债担保行为的自查、整改工作，制订《湖州市地方政府性债务风险应急处置预案》，为防范、处置债务风险提供依据。确保社保基金可持续运行，完善各项社保制度，严守准入门槛，严把支出关口，密切关注社保基金的运行情况，建立预警机制。规范社会保险费缴费基数管理，夯实征缴基础。针对市本级企业职工养老保险基金支付压力大的实际情况，建立健全以土地出让收入、国有资产收益为主的社会保障资金多渠道筹措机制，用于弥补基金收支缺口。2017年，市本级筹集社保风险准备金19.68亿元，累计结余44.98亿元。继续深化以风险管理为导向的税收管理模式，健全扎口管理机制。有机整合各类风险应对和管理，将纳税评估、风险应对、税种管理、大企业税务审计和税务督察等统一纳入税收风险管理范畴，实行统筹安排，避免政出多门、部门各自为政和基层疲于应对等问题。在风险应对中，市地税局以税收信息综合分析项目小组开展风险分析、应对，县局、分局主要以风险应对专业小组的形式开展税务风险应对，保证力量集聚、重点突出。与市国税部门联合成立风控办，统一开展税收风险分析和评级，分情况开展联合风险应对。落实风险应对工作扎口管理细则，探索建立引导纳税遵从机制，有机整合各类风险应对和管理，全市实施风险纳税人管理应对73983户，入库各项税费、罚款及滞纳金3.89亿元。以“化风险、促管理、增效益”为目标，加强财政监督管理，“由内而外”大力加强财政内控制度建设，促使内控管理工作逐步走上正轨；“从点到面”保持对部门和单位的财政监督检查，积极化解机关事业单位财政管理风险；“以线拉片”逐步加大项目资金监督检查力度，努力提高项目资金使用效益。坚持以“不唯增、不唯减、只唯实”的评审理念，完成概算审核24.89亿元，核减3.18亿元；完成控制价审核15.49亿元，核减1.33亿元。全面开展绩效跟踪管理，涉及83个部门的1095个项目，跟踪资金27.12亿元，着力提升部门资金使用绩效。根据“双随机”的要求，对8家行政事业单位开展会计监督检查，对7家会计师事务所和代理记账机构进行中介机构执业质量监督检查。有理、有据和有效地化解行政争议，2017年，继续保持行政复议、诉讼“零败诉”的记录。从严控制行政经费和一般性支出，全市一般公共预算安排的“三公”经费支出比上年下降8.6%，其中公务接待费下降1.7%。

【深化财税改革】 以“最多跑一次”改革撬动其他领域改革，建起便民服务“高速路”。全年累计实现“最多跑一次”改革事项86项，完成率达95.56%，有72项实现“零上门”。开展59次局领导体验式督查和县（区）交叉督查。通过市地税、国土、住房建设三部门信息数据共享，提前实现不动产登记

“一窗受理、集成服务”，通过精简流程、微信预约、资料预审和延时服务等措施，使办理时间压缩25%以上。通过地税进驻社保大厅开设全职能窗口、开发个人缴费信息告知服务、优化再造社保报销流程和打造由“支付宝扣缴+自助终端刷卡缴费+办税服务厅兜底”构成缴费闭环等四措并举，有效地消除群众“缴费难、领取烦、往返跑”的现象。优化办税资源配置，实现地税窗口进驻政务大厅、国税与地税联合办税，累计进驻政务中心10个，在全市范围内与国税联合建成6家24小时联合自助办税服务厅，累计办理自助业务达51124户次，确保做到纳税人“只需跑一次”。大力推进统一公共支付平台的应用，全市线上业务电子化缴费已全部开通，上线项目41个，实现电子缴款21.17万笔，收缴资金4.42亿元。优化政府采购审批审核流程，取消非国企购车免控手续和政府采购招标文件财政事前审核事项。将代理记账机构审批和报备业务全部纳入浙江政务服务网，并通过业务网上申请、资料网上传递和证书快递送达的方式，实现了代理记账机构审批和报备业务从“线下”走向“线上”，最终实现“零上门”服务。探索“最多跑一次”逆向思维，在部门预算编制“二上”以前，主动上门到预算单位开展“上门服务至少一次”活动。调整完善市对区的财政体制，建立市、区财源共享机制，通过优化财政收入与财力分配，充分调动各区服务企业、发展经济的积极性。深化预算管理改革，通过进一步完善“全口径”预算管理，强化支出预算约束，2017年，首次编制市级政府收支预算并细化到项级科目。加强项目库建设和管理，项目支出全部纳入项目库管理，发挥项目库的基础支撑作用。深入开展预算绩效管理，全年完成单位自评1558项，金额达20亿元；部门重点自评项目25项，金额达5.75亿元；财政重点评价3项，涉及金额1.42亿元。推进专项资金管理，完善转移支付体系，清理整合市级专项性转移支付，逐步提高一般性转移支付比重，提高区级统筹能力。推进财政预决算公开工作，首次在“湖州政府信息公开网”网站上统一公开预算，包括政府预算和88个市级部门预算（涉密单位除外）和8张预算报表。着力推进政府财务报告编制，首次完成汇集市本级77个部门、300家预算单位的部门财务报告。扎实推进政府购买服务，积极推进政府向社会组织转移职能，培育政府购买服务主体，编制第一批市政府职能向社会组织转移事项目录和社会组织承接政府转移职能购买服务推荐性目录，在列入省级推广的2个试点项目中开展绩效评价工作，探索建立科学的评价指标体系和评价标准。2017年，全市政府购买服务预算金额9.95亿元，比上年增长81.55%。稳妥推动“政采云”平台建设，市本级已上线实施网上超市、在线询价、协议供货、定点服务、定点采购和项目采购等模块，累计交易额2.64亿元。加快推广PPP模式，按“增量先行、存量跟进、分步实施”原则，建立PPP市项目库，积极推进项目试点。全市共录入平台57个项目，总投资金额763.56亿元，涉及交通、垃圾污水处理、医疗和市政等多个领域，行业集中度较高，其中1个项目入选财政部PPP示范项目（湖州市南浔区申苏浙皖至练杭高速连接线工程PPP项目，项目总投资11亿元），9个项目入选省推介项目。认真做好行业协会、商会与行政机构改革脱钩中的国有资产管理工作。全面加强国、地税合作，召开全市深化征管体制改革和国、地税合作工作视频推进会，在税收征管的各领域广泛合作，62项改革事项全面落地。通过构建数据交换平台，明确数据交换的技术标准和路径，实现国、地税征管信息的共享。共联合采集第三方涉税信息14.71万条，国、地税互享涉税信息14.85万条。同时，主动加强33个有关部门的涉税信息交换和共享协作，并与其中17个涉税信息较多的部门商议签订《税收保障合作协议书》，将税务机关“一对一”的单线联系，转变为政府牵头、多部门配合、国、地税共同开展税收治理的综合治税体系。以创建市级国、地税合作示范基地为契机，在全市范围内共建联合办税服务厅并推广“一窗一人一机”的联合办税模式，共有16个联合办税厅（延伸办税点）63个窗口可一窗受理国、地税业务，累计通办国、地税业务21765户次。联合国税下发《支持“两山”示范县建设政策措施20条》，助力安吉县建设“两山”示范区。推动执法适度整合，协同国税做好税务登记、委托代征、非正常户管理、欠税管理、联合稽查等工作。（吴　超）

·国　税·

【概况】 2017年，全市国税系统全面贯彻落实中共十九大精神，以“促发展”为中心，以“放管服”为主线，以“严善活”为抓手，切实发挥税收职能作用，扎实推进税收改革新举措，持续优化管理服务水平，有力加强干部队伍建设，推动全面从严治党向纵深发展，各项工作取得明显成效。2017年，市国税局被授予第五届全国文明单位荣誉称号，被评为2017年度全省国税系统组织绩效考评优秀等次单位，在湖州“四新”主题实践2017年度考核中获得一等奖。

【有效发挥税收职能】 坚持把国税工作放在全市经济社会发展大局中去谋划，上下同欲、齐心协力，切实发挥税收职能作用。一是依法组织税收收入。坚持组织收入原则，做到应收尽收、应退尽退。2017年，全市组织国税收入255.41亿元，组织财政总收入234.18亿元，占全市财政总收入的57.27%。实现税收收入量质并举再上新台阶，调库依存度为近6年来最低。二是严格落实税收政策。始终坚持政策宣传落实和执行跟踪，落实国务院六大减税措施，编写《研发费加计扣除优惠政策操作指南》等政策解读手册，促进符合条件企业税收优惠政策应享尽享。全年共办理减免退税130.05亿元，同比增长

15.56%，有效激发市场主体活力，服务经济社会发展。其中办理出口退（免）税87.37亿元，增长15.61%。累计办理固定资产申报抵扣16.66亿元，增长15.87%。持续释放“营改增”改革效应，开展“营改增”政策大辅导，积极推动市政府《关于湖州市本级建筑企业跨区经营增值税收入财政归属分配办法》《加快建筑业提升发展的实施意见》的出台和落实，截至2017年年底，全市增值税纳税人累计减税15.23亿元。三是深入践行“两山”理念。结合地方中心工作与税源特点，不断完善局领导联系服务企业、调查研究等工作制度，班子成员围绕课题带队调研，联合市地税部门制定《深化落实“两山”重要思想助力建设“中国制造2025”试点示范城市十条举措》，研究形成《从固定资产进项税额抵扣数据看湖州经济发展》《从税收视角看湖州市上市公司重大事项变更对湖州税收经济发展的影响》等调研成果，支持、培育湖州绿色智造新动能，全年获市委、市政府主要领导批示10次。扩大“银税互动”受惠面，促进绿色智造企业纳税信用增值运用，为525户企业提供信用贷款6.78亿元，其中小微企业252户，提供贷款2.9亿元。

【深入推进税收改革】 深入贯彻上级局关于优化营商环境和推进“放管服”改革的系列部署，在简政放权做好“减法”的基础上，持续在后续管理上做“加法”，在优化服务上做“乘法”，形成良好的工作态势。一是探索试行“实名办税+数据管税”管理模式。加强事前事中事后的全业务全流程信息化管理，开发数据管税应用平台，组建大数据应用、税收风险分析监控2个专业团队，共建立有效监控模型37个，清理数据10万余条。以大数据为依托建立“五步走”（第一步：做好数据归集，数据仓库循环更新；第二步：开展风险识别，应对任务自动推送；第三步：强化风险核查，管控平台信息共享；第四步：规范风险处理，核实流程有迹可循；第五步：注重总结改进，工作结果定期通报）风险防控机制，通过实名办税消除虚开等隐患326起，通过数据管税及时发现并快速处理涉嫌发票违法纳税人83户，异常发票平均处置时间缩短70%，异常发票率低于全省平均50%；各类数据获取、分析和应用等能力持续增强，非居民税收管理质效大幅提升，全年入库非居民税收4.28亿元。数据管税相关工作得到省国税局局长龙岳辉等多位领导肯定批示。建成电子查账工作室和应用平台，试点推行电子查账，提升稽查大数据应用能力，深入推进“双打”（打击骗取出口退税、打击虚开增值税专用发票），狠抓大要案件查处，全市稽查查补收入2.3亿元。二是全面落实“最多跑一次”改革。推出“便民办税春风行动”22项、42条措施，拓展全省通办业务范围，进一步落实财税库银三方协议网签、“二维码”一次性告知、容缺受理和全程服务等高效便民举措。升级大企业“服务即时通”工作机制，组建“小李工作室”“税务360”志愿服务队等专业服务品牌，快速、高效响应处理企业特殊涉税问题、个性化需求。市国税局在“阳光湖州”服务指数年度测评中列市级部门第5名。运用“互联网+”拓展办税新途径，试点推行“互联网+便捷退税”信息系统实现出口退税再提速，大力推广浙江省电子税务局、浙江国税APP办税，推行增值税电子普通发票使用，完善发票代开网上在线服务，提供邮寄速递等配套服务，持续扩大“零趟跑”事项范围。全市综合网上办税率达83%，比年初提高3.25个百分点并呈不断上升趋势；125项办税事项全部实现“最多跑一次”，74.4%的事项实现“零趟跑”。德清县国税局办税服务厅、吴兴区行政审批服务中心国税窗口被评为全市“最多跑一次”改革“十佳窗口”。三是积极推动征管体制改革与国、地税合作。落实《深化国税、地税征管体制改革方案》，主动争取，推动召开由市长、各县（区）长参加的全市深化征管体制改革和国地税合作工作推进会，成为国、地税分设20年来规格最高、规模最大的会议，为国、地税深入融合提供坚实有力的保障。全面推开“一窗一人一机”联合办税模式，形成16个联合办税场所99个窗口可一窗受理国、地税业务，建成自助办税厅6个，实现全市覆盖。联合市地税局与嘉兴市国、地税合作，两地四部门开展全省首例大企业税收事项事先裁定。主动对接、积极参与全市各部门信息共享，联合市财政、地税等部门采集第三方涉税信息14.71万条，互享涉税信息14.84万条，通过信息共享比对，补缴税款1.27亿元。国、地税合作相关工作得到国家税务总局副局长王秦丰、省国税局局长龙岳辉局长肯定批示4次。四是深入推进法治税务工程建设。按照国务院推行“行政执法公示制度、执法全过程记录制度、重大执法决定法制审核制度”试点要求，重点做好税务稽查执法全过程记录制度试点工作。落实领导干部学法用法制度，加大公职律师培养力度，积极争创法治基地、普法教育示范基地。出台“七五”普法规划，深入推进“税法六进”（进机关、进乡村、进社区、进学校、进企业、进单位），开展“税收宣传月”集中宣传，组织“局长接待日”“行风热线”等活动，全系统举办“模拟法庭”6场，其中与市地税、市中级人民法院等联合4场。市国税局“少年护税，辐射家庭，共建法治湖州”项目被市普法办评为“法治宣传重点工作十法十佳典型案例”。南浔区国税局拍摄报送的微视频《传承——我与宪法的故事》在全国逾1.2万件作品中脱颖而出，被司法部、全国普法办评为优秀奖。

（陆迪颖）

经济管理与监督

·国有资产管理·

【概况】 2017年，市国资委认真学习贯彻中共十九大和省、市党代会精神，坚持稳中求进工作总基调，围绕“做强做优做大国有资本、实现国有资产保值增值”的目标，突出做大总量、做优布局、做强产业、做活机制、做实党建，国资国企工作保持稳中向好态势，主要经济指标保持“两位数”以上的增长、创下历史新高。截至2017年年底，全市国有监管企业资产总额2707.45亿元、增长20.73%，净资产1206.79亿元、增长18.04%，市级12家国有监管企业资产总额1604.76亿元、增长28.26%，净资产714.85亿元、增长29.39%，市属四大集团资产总额972.14亿元、增长15.08%，净资产436.23亿元、增长20.08%。

【深化国企改革发展】 贯彻市委、市政府召开的全市国资工作会议、市属四大国企集团公司负责人座谈会、全市国有企业改革发展暨党的建设工作会议、市属四大国企集团公司工作汇报会等精神和《关于加快市属国企集团公司改革发展的意见》，推进国企改革政策、举措落地。指导推动县（区）完成18家国企改革重组。排摸处置“僵尸企业”，完成清理注销17家。推动国企发展混合所有制经济，新组建混合所有制企业5家。妥善有序推进4家国有企业职工家属区2263户“三供一业”分离移交。研究解决市属四大国企集团改革重组涉及34宗无偿划转资产过户事宜。邀请知名央企、国企领导人参加首届湖商发展大会。市国资委与上海国资运营研究院签订战略合作协议。

【力推项目平台建设】 重视项目平台，指导和服务国有企业持续抓好基础设施、公共服务平台、新产业拓展等重点领域的有效投资。2017年，市级国有监管企业共实施新建和续建重点工程101项，完成投资额213.9亿元，其中市属四大集团实施新建和续建项目85项，完成投资149亿元。杭州绕城高速西复线湖州段、湖州内环快速化改造、旅游水陆交通设施建设、城乡供水一体化乡镇配水管网改造等项目开工建设，申嘉湖高速西延、国际乡村旅游度假精品示范区、仁皇山新区北片区域整治、旅游公共服务集散中心、浙北医学中心等项目加快推进；奥体中心和五一大桥半幅等项目投入使用，新能源汽车分时租赁一体化平台启动运营。市旅游集团、产业集团加快构建湖州全域旅游网、旅运一体智慧管理、外贸综合服务、文旅金融、综合金融服务管理等平台。市交通集团所属交工集团成为全市首家公路施工总承包一级资质的综合管理交通企业，监理公司成为全市首家公路、水运双甲监理资质企业。市城市集团跻身年度市纳税大户前列。

【推进国有资产证券化】 坚持把提高国有资产证券化水平作为深化国企改革的主攻方向，组建市属国有企业上市工作协调小组，建立市国资委、金融办联席会议制度，指导市属四大国企集团制定上市三年行动计划。进一步强化债券融资，截至2017年年底，市级国有监管企业共发行债券超200亿元，市城市集团获得惠誉国际信用评级BBB－（投资级），成功在香港发行全市首单公募境外债券3亿美元。

【调整优化监管职能】 落实“最多跑一次”改革精神，强化以管资本为主，深化简政放权，落实责任清单，规范12项审批事项及操作指南，其他监管事项由企业依法自主决策。规范国有企业投资管理，制定《湖州市市属国有企业投资监督管理暂行办法》，指导督促推动企业强化投资行为的事前规范、事中监控和事后问责的全域全面监管。完善国资委政务公开内容并按要求及时公开，制定《湖州市国有企业重大信息公开办法》。健全完善产权管理制度，会同市财政局制定《湖州市企业国有资产交易管理实施办法》，从制度层面规范企业国有资产交易行为，加强产权登记评估等基础工作，防范国有资产流失。落实加强债务管理、降低融资成本要求，把融资成本纳入经营业绩考核指标，开展企业债务专项统计调查，动态跟踪债务变化情况。落实国有资本经营预算，全年实现收益收缴2185万元，比上年增长66.6%。

【完善考核薪酬管理】 贯彻市委、市政府关于深化市管企业负责人薪酬制度改革的实施意见，制定《湖州市市属国有企业负责人经营业绩考核与薪酬管理暂行办法》，实行经营业绩考核中介机构专项审计招标。完成市属四大国企集团公司2016年度经营业绩考核及负责人薪酬备案。签订市属四大国企集团公司2017年度经营业绩考核责任书，按照国企党建纳入经营业绩考核要求，考核指标包括经济指标、工作指标、党建指标，权重各占50%、30%、20%。

【支持外派监事会工作】 支持监事会依法、充分、规范行使监督职权，完善监事会履职报告制度，9家监管企业监事会向出资人报告2016年度企业监督检查情况。市属国有企业外派监事会开展企业不动产管理情况专项检查，逐家报告问题、落实整改、开展督查。整合各方监督力量，发挥企业监事会、纪检、监察、内审、法务五大职能部门作用，形成资源共享、协作配合的“五位一体”大监督体系，建立健全检查发现问题分类处置、线索移交和整改落实机制，形成监事会监督检查成果运用闭环。

【深化干部队伍建设】 全面从严抓好国资系统干部队伍建设的教育、任用、管理、监督。严格落实机关双月学习日和谈心谈话制度，抓好意识形态宣传教育，管住、守住思想阵地。推动市属国有企业在二级及以下企业开展选聘职业经理人试点，3家市属二级企业聘请职业经理人5名。贯彻落实省、市人才新政，加大企业人才战略实施，市属四大国企集团公司引进招聘金融、项目建设、经营管理等各类人才130余名，首次面向全国公开招聘4名集团副总经理。规范市属国企机构编制和人力资源管理，会同市委组织部、市编委办、市人力社保局制定《湖州市市属国有企业机构编制和人力资源管理试行办法》，建立市属国有企业机构编制联席会议制度，启动市属国企集团公司“三定”工作。（王　伟）

·固定资产投资·

【概况】 2017年，全市围绕加快赶超、实现“两高”的奋斗目标，以“六重”工作为抓手，深入推进投融资体制改革，全年固定资产投资保持较快增长，增速呈现平稳趋缓态势，与全省相比，增速高于全省平均水平。2017年，全市完成固定资产投资1731.0亿元，同比增长13.7%，增幅高于上年0.2个百分点，高出全省平均5.1个百分点，居全省第三。分三次产业情况看，第一产业完成投资10.2亿元，增长7.2%；第二产业完成投资717.7亿元，增长11.9%；第三产业完成投资1003.1亿元，增长15.1%。第一、第二、第三产业投资结构比例为0.6∶41.5∶57.9，投资结构趋于合理水平。全年固定资产投资呈现以下特点：一是民间投资占主导地位，增长贡献大。2017年，湖州市民间投资呈现回升态势，成为全市投资增长的主要动力，对投资增长贡献大，增速高于上年同期水平。全年民间投资1187.6亿元，增长18.4%，高出上年15.6个百分点，高于全部投资增长4.7个百分点，占全部固定资产投资比重68.6%，比上年提高2.7个百分点。二是重大产业项目支撑作用强。2017年，湖州市一大批重大产业项目在建，项目数量明显增多，对全市固定资产投资增长的支撑作用比较强。全年在建重大产业项目345个，比上年增加64个，增长22.8%，全年投资694.7亿元，增长18.3%，占全部投资40.1%，同比提高1.5个百分点。其中，新开工项目136个，比上年增加24个，全年投资233.1亿元，增长16.1%。三是投资结构进一步优化。2017年，全市战略新兴产业投资260.3亿元，增长15.8%，占工业投资比重36.3%，比上年上升3.2个百分点；高新技术制造业投资230.4亿元，增长31.1%，占工业投资比重32.2%，比上年上升3.7个百分点；装备制造业投资286亿元，增长19.4%，占工业投资比重39.9%，比上年上升0.9个百分点；八大高耗能行业投资264.2亿元，增长6.9%，占工业投资比重36.9%，比上年回落0.8个百分点。四是基础设施投资增长快。2017年，全市完成基础设施投资576.2亿元，增长30.5%，高出全部投资16.8个百分点，占全部固定资产投资33.3%，比上年提高4.3个百分点。五是房地产开发投资增长快速回升。全年新增房地产开发项目50个，计划投资规模360.4亿元，房地产开发投资增长由负转正，呈现回升态势。全年房地产开发投资301.1亿元，增长9.8%，高出上年25个百分点。其中，住宅投资229.4亿元，增长30.5%，占房地产开发投资的76.2%。

【重大建设项目稳步推进】 一是突出“六重”引领，深入谋划十大重点工程“四个一批”项目计划。将“四个一批”项目推进情况作为重点工程年度工作督查和考核重点。通过抓目标、抓进度、抓落实。全年十大重点工程、1402个项目完成投资1476亿元。二是围绕省扩大有效投资“411”行动计划，梳理争取全市重大建设项目，全市有115个（省考核项目112个；全省打包项目3个）项目被列入省“411”重大项目计划盘子，全年计划总投资526.4亿元，项目数量列全省第一。全年累计完成投资628.6亿元，有效地保障了重大建设项目顺利推进。三是突出项目前期引导，排出全市300余个重大前期项目攻坚计划，按照分级管理要求，列入省攻坚计划项目5个，市级管理项目51个，县（区）级管理项目250余个。2017年，列入省5个攻坚计划项目，已完成工程节点40个，节点完成率80%；其中，杭州绕城高速公路西复线湖州段先行段、浙江工业大学德清校区项目已开工建设。列入市51个攻坚计划项目，已完成工程节点287个，节点完成率100.6%。所有县（区）项目节点完成率均完成或超额完成。在全市各县253个项目中，有194个项目完成所有工程节点，有4个项目已经完成前期支撑节点。四是加强政府投资项目管理，排定市本级政府投资项目计划。全年排定项目163个，项目总投资793.6亿元，年内计划投资107.3亿元（比上年增加9.9亿元），全年实际完成投资107.5亿元。同时，根据市人大《关于政府重大投资项目监督暂行办法》要求，在政府投资项目计划基础上梳选出1亿元以上新建项目，排定2017年市本级政府重大投资项目7个。下半年，根据市本级政府投资项目推进实际需要，又新增5个项目列入2017年政府重大投资项目计划，总投资23.15亿元，年内计划投资1.07亿元，主要涉及教育医疗、市政交通和水利领域。

【资源要素争取创新高】 主动加强与国家和省级部门的对接，积极争取项目要素资源。经积极争取，全市有滨湖小学、市北分区28号地块棚户区改造工程等9个项目获得国家三批保障性安居工程配套基础设施中央资金2.41亿元，资金额占全省16.1%，居全省第二，为历年最高。为持续做好城中村改造资金争取工作，市发改委专程赴国家发改委进行汇报对接，并起草《关于湖州市2017年保障性安居工程配套基础设施中央预算内资金争取情况的汇报》上报市主要领导，获得领导批示。全年市发改委共争取到中央资金2.55亿元。成功争取到湖州市开发区浙江湖州环太湖集团有限公司（1.5亿美元）、湖州市城市投资发展集团有限公司（3亿美元）、湖州吴兴南太湖建设投资有限公司（3亿元美元）、长兴经开建设开发公司（1亿美元）等四家国有企业境外发债项目获国家发改委备案批复，共涉及资金额度8.5亿美元，进一步拓宽了企业融资渠道，降低建设成本。加强与各县（区）、部门联动，加大对项目业主服务指导力度，积极与省相关部门衔接、争取，湖州市46个项目（实施类35个、预选类11个）被列入省重大产业项目名单，项目数占全省的30%，居全省第一。

【投融资体制改革有新进展】 一是协调推进PPP。继续推广PPP模式，积极申报争取湖州市项目列入省PPP项目库，上报全市PPP项目前期工作中央资金计划，组织全市2017年基础设施领域PPP项目库编制工作，建立2017年政府与社会资本合作项目储备库，公开发布洽谈和推介类项目共47个，总投资636亿元。接待中国铁路总公司、中国建筑工程总公司等央企单位来湖州洽谈PPP项目。二是探索“企业投资项目承诺报备制改革试点”。精心谋划湖州市企业投资项目承诺报备制改革方案，获得省、市领导和省发改委的肯定。编制起草的《湖州市企业投资项目承诺报备制改革试点实施方案》被纳入省发改委《关于开展企业投资项目承诺制复制推广的建议汇报》的重要内容之一，经省委全面深化改革领导小组第十八次会议审议通过，由省政府办公厅印发。三是审批集成化，建立一窗受理机制。建立企业投资项目“一窗受理、集成服务”一窗受理平台，完成信息登记、数据分发、数据统计、平台接口、数据核验等功能的开发和部署。深入实施一窗受理、集成服务工作机制，加大对重大项目的综合协调服务，按照“审批标准一体化、环节整体化、进度同步化”的审批运作机制，采用会商会审等形式集中协调推进企业投资项目审批进程。建立事前咨询服务机制，提供网上、现场等多种咨询途径。

【投资领域需要关注的问题】 一是固定资产投资效果系数偏低。固定资产投资效果系数是单位固定资产投资额所增加的国内生产总值数量（新增GDP/投资），是用来衡量固定资产投资对经济增长贡献的重要指标。2012～2017年，湖州市固定资产投资效果系数分别为0.15、0.14、0.12、0.09、0.13和0.11，总体呈下降趋势。2017年，湖州市工业投资效果系数为0.09，服务业为0.12，投资效果系数服务业好于工业。二是10亿元以上新开工项目数量减少。2017年，全市重大产业项目对投资增长的支撑较强，大项目建设起到引领示范作用。但从新开工项目情况看，10亿元以上大项目与上年相比，数量大幅减少，全年10亿元以上新开工项目26个，比上年减少9个，全年投资42.5亿元，同比下降54.2%。其中，10亿元以上工业项目7个，减少5个，投资10.3亿元，下降60%；10亿元以上服务业项目19个，减少4个，投资32.2亿元，下降51.9%。

（张　伟）

·审　计·

【概况】 2017年，全市审计机关完成审计项目373个，查出主要问题金额417029万元，其中违规金额658万元、损失浪费金额16万元、管理不规范金额416354万元；损益（收支）不实516万元；审计发现非金额计量问题890个；审计处理、处罚金额228073万元，其中应上缴财政68万元、应减少财政拨款或补贴137781万元、应归还原渠道资金58611万元、应调账处理金额30414万元；审计期间整改金额39054万元，审计促进整改落实有关问题资金223671万元，其中增收节支193426万元、已调账处理金额28778万元，审计后挽回（避免）损失182035万元。移送司法机关、纪检监察机关和有关部门处理事项22件，落实处理事项17件，处理人员23人，其中追究刑事责任2人、党纪政纪处分3人。出具审计报告和专项审计调查报告440篇，被批示、采用149篇（次）。提出审计建议670条，提交审计信息496篇，被批示、采用280篇（次）。向社会公告审计结果205篇。湖州师范学院经济责任审计项目被国家审计署评为优秀审计项目。市审计局及长兴县、德清县审计局被省审计厅评为2017年度优秀单位；市审计局获市委市政府“四新”主题实践考核一等奖、“万名群众评议机关”群众满意单位。

【政策落实情况审计】 围绕供给侧结构性改革、产业转型升级、强化创新驱动、提升公共服务水平等重点领域，深化对国家、省、市重大政策措施和宏观调控部署落实情况的跟踪审计。根据市委主要领导要求，对市创新驱动12条、人才新政24条及大学生创业10条三项政策措施落实情况进行跟踪审计，详细评估政策落实、资金使用、工作绩效，推动了机制制度完善。开展“最多跑一次”改革情况专项调查，注重边审边改，审计发现的绝大多数问题在审计期间得到整改，有效保障“最多跑一次”改革措施的落实，德清上报的《审计建议推进保障房审批“最多跑一次”改革》得到省委书记车俊、副省长熊建平批示肯定。完成企业去产能政策落实情况、长兴县现代农业园区建设等审计调查，针对审计发现的问题，加强分析研究，提出审计意见建议，推动政策措施不断完善。根据省审计厅统一部署，对舟山市被征地农民基本生活保障政策落实情况进行审计。

【公共资金审计】 围绕加强政府预算、资金和资产管理，深化对一般公共预算、政府性基金预算、国有资本经营预算、社会保险基金预算、政府部门管理或其他单位受政府委托管理的资金，以及相关经济活动的审计。完成2016年市本级预算执行、市教育局等6部门预算执行审计和审计调查，向政府、人大提交2016年度本级财政预算执行情况及其他财政收支审计报告，钱三雄市长批示肯定审计工作，并要求整改到位，从制度层面上予以强化；市人大常委会出具审议意见，认为审计在促进政策落实、深化财政监督管理、规范财经秩序等方面发挥了重要作用。完成公共文化服务资金专项审计调查，针对专项资金管理使用、政策制度贯彻落实中存在问题，出具专项审计调查报告，下达审计决定，督促整改落实。

【经济责任审计】　围绕“干好事、管好权、建好制、尽好责”，深化领导干部经济责任审计。被审计领导干部73人，审计查出违规金额133万元，管理不规范金额10035万元，在一定范围内通报审计结果24篇次，向社会公告审计结果7篇。市局对3个市级部门开展以重大决策责任审核、选人用人责任审查、任期经济责任审计为主要内容的“三责联审”，组织开展25家单位领导干部经济责任事项任前告知和离任交接工作。贯彻落实省八部门联合印发的《浙江省部门和单位内部管理领导干部经济责任审计办法（试行）》，在内审培训班上，开展内部管理领导干部经济责任审计培训，推动办法的有效落实。

【公共工程审计】　围绕重大公共基础设施工程、公共事业建设和民生保障工程等，深化政府投资项目审计，促进提高投资绩效。完成保障性安居工程2016年度跟踪审计，摸清2016年安居工程实施保障、目标任务完成、资金筹集使用等情况，揭示工程建设和管理中违法违纪问题，向纪检、主管部门移送相关问题线索9件。完成长兴合溪水库项目竣工决算审计，查明在拆迁安置资金支付、工程建设管理、价款结算、监理履职等十一个方面存在的问题，挽回经济损失7880.61万元。落实投资审计转型要求，经市政府同意，市局将政府投资项目价款结算审核工作移交给市财政局下属市财政项目预算审核中心，对2016年年底前已接收项目进行全面梳理，集中攻坚，全市核减工程款13.88亿元。市审计局获市政府“2016年重点建设和重大项目前期工作优秀服务奖”；1人被评为“2016年市重点建设和重大项目前期工作先进个人”。

【领导干部自然资源资产离任审计试点】　围绕生态文明先行示范区建设，落实省委、省政府试点方案精神，组织各县区审计局对6个乡镇开展领导干部自然资源资产管理和生态环境保护责任履行情况审计。在深入调研的基础上，制订《湖州市2017年乡镇领导干部自然资源资产离任审计工作方案》和推进计划，指导、规范各县（区）审计局试点项目的实施。向审计署上报湖州审计试点探索的经验材料，得到审计署、省厅的肯定，并作为市一级审计机关唯一代表在全国审计机关电视电话会议上交流发言；时任市委书记陈伟俊批示“审计成果应有一套制度或机构来保证运用”；相关做法和成效被《中国审计》《浙江审计》杂志等媒体报道宣传，《开展领导干部自然资源资产离任审计的现实路径研究》获省审计厅课题论文一等奖，并制定出台《乡镇领导干部自然资源资产离任审计操作规程（试行）》。德清县探索试行的“1+3”量化评价模式得到省长袁家军的批示肯定；安吉县将实行领导干部自然资源资产离任审计列入生态环境保护“十三五”规划，出台《开展领导干部自然资源资产管理和生态保护责任审计实施办法》；吴兴区探索领导干部经济责任、选人用人、重大事项、自然资源资产的“四责联审”机制，制定出台吴兴区领导干部任前履职“四责”告知和年度报告两个办法。

【审计业务管理】　增强项目统领意识，强化全市审计项目计划管理，对县区年度审计项目计划开展审核，统筹市、县区审计机关和审计机关各部门的资源，提升审计的整体性、全局性和宏观性。根据审计项目的特点，积极创新审计组织方式，推进审计效率效果提升，如在援疆项目资金审计中，采用远程联网审计和现场审计、支援地审计和受援地审计、项目审计与资金审计、审计监督与审计咨询服务相结合的“四结合”模式，推动了项目资金的规范管理。落实省审计厅对审计工作报告审核的有关要求，建立审计工作报告审核机制，制定《审计工作报告审核工作实施细则》，对县区拟提交人大常委会的审计工作报告进行审核，推动规范审计工作报告格式内容，提高报告质量。

【审计质量控制】　围绕审计质量三项标准和审计价值三项标准，深入践行“质量至上”的理念，落实审计项目审理、跟踪问效、后评估等制度，推进审计质量和审计价值有新提升。完善审计项目审理方式，构建以落实国家审计准则为基础，以服务报告使用者为目的的三级审理制，切实强化审计质量控制；开展创优审计项目自查自评和优秀审计项目评选推荐，推动审计项目的质量再规范和成效再提炼，对全市18个审计项目进行集中评审、审核，推荐4个审计项目参加省厅评优，1个项目被审计署、省厅评为优秀审计项目，1个项目被省厅评为表彰审计项目；推进审计结果及整改情况公开，市局在年初审计项目计划中明确了结果公开的项目及要求，增强审计的透明度，倒逼审计质量提升。

【审计结果应用】　围绕党委、人大、政府的需求，深化审计实施，深入分析审计发现的问题，研究机制制度上存在的不足和缺陷，提出针对性的建议，服务领导决策和绩效管理。强化审计发现问题整改，市政府专题召开审计整改会议，部署对本级预算执行及其他财政收支审计发现问题的整改，市审计局对照梳理的问题整改清单，加强跟踪督促，构建业务处主导、法规处督导、总审计师审定的审计整改“挂销号”管理模式，推动审计查明问题得到有效整改。推进机制制度完善，根据审计中发现问题提出的审计建议，市本级出台《市区城中村改造征收集体土地房屋补偿和货币化安置奖励的实施意见》，规范征收集体土地房屋补偿；出台《湖州市“僵尸企业”处置府院联动机制》，建立落实市政府与市中级人民法院的府院联动机制；建立“大学生创业十条”工作“圆桌会议”、可享受政策人员的数据库、政策享受情况“一月一报”的统计等工作机制，促进大学生创业政策落实等。

【审计信息化建设】 强化审计信息化基础建设，推进审计大数据中心建设，制定完善大数据审计数据的采集、归集、管理、使用及安全保障等相关制度，多渠道汇集审计电子数据，完成全市财政标准化数据验证，成立专门的数据分析团队，对财政组织预算、非税收入、公积金、医保和民政部门的部分数据进行标准化，提升大数据审计数据资源建设的规范化水平。推进信息技术与审计业务的融合，对已建设完成的住房公积金、部门预算执行、非税收入等重点行业的审计数据分析平台进行完善和整合，发挥联网数据分析平台的作用；与市测绘院建立审计应用测绘与地理信息服务的协作机制，与市社保信息中心建立数据采集与数据恢复合作机制，在审计项目实施中，加大各类数据综合比对和关联分析的力度，提升审计工作效率；深化数字化管理，实现全市审计工作 OA 全覆盖，推进审计计划编制、组织管理、质量控制、成果利用、档案归集等环节的信息化建设。

【审计法治建设】 加强普法和依法治理工作，制订《法治宣传教育第七个五年规划实施方案》，加强审计人员法治教育，提高依法审计水平，多途径、多形式开展审计法律宣传，增强审计法律宣传的实际效果。完善审计权力清单和责任清单，加强检查督促，严格依法行政、依规办事。加强审计执法检查，抽调县（区）审计局总审计师组成检查组，实地检查审计项目档案，揭示存在问题并督促整改完善，推进依法审计，市审计局被评为法治政府建设（依法行政）工作先进单位、1 人被评为先进个人。

（仇　捷）

·国土资源管理·

【概况】 2017 年，湖州市国土资源系统紧紧围绕赶超发展大局，认真贯彻新发展理念，积极推进国土资源供给侧结构性改革，深入开展“四新”主题实践，努力提升国土资源管理水平，全市共取得新增建设用地指标 26451 亩；消化批而未供土地 21488 亩，盘活存量建设用地 13540 亩，实施城镇低效用地再开发 6847 亩；供地 38682 亩，其中经营性用地 16600 亩、出让价款 482.33 亿元；垦造耕地 6977 亩，农村土地综合整治到期项目全部完成，归还周转指标 21451 亩，建设高标准农田 16.24 万亩，实施“旱地改水田”耕地质量提升面积 3578 亩；2016 年度卫片执法监督检查系统显示全市违法初始耕占比下降至 1.55%；全市绿色矿山建成率达 94%，开工治理废弃矿山 50 个，完成治理面积 1161 万平方米；完成地质灾害治理项目 107 个，有力地保障全市经济社会平稳健康发展。市国土资源局被评为市委“四新”主题实践 2017 年度考核市级部门 A 类单位一等奖和全省国土资源系统 2017 年度工作目标责任制考核优秀单位、2017 年度党风廉政建设责任制考核优秀单位。

【用地服务保障】 推进规划调整完善工作。湖州市及吴兴区、南浔区土地利用总体规划调整完善方案顺利获批，安吉县启动国家自然生态空间用途管制试点，德清县“多规合一”试点取得阶段性成效，全市 15 个村启动村土地利用总体规划编制试点，国土空间布局不断优化。强化“六重”用地保障。认真开展精准高效做好土地要素保障工作专项行动。开展年度新增建设用地项目调查摸底，更新完善项目储备库，对全市 443 个重点项目实行清单管理，超前谋划做好用地服务保障工作。优化土地供应管理。严把项目准入，支持新产业、新业态用地，全市供应战略性新兴产业和“大好高”项目用地 7123 亩，占工业用地总量的 55.1%；供应现代服务业用地 3357 亩。加强住宅用地供应管理，结合城中村改造攻坚和建设项目遗留问题清零行动，加快做地出地，市本级出让经营性用地 8524 亩、地价款 303.24 亿元。全面实行国有建设用地使用权出让网上交易。深入推进节约集约用地。开展“五未”土地处置专项行动，全面调查批而未供、供而未用、用而未尽、建而未投和投而未达标土地情况，积极开展农村存量建设用地调查，大力推进批而未供土地消化和低效存量土地盘活。

【加强耕地管护】 改进耕地占补平衡管理。认真贯彻《中共中央国务院关于加强耕地保护和改进占补平衡的意见》精神，提请市政府出台《关于进一步加强市区耕地占补平衡管理的通知》，建立“分灶吃饭”占补平衡新机制，推动耕地保护责任落实与项目落地齐头并进。加强永久基本农田管护。按照“落地块、明责任、设标志、建表册、入图库”要求，划定永久基本农田 180.02 万亩，其中示范区 88.92 万亩，严格保护；划定储备库 2.35 万亩。全面落实耕地保护补偿机制，全市发放补偿金 8758.6 万元。推进“3256”［到 2020 年年底，全市完成垦造耕地 3 万亩、农村土地综合整治 2 万亩（含矿地复垦）、高标准基本农田耕地质量提升 56 万亩］耕地保护工程。提请市政府印发《关于进一步加强市区农村土地综合整治工作的通知》，严格执行“先复垦、后挂钩”制度和“谁复垦、谁收益”原则。加强耕地耕作层剥离利用提高造地质量，全市剥离耕作层 3807 亩。开展“一严查两整治”亮剑行动。加大发现问题的整改力度，全市新增占用永久基本农田整改完成率为 100%；农村房屋违法用地完成整改 1619 宗，整改率 94.84%。严格土地执法监察工作。加强日常巡查工作，及时发现并制止各类违法用地 393 宗；立案查处 240 件、900 亩。结合“三改一拆”，拆除违法用地 726 宗、1200 亩。认真开展部、省两级卫片执法监督检查工作，积极推进违法用地整改，2016 年度卫片执法监督检查系统显示全市违法初始耕占比下降至 1.55%（扣除相关因素后的违法耕占比为0.99%），创历史新低。

【矿产资源管理】　加强矿产资源规划管控。在全省第一个全面完成市、县两级“十三五”矿产资源规划编制工作，进一步压缩矿山数量、规模。加强采矿权管理，依法关停3家到期到量矿山，注销过期采矿许可证5个。强势推进矿山复绿专项行动。提请市政府出台《深入开展矿山复绿专项行动实施方案》，全市56个重点废弃矿山治理项目全部完成治理方案编制，开工治理50个，完成治理面积1161万平方米，对生产矿山“边开采边治理”，完成治理面积147万平方米，重点路段生态环境和视觉感观明显好转。认真开展“打非治违”专项行动。全市共立案查处偷挖盗采等违法案件76起，查扣设备117台，罚没款607万元，移送案件43起，刑拘8人，取保候审9人。拆除非法加工机组8套、非法码头23座、无证下料点6处。规范涉矿工程管理。组织开展涉矿工程规范管理专项行动，既规范工程管理，又服务经济发展。南太湖产业集聚区长兴分区万亩平台废弃矿地治理项目顺利开工，吴兴区埭溪美妆小镇矿地利用项目有序推进，龙之梦项目资源有效保障，申嘉湖高速西延、德清求是中学、湖长二通道等20个项目实现规范管理。加强开采动态监管。坚决落实“四控双停”措施，对达到年开采规模的10家矿山企业进行停产休整。全市矿山开采总量7300万吨，其中建筑石料开采总量4800万吨。加强采矿权人信用体系建设，落实日常监管监测制度。

【维权维稳工作】　扎实推进地灾隐患综合治理“除险安居”行动。自我加压，提出三年任务两年完成目标，市政府将此项工作列入民生实事项目，市主要领导与县（区）签订工作责任书，市人大专门督导推进。全市已启动实施综合治理项目124个，已完成107个，其中搬迁避让项目46个、治理工程项目63个，有849人摆脱了地质灾害威胁。完善不动产登记服务。主动对接相关部门，优化工作流程，精简工作环节，全面实现不动产登记全业务、全流程“最多跑一次”。积极推进数据共享，市本级实现不动产登记结果（房产、土地）“同城查询”服务。南浔区在重点乡（镇）设立“不动产登记流动窗口”，推动不动产登记服务向乡（镇）延伸。长兴县二手房登记、安吉县抵押登记实现即来即办。加强信访维稳工作。依法办理各类信访，圆满完成中共十九大等重要时间节点的信访维稳工作，重大活动期间，全市未发生涉土、涉矿群体性事件和进京到省非正常上访。全市系统共受理各类信访1339件，其中办理“12345”政府阳光热线768件，群众满意率99.7%。积极推进依法行政工作，着力化解各类行政争议，全市系统办理各类行政争议案件106件。维护被征地农民权益。积极回应群众关切，针对群众关心的村级留用地核定问题，及时下发通知，统一核定程序、核定标准和工作要求，切实维护被征地村集体经济组织和农民的权益。加强征地信息“事前、事中、事后”公开工作，为市区1500余名整体上岸转产渔民办理基本生活保障。大力推进农村宅基地及住房一体登记。对已发放宅基地证中符合农村住房确权登记条件的完成房地一体登记，全年办理农村宅基地及住房一体登记3.4万宗。保障农房建房用地，全年解决农村无房户、危房户建房2578户。

【深化改革工作】　推进国土资源“最多跑一次”改革。经全面清理，市国土资源局确定“最多跑一次”事项14个主项、36个子项，“跑一次”事项覆盖率100%，“零上门”比例达50%。在省委托下放土地管理审批权限基础上，市国土资源局向安吉县下放7项审批权限。推进农村土地制度改革。德清县农村集体经营性建设用地入市累计完成151宗，面积1035亩，成交金额2.21亿元，集体收益1.8亿元，惠及农民10万余人。德清县统筹推进土地征收制度改革，在全国率先提出“模拟对照”的分析思路，确定“征收目录＋土地规划圈”范围征收模式，已按新政策实施土地征收34批次，面积7020亩。4月，国土资源部专门在德清县召开全国统筹推进农村土地制度改革三项试点工作现场交流，副部长张德霖对德清县农村土地制度改革工作给予肯定。启动土地二级市场改革试点。德清县制订《关于完善建设用地使用权转让、出租、抵押二级市场试点的实施方案》，起草“一办法，四规定”政策体系。扎实推进绿色矿业发展示范区建设。编制完成全国绿色矿业发展示范区建设方案。出台全国首个地方绿色矿山建设标准，制定并在全市统一使用绿色矿山标志。开展绿色矿山整体提升专项行动。全市新建绿色矿山8家，完成5家绿色矿山提升工作，所有在产矿山粉尘防治全部实现达标运行。绿色矿山建设工作得到国土资源部肯定，副部长凌月明在全国会议上予以表扬，并2次在全国性大会上介绍湖州绿色矿山经验。开展自然资源产权制度改革。在长兴县启动自然资源统一确权登记试点，完成自然资源调查工作，建立自然资源分类体系对照表。全面实施林权统一登记，提前实现“停发旧版林权证、颁发新版不动产权证”的工作目标。开展矿产资源资产账户编制省级试点，顺利完成全市矿产资源资产负债表编制工作。推进工矿废弃地复垦利用试点。2017年，6个项目完成投资8437万元，复垦面积2118亩。　（施乐乐）

·物价管理·

【概况】　2017年，湖州市价格工作紧紧围绕市委、市政府中心工作，按照省物价局的部署要求，稳步推进价格改革，不断强化涉企清费减负，加强市场价格调控监管，努力保持市场价格基本稳定，为湖州经济发展和社会和谐创造良好的价格环境。湖州市价格与成本调查局获得“全国农产品成本调查工作优秀集体”称号，湖州市价格监测中心被评为“全国价格监测工作先进单位”。

【全面部署推进价格机制改革】根据中央和省加快推进价格机制改革的要求，结合湖州市实际，出台《湖州市发改委贯彻落实〈中共浙江省委、省人民政府关于推进价格机制改革的实施意见〉工作方案》。方案明确湖州市推进价格机制改革的指导思想、基本原则和总体目标，确定今后一个时期全市推进价格机制改革的路线图、任务书和时间表。

【重点领域价格改革稳步推进】一是稳步推进水价改革。随着太湖水厂的启用，适时调整市本级城乡供水一体化供水价格，并完善阶梯水价制度，对战略性新兴产业的企业生产用水实行水价优惠政策，鼓励企业优化产业结构。二是深化环境价格改革。完善排污权有偿使用政策，出台第二轮初始排污权有偿使用费征收标准，制定实施按污染程度分类分档及多因子计收工业污水处理费政策。三是制定完善机动车停放服务收费制度。制定《湖州市区机动车停放服务收费管理办法》，由市政府办公室印发并在市区组织实施，开展中心城区停车服务收费标准调整工作。四是落实省医疗服务价格改革政策。调整湖州市级公立医院儿童医疗服务项目价格政策。儿科普通门（急）诊诊查费调整为20元/次、住院诊查费调整为25元/日；综合医疗服务类中的“一般检查治疗项目”，临床诊疗类中的“有创活检和探查项目”“临床手术类项目”“部分中医及民族医诊疗类项目”，6周岁及以下儿童在原价格上加收30%。

【清费减负工作成效明显】及时落实国家、省、市各项清费减负政策和措施，一是落实降低用能价格政策。会同市经信委、电力部门进一步推进电力直接交易试点工作，确定3964个电力用户参与2017年度电力直接交易，自7月1日起，大工业用电和一般工商业及其他用电价格每千瓦时下调2.22分，2项政策全市年减轻企业负担4.38亿元。二是降低非居民用天然气价格。从9月1日起，非居民用天然气最高销售价格由每立方米3.22元调整为每立方米3.10元。煤改气用户气价保持在省级门站价格加价每立方米0.6元以内，此项政策有力地促进全市小锅炉淘汰工作按时完成。三是落实行政事业性收费降费政策。2017年，涉及湖州市取消、停征、降低的行政事业性收费项目27项，年减轻企业和社会负担1.47亿元。

【市场价格监管进一步加强】一是加强市场价格巡查和日常监管。全年出动检查人员800余人次，检查各类场所352家，对85家明码标价不规范的企业限期整改。组织商贸、驾驶培训等86家企业单位负责人，召开价格政策提醒告诫会4次；会同市住建局、市场监管局等对市本级161家房地产销售企业商品房销售价格行为进行价格政策宣传培训。二是加大价格违法案件处罚力度。2017年，全市共查实价格违法案件27件，实施经济制裁221.61万元，罚款4.33万元。其中市本级查实价格违法案件11件，实施经济制裁143.23万元，罚款1.5万元。全市通过“12345”政府阳光热线、“12358”价格监管平台、来电来访和市长信箱等途径，共受理各类价格投诉咨询894件，实施经济制裁金额3.19万元，退款172.8万元。其中市本级共受理341件，实施经济制裁金额2.12万元，退款169.50万元。三是有序推进公平竞争审查工作。印发《湖州市公平竞争审查工作部门联席会议制度》和《湖州市发改委（物价局）公平竞争审查制度内部工作程序》文件，召开市公平竞争审查工作部门联席会议成员单位联络员培训会，指导各成员单位制定内部工作程序。

【价格调控监测职能进一步提升】一是加强CPI预期调控目标管理，每月对CPI及重要商品价格运行情况进行分析，全市2017年CPI同比上涨1.8%，控制在年初提出的3%左右的调控目标内。二是加强价格监测预警。认真落实价格监测报告制度，着力提升价格监测质量，全年完成各类监测数据上报1066期、分析124篇。做好重大节假日和重点敏感时段市场价格监测，为政府决策提供服务。三是充分发挥监测信息的引导作用。通过《湖州日报》、政府门户网站、华数频道等媒体平台，发布重要民生必需品和重要生产资料等价格信息308期，为消费者货比三家提供服务。向5家专业合作社发送85个品种集市蔬菜批发、零售均价151期，为合作社科学调整种植结构，提高生产效率提供信息服务。

【价格基础工作不断夯实】一是围绕价格改革，依法开展成本调查监审工作。2017年，市价格与成本调查局开展成本调查监审项目11个，覆盖天然气、城市供水、污水处理、教育等重要公用事业和公益性服务等多个领域，核减不应计入定价成本的费用1.47亿元。二是加强成本监审规范化建设。制定《湖州市成本监审集体审议工作规则》，进一步规范成本监审内部工作流程，切实提高成本监审工作质量。三是认真开展农本调查。完成农户种植意向、存售粮和购买农资专项调查，油菜籽、粳稻、蚕茧和设施茄子等成本收益调查。开展稻谷最低收购价下调对销售市场和农户种粮积极性影响、生猪生产成本收益等调查。四是全面履行涉纪、涉案和涉行政类价格认定职责，市本级受理完成各类价格认定660件，案件办结率达100%。突出复核案件审查，加强对县（区）价格认定工作的指导，2017年，受理县（区）复核案件9件，维持7件，复核维持率达77.8%。（沈月华）

·市场监督管理·

【概况】2017年，全市市场监督管理系统紧紧围绕中心、服务大局，主动作为、创新实干，圆满完成各项目标任务，交出满意的成绩单。

【市场主体活力更加强劲】 一是“最多跑一次”改革加快速度。在全市所有部门中率先发布办事项目清单，出台工作举措，系统上下合力推进。在全省率先出台食品经营许可证改革实施意见，实现办理时间、办理项目和办理流程“三减少”。整合8个部门的审批职能，实现外贸企业“一窗受理”，惠及全市近10000家外贸企业。“多证合一”“证照联办”改革全面推进，自助一体服务顺利实现，全年全市办理“多证合一”营业执照48670份。南浔区行政审批窗口获国家工商总局表彰；安吉县落实窗口“八个一”（即一键取号、一打就通、一口说清、一站导办、一窗受理、一网通办、一次办结、一单速达）打造“最多跑一次”标准化样板获省工商局推广。二是尽力扶持小微企业发展。充分发挥牵头抓总职能，在全省率先对县（区）评价指标进行排名，有力地促进了全市工作的推进。全年全市共新增“个转企”1506家，完成率居全省第五；“小升规”358家，完成率居全省第三；“下升上”274家，完成率居全省第六；新增小微企业13313家；新增“八大万亿”产业小微企业6846家。湖州市小微企业总体成长指数和活力指数均位居全省前三，其中综合贡献力指数全省第一。吴兴区突出“便企、助企、强企”三大重点，全力助推小微企业成长。三是企业商标注册进入快车道。争取到国家工商总局商标局湖州商标受理窗口落户本市，全市新增商标注册申请8480件，同比增长94.18%。三年累计实现企业商标品牌无形资产融资11.38亿元，户均融资额居全省第一。德清县被认定为浙江省商标品牌示范县。四是有效保障企业诚信体系建设持续向好。全面推进“双随机、一公开”（即在监管过程中随机抽取检查对象，随机选派执法检查人员，抽查情况及查处结果及时向社会公开）工作，按照“一细则、一清单、一计划、一培训、一总结”的“五个一”工作制度，建立重点行业分类名录库和执法检查人员名录库，入库企业近10000家，并开展跨部门联合抽查。

【文明城市创建成果丰硕】 围绕农贸市场、小餐饮店、校园周边、药店和小食杂店经营环境五大领域开展专项整治大会战，完成全国文明城市创建任务。市局和吴兴区局荣获创建全国文明城市集体二等功，南浔区局集体三等功。一是农贸市场监管业态全面提升。全面完成农贸市场硬件设施改造和内部环境秩序整治，环境面貌得到好转。全市创建省放心农贸市场20家，“星级文明规范市场”一星以上乡村农贸市场14家，首批长效管理“四优”标准化农贸市场20家。农贸市场“双体系”（即质量追溯和快速检测体系）建设完成27家，建成智慧菜场10家。二是食品安全监管基础全面夯实。出台《湖州市食品安全党政同责实施办法》，建立健全基层保障机制和监管责任体系，全年未发生重大食品安全事故。实施餐桌安全治理和学生饮食放心工程三年行动计划，食品生产加工小作坊建档率和抽检率达100%，“阳光厨房”建成率达96.3%。在全省率先进行大型商超食品安全公开评价公示排名和小餐饮整规行动，网络订餐证照公示率从51.5%上升到92.08%。群众对食品安全现状的满意度提高5.37个百分点，对监管工作的信任度提高17.7个百分点。长兴县餐厨垃圾集中收运处置工作做法在全省推广；湖州开发区开展无证无照综合治理百日攻坚行动取得明显成效；太湖度假区积极打造“文明餐饮示范街”，彰显湖州“窗口形象”。三是药械质量风险管控全面提升。坚持“精准监管”与“精准服务”，全力助推“四品一械”（即食品、药品、保健品、化妆品和医疗器械）健康产业发展。组织部署全市各类专项检查、规范检查和飞行检查等，推动全市药械质量安全和质量管理规范提升。药品经营质量互查工作机制不断完善，“百千万”美丽消费示范工程（即利用五年时间，全省共建设100条化妆品经营示范街、1000个化妆品经营示范商场和10000家化妆品示范经营单位）顺利推进。德清县浙北药业公司强烈的社会责任感得到中央政治局常委、国务院副总理汪洋和省委书记车俊的批示肯定。

【放心消费品牌加速形成】 树立消费者至上的理念，着力构建社会共治的消费维权新格局，全面打造“放心消费在湖州”品牌。一是“放心消费在湖州”联动机制更加完善。举行“3·15”放心消费在湖州启动仪式，全面开展“放心市场、放心商店、放心网店、放心餐饮和放心景区”“五个放心”创建活动。全市创建放心商店213家，放心网店154家。全市5家大型旅游景区挂牌成立消费维权分中心，同步成立市场监管旅游分局。环太湖毗邻七个城市共同签署《环太湖毗邻城市消费者权益一体化保护合作协议》，联手打造旅游消费维权一体化格局。二是“放心消费在湖州”品牌效应更加彰显。精心组织策划系列推进活动，召开“放心消费在景区”现场推进会，推进“湖州百家4S店”打造“放心车市”公开承诺和“万家企业无理由退货”社会承诺百城联动活动等，全面深入推进“放心消费在湖州”行动。长兴县在全市率先开展放心消费在景区工作。三是“放心消费在湖州”维权工作更加深入。积极构建社会化消费维权工作机制，各县（区）不断创新消费维权新模式。如南浔区组建全市首个由人大常委会副主任担任消保委主任的新一届消保委组织；安吉县消保委成立“牛娃子消费维权工作室”，并获全国“双先”评比先进单位。

【执法办案能力显著提升】 坚持把规范市场秩序、维护公平竞争作为市场监管的重要着力点，不断提升执法办案能力。一是重拳出击，不断强化大要案查办力度。全年全市查处案件2736件，同比上升19.9%，其中大要案777件，罚没款4207万元，移送公安机关案件77件，国家局督办1件，省食药监局督办5件。查处的医疗服务机构“拼药”系列案件专案组被省人社厅、省工商局、省公务员局联合发文记集体三等功；查处的假冒“欧诗漫化妆品”案专案组获省食品药品监管局集体通报表扬。二是关注热点，深入开展各类专项整治。围绕群众关心、社会关注、问题突出的重点环节、重点品种，查办一批典型案件，严惩和震慑违法犯罪行为。开展“红盾网剑”专项行动，网络案件数比上年同期上升132%。三是规范秩序，平安护航中共十九大顺利召开。全力做好中共十九大维稳安保和督查工作，为十九大胜利召开创造良好的社会环境。加大执法力度，规范竞争秩序，提高震慑力。联合市公安、民政等部门开展打击传销联合行动26次，捣毁传销窝点71个，查处传销案件9起。

（孙建新）

·质量技术监督·

【概况】 2017年，全市质监系统认真贯彻落实市委、市政府和省质量技术监督局的决策部署，以学习贯彻中共十九大精神为动力，紧贴中心、服务大局，紧扣深化供给侧结构性改革主线，积极投身“四新”主题实践，着力提高质量供给水平，提升质量监管能力，全力筑牢安全底线，不断加强队伍建设，圆满完成全年各项目标任务。省政府对市政府质量考核成绩居全省第三、省质量技术监督局对市局的考核成绩居全省第四，获评先进单位。

【长远发展有新谋划】 立足质监职能，结合全市经济社会发展实际，系统谋划湖州市质监工作思路。围绕“中国制造2025”试点示范城市、国家绿色金融改革创新试验区和全国生态文明先行示范区建设，发布湖州市质量发展“十三五”规划，实施质量建设发展的“1+3”组合拳，即《发挥质量标准品牌引领作用推动供需结构升级行动计划》《“浙江制造”品牌建设行动计划》《全面实施标准化战略行动计划》《质量提升行动计划》，明确目标要求、工作任务和实施路径，质量标准品牌工作对全市经济社会发展的推动力和贡献率不断提升。

【服务发展有新作为】 紧扣绿色发展主题，着眼构建“4+3+N”（信息经济、高端装备、健康产业和休闲旅游四大重点主导产业，金属新材、绿色家居和现代纺织三大传统优势产业，节能环保、时尚、特色金融、地理信息、新能源汽车、生物医药、现代物流、文化创意、电子商务、休闲农业等“N”个新兴增长点）现代产业体系，联动推进标准强市、质量强市、品牌强市和“浙江制造”品牌建设，深入实施质量标准品牌升级行动。围绕“中国制造2025”试点示范城市建设，立足职能优势，精心设计并实施“1310”（以质量为中心，构建质量技术、质量管理、质量服务三大体系，推进标准引领、计量基础、平台升级、认证提速、质量提升、品牌培育、质量信用、小镇服务、环境优化、监管保障十大工程）行动计划。2017年，规模以上工业企业先进方法导入率、采标率、品牌经济贡献率分别达87%、68.3%和52%。一是在标准引领上，充分发挥标准化在“中国制造2025”试点示范城市建设、国家绿色金融改革创新试验区和全国生态文明先行示范区建设等国家重大战略工程中的积极作用，积极跳好“国际舞”、讲好“湖州话”，全年为主和参与制修订国际标准10项、国家标准362项、“浙江制造”标准22项。制定发布2项“绿色产品”团体标准，列入工信部发布的首批绿色设计产品标准清单（全国共30项）；拥有“中国标准创新贡献奖”企业2家，浙江省标准“领跑者”企业2家；扎实推进3项全省标准化综合改革试点任务（省综改第一批试点任务18项，其中地市承担10项）；创建国家级标准化示范项目15个，省级重点标准化项目35个。10月，湖州市获批创建全国唯一一个国家生态文明标准化示范区，经过努力，湖州生态文明标准体系全面建立，全国首个《生态文明标准体系编制指南》地方标准相继发布，作为全国唯一地级市参与《国家生态文明标准化发展规划》编制。标准化在振兴乡村战略中发挥积极作用，湖州市牵头制定的《美丽乡村建设指南》国家标准发布实施，安吉县成为全国首个“美丽乡村标准化创建示范县”。围绕“中国制造2025”试点示范城市建设和国家绿色金融改革创新试验区建设，积极探索推进绿色制造和绿色金融标准体系建设。二是在质量提升上，积极推动省质量技术监督局与市政府就支持湖州“中国制造2025”试点示范城市建设合作备忘录的签约，为湖州试点示范城市建设全面提供质量技术支撑；“全国质量强市示范城市”创建在全省率先实现县域全覆盖；大力推进“质量基础设施+传统产业改造提升”，创建“国家产品质量提升示范区”1个；全市拥有省政府质量奖企业2家、团队1个，国家级质检中心2家，省级质检中心6家，省级产业计量测试中心1家；服务特色小镇建设“一镇一策”工作在全省系统助力众创中打响品牌。三是在品牌增效上，大力推进“浙江制造”品牌培育，列入“浙江制造”品牌培育企业112家，“浙江制造”品牌认证企业10家，“浙江制造”品牌试点创建在全省率先实现县（区）全覆盖；大力推进区域品牌、名牌产品创建，全市拥有中国名牌产品8个、浙江名牌产品241个、浙江区域名牌6个、湖州名牌产品495个，获批创建“全国知名品牌创建示范区”2个，认定“三强”（“质量强、标准强、品牌强”）企业118家。

【安全监管有新成效】 全力确保中共十九大、乌镇世界互联网大会等重大活动和重要时段特种设备和产品质量安全，修订完善质监系统“1+3”（湖州市质量技术监督局产品质量、特种设备安全事故与突发事件总预案；产品质量突发事件处置预案、特种设备较大以上事故应急救援预案、稽查支队处置产品质量等突发事件应急预案）应急预案，全市近年来未发生特种设备安全事故和区域性产品质量问题。对特种设备重点使用单位开展“地毯式”“清单式”检查，隐患闭环整改完成率达100%；开展特种设备使用安全监管分类评价规范和使用单位“双重”预防机制工作试点，深入开展特种设备信息系统优化工作，扎实推进“百日清理攻坚”行动，按照“使用单位逐一走访、特种设备逐台（套）核实”的要求，彻底清理“僵尸设备”和“冰冻数据”，全面实现“人机对应、数机对应、状况对应”，有效提高系统实时动态监管水平；《湖州市电梯使用安全条例》报省人大审批；在全省率先推广公共聚集场所和住宅小区电梯安全责任保险。构建以“三清三全三加”（清查底数、清理许可证数据库、清理档案；落实企业主体责任全覆盖、巡查检查企业全覆盖、监督抽查企业全覆盖；“检测+专家”实现有效服务；“预警+稽查”实现有效监督；“抽查+复查”实现有效管理）为重点的产品质量监管体系，不合格产品后处理率达100%。“12345”政府阳光热线即时响应率、有效办结率、及时反馈率、群众满意率均达100%。

【惠民利企有新举措】 深化“最多跑一次”改革，实现目录事项覆盖率达100%、“零上门”事项覆盖率达78%；在全省率先制定发布县、乡镇（街道）政务办事“最多跑一次”系列标准规范。全面贯彻执行涉企行政事业收费“停、减、免”政策，全市全年累计降减收费5130余万元；高质量完成省政府民生实事项目（314个加油站、1182台加油机、2877把在用加油枪两轮计量检定全覆盖）。发出“先证后核”改革试点后的全国首张工业产品生产许可证，发证时间由原来2个月缩减至1个工作日。获批成立市标准化院，有序推进市质检院事企分离改革，探索市特检院机构改革。（邵　雷）

·安全生产管理·

【概况】 2017年，全市安全生产工作牢固树立安全发展理念，坚持生命至上、安全第一思想，自觉将安全生产置于党委、政府中心工作来谋划推进、抓好落实，着力健全安全生产责任体系，创新改革举措，加强隐患整治，全年全市安全生产形势保持平稳，各项重点工作得到有效落实。湖州在2017年度省政府对市政府安全生产目标责任考核中位列优秀等次。2017年，全年生产安全事故起数、死亡人数同比分别下降25.8%和25%，未发生较大以上生产安全事故。完成了护航中共十九大和乌镇世界互联网大会等重大任务。企业可持续发展项目（SCORE）、智慧用电和“三定三全三化”（定网格、定职责、定流程，全持证、全定位、全公示，专业化、信息化、规范化）基层网格化监管机制等工作居全省前列。

【健全安全生产责任体系】 按照“党政同责、一岗双责”和“管行业必须管安全”要求，落实领导和监管责任。一是落实领导责任。建立由市政府分管领导任主任的9个专委会，“1+X”（1个安委会下设立X个专业安委会）责任体系实现市、县、乡三级全覆盖并有效运行。担任市各专委会主任的6位市政府领导，积极参与对分管行业领域重大事故隐患整改工作督查，全年开展安全生产检查52次，召开会议研究安全生产工作54次，各专委会开展成员单位联合检查112次。二是明确监管责任。市安委会出台《湖州市安全生产约谈办法》和《湖州市安全生产“一票否决”暂行规定》，明确部门约谈和问责内容。发挥安委办协调督促作用，建立安全生产重要事项通报和问题隐患整改督办机制，联合市编委办制定《市安委会各成员单位安全生产工作职责规定》，明确了相关部门监管职责。

【深化安全生产改革发展】 湖州市作为国家首批安全生产领域改革发展全国2个地级市联系点之一，市委、市政府在全省率先出台《关于推进安全生产领域改革发展的实施意见》，排定今后4年、128项重点改革任务，年内完成58项。工作推进情况得到国务院安委办改革发展专项督查组肯定。一是推进“最多跑一次”改革。出台《办事事项实行“最多跑一次”实施办法》，建立建设项目事前服务制度、办事申请“容缺受理”规定。制定《湖州市企业投资项目安全生产承诺报备制操作办法（试行）》和《湖州市安全监管局实施承诺报备制项目建设期监管办法（试行）》，涉及金属冶炼、非煤矿山、烟花爆竹建设项目安全设施设计审查纳入承诺报备制改革，变行政许可为承诺报备。长兴县开通网上预审功能，对申请材料提前在线审查。截至年底，全市安全生产办事事项“最多跑一次”事项覆盖率、“零上门”事项覆盖率和群众满意率分别达100%、60%和100%，审批服务同比提速30%以上。二是加强安全科技推广应用。开展推广“智慧用电”系统三年行动，全市已安装2.4万余套，后台监控网络覆盖全市，电气火灾占火灾总量比例同比下降25%。“智安通”隐患排查治理系统实现市、县、乡、村和企业五级联通，隐患上报量同比增长80.9%。融合推进企业可持续发展项目（SCORE）、隐患排查治理和安全标准化，形成全员参与安全生产工作机制，达到“1+2>3”的效果，推广经验分别在国际会议和全国性安全生产会议上作专题介绍。

【强化隐患排查治理】 在隐患整改一改到底、一抓到底的基础上，加强机制建设，推动长效治理，做到心中有数、心中有底和心中有策。一是创新重大隐患治理举措。建立滚动式重大隐患排查整改机制。实行重大隐患表格化清单管理和县（区）、部门“一把手”签字备案制度，对各类隐患登记造册、闭环管理。推进重大隐患挂牌督办，2017年，整治市级挂牌重大隐患66处。二是着力推进行业整治。组织开展危险化学品、有限空间、涉氨制冷、可燃爆粉尘、交通运输、建筑施工和城镇燃气、特种设备、出租房等行业领域专项治理，全年检查企业（场所）1.1万余家（次），排查隐患1.5万余处，整改率达95.3%。三是开展“双重预防”机制建设。在危化、矿山等高危行业领域率先开展企业安全风险预防和隐患排查治理双重预防机制建设，完成化工园区区域安全风险评估，实现园区社会化服务全覆盖，建立危化企业“一库一图”，做到查大风险、除大隐患和防大事故。“双重预防”机制建设初见成效，安吉县被列为构建“双重预防”机制省级试点县，湖州新开元碎石有限公司被确定为全国“双重预防”机制建设试点企业。加强企业职业健康防范和治理，浙江天能动力能源有限公司被确定为国家级尘毒危害治理示范企业。

【推进安全生产依法治理】 持续加大执法力度，建立完善执法机制，推动执法规范化建设。一是加大执法力度。2017年，全市工矿商贸行业安全生产办案数582起，同比增长22.8%；处罚金额1980.2万元，同比增长30%。加大烟花爆竹“双禁”（在城市建成区内禁止销售和燃放烟花爆竹）工作执法力度，对不符合安全条件的一律不发经营许可证，违法违规销售的一律吊扣经营许可证，禁放区外经营店一律开展一次上门劝缴。全市组成“双禁”工作专项执法检查组286个，开展执法检查527次，处罚43起违法违规行为，罚款8.87万元，收缴非法销售烟花爆竹1073箱，吊销许可证2家，暂扣2家，禁放区外劝缴取消84家。二是健全执法机制。完善“双随机”（随机抽取检查对象，随机选派执法检查人员）抽查监管机制，建立“一单两库一细则”（一张执法内容清单，执法人员库和执法对象库两个库，一个“双随机”执法抽查实施细则），试点开展跨部门“双随机一公开”联合检查，降低监管成本。建立安全生产与职业健康一体化监管执法机制，在行政许可、执法检查、标准化建设和教育培训等方面实现一体化。下发《关于建立安全生产行政执法与刑事司法衔接工作机制的通知》，建立“两法”衔接工作机制。三是规范执法过程。出台执法规范化建设实施意见，明确目标任务、推进步骤。修订10项执法管理制度并编制成册，规范办案程序。组织开展业务培训、专题辅导、执法比武和案卷评查，提升规范办案能力。开展“执法公开日”活动，确保执法过程、信息阳光公开。

【夯实安全生产基础】 着力加强安全生产宣传、应急工作，筑牢安全生产基石。一是营造安全氛围。湖州电视台“小璐说安全”节目全年播出24期，收视率持续提升。《湖州日报》刊发“安全生产”专版15期。“安全生产月”期间，举办首届网络评选“十佳安全卫士”等活动。开展《中华人民共和国安全生产法》宣传周、《中华人民共和国职业病防治法》宣传周等安全生产法律法规宣传活动。将安全生产和职业健康培训纳入农民工职业技能培训内容。举办危险化学品企业岗位“达人”比武大赛，促进企业和员工之间交流学习、取长补短。安吉县开展了评选安全生产“优秀班组长”和“优秀安全管理人员”活动，积极挖掘企业员工中的先进人物。二是提升救援效能。加强应急救援队伍建设，建成2支省级专业应急救援队，3支市级专业应急救援队，实现各县（区）全覆盖。加强应急能力建设，组织专业应急救援队参加全省应急比武。制作应急处置卡，在重点行业、重点岗位推广使用。指导各县（区）加强应急救援数据库管理，建立完善应急资源、典型案例和应急预案数据库。加大应急装备更新、补充、储存和应急救援社会化服务等方面财政支持力度。

【加强安全监管队伍建设】 根据市委、市政府决策部署，开展“实践‘四新’服务‘六重’推进安全发展”活动和“进千村入万企大宣讲促赶超”专项调研活动，全年走访服务企业1366家（次），召开企业参加的工作座谈会212次，掌握企业需求、存在的困难137项，年内解决112项，收集意见、建议222条。通过柱状图、饼状图等量化数据，对各县（区）安全生产工作推进情况进行“亮晒比拼”，每月下发通报，推动形成比学赶超的良好氛围。南浔区推行“三定、三全、三化”（定网格、定职责、定流程，全持证、全定位、全公示，专业化、信息化、规范化）网格化管理，委托省安全生产宣教中心对321名网格员进行培训考核，在全省率先实现网格员全员持证。

【各类事故指标控制情况】 2017年，全市发生各类生产安全事故（包括工矿商贸企业、道路运输、水上运输、渔业船舶事故）227起、死亡189人，按可比口径同比分别下降25.8%、25%（比省下达指标下降14%）。无较大以上生产经营性事故发生。全年发生火灾170起，直接经济损失1750万元。（潘斯源）

2017年湖州市事故分类情况一览表

表4

类　别	事故起数（次）	同比	死亡人数（人）	同比
工矿商贸企业	44	-29%	46	-25.8%
道路交通	180	-25.6%	139	-26.5%
水上交通	3	50%	4	300%
渔业船舶	0	0	0	0
合　计	227	-25.8%	189	-25%

·行政审批和监管·

【概况】 2017年，全市行政审批服务平台累计办理各类项目348.5万件，比上年增长26.6%，其中市级平台办理各类项目198.5万件，按时办结率达100%，群众满意率达99%以上；全市公共资源交易平台累计交易1.05万批（次），比上年下降25%，交易额822亿元，比上年增长141%，节约（增值）资金112亿元，其中市级平台累计交易4500批（次），交易额443亿元，节约（增值）资金70亿元。市政务办荣获“全市创建全国文明城市工作集体嘉奖”；在第二届全国行政服务大厅典型案例展示活动中入选“百优十佳”名单，获“信息化优秀”奖。

【实施“最多跑一次”改革】 1. 建立落实“最多跑一次”改革工作责任和推进机制。在改革领导小组具体指导下，市“最多跑一次”改革领导小组办公室建立综合事务、改革推进、督查考核三个工作小组，建立改革任务责任清单制度，逐事逐项明确牵头部门、目标要求和完成时限。认真抓好“市长督导日”“局级领导窗口体验日”组织协调工作，2017年，共有15位市领导到“中心”检查督导，有83位局级领导到窗口现场办公、体验服务。认真落实市深化改革领导小组办公室专题会议、市政府常务会议专项议题、“人大代表问政会”“政协委员与市长‘面对面’”“百姓考场——局长‘面对面’”“民主监督团”跟踪体验、“最多跑一次”改革工作专项审计、省“跑改办”每月督查和“第三方评估”、市咨询委评估报告等提出的决定、意见建议和对策措施，督促各县（区）各部门细化措施、抓好整改。重视加强“最多跑一次”改革工作宣传，通过在媒体开设“最多跑一次”专栏，在微信公众号每周推送“最多跑一次”改革信息，与市委党校共建教育研究实践基地，加大政务服务网宣传推广力度等，努力营造全市上下谋改革、抓改革、深改革和促改革的浓厚氛围。2. 办事事项精细化管理逐步深化。从与群众和企业生产、生活关系最紧密的领域和事项做起，分类梳理、重点突破，全市实现“最多跑一次”改革事项3758项、“零上门”事项2266项，占比分别达97.79%和58.96%。其中，市级常办事项713项，实现“最多跑一次”事项698项、“零上门”事项406项，占比分别达97.90%和56.94%；县（区）平均常办事项626项，实现“最多跑一次”事项612项、“零上门”事项372项，占比分别达97.76%和59.42%。对全市行政权力事项库和公共服务事项库中的24927项事项加强比对梳理，提取4588项与企业群众生产、生活关联度较大的事项，按照大幅减少审批服务事项要求，采取无法定依据的取消一批、委托授权逐级下放一批、同属“一件事”范畴的关联整合一批、通过政府购买服务向社会转移一批、办事频率低或发生量很少的冻结一批和以无责任盖章方式向窗口授权一批的“六个一批”方式进行精简瘦身。市、县（区）两级部门政务办事事项减幅分别达47.51%和38.88%。3. 重点领域改革统筹推进成效明显。围绕项目准入领域，以企业关注度最高、改革愿望最迫切的企业投资项目审批改革为突破口，在全省率先出台《企业投资项目承诺制改革实施方案》，市本级确定25个试点项目，探索实施区域评价、多评合一、统一评审、施工图联合审查、项目联合测绘、联合踏勘、联合验收和测验合一等服务模式，大幅缩短企业从项目立项到开工建设的时间；德清县探索推行企业投资项目发改委“一窗受理制”和“标准地”改革，设置9项准入“标准”代替“审批”，实现首块“标准地”挂牌出让，被省列为试点予以全面推广。围绕市场准入领域，以企业办事量大面广的食品经营许可改革为突破口，在全省率先出台《食品经营许可证申办“一窗受理、证照联办”改革实施意见》，办理时间压缩20天，累计减少各类材料收取12414份，受益企业2069家；整合外贸企业审批8部门职能，实施“一窗综合受理、分类审核办理、统一窗口出件”的服务模式，办理时间压缩24天，受益企业7783家。医保社保实行“综合柜员制”服务模式，线上线下均可提供参保人员信息实时查询，30余万退休人员通过“人脸识别”即可办理养老金领取资格认证等创新举措，极大地便利基层群众，受到社会各界的广泛好评。

【推进审批制度改革】 1. “一窗受理、集成服务”改革落地见效。按照“联办件整合、承诺件加速、同类项集中、前后台分离”的思路，先期设置投资项目审批、商事登记、不动产交易登记、公安服务、医保社保、公积金和其他综合事务七大板块综合窗口，统一承接原35个部门、305个事项的初审受理功能。综合窗口已扩展到22个主题板块，“一窗受理”事项达90%以上。围绕企业群众“一件事”开展部门间业务协同、流程优化，促进集成服务、提速提效，办事效率整体提升23%。推进在外分中心和部门办事大厅进驻，烟草、人力资源、公管、运管、港航、地税直属分中心和公积金办事大厅全部进驻“中心”，车驾管、社保分中心和交通违章处理办事大厅在“中心”专设窗口，农机监理和企业服务分中心撤销改为上门服务；整合后的市级平台新增办事事项439项，基本实现企业群众进“一家门”能办所有事。着力整合窗口功能、优化业务流程，不动产交易登记建立涵盖房屋交易、契税、不动产登记、水电气、公积金贷款、房产评估和房产经纪等“一条龙”联动服务体系和微信预约预审机制；公安服务板块设立户籍、身份证、出入境、车驾管和综合等窗口，强化业务合成，实行集中办、集成办；国税地税办税窗口统一实行“一窗一人一机”模式。安吉县“中心”在全省率先实行房产交易一窗受理、数据共享、并联审批和受办分离，办理时间由原来的2小时缩减至30分钟；实现服务窗口前移、下沉，在银行设立房产交易业务综合受理点，开启不动产“多点受理”新模式。2.“互联网+”政务服务工作持续加力。依托政务服务网和网上一窗受理平台，推进系统接入和数据共享。各级“中心”办事事项已基本实现网上申请（预审）和证照快递送达两个100%全覆盖，线上线下一体化咨询服务、预约叫号、缴费支付和监督管理等功能应用逐步开发推广；测绘审批事项在全国率先达到“全部跑零次”。企业投资项目一体化在线审批监管平台2.0版已经上线试运行，建设工程施工图联合审查和网上电子图审自9月20日起全面实施。构建市场准入网络云平台，推行“云窗服务”，实行企业名称“自主申报+承诺”、企业住所（经营场所）申报承诺制，实现“网上申报、身份认证、电子签章”等全程电子化登记模式，群众“足不出户”即可办理登记业务，累计网上审批企业名称18732余次、办结注册登记企业3943余家。公安出入境全面实行网上预约、电子支付办理服务，在省“第三方评估”中位列全省前茅。3.“四级联动”政务服务体系不断深化。健全市、县、乡、村政务服务“四级联动”体系，全市77个乡镇（街道、园区）、1188个村（社区）的便民服务中心实体大厅、政务服务事项库和网上服务站基本建成运行，乡镇（街道）政务办事“最多跑一次”改革地方标准通过专家评审。重点围绕服务便利化，推动公积金缴存、医保社保和公安户籍等200余项政务服务事项实现多点办理、就近办理和同城通办；南浔区将不动产交易登记“一窗受理、集成服务”模式延伸至乡(镇)，实现全区就近通办。深化便民代办服务，全市镇、村两级组建由5167名窗口专职人员和1876名项目审批代理员组成的基层服务队伍，普遍推行投资项目全程代理代办、党员红色信使等做法；长兴县加快乡镇便民服务标准化建设，推行代办“店小二”模式，得到省领导批示肯定；德清县同步实施“青年信鸽”“视频连线”“华姐热线”等网格化服务，变“最多跑一次”为“最近跑一次”。

【改革交易采购管办体制】 1.集中监管体制改革初显成效。着力推进以“四集中”（集中交易、集中监管、集中执法、集中推进）为主要目标的公共资源交易监督管理体制机制改革，将分散在6个主要行政监督部门的100余项公共资源交易行政监管职能，整合归并成43项权力由市公共资源交易管理办公室集中行使；整合分散在相关行业主管部门涉及公共资源交易各项行政处罚权，由市公管办统一执法；全市公共资源交易监管体制改革同步推进，实现市、县（区）集中监管模式的“一体化”。加强对交易环节中违法违规问题的查处，通过统一行使行政处罚权、统一管理执法人员、统一调度执法力量和统一规范执法行为，有效地规避多头执法、重复检查、标准差异和处罚不一等“痼疾”。市交易平台率先与山东省滨州市交易中心联合实施跨省远程异地评标，打造了两地专家资源共享的异地评标新模式。8月中旬，市公管办正式运行，至年末，市本级共受理交易项目备案993个，纠错交易异常预警226个，协调解决交易疑难问题8件，查处串通投标（岕山花苑小区改造提升三期工程）和弄虚作假（湖州浮玉花园居住小区一期建设工程〈重新招标〉）案件2起，初步显现出公共资源交易集中监管的权威性和约束力。2.统一交易平台整合深度推进。贯彻落实国办和省关于整合建立统一的公共资源交易平台部署要求，加快构筑全市统一的公共资源交易平台体系。各县（区）现有交易平台，维持机构、人员、管理体制和交易范围不变，实行市级平台分中心体制，建立规范有序的监督、指导、管理和考核机制。注重以全流程电子招投标为主要抓手，着力构建由公共服务、电子交易和电子监督三大系统组成的公共资源电子化交易平台，初步形成全市域、全领域、全流程系统贯通、信息共享的公共资源电子化交易大平台；全年市级平台累计完成全流程电子交易项目250余宗，涉及交易金额近20亿元。同步抓好市、县（区）交易信息平台按省2.1数据标准改造，并与省级平台对接贯通，确保上传信息准确、及时和完整。3.标准化、电子化相结合规范运行。着力建立交易目录标准，经过系统梳理，将全市公共资源分5大类、21分项、129子项，统一发布交易目录，基本实现应进尽进、应招尽招。牵头推进环境权益交易进平台，扎实做好排污权、用能权、水权及碳汇交易的进场服务及各项基础性工作。结合市民服务中心新大楼启用运行，系统配置智能化设施设备，开发运用全流程网上业务系统、投标保证金直联系统，加快提升交易平台标准化、信息化建设水平；重点完善全流程电子化交易，探索建立“互联网+”招标采购，实现从项目进场申报、招标文件备案、招标公告发布、招标文件发售、投标保证金缴退、投标文件制作上传到开标、评标、定标等招投标活动全过程的无纸化。年内，入库建设工程施工企业890个，交通水利施工企业188个，代理公司73个；以市级平台每年500个电子交易项目计算，平均每次20家单位参与投标，每套标书制作成本400元计算，每年可为企业节约投标成本400万元。

【提升政务信息公开质效】 1.政务公开责任机制更加明确。按照省委、省政府统一部署，结合湖州市实际，制订《2017年湖州市政务公开工作要点》，明确28家牵头单位按要求各司其职、落实相关工作，全面推进决策公开、执行公开、管理公开、服务公开和结果公开五大公开。制订湖州市《关于全面推进政务公开工作的实施意见》，按照围绕中心、服务大局，改革创新、增强实效，开放合作、加强协同的原则，以落实“最多跑一次”改革为契机，以政务服务网平台为依托，坚持以公开为常态、不公开为例外，强调除涉及危害国家安全、公共安全、经济安全和社会稳定的内容外，一律要求各部门主动公开。细化政务公开工作任务，明确公开方式和具体要求，加强政策解读回应，创新政策解读方式，积极扩大公众参与，不断增强公开实效，切实保障人民群众知情权、参与权、表达权和监督权有效落实。2. 部门主动公开督导切实加强。把主动公开政府信息量、行政复议纠错案件和行政诉讼败诉案件量化，纳入“四新”主题实践年度考核范围，细化考核指标，倒逼公开工作落实。完善工作督导机制，对各县区和市级部门的政府信息公开基本情况、上年度工作报告落实情况、全市规范性文件主动公开情况、依申请公开工作情况和政府信息公开平台建设情况等加强监督检查。强化对重点领域、重点项目政府信息公开的督查，特别是对行政审批、行政处罚、财政预决算、“三公”经费、征地拆迁、环境保护、食品药品安全和社会保障等方面的信息公开，切实加大督查力度，确保公开责任落实到位。坚持专督专办，重点对省政府办公厅《2016年网上政务公开和依申请公开专项督查整改意见单》提出的要求，进行专题研讨，提出整改措施，检查整改成效；对省政府办公厅《政务公开第三方评估结果》指出的问题，着力查漏补缺、自查自纠和补齐短板，促使各级各部门政府信息公开工作机制逐步健全，公开的内容更加趋于多元化，公开的时效性不断提高。3. 依申请公开事项办理有效落实。坚持以“答复及时、内容完整、格式规范”为标准，不断完善政府信息公开申请登记、受理、审查、补正、处理、答复以及保存备查等各个环节的流程，强化工作规范。针对一些部门在依申请公开的答复中，未告知法律依据及条款、法律救济途径和时效，依申请公开的答复不规范，存在法律风险等问题，职能处室专门请教专业人士，并会同市法制办多次协调沟通、研究案情，探讨相关法律法规，妥善处理解决问题，结合实际工作进行提高完善，促使办理工作更规范更严谨。进一步健全和完善部门间协调机制，依法依规做好依申请公开工作，认真受理和答复群众的政务信息公开申请，重点协调处理好涉及民生的依申请公开，较好地满足了群众对政务信息公开的现实需求。　　（王　莉）

政治建设

党政群团

·中共湖州市委·

【市第八次党代会】 3月1日至4日，湖州市召开中国共产党第八次代表大会。1日，举行开幕式，陈伟俊代表中共湖州市第七届委员会向大会作题为《把握历史方位，加快赶超发展，为高质量建设现代化生态型滨湖大城市、高水平全面建成小康社会而努力奋斗》的报告，钱三雄主持会议；3日，举行第二次全体会议，以举手表决方式，通过了《中国共产党湖州市第八次代表大会选举办法》；4日，举行第三次全体会议，以无记名投票方式，选举产生中共湖州市第八届委员会委员、候补委员，中共湖州市第八届纪律检查委员会委员，湖州市出席省第十四次党代会代表；会后举行闭幕式，通过关于七届市委报告的决议和关于七届市纪委工作报告的决议，通报了代表提案审查报告，陈伟俊主持会议并讲话。

【市委全委会议】 2月24日，湖州市召开中共湖州市委七届十四次全会。会议审议并通过市第八次党代会议程（草案），原则通过七届市委向市第八次党代会提交的七届市委报告（审议稿）、市纪委工作报告（审议稿）和有关选举办法（草案）等其他有关事项。全会决定，3月1日在湖州召开中共湖州市第八次代表大会。市委常委会主持会议，市委书记陈伟俊在会上讲话，市委副书记钱三雄、金建新等参加。

3月4日，湖州市召开中国共产党第八届委员会第一次全体会议。会议由陈伟俊主持。会议差额选举产生中国共产党湖州市第八届委员会常务委员会委员，等额选举产生中国共产党湖州市第八届委员会书记、副书记。陈伟俊当选市委书记，钱三雄、陈浩当选市委副书记。

8月1日，市委召开八届二次全体（扩大）会议。市委常委会主持会议。市委书记陈伟俊讲话，并就《中共湖州市委关于深入学习贯彻省第十四次党代会精神扎实推进“新标杆新业绩新形象新征程”主题实践的决定（审议稿）》向全会作了说明。市委副书记、市长钱三雄就抓好经济工作讲话，市委副书记陈浩等参加。

【市委常委会议】 1月3日，市委书记裘东耀主持召开七届第141次常委会会议。会议开展党性党纪教育一刻钟，认真学习《中国共产党党内监督条例（试行）》；传达学习习近平总书记和刘云山同志在全国高校思想政治工作会议上的讲话精神；会议听取关于起草市第八次党代会报告的汇报；关于全市工业和信息化工作的汇报；关于全市服务业工作的汇报；关于发展改革工作的汇报；关于统计工作的汇报；关于开放型经济发展“十三五”规划的汇报；关于休闲旅游发展“十三五”规划的汇报；关于城乡建设事业“十三五”规划的汇报；关于创建全国内河水运转型发展示范区的汇报；关于新型智库建设的汇报。

1月12日，市委书记裘东耀主持召开七届第142次常委会会议。会议专题研究党代表推选工作，听取并讨论出席党的十九大代表候选人初步人选推荐情况和省第十四次党代会代表候选人初步人选安排建议的汇报。

1月13日，市委书记裘东耀主持召开七届第143次常委会会议。会议开展党性党纪教育一刻钟，认真学习习近平总书记在中共中央政治局民主生活会上的讲话精神，传达贯彻省纪委十三届六次全会精神，传达贯彻全省宣传思想工作会议精神，传达贯彻全省小城镇环境综合整治工作现场会精神；会议听取关于《湖州市教育事业发展“十三五”规划》的汇报；关于《湖州市卫生和计划生育事业发展“十三五”规划》的汇报；关于工会、共青团、妇联工作的汇报；会议还讨论了干部工作。会议书面通报关于市委党校工作，建立全市统一的城乡居民基本医疗保险制度，湖州市培育践行社会主义核心价值观深入推进四大“最美”选树宣传工作的情况汇报。

1月23日，市委书记裘东耀主持召开七届第144次常委会会议。会议开展党性党纪教育一刻钟，认真学习习近平总书记、中纪委书记王岐山在第十八届中央纪律检查委员会第七次全体会议上的讲话和报告；传达贯彻省“两会”精神，传达贯彻中央和省委政法工作会议精神；会议听取关于市第八次党代会报告的汇报；关于全市深化“四个年”活动暨作风建设动员大会筹备工作的汇报；关于“大好高”项目建设的汇报；关于重点建设项目安排的汇报；关于领导干部自然资源资产离任审计试点的汇报；关于“万名群众评议机关”的汇报，关于推选美丽乡村建设优秀带头人的汇报；会议还讨论了干部工作。

2月6日，市委书记裘东耀主持召开七届第145次常委会会议。会议开展党性党纪教育一刻钟，传达学习习近平总书记在中央政治局民主生活会上的讲话精神，传达学习省委书记夏宝龙在湖州考察时的讲话精神，传达贯彻全国公安厅局长会议、全省公安工作会议精神，传达贯彻全国、全省信访局长会议精神；会议听取关于美丽乡村建设和农村工作的汇报，关于消防安全工作的汇报；会议书面通报市委七届十三次全会《实施意见》重要工作任务分工情况、《湖州市进一步减轻企业负担降低企业成本政策十八条（讨论稿）》有关情况和市政府2016年立法工作计划完成情况及2017年立法工作计划草案编制情况。

2月11日，市委书记裘东耀主持召开七届第146次常委会会议。会议讨论了干部工作。

2月14日，市委书记裘东耀主持召开七届第147次常委会会议。会议开展党性党纪教育一刻钟，认真学习《习近平总书记重要讲话文章选编》之《认真学习党章，严格遵守党章》；会议传达贯彻习近平总书记重要讲话精神；会议听取关于党风廉政建设主体责任和七届市纪委工作报告的汇报；关于党建工作要点的汇报；关于市人大代表放选工作的汇报；关于县局级领导班子和领导干部2016年度考核的汇报；会议书面通报了《中共湖州市委常委会2017年工作要点》、全省防范处理邪教工作会议精神及我市贯彻建议；会议还讨论了干部工作。

2月22日，市委书记陈伟俊主持召开七届第148次常委会会议。会议开展党性党纪教育一刻钟，认真学习《习近平谈治国理政》之《着力培养选拔党和人民需要的好干部》；会议传达贯彻全省高校思想政治工作会议精神；会议听取关于市第八次党代会和市委全会有关工作的汇报；关于出席省第十四次党代会代表候选人预备人选的汇报；关于市第八次党代会组织工作的汇报；关于市“两委”委员候选人预备人选的汇报；会议书面通报了2016年市级文明村镇文明单位文明街道文明社区文明行业考评和复评工作、关于构建和谐劳动关系的实施意见的有关情况；会议还讨论了干部工作。

3月4日，市委书记陈伟俊主持召开八届第1次常委会会议。会议开展党性党纪一刻钟教育，认真学习习近平总书记在中共十八大中外记者见面会上发表的重要讲话《人民对美好生活的向往，就是我们的奋斗目标》（习近平总书记在十八届中央政治局常委同中外记者见面时讲话的主要部分）；会议听取关于深化“两学一做”、开展“新标杆新业绩新形象新征程”主题实践的汇报；关于中共湖州市第八届委员会集体学习安排的汇报；关于市委常委会班子自身建设的汇报；会议研究了市委常委分工；会议还讨论了干部工作。

3月15日，市委书记陈伟俊主持召开八届第2次常委会会议。会议开展党性党纪一刻钟教育，认真学习《关于六起落实全面从严治党主体责任和监督责任不力被问责典型案例的通报》；会议听取关于市八届人大一次会议和市政协八届一次会议筹备有关事项的汇报；关于全市“六重”工作2016年度评估报告、2017年度动态调整和推进计划安排有关情况的汇报；关于2017年市委理论学习中心组学习安排的汇报；关于八届市政协委员、常委和市人大常委安排建议的汇报；会议传达贯彻全省村和社区组织换届工作会议主要精神，传达贯彻领导干部报告个人有关事项两项法规精神；会议还讨论了干部工作。会议书面通报关于贯彻落实省委书记夏宝龙在全省国家安全机关总结表彰大会上的讲话精神和全省国家安全工作会议精神有关情况，关于全省统战部长会议精神及湖州市贯彻落实建议，关于民生实事项目2016年度推进情况及2017年度征集情况，关于全市开展乡镇（街道）“四个平台”建设工作情况，关于加快推进“最多跑一次”改革有关情况，关于深入推进大学生创业十条扶持政策有关情况，关于湖州市行业协会商会与行政机关脱钩实施方案有关情况。

3月20日，市委书记陈伟俊主持召开八届第3次常委会会议。会议传达学习全国“两会”精神和全省领导干部会议精神；听取关于“四新”主题实践组织领导架构有关情况的汇报；关于《“四新”主题实践2017年度考核办法》起草情况的汇报；关于健全完善乡镇（街道）党委书记工作交流会制度的汇报；关于2017年全市生态文明建设和治水治气治土治矿工作方案有关情况的汇报；关于市旅游集团收购浙江西塞山旅游投资开发有限公司非国有股权有关情况的汇报；关于市、县区监察委员会组建进展情况及下一步工作建议的汇报；关于核定市政府驻上海联络处领导职数等事项的情况汇报；会议书面通报关于2016年市直机关党建工作基本情况和2017年主要工作任务。

4月1日，市委书记陈伟俊主持召开八届第4次常委会会议。会议开展党性党纪一刻钟教育，认真学习习近平总书记在看望参加全国政协十二届五次会议的民进、农工党、九三学社委员时的重要讲话精神；听取关于开展“双千万”行动和全面深化落实河长制有关情况的汇报；关于市属国有企业负责人经营业绩考核与薪酬管理暂行办法有关情况的汇报；关于省委建设法治浙江工作领导小组第十六次会议精神及我市贯彻建议的汇报；关于全省建设平安浙江工作会议精神及我市贯彻建议的汇报；关于全省对台工作会议精神及我市贯彻建议的汇报；关于全省组织部长会议精神贯彻建议的汇报；会议书面通报湖州市本级城乡供水一体化水价调整方案和浙江省第十六届省运会筹备情况。

4月10日，市委书记陈伟俊主持召开八届第5次常委会会议。会议开展党性党纪一刻钟教育，认真学习《中国共产党党委（党组）理论学习中心组学习规则》；会议听取关于《政府工作报告》起草情况和主要内容的汇报；关于《湖州市中级人民法院工作报告》和《湖州市人民检察院工作报告》起草情况的汇报；关于全国创建文明城市工作经验交流会精神及湖州市贯彻建议的汇报；关于全省推进媒体深度融合工作座谈会主要精神及湖州市贯彻落实建议的汇报；会议书面通报《湖州市2016年国民经济和社会发展计划执行情况与2017年国民经济和社会发展计划草案》《2016年全市和市本级预算执行情况及2017年全市和市本级预算草案》起草情况。

4月18日，市委书记陈伟俊主持召开八届第6次常委会会议。会议开展党性党纪一刻钟教育，认真学习习近平总书记在中央全面深化改革领导小组第三十三次会议上的讲话；会议传达学习中央和省有关会议精神；会议听取关于首届全国休闲农业和乡村旅游大会主要精神及湖州市贯彻建议的汇报；关于全省新的社会阶层人士统战工作联席会议主要精神及湖州市贯彻建议的汇报；关于省国家安全领导小组第五次全体（扩大）会议精神及湖州市贯彻建议的汇报；关于正团职以上军转干部安置有关政策建议的汇报；会议书面通报全省“两新”工委书记会议精神及湖州市贯彻建议；会议还讨论了干部工作。

4月28日，市委书记陈伟俊主持召开八届第7次常委会会议。会议传达学习省委书记车俊在安吉调研时的讲话精神；会议听取关于落实省委检查组反馈意见整改有关工作的汇报；关于创建全国文明城市工作督查考核办法的汇报；关于中心城区学校建设有关工作的汇报；会议书面通报全省禁毒工作电视电话会议精神及湖州市贯彻建议；会议还讨论了干部工作。

5月8日，市委书记陈伟俊主持召开八届第8次常委会会议。会议传达学习全省新一届市级领导班子成员集体谈话会精神、全省二季度工作部署会精神、全省“两学一做”学习教育常态化制度化工作座谈会精神；会议听取关于完善市领导联系制度和改进市领导下基层工作的汇报；关于退职未退休市级领导干部作用发挥和市委“四新”主题实践专项督查组组建的汇报；关于市级机关部门领导班子和领导干部届期考核的汇报；关于市属国有企业领导班子副职人选招聘的汇报；关于推进“中国制造2025”试点示范城市建设的汇报；关于湖州南太湖产业集聚区长兴分区绿色产业园建设的汇报；会议书面通报湖州市创建全国文明城市“十整治一完善”百日攻坚行动指挥部组成人员建议名单；会议还讨论了干部工作。

5月15日，市委书记陈伟俊主持召开八届第9次常委会会议。会议开展党性党纪一刻钟教育，认真学习习近平总书记关于人才工作论述摘编（节选）；会议听取关于全面深化改革的汇报；关于“百姓考场——局长面对面”活动的汇报；关于巡察工作的汇报；会议讨论对省第十四次党代会报告（征求意见稿）的意见和建议。

5月27日，市委书记陈伟俊主持召开八届第10次常委会会议。会议开展党性党纪一刻钟教育，认真学习习近平总书记在“一带一路”国际合作高峰论坛圆桌峰会上的开幕辞；会议听取关于容错纠错实施办法的汇报；关于城中村改造攻坚和建设项目遗留问题清零专项行动的汇报；关于湖州科技城规划建设的汇报；关于卫生与健康工作的汇报；关于矿山复绿专项行动的汇报；会议书面通报全省农村文化礼堂现场会主要精神及湖州市贯彻建议、《湖州市禁止销售燃放烟花爆竹规定（草案）》、中央环保督察迎检准备工作有关情况。

6月7日，市委书记陈伟俊主持召开八届第11次常委会会议。会议开展党性党纪一刻钟教育，认真学习习近平总书记在接见全国公安系统英雄模范立功集体表彰大会代表时的讲话；会议传达贯彻省委全面深化改革领导小组第十六次会议精神，传达贯彻全国公安系统英雄模范立功集体表彰大会精神；会议听取关于维稳安保工作的汇报；关于调整集聚区（开发区）管委会领导职位设置的汇报；会议书面通报2017年市委、市政府重点调研课题；会议还讨论了干部工作。

6月26日，市委书记陈伟俊主持召开八届第12次常委会会议。会议开展党性党纪一刻钟教育，传达学习省委书记车俊在省委理论学习中心组专题学习会上的讲话精神，传达贯彻全省“开好党代会迎接十九大”重大主题宣传动员会议精神；会议听取关于美丽湖州建设的汇报；关于市领导牵头协调推进重点产业发展的汇报；关于2017年度省市“五水共治”考核的汇报；关于内河水运转型发展示范区创建的汇报；关于公共资源交易监督管理体制机制改革的汇报；会议书面通报2017年全市重大招商活动安排，2017年市本级政府投资项目计划（预算），中心城市商业办公地产去库存有关情况，开展精准高效做好土地要素保障工作专项行动有关情况，全省党委秘书长、办公室（厅）主任会议精神及湖州市贯彻落实建议。

7月3日，市委书记陈伟俊主持召开八届第13次常委会会议。会议学习贯彻省委书记车俊在全省党政领导干部依法执政专题研讨班开班动员会上的重要讲话精神，传达贯彻全省国有企业党的建设工作会议精神；会议听取关于2017年度全面从严治党主体责任落实情况量化考核的汇报；关于党政领导干部生态环境损害责任追究的汇报；关于集聚区及各分区管理体制机制改革的汇报；会议书面通报全省市委统战部长工作例会主要精神和开展综合治理毁林（竹）专项行动有关情况；会议还讨论了干部工作。

7月14日，市委书记陈伟俊主持召开八届第14次常委会会议。会议讨论了干部工作。

7月18日，市委书记陈伟俊主持召开八届第15次常委会会议。会议开展党性党纪一刻钟教育，认真学习《习近平党校十九讲》之《谈谈调查研究》；会议传达学习全省党政代表团赴沪苏皖学习考察有关精神；会议听取关于全面加强新形势下国有企业党建工作的汇报；关于“中国制造2025”试点示范城市建设的汇报；关于推行生活方式绿色化行动的汇报；会议书面通报社会组织清理整顿和规范管理工作有关情况。

7月24日，市委书记陈伟俊主持召开八届第16次常委会会议。会议开展党性党纪一刻钟教育，认真学习习近平总书记在中央全面深化改革领导小组第三十七次会议上的讲话摘要；会议传达贯彻全省迎接中央环保督察部署会精神；会议听取关于市委八届二次全体（扩大）会议筹备工作的汇报；关于上半年经济工作的汇报；关于加快市属国企集团公司改革发展的汇报；关于绿色金融改革创新试验区建设的汇报；关于县（区）党政班子成员职责分工调整的汇报；关于完善市对区财政体制的汇报；会议书面通报全省特色小镇党建工作现场推进会精神及湖州市贯彻落实建议。

8月7日，市委书记陈伟俊主持召开八届第17次常委会会议。会议开展党性党纪一刻钟教育，传达学习习近平总书记“7·26”重要讲话精神，传达学习嘉善县域科学发展示范点建设现场交流会精神，传达贯彻全省特色小镇规划建设工作现场推进会精神；会议听取关于企业投资项目承诺报备制改革的汇报；关于群团改革的汇报；会议书面通报全省各级人大常委会主任学习会主要精神及湖州市贯彻落实建议，全省政协主席读书会主要精神及湖州市贯彻落实建议，全省宣传文化系统专题工作会议主要精神及湖州市贯彻落实建议，推进安全生产领域改革发展的实施意见。

8月21日，市委书记陈伟俊主持召开八届第18次常委会会议。会议传达学习省委理论学习中心组专题学习会精神；会议听取研究地方立法工作的汇报；关于维稳安保和安全生产工作的汇报；关于中央环保督察组转批信访件办理的汇报；关于建立生态文明干部学院的汇报；会议书面通报全省群团改革工作推进会精神及湖州市贯彻落实建议，关于进一步加强和改进消防工作的意见。

8月28日，市委书记陈伟俊主持召开八届第19次常委会会议。会议开展党性党纪一刻钟教育，传达学习中央和省委关于巡视巡察工作精神，传达贯彻全省深化支部主题党日暨“两学一做”学习教育现场推进会精神；会议听取关于全面深化改革的汇报；关于推进民生实事项目人大代表票决制的汇报；会议还讨论了干部工作。

9月16日，市委书记陈伟俊主持召开八届第20次常委会会议。会议传达贯彻全省信访工作会议精神；听取关于大银山病死猪掩埋案件的汇报；关于招商引资工作的汇报；关于综合交通建设大会战行动的汇报；关于设立和调整有关机构及领导职数的汇报；会议书面通报全省党委（党组）理论学习中心组学习经验交流会主要精神及湖州市贯彻建议，2017年以来湖州市落实意识形态工作主体责任情况，上半年全市反恐怖主义工作情况，《关于委托市各民主党派开展专项民主监督工作的实施办法（试行）》起草情况，中央和省委党内法规工作有关精神及湖州市贯彻建议。

9月30日，市委书记陈伟俊主持召开八届第21次常委会会议。会议开展党性党纪一刻钟教育，传达贯彻全国生态文明建设现场推进会精神，传达学习省长袁家军在全省政府理财治税专题研讨班上的讲话精神，传达贯彻全省深化平安浙江建设暨党的十九大维稳安保工作会议精神和全省人才工作会议精神；会议听取关于“金象金牛”大企业培育的汇报；关于“区域环评+环境标准”改革的汇报；会议书面通报省委深改组会议研究湖州市企业投资项目承诺报备制改革试点有关情况，关于实施全面两孩政策改革完善计划生育服务管理实施意见。

10月27日，市委书记陈伟俊主持委召开八届第22次常委会会议。会议讨论了干部工作。

10月28日，市委书记陈伟俊主持召开八届第23次常委会会议。会议听取关于学习宣传贯彻中共十九大精神安排的汇报；关于领导干部岗位重大变动有关事项提醒告知办法的汇报；关于国家绿色金融改革创新试验区建设政策意见的汇报；关于小梅山区块改造建设的汇报；关于绿水青山就是金山银山湖州峰会的汇报；关于市八届人大二次会议筹备有关事项的汇报；关于建设清廉湖州实施意见的汇报；会议书面通报全省传统制造业改造提升工作推进大会精神及湖州市贯彻落实建议，《湖州市区生态保护红线划定方案》《推进企业分类综合评价深化“亩均论英雄”改革工作暂行意见》《关于加快建筑业提升发展的意见》《湖州市“林长制”工作实施方案》《湖州市新建居住小区社区用房和垃圾清运设施等配套设施建设管理办法（讨论稿）》。

11月10日，市委书记陈伟俊主持召开八届第24次常委会会议。会议传达学习省委十四届二次全体（扩大）会议精神；会议听取关于争创践行“两山”理念先行示范区的汇报；关于开展“进千村入万企大宣讲促赶超”专项调研活动的汇报；关于湖商发展大会有关工作的汇报；关于十三届全国、省人大代表推选有关工作的汇报。

11月25日，市委书记陈伟俊主持召开八届第25次常委会会议。会议开展党性党纪一刻钟教育，传达学习全国精神文明建设表彰大会精神和市委书记工作例会精神；会议听取关于重大平台项目准入管理的汇报；关于“五未”土地处置专项行动的汇报；关于中心城区精细化管理的汇报；关于内环北线（二环北路）快速化改造的汇报；关于老城区老旧居住区块征收改造的汇报；关于支持企业上市挂牌和并购重组的汇报；关于文明城市创建和湖商发展大会表扬工作的汇报；关于意识形态工作的汇报；关于2017年度“万名群众评议机关”工作的汇报。会议书面通报全市党委（党组）落实意识形态工作责任制综合督查情况及下一步工作建议，地方立法工作有关情况，建设清廉乡村为实施乡村振兴战略提供坚强保障的指导意见，进一步扶持大学生就业创业新十条政策，促进大数据发展实施意见和方案，新能源汽车推广应用安全监管实施办法。

12月3日，市委书记陈伟俊主持召开八届第26次常委会会议。会议开展党性党纪一刻钟教育，传达学习《习近平谈治国理政》第二卷出版座谈会精神，传达贯彻全省美丽乡村和农村精神文明建设现场会精神；会议听取关于事权下放有关工作的汇报；关于建立市八届人大二次会议临时党委的汇报；会议书面通报全省机关党建工作会议精神及湖州市贯彻落实建议，2017年度市级预算调整与2018年国有资本经营预算编制有关情况，全省能源“双控”工作推进会精神及湖州市下一步工作建议，粮食安全责任制2016年度考核情况及2017年度落实意见，《湖州市湿地保护规划（2016~2025）》《湖州市人民政府规章制定程序规定》《湖州市公开公共服务事项动态调整管理办法》《湖州市质量提升三年行动计划（2017~2019）（讨论稿）》。

12月9日，市委书记陈伟俊主持召开八届第27次常委会会议。会议传达学习习近平总书记重要指示精神，传达贯彻全省生活垃圾分类处理工作动员会精神；会议听取关于“大银山病死猪掩埋”案件追责工作的汇报；关于2018年主要指标安排的汇报；关于省十三届人大代表选举工作的汇报。

12月24日，市委书记陈伟俊主持召开八届第28次常委会会议。会议传达贯彻全省公安系统功模表彰大会精神；会议听取关于市委全会暨经济工作会议筹备工作的汇报；关于地方立法有关工作的汇报；关于政协协商民主建设的汇报；关于推进市区公交电动化全覆盖的汇报；关于食品安全党政同责实施办法的汇报；关于市属从事生产经营活动事业单位改革的汇报；关于省政协委员推荐工作的汇报；会议还讨论了干部工作；会议书面通报全省市长座谈会精神及湖州市贯彻落实建议，全省宣传工作专题会议精神及湖州市贯彻落实建议，湖州市深化监察体制改革试点工作情况，2018年城乡居民基本医疗保险筹资标准调整有关情况，《湖州市消防安全责任追究暂行办法》《“健康湖州2030”行动纲要（讨论稿）》。

【市委重要专题会议】 1月3日，湖州市召开全市综合交通工作会议。市委书记裘东耀主持会议，市委副书记、市长陈伟俊讲话，市领导朱坤民、杨建新、高屹、曹会明等参加。

1月6日，市委召开经济工作会议。市委书记裘东耀到会并讲话，市委副书记、市长陈伟俊作工作部署，朱坤民、吴水霖、金建新等市四套班子领导参加。

是日，湖州市召开保障全国生态文明建设工作推进会议、全国培育新型经营主体发展农业适度规模经营座谈会总结表彰大会。市委书记裘东耀到会并讲话，市委副书记、市长陈伟俊主持，市领导朱坤民、吴水霖、金建新、胡菁菁、杨建新、高屹、夏文星等参加。

是日，湖州市和浙江大学联合举行市校合作第十次年会。省政协副主席孙文友、浙江大学党委书记金德水、浙大校长吴朝晖、浙大发展委员会主席张曦、浙大副校长罗建红，市领导裘东耀、陈伟俊、金建新、高屹、干武东、李上葵、沈琪芳等参加。

1月11日，全省小城镇环境综合整治工作现场会在德清召开。省委副书记袁家军到会并讲话，副省长熊建平主持会议，市委书记裘东耀致辞，市委副书记、市长陈伟俊，省住建厅厅长钱建民和市领导杨建新、高屹、李建平等参加。

1月12日，市委召开2016年度县（区）委书记抓基层党建工作述职评议会。市委书记裘东耀到会并讲话，市委副书记、市长陈伟俊，省委组织部副部长赵雄文和市领导杨建新、高屹、干武东、崔凤军等参加。

1月24日，湖州市召开市纪委七届六次全会。市委书记裘东耀到会并讲话，市委副书记、市长陈伟俊主持，市领导朱坤民、吴水霖、金建新等参加。

2月4日，湖州市召开全市深化“四个年”活动暨作风建设动员大会，全面部署深化转型升级会战年、城乡一体提升年、文明创建攻坚年、基层组织加强年“四个年”活动。市委书记裘东耀到会并讲话，市委副书记、市长陈伟俊主持，朱坤民、吴水霖、金建新等市四套班子领导参加。

2月7日，市委召开政法工作会议。市委书记裘东耀到会并讲话，市委副书记、市长陈伟俊主持会议，市委副书记、政法委书记金建新作工作部署，市领导杨建新、高屹、夏文星、徐嘉华、徐克强等参加。

2月8日，市委书记裘东耀主持召开县（区）委书记座谈会，征求对市第八次党代会工作报告的意见和建议，听取各县（区）做好“两会”筹备、组建监察委员会以及“开门红”等工作情况汇报。市领导陈浩、高屹、干武东等参加。

2月21日，市委、市政府召开全市美丽乡村建设推进会。市委书记陈伟俊作出批示，市委副书记金建新讲话，市委常委陈浩主持会议，副市长杨六顺作工作部署。

2月23日，市委召开专题会议，研究部署市第八次党代会筹备工作。市领导钱三雄、金建新、陈浩、高屹、干武东、夏文星等参加。

3月13日，市委召开全市党建工作会议暨“四新”主题实践动员会。市委书记陈伟俊到会并讲话。市委副书记、代市长钱三雄主持，吴水霖、陈浩等市四套班子领导参加。

3月24日，湖州市召开全市生态文明建设暨治水治气治土治矿工作推进会，市委书记陈伟俊到会并讲话。市委副书记、代市长钱三雄主持会议，市领导朱坤民、陈浩、高屹、梁雪冬、蔡旭昶等参加，杨六顺作工作部署。

4月5日，湖州市召开全市“六重”工作暨“最多跑一次”改革动员部署会。市委书记陈伟俊到会并讲话，市委副书记、代市长钱三雄主持会议，市领导杨建新作工作部署，高屹、蔡旭昶、周杰、徐克强等参加。

4月11日，湖州市召开2017年一季度全市乡镇（街道）党委书记工作交流会。市委书记陈伟俊到会并讲话，朱坤民、吴水霖、陈浩等市四套班子领导参加，市委常委、组织部部长干武东主持。

4月14日，市委、市政府召开

全市一季度经济形势分析会。市委书记陈伟俊到会并讲话。钱三雄、朱坤民、吴水霖、陈浩等市四套班子领导参加会议。

4月18日，湖州市召开全市建设平安湖州暨综治维稳工作会议。市委书记陈伟俊到会并讲话，市委副书记、代市长钱三雄主持，市领导朱坤民、吴水霖、陈浩、胡菁菁、杨建新、干武东、夏文星、蔡旭昶、董立新等参加。

4月19日，湖州市召开全市上市公司并购重组推进会，市委书记陈伟俊到会并讲话。市领导蔡旭昶、董立新等参加。

是日，湖州市召开2017年第一季全市非公有制经济企业家圆桌会议。市领导陈伟俊、崔凤军、蔡旭昶、方新旗、卢跃东等参加会议。

是日，湖州市召开小城镇环境综合整治推进会。市委副书记陈浩到会并讲话，常务副市长杨建新主持会议。

4月20日，市委召开人才工作领导小组第21次会议。市委书记、市委人才工作领导小组组长陈伟俊到会并讲话。市委常委、组织部部长干武东主持会议，副市长李上葵参加会议。

5月2日，湖州市召开庆祝中国共青团成立95周年暨“践行四新助推赶超服务两高”青春建功主题实践大会。市委书记陈伟俊会见“最美湖州人——第七届十大杰出青年”代表并颁奖。市委副书记陈浩讲话。市领导范庆瑜、蔡旭昶、施根宝等参加。

5月10日，湖州市召开湖州科技城建设协调小组第一次推进会。市委书记陈伟俊到会并讲话，市委副书记、市长钱三雄讲话，市领导陈浩、蔡旭昶、张兰新、李上葵、施根宝等参加。

5月11日，市委召开理论学习中心组专题研讨会，就“推进供给侧结构性改革”主题开展集体学习。市委书记陈伟俊，市委副书记、市长钱三雄到会并讲话；胡菁菁、杨建新等市委理论学习中心组成员参加，市领导高屹、李上葵、杨六顺、卢跃东、李建平等作交流发言。

5月15日，市委召开全面深化改革领导小组第七次会议，市委书记、市委全面深化改革领导小组组长陈伟俊主持。市委副书记、市长、领导小组副组长钱三雄，市人大常委会主任胡菁菁，市政协主席杨建新，市委副书记、领导小组副组长陈浩等参加。

5月17日，湖州市召开“两学一做”学习教育常态化制度化工作暨《中国共产党浙江省第十四次代表大会报告（征求意见稿）》征求意见座谈会。市委书记陈伟俊到会并讲话，市领导陈浩、梁雪冬、范庆瑜、蔡旭昶、胡国荣、项乐民、葛伟等参加，市委常委、组织部部长干武东主持。

5月19日，湖州市召开创建全国文明城市工作推进会。市委书记陈伟俊到会并讲话，市委副书记、市长钱三雄主持会议，胡菁菁等市四套班子领导参加。

5月26日，市委建设法治湖州工作领导小组召开会议。市委书记、市委建设法治湖州工作领导小组组长陈伟俊到会并讲话，市委副书记、市长钱三雄主持，胡菁菁、杨建新、陈浩等市四套班子领导参加。

6月1日，湖州市召开“中国制造2025”试点示范城市建设动员大会。副省长高兴夫、工信部规划司副司长李北光、省政府副秘书长徐纪平、省经信委主任张金如和中国工程院院士钱旭红、谭建荣等参加，市委书记陈伟俊主持，市委副书记、市长钱三雄部署，胡菁菁、杨建新等市四套班子领导参加。

6月14日，湖州市召开全市地质灾害隐患综合治理“除险安居”行动推进会。市委书记陈伟俊，市委副书记、市长钱三雄专门作出批示，副市长杨六顺等参加。

6月16日，市委召开常委扩大会议，传达贯彻省第十四次党代会精神。市委书记陈伟俊主持会议并讲话，市委副书记、市长钱三雄传达，市领导胡菁菁、杨建新、陈浩等参加。

是日，市委书记陈伟俊主持召开专题会议，听取浙超足球联赛开幕式暨奥体中心启用仪式工作汇报。市领导陈浩、夏文星、蔡旭昶、闵云、葛伟等参加。

6月17日，2017浙江省足球超级联赛开幕式暨湖州奥体中心启用仪式在湖州市举行。副省长梁黎明宣布浙超联赛开幕，市委书记陈伟俊，省体育局党组书记、局长孙光明致辞，市委副书记、市长钱三雄主持，省领导李云林、夏海伟和市领导胡菁菁、杨建新、陈浩等市四套班子领导参加。

6月20日，市委、市政府召开城中村改造攻坚和建设项目遗留问题清零专项行动动员大会。市委书记陈伟俊到会并讲话，市委副书记、市长钱三雄主持，胡菁菁、杨建新、陈浩等市四套班子领导参加。

6月26日，2017年美丽湖州建设领导小组召开第一次会议。市领导陈伟俊、钱三雄、胡菁菁、杨建新、陈浩等参加。

是日，湖州市召开以生态文明建设为主题的第二次全市乡镇（街道）党委书记工作交流会。市委书记陈伟俊到会并讲话。钱三雄、胡菁菁、杨建新、陈浩等市四套班子领导参加。

6月27日，市委召开市直部门县局级正职领导干部集体谈话会。市委书记陈伟俊到会并讲话，市领导钱三雄、胡菁菁、杨建新、陈浩、干武东、梁雪冬、范庆瑜、蔡旭昶等参加。

6月29日，湖州市召开纪念中国共产党成立96周年座谈会。市委书记陈伟俊到会并讲话，市委副书记、政法委书记陈浩主持，市领导干武东、崔凤军、梁雪冬、范庆瑜、蔡旭昶等参加。

7月5日，湖州市召开创建全国文明城市工作推进会。市委书记陈伟俊到会并讲话，市委副书记、市长钱三雄主持，市领导胡菁菁、杨建新、陈浩等市四套班子领导参加。

7月12日，全市打击和防范经济犯罪联席会议暨工作部署会召开。市委副书记、市长钱三雄到会讲话，市委常委、公安局长夏文星通报当前全市经济犯罪形势，并就打击和防范经济犯罪工作作具体部署。

7月13日，湖州市召开承办第十六届省运会筹委会第二次会议。市委副书记、市长钱三雄和省体育局副局长吕林到会并讲话，市委副书记、政法委书记陈浩主持，副市长闵云通报前期筹备情况、部署下阶段工作。市领导范庆瑜、蔡旭昶、沈志华、魏明、葛伟等参加。

7月18日，湖州市召开市领导牵头协调推进重点产业发展工作座谈会。市委书记陈伟俊到会并讲话。市委副书记、市长钱三雄主持，陈浩等市四套班子领导参加。

7月25日，市委召开议军会议，专题研究全市党管武装工作和湖州军分区建设有关问题。市委书记、湖州军分区党委第一书记陈伟俊到会并讲话，市领导钱三雄、胡菁菁、陈浩、高屹、干武东、夏文星、梁雪冬、范庆瑜、蔡旭昶、李建平等参加。

7月31日，湖州市召开国家绿色金融改革创新试验区建设动员大会。副省长朱从玖到会并讲话，市委书记陈伟俊主持，市委副书记、市长钱三雄部署湖州市推进国家绿色金融改革创新试验区建设重点任务，市领导胡菁菁、杨建新、陈浩及市四套班子领导等参加。

8月9日，湖州市召开全市教育工作暨高校思想政治工作会议。市委书记陈伟俊到会并讲话，市委副书记、市长钱三雄主持，市领导杨建新等市四套班子领导参加。

8月14日，湖州市召开纪念“两山”重要思想发表十二周年暨第三个“湖州生态文明日”活动座谈会。市委书记陈伟俊到会并讲话，胡菁菁、杨建新、陈浩等市四套班子领导参加。

是日，湖州市召开全市国有企业改革发展暨党的建设工作会议。市委书记陈伟俊到会并讲话，市委副书记、市长钱三雄主持，胡菁菁、杨建新、陈浩等市四套班子领导参加。

8月21日，市地方立法工作领导小组召开会议，听取《湖州市禁止销售燃放烟花爆竹规定（草案）》立法有关情况的汇报，部署推进相关立法工作。市委书记陈伟俊主持会议，市领导钱三雄、胡菁菁、杨建新、陈浩等参加。

8月28日，湖州市召开第三次全市乡镇（街道）党委书记工作交流会。市委书记陈伟俊到会并讲话。胡菁菁、杨建新、陈浩等市四套班子领导参加，市委常委、组织部长干武东主持。会后举行2017年“慈善一日捐”活动启动仪式，市领导陈伟俊、胡菁菁、杨建新、陈浩等带头进行现场捐赠，奉献爱心。

是日，市委召开全面深化改革领导小组第八次会议，市委书记、市委全面深化改革领导小组组长陈伟俊主持。市领导钱三雄、胡菁菁、杨建新、陈浩等参加。

8月30日，市地校合作领导小组召开第一次会议，全面部署推进地校合作工作。市委书记、市地校合作领导小组组长陈伟俊到会并讲话，市委副书记、市长、市地校合作领导小组副组长钱三雄主持，市领导陈浩、高屹、干武东、范庆瑜、葛伟等参加。

9月7日，市委、市政府召开创建全国文明城市推进会。市委书记陈伟俊作出批示，市委副书记、市长钱三雄到会并讲话，胡菁菁、杨建新、陈浩等市四套班子领导参加。

9月14日，湖州市召开全市平安护航十九大大会战推进会暨侦破织里1995年“11·29”特大命案表彰大会。市委书记陈伟俊作出批示，市委副书记、市长钱三雄讲话，胡菁菁、杨建新、陈浩等市四套班子领导参加。

9月22日，市委、市政府以四会合一形式，召开全市城中村改造、“三改一拆”、小城镇环境综合整治和特色小镇建设推进会。市委书记陈伟俊作出批示，市委副书记、市长钱三雄讲话，胡菁菁、杨建新、陈浩等四套班子领导参加。

9月28日，湖州市召开2017吴兴经贸科技洽谈会暨接轨上海推介会。市委副书记、市长钱三雄到会并致辞，并向上海在吴兴投资企业颁发突出贡献奖。

9月29日，2017湖州市融入杭州都市圈推介会在杭州召开。市委副书记、市长钱三雄到会并致辞，市委副书记、政法委书记陈浩作投资环境推介，市领导曹德平、卢跃东、李建平、葛伟等参加。

10月14日，湖州市召开专题会议，对抓好当前平安稳定工作进行再部署再落实。市委书记陈伟俊到会并讲话。市领导钱三雄、胡菁菁、杨建新、陈浩等参加。

10月16日，湖州市召开全市党内法规工作会议暨市委党内法规工作联席会议。市委书记陈伟俊就加强党内法规制度建设作出批示，市委常委、秘书长蔡旭昶到会并讲话。

10月20日，市委召开理论学习中心组扩大会议，开展学哲学用哲学专题学习，听取北京师范大学马克思主义学院教授、博士生导师杨世文作“学好用好《实践论》《矛盾论》”专题辅导报告。市领导胡菁菁、杨建新、陈浩等参加。

10月27日，市委召开全市领导干部会议。市委书记陈伟俊到会并讲话，市委副书记、市长钱三雄传达中共十九大和全省领导干部会议精神。市领导胡菁菁、杨建新、陈浩等参加。

是日，湖州市召开三季度经济形势分析会。市委书记陈伟俊到会并讲话，市委副书记、市长钱三雄主持，市领导胡菁菁、杨建新、陈浩等参加。

11月3日，湖州市召开湖州农民学院管委会全体会议，成立新一届农民学院管委会和院务委员会。市委副书记陈浩、副市长施根宝等参加。

是日，湖州市召开群团改革工作推进会，市领导陈浩、干武东、钟鸣等参加。

11月5日，市委书记陈伟俊主持召开专题会议，听取湖商发展大会筹备工作情况汇报，对会议举办工作进行再深化再细化。市领导陈浩、崔凤军、蔡旭昶、方新旗等参加。

11月10日，湖州市召开第四次乡镇（街道）党委书记工作交流会。市委书记陈伟俊讲话并动员部署“进千村入万企大宣讲促赶超”专项调研活动。钱三雄、胡菁菁、杨建新、陈浩等市四套班子领导参加，市委常委、组织部部长干武东主持。

11月14日，湖州市举行以“凝聚湖商力量、加快赶超发展”为主题的2017湖商发展大会。副省长梁黎明致辞，市委书记陈伟俊发表题为《共同谱写湖州未来发展的锦绣篇章》的主旨演讲，市委副书记、市长钱三雄主持，科技部原部长朱丽兰、上海市政协原副主席谢丽娟、中国工程院院士高从堦、中国科学院院士沈树忠和胡菁菁、杨建新、陈浩等市四套班子领导参加。

11月23日，湖州市召开小城镇环境综合整治现场推进会。省住建厅副厅长张奕，市委副书记、政法委书记陈浩到会并讲话，副市长杨六顺主持会议并传达全省现场会精神、通报有关情况。

11月24日，市委、市政府召开全市“中国制造2025”暨传统制造业改造提升推进会。市委副书记、市长钱三雄到会并讲话，市委副书记陈浩主持，市领导曹德平、李上葵、李建平等参加。

11月28日，中国湖州太湖绿色金融小镇推介暨湖州绿色金融政策发布会在京举行。市委书记陈伟俊致辞，中国证券业协会会长、银河金控董事长陈共炎，G20绿色金融研究小组联合主席、中国金融学会绿金委主任、清华大学金融与发展研究中心主任马骏和市领导高屹、董立新、葛伟等参加。

12月9日，湖州市召开立法工作会议。市委书记陈伟俊，市委副书记、市长钱三雄到会并讲话，市人大常委会主任胡菁菁主持，市领导杨建新、陈浩、高屹、蔡旭昶、喻运鑫、项乐民、葛伟和省人大常委会副秘书长、法制委主任委员、法工委主任丁祖年等参加。

12月15日，湖州市举行全市职工创新创业大会暨首届“匠心智造助力赶超”职工创新成果展。市委副书记、市长钱三雄发来贺信。省总工会副主席张卫华，市人大常委会副主任喻运鑫，副市长李上葵，市政协副主席、市总工会主席钟鸣等参加。

12月16日，中国生态文明研究与促进会和湖州市人民政府联合主办的绿水青山就是金山银山湖州会议召开。十一届全国政协副主席、中国生态文明研究与促进会会长陈宗兴到会并讲话；省政协原主席李金明，全国政协委员、交通运输部原副部长徐祖远，环保部原总工程师万本太，中国工程院院士沈国舫，国土资源部储量司司长鞠建华，省政府副秘书长傅晓风，省环保厅厅长方敏，省国土资源厅副厅长张金根等参加；市委副书记、市长钱三雄到会并致辞，市领导胡菁菁、杨建新、陈浩、王德胜、葛伟参加，施根宝等作主旨演讲。

12月17日，2017湖州市接轨上海推介会在上海举行。上海市政府副秘书长宋依佳参加，市委副书记、市长钱三雄致辞，市委常委、常务副市长高屹作投资环境推介，副市长卢跃东主持，市领导王德胜、喻运鑫、项乐民、李建平、葛伟等参加。

12月21日，湖州市召开全市文化产业发展大会。市委副书记、市长钱三雄到会并讲话，市委常委、宣传部部长范庆瑜主持会议，市领导沈志华、魏明等参加。

12月24日，湖州市召开第五次乡镇（街道）党委书记工作交流会，总结交流各地深入推进“四新”主题实践，完成“六张报表”、推进“六重”工作以及谋划明年工作思路等情况。市委书记陈伟俊到会并讲话。钱三雄、胡菁菁、杨建新、陈浩等市四套班子领导参加，市委常委、组织部部长干武东主持。（金　奇）

·湖州市人民代表大会·

【市八届人大一次会议】 市第八届人民代表大会第一次会议于2017年4月22日至4月27日举行。会议应到代表360名，实到代表353名，列席人员175名，并邀请20名公民旁听会议。

会议的指导思想是：高举中国特色社会主义伟大旗帜，以邓小平理论、“三个代表”重要思想和科学发展观为指导，深入贯彻习近平总书记系列重要讲话精神，紧紧围绕“五位一体”总体布局和“四个全面”战略布局，坚持以五大发展理念引领赶超发展，在市委的领导下，按照市第八次党代会的部署要求，切实履行宪法和法律赋予的职责，依法审议各项工作报告，选好新一届市级国家机关领导班子，动员和团结全市人民振奋精神，开拓进取，承前启后，继往开来，为高质量建设现代化生态型滨湖大城市、高水平全面建成小康社会而努力奋斗。

会议的主要议程是：1. 听取和审查湖州市人民政府工作报告；2. 审查市发展和改革委员会关于湖州市2016年国民经济和社会发展计划执行情况与2017年国民经济和社会发展计划草案的报告，审查、批准湖州市2016年国民经济和社会发展计划执行情况的报告与2017年国民经济和社会发展计划；3. 审查市财政局关于湖州市2016年全市和市本级预算执行情况及2017年全市和市本级预算草案的报告，审查、批准湖州市2016年市本级预算执行情况的报告及2017年市本级预算；4. 听取和审查湖州市人民代表大会常务委员会工作报告；5. 听取和审查湖州市中级人民法院工作报告；6. 听取和审查湖州市人民检察院工作报告；7. 选举湖州市人民代表大会常务委员会主任、副主任、秘书长、委员；8. 选举湖州市人民政府市长、副市长；9. 选举湖州市监察委员会主任；10. 选举湖州市中级人民法院院长；11. 选举湖州市人民检察院检察长；12. 通过湖州市第八届人民代表大会专门委员会组成人员名单；13. 票决2017年度市政府民生实事项目。

4月21日，举行预备会议，选

举60名成员组成大会主席团，选举周杰兼任大会秘书长，通过大会议程。

市八届人大一次会议共举行5次全体会议，5次主席团会议。大会采取无记名投票方式，选举胡菁菁为市人大常委会主任，董立新、曹德平、喻运鑫、胡国荣、沈志华、张兰新、项乐民为副主任，许学锋为秘书长，王武良、王剑峰、方建平、朱鸣、朱建民、乔明军、孙长志、劳敏敏、杨兴龙、吴继平、吴康丽、沈斌、沈财根、沈晓蓉、张亚华、张国强、张建平、陈洁、邵水荣、郁晓红、周明明、周美凤、侯军呈、秦芹、钱仲良、徐晓军、高兴江、黄俊慧、董太群、蒋育琴、虞伟瑛、臧学萍为委员；选举钱三雄为市长，高屹、李上葵、闵云、杨六顺、施根宝、卢跃东为副市长；梁雪冬为市监察委员会主任；李章军为市中级人民法院院长；孙颖为市人民检察院检察长。大会采取按电子表决器的方式，通过了关于政府工作报告等6项决议，通过了市人大各专门委员会组成人员名单。大会采取无记名投票方式，决定将雾霾治理、水环境综合整治、污水治理与供水保障、住房与居住安全保障、垃圾分类处理、公共交通、医疗卫生、文化体育、交通建设、村镇环境整治等作为2017年度湖州市人民政府民生实事项目。大会还收到代表10人以上联名提出的议案28件，大会主席团按照地方组织法和代表法有关规定，决定将28件议案全部作为建议件处理；大会还收到代表对各方面工作的建议、批评和意见167件，至12月底，这些建议、批评和意见已由各承办部门基本办理完毕，并答复了代表。

【市八届人大二次会议】 市第八届人民代表大会第二次会议于2017年12月9日至12月10日举行。会议应到代表354名，实到代表348名，列席人员58名。

会议的指导思想是：高举中国特色社会主义伟大旗帜，以邓小平理论、“三个代表”重要思想、科学发展观、习近平新时代中国特色社会主义思想为指导，深入贯彻落实中共十九大和省市党代会精神，以《中华人民共和国宪法》《中华人民共和国选举法》和《中华人民共和国地方各级人民代表大会和地方各级人民政府组织法》为依据，按照省人大换届选举工作会议要求，在市委的领导下，充分发扬民主，严格依法办事，认真完成选举任务，为加快赶超、实现“两高”（高质量建设现代化生态型滨湖大城市、高水平全面建成小康社会）做出积极贡献。

会议的主要议程是：1. 听取2017年度湖州市人民政府民生实事项目实施情况的报告；2. 选举湖州市出席浙江省第十三届人民代表大会代表。

12月8日，举行预备会议，选举60名成员组成大会主席团，选举董立新兼任大会秘书长，通过大会议程。

市八届人大二次会议共举行2次全体会议，4次主席团会议。大会采取无记名投票方式，选举产生35名湖州市出席浙江省第十二届人民代表大会的代表。

【市七届人大常委会第34次～35次会议】 2017年，市七届人大常委会共举行常委会会议2次，作出决定2项。

第34次会议于2017年2月24日举行。会议的主要议程是：1. 人事任免事项；2. 审议通过关于湖州市第八届人民代表大会代表的代表资格审查报告；3. 审议湖州市七届人大常委会五年工作总结；4. 市人大常委会任命的政府工作部门负责人述职测评（书面）。

第35次会议于2017年3月17日举行。会议的主要议程是：1. 审议通过关于召开湖州市第八届人民代表大会第一次会议的决定；讨论提请湖州市第八届人民代表大会第一次会议审议通过的有关事项；决定湖州市第八届人民代表大会第一次会议列席人员名单；2. 审议市人大常委会在湖州市第八届人民代表大会第一次会议上的工作报告稿；3. 审议通过关于湖州市监察委员会副主任、委员任免办法的决定；4. 听取市委对换届有关人事安排方案的通报。

【市八届人大常委会第1次～7次会议】 2017年，市八届人大常委会举行7次会议，共听取和审议31项工作报告，作出9项决议、决定，9项审议意见。

第1次会议于2017年4月27日举行。会议的主要议程是：审议通过有关人事任免事项。

第2次会议于2017年5月25日举行。会议的主要议程是：1. 审议通过《湖州市人民代表大会常务委员会议事规则（修订草案）》《湖州市人民代表大会常务委员会组成人员守则（修订草案）》《湖州市人民代表大会常务委员会关于加强自身建设的意见（修订草案）》；2. 审议通过市人大常委会2017年5～12月工作要点（草案）；3. 审议通过关于将市人大常委会预算工作委员会更名为市人大常委会财政经济预算工作委员会的决定（草案）；4. 补选省十二届人大代表；5. 审议通过市人大常委会代表资格审查委员会组成人员名单（草案）；6. 审议通过有关人事任免事项。

第3次会议于2017年6月23日举行。会议的主要议程是：1. 审议《湖州市禁止销售燃放烟花爆竹规定（草案）》；2. 听取和审议市政府关于开展全域剿灭劣V类水工作进展情况的报告；3. 听取和审议市政府关于湖州市2017年政府重大投资项目计划（草案）的报告，审查和批准市级政府重大投资项目计划；4. 审议通过关于加快“城中村”改造、提升城市品质的决定；5. 审议通过有关人事任免事项。

第4次会议于2017年8月29日至30日举行。会议的主要议程是：1. 听取和审议市政府关于上半年工作和下半年安排的政情报告；2. 审议市政府关于2017年上半年国民经济和社会发展计划执行情况的报告（书面）；3. 审议市政府关于2017年上半年全市和市本级预算执行情况的报告（书面）；4. 审议《湖州市禁止销售燃放烟花爆竹规定（草案）》；5. 审议《湖州市电梯安全条例（草案）》；6. 听取和审议市政府关于推进“中国制造2025”试点示范城市建设有关情况的报告，审议《市人大常委会关于推进“中国制造2025”试点示范城市建设的决定（草案）》；7. 审议《市人大常委会关于规范市民文明行为加强文明城市建设的决定（草案）》；8. 审议市政府《关于提请审议批准2017年市级政府债务限额的议案》；9. 听取和审议市政府关于2016年全市和市本级财政决算（草案）的报告，审查和批准2016年市本级财政决算；10. 听取和审议市政府关于2016年度市本级预算执行和其他财政收支审计工作情况的报告；11. 审议通过有关人事任免事项。

第5次会议于2017年10月23日举行。会议的主要议程是：1. 听取和审议市人大常委会执法检查组关于《中华人民共和国建筑法》及相关法规执法检查情况的报告；市政府关于《中华人民共和国建筑法》及相关法规贯彻落实情况的报告（书面）；2. 听取和审议市政府关于推进“最多跑一次”改革促进行政审批提速增效情况的报告；3. 听取和审议市政府关于湖州市道路交通安全工作情况的报告；4. 审议关于召开湖州市第八届人民代表大会第二次会议的决定（草案）；5. 听取和审议市人大常委会代表资格审查委员会关于市八届人大代表变动和代表资格终止情况的报告；6. 审议通过有关人事任命事项；7. 审议《关于进一步规范市人大常委会会议的规定（草案）》。

第6次会议于2017年11月28日举行。会议的主要议程是：1. 通报关于湖州市出席省第十三届人民代表大会代表候选人有关情况；2. 讨论提交市八届人大二次会议审议通过的有关事项；决定湖州市第八届人民代表大会第二次会议列席人员名单；3. 听取和审议市政府关于2017年第二批政府重大投资项目计划（草案）的报告；审查和批准2017年第二批政府重大投资项目计划；4. 通过市人大常委会代表资格审查委员会关于市八届人大代表变动和代表资格终止情况的报告；5. 审议通过有关人事任免事项。

第7次会议于2017年12月28日至29日举行。会议的主要议程是：1. 审议《湖州市电梯使用安全条例（草案）》；2. 听取和审议市人大常委会执法检查组关于开展贯彻《中华人民共和国食品安全法》、不断提升湖州市食品安全工作水平检查情况的报告；市政府关于贯彻《中华人民共和国食品安全法》、不断提升湖州市食品安全工作水平情况的报告（书面）；3. 听取和审议市政府关于促进农民持续增收情况的报告；4. 听取和审议市政府关于《湖州市市容和环境卫生管理条例》贯彻实施情况的报告；5. 听取和审议市政府关于市八届人大一次会议代表建议、批评和意见办理情况的报告；市人大常委会代表与选举任免工委关于市八届人大一次会议代表建议办理情况的报告（书面）；6. 听取和审议市政府关于2017年市本级预算调整方案（草案）的报告，审查和批准2017年市本级预算调整方案；7. 审议市政府关于2016年度市本级预算执行和其他财政收支审计查明问题整改情况的报告（书面）；8. 审议市政府关于市旅游委员会更名为市旅游发展委员会的备案报告（书面）；9. 审议市人大常委会2017年工作总结（书面）；10. 审议通过有关人事任免事项。

【立法工作】 制订《湖州市禁止销售燃放烟花爆竹规定》《湖州市电梯使用安全条例》2部地方性法规，出台《湖州市人大常委会关于提高立法质量的若干规定》《湖州市人大常委会关于部门参与立法工作的办法》《湖州市人大常委会法规草案征求意见工作规则》3项制度，开展湖州市河道管理、美丽乡村建设、物业管理、历史文化街区保护4个二类项目的立法调研。

【讨论决定重大事项和任免工作】 市人大常委会立足全市工作大局，依法讨论决定重大事项，作出《湖州市人民代表大会常务委员会关于将市人大常委会预算工作委员会更名为市人大常委会财政经济预算工作委员会的决定》《湖州市人民代表大会常务委员会关于加快“城中村”改造提升城市品质的决定》《湖州市人民代表大会常务委员会关于批准湖州市2017年政府重大投资项目计划的决议》《湖州市人民代表大会常务委员会关于批准2017年市级地方政府债务限额的决议》等9项决议、决定。坚持党管干部和依法任免的有机统一，认真贯彻市委意图，切实规范任免程序，坚持任前法律知识考试、与常委会组成人员见面和供职报告等制度，组织被任命干部向宪法宣誓，任免国家机关工作人员110人（次）。

【监督工作】 市人大常委会紧紧围绕赶超发展，突出效果导向，从5个方面加强监督工作。围绕监督推动改革发展，听取和审议政情报告、推进“最多跑一次”改革促进行政审批提速增效、“中国制造2025”试点示范城市建设、绿色制造发展、计划执行、预算执行、审计工作情况等报告，深入调研科技城建设情况，推行全过程监督“民主预算、透明预算、绩效预算”，指导推动乡（镇）参与式预算审查全覆盖，在全省率先开展市、县人大在线联网监督。围绕监督推动法治建设，推动出台《关于加强地方性法规贯彻实施工作的若干意见》，制定并落实《湖州市禁止销售燃放烟花爆竹规定》专项监督计划，上下联动开展《中华人民共和国建筑法》执法检查，专题听取湖州市基本破解执行难问题和司改工作进展等情况汇报，完成27件规范性文件备案审查工作。围绕监督推动生态文明，听取和审议全域剿灭劣Ⅴ类水、废弃矿山复绿等专项报告，采取“三级人大联动、五级代表行动”的方式开展代表主题监督活动，认真参与配合中央环保督察组到湖州督察工作，深入县（区）、部门、乡（镇）、企业开展调研视察，提出意见和建议。围绕监督推动民生改善，全面推广民生实事代表票决工作，利用代表联络站等阵地平台广泛征集2018年度民生实事项目意见建议，市八届人大二次会议专题听取关于2017年度民生实事项目实施情况的报告，听取和审议道路交通安全、促进农民持续增收等专项报告，组织食品安全法执法检查，开展医疗卫生“双下沉、两提升”（医疗人才下沉、医疗资源下沉，提升基层医疗服务能力、提升群众就医满意度）监督调研。

【人大代表工作】 市人大常委会坚持把尊重代表主体地位、充分发挥代表作用，作为开展人大工作的重要基础和关键环节，着力丰富代表活动，创新工作载体，提升履职能力。深化代表联系服务，开展“五星级”代表联络站争创活动，全市共申报“五星级”代表联络站65个，总面积达12900平方米，开展进站活动7983人（次），接待群众6641人（次）；坚持和完善常委会领导联系乡镇（街道）人大、常委会组成人员联系基层代表制度，建立常委会领导联系走访基层代表制度，全年常委会领导共走访和接待基层代表198人（次）；推进基层一线代表列席常委会会议全覆盖，组织各代表小组围绕常委会议题开展38次视察调研活动，邀请79人（次）代表参加常委会有关会议和活动。创新代表活动方式，每季度围绕全市中心工作确定一个主题，组织召开人大代表问政会，以代表问、部门答、“面对面”交流等形式，反映基层呼声，推动政府工作；制定深化“双岗建功”主题活动实施意见，先后组织“剿灭劣V类水，代表在行动”“聚力‘四新’实践，展示代表风采”等4项主题活动，全市8300人（次）人大代表就近、就便参与。激发代表履职动力，分两批组织211名基层市人大代表，在复旦大学进行集中履职培训；举办乡镇（街道）人大主要负责人专题学习培训班，实现基层人大负责人培训全覆盖；组建法制、财政经济、教科文卫等7个代表专业小组，充分发挥代表专业优势；建立市人大代表履职积分制和年度述职评价工作机制，评选表彰先进代表小组、先进个人和优秀建议件，激发代表履职热情；综合运用清单式管理、组合式督办、互动式会商、立体式考评，抓好建议办理。（董　涛）

·湖州市人民政府·

【市政府常务会议】 2017年，市政府召开了七届第82次至八届第10次常务会议。

七届第82次常务会议于1月22日举行，会议听取了市发改委主任胡国荣关于2016年全市重点建设项目推进情况及2017年计划安排建议的汇报；听取了市政府秘书长陈亚明关于2016年度“大好高”项目指标完成情况、县（区）考核结果及2017年度工作目标任务安排情况的汇报；听取了市经信委主任熊全龙关于进一步减轻企业负担降低企业成本政策十八条有关情况的汇报；听取了市农办主任柳国强关于《湖州市美丽乡村建设2017年行动计划》有关情况的汇报；听取了市农业局局长方杰关于提升发展蚕桑产业有关情况的汇报；听取了市政府副秘书长倪跃田关于领导干部自然资源资产离任审计试点工作情况的汇报；听取了市政府咨询委秘书长罗景华关于咨询研究工作情况及2017年工作思路安排的汇报；听取了市政府副秘书长、办公室（法制办）主任徐晏平关于市政府2016年立法工作计划完成情况及2017年立法工作计划草案编制情况的汇报；听取了市交通运输局副局长孟立忠关于《深化出租汽车行业改革的实施意见》及《网络预约出租汽车经营服务管理实施细则（试行）》有关情况的汇报。会议书面通报了全国、全省安全生产电视电话会议精神及湖州市贯彻意见、全国农村集体产权制度改革工作电视电话会议精神及湖州市贯彻意见、全省政府法制工作会议精神及湖州市贯彻意见、2016年全市服务业发展情况及2017年推进计划安排、2016年湖州市政府质量奖评审工作、全面梳理公开公共服务事项工作、落实机关事业单位养老保险制度改革前已退休人事代理人员养老金调整政策等有关情况。

七届第83次常务会议于2月15日举行，会议听取了市交通运输局副局长周军关于全市交通基础设施建设有关情况的汇报；听取了市人力社保局局长王树关于深入推进大学生创业十条扶持政策有关情况的汇报；听取了市政府副秘书长、办公室主任徐晏平关于民生实事项目2016年度推进情况及2017年度征集情况的汇报；听取了市金融办副主任蒋小明关于进一步加强政保合作加快发展现代保险业实施意见有关情况的汇报；听取了市住建局局长李全明关于促进中心城市房地产市场持续平稳健康发展政策有关情况的汇报；听取了市卫生计生局局长施会龙关于人感染H7N9禽流感防控工作有关情况的汇报；听取了市国资委主任孔培康关于湖州市企业国有资产交易管理实施办法有关情况的汇报；听取了市公安局常务副局长沈利剑关于建立全市打击经济犯罪联席会议制度及境外非政府组织管理工作有关情况的汇报；听取了市财政局局长周建明关于2017年市级财政预算安排建议的汇报；听取了市教育局局长潘音关于实施《浙江省深化高校考试招生制度综合改革试点方案》工作情况的汇报。会议书面通报了省东西部扶贫协作座谈会暨省对口支援工作领导小组第十次会议精神及湖州市贯彻意见、加快推进慈善事业发展实施意见、构建和谐劳动关系实施意见等有关情况。

七届第84次常务会议于3月6日举行，会议听取了市行政服务中心主任夏威关于贯彻省政府第九次全体（扩大）会议精神加快推进“最多跑一次”改革有关情况的汇报；听取了市发改委主任胡国荣关于全市“六重”工作2016年度评估报告、2017年度调整清单、2017年度推进计划和“六重”工作考核实施办法（试行）有关情况的汇报；听取了市住建局局长李全明关于全省城中村改造和危旧房治理推进会精神及湖州市贯彻意见的汇报；听取了市编委办主任邱见春关于全市开展乡镇（街道）“四个平台”建设工作情况的汇报；听取了市国资委主任孔培康关于市旅游集团收购浙江西塞山旅游投资开发有限公司非国有股权有关情况的汇报。会议书面通报了市政府2017年重点工作清单、全国全省信访局长会议精神及湖州市贯彻建议、2017年度市政府常务会议学法计划、行业协会商会与行政机关脱钩实施方案、全面推进地方志事业繁荣发展实施意见等有关情况。

七届第85次常务会议于3月21日举行，会议部署推进“四新”主题实践。会议听取了市政府副秘书长沈斌章关于《政府工作报告》起草情况和主要内容的汇报；听取了市发改委主任胡国荣关于《湖州市2016年国民经济和社会发展计划执行情况与2017年国民经济和社会发展计划草案》起草情况的汇报；听取了市财政局局长周建明关于《2016年全市和市本级预算执行情况及2017年全市和市本级预算草案》起草情况的汇报；听取了市发改委主任胡国荣关于湖州市本级城乡供水一体化水价调整方案、规范湖州市地面光伏电站有关情况的汇报；听取了市体育局局长沈宝山关于浙江省第十六届省运会筹备工作情况的汇报；听取了市国资委主任孔培康关于市属国有企业负责人经营业绩考核与薪酬管理暂行办法有关情况的汇报。会议书面通报了国务院安委会督查组督查发现问题整改后续推进、加强食品安全社会共治实施意见及落实全省机关事务管理工作会议精神的贯彻意见。

七届第86次常务会议于4月18日举行，会议听取了市农业局局长方杰关于深入推进农业供给侧结构性改革促进农业绿色发展十条意见有关情况的汇报；听取了市经信委主任熊全龙关于全省推进工业设计发展工作现场会精神及湖州市贯彻意见的汇报；听取了市质量技监局局长宋波关于湖州市发挥质量标准品牌引领作用推动供需结构升级行动计划（2017～2020年）有关情况的汇报；听取了市人行行长郑锦国关于绿色金融改革创新2017年行动计划有关情况的汇报；听取了市安全监管局局长章新泉关于全国、全省危险化学品安全综合治理电视电话会议精神及湖州市贯彻意见的汇报；听取了市人力社保局局长王树关于市区大病保险运营亏损政保分担有关情况的汇报；听取了市教育局局长潘音关于中心城区学校建设情况的汇报；听取了市政府副秘书长丁芳芳关于支持扶持有关企业发展的情况汇报。会议书面通报了首届全国休闲农业和乡村旅游大会主要精神及湖州市贯彻意见、全面推进民宿规范提升发展实施意见、全国全面深化供销合作社综合改革工作电视电话会议精神及湖州市贯彻意见、全省禁毒工作电视电话会议精神及湖州市贯彻意见。

八届第1次常务会议于4月27日举行，会议传达学习了省委书记车俊在湖州市调研时的讲话精神。会议讨论并通过了《湖州市人民政府工作规则》《湖州市人民政府关于加强领导班子自身建设的决定》及市“两会”后重点推进工作，明确了市长、副市长工作分工及当前需抓紧落实的重大事项。市政府各位领导就加强自身建设、做好新一届政府工作作了履职发言。

八届第2次常务会议于5月5日举行，会议集中学习了《中华人民共和国宪法》。会议听取了市经信委主任熊全龙关于推进“中国制造2025”试点示范城市建设有关情况的汇报；听取了市旅委主任干永福关于推进全域旅游重点工作有关情况的汇报；听取了长兴县人民政府县长杨中校关于湖州南太湖产业集聚区长兴分区建设生态园林产业园有关情况的汇报；听取了市环保局局长饶如锋关于排污权有偿使用和交易管理办法及实施细则修订情况的汇报。会议书面通报了2017年政府工作报告重点工作责任分解有关情况。

八届第3次常务会议于5月25日举行，会议听取了市住建局局长李全明关于开展城中村改造攻坚和建设项目遗留问题清零专项行动的汇报；听取了湖州开发区管委会副主任凌建荣关于湖州科技城规划工作有关情况的汇报；听取了市矿治办副主任韩新伟关于深入开展矿山复绿专项行动的汇报；听取了市卫生计生局局长施会龙关于中心城区医疗机构规划布局调整和市级公立医院管理体制改革及智慧健康建设有关情况的汇报；听取了市政府副秘书长、市政府办公室（法制办）主任徐晏平关于《湖州市禁止销售燃放烟花爆竹规定（草案）》起草情况的汇报；听取了市人力社保局局长王树关于大病保险全市统一招标有关情况的汇报；听取了市环保局局长饶如锋关于中央环保督察迎检准备工作的情况汇报。会议书面通报了湖州市开展公立医院薪酬制度改革试点工作有关情况。

八届第4次常务会议于6月19日举行，会议听取了市发改委主要负责人梅梓华关于湖州市参与宁湖杭生态经济发展带规划建设工作有关情况的汇报、关于2017年市本级政府投资项目计划（预算）有关情况的汇报；听取了市行政服务中心主任夏威关于公共资源交易监督管理体制机制改革有关情况的汇报；听取了美丽湖州办主任沈昕耀关于美丽湖州建设及启动创建国家生态文明建设示范市有关情况的汇报；听取了市政府副秘书长、市生态文明办主任倪跃田关于深入践行“两山”重要思想加快推进绿色发展意见有关情况的汇报；听取了市国土资源局局长朱仲华关于开展精准高效做好土地要素保障工作专项行动方案的汇报；听取了市规划局局长戴健关于中心城市商业办公地产去库存有关情况的汇报；听取了市林业局局长黄文鑫关于开展综合治理毁林（竹）专项行动的汇报；听取了市经信委副主任金永和关于湖州市盐业体制改革实施方案有关情况的汇报；听取了太湖度假区管委会主任葛伟关于要求协议回购奥特莱斯项目部分未开发土地有关情况的汇报。会议书面通报了2017年内河水运转型发展示范区创建重点任务及责任分解、全省全面实施标准化战略暨国家标准化综合改革试点动员推进会精神及湖州市贯彻意见、2017年度省市“五水共治”考核工作、奥体中心开办运营管理工作、气象防灾减灾体系建设工作等有关情况。

八届第5次常务会议于7月11日举行，会议集中听取了“最多跑一次”改革、奥体中心开办运营管理、建设项目遗留问题清零、全域剿灭劣V类水体、中心城区新农批市场建设等5项当前需抓紧落实的重大事项推进情况的汇报，并进行现场打分评价和排名。会议还听取了市发改委主任梅梓华关于上半年经济运行情况和下一步对策建议的汇报；听取了市经信委主任丁芳芳、市财政局局长周建明关于湖州市推进“中国制造2025”试点示范城市建设若干意见的情况汇报；听取了市政府副秘书长、市生态文明办主任倪跃田关于推行生活方式绿色化行动实施意见有关情况的汇报；听取了市环保局局长沈昕耀关于湖州市土壤污染防治工作方案编制情况的汇报。会议书面通报了全省企业职工基本养老保险工作会议精神及湖州市贯彻意见、调整市本级新能源汽车推广应用地方补助政策、创建国家农产品质量安全市实施方案、湖州市基层农技推广体系改革创新试点实施方案、社会组织清理整顿和规范管理工作等有关情况。

八届第6次常务会议于7月27日举行，会议听取了市发改委主任梅梓华关于企业投资项目承诺报备制改革试点实施方案有关情况的汇报；听取了市安全监管局局长张伟林关于推进安全生产领域改革实施意见及组织开展安全生产大检查工作有关情况的汇报；听取了市国资委主任鲍鸿关于市属国有企业经营业绩考核工作有关情况的汇报；听取了市政府副秘书长、办公室（法制办）主任沈斌章关于《湖州市电梯安全条例（草案）》起草情况的汇报。会议书面通报了全省各市政府秘书长办公室（厅）主任会议精神及湖州市贯彻落实建议、完善市对区财政体制、推进国家绿色金融改革创新试验区建设、加快推进再生资源回收利用体系建设、2017年调整退休人员基本养老金等有关情况。

八届第7次常务会议于8月15日举行，会议传达学习了省政府第十次全体会议精神。会议专题学习了《中华人民共和国行政复议法》与行政复议体制改革情况。会议集中听取了“中国制造2025”试点示范城市建设、市级公立医院重大项目建设及重大改革推进、全市小城镇环境综合整治、综合治理毁林（竹）专项行动、国家全域旅游示范区建设等5项当前需抓紧落实的重大事项推进情况的汇报，并进行现场打分评价和排名。会议听取了市环保局局长沈昕耀关于中央环保督察组转批信件办理情况的汇报；听取了市经信委主任丁芳芳关于《湖州市“十三五”能源“双控”工作实施方案》编制工作情况的汇报；听取了市发改委（物价局）主任梅梓华关于制定出台市区机动车停放服务收费管理办法有关情况的汇报；听取了市审计局局长童建华关于2016年度湖州市本级预算执行和其他财政收支审计情况的汇报。会议书面通报了提请出台“中国制造2025”试点示范城市建设有关决定、制定出台进一步加强和改进消防工作意见、湖州市渔业资源“一打三整治”暨幼鱼资源保护工作实施方案等有关情况。

八届第8次常务会议于8月31日举行，会议听取了市交通运输局局长房石磊关于综合交通建设大会战行动有关情况的汇报；听取了市经信委主任丁芳芳关于制定出台湖州市“金象金牛”大企业培育三年行动计划有关情况、关于制定出台湖州市全面推行区域能评改革的实施意见有关情况的汇报；听取了市商务局局长褚连荣关于制定出台湖州市强化招商引资“一号工程”加快赶超发展的若干意见有关情况的汇报；听取了市发改委（信用办）主任梅梓华关于制定出台加强政务诚信和个人诚信体系建设实施方案有关情况的汇报；听取了市水利局局长罗安生关于湖州市东苕溪绿道工程建设方案有关情况的汇报；听取了市残联党组书记余加伟关于湖州市残疾人康复中心项目筹建方案有关情况的汇报。会议书面通报了全市和市本级2016年财政决算和2017年上半年预算执行情况、建议给予侦破织里晟舍1995年“11·29”特大抢劫杀人案有功集体和个人行政奖励等有关情况。

八届第9次常务会议于9月19日举行，会议集中听取了谋划推进万亩大平台建设、国家绿色金融改革创新试验区建设、全国内河水运转型发展示范区创建、市本级渔民转产转业、全市小微企业三年成长计划、加强政府性债务管理等6项当前需抓紧落实的重大事项推进情况的汇报，并进行现场打分评价和排名。会议听取了市经信委主任丁芳芳、市金融办主任钱洪文关于制定出台湖州市市级商业银行支持制造业发展考评暂行办法有关情况的汇报；听取了市环保局局长沈昕耀关于湖州市“区域环评＋环境标准”改革进展情况、湖州市划定生态保护红线有关情况的汇报；听取了市文广新局局长楼婷关于湖州市美术馆筹建工作有关情况的汇报。会议书面通报了制定出台湖州市农业品牌建设行动计划（2017～2020年）、实施全面两孩政策改革完善计划生育服务管理实施意见、建议表彰城中村改造和建设项目遗留问题清零专项行动有功集体和个人、调整湖州市城乡居民基本养老保险基础养老金标准等有关情况。

八届第10次常务会议于10月19日举行，会议听取了市发改委主任梅梓华关于前三季度经济运行情况和下一步对策建议的汇报；听取了市经信委主任丁芳芳关于推进企业分类综合评价深化“亩均论英雄”改革工作、全省传统制造业改造提升工作推进大会精神落实情况的汇报；听取了市金融办主任钱洪文、市财政局局长周建明关于制定出台湖州市建设国家绿色金融改革创新试验区若干政策意见有关情况的汇报；听取了市住建局局长李全明关于制定出台加快建筑业提升发展的意见（试行）有关情况的汇报；听取了市林业局局长黄文鑫关于制定出台湖州市“林长制”工作实施方案有关情况的汇报；听取了市法制办主任沈斌章关于湖州市深化行政复议体制改革实施工作方案的汇报；听取了市咨询委秘书长汪蚕清关于市政府咨询委有关工作情况的汇报；听取了市生态文明办主任倪跃田关于“两山”重要思想湖州峰会（2017年年会）有关情况的汇报；听取了市城市集团董事长周建新关于小梅山宾馆及太湖楼项目有关情况的汇报。会议书面通报了省委深改组会议研究湖州市企业投资项目承诺报备制改革试点工作、国家绿色金融改革创新试验区建设工作考核办法、全国生态文明建设现场推进会主要精神及湖州市贯彻落实建议、构建“生态+电力”助推生态文明建设的实施意见、新建居住小区社区用房和垃圾清运设施等配套设施建设管理办法等有关情况。

八届第11次常务会议于10月31日举行，会议听取了市委统战部常务副部长蒋晓勇、市工商联党组书记王枫关于湖商发展大会细化方案等有关情况的汇报；听取了市科技局局长王志芳关于出台进一步扶持众创空间发展的十条意见有关情况的汇报。

八届第12次常务会议于11月15日举行，会议集中听取了“金蓝领”技能人才培养和大学生创业、湖州市政府产业基金、全市大气污染防治、招商引资“一号工程”、2017年度市政府民生实事项目等5项当前需抓紧落实的重大事项推进情况的汇报，并进行现场打分评价和排名。会议听取了市发改委主任梅梓华关于制定出台切实做好全市重大平台项目准入管理指导意见有关情况的汇报；听取了市人力社保局局长王树关于制定出台进一步深化大学生就业创业工作意见有关情况的汇报；听取了市信息中心主任奚立明关于制定出台湖州市促进大数据发展实施意见和方案有关情况的汇报；听取了市金融办主任钱洪文关于制定出台湖州市贯彻落实浙江省“凤凰行动”计划实施企业上市和并购重组“五年倍增行动”计划及进一步支持企业上市挂牌十条政策意见有关情况的汇报；听取了市经信委主任丁芳芳关于湖州市新能源汽车推广应用有关情况的汇报；听取了市综合执法局局长闵山明关于湖州市中心城区精细化管理工作有关情况的汇报；听取了市国土资源局局长王晓军关于开展全市“五未”土地处置专项行动的汇报；听取了市住建局局长李全明关于开展老城区老旧居住区块征收改造、内环北线（二环北路）快速化改造工程有关情况的汇报。

八届第13次常务会议于11月24日举行，会议听取了市经信委主任丁芳芳关于贯彻落实全省能源“双控”工作推进会精神及做好今年能源“双控”工作的情况汇报；听取了市编委办主任姚广民关于市级有关部门向各区下放事权有关情况的汇报；听取了市委宣传部常务副部长吴伟、市委统战部常务副部长蒋晓勇关于表扬奖励湖州市创建全国文明城市、2017湖商发展大会工作先进单位和个人有关情况的汇报；听取了市金融办主任钱洪文关于湖州银行改革发展总体方案的情况汇报；听取了市林业局局长黄文鑫关于修编湖州市湿地保护规划（2016~2025年）有关情况的汇报；听取了市人力社保局局长王树关于调整湖州市最低工资标准和失业保险金标准有关情况的汇报；听取了市财政局局长周建明关于2017年度市级预算调整等事项的汇报。会议书面通报了湖州市人民政府规章制定程序规定、公开公共服务事项动态调整管理办法、粮食安全责任制2016年度考核情况及2017年度落实意见、湖州市质量提升三年行动计划（2017~2019年）等有关情况。

八届第14次常务会议于12月12日举行，会议传达学习了全省市长座谈会精神。会议集中听取了全国文明城市创建、安全生产、湖州科技城建设、精准高效做好土地要素保障、加快电子商务发展等5项当前需抓紧落实的重大事项推进情况的汇报，并进行现场打分评价和排名。会议听取了市农业局局长方杰关于制定出台进一步加强病死猪无害化处理工作意见有关情况的汇报；听取了市市场监管局局长许宏关于湖州市食品安全党政同责实施办法的情况汇报；听取了市经信委主任丁芳芳关于加强湖州市重点区域免费开放Wi-Fi建设实施方案、小微企业园区建设管理的若干意见有关情况的汇报；听取了太湖度假区管委会主任葛伟关于解决湖州荣发置业有限公司名门项目历史遗留问题有关情况的汇报；听取了市编委办主任姚广民关于湖州市市属从事生产经营活动事业单位改革工作有关情况的汇报；听取了市教育局局长潘音关于市直普通高中布局调整有关情况的汇报；听取了市发改委主任梅梓华关于湖州市与吉林省白山市对口合作有关情况的汇报；听取了市交通运输局局长房石磊关于市区公交电动化全覆盖工作方案的汇报；听取了市委宣传部副部长王有娣关于制定出台湖州市文化产业发展三年行动计划有关情况的汇报；听取了市消防支队支队长刘海权关于制定出台湖州市消防安全责任追究暂行办法有关情况的汇报。会议书面通报了在湖州开发区等三个国家级开发区开展“证照分离”改革、调整2018年城乡居民基本医疗保险筹资标准、“健康湖州2030”行动纲要编制、湖州市现代渔业绿色发展“2222”行动计划（2017~2020年）、进一步加强“地沟油”综合治理工作实施意见、2016年度市本级预算执行及其他财政收支审计查明问题整改情况等有关情况。

八届第15次常务会议于12月29日举行，会议集中听取了食品安全、生态文明先行示范区建设、交通重点基础设施建设、教育重点项目建设及新高考改革、国家创新型试点城市建设、公共资源交易监管体制机制改革等6项当前需抓紧落实的重大事项推进情况的汇报，并进行现场打分评价和排名。会议听取了市发改委主任梅梓华关于实施市县（区）长项目工程有关情况的汇报；听取了市旅游委主任干永福关于全市旅游发展大会筹备工作暨全域旅游“个十百千万”工程实施意见的汇报；听取了市商务局局长褚连荣关于支持和鼓励开放型经济发展十八条意见有关情况的汇报；听取了市农办主任柳国强关于促进农民增收政策意见有关情况的汇报；听取了市民政局局长朱荣章关于做好2017年符合政府安排工作条件的退役士兵安置工作有关情况的汇报；听取了市国资委主任鲍鸿关于“周生记”“丁莲芳”注册商标商号字号企业名称等无形资产确权有关情况的汇报。会议书面通报了长江经济带生态环境保护审计工作、2018年元旦和春节期间困难群众生活安排和走访慰问工作建议、提升危险废物管理水平防范环境风险的若干意见、开展环境污染责任保险、贯彻落实全省处置“僵尸企业”工作电视电话会议精神、2017年市政府质量奖评审情况等有关情况。

【市政府全体会议】 6月29日，市政府召开第一次全体会议，贯彻落实中央和省委、省政府决策部署以及市第八次党代会、市“两会”等会议精神，大抓落实、大干实事，统筹推进各项重点工作。市委副书记、市长钱三雄强调，一定要把执行落实视为天职。要贯彻省第十四次党代会、市第八次党代会和省、市“两会”等精神，聚焦加快赶超、实现“两高”抓落实；战略层面要坚定、坚定、再坚定，战术层面要创新、创新、再创新，战役层面要落实、落实、再落实。钱三雄指出，一定要把攻坚破难当作常态。推动重大项目攻坚突破，全面强化招商引资“一号工程”地位，在“上亿客流、千亿产业”的新起点上，精准谋划一批旅游业大项目、好项目；推动重点工程攻坚突破，推动剿劣工作在剿彻底的基础上全面防反弹，全力办好民生实事项目，统筹推进社会事业、社会治理工作；推动重大平台攻坚突破，精心打造湖州科技城，扎实推进万亩大平台建设，扩展楼宇经济发展新空间；推动重点产业攻坚突破，全面推进“中国制造2025”试点示范城市建设，鼓励企业做大做精做强做优，加快建筑业和金融业提升发展；推动重大政策攻坚突破，着力推动“最多跑一次”等改革走在全省前列，积极推行企业投资项目全程备案制改革，最大限度激发民间投资活力；推动重点要素攻坚突破，深入推进城中村改造攻坚和建设项目遗留问题清零专项行动，精准高效做好土地、资金、人才等要素保障工作，加强政府债务管理，全力降低融资成本和到期支付风险，大力推进“金蓝领”技能人才培养和大学生创业工作，全面启动地校合作行动计划。钱三雄强调，一定要把纪律规矩挺在前面。做到旗帜鲜明讲政治、虎口夺食抢先机、敢于担当勇作为、领跑领先不掉队、雷厉风行抓推进、结果导向论英雄、牢记宗旨优服务、依法行政强法治、团结共事增合力、廉洁奉公树形象，全市政府系统和全体政府工作人员，一定要振奋精神、鼓足干劲，把自己摆进“四新”主题实践的大熔炉里，只争朝夕、埋头苦干，向组织和人民交上一份满意的答卷。

【人大代表建议和政协提案办理工作】 市政府高度重视人大代表建议和政协提案办理工作，自觉接受人大、政协等各方面的监督，认真办理落实代表、委员提出的建议、提案，办理工作取得显著成绩。2017年，由政府系统承办的195件代表建议和311件政协提案均按期顺利办结，当年解决或基本解决率分别达到54%、53.7%，均创历史新高，两案办理工作得到了人大代表和政协委员的充分肯定。

【民生实事项目】 让全体市民共享改革发展成果，是政府一切工作的出发点和落脚点。围绕群众急需、急盼，市委、市政府经过广泛征集和认真筛选，确定了雾霾治理、水环境综合整治、污水治理与供水保障、住房与居住安全保障、垃圾分类处理、公共交通、医疗卫生、文化体育、交通建设、村镇环境整治十方面的民生实事项目，十方面民生实事项目高质量完成，向全市人民交出了一份满意答卷。

【市政府其他会议】 2017年，市政府召开的其他全市性会议有：全市财政地税工作会议、全市金融工作座谈会、全市国土资源工作会议、全市生态文明建设暨治水治气治土治矿工作推进会、全市“六重”工作暨“最多跑一次”改革动员部署会、全市一季度经济形势分析会、全市剿劣工作推进会、湖州市“中国制造2025”试点示范城市建设动员大会、全市城中村改造攻坚和建设项目遗留问题清零专项行动动员大会、全市教育工作会议，全市城中村改造、“三改一拆”、小城镇环境综合整治和特色小镇建设推进会，全市“中国制造2025”暨传统制造业改造提升推进会、全市领导干部会议暨三季度经济形势分析会、全市妇女儿童工作会议、创建文明城市暨湖商发展大会总结表彰会、全市企业股改上市工作推进会、全市文化产业大会、创建全国文明城市暨湖商发展大会总结表彰会议、全市绿色金融改革创新试验区动员大会、绿水青山就是金山银山湖州会议等。

【市政府重要文件】 1月，市政府发出的文件：《湖州市人民政府关于印发湖州市全面深化公立医院综合改革试点实施方案（2016～2020年）的通知》《湖州市人民政府关于印发湖州市全民健身实施计划（2016～2020年）的通知》《湖州市人民政府办公室关于印发湖州市开展政府职能向社会组织转移试点工作实施意见的通知》《湖州市人民政府办公室关于印发湖州市乡村教师支持计划（2015～2020年）实施办法的通知》。

2月，市政府发出的文件：《湖州市人民政府关于公布2016年湖州名牌产品名单的通知》《湖州市人民政府关于公布2016年湖州市政府质量奖获奖企业名单的通报》《湖州市人民政府关于公布2016年度湖州市纳税大户名单的通报》《湖州市人民政府关于公布湖州市区新一轮基准地价更新结果的通知》《湖州市人民政府关于深化湖州市出租汽车行业改革的实施意见》《湖州市人民政府关于加快推进慈善事业发展的实施意见》《湖州市人民政府办公室关于公布2016年度湖州市农产品质量奖获奖产品的通知》《湖州市人民政府办公室关于表彰2016年度湖州市工业行业隐形冠军等先进集体和先进个人的通知》《湖州市人民政府办公室关于公布湖州市“十三五”高等学校重点学科名单的通知》《湖州市人民政府办公室关于印发加快新旧动能转换奋力实现工业开门红活动方案的通知》《湖州市人民政府办公室关于印发湖州市推进服务型政府建设“1113”行动计划实施方案的通知》。

3月，市政府发出的文件：《湖州市人民政府关于印发湖州市劣Ⅴ类水体剿灭行动实施方案的通知》《湖州市人民政府关于公布2016年度县区耕地保护责任目标考核结果的通报》《湖州市人民政府关于加快发展体育产业促进体育消费的实施意见》《湖州市人民政府办公室关于提升发展蚕桑产业的若干意见》《湖州市人民政府办公室关于转发湖州师范学院服务湖州经济社会发展行动纲要（2016～2020年）的通知》《湖州市人民政府办公室关于公布2016年度全市政务信息工作考核结果和“政务好信息”的通报》《湖州市人民政府办公室关于公布2016年度湖州市法治政府建设（依法行政）考核结果的通报》《湖州市人民政府办公室关于印发2017年湖州市工业强市建设推进计划的通知》《湖州市人民政府办公室关于促进中心城市房地产市场持续平稳健康发展的意见》《湖州市人民政府办公室关于印发湖州市整合建立统一的公共资源交易平台实施方案的通知》《湖州市人民政府办公室关于进一步加强政保合作加快发展现代保险业的实施意见》《湖州市人民政府办公室关于印发2017年市重点建设项目计划的通知》《湖州市人民政府办公室转发市国资委等部门关于湖州市企业国有资产交易管理实施办法的通知》《湖州市人民政府办公室关于印发2017年湖州市服务业发展工作推进计划的通知》《湖州市人民政府办公室关于公布2016年度湖州市重点骨干企业名单的通知》《湖州市人民政府办公室关于全面推进地方志事业繁荣发展的实施意见》。

4月，市政府发出的文件：《湖州市人民政府关于印发湖州市加快推进“最多跑一次”改革实施方案的通知》《湖州市人民政府　浙江省交通运输厅关于印发湖州市创建内河水运转型发展示范区实施方案的通知》《湖州市人民政府关于授予李辉等100人湖州市劳动模范称号和浙江米皇羊绒股份有限公司等25家单位湖州市模范集体称号的决定》《湖州市人民政府办公室关于印发湖州市深入推进大学生创业十条扶持政策的通知》《湖州市人民政府办公室关于加强食品安全社会共治的实施意见》《湖州市人民政府办公室关于印发湖州市人民政府2017年立法工作计划的通知》《湖州市人民政府办公室关于印发湖州市地质灾害隐患综合治理“除险安居”行动计划（2017～2018年）的通知》《湖州市人民政府办公室关于印发湖州市涉矿工程项目矿产资源管理办法（暂行）的通知》《湖州市人民政府办公室关于下达2017年度商务工作目标计划的通知》《湖州市人民政府办公室关于印发2017年度湖州市政府重点工作清单的通知》《湖州市人民政府办公室关于印发湖州市开放型经济发展“十三五”规划的通知》。

5月，市政府发出的文件：《湖州市人民政府关于市长、副市长工作分工的通知》《湖州市人民政府关于深入推进农业供给侧结构性改革促进农业绿色发展的十条意见》《湖州市人民政府关于加强领导班子自身建设的决定》《湖州市人民政府关于印发〈湖州市人民政府工作规则〉的通知》《湖州市人民政府关于公布2016年度计划生育工作目标责任制考核结果的通报》《湖州市人民政府关于公布第三届“湖州慈善奖”评选结果的通报》《湖州市人民政府关于印发湖州市主要污染物排污权有偿使用和交易管理办法的通知》《湖州市人民政府关于印发湖州市建设“中国制造2025”试点示范城市实施方案的通知》《湖州市人民政府办公室转发市发改委关于湖州市2017年度山海协作工程工作任务安排的通知》《湖州市人民政府办公室关于2016年度南太湖产业集聚区各分区综合考评结果的通报》《湖州市人民政府办公室关于印发湖州市发挥质量标准品牌引领作用推动供需结构升级行动计划（2017～2020年）的通知》《湖州市人民政府办公室关于印发湖州市大面积停电事件应急预案的通知》《湖州市人民政府办公室关于印发〈当前需抓紧落实的26件重大事项〉的通知》《湖州市人民政府办公室关于印发湖州市危险化学品安全综合治理实施方案的通知》《湖州市人民政府办公室关于印发2017年度市政府十大民生实事项目的通知》《湖州市人民政府办公室关于公布湖州市2017年度政府集中采购目录及采购限额标准的通知》《湖州市人民政府办公室关于印发2017年政府工作报告重点工作责任分解的通知》《湖州市人民政府办公室关于印发湖州市区域卫生规划（2016～2020年）的通知》《湖州市人民政府办公室关于印发湖州市畜牧业绿色发展三年行动实施方案（2017～2019年）的通知》《湖州市人民政府办公室关于全面推进民宿规范提升发展的实施意见》《湖州市人民政府办公室关于印发湖州市拖拉机“三项治理”行动工作方案的通知》《湖州市人民政府办公室转发市发改委关于2017年湖州市国民经济和社会发展计划的通知》《湖州市人民政府办公室关于印发2017年湖州市“中国制造2025”试点示范城市建设推进计划的通知》。

6月，市政府发出的文件：《湖州市人民政府办公室关于公布湖州市第三批历史建筑名单的通知》《湖州市人民政府办公室关于公布2016年度区域建设用地集约利用综合评价考核结果的通报》《湖州市人民政府办公室关于印发2017年湖州市法治政府建设工作要点的通知》《湖州市人民政府办公室关于印发湖州市开展公立医院薪酬制度改革试点工作实施方案的通知》《湖州市人民政府办公室关于印发2017年湖州市政务公开工作要点的通知》。

7月，市政府发出的文件：《湖州市人民政府关于调整市政府咨询委员会有关人员的通知》《湖州市人民政府关于印发湖州市盐业体制改革实施方案的通知》《湖州市人民政府关于印发深入开展矿山复绿专项行动实施方案的通知》《湖州市人民政府办公室关于印发湖州市突发环境事件应急预案的通知》《湖州市人民政府办公室关于印发湖州市综合治理毁林（竹）专项行动实施方案的通知》《湖州市人民政府办公室关于建立市级有关临时性机构的通知》《湖州市人民政府办公室关于印发湖州科技城发展规划的通知》《湖州市人民政府办公室关于印发湖州市全面实施标准化战略行动计划（2017～2020年）的通知》《湖州市人民政府办公室关于开展“放心消费在湖州”行动的实施意见》《湖州市人民政府办公室关于市区城中村改造征收集体土地房屋补偿和货币化安置奖励的实施意见（试行）》《湖州市人民政府办公室关于印发湖州市突发地质灾害应急预案的通知》《湖州市人民政府办公室关于市政府秘书长、副秘书长工作分工的通知》《湖州市人民政府办公室关于开展行政规范性文件清理工作的通知》。

8月，市政府发出的文件：《湖州市人民政府关于给予李荣春等12人记二等功并分别授予湖州市见义勇为先进人物荣誉称号的决定》《湖州市人民政府关于印发湖州市土壤污染防治工作方案（2017～2020年）的通知》《湖州市人民政府关于进一步加强市区耕地占补平衡管理的通知》《湖州市人民政府办公室关于印发湖州市创建国家农产品质量安全市实施方案（2017～2018年）的通知》《湖州市人民政府办公室转发市规划局关于加快推进中心城市商业办公地产去化工作方案的通知》《湖州市人民政府办公室关于公布湖州市“十三五”高等学校重点专业名单的通知》《湖州市人民政府办公室关于进一步加强市区农村土地综合整治工作的通知》《湖州市人民政府办公室关于印发精准高效开展土地要素保障工作专项行动方案的通知》《湖州市人民政府办公室关于加快开发区转型升级创新发展的实施意见》。

9月，市政府发出的文件：《湖州市人民政府关于给予侦破湖州织里晟舍1995年“11·29”特大抢劫杀人案有功集体和个人行政奖励的决定》《湖州市人民政府湖州军分区关于表彰2016年征兵工作先进单位和个人的通报》《湖州市人民政府关于给予城中村改造攻坚和建设项目遗留问题清零专项行动有功个人行政奖励的决定》《湖州市人民政府办公室关于深入推进“无欠薪”县区建设的通知》《湖州市人民政府办公室关于促进扩大有效投资平稳较快增长确保完成全年目标任务的通知》《湖州市人民政府办公室关于印发2017年湖州市食品安全工作要点的通知》《湖州市人民政府办公室关于进一步加强和改进消防工作的意见》《湖州市人民政府办公室关于印发湖州市区机动车停放服务收费管理办法的通知》《湖州市人民政府办公室关于调整市级临时性机构及其主要负责人的通知》《湖州市人民政府办公室关于建立和调整市级有关临时性机构的通知》《湖州市人民政府办公室关于加快推进湖州市再生资源回收利用体系建设的实施意见》《湖州市人民政府办公室关于印发加强政务诚信和个人诚信体系建设实施方案的通知》《湖州市人民政府办公室关于加强和规范市属国有企业机构编制和人力资源管理的意见》《湖州市人民政府办公室关于全面推行区域能评改革的实施意见》《湖州市人民政府办公室关于印发湖州市“十三五”能源“双控”工作实施方案的通知》。

10月，市政府发出的文件：《湖州市人民政府关于公布行政规范性文件清理结果的通知》《湖州市人民政府办公室关于印发湖州市加快市本级旅游业发展四年行动方案（2017～2020）的通知》《湖州市人民政府办公室关于印发湖州市企业投资项目承诺报备制改革试点实施方案的通知》《湖州市人民政府办公室关于建立和调整市级有关临时性机构的通知》《湖州市人民政府办公室关于调整市政府法律顾问组组成人员及工作规则的通知》《湖州市人民政府办公室关于印发湖州市地方政府性债务风险应急处置预案的通知》。

11月，市政府发出的文件：《湖州市人民政府关于调整第四届湖州仲裁委员会组成人员的通知》《湖州市人民政府关于表彰首届优秀企业家“银杏奖”“百合奖”“湖商终身成就奖”的决定》《湖州市人民政府关于印发湖州市老龄事业发展“十三五”规划的通知》《湖州市人民政府关于印发湖州市传统制造业改造提升行动计划（2017～2020年）的通知》《湖州市人民政府关于进一步加强法制工作的意见》《湖州市人民政府关于印发湖州市人民政府咨询委员会工作规则的通知》《湖州市人民政府关于印发湖州市“林长制”工作实施方案的通知》《湖州市人民政府关于市政府第三届咨询委员会组成人员、咨询专家和咨询研究员的通知》《湖州市人民政府关于强化招商引资“一号工程”加快赶超发展的八条意见》《湖州市人民政府办公室关于印发湖州市“区域环评＋环境标准”改革实施方案的通知》《湖州市人民政府办公室关于印发湖州市人民政府邀请社会代表列席有关会议制度（试行）的通知》《湖州市人民政府办公室关于印发湖州市饮用水源突发环境污染事件应急预案的通知》《湖州市人民政府办公室关于推进文化设施整合利用的实施意见》《湖州市人民政府办公室关于印发湖州市构建“生态＋电力”助推生态文明建设实施方案的通知》《湖州市人民政府办公室关于进一步扶持众创空间发展的十条意见》《湖州市人民政府办公室关于湖州市建设国家绿色金融改革创新试验区的若干意见》《湖州市人民政府办公室关于印发湖州市新建居住小区社区用房和垃圾清运设施等配套设施建设管理办法的通知》《湖州市人民政府办公室关于进一步加强全市移动通信基础设施建设的通知》《湖州市人民政府办公室关于加快建筑业提升发展的实施意见（试行）》《湖州市人民政府办公室关于公布市咨询委2017年度优秀课题报告、优秀建言和优秀咨询研究工作者的通报》《湖州市人民政府办公室关于启用市政务服务管理办公室和市公共资源交易管理办公室机构印章的通知》《湖州市人民政府办公室关于推进重点领域信息公开工作的通知》《湖州市人民政府办公室关于印发湖州市突发公共事件物资能源应急保障行动方案的通知》《湖州市人民政府办公室关于高标准高质量加快推进特色小镇规划建设的通知》。

12月，市政府发出的文件：《湖州市人民政府关于调整全市最低工资标准的通知》《湖州市人民政府关于印发湖州市“五未”土地处置专项行动实施方案的通知》《湖州市人民政府关于给予湖州市创建全国文明城市工作有功集体和个人行政奖励的决定》《湖州市人民政府关于湖州市中心城市精细化管理的实施意见》《湖州市人民政府关于印发湖州市推进企业上市和并购重组“五年倍增行动”计划（2017～2021年）的通知》《湖州市人民政府关于印发湖州市防治船舶及其有关作业活动污染水域环境应急能力建设规划（2017～2020年）的通知》《湖州市人民政府关于促进大数据发展的实施意见》《湖州市人民政府办公室关于印发湖州市职业病防治规划（2017～2020年）的通知》《湖州市人民政府办公室关于进一步支持企业上市挂牌的十条意见》《湖州市人民政府办公室关于印发湖州市加快公共数据和信息系统整合共享推进“最多跑一次”改革工作方案的通知》《湖州市人民政府办公室关于印发湖州市成品油市场供应等3个应急预案的通知》《湖州市人民政府办公室关于进一步扶持大学生就业创业新十条政策（试行）的通知》《湖州市人民政府办公室关于进一步深化简政放权放管结合优化服务改革推进市级向区级放权的意见》《湖州市人民政府办公室关于切实加强全市重大平台项目准入管理的指导意见》《湖州市人民政府办公室关于印发湖州市公开公共服务事项动态调整管理办法的通知》《湖州市人民政府办公室关于湖州市促进互联网租赁自行车规范发展的实施意见（试行）》《湖州市人民政府办公室关于印发湖州市质量提升三年行动计划（2017～2019年）的通知》《湖州市人民政府办公室关于公布2017年度湖州市农产品质量奖获奖产品的通知》。（田家欢）

·政协湖州市委员会·

【政协第七届湖州市委员会常务委员会第十九次和第二十次会议】 政协第七届湖州市委员会常务委员会2017年共举行2次会议。

市政协七届十九次常委会议于1月12日在湖州召开。市委常委、常务副市长杨建新应邀出席会议，并代表市政府通报了2016年全市经济社会发展情况和2017年工作思路。会议听取了市政府秘书长陈亚明所作的关于市政协七届五次会议以来提案办理工作情况的通报；听取了市纪委副书记、监察局局长何国富所作的关于2016年全市党风廉政建设和反腐败工作情况的通报；审议通过了市政协2016年工作总结。会议听取了有关人事任免事项的说明，并审议通过了有关人事任免的决定，决定同意姚新兴辞去市政协秘书长、七届市政协委员职务；同意滕凌云辞去七届市政协常委、委员职务；同意梅会珠辞去市政协常委职务；增补杨兴荣为七届市政协委员；免去杨兴荣市政协副秘书长职务，免去滕凌云市政协社会法制委员会主任职务，免去钱旻市政协教文卫体委员会兼职副主任职务；任命杨兴荣为市政协社会法制委员会主任，任命梅会珠为市政协人口资源环境委员会专职副主任，任命杨健康为市政协委员工作委员会专职副主任。市政协主席吴水霖就始终坚持和积极践行以人民为中心的发展思想作了专题讲话。

市政协七届二十次常委会议于3月17日在湖州召开。会议主要是为召开市政协八届一次会议作准备。会议审议通过了《关于召开中国人民政治协商会议第八届湖州市委员会第一次会议的决定》，决定4月21日在湖州召开政协第八届湖州市委员会第一次会议。会议听取了关于政协第七届湖州市委员会常务委员会工作报告和提案工作情况报告的起草说明、政协第八届湖州市委员会委员协商提名情况的说明。会议分组讨论了《政府工作报告（征求意见稿）》以及其他大会有关事项。会议审议通过了政协第八届湖州市委员会委员名单；通过政协第七届湖州市委员会常务委员会工作报告和提案工作情况的报告；通过市政协八届一次会议议程（草案）和日程（草案）；通过市政协八届一次会议相关工作报告报告人名单以及列席人员范围；通过关于授权主席会议审议市政协七届二十次常委会未尽事宜的决定。市政协主席吴水霖就以学习贯彻落实党代会精神和践行“四新”主题实践为契机，如何扬起新的风帆、开启新的征程作了专题讲话。

【政协第八届湖州市委员会第一次会议】 政协第八届湖州市委员会第一次会议于4月21日至25日在湖州召开。全市27个界别的360名委员出席会议。在湖州的市政协历届主席、副主席，在湖州的十一届省政协委员，市直有关单位负责人，不再担任八届市政协委员的部分七届市政协常务委员，在湖州的省文史馆馆员，市政协之友社秘书长，各区县政协秘书长，在湖州港澳台侨投资企业代表和在外湖州商会会长共160人列席了会议。4月20日，市政协八届一次会议举行预备会议，审议通过了主席团成员、主席团会议主持人和秘书长名单；

审议通过了市政协八届一次会议议程、市政协八届一次会议提案审查委员会名单。主席团第一次会议随后举行，审议通过了主席团常务主席名单和常务主席会议主持人名单、市政协八届一次会议副秘书长名单、小组及小组召集人名单和会议日程。4月21日，市政协八届一次会议开幕，市党政军领导，市中级人民法院、市人民检察院和湖州师范学院、湖州职业技术学院的领导以及有关老干部的代表到会祝贺。会议听取了七届市政协主席吴水霖代表七届市政协常委会所作的工作报告和七届市政协副主席魏明所作的提案工作情况的报告。4月22日，与会人员列席了市八届人大一次会议，听取并讨论了政府工作报告、市“两院”工作报告和其他重要报告。会议期间，委员们紧紧围绕工业经济转型升级、农业供给侧结构性改革、城乡统筹发展、生态文明建设和推动民生改善等重大问题，积极协商议政，提出了富有建设性的意见和建议。4月23日上午，市委常委、副市长分别参加了联组讨论，听取委员们的意见和建议；下午，举行委员大会发言，35位委员就湖州经济社会发展中的重点、难点问题和群众关心、关注的切身利益问题作了大会口头发言或书面发言，市委、市政府有关领导和相关部门负责人到会听取了委员们的大会发言。会议期间，主席团先后举行了第二、第三次会议，分别审议通过了大会有关事项。25日，举行大会选举，经过充分酝酿和讨论，以无记名投票和等额选举的办法，选举杨建新为政协第八届湖州市委员会主席，选举李建平、方新旗、魏明、钟鸣、高东、叶理中、葛伟、竺鸰为副主席，钮建新为秘书长，干梅林等47人为常务委员。会议审议通过了大会提案审查委员会关于八届一次会议提案收集初审情况的报告，审议通过了政协第八届湖州市委员会第一次会议决议。会议期间，共收到委员以提案形式提出的意见和建议325件，经初审立案307件。市委书记陈伟俊和新当选的市政协主席杨建新在闭幕会上讲话。

【政协第八届湖州市委员会常务委员会第一次至第三次会议】 政协第八届湖州市委员会常务委员会2017年共举行3次会议。

市政协八届一次常委会议于5月9日在湖州召开。会议审议通过了《政协湖州市委员会常务委员会工作规则》《政协湖州市委员会常务委员会关于加强自身建设的意见》和《政协湖州市委员会2017年工作要点》；审议通过了《政协第八届湖州市委员会常务委员会关于设置专门委员会的决定》，决定政协第八届湖州市委员会设置提案委员会、人口资源环境委员会、文史资料委员会、经济科技委员会、教文卫体委员会、社会法制委员会、港澳台侨委员会和委员工作委员会8个专门委员会；审议通过了《政协第八届湖州市委员会常务委员会关于任命政协第八届湖州市委员会副秘书长的决定》，决定任命杨兴荣、薛淦江、蒋小明为市政协副秘书长，李钰为市政协兼职副秘书长；审议通过了《政协第八届湖州市委员会常务委员会关于任命政协第八届湖州市委员会各专门委员会主任、副主任的决定》，决定姬海荣、汪少华、戎美勤、沈金才、李莉、杜方林、沈兴元、吴传侠8位任各专门委员会主任，王惠荣等7位任专职副主任，庞娟英等27位任兼职副主任。市政协主席杨建新就政协常委加强自身建设、提升履职能力作了专题讲话。

市政协八届二次常委会议于9月28日在湖州召开。副市长施根宝应邀出席会议。会议主要议题是协商讨论“湖州中心城市轨道交通规划和建设问题的研究”常委会重点协商课题调研报告和建议案。会议围绕课题进行协商讨论，有关常委、委员作了大会交流发言，提出了完善中心城市轨道交通线网规划、创新实现轨道交通智能化、关注人才培养及专业技术引进等意见和建议。在充分讨论的基础上，会议审议通过了《关于湖州中心城市轨道交通规划和建设问题的建议案》；通过了《政协湖州市委员会关于委员履行职责的若干规定》《政协湖州市委员会关于委员履职考评的办法》；会议决定免去张晓春市政协经济科技委员会专职副主任职务，免去杨健康市政协委员工作委员会专职副主任职务，免去翁明皓市政协提案委员会兼职副主任职务；决定张晓春任市政协港澳台侨委员会专职副主任，刘丽任市政协经济科技委员会专职副主任，杜跃东任市政协委员工作委员会专职副主任；同意翁明皓辞去八届市政协委员职务。市政协主席杨建新就湖州中心城市轨道交通规划建设和构建湖州市人民政协协商议政新格局工作作了专题讲话。

市政协八届三次常委会议于12月25日在湖州召开。市委常委、常务副市长高屹代表市政府通报了2017年全市经济社会发展情况和2018年工作思路；市委常委、市纪委书记、市监委主任梁雪冬通报了2017年全市党风廉政建设和反腐败工作暨深化监察体制改革试点工作情况。会议听取了市政府秘书长徐晏平所作的市政协八届一次会议以来提案办理工作情况的通报；审议通过了市政协八届二次会议有关事宜，《市政协2018年工作要点》《常委会工作报告》《提案工作报告（草案）》；听取了市农业局、市卫计局和市旅发委2017年提案办理情况的汇报，并进行了民主评议。市政协主席杨建新就深入学习贯彻中共十九大精神，切实做好当前和今后一个时期的政协工作作了专题讲话。

【协商议政和民主监督】 2017年，市政协紧紧围绕全市经济社会发展大局和市委、市政府中心工作，认真履行职能，积极建言献策，充分发挥协商民主重要渠道和专门协商机构作用。选择“扎实建设‘中国制造2025’试点示范城市，加快绿色发展”和“全面推进‘最多跑一次’改革，打造政府服务高地”两个重大问题，分别举办市委书记、市长与政协委员“面对面”专题协商活动，两次“面对面”活动提出的对策建议，得到了市党政主要领导的充分肯定。围绕市委第八次党代会报告，召开专题政治协商会议，从积极助推小微企业发展、培育创新主体、提升旅游业发展水平和加快健康湖州建设等方面提出意见和建议；市委副书记金建新讲话，市委常委、组织部部长干武东，市委常委、统战部部长崔凤军参加会议，听取委员发言，并给予积极评价；会后报送的《协商纪要》，有许多建议被市委采纳。就“关于湖州中心城市轨道交通规划和建设问题的研究”开展常委会议重点课题调研，在首建线路、制式选择和资金筹措等方面提出对策，引起市委、市政府的重视，形成1份建议案和1份调研报告，为湖州市轨道交通规划建设决策提供参考。

根据省政协的统一部署，3月22日至23日，市、区县两级政协组织45个督导工作组、737名委员，聚焦全面剿灭劣Ⅴ类水，深入全市各镇、村及河道，联动深化开展“三级政协联动、万名委员同行、助推‘五水共治’”专项集体民主监督；广泛发动委员开展“四随”（随查、随拍、随记、随传）和“我为‘五水共治’献良策”活动，及时将委员反映问题短板汇总报送给市有关方面，切实助推湖州市“五水共治”工作和委员建议的落实。深入做好委派民主监督小组工作，组建8个监督小组，就健全重点产业引导基金、完善绿色银行评级制度、加快湖州科技城建设和加强“金蓝领”技能人才培训等主题，委派到8个市级部门，开展定期、定点的跟踪监督，分别形成《民主监督建议书》，积极助推党、政重大决策部署的贯彻落实和人民群众切身利益问题的有效解决。按照《市政协深化“两学一做”积极践行“四新”主题实践实施方案》的有关安排，主席会议成员围绕生态文明建设、“拆治归”“两路两侧”、枢纽城市打造、滨湖一体化发展、湖州城市总规编制、小微企业成长、特色小镇建设、全域旅游发展、推进裸露矿山复绿、美丽乡村建设和农村危房改造等有关重点、难点问题，扎实开展视察监督，努力推动党委、政府重大决策部署的贯彻执行和民生问题的改进解决，努力为党政工作落实献计出力。组织在湖州的省政协委员就支持湖州加快建设“内河水运转型发展示范区”、支持湖州省际承接产业转移示范区建设、支持湖州创建全国绿色金融改革创新综合试验区等问题视察调研、提出提案，推动有关问题的立项解决。

【提案工作和反映社情民意工作】 2017年，市政协收到以提案形式提出的意见和建议330件，经审查立案311件，其中集体提案56件、委员提案255件。提案所提建议被采纳或基本采纳、部分采纳或列入计划采纳的有306件，占98.4%。市政协常委会进一步完善市委、市政府领导领办各民主党派、工商联集体重点提案机制，继续做好重点提案遴选与督办、同类提案集中办理和提案办理民主评议等工作，311件提案全部办复。《关于以建设“中国制造2025”试点示范城市为动力，大力推进湖州市工业经济赶超发展的建议》《关于大力推进我市电子政务建设，助力“群众和企业到政府办事最多跑一次”改革的建议》和《主动谋划乘势而为，加快南太湖保护利用》等一批重点、重要和专题提案得到较好的办理落实，推动了有关政策的落实和工作的改进。

2017年，市政协深化开展专题信息调研，着力加强信息员队伍建设，围绕“最多跑一次”改革、构建亲清新型政商关系、科技扶持中小企业发展等问题，积极向党政领导和有关部门反映重要的社会情况和真实的群众愿望。年内，收到事关就业、医疗、住房、教育、食品安全、社会保障和生态环境等一大批社情民意信息，编发《社情民意专报》等130余期，其中被全国、省政协办公厅采用43期，省、市领导批示22期，市政协反映社情民意信息的数量和质量进一步提升，反映社情民意信息工作位居全省政协系统考评第2名。

【其他重要工作】 扎实开展“四新”主题实践，按照中央和省、市委的统一部署，深入推进市政协“两学一做”学习教育常态化、制度化，举办“机关学习日”“党员政治生日”，创新开设“湖州政协·崇学讲坛”等，深入学习习近平新时代中国特色社会主义思想和治国理政新理念、新思想、新战略，使广大党员进一步增强“四个意识”，坚定“四个自信”，保持对党忠诚、勇于担当作为。

大力开展为民服务活动。进一步完善政协委员联系群众、服务群众工作机制，认真组织市、区县两级政协1500余名委员，深入城乡社区开展以送文化、卫生、科技、教育、法律和体育“六送下乡”为主要内容的为民服务活动月活动，为基层群众排忧解难。积极引导广大政协委员和机关工作人员参与慈善捐赠、爱心助学、扶贫慰问和结对帮扶等公益事业，累计捐款达1000余万元。年内，全市两级政协开展医疗义诊1200余人（次），组织农业科技、法律宣传和体育健身等知识讲座80余场（次），发放各类科普资料1.1万余册，受益群众1.3万余人，受到各方好评，使人民群众感到政协与自己很近、政协委员就在身边。

加强理论学习研究。组织召开全市政协主席读书会，围绕“学习贯彻习近平总书记‘7·26’重要讲话精神，探索政协工作新思路、新方法、新载体、新举措”主题深入开展研讨。认真开展人民政协理论研究，有4篇理论文章在《人民政协报》《联谊报》等各级各类报刊上发表，其中，《关于人民政协履职能力现代化的理论研究与实现路径》等2个理论研究课题入选《全国政协理论研究会年度论文集》。《创新设立高端协商平台，着力提升政协履职实效》获得省政协理论研究征文一等奖。首次作为全国3个受邀地级市政协之一，参加全国政协理论研究会2017年度研讨会，进一步增强湖州市政协理论研究影响力。

做好经常性工作。精心组织力量，深入调研和进行梳理，编辑出版《湖州文史——近现代湖州书画家纪实》。创新提高《湖州政协》办刊质量，办好《政协时空》栏目，加强政协门户网站建设，加大政协工作宣传力度。加强与港澳台侨、在外湖州商会会长的联系，联合举办湖州港澳乡亲和台湾同乡新春团拜会，协助开展海外侨胞故乡行，广泛动员参与湖商大会，不断激发其在湖州投资兴业的积极性。重视发挥市政协之友社、书画联谊会和民营经济促进会等组织的作用。八省十四市政协工作交流会和十一省二十一市政协书画联展，宣传湖州经济社会发展成果，努力扩大湖州市对外影响。配合全国政协和省政协到湖州就供给侧结构性改革、科技型中小微企业创新发展、促进科技成果转化、农村新产业新业态新动能增强、体育产业发展、古村落保护和美丽乡村建设、农村生活污水治理、“五水共治”“四边三化”工作、完善家庭责任医生签约服务制度、生态建设和小城镇建设等课题开展调研视察。加强委员学习与培训，通过加强联系指导、邀请专家作辅导讲座、组织委员考察调研和开展民主监督小组监督活动等形式，不断提升委员履职能力，围绕全国文明城市创建、城中村改造攻坚等中心工作，组织委员开展献计献策活动和界别活动，积极发挥委员主体作用和界别的特色优势。按照“懂政协、会协商、善议政，守纪律、讲规矩、重品行”的要求，加强机关干部队伍建设，充实专委会力量，注重年轻干部培养，进一步优化队伍结构，激发工作活力。严格执行“中央八项规定”和实施细则及市委制定的办法，驰而不息纠正“四风”，支持派驻市政协机关纪检监察组开展工作，高标准严要求抓好机关党风廉政建设和反腐败工作，进一步营造风清气正、心齐劲足和干事创业的良好氛围。（朱　婧）

·纪检监察·

【第七届市纪委第六次全体会议】 1月24日，中国共产党湖州市第七届纪律检查委员会第六次全体会议在湖州召开。会议深入学习贯彻中共十八届六中全会精神，按照十八届中央纪委七次全会、省纪委十三届六次全会和市委七届十三次全会的部署，总结2016年工作，研究部署2017年党风廉政建设和反腐败工作。市委书记裘东耀出席会议并讲话，强调要深入学习贯彻十八届中央纪委七次全会和省纪委十三届六次全会精神，特别是习近平总书记和省委书记夏宝龙的重要讲话精神，坚定不移推动全面从严治党向纵深发展，坚定不移把党风廉政建设和反腐败斗争引向深入，努力营造风清气正的政治生态，为加快湖州赶超发展提供坚强的政治和纪律保证。市委副书记、市长陈伟俊主持会议。市委常委、市纪委书记陈浩代表市纪委常委会作工作报告。副市级以上领导干部，市纪委委员，各县（区）、市直各单位主要负责人等参加会议。

会上，裘东耀、陈伟俊分别与各县（区）党委、政府签订了2017年度党风廉政建设责任书。

【强化政治监督和纪律保证】 把坚决维护习近平总书记在党中央和全党的核心地位、坚决维护党中央权威和集中统一领导作为最重要的政治任务，严明政治纪律和政治规矩，强化监督执纪问责，督促各级党组织和党员干部在思想上政治上行动上同以习近平为核心的党中央保持高度一致。把服务保障中共十九大和省、市党代会作为重要任务，加强对换届考察选举工作的监督，开展会风、会纪专项检查，严把政治关和廉洁关，审核“两代表一委员”人选870人（次），确保新一届市“两委”委员顺利选举产生。加强对中共十九大精神贯彻落实情况和党章、党规执行情况的监督检查，加强对党中央和省、市委决策部署贯彻情况的监督检查，以“最多跑一次”改革、剿灭劣V类水、“六重”工作、城中村改造攻坚和建设项目遗留问题清零四大专项行动为重点，严肃查处不作为、慢作为和乱作为等问题，实施责任追究95人。聚焦扶贫等民生重点领域，整合派驻机构力量，开展首轮巡回执纪监督，发现问题171个，给予党纪处分10人。

【推进监察体制改革试点】 市委成立改革试点工作小组，加强组织领导和统筹协调。市委主要领导负总责，抓统一思想、抓动员部署和抓重点难点，当好改革“施工队长”。市纪委切实负起专责，协助市委抓好组织实施和具体落实。试点工作小组各成员单位密切配合、形成合力。抓住方案制定、人大选举、机构设置、职能整合、人员转隶、工作和政策衔接等关键环节，按时序要求审慎稳妥推进，全面完成市、县（区）监察委员会组建工作，实现对行使公权力的公职人员监察全覆盖，改革后监察对象增加71%。坚持党建引领，通过加强支部建设、集中培训、谈心谈话、业务研讨和交流互学等方式，强化“进一家门、成一家人、说一家话、干一家事”的意识，推动机构整合、人员融合、业务磨合和思想契合。落实合署办公体制要求，统筹设立内设机构，实行执纪监督和审查调查部门分设，充实监督执纪一线力量，改革后，全市监督执纪一线人员编制占比达84.9%。完善内控制度，严格审批程序，严明办案纪律，依规依法、用准用好各项监察措施，确保监察权正确行使。将派驻纪检组更名为派驻纪检监察组，履行部分监察职能，实现监察职能横向拓展。

【层层压紧压实“两个责任”】 紧紧抓住主体责任这个“牛鼻子”，协助市委明确责任分工，量化考核指标，强化动态考核，推动各地、各单位落实责任分解、责任清单、约谈提醒和签字背书等制度。深化主体责任报告制度，各级各部门党委（党组）均向上级党委、纪委书面报告，全年市、县（区）纪委向报告单位共反馈具体问题和意见建议730条。协助市委对各县（区）和部分市直部门履行全面从严治党主体责任情况进行重点检查，推动管党治党政治责任进一步落实。严格执行拟提拔领导干部党风廉政建设“双审”制度，市、县（区）两级共审查拟提拔为正职的领导干部64名。探索试行主体责任项目领办制，推进主体责任具体化、精细化。严格责任追究，强化“一案双查”，对37名履行管党治党责任不力的干部进行问责。

【高标准落实“中央八项规定”精神】 紧盯节庆假日等重要节点，瞄准违规公款吃喝、违规发放津补贴和违规收送礼品礼金等重点问题，常态化开展明察暗访。集中排查整治违规公款购买消费烟酒问题，坚决纠正隐形变异“四风”（形式主义、官僚主义、享乐主义、奢靡之风）问题。全年查处违反“中央八项规定”精神问题37起，处理党员干部52人，其中党纪、政务处分40人。严格落实《关于规范领导干部操办婚丧喜庆事宜的若干规定》，开展专项检查，及时纠正违规操办、不按规定报告等问题。进一步发挥乡（镇）纪委作用，深化农村基层作风巡查，严肃查处侵害群众利益问题，给予党纪、政务处分85人。加大通报曝光力度，对40起违反“中央八项规定”精神问题、20起侵害群众利益的不正之风和腐败问题进行点名道姓通报曝光，形成有效震慑。

【有效运用“四种形态”】 坚持把纪律挺在前面，注重抓早抓小、动辄则咎，全市纪检监察机关运用监督执纪“四种形态”（让“红红脸、出出汗”成为常态；党纪轻处分、组织调整成为违纪处理的大多数；党纪重处分、重大职务调整的成为少数；严重违纪涉嫌违法立案审查的成为极少数）处理1298人（次），其中第一种形态占比42%，使红脸出汗成为常态。畅通信访举报渠道，全年受理信访举报2495件（次），同比上升14.2%。开展反映领导干部问题线索大起底，加强集中管理和集体会商，全年处置问题线索1423件，同比上升68.6%，为348名党员干部澄清问题。强化反腐败协调小组作用，加大查办案件力度，全年立案776件，同比上升7.6%；处分750人，上升6.2%，其中县处级11人、乡科级49人；挽回直接经济损失1290万余元。成立市追逃追赃办公室，开展党员和公职人员因私出国（境）证照专项检查。加强案件审理和申诉复查工作，组织开展纪律处分决定执行情况专项检查，纠正违规发放钱款82万余元。加强纪律教育，深化“党纪教育一刻钟”活动，全市接受教育党员干部35.5万余人（次）。加强对党员干部的日常监督管理，建立完善廉政档案14153份。

【充分发挥巡察利剑作用】 学习贯彻《中国共产党巡视工作条例》等党内法规，坚决贯彻党中央和省委关于巡察工作的部署要求，协助市委制定2017～2021年巡察工作五年规划。市委组建3个巡察组，分两轮完成对12家市直单位的集中巡察。把握政治巡察定位，聚焦坚持党的领导、加强党的建设和全面从严治党，市委巡察组共发现被巡察党组织管党治党宽松软等问题249个，批评教育和提醒谈话156人。加强和改进县（区）巡察工作，构建上下联动的监督网。各县（区）对85家单位开展巡察，发现并纠正问题2010个，诫勉谈话和组织处理43人。综合运用巡察成果，抓好整改落实，推动建立健全相关制度447项。

【纪检监察干部队伍建设】 市纪委常委会带头示范，制定加强自身建设意见和议事规则，严格执行民主集中制，认真落实廉洁自律各项规定。充分运用理论学习中心组、主题党日、机关学习日和学习讲坛等载体，深入学习习近平新时代中国特色社会主义思想和中共十九大精神，推动“两学一做”学习教育常态化、制度化。围绕市委“四新”主题实践，在全市纪检监察系统开展“五讲五比”（讲政治、比党性，讲大局、比担当，讲学习、比能力，讲实干、比业绩，讲规矩、比作风）教育活动，制定湖州市纪检监察干部作风建设示范引领标准及“九条禁令”，锤炼严、细、深、实作风。全市有1个集体和14名个人获中央纪委和省纪委表彰。健全内部管理机制，修订制定内部制度17项。加强干部日常监督，全面落实个人有关事项报告制度，严格执行反映纪检监察干部问题线索处置管理实施办法，坚决防止“灯下黑”。（邱云飞）

·组织工作·

【概况】 2017年，全市组织系统深入贯彻落实中共十八届六中全会、十九大和省、市党代会精神，聚焦党员干部人才主业，着力选优育强铸铁军、全域提升强堡垒、聚才汇智激活力、打铁锻钢砺作风，为湖州市加快赶超、实现“两高”提供坚强的组织保证。全市组织工作得到省部级以上领导批示15条（次），省级以上新闻媒体报道798条（次），省级以上工作简报刊发信息137条（次）。浙江生态文明干部学院在湖州成立，全省深化支部主题党日暨“两学一做”学习教育现场推进会、全省特色小镇党建工作现场推进会先后在湖州召开，湖州被中组部确定为城市基层党建工作示范市，湖州农村基层党建工作经验先后三次在全国县（市、区）新任组织部长培训班上作介绍，“青春党建故事汇”微电影展评活动获评全国组织系统“网络正能量”十佳专题活动，市直机关党员集体政治生日党建创新品牌获全国银奖，长兴县“党员身份证制度”入选全国基层党建创新最佳案例，“全面推行村社干部集中办公”“大力构建特色小镇党建全域融合新模式”等3项工作获评全省组织系统年度特色工作。人才评价机制获评全国人才工作创新最佳案例，连续4年获评全省人才工作目标责任制考核优秀市。

【“两学一做”学习教育】 围绕开展“四新”主题实践，突出基础在学、关键在做，推动党员干部深入践行“四讲四有”（讲政治、有信念，讲规矩、有纪律，讲道德、有品行，讲奉献、有作为）合格党员标准，切实发挥先锋模范作用。中共十九大闭幕后第二天，《人民日报》以《狠抓组织建设　提升队伍活力——湖州党员干事创业有激情》为题，大篇幅点赞湖州党员干部比学赶超、创先争优的事迹。一是以上率下抓实教育。精心制定“两学一做”学习教育常态化制度化实施方案，市党代会闭幕后第一时间，市委书记陈伟俊带头为全市600余名县处级以上领导干部讲党课，推动广大党员自觉对标看齐。全面推行“党性党纪教育一刻钟”，深入实施“千堂党课进基层”“千个支部结对学”，11月26日至12月22日，分4期对全市882名县处级干部开展十九大精神集中轮训。二是深化推行主题党日。全面推行“主题党日”制度，市委书记陈伟俊在全省深化支部主题党日暨“两学一做”学习教育现场推进会上作经验介绍。依托“湖州组工”微信公众号开展主题党日创意征集展示、十九大报告在线诵读等系列活动，参与人次近60万。三是全面激活党员主体。深化推动“万名先锋比赶超”，全面推行“一句话承诺”，切实激发支部活力和党员战斗力。精心组织开展纪念建党96周年系列活动，“七一”期间，各级党费专门安排224.94万元，对全市3999名老党员和生活困难党员组织走访一遍。深化农村党群创业互助会，帮扶困难党员群众167户，发放创业帮扶（慈善）基金96.6万元。四是严督实考助力“四新”。积极履行“四新”主题实践督查工作推进小组牵头职责，组建3个市委专项督查组开展常态化督查，每2个月举行乡镇（街道）党委书记工作交流会，每季度开展一次“百姓考场——局长面对面”，激励党员干部敢于担当、强化作为。

【干部队伍建设】 坚持好干部标准，持续打好“上、下、管、育、爱”组合拳，以“四个铁一般”（铁一般信仰、铁一般信念、铁一般纪律、铁一般担当）铸就过硬干部队伍。一是圆满完成市县领导班子换届工作。精心做好市第八次党代会、市“两会”有关人事安排和省人大代表推荐选举工作，指导县（区）完成“两会”选举，组织提名人选全部高票当选。当选的市委常委、市纪委常委在市委、市纪委八届一次全会中的得票率分别达99.8%和100%，分别比上届提高2.9和9.5个百分点。完成全市75个市直部门领导班子和710名领导干部届期考核，创新开展个人任职意向调查、岗位适宜人选、近期可使用的优秀年轻干部民主推荐，高质量做好市直部门领导班子集中调整，涉及干部调整195人（次）。加大乡镇（街道）年轻党政正职配备力度，组织开展4家市属国有企业领导班子副职人选公开招聘，司法体制改革和审计机关人财物管理改革试点取得明显成效。二是提升干部教育培训实效。紧扣党委、政府中心工作，举办市委主体班次20期，培训党员干部1900余人（次），其中县处级干部1300余人（次）。依托清华大学、上海市委党校等优质培训资源，精心打造“金融资本创新”“接轨上海”等专题研讨班，深入开展“领导干部法治思维和法治方式”“生态文明和环境保护”“智能制造”等专题培训。三是激发干部干事创业活力。深入实施县（区）党政领导班子和领导干部实绩考核评价，全面开展乡镇（街道）领导干部实绩纪实和公示公议工作，研究制定党政领导干部生态环境损害责任追究、激励干部改革创新干事创业容错纠错等制度，实施市管干部和优秀年轻干部参与中心工作专项考核，推动党员干部聚焦发展、真抓实干。深入实施年轻干部成长助推计划，连续第4次面向国内外著名高校选调优秀应届硕士、博士生，选派近2000名年轻干部参与招商引资、项目建设、剿灭劣V类水、城中村改造和文明城市创建等重点工作，选派81名年轻市管县处级干部和优秀年轻干部上挂外派或“蹲苗”锻炼，启动实施市管副职后备干部“双推比选”集中调整，加强优秀年轻专业型干部队伍建设，加速形成优秀年轻干部竞相涌现的培养链。四是从严加强干部管理监督。严把个人有关事项查核关口，扎实开展选人用人“一报告两评议”和党委（党组）书记离任用人行为检查，组织对18名部门党政主要领导干部“三责联审”，加大提醒告知力度，完成超职数整治工作。扎实推进领导干部社团兼职清理规范，周密组织全市公务员招考录用工作，认真落实县以下机关公务员职务与职级并行制度，扎实开展公务员“学法用法三年轮训行动”，认真完成816卷市管干部档案数字化工作。五是营造风清气正换届环境。加强换届风气监督，组织全市5000余名干部签订严守换届纪律承诺书，开展各类谈心谈话1.1万余人（次），集中观看《镜鉴》《警钟》警示教育片1.95万余人（次）。会同市纪委等相关部门对5个县（区）开展了两轮督导，相关工作得到省换届风气督导组肯定。

【基层组织建设】 突出大抓基层工作导向，强化责任落实、推动全域晋位，加快构筑基层党建新格局。一是高质量完成村社集中换届。坚持推行“三项承诺”［竞职承诺、创业（服务）承诺、辞职承诺］，全面落实“一状三办法”（签订换届工作责任状，建立换届工作定人定岗、专项考绩、责任倒查办法），圆满完成全市982个村、232个社区的换届任务。村社党组织、村（居）民委员会选举一次成功率分别达99.4%、97.7%，全市党员群众平均参选率达95.5%，比上届提高3.5个百分点，全市61个选情相对复杂村全部实现一次选举成功，中组部《组工信息》2次刊发湖州市村社“两委”换届工作经验。实施村社干部“强素质勇担当比赶超”专项行动，全面推行村社干部集中办公制度，举办全市新任村党组织书记示范培训班和社区党组织书记专题培训班，完成2185名村社主职干部履职培训和村社干部全员轮训。二是持续推动“整乡推进、整县提升”。深化“百村示范、千村晋位”专项行动，全市评选表彰5个市级“整乡推进”示范乡镇（街道）党委和56个市级先锋示范村，实施集体经济“造血”项目2314个，年经常性收入15万元以下的欠发达村基本消除。“七一”前夕，全省“千名支书”培训班600余名优秀村书记到安吉县考察基层党建工作。深化远教学用工作，创建6条省级远教示范带，开展省级远教VR试点，建设全市远教入户iTV平台，湖州市远教站点学习活跃度稳居全省首位。精心摄制18部重点电教片，开发“十九大党章微学堂”系列动画片并入选中组部精品党课100讲，《筑梦“两山”》《援疆情未了》《“小秸秆漫游记”H5》等参加中组部观摩评选。三是全面加强传统领域党建工作。扎实推进国企党建工作，全面落实“双向进入、交叉任职”制度，市属国企党委书记、董事长100%实行“一肩挑”，党员总经理100%担任党委副书记，市国资委和市属四大国企全部配备分管党建专职副书记。全面加强机关、中小学校和城市基层党建工作，探索“5+X”党员政治生日制度，打造中心城区城图广场城市党建综合体等党建新阵地。四是“两新”组织党建工作再上新台阶。持续推进“红色动力工程”，建成134家“红色动力工程”示范点。全面推进“党员人才工程”三年行动计划，建成市、县、镇、企四级164家“红领学院”、各级“党员专家工作室”123家、“党员创新示范岗”955个，新结成师徒帮带对子6800对，湖州新世纪外国语学校党委、南浔区锦绣实验学校党总支被授予“浙江省民办学校党建工作示范基地”称号。建立队伍建设激励机制，探索成立“红领公益基金”，编发《湖州市“两新”组织党组织书记风采录》，探索推进“两新”组织党务工作者队伍建设经验得到省委书记车俊和省委常委、组织部部长任振鹤批示肯定。

【人才工作】　坚持党管人才，大力实施人才强市战略，加快打造人才生态最优市。全年新入选国家“千人计划”专家13人，列全省第2位，国家“万人计划”专家2人，省“千人计划”专家19人；入选省领军型创新创业团队5个，列全省第1位；入选省海外工程师18人、省级院士专家工作站3家，均列全省第2位。一是大力推进产业人才快速集聚。推动“南太湖精英计划”提档升级，举办2017“智汇湖州·助力赶超”南太湖精英峰会，启动建设重点产业领军人才地图、数据库，全年遴选资助领军型创新创业团队和领军人才项目211个。组团赴海外招才引智，签约45个海外高层次人才项目、新聘任4名海外引才大使、新建3家海外引才工作站。加强“9360”战略合作联盟建设，引进急需紧缺人才4133人，其中湖州籍2350名。加强企业经营管理人才培养，培训1.8万人（次）。深化新生代企业家培养“311”领航计划，选派11名新生代企业家挂职培训。实施“金蓝领”高技能人才培养工程，新增高技能人才1.8万人。加大教育、卫生等人才队伍培养，分别制定出台教育、卫生领军人才引进实施办法，新建“名师名校长（名班主任）”工作室42家，引进培养医疗专业硕博士135人，培训农村“两创”实用人才9981人，制定出台宣传文化“345”优秀创新团队提升计划。二是着力提升人才项目作用发挥。组织开展“南太湖精英计划”项目成长助推行动，企业人才创新水平不断提升，全年“南太湖精英计划”创业项目产值、销售收入、利税和利润分别同比增长90%以上，新增“新三板”挂牌“南太湖精英计划”企业3家，累计“新三板”挂牌企业10家。三是精心打造人才创新创业平台。加大人才创新平台培育，新培育国家级企业技术中心1家、省级企业技术中心9家、市级企业技术中心44家，新建省级博士后工作站15家、省级企业研究院13家。加大人才创业平台建设，启动“南太湖精英计划”产业园创建，支持湖州科技城规划建设，建立市级特色小镇人才创业创新基地3个。指导县（区）共建国家级留学人员创业园，支持长兴县创建省级“千人计划”产业园。四是全面优化人才发展服务环境。建立人才问题快速处理机制，落实“123”人才服务日制度，举办政策咨询、问题会诊等活动78场次。着力打造人力资源服务业产业园，签约引进18家高端人力资源服务机构。制定出台人才购房奖励政策，年内已有111名人才享受购房奖励政策。大力贯彻落实“湖州服务绿卡”“优化企业人才服务十条举措”，协调解决人才就医、子女就学等各类问题101人（次）。五是深入实施人才体制机制改革。制定出台选聘高层次人才兼任市委人才办副主任政策文件，充分发挥以才引才、决策咨询等作用。贯彻落实“湖州人才新政24条”，制定出台高层次人才团队分类目录、事业单位科研人员离岗创业实施细则等5个配套办法。部署启动践行“四新”、领衔破难“1311”专项行动和落实省、市人才新政专项督查活动，开展“推动一个政策落地、创新三项工作机制、实施十一大创新项目”。

【自身建设】　贯彻全面从严治党要求，内提素质、外优形象，努力建设讲政治、重公道、业务精、作风好的模范部门。一是深化建设忠诚组工。扎实推进“两学一做”学习教育常态化制度化，部委领导带头、部机关全体干部跟班参加县处级干部中共十九大精神集中轮训，切实增强“四个意识”。部委班子坚持落实“党性党纪教育一刻钟”，全年集中学习18次，市委常委、组织部部长干武东及其他部委班子成员带头参加双重组织生活，切实发挥带学促学作用。赴安吉县余村开展部机关“迎七一”主题党日活动，激励组工干部不忘初心、继续前进。坚持全面从严治部，全体组工干部带头执行“九严禁”换届纪律。二是深化建设专业组工。大力弘扬“安专迷”精神，坚持开展读书荐书活动，加强政策法规业务培训，推动组工干部争当“活字典”“政策通”。深入开展调查研究，扎实推进10个创新工作重点培育项目和11项重点改革任务，3个课题获中组部和全国党建研究会优秀调研成果，6项调研成果被评为全省组织系统年度优秀调研报告。三是深化建设服务组工。制定实施市委组织部服务助推“四新”主题实践的实施意见，全力以赴助力全国文明城市创建，严格落实“路长制”“河长制”责任，选派干部参与城中村改造攻坚和建设项目遗留问题清零专项行动。深化落实组工干部直接联系群众制度，走访全市653个村、社区、企业等基层单位，走访慰问15名“双千万帮扶”对象，依托“阳光之家”服务平台发布办结困难党员群众微心愿近100个。四是深化建设阳光组工。充分发挥“湖州组工”“湖州两新党建”“南太湖人才”微信公众号、《湖州组织工作》杂志、“湖州组织工作网”等载体优势，精心建设部机关党建文化长廊，组织开展“新媒体+党员教育”微创意大赛。加强关爱激励，开展“家风尚”竞赛活动，定期“面对面”开展谈心谈话，不断营造组织部门“家”文化氛围。

（陈　程）

·宣传工作·

【概况】　2017年以来，全市宣传思想文化战线认真学习贯彻中共十九大和省第十四次党代会、市第八次党代会精神，紧紧围绕市委“四新”主题实践活动的部署要求，按照年初确定的各项目标任务，不断解放思想、优化作风，补齐短板、狠抓落实，奋力进取、奋发有为，各方面工作都实现了新突破、取得了新成果，为加快赶超、实现“两高”提供了有力的思想保障、精神动力、道德滋养和文化条件。

【强化理论武装工作】　牢牢抓住迎接和学习宣传贯彻中共十九大、省第十四次党代会、市第八次党代会这一主题主线，坚持用习近平新时代中国特色社会主义思想武装头脑、指导实践、推动工作。理论学习广泛深入。以党委（党组）理论学习中心组学习为龙头，以领导干部为重点，深入学习宣传贯彻习近平新时代中国特色社会主义思想和十九大精神。贯彻落实《中国共产党党委（党组）理论学习中心组学习规则》并转发省《实施办法》，提出明确贯彻要求。召开全市理论学习中心组学习经验交流会，评选表彰优秀县处级中心组20个，推动理论中心组学习的规矩立起来、严起来。市委中心组开展集中学习12次、交流研讨6次，全市县处级以上中心组专题学习600余场（次）。各级党组织通过中心组学习扩大会、集体学习会、专题研讨会、机关学习日等形式，推动十九大精神入脑入心。一是宣传宣讲生动及时。分层分类开展十九大，省、市党代会精神等主题宣讲活动。以百姓宣讲、“微党课”等形式，依托农村文化礼堂、基层党校等阵地，开展基层宣讲活动1000余场（次），推动十九大精神进企业、进农村、进机关、进校园、进社区、进网站。市委宣传部荣获全省“我最喜爱的习总书记的一句话”系列主题宣讲竞赛优秀组织奖，市委宣传部及3个县（区）荣获主题宣传活动成绩突出单位。持续打造“153”[每个行政村（社区）至少培养1名百姓宣讲员，每个乡镇（街道）选拔培养5名左右骨干巡回宣讲员，并与3个市、县（区）内其他乡镇（街道）结对开展宣讲走亲活动]基层百姓宣讲网络，培育百姓宣讲“名嘴”15名、优秀百姓宣讲工作室10个，吴兴区小红砖宣讲团获评全国基层理论宣讲先进集体称号、全省宣传思想文化工作“创新奖”。发挥报刊网络理论宣传阵地作用，着力抓好喜迎十九大及会中、会后宣传，指导市级主流媒体刊播十九大主题报道3100篇（次），在湖州在线、“湖州发布”“爱湖州”等网络平台开设专题，推送微音视频32个，市级新媒体浏览量达7.94万人（次），迅速形成宣传热潮。二是研究阐释深入浅出。召开学习宣传贯彻十九大精神座谈会，围绕学习贯彻十九大精神，结合工作实际开展理论研讨，在《湖州日报》《湖州社会科学》《湖州宣传》上集中刊发理论文章10篇。围绕重大理论问题立项规划课题38项，开展“特色小镇建设的对策建议”等5项委托课题研究工作，举办“‘两山’重要思想与当代中国的生态实践”学术研讨会，启动《湖州改革开放40年》编撰工作，举办“南太湖人文大讲堂”宣讲30场，《湖州历史文化丛书》第七辑正式出版。

【壮大正面主流舆论】　坚持团结稳定鼓劲，唱响湖州发展好声音，紧紧围绕服务“加快赶超、实现‘两高’”目标，形成赶超发展浓厚氛围。新闻宣传高潮迭起。全媒体开展“四新”主题实践展示宣传，累计刊播报道2300余篇（条）。把握“提振信心，增强内心”主基调，以转型升级系列组合拳、“六重”工作等为重点，开设“中国制造2025试点示范城市”、绿色金融改革创新试验区专题专栏，推出经济报道2600余篇（条）；组织媒体打好省、市党代会，市“两会”，2017湖商发展大会等重大宣传战役；围绕全国文明城市创建，各媒体平台刊播各类报道6000余篇、公益广告3万条次；开展“最多跑一次”改革、改造清零等省、市重点工作专题宣传。组织《击短》《联播调查》等专栏开展建设性舆论监督，各媒体平台针对反映问题的各类跟踪反馈520余篇次，反映问题整改率达90%以上，有力助推中心工作。全年新闻宣传工作得到市领导批示肯定80件（次），市委宣传部获浙江新闻奖重大主题报道组织奖。一是对外宣传捷报频传。主攻“大报大刊、头版头条、要闻内参”，围绕“绿富未来　好美湖州”主题，组织重大主题外宣活动30余项。中央、省级和境外各主要媒体全年刊播各类重要稿件3284篇（条），其中头版、头条稿件685篇（条），实现了《人民日报》《光明日报》《经济日报》等中央三大报刊头版聚焦湖州的历史突破。十九大召开期间，科学策划、靠前对接、把握节奏，实现了湖州形象高频率高密度出彩。湖州市2名十九大代表多次被《人民日报》、新华社、央视等主流媒体采访报道，10月26日，《人民日报》专题刊发长篇通讯《湖州党员干事创业有激情》，深度报道湖州市学习宣传贯彻十九大精神情况和基层党建工作的特色亮点。二是网络环境清朗有序。坚持“正能量是总要求、管得住是硬道理”，制作网络主题宣传专题35个，建设首批市级“网上文化家园”10个，组织开展“网络名博清丽湖州行”“通网就业路”2017湖州大学生社会实践网络文化节等活动。提高网络传播力，优化日常政务发布，官方微博、微信融合并用，利用双“微”力量，重点发布“重点项目、民生实事、政策文件、便民提示”等内容。有序推进网络社会组织工作，发展市网络文化协会首批会员35家，围绕“贯彻党代会、喜迎十九大”，组织开展“我为家乡写首诗”等网络主题活动。网络评论工作不断加强，优化队伍结构、提升作战能力、完善指挥体系，有效壮大网上主流声音。大力夯实网络安全基础建设，保障关键信息基础设施安全，圆满完成护航中共十九大、第四届互联网大会等任务。

【社会主义核心价值体系建设】 以创建全国文明城市为契机，不断提高公民文明素质和社会文明程度，推动社会主义核心价值观落细落小落实。一是全国文明城市创建成功夺牌。上下同欲打好创建决胜战。深入实施“市民素质提升”和“城市品质提升”两大工程，大力推进“十整治一完善”行动、“路长制”“河长制”等工作载体。集中整治191个老旧小区、104条主次干道、149条背街小巷、69家农贸市场，拆除违法建筑120余万平方米，施划道路标识标线19万余平方米，清除卫生死角13000余处，有效解决三狮水泥厂宿舍、学府路商业街、南浔亚洲城等一批“老大难”问题。发放宣传资料30余万份，提质设计300余个城市公益宣传景观小品，布置公益广告15万平方米。“全民365志愿行动”“诚信一条街”“文明示范楼道”等一批创建亮点工作成效明显。全市注册志愿者总人数达781289人，注册比例居全省第一，2个志愿服务类型获全国学雷锋志愿服务“四个100”先进典型荣誉称号。湖州市以三年综合成绩全国第七的优异成绩荣膺第五届全国文明城市，长兴县入选全国文明县城。学习争做“最美湖州人”蔚然成风。强化道德典型选树，持续推选“身边好人”。持续开展“最美系列”创评活动，2017年评选“最美湖州人”“最美家庭”“最美班组”“最美窗口”79个（含提名奖）。全市有1人入选“浙江骄傲”，28人入选“浙江好人”榜，2人入选“中国好人”榜，2个家庭分别荣膺全国“最美家庭”和第十届全国五好文明家庭荣誉称号。策划推出道德“红榜”制度，制作道德模范宣传折页3000余份、“身边的最美”系列宣传短片5个。广泛开展“最美家风”系列活动，征集优秀家训家规700余条、家风故事60余个，建成“最美家风+”示范点19个。全面推进“我们的节日”、小城镇文明行动、倡导绿色生活反对铺张浪费等活动，城乡文明程度明显提高。二是未成年人思想道德建设扎实推进。围绕立德树人根本任务，广泛开展“寻找美德少年、学习美德少年”、红领巾寻访爱国主义教育基地、“童心向党”歌咏比赛等系列实践活动，评选表彰全市第四届美德少年20名。全面推进文明校园创建工作，全市已创成全国文明校园1所、市级文明校园23所、县级文明校园107所。在中小学生中组织开展以孝敬、友善、节俭和诚信为主要内容的经典诵读活动，推动社会主义核心价值观在校园落地生根。推进市、县（区）校外未成年人心理健康辅导站建设，创新“心海导航”等校外心理健康辅导品牌，“春泥计划”“护学志愿岗”等载体常态推进。

【推进文化改革发展】 以深化改革为动力，坚持问题导向、效果导向，推动文化繁荣发展。重点改革任务扎实推进。召开市文化体制改革专项小组会议，制订《2017年深化文化体制改革工作计划》，确定“推进媒体融合深度改革”“推进农村文化礼堂长效机制建设”等“2+10”年度重点改革项目，做好任务责任分解，做到了改革任务牵头单位和参与单位、责任领导和责任部门、任务目标和时间节点“三个明确”，确保文化体制改革各项工作任务有人抓、有人管。国有文化传媒集团企业化运作改革、传统媒体与新兴媒体融合发展、公共文化服务均等化等各项改革任务取得积极成效。一是文化产业整体实力发展壮大。落实“六重”工作，有序推进湖州丝绸小镇、湖州影视城二期等八大文化产业平台项目建设。全力发展以文化创意、传媒影视、休闲旅游等为重点的具有湖州地方特色的现代文化产业，扶持文化产业重点项目24个。有序推进太湖龙之梦乐园项目建设，落实拉风影视城扶持政策，做好影视项目招引工作。积极开展成长型文化企业和新型业态培育工作，4家文化企业被认定为第二批省级成长型文化企业，10家文化企业被认定为首批市级成长型文化企业。积极推进文化创意街区创建试点工作，2个街区被认定为省级文化创意街区。认定第二批市级文化产业园区（基地）4个。组织文化企业参展中国（宁波）特色文化产业博览会、中国（义乌）文化产品交易会、中国（深圳）国际文化产业博览交易会。2017年，全市文化产业增加值同比增长9.8%，GDP占比5.48%。二是公共文化服务基础有效夯实。深化基层“六文”阵地建设，全年新建文化礼堂60家，累计建成471家，建成中心镇“文化广场”5个、“文化车间”先进企业31个、社区文化家园10个、城市文化公园7个，文化校园在全市中小学中全面铺开。举办第七届农民文化节、全民读书节等系列文化活动，综合性公共数字文化服务平台“湖上云”

上线运行，全年完成文化走亲332场（次），开展基层文艺演出2286场次（其中送戏下乡385场次）、送书119501册（次）、送讲座展览228场（次），人民群众精神文化生活不断丰富。文艺精品创作不断加强。围绕“中国梦”“喜迎十九大”“纪念建军90周年”“最美湖州人”等主题，组织开展精品创作，扶持文艺精品项目26个，拉风传媒集团制作的电视连续剧《养个孩子不容易》、歌曲《绿水青山》、广播连续剧《修律大臣——沈家本》、《红色沃土》、图书《一百年的暗与光》获浙江第十三届精神文明建设“五个一工程”奖。湖州市参与拍摄制作的电视剧《青恋》，中共十九大召开期间在央视黄金时间播出。报告文学《那山那水》获得社会好评。做好优秀文艺作品配套奖励和扶持工作，对2016年度已获得的各类国家级和省级奖项的优秀作品进行配套奖励。

【宣传文化队伍阵地建设】 着眼新形势、新任务、新要求，以迎接学习宣传贯彻中共十九大精神为主线，着力抓好队伍、阵地建设，夯实宣传思想文化工作基础。干部队伍建设不断加强。把政治建设放在首位，认真落实党建工作责任制，扎实推进“两学一做”学习教育常态化制度化。规范选人用人，协助市委选优配强宣传文化系统领导班子，配合做好对三县两区5名常委宣传部部长，6名副部长，市直宣传文化系统单位2名正职，10名副职的调整工作；指导并顺利完成市社科联换届工作；推动市文明办新增内设机构1个，增加事业编制1名、副科级领导职数1名；组织实施市委宣传部机关中层干部集中调整，新提任中层干部11名。加强干部培训，牵头举办了“学习贯彻省市党代会精神　加强基层宣传思想工作”专题研讨班，各县（区）常委、宣传部长，市直有关单位分管领导、市县新闻单位负责人等共42人参加了学习培训。选调干部16人次参加上级宣传部门和市委党校举办的各类学习培训班，选派市委宣传部机关中层干部1人到中宣部挂职，选调市委宣传部机关中层干部1人、市级新闻单位3人参与市委中心工作。落实基层宣传思想文化工作“四张清单”，规范乡镇（街道）宣传委员任职。一是宣传文化人才引育取得新进展。做好对51个市级优秀创新团队的评估增效。创新出台《关于着力引进文化领军人才　提升宣传文化优秀创新团队“345”培育计划的实施方案》，加大培育力度，重点面向市外，刚柔并举引进包括“国千”专家在内的优秀文化创新团队10个。推进“领军人才工作室”建设。新命名全市宣传文化系统“领军人才工作室”15家。向上推荐各类高层次人才7批、19人次，1人入围第六届浙江省宣传文化系统“五个一批”人才，1人进入省“万人计划”青年拔尖人才答辩。积极履行市委人才工作领导小组成员单位职责，配合做好具体人才工作，市委宣传部获评全市人才工作考核优秀单位。二是建好管好各类宣传文化阵地。充分发挥社科、新闻、文化等各类阵地作用，打好建管用育组合拳，为迎接学习宣传贯彻十九大营造良好思想舆论氛围。探索党委（党组）理论学习中心组专题学习会事前报备等举措，不给错误思想和错误言论提供传播渠道。坚持党管媒体原则，执行重大主题报道“常态九条”机制，实现《浙江新闻联播》落地湖州电视频道，县（区）主要媒体转载转播市级主要媒体重要稿件。召开全市教育工作暨高校思想政治工作会议，加强高校思想政治工作，深化湖州师院、湖州职院马克思主义讲习所建设，讲习所入选全省宣传思想文化工作“三贴近”实例。夯实基层阵地，深化“三联三进”活动，建设“六有”规范化基层党校32所，入选省先进基层党校5所。深入开展“扫黄打非”活动，全年文化市场和广播电视安全播出实现“零事故”。（俞旭东）

·机构编制·

【概况】 2017年，市编委办认真贯彻落实中共十九大和省第十四次党代会、市第八次党代会精神，坚持围绕中心、服务大局，着力深化行政体制改革，规范机构编制管理，加强机构编制队伍建设，打造“工匠”党建品牌，各项工作取得明显成效，为全市经济社会发展提供了有力的体制机制保障。

【“放管服”改革】 一是扎实开展“最多跑一次”改革。狠抓简政放权，推动市、县（区）两级办事事项减幅分别达47.51%和38.88%，市级向四区定向放权19项。在全省率先公布市、县（区）前四批“最多跑一次”事项清单，两级事项覆盖率达97.79%，并在全省率先公布乡镇（街道）“最多跑一次”事项清单，相关做法作为典型案例之一，获得省委书记车俊批示肯定。在全省率先完成公共服务事项目录梳理公开，其中市级公开1001项。建立完善公共服务事项、权力清单和责任清单动态调整机制。二是全面推进“基层治理四平台”建设。围绕属地管理、全科网格、综合指挥和运行机制等四大基石，坚持全市统筹布局，“一盘棋”式推进，取得明显实效。通过印发并执行一系列意见、方案、办法和制度等，推进“重心下移、资源下沉”，全市落实各类派驻在编人员3058名；推进“多元合一、一员多用”（将综治、行政执法、环境保护等事项纳入全科网格，实现一个网格涵盖多领域、一个网格员处理多事项），构建6062个基层网格；建立县、乡联动，功能集成的综合指挥体系；在全省率先制订地方运行标准并推动贯标达标，在吴兴区织里、长兴县洪桥等13个乡镇（街道）打造样板示范；在吴兴区建成全省首家全科网格员实训基地，培训5000余人（次）；以南浔区为试点，首推人大代表担任“四个平台”信息员、监督员和评议员制度，得到省人大常委会副主任王辉忠肯定；首创基层“六办”（网上简办、限时即办、承诺免办、就地快办、全程代办、上门约办）服务模式等。三是率先实施“双随机一公开”抽查监管工作。牵头相关部门持续完善“一单两库一细则”（随机抽查事项清单、随机抽查对象库、执法检查人员名录库、工作细则），开展业务培训，着力提升实战能力，规范行政监管执法行为。全市梳理抽查事项305项，共对26322家单位实施抽查，实现“双随机一公开”（随机抽取检查对象、随机选派执法检查人员、抽查情况及查处结果及时向社会公开）监管全覆盖。在大市场监管、环保、文化、安监领域探索建立“部门联合、随机抽查、按标监管”的“一次到位”机制，制定出台实施细则，组织人员对71家单位进行抽查。四是稳步推进政府职能转移试点工作。完成12家政府部门职能转移实施方案的审核、批复并指导实施，市商务局、市交通运输局等6家部门向8家社会组织转移职能15项。

【体制机制改革】　一是完成公共资源交易监管体制改革。会同市级有关部门研究制定改革实施方案，完成机构更名及职责划转等工作，明确职责分工，实行集中监管和综合执法，并对市公管办及其下属事业单位的职能配置、机构设置和人员编制等进行优化整合。各县（区）相应进行机构和职能的调整完善。二是做好监察体制改革试点相关工作。按时上报市、县（区）检察院机构编制调整方案，撤销市、县（区）检察院反贪、反渎、职务预防犯罪等机构和市、县（区）监察局，组建同级监察委机关，并从市、县（区）检察院划转给同级监察委机关专项编制101名。三是做好盐业体制等专项改革。根据省、市盐业体制改革要求，完成职责划转工作，加强机构建设和人员配备，明确职责分工。牵头做好市属国有企业机构编制规范管理工作。会同市公安局推进县（区）新居民管理体制改革，积极配合做好司法体制改革、行政复议体制改革。研究提出市委巡察办和保密工作机构设置方案。督促落实政府职能转变任务，推动经济发达镇行政体制改革。四是推进生产经营类事业单位改革。认真落实全省事业单位改革会议精神，及时将市事改办从市人力社保局调整到市编委办，经过调研和协调，牵头研究制定市属经营类事业单位改革实施意见和配套政策，稳步推进相关工作。指导有改革任务的安吉县、南浔区完成改革任务。五是深化各类事业单位统一登记管理等试点工作。牵头研究出台试点单位报备员额管理试行办法，开展实地走访和宣传推动，全市新增试点单位4家，为湖州帕丁顿双语学校核定首批民办事业单位报备员额，对湖州市养老机构运行状况开展摸底调研，为下步试点扩面打好基础。深化事业单位法人治理结构试点工作，在县（区）扩大试点范围。六是深化党群部门职责清单。全面完成市、县（区）党群部门职责清单事项梳理，并按照公共服务事项梳理和“最多跑一次”改革工作标准进行深化完善，开展规范性、系统性审核，梳理出部门主要职责、具体工作事项等1650项，初步构建起职责清晰、功能完备的职责清单体系。

【机构编制管理】　一是深化机构编制违规违纪问题清单制度。对全市机构编制违规违纪问题清单进行深化完善，梳理问题414条（市级52条），实现违规违纪问题清单化、精细化管理，全年整改消化134条（市级17条）。会同市级相关部门开展“三责联审”（重大决策责任审核、选人用人责任审查、任期经济责任审计）工作。严抓控编减编，全市行政编制和事业编制均控制在省下达的总量以内。二是实行机构编制政策法规函告制度。对机构编制政策法规进行全面梳理，编印资料汇编，向每个部门新任主要领导进行函告，强化“红线”意识，有效地推动了机构编制政策的执行。三是着力推进实名制管理精细化。强化实名制系统维护，严格实行相关制度和标准，及时办理出入编、职务调整等信息变更7000余条次。扎实做好用编情况审核，督促部门（单位）加强内部管理。四是持续优化事业机构编制配置。针对事业编制资源紧缺、供需矛盾突出的现状，继续创造条件加大控编减编力度，管好用活机构编制资源。如剥离市质监局下属事业单位可市场化的经营性职能，腾出编制，调剂给需新设的市标准化研究院；综合考虑体育资源整合，强化市属体育场馆的统一管理和运营，剥离出可市场化职能，同时强化体育部门指导产业发展、加强赛事管理等公共服务职能；主动为“中国制造2025试点”、绿色金融改革试点、湖州科技城建设、大数据管理等重点工作提供机构编制服务。五是认真做好事业单位登记管理日常工作。加强事业单位日常管理，全面提升服务质量。推行“办事人员最多跑一次、办理时限最多三个工作日、反馈意见一次性告知、现场等候最多一小时”的事业单位法人年度报告公示“1311”工作标准。做好党政群机关、事业单位中文域名注册与网站挂标工作，实现机关、群团统一社会信用代码全覆盖，完成事业单位登记系统数据排查纠错及信用体系建设等工作。六是不断完善编外用人管理工作。研究拟定市级编外用人管理补充意见和公开招聘暂行办法等制度，进一步加强规范管理，更好发挥编外人员作用。对编外实有人员进行重新审核，完善实名制管理数据，加强动态管理，并持续抓好精简工作，实现三年精简25%的目标。指导各县（区）持续加强编外用人规范管理。（陈永全）

·老干部工作·

【概况】　截至2017年年底，全市离休干部总数为634人，比上年减少66人。按单位性质分：党政机关219人、事业单位181人、企业单位234人。按职级分：地市级及享受地市级待遇13人、县（处）级及享受县（处）级待遇318人、科级303人。按入伍时期分：抗战前期16人、抗战后期102人、解放战争时期516人。其中市本级（含吴兴区、南浔区）离休干部362人。按单位性质分：党政机关97人、事业单位127人、企业单位138人。按职级分：地市级及享受地市级待遇10人、县（处）级及享受县（处）级待遇198人、科级154人。按入伍时期分：抗战前期9人、抗战后期52人、解放战争时期301人。此外，易地安置在市本级的离休干部18人。

【推进离退休干部“两项建设”】 立足老干部工作实际，以老干部党校“银领学院”为依托，辐射带动离退休干部思想政治建设和党组织建设不断深化。一是常态化抓思想政治建设。建立老干部党校“银领学院”，全年开设离退休干部理论学习班和离退休干部党支部骨干培训班和离退休干部党建研讨班（论坛）3大类主体班次17期“银领课程”，重点加强对离退休干部党员骨干的教育培训，构建常态化学习通报格局。二是制度化抓党组织建设。坚持“书记抓、抓书记”的工作模式，健全党支部书记、支部骨干教育培训和学习交流等制度。编制实施离退休干部党组织“领头雁”三年行动计划，立足老干部党校“银领学院”，通过“走出去”方式，做到与在职党员同学习、同考核；通过“请进来”方式，邀请省、市委党校教授，有关部门领导，专家与学者到老干部党校作辅导讲座，构建“银领导师+银领课程+银领论坛”三位一体的教育培训体系。同时，探索试点开放办学，设立老干部党校社区“银领课程”微学堂，发挥“银领学院”辐射带动作用。

【发挥离退休干部独特优势】 紧紧抓住增添正能量这一主业，搭建平台载体，丰富活动内容，全市老干部工作部门上下联动实施“银领三行动”，深入推进正能量活动。一是通过“银领同心向党行动”凝聚老干部思想共识。按照中组部老干部局和省委老干部局部署的“畅谈十八大以来变化、展望十九大胜利召开”活动要求，开展“老干部眼中的浙江（湖州）十大新变化”“老干部建言十九大、省党代会金点子”征集等活动，共征集到各类意见和建议113条（次）；策划和承办“共话‘两山’思想、共建‘六个浙江’”——浙江老干部“银领向党”正能量活动，分别得到省、市委主要领导的批示，产生良好的社会效应。二是通过“银领最美风采行动”展示老干部榜样力量。组织各层面老干部开展“走看促”活动20余次，参与老干部2500余人次；开展“争做最美老干部”活动，全市共培育16个“最美老干部工作室”；开展“红色典藏”采编工作，对市本级76位解放战争时期亲历战斗的离休干部开展逐一走访联系，完成《红色典藏——湖州亲历解放战争离休干部烽火人生》（暂名）一书初稿；深入开展“网下我点赞、网上晒风采”亮星活动，组织离退休干部党支部在网上主动发声、传播正能量。三是通过“银领志愿服务行动”发挥老干部优势作用。围绕党委、政府中心工作，市、县（区）联动重点开展以“百个离退休干部党支部助‘四新’实践、千支‘银领’志愿团队护小微水体、万名老干部传文明家风”为主要内容的离退休干部“百千万”志愿服务等活动，全市“银领志愿行动”累计开展医疗服务、文化下乡、资政育人、剿劣护水和文明城市创建等志愿服务150余次。组织“五老”宣讲团，进基地、进社区和进学校开展关心下一代工作，对全市8.9万名学生、校外7.3万名青年进行多轮次中共十九大精神宣讲、爱国主义教育等。开展“征集家风家训一句话”活动，共收集整理优秀家风、家训700余条。筹措资金100余万元，帮扶贫困青少年800余名。湖州市打造的“银领”工作品牌上升为全省性老干部工作品牌。

【深化离休干部服务管理举措】 在巩固完善离休干部“三个机制”有效运行、不折不扣地落实生活待遇的基础上，加强资源整合、拓宽服务渠道，通过“三居行动”，力求服务管理亲情化、精细化和个性化，努力让老干部安享幸福晚年。一是开展“暖居生活”服务行动，深化离休干部倾情关爱服务工作。开展深化工作人员与独居老干部“1+X”结对、“三进”（进家庭、进医院、进社区）走访慰问等活动。暑期，对市本级400余名离休干部开展普访，工作人员与近20位独居离休干部开展结对联系，为“双高期”离休干部提供亲情化、个性化服务。健全完善特困老干部帮扶制度，对生病住院、长期卧床、“空巢”独居和家庭出现重大变故等老干部给予帮扶。开展特困老干部帮扶28人次，发放帮扶资金7.7万元。二是开展“宜居生活”服务行动，深化离休干部居家养老服务工作。全面推进利用社区资源服务老干部工作，利用“96345”市民服务热线开展政府购买服务，与市财政部门协调并落实专项经费，为老干部居家养老提供便利。加强对县（区）“四就近”工作的指导和督查，建立健全推进机制，评选出“四就近”工作优秀社区12个，起到以点带面、示范引领的作用，构建“老干部宜居乐活生活服务圈”。三是开展“康居生活”服务行动，深化离休干部医疗服务保障工作。精心组织市区离休干部健康疗休养活动。加强与市卫生部门的协调沟通，完善医疗保障体系，在56个社区探索开展社区责任医生与离休干部结对服务试点工作，开通“三优先”绿色通道，确保社区门诊优先、上门服务优先和服务照顾优先，着力打造“十五分钟医疗服务圈”。

【夯实活动学习主阵地】 强化老干部活动中心、老年大学思想政治建设和文化养老阵地作用，实施“党建领航”工程，以党建工作引领离退休干部文化养老工作，不断延伸拓展阵地网络，积极推进老年大学教学资源、党建元素向基层延伸拓展，发挥辐射带动作用，抢占基层离退休群体意识形态主阵地。一是推进“党建+”模式，巩固老干部学习活动党建阵地。建立老年大学临时党委，通过“党建+文化活动”，将党建知识融入日常活动中，通过开展十九大精神宣讲、知识竞赛、“我爱我家”作品联展等活动，引导老干部增强“四个意识”。通过“党建+老年教育”，把党建元素融入老年大学日常教学管理中，创设“党建活动日”“课前红色教育十分钟”等载体，集中组织政治理论学习、党史国史教育等；通过班级宣传栏开展“亮党员身份、作示范表率”活动，引导老党员在班级管理中发挥模范带头作用。二是推进老年大学教育网络延伸拓展。市老年大学共设置书画、电脑（摄影）、声乐、器乐、文史、保健养生、舞蹈和戏曲8个专业，开设124门课程，全年招收学员5360人，参加各科学习达8200余人次，分别比上年增长9.8%和8.4%。推进老年大学“1+N”延伸拓展计划，探索建立老年大学分校、社区（乡镇）教学点，打造“一核心多节点”网络体系。年内，市老年大学在吴兴区、南浔区建立老年大学分校和教学点11个，各县老年大学在有关乡（镇）新建5个教学点。三是推进老干部活动学习场地基础设施建设。加强与城市集团等单位协调沟通，积极推进市老年大学新建项目，项目一期工程建筑面积4万平方米，其中地上建筑面积3万平方米，计划投资2.9亿元，8月底，已开工建设，年底，完成桩基施工和临时设施搭建等。

【加强老干部工作部门自身建设】 认真开展“四新”主题实践，以培育打造“优秀老干部工作者、优秀党务工作者”为目标，抓好老干部工作队伍建设，锻造推进老干部工作转型发展主力军。一是推动“两学一做”学习教育常态化制度化。在“学”上深化拓展，采取“中心组学习”“老干部工作论坛”“党性党纪教育一刻钟”等形式，组织老干部工作人员学习中共十九大、省、市党代会精神等内容。在“做”上深入拓展，按照十九大“认真做好离退休干部工作”要求，积极践行“四新”主题实践要求，扎实推进“四新”主题实践公开承诺事项。通过主题党日、志愿服务和督查指导等活动，组织全体机关干部积极参与文明城市创建、剿灭劣Ⅴ类水体等中心工作，局领导多次带队指导督促结对村吴兴区埭溪镇东红村剿劣工作，按期完成剿劣任务。全市有1人被评为“全国先进老干部工作者”，有2个集体和7人分别被评为“全省老干部工作先进集体”和“先进个人”。市老干部局在全国文明城市创建工作中荣立集体嘉奖，有1人被嘉奖，有3人被评为“先进个人”。二是强化统筹协调和项目化管理机制。将年度重点工作分解细化为3大项、6小项，落实分管领导和牵头处室，并按季度公布推进情况。同时，围绕“银领三行动”和“双优队伍培育”等工作，建立“3+1”重点工作市、县（区）联动推进机制，做到年初有部署、年中有推进和年底有考核。三是加强老干部工作舆论宣传。利用《湖州老干部时报》、老干部工作门户网站和微信公众号“一报一网一号”等宣传载体平台，加强老干部工作对外宣传，全年编辑4期《湖州老干部时报》、微信公众号40余期。开展的离退休干部“百千万”志愿服务、“银领向党”正能量活动等分别被《浙江日报》、浙江卫视、浙江新闻网、《湖州日报》等省、市级主要媒体相继报道。（严海燕）

·民主党派　工商联·

【综述】 2018年，湖州市各民主党派、工商联深入学习中共十九大精神和习近平新时代中国特色社会主义思想，紧紧围绕市委、市政府工作中心，发挥优势，尽心履职，为湖州市加快实现赶超发展，高质量建设现代化生态型滨湖大城市、高水平全面建成小康社会贡献智慧和力量。

【凝聚思想政治共识】 坚持把学习贯彻习近平新时代中国特色社会主义思想和十九大精神作为首要政治任务，开展系列学习教育和主题活动。以“薪火相传，不忘初心，积极为湖州市赶超发展凝聚智慧和力量”为主题，组织召开全市统一战线读书会，传达学习习近平总书记“7·26”重要讲话精神，赴嘉兴南湖开展革命传统教育，传承红船精神，巩固共同思想政治基础。紧扣中共十九大召开，举办全市统一战线“喜迎十九大　同心跟党走”主题活动，民主党派三任新、老主委联袂出演，进一步坚定党外人士“听党话、跟党走”的信心和决心。充分发挥市社会主义学院培训主阵地作用，指导举办民主党派新成员和骨干成员培训班6期，参训人员300余人，切实提升民主党派成员思想政治素质。

【助力加快赶超发展】 充分发挥智力密集、人才荟萃和联系广泛的优势，为湖州市引资、引智贡献力量。以“凝聚湖商力量 加快赶超发展”为主题，首次牵头承办2017湖商发展大会，邀请800余名海内外浙（湖）商到湖州共叙家乡情谊，共话家乡发展，活动取得圆满成功，得到社会各界广泛赞誉。深化开展“知名非公经济人士湖州行”活动，先后邀请境内外知名企业家20余批到湖州考察，牵线引进总投资125亿元的海王药业等重大项目。认真贯彻落实习近平总书记关于构建“亲”“清”新型政商关系的讲话精神，深化开展“非公有制经济代表人士圆桌会议”品牌活动，围绕“培育‘双高’企业”等主题举办圆桌会议4次，着力搭建政企互信、平等对话的有效平台，助力非公经济企业转型升级。持续抓好新生代企业家培养工作，新生代企业家培养“311”领航计划被中央统战部评为全国统战工作实践创新成果奖。

【履行参政议政职能】 全年市级各民主党派、工商联参加市委、市政府召开的各类情况通报会、协商会10次，就《政府工作报告》、重要人事安排等发表意见和建议。积极建言献策，在2017年市“两会”上，各民主党派、工商联共提交议案（建议）33件，集体提案53件，个人提案175件。其中《关于以建设“中国制造2025”试点示范城市为动力，大力推进湖州市工业经济赶超发展的建议》等12件提案被列为重点提案。积极参加市政协、市委统战部组织开展的“社情民意”“金点子”等活动，为党委、政府科学决策提供有益参考。以围绕年度市委、市政府重大决策部署开展专项民主监督活动作为突破口，各民主党派成立专项民主监督团，紧扣“最多跑一次”改革、全国文明城市创建等中心工作开展专项民主监督，探索建立民主党派民主监督的湖州模式。

【打造社会服务品牌】 充分发挥民主党派、工商联人才资源优势，启动开展“治水剿劣攻坚战·民主党派在行动”主题活动，各民主党派、工商联基层组织合力共建128条“同心河”，共同助力劣Ⅴ类水体剿灭。按照“发挥优势、突出重点、注重实效、持之以恒”的工作思路，各民主党派、工商联结合自身实际，广泛开展法律援助、结对帮扶等各类社会服务活动，探索形成民革法律工作援助站、民盟“同心”社会服务平台、民进“开明公益”等一批有特色、叫得响、成果多和反响好的社会服务品牌，树立民主党派、工商联的良好形象。

（邵　杰）

【中国国民党革命委员会湖州市委员会】 2017年，民革市委会带领全体党员高举习近平新时代中国特色社会主义思想伟大旗帜，以民革省委会提出的“同心、助力、博爱、强基”四大工程为抓手，认真履行参政党的各项职能，扎实稳步地开展各项工作。

不断加强自身建设。组织广大党员以各种形式开展学习中共十九大精神。民革市委会领导参加省、市学习中共十九大精神集中轮训；组织党员参加市委统战部召开的学习中共十九大精神专题报告会，在全市统一战线“喜迎十九大　同心跟党走”主题活动中表演大合唱《不忘初心》。民革市委会领导参加市委统战部举行的全市统一战线读书会，主委闵云作《以打造“五大民革”为目标　围绕“四新”主题实践　努力画好“同心圆”》的交流发言。注重制度建设，年内，民革市委会修订出台《民革湖州市委会规章制度汇编》和《民革湖州市基层组织工作考核办法》。

扎实有序推进组织建设。12月，主委闵云参加民革全国第十三次代表大会，当选为民革十三届中央委员。5月，9名代表参加民革浙江省第十四次代表大会，闵云当选为民革浙江省第十三届委员会常委；张云威当选为委员。在新一届民革省委会专委会组成中，民革市委会有12人加入各个专委会履职。王建荣荣获“第五届全省民革骄傲人物”称号；3个基层组织荣获“民革全省2012～2016年度先进集体”称号；10位党员荣获“先进个人”称号；2名机关干部荣获“机关工作先进个人”称号。全年发展新党员27人，自然减员1人，转出1人。至年末，全市有党员366人。全年有17人（次）参加省、市统战部门和社会主义学院组织的学习、培训活动；民革市委会荣获“民革全国组织工作先进集体”称号；2名党员分别荣获“民革全国社会服务工作先进个人”“参政议政工作先进个人”称号。年内，安吉支部、医卫支部、经济支部进行届中调整；吴兴总支成立基层委员会。9月，民革中央副主席修福金带领参加“民革党员之家”建设调研暨现场推动会的民革部分省级组织负责人一行考察“湖州民革党员之家”。民革市委会机关荣获“2017年度市各民主党派机关比拼考核先进集体”称号；11月，民革市委会办公室副主任刘广怡调任南浔区古镇管理委员会任职。

认真履行参政党职能。民革市委会在市政协八届一次会议上，提交3篇大会发言稿、8件集体提案，委员提交个人提案28件；在市八届人大一次会议上，提交个人议案13件。3件集体提案被列为2017年市政协重点提案。全年上报“金点子”、社情民意104条（次），年末，在市委统战部组织的“金点子”活动评比表彰大会上，民革市委会荣获组织二等奖；荣获2016～2017年省委会参政议政先进集体二等奖和2016年度省委会信息报送工作先进集体三等奖。助力治水剿劣工作，结对吴兴区东林镇星敏村，认领7条同心河，捐资20000元；自选“25度坡以上山地违法垦种”专项民主监督，形成民主监督意见书，得到市长钱三雄、副市长施根宝的批示，并获专项民主监督优秀成果奖。组织党员骨干积极参与“最多跑一次”改革、全国文明城市创建和“12345”政府阳光热线民主监督团的工作。

积极开展社会服务活动。湖州民革企业家联谊会积极作为，与民建企业家协会联合举办“合作发展　携手赶超”大型主题工作交流会议；赴衢州市、杭州市考察交流；筹集善款6000元资助吴兴区贫困老人。12月，湖州市法律援助中心民革工作站在湖州经济开发区星汇半岛创建全市首个民主党派法律援助社区工作点，并开展法律咨询服务。民革“爱心基金”向结对吴兴区上强小学梅峰校区25位贫困生送上每人600元助学金；“六一”儿童节前夕，向湖州特殊教育学校捐赠价值20000元教育用品；参与帮扶安吉县少数民族村（郎村村）的活动，为郎村村贫困家庭送去价值18000元的奶粉。党员童晓晔荣获“浙江省三八红旗手”称号。

正确把握祖统工作新方向。11月，民革德清县基层委承办的“莫干山历史文化学术研讨会”召开；年内，民革市委会接待中国台湾国际青商会特友会参访团、湖州旅台同乡会、台湾德清同乡会会长等到湖州考察；接待民革长春市委会、民革唐山市委会等到湖州参观湖笔文化馆、张静江故居和民国历史文化馆。

（奚真真）

【中国民主同盟湖州市委员会】 2017年，民盟市委会带领全市广大盟员认真学习中共十九大精神，坚定政治信念，加强自身建设，提高站位、凝聚共识，认真履行参政党职能，着力打造“同心”品牌，为湖州加快赶超发展贡献智慧和力量。

凝聚共识，思想建设得到新加强。组织全市各基层组织和广大盟员认真学习中共十九大精神、习近平总书记系列讲话精神和中共浙江省第十四次代表大会精神、中共湖州市第八次代表大会精神、民盟十二大精神。扎实开展“不忘合作初心，继续携手前进”专题教育，举办“喜迎十九大 同心跟党走”——湖州民盟首届同心运动会，通过寓教于乐的形式，不断夯实多党合作的共同思想政治基础。中共十九大闭幕后，举办十九大精神学习辅导会，民盟市委会委员、各基层组织班子成员、参政议政骨干和新盟员等120人参加了培训，为近年来规模最大的一次培训活动。全市各级民盟组织迅速响应，通过开展形式多样的专题学习活动，迅速掀起学习贯彻中共十九大精神的热潮。

聚焦重点，参政议政取得新成效。紧扣市委、市政府中心工作，着力在提高站位、服务大局上下工夫，发挥界别优势，积极履行参政党职能。在市“两会”召开期间，民盟市委会向政协大会提交了《改造提升传统动能 深化供给侧结构性改革》和《完善养老服务照料中心 提升湖州市居家养老品质》大会发言2篇，团体提案10件，其中《关于提升湖州市电子商务服务业发展的建议》被列为市政协重点提案。围绕“中国制造2025”，加快湖州市传统产业改造提升，助力深化供给侧结构性改革，推动企业创新发展，组织调研组走基层、进企业深入开展调查研究。积极配合民盟省委会“关于推进绿色金融改革创新实验区建设”的重点调研课题，助力湖州市“全国绿色金融改革创新综合试验区”创建。着力完善调研课题申报立项、过程管理等工作机制，高质量完成12个年度重点立项课题。广大盟员不断强化履职意识，积极报送社情民意信息，2017年，报送各类信息150余件，其中被市委统战部录用“金点子”7篇(一等奖一篇，二等奖一篇，三等奖一篇)、“微点子”7篇。民盟市委会获2017年度“金点子”组织三等奖。

精准发力，民主监督实现新突破。围绕“最多跑一次”改革、“治水剿劣”、“全国文明城市”创建、“12345”政府阳光热线等市委市政府的重点工作，积极响应，主动作为，与党委政府同频共振，取得了较好成效。结合“最多跑一次”改革的工作部署和要求，主动对接对口联系单位——市人力社保局联系民主监督事项，先后组织民主监督小组到基层开展督查和调研，动员盟员结合工作实际，深入开展针对性调研。民盟市委会与乡镇、街道、社区、学校等结对共建民主监督“同心河”18条，开展“治水剿劣”专项民主监督20余次，200余人次参加。结合文明城市创建工作要求，坚持问题导向，组织盟员深入湖州市高校周边背街小巷、乡镇、街道、社区主要路段、路口参与环境整治，为补齐创建工作短板，确保成功创建贡献力量。同时，市委会成立“12345”阳光热线专项民主监督团，倾听民声，反映民意，服务百姓，助力政府服务效能提升，促进社会和谐。

发挥优势，服务社会展示新形象。为进一步扩大湖州影响力，积极争取民盟中央和民盟省委会的支持。7月，全国人大常委会副委员长、民盟中央主席张宝文率领海峡两岸暨港澳地区高校的17位校长组成的第十三届“海峡两岸暨港澳地区大学校长联谊活动”考察团到湖州考察，活动取得圆满成功。2017年，民盟市委会积极发挥界别优势和特色，着力打造湖州民盟“同心”品牌。“民盟同心·名医服务站”在吴兴区环渚龙泉街道社区卫生服务中心成立揭牌，盟内医疗专家坚持每周一次到服务站开展医疗服务活动。成立湖州民盟同心艺术团，坚持服务于民盟、服务于社会的宗旨，传递湖州民盟的“好声音”。举办“喜迎十九大，同心话中秋”——“走进超威”专场文艺演出，并积极承办政协文艺下乡活动，开展赈灾义演、“送春联”等多场文艺惠民活动。积极打造“同心·同在蓝天下”社会服务品牌，2017年，民盟市委会争取到省委会红十字烛光博爱基金的支持，与吴兴区织里镇蓝天民工子弟学校结对帮扶，帮助该校建设电脑教室，促进学校信息技术教学。（钮玉婷）

【中国民主建国会湖州市委员会】 2017年，民建市委会围绕市委、市政府中心工作，积极履行参政议政职能，在湖州市政协八届一次会议上提交大会发言材料3份、集体提案9件；个人建议案、提案26件。《关于进一步完善创新型企业培育机制的建议》被列为2017年度市政协重点提案。《关于加强建设用地土壤环境风险防控的建议》和《关于加快新型农业经营体系建设的建议》分别被评为民建浙江省委会参政议政优秀成果二等奖和三等奖。

积极反映社情民意。全年编发《湖州民建信息》115期，其中1条信息被全国政协采用；29条信息被民建省委会采用；10条信息被市政协采用；5条信息获省、市领导批示。《关于取消食盐产销区域限制后食盐市场可能出现的新情况的建议》被评为2017年度民建中央优秀信息。全年上报市委统战部“金点子”74个、“微点子”37个，分别获得一等奖1个、二等奖1个、三等奖1个。民建市委会被市统战部评为2017年度“金点子”活动组织一等奖。有效开展民主监督。围绕“治水剿劣”、“最多跑一次”改革、全国文明城市创建和“12345”政府阳光热线等，开展专项民主监督，有关建言内容得到市领导的重视。

思想政治建设扎实有效。深入开展“不忘合作初心 继续携手前进”主题活动，组织市委委员、支部主委赴民建中央考察学习。民建市委会获省委会“不忘合作初心、继续携手前进”主题征文优秀组织二等奖；《不忘初心·执着前行》《“不忘合作初心 继续携手前进”组词》获民建中央优秀征文表彰；《不忘初心，与子偕行——论民建与共产党携手共进，复兴中国梦》《不忘初心，继续前进》获民建省委会征文优秀作品。认真开展宣传工作。全年编辑《湖州民建》12期，网站全年发稿300余篇，开通湖州民建微信公众号，发挥“一刊一站一号”主阵地作用，编辑出版《治水剿劣攻坚战·民建在行动》图册，展示民建市委会治水剿劣民主监督工作成果。市委会获2017年度《浙江民建》会刊先进集体二等奖、浙江民建网站先进集体二等奖和浙江民建新闻宣传先进集体二等奖。1名会员获“浙江民建会务工作年度人物”称号；1名会员获浙江民建爱岗敬业年度人物提名奖。积极开展理论研究，《新时期民主党派履行民主监督职能的现状、问题和对策》获民建省委会优秀理论成果二等奖。

组织建设稳步推进。5月21日至23日，召开民建浙江省第九次代表大会，湖州有11位会员代表出席会议。金凯当选为民建浙江省第九届委员会常委；李钰、陈峰当选为委员；姚建当选为民建浙江省委会监督委员会委员。李钰被推荐为民建全国代表大会代表并出席民建全国第十一次代表大会。加强会员发展工作。2017年，发展会员40人，平均年龄35.7岁，其中大学以上学历36人；中、高级以上职称18人；经济界人士26人。截至12月底，全市有会员472名，平均年龄48.3岁，其中大专以上学历会员375人；中、高级以上职称237人；新社会阶层人士197名；经济界会员304名。做好基层组织换届、新建工作。年内，按计划完成了德清支部、安吉支部、湖州开发区一支部、二支部的换届、新建任务。至年末，市委会建有3个县（区）基层委员会、25个支部。按照《民建湖州市委会基层组织考核内容及评分标准》，对各支部2015～2016年度工作进行全面考核，吴兴区基层委、安吉支部等8个先进基层组织、67名优秀会员、32名单项先进会员受到表彰。

社会服务创新务实。创建“两山”重要思想教育实践基地。4月，民建浙江省委会授牌安吉县作为浙江省民建“两山”重要思想教育实践基地。在民建市委会的积极争取下，民建中央能源与环境专委会、企业委员会的两次大型活动在安吉县举办，扩大湖州民建及“两山”基地在全国的影响力。开展结对帮扶和爱心募捐等活动。全年民建会员通过各种途径，扶贫帮困、捐资助学、参与社会建设及各项社会事业款项与实物价值达600万元。“民建助你上大学”“会校合作”“助残圆梦”社会服务品牌影响力进一步提升。打造会内服务平台。新建医卫工作委员会，截至12月底，市委会共建有9个专委会，服务会员和服务社会水平得到拓宽和提升。

（吕　丽）

【中国民主促进会湖州市委员会】

2017年，民进市委会深入学习贯彻中共十九大和民进十二大精神，积极开展“不忘合作初心、继续携手前进”主题教育，践行“四新”主题实践，为助推赶超、实现“两高”发挥了积极作用。民进市委会获得民进省委会参政议政工作先进单位及“我与民进共成长”征文组织奖等荣誉。

强化教育，政治把握力得到新增强。组织开展学习中共十九大精神暨2017新会员、骨干会员培训班和“不忘初心·牢记使命·携手共进”南浔民进会史教育暨菱湖民进成立30年会史教育纪念活动；开展“不忘初心·砥砺前行”湖州民进开明画院“喜迎十九大”书画展、“在正道上行”表演诗朗诵等学习教育活动30多场（次）。深入开展“不忘合作初心，继续携手前进”专题教育，主委班子成员带头宣讲会史，市委委员带头指导，推动各级组织开展专题教育，不断提升民进会员新时代政治把握力。

履职担当，参政议政取得新进步。积极向各级“两会”提交提案、建议105件次，其中，向市“两会”提交集体提案8件、个人提案建议26件，入选大会发言材料3件，获市重点提案3件、优秀提案2件；入选省“两会”民进界别提案和大会发言材料各1件，被民进省委会列为委托课题1件，被省委会评为自由申报课题二等奖1件。《关于加快南太湖保护利用的建议》作为市“两会”大会口头发言引起较强反响。建议案《建立江浙两省合作机制，共同推进环太湖保护开发》获得省委书记车俊等三位省领导批示。严格落实“一会员一信息”工作，入选市委统战部“金点子”“微点子”20篇，民进市委会获“金点子”组织二等奖。社情民意信息被市领导批示10次。同时，出台《专委会议事规则》等制度，健全专委会、联谊会等工作机构。

紧扣中心，民主监督实现新突破。紧扣中心大局，认真组织开展“治水剿劣”“最多跑一次”改革、全国文明城市创建和“12345”政府阳光热线等民主监督活动。其中，围绕“治水剿劣”，重点开展“督晒小清渠 护航同心河”专题监督，结对同心河23条，开展以“九个一活动”（发放一份倡议书、随拍一组照片或短视频、开设一个专栏、开展一次“五水共治进校园”主题宣教、走访一个乡镇或街道、结对一条同心河、提出一条金点子、报送一份统计报表、形成一篇民主监督报告）为载体的监督活动34次，参与会员358人（次），解决问题50余个。坚持服务与监督有效融合，重点结对南浔区菱湖镇勤劳村，助推勤劳园区打造成尾水处理示范样板。“督晒小清渠 护航同心河”专题民主监督活动得到省政协专项督查组充分肯定，获中国统一战线杂志社专访。

培塑品牌，社会服务树立新形象。积极打造“湖州民进 开明公益”社会服务品牌，“开明公益 健康教育”微讲坛、“开明公益 慈爱空间”“开明公益 医卫惠民”“开明公益 春联万家”“开明公益 冬日送暖”等系列公益活动有序开展。同时，全市基层组织发挥会员优势，开展“宣传进校园 小手牵大手·剿灭劣Ⅴ类水”主题教育实践，送儿童“五防”（防性侵、防拐卖、防校园暴力、防灾害、防意外）课程入中小学，“3·15”法律咨询服务，送老年健康与保健、心理辅导教育进社区、进企业等活动30余场

（次），服务群众2万余人（次），树立湖州民进社会服务新形象。

固本强基，组织建设得到新加强。民机市委会班子认真履职，定期召开主委会议、全体委员会议，推进市委会工作健康发展。把民进后备干部队伍建设纳入重要议事日程，多次赴县（区）统战部对接工作，做好南浔区基层委届中微调，为基层组织发展提早谋划。严把会员入会关，列“准入会人员、拟发展人员、储备人员”三张清单。加强阵地建设，已建“民进之家”10家。加强机关建设，市委会3个编制全部到位，全面梳理机关人事、财务等工作，重建民进市委会网站，并运用美篇等新媒介扩大民进工作宣传。加强交流，全市各民进组织接待外省、市民进组织到湖州及外出学习交流20余次。

（陈少锋）

【中国农工民主党湖州市委员会】 2017年，农工党湖州市委会以习近平新时代中国特色社会主义思想为指导，学习贯彻中共十九大和农工党十五大会议精神，按照新时代中国特色社会主义参政党的基本要求，紧密围绕市委、市政府的工作大局，共商改革发展之计，共谋富民强市之策，认真履职，比学赶超，投身“四新”，聚焦“两高”，为推动赶超发展贡献力量。

思想建设明确坐标。以学习贯彻中共十九大精神为抓手，明确中国特色社会主义参政党的思想建设坐标，先后组织专题学习中共十九大报告、习近平总书记“七·二六”讲话、中共浙江省第十四次党代会等重要精神，在党员中掀起十九大学习热潮。全年向各级刊物、公众号等媒体投稿100篇，用心办好党刊《湖州农工》，引领广大党员坚持以习近平新时代中国特色社会主义思想为统领，坚定不移地走新时代中国特色社会主义道路。农工党市委会获“农工党全国先进地市级组织”和“农工党全省宣传工作先进集体”称号。

组织建设夯实基座。以“星级支部考核”为抓手，不断推动完善基层组织建设科学化、规范化。两个基层组织荣获“农工党全国优秀地市（县）级组织”和“宣传思想工作先进集体”称号。五个基层组织被评为全省年度先进。至11月底，市委会直属基层组织17个，其中县（区）5个、市直12个。共有党员504名，其中女党员242名，占48.02%；主体界别244名，占48.41%；具有中、高级职称及中层以上职务的党员478名，占94.84%。发展新党员31名，发展率达6.54%，增长率为5.95%。

参政议政结出硕果。在市政协八届一次会议上提交集体提案8件，委员个人提案22件，被列为重点提案1件。在市八届人大一次会议上递交建议案6件。积极组织参与统战部的“金点子”和市政协的“社情民意”活动。截至11月底，上报“金点子”“微点子”和社情民意106条，并有多篇得到省、市领导批示，其中被市政协采用10条、省政协采用2条、市委统战部采用10条、省委和中央统战部采用各1条、农工党省委会采用8条。“金点子”活动荣获组织三等奖，多篇“金点子”获奖。

探索民主监督新路径。主动参与对市委、市政府中心工作的民主监督活动，推荐骨干党员担任民主党派专项民主监督团和“同心”治水智囊团成员。13个市区基层支部由市委会牵头开展联村助力治水剿劣，共建“同心河”。组织专项民主监督组赴南浔区、长兴县等地，开展农村生活污水治理项目提标改造调研，并完成专项民主监督建议书报送市委。专门成立由主委带队的“最多跑一次”改革食品经营许可证审批流程再造专项民主监督小组，多次赴市区食品经营点进行现场考察调研，并形成建议书，助推食品经营许可审批改革工作。关于“最多跑一次”改革的专项民主监督意见书被市委统战部评为民主监督优秀成果。

社会服务打造品牌。引导、鼓励基层组织联合建立结对帮扶、医疗支援、社区互助和文化教育等多种形式的社会服务点和基地，把农工党界别特色转化为健康乡村建设的具体服务和实践。联合市5大医院基层组织及吴兴区总支在市交通医院建立“健康吴兴服务基地”和“创新实践活动基地”，启动（第十届）中国环境与健康宣传周义诊系列活动，定期开设健康大讲堂，已连续举办22期农工党志愿者健康科普和义诊活动，受到群众好评。开展社会服务活动100余次，参加省委会、市政协、社科联等组织的社会服务和志愿者活动50余次，受益人数近5000人，捐款、捐物价值10余万元。市委会和三个基层组织均被评为“2016～2017年度农工党全省社会服务工作先进集体”。

党员本职彰显风采。党员们爱岗敬业，积极进取，医卫、环保、人口资源、法律、教育、社会和经济等多条战线涌现众多国家级、省级、市级优秀人才，4名党员分别跻身全国和全省优秀党员。据统计，党员中主持国家自然科学基金项目1项，省级多项。发表SCI论文25篇，核心论文2篇，国家级论文7篇，省级论文11篇，其中在国家级及省级学术会议上交流4篇；国家级发明专利3个；主持编制国际标准2项。各类获奖多项。

（梅　红）

【九三学社湖州市委员会】 2017年，九三学社湖州市委会坚定方向讲政治。被社中央评为“坚持和发展中国特色社会主义学习实践活动全国先进集体”。一是旗帜鲜明，加强思想政治学习。认真学习贯彻中共十九大和省、市党代会等重要会议精神。主委高东参加九三学社十一大；11名代表参加九三学社省八代会。全年选送和组织150人参加学习培训，不断引导广大社员增强“四种意识”，坚定“四个自信”，提高“五种能力”，坚定政治方向，坚守政治纪律。二是不忘初心，做好党派传统教育。9月3日，举行“不忘初心，携手前进”主题演讲比赛暨社市委成立35周年纪念活动，展示社员风貌，增加“九三”日仪式感。组织骨干社员赴安徽合肥市葛庭燧院士事迹陈列馆等地参观学习。依托梁希纪念馆这一全国社史教育基地，全年接待全国各地九三社员30余批次近800人次，为宣传社史人物、弘扬党派传统发挥积极作用。

扎实履职出成效。一是协商商在大局。社市委领导积极参与中共湖州市委、市政府的政治协商活动，在涉及湖州市重要报告和规划制定、重大决策和人事安排等提出意见和建议。二是参政参在实处。聚焦科技型中小微企业发展、旅游产业、城中村改造和小城镇综合治理等重点工作下企业、走工地、看现场，深入调研，形成多个调研报告。其中，《关于加快浙江省全域旅游网建设的建议》被社省委立项为省级课题。在市“两会”上，社内代表、委员共领衔提交人大建议案13件，政协大会发言材料3件、集体提案5件、个人提案43件，其中2件被确定重点提案，共有5名市政协委员作大会发言（含书面发言）。全年整理上报信息250余条，获省领导批示3条，市领导批示6条；获社中央录用5条，社省委29条，省政协8条，省委统战部3条；市级录用34条。其中在市委统战部评比活动中，录用“金点子”9条，“微点子”11条，获“金点子”单篇一等奖1条、三等奖2条，社市委获评组织二等奖。社市委获社省委2017年度信息工作先进单位三等奖。在市政协年度信息工作考核中，社市委获二等奖，社员陈绍华、徐俊丽、张曦婷获得2017年度信息工作先进个人。三是监督督在要害。全员参与“治污剿劣”监督活动，各级社组织对口监督“同心河”16条，开展实地监督活动50余次，参与人员300余人次。针对废弃矿山复绿成立专项民主监督团，深入知情明政、明察暗访，高质量完成监督建议书，获市长钱三雄批示，被市委统战部评选为年度民主监督优秀成果奖。推荐30名骨干社员重点参与“最多跑一次”、改革“12345”热线、文明城市创建等专项民主监督，助力部门工作改革创新。

服务社会有担当。一是九三志愿队助力中心工作，树立公益形象。在治水剿劣工作中，九三“红马甲”种树苗、清河道、捡垃圾、拔杂草，出力在岸上，效果在水中。在湖州市和长兴县创建全国文明城市过程中，九三“红马甲”服务在各个岗位上，齐心比奉献，为创城工作贡献力量。二是“九三爱心基金”持续帮扶困难人群。基金全年支出24.1万元用于助学帮困。资助安吉县少数民族村（中张村）困难群众1万元爱心款。在湖州师院学院、湖州职业技术学院资助26名优秀贫困生爱心款6.5万元，并与这些学生“一对一”帮扶，助力学生全方位健康成长。社市委被市慈善总会评为“最佳优秀会员单位”。三是九三特色科技文化服务，有效助学送医暖基层。送春联活动、爱心摄影、书画和湖州话研究讲座等活动产生品牌效应，广受好评。开展各类关爱孩子助学活动，捐助爱心款和物资价值2万余元，义务入校讲座10余场次，联合市科协，把“科技大篷车”驶入乡村小学。全市社组织开展义诊服务15次。

稳步提升强自身。在2017年度社省委各项奖励中，社市委获集体荣誉2项，有8个基层组织、19名社员获得各项省级个人表彰。社市委机关在市委统战部对党派机关的首次年度综合考核中，获评先进集体称号。一是组织建设量质并举求发展。全市全年发展新社员38名，至年末，全市有基层组织26个，社员496名，平均年龄54岁。社内现有省人大代表1名、省政协委员1名，市人大代表13名、市政协委员23名，担任县（区）级人大代表8名、政协委员53名，担任副局级以上领导干部8人。二是社员活动氛围活跃显活力。市级层面，青工委、妇工委、老龄委开展丰富多彩的主题活动。各个基层组织发掘自身优势和特点，不断丰富社员活动的形式和内涵。三是党派成员爱岗敬业有建树。广大社员立足本职，投身“四新”实践，努力建功立业。2017年，九三学社社员获得发明专利9项，获科技或专业类省级荣誉6人次。社员潘晓平被评为省“三八红旗手”，社员柳丽萍获市“三八红旗手”称号，社员姚恩亲、郑晓伟被评为湖州市劳动模范，范斌加入西泠印社。社内新阶层代表不断在新舞台上展现风采。社员齐洋担任市留学生联合会会长，社员宋滨海当选为第十一届省青联会委员，叶国庆担任市新联会秘书长。广大社员在施展个人才华的同时，也扩大了组织影响力和美誉度。

（徐俊丽）

【湖州市工商业联合会】 2017年，湖州市工商联认真学习贯彻中共十九大精神和习近平新时代中国特色社会主义思想，着力构建“亲”“清”政商关系，努力促进“两个健康”（非公有制经济健康发展、非公有制经济人士健康成长），各项工作取得积极成效。

全力以赴，推进中心工作。筹办2017湖商发展大会，牵头组织邀请海内外客商和知名浙（湖）商近1000人参加，评选出“银杏奖”“百合奖”“湖商终身成就奖”等奖项；牵头举办湖商发展论坛，先后邀请境内外知名企业家20余批到湖州考察，帮助牵线搭桥引进总投资125亿元的海王药业等一批项目。湖商大会精准定位、精心策划、精细保障和精彩宣传，充分展示湖州改革开放以来取得的巨大成就。创新举办“携手企业以案例引导供给侧改革”系列活动，分别以“供应链金融创新”“‘一带一路’背景下中国民企如何走出去”等为主题，邀请知名专家开办讲座，企业分享成功经验，参观高新技术企业。供应链金融为企业融资10余亿元。积极投身“治水剿劣”和文明城市创建，向非公企业发出倡议，多次赴河长制河道巡查暗访；赴结对社区开展卫生整治、走访慰问及文明劝导等活动。湖州信息第34期刊发市工商联开展“千企联千村、合力治污水”剿劣专项行动的情况。

强化引领，促进健康成长。多批次组织学习《中共中央国务院关于营造企业家健康成长环境弘扬优秀企业家精神更好发挥企业家作用的意见》文件精神，召开4次非公经济人士“圆桌会议”，持续抓好新生代企业家培养。中国工商第6期刊发了以促进政商关系“清”上加“亲”为专题的圆桌会议系列活动报道。组织开展以“守法诚信、坚定信心”为重点的理想信念教育实践活动，组织开展红色之旅，携手市检察院召开“守法诚信”座谈会，引导非公经济人士树立“四个自信”（道路自信、理论自信、制度自信、文化自信）。积极履行社会责任，组织开展第19期光彩助学、“湖商光彩行，关爱新居民子弟”活动，杭州市湖州商会出资1000万元，分别设立“德信湖师院创新创业基金”和“德信湖职院创新创业基金”；杭州市湖州商会副会长、富尔顿中国有限公司执行总裁陈健出资人民币500万元，设立“湖州师范学院陈健大学生创新创业基金”，鼓励和支持大学生投身创新创业实践。

搭建平台，促进转型升级。认真开展民营企业调研，湖州市5家企业入围中国民营企业500强；9家企业入围中国民营企业制造业500强；1家企业入围中国民营企业服务业100强。在市“两会”上，提交5件提案和1篇大会发言稿。其中，1件提案作为重点提案，1件建议案得到市委书记陈伟俊的批示。组织企业参加合作论坛、投资贸易交流会，编印政策汇编向企业发送，与金融机构合作为企业提供金融服务，携手公检法护航企业发展，助推转型升级。调整完善商会党组织架构，组建市直属商会联合党支部，指导成立湖州市沈阳商会党支部，举办十九大精神培训班，赴嘉兴南湖传承“红船精神”。制订商会年度考核办法和考核目标，认真开展“四好”商会和“3A”级以上商会创建工作，分类注销或整合不合格商会。

强化建设，打造过硬队伍。认真学习贯彻中共十九大精神，收看开幕直播，组织开展“学习十九大，迈步新征程”主题党日，举办非公经济人士十九大精神学习辅导班。深入推进“两学一做”学习教育常态化制度化，组织开展12次学习研讨、6次党课辅导、2次专题组织生活会及纪念建党96周年等系列活动。扎实开展“四新”主题实践，细化11项考核项目，每月亮晒工作成绩，营造比学赶超的良好氛围，7次活动在部门大比拼中进行展示。加强县（区）工商联指导，南浔、德清、长兴及安吉县工商联被确认为全国“五好”县级工商联；吴兴区工商联被确认为全省“五优”县级工商联；安吉、德清县工商联被评为“全省工商联系统先进单位”。注重干部培养，1名干部参加湖商大会筹备办公室工作、1名干部参与“城中村改造”，加以锤炼。强化党风廉政建设，层层签订党风廉政建设责任书，开展廉政谈心谈话，认真落实党性党纪教育一刻钟和党纪每日一学，抓好日常检查巡查，记好履职笔记，驰而不息正风肃纪。（袁新社）

·工　会·

【概况】 2017年，全市基层工会累计8278家，新建工会138家；会员85.8万名，新增0.82万名。全市各级工会坚持服务大局，服务职工，把握发展和谐劳动关系主线，全面践行“四新”主题实践，全力深化改革。市总工会获省总工会重点工作考核优秀等次。

【市总工会七届三次全委（扩大）会议】 1月18日，市总工会七届三次全委（扩大）会议召开。会议总结2016年度全市工会工作情况，部署2017年度工作任务；增（替）补沈宏等7名同志为市总工会第七届委员会委员，增（替）补沈宏等4名同志为市总工会第七届经费审查委员会委员，选举沈宏为市总工会第七届委员会常委、经费审查委员会主任。

【市总工会七届四次全委会议】 9月7日，市总工会七届四次全委会议召开。会议增（替）补郁晓红等3名同志为市总工会第七届委员会委员，选举郁晓红为市总工会第七届委员会常委、副主席。会议还审议通过《湖州市总工会关于助推“中国制造2025”试点示范城市建设的决定》。

【践行“四新”服务大局】 开展“践行‘四新’、助推赶超”主题实践三大行动。一是在全市工会组织中深入开展“两学一做”，“全面践行‘四新’、全力助推赶超”主题实践。坚定不移走中国特色社会主义工会发展道路。学习贯彻中共十九大精神和习近平新时代中国特色社会主义思想，开展“学习贯彻十九大、创新创业促赶超”宣讲活动和“进千村入万企大宣讲促赶超”专项调研活动。深化“劳动光荣、创造伟大”主题教育实践，全年组织开展系列活动100余场。深化“我为美丽湖州立新功”活动，开展“低碳生活我倡导、环境保护我有份”等志愿服务600余次。二是在广大职工中大力开展“弘扬‘三种精神’、投身赶超发展”大讨论活动。召开全市劳模代表座谈会和交流会，向全市职工发出“弘扬工匠精神、聚焦‘两高’、聚力赶超”的倡议，向农业劳模发出争做现代农业生态循环发展示范者的倡议。推荐评选五一劳动奖章（状）全国级3个、省级9个和市劳动模范（集体）125个。培育浙江工匠8名、南太湖工匠20名。成立劳模志愿服务队，深化“劳模精神进校园、劳模品牌进社区、劳模技能进企业”活动。三是在各级工会和广大职工中，开展“百万职工齐参与、全力剿灭劣Ⅴ类水”专项行动。开展“全力剿灭劣Ⅴ类水，我为美丽湖州立新功”主题实践，组织开展河面巡查、河道清理等志愿服务623次，征集剿灭劣Ⅴ类水合理化建议2348条，开展“随手拍”317次。积极参与全国文明城市创建，认真做好“路长制”工作以及文明劝导、责任路段巡查和门前“三包”责任落实等工作。市总工会被评为生态文明先行示范区建设优秀单位和城中村改造攻坚和建设项目遗留问题清零专项行动清零工作保障先进集体。

【深化工会改革】　紧紧围绕“保持和增强政治性、先进性、群众性”目标，全面深化工会改革，切实激发基层活力。一是扎实推进市级改革。出台市总工会“1+5”（1个方案：《湖州工会改革实施方案》，5个配套方案。《关于进一步深化“双争”活动、夯实基层基础的意见》《工会工作志愿者管理办法》《网上工会规划方案》《工会服务基层服务职工工作制度》《工会重点工作清单制度》）改革文件，调整优化市总机关职能，优化市级产业工会组织体系，市总工会领导班子形成“专兼挂”格局。全市工会新建职工阵地36个，市总工会推进湖州开发区职工综合服务中心建设。出台网上工会规划方案，探索网上网下融合服务体系。二是指导推进县级改革。推动各县（区）出台改革方案和配套方案，创新优化县级工会组织体制、管理模式、运行机制和活动方式。三是探索推进基层改革。出台《关于深化“争创先进职工之家，争当优秀工会干部”活动的意见》，全市“双争”活动创建面达75%。完善乡镇（街道）工会规范化建设标准和市级先进职工之家创建标准，深化乡镇（街道）工会争优晋位活动，全市增设兼职副主席198名。新领域新业态工会组建取得新突破，开展物流货运行业建会和货运司机入会专项工作。

【服务加快赶超】　紧紧围绕湖州市转型升级、创新驱动发展，探索职工建功立业新模式。一是助推经济发展。出台《湖州市总工会关于助推中国制造“2025”试点示范城市建设的决定》，召开全市职工创新创业大会，举办首届职工创新成果展和巡回展，成立职工创新创业导师团，设立职工创新创业发展基金，制订《湖州市总工会关于支持职工创新创业活动的三年行动计划》，引导百万职工参与小发明、小设计、小改革、小创新和小建议等技术创新活动，提出合理化建议4.27万条，推广先进操作法533条。二是开展立功竞赛活动。围绕重大项目、重点建设、特色小镇和城中村改造等，确定20个市级立功竞赛示范项目，带动319个重点建设项目开展竞赛活动。三是提升广大职工素质。健全完善竞赛、培训、帮带和晋级工作机制，举办市级大赛23场，各级工会开展岗位练兵、技能比武活动1058场（次），参加职工11.18万人（次）；开展技术培训1357场（次），培训职工10.91万人（次），实现晋级3．45万人（次）。职工志愿技术服务总队开展技术巡查286场（次），技术服务958人（次），解决技术难题354项。四是深化“工人先锋号”创建。出台《湖州市工人先锋号评选管理办法》，以“争当工人先锋号、争创文明城市”活动为载体，组织开展班组（岗位）创新竞赛，全市新增全国、省、市级“工人先锋号”36家。市总工会被评为“中国制造2025”试点示范城市建设工作先进单位、“双高”企业培育工作先进部门、省级重点工程立功竞赛标杆单位和市级重点建设工作先进集体。

【构建和谐劳动关系】　坚持构建和谐劳动关系主线，做好维权维稳工作。一是深化劳动关系预警调处机制建设。出台《关于深化劳动关系预警调处机制建设的意见》，制定“路线图”，健全完善四级联动、“月报”“专报”结合、预警调处衔接、季度分析研判的工作机制。二是推进和谐劳动关系企业创建。召开劳动关系三方会议，完成市级劳动关系和谐企业前五批复评和第六批暨“双爱”示范企业申报考核。成立市工会志愿者律师服务总队，开展工会法律服务和法律援助。制定《关于贯彻加强工会劳动法律监督条例工作的意见》，联合市级有关部门开展劳务外包、企业防暑降温和建筑领域农民工欠薪等专项监督活动312次。三是加强职工劳动保护。深化“安康杯”竞赛，开展“查事故隐患，提合理化建议”和“安全示范车间”“标杆班组”“岗位标兵”创建活动，全年开展安全宣传活动378场（次），征集合理化建议1.2万条，组织安全检查724次，检查企业1528家，发现隐患2020个，整改1774个。

【提升帮扶服务实效】　坚持职工需求导向，拓展服务项目。一是提升帮扶工作实效。开展困难职工“一对一”精准帮扶，做好困难职工家庭档案分级管理，筹集困难帮扶资金1000万元。高温慰问企业和工地2490个，职工11.6万人。开展“就业援助月”“技术培训促就业”等活动，就业服务4.3万人次，技术培训7.91万人次，实现就业1.35万人。二是深化拓展职工普惠服务。筹措职工医疗互助金1724万元，享受医疗互助补助和大病救助职工14333人。开展女职工“两癌”救助和心理援助以及“小候鸟”关爱、青年职工联谊等活动。举办第十三届职工歌会、首届职工才艺大赛、大众体育节和环太湖流域职工文化艺术节等文化体育活动。三是推进职工疗休养工作。出台规范职工疗休养工作等文件，完善疗休养基地创建标准，推出10条职工疗休养精品线路，培育10家市级示范型疗休养基地，全市参加疗休养职工7.88万人，吸引外地职工到湖州疗休养149.2万人（次）。

【加强工会自身建设】　围绕全面从严治党要求，加强工会自身建设。一是加强工会党的建设。严格履行全面从严治党的政治责任，深入推进“两学一做”学习教育常态化制度化，加强机关意识形态工作和党风廉政建设责任制，持续推进作风建设，市总工会党组被评为优秀县处级党委（党组）理论学习中心组。二是加强财务经审工作。推进工会财务规范化管理和资产安全增效，落实为企业减负担降成本工作。加强经审规范化建设，推出“一年审一次，年度审计全覆盖”的审计新模式，推进工会经审体系建设和力量配备，市总工会5个审计项目获得全省工会审计项目一等奖。三是创新工会宣传。注重工会“网宣”队伍建设，完善重点工作发布、新闻选题通报、主题宣传策

划等工作机制建设。（蒋华杰）

·共青团·

【概况】 2017年，全市共青团以“践行四新、助推赶超、服务两高”为主线，以“让青年走在转型升级前列”“爱在湖城”志愿服务等五大行动为重点，以“四比一创”（比学习力、比服务力、比战斗力、比影响力、创先进团组织）主题竞赛实践为抓手，撸袖实干、甩膀快干，不断开拓共青团事业发展的新局面。全年全市共青团的工作被中央电视台、新华社等省级以上媒体报道102条（次），市领导对共青团工作批示12次，“团性体检”“河小青”等品牌全面推广，湖州共青团改革入选省群团改革典型案例，青年社会组织服务中心建设、团干部统筹使用两项工作获“浙江青年创业创新奖”、团市委荣获“全国文明城市创建集体二等功”“2017年团省委考核优秀单位”。

【共青团湖州市七届三次全委（扩大）会议】 2018年2月26日，召开共青团湖州市七届三次全委（扩大）会议。会议确定，2018年全市共青团工作的主要任务和总体思路是：高举习近平新时代中国特色社会主义思想伟大旗帜，深入学习贯彻中共十九大精神，全面贯彻落实市委、团省委全会精神，以“践行四新 助推赶超 服务两高”为主线，以“四比一创”主题竞赛实践为抓手，全面深化改革、全面打响品牌和全面锻造铁军，全力推动共青团事业高质量发展，为湖州加快赶超、实现“两高”贡献青春力量。

【让青年走在转型升级前列】 实施“万名青年人才到湖州就业创业三年行动计划”，依托上海湖州商会成立初始规模1亿元的南太湖青年创业投资基金，成立全省首个阿里巴巴商学院大学生创新创业基地。举办首届杭州湖州青年创业创新大赛、全省高校团委书记走进湖州等活动，与台湾地区青创总会建立长期合作。全面推广“微信贷、微创贷、微业贷”青年创业贷款产品，持续打响“5·28”活动品牌[团市委与金融机构、人社局等单位合作，市、县（区）联动，每年5月28日当天推出最低利率青年创业贷款产品，并现场提供贷款办理、贴息服务等]，全年发放青年创业贷款2200笔、2.6亿元。扎实推进“青创农场”培育、“返乡大学生青春创业三年行动计划”省级试点，举办农村青年创业大讲堂、青年电商集训营等85场、4600人（次）。引进30名浙江大学青年教师到湖州挂职企业管理咨询师和特色小镇发展顾问。开展青工技能比武108场，评定市级青年岗位能手128人，新建市级青年岗位能手工作室15个，认定市级青年安全生产示范岗20个，创建市级以上“青年文明号”116家，建成“青年科技创新工作站”21个。广泛开展青年文明号助力“最多跑一次”主题活动，组建120支“青春助跑团”。开展大学生暑期“千人实习计划”，对接上岗2200人。

【“爱在湖城”志愿服务行动】 以“同做美丽志愿者·共创文明湖州城”为主题，筹措资金560万元，实施项目154个，全市注册志愿者78.8万人（每万人口拥有志愿者2800人，列全省第一）。“青柚空间”——社区青少年关爱计划（“青”即为青年的“青”，“柚”是孩童幼子“幼”的谐音，“青柚”是一种孩子喜闻乐见又具有丰富营养的水果，“青柚空间”旨在加强校地合作，发挥青年力量，以“大手拉小手”形式关爱社区少年儿童）等4个项目获全省志愿服务大赛两银、两铜。全面推进“四亮一争”志愿服务，在全省率先实现社区、医院、公园、车站、景区、景点和文化场馆各类场所学雷锋志愿服务站标准化建设、常态化运行全覆盖。深入开展“平安大使”“爱你一路”“白大褂四进”等八大主题志愿服务行动，举办活动8000场，参与团队1000余家、70万人（次）。专题制作《美丽志愿者·文明湖州城》公益宣传片等文化产品30余项，在中心城区银泰城、浙北购物中心等设立“红马甲”发放点20个，发放宣传品5万余件。开展“文明使者”招募活动，选聘首批“文明使者”529名，“人人志愿者，处处马甲红”蔚然成风。

【青少年“生态+”绿色行动】 打响“河小青”（青少年治水志愿者）助力剿劣工作品牌，建立市、县（区）、乡镇（街道）、村（社区）四级“河小青”组织体系，招募治水志愿者1.5万人，定期开展水源地清污、水质监测和违法排污监控等活动。率先发布全省首个青年治水APP“河小青·微河长”，设计推出卡通形象“河小青”、歌曲MV“河小青修炼手册”等系列文化产品10余项。围绕美丽乡村升级版建设，实施“垃圾分类·青年先行”“环境整治·青年聚力”“美丽庭院·青年共建”“生态旅游·青年奉献”四大行动，成立垃圾分类、美丽乡村等专业讲师团15支，举办巡回点单式知识培训105场，绿色生态理念更加深入人心。深化“你有梦想·我有行动”公益提升计划，完善“党委政府列项目、团青组织推项目、社会组织领项目、协同三方评项目”工作机制，支持青年社会组织和公益团队项目31个、资金350万元。

【青少年成长助力行动】 以学习宣传贯彻中共十九大为重点，以“不忘初心跟党走”“红领巾相约中国梦”为主题，通过青春讲习所、主题团（队）日和组织生活会等形式广泛开展主题教育实践。承接团中央新兴领域青年群体联系“筑梦计划”试点，评选表彰“十大杰出青年”“南太湖美德少年”等青少年典型670余名。开展“希望工程·圆梦行动”，募集资金286万元、资助学生620名。深入实施青少年权益“双十”（青少年权益十大实事项目、青少年权益十大重点活动）行动，加强“阳光假日小屋”“七彩小屋”等阵地建设，开展青少年心灵花园体验、“12355”助力中、高考阳光行动等主题活动20场，聚焦青年创业创新、婚恋交友等提交议（提）案8件，3个社区入选团中央“青少年零犯罪零受害社区”试点。深化“一核多点”（以市青少年综合服务中心为核心，同时在青年较为集聚的地域选择性地建设青少年综合服务分站）青少年综合服务平台建设，创建全国示范性青年之家2家、省级7家，建立省级“亲青恋”基地3个，向上争取到136万元资金支持青少年校外活动阵地建设。开展交友联谊、心理咨询和法律维权等活动260场、参与者1.3万人（次）。

【共青团改革攻坚行动】 市、县（区）两级团委均出台改革方案并完成领导班子“专兼挂”配备，团市委机关工作队伍兼、挂职比例达50%，严格对照全国青联改革要求高质量完成市青联换届，统筹推进学校、少先队和学联等各领域改革工作。在全市共青团员中开展“团性体检”，评定团员“健康”等级，完善不合格团员退出机制，并在《中国青年报》头版报道。在全市各级团组织开展“四比一创”（比学习力、比服务力、比战斗力、比影响力、创先进团组织）主题竞赛实践，以“年初亮目标、每月督进展、季度比成效、年末述评议”四步工作法，推动全年58项重点工作落地见效。开展“青春邀约走基层·服务青年听结办”大走访、大调研活动，市、县（区）两级团干部走访村（社区）、企业等基层团组织1050余个，帮助解决问题3200余个。强化“网上共青团”建设，加快培育“百千万”网青队伍，“团聚湖州”“青柚湖州”等新媒体平台影响力居全省前列。（沈建兰）

·妇女联合会·

【概况】 2017年，全市妇女组织以“聚力服务赶超、巾帼助推‘两高’”为主线，扎实开展比学习强引领、比实干强服务、比创新强活力和比担当强队伍“四比四强”主题实践活动，不断提升工作能力和工作水平，为开创妇女工作新局面、促进妇女事业新发展提供有力保障。市妇联荣获“全国维护妇女儿童权益先进集体”“省实施妇女儿童发展规划先进集体”“市文明城市创建集体嘉奖”“市优秀党组理论学习中心组”等称号。

【助力生态文明建设】 主动投身生态文明建设，实施剿灭劣Ⅴ类水巾帼行动，推广家庭护水公约，全市1330支巾帼治水护水队和“巾帼河嫂”队，累计开展保洁、督查和剿劣宣传实践活动8000余场（次），参与人数3.5万人（次）。实施“文明湖州 巾帼同行”专项行动，发动全市121个巾帼文明岗与121个社区开展文明创建结对，组织2.3万名巾帼文明志愿者参与创建宣传、广场服务活动，推进282个社区家长学校规范化建设，完成1021个文明楼道布置，为全国文明城市创建营造良好氛围。积极参与美丽乡村建设，全域化推进美丽庭院创建工作，通过重点创建、规范提升、示范引领，全年打造市级美丽庭院示范户200户。

【服务女性创业创新】 主动参与经济转型升级，实施“农村妇女千人培训计划”，完成“百名女性创业能力提升项目”，举办巾帼电商创业、巾帼民宿等培训68期，不断提升女性职业技能。成立女性创业联盟，举办项目资本相亲会，开展浙江大学教授走进企业活动等，不断搭建政策、项目和科技对接平台，助推企业转型。开展巾帼文明岗助力“最多跑一次”改革，评选“十佳窗口”20个，新培育市级以上巾帼文明岗98个。深化“春风送岗位”行动，全市组织各类女性招聘会17场（次），5783名妇女参加。加强女性创业资金帮扶，成立巾帼战略合作银行，完善《湖州市妇女创业小额贷款贴息资金使用办法》，全年发放小额贷款贴息32.7万元。

【融入社会综合治理】 主动融入社会治理创新，深化平安家庭建设，全市普遍设立女性公平就业保护机制，有效推动并参与家事审判改革工作，建立健全菰城娘家人服务中心等维权服务站点，全年开展维权服务进万家、维权帮教进社区等各类咨询、调解和讲座活动759场（次），全年处理妇女来信来访1445件（次），受理婚姻家庭纠纷案件2546起。推进法治湖州建设，加强妇女普法宣传，制定实施《湖州市妇联系统开展法治宣传教育的第七个五年规划（2016~2020年）》，开展“与法同行”系列活动。

【服务妇儿民生改善】 深入实施妇女儿童发展规划，协助政府召开全市妇女儿童工作会议，统筹推进城乡妇女“两癌”免费筛查等14项重点实事项目落实。发挥政策法规（文件）性别平等评估机制作用，源头跟进相关政策文件出台，累计对23个政策法规（文件）进行评估。分层分类开展困难妇女儿童帮扶救助，深化“五月阳光”关爱贫困母亲、“圆梦启航”关爱女大学生等品牌活动，全年筹措资金223万元，累计帮扶妇儿儿童4049名，在城市社区、学校建立免费开放“倩宁书屋”7个。抓住换届契机，推动女性参政比例，市第八次党代会代表和八届人大代表、政协八届委员中女性比例分别达30.1%、36.1%和35.3%。

【加强思想教育引领】 紧扣“巾帼心向党·勇立潮头行”主题，开展亮晒“我家这五年”、唱响巾帼“好声音”等宣传活动，通过召开座谈会、创作快板、编排舞蹈和撰写诗歌等形式，开展各类学习宣讲活动近100场。推进以男女平等为核心的先进性别文化建设，开展“谋平等参与、促和谐发展”国策宣传“六进”活动，加强妇女价值取向、生活方式和道德行为引领。以“聚力服务赶超、巾帼助推‘两高’”为主题，大力培树各行各业先进典型，通过宣传点赞三八红旗手（集体）、最美妇女主任、最美巾帼先锋队等，传递巾帼正能量。

【深化家庭文明建设】 注重家庭建设，深化“立家规、传家训、树家风、圆家梦”主题活动，通过基层推、群众荐和组织挖等形式，全年新培育市级以上最美家庭、文明家庭200户。弘扬良好家风，举办正局级领导干部配偶廉政学习会，开展“最美家风故事大家讲、大家看、大家评、大家赛”系列活动720场（次）。深化家庭教育，出台《湖州市关于指导推进家庭教育的五年规划（2016～2020年）》，推广德清、安吉县试点经验，开展婴幼儿早期教育课题调研，组织家教讲师团赴基层巡讲610场（次）。

【推进妇联改革创新】 全面落实群团改革要求，深入实施“激活升温创优”项目，全市982个村完成“会改联”、72个乡镇（街道）完成组织设置改革，新增村级妇联副主席1355名、执委8477名，新增乡镇（街道）妇联兼职副主席160名、执委710名。新建纵向妇女网格小组9037个、横向功能性妇女小组3949个。积极打造网上工作平台，以“3+N”模式建立“纵向到底、横向到边”的工作群、联系群和服务群3928个，联系覆盖妇女群众31.8万名。聚焦新领域新群体妇女工作覆盖，实施“女性社会组织培育计划”，开展区域化妇建试点，高校妇女组织建设实现新突破。整合提升下属事业单位职能，理顺童星园管理体制并整体移交至吴兴区教育局。

【优化干部队伍】 结合村两委换届，全面完成村和社区换届女性参与基层民主治理的5项指标要求，其中女村民代表占35.4%，村和社区妇联主席进“两委”达100%。开展妇联干部项目领办活动，设立“四比四强展示厅”，每月亮晒工作清单、比拼工作成效。加强干部教育培训，组织妇联执委、基层妇联干部培训班16期，培训976人（次）。深化“一下移两下沉”工作，开展基层“大走访、大调研、大宣讲”活动，县级以上妇联干部累计走访妇女及家庭790户，累计开展送服务活动363项。加强妇女问题调查研究，围绕“婴幼儿早期教育”等内容开展重点课题调研9个，并推动成果转化应用，增强对新时期妇女工作热点、难点问题研判。（张文霞）

·湖州市文学艺术界联合会·

【概况】 2017年，湖州市文学艺术界联合会（以下简称文联）紧紧围绕学习宣传贯彻中共十九大精神，以习近平新时代中国特色社会主义思想为指导，贯彻执行党的路线方针政策以及中央和省、市委的决策部署，团结凝聚广大文艺家和文艺工作者，围绕中心、服务大局，深入生活、扎根人民，勇于担当、努力作为，为推动湖州市文艺事业繁荣发展、加快文化湖州建设做出积极贡献。

【文艺活动】 组织“与治水同行——剿灭劣V类水湖州市文艺工作者走基层采风巡演活动启动仪式”，举办“五水共治”浙江省美术作品展览（湖州展区）、“我们与治水同行”——湖州市剿灭劣V类水摄影作品展等活动，编印出版报告文学作品集《苕水清清太湖美》，开展文艺巡演90余场。德清县文联承办“剿灭劣V类水·浙水千秋”浙江省书协采风团文艺助力活动，创作排舞《文明德清十八礼》；长兴县文联开展“剿灭劣V类水·讴歌绿水青山——长兴文艺家有担当”活动，创作主题曲《绿水青山就是金山银山》和报告文学《水清龙来》；吴兴区文联举办“浙水千秋·千溪吴兴”吴兴区百名文艺家“剿劣”采风创作暨吴兴区文艺工作者践行“四新”主题实践书画展，创作公益短片《习惯》；南浔区文联用小戏小品、快闪快板、歌舞曲艺、摄影展览等群众喜闻乐见的形式广泛宣传治水精神。围绕湖州全国文明城市创建，积极发挥文艺助力作用，在银泰城东吴国际广场、碧浪湖社区、长岛公园、滨湖街道滨湖村等地举办文艺巡演10场、观众达2000余人次；联合市教育局等部门组织举办“与文明同行 倡文明新风”主题征文活动。举办喜迎市党代会美术书法摄影作品市、县巡展、“迎接十九大——碧浪墨韵书画展”“清丽湖州 丝路起点”——庆祝香港回归20周年湖州香港两地摄影展，“八一”前夕组织书画家分赴吴山油库、消防支队、武警四团等部队警营开展文艺拥军慰问活动，创作以红军长征为题材的音乐歌舞剧文学剧本《半条被子》并被上海美术出版社改编成连环画出版发行。制定实施《关于深入推进“走在春天里·文艺‘六进’”活动的实施方案》，组织各文艺家协会小分队进农村文化礼堂、进社区文化家园、进乡镇文化广场、进企业文化车间、进学校文化校园、进城市文化公园，有主题、成系列、组拳式开展采风创作、辅导培训、展览展示、赠送作品等文艺志愿服务20余次，受益群众达1000余人次，其中“走在春天里·文艺‘六进’”获得2017年度全市宣传思想文化工作创新项目，市摄协被省摄协授予“我们的中国梦——摄影进万家、温暖全家福”先进集体称号，德清县文联“服务电商·争当店小二”服务品牌在全省文联组联工作现场会作交流发言。深入推进“书法村”建设，南浔区练市镇荃步村成功创建“浙江书法村”；组织书法骨干分赴德清县钟管镇、吴兴区织里镇秦家港村、南浔区和孚镇荻港村、长兴火车南站、安吉县天子湖溪港村、德清后坞村等地“写福送春联”2万余幅，推进书法进万家；开展戏曲进校园活动10场，在中心城区爱山小学、塘甸小学和湖州师范学院开设湖剧传承教学基地，在新风小学开设“湖州三跳”传承教学基地，举办“纪念越剧诞辰110周年专场文艺演出”。积极参与农村文化礼堂建设，市舞协组织湖州市文化礼堂排舞培训班，培训三县二区排舞工作骨干50余人次；长兴县文联开展“文艺家八进”文化礼堂活动，为13家文化礼堂创作楹联、村歌、美术、书法和摄影作品400余件，举办红色文艺进礼堂等系列活动90余场；南浔区文联创新推出“春节之贺、清明之思、端午之忆”系列活动，开展“一村一节目”展演，创作村歌9首。广泛开展各类民间文艺活动，组织市作协、市美协、市书协、市摄协会员赴南浔区旧馆新兴港、港胡两古村采风，帮助挖掘当地民间民俗文化；德清县文联积极参与举办新市蚕花庙会、民国风情莫干山年俗文化节、乾龙灯会、塘泾清明龙舟庙会；长兴县文联创成“浙江省诗词之乡”“中华曲文化教育基地”；安吉县文联举办首届传统手艺非遗秀暨小而美中秋博览会。

【文艺创作】 加强文艺精品题材库建设，在组织开展深入调研的基础上，初步建立起包括民间传说、老字号、特色文化、历代名人、红色题材、创新创业等类型40个题材的《湖州文艺精品创作题材库》。组织申报确定市级文艺家协会2016年度优秀文艺作品奖励项目31个、发放奖励资金10余万元。年内，广大文艺工作者创作生产的文艺作品在各类文艺评奖中屡获佳绩。文学影视方面，电视剧《天下粮田》在央视一套黄金档播出并荣获“2017年度优秀电视剧”称号，安吉县文联参与拍摄制作的电视剧《青恋》于中共十九大期间在央视黄金时间播出；长篇小说《红厂三曲》被中国作协列为重点扶持项目，报告文学《那山那水》获得社会好评，长篇报告文学《一百年的暗与光》、广播剧《红色沃土》、电视连续剧《养个孩子不容易》等作品获省“五个一工程”奖，长篇纪实文学《太湖传》、长篇小说《织梦人》、《戏梦人生——元曲大家臧懋循》、歌曲《好一个老村》、广播剧《红色沃土》、情景剧《我们曾经共同宣誓过》等作品获市“五个一工程”奖；出版《湖州当代优秀文学作品选》《湖州故事》，启动援疆题材长篇报告文学《遥远的地方》（暂名）撰写工作。美术创作方面，在浙江省群星中国画展中获兰花金奖1项、兰花银奖2项，另有7人作品入展；16件作品入选“美丽浙江·水之韵‘五水共治’海报宣传招贴展”并获金、银奖各1项、优秀奖3项；有15人次入展全国性展览、140余件作品入展全省性展览。书法创作方面，1人作品入展“全国第二届书法临帖作品展”，55件作品入展“浙江中国书协会员200家优秀作品展”“浙江书坛精英50家精品展”“第六届浙江省刻字艺术大展”等全省性展览。摄影创作方面，作品《时光》在大理国际摄影节展出，《太湖“风景”》、《静默如谜的呼吸》在丽水市国际摄影节展出，《节日》入选第26届全国摄影艺术展览。音乐舞蹈方面，创作室内乐组曲《湖州音画》，歌曲《春风伴我行》获省新农村题材音乐新作演唱演奏大赛创作金奖、表演银奖，湖州警官乐团连续四年获得“中华杯·上海管乐节”表演金奖、优秀指挥奖；幼儿舞蹈《泡泡时光》获第九届“小荷风采”全国少儿舞蹈比赛金奖，情景剧《遇见未知的自己》在“喜迎十九大，颂歌献给党”全省检察机关文艺会演中喜获金奖。戏剧曲艺和民间文艺方面，湖州三跳《英台乔装》获省曲协、省文化馆曲艺新作大赛表演金奖、创作银奖，湖剧《珍珠塔·羞姑》获省十大城市戏曲演唱大赛团体银奖、个人金奖，越剧小戏《规矩》参加全国优秀小品小戏展演，湖剧折子戏《陆雅臣·叹更》获2017年“新松计划”浙江省青年戏曲演员大赛B组三等奖，长兴摊簧《龙船王》获省曲艺新作大赛创作、表演双金奖；《鸳鸯龙》获意大利第34届国际民间艺术节交流活动特别奖。与此同时，积极开展文化交流，在南浔举办第六届“徐迟报告文学奖”颁奖系列活动，安吉县文联联合浙江省展览馆等部门举办了“国艺昌硕——吴昌硕绘画作品展”等数场高规格高质量的专题展览活动。

【文艺队伍】 重视文艺创新团队建设，对已入选的4个优秀文艺创新团队加强跟踪培育、项目推动，金月强风筝工作室、刘祖鹏艺术工作室和李之河人物画工作室成功入选湖州市文化领军人才工作室。加强青年文艺人才培养，制定实施“南太湖新峰计划”，在美术、书法、摄影等领域遴选首批培养人才33名，采取召开座谈会、“两山”采风、创作点评、举办展览、出版作品集等举措进行培养，新增2人入选浙江省文联“新峰计划”，全年全市入选全省“新峰计划”人才6名。加大文艺人才的宣传推介力度，在浙江展览馆举行“笔墨江南·清丽湖州——湖州市美术书法摄影作品展”，共展示艺术作品240幅，集中美术书法摄影协会在杭州举办艺术展览，近年来在湖州市是首次；在安吉吴昌硕纪念馆举办“丝乡行—湖州、嘉兴、杭州、绍兴四城中国画作品展”；联合省外吉林市、盘锦市、乌海市、黄冈市共同举办“书写新时代 相约南太湖”中国书法城—全国五城市书法作品展；举办“仰望松雪——朱元更书画展”等48位艺术家个人展。各文艺家协会采取各种形式加强人才培养，市作协新建作家创作基地2个，市美协、书协邀请专家到湖州授课辅导，市摄协首创“湖州摄影工作坊”模式，长兴摄协实施“团队+专题”模式的“4个1开拓计划”，市舞协举办中国舞1～3级教师培训班。全力抓好市级文艺家协会换届工作，在市委宣传部的重视指导下，认真制订《湖州市文联关于直属文艺家协会换届工作的意见》，成立换届工作领导小组及办公室，通过集中动员部署、开门广听意见、加强思想沟通、科学安排人事、精心组织会议等，积极稳妥地完成了8个文艺家协会换届工作。（黄其恕）

·社会科学界联合会·

【概况】 2017年，湖州市社科联以中共十九大精神为指导，深入学习习近平总书记系列重要讲话精神，贯彻落实中央和省、市委对社科工作的部署要求，动员组织广大社科理论工作者，坚定信念，与党同心，不断创新工作载体，提升工作品牌，在加强理论研究、组织学术交流、推动社科普及和加强社团管理等方面积极开展工作，为湖州市加快赶超，实现高质量建设现代化生态型滨湖大城市，高水平全面建成小康社会做出积极贡献。

【理论武装】 坚持把思想政治建设摆在各项工作首位，明确政治责任担当。1. 召开理事会全体会议。2月16日，市社科联召开六届六次理事全体（扩大）会议。市委常委、宣传部部长胡菁菁出席会议并讲话。大会强调全市各级社科联和广大社科工作者要认清形势，进一步增强做好哲学社会科学工作的责任感和使命感，多做统一思想、凝聚力量的工作，推出更多理论成果，更好地指导实践，开创湖州市哲学社会科学发展新局面。2. 研究阐释省第十四次党代会精神。6月19日，市委宣传部召开全市宣传文化系统学习会，在听取市委常委、宣传部长范庆瑜传达省第十四次党代会精神后，市社科联立即作出学习贯彻省第十四次党代会精神工作部署，提出把学习研究阐释省第十四次党代会精神，作为当前社科界的重大政治任务。3. 学习解读中共十九大精神。10月18日，万众瞩目的中国共产党第十九次全国人民代表大会隆重开幕，市社科联组织下属各县（区）社科联、学会、研究会及社科普及基地工作人员认真收看收听十九大盛况，要求全市社科界和广大社科工作者组织召开社科理论界座谈会，座谈十九大精神学习体会。发挥自身优势，精心组织各类十九大精神学习研究解读会，兴起学习研究阐释热潮。4. 学习研究“两山”理念。10月11日，由市社科联组织的“讲好湖州故事，传承创新优秀文化”主题活动在“两山”理念发源地——安吉县天荒坪镇余村举行。其间，湖州著名画家高庭山将自己精心创作的一幅“绿水青山”国画捐赠给省级社科基地余村，并举行赠送仪式。广大社科工作者在市社科联的组织下，深入余村开展学习调研，学习“两山”理念产生的时代背景、精神内涵和哲学基础，结合余村实践、湖州实践，以理论联系实际的方法和作风，把理论学习推向深处。5. 开展决策咨询调研。深入“四新”主题实践，开展加强湖州新型智库建设调研，完成调研报告，出台《湖州市关于加强新型智库建设的实施意见》，形成湖州市新时代新型智库建设总体思路和主要举措。根据市委要求，组织力量，及时完成《打好三张牌，连接大上海》《关于湖州市发展城市轨道交通的研究》以及《关于新时代“湖商”精神的阐述》等课题调研，形成提案报告，得到市领导及有关部门的认可。

【学术研究】 坚持立足湖州实际，围绕市委、市政府重大工作开展对策性研究、原创性研究。1. 规划立项课题。年初，通过调研确定38个哲学社会科学导向题目，明确申报条件和有关要求。6月底，收到申报课题104项，经专家学术小组评审，预立项62项课题，最后结题完成61项。内容涵盖政治、经济和文化等领域，突出对湖州市“生态文明”建设的深度研究，具有科学性、可行性和创新性。其中，围绕“两山”理念开展课题研究，通过年度立项课题形式，集中展示研究成果，通过新闻宣传扩大“两山”研究成果的知名度和影响力，助力推进“还湖州青山绿水，走生态发展之路”战略实施。2. 编撰《改革开放40年（湖州卷）》等书籍。根据省社科联安排，上半年，市委宣传部、市社科联启动编写《改革开放40年（湖州卷）》工作。先后多次召开专题讨论会、编撰提纲统稿会，组织湖州师范学院、湖州职业技术学院、湖州市委党校及市直机关的有关专家、学者联合编撰，年底完成初稿。与市远程教育学会联合举办“加快湖州赶超发展”主题征文。与有关部门专家联合，完成《湖州银行发展史》《湖州民国史纲》等书籍的撰写任务。3. 出版《湖州历史文化丛书》第七辑。6月，市委宣传部、市社科联联合组织《湖州历史文化丛书》第七辑由浙江古籍出版社出版。包括《湖州医学史》《湖州廉政史话》《湖州新闻史》《湖州妇女运动史》4本。历年来全市出版《湖州历史文化丛书》7辑28本。丛书比较系统地展示了湖州千百年历史的文明成果，讴歌了历史上众多杰出俊才，描绘了湖州独特的社会民俗风尚，是文化湖州建设的又一大成果。4. 社科配套奖励。2017年，湖州市立项课题中符合《扶持奖励办法》规定条件的扶持项目有12项，其中，国家社科基金扶持1项，省规划立项扶持11项。

【社科普及】 致力普及社科知识和传播科学思想、科学精神和科学方法，大力开展社科普及活动，努力提升公众社会科学文化素质。1. 组织社科普及周活动。9月27日，湖州市2017社会科学普及周活动开幕式暨传承创新湖州优秀传统文化报告会在湖州举行。市委常委、宣传部部长范庆瑜到会致辞。强调要认真落实中办、国办《关于实施中华优秀传统文化传承发展工程的意见》要求，当好党的创新理论的传播者、优秀传统文化的弘扬者、精彩湖州故事的讲述者，努力提升湖州市公众人文素养，为湖州市加快建设现代化生态型滨湖大城市，高水平全面建成小康社会做出积极贡献。11月15日，“学习十九大，迈步新征程”2017湖州市社科普及周暨社科专家下基层活动在南浔区菱湖古镇举行。18位社科专家参加咨询、宣讲、献爱心等活动；10月16日，社科专家到南浔区双林古镇开展咨询活动；11月17日，社科专家到吴兴区织里镇科技文化中心开展咨询活动。参加此次活动的学会有市邓小平理论研究会、市法学会、市人口学会、市远程教育学会、市文博学会、市中医药文化研究会和市政研会等10家学会30余名专家，发出资料7000余份，图书2300本。2. 举办“南太湖人文大讲堂”。邀请国内名人名家作讲“南太湖人文大讲堂”。3月15日，邀请北京电影制片厂一级美术师屠居华主讲《谈谈电影中的美术设计》；3月17日，邀请当代著名新锐学者《精进》专著的作者崔翔宇主讲《如何成为一个很厉害的人?》；4月5日，邀请中国科学院院士沈树忠主讲《煤山金钉子与超级生物大灭绝》；6月1日，邀请浙江省社科联主席蒋承勇主讲《山色有无中——谈人文精神的“无用之用”》；6月6日，邀请复旦大学中国历史地理研究中心主任葛剑雄、中国工程院院士林宗虎、中国作家协会副主席何建明等作客南浔论坛《古韵今风，天下南浔——重振南浔辉煌的当代使命》；6月7日，邀请中国作家协会副主席何建明主讲《徐迟对讲好中国故事的意义》等。名人名家作客“南太湖人文大讲堂”，为广大市民带来一场场丰盛的精神文化大餐。3.“中国梦”南太湖宣讲团基层宣讲。为体现公益性、亲民性和开放性，年内，“中国梦”南太湖宣讲团以“创建全国文明城市，剿灭劣V类水”和“红色动力与民营企业发展”为主题，先后在南浔区善琏、双林、练市镇会场及天能集团、佐力药业、华祥集团、洪波集团、南浔国税、浙北大厦、丝绸之路集团、湖州市妇保院、永兴特钢、湖州老恒和、振华工贸、南浔区善琏镇车家抖村、吴兴区埭溪美妆小镇和芦山村等60余家企业和单位进行调研与宣讲。全年完成宣讲100余场，其中50余场为社科专家进“两新”项目，体现“三贴近”（贴近实际、贴近生活、贴近群众）原则。4.社科普及基地创建。积极推进社科普及基地有关申报、评估和升格等工作。2月24日，市社科联发出《关于开展第二批“湖州市社会科学普及基地”申报命名工作的通知》，5月中旬，组成考评组对11家新申报市级社科普及基地进行评估，对30家第一批市级社科普及基地进行复评。经评审，湖州市博物馆等22家保留湖州市社科普及基地称号；湖州市德泰恒博物馆等11家命名为第二批市级社科普及基地；钱山漾文化交流中心、南浔区和孚镇荻港村、长兴县图书馆、德清县图书馆、安吉县天荒坪镇余村等5家升格为第七批省级社科普及基地。湖州市博物馆、吴兴区八里店镇南太湖幸福社区、南浔区南浔文园、德清县新市镇成人文化技术学校、长兴县金陵高级中学、安吉县中国竹子博物馆6家通报表彰为优秀社科普及基地。年底，市级以上社科普及基地统一授牌。

【社科管理】 严格社团组织和社科阵地管理，充分发挥主阵地作用。1.组织社团清理整顿和规范管理。根据《中共浙江省委办公厅 浙江省人民政府办公厅关于开展社会团体清理规范工作的通知》精神和省、市召开的社会组织清理整顿和规范管理工作会议要求，结合市级学会、研究会（协会）实际，制订《湖州市社科联清理整顿和规范管理工作实施方案》，在学会、研究会（协会）自查的基础上，全面掌握学会、研究会（协会）运营情况。对市开放型经济研究会、市远程教育学会、市南浔学研究会、陆羽茶文化研究会、市外文与翻译学会、市历史学会和市公共关系协会的领导干部兼职情况进行重点清理。与市民政局对接，深入调研走访，对运作比较规范、专业化水平高、服务能力强的学会，符合条件的，如市邓小平理论研究会，市妇女研究会，支持其承接政府购买服务和提高评级工作，打造优秀品牌学会。2.社团组织工作评估和指导。转发湖州市民政局《关于做好社会组织评估工作的通知》《关于开展2016年度市级社会团体年度检查工作的通知》和《关于湖州市本级社会组织承接政府转移职能和购买服务推荐性目录申报表》等精神，配合市民政局以《社团管理办法》为依据，以学会规范化建设为导向，全面开展社会组织评估工作和市级社会团体年度检查工作。全市55家社科学会（协会），通过年检38家，免检17家。进一步加强对各学会工作引导，指导市新四军研究会、陆羽茶文化研究会完成名称和领导变更工作，指导湖州市酒文化研究会完成成立发展等工作。3.继续办好《湖州社会科学》网刊。充分发挥阵地载体作用，《湖州社会科学》全年刊发6期，发表优秀社科文章100余篇。《湖州社科网》坚持每一天更新，每一稿编校，确保了质量。坚持三贴近，真情献读者，《湖州社会科学》网刊社会影响力不断提升。（管国平）

·残疾人事业·

【概况】 2017年，全市残联系统认真贯彻落实中央和省、市委重大决策部署，优化服务，强化保障，加快推进残疾人全面小康进程，残疾人全面小康实现程度达93.2%，列全省第四，省残联对湖州市残联考核评价结果为优秀。

【民生保障】 全市残疾人家庭人均可支配收入年均增速达11.99%，列全省第一。全市对9115名残疾人实施基本生活保障工程，全额发放低保金、低保补助金5598万元；对18596名残疾人发放困难残疾人生活补贴4514.58万元；对20039名重度残疾人发放护理补贴4949.89万元，“两项补贴”目标人群实现全覆盖。全市低保、低保边缘家庭残疾人和重度残疾人全部纳入城乡居民基本养老保险和基本医疗保险补贴，意外伤害保险覆盖所有持证残疾人，发放各类保险补贴资金共1343万元。

【教育就业】 全省率先实现助学政策从学前教育至高等教育全覆盖，为1759名残疾学生、困难残疾人家庭子女提供各类助学补贴351.3万元。残疾人就业稳定发展，劳动年龄段内有就业能力和就业意愿的残疾人就业率达91.38%，列全省第三，全市按比例就业6252人，全年残保金征收总额1.96亿元；机关事业单位带头招录残疾人工作全面推进，全市通过单招、单考新录用公务员和事业编制的残疾人大学生6人；全市65家残疾人庇护中心为1210名残疾人提供辅助性就业（庇护性服务）；新创建残疾人电子商务孵化基地5家，电商就业创业新增224人。加强部门联动，优化就业服务，举办各类残疾人招聘会13场，提供岗位959个，帮助391名残疾人实现就业。组织开展各类职业技能培训和竞赛活动，培训残疾人2083人，在2017年全省残疾人工匠大赛中荣获全省第三。

【公共服务】 制订《湖州市残疾人精准康复服务方案》，为残疾人提供基本康复服务25439人，辅具服务2649人，基本康复服务率和辅助器具适配率均达100%。落实残疾儿童基本康复服务386例/人，“助听、助明、助行”康复服务494人，精神残疾人免费服药及康复医疗救助5417人，完成无障碍设施进家庭603户。为12124名重点残疾人群提供家庭责任医生签约服务，签约服务率达83.72%。积极推广“辅具共享”便民服务，全市投入资金65.18万元设立140个辅具共享服务站点，为有短期辅具需求的残疾人和居民群众提供免费辅具服务1334人（次）。深入实施康复“直通车”项目，为中心城区88名“三瘫一截”重度肢体残疾人提供居家精准康复服务3461次。维护残疾人合法权益，处理“12345”政府阳光热线、来信、来电、来访373件，办结率达100%，无信访积案无越级上访。加强服务机构安全督查，对122家残疾人服务机构定期开展安全检查和整改，督查整改安全隐患31处。开展“最多跑一次”改革，全面梳理残疾人相关基本公共服务项目，对外公开基本公共服务办理的所需资料和办事流程。

【社会参与】 残疾人主体作用发挥明显，市、县（区）人大代表和政协委员中残疾人、残疾人工作者和残疾人亲友人数28人。各残疾人专门协会分别结合残疾人节日组织开展趣味运动、艺术、创业辅导等活动，参与活动人数500人。突出文化引领展示残疾人风采，深入实施送文化“五个一工程”（帮助农村地区困难和重度残疾人每年读1本书、看1份报刊、游1次公园、参观1次展览、参加1次文化活动）助残活动，组织特殊艺术进文化礼堂43场次，文化助残受益人群达3390人，残疾人社区活动参与率达77.49%，居全省第三。举办市、县（区）第五届残疾人文艺会演，并组团参加省第八届残疾人文艺汇演，选送的9个参赛节目获一金二银三铜三优秀，市残联获优秀组织奖，奖牌数和获奖等级均居全省前列。筛选全市20位优秀残疾人先进典型，编印出版《自强之路》，受到社会各界广泛好评。大力开展社区无障碍环境建设改造，全市有7个社区参与省级无障碍社区创建，推进志愿助残“阳光行动”，不断提高志愿服务的精准性。全市现有注册志愿者2000余人，为残疾人提供亲情陪护、慰问照料、文体服务、家政服务、免费义诊、会场服务和手语翻译等公益服务10000余人（次）。

【组织建设】 全面深化“两学一做”学习教育成果，认真学习领会贯彻中共十九大和群团工作会议精神，结合“四新”主题实践，深入推进残联组织作风建设。全面完成全市各县（区）、乡镇（街道）残联组织换届，吴兴和南浔两区残联机构实现单设。以换届为契机规范工作指导和管理，严格落实《湖州市乡镇街道残疾人工作规范》，及时举办新任理事长培训班，提高基层残联整体业务水平。重视基础数据信息化建设，加强全市残疾人基本服务状况和需求信息数据库动态更新和管理工作，通过举办全市残疾人就业实名制管理系统、两项补贴管理系统、精准康复服务管理系统管理员培训班等，进一步规范需求调查与评估，精准服务的项目与程序，数据管理与录入等工作，确保基础数据库操作精准、管理到位。（徐　婕）

·红十字会·

【概况】 2017年，湖州市红十字会深入学习贯彻十九大精神，紧紧围绕党委、政府工作大局，依法履职，创新工作，服务民生，大力弘扬“人道、博爱、奉献”红十字精神，扎实开展“四新”主题实践，深化应急救护培训、心理救援、心理健康志愿服务和红十字青少年等工作，取得较好成效。年内，市红十字会多项工作走在全省前列。市、县（区）红十字会严格按照“有机构、有常务副会长和专职工作人员、依法独立自主开展工作、经费列入财政一级预算”的要求，均已理顺管理体制。截至2017年年底，全市共有红十字团体会员单位355家，会员44248名，红十字志愿者3716名。

【市红十字会第五届理事会第五次会议】 11月21日，召开湖州市红十字会第五届理事会第五次会议。会议审议并通过了2016年度市红十字会理事会工作和下阶段工作部署、2016年度捐赠款物接受和使用情况、更换部分理事和副会长情况、设立市红十字会第五届理事会执行委员会的有关情况的报告。

【加强心理救援队建设】 年内，市红十字会加强心理应急救援队建设，完善队伍管理制度，加大对队员的培训力度，先后选派心理救援队队员参加中国红十字心理救援队联合演练、浙江省暨湖州市人民防空实战化演习，4次接受中国红十字会总会指派和其他地区红十字会邀请赴各地授课。8月28日至31日，省红十字会心理应急救援知识与技能提高班在安吉县举办，此次培训班由省红十字会主办，湖州市红十字会承办。

【增强人道救助实力】 积极动员社会力量，重点围绕助学、助医和助困等，开发建立红十字冠名救助金项目，开展人道救助工作。2017年，市红十字会新增“湖州红十字山屿海幸福养老资金”“湖州红十字浙北明州博爱资金”2个冠名救助项目。按照省红十字会部署，筹资20万元对口支援新疆地区。全年全市捐赠款物（价值）收入518.15万元，救助款物支出450.67万元。

【推进应急救护培训】 连续第7年将红十字应急救护培训列入民生

实事项目，加强师资队伍建设，深入推进救护培训“进社区、进农村、进学校、进机关、进企事业单位”。超额完成民事实事项目任务，年内全市完成应急救护普及培训104848人，其中救护员培训8843人。在与湖州师范学院合作共建“湖州市红十字应急救护学院”的基础上，建立湖州市应急救护模块化教研与培训中心，探索应急救护培训“政产学研”联动机制。在中心城区衣裳街历史文化街区开设“红十字好声音德泰恒大讲堂”，面向普通民众开展小班化、技能性的应急救护培训活动。在湖州师院、湖州高铁站、湖州大剧院、市民服务中心、开元名都大酒店和衣裳街等地投放6台AED（自动体外除颤器）。

【有效推进“两捐”工作】 通过建立志愿者宣传队伍、榜样宣传发动，切实加大造血干细胞、遗体和人体器官捐献工作宣传推动力度。完善红十字会、中心血站（固定献血点）、体检定点医院等之间的造血干细胞捐献工作协调联动机制，全年完成造血干细胞捐献入库456人份，有1人（累计9人）成功捐献造血干细胞。规范捐献志愿者报名登记、信息流转和档案管理等工作制度。全市实现人体器官捐献12例（累计40例）、角膜捐献8对（累计42对）、遗体捐献3例（累计19例）。

【红十字青少年工作】 推进“探索人道法”项目进学校、进课堂，开展首届中学生探索人道法辩论赛、师资微课比赛。举办第九届全市优秀红十字青少年夏令营，启动“探索人道法迷你版学习+瑞德十字活动体验+人道法辩论赛”教学模式。受红十字国际委员会指派参与中国红十字总会青年训练营及浙江省、重庆市和陕西省探索人道法项目师资培训班的相关课程；受省红十字会指派承担浙江省红十字大学生骨干训练营、核心师资工作坊和浙江海洋大学的有关探索人道法课程。连续第2年举办暑期青少年应急救护技能训练营。

【打造红十字志愿服务品牌】 着力打造红十字心理健康志愿服务“湖州品牌”，办好红十字心理健康热线和网站，累计接受1000余例心理热线咨询服务、网站浏览量达25000余人次，全年心理健康志愿服务队总志愿服务时间累计达1.3万小时。承接未成年人校外心理健康教育辅导相关工作，做好学生青春期健康讲座、心理辅导和考前心理疏导等特色课程与服务；落实“监地心理咨询合作”项目，对湖州市辖区三所监狱在押人员开展心理危机干预和团体辅导活动；承接吴兴区司法局下属13个司法所、400余名社区服刑人员的心理干预工作。“预防和干预外来务工子女性侵犯”项目入选2017年第三届公益创投资助项目。

【加强红十字宣传传播工作】 结合主题宣传活动，积极开展造血干细胞捐献、无偿献血及遗体、器官（组织）捐献宣传活动，开展应急救护培训、心理健康咨询、健康义诊等便民惠民服务。举办“我与红十字故事”朗读者、主题征文及手机摄影等比赛活动。每周同步在《湖州广播电视报》“红十字在身边”专栏和微信公众号刊发“红十字微课”。首次举办“人道初心 博爱同行”为主题的“感谢珍贵的你”联谊会，加强与志愿者、爱心企业（人士）的联系活动，强化组织意识。与红十字运动研究中心合作，编纂出版《陆树藩：中国红十字运动的先驱》一书。 （陈　翔）

法　治

·公安（消防）·

【概述】 2017年，全市公安机关围绕提升“三感三度”总目标，坚持“防为主、防为上”工作方针，以爱党、爱民、爱警“三爱”文化为引领，以中共十九大安保维稳为中心，以打造立体化社会治安防控体系升级版为抓手，以实施精确警务为核心，以建设公安铁军为保证，开展“新标杆新业绩新形象新征程”主题实践、基层基础和治安防控年活动，全力护航发展、护卫平安、护佑民生和护理警心，完成各项工作任务。年内，圆满完成中共十九大、第四届世界互联网大会、“一带一路”国际合作高峰论坛、环太湖国际自行车赛、全国休闲农业现场会、全国生态文明建设工作推进会、“绿水青山就是金山银山”湖州会议、各级“两会”、省第十四次党代会、市第八次党代会和湖商发展大会等重大活动安保和52次警卫任务。全市刑事发案数、命案发生数同比分别下降25.75%、68%，均创历史新低；年内未发生死亡3人以上交通事故，道路交通事故死亡数、火灾事故发生数分别下降7%、10.98%。破获吴兴区织里晟舍1995年“11·29”特大抢劫杀人案、南浔区练市白马塘1998年“8·28”命案和长兴县龙达1994年“11·6”抢劫杀人案。全市监管场所连续12年安全无事故，重点在押人员管理经验得到省委政法委肯定。全省公安基层基础和治安防控工作会议、全省火灾防控基层基础建设工作推进会和全省禁毒宣传进农村文化礼堂工作现场推进会在湖州召开。“平安中国·浙江调研行”采访团到湖州调研采访户籍制度改革和“无贼网格”创建工作。65个集体和74人荣获省级以上荣誉，2个集体和2人在全国公安系统功模表彰大会上受到表彰，8个集体和12人在全省公安系统功模表彰大会上受到表彰。长兴县公安局被评为“全国优秀公安局”，实现湖州公安史上“零突破”，安吉县公安局被评为“全国公安机关执法示范单位”，吴兴区公安分局八里店派出所、安吉县公安局森林警察大队被评为“全国优秀公安基层单位”，市公安局特警支队四大队被评为“全国青年文明号”。民警马长林受邀参加全国公安系统英雄模范立功集体表彰大会，并受到习近平总书记接见。

【护航经济发展】 制定实施《湖州市公安局全面护航“加快赶超实现‘两高’”全面实施“项目警官制”工作方案》，对“龙之梦”等348个重点项目确定“项目警官”416名。参与城中村改造攻坚和建设项目遗留问题清零专项行动，化解不稳定因素142个，查处案件25起，市公安局被市政府评为清零工作保障先进集体，6名个人受到表彰。开展防范惩治金融犯罪等专项行动，推动市政府建立全市惩治防范经济犯罪联席会议制度，摧毁“1040”特大传销组织窝点，破获部督“江西耀德”非法经营案，侦破经济犯罪案件218起，抓获犯罪嫌疑人301人，挽回经济损失3.44亿元。开展“猎狐2017”专项行动，劝返潜逃境外经济重犯2名。

【护航文明城市创建】 组织开展“一创一治”、小城镇“车乱开”整治等行动，查处“三乱两驾一牌证”交通违法244.72万起，同比上升14.93%，严厉惩治小型客车、摩托车非法改装，查获非法改装车辆236辆，得到市委书记陈伟俊批示肯定。推进工程车“三化”管理，新增新型智能工程运输车1328辆，全市城区实现新型智能工程车全覆盖，得到副省长高兴夫批示肯定。开展运输拖拉机扬尘、牌证、超载等“三项治理”，查处拖拉机违法行为773起。完善道路交通基础设施，投入1500余万元，清洗标线1.1万平方米，增设交通标线13万余平方米、交通标志885套、护栏2068付，对26个信号灯组、423个信号灯灯芯、297个人行灯、136个倒计时屏进行维护更新，修复隔离护栏、指示牌、隔离桩等交通安全设施430余处，交通安全设施规范率及交通信号灯统一协调控制、路口电子警察、视频覆盖率均达95%以上。完成全市10条主干路、18个住宅小区周边道路停车位规划，新增停车位2500个，115个小城镇建成停车场364个，新增停车泊位2.49万个。开展“牛皮癣”专项清理，捣毁制假窝点5个，缴获制假工具和各类小广告、假证2.3万个。落实太湖路（塘桥南）“路长”负责制，组织机关民警高峰路面执勤、路面巡查和集中整治，劝导处罚不文明行为5万余起。在全市创建全国文明城市总结表彰大会上，市公安系统有8个集体和73名个人受到表彰。

【护航生态文明建设】 扎实开展“守青山、护绿水”专项行动、“保食安、吃放心”护卫行动，参与“五水共治”、剿灭劣V类水和大气治理等中心工作，配置“河道警长”819人、“市场警长”113人，破获“食药环”犯罪案件109起，其中部督案件7起、省督案件10起，食药类部省二级督办案件10起，同比上升100%，抓获犯罪嫌疑人268人，移送起诉犯罪嫌疑人438人，查处“食药环”违法案件372起，同比上升153.06%，行政拘留158人，火锅地沟油案件侦破工作得到市委副书记、市长钱三雄批示肯定。组织开展烟花爆竹违法行为专项整治，劝阻烟花爆竹违法燃放行为277起，查处烟花爆竹违法案件401起、违法燃放烟花爆竹案件374起，收缴非法烟花爆竹8632箱，行政处罚370人，拘留18人，采取刑事强制措施13人。11月，执行《湖州市禁止销售燃放烟花爆竹规定》，发送提示短信67万条，发放宣传资料11.5万份，悬挂横幅433条，检查重点部位231处，整改安全隐患31处。

【开展“护卫平安”行动】 组织开展“护卫平安”集中统一行动30次，消除各类安全隐患4.6万余处。通过“全警大走访，隐患大排查”活动，化解不安定因素364起。执行实有人口登记率、居住房屋出租登记率、旅馆业“四实”（实名、实数、实情、实时）登记率等23个100%要求和寄递行业、手机卡登记和管制刀具购买实名制，通报相关部门取缔寄递物流站点3家，处罚网吧15家，取缔旅馆31家。抓获违法犯罪嫌疑人6218人。处置各类突发事件45起。开展信访积案清零行动，公安部、省公安厅交办积案全部化解，8件“一把手”包办“骨头案、钉子案”全部办结，积案化解率和停访息诉率均处在全省前列。

【打击严重暴力犯罪】 扎实开展“除毒瘤、净土壤”严打整治暨“侦查破案大会战、基础防控大比拼、信息应用大练兵”活动，10起命案全破，破获各类积案400起，抓获逃犯236人。深化“除黑恶、连根拔”专项行动，破获黑恶势力违法犯罪案件数、抓获违法犯罪嫌疑人数，同比分别上升7.3%、13.6%。

【开展“打侵财、防诈骗”专项行动】 全市侵财类案件、电信网络诈骗案件同比分别下降16.1%、27.5%，移诉侵财犯罪嫌疑人1994人，刑拘电信网络新型犯罪嫌疑人473人，成功破获越南（浙江）电信网络诈骗专案、“新智谷”特大网络诈骗案。全省反欺诈中心工作会议在德清县召开，湖州市公安局在会上交流了疑似被骗用户落地人工干预经验。

【打击整治“黄赌毒”违法犯罪】 全力扫除黄、赌等社会丑恶现象，破获涉黄、赌刑事案件217起，采取刑事强制措施586人，查处治安案件557起，行政处罚2050人。组织开展惩治制毒犯罪、毒品查缉等专项行动，破获毒品犯罪案件227起，抓获毒品犯罪嫌疑人347人，摧毁3人以上团伙20个，协助苏豫鄂三省公安机关破获重大制毒贩毒团伙，破获省级毒品目标案件4起。

【强化安全生产监管】 加强道路交通风险防控和安全隐患治理，完成11处省、市级道路交通事故危险点段治理任务，排查764辆危化品车、319辆公路客车和261辆旅游客车，“两客一危”（即公路客车、旅游客车、危化品车）等重点车辆检验率、报废率达100%。全年查处酒驾2910起、醉驾1271起和毒驾3起。开展消防安全“霹雳”系列专项行动，督促整改火灾隐患6.4万处，办理行政处罚案件1809起，临时查封288家，责令“三停”377家，行政拘留605人，完成35家重大火灾隐患单位整改工作。开展“消防设施完好率大提升”行动，新增和修缮消火栓1971个，更换、添置灭火器2.1万个，完成122个消防安全社区达标创建，建成社区微型消防站199个。推进缉枪治爆专项行动，查处涉枪涉爆案件512起，收缴各类枪支610支、子弹7.2万发、炸药2.4万公斤、管制器具1389把。

【推进“最多跑一次”改革】 按照“领跑、短跑、零跑”要求和“一窗受理、集成服务”标准，在各级行政服务中心设置出入境、交管、户籍、身份证和公安综合“4+1”窗口，推动“一窗受理、集成服务”标准落地，在全市67个乡（镇）、90%以上行政村设置公安办证点，将130项办事事项全部接入政务服务网，开设出入境、车驾管、户政等多条绿色通道，办事时限缩短至法定时限的20%，累计精简材料150余项、减少环节76处，形成“市县同权集中办、乡镇（街道）集成办、村居（社区）简约办”的服务格局。交警支队升级互联网综合服务平台，“湖州公安交警微信”违法处理平台自助处理占比达12%。建立“最多跑一次”改革宣传、培训、推进、回访、暗访五项机制，聘任“最多跑一次”改革特邀监督员。市公安局出入境服务窗口被市政府授予“最美窗口”称号，被省公安厅授予一类文明窗口称号。

【深化执法规范化建设】 推动市公检法司联合印发《关于轻微刑事案件快速办理机制的指导意见》，出台系列实施细则和管理办法，轻微刑事案件快速办理工作在全省以审判为中心刑事诉讼制度改革工作现场推进会上作经验交流。加快推进德清县公安局“视频+菜单”现场处置取证工作改革试点，完成伤害、侵财、事故、纠纷、求助5大类警情处警菜单编制和APP开发，完善“三位一体”执法办案管理机制，启动市公检法刑事案件涉案财物统一管理库房、市公安局机关“三中心”和市公安局交警支队集中办案场所建设，安吉县公安局被省公安厅确定为全省执法管理“三位一体”教学基地。深化“警律合作”机制，推行法律顾问和公职律师制度，建立公职律师参与局领导接访、信访案件化解等制度。依法办理行政复议应诉、刑事复核和国家赔偿案件，办理行政复议案件29件、行政诉讼案件10件、刑事复议复核案件27件和国家赔偿案件1件。

【开展“无贼”警务网格建设】 6月13日，市公安局印发《全市公安机关“无贼”（无发案、无事故、无纠纷）警务网格创建活动实施方案（试行）》。年内，建成网格409个，配置网格民警405名、协辅警1066名、网格信息员7472名，首批13个“无贼网格”及13名网格民警受到市公安局表彰。南浔区公安分局“一格一警”做法在全省公安机关强化基础防控建设、深入开展“三个不发生”创建活动推进会上作交流。

【实施“家园卫士”工程】 7月1日，安吉县公安局举办平安创建“家园卫士”工程启动仪式，推出平安创建“家园卫士”工程。该局民警和协辅警、文员按原籍地和现住地划分，利用工作以外时间，开展警务活动和便民服务，实现民警、协辅警成为“在岗为护卫平安的勇士，在家为守护家园的卫士”。9月17日，市委常委、公安局长夏文星批示在全市推广“家园卫士”工程。12月，市公安局在安吉县召开现场会。得到省公安厅党委委员、副厅长金伯中，省公安厅党委委员、副厅长兼政治部主任刘静批示肯定。

【开展全民自防能力“大提升”行动】 2017年，全市建成并投入使用安防体验馆（基地）12个、安防体验区68个，开展单位员工安防体验活动1217次，体验人数24.9万人次；开展师生自防能力培训1219次，接受培训25.6万人次。全市210个社区设立971名“消防宣传大使”，组织消防宣传车“走村进乡”，开展消防知识进文化礼堂（大舞台）活动175余次。组织开展“学交通法规、学文明驾驶、争当文明交通参与人”主题宣传教育和文明交通进驾校“六个一”活动，面向全市100余个党政机关、1000余家企事业单位人员，以及276所中小学的18万名学生、60所驾校3000余名教练、10万名学员，开展主题现场教育。完善禁毒宣传教育体制，成功举办“全民禁毒，天下无毒”主题汇报会，在全国禁毒微视频摄影大赛中获奖总量位列全省第一，农村文化礼堂禁毒宣传工作覆盖率走在全省前列，全省现场推进会在湖州市召开。

【推进精确警务建设】 扎实推进“雪亮工程”建设，建成城乡重点公共区域视频监控3.76万路，完成接入政府出资建设视频监控4.54万路，整合接入社会化视频监控3.3万路，11月，公安部检测视频监控点位完好率全省排名第一。推进“智慧用水”“智慧用电”，推广安装2.2万套智慧式用电隐患排查系统、4.5万套智能消防预警系统和610套“智慧用水”系统，得到副省长高兴夫批示肯定。做大做强一体化指挥调度平台，实现PGIS、视频、接处警、警力分布等信息一图展示及警情现场可视化。

【深化单位内部治安保卫工作】 市公安局联合市综治办出台《机关企业事业单位内部治安保卫分类管理实施办法》，建立行业单位内保联席会议制度，开展单位内部治安保卫大排查大整治行动，检查单位38209家，会同行业部门联合整治495次，发现并整改隐患6712处，行政处罚1035家，23家单位被授予省级治安安全单位。

【做强基层所队】 加大对派出所

所长提拔交流力度，年初，市公安局科级中层职位提任34名干部中，基层科所队长有15人，对市本级5名派出所所长进行跨分局交流。推进社区民警专职化建设，社区警力占派出所总警力比例达30.3%。组织机关民警到派出所锻炼充实基层力量。加快派出所新建和改扩建进度，吴兴区公安分局爱山派出所和安吉县公安局孝源派出所等完成新建搬迁。加强交警中队建设，新增乡（镇）交警中队4个，推动建有交警中队的乡（镇）100%成立交通安全组织领导机构，第一批40个达标小城镇“两站两员”建设完成率达100%。扎实推进市看守所基础设施改造，市拘留所被评定为一级拘留所。深化公安“110”与政府“12345”平台、应急联动平台无缝对接，非警务警情分流占比达到66.9%，有效减轻基层负担。

【持之以恒正风肃纪】 市公安局出台《关于全面从严治警打造湖州公安铁军实施意见》《全面从严治警十项规定》等制度规定，组织民警观看《警钟》等警示教育片。扎实推进公安机关党组织建设，研发“智慧党建”网络管理平台，对每位民警建立党建档案，实现党风廉政建设主体责任层级管理从市公安局党委到基层所队全覆盖，全市政法系统推进全面从严治党主体责任层级管理工作现场会在市公安局召开，市公安局被命名为市直机关党建示范单位，3名支部书记获评湖州市机关首届“铁军模范好支书”。组织开展全面从严治党治警巡察工作，准确运用监督执纪“四种形态”特别是前两种形态，涉警初信初访同比下降15.2%。

【改革创新提质增效】 积极稳妥推进大部门大警种制改革，制定市、县（区）两级公安机关大部门大警种制改革意见，在市、县（区）两级公安机关开展以建设综合保障中心、情指联勤中心、侦查打击中心、基础防控中心和队伍管理与执法监督中心“五中心”为主要运行机制大部门大警种制改革，长兴县公安局率先完成“五中心”建设。开展全市公安机关首次改革创新大赛、信息化实战应用模型创新大赛，“互联网资源辅助落地工具”荣获第七届全国公安基层技术革新二等奖，“萌警团”荣获全国警察公共关系优秀案例一等奖，“共享民意——精确警务制导民意预警AI系统”获中国“互联网+政务”优秀实践案例50强第一名。

【从严从实教育训练】 深入推进“两学一做”学习教育常态化制度化，市公安局党委理论学习中心组开展“周一夜学”活动53次，认真开展“迎接十九大 忠诚保平安”主题教育实践活动，组织科级干部开展“无限忠诚、走在前列”主题集训。完成精确警务供给侧研发团队和需求侧研究团队组建工作。开展全警警体基本技能达标测试、业务警种大练兵和新警大比武活动，在全省警务技能大比武活动中，市公安局荣获团体第六，为历史最好成绩，其中有2个部门分获警种团体成绩第一，4个警种获单项科目团体第一，3人荣获个人第一，警种夺冠总数列全省第三。

【真心关爱激发活力】 深入落实爱警暖警惠警护警全面依法从优待警举措，依托“爱警基金”帮扶慰问民警、辅警700余人，为56名民警送奖上门、14名民警举行荣誉退休仪式，与省、市级40家医院建立合作关系，全面依法从优待警工作经验在全省推广。成功举办第五届“警察文化节”。加大先进典型培育力度，3名民警分别获评全国特级优秀人民警察、全国优秀人民警察和全省模范人民警察；评选出306名“防范之星”。市政府对十八大以来公安系统在平安湖州、法治湖州建设中做出突出贡献的10个有功集体和20名个人荣记二等功。争取市委、市政府支持，辅警队伍核编标准、保障机制、职业发展空间等方面取得重大突破。加强见义勇为人员奖励，1人荣获“全国见义勇为模范”称号，3人被评为浙江省见义勇为先进分子并记一等功。

（许政华）

·检　察·

【概况】 2017年，湖州市检察机关紧紧围绕湖州加快赶超、实现“两高”和高水平推进检察工作目标，忠实履行宪法法律赋予的职责。全年受理提请逮捕各类刑事案件2011件、2844人，经审查批准逮捕2264人；受理审查起诉各类刑事案件4961件、7127人，经审查提起公诉5600人；依法不批准逮捕犯罪嫌疑人549人，不起诉748人；对涉罪未成年人依法作出相对不起诉51人，附条件不起诉46人，对73名不批捕、不起诉未成年人开展观护帮教；监督侦查机关立案78件、撤案7件，追捕、追诉遗漏犯罪嫌疑人132人；向审判机关提出刑事抗诉13件，提出或提请民事行政抗诉4件，发出再审检察建议4件，督促审判机关撤销涉及虚假诉讼原裁判19件；审查监管场所呈报减刑、假释和暂予监外执行案件3351件，监督纠正呈报不当253件，出席减刑、假释案件庭审87次，督促社区矫正人员收监执行36人；向行政机关发出公益诉讼诉前检察建议9份；办理各类群众来信、来访765件次，办结刑事申诉案件42件。全市检察机关有23个集体和13名个人获得国家级、省级荣誉称号，安吉县人民检察院、长兴县人民检察院获评“2017年度省级先进基层检察院”，4个派驻检察室被评为“全国一级规范化检察室”。

【积极服务中心工作】 深入贯彻市第八次党代会精神，市人民检察院出台《服务保障加快赶超发展实现“两高”目标的十一条意见》，打好检察服务中心工作“组合拳”。积极开展劣V类水剿灭战、“拆治归”领域等专项立案监督活动，全程服务保障“六重”战略实施，全员参与全国文明城市创建工作。积极践行“两山”理念，开展生态检察工作，建立“补植复绿”司法救济机制，助推生态文明先行示范区建设。

【全力维护社会稳定】 牢固树立总体国家安全观，推进平安湖州建设，严厉惩治影响人民群众安全感的严重刑事犯罪，起诉故意杀人、故意伤害和抢劫等严重暴力犯罪545人；起诉涉毒品犯罪419人；起诉抢夺、盗窃和诈骗等多发性侵财犯罪2082人。依法开展对吴兴区织里镇晟舍22年前特大抢劫案的报请核准追诉、批捕起诉工作，有力惩治震慑犯罪。挂牌督办热点敏感案件23件，扎实做好十九大、世界互联网大会等重要活动和节点的维稳安保工作。

【主动护航经济发展】 贯彻落实新发展理念，市人民检察院制订《服务保障非公经济健康发展的工作方案》，从刑事检察、法律监督和司法服务三个环节深化检察机关服务非公经济工作。依法惩治强迫交易、职务侵占和侵犯知识产权等侵害企业和企业家合法权益犯罪，稳妥办理涉企案件，获评全省检察机关服务非公经济精品案例2件。部署开展"服务非公经济活动月"，通过设立检察官联络服务站等多种途径提供法律服务，实现服务非公企业"零距离"。

【切实维护民生民利】 围绕群众反映强烈的问题，组织开展专项行动。年内，共起诉危害食品药品安全、破坏环境资源犯罪234人，建议行政机关移送涉嫌犯罪线索36件，督促侦查机关立案44人；起诉电信网络诈骗犯罪372人；起诉拒不支付劳动报酬犯罪依法起诉13人。在全省率先建立覆盖市、县两级的检察院驻环保局检察官办公室，建立案件会商机制，合力护卫"绿水青山"。在全市范围打造"春燕工作室"特色品牌，加强未成年人司法保护社会支持体系建设，开展"法治进校园"宣讲活动。

【全面强化法律监督】 开展存疑不捕案件处理情况专项检察，对全市707名存疑不捕犯罪嫌疑人后续处理情况进行分析通报，促进规范执法司法。吴兴区人民检察院、南浔区人民检察院探索开展在基层公安机关派驻检察机构试点工作，有效加强侦查环节监督。积极探索行政执法检察监督新路径，与市中级人民法院建立行政诉讼案件信息共享机制，综合运用多种手段提高监督实效。继续推进对行政执法行为违法风险的防控工作，发出行政执法监督检察建议8件，均被采纳，助推法治政府建设。加强和规范羁押必要性审查工作，制定量化评估实施细则，审查羁押必要性案件76件次，获评全国羁押必要性审查优秀案例1件。坚持实事求是、有错必纠，认真审查丁某某不服故意杀人罪死刑判决申诉案，提请省人民检察院启动审判监督程序，经省高级人民法院改判无罪。

【探索开展公益诉讼】 全市检察机关充分发挥一体化优势，整合办案力量与资源，规范办案流程，抓好公益诉讼新职能开局起步工作。突出工作重点，在生态环境和资源保护、国有资产保护等领域，实现全市基层检察院公益诉讼诉前程序工作全覆盖。督促行政机关主动履行职责，发出的诉前检察建议已全部得到回复并整改。2起诉前监督案分别被评为全省检察机关公益诉讼精品、优秀案例。

【落实监察体制改革试点任务】 拥护和配合支持国家监察体制改革的试点工作，提高政治站位，严肃工作纪律，做好反贪污贿赂、反渎职侵权和预防职务犯罪职能及94名干警的转隶工作，有序做好相关衔接工作。共起诉监察委员会移送的职务犯罪嫌疑人6人，市人民检察院顺利完成由省监察委办理的台州市原副市长陈才杰受贿案的起诉工作。

【落实司法体制改革任务】 全面落实以司法责任制为核心的司法体制改革，完成三类人员分类定岗，新增遴选员额检察官22人，完善办案组织123个。推行以员额检察官为主导的办案机制，强化员额检察官主体责任。落实领导干部办案责任，市、县（区）两级院领导办理重大疑难复杂案件48件，两级院检察长出庭支持公诉12次。完成检察机关内设机构改革，机构精简33.7%，检察业务部门占比提升14.8%。

【深化刑事诉讼制度改革】 着力构建以证据为核心的刑事指控体系，充分发挥诉前引导和审前过滤作用，强化同步监督工作，进一步加强介入侦查引导取证和跟踪监督力度。强化证据审查，落实"命案现场复勘"制度，及时排除非法证据。提高庭审实质化，会同市中级法院、市公安局会签《人民警察出庭作证会议纪要》和《关键证人询问录音录像工作的会议纪要》，推动"四类人员"（侦查人员、证人、鉴定人和有专门知识的人）出庭29人次。探索轻微刑事案件快速办理新机制，会同市中级人民法院、市公安局和市司法局探索建立刑拘直诉办案模式。

【持续加强自身建设】 狠抓思想政治建设，落实"两学一做"制度化、常态化，引导全市检察干警牢固树立"四个意识"，坚定"四个自信"。严格落实党风廉政建设主体责任，加强检务督察工作，推动从严治检向纵深发展。加强队伍专业化建设，开展不捕说理文书评选、公诉新人赛等业务竞赛，与市司法局、律师协会举行第二届控辩对抗赛，6名干警入选全国、全省检察业务人才库，吴兴区人民检察院公诉科被授予"全国青年文明号"称号。充分发挥典型引领作用，涌现出全省最美公务员、全省优秀女检察官、全市十大杰出青年等一批先进代表。开展"践行绿色司法、提升司法公信"检察文化建设主题活动，安吉县人民检察院获评"全国检察文化建设示范院"。全省生态环境检察教育培训基地和互联网法治研究联盟检察实践基地建设在湖州落地，为全省检察工作提供"湖州经验"。

【加快推进智慧检务】 坚持科技强检，建成“智慧公诉”案件质量控制系统，从预先防范案件风险、精准实施法律适用和自动生成法律文书三方面，特别是通过系统对证据违法情形或已发生办案质量隐患情况的123个风险点进行对比与提示，有效地加强了对办案风险的防控。该平台被省检察院在全省范围内推广。

【不断提升司法公开】 搭建由一个案件信息公开网、一个微信平台、一个检察服务大厅和“两微一端”全覆盖组成的“阳光检察”体系。积极开展逮捕必要性审查、羁押必要性审查和不起诉决定等公开听证工作。以“最多跑一次”改革深化“阳光检察”，接受多渠道提前预约和远程办理，主动推送服务信息，实现行贿档案查询、辩护代理预约等事项的一次完成。

（曹 烨）

·法 院·

【概况】 2017年，全市法院系统深入学习贯彻中共十九大及历次全会精神，忠实履行宪法法律赋予的职责，坚持司法为民、公正司法主线，各项工作取得新进展。全年新收各类案件78407件，办结77964件，同比分别增长7.71%和7.66%。全市法院一线办案法官年人均结案283.97件，同比增加23.77件，主要办案质量、效率、效果指标均在合理区间内良性运行。

【全力维护社会公平正义】 一是着力惩治犯罪。全年全市新收一审刑事案件3757件，审结3792件，判处罪犯5017人。严惩严重危害社会治安犯罪，审结故意杀人、抢劫、绑架和强奸等犯罪案件240件。严厉惩治危害民生权益犯罪，审结假减肥药、假茅台酒、地沟油等危害食品药品安全犯罪案件78件，严格缓刑适用。加大对涉众型经济犯罪惩治力度，审结电信诈骗、集资诈骗和非法吸收公众存款犯罪案件79件。严惩职务犯罪，审结贪污、贿赂犯罪案件9件。市中级人民法院妥善审结浙江省监察委查办的重点案件——台州市原副市长陈才杰受贿案。办理酒驾刑事案件750件。依法减刑2207人，假释452人。二是着力化解社会矛盾。全年全市新收一审民商事案件38696件，审结38816件。设立家事纠纷调处中心，审结婚姻家庭、抚养继承案件3221件。审结交通事故、医疗损害等人身财产侵权纠纷7658件，妥善审理建设工程、商品房买卖等涉房地产案件886件，审结追索劳动报酬案件2350件，解决民工工资1274.51万元。审结民间借贷案件9117件，调整过高利息，遏制高利贷倾向。稳妥快速办理“涉军停偿”案件，支持军队相关改革。三是着力促进依法行政。挂牌成立全省首家设区市级行政争议调解中心。巩固深化行政案件相对集中管辖试点，行政机关负责人出庭应诉率达71.67%，同比上升21.8个百分点。落实“裁执分离”机制，审查行政非诉执行案件2680件，准执率达75.37%。注重司法与行政良性互动，联合市政府召开府院联席会议，连续7年发布行政审判白皮书，提出改进依法行政建议，切实维护行政相对人合法权益。四是着力强化执行破难。全年受理执行案件25246件，执结24817件，实际执行率达70.74%，同比上升16.88个百分点，执行标的到位率64.73%，同比上升13.86个百分点。市中级人民法院与三大电信运营商共推失信彩铃制度，与市公安局联合出台打击拒执犯罪文件，与市公积金中心建立公积金查询、冻结协助机制，推行执行悬赏制度。出台强制腾房操作指引，全市法院开展集中腾房行动18次，腾退房屋535套，吴兴区人民法院执行腾房经验获最高人民法院副院长江必新批示推广。对7855人被纳入“老赖”名单予以公开曝光，实施“限高”（限制高消费）7600人（次），司法拘留1036人（次），罚款1433件（次），追究刑事责任24人。

【全力保障经济社会发展】 一是服务保障赶超发展。市中级人法院出台助力加快赶超、实现“两高”（高质量建设现代化生态型滨湖大城市、高水平全面建成小康社会）的14条意见，并就服务保障湖州市全面剿灭劣Ⅴ类水行动提出12条具体意见，出台《为城中村改造和建设项目遗留问题清零专项行动提供司法保障的意见》。依法稳妥审理涉“六重”（重大项目、重点工程、重大平台、重点产业、重大政策和重点要素）工作案件，加强国土资源领域历史遗留非诉执行积案的清理，服务保障“拆治归”（三改一拆、五水共治、浙商回归）。打造“互联网+旅游+审判”金名片，及时就地化解旅游纠纷。德清县人民法院莫干山旅游法庭得到第九届长三角司法协作会议四地高院领导一致肯定。二是服务保障供给侧结构性改革。积极稳妥推进“僵尸企业”处置，审结破产案件24件，3家企业重整成功，21家企业有序退出市场，释放存量资产29.56亿元，土地面积63.3公顷、房屋33.55万平方米，协助安置职工1169人。打造破产审判精品，2起案件入选全省法院系统十大破产典型案例，天外印刷、新纺集团等重大破产案件有序推进。发布房地产企业破产审判白皮书。出台规范执行案件移送破产审查的实施意见，全市法院执转破案件立案63件，涉及执行案件1913件。三是服务保障创新驱动发展战略。平等保护各类市场主体，支持引导非公经济健康发展。长兴县人民法院成立全国首个设在基层法院的知识产权司法保护服务中心，相关工作经验被中央电视台新闻联播栏目头条报道。出台16条意见服务保障绿色金融改革创新试验区建设，从司法角度引领护航绿色金融、绿色发展。审结金融借款、保险和票据等金融案件1600件，标的额32.2亿元，开展金融案件集中执行13次，执行到位12亿元，切实维护金融安全。四是服务践行“两山”理念。在全省率先实现两级法院环境资源审判庭全市全覆盖，并建立涉环境资源刑事、行政和民事案件统一由环资庭审理的“三合一”模式。市法院、检察院领导首次同庭示范审理污染环境刑事案件。发出全省首批环境保护“禁止令”。安吉县人民法院积极探索生态环境修复性司法理念的适用，发出全省首例“补植令”，将复绿情况作为环境资源刑事案件确定缓刑考验期的重要因素。全市有64件滥伐林木刑事案件判决体现修复理念，督促“复绿”39.13公顷。打造“8·15”湖州生态文明日环资审判系列宣传品牌，获评市“法治服务重点工作十佳典型案例”。市中级人民法院作为全省唯一法院，被最高法院确定为全国法院环境资源司法实践基地。

【全力提升司法满意度】 一是深化“三大机制”建设。积极推进“最多跑一次改革”，全年开展网上立案、跨域立案和延伸立案20687件。推行引导调解、特邀调解和专职法官调解的“大调解”工作机制，力促案结事了人和，民事案件调撤率达75.41%，居全省首位。南浔区人民法院发布全国首个诉讼服务中心地方标准，细化诉讼服务大厅操作流程，明确时限要求，被评为全省首批“五星级示范诉讼服务中心”。二是深化司法体制改革。以司法责任制为核心，统筹开展司法人员分类管理等改革，全市共遴选258名法官入额。推进院、庭长办案常态化，全市两级法院入额院、庭长全年办案33526件，占结案总量的43%。市中级人民法院被列入全国18个“三项规程”（刑事案件庭前会议规程、排除非法证据规程和一审普通程序法庭调查规程）试点法院。市中级人民法院指定辩护率继续保持100%，最高人民法院院长周强向全国人大常委会汇报司法改革工作时，对湖州中级人民法院落实控辩对抗实质化举措予以肯定。三是深化智慧法院建设。运用科技进行庭审规范化巡查，在全省率先启动和运行电子卷宗随案生成及智能“云柜”系统。在诉讼服务大厅使用人脸识别系统，提供快速安检、快速立案、快速评价服务。市中级人民法院被最高法院评为“全国法院信息化先进单位”，智能“云柜”材料中转系统获评2017年度浙江法院信息化应用十大微创新项目。四是深化惠民举措落实。设立司法救助委员会，扩大救助范围，向328名困难当事人发放救助金418.02万元，为当事人缓、减、免交诉讼费415.29万元。审结国家赔偿案件52件，赔偿总额1679.54万元。推进道路交通纠纷“网上数据一体化处理”综合改革，为当事人提供“一键理赔”服务，全年网上处理道路交通纠纷296件。实现诉讼资产司法网拍率达100%，为当事人节省佣金5452.17万元。

【全力打造法庭队伍建设】 一是加强思想政治建设。全面深入推进“四新”主题实践，在全市“四新”主题实践考核中，市中级人民法院荣获市级部门A类单位一等奖。提炼市中级人民法院院训“循法持中，兴德安民”，举行法官授职典礼和宪法宣誓仪式。全年获得省级以上集体荣誉7个，个人荣誉10个，涌现出全国优秀法官李辉、全国法院先进个人田芳等一批先进典型，市中级人民法院荣立集体二等功。二是加强司法能力建设。在全市法院系统开展“继往开来、奋勇争先”主题活动，开展“十佳办案标兵”等八个“十佳”评选。市中级人民法院与高等院校签订战略合作协议，组织干警赴高校参加培训。开设“沈家本法治讲坛”，注重对青年干警的培养，相关工作被省、市委组织部门肯定。三是加强廉洁司法建设。严格落实“中央八项规定”精神，结合奚晓明违法违纪案开展警示教育，筑牢干警廉洁司法的思想防线。市中级人民法院连续17年保持违法违纪“零纪录”。四是加强干警履职保障。成立法官权益保障委员会，维护法官人身安全和职业尊严。加强机关安保，全市法院系统共安检368651人（次），查出管制刀具142把、毒药7瓶、强腐蚀液体23瓶和易燃易爆物品3件，制止14名当事人自杀、自残，为当事人和其他诉讼参与人提供安全有序的诉讼环境。 （曾丽娜）

·司法行政·

【概况】 2017年全市司法行政系统紧紧围绕省第十四次党代会、市第八次党代会提出的目标任务，按照市委“四新”主题实践要求，以“两学一做当先锋、四新实践立潮头、司法行政创新业”为总目标，以加快赶超、服务“两高”五大专项行动为总抓手，坚持稳中求进总基调，真抓实干、锐意进取，全年全市司法行政系统完成十大重点项目，落实十项惠民举措，在维护社会稳定、服务经济发展、促进公平正义和保障群众权益等方面发挥了积极作用。

【发展环境更优】 全市司法行政系统心往一处想、智往一处谋、劲往一处使，全年各项工作都取得明显进步和较大成效。全系统共获得市级以上表彰的先进集体36个，先进个人48名，其中林新法被评为全省司法行政系统“十大最具影响力人物”，张林泉、臧纪学均被评为“全国模范人民调解员”，李萍被评为市级“劳动模范”。市司法局在全省司法行政综合考核中，被评为优秀等次，并先后被评为全省司法行政系统执法评议考核“优秀单位”，全市平安创新先进单位、全市法治政府建设（依法行政）工作“先进单位”，建设法治湖州工作领导小组优秀成员单位，全市“两新”组织党建工作目标责任落实“优秀单位”，全市市直机关党建工作“先进单位”，湖州市创建全国文明城市工作“先进集体”等荣誉称号。全省基层民主法治推进会在安吉县余村召开，广播连续剧《修律大臣——沈家本》荣获浙江省精神文明建设“五个一”工程奖。全市司法行政系统担任县级以上党代会代表和人大代表、政协委员共54人，总数比上届增加18人。司法部、省司法厅和市领导多次调研司法行政工作，省委常委、常务副省长冯飞、市委书记陈伟俊、省司法厅厅长马柏伟等省、市领导对湖州市司法行政工作相继作出批示肯定。

【亮点工作更显】 积极适应新常态、新要求，以问题为导向，坚持把改革创新作为司法行政事业发展的重要动力，各项工作亮点纷呈。制定全国首个市级民主法治村创建地方标准。在安吉县县级标准的基础上，出台《湖州市美丽乡村民主法治建设规范》，召开新闻发布会，全力打造民主法治村创建“1+1+6”（即以一个考核为龙头、以一套标准为引领、以六项机制为保障）模式，省委常委、常务副省长冯飞、市委书记陈伟俊对全市民主法治村创建工作给予批示肯定，人民网等40余家国内主要媒体进行宣传报道。完成全省社区矫正标准化建设试点。高标准完成全省3项社区矫正标准化建设试点，率先出台《湖州市社区矫正执法检查工作规范》，以标准规范执法检查工作。“三名工程”（名所、名品、名律师培育工程）建设初见成效。引进7个优秀品牌律师事务所设立湖州分所，引导本地律师事务所实施结构性改革，率先在全省成立湖州市“一带一路”法律服务中心，实施律师领军人才培育工程，浙江振源律师事务所获第二批“浙江著名律师事务所”，李萍等7名律师被评为“浙江省优秀专业律师”。探索“2+2+N”（即以传统基层调解组织和物调委行业性专业调解组织两大调解组织为基础，以行政调解、司法调解两大调节方式为主，仲裁调解、律师调解N个调解方式为补充）物业管理纠纷多元化解机制。在长兴县先行试点，并召开全市现场推进会进行推广，制订《关于健全完善物业管理纠纷多元化解机制的指导意见》，在省司法厅相关会议上作经验交流。实现“最多跑一次”改革全覆盖。公布“最多跑一次”改革事项8项，其中“零上门”事项7项，平均压缩20%以上的办事时限，全力为人民群众提供优质高效的一站式、零距离服务。德清县司法局为湖州市第一单农村股权继承出具公证书，打通农村股份制改革的“最后一公里”。建立监所单位“三联”模式。大力推进“警医联合、警地联动、监地联矫”三联工作机制，治本安全观向纵深发展。

【服务大局更准】 紧紧围绕党委、政府中心工作，坚持以人民为中心的发展思想，以前瞻性思维、全局化站位和立体式布局，打好法治宣传、法律服务及法治保障组合拳。开展城中村“改造清零”、村级组织换届选举等专项法律服务行动，成立法律服务小组，积极开展法律体检、纠纷化解和证据保全等工作，顺利保障中心工作圆满完成。积极参与剿灭劣Ⅴ类水、全市文明城市创建等专项行动，成立志愿服务队，包干认领小微水体、责任路段等，全员参与开展文明宣传、交通劝导、环境整治等工作。深入实施惠企便民法律服务专项行动，与市发改委、市经信委联合出台《关于加强法律服务项目平台和企业的意见》，出台“惠民助企”十项举措，全力投入服务“六重”工作、“中国制造2025”“僵尸”企业处置等，全市律师走访企业2526家，结对服务重点项目47个，涉及投资总额1439.8亿元；协助26家企业融资174.93亿元。京衡（湖州）所因惠企便民工作绩效突出，被省司法厅记集体三等功。大力推进公共法律服务体系建设，市、县、乡镇（街道）、村（社区）标准化公共法律服务中心（站、点）已全面覆盖，为百姓提供家门口的法律服务。首创“淘宝式”网上法律服务超市，实现法律服务超市式供应、菜单式服务和订单式配送，工作得到省司法厅肯定。推动法律援助扩面提质，2017年，全市共办理法律援助案件4880件，帮助农民工讨回欠薪2332.8万元。

【安全基础更牢】 牢固树立治本安全观，真抓实干，十九大安保实现“万无一失”。监所安全持续向好。湖州监狱已实现连续监管安全无事故13年10个月，创历史最好水平。市戒毒所深入实施“四四五”戒毒模式，在全省率先启动“一中心六平台”（“一中心”即指挥中心，“六平台”即网络医疗戒毒平台、网络心理矫治平台、网络体能康复平台、网络职业培训平台、网络诊断评估平台、网络社会帮扶平台）建设。场所保持“六无”（无脱逃、无毒品流入和所内吸毒、无非正常死亡、无安全生产事故、无重大疫情、无所内案件）安全目标。社区矫正监管手段日趋完善。全面推进县级社区矫正中心建设，县级社区矫正中心项目建成率达100%，全市未发生社区服刑人员重大刑事案件，重新犯罪率等各项指标低于省控范围。人民调解机制不断健全。市委、市政府召开全市第六次人民调解工作会议，出台《关于在矛盾纠纷多元化解机制中进一步发挥人民调解基础性作用的意见》，初步形成人民调解组织“八类进驻”“三调对接”和“一体化联动”“一站式服务”的工作格局。全市全年共调处矛盾纠纷32965件，成功率达99.4%。

【队伍素质更强】 坚持正规化、专业化、职业化方向，教育引导广大干警牢固树立“四个意识”，坚定“四个自信”，永葆司法行政队伍政治本色。机构力量不断加强。下沉编制，撤销直属分局，分别成立市司法局湖州开发区、太湖度假区分局；县（区）司法局班子得到充实调整，专编专用得到进一步落实。会同市编委办、市综治办、市人社局等部门出台《关于在乡镇（街道）“四个平台”中加强司法所建设管理的实施意见》，推动基层司法所融入“四个平台”，干警政法津贴落实到位。制度建设不断规范。制定实施《关于从严加强司法行政铁军队伍建设的实施意见》，并相继配套出台21项规定制度，健全完善了“1+N”的制度管理体系，被省委政法委列入全省首批调研联系点。健全完善日常考核机制，制定清单积分式考核管理办法，实施月度承诺、双月交流、季度点评和年度考核等形式，对各项工作进行定期、定点和定人考核，有力地激发了全系统干警立足岗位做贡献、力创一流争先进的热情。基层党建不断夯实，建立健全党内政治生活督查制度，开展星级党支部创建活动。严格落实“三会一课”“主题党日”“党员政治生日”等制度，组织参观杭州“五四”宪法纪念馆、省乔司监狱警示基地和新四军苏浙军区纪念馆等。广泛开展业务培训、实战实训、技能比武，不断增强司法行政队伍依法履职能力。（沈海建）

地方军事

·湖州军分区·

【概况】 2017年，全市国防动员系统坚决贯彻上级党委决策部署，以迎接中共十九大召开、贯彻十九大精神为主线，坚定维护核心、聚焦练兵备战、推进改革转型、坚持稳中求进和从严正风肃纪，紧密结合实际狠抓工作落实，保持全面建设稳步推进和协调发展的良好势头。

【政治工作】 湖州军分区党委坚持把迎接学习贯彻十九大精神作为首要政治任务贯穿全年，深入学习贯彻习近平新时代中国特色社会主义思想，运用“五式学习法”抓好党委中心组理论学习，扎实开展“维护核心、听从指挥”主题教育，持续推进“两学一做”学习教育制度化常态化，广大官兵职工“四个意识”不断增强。十九大召开后，按照省军区“九学”举措，采取“六个一遍”的办法及时组织学习十九大精神精神，综合运用集中学习、讨论交流和领导宣讲等多种形式掀起学习热潮，通过开展“末端工程”大调研推动十九大精神进入思想、指导实践。着眼为十九大召开营造良好环境，扎实开展形势政策和政治纪律教育，认真组织枪弹专项清查整治“回头看”，抓关键岗位人员政治考核，确保军分区高度集中统一和纯洁巩固。针对师团班子调整面大的实际，突出抓好民主集中制学习教育，严格落实党委议事规则，围绕“三对照三查纠”认真召开民主生活会，加大对团级党委帮带力度，两级党委班子建设得到加强。坚决落实全面从严治党要求，狠抓作风建设，深入学习党纪条规和新规禁令，围绕“六看”集中组织肃清郭徐流毒影响“回头看”。

【军事工作】 紧紧围绕动员支前、保障打赢主战使命，强化党委领导，加强议战议训，狠抓练兵备战落实。按照新体制运行要求，组织修订各类方案预案，充实调整应急指挥机构，及时完善《作战值班规定》，严格正规战备秩序，战备工作持续加强。组织开展辖区国防工程和军事设施清查，围绕军民融合协调职能，开展作战重难点问题研究攻关，率先在全省完成通信指挥方舱建设，战备基础不断夯实。根据省军区赋予的任务，组织开展新《大纲》53个训练课目试训认证，突出抓好年度首长机关业务集训，持续大抓民兵军事训练，圆满完成“三实”训练，指导市民防办完成“浙江金盾—17”演习，受到省军区首长肯定，广大民兵遂行任务能力在创建文明城市、“乌镇峰会”安保和参与抗台防汛、“剿劣”攻坚等急难险重任务中得到检验，赢得了地方党委、政府和人民群众广泛赞誉。

【调整改革工作】 围绕新体制运行，积极稳妥推进改革任务落地。按照职能对口、按编定岗的原则，对照新的机构设置和编制员额，认真抓好各级干部落编定位。适应新体制运行要求，对表省军区“一办四局”，明晰机关各处职能，研究制定《军分区机关工作规则》，突出在思想观念转型、战备值班规范、各类组织健全和协调关系理顺等方面全面推进，确保新旧体制平稳转换，实现了起步严格、运行规范、开局良好。紧跟改革进程，扎实开展“坚决服从改革大局、立足本职建功立业、振奋精神再立新功”专题教育，广泛开展谈心活动，深入做好一人一事思想工作，全区官兵坚决听从指挥、服从安排，在改革大考中交出合格答卷。

【国防动员和后备力量建设】 着眼构建现代民兵力量体系，扎实推进应急力量“四队”“三化”建设，率先在全省完成民兵应急连装备厢装化建设。坚持不懈抓基层，广泛开展民兵“红旗党支部”创建，持续组织基层武装部“评星挂牌”，并推动向村级民兵连延伸。认真履行军民融合协调职能，协调市政府制定发布湖州军民融合“十三五”规划，召开全市第二届军民融合促进大会，成功创建首批省级军民融合创新示范区。积极构建大国防教育格局，广泛开展“赞颂辉煌成就、赓续红色基因、支持改革强军”主题宣传活动，继续办好《湖州日报·湖州国防》和《湖州晚报·国防动员》专刊，76名立功受奖官兵登上“八一光荣榜”，有关做法被《解放军报》《中国国防报》报道推广。持续深化“双百共建”活动，推动落实军人军属优待政策，协调开展“慈善暖军心”活动，进一步浓厚崇军尚武社会氛围。年度征兵任务圆满完成，大学生比例达79.8%，实现连续23年无责任退兵。

【安全管理工作】 紧紧围绕省军区“三个不出”目标要求，定期组织党委研究分析安全管理工作，落实“三委”联动，强化部队安全管控。突出加强安全教育，运用每周“法纪教育一刻钟”，传达学习上级指示要求和事故教训通报，着力增强各级安全意识。深入开展安全工作大检查，对照国动部《安全管理检查考评暂行细则》，梳理8个方面、53项重点内容，开展拉网式自查普查，及时消除安全隐患。针对调整改革和迎接十九大特殊要求，按照省军区统一部署，扎实开展“百日安全活动”，严格执行“禁酒令”等新规禁令，加强安全工作检查督导，强化领导挂钩帮带，从严落实责任追究，确保军分区系统安全稳定。

【综合保障】 坚持落实党委理财管财，认真抓好经费预算管理，严把经费使用关口，着力规范物资集中采购，多次对清查整改情况进行“回头看”。按照省军区要求，积极配合做好军委审计组对省军区经济责任延伸审计相关工作，借鉴审计成果，扎实抓好“四个行业”专项整治。积极推进全面停止有偿服务项目，协调成立军地停偿工作领导小组，落实驻湖州部队重难点项目停偿责任认领，军分区18个项目按期全部关停。持续巩固民兵武器存储模式调整改革试点和“智慧仓库”建设成果，投入9万余元改造仓库安防设备，完善仓库生活设施，突出加强看管员队伍教育管理，仓库建设正规化水平进一步提高。

【国防教育和双拥工作】 继续办好《湖州日报·湖州国防》《湖州晚报·国防动员》两个专刊和湖州电视台、“湖州在线”国防教育专栏的同时，还推出“湖州国防”微信公众号，进一步扩大国防教育的覆盖面；充分发挥新四军苏浙军区纪念馆、湖州革命烈士陵园、钱壮飞烈士纪念馆等红色基地国防教育功能，积极推动市县（区）打造国防教育主题公园，取得较好的社会效益。全市中小学校国防教育、国防教育主题公园建设等做法在《解放军报》《中国国防报》重要版面作了报道。扎实开展纪念建军90周年系列“双拥”活动，采取统一部署、分层组织的形式，走访看望了所有湖州籍军官家庭；依据市政府出台的2个规范性文件，主动协调办理了军人子女入学、随军家属就业安置事项；围绕市委重点工作安排，积极发动民兵在助推经济转型、创建文明城市和“平安湖州”建设中主动作为，积极参加抗台防汛、剿灭劣V类水等大项活动，带头维护社会和谐稳定，为湖州经济社会发展做出积极贡献。

【征兵工作】 全市各级政府和兵役机关坚决贯彻执行省政府、省军区《关于2017年征兵的命令》，军地密切协作，持续宣传发动，严格审查把关，确保上级赋予的年度兵员征集任务顺利完成。坚持把征兵工作作为一项政治任务，军地协力，狠抓落实。市公安、卫生、宣传、教育、纪检和民政等有关部门密切配合协作，抽调精干力量，充实征兵工作队伍，市征兵办落实三季度军地合署办公。进一步健全完善高中学校征兵工作领导小组和联络员，确保学校征兵有序推进。注重发挥高校征兵工作站作用，开展征兵宣传主题活动，落实在校生体检和预定兵，并发放预定兵通知书。召开全市征兵工作会议，总结部署年度征兵工作，通报表彰全市16个先进单位、39名先进个人，进一步调动各级参与征兵工作的积极性。坚持把征兵宣传作为基础工作抓紧抓实，融入国防教育，激发参军热情。加大征兵政策宣传力度，采取印发宣传册、报纸登载和手机网络推介等形式，持续介绍湖州市在参军优待、大学生入伍奖励和退役就业安置等方面的优惠政策。坚持把征兵宣传融入全民国防教育体系，发挥《湖州晚报》国防动员专刊宣传平台，提高征兵宣传的覆盖面。各级征兵办设立征兵微信订阅号，及时发布信息，提供咨询查阅，受到广大适龄青年的关注和好评。坚持把兵员质量放在首位，严格标准条件和审核把关。组织全市征兵体检和心理检测业务骨干培训，并落实上岗考核。采取依托地方医院和立足自我保障相结合的方式，全市规范设置6个征兵体检站，全面推开征兵体检信息化系统建设。编印下发《征兵体检工作指导手册》，进一步明确检查标准，指导依规实施。落实三级政审和区域联审制度，加强与市公安机关协调，采取政考人员统一走访、摸排调查的方法，认真细致地搞好病史调查。坚持召开会议集体定兵、择优定兵，落实大学生优先批准入伍，挂钩帮带团单位的领导参加所在县（区）的定兵会。审批定兵后，县（区）征兵办及时张榜公示有关信息和举报投诉电话，接受群众监督。坚持关口前移，严格条件标准，规范程序方法，推动征兵工作制度化规范化。层层签订征兵工作责任书，实行责任退兵“一票否决制”，将大学生征集比例、初中学历控制比例、条件兵完成任务数及退兵情况作为考核的重要指标，与年度武装工作考评、征兵先进单位与个人评选直接挂钩，切实夯实征兵责任。军分区纪委印制下发廉洁征兵“十个严禁”，公布微信举报二维码，接受群众举报监督，确保廉洁征兵落到实处。 （刁江帆）

·人民防空·

【概况】 2017年，湖州市民防工作始终坚持以中共十九大全会精神为指导，认真学习贯彻落实第七次全国人民防空会议和习近平总书记重要讲话精神以及市第八次党代会精神，以浙江省暨湖州市人民防空实战化演习为契机，深入开展“四新”主题实践，牢固树立和贯彻落实新发展理念，加快转变民防发展方式，深入实施军民融合发展战略，坚持民防建设与经济社会发展相协调，强基础、抓规范、提素质，不断提高民防的战备效益、社会效益和经济效益，全面提升湖州市履行“战时防空、平时服务、应急支援”使命任务的能力。2017年，湖州市民防局、安吉县民防局荣获“2017年度全省人民防空工作先进单位”称号。

【组织指挥体系建设】 进一步完善方案体系，调整了市、县民防指挥部组成人员。扎实推进省级基层民防规范化建设试点工作。组织代号为“浙江金盾－17”的浙江省暨湖州市人民防空实战化演习。演习按照实际指挥身份、实际指挥位置和实际指挥手段的要求，采取网上同步、异地联演和室内演习与现场实兵相结合的形式展现，市民防指挥部指挥长、副市长杨六顺，市民防指挥部副指挥长、湖州军分区副司令员董太群，市政府副秘书长龚丁、市民防局局长凌伯勋及市民防指挥部成员单位的30个市级部门、各县（区）民防指挥部、部分街道和重要目标单位3000余人同步参加演习。副省长熊建平、浙江省军区司令员冯文平、省政府副秘书长傅晓风、省民防局局长肖培生、浙江省军区战备建设局局长方寿祥、湖州市委副书记、市长钱三雄、市政协主席杨建新、市委副书记、政法委书记陈浩、湖州军分区政委温永东、市人大常委会副主任张兰新、市政府秘书长徐晏平等省、市领导和浙江省民防指挥部成员单位的领导，全省其他10个设区市民防指挥部指挥长、副指挥长等120余名各级领导莅临演习现场观摩指导，并给予了高度评价。

【重点目标防护】 稳步推进重要经济目标规范化建设，在重要经济目标单位某水厂建设指挥信息平台和应急物资库，组织开展重要目标防护和应急救援演练。

【应急救援体系建设】 加强应急救援力量建设。结合全市民兵整顿工作，组织开展民防专业队整组工作，组织抢险抢修、心理防护等专业队参与民防演练，依托辖区内3家民防设备生产企业组建民防工程平战转换专业队，并开展民防工程平战转换演练。落实按纲施训，结合民防准军事化集训，组织市、县（区）开展移动指挥车跨区域拉练，进一步提升干部队伍的专业技术水平。参加全省民防机动指挥通信训练考核，取得全省第2名的好成绩。

【指挥场所建设管理】 加快民防指挥场所建设，安吉县、南浔区2个民防指挥中心信息系统开工建设。乡镇（街道）民防指挥场所持续推进，德清县钟管镇、长兴县煤山镇、吴兴区爱山街道3个镇级民防应急救援指挥中心先后建成投入使用。

【信息系统建设】 对203工程指挥控制信息系统设施设备进行升级改造，增设专用通信设备，组织开展指挥所和市域范围的地面、地下超短波覆盖系统互联互通建设。移动指挥车改造工作进入招标程序。民防数据建设二期系统设备进入安装，数据采集室内作业已经完成。认真落实战备值勤训练制度，按照《人民防空训练规定》和《人民防空训练与考核大纲》的要求，结合实际制定下发《2017年湖州市人民防空指挥信息保障按纲施训计划》，开展短波、数传、视频会议和空情等训练，提升信息保障技能。

【通信警报建设】 扎实推进民防警报系统与国家突发事件预警信息发布平台对接和国家紧急情况传输系统建设试点，市民防局与市气象局签订共建防灾减灾体系备忘录，市本级接入国家突发事件预警信息发布平台并作为成员单位开展系统运行。德清县作为试点单位，与气象部门和警报设备厂家进行多次对接，按照分级管理、逐级审批，安全可靠、快速简便的要求开展建设试点，在确保警报网安全的情况下，实现民防警报网、气象网和广电网“三网合一”，并制定运行民防预警系统发放突发事件预警信息管理办法，重点对发布预警信息的标准和操作流程进行规范。全市三县两区连续第3年组织“5·12”防灾警报和“9·18”防空警报试鸣，实现鸣放的常态化。

【自建工程建设】 大力推进民防自建工程建设。湖州儿童公园民防工程完成竣工验收；德清县“1604工程”基础部分开挖完毕，后续工程建设步伐稳步推进；长兴县某停车场民防物资库工程已竣工投入使用；安吉县“1403工程”坑道完成被覆，口部房完成结构验收；南浔区渔都民防工程项目建议书已获批准。民防控规编制试点工作有序推进，《滨湖南单元控制性详细规划人防专篇》完成评审稿编制。

【结建工程建设】 10月，承办省民防指挥部暨城市地下空间开发利用领导小组扩大会议。坚持抓住民防工程建设重点，依法落实结建民防政策，全年全市新竣工备案民防工程同比增长26%；其中市本级同比增长46%。民防易地建设费在降低收费标准的情况下依然保持平稳，全市依法征收的民防易地建设费增长30.5%，其中市本级增长58%。

【工程质量监督】 深入推进民防工程质量监督属地分级管理制度，1月，新受理的项目均由各县（区）民防局或委托机构开展民防工程质量监督工作。认真落实“双随机一公开”监管机制，组织对防护设备企业和监理企业开展检查，并列入信用评价机制。完善民防工程技术交底制度，按照实体质量和行为程序要求区分整理，将现场可能发生的问题关口前移，有效地发挥了民防专业检测机构的优势，持续推进民防工程质量检测工作，完成全市3家防护设备企业的厂区质量检测，组织在建民防工程进行质量检测。全年组织现场质监380余人（次）。组织基于实战应用的防护功能平战转换实证课题研究，开展地下民防工程人员掩蔽单元防护功能平战转换。

【工程维护管理】 加强民防工程维护管理，开展联合执法检查，针对后期弱电施工中破坏民防工程的现象，会同市综合执法局开展集中整治，召开专题业务部署会、培训会，开展自查自纠和抽查活动，对其中发现问题的责令作出整改。按照年度计划开展“双随机”抽查检查，对防护设备生产企业、民防工程监理企业、施工图审查机构和民防工程平时使用等按规定比例进行抽查。

【依法规范管理】 深入推进“最多跑一次”改革，梳理涉及企业和群众到政府办事的事项清单，重新修订完善行政许可、行政征收、行政确认事项和其他行政权力事项的标准版和简易版办事指南，做到“一事一指南”，针对涉及企业和群众到政府办事的15个事项实现“最多跑一次”，1个实现“零上门”，并提供网上受理和快递送达服务。积极推进“一窗受理、集成服务”工作，4个事项纳入企业投资项目“一窗受理”综合窗口。全面落实民防政策为企业减负，会同市财政、物价等有关部门研究提出降低民防工程易地建设费收费标准的具体办法，经市政府批准，对外公示《湖州市人防工程易地建设费收费目录清单》。积极参与施工图联合审查推进工作，会同市建设、发改、财政等部门，共同研究出台湖州市施工图联审制度，全市新报项目一律实施联审，并通过网上电子图审系统进行审查。

【基层民防工作】 结合“综合减灾示范社区”工作，深入推进社区民防规范化建设，以理论与现场教学相结合的方式，组织吴兴区月河街道社区和物业公司30余人开展民防知识培训。与吴兴区民防局联合组织三里桥社区150余名居民开展社区紧急掩蔽暨防空地下室开设演练，并首次尝试对演练活动进行网络直播。

【宣传教育工作】 加强民防宣传教育阵地建设，湖州市民防公共安全教育中心已进入深化设计与施工一体化招标程序。巩固学校民防教育，依托湖州民防学院，分别于4月、5月和10月组织3期民防师资培训，全省各地221名中小学民防教师参加培训，全市60余所初级中学、70余所小学开展民防教育，受教育学生45000余人。在市委党校设民防教育课，近90名进修班学员参加听课。利用重要时间节点开展多样化宣传活动，3月，联合吴兴区爱山街道和市红十字会在东吴国际广场，开展“关注民防、关爱生命”主题宣传活动，展示民防警报等设施，开展防毒面具试戴，展出图板20余板，发放宣传资料500余份。5月，在吴兴区爱山广场参与市减灾委组织防灾减灾广场宣传活动，发放宣传资料200余份。借助网络媒体开展民防宣传，制定民防宣传“进网络”工作相关配套制度、要求、方案和考核标准，组建民防宣传报道通讯员队伍，制作民防宣传视频广告片，结合“5·12”活动开展网络直播。利用网站、微信公众号等网络媒体开展宣传，先后在“湖州发布”微信公众号的“‘四新’部门”大比拼栏目上发布工作信息11篇，网站刊登信息127篇，“湖州智慧人防”发布信息39篇，向国家、省网站和杂志报送讯息100余条，向市委、市政府报送工作信息动态24条。联合湖州广播电视台，开设《人防之声》公益宣传版块，通过FM105湖州电台新闻台定点宣传民防知识，解答群众关心的热点问题。（杨郑成）

·武　警·

【概况】 2017年，武警湖州市支队全面深入贯彻习近平主席强军思想，以迎接保卫学习贯彻中共十九大为主线，坚持稳中求进总基调，坚定看齐维护核心，练兵备战聚力打赢，从严治军抓安促稳，强基固本厚实底蕴，年度工作推进顺利，各项任务圆满完成，部队全面建设呈现出稳中提质、稳中进步的向好局面。

【思想政治建设】 坚持把学习贯彻十九大精神和习近平主席系列重要指示作为首要政治任务，落实党委中心组“五学”（集中组学、个人自学、交流互学、逐级评学、保障促学）、基层干部“四学”（严格计划导学、改进方法促学、坚持查考督学、落实责任管学）两项教育计划，紧跟习近平主席思想抓理论武装，推进“两项重大教育”，加强政治能力训练。组织政治领域安全问题教育整顿，开展“好兵样子”培塑和“感恩知责”教育，参观“两山”理论诞生地，编发“一图一书”，用“四主五会”模式建队育人。推进“四心工程”，组织开展“法律服务到基层”活动，落实日提示、周预警、月排查、季分析和零报告等制度，组织2次法纪图片展，妥善解决6起战士家庭涉法问题。开展纪念建军90周年、第八届军营文化节“卫士杯”篮球、羽毛球赛、主题演讲比赛和文体骨干“六大员”培训等活动，投入42万元购买125台电脑充实基层网络学习室，配发56个电子阅读器和1800册图书。拍摄的微电影，荣获武警总部三等奖，参加省总队政工“四会”比武，获团体第五，四中队党支部被总队评为“先进基层党组织”。

【执勤训练】 以打赢“三场维稳战役”为引领，加强“五防一体化”建设，组织开展执勤安全教育整顿活动，探索“哨长制”“复杂时段站一哨”执勤模式。进一步落实“台州、衢州”会议精神，召开安全规范化建设推进会，投入100余万元用于卫兵室建设、AB门改建和“五防一体化”建设，5次协调召开勤务联席会，协调解决执勤保障、设施建设和联防联控等棘手问题11个，二中队守卫勤务试点稳步推进。组织首长机关封闭式训练、勤训轮换、创新纪录和教练员等各类集训竞赛，高标准承办浙北片区“魔鬼周”极限训练和省总队水上抢险骨干集训。参谋业务比武获团体第6名，12名官兵被总队表彰为“极限训练勇士”，一中队中队长张民被省总队表彰为“优秀教练员”和“军事训练先进个人”。全年，圆满完成武装押解、春运执勤、武装巡逻和试卷安保等临时性勤务471起，7次组织首长机关带机动分队实兵实装演练、3次与市公安局特警支队联合拉动，有效地维护了湖州社会大局稳定。

【部队管理】 坚持精力投放向基层，工作落实到基层，始终把基层建设作为检验支队党委机关工作绩效的标尺。狠抓“一线战斗堡垒”建设，年初，对8个基层党委（支部）进行结构优化，选拔5名优秀副中队长参加省总队基层主官《军队基层建设纲要》轮训，开展预任基层主官和两大群众组织负责人培训。严格执行《武警部队正规化管理规定》，狠抓周课表刚性落实，正规“五项秩序”。制定《服务指导计划》《精准帮扶措施》《检查帮带细则》措施，构建“主官管总、领导包片、股室挂钩、大队划块”责任体系，规范“党委精准帮扶、机关检查帮带、大队贴身帮建”运行机制。紧抓“八个规范”常态落实，广泛开展“学规范、用规范”“条令学习月”等活动，集中进行安全员培训，严密组织“百日安全竞赛”、交通安全专项教育整顿和枪弹专项清查整顿，支队在省总队车辆及驾驶员年度审验中获得第三名，六中队、湖州中队兵器室被省总队表彰为“先进兵器室”。先后派出8批工作组进行覆盖式安全大检查，共查处各类安全隐患134处。支队被武警总部表彰为“百日安全竞赛”优胜单位，连续18年保持安全工作“四无”，连续28年实现执勤安全无事故。

【基层建设】 及时转化《军队基层建设纲要》集训成果，注重用“三会一线”机制统工作，依靠各类领导小组抓督导，促进经常性工作落实。按照“党委重点帮扶、机关精准帮建、大队靠前帮带、中队自主抓建、官兵自主争先”的思路，系统制定帮建措施，先后派出7批党委工作组蹲点帮建，一大队、一中队、六中队、湖州中队和长兴中队均被省总队表彰为“基层建设先进单位”；四中队被省总队表彰为“标兵中队”；五中队获支队嘉奖；四中队四班和七中队一班记集体三等功；17名官兵立功，191名官兵被评为“优秀基层官兵”。

【双拥共建】 支队双拥工作深入贯彻习近平主席“以人民为中心”重要思想，按照军队群众工作的方针原则，紧紧围绕“同呼吸、共命运、心连心”的时代要求，积极适应当前社会发展和部队建设需要，支援驻地经济建设和社会发展事业，为地方经济发展和社会稳定做出新贡献。军地共同开展以“法律服务进军营”“军营生活体验”为主题的实践活动，开设普法教育专栏，制作法律知识宣传专栏10期，发放普法教育书籍800余册。与共建单位联合开展读书育人、技能培训、文化联谊和体育竞赛活动，开展“扶贫济困”活动，引导基层单位积极与当地民政局联系，主动与孤寡老人、失学儿童和驻地敬老院结对子，支队与吴兴区东林镇泉益村组成扶贫对子。利用学雷锋日、助残日、重阳节、春节、建军节等时机，组织部队进街道、学校，为民办实事、做好事。全年出动兵力1000余人（次）开展拥政爱民活动，义务巡诊8次，义务劳动20个工作日，慰问孤寡老人30人，扶贫捐款5万余元，义务献血4.5万毫升。

【后勤建设】 坚持“保任务、保基层、保建设、保改革”工作方向，不断夯实前勤思想根基，务实后勤服务理念，厚实保障打赢能力。每月召集司务长集体办公，讲评履职守纪情况，组织65名司务长、军械员和炊事员进行后勤专业兵集训竞赛，集中16名战士开展驾驶新训和复训，选送6名新卫生员参加九八医院实习，督导基层落实每周半天的后勤专业岗位练兵活动。投入150万元，建设一中队晒衣场、安装勤务中队天然气管道、改建六中队厕所和整修士官临时来队用房等生活设施。投入17万余元，为官兵配发作战靴和作训鞋，投入11.4万元，配齐基层常用药品。定期开展卫生健康教育和医疗小分队下基层巡诊，部队发病率严格控制在5‰以下。（江明强）

外事　侨务　台务　民族宗教

·外　事·

【概况】 2017年，湖州市外事工作坚持以习近平总书记外交思想为引领，深入贯彻落实中央对外工作方针政策和省、市对外工作决策部署，积极服务国家总体外交和地方经济社会发展，在推动形成全市对外开放新格局上发挥了积极作用。

【服务引资引智】 充分发挥高层出访的引领作用，把对外交往与吸引浙（湖）商回归投资与促进项目落地有效结合起来。2017年，多个由市、县（区）领导带队的出访团组在招商引才方面取得实质性成果。市委常委、组织部部长干武东率团出访美国与日本，参加3场全省性大型招才引智洽谈会，自主组织3场恳谈交流会和6场拜访对接活动，与435名高层次人才进行交流对接，达成人才引进初步意向81人和项目合作初步意向73个，签订37个人才和项目合作协议，列全省前列。副市长李建平率团出访印度与美国，就拉风影视城项目作全面推介，并与印度国家信息技术公司来湖州设立中心事项进行深入洽谈。副市长董立新率团出访意大利与法国，举办新能源产业推介会，加快阿基米德太阳能集热管制造、阿斯克整车制造、奥洛菲生物医药和普罗旺斯体验中心等系列项目的洽谈进程。副市长闵云率团访问美国和加拿大，召开湖州产业推介会，访问在美国的国际友城圣地亚哥，推动“中美生物医药产业园”的平台建设。副市长卢跃东带队赴法国、意大利参加化妆品360展会，与法国化妆品谷、康库斯塔多公司、阿罗玛公司洽谈化妆品投资合作项目，推进湖州美妆小镇建设。

【助推企业“走出去”】 与日本驻沪总领事馆合作举办“2017年日本签证业务座谈会”，帮助湖州市企业有效解决赴日签证中的疑难问题。举办“2017签证官看民企——走进湖州”活动，促成湖州市30余家企业与40余名外国驻华使领馆签证官员“面对面”交流，为湖州民企创造了解各国签证政策和加强对外合作交流的机会。协助举办“‘一带一路’背景下中国民企如何走出去研讨会”，帮助企业更好对接西方资本市场的营运环境和跨国并购所需的专业服务。举办“服务企业外事业务培训班”，为全市140余位企业外事联络员作出国（境）与邀请外国人来华方面的政策解读与业务指导。建立“服务企业外事业务QQ群”，吸收近80家重点外向型企业加入工作群，及时掌握企业需求，在护签申办、经贸合作和领事保护等多方面为企业提供精准服务。继续做好 APEC 商务旅行卡的宣传推介，全年办理 APEC 商务旅行卡 38 批、49 人（次），代办因私签证 295 批、538 人（次）。

【深化国际友城工作】 积极拓展友城交往渠道，以产业合作为导向，与法国沙特尔市签订建立友好交流关系意向书，全市新增国际友城 1 对。邀请墨西哥库奥特拉市政府代表团、西澳洲郡德勒普市政府代表团访问湖州市，增进双方了解，开启友好交流篇章。认真做好爱尔兰戈尔韦市政府友好代表团和爱尔兰国务部长团的接待工作，积极推动戈尔韦市与湖州市的结好进程。以举办湖州市与日本岛田市结好 30 周年庆典为契机，通过派团访问日本参加青少年乒乓球友谊赛、邀请日方代表团到湖州考察交流等形式，进一步深化双方友好合作关系。同时，将对日友好交流进一步辐射到静冈县，相继接待静冈县日中友好协议会代表团、静冈县政府和静冈银行驻沪事务所代表团和静冈县经济产业代表团来访；举办“企业技术和管理诊断——日本专家湖州行”活动，为湖州市 100 余家企业作精益管理与污水治理方面的现场指导，并牵线美妆小镇与日本开展产业合作。派遣团组出访以色列尤其尼姆利特市、美国圣地亚哥市，邀请美国哥伦布市、克罗地亚卡尔洛瓦兹市友好代表团访问湖州，通过产业推介和项目洽谈等深化双方在经贸科技领域的交流合作。2017 年，湖州市与友城间的互访达 18 批、171 人（次）。

【拓展民间对外交往】 举办以“感受湖州魅力·讲述湖州故事”为主题的“老外在湖州”征文活动和“友好使者”荣誉称号评选活动，邀请 100 余名中外嘉宾参加颁奖仪式，为 30 名外国友人颁征文奖并授予 6 名国际友人“友好使者”荣誉称号，通过活动，进一步加深与在湖州国际友人的感情联络，切实增强国际友人在湖州工作、学习和生活的融入感。与印度驻沪总领事馆合作，举办第三届国际瑜伽日庆典暨第二届南太湖国际瑜伽节启动仪式，组织 400 余名瑜伽爱好者参与大型瑜伽表演，以活动为契机，加强宣传推介，提高城市影响力。策划法国蒙达尔纪森林中学师生代表团与韩国灵岩郡青少年交流代表团访问湖州，通过课堂体验、住家体验等丰富多彩的互动交流活动，进一步深化双方友好关系。参与湖州市国际乡村旅游节、东亚农业文化研讨会等重大外事活动，在提供外事服务的同时，积极做好宣传推介工作，讲好湖州故事，提升城市形象。

【提升涉外管理水平】 加强规范因公出国（境）管理，在严控党政机关和参公管理事业单位因公出国总量的同时，确保全市经贸、科技、教育和文化等领域对外交往的健康、有序发展。围绕实施“走出去”战略、推进“一带一路”建设、推动国际产能和中东欧合作，加强对因公出访活动的整体规划，突出服务“六重”工作、产业招商、特色小镇建设和科教人员出访。严格按照“有事才去、因事定人、完事即回”的原则，把好审核审批关，同时，严格核查护照、反馈表及出访总结，督促团组严守外事纪律并提升出访效果。2017 年，全市派出因公出国（境）团组 229 批、509 人（次），其中自行审批和确认团组 38 批、96 人（次）。出访团组中执行经贸洽谈任务的有 60 批、170 人（次），访问交流 73 批、150 人（次），培训 47 批、74 人（次），其他任务（招才引智、国际会议、访学交流、研修等）49 批、115 人（次）。寓管理于服务，认真做好邀请外国人来华审批工作，2017 年邀请外国人来华 394 批、571 人（次）。妥善处置涉外事件与领保事件 6 起，在营造稳定涉外环境方面发挥积极作用。牵头制定领保联席会议和规范相关外事管理工作两项制度，为规范全市涉外管理工作提供制度支撑。 （蒋晓霞）

·侨　务·

【概况】 2017 年，市侨务部门以迎接中共十九大、学习宣传贯彻十九大精神为统领，以习近平总书记系列重要讲话精神为指导，紧紧围绕“加快赶超、实现两高”的中心任务，扎实推进“四新”主题实践，各项工作取得新进展。

【服务“赶超”发展】 一是浙（湖）商回归搭平台。主动与 300 余名侨商进行对接，引荐洽谈投资项目 7 个，涉及智能装备、绿色家居和特色小镇等领域，被评为湖州市支持浙（湖）商创业创新工作先进单位二等奖。赴温州市向 30 余名温州侨商作投资推介，为湖州市招大引强拓展渠道；配合市委、市政府举办“2017 湖州市融入杭州都市圈推介会”，借助“首届湖商发展大会”，邀请海外湖州籍侨商回乡，获湖商大会工作先进集体荣誉；举办“天下浙商湖州行”，邀请近 100 名海外浙商回归联络站及省外浙江商会负责人到湖州，通过举办投资说明会，考察长兴太湖龙之梦项目，努力营造万侨创业在湖州的浓厚氛围。二是接轨上海促合作。主动搭建与上海市青浦区、黄浦区侨务部门的合作共建平台，牵线青浦区、黄浦区侨商项目的引进。举办“青浦侨商湖州行”，向来自装备制造、包装新材和新能源电池等领域的 14 家侨资企业推介湖州市投资环境，达成了智能装备和绿色家居 2 个项目的投资意向。邀请黄浦区侨联代表团到湖州交流，与湖州市侨联结成友好侨联，努力拓展侨务资源。三是“治水”行动做贡献。广泛动员侨界人士投身全面剿灭劣Ⅴ类水行动，合力共建“美丽湖州”。1. 引资金。号召侨资企业在全面剿灭劣Ⅴ类水行动中积极作为，树立良好形象。2017 年，侨资企业向“治水”行动捐赠人民币 100 万元。2. 引技术。邀请长江学者、浙江大学唐睿康教授领衔的蓝藻课题组，赴太湖旅游度假区开展生物矿化技术治理蓝藻水华实验。

3. 造氛围。组织各级侨界人大代表、政协委员围绕全面剿灭劣Ⅴ类水行动认真履职，号召侨界群众积极参加社区开展的爱护河道、爱护生活环境，共建美丽社区活动。四是招才引智掘资源。通过微信、邮箱等途径向150余位海外高层次人才推介2017年度“南太湖精英计划”。全市侨务系统引荐14个申报项目，其中12个签约落地。在浙江大学举办“湖州吴兴—浙大科技人才合作交流会”，进一步巩固深化与浙江大学的科技项目合作，并牵线11名浙江大学高层次人才与湖州市民营企业进行对接。召开全市留学创业人士新春座谈会，了解留学创业人士的创业困惑和需求，激发新侨活力；启动“海燕助飞行动”，组织50余位海归代表参观考察留创企业，分享创业故事，帮扶创业创新。承办省侨联“海外侨胞故乡行走进安吉、走进德清”活动，让广大侨界青年亲身感受湖州发展变化，寻找回乡创业商机。推荐申报的浙江芯启源电子科技有限公司卢笙团队入选“第五批国务院重点华侨华人创业团队”。五是为侨服务上台阶。指导市侨商会完成换届工作，成立市侨商会公益慈善基金。联合省侨商会开展“访侨企送服务”活动，了解侨情、听取侨意。为企业举办“财务税务”等专题培训，组织企业参加东盟华商会，引导企业转型升级。开展“问侨事、进侨门、解侨忧、暖侨心”访联活动，走访125家侨户，建立健全侨务干部联系服务侨界群众机制。联合湖州爱尔眼科医院开展“侨爱心光明行”活动，为28位困难侨眷白内障患者实施免费手术；组织省、市“为侨服务医疗队”赴侨村开展义诊等主题活动，丰富为侨服务内涵，拓展为侨服务功能。结合“最多跑一次”改革，精简涉侨办事事项，简化办事流程，加强网上互联互通，切实为侨界群众提供方便。

【拓展海外联谊】 一是组织侨务团组访问澳大利亚、新西兰。组织县（区）侨务干部赴澳大利亚、新西兰开展以“拓展海外侨务资源，服务民营企业走出去”为主题的侨务工作访问。推动成立首个湖州海外同乡会——澳大利亚湖州同乡会。二是加强与海外重点人士的联络。邀请美国纽约三江会馆原馆长陈志飞一行赴长兴县参观访问，搭建湖州与美国会馆的沟通和对接平台，努力推进合作。邀请西班牙中西百货协会执行主席夏永平率团到湖州考察商贸服务业发展环境。澳大利亚浙江总会会长陈静回乡探亲之际，陪同考察太湖度假区旅游开发、西山漾丝绸小镇和东部新城等建设项目，感受家乡发展新貌。三是建好“网上侨联”，画好“同心圆”。以“海外中青年侨领、湖州人在澳洲、美国湖州人、海外华文媒体、湖州侨联委员”等微信群为载体，强化“点对点”联络，着力建设网上侨联，扩大湖州侨界朋友圈。快速向海外华人华侨、留学人员宣传家乡发展新貌和惠侨政策；引导侨界人士参与浙（湖）商回归和特色小镇建设，加强联谊联络，增进互动交流，构建大联谊、大宣传新格局。

【夯实国内侨务工作】 一是指导基层开展特色品牌创建。深化“市侨之家”一月一主题品牌，先后举办迎春茶话会、健康讲座和品味五月五等活动。指导县（区）开展“为侨服务，关爱侨心”品牌创建，吴兴区侨务部门携手湖州师范学院成立省内首家“南丁格尔助侨服务站”，为社区侨界群众开展健康咨询、医疗服务。二是引导侨界当好“湖州宣传员”。组织出席市“两会”的港澳委员、在湖州的侨资企业代表赴德清县考察美丽城镇建设。向省侨联报送《清丽湖州》宣传片，通过海外万家中餐馆主动向海外展示湖州发展成就。开展以“我是湖州宣传员”为主题的侨联代表活动月，引导委员为打响“好美湖州”名片建言献策。“以食为媒”，服务“走出去”，选派2名湖州籍海外厨师参加省侨联举办的海外中餐馆烹饪技能培训班。三是加强基层侨联组织建设。指导德清县、吴兴区侨联开展换届工作；分别指导吴兴区芳山村、安吉县昌硕街道新街桥社区侨务工作站创建为国务院侨办首批侨乡侨文化宣传展示基地和“全国为侨公共服务示范单位”。 （沈 列）

·台湾事务·

【概况】 2017年，市台湾事务办公室认真贯彻落实中共十九大和省、市党代会精神，认真学习习近平总书记系列重要讲话精神，按照中央、省委对台工作决策和具体工作部署，服务对台工作大局，积极把开展各项对台工作融入“四新”主题实践，紧紧围绕加快赶超，实现“两高”目标，努力推进各项对台工作，为加快建设现代化生态型滨湖大城市做出新贡献。

【推进对台经贸合作和服务】 围绕全市“生态立市、工业强市、产业兴市、开放活市”发展战略，积极推进台资企业转型升级，着力吸引台湾优势产业、技术人才向湖州市转移。一是做好“安商稳商”工作。为明确对台资企业“同等待遇、服务优先”政策，对现有政策措施进行梳理，包括台资企业在技术创新、装备改造、产业转型、收购兼并与创投、农业合作和企业减负等十大方面的“同等优先”政策，引导台资企业创业创新。组织台商参加全省台资企业转型升级和创新发展推进会。二是推进台资项目落地。紧盯台湾优势产业和重大台资项目，积极主动联系对接台湾岛内以及分布在上海、江苏、广东等地区的台资企业，协助市相关部门开展招商引资工作。全年新注册台资项目10个，总投资17.65亿美元。其中，台湾敏实集团（安吉）总部项目、敏盛（吴兴）汽车零部件项目和敏丰（安吉）铝业项目和世仓智能（吴兴）仓储设备项目总投资达12亿美元。湖州市出口台湾5.02亿元，占全市对外出口的0.7%，与上年同期相比增长28.1%；台湾进口湖州市3.57亿元，与上年同期相比增长37.1%。

台湾地区直接投资湖州1.51亿美元，占全市外商直接总投资额的6.4%，同比增长5.3%。三是推进台企创业创新。组织台商参加全省“一带一路”对接项目和考察活动，邀请台湾青创总会等11个台湾社团组织的31位台湾优秀青年企业家与湖州青年企业家开展湖州、台湾两地青年企业家“面对面”交流活动，台湾青创总会与吴兴区高新区科创园签订《海峡两岸青年创业基地战略合作协议》，为两地经贸交流合作建立了长效机制。四是优化服务工作。落实台办系统干部联系台资企业制度，协调组织市相关部门开展分类指导、精准施策。积极开展“最多跑一次”和“零上门”便民服务工作，定期走访台资企业，开展“法律服务进台企”和“台商服务月”活动，积极宣传《浙江省台湾同胞投资保护条例》。定期召开片区台资企业负责人座谈会，摸清企业底数，实行定向、定点服务，积极为台企排忧解难。年内，受理台企涉法案件2起，结案率达100%。

【助推两地人民心灵契合】 注重发挥资源优势，做好湖州台湾同乡会工作，广泛开展青少年、基层交流和社会各界别的交流往来，进一步增强海峡两地民众的“心灵契合”度。一是广泛开展对口交流工作。采取请进来与走出去相结合的方式，着力推进文化、教育、医卫、工会、共青团和青联、妇联、残联等群团组织与台湾地区的交流合作，进一步增进感情。长兴碧岩禅寺举办两岸药师佛文化交流活动，邀请10余位台湾高僧和60余位信众到湖州，共同为碧岩寺书画院揭牌，两岸僧众在药师佛文化、书画等方面进行交流探讨。台湾新竹市、彰化县、苗栗县总工会与湖州市总工会开展企业用工等方面的交流，双方收获颇多且进一步加深互相了解和认同。二是不断拓展海峡两地基层交流。按照增进相互了解、提升交流实效的工作目标，积极推进两地基层交流。安吉县发挥自身优势，邀请以“梅”为主产业的台湾南投县信义乡民众开展“两岸梅花文化节”活动。举办国台办重点交流项目“第二届两岸村长论坛暨第五届湖台邻里节”活动，来自台湾南投、台中、彰化和花莲县的60名民众（其中，20名村里长）参加活动。新增基层结对村11对，各结对村互动交流，两地感情维系不断牢固。积极打造两地基层交流基地，确定德清县莫干山镇为“海峡两岸基层交流基地”，编制出台《莫干山海峡两岸交流基地创建工作实施方案》。同时，边创建边运行，全年接待15批、500人（次）台湾参访交流团。三是着力推进两地青年交流。结合湖州深厚的历史文化底蕴，以文化为媒，加强两地院校师生交流，积极推动台湾青少年到湖州交流参访。以湖州师范学院为依托，分别邀请台湾师范大学、大众化文化教育交流协会、台湾树德科技大学、台湾中原大学等到湖州交流参访。台湾高雄福诚、瑞祥两所高中到湖州参访，分别拜访结对的南浔区练市中学和安吉高级中学，增进了解，拉近彼此的距离。国台办重点交流项目“湖台两地青少年暑期夏令营”在湖州举行，来自台湾科技大学的39名师生参加活动，共同感受湖州“大众创业、万众创新”的浓厚氛围以及中华传统文化。四是加强台湾湖州同乡会联谊。注重从基础抓起，不断建立完善台湾湖州同乡信息库。突出对基层台办的工作指导，督促各县（区）台办立足各自实际，把与台湾同乡的联系纳入日常对台工作当中，加强与台湾同乡的联系联络。指导基层台办先后举办以“凝聚乡情，携手共进”为主题的台湾同乡会团拜会活动、以“金秋大团圆”为主题的台湾湖州同乡会中秋联谊活动和台湾湖州同乡会青年台胞故乡行活动。

【挖掘湖州对台历史文化资源】 贯彻落实习近平总书记在担任浙江省委书记时所作的对有关陈英士、陈立夫等近现代湖州名人进行研究的重要批示精神，充分发挥“湖州市民国史研究院”在加强对湖州民国史研究的领导、管理、指导和协调作用，挖掘湖州对台工作历史文化资源，凸显湖州在对台工作中的特殊地位，并通过湖州近现代历史研究，推进湖州台湾两地近现代历史研究成果交流，增强台湾同胞对“一个中国”的历史认同、文化认同和民族认同。一是积累资料筑牢基础。组织赴市内各档案馆、博物馆和图书馆搜集资料，按照传记年谱、本地文史、晚清民国资料、通史类工具书、会议论文及录音和老照片等分类，整理积累电子档资料4000余万字、纸质资料80余种160本。编辑内刊《湖州民国史》6期，共67篇文章、55.3万字、230张图片。二是名家指导形成影响。邀请了章开沅、葛剑雄和张宪文等80余位享誉国内外的史学家担任指导，并先后与中国社科院、北京大学、复旦大学、浙江大学、华中师大、台湾大学等院校和科研机构建立联系和合作关系，提升湖州民国史研究的影响力。同时，为填补湖州无系统性、完整性的民国史理论著作的空白，进一步发挥湖州历史文化优势，组织湖州的专家学者编写《湖州民国史纲》，形成《湖州民国史纲》初稿（包括大事记），共5章24节，近50万字。三是创新平台开展交流。依托浙江大学开展“抗战时期的中国与世界学术沙龙”活动。7月，在台北举办“湖州民国人物与抗日战争”学术交流座谈会，邀请8位台湾史学家参加座谈会，共同探讨湖州民国时期的重要人物和历史事件，尤其是湖州地区抗战活动与史迹，进一步增强台湾同胞的文化认同、历史认同和民族认同。12月，邀请两岸历史研究专家学者40余人开展“湖州民国人物与思想文化”研讨活动，进一步探讨民国时期湖州人在推进中国思想文化建设中的历史地位和杰出贡献。

【提升湖州美誉度和知名度】 围绕“创城”工作、浙江台湾合作周、湖州台湾两地青年企业家“面对面”交流活动、台湾青少年夏令营、两地邻里节和“台湾网红趴趴走”等活动，策划组织对台宣传工作，不断提升湖州对台工作的影响力。2017年度，湖州市台办再次获评“中央台办‘两刊’对台宣传工作先进单位”。一是认真开展涉台活动宣传。围绕台湾青少年夏令营活动、台湾青少年暑期实习活动和湖州、台湾邻里节等基层交流活动，精心策划宣传手段、要点和目的，使每项活动能体现两岸关系和平发展、“两岸一家亲”的重要思想。二是努力增强湖州对台工作的影响力。加强与省、国台办网站、国台办《两岸关系》杂志社、《中国台湾网》和中央电视台4套《中国新闻》等新闻媒体的合作，不断扩大湖州对台工作的影响力。年内，央视4套《中国新闻》《海峡两岸》以及《海峡卫视》各播出湖州涉台活动新闻3条，中国台湾网和《浙江对台工作》同步进行宣传。特别是利用《两岸关系》杂志平台，全面展现中共十八大以来湖州对台工作。同时，充分利用新媒体开展宣传，开通微信公众号“菰城微台”，做好两地经贸文化宣传、涉台政策等信息发布，增进与台胞情感交流和网络对台经贸合作信息服务工作，增强对台宣传的辐射力和有效性。三是积极引导台湾舆论。充分利用成熟的外宣资源，主动向台湾主流媒体推送人文历史、资源环境、风景名胜及特色产业等方面的专题，大幅提升湖州在台湾的美誉度。德清县推送《浙江德清——古镇风情画》和《莫干山——最佳避暑胜地》，长兴县推送《浙江长兴仙山——地藏王菩萨也倾心》和《千年古镇水口——陆羽隐世写茶经》，安吉县推送《整个安吉都是旅游区》，南浔区推送《漫步南浔如诗如画》，先后在台湾《联合晚报》《中国时报》刊载，并同步在岛内网络上传播，在台湾岛内形成较好的社会反响。2017年，中央对台宣传工作首次开展的新媒体重点项目“台湾网红趴趴走·17爱上湖州”网络新媒体宣传活动，以湖州城市为舞台，两岸网红KOL为主角，以趣味体验为抓手，以城市文化为素材，以微博、Facebook、INS等为传播平台，向台湾网友展示了以湖州为代表的大陆城市的城市风貌、文化艺术、非遗技艺和风土人情，开辟对台宣传的新途径。项目的组织实施得到国台办领导的肯定，同时被作为经典案例在新浪微博2017金足迹旅游峰会和第四届世界互联网大会上被分享，并在由《人民日报》、新浪和新浪微博主办的政务创新传播论坛上获得“金纽带”城市活动创意奖。

（高　辉　沈　鑫）

·民族宗教·

【概况】 2017年，全市有少数民族46个，少数民族人口13万人，其中常住人口1.9万人，暂住6个月以上的外来流动人口11.1万人。全市开放的宗教活动场所321处，其中佛教140处、道教63处、天主教6处和基督教111处；伊斯兰教礼拜点1处。

【民族工作】 围绕“两个共同”（共同团结进步，共同繁荣发展）目标，民族工作取得阶段性成效。一、少数民族村结对帮扶四年行动计划顺利实施。积极践行习近平总书记“绿水青山就是金山银山”重要理念，按照“多层次结对、全方位帮扶、项目化落实”的思路，完成为期四年的安吉县少数民族村结对帮扶工作。一是基础设施建设持续改善。为民族村争取到省、市、县少数民族发展专项资金135万元。邀请丽水学院专家为民族村建设“把脉”，进一步完善村寨环境提升规划和产业发展规划。安吉县报福镇中张村被列入县美丽乡村精品示范村创建；安吉县章村镇郎村村被列入县美丽乡村精品示范村培育计划，两个村累计投入1200余万元用于道路交通、环境美化等建设项目25个，有效地推动了村庄基础设施的改善。二是经济发展水平大幅提高。坚持走“畲族风情+休闲农业+乡村旅游”的绿色生态发展之路，全面完成少数民族村结对帮扶工作目标任务。中张村、郎村村的村级集体经济收入分别达到102万元和60万元，两村村民人均可支配收入由2013年的18776元和19021元分别提高到2017年的30835元和29884元，均位列全省民族村的前5位，进入全省民族村的第一方阵。三是畲族特色文化风生水起。指导民族村组建民间艺术团，将畲民日常生活、生产场景融入文化节目中；精心编排木鼓舞、迎宾舞、貔貅舞、“山哈酒香唤你来”等节目，并在市、县文化活动中频频亮相。在重大节日、活动中鼓励支持村民穿着民族服饰，用民族风情聚集人气。中张村被评为第一批浙江省少数民族十佳特色村寨。四是村寨建设成果日益显现。开展民族村资产资源梳理工作，对闲置村集体房屋、集体茶山等资源进行梳理，并对闲置土地进行部分流转。积极挖掘畲族文化，做好“农旅结合”文章，错开时间、细分主题举办民族风情节，形成了中张村“三月三”、郎村“畲村过大年”2个固定品牌。中张村水家弄国家AAA级旅游景区先后接待外界考察参观团20余批（次）、游客5万余人，举办第三届“三月三”畲族文化节、安吉县文化礼堂四季精品巡演等活动。首次组团参加浙江省森林博览会，充分展示民族企业，助推民族经济发展。

二、民族团结进步创建活动成果丰硕。把握“重在平时、重在交心”的理念，加强党的民族政策和中央、省、市民族工作会议精神的贯彻落实，为湖州市创建全国文明城市增光添彩。一是开展丰富多彩民族活动。通过开展富含民族元素的各类交往交流活动，增进各族人民群众的共识，深化民族同胞间的情谊。吴兴区全年印制发放《民族工作宣传册》500余份，举办第四届少数民族文艺会演、“粽子飘香品味端午”“庆重阳比登山”等文化娱乐活动。南浔区菱湖中学组织西藏班学生到南浔古镇、荻港古村落开展社会实践。长兴县以民间民俗文化为依托，举办“民族团结一家亲七彩五月”“民族团结进步创建活力九月”等活动，民族共融、民俗共享。安吉县将反映畲村生活的郎村村歌《畲村美》在城市大屏幕中滚动播放。二是推进民族团结进步示范点培育。扎实开展民族团结进步创建“进机关、进乡镇、进企业、进社区、进学校、进宗教场所”活动，重点推进德清县美生橱柜有限公司、长兴县李家巷小学、安吉县灵峰寺等12家省级民族团结进步创建示范单位的培育工作。开展少数民族“非遗”技艺展示、少数民族传统体育项目展示交流、民族政策法律宣传、法律咨询和义诊等便民服务。各县（区）结合实际，加大基层示范点的培育力度，德清县新设立培育雅士迪民族团结进步之家等民族工作示范点3个，组织新居民参与捡拾垃圾、发放护水倡议书等“民族一家亲，共护一江水”志愿活动。安吉县重点推进梅园学校民族团结进步示范点建设，不断完善硬件设施、编撰民族读本教材、把民族知识融入课堂教学，开展民族运动会和评比最美民族学生等活动。全市基层示范点的引领带动作用日益凸显，实现民族服务向最基层的延伸。三是提升民族服务工作质量。不断推进城市民族工作“微组织、微窗口、微热线、微平台”服务体系建设，认真贯彻落实民族优扶政策。年内，为131名少数民族学生出具高考优先录取资格证明；为70名少数民族学生出具中考加分证明；办理民族成分变更3件。指导县（区）完成外来少数民族新居民调查摸底，并建立台账资料，有针对性地开展服务工作，结合春节等时机，对困难少数民族群众开展多层面的扶贫帮困活动。德清县钟管工业区已连续12年包车免费送来自云南等地的少数民族员工回家过年。安吉县协调多家企业包车免费送外来少数民族员工400余人回家过年。长兴县组织少数民族群众参加文明城市创建，邀请外来务工少数民族代表参观新农村、文化大礼堂，同时，为少数民族群众提供免费义诊健康咨询，促进民族融合。吴兴区和南浔区重视少数民族群众来信来访工作，对少数民族群众工作、生活中遇到的问题，耐心细致地给予政策咨询与帮助。

【宗教工作】 启动“两化”（宗教中国化和宗教工作法治化）建设实践，宗教工作取得突破性成果。一、宗教中国化和宗教工作法治化“两化”建设开局良好。按照政治认同、文化融合，适应时代、服务社会，活动规范、依法管理的要求，制定出台实施方案，取得明显的成效。一是强化思想政治引领。组织宗教界人士集中收听、收看中共十九大开幕式，认真学习中共十九大精神，深入学习贯彻全国、全省宗教工作会议精神，把思想和行动引领到习近平新时代中国特色社会主义思想上来。引导宗教界加强爱国爱教思想建设，市民宗局组织市天主教爱国会赴湖南韶山毛主席故居等地参观考察；南浔区组织基督教三自爱国会人员开展“重走红色路，共圆中国梦”爱国主义教育实践活动；德清县组织宗教团体班子成员赴革命圣地遵义开展“红色之旅”特色活动；长兴县组织宗教界代表人士赴江西省上饶市开展以“传承红色基因，践行爱国爱教”为主题的革命传统教育。通过学习座谈、实地交流，追忆历史，缅怀先烈，激发宗教界人士的爱国主义情怀，引导宗教界人士更加坚定地热爱中国共产党，拥护党的领导，做到知党爱党、与党同心同德和听党话跟党走。二是坚持宗教中国化方向，不断提高宗教工作法治化水平。坚持宗教中国化方向，大力支持宗教界开展宗教中国化的实践探索，深入发掘和研究宗教中国化的湖州元素，如赵紫宸的基督教中国化神学思想，并结合时代发展要求加以转化运用。积极引导宗教界打造宗教文化特色品牌，在湖州太湖观音文化、禅茶文化和药师文化等方面深入研究，大力培育，成效明显。坚持法治化导向，加强宗教工作法治建设，规范和改进政府对宗教事务的管理。加强对民宗干部的宗教政策法规教育培训，推进“最多跑一次”改革，增强法治思维和依法行政的能力。全面推行标准化管理工作，努力打造宗教活动场所标准化管理的湖州样本。制定出台湖州市基督教堂标准化管理规范，并启动试点实施，从而实现佛教、道教和基督教场所标准化管理全面突破。各县（区）结合实际，积极探索“两化”建设模式，德清县编制全县宗教活动场所标准化管理创建行动三年规划，设计开发宗教管理APP软件。长兴县深化宗教“和文化”品牌内涵，鼓励支持宗教与中国传统文化相结合，在刘井基督教堂、二界岭基督教堂、庄里基督教堂等申请迁建的场所设计方案中，吸收中国传统建筑元素，探索建立中式基督教堂的“长兴样本”。三是加强宗教活动场所阵地建设。正确引导宗教活动场所，做到“社会主义核心价值观、法律法规和中华优秀传统文化进场所”，将社会主义核心价值观24字基本内容，结合各宗教的教义进行解读，制作成卡通宣传画张挂在各宗教活动场所的通道、宣传栏内，让信教群众能够潜移默化地接受教育，自觉提高思想觉悟。同时，在场所“立国旗、立标准、立典型”，增强宗教界人士和信教群众的国家意识、法律意识和公民意识，构建积极健康的宗教关系，营造团结和谐的良好氛围。德清县为每个场所制作社会主义核心价值观、文明敬香宣传桩，并督促场所设立宣传橱窗，发放《中华人民共和国宪法》等法律法规知识手册300余本。安吉县、吴兴区组织场所负责人赴长兴县显圣禅寺、天居寺学习参观宗教活动场所标准化管理工作。长兴县继续深化宗教活动场所开展规范标识标牌工作。南浔区对照基督教堂标准化管理细则，确定双林基督教堂为试点堂，扎实推进试点工作。

二、宗教重大活动和文化交流取得历史性突破。通过开展宗教活动和文化交流，不断提升湖州宗教的影响力和整体水平。一是开展重大宗教活动。年内，指导长兴县寿圣寺承办2017汉传佛教三坛大戒传戒法会，中国佛教协会会长学诚大和尚任得戒和尚，得戒戒子300余人参会，开创湖州市佛教工作的先河。长兴县佛教协会、长兴吉祥寺承办中国（顾渚山）皎然禅茶文化节活动，来自全国各地以及韩国等国内外的专家、学者和茶人500余人参加活动。指导安吉县灵峰寺举办建寺1110周年系列活动，吸引海内外高僧、专家和学者互动交流，为弘扬中华优秀传统文化、促进中外友好交流发挥积极作用。指导市道教协会承办浙江省道教协会首届正一派传度法会。一系列重大宗教活动的举办，唱响湖州宗教界的“好声音”，扩大和提升了湖州的知名度、美誉度。二是开展宗教文化研究。深入发掘和研究宗教中国化的湖州元素，组织力量开展以铁佛寺铁观音为代表的观音文化研究、以古梅花观闵一得为代表的嗣龙门派研究、以基督教神学家赵紫宸为代表的基督教中国化研究，均取得初步成效。佛教界召开“蕅益大师与灵峰派研讨会”“法华信仰与佛教中国化学术研讨会”。道教界通过讲道活动和教职人员专题培训，弘扬道教教义中的尊道贵德、道法自然、天人合一、齐同慈爱和济世利人等宝贵思想。基督教界加强神学思想建设，在湖州师院和赵紫宸家乡德清县新市镇建立基督教中国化实践教育基地，召开基督教中国化神学思想研讨会。省基督教三自爱国会主席潘兴旺牧师就“基督教中国化”作专题讲座，11名教职人员分别从思考、神学和实践途径等视角探讨了当前基督教中国化的路径。三是培育特色文化品牌。支持各宗教在保持基本信仰、核心教义和礼仪制度的同时，深入挖掘教义教规中有利于社会和谐、时代进步和健康文明的内容，对教规教义作出符合当代中国发展进步要求、符合中华优秀传统文化的阐释，并融入日常讲经讲道工作中。市民宗局主办的《普觉》杂志，市佛教协会的“高峰六人辨”“佛教文化大讲坛”，市道教协会的“江南道教全真嗣龙门派”微信公众号等载体的影响力得到提升，太湖观音文化、禅茶文化成为湖州宗教文化的特色标志。

三、宗教团体和人才队伍建设不断加强。重视宗教团体和人才队伍建设，支持各宗教团体切实加强自身建设，增强自我管理能力。一是加强组织制度建设。完善宗教团体领导班子学习制度以及业务培训制度，增强组织领导水平，提高民主管理能力和业务工作能力。突出民主管理、财务监管和安全责任等重点，加强宗教团体各项规章制度建设，帮助宗教团体转变工作作风，完善工作机制，建设政治上可信、作风上民主和工作上高效的高素质领导班子。市级宗教团体组织对各自场所的财务大检查和安全工作大检查，提高宗教团体的自我管理、联系服务教职人员和信教群众的能力水平，增强在广大信教群众中的影响力和凝聚力。市、县（区）民宗局对宗教团体班子成员一月一谈、一季一会和一年一考“三个一”考评监督机制不断完善，考评结果作为宗教界代表人士培养教育和使用安排的重要依据，在市、县（区）团体换届时，对多年考评不佳者作出调整。年内，完成德清县、安吉县佛教协会的换届工作。二是加强人才队伍建设。按照“政治上靠得住、宗教上有造诣、品德上能服众、关键时起作用”的标准，指导各宗教团体有序推进“宗教界高层次人才培养计划”，分层、分类、分级组织实施。利用“高峰六人辨”“讲经交流会”“讲道交流会”“文化大讲坛”等各类平台，着力培养一批不同层次、不同年龄梯队的宗教界代表人士和骨干队伍。发挥老一辈爱国教职人员的积极作用，物色和培养中青年宗教教职人员骨干，通过选送到宗教院校学习、交流参学、在社会主义学院举办培训班、组织基督教教职人员参加浙江神学院的函授班学习等途径，加强教育培养。全市举办宗教界人士、场所负责人、中青年骨干培训班12期，参训人员657人（次）。举办讲经交流活动14场、佛教文化大讲坛6期和“湖州市佛教界人士”辨经活动2期，形成学习经典、研究经典和宣讲经典的良好风气。三是开展公益慈善活动。积极引导和鼓励支持宗教团体、宗教活动场所，主动服务社会，开展公益慈善活动。积极参与“五水共治·五教同行”和“剿灭劣Ⅴ类水”等活动，逐步形成宗教公益慈善特色品牌。市佛教协会举办第五届太湖公益放生活动、联手市广电总台阿奇慈善基金开展“我来帮你上大学”慈善捐助活动。市基督教“两会”组织医疗专家等义工开展义诊、理发、缝纫和修理等为民服务活动。加强对宗教界开展公益慈善活动的指导和监督管理，在市慈善总会开设6个冠名基金账户，将有限的资金引导到围绕中心、服务大局上来。全市宗教界全年捐款捐物价值300余万元，为促进社会和谐做出积极贡献。

【民间信仰】 夯实基层基础工作，民间信仰事务管理取得实质性进展。一、民间信仰管理主体责任不断夯实。将民间信仰事务纳入政府社会事务管理范畴，综合运用法律法规和政策措施，依法依规管理民间信仰事务。一是压实主体责任。民间信仰场所实行属地管理，乡镇（街道）负责民间信仰事务日常管理工作，是民间信仰活动安全监管的责任主体。各县（区）重视抓好基层基础工作，真正把主体责任落到实处。南浔区各乡镇（街道）明确分管领导，村（社区）都建立联络员。乡镇（街道）与民间信仰场所及其所在行政村签订安全管理目标责任书，纳入社会管理综合治理检查考评。二是强化监管措施。各县（区）采取抓镇、村两级责任制落实、完善日常管理制度、定期安全巡查等措施，强化场所安全的监管。吴兴区统一制定民间信仰活动场所内部管理制度，统一签订“区、镇、村”三级安全管理责任书。德清县在8个重点民间信仰活动场所安装视频联网系统，切实把安全管理责任制落到实处。三是推进登记编号。坚持高标准严要求，突出场所“管理组织、建筑安全、消防安全、活动内容、文化传承”等重点环节，开展第三批民间信仰活动场所的登记编号工作。2017年，全市上报172处场所申请登记编号，经现场核查，确认165处场所予以登记，全市已累计登记编号场所666家，登记备案率达68.7%，为民间信仰事务常态化管理奠定坚实的基础。

二、民间信仰场所管理工作不断规范。发挥已登记编号场所的示范作用，巩固扩大工作成果，推进民间信仰活动场所长效管理。一是抓好综合整治。按照“因地制宜、疏堵结合、分类指导、规范管理”的要求，对尚未登记的民间信仰活动场所，对照标准对场所消防设施、房屋质量和用电等安全问题作全面排查，并分析归类、汇总建档，排出整改时间表、明确责任人，形成层层有人管、一级抓一级的工作局面。二是规范日常管理。按照“日常监管常态化、场所管理标准化”的工作思路，指导已经实行登记编号的民间信仰活动场所建立健全治安消防、财务管理和活动申报等各项管理制度，依法依规开展活动。吴兴区对民间信仰场所进行统一管理制度上墙、统一环保香烛定点采销、统一安全检查台账资料的“三统一”管理，并在高新区试点开展民间信仰场所管理示范点创建工作，提升民间信仰场所规范化管理与制度化建设的水平。

三、民间信仰积极作用开始有效发挥。加强对民间信仰的引导，有鉴别地加以对待，有扬弃地予以传承，使民间信仰顺应时代发展新趋势。一是启动民间信仰优秀文化征集工作。采取课题招标、聘请专业人员等方式，启动民间信仰优秀文化征集工作。坚持去腐存真，弘扬正能量，紧扣切合社会主义核心价值观，把各个民间信仰活动场所蕴含的正能量，通过整编成通俗易懂、生动有趣、富含哲理和向上向善的民间信仰故事来传承，首期已搜集整理德清县下渚湖防风祠防风传说等8个历史传说和故事。二是引导培育民间信仰示范典型。各县（区）对有文化传承、代表性强和影响广泛的民间信仰场所，重点予以指导，培育德清县的治水文化、长兴县的和文化、安吉县的尚书文化和孝文化等一批具有正能量和地方特色的示范点。德清县下渚湖防风祠被确定为全省首批重点民间信仰活动场所，古老的防风祭祀民间信仰文化吸引了央视一频道《中国影像方志》、央视七频道《“镇守”24小时》等栏目组采风和第四届中国非物质文化遗产保护（德清）论坛现场会的专家、学者驻足参观。三是开展健康有益的文化活动。各县（区）举办各种民间民俗活动，丰富群众的文化生活，传播传递正能量，形成多个特色文化品牌。德清县的新市蚕花庙会、舞阳街道舞阳侯会、下渚湖防风庙会和安吉县的尚书文化节等均成为当地影响深远的文化活动，丰富民众乡土文化生活。积极引导民间信仰场所传承善的美德，以“奉行善念”为核心，深入开展扶贫、救灾、助学和济困等公益慈善活动，引导其在建设基层文化、维护公序良俗、促进社会和谐中发挥积极作用。

（姬诚诚）

文化建设

文　化

·综　述·

【概况】 2017年，全市文化工作紧紧围绕学习宣传贯彻中共十九大精神，积极融入“四新”主题实践，扎实推进文化强市各项工作，成效显著，特色鲜明，为湖州市加快赶超、实现“两高”提供坚强的文化支撑。据最新发布的“浙江省文化发展指数（CDI）”显示，湖州在全省排名第三。

【服务中心工作有力有为】 以全力保障中共十九大召开为主线，认真抓好全国文明城市创建、“六重”、剿灭劣V类水、河长制和路长制等中心工作落实，服务大局成效显著。一是实现文明城市创建目标。全面落实全国文明城市创建和省城市文明程度指数测评任务，开展网吧、娱乐场所和校园周边等文化市场集中整治，督查18个街道（乡镇）综合文化站和335个社区（村）综合性文化服务中心建设，规范文化场馆和影院管理，市文广新局获市“集体三等功”，20余人次获各层次奖励。二是重大文化建设项目进展顺利。推进市美术馆建设，馆舍改建进入实际操作阶段。启动“城市书房”、市“非遗”展示馆（湖剧传习所）建设前期工作。有序推进长兴县太湖博物馆、安吉县昌硕文化中心二期（安吉县图书馆新馆）、吴兴区文体中心和南浔区“非遗”文化馆等设施建设。三是“最多跑一次”改革全面完成。集中梳理文化、广电、新闻出版和文物等88项办事事项，提前完成“最多跑一次”改革事项100%、“零上门”事项51%的年度改革任务。进一步推进简政放权，实施审批“八统一”（即主项名称统一，子项名称统一、适用依据统一、办理时限统一、申请材料统一、申请表单统一、办事流程统一、业务流程统一），精简办事事项31项，精简率达37%，32项审批事项实现全程在线办理，占比达74%。开展文化市场“僵尸”企业清理、信用体系和黑名单制度建设等工作。

【文化惠民能力有效提升】 全面落实《湖州市关于加快构建现代公共文化服务体系的实施意见》，文化活动品牌不断深化，文化项目持续创新，全民阅读全域推广，文艺精品新作不断。长兴县太湖街道获评省级“文化强镇（街道）”，德清县新市镇蔡界村、钟管镇蠡山村，长兴县夹浦镇丁新村，安吉县天荒坪镇余村、彰吴镇景坞村，吴兴区环渚街道瑶台村、东林镇星群村，南浔区双林镇向阳村、和孚镇长超村等9个行政村获评省级“文化示范村（社区）”。一是群众文化活动丰富多彩。持续深化“文化走亲”等活动品牌，完成“文化走亲”553场次，开展基层演出2286场次，其中送戏下乡904场次、送书下乡8.6万册、送讲座展览960场次。举办全民公益艺术课堂150班次，推出“文化阳台”项目。开展“湖城春晓”、第七届农民文化节等一系列节庆文化活动。湖州大剧院全力打造“名剧、名角、名团”精品演出，上座率比上年增长9.3%。长兴县民间艺术团（长兴鸳鸯龙）参加意大利民间艺术节，并获颁组委会特别奖。二是全民阅读推广取得实效。以经典作品诵读、讲座、沙龙和读书会等10余项活动推广全民阅读，全市图书借阅量超300万册，数字资源访问量50万人次。深入实施“驻馆作家”“韵海讲坛”等项目，继续推进阅读进校园、乡村、社区、企业、部队和机关等“七进”活动，全市3个家庭被评为“第二届全国‘书香之家’”荣誉称号。德清县图书馆获得中国图书馆学会颁发的“全民阅读先进单位”称号，乡土阅读活动获得“全民阅读优秀案例二等奖”。完成市图书馆“借阅一体化”改造升级及馆舍维修，启用24小时自助图书馆。三是文艺精品创作稳步实施。新编大型古装越剧《游子吟》在省音乐学院大剧院成功首演。越剧小戏《规矩》参加省新农村建设“好家风”题材小戏专场展演和第七届全国优秀小戏小品展演。湖州三跳《英台乔装》获省第九届曲艺新作会演金奖。歌曲《乐手》《绽放所有的向往》《清清谣》入围省第十六届新人新作演唱演奏大赛决赛。全市有10件书法、9件摄影和10件美术作品入选省第五届“群星”系列大展。

【文化遗产保护利用再上台阶】 坚持“保护为主、抢救第一、合理利用、加强管理”的文物工作方针，扎实推进文化遗产保护利用工作，积极融入湖州生态建设，助推经济社会发展。一是文物保护利用积极主动。编制实施下菰城遗址、钱山漾遗址、大运河（湖州段）等保护规划以及文保单位“四有”、保护性修缮、科技保护和宣传展示等工作，文物保护基础工作扎实推进。实施文物平安工程，与市公安、工商部门建立联防联控机制，及时发现并妥善处置有关乡（镇）文物法人违法案件，全市文物安全形势总体平稳。配合大运河文化带建设推荐66个运河遗产保护利用项目，指导中心城区小西街文物建筑维修利用和新四军苏浙军区旧址等文保单位旅游开发，探索实施文物领域文创产品开发，文物活化利用取得进展。安吉县古城入选国家考古遗址公园立项名单，长兴县龙之梦乐园考古扎实推进，吴兴区昆山考古遗址公园启动建设，文物助推经济发展取得实效。二是博物馆工作不断提升。各级文博单位积极融入地方经济社会发展，利用资源和专业优势为美丽湖州、特色小镇以及各类非国有博物馆建设提供指导和帮扶。以第41个“国际博物馆日”为契机，组织开展博物馆与纪念馆联动参观、老照片征集等系列活动。策划举办赵孟頫碑刻拓片展、王一亭书画特展等多个精品展览，原创展览“扇舞清风”“刀木情”持续在省内外推广。创新开展“菰城文化种校园”等60余场社会教育活动，“美的教育”入选省文化创新团队。扎实做好文物征集和馆藏文物研究、修复和鉴赏等工作。三是“非遗”保护传承稳中有进。新增国家级“非遗”传承人4名、省级12名。承办第四届中国非物质文化遗产保护（德清）论坛，举办国家首个“文化和自然遗产日”系列活动，编撰出版《湖州市非遗名录集成》。开展地方曲艺“三进”（进社区、校园、文化礼堂）活动，举办“湖腔雅韵—地方戏曲专场展演”，复排湖剧折子戏《珍珠塔·羞姑》。《非物质文化遗产保护与传承通用指南》成为全省首个非遗保护类的地方标准。

【文化市场繁荣有序】 以护航“十九大”、创建全国文明城市和“扫黄打非”工作为重点，创新服务手段，提升监管能力，文化市场管理标准化、规范化和科学化水平进一步提高。一是文化市场繁荣稳定。办理文化场所设立、营业性演出审批等行政许可事项456件，全市文化市场业态进一步繁荣。组织开展网吧、出版物、印刷、消防安全以及查处无证等10余项专项整治行动，全市文化市场综合行政执法队伍出动检查9730人次，检查网吧、歌舞娱乐和艺术品市场等实体经营单位16735家次，全程监管营业性演出110台，合力关停涉赌上亿元网络游戏app（南太湖山庄），确保文化场所安全稳定，为市民营造良好文化环境。二是“扫黄打非”深入推进。组织开展“清源、净网、秋风、护苗、固边”五大专项行动，突出政治性非法出版物、网络有害信息等问题的整治，并在线上线下开展全面排查和整改。开展出版物市场专项整治，办理全国督办案件1起、省交办案件3起、一般程序案件16起，刑事移交2人，罚款17万余元。深入开展“扫黄打非”进基层工作，创新实施进基层示范点建设，安吉县天子湖镇高禹村入选全国“扫黄打非”进基层优秀示范点。三是新闻出版规范有序。强化意识形态阵地管理，完善新闻出版领域监督机制和工作机制。组织全市出版物市场专项整治，会同市邮政管理部门理顺并完善邮政报刊管理工作机制。完成印刷市场“僵尸”企业清理工作，做好印刷企业“五项制度”网络备案管理准备，系统强化印刷源头、印刷内容和印刷产品的管理。加强舆论宣传引导，严厉惩治假新闻、假记者和假记者站，规范新闻采编证书审核，开展新闻采编人员队伍政治纪律、业务素质培训，不断提高新闻出版和播出水平。

【广电服务全面推进】 围绕“监管、服务、发展”三大目标，全市广电行业监管不断加强，广电惠民、公共服务全面推进。一是精品创优成果丰硕。推进全市广电节目创新创优，组织完成年度省、市两级广播电视政府奖（新闻奖）的评选和推荐工作，作品《不忘初心 砥砺前行——访徒步重走长征路第一人罗开富》获“中国新闻奖二等奖”，40件作品获“省级政府奖（新闻奖）”，96件作品获“市级政府奖（新闻奖）”。全市广播电视质量显著提高，新闻传播竞争力和影响力进一步增强。二是广电播出安全有序。完成市“两会”、春节、国庆、“一带一路高峰论坛”和十九大等期间的安全播出保障任务，全年广播电视安全播出无事故。全市向省安全播出指挥中心执行安全播出“零报告”85次。全年对全市15档节目（栏目）进行监听、监看，编发视听评议简报34期。举办全市安全播出管理培训会，成立专家组，加大对网络视听新媒体的监管。三是电影改革取得新成效。完成政府向社会力量购买农村电影放映服务工作，全年购买电影服务12984场。新增农村电影室内固定放映点30个，农村群众观影条件得到有效改善，农民居民满意度明显提升。新增乡（镇）多厅数字影院7家，有效地推动数字影院建设向农村延伸，提升基层电影基础设施水平。全年城市电影票房收入为1.88亿元，同比增长22%。

【文化产业发展步伐加快】 以培育新的经济增长点、融入“4+3+N”现代产业体系为导向，科学谋划创意产业布局，精准服务文创产业项目，积极推介文创产品走出去，着力提升区域竞争力。一是全面谋划文创产业发展。认真梳理文化产业工作定位，全面谋划未来几年文化产业工作方向。加快落实文化产业项目招商，推动文化创意街区建设，规划创意园区功能定位。推动动漫游戏等文创产业“众创空间”建设，扶持小微文创企业成长。参与筹建浙江省影视基地联盟，搭建影视产业交流服务平台，促进影视基地打造特色、错位发展。引导金融等社会力量参与，积极打造湖州文化联盟平台，整合壮大文化消费资源。二是服务产业项目顺利推进。推荐湖州微总部创新基地申报文化部文化产业双创服务体系建设扶持计划，指导吴兴区文体中心等项目申报财政部文化类政府和社会资本合作示范项目，争取相关资源和平台支持。落实全市重点项目的对接服务工作，对联系产业项目实行“一对一”跟进服务。长兴县百叶龙演出团队获得文化部2017年中央文化产业资金。三是产品交易展示有声有色。着力构建对外交流平台，扩大湖州文化品牌影响。组织60家次文化企业参展义乌文化产品交易会、深圳国际文化产业博览交易会、宁波特色文化产业博览会，吸引15万人次参观，现场交易额突破200万元，协议交易金额1000万元。

【文化工作运行更加高效】 以提质增效为目标，不断创新工作机制、完善管理制度，有序整合文化资源，逐步优化文化人才培养，文化工作运行效率更加高效。一是文化体制机制不断完善。出台《局系统国有资产出租出借管理实施细则》《局系统举办展览管理办法》等制度，优化内部保障。出台《政府向社会力量购买农村电影放映服务实施方案》，将农村电影公共服务与市场运作有机结合。探索应急广播与农村有线广播“村村响”工程深度融合，实现文化与应急资源共享利用。二是文化设施整合利用有序推进。出台《关于推进文化设施整合利用的实施意见》，建成运行综合性公共数字文化服务平台“湖上云”，文化设施整合利用路径有效落实。市文化馆、市青少年宫、市科技馆等15家市级公益性文化场馆和湖州大众书局等3家民营场所以及县（区）文化场馆相继入驻平台，有关文化设施及其活动、产品和服务等资源实现整合利用。三是文化人才培养多措并举。全面实施文化人才培育工程，推荐4人参加国家“四个一批”人才评选、3人参加浙江省“151人才工程”评选，领军文化人才发掘进一步加快。组织评选表彰10名“优秀青年文化专家”，中坚文化人才培养力度持续加大。举办全市乡镇文化站长培训班，102名文化馆（站）、图书馆和博物馆文化专家与结对318个文化礼堂开展辅导培训，基层文化干部综合素质和业务水平进一步提高。

·文物保护·

【概况】 2017年，全市文物工作坚持“保护为主、抢救第一、合理利用、加强管理”的文物工作方针，深入贯彻落实国务院《关于进一步加强文物工作的指导意见》和省政府《关于进一步加强文物工作的实施意见》，扎实开展各项文物保护工作。文物保护管理水平不断提升，博物馆公共文化服务水平进一步提高，文物资源活化利用创新发展，文物安全保障能力进一步提高。利用国际博物馆日和文化遗产日，积极推介市文物保护成果、文化遗产资源及其价值内涵，努力扩大湖州文物事业的影响力。

【执法督察与安全保卫】 2017年，湖州市文物违法案件呈现总体偏少、偶发性强等特点。全年累计开展巡查业务100余次，巡查各类文物点1000余处，发现文物安全隐患10余起，当场处置文物安全事件1起。处理涉及安城城墙、三庆桥、窑家山墓群、西家冲墓群、古城遗址和王母山墓群等10余个文保单位的文物安全事件20余起。先后完成市博物馆安防系统更新项目和飞英塔安防系统项目、启动国家级文物保护单位古城遗址安防工程和龙山越国贵族墓群安防工程。全市有12处文物保护单位安装实时监控系统，对安城城墙北门安装限高限行设施。进一步完善业余文保员巡查制度，确保未发生市级以上文保单位火灾、盗窃和人为破坏事故。

【不可移动文物的保护和管理】 至年底，全市有世界文化遗产1处、全国文物保护单位25处、省级文物保护单位58处、市、县级文物保护单位323处。完成世界文化遗产大运河（湖州段）日常监测、管理工作和遗产标志碑设计、安装工作，启动大运河（湖州段）遗产监测管理体系设备采购项目。全力配合做好大运河（浙江段）文化带建设工作，组织开展大运河文化带（湖州段）建设的前期相关研究工作。指导服务南浔古镇“三年行动计划”的实施，编制完成南浔古镇保护规划、运河保护规划和南浔古镇东出入口方案等，对小莲庄私塾、尊德堂、邱宅等文物建筑的修缮工作加强监督指导。全国重点文物保护单位安吉古城、龙山越国贵族墓群保护规划已通过国家文物局审批。全国重点文物保护单位下菰城遗址、陈英士墓保护规划完成湖州市级论证并上报省文物局审批。全国重点文物保护单位钱山漾遗址保护规划、省级文物保护单位洪城遗址保护规划编制完成初稿。完成全国重点文物保护单位顾渚贡茶院遗址及摩崖技术性防护和整体保护规划。省级文物保护单位毘山遗址考古公园建设规划已经浙江省文物局批复。全国重点文物保护单位安吉古城遗址和龙山越国贵族墓群考古遗址公园被国家文物局公布为第三批国家遗址公园立项名单。完成全国重点文物保护单位嘉业堂藏书楼及小莲庄之刘氏私塾修缮工程、嘉业堂藏书楼及小莲庄之桂花厅修缮工程、尊德堂东轴线建筑群修缮工程，并已通过市级文物修缮验收。全国重点文物保护单位新四军苏浙公学、新四军兵工厂旧址修缮工程启动。省级文物保护单位钮氏状元厅本仁堂修缮工程已通过省级验收。完成湖州地区所有省保单位记录档案格式审查修改，并提交省文物局备案。完成吴兴区、长兴县部分文物保护单位标志碑安装工作。编制完成2017年度吴兴区、南浔区古桥维修工程方案及预算，并启动维修工程。德清县完成东部水乡228座古桥梁摸底调查，对有历史价值的20余座古桥梁分批有序实行修缮保护。完成长兴县最高堂（外岗白羊山）摩崖石刻的修缮工作，并由国家遗产院统一做科技保护，已通过验收。完成南浔古镇邱氏惇仁堂、万埭桥、浮塘桥、长安桥、乐平亭、诸氏旧居、三官庙和抱坞山李家祠堂等修缮工程以及灵芝塔环境整治工程等文物保护工程。

【考古发掘】 配合浙江省考古研究所、吉林大学边疆考古研究中心，先后对毗山遗址、龙山贵族墓群、窑山遗址和古城遗址等进行考古发掘工作。配合湖州铁公水综合物流园区、阿波希仑埭溪和妙西光伏、湖州城际轻轨、杭宁高铁、“清水入湖”工程和龙之梦等重大工程项目，开展文物调查和考古发掘工作。

【博物馆与可移动文物保护】 进一步加强博物馆建设与管理，不断完善博物馆社会教育功能，注重文物科技保护，有效地提升了文物保护科技的支撑能力。推动“博物馆在行动”第二季内涵与外延再拓展，主动研究经济社会发展需求，找准文化融合发展的对象和路径，为镇村以及特色小镇等项目提供文化咨询和规划指导，进一步拓展文化遗产有效利用、惠及发展。以“专家在行动”为载体，先后派出专家40余人次，为12家民办（行业）博物馆（展示馆）的筹备建设、陈列布展、改造提升和开放运营提供专业指导。依托博物馆联盟和市文博学会，加强行业联动，先后举办多场学术讲座、专题沙龙，加大行业从业人员的培训力度。首发“湖州市博物馆联盟”护照，鼓励公众走进各级各类博物馆，推介联盟的整体形象。全年全市各国有博物馆共举办各类临展23个。指导非国有博物馆开展工作，全年注册备案新增非国有博物馆3家（湖州太湖船模馆、湖州谭建丞艺术馆、南浔区红军长征追踪馆），均实行免费开放。为加强藏品活化利用，市博物馆推出5期“公众近距离赏宝”活动，举办各类教育活动115场，形成“大使带你看展览”“疯狂的石头”“我们的节日”“献礼八一建军节”、博物馆夏令营奇妙周、博物馆日等系列活动。市博物馆“美的教育”团队入围浙江省文化厅“优秀创新团队”评选。市博物馆全年征集文物99件，鉴定文物57件，其中一级文物1件，三级文物27件，一般文物16件，非文物13件。德清县博物馆征集42件（套）原始瓷器物等。安吉县生态博物馆完成100件藏品定级工作。至年底，湖州市博物馆共有藏品8146件（套），其中一级文物36件（套）、二级文物136件（套）、三级文物1346件（套）。德清县博物馆共有藏品3350件（套），其中一级文物4件（套）、二级文物37件（套）、三级文物414件（套）。长兴县博物馆共有藏品9331件（套），其中一级文物24件、二级文物65件、三级文物520件。安吉县博物馆共有藏品34224件（套），其中一级文物21件（套），二级文物114件（套），三级文物1104件（套）。年内，湖州市博物馆邀请上海博物馆古书画修复专家，完成17件馆藏古书画的修复，投入修复经费50万元。邀请南京博物院青铜器保护专家对馆藏唐代海兽葡萄镜，及沈家本馆2件民国青铜器进行除锈封护处理。安吉县生态博物馆邀请国内知名金属类修复专家指导，完成163件（套）金属类器物修复工作。3月，浙江理工大学材料与纺织学院·丝绸学院与北京服装学院的专家对湖州市文物保护管理所邵南夫妇墓出土的40余件明代丝织衣物的服装形制、纹样图案和组织结构等方面进行鉴定与研究，专家通过组织结构与密度、纹样的对比，拼对了此前残损严重的服饰碎片，初步鉴定为江南地区较为少见的褡护。此次鉴定与研究工作，为进一步修复邵南夫妇墓出土的丝织品提供重要的科学依据。

【学术研究】 全年全市出版5本书籍，分别是《吴昌硕全集》《探寻吴兴文脉》《故鄣遗珍》《安吉县生态博物馆古籍普查登记图目》《铁军丰碑——长兴县新四军苏浙军区纪念馆馆藏文物精华》。

【文博宣传】 以“5·18”国际博物馆日和文化遗产日为契机，深入推动文物保护成果共享，扩大文博事业的影响力。围绕“5·18”国际博物馆日主题，采用明、暗两线的形式开展相关活动，明线主要围绕书画展览品牌，以赵孟頫碑帖与赵孟頫艺术人生展开，服务喜爱书画的小众人群。暗线以百年湖州城市发展为背景，征集收藏有故事的老照片，讲述老百姓与众不同的历史，围绕大众开展文化服务。各县也相应开展系列活动，其中长兴县举办的《走近汉墓》“5·18”国际博物馆日活动，长兴县中学学生考古社团走入太湖图影考古工地，获得中国社科网、中国文物网和浙江文物网的报道。市文物保护管理所举办文化遗产日系列活动，主要有苕霅流吟——寻找身边的文化遗产摄影大赛、湖州文化遗产专题系列宣传、中德学子携手走进“世界丝绸之源”和问瓷苕霅——凡石桥遗址与一带一路座谈会以及苕霅彩虹行系列之——探访湖州宋元古桥等活动。

·文化市场管理·

【概况】 2017年，湖州市文化市场管理工作深入贯彻落实省、市系列工作部署，以“平安护航十九大”为主线，深入开展“最多跑一次”改革、全国文明城市创建等中心工作，扎实推动“扫黄打非”、文化市场综合执法改革和文化市场综合治理等重点工作，确保改革稳步推进、任务有效完成和市场安全稳定的工作局面。市文化市场行政执法支队、南浔大队、长兴大队获得2017年度“全省文化市场综合执法先进集体”荣誉；市支队、吴兴区文体局、安吉县“扫黄打非”办公室获得全省“‘扫黄打非’先进集体”称号；安吉县高禹镇入选全国“扫黄打非”进基层示范点；吴兴区八里店镇被评为全省“‘扫黄打非’进基层示范标兵”；南浔区善琏镇与长兴县雉城街道、煤山镇和吴兴区织里镇、八里店镇怡和家园社区均被评为全省进基层示范点。

【全力护航十九大】 为进一步规范文化市场经营秩序，严厉惩治各类文化市场违法经营行为，为中共十九大召开营造绿色、健康的文化市场环境。在中共十九大召开前夕，多次召开专项会议，统一市、县（区）工作思想，要求牢固树立大局意识和底线意识，多次明确文化市场零伤亡、零事故的工作目标。组织专题培训，分析各地存在的隐患问题，如无证网吧、无证娱乐场所聚集等，要求加强预判和提前介入整改，去除内在隐患。下发

《湖州市文化市场护航十九大行动总体方案》。市、县两级执法机构按照《方案》部署，组织开展网吧、娱乐场所、出版物、印刷、网络、消防安全以及查处无证等10余个专项整治行动，有力地惩治了场所存在安全隐患、经营内容存在违规的场所和企业，规范市场生产经营行为，确保全市文化市场平稳有序，为十九大的胜利召开营造良好社会环境，确保了十九大召开前后全市文化市场未发生安全生产事故和负面影响事件。

【全力助推全国文明城市创建工作】 围绕以创建全国文明城市为中心，6月至9月期间，市本级和长兴县、南浔区创建地区文化行政部门和综合执法机构，对照测评体系有关标准，以高度的责任感、使命感，通过分片负责、定人定岗等措施，投入到网吧市场各项创建迎评工作。4个多月时间，各级执法机构、执法队员充分利用日常检查的各种时机并通过召开全体网吧经营业主培训会、网吧志愿者引导等多种形式，及时向各文化经营单位传达关于迎接全国城市公共文明指数测评的有关要求，要求各经营单位重视文明指数测评工作，认真开展自查自纠，严格落实各项管理措施，确保合法、规范和文明经营。

【深入推进“扫黄打非”工作】 “扫黄打非”工作基础进一步夯实。重点围绕“四个抓”，全力提升“扫黄打非”工作成效。一是抓部署。市、县（区）两级“扫黄办”靠前指挥、组织协调，及时召开领导小组会议、适时召开部门联席工作会议，对照《2017年全省“扫黄打非”工作考评办法》，出台包括推进专项行动、进基层、重大案件办理和出版物市场整治等全年重点工作细化方案。二是抓专项。组织开展“清源2017”“净网2017”“秋风2017”“护苗2017”“固边2017”五大专项行动，将校园周边、“四区两站”、城郊接合部等作为重点区域，突出政治性非法出版物、侵权盗版出版物、违规印刷、网络有害信息、“三假”和游商地摊等问题的整治，并在线上线下开展全面排查和整改。吸取南浔“1020”案件教训，在全市范围内开展出版物市场专项整治。其间，南浔区查获非法出版音像制品1732册（盘）。全市出动检查9000余人次，检查17286家次，其中检查出版物经营单位598家次，印刷经营单位721家、打字复印和网络文化241家。全年办理新闻出版类案件80余件，在办件量上取得突破。三是抓大案。抓案件查办，进一步倒逼“扫黄打非”工作能力提升。在联动查办大案要案上，重点督办南浔区戴某经营非法出版物案，完成省局交办的利用VR设备兜售网络淫秽色情信息案件。在案件来源获取上，做到两个“主动”。主动向省领导小组办公室要线索，并立足辖区监管实际，会同市公安、邮政、属地乡镇对辖区内进行分析研判、梳理案件线索。在拓展线索来源上，通过日常巡查、专项行动、举报督办和县（区）暗访等不同渠道，提高对政治性非法出版物、侵权盗版出版物和网络淫秽色情信息线索发现能力。全年市支队办理21件新闻出版类案件。在扩大案件查办辐射范围上，市领导小组办公室、市支队在扩大查办案件种类的同时，也将查办范围扩大到县（区），以直接查办、间接督办的方式，提高县（区）属地管理水平。四是抓基础。在以往“扫黄打非”责任体系和义务监督体系建设基础上，按照进基层“八有”（有领导小组、有工作队伍、有制度规定、有办公地点、有经费保障、有宣传专栏、有举报电话、有工作台账）的标准，对建立的示范点进行完善，对还未建立的基层村镇进行延伸扩展。市扫黄办将“扫黄打非”进基层与综治网格相结合，与市综治办、市平安办共同研究，借用全省独一的平安实训基地为平台，利用实景教室，增强全市8000余名综治网格员“扫黄打非”工作技能。德清县探索将“扫黄打非”进基层工作与政府购买服务相结合，用政府购买公益机构服务来带动社区群众共同管理。五是抓督查。全年组织暗访4次，通报4期，有关情况直接报当地扫黄打非领导小组，有力地促进县（区）“扫黄打非”工作。同时，市领导小组办公室统筹安排，加大新闻出版领域的宣传培训力度，不断提高经营主体责任意识。与市邮政局联合召开全市邮政报刊亭承包人培训会议，对《出版管理条例》等法律法规进行学习培训。针对南浔区出版物和邮政报刊市场，市、区两级文化行政部门对出版物和邮政报刊亭业主集体约谈，分析案例，落实经营管理主体责任。

【“最多跑一次”改革扎实推进】 2017年，根据省、市关于“最多跑一次”改革总体要求，市、县两级文化行政部门按照上级要求，逐项落实。一是对涉及文化、广电、新闻出版和文物等88项办事事项进行多次系统化梳理，并超前完成“最多跑一次”改革事项和“零上门”事项50%的年度改革任务。二是以“应减尽减、能减则减”的工作原则，进一步推进简政放权，以冻结、取消方式精简办事事项31件，精简率达37%。三是办事事项“八统一”比对、调整工作全面完成。截至年末，按照省文化厅下发《关于进一步做好文化类事项“八统一”比对、调整工作的通知》要求进行调整后，已完成文化、文物、广电、新闻出版领域所有事项的比对、调整，并实现浙江省政务服务网相关办事信息的实时更新。四是“一窗受理”、在线办理、电子化归档等工作有效落实。市文广新局将主要的、常办的32项审批事项实现全程在线办理，占比达74%。各县（区）也按照要求较好地完成事项的网上申请、网上预审和在线审批等任务，真正实现让信息多跑路、群众少跑腿的工作目标。

【文化市场调查摸底工作】 按照省文化厅《关于开展全省文化市场经营场所全面调查摸底工作的通知》，把开展文化市场经营场所全面调查摸底、处置“僵尸”企业工作，作为落实文化市场综合执法改革、推进简政放权、放管结合优化服务和加强事中事后监管工作的重要内容，在全市范围内认真组织大规模、大范围的调查摸底及处置工作，取得积极成效。全市排摸出各类“僵尸”企业245家，占存量场所数的21%。其中连续停业2年以上的“僵尸”企业189家，已通过公告形式注销145家，注销率达77%。停业不满2年或处于“时关时停”状态的“僵尸”企业56家，已实施“暂停”处置。（梅　菊）

·公共图书馆·

【概况】　2017年，全市图书馆积极履行并开拓新时期公共文化服务职能，立足服务效能提升，创新服务内容与形式，加强服务平台建设，大力推进全民阅读，推动实现基本公共文化服务均等化，切实增强市民的文化获得感。2017年，市图书馆增加新书27355种、55172册，馆藏图书量达97.94万册。

【推进基础业务建设】　一是稳步推进基础工作。湖州市图书馆全年新办“一卡通”8896张，年总流通人（次）达163.23万人（次），书刊文献外借114.92万册（次），全年共举办展览、讲座等各类读者活动84次，送图书下基层辅导活动27次。德清县图书馆新办证4468张，直接惠民人数110.35万人（次），同比增长4.8%，新书上架49412册，开展各类阅读推广活动319场。长兴县图书馆年接待读者80余万人（次），全县流通图书451480册（次），新注册读者8321名。安吉县图书馆全年接待到馆读者12余万人（次），借阅图书13.2万册（次）。二是扎实推进评估定级工作。湖州市图书馆重视第六次全国县级以上公共图书馆评估定级工作，坚持“以评促建、评建结合、重在建设”的原则，对照评估标准查漏补缺、补齐短板，顺利完成迎检工作。南浔区图书馆成立迎评小组，抓进度稳进程，严格对照评估标准，着重在服务效能、业务建设和保障条件方面进行查漏补缺。德清县图书馆在上年试评估基础上，顺利开展评估定级工作并承办中图学会第六次评估定级培训班—德清站的各项活动工作。长兴县图书馆多次召开动员及部署会议，明确各科室职责分工，完成评估验收。

【加快提升服务效能】　一是优化阅读环境。2017年，湖州市图书馆启动馆舍维修改建工程，对公共区域进行整修和调整，对馆内出现的房屋沉降、楼顶渗水、设备陈旧和馆外消防水管系统渗漏等安全隐患、设施设备损坏情况进行整修，更新电梯、消防管网及空调设备，重新改建卫生间，并对公共区域进行科学调整，设立一楼集中用餐区、二楼咖啡休闲区和三楼图书漂流阅读区等，充分满足读者阅读悠闲等多样化需求，阅读环境进一步优化。南浔区图书馆着手馆内走廊、楼梯间等墙面空间的改造利用，设置橱窗宣传栏，推进馆舍有机更新。德清县图书馆咖吧服务重新进行公开招租。安吉县图书馆着力推进新馆建设，内部装修、亮化和室外市政景观设计方案已定稿。二是提升借阅服务。湖州市图书馆全面完成“借阅一体化”改造工程，将原一楼和三楼的图书外借、阅览区合并，对文献统筹分类上架，彻底改变“借阅分离”状况，并购入自助借还设备、自助图书消毒设备以及开放24小时自助图书馆等，不断丰富借阅体验。南浔区图书馆整合全区图书资源，与区教育局联合启动“南浔区中小学图书馆（室）图书共享工程”，实现南浔中心城区中小学的全覆盖，并为图书共享工程合作单位的在校师生办理了免押金借书证。长兴县图书馆新增自助办证机5台、新增图书自助消毒机2台，不断提升便捷服务，同时，通过收集读者意见、发放图书券等形式来拟定购书计划。新书“悦读卡”活动持续升温，读者至书店借书、图书馆来买单，读者自主采购图书达1000余册，定期通过微信平台、读书活动QQ群、移动图书馆APP进行新书推介和导读宣传，便于读者及时了解新书动态，2017年，推荐新书460本，主动引导读者多读书、读好书。

【完善馆外服务网络】　一是继续推进分馆和流通点建设。湖州市图书馆通过与社区、企事业单位合作，共同推进分馆和图书流通点建设向基层延伸，年内，设立11家图书分馆和54个图书流通点。2017年，南浔区图书馆新增千金分馆、菱湖分馆和旧馆分馆3家图书馆分馆，累计建成11家图书分馆，实现乡（镇）分馆的全覆盖。德清县图书馆开放运行蠡山民俗图书馆，加快推进乾元国学图书馆、下渚湖湿地图书馆和新市水乡图书馆的二期改扩建工程，完成雷甸水产图书馆和莫干山图书馆的选址工作，特色分馆建设有序推进。2017年，长兴县图书馆新增北门社区等9个图书流通点，逐步壮大“长兴县公共图书馆联盟”。安吉县图书馆进一步丰富天荒坪图书分馆和原纪念馆图书分馆的图书藏量。二是启动城市书房建设。湖州市图书馆派员实地考察温州市城市书房工程的建设、运行以及管理机制等方面的成功经验，积极实施“爱书吧”项目的升级改造，将其与24小时自助图书馆融合、以网格化嵌入式方式走进社区，启动实施“城市书房”建设，项目建设前期规划已完成。安吉县图书馆在亚朵等4家城市书房的建立过程中，安排人员进行实地跟进，组织图书采购和业务辅导，年内，完成4个点的布置任务。

【探索全民阅读新模式】　湖州市图书馆注重利用社会资源加强阅读推广品牌的创建和影响力提升，新推出“韵海讲坛·院士系列”，继续做精“泡泡鱼童话屋”“阳光阅读总动员”阅读品牌；2017年“图书馆之夜”首次尝试与电视台合作，举办以“文化筑梦 阅读有我”为主题的全民参演、经典回味诵读晚会，配套有展览、讲座、沙龙和经典诵读等数十项阅读推广活动，得到市民读者的称赞和媒体的关注。

南浔区图书馆举办第五届南浔全民阅读节，策划“浔”书香、“浔”书韵、“浔”书学和“浔”书声四大主题活动，以“嘉业讲堂”和“百姓声音”两大讲座活动为主旋律，辅以书展、画展、体验、绘画、竞猜和看电影等形式，面向家庭、社区、学校和农村等不同群体，大力倡导全民阅读。德清县图书馆荣获中国图书馆学会颁发的“2016全民阅读先进单位”，并在“出版界图书馆界全民阅读年会(2017)”中提交的全民阅读案例荣获二等奖；全年举办“共同阅读”书友会活动26次、“乡土走读”活动4次、“裸心阅读”活动4场，打造“德清家风节”“德清朗读者大舞台”“新书首发签售”“以书换宿”等阅读推广品牌新亮点，取得显著成效。长兴县图书馆在2017长兴全民阅读节期间，创新举办长兴首届阅读马拉松挑战赛、杨红樱读者网页会、吉他名家演奏会等系列推广活动；在深化少儿阅读推广方面，与长兴县第二实验小学联合推出“书香讲堂”服务品牌，开展“随时、随地、随心”长兴移动图书馆（新版）读者推广活动，以及通过40余场各式主题书友会和“长兴大讲堂”品牌活动，助推全民阅读。安吉县图书馆围绕少儿读者群开展“亲子烘焙”“亲子绘画”“亲子阅读”等亲子系列活动，注重培养阅读的家庭亲子氛围。

【创新搭建服务平台】 湖州市图书馆积极实施零门槛请进来、零距离走出去战略来搭建服务平台，诚邀企事业单位合作，为市民读者提供免费的行业技能培训；对老年读者进行电脑培训、对未成年读者进行PPT制作培训，与湖州广播电视台合作，在上下班高峰时间推出“重温经典”栏目；配套线下专场诵读会，携手湖州老年书画研究会、吴兴西塞山旅游度假区管委会、湖州社区大学等社会力量合作，把展览、讲座等送进社区、乡村、学校和企事业单位等。德清县图书馆进一步加强社会化信息服务，创客空间年内引入创客22家。长兴县图书馆以“浙江作家书库”“陈香梅文献资料”“陆羽茶文化图书馆”等品牌搭建文化服务平台，充分利用图书馆社科普及资源参与创建社会科学普及基地，2017年，荣获第七批“浙江省社会科学普及基地”称号。

【实施馆员素质提升工程】 湖州市图书馆注重紧缺和重点专业人才的招录引进，2017年，招录1名硕士研究生，着力选拔部分岗位工作突出、综合素质优秀的馆员进行复合型人才培训，不断优化馆员队伍。南浔区图书馆定期开展馆员业务技能比武，并且积极参加各级图书馆学会组织的专业培训活动。长兴县图书馆狠抓业务培训，坚持每周夜校学习活动，加强馆内规章制度及业务知识的学习，以图书馆学会为载体，鼓励馆员积极参加上级业务部门组织的培训和学习活动，2017年，共组织馆员参加学习培训活动36次，不断提高馆员队伍的业务技能。（井景文）

·档案管理·

【概况】 2017年，全市各级档案部门秉持“为党管档、为国守史、为民服务”的档案人职业操守，凝心聚力、主动作为，认真履职、勇于创新，扎实推进湖州市档案事业发展“十三五”规划实施，在服务“最多跑一次”改革、助力美丽乡村建设、推进档案资源共享和夯实档案工作基础等方面取得成效，为湖州市加快赶超、实现“两高”做出新贡献。

【聚焦中心大局有新作为】 一是全力服务“最多跑一次”改革。统筹推进全市档案部门“最多跑一次”改革工作的落实，全市档案系统办事事项“最多跑一次”覆盖率和实现率均达100%。作为全省政务服务网电子文件归档试点城市，指导并完成44个市级机关部门“最多跑一次”改革行政许可事项文件材料归档范围和保管期限表的制定，完成“一窗受理、一网归档、可信验证、统一保真”的湖州市电子文件统一管理平台建设并投入使用，得到省档案局的肯定。此项工作还获得市委常委、常务副市长高屹的批示肯定。二是持续抓好“三重”档案服务。落实专人抓好市第八次党代会、全国文明城市创建等重大活动文件资料的建档服务指导，市档案局被评为创建全国文明城市先进集体。抓深“拆违治水”等重点工作档案服务，2017年，新增“拆违治水”档案125卷、17730件，数据80.40千兆。抓紧重点建设项目档案管理，首次建立湖州市建设项目档案验收专家库，开展对政府投资的重点工程项目档案工作的服务指导，完成对湖州垃圾焚烧发电三期扩建等6项重点工程和产业化项目的档案专项验收，验收合格率达100%。三是主动服务贴近社会民生。“美丽乡村”档案工作得到市委书记陈伟俊肯定，作出批示要求各地各部门贯彻落实。国家档案局副局长付华一行调研湖州“美丽乡村”建设档案工作并给予肯定。德清县、安吉县“千村档案”工作经验被省档案局在全省推广。积极做好全市农村土地承包经营权确权登记颁证的建档督查指导工作。深化企业档案服务工作，长兴县做好企业档案“点餐”服务活动并完成122份企业“点餐”单，吴兴区建成全市第一家规范的企业档案馆——久立集团档案馆。

【聚焦公共服务有新成效】 一是开放阵地功能完善。着力打造优质档案公共服务阵地，市档案局着力推进“爱国主义教育基地项目”建设，项目可行性研究报告和初步设计通过市发改委审批，完善深化设计并开展展陈资料征集，为建成高水平的爱国主义教育基地奠定基础。同时，全市各级档案部门发挥档案史料收藏研究会、社科普及示范基地和地方史料中心等互动基地作用，促进档案资源的开放利用。二是共享触角逐步延伸。坚持共建共享，拓展“湖州市数字档案资源共享平台”服务领域，市档案馆与市城建档案馆开展民生数据共享试点，深化“异地查档、跨馆服务”。加快推进档案公共服务在乡镇（街道）、村（社区）便民服务中心的覆盖，长兴县“档案公共服务在乡镇（街道、园区）、行政村（社区）全覆盖”工程成为全省档案开放服务示范区试点，各县（区）均实施城乡共享工程，全市行政村（社区）档案查询窗口设立覆盖率达98.4%。三是服务通道更加优化。优化档案门户网站和“两微一端”等新媒体平台。2017年，围绕编史修志、工作参考和民生服务等方面，通过6条传统通道和浙江省档案服务网、档案门户网站等新查档平台，全年全市接待查档人员19268人（次），查阅档案78228卷（次），档案公共服务满意度大幅提升。同时，积极对接高校、科研院所和文化机构等单位，共同推进档案公共服务研究与实践。中国人民大学信息资源管理学院南浔区档案馆教学科研实践基地，实施吴宝康先生档案资料开发利用项目。长兴县探索与上海大学合作开展《档案公共服务标准体系建设》课题等。

【聚焦业务基础有新建树】 一是档案馆（室）建设持续推进。市档案馆新馆按照“五位一体”（爱国主义教育基地、档案安全保管基地、档案利用服务中心、政府信息公开中心、电子文件管理中心）功能要求，完成专业设备购置及业务用房装修，安全、有序和高效地完成了馆藏档案37万卷（件）的搬迁，8月1日，新馆启用并对外开放。各县（区）继续开展乡镇档案馆、开发区档案馆、专业档案馆等有益尝试，加大培育企业“记忆之窗”、村级“精品档案室”，部门示范点和优秀窗口单位。2017年，省级规范化综合档案室目标认定新增11家，复查3家。二是档案资源基础扎实。坚持“资源为王”理念，深化和巩固全市区域民生档案资源整合利用试点成果，完成全市民生档案分布及查阅指南编制。市档案馆首次开展对市本级历年所获得的国家级荣誉实物档案征集接收，共征集接收国家级以上荣誉实物档案75件。各县（区）征集到辛亥革命时期纸币、地方特色文化遗产档案、吴昌硕图书和吴宝康资料照片等特色档案。2017年，全市6个国家综合档案馆新增档案80975卷、191279件。三是依法行政力度不断加大。及时梳理行政职权事项，市档案局制定《行政执法全过程记录工作办法》《档案系统重大行政执法决定法制审核办法》等重大制度规范。积极推行法律顾问制度，聘请相关专家、律师参与档案法治工作。认真落实全市“双随机”抽查监管工作，市档案局对1个县档案馆、12个市级部门档案室、1个中介机构档案数字化加工场所和1个重点建设项目档案管理情况进行检查，并对检查中发现的问题督促整改。依法开展年度档案执法检查和专项督查，德清县建立村（社区）档案全方位督查考核机制，安吉县继续开展“审计式”行政执法。

【聚焦现代化管理有新跨越】 一是加快数字档案馆（室）建设步伐。全力推动“国家级规范数字档案馆”创建。按照《湖州市档案馆国家级规范数字档案馆项目实施方案》，市档案馆狠抓项目建设进度和工程质量，基本完成多媒体采编中心建设，机房硬件设备、楼宇监控和局域网调试，启动馆藏档案1200万页档案数字化加工，为通过国家档案局测评奠定基础。长兴县和安吉县档案馆先后通过国家级规范数字档案馆的专家测评。2017年，全市数字档案室创建工作首次突破100家，新增省级示范数字档案室31家，市级规范化数字档案室53家，数字档案室18家。二是加速融入社会信息化格局。主动对接湖州市政务网建设，率先开展市级机关无纸化办公平台搭建和文件在线归档试点。市档案局开发OA办公自动化系统，完善电子档案管理模块，基本实现电子公文在线归档。德清县档案局主动融入大数据建设，已有民国档案与解放初德清报刊近40万条数据提供大数据建设服务。同时，建成地方档案文献数据中心并投入使用，通过中心直接利用的地方文献达50种，档案条目近4万条。三是加强档案安全保障体系建设。深入实施档案安全“三三策略”（安全防范“三位一体”，安全监管“三维覆盖”，安全保障“三措并举”），保障实体档案和数字档案的安全。完善“湖州市数据安全检测预警及保全平台”，为馆内电子数据安全工作提供“统一、实时、智能”的服务。实施重要档案电子数据异地互备，完成馆藏重要数据异地互备工作，“省备市”备份数据19.6百万兆，“市备县”备份数据12.34百万兆。实施档案登记备份工作，市本级已备份单位54家，备份数据量142.3千兆。

【聚焦文化宣传有新举措】 一是打造档案文化精品。深入实施档案史料开发利用工程，市档案局编纂完成《记忆湖州2016》《湖州市档案馆指南》等编研成果。各县（区）公开出版《德清馆藏宗谱辑要》《长兴记忆2016》《安吉古代家风家训选编》《吴兴年鉴》《他是一座山——新中国档案教育开拓者吴宝康》等文化精品。《德清县档案志》《安吉当代书画名家馆藏作品集》等入选“浙江省档案百项编研精品”，优秀档案编研成果为社会共享。二是推动档案文化项目。加大特色资源的整合、保护和抢救力度，推进以打造湖州特色的档案文化工程。市档案局实施并完成国家级项目《湖州人与辛亥革命》，经南京二史馆等6名专家鉴定，已完成珍贵档案如蒋介石致张静江关于捐款事函等高仿件150件，文献复印件14000页及授权可使用照片80张，完成影像数据库和目录数据库各1个，为挖掘湖州人在辛亥革命时期的特殊贡献留下史料依据。长兴县档案局“新四军苏浙军区档案抢救、保护与开发利用”项目，国家档案局批准立项并补助资金50万元。三是开展档案文化展示宣传。围绕“国际档案日”等重大活动，全市举办“最多跑一次”服务、《中华人民共和国档案法》知识普及、纪念抗战胜利档案图片展等展览，开展档案知识暨社科普及活动。不断增加档案文化展示窗口，南浔区档案馆举办“吴宝康同志诞辰100周年纪念活动”，完成吴宝康陈列馆建设并对外开放；长兴县档案馆建成党性教育主题教室，成为档案宣传新名片、新阵地；安吉县档案局实施省级美丽乡村档案文化建设试点县项目，开展档案文化示范带建设。注重在主流媒体上的宣传，湖州成为全省唯一在国家档案局“一报一刊”上突破“零稿县”的设区市，得到省档案局的肯定。（顾琪琪）

·党史研究·

【概况】 2017年，市委党史研究室加快推进党史正本编写，全面开展市委文献整理、重要资料征集和党史资料数字化，统筹开展党史资政和宣传教育，较好地发挥了党史部门“史料库、研究室、宣传队、智囊团”作用。

【加快党史正本编写】 加快编写《中国共产党湖州历史》第二卷（1949～1978年），形成第二编（1956～1966年）征求意见稿，计16万余字。至年末，累计完成全书20章中的15章编写任务。启动编写《中国共产党湖州历史》第三卷（1978～2002年），修订完善编写提纲，查阅档案资料，完成第一编（1978～1982年）初稿，计12万余字。

【推进市委文献整编】 继续推进湖州市委文献整理汇编，印刷出版1991年至1996年《中共湖州市委文献选编》，共6册、150余万字。整理汇编工作于2016年启动，至2017年年末，累计完成《中共嘉兴地委文献选编》（1978年12月～1983年8月）、《中共湖州市委文献选编》（1983年8月～1996年12月），共11册、300余万字。

【开展重点课题调研】 启动“嘉兴、湖州农村改革课题调研”，查阅档案文献，到南浔区双林镇三田漾村寻访当年的大队党支部书记，完成《湖州农业生产责任制改革》《回望湖嘉水乡包产到户第一村》等专题，计3万余字。其中，《回望湖嘉水乡包产到户第一村》刊登于省委党史研究室刊物《足迹》2017年第4期。

【深化党史资政】 完成《真抓实干促赶超，奋力实现开门红——2016年度市委、市政府科学决策、推动发展纪实》。组织撰写《湖州作为“两山”重要理念诞生地考证追记》，刊登于《足迹》2017年第6期。按照市委关于开展“进千村入万企大宣讲促赶超”专题调研活动的部署，到安吉县孝丰镇老石坎村开展中共十九大精神宣讲和专题调研，完成《一个革命老区村实施乡村振兴战略的调查思考》。

【纪念全民族抗战爆发80周年】 组织撰写《全面抗战时期湖州地区三支抗日武装》，先后在《湖州日报》《湖州通讯》《湖州史志》《足迹》等报刊和“湖州史志”公众号上发表。

【提升期刊和公众号运营水平】 重新改版、印刷，编印《湖州史志》4期，刊登各类文章85篇、各类图片120张，可读性、规范性和时效性逐步提升。编发“湖州史志”微信公众号32期，突出全民族抗战爆发80周年、烈士纪念日公祭和抵制历史虚无主义等题材，地方性、可读性和时效性不断增强。

【党史资料征集与数字化】 跟进搜集市委、市政府重要文件、报告和讲话材料等年度常规资料，及时搜集整理市第八次党代会、全市“四新”主题教育活动、首届湖商大会和学习贯彻中共十九大精神等重点资料。加快推动党史资料数字化，对已有档案资料进行全面梳理，排定数字化加工时间表，至年末，完成市、县党史一卷、党史二卷和抗战损失调研课题资料的数字化加工，计7624页、443万字。

【党史队伍建设】 围绕市委“四新”主题实践，强化党支部战斗堡垒作用，全年开展支部活动8次，参与全市中心工作20余人（次），支部书记张守刚获全市机关十佳“铁军模范好支书”入围奖。组织撰写学习体会文章《旗帜下的信仰与使命》，参加市委组织部“深入学习贯彻党的十九大精神”主题征文活动，获一等奖。坚持“月例会、周安排”制度，全年组织学习研讨8次。（韦　月）

·地方志工作·

【概况】 2017年，市方志办紧紧围绕市委、市政府中心工作，切实履行存史、资政、育人职责，充分发挥“研究室、智囊团、宣传队、史料库”的职能作用，努力推进方志事业创新发展，取得初步成绩。

【出台地方志事业五年规划】 为深入贯彻落实《国务院办公厅关于印发全国地方志事业发展规划纲要（2015～2020年）的通知》和《浙江省人民政府办公厅关于全面推进地方志事业发展的实施意见》精神，市政府办公室制定出台《湖州市全面推进地方志事业繁荣发展的实施意见》，明确2015年后五年全市地方志事业发展的指导思想、工作目标和主要任务。

【《中国国家人文地理·湖州》出版发行】 坚持把《中国国家人文地理·湖州》的编纂工作作为中心任务，加强与省测绘局、中图集团对接，积极争取市有关部门的支持，组织成立工作班子，制定工作方案，拟定编撰纲目，组织专家认证，提交中图集团审定同意后，5月，市委宣传部部长范庆瑜主持召开编撰工作领导小组（扩大）会议，全面启动《湖州卷》的编撰工作，市方志办全力以赴抓好图文资料的征集、文字材料的编写，10月，定稿并如期参加在香港举行的《中国国家人文地理》丛书海外发布会，市委宣传部部长范庆瑜参加首发式；在11月召开的“湖商发展大会”上作为重要城市形象宣传图书，发放给每一位参会者，得到各界肯定。

【市方志馆运行正常有序】　湖州方志馆于1月9日正式开馆运营。一是着力把方志馆打造成展示区域历史文化宣传窗口、爱国主义教育基地、公共场馆文明样板、历史文献资源宝库。先后举办湖州市地方志事业发展30周年成果展、湖州历代志书展、中小学生乡土知识竞赛和闹元宵、中秋灯谜等一系列活动，组织湖州地方志事业发展30周年座谈会、人文地理湖州名片研讨、马军巷历史文化研究、湖州民国史纲目编纂、弘扬湖州历史文化建设全国文明城市专家研讨会等学术交流会，市级机关党工委发文组织市级机关干部参观市方志馆。市教育部门将方志馆纳入湖州中小学生暑期社会实践基地，与湖州市大中小学校对接，结为爱国主义教育共建单位，与湖州市新风实验小学教育集团、湖州市第四中学教育集团、湖州市第二中学等学校签订了馆校共建协议，并制订结对方案，与湖州师范学院、湖州职业技术学院、湖州第五中学教育集团等院校达成初步合作方案。年内，接待山东省方志馆、安徽宣城、江苏丹阳、四川、上海等省内外史志部门26个批次、200余人的参观考察，著名历史学家章开沅，法学泰斗沈家本、著名文学家徐迟和革命烈士钱壮飞的后人等专家学者考察团队90余批次、600余人前来方志馆参观，全年参观者总人数达近5万人次，得到社会各界和专家学者的一致好评。二是充分发挥方志馆作用。积极参与文明城市创建。率先在全市各展馆中发出“文明观展我先行”倡议；服务重大活动，全市党代会和市“两会”期间，为方便与会代表参观，延长开馆时间；主动服务群众。三是创新宣教形式，不断满足群众多样化需求，进一步提升方志馆影响力。建成3D方志馆，实现自动讲解，满足群众不出家门即可游览方志馆的需求，开设“方志湖州”微信公众平台，每周推送湖州地情历史小故事111篇，关注人数达4000余人，有40余万人点击和浏览。6月，全省方志馆建设工作座谈在湖州召开，市方志办在会上作经验交流，得到与会代表的充分肯定。

【志书年鉴编纂成果丰硕】　一是二轮修志工作取得新进展。在全面完成市二轮修志的基础上，加强对长兴、德清和安吉三县志书修编工作的服务和指导，全力推进三县二轮修志工作。按照省方志办提出的所有市、县到2018年基本完成二轮志书修编的要求，加大督促指导和推进力度。1月10日，市方志办组织《安吉县志（1989～2012年）》复审会议，与会专家对复审稿进行认真评审，经过全面、认真的评议，一致通过复审；对《长兴县志（1988～2012年）》完成总纂进行督促和指导，二轮修志工作整体进度居全省前列。二是积极落实援疆修志工作。按照省方志办要求，做好新疆阿克苏地区柯坪县和新疆生产建设兵团一师三团修志工作的对口援助对接工作。三是有序推进旧志整理工作。年内，完成《嘉泰吴兴志》点校工作，全书共40万字，是湖州文献整理的首部著作。四是稳步推动年鉴编纂工作。完成《浙江通志》《中国地方志年鉴》湖州部分内容的编辑等工作。

【方志资政宣教有效发挥】　一是积极推进文献整理工作。起草《关于我市尽快启动文献整理工作的调研报告》和《〈湖州文献丛书〉编纂方案（讨论稿）》，经多次组织专家论证，报有关领导审核。二是充分发挥“一网一刊一馆”作用。借助各类新闻媒体，利用纪念日等节点，开展各类宣传活动。充分发挥志史网的平台作用，及时更新网站内容，丰富网上地情资料，确保史志网站运行安全和作用发挥，搜集整理湖州古志书16套，制作成电子图书，上传“湖州史志网”供读者查阅。做好期刊《湖州史志》的组织编辑工作，共20万字。新志书出版后，及时赠送领导参阅，受到好评。三是更好地服务乡村文化礼堂建设。年内，为吴兴区道场乡菰城村、南浔区和孚镇荻港村、东林镇南山村等10余个乡村文化礼堂建设提供服务。（姚国强）

新闻出版　广播电视

·新闻报刊·

【概况】　2017年，湖州日报报业集团（以下简称湖报集团）以中共十九大精神、习近平总书记系列重要讲话、省市党代会精神为指导，紧紧围绕市委、市政府工作中心，贯彻“四新”主题实践要求，大力实施稳健发展战略推进赶超发展。湖报集团新闻宣传主动有为，产业经营稳中有进，内部建设推进有序，各项工作完成全年目标任务，为湖州市高质量建设现代化生态型滨湖大城市、高水平全面建成小康社会做出应有贡献。主要体现在以下十个方面：一是学习宣传贯彻十九大精神扎实推进。湖报集团按照“学懂、弄通、做实”的要求，通过召开学习宣传贯彻十九大精神大会、党委理论中心组专题学习、“进千村入万企大宣讲促赶超”专项调研等形式，深入学习宣传贯彻十九大精神。围绕市委、市政府中心工作，加快推动中共十九大决策部署在湖报集团的落地生根、开花结果，引导全体员工立足新时代、践行新思想、续写新篇章。二是精品创作实现新突破。在2017年揭晓的新闻奖项上，湖报集团获2016年度浙江省新闻奖一等奖3件、二等奖5件、三等奖6件，连续4年获3个一等奖，在全省设区市报中居前列；湖报集团获2016年度浙江新闻摄影年赛3金3银1铜牌、1个最佳摄影专版及1个浙江新闻奖新闻摄影一等奖，10余年来首次获得浙江新闻奖摄影一等奖；湖报集团获浙江省中共十九大新闻宣传优秀作品1个、中国晚报赵超构新闻奖一等奖1个、“深化走转改 喜迎十九大”全省新媒体采风作品一等奖1

个和浙江省第十七届对外传播金鸽奖二等奖1个。三是内参外宣再创新佳绩。湖报集团全年刊发内参15篇，受到市领导批示16次，其中市委、市政府主要领导批示14次，批示率达100%；公开报道得到市领导批示20次，其中市委、市政府主要领导批示5次；全年完成外宣稿件820余篇，同比增长2倍多，其中国家级媒体发稿300余篇、省级350余篇，国家级网络媒体刊发原创稿件39篇、省级45篇，大量的外宣报道传播了湖州的正能量，展现了湖州的新形象，提升湖州的美誉度。四是《从余村走向中国》获得肯定。立足“两山”理念、大胆创新，跳出湖州、放眼全国，社长、总编身先士卒，率队赴安吉县余村蹲点采访，赴5省异地探访，推出《从余村走向中国》系列报道，为实现把整个湖州大地打造成为践行“两山”理念样板地和模范生的目标营造浓厚的舆论氛围。报道得到多位市领导的肯定和表扬。中央媒体对湖州生态文明建设的集中性宣传中均引用和借鉴湖报集团报道的相关内容。省委宣传部《新闻阅评动态》肯定湖报集团的相关报道。五是产业经营稳中有进。在全国地市报业产业经营普遍以40%左右的速度下滑的严峻形势下，湖报集团坚持党报自信，着力攻坚克难，努力守住底线，不断完善经营管理和激发经营活力，增强产业经营的可持续力，推进文化创意产业项目落地生根，呈现“稳中有进、稳中有升、稳中向好”的良好态势。全年实现总产值2.08亿，同比增长6.88%。六是融合发展荣获多项大奖。湖州日报社获2017年度全国报刊广告“金推手”奖优秀单位奖，沈振建获2017年度全国报刊广告“金推手”奖品牌建设功勋奖，浙江创智赢合文化创意有限公司获2017年度全国报刊广告“金推手”奖优秀专业工作室、部、公司奖。沈振建获中国传媒融合年度领军人物，“慈爱湖州”网络捐助平台获“中国移动互联网+”年度创新案例奖，“湖州发布”融媒平台获中国传媒融合年度创新案例奖。七是文创中心招商稳步推进。以招引大产业、大项目和大集团为努力方向，广泛开展招商引资工作。湖州市文化创意中心全年签约入驻项目7个，对外承租面积达1.4万余平方米，占可出租总面积的75%，引进项目总投资规模达2亿元。初步形成城市居民健康养生文化产业、教育培训产业、绿色金融服务产业和高端商务办公产业四大特色产业板块。八是服务全市中心工作获得赞誉。湖报集团全力服务市委、市政府中心工作，2017年，狠抓创城工作和湖商大会的宣传报道等重点工作，并得到肯定。湖州市创建全国文明城市工作中，湖报集团获集体二等功，1人获个人二等功，4人获个人三等功，4人获个人嘉奖，7人获先进个人；湖商发展大会工作中，湖报集团获先进集体，2人获先进个人。九是内部建设取得新进展。认真落实党委意识形态主体责任制，班子成员履行好“一岗双责”。认真落实“两个责任”，全面推进党风廉政建设。深化职称评聘，将职称聘任逐步转向竞争性的岗位聘任，4人通过竞聘成功获聘。优化人力资源信息管理方式，自主设计开发人力资源管理信息电子信息软件。精细化人力资源配置，在干部选拔上重点考察干部的工作实绩，在工作力量配备上，将各部门人员配置与各部门任务指标、人均用工成本等多项综合数据相结合。培养和使用年轻同志和优秀人才，全年提拔干部8人，选派2人赴中央媒体挂职，引进中国新闻奖三等奖获得者1人，创建1个创新团队和1个领军人才工作室。积极处置闲置房产，通过拍卖成交12套，回笼资金1100万。十是中央厨房基础建设基本完成。启动以“中央厨房”建设为中心的媒体融合改革，着力打造全国有影响、全省领先的现代融媒传播平台。全年完成“中央厨房”一期建设，建立并投入使用全媒体采编中心（融媒体中心），涵盖新闻线索库、视频图片资料库、新闻稿件库、传播效果数据库和用户数据库等，实现内部部分数据的共享、新闻资源的集中调取和按需分发、新闻策划和采访的统一调度。

【新闻宣传】 根据市委宣传部的部署，高举旗帜、围绕中心和服务大局，唱响主旋律，打好主动仗，新闻宣传工作上新台阶。一是做好重大主题宣传，提升引导力。紧紧围绕中央和省、市委的中心工作，精心组织、认真谋划中共十九大精神和治国理政新理念新思想新战略的宣传报道。其中重大主题报道《从余村走向中国》得到省委宣传部新闻阅评和市委领导的肯定。积极做好省、市党代会的宣传报道。二是做深中心工作报道，凸现影响力。《新标杆新业绩新形象新征程》专栏得到多位市领导的肯定。开设“绿色智造 湖州脸谱 湖州推进‘中国制造2025’试点示范城市建设”大型全媒体新闻专题。以创建全国文明城市“记者在一线”新闻行动为载体，开展百名记者下基层活动。《湖州日报》“聚焦‘改造清零’专项行动”栏目、湖州晚报《城市纪》子栏目《聚焦城中村改造》、湖州发布“新旧图片对比看变化”系列采访活动等收效颇丰。湖报集团整合资源，报道首届湖商发展大会。三是做优民生服务报道，彰显吸引力。做精《击短》专栏《微证》《文明从细节做起》《你惑我解》等民生类栏目，提升“一周一心愿”栏目，每周推出心愿活动，服务市民近1000人，价值20余万元。实施“‘慈爱湖州’网络捐助平台”项目建设，帮助困难群众。四是做精媒体融合发展，增强传播力。推动年度媒体融合重点建设项目，完成湖报集团中央厨房一期建设，有序推进“两盟两体”（即以湖州发布为主的微信联盟、以湖州发布微博为核心的微博同盟，以湖州发布客户端为主的APP共同体，以湖州在线为中心的网站联合体）建设。加快“湖州发布”两微一端新媒体建设发展，运用图文直播、微直播、视频街采和一图图解等形式，把市委、市政府的决策让群众迅速“可视化掌上掌握”。湖州发布微信粉丝量达10万余人，湖州发布微博粉丝量达37万余人，湖州发布APP新闻客户端用户达2万余人。湖州在线自采新闻稿件1000余篇，转载湖州当地新闻1万余条。推出“乡愁太湖”新闻栏目，进一步完善了湖州论坛，依托新浪、腾讯、人民网和新华网等传播平台，每日发布新闻信息、回应网民关注问题和反映自身动态。

【产业经营】 湖报集团大力实施稳健发展战略推进赶超发展，经营工作取得较好成效。湖报集团全年实现总产值2.08亿，同比增长6.88%，湖报集团（本级）实现利润1227万元，增长12.78%；湖州市文化创意中心（报业二期）可落地项目7个，招商落地面积占整个二期招商面积的75%；融媒体经营为产业经营带来新的活力。湖报集团获得全国报刊广告“金推手”奖优秀单位奖、全国报纸自办发行先进集体等荣誉。一是目标导向坚定不移，通盘谋划层层担责。根据湖报集团的任务分解，各经营单位落实责任主体，强化日常策划。下属11个直接考核的经营单位和2个董事会考核的股份制公司，每月分别按分解任务进行严格业绩考核。二是媒体融合深度发展 前沿科技运用助推经营产业。《湖州日报》向平台+服务延伸，出版多种特刊，开展“逐梦湖州一路歌——党代会巡礼”活动；《湖州晚报》开展聚焦南太湖、古镇南浔新闻摄影全国新闻摄影大赛等一系列活动；湖州在线致力于打造全市网络云安全数据中心；湖州发布提供新媒体技术输出，提供手机端业务解决方案，出售新媒体产品；城市电视积极开拓微视频摄制服务；“96345”市民服务中心充分利用“O2O”平台为市民提供绿色放心可靠的农副产品；浙江赢家与多家企业合作，成立庆典产品服务中心；湖报文化传媒中心对接物流市场，加大物流配送业务。三是立章建制强化管理，构架产业经营安全责任体系。先后制定《统分结合强化管理 稳健发展提增效益的广告经营考核办法》等制度，出台《财务审批流程及权限管理办法》，形成实施部门把好责任关、经管委把好政策关、党委把好决策关、律师把好法务关的4道“防火墙”格局。对长期且经过数部门多人员经手的置换房进行起底清理；对阅报栏设施在确保社会效益的前提下进行租赁拍卖，取得了历史上最佳的投入产出比。四是产业推进持续发力，文创中心招商引资成效明显。湖报集团全力做好“高、亲、清、精、大”5篇文章，紧锣密鼓地开展招商引资工作。市主要领导先后多次前往二期项目实地踏看和调研，市领导多次牵头召开专题协调会；湖报集团对项目合作讲究精选，至年末，初步勾勒出以上市企业美年大健康为核心的倡导健康生活方式为特色的城市居民健康养生文化产业，以浙江中路体育发展有限公司实施的“互联网+体育”和湖州龙格文化培训学校实施的“互联网+奥数”等为核心的互联网+的特色教育培训产业，以湖州产投集团联合多家民营企业共同打造的绿色金融消费服务平台为核心的绿色金融服务产业，以大家房产、碧桂园等为龙头的高端商务办公产业等四大特色产业板块。湖报集团在国内同行中率先以“PPP”模式建设的陆羽茶文化博物馆开馆，形成在全国乃至世界《茶经》藏品最齐全、品质最经典和范围最广泛的茶文化博物馆。（孙杜洁）

·广播电视·

【概况】 2017年，湖州广播电视传媒集团（以下简称总台）深入贯彻落实中共十九大精神，按照市委开展“新标杆新业绩新形象新征程”主题实践的部署要求，坚持正确政治方向、舆论导向和价值取向，坚持围绕中心、服务大局，加强舆论引导、凝聚发展共识，深化内部改革、激发发展动力，努力实现湖州广电事业产业新发展、新突破，为湖州市加快赶超、实现“两高”提供强有力的保障。

【新闻宣传】 2017年，总台始终坚持“新闻立台”，紧紧围绕市委、市政府中心工作，做强主阵地，唱响主旋律，不断提升主流媒体的传播力和引导力。一是主题宣传出彩出色。2017年，总台各宣传平台先后推出《新标杆 新业绩 新形象 新征程》《剿灭劣Ⅴ类水进行时》《我在重大项目建设现场》《“中国制造2025”湖州在行动》《文明创建在行动》《“改造 清零”专项行动》《喜迎十九大——砥砺奋进的五年》《让改革落地生根》等50余个专题专栏，播（刊）发各类新闻57000余篇，专题2180余期（档），全面反映湖州市贯彻落实习近平总书记治国理政新理念新思想新战略的生动实践，充分展示各县（区）各部门贯彻落实十九大精神的新举措、新亮点、新业绩和新成效。全年共有18条宣传信息和宣传报道得到市领导35次批示表扬。二是舆论监督有力有效。总台《联播调查》《12345阿奇工作室》《湖州在行动》三大常设性舆论监督平台及《百姓热线》《行风热线》等热线类节目，集中开展“清除消防隐患”“我家门前那条河”“剿劣在行动”“不文明行为曝光台”“绿色出行”等阶段性全媒体新闻监督行动6次，推出舆论监督报道339篇，问题解决率达90%以上。首次推出“百姓考场——局长面对面”栏目3期，现场曝光“文明城市创建”“剿灭劣Ⅴ类水”“最多跑一次”等工作中的7大类、21个问题，切实发挥媒体监督的积极作用。三是外宣工作成果丰硕。总台继续大力实施新闻外宣跨越工程，主攻央视《新闻联播》、浙江卫视《浙江新闻联播》的头条、单条，推动外宣工作水平全面提升。全年在国家级媒体播出新闻147条，其中在央视《新闻联播》发稿24条（含头条3条、单条1条），《焦点访谈》发稿2条，同比增长33.3%；在央广《新闻和报纸摘要》《全国新闻联播》《新闻纵横》发稿13条（含头条2条、单条1条）。在省级媒体（含上海）播发稿件581条，其中在浙江卫视《浙江新闻联播》《新闻深一度》发稿235条，增长23.7%；头条新闻数量首次达29条，增长52.6%。四是媒体融合持续推进。围绕“中央厨房”二期扩建项目建设，制订“中央厨房”项目2018~2020年三年发展计划，强化跨界传播意识和爱湖州、广播首发意识，搭建“中央厨房”全媒体信息共享平台，不断加快全媒体新闻集散中心推进速度。各宣传平台全媒体记者供稿数量达2576篇，爱湖州手机客户端（爱湖州微信公众号）采用编发稿件2400余篇，录用率达93.4%，初步实现“一次采集、多种生成、多元发布”的全媒体融合报道工作目标。五是重大活动创新服务。坚持发挥媒体在活动组织、节目策划和宣传服务等方面的优势，不断创新活动宣传方式，强化栏目节目与活动的资源整合和深度融合，积极与各部委办局展开合作，想方设法打通合办节目和组织活动的通道。先后承办“湖商发展大会”“全市重大项目开工仪式”“市直机关纪念建党96周年主题党日暨集体政治生日活动”“浙江老干部银领向党正能量活动”“久立三十周年厂庆活动”“湖州慈善奖颁奖”“向党和人民报告”等较大活动近100场，有效地提升了活动影响力，取得了良好的社会反响。《共话两山思想，共建六个浙江，银领向党活动》得到省委书记车俊的批示肯定，承办湖商发展大会被市委、市政府评为先进集体。六是精品创优再创佳绩。坚持把精品创优工作作为全面提升新闻宣传报道质量的一个重要抓手，先后推出一批高质量的新闻作品，创作并在央视播出了《丝韵古镇 以义为利》《回家过年——故乡年依旧》《大运河传奇之运河边的洋宅子》等一批高水平的专题片和纪录片，切实提升了湖州广电精品创优工作的整体水平。全年有18件作品获得19项省级及以上奖项，其中一等奖5件、二等奖5件，三等奖8件，总台上送的电视新闻访谈作品《不忘初心 砥砺前行——访徒步重走长征路第一人罗开富》首次获得中国新闻奖二等奖，是总台精品创优工作迄今为止获得的最高荣誉。“相约G20空中看浙江”全省城市台新媒体联合报道行动荣获浙江省重大主题报道策划创新奖，大奖数量和获奖件数都超过上年。

【产业经营】 面对持续加大的经济下行压力和严峻的经营形势，总台上下齐心协力、攻坚克难，整合资源、挖掘潜力，切实提升广电经营效益。2017年，总台系统总创收达1.48亿元，同比增长25.99%。一是广告经营。充分发挥广播、电视“两大中心”优势，坚持本土战略，整合行业资源，主动寻找商机，先后与市移动公司、联通公司和华数公司等大客户签订战略合作协议，展开多领域合作，合作总金额达300余万元，增长92.3%。提升大型活动收益，先后举办广播电视春秋车展和房交会5次，销售金额突破5亿元，完成创收达700万元，创下历年来新高。全年广播电视创收达7282余万元，增长15.7%，其中电视广告达2620万元，增长7.11%；广播广告达1823万元，增长36.68%；部委局办活动合作达2062余万元，增长20.82%，基本形成了“电视广告止跌回升、广播广告有效突破、活动创收持续增长”的良好态势。二是培育产业。以梅地亚广场运营为重点，实施了电竞项目和少儿培训2大重点产业项目倍增计划，不断提高产业项目的运营能力，提升梅地亚公司经营水平。电竞项目以电竞俱乐部实体化运作为契机，先后举办英雄联盟SOLO赛、师院杯电竞联赛、腾讯斗地主省赛和JJ斗地主省赛等10余场赛事，赛事执行水平不断提高，活动收益不断提升，初步具备了一定行业竞争力。梅地亚少年宫积极拓展少儿课外教育新项目，首次加入华东城市台少儿节目联盟，尝试与上海温哥华电影学院合作开展童星梦工场孵化中心项目，筹划“小戏童”少儿微电影、儿童奥斯卡和大别山夏令营等有影响力的特色活动，年培训人数超过2000人（次），选拔输送少儿演员7名，完成少儿栏目剧2部，并在江苏省南通电视台播出，全力打造湖州地区少儿影视表演的专业平台。2017年，广电梅地亚文化传媒有限公司经营收入达3200万元，增长13%，其中电竞和少儿培训两大项目创收达470余万元，增长151%，超额完成年度倍增目标。三是拓展经营。广电梅地亚艺术中心以形象片、宣传片制作为突破口，不断提升拍摄质量和品牌价值，品牌效应逐步显现。完成机关部门和企业的宣传片71部，合同金额达371万元，增长175.83%。广电网络公司以开拓网络智能化工程为重点，继续做好意向客户跟踪和业务衔接，加快工程项目推进，使公司业务重现起色。公司完成工程到款220余万元，新签工程合同量达422万元，均有大幅度增长。广电报业公司积极与爱山小学、吴兴实验中学等中小学校合作，推出“校报”定制服务，得到学校和学生的广泛欢迎，年内合作学校已扩展到11个，覆盖全市近50000名师生，创收金额达50万元，为下一步开拓更大的市场奠定了基础。

【科技事业】 总台始终坚持抓好技术平台、传输平台和播出平台等重要环节的安全保障工作，完善安全播出制度，健全技术保障体系，确保系统安全运行。2017年，先后完成中共十九大、金砖国家会议、全国和省、市“两会”、省、市党代会等重要播出保障期的安全播出任务，承担2017年环太湖自行车赛、全市重大项目开工仪式等几十场重要直播和录制工作，累计完成广播电视节目播出6.63万个小时，均无重大安全播出突发事件、无人为安全播出责任事故，实现了零差错、零停播的双零目标。（林 平）

社会建设

教　育

·综　述·

【概况】　2017年，湖州市有各级各类学校和幼儿园480所，在校生42.32万人，其中普通高校3所，成人高校1所，在校生4.01万人；普通高中25所，在校生4.18万人；中等职业学校12所，在校生2.87万人；技工学校1所，在校生0.15万人；初中99所，在校生7.06万人；小学127所，在校生16.03万人；特殊教育学校5所，在校生415人；幼儿园207所，在园幼儿8.89万人。全市学前三年幼儿入园率达99.38%，小学和初中入学率达100%，初升高比例达99.15%，十五年教育普及率达99.49%；18至22周岁人口接受高等教育的比例已达60.6%。2017年，全市有9名教师被推荐到省高评委申报中小学正高级教师，评审通过6人；全市中小学校教师申报晋升中小学高级教师387人，评审通过219人(其中中学段175人，幼儿园、小学段44人)；申报晋升中专高级讲师11人，评审通过2人；申报晋升中小学校教育管理副研究员5人，评审通过2人。高级职称评审通过率为55.3%。其中全市农村高中、初中和小学参评中小学高级教师分别为32人、89人和54人，评审分别通过21人、53人和27人，通过率为57.7%。城镇高中、初中和小学参评中小学高级教师分别为118人、61人和33人，评审分别通过66人、35人和17人，通过率为55.7%。达到了省、市有关“农村学校高级教师的通过率原则上不低于城镇学校”的要求。此外，经省认定中小学高级教师10人，其中小学段6人，中学段4人。

【荣获省教育工作业绩考核“优秀单位”称号】　2017年，全市教育系统以习近平新时代中国特色社会主义思想为指导，认真贯彻落实中共十九大精神及省、市党代会精神，紧贴省第十四次党代会提出的教育现代化战略和高等教育强省战略，围绕“对齐新标杆、创造新业绩、树立新形象、走好新征程”的新要求，深入实施《湖州市教育事业发展“十三五”规划》，全力推进湖州教育现代化建设。市教育局以全省第一名的成绩又一次获得省教育工作业绩考核“优秀单位”称号，市教育局连续5年进入全省前两名。长兴县教育局同获此殊荣。

【全市教育工作会议】　为高水平全面推进湖州教育现代化建设，8月，市委、市政府召开全市教育工作会议，科学研判当前全市教育工作面临的新形势、新任务，对实现与高水平全面小康相匹配的高水平教育，实现教育现代化，建成教育强市，真正办好人民更加满意的湖州教育，作出全面部署。顺应人民群众对教育的新期待，奏响教育强市的最强音，为加快推进湖州教育现代化指明了方向。

【积极参与文明城市创建工作】　市教育局召开全市教育系统创建文明城市推进会，以开展“做文明师生，创文明校园，助力全国文明城市创建”系列教育实践活动为载体，广泛动员各中小学校师生积极参与，引导中小学生率先做文明城市创建的宣传者、公益活动的志愿者、文明行为的践行者和不良现象的监督者，实现教育系统“创城”工作“零扣分”。市教育局荣获集体三等功。

【教师队伍建设】　2017年，全市有中小学和幼儿园专任教师27223人，其中普通中学10141人、小学9079人、中等职业学校2109人、特殊教育136人和幼儿园5758人。开展中小学教师专业发展全员培训和其他各种形式的继续教育，完善教师招聘考核，强化岗位竞争机制和管理，教师队伍整体素质不断提高。初中教师合格学历达99.95%，同比提高0.01个百分点；普通高中达99.45%，降低0.04个百分点；中等职业学校达97.96%，提高0.36个百分点；小学达99.99%，与上年持平；幼儿园合格学历为99.95%，提高0.03个百分点。专任教师高学历比例，初中96.51%，比上年提高0.89个百分点。普通高中7.15%，提高0.7个百分点；中等职业学校8.68%，提高0.87个百分点；小学98.65%，提高0.71个百分点。幼儿园高学历比例达98.43%，提高0.68个百分点。

【民办教育】　为进一步贯彻落实《中华人民共和国民办教育促进法》和《浙江省人民政府关于促进民办教育健康发展的意见》精神，更好地规范民办教育培训机构审批和管理，市教育局根据民办教育培训机构发展实际，制定并下发《湖州市民办教育培训机构审批与管理规定》。结合年检，与市消防、民政等部门联合，先后3次组织开展对民办培训机构的消防安全、规范管理等方面的大检查。2017年，市批民办培训机构共32家，市教育新审批湖州新文昊培训学校等培训机构4家，注销2家，变更7家。

·基础教育·

【概况】　2017年，全市有普通中

学120所，在校学生11.09万人。其中初中95所，全年招生2.28万人，在校学生6.93万人；高中25所，全年招生1.37万人，在校学生4.17万人。小学126所，全年招生2.79万人，在校学生15.79万人。特殊教育学校5所，全年招生66人，在校学生415人。幼儿园193所，全年招生2.94万人，在园幼儿8.23万人。

【学前教育】 2017年，全市有幼儿园207所，其中一级幼儿园36所、43个园区，二级幼儿园83所、92个园区，等级幼儿园覆盖率达97.5%；在园幼儿82249名，学前三年入园率达99.27%；全市幼儿园专任教师5043名，幼儿教师持证上岗率达98.8%，大专以上学历达97.7%。全市各级各类幼儿园坚持“以儿童为本”的教育理念，积极推广“安吉游戏”模式，规范与优化幼儿园一日活动，不断提高幼儿园保教质量。制订《湖州市第三轮发展学前教育行动计划（2017～2020年)》。认真做好幼儿园等级创建工作，组织开展幼儿园二级评估、三级幼儿园评定管理情况督查和幼儿园办园行为专项督导。

【义务教育】 2017年，全市小学入学率和巩固率均达100%，小学毕业升初中率达100%；初中入学率和巩固率均达100%。深化义务课程改革，提高教育的选择性。在确保开齐开足国家课程的基础上，学校加大课堂教学改革的力度，多样化开发与实施拓展性课程，积极改革教学组织方式。开展全市义务教育课程改革巡查工作，有效推进全市中小学课程改革工作。深入开展初中基础性课程分层走班教学，落实以学生为本教育理念、体现教育公平和提高教育质量。2017年，全市课改推进100%全覆盖，有15所学校被确定为省级初中基础性课程分层走班教学试点学校。召开第三届长三角分层递进教学研究基地学校年会暨市深化义务教育分层走班教学改革现场会。

【普通高中教育】 多措并举提高普通高中教学质量。召开2017年全市普通高中高三质量分析会，部署决战2017年新高考工作。配合市政府召开市属普通高中校长座谈会，围绕办好人民满意的高中教育的主题，从政策保障、师资培养、特色品牌打造、管理机制创新和高中学校布局等方面展开座谈。副市长闵云参加座谈会并对当前的教育工作和今后市属高中的发展提出具体要求。开展市属普通高中调研工作，重点听取高三工作举措、教学质量奖励办法征求意见、普高内涵发展和质量提升精进工程实施情况等。推荐湖州中学等5所学校为深化普通高中课程改革和适应高考招生制度改革典型经验学校。召开市属普通高中高三质量分析会，市教育局局长潘音就高三教学工作作专题讲话，湖州中学等3所学校校长分别作高三教学管理经验交流。成立湖州市慈善总会湖州教育分会，制定《湖州市市直普高“教育英才奖”慈善助教基金管理办法》，市慈善总会每年发放60万元奖励基金，旨在培育一批德才兼备的名教师、名校长，并调动广大教师教书育人的积极性和创新性，努力提升教育质量，办人民更加满意的高中教育。全面深化课程改革，大力推进选课走班，按照学考、选考的不同侧重点，精心组织必修课分层选课走班教学；着力构建富有适应性和选择性的课程结构以及行之有效的选课制度和选课指导体系，形成关注每一个学生成长的制度环境。深入开展生涯规划教育统筹三年人生规划，引导学生实现自主发展。加强教学质量评价体系建设，指导各校积极构建多元化、多样化和校本化的评价体系，指导完善学生综合素质评价制度和学校发展性评价制度。2017年是全省新高考的第一年，全市普通高校招生考试报名人数14779人，其中纯普通类考生11497人，比上年减少1848人。据不完全统计，全市一段上线人数达2465人，上线率达21.44%，高于上年一类重点大学上线率，再创历史佳绩。湖州中学一段率达72.46%，继续保持全市第一。

【特殊教育】 确保特教事业优先发展。全市有特殊教育学校5所，随班就读试点学校23所，建有33个资源教室。市教育局根据《湖州市特殊教育提升计划（2015～2017年)》和《湖州市“国家特殊教育改革实验区”实施方案》，构建由行政支持、专业团队支持、特殊教育指导中心参与和学校参与的区域管理网络。重点在医教结合、送教上门等方面进行实验改革，积极构建特殊教育改革发展支持体系，保障实验区工作顺利推进，促进全市特殊教育全面发展。召开全市特教工作会议，做好示范性资源教室评比相关事项以及国改实验区验收准备工作。湖州市接受省示范性资源教室建设运行情况专项巡查，获得较好评价。

【德育工作】 多形式开展德育主题教育活动。贯彻落实习近平总书记系列重要讲话精神，围绕立德树人根本任务，深入开展系列主题教育实践活动。与市委宣传部、市文明办等部门联合举办湖州市首届中学生诗词大会，与市纪委、团市委联合集中开展以“传承好家训、订立好家规、弘扬好家风”为重点的主题活动。国庆节前夕，在全市中小学中集中开展“向国旗敬礼”活动。积极组织好省中小学班主任基本功大赛选拔和参赛工作，其中湖州中学陆晓萍获省高中组一等奖，并代表浙江省参加第六届长三角地区班主任基本功大赛。完成湖州市第二届“阅读伴我成长”征文活动的评比工作。深入贯彻落实省委、省政府《关于全面加强中小学德育工作的若干意见》精神，着力加强育人队伍建设，进一步提升中小学德育工作的针对性和实效性。举行2017年市优秀德育论文评选活动和市普高班主任、德育导师基本功大赛，进一步提升全市德育队伍专业素养。

【生态文明教育】 积极开展生态文明教育。围绕生态市、生态文明先行示范区建设，践行“绿水青山就是金山银山”重要思想，开展“三改一拆”“四边三化”“五水共治”教育宣传，积极推进生活方式绿色化工作。隆重举行全市中小学“剿灭劣V类水，共建美丽湖州”主题教育实践活动启动仪式，发放《湖州市中小学生生态文明优秀作品集》，吹响全市30余万名中小学师生助力劣V类水剿灭战的冲锋号。发布《湖州——“两山”重要思想的实践样本》地方教材，并于2017年秋季进入初中课堂，纳入初中学校课程计划。开展第二批生态文明教育精品课程和生态文明教育示范学校评选活动。

【禁毒教育】 深入开展禁毒教育。市教育局根据市禁毒委的统一部署，加强禁毒工作规划，明确将禁毒教育知识列入中考范围。通过组织主题班会、专家讲座和征文等活动，将禁毒教育融入日常教育，同时，不断探索禁毒预防教育的新方法和新思路，结合学生身心特点，开展了形式多样的活动。与市禁毒办、团市委等单位联合开展首届微视频、公益广告征集评选比赛。省政府召开全省禁毒工作电视电话会议，市教育局荣获“浙江省禁毒工作先进集体”荣誉称号。圆满完成全省青少年毒品预防教育“6·27工程”示范学校、优秀教师和优秀校外辅导员推荐工作，全市共推荐1所示范学校，7名优秀教师、14名校外辅导员。积极做好2017年秋季开学在校学生毒品预防教育“五个一”活动，组织开展全市禁毒征文比赛活动。

【中考情况】 2017年，全市初中毕业人数23131人，升入高中学校的23033人，其中升入普通高中12131人、升入中等职业技术学校10902人，升学比率达99.15%。全市中考政策坚持“总体稳定，略有调整”的原则，继续实行初中毕业学业水平考试和综合素质评价、体育考试和省重点高中招生计划的50%定向分配等政策，全市统一实行中考网上评卷。切实加强体育考试、文化课考试等考务管理，强化考试安全工作，考试与招生工作平稳有序。推进体育考试多项改革，增加选测游泳项目并顺利实施，长跑允许每位考生考2次，给考生更多的测试机会；立定跳远改人工测试为机测，更加公平与公正。施行非本市户籍进城务工人员随迁子女中考报考新政，符合条件的与本地户籍考生同等待遇。科学学科中考成绩从150分调整为160分，进一步强化中考评卷管理。市区提前招生与特长招生工作平稳有序进行，分别有2所普通高中和中职学校实行提前招收保送生和涉农专业提前招生，招生人数775人；有7所普通高中参与特长招生，特长招生人数27人。继续推行“职普融通”招生模式，并扩大规模，其中浙江信息工程学校和湖州五中联合招收150人，湖州交通学校与湖州一中联合招收120人。进一步加大“阳光招生”政策执行力度，严肃招生纪律，全市各高中学校招生规范、秩序良好。

【安全工作】 安全教育工作再上新台阶。2017年，市教育局突出工作重点，着力加强校园安全管理。加大宣传教育，着力强化安全防范意识。强化督促检查，确保校园平安稳定。2017年，全市学生非正常死亡7人，比上年同期下降30%，远低于省考核优秀（十万分之四）指标。成功创建“中国教育学会湖州安全教育实验区”。市教育局获省平安综治先进集体（全市2个部门），并在全省校园安全工作会议上做安全教育经验交流。《德清雷甸人手一张“平安地图”》的报道在《人民日报》上刊发。《南浔区校园周边治安综合治理实现全程信息化》报道得到常务副省长冯飞、副省长成岳冲的批示肯定，并在全省学校安全工作网络视频会议上做经验介绍。吴兴区“平安微校”项目获得公安部全国改革创新大赛银奖。

【语言文字工作】 2017年，精心组织市第六届中小学教师中华经典诵读大赛暨“我们的节日”诵读大赛和市第十一届青少年中华经典诗文诵读活动暨“大艺树杯”诵读比赛。8所学校的学生参加省“大艺树杯”诵读决赛，2所学校获得小学集体组一等奖、1所学校获中学个人组和集体组一等奖、1所学校中学集体组一等奖，市教育局2次获得优秀组织奖。扎实开展推广普通话宣传周活动，市语委办认真制定推普周活动方案，全市中小学积极开展“啄木鸟行动”等一系列丰富多彩的推普活动，加强社会用字、校园用字的规范化检查，增强师生语言规范意识和普通话应用能力，为构建和谐校园、和谐社会营造良好语言环境。

【教育科研工作】 教育科研工作成果丰硕。2017年，教育科研工作本着以“研究、指导、服务、管理”的工作理念，有序组织开展专项调研及全市性各项教科研活动，进一步加强教育科研的科学化和精细化管理，加大科研成果在学校教育和教学中的应用和推广，助推学校教育教学质量提升。成立湖州市STEAM（集科学、技术、工程、艺术、数学多学科融合的综合教育）教育研究中心，有序推进STEAM教育研究。吴兴区、南浔区从区域层面大力推进STEM项目，确定实验试点学校。湖州五中、湖师附小被确立为浙江中小学STEM教育项目种子学校和培育学校。《湖州——“两山”重要思想的实践样本》被浙江省教研室评为2017年度教研工作亮点。“安吉游戏”荣获中国基础教育国家级教学成果一等奖，引起世界学前教育界的关注。南浔区教育科学研究和培训中心被评为2017年浙江省先进教研集体。全年全市有31项课题被列为省规划课题，其中重点规划课题3项，257项课题被列为市规划课题；全市列省教研系统课题立项33项，其中重点课题3项，141项课题被列为市教研课题。通过课题研究。努力抓好省规划课题和市级立项课题负责人培训，积极开展省级教科规划课题开题论证指导活动，组织专家对一批重点课题进行全面课题开题指导，做好精品成果培育工作。加强市级课题结题、评奖工作，全年有186项课题成果被评为市年度教育科研优秀研究成果奖。

【心理健康教育】 心理健康教育工作稳步推进。努力提供优质、适合学生发展需要的心理健康教育，推动心理健康教育向心理健康服务转型，全市18个示范点和78所标准化建设学校完成达标验收。全市心理健康教育行政专业齐助力，亲子辅导成效初显。开展心理辅导培训，服务教师专业需求；举办生涯辅导大赛，服务学生心理成长；聚焦热点难点疑点，持续推进“三优评比”；凝聚多方合力，完善发展湖州市心海导航青少年成长中心。

【教学研讨活动】 教研研讨活动扎实有力。深耕常规教学研究，创新实施改革项目，加强精准指导，服务教育改革决策，组织开展多项教学研讨活动。2017年，共组织教学研讨活动320余次，参与教师1.9万余人（次）。各学科教学研讨活动注重打造和优化品牌活动，提升教研活动质量。高中段教研紧扣教育质量提升重点，深入调研学校深化课改、全面实施新高考方案的落实和教学质量管理情况，切实指导学校高三高考复习迎考和高一、高二教学工作。通过学科基地培育、各类教研活动、名师工作室等研讨载体，促进老师教学理念与业务水平的提升。加强大数据背景下的考试、质量评价与保障体系建设研究，创新评价手段。义务段教研工作立足学科核心素养培养与学教方式变革，全力助推“学为中心”生本课堂研讨建设。充分发挥湖州市深化义务教育课程改革专题研究课题组的作用，建立教研员联系县（区）制度，引领深化义务教育课改工作。与吴兴区教育局共同承办浙江省深化义务教育课程改革第四次专题研讨会暨小班化教学推进会，会上介绍了湖州市和吴兴区的做法与经验，受到一致好评。

【教师专业发展】 教师专业发展培训卓有成效。2017年，在准确把握教师专业成长的基本特点规律，准确把握教师培训的目标、要求、方式和途径，准确把握教师专业成长不同阶段面临的问题与困难的基础上，分层分类制定和实施培训方案。全年共组织师干训项目42个，参训人数达5901人（次）。进一步创新培训模式，拓宽培训空间，让学员在真实的、不同的教育场景中观摩研讨、切实感悟。并通过创设论坛发言、同伴会诊、深度会谈和教学展示等“亮相”机会，充分调动学员参训积极性，提升培训的质效。2017年，全市教师专业发展各项指标均达到省教育厅培训绩效考核优秀。市教师继续教育中心被评为2017年度省师训干训工作优秀单位。

【学生阳光体育运动】 学生阳光体育比赛成果丰硕。全市中小学积极开展阳光大课间活动，开齐开足所有课程，确保中小学生每天锻炼一小时，根据《2017年湖州市中小学生阳光体育竞赛规程》安排，湖州市教育局与体育局共同举办湖州市中小学生田径运动会等体育赛事13项。认真选拔优秀运动员参加浙江省教育厅举办的四大联赛和省田径运动会，湖州市累计派出30支队伍参赛，17支队伍获得团体三等奖以上，其中德清高级中学在ZSBL晋级赛（篮球）中获高中男子组团体一等奖，湖师附小教育集团获省十四届啦啦操普及推广组甲组一等奖。

【参与省中小学生艺术节】 认真举办2017年湖州市中小学生艺术节，共收到95个艺术表演类节目和759幅美术类作品，评选出一等奖作品120件参加2017年省中小学生艺术节比赛，各类作品共获得省一等奖32件，二等奖42件，三等奖55件。湖州市选送的市第十二中学、长兴县实验中学、德清县三合中心学校、湖州交通学校、长兴艺术高级中学5所学校的5个表演类节目参加2017年省艺术节现场展演，均获得省一等奖。积极开展艺术教育实验学校创建活动，2017年，吴兴区成功申报了浙江省艺术教育实验区，湖州艺术与设计学校等9所学校成功申报省艺术教育实验学校。长兴县小浦镇中心小学和湖州市爱山小学教育集团荣获教育部中华优秀文化艺术传承学校称号。

·职业教育与成人教育·

【概况】 湖州市职业教育工作紧紧围绕市委、市政府提出的加快赶超、实现“两高”的要求，紧贴“4+3+N”现代产业体系和“中国制造2025”试点示范城市、绿色金融改革创新试验区建设，贯彻落实党的中共十九大和国家、省、市职业教育工作会议精神，以及《湖州市人民政府关于加快发展现代职业教育的若干意见》和《湖州市中职教育“十三五”发展规划》，坚持以立德树人为根本，以服务发展为宗旨，以做精专业、服务企业、做强产业、保障就业和鼓励创业为导向，以改革创新和开放合作为动力，推动产教深度融合，提高教育教学质量，完善现代职教体系，重点推进职教现代化，全力打造湖州现代职业教育升级版，为全市经济社会发展提供强有力的技术技能人才支撑。在2016年度省职业教育发展考核中，湖州市本级以全省第一名的成绩获二类地区一等奖，德清县获二类地区二等奖，长兴县获二类地区三等奖；安吉县获一类地区二等奖。2017年，全市中等职业学校占地面积228.46公顷，学校产权建筑面积97.24公顷；生均占地面积和建筑面积分别为72.27平方米和30.76平方米。实习仪器设备总价值4.04亿元，生均实习仪器设备价值12780元，均处全省前列。湖州交通学校、湖州市技师学院、长兴技师学院顺利通过第二批省中职教育改革发展示范学校验收。长兴县成为第二批国家级农村职成教示范县创建合格单位，安吉县入围第四批国家级农村职成教示范县创建名单。

【专业和基地建设】 在2017年度浙江省“中职教育质量提升行动计划”项目建设名单中，湖州市共有37个项目（单位）入选，项目申报成功率达77.1%，打造中职学校的品牌与特色。安吉职业教育中心学校、湖州市现代农业技术学校入选省中职名校立项建设项目；湖州艺术与设计学校姚律等3位教师入选省中职名师及名师工作室立项建设项目；长兴县技工学校潘利斌等4位大师入选省中职大师及大师工作室立项建设项目；浙江信息工程学校机电技术应用（高端装备制造方向）等4个专业入选省中职品牌专业立项建设项目；浙江信息工程学校物联网技术应用等4个专业入选省中职优势特色专业立项建设项目。同时，认定湖州市先进制造业职教战略联盟为浙江省示范性职教集团；德清县职业中专“高星级饭店运营与管理校企合作共同体”等2个校企合作共同体为浙江省校企合作共同体项目；长兴县职教中心的道德实践周等2个项目为浙江省中职德育品牌项目；湖州艺术与设计学校“艺校之星”为浙江省中职创新创业教育实验室；德清县职业中专姚鸿良为浙江省中职教育优秀毕业生。年内，全市成功创建省级中职学校立项单位6个，省中职名师及名师工作室立项建设项目8个，省中职大师及大师工作室立项建设项目10个；省中职品牌专业立项建设项目9个，省中职优势特色专业立项建设项目9个。会同市财政局联合出台《湖州市“中等职业教育现代化工程”实施办法》，全面实施市“中等职业教育现代化工程”，开展项目集中评审，立项建设项目26个，其中，湖州艺术与设计学校的服饰品手作工作坊等7个项目被确认为市级中职学生技术工作坊，湖州交通学校的新能源汽车智能技术实训室等5个项目被确认为市级智能技术实训室（基地），浙江信息工程学校的建筑工程管理“理虚实一体化综合实训室”等9个项目被确认为市级中职“理虚实一体化实训室”，确认特聘兼职教师25人。同时，确认首批5个市级产业学院立项建设，包括浙江信息工程学校的吴兴高端装备制造产业学院、湖州艺术与设计学校的南太湖“健康婚旅”特色产业学院、德清县职业中专的德清地理小镇产业学院、长兴技师学院的慧飞无人机应用技术培训中心、安吉职教中心的“两山”旅游学院，由职业学校与工业园区、行业企业多方共建，努力培养创新应用型人才，着力服务区域特色产业集群、特色小镇建设和产业园区发展，全力助推“中国制造2025”试点示范城市建设。专报信息《市教育部门以“产业学院”为抓手助推“中国制造2025”试点示范城市建设》得到市委书记陈伟俊、副市长李上葵的批示肯定。为了突出“重在建设”，开展2016年度市“中职现代化工程”建设项目绩效评价和2017年建设项目绩效跟踪工作，确保项目建设的进度和质量。

【校企合作】 认真学习和贯彻落实《国务院办公厅关于深化产教融合的若干意见》精神，不断深化产教、融合校企合作，不断增强职业教育服务地方经济社会发展水平。先后召开全市中职教育重点工作推进会、全市中职学校现代学徒制试点工作专项推进会，重点部署现代学徒制试点深化扩面工作，创新探索具有湖州特色的“334+N”（即在“334”模式前期基础上，根据不同的育人目标要求，面对不同的群体需求，创新探索“全程整体式、联盟组团式、产业学院嵌入式、行业培训式、外联内训式、工作坊式”等现代学徒制实践模式；“334”模式即政府、学校、企业三元管理，生徒三段式培养，实现中职生“学生、学徒、准员工、员工”四步进阶育人）现代学徒制实践模式，不断充实内涵完善机制，着力推进全国首批现代学徒制试点深化扩面工作，6月，完成教育部首批现代学徒制试点自检工作。重点推进13个市级现代学徒制改革试点项目建设，继续探索开展“课证融通”试点。9月，按照省教育厅安排，与嘉兴、绍兴市开展中职现代学徒制试点互查互学活动，加强交流学习。10月，开展2017学年全市中职学校学徒注册工作，完善学徒注册库。由华东师范大学教授徐国庆领衔的教育部课题组到湖州调研现代学徒制试点工作，对湖州现代学徒制试点工作的顶层设计、制度体系和创新实践给予高度评价。11月，以“加强市级统筹区域推进中职现代学徒制”为题申报第五届全国教育改革创新典型案例。12月，安吉县教育局在全省现代学徒制试点工作经验交流会上作交流发言，安吉县、长兴县、浙江信息工程学校、湖州艺术与设计学校作书面交流。《浙江工人日报》《浙江教育报》报道湖州市现代学徒制试点工作。2017年，全市中职学校不断完善校企合作规章制度，已签订长期合作协议的企业908个，其中大中型企业559个。学校牵头成立的职业教育集团10个。全市共有13所中职学校的30个专业、6270名学生参与现代学徒制试点，180家企业参与现代学徒制试点。在全市第三届职教活动周期间，各中职学校积极开展校企合作系列活动，共有49家企业参与，2800余人次到企业参观，举办校企合作洽谈会48次，举行就业指导讲座（优秀校友报告会）82场。

【教学改革】 2017年，充分发挥教研网络的作用，逐步改善以“小组合作学习”为主导的课堂教学改革，并形成特色，改革成果得到肯定，并发挥辐射效应。定期召开课改工作例会，组织教研员、骨干教师开展专项检查，尤其是针对课改工作相对薄弱的5所中职学校，及时帮助指导、规范课改工作，推动中职课改向纵深发展。同时，开展选修课程资源库建设，评选市级中职课改选修课程及校本教材，共有21门课程获一等奖，28门课程获二等奖，16门课程获三等奖。2017年，全市13所中职学校均推进课程改革，积极推行选课走班，参与学生31571人，占比达99.87%。全市共组织开发选修课程887门，已开设选修课程745门，开发校本教材

177本。印发《关于加强培育中职学生核心素养的实施意见》，提升中职学生综合素质和能力水平。加强创新创业教育，鼓励中职学校建设学生创业园、创客中心和众创空间等，开展SYB（“创办和改善你的企业”）培训，通过举办创新创业大赛、建立创业导师库等，着力培养高素质创新人才和技术技能人才。11月，市教育局以“聚焦核心素养 成就出彩人生”为题在全省中职学生核心素养推进会上作交流发言，得到省教育厅领导肯定。全市获2017年浙江省中职学校“阳光学生”最佳组织奖1个（全省3个），“阳光学生奖”1名，优秀指导教师5名，“阳光学生提名奖”1名；“美丽校园”1所；“美丽校园提名奖”2所；“最美教师”1人；“最美教师提名奖”2人。浙江信息工程学校获评第一届全国文明校园（是浙江省唯一获此殊荣的中职学校）。湖州交通学校张小青荣获全国“最美中职生”称号。

继续实施《湖州市中等职业学校“面向人人”学生技能竞赛方案》，努力构建“校校组织、班班活动、人人参与”的活动机制，全面营造技能比赛人人参与的良好氛围，进一步引领课堂教学改革，全面提升中职学生技能水平。在校级比赛的基础上，继续实施《湖州市中等职业学校“面向人人”学生技能竞赛方案》，4月、6月，在校级比赛的基础上，组织开展全市中职学校“面向人人”学生技能竞赛，覆盖10所中职学校，涉及汽修、烹饪、电子电工、财会、机械、计算机、旅游和学前教育等8个专业，共333名学生参加，合格率为93.39%。湖州市在2017年省中职学校“面向人人”赛项中获第7名。

按照《湖州市中职学校教学诊断与改进工作执行方案》要求，继续整体推进教学诊改工作。组织42位中职教师参加全省教学工作诊断与改进培训会，召开全市中职学校教学工作诊断与改进工作交流会，交流探讨教学诊改工作的主要做法、遇到问题，加深对教学诊改工作的认识和理解。组织举办全市中职学校人才培养工作状态数据工作培训会，邀请省教科院副院长程江平作题为《对推进中职教学诊改工作的若干思考》的专题讲座，浙江信息工程学校陈翠兰、江学平先后介绍了实际经验，推进教学诊改数据采集工作。组织和指导13所中职学校做好中等职业教育质量年度报告工作。湖州市中职学校升学再创佳绩，据不完全统计，2017年实际参考1511人，上线1355人，上线率达89.68%，其中本科上线318人，继续保持高水平的上线率。

【竞赛获奖】 2017年，启动“久立匠心”职业教育人才培养奖励（慈善）基金，并进行首次颁奖，涉及获奖学生12人和指导教师10人，共发放奖金14.5万元，鼓励大国工匠的培育，为湖州培养更多“匠人”。继续组织师生参加国家、省和市组织举办的各类大赛。参赛教师获省级奖项9个，获市级奖项71个。在中职学生技能大赛中，参赛学生获国家级奖项13个，获省级奖项54个，获市级奖项493人。其中，在2017年全国职业院校学生技能大赛中获一等奖5项，二等奖2项，三等奖6项；安吉职教中心学生杨应政在中国国际技能大赛（苏州赛区管道与制暖项目）中获得总成绩第一名。在中职学生“文明风采”大赛中，19件作品获国家级奖项，3所学校获优秀组织奖，35件作品获省级奖项，107件作品获市级奖项；在中职学生创新创业大赛中，20件作品获省级奖项，47件作品获市级奖项。2017年，全市中职学校获得省级以上荣誉28项，开展教育科研300余项。

·高等教育·

【概况】 全市有高等学校4所，即湖州师范学院、湖州师范学院求真学院、湖州职业技术学院和湖州广播电视大学。高等教育自学考试全日制自考助学机构1个，即浙江宇翔外国语专修学院。2017年，全市高等教育招生13384人，在校学生40081人，毕业学生10258人，专任教师2187人。高等学校占地面积202.17公顷，建筑面积99.07万平方米。湖州师范学院、湖州师范学院求真学院和湖州职业技术学院有副高以上教师704人。

【湖州师范学院】 2017年，湖州师范学院认真学习贯彻中共十九大精神和习近平新时代中国特色社会主义思想，贯彻落实全国、全省高校思想政治工作会议和省、市党代会精神，按照申硕和更名大学要求，加快发展、内涵发展、赶超发展，在重点领域和关键环节改革上有新突破，在事关学校核心竞争力的关键指标上有突破性增长。

一、抢抓发展机遇，学科建设和研究生教育更有成效。10个学科获批市“十三五”重点学科。承办第十一届世界华人鱼虾营养学术研讨会、全国核反应会议暨核物理973项目年会等在国内外有影响力的高层次学术会议。2017届33名护理专业硕士就业率达100%，三届共计75名毕业生全部就业，其中到三级以上医院就业达80%。举办首届浙江省研究生教育论坛。《“明体达用”——护理硕士专业学位研究生培养的研究与实践》获省研究生教育学会第一届教育成果二等奖。

二、深化教学改革，人才培养质量全面提升。深入推进“校地共育”“明体达用”高素质应用型人才培养模式改革，深化产教融合、校企合作，获教育部2017年产学合作协同育人项目12个。获批省“十三五”特色专业4个、市重点专业8个。获省“十三五师范教育创新工程”项目3项，获批省优秀教材4部、省普通高校“十三五”首批新形态教材项目3项；获省高校教师教学竞赛特等奖1项、一等奖2项、二等奖1项；2名教师的翻转课堂入选省级优秀翻转课堂案例。学生获省级以上学科竞赛奖项207项，发表论文142篇，其中一级论文2篇，核心论文5篇。生源质量稳步提升，签订优秀生源基地80家，浙江省普通类一段录取人数占省内招生数的47%，所有专业均在普通类二段线上一次性完成招生计划。2017届毕业生就业率达96.46%，学生考研率比上年增长2.3%。

三、强化内涵建设，科研和服务地方能力持续增强。获国家级科研项目19项、省部级项目44项。在权威、一级期刊及三大检索发表论文173篇，获专利授权及软件著作权104项，其中发明专利授权35项。成立“两山”重要思想研究中心，首个省重点实验室顺利通过验收。市政府转发学校《服务湖州经济社会发展行动纲要（2016～2020年）》。致力发挥学校在打造“城市与大学命运共同体”中的重要作用，围绕市“4+3+N”产业体系，组建20个重点服务地方团队，承担46项湖州市2017年地校合作重点项目。签约横向科研项目83项，其中100万元以上项目2项。新建14家产学研合作示范基地，12家教师创新创业公司成功入驻东部新城大学科技创业园。获市科学技术进步奖一等奖1项、二等奖1项、三等奖3项，2人获市“青年科技奖”荣誉称号。优化政策环境，师资队伍建设再上台阶。全年引进专任教师43名，其中高级职称7人、博士研究生35人；教师队伍中具有博士学位达319人，在读博士研究生50余人。获批省“千人计划”海鸥计划1人，“十三五”农业部岗位科学家新增1人、续聘1人，入选省中青年学科带头人9人。柔性引进人才40名，其中国家杰出青年基金获得者1人、国家“千人计划”入选2人、企业高层次人才和国内知名学者14人。获省级高级人才研修班开设项目1项，8名教师获国家、省公派国（境）外访学资格，6名教师获教育部（B类）国内访学资格。

四、立足国家战略和区域特色，对外交流与合作扎实推进。有序推进孔子学院工作，并在此基础上成立服务国家“一带一路”倡议的跨文化研究中心。先后与20余个国家50余所高校签订校际合作协议，新增台湾辅仁大学、联合大学2所合作高校；推出28个学生海外交流项目，160名学生赴国（境）外交流学习。与美国北科罗拉多大学（学前教育专业）的中外合作项目招收学生63人。全年招收留学生170余人，在校留学生总数达500余人，其中专业学历生比例超过80%。

五、发挥党建引领作用，思想政治工作富有实效。认真学习中共十九大精神和全国全省高校思政工作会议精神，深入推进“两学一做”学习教育，召开全校思政工作会议。完善二级党组织书记抓党建工作述职评议和党建品牌评选制度，全面建立党支部书记述职评议制度，推动党建工作责任有效落实。深入21个二级党组织开展基层党组织建设专项督查，较好完成省委教育工委等对校基层党建工作的专项调研检查。扎实开展“君子之风”主题教育，将君子文化元素融入教室、寝室、图书馆和实验室等重要阵地，全面提升学生综合素质。进一步规范教师教学行为，制定“君子之风建设之教师教学行为规范清单”。

六、传承优秀文化，文明创建更加深入。总结提炼新时代的“师院精神”，继续办好“胡瑗大讲堂”和“胡瑗文化节”。进一步优化校园环境文化，在教学楼布置体现君子文化与校训等的木雕、铜像；得到省林业厅支持建设珍稀树种植物园，生态校园建设成效显著。“思源图情研究工作室”“声乐工作室”获批2017年市“文化领军人才工作室”；“湖州市公共服务研究创新团队”获批第四批湖州市宣传文化优秀创新团队。持续推进“典型示范专项行动”等10大专项行动，高标准通过全国文明单位复评；协助湖州成功创建全国文明城市，获市政府集体嘉奖，4人被评为“先进个人”。

七、统筹内外资源，保障服务进一步完善。积极争取财政拨款，建立“县（区）共担”财政机制，和研究生生均拨款长效机制。注册成立资产经营有限公司，理顺后勤服务中心、后勤服务有限公司和资产经营有限公司责权利关系；制定《公用房管理办法》，规范做好校外房产和校内经营性房产的出租、处置和管理；对接政府“政采云”平台，初步构建实验室采购项目网络平台。调整后勤服务经营结构，实行精细化管理，提高师生满意度，实现年收入6000余万元。成立“修缮项目与基建工程监管办公室”，加强基础设施改建维修监管；有序推进苗圃段及学府路西段围墙、金工实训基地、明达路改造和众创空间等建设项目，数字图书馆、三号公共教学楼工程获“国家优质工程奖”。继续教育规范运行，收入持续提升。强化“三防”建设，拓展警校合作平台，狠抓安全隐患排查整治，荣获2016年度省级治安安全示范单位。

八、扎实推进求真学院、直属和附属单位建设，协同发展充满活力。推进求真学院体制改革工作，出台《求真学院岗位设置与聘任实施办法》，顺利完成岗位聘任工作；成立求真学院纪委，加强党风廉政建设。附属第一医院全年向84万余人次提供各类医疗服务；全面启动改扩建工程，国际分院进入实际运营阶段，区域医疗联合体合作平台不断拓展。确定把市第三幼儿园作为校附属幼儿园。智慧图书馆建设进展顺利，初步构建共享合作为主的文献资源建设模式。准确把握高等教育发展规律，围绕申硕、更名大学、教育部本科教学工作审核评估和高校分类考核等重点工作做好基础数据的分析研究。

九、着力推进申硕工作，更名大学取得新进展。根据国务院学位委员会办公室公布的《2017年学位授权审核结果公示》，学校因全部指标达标（全国仅4个）而成为浙江省唯一一所新增硕士学位授权单位，并获6个硕士点，列新增硕士授权单位布点数全国第一。护理硕士特殊需求人才培养项目验收评估工作进展顺利。学校更名“湖州师范大学”已被列入《浙江省“十三五”时期高等学校设置规划》（全省共3所），并报教育部备案；同时，写进《湖州市“十三五”发展规划》和湖州市第八次党代会报告。

十、凝练办学历史，校庆筹备工作有序推进。以“校友之庆、学术之庆、感恩之庆”为主题，筹备好“高等教育60周年暨师范教育102周年”校庆活动。成功注册校友会，举办校友会成立暨校友代表大会，新建四川、深圳和宁波、台州、温州校友会；注册登记教育发展基金会，建成微信小额众筹平台，全年社会筹资1000万元。组织校庆标识、校庆纪念品设计，编演原创话剧《君子胡瑗》。

【湖州职业技术学院·湖州电大】 2017年，学校围绕“迎接十九大、学习十九大、贯彻十九大”主题，切实增强“四个意识”，坚定“四个自信”，坚持立德树人根本任务，以办人民满意的高职教育为愿望，深入推进“两学一做”学习教育常态化制度化，开展“四新”主题实践，以“深化改革、转型发展、服务地方”为主线，以全面深化“八项改革”为路径，以党建工作“五个起来”为保障，拉高标杆、补齐短板、强化特色，党建与思想政治工作的引领和保障功能不断加强，创新创业的人才培养质量显著提高，师资队伍建设取得突破性进展，服务湖州经济社会发展的能力和水平全面提升，内部治理重点领域和关键环节改革扎实推进，师生的获得感、幸福感持续增强，为建设区域性高职名校打下了坚实的基础。

一、注重专业建设，师资队伍持续加强。召开第四次教学工作会议，以“6+N”的专业布局更加主动对接浙江省主导产业和湖州市“4+3+N”现代产业体系。建筑工程技术等4个专业、机电一体化技术等5个专业分别入选浙江省高校“十三五”优势、特色专业建设项目；旅游管理等5个专业获批湖州市“十三五”高校重点专业；室内艺术设计等17个专业入选学校第一轮“名专业”建设项目。《ERP沙盘实训教程》等4门课程教材获批浙江省普通高校“十三五”首批新形态教材项目，87门课程被评定为“湖职好课堂”。2017年为“师资队伍建设年”，学校坚持“做足总量、优化结构、提升素质”的人才观，全面实施“十大专项行动计划”，引进硕士以上各类人才33人，其中博士10人。新增省级专业带头人7人、市“1112”人才3人、宣传文化系统“领军人才工作室”1个。54名专业带头人在高级研修班顺利结业，37名教师入选校首批“名师”培养工程。教师全年共参加各类技能竞赛14项，获奖18项，其中省级一等奖2项。2名教师分别被评为省、市“师德先进个人”，17名教师分别荣获校第一届“师德先进个人”“十佳青年教师”称号。学校被市委人才工作领导小组授予“湖州市重才爱才先进单位”。

二、深化创新创业，实训基地转型升级。按照专创融合、三年一贯的思路，8个专业完成“一主线、三层级、多途径创业孵化”的人才培养改革试点，形成“深化教学改革、协同创新创业、培养金牌蓝领”的特色。众创空间被认定为省级众创空间（全省高职院校仅有5家）。杭州市湖州商会出资500万元设立“师生创新创业基金”，学校与湖州市青年企业家协会共建大学生创新创业基地。学生全年参加各类技能竞赛68项，获奖157项，其中国家三等奖以上32项、省级一等奖31项。师生全年共获授权专利63项，其中发明专利20项、实用新型41项、外观设计2项，学生为第一专利权人38项。学校按照“对接产业、示范引领、资源共享、利用高效”的思路，全年安排实训室建设项目25个，投入经费1500万元，成功入选教育部工业机器人领域职业教育项目合作院校，获得300万元软硬件资助。智能制造生产性实训基地等5个实训基地入选浙江省“十三五”高职教育示范性实训基地建设项目。围绕智能制造，启动谋划市公共实训中心三期建设，推进电梯高技能人才培训基地二期工程。与阿里巴巴校企共建首家2.0版客户体验实习实训基地。完善湖州国际旅游学院运行机制，推荐9名旅游专业学生赴澳门皇都酒店实习，与龙之梦集团的初步合作进展顺利。加强与久立集团的深度合作。

三、加大培训力度，继续教育齐头并进。制订《开放教育创新行动计划（2017～2020年）》，召开全市电大系统年度教学工作会议，全面提升电大开放教育人才培养质量，被省电大评为思想政治工作先进单位、招生工作先进单位。积极推进社区教育创新发展，承办浙江省暨湖州市全民终身学习活动周总开幕式，“市民大讲堂”开讲50余场次，受益市民4000余人次。积极承担技能鉴定及培训工作，举办各类培训班216期，培训总人数达12600余人次。大力开展新型职业农民培训，全年共培训2130余人。湖州农民学院被农业部认定为首批“全国新型职业农民培育示范基地”。

【教育类考试】 全力推进高考综合改革，全力以赴确保考试平安顺利。不断深化和完善考试管理制度，主动担当、积极作为，切实维护考试公平公正；以人为本，科学管理，依法治考，努力提升招生考试服务水平。新高考方案下，学考与选考、高职技能考、专业统考和6月高考与单独考试，以及高校志愿填报与录取等，完整的一轮高考综合改革试点顺利完成。其中，学考选考全年全市共73786人报考，198857科次；高考艺术类美术专业统考1024人；6月高考和单独考试共14779人。中考文化课考试报考人数为21407人，全部实行初中毕业生体育考试，市区参加中考体育测试共有14280人；成人高考、硕士研究生招生考试报考人数分别为6542人、1849人。自学考试报考人数为3189人、5231课次，审核毕业生1062人；非学历考试顺利进行，全年共组织剑桥少儿英语、全国英语、全国计算机、大学外语和高校计算机等级考试各2次，报考总人数为49587人；报考省艺术特长B级测试129人；组织国家教师资格考试笔试和面试各2次，报考人数为笔试6440人，面试3697人；普通高校专升本共有269人报考；高职技能考试有5268人报考。全年共组织普通话水平测试52场，参加人数7911人。各科类每场考试都按照要求规范操作，严格管理，实现“考前无试卷试题泄密，考中无群体性舞弊，考后答卷回收不失少”的全年平安考试的工作目标。

·办学条件·

【概况】 2017年，全市学校办学条件持续改善。小学：生均校舍建筑面积为8.8平方米；生均图书为26.85册；每百名学生拥有计算机台数小学由上年的18.44台增加到19.03台；小学体育运动场（馆）面积达标校数的比例为98.43%，比上年减少0.78个百分点；体育器械配备达标校数比例为99.21%，提高0.79个百分点；音乐器材配备达标校数比例为100%，与上年持平；美术器材配备达标校数比例为100%，与上年持平；数学自然实验仪器达标校数比例为100%，与上年持平；建立校园网的学校达99.21%，与上年持平。初中：生均校舍建筑面积为22.85平方米，比上年增加1.7平方米；生均图书为50.88册，比上年增加2.16册；每百名学生拥有计算机台数初中由上年的32.91台增加到35.21台；体育运动场（馆）面积达标校数的比例为98.99%，提高0.04个百分点；体育器械配备达标校数比例为98.99%，提高0.04个百分点；音乐器材配备达标校数比例为98.99%，提高1.1个百分点；美术器材配备达标校数比例为98.99%，提高1.1个百分点；理科实验仪器达标校数比例为98.99%，提高1.1个百分点；建立校园网校数比例为98.99%，提高0.04个百分点。普通高中：生均校舍建筑面积26.92平方米；生均教学仪器设备值0.6万元；生均图书45.83册。普通高中体育运动场（馆）面积达标校数比例为100%；体育器械配备达标校数比例为100%；音乐器材配备达标校数比例为100%；美术器材配备达标校数比例为100%；理科实验仪器达标校数比例为100%；建网学校比例为100%。中等职业教育（包括职业高中、普通中等专业学校、成人中等专业学校）：生均校舍建筑面积30.69平方米，比上年增加0.29平方米；生均图书35.14册，比上年增加0.54册；生均仪器设备值1.19万元，比上年增加0.08万元。

【助学工程】 2017年，全市城乡义务教育段学生免除杂费7327.27万元，免费提供教科书金额为6421.91万元；对义务教育段贫困家庭学生提供免费营养餐，惠及1.4万人，金额为735.23万元；对义务教育段家庭经济困难寄宿生给予生活补助，惠及778人，金额为46.54万元；对家庭经济困难的中小学生发放“助学教育券”，惠及学生1960人，金额为244.52万元；4900人的普通高中学生和7500万人中职学生享受国家助学金，金额为1243.1万元；5.68万人中职学生继续享受中等职业教育学费减免政策，金额为9425.72万元；对家庭经济困难的学前幼儿给予保育费资助，惠及幼儿510人，金额为60.93万元。

【现代教育技术装备】 加强教育技术装备建设的指导，组织实施《湖州市智慧校园建设“十三五”规划（2016～2020年）》。全市普通中小学校2017年在教育技术装备方面的投入达1.72亿元，80%的普通高中建有创新实验室或学科教室。公办中小学校全部实现千兆到校，百兆通达所有班级；教师网络空间开通比例达99%以上，校园网出口带宽达1G以上且无线网络覆盖主要教学场所学校的比例达85%。全市2017年图书装备投入1262万元。累计藏书量1004万册（2017年净增60万册），总金额1.3亿元。2017年，全市生均图书递增2.24册，生均藏书量37.28册，其中中学43.48册、小学31.37册。开展市“书香校园”评选活动，评选出13所市级书香校园，81名市级书香少年；2017年，湖州市5所学校入选省级“书香校园”。

【湖州教育网】 持续做好“湖州教育”门户网站建设，继续保持在“中国湖州”门户网站群运维实时监测排名中名列第一的位置。年访问量已达1000万人（次），审核信息达31000余条、新增有效信息达22411条。做好“菰城教育”微博和“湖州教育”微信门户的技术保障和发布工作。为宣传湖州教育做出了积极的贡献。同时做好湖州教育博客、湖州教育时空（视频资源）、湖州市教育自动办公系统，湖州市远程视频会议系统，湖州市晨检管理系统，湖州普通高中选课平台，湖州市市直名师工作室、湖州市微课资源平台等一系列平台运维。经过与三大运营商沟通，湖州市教育网首次实现了互联网出口的三网合一，并获得了2.5G带宽出口。

【学校建设】 2017年，在《湖州市教育事业发展“十三五”规划》的引领下，制订教育系统的“六重”项目清单，顺利完成全市12个教育重大建设项目的年度目标任务，项目总投资83.7亿元，2017年，完成投资18.4亿元。市教育局按照竣工投运一批、续建开工一批、前期报批一批和谋划储备一批的“四个一批”的要求，组织各县（区）编制了全市教育系统“幸福民生建设工程”项目年度计划，其中竣工投运43项、续建开工49项、前期报批30项、谋划储备21项，各项目均按计划抓紧实施。2017年，全市实施幼儿园扩容项目共33个，笼式足球场建设项目10个。

2017年，全市中小学基本建设在建项目建筑面积46.27万平方米，其中市本级12.84万平方米（吴兴区10.01万平方米，南浔区2.83万平方米），德清县16.84万平方米，长兴县13.16万平方米，安吉县3.43万平方米。完成基本建设投资16.27亿元，其中市本级8.95亿元（吴兴区7.70亿元，南浔区1.25亿元），德清县3.41亿元，长兴县

2.61亿元，安吉县1.30亿元。年内，竣工项目建筑面积22.54万平方米，其中市本级12.84万平方米（吴兴区10.01万平方米，南浔区2.83万平方米），德清县3.52万平方米，长兴县2.75万平方米，安吉县3.43万平方米。

（肖　亮　施彬彬）

社会保障　人力资源

·就业与社会保障·

【就业创业更加充分】　2017年，湖州市启动实施大学生就业创业"一号工程"，制定出台扶持大学生就业创业"双十条"政策，明确"5年聚引30万名大学生和其他各类人才到湖州就业创业"目标。建立大学生就业创业工作联系会议机制，深化"9360"（即紧缺急需人才引进战略合作联盟，涵盖北京、上海、武汉、杭州等9大重点区域30所以上高校、60个以上专业）校地战略合作联盟，先后赴20余所联盟高校开展专场招聘和政策推介活动，新建驻外高校引才工作站10家。召开聚引更多大学生到湖州就业创业"开门听建议"座谈会，举办"创翼起飞、梦圆湖城"主题论坛、全市第四届创业大赛和首届高校在校大学生创业大赛，湖州市推选项目荣获"奇思妙想浙江行"2017创业大赛总决赛二等奖。在全省率先创建特色小镇市级就业创业指导站3家，新建市级创业示范园6家（累计24家）。全市组织开展创业培训1.02万人，发放创业担保贷款2.19亿元，新增大学生创业4714人，安吉县获批全省"互联网+创业培训"试点县。强化就业、失业动态监测，落实"小微企业三年成长计划"等用工保障，拓展技能人才校企合作联盟，组织浙北技能人才校企合作洽谈、贵阳人力资源合作洽谈、春秋季招聘会等活动58场次，推出就业岗位9.64万个，达成就业意向4.8万人，为企业培养输送技能人才8556人，有效地保障了企业用工和求职者就业。实施重点人群精细化就业援助，健全就业困难人员实名制服务机制，指导社区就业服务组织积极对接各类企业开发就业岗位。全年全市城镇新增就业10.6万人，城镇登记失业率为2.22%；失业人员再就业3.95万人，其中帮扶就业困难人员实现就业再就业7430人，全市城镇零就业家庭始终保持动态归零。

【社保体系更加健全】　2017年，湖州市深入实施全民参保计划，全面运行动态管理系统，推动社保精准扩面提标。全市职工基本养老保险参保人数达134万人、城乡居民基本养老保险参保人数达53.35万人、城镇职工基本医疗保险参保人数达124.78万人、城乡居民基本医疗保险参保人数达143.57万人。全市户籍法定人员基本养老保险参保率达89.00%，基本医疗保险参保率达99.04%，累计发放社保卡297.63万张。稳步推进机关事业单位养老保险制度改革，制定相关衔接配套政策，完成改革前已退休人事代理人员待遇调整工作。研究完善被征地农民转企业职工基本养老保险政策，启动实施新一轮企业职工基本养老保险省级调剂办法。调整退休人员基本养老金和城乡居民基本养老保险基础养老金标准。全面落实全市统一的城乡居民基本医疗保险和大病保险政策，实施医保个人账户家庭共济，进一步健全医保合作机制。加快推进医保支付方式改革，完善医疗保险总额预算管理办法，出台《湖州市基本医疗保险费用结算管理暂行办法》，积极开展按病种付费改革试点，推进德清县基层门诊按人头付费和签约医生相结合改革试点。完善定点医药机构协议管理，有序推进医保跨省异地联网结算、医保定点同城互认工作，市、县79家定点医药机构实现同城互认并刷卡结算，17家定点医疗机构纳入全国异地就医结算系统，新增医保"两定"单位88家。

【劳动关系更加和谐】　2017年，湖州市制定出台构建和谐劳动关系实施意见，深入开展"双爱"（企业爱员工、员工爱企业）活动，加强劳动关系源头治理、综合治理。完善劳动关系和谐企业动态调整机制，组织评选出第六批市级劳动关系和谐企业49家、园区1家。全面开展"无欠薪湖州"创建工作，召开全市"无欠薪"县（区）建设工作会议，出台《湖州市深入推进"无欠薪"县（区）建设的实施意见》，"浙江无欠薪"行动现场会在安吉县召开。开展农民工工资支付情况、清理整顿人力资源市场秩序暨整顿劳务外包承揽秩序等专项行动，检查用人单位1.76万家，涉及职工49.51万人；处理欠薪案件3721件，立案处置欠薪案件97件，向公安机关移送涉嫌拒不支付劳动报酬案件25件。积极开展劳动争议"要素式"审理模式试点，全市建立各类劳动人事争议调解组织5016家，实现乡镇（街道）及规模以上企业实现调解组织全覆盖，创建市仲裁院、南浔区仲裁院为第二批省级示范庭。推进落实劳动人事争议仲裁调解案件快办机制，积极开展"要素式"审理模式试点，全市仲裁机构立案受理劳动人事争议案件1665件，结案率达96.89%、调解撤诉率85.12%，居全省第一。制定人社领域信访积案及风险隐患防控和化解、重要会议（重大活动）期间维稳安保工作方案，完善应急值班、每日会商制度，全面研判风险，处理信访件990件、1100人（次），接待群众来访536批（次），完成"平安护航十九大"、世界互联网大会维稳安保工作。（郑一栋）

·人事人才·

【人才供给更加有力】　围绕"4+3+N"产业发展，强化高端领军人才引育，培养人选"国千"13人、"省千"19人、省海外工程师18人、省"151人才工程"第三层次人员18人，创历年新高。入选人社部"赤子计划"重点资助项目，举办"南太湖精英峰会——人才智力洽谈活动"，吸引1000余名海内外高层次人才来到湖州洽谈合作。组织开展赴美欧招才引智活动、海外高层次人才智力洽谈会，达成人才和项目合作意向324项。制定2017年度“南太湖精英计划”实施办法，新引进“南太湖精英计划”领军型创业创新团队和人才211个。新建省级博士后工作站16家，选拔市“1112人才”培养人选和后备人选172人。聚焦“中国制造2025”试点示范城市建设，深入推进“金蓝领”技能人才培养，会同市总工会，推荐入选“浙江工匠”8人、评选“南太湖工匠”20人，新增高技能人才1.8万人。创建湖州工程技师学院（筹）为国家级高技能人才培训基地，新建国家级技能大师工作室1家、省级2家，指导安吉高级技工学校建成世界技能大赛国家集训基地。《培育“湖州工匠”打造“制造品牌”》荣获全国人才工作创新优秀案例奖。完善企业创新型人才中级职称评价办法，加快推进企业自主评价下放企业行业协会，争取省新能源蓄电池专业高级工程师评审试点下放湖州市。启用市人力资源服务产业园，入驻人力资源服务企业32家。制定《关于进一步完善高层次人才服务机制的实施办法》，横向、纵向全面设立人才服务四大机制，新发放湖州绿卡54张，组织125名高层次人才参加年度免费健康体检。深化“9360”急需紧缺人才引进战略合作联盟建设，先后赴20余所联盟高校开展专场招聘，全市引进人才2.93万人，其中急需紧缺人才4133人、湖州籍2350人、高层次人才2383人。

【人事改革更加稳妥】 2017年，湖州市坚持阳光考录，优化面试考官选拔管理，组织各类人事考试30场，参考人数9.44万余人（次）。全市各级机关阳光招录公务员501名，市属事业单位公开招聘工作人员394名，选聘高层次及紧缺专业人才294名，选树湖州市“最美公务员”100名，入选浙江省“最美公务员”4名。深入实施公务员“日志式”日常考核工作，启动公务员“学法用法三年轮训行动”，优化完善公务员网络学堂。切实做好县以下机关职务与职级并行工作，认真开展公务员分类改革摸底统计。完善事业单位专技岗位结构比例动态调控机制，有序推进卫生、中小学教师职称改革，出台鼓励支持事业单位科研人员离岗创业创新实施细则，全市7名事业单位人员离岗创业。深化工资收入分配制度改革，扎实推进公立医院薪酬制度改革试点，制定公立医院绩效工资核定办法、公立医院绩效考核办法和公立医院院长年薪制管理办法，推进法官、检察官工资制度改革入轨工作，出台高层次人才绩效工资管理办法，进一步提升事业单位绩效工资运行规范化水平。落实儿科医生、护士等医务人员待遇倾斜政策。组织公务员健康体检、优秀公务员健康休养等活动。健全企业薪酬调查发布机制，及时调整全市最低工资标准，发布市区298个职业（工种）的人力资源市场工资指导价位。认真抓好军转安置工作，保质保量完成143名军转干部、8名随调家属安置任务。（郑一栋）

民　　政

·社会救助·

【最低生活保障】 2017年，全市在册低保对象39333人，其中城镇在册低保对象6449人、农村在册低保对象32884人。全市低保人数占户籍人口的比例达1.5%，完成省政府“占比达1.5%”的工作目标。全年发放低保资金21233.1万元，其中城镇发放3838.88万元，农村发放17394.22万元。12月起，市区城乡低保标准每人每月为738元，县城乡低保标准每人每月为681元，城、乡人均月补差分别为483.49元和439.04元。拓宽困难群众救助渠道，加强对支出性贫困人群救助力度，把因医疗、就学等刚性支出费用较大造成生活困难的家庭纳入救助，为困难群众提供更广泛、完善的救助保障，较好地缓解困难群众的生活困难，切实保障困难群众基本生活权益。截至2017年年底，全市有支出型贫困对象3480人，救助金额150.22万元。加强湖州市农村最低生活保障制度与扶贫开发政策有效衔接。成立湖州市低收入农户认定管理工作领导小组，与市农办联合印发《关于开展全市低收入农户认定管理工作的通知》，明确低收入农户认定范围和程序，合力提升主动发现能力。严格审核把关，联合市农办对县（区）低收入农户中低保边缘对象认定工作进行督查。

【医疗救助】 市区特困供养对象、低保户和低保边缘户在医疗机构看病实现即时结算，有效地减轻困难群众负担，切实缓解困难群众看病难问题。截至2017年年底，实施医疗救助26.82万人（次），支出医疗救助资金6766.01万元，同比增长17.17%。进一步完善医疗救助与慈善等社会力量衔接机制，支持、引导慈善等社会力量积极参与医疗救助，形成对政府救助的有效补充，由市民政局和慈善总会联合建立医疗救助补充专项资金，主要针对特殊人群（儿童、残疾人、老年人）、特殊病种和困难人群的大额自费医疗费用的补充救助。

【临时救助】 结合湖州市实际，将所有遭遇突发性、紧迫性和临时性基本生活困难的家庭和个人，不论户籍、不分城乡，只要符合条件，都给予救助，使突遇不测者得到周急之助，因病、因灾者生存无虞。截至2017年年底，救助14552人次，支出资金1418.57万元。通过市民政局与市慈善总会联合建立的急难救助基金，全年支出168.19万元，用于政府各专项救助后基本生活仍有严重困难，或政府各专项救助政策覆盖不到的困难群体的补充救助。

【救助核对】 积极开展救助信息共享及部门委托核对受理工作，加强民政核对与核对信息提供部门业务沟通，对核对工作流程、信息交互等进行完善。截至2017年年底，核对工作涵盖10部门、22类信息，其中自动比对19类，自动核对比例达85%以上。在民政低保边缘救助、临时救助、医疗救助和支出型贫困救助等专项救助中引入经济状况核对程序。开展部门间委托核对，受理市住房和城乡建设部门住房救助、市残联两项补贴发放等委托核对。

【减灾救灾】 根据省政府十方面实事项目要求及工作实际，通过强化任务分解、建设标准、工作督查、资金投入和部门协助等方式，结合文明城市创建、美丽湖州建设及辖区域内地质灾害隐患点等工作任务，2017年，全市新建改建避灾安置场所任务数共225个，其中列入省政府为民办实事项目120个，增加改造避灾安置场所105个，超额完成避灾安置场所建设目标。2017年，全市各级避灾安置场所1238个，其中县级9个、乡（镇）级129个、村（社区）级1097个，避灾安置场所标志牌、指示牌设置率达100%。组织市减灾委相关成员单位开展"5·12"防灾减灾日宣传活动，通过摆放宣传展板、发放宣传册、护理急救现场演示和大屏滚动播放防灾减灾视频等形式，积极宣传全民防灾减灾教育。创建27个减灾示范社区，其中国家级10个，省级15个。

【救助管理】 完善救助管理工作协调机制建设，出台《湖州市人民政府办公室关于加强城市生活无着的流浪乞讨人员救助管理工作的通知》，明确部门职责，强化联动实效。召开社会救助联席会议成员单位专题会议，印发《建立市中心城区街面流浪乞讨人员联合巡查制度的通知》《湖州市流浪乞讨人员医疗救治工作流程》。2017年，全市救助流浪乞讨人员2532人次，其中女性491名，流浪未成年人36名，护送返乡106人，提供医疗救治905人。加强街头流浪乞讨人员巡查和救助管理工作，为文明城市创建维护良好环境。开展"夏日送清凉""寒冬送温暖"活动。开展"流浪乞讨人员救助管理主题宣传月"活动，全市救助管理机构同日开展"开放日"活动。抓好救助管理专项资金使用管理，组织对县（区）中央财政流浪乞讨人员救助补助资金使用管理情况进行专项检查。

·老龄工作·

【概况】 截至2017年年末，全市60周岁以上老年人口66.23万，占总人口数的24.88%，其中70周岁以上老年人27.19万人，80周岁以上老人9.57万人，分别占老年人口数的41.05%和14.46%，人口老龄化程度居全省第三位；南浔区、长兴县、吴兴区的老年人口数位列前三。

【养老服务机构建设】 截至2017年年底，全市有各类养老机构146家，其中公办60家、民办86家，共有床位24091张，其中公办6190张和民办17901张。2017年，新增床位2850张，新增护理型床位2661张。年内，市养老护理中心项目已经完成项目选址、项目定位、资金筹措、项目构想和项目运营等前期工作，项目初步设计方案在修改完善中。长兴县社会福利中心项目一期工程占地55亩，年内基建已完工，现处于内部装修和景观施工阶段，总建筑面积10万平方米的二期福利中心项目已启动。建设总投资为6亿元的南浔区社会福利中心项目，年内项目已立项，正在办理地质勘查、设计招标等工作。同时，为提高养老机构管理服务水平和服务对象满意度，促进养老机构服务质量提升，全市积极开展养老院服务质量综合评价及等级评定工作，评选出德清爱暮家颐养中心等7家4A级标杆养老机构，安吉县中医康复护理院等11家3A级标杆养老机构，积极发挥示范引领作用。

【特困供养人员服务】 为规范管理，坚持兜底保障，湖州市全面提升特困人员供养服务水平，出台《关于健全特困人员救助供养标准自然增长机制的通知》，建立特困人员救助供养标准。其中，城镇特困人员基本生活标准按不低于上年度当地城镇居民家庭人均消费性支出的50%确定；农村特困人员基本生活标准按不低于当地城镇特困人员的基本生活标准的80%确定。特困人员照料护理标准参照湖州市重度残疾人护理补贴标准《湖州市重度残疾人护理补贴实施细则》执行，分为生活完全不能自理、基本不能自理、部分不能自理三档。截至年底，全市集中供养1290人。

【城乡社区居家养老服务】 全市累计建成城乡社区居家养老照料中心1207个，其中城市217家，农村990家。继续实施政府购买居家养老服务，全市享受政府购买居家养老服务老人24987人，占老年人口数3.8%，比上年底提高0.7%。积极推进智慧健康养老，吴兴区朝阳街道成功申报为工业和信息化部、民政部、国家卫生计生委"智慧健康养老应用试点示范"，承接国家级智慧健康养老应用智慧养老服务平台线下服务，包括虚拟养老院建设，为老人提供健康医疗、家政服务、教育培训和文化休闲等实体线下服务。

【创建工作】 积极开展省级老年友好城市创建，深入贯彻落实全国老龄办等25部委共同制定的《关于推进老年宜居环境建设的指导意见》，积极推动"老年友好城市"和"老年宜居社区"建设。2017年，湖州市指导安吉县老年友好城市创建工作，省老龄办考评组通过听取汇报、查阅资料、实地查看和访谈了解等方法，从生活环境和设施、社会保障和援助、社会服务和健康、文化教育和体育以及社会参与和优待5个方面进行验收测评。表彰"十二五"期间全市老龄工作先进单位和先进个人。对"十二五"期间涌现出的12个"全市老龄工作先进单位"和10名"全市老龄工作先进个人"予以授牌表彰，鼓励发挥模范带头作用，进一步调动老龄工作者积极性和创造性。三是全面部署开展第三届湖州市“敬老文明号”创建工作，结合实际情况，有步骤、有重点地培育创建示范点，以点带面，推动创建水平整体提升，营造良好的社会敬老氛围。

【养老人才队伍建设】 委托湖州师范学院开设护理（老年护理）专科班，完成第三批19名定向委托培养生招录并开班；依托现有9个养老护理员培训基地，开展专业培训，培训4172人；全市146家养老机构中具有执业资格的医生、护士427名，具有初级以上养老护理员职称的699名，护理人员持证上岗率达88.3%。

【基层老年组织建设】 城市社区已建老年人协会191个，占城市社区总数的95.02%；符合规范化建设标准191个，占已建协会总数的100%，依法登记的23个，纳入备案管理的135个；农村社区已建老年人协会994个，占农村社区总数的100%，符合规范化建设标准945个，占农村社区总数的95.07%，依法登记的23个，纳入备案管理的877个。

【老年精神文化活动】 建有老年电大分校6所，教学点514个，老年大学7所，老年学校115所，有老年文艺团队831个，参加活动的老年人25821人；组建老年体协457个，参加人数91107人；有老年体育团队614个，参加人数42932人。建有各类老年活动中心（室）1257所，年内新建13所，各级投入资金8256万元；有星级老年活动室1023个，其中四星级老年活动室7个，三星级381个，二星级635个。全年完成春季秋季招生任务69886人次，占老年人口的11%，增幅居全省第二，得到省老年电大的肯定。同时，积极创建省级老年电大示范点，共有4家老年电大被评为省级示范点。全市老年文体活动不断开展，有效地推进湖州市老年文体教育健康有序的发展。

【维护老年人合法权益】 全年，各级法院受理涉老案件1891起，其中审结案件1208起，审结率为63.88%；执行625起，占审结案件总数的51.74%；全市有老年人维权机构254家，从事法律工作人员390人；建立老年法律援助中心129家，提供咨询、援助涉老案件245起。

【构建关爱服务体系】 实施老年人意外伤害保险，市本级采取政府和个人承担办法，保费18元，由个人出资7元，政府补贴11元；县级采取县、乡两级政府承担的办法，保费30元，全市参保老人60.84万人，参保率96%。开展独居老人“暖巢行动”。通过与市慈善总会设立慈善关爱基金、政府购买服务的形式，委托社会组织为独居老人定期敲个门、打个电话，提供关爱服务、紧急协助，保障独居老人的安全。

【营造敬老助老氛围】 深入开展“敬老月”系列活动。举办以“敬老月”为主题的系列活动，深入困难老人家庭开展走村入户慰问活动。组织以“金婚庆典”为主题的庆祝联欢活动，举办为期三天的湖州市老龄产业博览会。同时，开展送文化下乡工作，组织市文化馆先后赴吴兴区、南浔区送戏下乡3场。

·社会福利·

【儿童福利】 贯彻落实《浙江省人民政府办公厅关于加快推进普惠型儿童福利体系建设的意见》，及时调整孤儿及困境儿童生活费补助标准，确保孤儿、困境儿童基本生活得到保障，市本级散居孤儿生活费标准为每人每月985元，机构养育孤儿为每人每月1564元；县级散居孤儿最高调整为每人每月1045元。享受困境儿童生活补助人数2847人，发放基本生活费1055万元。依托乐善康复中心开展“添翼计划”养育康复，经过筛选评估，确定康复对象，举行“添翼计划”项目启动仪式，全年举办2期，完成养育康复儿童36人次。该项目自实施以来，社会反响较好，取得良好的社会效益。加强农村留守儿童排查摸底工作，健全基层数据台账，实施动态管理，全市有农村留守儿童611人，积极开展社会结对帮扶。落实市培训县（区）、乡镇（街道）督导员，县（区）培训村（社区）督导员的制度，加强督导员队伍建设，提升督导水平。全年举办培训班5批（次），培训人员950人（次）。

【慈善事业】 全面贯彻落实《中华人民共和国慈善法》。以市政府的名义出台湖州市《关于加快推进慈善事业发展的实施意见》。开展第三届“湖州慈善奖”评选活动，经过社会各界报名参与、专家评委评审和社会公示等环节，最终产生了个人捐赠奖、机构捐赠奖、慈善项目奖、志愿服务奖和慈善工作奖等98个先进个人、单位和项目，并于5月26日隆重举行第三届“湖州慈善奖”颁奖典礼 。同时，开展中华慈善奖的组织推荐工作。积极开展慈善关爱送万家、见义勇为责任保险、关爱贫困母亲、慈善爱警基金、急难救助、暖巢行动和造血型项目等关爱救助及公益项目。

【福利企业管理】 加强福利企业后续监管服务，落实残疾人就业税收优惠政策，促进福利企业发展，维护残疾人合法权益，为残疾人提供更多就业机会。2017年，全市福利企业121家，安置残疾职工4533人，占残疾职工总数34.6%。福利企业残疾职工月平均工资2636元，同比增长6%；残疾职工月人均投保额908元，同比增长3.3%。

【福利彩票发行】 2017年，湖州福彩发行工作按照“夯实基础、规范管理、稳步发展”的工作思路，坚持“创新、协调、绿色、开放、共享”的发展理念，优化市场布局，强化市场营销，推进规范管理，销量稳中有升，市场运行平稳。全年销售福利彩票10.63亿元，同比增长3.1%，为国家筹集公益金2.86亿元，有力地促进了社会福利事业的发展。

·社区与社会组织管理·

【城市社区建设】 结合上级关于农村社区建设和城乡社区治理相关文件精神，起草《中共湖州市委、市人民政府关于深入推进城乡社区建设加强和完善城乡社区治理的实施意见》（代拟稿）。吴兴区被民政部确定为全国首批街道服务管理创新试验区（全国3个），德清县创建全国城乡社区治理和服务创新实验区顺利通过中期评估。在市级层面推广德清县幸福邻里中心做法，满足社区群众的多元化需求。起草《湖州市幸福邻里中心建设和服务管理规范》（DB3305/T57—2018）。加强城乡社区基础设施建设，完成两批次330万元的福彩公益金资助市本级城乡社区建设项目验收拨付工作。狠抓新建小区社区用房工作，提请市府办出台《关于印发湖州市新建居住小区社区用房和垃圾清运设施等配套设施建设管理办法的通知》，结合文明城市创建，以市府办名义下发《湖州市新建居住小区社区用房管理办法》，明确将社区办公服务用房和居家养老服务等用房进行整合，按照每100户不少于65平方米，总面积不少于1200平方米集中独立建设。

【农村社区建设】 深入推进村规民约、社区公约制定、修订和宣传工作。推进农村社区建设规范化和标准化，指导安吉县在全省率先编制完成《安吉县农村社区布局规划和服务设施建设标准》。安吉县入选全国农村社区治理实验区。

【基层民主政治建设】 上半年，稳妥完成应换届979个村和232个社区组织换届选举工作，村民委员会自荐直选率达98%（比上届提高26.8个百分点），居民委员会直接选举率达100%，村社群众参选率95.7%，比上届提高3.5个百分点，群众参与程度显著提升。组织开展换届后新一批村（居）委会干部集中培训，对城乡社区基层治理、民主管理和服务群众等方面知识进行全面轮训，提高新一届村（社）“两委”干部的水平和能力。深入推进“五议两公开”，即党员群众建议、村党组织提议、村务联席会议商议、党员大会审议、村民（代表）会议决议、表决结果公开和实施情况公开民主决策机制，保障群众的知情权、参与权和监督权。强化“三社联动”（指通过社区建设、社会组织培育和社会工作现代化体制，形成资源共享、优势互补、相互促进的良好局面，加快形成政府与社会之间互联、互动、互补的社会治理新格局），以市委办、市府办名义出台《中共湖州市委办公室市人民政府办公室关于深入推进城乡社区协商的实施意见》，相关调研报告获省民政厅政策理论优秀奖。在城乡社区推广乡贤参事会、南太湖议事厅等特色民主议事制度，完善城乡社区协商议事机制。

【社会工作】 完善社会工作政策文件，出台《关于对湖州市高层次人才“服务绿卡”服务内容进一步扩面升级的通知》，首次将省级以上社会工作领军人才纳入市高层次人才“服务绿卡”发卡对象，享受人才绿卡待遇。将省、市以上社会工作领军人才、社会工作督导等纳入《关于高水平打造人才生态最优市的若干意见》中，并相应给予5万元、3万元的培训经费补贴。推动社会工作者队伍壮大发展，联合市委组织部印发《关于做好2017年度社会工作者职业水平考试有关工作的通知》，把持证专业社会工作人员在社会组织中的占比与社会组织等级评估、公益创投和财政扶持等方面进行挂钩。鼓励动员机关部门、群团组织和社会组织做好社会工作考试报名和发动工作。全年共有新考生1356人，同比增长71.9%。通过集中授课、微信导读等形式开展考前培训辅导，考试通过222人（其中初级122人，中级100人），累计达到1341人。注重精英社工培育，推荐7人参加全国社区工作者培训班、推荐5人参加省第三届社工督导培训，1人获得省级社工督导资质。注重骨干社工再教育，多次邀请华东理工大学教授、民政部社会工作人才库专家等来湖州开展讲课，针对当前社会工作领域的实战理论与实务技巧、心理健康服务技能等开展培训。全市联动开展国际社工日宣传系列活动，“社工让社区更美好”理念深入人心。举办湖州市社区工作和社会工作领军人才选拔培训班，对县区选送的60名领军人才进行了为期三天的系统培训，择优确定20名市级领军人才。举办全市第六届社会工作论坛，表彰一批优秀案例，编印社区优秀人物故事集、优秀社会工作案例选编等，扩大宣传影响力。新成立专业社会工作服务机构11家，累计53家。社区社会工作室共计655家。德清县建设“幸福邻里”中心18家，实现社会化运营15家，通过整合“碎片化”社区服务，拓展社区公共服务空间，为专业社会工作服务的开展提供有效平台。长兴县成立湖州市首家医院社会工作服务中心——“长兴国泰社会工作服务中心”，为困难弱势群体提供医疗咨询、医疗救助、心理辅导和生活保健等服务，踏出医卫系统专业社工领域拓展可贵一步。南浔区出台文件，开展社区服务社会化，在市本级走出创新破难的一步。

【社会组织管理】 引导社会组织加强自身建设，规范社会组织管理。推进政府购买社会组织公共服务工作。完善监管体制，建立社会组织自律、社会监督、政府监管和法律监督综合管理体系。开展社会组织登记、年检和评估工作，截至年底，全市累计登记注册社会组织共2398家，其中：社会团体1371家、民办非企业单位1017家、基金会10家；直接登记251家，年检率达98%以上，参加评估社会组织91家，累计参评率为67.7%。开展社会组织执法检查活动。坚持日常监管和专项执法相结合，加大监督检查力度，联合市教育局、经信委等业务主管部门对60余家社会组织进行专项检查。市、县（区）均建立了“双随机”抽查机制，开展“双随机”抽查工作，重点对社会组织内部治理、按《章程》要求开展活动情况进行检查，全市共抽查社会组织106家。稳妥推进行业协会商会与行政机关脱钩工作。全面完成第一、二批全市性行业协会商会与行政机关脱钩试点工作，61家全市性行业协会商会完成脱钩任务（其中注销5家），在机构、职能、人员、资产、党建和外事等方面与行政机关全面分离，涉及25家业务主管单位，两批试点合计数达到应脱钩总数的79.2%。出台负责人任职管理、资产管理、党建工作管理体制调整、行政办公用房管理、外事管理和综合监管6个配套政策。由市民政局与长兴县民政局相关部门共同起草的社会组织综合党委工作、社会组织培育和社会组织公益创投规范等地方标准，已正式印发，在社会组织党建、培育和创投方面打造“湖州样板”。同时，确定一批市级社会组织党建工作示范点，启动第三轮社会组织党建标准化评估工作，共有33家社会组织党组织被认定为“五星级党组织”。会同市编委办、市财政局通过先期调研，于2016年年底以市政府名义出台《湖州市开展政府职能向社会组织转移试点工作实施意见》，重点在市经信委、教育局、住建局等12个部门先行试点。加大社会组织培育力度，市、县（区）两级社会组织服务中心共入驻公益组织42家。入驻组织共开展活动达1000余场次，服务群众达45000人次。2016年度入驻市社会创新园的18家机构中，有9家机构获得市级单位以上集体荣誉称号13个，有9人获得个人荣誉称号。同时，引进专业社工机构入驻市社会组织服务中心担任督导顾问，对入驻公益组织从项目提升、能力建设、团队建设和资源整合等方面进行专业督导。继续鼓励社会组织参加彩票公益金项目申报，全市资助社会组织公益项目209个，资助资金达746万元。启动湖州市第二届公益创投暨“双百助力、大爱公益”活动。继续引进专业团队开展公益创投活动，共资助47个项目，资助资金达275万元。重点扶持为老服务、助残服务及社区服务等五大领域。

·双拥优抚安置·

【双拥工作】 以庆祝建军90周年、喜迎十九大为载体，结合市“四新”主题实践活动，组织开展庆祝建军90周年军民联欢会、召开全市优秀退役士兵和拥军模范座谈会、邀请全国主流媒体集中采访湖州双拥工作等“十个一”系列活动。加快推进军民融合产业发展的工作走在全省前列，并得到副省长冯飞批示肯定。长兴县通过评审成为省级军民融合创新示范县。全市拥有军民融合产业企业100余家，全年实现军民融合总产值300亿元，实现销售收入280亿元，相关利税28亿元。全市积极支持部队营区道路、水电供应等设施建设，支持部队停止有偿服务等，广泛开展科技、教育和文化拥军等活动。长兴县投入3500余万元拓宽某部队战备通道，投入100余万元帮助部队进行营区整治；德清县投入资金78万元，补助部队伙食费。2017年，全市共接收安置转业干部143人，参公以上岗位安置率达95.31%，安置随调家属8人，协调安置事业编随军家属3人，社区工作人员1人，安排28名军人子女入学入托，接受8名转学军人子女，有8名军人子女享受中考加分政策；接收2016年秋冬季退役士兵1020人，发放自主就业退役士兵经济补助金3195万余元。各县（区）举办专场招聘会，132家企事业推出1300余个岗位，400余名退役士兵进场应聘，148人签订了就业意向。全市共向部队赠送慰问款物1200余万元。逐步完善“慈善暖军心”基金救助机制，提高救助标准，全年救助军人军属197人（市本级146人、德清县1人、长兴县30人、安吉县20人），发放救助金130.8万元。办理涉军援助案件8件，开展各类法律援助进军营活动53次，举办法律知识讲座14场，为驻军部队和军人军属解答法律咨询2500余人次，共向驻湖州部队官兵赠送法律书籍和宣传资料2000册。

【优待抚恤】 全面落实各项抚恤优待政策，及时调整和发放各类优抚对象抚恤补助金。2017年，全市共发放重点优抚对象定期抚恤补助金9523.2万元、医疗补助金888.1万元和义务兵家庭优待金6148.1万元。发放退役士兵临时困难救助资金93.8万元。扎实开展春节期间生活困难优抚对象走访慰问工作，全市发放慰问金和慰问物品共计131.2万元。全年共审核上报伤残评定52人，新认定带病回乡退伍军人19人，新认定60周岁以上农村籍退役人员687名。全面开展重点优抚对象身份信息录入和优抚对象数据核查工作。积极开展“关爱功臣、永葆光荣”长效活动，全年组织130名重点优抚对象短期疗养。继续推进引导社会力量参与优抚服务，创新优抚服务体制机制，先后吸纳政府购买社会组织服务20家，投入资金179万元，参与试点乡镇（街道）20个，被服务对象4500人，服务内容涉及生活帮扶、政策解答、法律维权和心理慰藉等多个方面。发挥烈士陵园、烈士纪念馆等红色基因作用，组织广大干部群众参观陈列展馆，开展烈士祭扫活动，重温入党、入团誓词等，全年全市各类烈士纪念设施共接待参观人数14600人次，团队189批次。组织开展第四个“国家烈士纪念日”纪念烈士系列活动。大力开展建军90周年优抚对象慰问活动，充分利用广播、电视、报纸、网络和微信等媒体，宣传党和政府对军队退役人员优抚、安置、帮扶等政策措施，“八一”建军节前后全市共走访慰问优抚对象4282人，发放慰问品和慰问金计78万元，召开座谈会38场，组织召开“全市优秀退役士兵和拥军模范座谈会”。为精确实施退役士兵生活和就业帮扶，全面开展退役士兵相关数据信息采集，共核查退役士兵13437人。全年共处理来信21件，接待来访73批次、650人次。

【退役士兵安置】 2017年，全市共接收2016年秋冬季退役士兵1020人（吴兴区153人、南浔区181人、湖州开发区36人、太湖度假区12人、德清县163人、长兴县259人、安吉县216人；其中，城镇籍221人，农村籍799人）。及时发放自主就业退役士兵经济补助金3195.4万元。做好退役士兵档案审查和接收报到工作，接收安置率达100%。依据《民政部、总参谋部印发符合政府安排工作条件退役士兵服役表现量化评分办法（试行）》，严格档案核分，以考核考试择优选岗的方式，完成76名符合政府安排工作条件退役士兵安置工作（市本级17人、德清17人、长兴35人、安吉7人）。协调市教育、人力社保部门和承训学校，组织开展退役士兵职业技能培训工作，全市共721人参加培训，占退役士兵总人数的70.7%，共支出经费549.4万元，退役士兵政策知晓率、推荐就业率达100%。

【军休干部工作】 军休干部政治待遇和生活待遇得到有效落实。2017年，按照“成熟一个，接收一个”的原则，全市共接收军休干部和无军籍职工2名（军休干部1人，无军籍职工1人），及时办理入户、工资、医疗和组织关系转隶手续。认真做好军休干部病故善后工作，及时办理和报领丧葬费、抚恤金等。组织军休人员健康体检。及时完成军休人员待遇提标工作，共补发提标资金107万元。大力开展春节期间军休人员走访慰问工作。完成17名军队离休干部医疗待遇统计报送。继续推进“六及时、六上门”服务。根据省民政厅转发《民政部关于举办全国军休干部庆祝建军90周年喜迎党的十九的系列活动的通知》，组织军休干部摄影和书画活动，推荐7副作品报省民政厅并参加全国评比。认真开展全省第五届军休干部趣味运动会。

·社会公共事务管理·

【殡葬管理】 认真贯彻落实民政部等9部委联合下发的《关于推进节地生态安葬指导意见》和市委办《关于进一步深化殡葬改革的实施意见》文件精神和要求，积极推行节地生态葬法，加大生态安葬奖补力度，各县（区）均出台生态安葬奖补政策，覆盖率达100%。下拨乡村骨灰存放处补助资金80万元用于市本级骨灰堂新（改、扩）建设，全市完成新（改、扩）建骨灰纪念堂5个，创建9个市级示范生态墓地，德清县新开辟1.5亩树葬区。完成清明、冬至祭扫保障工作，共接待祭扫人员132余万人次，祭扫车辆30万余辆；积极开展“鲜花换纸钱”“鲜花换鞭炮”“花圈改售为租”等文明祭祀活动，累计发放鲜花33万余支，心愿卡7万余张、祭祀带5万余条。加强“四边三化”坟墓治理工作，根据市委办、市府办《关于印发〈湖州市深化“四边三化”行动方案（2015－2020年）〉的通知》和《湖州市“四边区域”“青山白化”治理实施计划》有关要求，2017年，全市共治理“三沿五区”坟墓5500余穴。按照“属地管理”原则，对全市经营性公墓和乡村公益性墓地开展年检工作，年检完成率100%；开展公墓价格调研，进一步规范公墓价格管理。全市生态葬法行政村覆盖率达99%，已建经营性公墓、乡村公益性公墓绿化覆盖率达85%。

【殡仪服务】 开展2017年殡仪馆专项整治活动，对全市4个殡仪馆进行交叉检查，做好全市殡仪馆服务提升，保证殡葬数据的真实、准确性。加快殡仪设施建设的步伐，市殡仪馆改扩建二期工程顺利竣工。严格执行殡葬惠民政策，进一步延伸殡葬惠民政策范围，全市全年减免对象17898人，减免费用1726余万元。

【婚姻收养登记】 全年全市共办理婚姻登记28178对（其中结婚20082对，离婚8096对）；办理收养登记217件，婚姻收养登记合格率达100%。积极推动婚姻登记机关场所标准化、规范化建设，全市县级婚姻登记机关场地符合3A标准比例达80%；认真抓好婚姻登记员队伍建设，持证上岗率达100%；全市开展婚姻登记机关婚姻家庭辅导及颁证工作覆盖率达100%。

【地名管理】 完成第二次全国地名普查阶段任务，上报全市地名条目29987条。做好地名普查成果转化利用，编纂出版《湖州城区地名图》《德清县地图》《德清县首批地名文化遗产图录》《长兴县地名志》等图录典志。结合“最多跑一次”改革，推进地名地址库建设。开展地名文化保护和不规范地名清理整治，出台《湖州市地名文化遗产保护实施方案》，完成36处不规范地名的整改。结合全国文明城市创建活动，提升地名日常管理服务。

【水库移民安置】 至2017年年底，全市建成大中型水库11座。移民后期扶持人数95178人，其中直补到人65681人、项目扶持29497人。包含富春江、新安江和三峡等水库外迁移民在内，湖州市水库移民分布在三县两区及湖州开发区、太湖度假区的66个乡镇（街道）、504个村（社区）。全年发放后扶直补资金3631.32万元，投入专项资金4781.9万元，实施各类后扶项目102个。2017年，全市移民工作通过准确核定人口信息、规范发放直补资金、科学制定后扶规划、加快资金使用进度、加强专项资金监管、促进移民安全稳定等方面，有效提升水库移民工作水平，不断改善库区和移民安置区生产生活条件。

（俞　洁）

卫生计生　体育　生活

·卫生和计划生育·

【概况】 2017年，全市卫生计生工作坚持以中共十九大精神和新时代习近平中国特色社会主义思想为指导，认真贯彻落实全国、全省、全市卫生与健康大会精神以及市委、市政府决策部署，以“三重”（重大改革、重大项目和重点工程）为突破口，以“三比三创”（比创新力度，创出敢为人先新气魄。比工作进度，创出快马加鞭新速度。比干部作风，创出实干担当新形象）扎实推进“四新”主题实践为抓手，加快推进卫生计生事业赶超发展，努力建设“健康中国示范区”，为湖州市“加快赶超、实现两高”提供坚实的健康保障。

【公立医院综合改革不断深化】 一是深化管理体制改革，着力强化政府办医职能。市政府出台《关于深化市级公立医院管理体制改革的实施意见》，推进政事分开、管办分开。成立以市长任组长的公立医院管理委员会，组建市公立医院发展中心，具体负责落实公立医院发展规划、运行监管和绩效考核等管理与协调。完善卫计主导、部门联动和群众测评的公立医院绩效评价考核体系，突出医院发展持续性、管理精细化、服务人性化和群众满意度等评价指标，强化公立医院的公益性。二是深化运行机制改革，着力优化医院收入结构。按照“控总量、腾空间、调结构、保衔接”的改革路径，深化药品集中联合采购改革，市本级和三县成立4个联合采购共同体，2017年，全市完成12个批次的药品集中采购，价格最高降幅达19%，节约采购资金2亿元。推进医疗服务价格改革，完成全市公立医院儿童医疗服务价格调整。全市医改重点指标控制良好。全市二级以上公立医院医疗服务收入（不含药品 、卫生材料、检查、化验等收入）占比为27.81%，同比提高1.3个百分点；药占比为31.48%，下降1.94个百分点；百元医疗收入消耗卫生材料费26.56元，下降0.34%。医疗费用增长幅度控制良好，门、急诊和住院均次费用分别为206.85元（居全省第10位）和8053.03元（居全省第9位），增长3.77%和2.11%，均低于省政府规定的“增长幅度不超过5%”的控费要求。群众就医负担有所减轻，居民医保外的自付比例为54.18%，同比下降0.24个百分点。三是深化薪酬制度改革，着力提升医务人员积极性。出台《湖州市市级医疗卫生单位公开招聘急需紧缺人才实施办法》，对儿科、医技和护理等6类紧缺人才由医院自主招聘、择优录用。出台《湖州市公立医院薪酬制度改革试点工作实施方案》，落实“两个允许”（允许医疗卫生机构突破现行事业单位工资调控水平，允许医疗服务收入扣除成本并按规定提取各项基金后主要用于人员奖励）要求，取消市级公立医院绩效工资调节金，动态调整工资总量，打破工资结构比例限制。制定绩效工资总量核定和绩效评价考核等配套文件，并在市级医院实施，探索建立符合行业特点的薪酬制度。

【分级诊疗服务改革加快推进】 一是深化纵向贯通的医联体建设。在市本级，深化以市中心医院和市第一医院为龙头的2大医联体建设，成立以市中医院牵头的全市中医专科联盟。在县域内，加快推进“医共体”建设，其中以分院制模式实行全面托管的乡（镇）卫生院占托管总数的78.95%。德清县开展省级“医共体”建设试点工作，整合全县医疗卫生资源，组建武康和新市两大健康保健集团，实行县政府理事会领导下的集团院长负责制和集团唯一法人代表的紧密型组织构架。浙二医院与长兴县人民医院组建医疗集团，探索建立省、县、乡、村纵向到底的医联体模式。2017年，全市医联体内医疗机构分工协作，上下联动，有序开展双向转诊，其中下转患者2143人（次），同比增长106.06%，远高于10%的省定目标。二是推进“三位一体”的责任医生签约服务。全市有3005名医务人员组成823个责任医师服务团队，实行网格化管理，建立契约式关系，向社区居民提供基本医疗、公共卫生和个性化健康服务“三位一体”的全方位、全周期的健康服务。全市规范签约率达34.92%，同比增长11.19个百分点，其中重点人群签约覆盖率为75.27%。制定出台支持基层责任医师首诊的政策措施，统一市、区、镇、村四级的常见慢性病用药目录，变“一品多规”为“一品两规”，使“药品管理使用链”延伸到村卫生室（社区服务站），有效地解决基层药品品种不全、与上级医院不一致等问题；向基层责任医师开放慢性病处方，从一个月延长至三个月，鼓励慢性病患者到基层诊疗。三是优化上下通畅的转诊服务。市、县级医院均建立双向转诊办公室，由专门人员负责管理，落实“四优先”（优先预约、优先就诊、优先检查、优先住院）服务。建立全市统一的分级诊疗和责任医师签约信息系统，患者通过“家门口”的签约责任医生就可以直接预约到市、县医院的床位、专家和检查，并由系统自动向医保中心上传转诊信息。自6月启用信息系统以来，累计门诊转诊9499人（次）、住院转诊20895人（次）、签约65.38万人。

【“双下沉、两提升”工程加快推进】 健全“双下沉、两提升”（“双下沉、两提升”是省委、省政府为深化医改、推进公立医院综合改革、优化城乡医疗资源配置作出的重大决策，即通过“城市医院下沉、医学人才下沉”，达到县域医疗卫生“服务能力提升、群众满意度提升”的目的。）长效机制，持续推进资源下沉和人才下沉。2017年，市、县（区）级医院派出中级以上职称医务人员804人，其中高级职称361人；每个县（区）每天派驻三级医院高级职称医务人员平均达13人以上。受市级医院托管的县（区）医院门急诊量比上年增长9.75%，住院病人数增长21.27%，手术量增长7.95%，其中三类以上手术增长4.43%，业务收入增长19.14%；乡（镇）卫生院门、急诊人（次）增长9.2%，住院人（次）增长33.2%，手术人（次）增长35.45%，业务收入增长21.04%。全市县域内就诊率达90.25%，比上年增长6.77个百分点。

【医疗布局优化工程加快推进】全年完成投资19.33亿元，占计划投资额的111.35%。中心城区医疗资源布局调整优化。市中心医院迁建工程完成主体工程结顶；市第一医院改扩建工程完成旧房拆除、场地平整、勘察设计和文物保护等前期工作，一期改建项目和十二中地下停车场项目动工建设。市中医院整体迁建项目总体设计方案通过市规划委员会审议。中心城区月河飞英街道社区卫生服务中心完成装修，朝阳、爱山街道社区卫生服务中心和康山街道社区卫生服务中心完成主体结顶，凤凰街道社区卫生服务中心主体工程建设到地面三层。县域医疗卫生服务体系不断完善。南浔区人民医院、南浔区公共卫生中心、安吉县人民医院急诊楼等新建项目，以及长兴县妇保院改造项目竣工，吴兴区人民医院、长兴县中医院、安吉县中医院住院楼等项目完成主体工程建设，德清县人民医院二期工程、长兴县人民医院等项目建设进展顺利。妇幼保健服务体系建设取得重大突破。市妇女儿童医院挂牌成立，新增200张儿科床位，市妇保院新开辟新生儿专用病房床位40张。吴兴、南浔两区成立区级妇幼保健院（中心）。其中南浔区核定编制109名、设定床位49张；吴兴区核定编制70名、设定床位30张。

【智慧健康提升工程加快推进】一是按照“跑一次+”的要求，重点解决看病反复排队付费问题，“健康湖州”自助支付系统在市级医院全部覆盖，为病人提供自助结算和支付宝、微信等移动支付服务，平均缩减患者付费等候时间50%以上。通过多形式的预约挂号、检验和检查报告自助打印等办法，努力减少排队次数和等候时间，“三长一短”问题得到明显改善。二是按照“互联网+”的要求，全面升级“健康湖州”互联网服务平台，高铁票式互联网挂号从市级医院扩大到县区医院，健康信息查询新增个人健康档案、预防接种、无偿献血和体检报告查询服务，平台关注度和影响力不断提升，累计注册和关注用户数达到17.49万，挂号量32.71万次。三是按照“大数据+”的要求，汇集起电子病历27亿条、健康档案267万份和全员人口数据305万条，并在全市各级医疗机构共享互阅，全市任何一家医疗机构、任何一位临床医生均能刷卡实时查阅患者诊疗信息，帮助医生正确诊断、减少重复检查。三是按照“信息化+”的要求，县（区）检验、影像、心电三大中心全部建成，以信息化促进优质医疗资源纵向流动，提升基层诊断水平。累计为基层诊断疑难心电1.87万人（次），影像诊断11.48万人（次），集中检验约29.28万份。推进公共卫生信息化建设，全市各级医疗机构传染病上报实现与省、国家疾病预防控制中心的“分秒必达”。湖州市是继宁波市之后在全国范围内第二个实现全覆盖的地级市。

【全民健康促进工程加快推进】一是全面推进健康城市和健康村镇创建。全市新建健康步道43条、健康长廊349条和健康细胞（社区、单位、家庭、食堂）918个，省级健康促进医院创建率达64%，健康促进学校创建率达37.5%。加大健康教育力度，开展健康巡讲1537场（次）、广场宣传355场、社区健康晚会8场。二是大力开展爱国卫生运动。组织开展城乡环境卫生整洁行动、小城镇环境综合整治以及卫生乡（镇）创建等活动，新增省级卫生乡（镇）6家，国家级和省级卫生乡（镇）覆盖率分别为15.6%、91.1%，国家卫生城市巩固工作受到全国爱卫会通报表彰。完成农村无害化卫生厕所改造30327座，普及率达97.50%。三是狠抓传染病防控。全市甲、乙类传染病报告发病率为159.73/10万（全省最低），积极稳妥地处置了人感染H7N9禽流感、诺如病毒以及输入性基孔肯雅热等疫情。四是计划生育工作扎实推进。贯彻落实全面两孩政策。全年全市上报户籍人口出生27178人，同比下降3.82%；二孩及以上出生12989人，同比增加1467人，增长为12.73%，占总出生数的47.79%，提高7.02个百分点；政策生育率为98.88%，高于考核指标3.88个百分点；出生人口性别比（以女性为100）为107.92，继续保持正常范围。妇幼健康服务管理不断优化。市、县区危重孕产妇救治中心和危重新生儿救治中心实现全覆盖，全市孕产妇实现“零死亡”，婴儿死亡率为2.22‰，5岁以下儿童死亡率为2.94‰，出生人口缺陷率为15.09‰。生育服务扎实推进。全面落实生育登记“零跑路”、再生育审批“最多跑一次”。扎实推进公共场所母婴设施建设，全市共建设公共场所母婴室100余个。深入开展生育关怀行动，全市共发放奖扶金5241.41万元，特扶金2203.44万元；帮扶救助计生困难家庭4530户，发放慰问金和慰问品378.88万元；深化青春健康教育，全市创建国家级基地1个、省级基地4个、市级基地24个。五是全面深化卫生计生监督执法。完成国家和省“双随机一公开”抽查监管5869户次，作出行政处罚案件491起，罚没款95万元，移送公安机关4起，未发生因非法行医致人死亡伤残事件。组织开展“两非”（非法鉴定胎儿性别、非法选择性别人工终止妊娠）专项整治执法活动，处理涉嫌非法鉴定举报案件2件，查封B超设备2台。在全国率先实现医疗废物“全过程、全覆盖和全在线”的规范化收集处置。

【基层卫生创优工程加快推进】一是基层卫生服务体系不断健全。全市完成13家乡（镇）卫生院（社区卫生服务中心）和78个村卫生室（社区卫生服务站）的改扩建建设。二是基层服务能力不断改善。全市新增国家级“群众满意的乡（镇）卫生院”14家，截至2017年年底，全市国家级“群众满意的乡（镇）卫生院”创建比例达46.15%；新增浙江省百强社区卫生服务中心3家；吴兴区仁皇山滨湖社区服务中心和长兴县和平镇卫生院分别获评为全国百强社区卫生服务中心和百佳乡镇卫生院。全市基层卫生综合服务能力不断提升，基层医疗卫生机构诊疗量占比达68.71%，比上年提高24.65个百分点。三是基层中医药服务能力持续提升。安吉县成功创建为全国基层中医药先进县，在全省率先实现全国基层中医药先进县区“满堂红”；基层中医药服务网络进一步健全，全市新增国家基层中医馆建设项目30个，乡（镇）卫生院（社区卫生服务中心）中医馆建设率达98.36%；推广基层中医药适宜技术181项，培训5800余人（次），基层医疗机构中医诊疗量占比达36.07%；治未病中心实现市、县（区）全覆盖，服务群众约13.7万人。四是“两癌”免费检查扎实推进。全市共完成宫颈癌和乳腺癌“两癌”免费检查4.86万人（次），占省定任务的128.95%。发现可疑癌或癌前期病变135例，确诊癌症7例（宫颈癌1例，乳腺癌6例）。

【社会办医促进工程加快推进】 贯彻落实市政府关于促进民营医院加快发展的实施意见，全年新增民营医院6家，新增核定床位208张。截至2017年底，全市有民营医院37家，床位3722张，占全市医疗总床位数的24.8%，同比提高2.4个百分点。建立重点民营医院建设项目领导领衔全程服务制，浙北明州医院正式运营，浙江鑫达医院完成主体工程结顶，安吉三院即将投入使用。深化行政审批制度改革，按照“最多跑一次”的要求推进民营医院“放管服”工作。卫生计生领域“最多跑一次”改革实现全覆盖，即来即办件率达41.3%以上，“零上门”事项覆盖率达50%以上。加强民营医院指导、扶持和监管，引导民营医院向规模化、特色化和高端化方向发展，2017年，全市民营医院医疗收入达10.2亿元，同比增长34.6%，门、急诊量达198万人(次)，增长27%，出院病人79284人（次），增长37%。成立湖州市社会办医协会，坚持行业自律和行业监管双管齐下，促进民营医疗机构诚信经营、依法执业。

【着力提升医疗服务质量】 成立医疗质量提升行动领导小组，实施医疗质量提升专项行动，以贯彻落实《医疗质量管理办法》和18项医疗核心制度、医疗技术临床应用管理、医院感染管理和血透室管理为主要内容，以血透室、ICU、手术室和内镜室等为重点，对全市各级各类医疗卫生机构进行全面排查和全面整治。

【持续推进改善医疗服务行动】 深入推进临床路径管理。全市二级以上医疗机构按临床路径出径的总例数达13.2万，占出院病例数的51.87%，其中三级医院为53.9%。积极推进日间手术。全市二级以上医疗机构共开展日间手术52867例，占手术总例数的20.25%，其中三级医院18.45%、二级医院23.46%。大力普及预约诊疗。全市二级以上医疗机构普通号源和专家号源预约诊疗率分别达到41.71%和57.93%，其中城市三级医院分别达45.63%和71.77%。

【切实加强人才学科建设】 深入实施“135优才工程”，推动高端人才、基层人才、紧缺人才等人才队伍协同发展。2017年，全系统入选“省151人才工程”培养对象1人、省卫计系统医坛新秀培养对象8名、“市1112人才工程”培养人选和后备人选14名。加快重点学科建设。深化市校医学合作长效机制建设，推进市、县级医院与浙大附属医院及上海知名医院在人才培养、技术指导、学科共建、学术交流等方面的深入合作。2017年，有4个学科被命名为省、市共建医学重点扶植学科（实现零的突破）。加强医学科研创新和平台建设。2017年，系统共获国家自然青年基金项目1项，省部级项目13项，省医药卫生科技计划项目37项，市科技计划项目87项。 （常　乐）

·体　育·

【概况】 2017年，湖州市体育工作紧密围绕市委、市政府工作大局，以服务经济和民生建设为中心，以“四新”主题实践为引领，以推进体育现代化、建设健康大湖州为目标，更新体育工作理念，深化体育体制改革，全力筹备筹办第十六届省运会，各项工作整体推进、均衡发展。

【第十六届省运会筹备筹办】 坚持在“办赛出彩、参赛出色”上下功夫，在“全市出力、体育出活”上做文章，在传播体育文化、繁荣群众体育、发展体育产业和助推城市发展上见成效，全力做好省运会各项筹备工作。一是筹委会组织体系高效运行。市委、市政府主要领导重视省运会工作，将“全力筹备筹办省运会”纳入市政府26件重大事项和“六重”工作。市委、市政府召开省运会筹委会第二次会议，成立省运会筹委会秘书处，明确成员单位工作职责。筹委会办公室先后组织市文广新局、市财政局等多个部门，分别赴绍兴市、上海静安区、苏州市等地学习考察省运会竞赛、开闭幕式等成功经验。二是赛事场馆建设有序推进。第十六届省运会涉及承办赛事场馆20余个，其中新建4个（市奥体中心、度假区帆船帆板基地、安吉县皮划艇赛艇基地、吴兴区文体中心）；市本级修缮改造3个（市网球中心改扩建、市体育馆修缮、市体校学生生活用房和教学训练辅助用房建设）。至年末，市奥体中心、度假区帆船帆板基地和安吉县皮划艇赛艇基地已启用，吴兴区文体中心基本完工。场馆测试有序进行，举办2017年浙超联赛开幕式暨奥体中心启动仪式，先后举办省青少年游泳、艺术体操和武术套路等34项次省青少年比赛，场馆体育工艺得到各项赛事的检验。三是“省运同行”活动全面展开。做好省运会会徽、吉祥物的公开征集，共收到全国27个省市、361名作者的作品4256件，其中会徽109件、吉祥物43件和主题口号4104条。为确保会徽质量，充分反映湖州元素，还邀请G20杭州峰会的会标设计者、中国美术学院副教授袁由敏团队负责设计省运会会徽和吉祥物。组织开展“圣火在我们这里点燃”电视推介会，5个县（区）以及太湖度假区的分管县（区）长（主任）上台推介圣火采集点，通过县（区）展示推介、群众投票和专家评审等形式，充分调动各县区的积极性和主动性，活动取得良好的社会效应，圣火采集点网络投票访问量达14.5万人(次)、投票数2.2万人（次)。精心筹备由中国体育科学学会、浙江省体育局、湖州市人民政府主办的“大型运动会助推城市发展论坛”，邀请全国10个2018年承办省运会的地市共商“省运会”筹办大计，发布《湖州宣言》，得到国家体育总局、省体育局及各地市的好评。四是招商引资途径拓宽。8月，启动省运会招商主体的公开招标工作，广州市博润文化传播有限公司中标。积极推进“省运村”建设。上海长峰集团主动支持“省运村”建设，前期筹委会办公室与上海长峰集团就在“龙之梦”设立“省运村”达成初步共识，上年7月，由副市长闵云带队与长峰集团董事长童锦泉就“省运村”项目进行再对接，基本敲定入驻时间表、车辆保障等具体事项。五是省运会备战扎实推进。专题召开县（区）体育局长备战会议，对办赛任务、金牌目标和运动员安置进行重点部署，市、县（区）均设立备战专项资金。年内全市已完成22个项目、28个分项全部组队目标，组队参赛首次实现“全覆盖”。积极争取赛前金牌，训练备战全面开展，强化裁判员业务培训，举办14个项目的省运会辅助裁判员培训班、培训人员600人（次)。在天津第十三届全运会中，湖州市共有65名运动员进入决赛，获金牌3枚（其中1枚是群众体育项目)、银牌10枚、铜牌7枚，其中1人1次破1项全国纪录。

【全民健身活动】 以“健康湖州·科学健身”为主题的全民健身活动遍布城乡，通过举办“湖州市第四届市民运动会”“全民健身与省运同行”“全民健身日活动”等群众身边的全民健身活动，吸引更多的群众参与全民健身，力求全民健身活动常态化、群众参与普及化。全市50余万名市民参与女子健身交流展示、气排球、乒乓球、美丽乡村健身跑、登山、健步走、自行车、羽毛球、足球、广场舞、武术、健身气功、棋类、三人制篮球和戏曲广播体操展示等20余个项目107场群体赛事活动和1000余场基层主题运动会。市本级环太湖国际公路自行车赛、德清县（国际）竹海马拉松比赛、长兴县图影马拉松、安吉县“中国美丽乡村”桥牌混合团体赛、吴兴区的休闲运动节、南浔区的华东寻找最美古村落定向寻宝比赛等各有特色，即吸引了众多国内外一流运动员参赛，又扩大了群众参与面。组织参加浙江省第三届体育大会，选派270名运动员参加风筝、太极拳、登山、攀岩和水上救生等22个项目的比赛。民间体育特色项目品牌化，德清县木兰系列、长兴县百叶龙、安吉县竹叶龙、吴兴区风筝、南浔区船拳等民间体育品牌在全国乃至国外都有一定影响。新建市级全民健身示范点50个，全市有800余个城乡全民健身示范点每天定人、定点和定时开展各种健身活动，切实做到日日有健身、周周有活动、月月有赛事。至2017年年底，全市经常参加体育锻炼的人口比率达39%，列全省第三位。

【群众体育】 深入贯彻落实全民健身国家战略。以“六边”工程(完善群众身边的体育健身组织、建设群众身边的体育健身设施、丰富群众身边的体育健身活动、支持群众身边的体育健身赛事、加强群众身边的体育健身指导、弘扬群众身边的体育健身文化）为抓手，进一步完善全民健身服务体系。一是群众身边的健身组织更加有序化。初步建成遍布城乡、规范有序和富有活力的全民健身社会化组织网络。市、县两级体育总会，市、县(区)、乡镇（街道)、村（社区)四级老年体协全部建立，行政村老年体育组织覆盖面达100%。鼓励和支持社会力量积极举办体育社会组织。全年全市注册登记县级以上体育社团126个，全国体育先进社区1个，国家级青少年户外运动营地1个、省级青少年户外运动营地3个，国家级青少年体育俱乐部8个，各类省、市级体育俱乐部466个，有效地带动了各类人群的全民健身活动。二是群众身边体育设施日趋均衡化。2017年，新建市级及以上中心村全民健身广场、体育休闲公园42个、乡镇（街道）全民健身中心5个、全民健身示范点50个、乡镇（街道）国民体质监测点22个，完成省小康体育村升级工程100个、社区多功能公共运动场21个、笼式足球场20个、拆装式游泳池16个。全市人均体育场地面积增加0.15平方米以上，市奥体中心、吴兴区文体中心相继建成，在全省率先实现全民健身中心县（区）全覆盖。重视体育场馆对外开放，平均开放时间达10.5小时/天、350天/年。三是群众身边健身指导不断专业化。全年新培训体育社会指导员1248名，累计持证社会体育指导员14612人。精心组织“全民健身公益大培训”，共培训网球、女子防身术和健身气功等30余个项目、培训11万人（次)。深入开展进村入企培训活动25场，完成培训3774人（次)。与市卫生部门合作，新建乡镇（街道）国民体质监测中心22个。四是群众身边体育服务走向社会化。出台《湖州市体育局政府购买服务实施办法》，将第四届市民运动会、全民健身公益大培训、中心城区健身路径建设维护、社会体育指导员数据库建设和国民体质监测等14个项目纳入政府购买服务目录，涉及资金380余万元。群众体育社会化、项目化建设走在全省前列，2017年，德清县作为全国唯一一个县（区）级政府在全国群众体育工作电视电话会议上交流发言。

【竞技体育】 紧紧围绕出成绩、出人才目标，逐步推进全市竞技体育工作又好又快发展。一是完善项目布局。针对湖州市历来业余训练项目布局不全、竞技体育整体实力不强的现状，利用省运会在湖州举办的契机，结合各县区实际，完成对省运会所设22个项目（新增项目除外）的全布局。其中吴兴区的武术散打和女子篮球、南浔区的男子排球、安吉县的帆船、长兴县的沙排、市体校的击剑等项目均属首次布局。向上输送优秀运动员苗子逐年增加，浙江省运会周期累计转正转试训运动员达70人以上，79人入选“浙江省重点体育后备人才”。二是加强基地建设。全市各级各类基地是业余训练的主体，是全市竞技体育的主力军。市体育运动学校和长兴县少体校连续四个周期创建为国家级高水平基地，安吉县和德清县少体校创建为省级高水平基地，全市共创建11所省级阳光体育后备人才基地，命名18个市本级青少年训练基地，各县（区）共命名87个青少年训练基地。三是注重合作合赢。积极引导县（区）、企业等各方面力量参与各运动项目建设，充分利用浙江省射击射箭自行车运动管理中心落户湖州的契机，借助省中心场地、教练员等资源，新建射击、自行车项目，使射击、射箭和场地自行车项目成为湖州的优势项目，培养大批优秀运动员。加强与高校合作，充分利用高校的人才资源、器材资源为湖州市业余训练服务，努力实现竞技体育共建共融。

【体育产业】 以规划为引领、项目为支撑、融合为目标和培育为重点，做大做强体育产业基础。一是产业平台提档升级。出台《湖州市关于加快发展体育产业促进体育消费的实施意见》，进一步优化体育产业发展环境。积极培育体育小镇建设，推荐德清县莫干山镇申报省级运动休闲小镇。德清县创建为国家体育产业示范基地，长兴县、安吉县创建为省级运动休闲基地。2017年，新增省级运动休闲旅游示范基地1个、省级运动休闲旅游优秀项目1个，入围省级体育产业发展资金项目8个。二是品牌赛事效应不断扩大。举办中国极限联赛（湖州）暨第十八届全国极限运动锦标赛、2017第八届环太湖国际公路自行车赛等两项重要赛事，湖州乐活足球队荣获2017浙超联赛第四名的好成绩。环太湖国际公路自行车赛（湖州赛区）、全国围棋甲级联赛两项赛事被列入2017年浙江省重点培育品牌体育赛事名录库。杭州亚运会男女排比赛项目、中国男子排球超级联赛主场落户德清体育中心。吴兴区织里镇与英国·诺丁汉郡中英足球中心签订战略合作协议，全市有20余所学校与恒大、绿城等俱乐部建立合作机制。三是谋划“一县一项目”布局。在特色发展的基础上，围绕全市“特色小镇”的战略布局，引导县（区）体育产业错位发展，吴兴区推进以恒大足球为核心的“足球小镇”、南浔区推进以万亩鱼塘为基础的“垂钓中心”、德清县推进以莫干山山体户外体育休闲为主题的“裸心小镇”、长兴县推进以太湖龙之梦乐园为龙头的“体育服务综合体”、安吉县推进以高山滑雪为特色的“江南冰雪群落”及以地理环境为优势的“亚高原训练康复基地”。四是体育彩票销售稳步发展。全市共有销售网点457家、竞彩网点137家，累计完成各类体彩销售8.96亿元，完成全年度目标任务的117.9%，累计筹集体彩公益金2.26亿元；全市累计中出1万元以上大奖365注、10万元以上大奖72注、100万元以上大奖3个、1000万元以上大奖1注。

【体育文化】 坚持把体育宣传工作与群众体育、竞技体育和体育产业同步部署、同等要求。一是扩大体育信息宣传。2017年，对市体育局官方网站进行全面改版；开通“跃动湖州”公众微信号，关注用户已突破1万人；在《湖州日报》设置“体育专刊”，着力构建报网微端融合发展的大格局。二是坚持走群众路线抓宣传。举办“湖州奥体中心市民见面会”，邀请各级人大代表、政协委员及网民代表参加活动，“面对面”听取意见和建议，使市民所想所需与奥体中心为民服务实现“共振”，积极推进线上线下双向驱动。围绕“健康湖州”、2018年省运会筹备筹办、体育场地设施建设利用和健身休闲产业等重大主题，加强与中央、省、市主流媒体合作，扩大体育宣传领域，推进体育信息中心建设，加快网络信息人才队伍培育，实施全市体育宣传考评指标体系。积极开发体育宣传品，传播体育文化。三是加快智慧体育建设。加强与阿里体育、黄龙体育中心、动享体育和北京华亿等专业化体育产业公司合作，将其先进的管理经验和智能化的管理手段融入市各类体育场馆中，推动智慧场馆建设，并尽快融入智慧湖州建设。充分利用互联网、云计算等新技术及移动客户端载体，方便群众实时进行体育场地预订、健身场所查询，在线获得健身指导和运动处方等服务，努力构建高效化、便捷化和共享化智慧体育服务体系，让市民健身更方便、更快捷。

【体育体制改革】 按照整合资源、理顺关系、完善功能和加快发展的思路，做好建、并和分三篇文章。“建”是建市体育中心、体育产业指导中心和体育竞赛中心；“并”是将奥体中心、全民健身中心、游泳馆、体育馆和网球馆并入体育中心，成立湖州体育产业发展有限公司进行市场化运作；“分”是将网球中心部分场馆划归体育中心，网球训练备战职能划入市体育运动学校，作为市体育运动学校的网球分校。形成“一校（体育运动学校）、两会（体育总会、体育科学学会）、四中心（体育中心、体育产业指导中心、体育竞赛中心、体彩中心）、一公司（体育产业发展有限公司）”的湖州体育发展格局。（陈洋静思）

·居民生活·

【概况】 2017年，湖州市全面贯彻中共十九大精神，以习近平新时代中国特色社会主义思想为指导，紧扣社会主要矛盾变化，聚焦发展不平衡、不充分问题，突出抓重点、补短板和强弱项，精准施策，进一步增强城乡居民增收的后劲和可持续性，湖州城乡居民增收工作继续走在全省前列。

【收入基本情况】 一是城乡居民收入增长快于全省平均增速。2017年，湖州市全体居民人均可支配收入40702元，同比增长9.4%，增幅高于全省平均0.3个百分点，居全省第4。从城乡来看，城镇常住居民人均可支配收入49934元，增长9.0%，增幅高于全省平均0.5个百分点，居全省第2；农村常住居民人均可支配收入28999元，增长9.4%，增幅高于全省平均0.3个百分点，居全省第4。二是农村居民增速快于城镇居民，城乡收入比持续缩小。近年来，湖州市重视农村地区经济发展和精准扶贫工作，努力促进农业增效和农民增收，各项惠农政策措施得力，城乡居民收入差距继续缩小。从增速来看，2017年，农村常住居民人均可支配收入增速高于城镇居民0.4个百分点；从城乡比来看，2017年，湖州城乡居民人均可支配收入比为1.72∶1(农民收入为1)，居全省第3，低于全省平均0.33个百分点。三是县域间收入差距较小，各县（区）协调发展。湖州所辖5个县（区）的经济社会发展水平总体比较接近，收入差异缩小。从绝对值来看，2017年，各县（区）全体居民人均可支配收入绝对值最高的为吴兴区(44221元)，高于全市平均3519元，最低的为安吉县（38266元），低于全市平均2436元；从增速来看，增速最高的是吴兴区和南浔区，均增长9.5%，高于全市平均0.1个百分点，最低的是安吉县，增长9.2%，低于全市平均0.2个百分点。从绝对值和增速来看，湖州市各县（区）之间差距均不大，收入均衡性较好。

【收入基本特点】 一是稳定就业促进工资性收入平稳增长。湖州市多措并举解决劳动力就业难问题，年内，各级人力社保部门组织开展各类招聘活动58场次，推出就业岗位9.6万个，促进城镇新增就业10.6万人，实现失业人员再就业3.95万人、困难人员实现就业7430人，加上最低工资标准提高以及工资刚性增长等多方面因素的共同作用，促进工资性收入平稳增长，2017年，湖州全体居民人均工资性收入23709元，同比增长9.1%，拉动可支配收入增长5.3个百分点。分城乡来看，城镇常住居民人均工资性收入27443元，增长8.8%；农村常住居民人均工资性收入18976元，增长9.2%。二是减负政策拉动经营净收入略有回升。随着转型升级和综合整治的推进，各县（区）的部分低小散企业被逐渐关停转型，在一定程度上影响城乡居民经营性收入增长，但政府各部门围绕降低企业成本出台政策，通过降低失业保险费率、落实社保费率调整及阶段性降费等方法，持续为企业减负，居民家庭经营净收入略有回升。2017年，湖州全体居民人均经营净收入8855元，增长7.8%，比上年提高2.9个百分点。分城乡来看，城镇常住居民人均经营净收入10030元，增长7.7%；农村常住居民人均经营净收入7364元，增长7.5%。三是理财多样化拓宽财产净收入增收渠道。随着金融理财平台的增加以及利率上浮，城乡居民闲余资金投资渠道增加，同时，随着农村改革的推进，农村居民家庭土地承包租金、集体分红收入随之上升，带动城乡居民财产性收入稳定上升。2017年，湖州全体居民人均财产净收入3196元，增长10.0%，拉动可支配收入增长0.8个百分点。分城乡看，城镇常住居民人均财产净收入4943元，增长9.6%；农村常住居民人均财产净收入982元，增长7.5%。四是惠民政策促进转移净收入较快增长。湖州市把城乡居民增收工作与“四新”主题实践结合起来，各项惠民、富民政策落到实处。2017年，湖州市民生支出241.07亿元，占财政总支出的74.2%，比上年增长11.3%，民生支出保障激发城乡居民增收活力。湖州全体居民人均转移净收入4942元，增长13.6%，增幅居四大项之首，拉动可支配收入增长1.6个百分点。分城乡看，城镇常住居民人均转移净收入7518元，增长11.4%；农村常住居民人均转移净收入1677元，增长22.4%。

【消费支出特点】 2017年，湖州全体居民人均消费支出24421元，同比增长5.2%，分城乡来看，城镇常住居民人均消费支出28962元，增长4.4%，农村常住居民人均消费支出18665元，增长6.0%。一是食品烟酒类消费支出占比有所下降。随着城乡居民生活水平的不断提高，食品烟酒类支出在消费支出的占比逐渐下降，2017年，湖州全体居民人均食品烟酒类消费支出7455元，增长4.2%，占消费支出的30.5%，比上年减少0.2个百分点。分城乡来看，城镇常住居民人均食品烟酒类消费支出8815元，增长3.3%，占消费支出的30.4%；农村常住居民人均食品烟酒类消费支出5732元，增长6.1%，占消费支出的30.7%。二是居民文化生活丰富多彩。随着公共文化服务水平不断提高，文化事业和文化产业蓬勃发展，城乡居民文化娱乐生活日益丰富。2017年，湖州全体居民人均教育文化娱乐消费支出2549元，增长5.8%，高于平均消费支出0.5个百分点。分城乡来看，城镇常住居民人均教育文化娱乐消费支出3240元，增长5.0%；农村常住居民人均教育文化娱乐消费支出1672元，增长6.6%。三是居民出行日益方便。随着铁路、公路、航空等基础设施网络建设日益完善，居民出行便利度提高，加上移动通信设备的普及和“提网速、降网费”等惠民措施的落实，城乡居民交通通信支出逐年提高。2017年，湖州全体居民人均交通通信支出4002元，增长5.6%，高于平均消费支出0.4个百分点。分城乡看，城镇常住居民人均交通通信支出4490元，增长5.0%；农村常住居民人均交通通信支出3383元，增长6.3%。

（钱丽琳）

生态文明建设

生态文明

·综　述·

【概况】 2017 年，全市上下按照省委、省政府对湖州提出争当践行“两山”理念样板地、模范生的新要求，在生态文明建设上重点推进了 5 个方面工作，全市生态文明建设取得积极成效。

【在重大载体争创上取得新突破】 坚持市委、市政府提出的“生态文明建设效应最大化的检验标准”，注重系统谋划、探索创新，全力将示范区建设推向新高度。一是谋划争创践行“两山”理念新载体。谋划创建“践行‘两山’理念先行示范区”，在湖州的全国人大代表向全国“两会”提交建议案，并起草形成建议方案上报省委、省政府。按照市委、市政府把安吉县余村村打造成为践行“两山”理念样板地的要求，推进余村村编制总体规划、建设特色小镇、创建 AAAAA 景区、筹建讲习所等 11 项工作，年内，均取得了积极进展。二是谋划“走向社会主义生态文明新时代”。从思想内涵、战略目标、主要任务、实现路径等方面深入研究，形成《争做践行“两山”理念样板地、模范生，奋力率先走向社会主义生态文明新时代》研究报告。起草《中共湖州市委关于高举习近平新时代中国特色社会主义思想伟大旗帜奋力当好践行“两山”理念样板地模范生的决定》。三是争创一批绿色发展重大载体。先后获得全国唯一以绿色制造为主线的“中国制造 2025”试点示范城市和全国绿色金融改革创新试验区两大国家战略；创建成为第一批国家生态文明建设示范市和第一批“绿水青山就是金山银山”实践创新基地；成为全国首批水生态文明城市。

【在生态文明制度创新上取得新成效】 始终把制度创新作为示范区建设的核心任务紧抓不放，推动立法、制定标准、创新机制，完善“三位一体”的生态文明制度体系。一是法规体系不断完善。认真贯彻落实生态文明先行示范区建设条例，组织市级部门研究制定一批配套政策文件。市人大常委会专门印发意见，组织开展“六个一”活动，推动《湖州市生态文明先行示范区建设条例》的学习宣传、贯彻落实。加快生态文明建设领域其他专项法规的制订，颁布实施《湖州市禁止销售燃放烟花爆竹规定》，城乡河道管理、美丽乡村建设、乡村旅游发展等法规调研起草工作扎实推进。二是标准化建设成果丰硕。以国家生态文明标准化示范区为载体，加快探索标准化支持生态文明建设的机制和路径。年内，由市质监局牵头，一是发布全国首个市级地方标准规范——《生态文明标准体系编制指南》，为其上升为国家标准打好基础。二是修订市级以上标准 16 项，其中国家标准（《工业企业和园区循环经济标准体系编制通则》《绿色产品评价通则》《绿色产品评价·人造板和木质地板》《循环经济绩效评价技术导则》）4 项，《绿色矿山建设规范》和《竹子造林碳汇计量与监测方法》地方标准为全国首创。三是完成生态文明标准化信息平台构建，筹建市农业标准化技术委员会和市标准化研究院。三是体制改革取得重要进展。一是建立健全绿色发展和绿色生活推进机制。根据中央政治局第 41 次学习会提出的“要把推动形成绿色发展方式和生活方式摆在更加突出的位置”要求，制定出台《关于深入践行“两山”重要思想加快推进湖州绿色发展的意见》《关于开展生活方式绿色化行动的实施意见》，市级有关部门出台配套文件，在县（区）开展绿色出行、绿色消费等试点。二是健全考核评价及责任追究制度。组织开展了自然资源资产保护与利用绩效评价和对 6 个乡（镇）领导干部自然资源资产审计试点。市委组织部牵头制订《湖州市党政领导干部生态环境损害责任追究实施办法（试行)》。三是探索自然资源资产产权制度改革，全面推进林权统一登记；在长兴县开展自然资源统一确权登记试点，年内，已完成自然资源调查。四是健全环境治理体系。市环保局牵头制定《湖州市主要污染物排污权有偿使用和交易管理办法》，推进“区域环评 + 环境标准”改革，划定全市生态保护红线。市发改委牵头建立按污染程度分类、分档计价及多因子计收工业污水处理费标准；市经信委牵头制订《关于湖州市全面推行区域能评改革的实施意见》，推进能评改革和用能权交易。

【在促进“两山”转化上取得新进展】 积极探索“两山”转化机制，以产业培育、项目招引、平台拓展为重点，积极培育发展新动能，有效提升绿色发展水平。一是绿色发展动能显著增强。扎实推进“中国制造 2025”试点示范城市和绿色金融改革创新试验区建设，市经信委、市金融办分别牵头制定出台一系列政策文件和行动方案。“互联网 + ”“智能化 + ”等新业态新模式新技术蓬勃兴起，现代物流、影视文化、健康服务、电子商务等产业加快发展，海王生物医药、游侠汽车等一批重量级产业项目成功入驻。规模以上工业增加值增长8.7%，其中战略性新兴产业、高新技术产业、装备制造业分别增长9.5%、10.4%和14.5%；农业现代化发展水平综合评价继续位居全省第一。二是传统产能绿色化改造提标增速。借助中央环保督察的倒逼机制，推动传统产业转型升级和落后产能的淘汰。市经信委牵头制订《湖州市传统制造业改造提升行动计划（2017～2020年）》，重点推进纺织、金属加工、家具竹木等六大传统制造业的转型升级，整治提升了安吉县膨润土、长兴县喷水织机、南浔区小木业等行业企业。制订出台全省首个《湖州市绿色工厂评价办法》，天能集团、超威电源2家企业被列入工信部第一批绿色工厂示范名单。三是生态经济化发展水平稳步提高。把全市作为一个“大景区”来打造，深入推进国家旅游业改革创新先行区和国家全域旅游示范区建设，全年旅游总收入突破1000亿元。成功举办第二届国际乡村旅游大会，长兴水口茶乡乡村旅游集聚示范区成为全省首个省级乡村旅游产业集聚区，吴兴原乡假日小镇、太湖龙之梦乐园等一批旅游重点项目加快推进。休闲农业取得长足发展，全国休闲农业与乡村旅游大会在湖州召开。完成现代生态循环农业建设任务，建成现代生态循环农业示范区10个、示范主体126家，示范点1065个。

【在生态环境质量上实现新提升】 以中央环保督察、创建全国文明城市等为契机，开展“水、气、土、矿”等环境治理和生态建设，切实解决了一批社会关注、群众关切的环境问题，全力补齐生态环境短板。一是治水剿劣任务全面完成。围绕“夺鼎、提标、剿彻底、防反弹”目标，全域全面打响剿灭劣Ⅴ水攻坚战。9905名河长带头治水，在全省率先剿灭劣Ⅴ类水，完成河道清淤1200万立方米，商品温室龟鳖养殖实现全域清零，77个县控及以上断面水质全部达到或优于Ⅲ类水标准；13个国考断面继续保持稳中向好，县级以上集中式饮用水源地达标率保持100%。二是大气污染防治成效明显。围绕PM2.5浓度持续下降，治理能力、空气优良率、群众满意度不断提升的“一降三提”目标，多措并举推进大气污染治理。开展大气达标规划编制，重点推进挥发性有机物治理、高污染燃料小锅炉淘汰、热电企业清洁化改造等。市区PM2.5浓度下降至42微克/立方米，同比下降10.6%；空气优良率为68.5%，同比上升2.9个百分点。三是生态建设与修复切实加快。全市新建提升平原绿化1.8万亩，建设珍贵彩色健康森林7.9万亩。市林业局牵头开展综合治理毁林（竹）种茶专项行动，完成造林更新7981亩。市矿治办牵头开展矿山复绿专项行动，56处重点治理项目已完成治理方案编制，开工治理47个，废弃矿山生态修复扎实推进，完成废弃矿山治理1.5万亩。四是城乡人居环境全面提升。在全市范围内开展城中村改造攻坚和建设项目遗留问题清零专项行动，清零任务全面完成，城中村改造强势推进。全面开展小城镇整治提升，推进“一加强三整治”18项任务和6大专项行动，德清县乾元镇旧城有机更新项目、安吉县蔓塘自然村建设项目荣获2017年中国人居环境范例奖。打造美丽乡村升级版，新创建市级美丽乡村43个，推进7条美丽乡村示范带建设。全面实施垃圾分类，中心城市499个小区、340家单位完成垃圾分类硬件配置工作，全市492个行政村全面启动垃圾分类工作。德清、安吉县被确定为全国首批“农村生活垃圾分类和资源化利用示范县”。

【在全民参与共建共享上形成新氛围】 全方位、多角度开展宣传教育、合作交流，对内引导全民参与生态文明建设，对外提升湖州知名度和影响力。一是谋划打造生态文明合作交流论坛。与中国生态文明研究与促进会合作举办绿水青山就是金山银山湖州会议，十一届全国政协副主席陈宗兴，交通部、环保部等相关部委领导，中国工程院、国务院发展研究中心、清华大学等院士专家，中央电视台、新华社等中央主流媒体以及省内设区市级代表近200人参加会议，会议形成并发布《绿水青山就是金山银山湖州共识》，充分展示湖州生态文明建设的成效，进一步提升湖州“两山”理念诞生地的知名度和影响力，为打造“两山”论坛永久会议奠定了基础。二是对外加强宣传扩大影响力。年内，人民日报社、中央电视台等中央主流媒体专题报道湖州生态文明建设200余篇次，浙江日报社、香港大公报社等省级和境外媒体刊发报道150余篇次，集中宣传湖州市推动绿色发展方式、生活方式的最新成果。中共十九大前后，中央主流媒体围绕十九大的系列专题报道，多次报道湖州市生态文明建设成就。湖州市还入围了由新华社、人民日报社等主持评选的2017年度“全国十佳生态文明城市”的公示名单。三是对内加强教育增强凝聚力。组织召开纪念“两山”理念发表十二周年暨第三个“湖州生态文明日”活动座谈会，进一步凝聚全市上下践行“两山”理念、争当样板地模范生的共识。将倡导生态文明、推行绿色生活作为精神文明的重要内容之一，举全市之力创建全国文明城市，全市崇尚文明、践行绿色的意识显著提升。成立了浙江生态文明干部学院，市教育局组织编发《湖州——“两山”重要思想的实践样本》地方教材，并开展生态文明教育示范学校和精品课程评选。开展绿色细胞创建，在15大领域打造100余个富有内涵、彰显形象的生态文明示范点。四是绿色生活方式有效推行。市生态文明办会同交通、环保、旅游、文广新等11家单位共同举办“湖州生态文明日”主题宣传暨绿色出行体验活动，发布湖州“绿色出行卡”、实行“碳积分”奖励，切实提升市民的积极性和参与度。推进“生态＋电力”，启动“绿色交通港口岸电工程”示范项目建设，京杭大运河湖州段沿线实现服务区岸电全覆盖。成功创建“十三五”首批国家公交都市。推进绿色建筑和海绵城市建设，编制《绿色建筑专项规划》，开启仁皇山区域海绵城市改造和吴兴东部新区海绵城市示范区建设。

（沈越霄　顾鑫昀）

·环境保护·

【概况】　2017年，全市环保系统认真学习贯彻中共十九大、省第十四次党代会和市第八次党代会精神，紧紧围绕全市发展大局，以当好践行“两山”理念样板地、模范生为目标，以持续改善环境质量为核心，深入开展“四新”主题实践，忠诚履职，担当作为，生态环保各项工作取得新进展。创建为首批国家生态文明建设示范市和“绿水青山就是金山银山”实践创新基地，成为全国唯一一个同时荣获两项殊荣的地级市；承办全国生态文明建设现场推进会，环保部部长李干杰、省长袁家军出席会议并讲话。完成第四届世界互联网大会环境质量保障工作，得到省政府、省环保厅的肯定。有力地推进了中央环保督察问题整改工作，切实解决一批一直想解决而未解决的环境重点、难点问题。积极促成市政府与省环保厅开展厅市战略合作，共建践行“两山”理念先行示范区。强势推进环境治理工作，环境质量得到有效提升。2017年，全市77个县控以上地表水监测断面首次100%实现Ⅲ类及以上水质，县级以上集中式饮用水源地水质达标率稳定保持在100%，入太湖水质连续10年稳定保持在Ⅲ类及以上；空气质量优良率为68.5%，同比上升2.9个百分点，上升幅度居全省第三；市区PM2.5浓度下降至42微克/立方米，全省排名并列第6位，同比下降10.6%；土壤环境质量和辐射环境保持稳定。群众对生态环境满意度位列全省第三。

【服务发展主动有为】　紧紧围绕市委、市政府中心工作，主动把环保工作放在全市工作大局中谋划、部署和推进。突出“六重”工作和省、市重点项目，对重大项目提前介入、主动服务和跟踪办理，成立建设项目环境影响评价文件审查委员会，强化建设项目源头管理。2017年，全市环保审批建设项目1064个，总投资1855亿元；劝退或否决项目22个，涉及投资28.6亿元。在全市环保系统开展“大走访大督查大服务大担当”活动，全市环保部门共走访企业1738家（次），帮助企业协调解决问题269个，发放资料8500余份，受到企业欢迎和各方好评。全力助推产业转型，深化六大重污染高耗能行业和“低小散”块状行业整治提升，全年共淘汰和整治企业（作坊）3058家。主动服务全市城中村改造攻坚和建设项目遗留问题清零工作，出台服务保障五条意见助推攻坚清零，得到市主要领导和分管领导的多次批示肯定。

【生态建设实现提升】　积极争取市委、市政府的重视支持，市委常委会、市政府常务会议全年专题研究生态环保工作22次，主要领导亲自牵头召开美丽湖州建设、治水治气治土和中央环保督察等会议进行部署，分管领导经常性研究解决具体问题，有效推进治水、治气、治土和节能减排等11个专项行动，年度各项任务均按时或提前完成。按照“山水林田湖草”系统保护的要求，完成划定生态保护红线工作。大力开展生态创建，安吉县、德清县、吴兴区创建为第一批省级生态文明建设示范县（区），安吉县获全国第一批“绿水青山就是金山银山”实践创新基地命名，德清县生态文化馆、吴兴区西山漾国家湿地公园获第七批浙江省生态文明教育基地命名，全市8家单位获得首批“两美浙江特色体验地”称号，湖州荣获“优秀组织奖”。深入开展环境宣传教育工作，联合市委组织部、市委党校举办生态文明和环境保护工作主体责任专题研讨班，开展第三届“最美环保人”评选、年度“十件环保大事”推荐宣传等活动，全民环保理念不断普及。重视环保公益组织培育和志愿者队伍建设，至年末，湖州绿色环保协会拥有志愿者2.52万名。浙江省纪念第46个“世界环境日”活动在安吉县余村村举行，省长袁家军参加并讲话。

【环境治理强势推进】　坚持群众利益无小事，强势推进以治水、治气、治土为重点的环境治理工作。“五水共治”不断深化，完成1752个挂号小微水体的整治销号，打造“小微景点”820个，全省第一批次通过剿劣验收；加快推进以金属表面处理行业为重点涉水行业整治，完成整治企业121家，排污总量进一步削减，全市77个县控以上地表水监测断面首次全部达到或优于Ⅲ类水质。大气污染防治持续发力，全市火电、热电行业清洁化改造以及重点企业挥发性有机物治理全面完成，各项硬性任务实现“扫尾清零”。协同推进城乡扬尘、餐饮油烟、秸秆禁烧和烟花爆竹“双禁”等工作，市区PM2.5浓度下降幅度连续2年位居全省第一。土壤污染治理全面启动，出台《湖州市土壤污染防治工作方案（2017～2020年）》，完成农用地污染状况详查布点，开展东亚蓄电池厂原址污染地块修复。制订《提升危险废物管理水平防范环境安全风险的若干意见》，全市1450家危险废物产生单位、45家危险废物经营单位被纳入固体废物信息化监管平台实施监管。加强危险废物处置，实施危险废物和一般工业固废全过程监管，完成全市4981吨危废的“存量清零”。

【执法监管形成高压】　深化“公检法环”的协作配合，在全省率先建立环境行政执法与刑事司法联动机制，实现公检法部门驻市、县（区）环保局联络室全覆盖，市、县（区）两级法院全部设立环境资源审判庭，形成环境执法整体合力。2017年，全市累计责令或限期改正违法行为816家；处罚环境违法企业461家、金额2885.61万元，比上年分别增长4.54%和11.31%；按日计罚2件、查封扣押213家、限产停产10家，移送适用行政拘留环境违法案件49件、行政拘留43人；涉嫌环境违法犯罪29件、刑事拘留40人，分别增长16%和29%，高压严管的执法态势进一步形成。编制完成湖州市环境信息化发展规划，加快实施“智慧环保”建设，年内已完成全市统一的信息化监控平台建设，完成2062家县（区）控以上企业环境数据整合，完成市控及以上安装在线监测企业191家，智能化管理能力不断提升。

【环保督察整改有力】 自觉把配合做好中央环保督察工作作为一项严肃的政治任务，高要求、高标准和高质量地推进工作落实和问题整改。自5月开始，全域全面开展排查，全市梳理出55项、77个重点问题，制订问题清单，实行销号管理，推动点上问题与面上问题同步整改，实现问题整改与长效管理同步落实。在中央环保督察期间，省转办的33批、283件信访件全部办结，年内完成整改259件，整改完成率达91.5%。借助中央环保督察契机，推动解决一批环保基础设施项目建设，切实解决一批群众关心的环境问题，有效地治理一批老大难的环境污染顽疾。吴兴区探索建立区环保委，深化环保网格化管理，真正实现管发展、管生产、管行业和管区域必须管环保的工作格局；南浔区痛下决心投入20余亿元，对全区3922家小木业为主的“四无”（无证无照、无安全保障、无合法场所、无环保措施）企业开展全面整治，推动产业集中、集聚和集约发展，至年末，累计淘汰企业（作坊）3222家，实现产业改造提升、企业做大做强、税收显著增加和环境持续改善；德清县解决三任县长一直想解决而未彻底解决的对河口水库挖沙问题；长兴县夹浦污水处理厂堆积多年的1万余吨污泥，借中央环保督察“东风”，全部得到无害化处置；安吉县开展全县65家膨润土企业专项整治工作，需关停的63家企业已全部签订协议，整治成效明显。

【改革创新持续深化】 深入推进“放管服”改革，“最多跑一次”完成率达100%，其中“零上门”占50%。制订《湖州市“区域环评+环境标准”改革实施方案》，编制环评审批负面清单，严格重污染项目环境准入；在《浙江省人民政府办公厅关于全面推行“区域环评+环境标准”改革的指导意见》的基础上，将实施范围推广到多规合一的拓展区，全市实施面积由218平方公里拓展至977平方公里。制定《湖州市环境污染责任保险工作实施意见》并启动实施，对八大行业实施环境污染责任保险，通过事前风险评估、事中环境体检和事后损害鉴定，降低企业污染风险，已在20家企业率先开展试点。开展第二轮排污权有偿使用，对有总量控制要求的企业实现排污权有偿使用全覆盖。

【基础建设再上台阶】 把加快补齐环保基础设施建设短板作为当前一项十分紧迫的任务，全力推动环境治理能力提升。谋划推动10余个环保基础设施项目建设。全市建成60个乡镇（街道）空气质量自动监测站，为全省第一个实现乡（镇）PM2.5、臭氧自动监测全覆盖的设区市；启动清新空气（负氧离子）监测及网络体系建设，新塘港国家区域环境空气自动站通过国家总站专家验收，5个水质自动站启动改造或搬迁重建，监测基础能力不断提升。自2017年开始，市政府专门设立1亿元生态文明建设统筹资金，建立全域环境质量奖惩和生态补偿机制，为环保基础能力建设提供有力保障。 （倪丽萍）

·美丽乡村建设与管理·

【概况】 2017年，湖州市按照省委、省政府打造美丽乡村升级版的决策部署，坚持提高站位、拉高标杆，紧紧围绕打造“践行‘两山’重要理念样板地模范生、实施乡村振兴战略先行示范区、浙江乡村大花园最精彩片区”的目标，持续深入推进美丽乡村建设，各项工作取得新进展、新成效。2017年，全市实现省级美丽乡村先进县（区）全覆盖，省美丽乡村建设示范县数量居全省第一，市级美丽乡村创建率达80%。

【坚持地域特色】 一是分类开展特色创建。以美丽乡村一般村、扩面村、精品村创建为抓手，注重挖掘生态、人文、产业特色，着力建设有景观、有温度、有特色的美丽乡村。组织开展美丽乡村示范乡（镇）创建，组织43个村开展年度美丽乡村创建，共排定项目680个、计划投入2.78亿元，至年底，建制村累计创建比例达85%以上。组织86个村开展美丽乡村精品村创建和村庄AAA级景区创建，年度总投入达11.5亿元。紧紧抓住“美丽家庭”细胞工程，深入推进美丽庭院建设。按照“串点连线、扩面成片”的要求，持续深化美丽乡村示范带建设，全市共策划、规划了22条美丽乡村示范带，共涉及全市50个乡（镇）、285个村，每个县（区）每年重点推进1～2条示范带建设，全年全市重点推进的7条示范带已投入6.5亿元，全市19条美丽乡村示范带形象品牌已充分彰显。二是传承优秀传统文化。以省历史文化村落保护利用项目为抓手，加强对村落格局、风貌和存在环境的保护，共分五批启动48个村（其中重点村10个、一般村38个）保护利用工作，年内，一、二批23个村已通过省级评估（其中4个重点村全部被省评为优秀），第三批2个重点村、8个一般村已完成项目建设任务，第四、五批4个重点村、11个一般村项目进展顺利。加大对非物质文化遗产的保护传承力度，南浔区桑基鱼塘系统成为全球重要农业文化遗产，太湖溇港成为世界灌溉工程遗产，德清县防风文化成功入选第三批国家非物质文化遗产名录，荻港、义皋、伍浦、二都等古村，一个个承载悠久文明的村落焕发新生。三是培育文明新风。加强农村文化阵地建设，全年全市新建文化礼堂53个，累计建成464个，覆盖率达46.3%。广泛开展“文化走亲”“送文化下基层”

等活动，组织各类文艺演出1200余场次，“送书下乡”99500余册，组织举办湖州市第七届农民文化节。深化“百千结对·共建文明”活动，广泛开展文明村镇创建活动，在全市115个小城镇全面开展以“垃圾不落地、出行讲秩序、办酒不铺张、邻里讲和睦”为主要内容的小城镇文明行动，切实推进农村移风易俗工作。常态化开展“最美家庭”评选和文明家庭、“星级文明户”等创建活动，引领推动农村社会风气向上向善向好。年内，全市县级以上文明村镇创建率已达90.9%，累计评选出各级文明家庭35万余户，选树各级“最美家庭”6000余户。

【提升生态底色】 1. 持续深化农村生活垃圾治理。一是创新垃圾收集治理模式。德清县持续完善“一把扫帚扫到底”城乡一体化环卫模式；吴兴区在全省首创PPP模式，探索“一家企业管到底”环卫管理新模式（通过政府购买服务，引入社会主体，实现从清扫到清运再到处理的全程化运作）；安吉县在推行农村保洁市场化模式的基础上成立农村物业协会，提升乡村环卫服务自我管理、自我监督水平，并强化县、镇、村对第三方监督考核。二是排查整治垃圾堆放点。以小城镇整治为载体，按照“横向到边、纵向到底”的基本原则，全面开展垃圾堆放点整治，全市共发现20余处垃圾堆放点和3处非正规垃圾堆放点问题，均及时整治完毕。三是普及农村垃圾分类。编制《湖州市农村生活垃圾分类标准》并形成征求意见稿，落实垃圾分类财政补助政策，深入实施农村垃圾分类规划，推行城乡处理中心集中处置、乡镇处理终端覆盖和村级联合建站3种厨余垃圾处置模式，截至11月底，全市共建设厨余垃圾处理终端站102个，845个农村生活垃圾分类宜建村中有751个行政村完成分类设施设备建设，覆盖率达88%，其中安吉县、德清县、长兴县、湖州开发区已实现农村生活垃圾分类处理行政村全覆盖；德清县、安吉县入选全国首批百个农村生活垃圾分类和资源化利用示范县。长兴县建立了“一支宣传队伍、一套管理模式、一个微信平台、一项督导机制”四个一的工作机制，有效地推进了农村生活垃圾分类处理工作，浙江卫视新闻联播12月7日作了专题报道。2. 全力提升农村生活污水治理实效。一是抓好年度农村生活污水治理提标改造项目。围绕省、市下达的143个村、17374户的年度农村生活污水治理提标改造目标任务，坚持以质量为核心，把好设计、招标、施工、验收等各个关键环节，强化指导督促、抓紧抓细，完成农村生活污水治理提标改造村166个、受益农户20726户。从检查情况看，年度工程基本达到了“质量标准过关、群众使用满意”的效果。据统计，2014～2017年，全市累计实施农村生活污水治理项目村756个、新增受益农户229559户，全市应治理农户受益率达80%。2014～2016年连续3年省年度考核被评为优胜等次。二是持续跟踪已建问题项目整改。年初，专门组织县区排查一批质量问题较多的2014～2016年建设项目，建立已建问题项目挂号销号整改制度，列出主要问题，下发整改通知，督促限期整改。各县（区）摸底共排查出34个存在较为突出问题的项目，年内，各问题项目已整改完毕。年中，又通过美丽乡村建设中期进度督查、省级综合验收督查整改和迎接中央环保督察摸排整改等开展专项问题督查。三是切实加强治污设施运维管理。建立竣工验收项目无缝移交县（区）运维主管部门机制，2014～2016年纳入省信息管理系统的738个农村生活污水治理项目全部及时移交至县区运维管理部门。建立了全省第一个设区市级农村生活污水治理运维监管平台，并实现市、县（区）、站点三级联网。认真贯彻落实农村生活污水处理设施运行维护管理的要求，全面建立县区、乡（镇）、村、农户、第三方机构职责明确的“五位一体”的农村生活污水治理长效管理体系，并出台《湖州市农村生活污水治理运维监管平台技术要点》。全省农村生活污水治理设施运维管理现场会在长兴县召开。3. 提升农村环境综合治理水平。结合“三改一拆”“四边三化”、剿灭劣Ⅴ类水、美丽田园建设、美丽庭院建设等载体，大力推进村庄拆破拆旧、治脏治乱、绿化美化、设施完善等项目建设，全面提升村域整体环境面貌。全市生猪存栏量由2012年底的107.94万头缩减至年底的19万头左右；温室龟鳖养殖大棚面积从702万平方米下降至年底的全域清零。全面完成1752个挂号小微水体的整体销号工作，并对4733个水体开展深化提升整治，全面达到或优于省定销号验收标准（湖州已于2017年10月通过省级第一批验收）。2013～2016年全市整治“一户多宅”17047户，总面积达320.88万平方米。年内，安吉县被评为全省首批“无违建县”，德清县、吴兴区通过“基本无违建县区”验收。

【培育美丽经济】 依托美丽乡村建设成果发展农家乐休闲旅游业、农村养老等农村新型业态。全年共接待游客数2883.71万人、同比增长23.78%，农家乐直接经营收入达43.06亿元、增长21.04%。大力推广市公安、消防、市场监管、旅游等多部门的规范办证“联审联批”先进做法，截至2017年年底，全市1654家具有住宿功能的农家乐中，已有1029家达到“五证齐全”的标准；有401家已对照公安消防等部门的要求，进行整改提升、申请办证。两者合计占到有住宿农家乐的86.45%。深入开展田园综合体建设，安吉县鲁家村“田园鲁家”入围全国首批田园综合体试点项目。农村电子商务蓬勃发展，全市实现农产品电商销售12亿元，增长40.6%，全市农村各类电商经营主体达6000余家，县（区）电商服务平台实现全覆盖，省级电子商务专业村43个，村级电商服务覆盖755个建制村，覆盖率高于全省平均水平50%。（毛毓良）

·节能降耗·

【概况】 2017年，全市单位GDP能耗下降5.2%，其中规模以上工业增加值能耗下降8.5%，降幅分别列全省第二、第三。能源消费总量1297万吨标准煤，同比增长2.88%。全社会用电量244.33亿千瓦时，增长9.96%；其中工业用电量182.16亿千瓦时，增长9.92%。

【节能技改及节能技术推广】 湖州市以工业炉窑改造、工业节水、电机系统改造、余热余压利用为重点，全市组织实施节能技改、工业循环经济项目102个，全年减少用能4.9万吨标准煤。加快推进清洁电能替代，减少高污染燃煤、燃油消费，促进能源结构优化，推动空气环境质量改善。积极拓展电能替代领域，高效服务光伏发电项目，实施电能替代项目230个，替代电量4.03亿千瓦时，光伏发电累计装机容量达到118万千瓦，全年发电量7.6亿千瓦时。

【淘汰落后和“低小散”行业整治】 以建材、金属压延（铸造）加工、印染、造纸、电镀、制革、化工等高耗能、重污染行业为重点，坚决淘汰一批能耗超标、污染严重、管理落后、安全隐患的落后产能。以“四无”企业为重点，坚持“改造提升一批、整合入园一批、合力转移一批、关停淘汰一批”的工作思路，通过实施淘汰落后、污染减排、能耗对标、安全生产、质量对标等专项整治，立足区域特色，分类施策，全力推动德清小木业、长兴纺织、安吉膨润土、吴兴铝合金、南浔小木业等细分行业整治提升。全年淘汰162家企业的落后产能，腾出用能空间16.08万吨标准煤；整治“低小散”企业3058家，尤其是对大气重污染的南浔小木业进行重点专项整治，淘汰1336家小木业企业。

【绿色制造示范引领】 制订《湖州市推进绿色制造三年行动计划（2017～2019年）》，出台全省首个绿色工厂、绿色园区评价办法，对企业和园区的绿色发展成熟度进行评价及分级管理。全市115家企业、6个园区对照办法开展自评，全年创建市级绿色工厂65家，其中天能、超威、久立、美欣达、久盛地板、超威创元6家企业成功创建为国家绿色工厂；吴兴区现代物流装备产业园成功创建为国家绿色园区。引导蓄电池、木地板、丝绸等一批湖州优势产品龙头企业，开展绿色产品标准制订工作，以湖州市企业为主参与制定的铅酸蓄电池、丝绸（蚕丝）制品2项绿色产品团体标准被列入工信部首批绿色设计产品标准清单；超威电源参与制定的《绿色产品评价通则》、天能电源参与制定的《工业企业和园区循环经济标准体系编制通则》2项国家标准成功发布。

【清洁生产及绿色企业】 湖州市结合“五水共治”、应对大气污染等工作，推进重污染、高耗能企业开展清洁生产审核工作。全年通过清洁生产审核验收的企业共76家，实施清洁生产中高费方案194项，方案总投入2.2亿元，年节能量约3.8万吨标准煤，年节水量37.9万立方米。浙江宝仕电源、浙江天能电源、浙江中山化工获得工信部2017年高风险污染物削减行动计划奖励项目。扎实推进化工、金属加工、造纸、印染、食品、医药等高耗水行业节水改造，28家企业开展了水平衡测试工作，19家企业被评为省级节水型企业。大力培育绿色企业，微宏动力系统（湖州）有限公司等11家企业被评为省级绿色企业。

【改革创新优化管理】 建立“区域能评＋区块能耗”取代项目能评的工作机制，强化节能节地节水、环境、技术、质量、安全等市场准入标准，减少审批环节。三县两区及湖州经济技术开发区编制区域能评报告，确定负面清单，对新上项目实行分类管理。推动用能配置市场化改革，制订全市用能权有偿使用和交易实施方案，探索确权管理、用能量核查、交易履约机制、监管制度等用能权交易基本制度框架。德清县作为全省的试点，全年5个项目实施用能权交易用能量2.57万吨标准煤，交易总价256.7万元。对化纤、铸造、化工、金属压延等高耗能行业及非工大型建筑物等领域90家单位进行节能监察，对31家水泥企业、27家化纤企业开展对标专项监察，对德清才府玻璃股份有限公司年产20万吨高档轻量化玻璃包装容器建设等7个项目开展用能替代方案核查。

【加大节能宣传】 以政策宣传、典型报道、节能知识普及、节能产品推广为主要内容，以节能进学校、进企业、进社区、进机关和低碳宣传系列活动为重要载体，面向机关、农村、学校、社区家庭，大力开展以“节能有我 绿色共享”为主题的节能宣传周活动，倡导节能低碳的生产方式、消费模式和生活习惯，努力营造节能降耗工作的良好社会氛围。宣传周期间，共举办大型节能宣传活动5次，参加人数达2万余人次；赠送分发节能产品500余件；悬挂宣传横幅10余条，张贴宣传画1000张，发放节能宣传各类手册3000余本。 （石　杨）

·循环经济·

【稳步发展循环经济产业】 加快推进“园区循环化改造、产业循环化组合、企业循环化生产”。持续实施园区循环化改造，德清工业园区被列入第五批省级园区循环化改造试点。有序推进南浔经济开发区、长兴经济技术开发区、吴兴工业园区、湖州经济技术开发区4个园区循环化改造试点建设，吴兴工业园区通过省级园区循环化改造中期评估、湖州经济技术开发区通过省实绩排序现场考评。大力推动静脉产业发展，市区省级餐厨垃圾资源化综合利用和无害化处置示范试点城市建设，获得省级专项资金440万元，餐厨垃圾处置中心建成并投入试生产；德清县、长兴县成为第二批省级餐厨垃圾处置试点城市（县）。推动企业清洁循环式生产，大力推广和实施清洁生产，完成30家生产企业强制性清洁生产工作。支持循环经济领域项目建设，督促完成美欣达清洁生产示范、越球高效节能电机2个历史存量的中央预算内项目综合竣工验收工作。加快推进4个省循环经济“991行动计划”重点项目建设，争取380万元省级循环经济专项补助资金。加大市级资金扶持力度，下发《关于2016年度湖州市循环化经济发展专项资金的通知》，安排353万元专门用于支持15个产业类和非产业类项目实施。

【资源回收与综合利用体系有效健全】 开展推进“生态+”行动实施情况和提高环境资源利用水平情况专项评估。强化政策指导。出台《关于加快推进湖州市再生资源回收利用体系建设的实施意见》，明确实施“四二一”行动计划，即建立集散市场（产业园区）、分拣中心、回收网点和流动回收车“四位一体”的市场布局，推进再生资源回收体系与垃圾收运体系融合、线上线下融合的“两融合”，推动再生资源回收利用体系建设。坚持试点先行。按照“试点先行、稳步推进、全市统筹”要求，美欣达“两网”融合分拣处理中心和绿色再生资源产业园（含报废汽车回收拆解提升改造）2个项目获得再生资源回收体系建设2017年省级提升试点，加快推进安吉县省级第四批再生资源回收体系建设试点城市工作。健全工作网络。开展商务领域再生资源回收利用行业清理整顿工作，对再生资源集散市场、分拣中心、回收网点和流动回收车进行摸排，对报废汽车回收拆解行业现状进行督查，规范企业行为和行业经营秩序。通过对再生资源回收利用企业备案情况核查，累计完成再生资源回收经营者备案登记171家。

【进一步提高气候应对能力】 强化科学谋划，印发《湖州市应对气候变化发展规划（2016～2020年）》和《湖州市“十三五”控制温室气体排放实施方案》。实施常态化清单编制，全面完成市本级和县区两级2016年度温室气体清单报告编制与核查工作。积极做好碳排放交易体系基础准备，组织全市39家拟纳入全国碳交易温室气体重点企业和119家拟纳入非碳交易温室气体重点企业完成碳报告填报及审核上报工作。认真做好省对市控制温室气体排放目标责任考核工作，全面完成“十二五”及2016年度省下达单位地区生产总值二氧化碳排放降低目标，省对市考核位列“优秀”等次。加强机制创新研究，将单位GDP能耗、碳强度排放及能源“双控”等循环经济领域主要指标纳入绿色发展和生态文明建设考核指标体系。完成吴兴区碳普惠机制课题研究，开展湖州市碳排放峰值预估及达峰路径前期研究等工作。

【倡导绿色低碳理念】 加强应对气候变化科普教育和宣传。依托学校、报纸、广播、电视和网络等媒体，在“低碳日”“生态文明日”等重要节点，组织开展形式丰富的宣传活动。6月13日“全国低碳日”组织开展“碳资产管理和碳排放权交易操作实务”的主题沙龙，邀请上海环境能源交易所、浙江省低碳气候中心、万泰认证等国内炭交易领域的专业机构专家与重点企业开展“面对面”交流，提高湖州市企业参与碳交易能力。在8月15日第三个“生态文明日”期间，创新推出“绿色出行卡”，引入“碳积分”概念，将市民选择“公交、公共自行车、水上巴士”等绿色出行方式积累“碳积分”，并可通过绿色出行“APP”进行“碳积分”兑换奖品，积极倡导公共交通绿色出行。不断扩大示范试点引领效应。在做好吴兴区织里镇低碳城镇和白鱼潭低碳社区2个省级试点建设的同时，组织开展市级低碳园区、乡（镇）、社区创建活动，确定湖州经济开发区、吴兴区妙西镇、仁皇山三社区等10个低碳发展基础较好、潜力较大并具有一定代表性的园区、乡（镇）和社区开展市级低碳试点创建，以示范试点带动面上绿色低碳理念不断深入。

【稳步推进节能环保产业培育】 制订《湖州市节能环保产业推进工作方案》并报市府办印发。指导县（区）建立节能环保产业专门统计体系，加强对县（区）专项督察和考评。出台《湖州市节能环保产业发展2017年推进计划》《湖州市2017年节能环保产业发展“四张清单”》，明确市级节能环保产业示范基地、重点企业培育清单和推进计划。主动配合市质监局做好节能环保产业的推动工作，截至2017年年底，308家节能环保制造规模以上企业主营业务收入增加值同比提高10.7个百分点。（潘志良）

·气　象·

【气象监测预报预警与服务】 2017年，市气象局做好各类灾害性天气、转折性天气以及关键时段、重点工程、重要地段和“六重”企业的气象服务保障，做到跟踪监测、滚动预报、提早预警和全面服务。全年发布各类气象决策服务材料200余期，各类气象灾害预警信号55次，预警短信400余条，受众30余万人（次）。发布公益类短信240条次，受众约1.2亿人次。基础业务质量保持稳定。一直以来，市委、市政府和省气象局高度重视气象事业发展，年内，市委、市政府领导专题听取汇报7次，气象工作得到市领导批示7次。在全省2017年度综合考评中获“优秀单位”称号。在全省气象服务满意度调查中，综合指标达91.1分，位居全省第三。在市委、市政府“四新”主题实践2017年度考核评比中，荣获C类小组一等奖。在“万民群众评机关”活动中获“群众满意单位”称号。在2017年度全市生态文明先行示范区建设工作目标考核中获优秀单位二等奖，并获“2017年度大气污染防治先进集体”称号。

【基层气象防灾减灾体系建设】 2017年，以《浙江省气象灾害防御条例》施行为契机，积极争取各级党委、政府的重视和支持，实现机构、人员、经费的全面保障。市人大常委会办公室下发《关于我市气象防灾减灾体系建设工作情况的监督意见》，市人民政府办公室下发《关于进一步加强基层气象防灾减灾组织体系建设工作的通知》，进一步加强市辖区气象灾害防御规范化管理，在相关部门设立气象防灾减灾科，明确分管领导和具体专职工作人员，解决湖州没有区级气象机构的问题。召开区级气象管理部门工作会议，进一步明确职能，其中南浔区编委发文对区、镇两级气象防灾减灾机构和职责进行明确。做好《浙江省气象灾害条例》的宣传贯彻工作，召开气象防灾减灾工作座谈会和新闻发布会，开展有奖竞答活动，全市专题报道《浙江省气象灾害条例》施行情况，转发量达10万人（次）。

【落实防雷体制改革】 市、县防雷职能全部调整到位，完成与相关部门工作移交，防雷监管职能得到进一步强化。市气象局、德清县和安吉县自收自支事业编制转为公益一类，长兴县转为公益二类。市、县全部纳入地方财政预算，既彻底解决气象经费保障不足的问题，又全额落实防雷机构运行经费和相应的委托审批和监管经费，防雷装置检测纳入政府购买服务目录。市、县制订《易燃易爆危化品场所防雷安全综合治理实施方案》，同步开展易燃易爆危化品场所防雷安全监管和A级以上旅游景区防雷安全隐患排查治理工作。市、县全面建立防雷安全监管平台，实现防雷监管的信息化、智能化。

【气象生态服务】 建设完成生态气象监测站8套并投入业务使用，积极开展负氧离子和环境气象观测，初步形成覆盖全市的雾霾监测网络。建立专项治水、治气短信和微信群组，发布预警信息300余条。及时启动蓝藻专题服务。做好督导村和联络村的治水剿劣工作。继续推进“人影”社会化队伍建设，全市Ⅰ级人工增雨流动作业点达标率50%以上，建立完成可视联通试点1个。人工影响天气作业实现常态化，全年组织人工增雨作业13次，发射火箭弹72枚，累计增水400多余万吨。

【气象现代化建设】 2017年，全市地方财政拨款4644.66万元，其中经常性经费2619.31万元、建设项目经费2025.35万元。全面落实“十三五”规划任务，气象现代化建设推进有新进展，暴雨精细化监测预报预警项目顺利实施，按照项目实施计划，全市已完成建设投资1289.3万元。湖州雷达业务平台和精细化暴雨预报平台投入试运行。组织完成全市国家级观测站仪器的标校工作，统一全市国家站仪器的标校时间。进一步优化站网布局，年内全市建成涵盖常规气象“六要素”、雪深、能见度等观测要素的各类区域自动气象站143套。完善雨雪冰冻观测系统建设，实现区域站自动雪深观测。各县气象局全面开展业务平面改建工程，安吉县区域站标准化建设初现成效。

【为农气象服务】 气象为农“直通式”服务已覆盖全市90%的新型农业经营主体。不断推进农业气象保险工作，开具保险证明112份，为用户减少经济损失247.8万元。安吉县1771户茶农获得白茶保险理赔金296万元。德清县作为全省唯一的农业供给侧结构性改革集成示范试点，编制全省首个“洋家乐”气象服务标准，建立以气象灾害预警为先导的乡村旅游气象应急响应机制，全县25家国家A级旅游景区、600家农“洋”家乐民宿纳入预警信息平台。

【实施“最多跑一次”改革】 认真贯彻落实省气象局和市政府关于“最多跑一次”行政审批制度改革的要求，公布“最多跑一次”改革事项7项，实现可公布和实施事项、“零上门”和用户满意率4个100%。明确事项办理责任，主要领导亲自抓，分管领导具体抓，市、县气象局主要领导分别到气象窗口体验现场办公。多渠道为群众和企业办事提供指导，在浙江政务服务网、窗口办事指南、“12345”政府阳光热线等公布常见问题解答。与市住建局采取“一窗受理”，互通信息，后台分工处理，邮寄送达方式，确实做到让群众办理项目审批“最多跑一次”。

【科技人才队伍建设】 2017年，开展优秀人才及干部选拔、选调、任用和考核等18人（次），上挂下派交流4人，高工结对培养业务技术骨干工作机制进一步深化，13人参与“师徒式”结对培养。全市科研项目申报和立项省级以上6项，市级8项，发表论文并参加大会交流28篇（次）。气象工作在全市“四新”部门“大比拼”活动中上榜3次。在全省气象部门气象科普知识讲解比赛、全省气象影视业务竞赛中，团体和个人均获优异成绩，还涌现出优秀援疆人才、全省气象青年科技英才、湖州市第六届青年科技奖提名、创建全国文明城市工作先进个人、治水治气先进个人等各方面优秀人才。（徐钊颖）

县（区）

·吴兴区·

【概况】 2017年年末，吴兴区下辖1个高新区、6个乡（镇）和12个街道（其中6个街道委托湖州经济开发区和太湖旅游度假区管理），总面积862.7平方公里，户籍人口62.2万人。全年实现地区生产总值515.5亿元，同比增长8.6%；财政总收入51.9亿元，其中地方财政收入31.15亿元，分别增长18.8%和21.5%；固定资产投资327.9亿元，其中工业性投入116.2亿元，分别增长14.6%和13.2%；规模以上工业增加值119.4亿元，增长8.9%；实到外资及港澳台资2.18亿美元；浙（湖）商回归省外到位资金67.3亿元；城镇、农村居民人均可支配收入分别达到51395元和29980元，分别增长9%和9.5%；约束性指标全面完成省、市下达目标任务。成功入选全国创新创业百强区、投资潜力百强区。首次由区人大代表票决产生的区年度十大民生实事项目高质量完成。

【经济发展稳中向好】 一是项目攻坚实现新突破。扎实开展“项目双进突破行动”，组建12个招商分局，强化精准招商，签约引进项目173个，总投资983.4亿元，其中10亿元人民币或1亿美元以上项目22个，游侠汽车超级工厂、万邦德新材2个100亿元级工业项目成功签约落户；引进市“大好高”项目46个，被列入全省重大产业项目12个；60个市重点项目全部开工、完成投资150.6亿元，新凤鸣产业基地、中国化妆品产业基地和江南影视城等100亿元级项目顺利推进。着力提升平台承载能力，完成基础设施投入7.3亿元，拓展提升平台14143亩，其中高新产业“万亩大平台”4551亩。加快破解要素瓶颈，历年结转的农整项目全部通过省级验收，新完成农整复垦1033亩，盘活存量土地2185亩，低效用地再开发516亩。二是产业转型迈出新步伐。1.农业基础地位更加稳固。大力实施“现代农业引领行动”，提标改造粮食生产功能区2.1万亩，新建现代农业园区核心区1929亩；新引进市农业“大好高”项目9个，培育市级以上农业龙头企业6家；高新区北片被列入全省田园综合体试点和省级现代农业园区，省级渔业转型发展先行区创建工作稳步推进，太湖溇港水利风景区被评为“国家级水利风景区”。2.工业支撑能力不断凸显。积极承接“中国制造2025”试点示范城市建设，承办全省推进工业设计发展工作现场会，全省工业强县（区）排名从44名上升到35名，创历史新高；大力实施“高新产业集聚行动”，战略性新兴产业、装备制造业和高新技术产业增加值分别增长8.1%、19.3%和11.1%，成功创建省级信息经济发展示范区；完成现代化技改投入97亿元，增长17%，整治和淘汰“低小散”企业(作坊)、“厂中厂”12148家，获评省级“清洁能源示范县（区）”“‘腾笼换鸟’先进县（区）”。3.服务业贡献度持续提升。全年实现社会消费品零售总额339.2亿元，增长11.1%。大力推进“全域旅游打造行动”，引进“碧水桂乡”大健康产业园、海亮康养小镇等大型旅游项目10个，移沿山生态景区、原乡蝴蝶小镇成功创建国家AAAA级旅游景区，妙西镇、东林镇被列入省级旅游风情小镇培育名单；全年接待游客835.5万人次，旅游总收入达76亿元。丝绸小镇、美妆小镇分别获省级特色小镇考核优秀和良好等次，原乡蝴蝶小镇入选省第二批培育名单。三是企业培育取得新进展。深入实施“金象金牛”大企业、“高技术、高成长”企业和小微企业成长等培育计划，培育“双金”企业9家、“双高”企业25家，3家企业入围中国民企制造业500强。东尼电子、珀莱雅主板上市，东吴电机等4家企业“新三板”挂牌，上市挂牌企业累计达20家，资本市场的“吴兴板块”加速崛起。完成“个转企”317家、“小升规”44家、“下转上”73家。推动企业全方位对接国际资源和市场，完成进出口总额94.3亿元，其中出口78.4亿元，分别增长13.6%和13.9%。整合出台新一轮降本减负惠企政策，为企业减负9亿元，处置不良贷款7.96亿元，银行不良率下降为0.95%。

【城乡面貌持续改善】 一是文明城市创建取得硕果。以“中心城区提质行动”为载体，全力攻坚全国文明城市创建，占全市70.2%的吴兴区测评点位实现零扣分。整治流动摊贩33793个，整治农贸市场27个，新增停车位3150个，完成91条主、次干道精细化管理目标，生活垃圾分类处置工作在城乡全面推进。银瑞地下小商品市场、学府路“垃圾街”等一大批“老大难”问题得到全面整治。禁止销售、燃放烟花爆竹工作扎实推进。10万人次的志愿者走上街头、服务社会。2个行政村获评“全国文明村”。二是生态文明建设深入推进。在全省首创“1+5”环保委机制，中央环保督察问题切实整改，获评“首批省级生态文明建设示范区”。着力推进“美丽吴兴攻坚行动”，新建污水管网32.6公里、雨水管网13.4

公里，完成生态护岸50.7公里，370个劣Ⅴ类水体全部整治销号，743个隐患水体完成整治提升，区控以上监测断面水质保持在Ⅲ类水以上。深入开展大气污染防治，PM2.5浓度同比下降4.3%，空气优良率同比上升3.7%。建立土壤污染防治工作体系，工业危险废物、污泥无害化处置率分别达100%和95%以上。治理毁林（竹）专项行动扎实开展，完成造林更新565亩、平原绿化1035亩。在全市率先实现绿色矿山创建全覆盖。三是城乡建设水平不断提升。强势推进城中村改造和建设项目遗留问题清零攻坚行动，仅用40天就全面完成42个项目、319户拆迁遗留问题清零；完成城中村改造项目47个，累计签约4946户、拆除4431户；纵深推进“三改一拆”“两路两侧”“四边三化”等工作，662户农村危旧房和51幢中心城危旧房全面完成治理改造。深入推进“东部新城提速行动”，加快打造丝绸小镇，钱山漾文化交流中心、万达广场等项目成功运营，区文体中心、跨长湖申大桥等项目顺利实施，全年商住用地和商品房供销两旺，新城人气不断集聚。大力推进“织里国家试点行动”，在童装产业转型、项目招引、农房拆迁、城乡统筹和环境治理等方面深度破题，小城市培育连续4年考核优秀，“稳压器”“增长极”作用充分发挥。美丽镇、村建设提标升级，成功创建省级美丽乡村示范乡（镇）1个、省级美丽宜居示范村4个、市级美丽乡村精品村4个、市级美丽乡村9个；16个小城镇综合整治全面铺开；新建成美丽乡村路14.2公里。

【社会大局和谐稳定】 一是社会保障水平稳步提升。以大学生、城镇零就业家庭和农村低收入家庭等为重点，精准提供就业服务，城镇新增就业2.2万人，登记失业率控制在2.09%。全区户籍法定人员基本养老保险参保率和基本医疗保险参保率分别达90%和99.3%。新建养老服务照料中心17个，新增养老机构床位666张。妇女、儿童、老龄和慈善等事业加快发展，残疾人共享全面小康加快推进。二是社会事业发展更加协调。坚持教育优先发展战略，爱山小学教育集团常溪小学、吴兴实验中学等5所新（扩）建中小学投入使用，9所公办幼儿园新办开园，乡（镇）学校三年综合改造计划全面完成，获评“全国首批中小学校责任督学挂牌督导创新区”“国家数字教育资源公共服务体系与应用试点区”。城乡医疗卫生服务体系逐步健全，分级诊疗稳步实施，成功创建国家级、省级百强社区卫生服务中心4家，获评“全省红十字服务养老工作试点单位”，省级卫生强镇实现全覆盖。积极推动社会资本参与公共事业建设，引进北大培文学校、金诚医院等高端资源。公共文化服务体系不断完善，新建农村文化礼堂10个，其中6个投入使用。群众体育蓬勃开展，获评“省体育强区”。三是社会治理能力切实增强。全面深化法治吴兴建设，“七五”普法有序推进。动态开展安全生产、食品药品等专项治理，15处省与市级、52处区级挂牌安全隐患完成整治，安全生产形势平稳向好。基层治理“四个平台”和全科网格全面覆盖，全区刑事发案同比下降31.6%，实现“六连降”。深化国防动员和全民国防教育。民族、宗教、外事侨务、对台等工作进一步加强。

【发展活力持续迸发】 一是改革红利不断释放。狠抓“最多跑一次”改革，大力推进“一窗受理、集成服务、一证通办”，“跑一次”和“零上门”事项覆盖率分别达98%和60.1%，办事事项精简率达30.4%；启动企业投资项目承诺报备制改革试点；实现东部新城不动产登记交易60分钟办结。组建成立区旅游发展委员会和区城投、产投两大国有集团，其中产投集团引入上海国新张创战略投资，在全市率先开启央地融合全面合作。加快推进全国绿色金融改革创新试验区建设，引导资金向制造业等实体经济回流，金融增加值达44.5亿元，同比增长12.7%。作为全省唯一的县（区）被列入全国街道服务管理创新实验区。二是创新动力不断增强。出台扶持“中国制造2025”、人才、大学生和众创空间等政策组合拳，成功引进科技类项目23个，认定省级企业研究院、市级院士专家工作站各2家，引育“国千”人才6名、“省千”人才6名，入选省领军型创新团队1个、“南太湖精英计划”项目35个，获评省级人才工作目标责任制考核先进县（区）、全省首批全面创新改革联系点。创新主体培育持续深化，新增国家重点扶持高新技术企业19家、发明专利授权量419件。三是开放融入不断加快。积极融入宁杭生态经济发展带和大湾区、大花园、大通道、大都市区建设，成功举办吴兴接轨上海活动周。全力打好“交通建设大会战”，318国道南浔至吴兴段改造工程全面完成，申嘉湖高速公路西延、湖山大道等项目加快实施，全区54项交通建设重点工程完成投资25.3亿元。获批省级中韩国际合作产业园。

【治理能力日益增强】 一是实干实效氛围更加浓厚。大力倡导“靠前站、马上办、讲实效”，坚持精准落实，年初，确定全年重点工作清单，对“八大行动”推进情况每季考核晾晒。开展“破难题、办实事、树标杆”攻坚行动，区政府班子成员和部门负责人主动领办项目。深化“局长驻点工作室”“机关干部驻企服务”等活动，联系服务群众的各项制度不断健全。二是法治政府建设取得实效。全面清理行政规范性文件。启动行政复议体制改革，区行政复议局挂牌成立。深入实施区政府常务会议学法制度。进一步强化政府决策依法、民主和公开，严格执行区委关于政府重大决策出台前向本级人大报告制度，建立区人大代表、区政协委员列席区政府常务会议制度。办结区人大代表建议64件、区政协委员提案113件。三是党风廉政建设持续加强。深入推进“两学一做”学习教育常态化、制度化。严格落实全面从严治党“两个责任”，突出重点领域、重点部门廉政风险防控，权力运行制约和监督体系不断健全。推动高质量完成监察体制改革试点任务，支持纪检监察机关开展监督执纪问责。加大政府投资项目、专项资金、领导干部自然资源资产管理责任等审计力度，全面提升政府资金绩效水平。政府综合债务率严控在安全线内。（罗文欢）

·南浔区·

【概况】 2017年，南浔区紧紧围绕“聚力大赶超、实现新跨越”的奋斗目标，全面实施赶超跨越“六大”行动，真抓实干、攻坚克难，较好地完成年度确定的目标任务。主要指标实现高位增长、争先进位。全年实现地区生产总值384.8亿元，同比增长8.5%。财政总收入50.02亿元、增长30.5%，其中一般公共预算收入28.97亿元、增长32.6%。固定资产投资218.25亿元、增长13.5%，其中工业性投入107.41亿元、增长13.1%，服务业投资110.85亿元、增长13.9%。重点领域攻坚取得突破、成效显著。改造提升传统产业，全年新增规模以上企业146家、工业总产值突破800亿元。打赢頔塘南岸房屋征收、城中村改造和建设项目遗留问题清零等攻坚战，完成305处历史遗留拆迁和23个城中村、81万平方米改造任务。全域剿灭劣Ⅴ类水，高标准整治小城镇综合环境，高质量打造美丽乡村景观线和美丽乡村小镇，城乡面貌焕然一新。特色荣誉争创亮点纷呈、成果丰硕。助力湖州市成功创建全国文明城市，在中央现场测评中实现了“零扣分”；桑基鱼塘系统列入全球重要农业文化遗产；南浔鱼文化节被认定为国家级示范性渔业文化节庆；区科创园成为国家级科技企业孵化器；入围“清三河”达标县（区）、无违建创建先进县（区）；获省政府第21届“大禹杯”提名奖；“平安南浔”连续12年夺“金鼎”。

【转型升级步伐加快】 全力振兴工业经济。大力实施工业经济“双千”工程，规模以上工业增加值突破130亿元，同比增长9.2%。高端装备、金属新材、绿色家居、现代纺织四大产业规模以上产值占工业总产值比重达71.9%。加快传统制造业改造提升，设立转型升级产业基金，全面开展电梯行业智能制造、木地板行业“机器换人”两项省级试点，完成技改投入28.7亿元。重拳开展“四无五违”（“四无”指无证无照、无安全保障、无合法场所、无环保措施；“五违”指违法建筑、违法生产、违规用工、违法排污、违法经营。）企业集中清理和木业行业整治提升行动，关停企业3222家、拆除1559家、整治提升437家。大力培育“新象新牛”企业，建立“一企一策”个性化服务机制，新增“浙江制造”企业2家，久立特材入选全国制造业单项冠军示范企业，世友木业荣获全国质量奖。优化提升现代服务业。新增限额以上单位53家，实现服务业增加值147.84亿元，增长9.6%，占GDP比重达38.4%。南浔镇、和孚镇、善琏镇列入省级旅游风情小镇创建和培育名单，湖笔小镇通过国家AAAA级旅游景区景观质量评审，商墓、荃步等5个村成功创建国家AAA级景区，南浔成为省劳动模范休养基地。全年接待国内外游客1523.5万人次，增长31.5%；门票收入突破1亿元，旅游总收入突破150亿元。推进建材市场转型升级，交易总金额114.38亿元，增长5.1%。加快电子商务发展，实现网络零售额40.68亿元，增长50%。发展壮大生态高效农业。推进“整洁田园、美丽农业”建设，实现农业增加值26.51亿元，增长2.5%。新建粮食生产功能区1053公顷、市级以上农业园区6个，成功创建省级畜牧业绿色发展示范县（区）、省级农产品质量安全可追溯县（区）。深化农村产权制度改革，完成综合产权交易454宗、金额2.11亿元。全年流转土地1380公顷，新增市级以上示范性专业合作社7家，培育市级以上农业龙头企业5家、省级家庭农场16家，建成镇级淘宝旗舰店10家、村级淘宝服务站59家。大力推广精品渔业，“跑道鱼”养殖试验成功，建成生态渔业精品园3家，创建省级渔业特色农业强镇1个，成功列入省级渔业转型升级先行区试点。

【发展能级逐步提升】 拓展产业平台。加快“一区三片区两园”重点工业平台建设，完成基础设施投入5.1亿元，新拓展面积374公顷。扎实推进开发区万亩大平台建设，启动白米塘以西马嘶、庠上、宝山和戴家桥4个村整体拆迁。练市高新技术产业园区实现扩容升级，新增可利用空间100公顷。加快推进科技新城建设，完成投资10.8亿元，机器人产业园等项目开工建设。大力推进小微企业园建设，旧馆、善琏2个园区开工建设，练市、千金等10个园区完成规划选址。扩大有效投资。深入实施“浙商回归、浔商回家”工程，举办“走进高铁时代——接轨上海活动月”等系列活动。全年共签约项目65个，其中10亿元以上工业项目10个、50亿元以上服务业项目2个；完成浙商回归省外到位资金60亿元、实到外资及港澳台资1.77亿美元。扎实开展“双重”项目“三进”专项行动，210个“双重”项目完成投资180.6亿元，123个重点项目开工建设，60个重点项目竣工。列入省重点建设项目34个、省“411”重大项目16个、省重大工业实施类项目7个。完善基础设施。大力推进综合交通路网建设，完成投资35.5亿元，浔练公路整治、千善和花乌线等项目开工建设，“三高”连接线、湖山大道、湖盐公路（和孚段）拓宽等项目加快推进，建成美丽乡村路106公里，改造危桥33座。启动实施“百漾千河”综合治理工程，完成投资2.7亿元，整治圩区2600公顷，新增和改善灌溉受益农田4186公顷。加快推进集中供热，国电热电项目完成建设、南太湖热电项目投入试运行。

【发展活力有效激发】 深化“放管服”改革。加快推进“最多跑一次”改革，实现常办事项“最多跑一次”573项、占比97.4%，“零上门”事项328项、占比55.7%；加速推进“一窗受理、集成服务”，全面实现证照快递送达。完成“四个平台”建设，电子政务延伸至村，基层治理综合信息平台有效运行，村级便民服务中心和“农村代办员”实现全覆盖。22个区级部门全面推行“双随机、一公开”监管模式，多头执法、重复检查现象大幅减少。提高要素供给效率。扎实开展“五未”（指批而未供、供而未用、用而未尽、建而未投、投而未达标等五类低效用地）土地处置，消化批而未供土地128公顷、盘活存量建设用地80公顷，城镇低效用地再开发26.8公顷，争取奖励指标46公顷。加强资金要素保障，新引进银行支行4家、金融新业态28家，企业贷款增长12.3%；向上争取各类专项转移支付及补助资金8.3亿元。创新投融资体制机制，吸引社会资本参与基础设施建设，实施湖浔大道绿化景观工程、农村公路等级提升等PPP项目；参与组建南浔产业整合投资基金、湖州市新兴产业投资基金，助推重点领域、重点企业技术创新。增强自主创新能力。实现高新技术产业增加值70亿元、增长10%，占规模以上工业增加值比重达50%以上，研究与试验发展经费支出占GDP比重增至2.85%。新增高新技术企业17家、“双高”企业23家、省级科技型中小企业56家、省级企业研究院3家、省级众创空间2家，久盛地板成为国家知识产权示范企业。合作建立“同济南浔”科创生态园、“南浔北大”科创园，练市科技成果转化园投入使用。启动建设南太湖精英计划产业园，入选省级以上“千人计划” “万人计划”人才8人，新增市级以上创业创新团队及人才30人，引进高层次人才567人、急需紧缺人才726人，培养高技能人才2323人。

【美丽南浔加快建设】 提高城市功能品位。持续推进中心城区建设和古镇保护利用三年行动计划，完成投资53.6亿元，金融中心、总部经济园、君澜巨人酒店等项目竣工。启动頔塘南岸房屋征收，完成签约1921户、签约率99%，腾空率96.2%。积极开展“三城联创”，整治背街小巷270余条，改造老小区5个，拆除各类乱搭建7万余平方米，完成虹阳路蔬菜批发市场、梅月路小商品市场搬迁，市容市貌明显改善。加强治拥治堵，改造城市道路7.64公里，新增停车位714个、港湾式停车站100个。推动“智慧城市”建设，智慧城管平台正式运行，重点区域监控覆盖率达100%。加速美丽镇村建设。开展小城镇环境综合整治，完成投入21.6亿元，菱蓉、水口、下昂等集镇环境、秩序面貌焕然一新。全域建设美丽乡村，谋划推进“十线十景十小镇”，新城古驿、桑基鱼塘、田园花海3条美丽乡村景观线和息塘村、民当村、石淙村3个美丽乡村小镇基本建成；新增省级以上美丽宜居示范村3个、省首批传统村落13个、美丽乡村20个，和孚镇成功创建省级美丽乡村示范镇。积极打造“美丽田园”，全面完成“三棚”清零、渔民转产转业工作，整治提升农业设施用房2860处，实施生活垃圾分类处理。强化生态环境治理。深入推进“五水共治”，开展“百点示范、千点整治”，剿灭劣Ⅴ类小微水体1253个，创建剿劣示范点163个。完成河道综合治理100公里、清淤300万立方米；新建污水管网234.2公里，振浔、千金、善琏污水处理厂实现扩容提升，全区市控以上行政交界断面水质达到Ⅲ类水以上。全力攻坚治危拆违，拆除违法建筑484.8万平方米，改造旧厂区和旧住宅792.1万平方米，改造城中村5837户，治理危旧房855户。加大治气治霾力度，完成建筑施工扬尘防控55.8万平方米，整治挥发性有机物企业42家，全面完成高污染燃煤小锅炉清零任务，空气质量持续改善。积极配合中央环保督察，各项整改工作有力推进。

【民生事业持续改善】 加强就业和社会保障。全年城乡居民人均可支配收入分别达到48587元和28865元，分别增长9.2%和9.3%。完善就业创业帮扶体系，新增城镇就业1.81万人、城镇失业人员再就业6085人，帮扶大学生创业515人。深入实施全民参保计划，基础养老金发放标准和基本医疗保险报销比例逐年提高，推行医保个人账户家庭共济。加大社会救助力度，发放各类救助金7694万元。加快养老事业发展，扩建民办养老机构2家，社区居家养老服务照料中心实现全覆盖。加强房地产市场调控，规范销售行为。大力发展社会事业。坚持教育优先发展，教育投入突破7亿元，湖师院附小二期、罗开富小学改建项目投入使用，南浔实验幼儿园、锦绣实验学校二期基本完工；省级县管校聘试点工作扎实推进，获评省级中小学教育质量综合评价监测“卓越发展型”县（区）。深化“双下沉、两提升”，完善分级诊疗制度，基层医疗机构就诊比例达到75%以上，旧馆卫生院获评国家级群众满意乡（镇）卫生院，和孚、善琏卫生院获评省级群众满意乡（镇）卫生院；菱湖人民医院开工建设，区人民医院、区公共卫生中心全面完工。繁荣城乡文体事业，全省青少年跆拳道锦标赛、徐迟文学奖颁奖典礼、第三届区运动会等活动成功举办，开展基层群众文体活动500余场，新建文化礼堂18个、体育休闲公园12个，镇级图书馆、灯光篮球场实现全覆盖。坚决维护社会稳定。严格落实安全生产主体责任、监管责任，开展重点行业领域事故隐患排查整治等专项行动，各类事故起数、死亡人数、直接经济损失三大指标均同比下降。深入开展“七五”普法，基层法治建设“六大员”工作机制在全省推广，各类矛盾纠纷调处成功率达到98%。构建立体化社会治安防控体系，加大重点区域治安挂牌整治，深化“一格一警”工作机制，刑事案件立案数同比下降22.6%，成功破获练市1998年“8·28”重大命积案。圆满完成中共十九大、世界互联网大会等重大维稳安保任务。（胡凯玲）

·德清县·

【概况】 2017年，德清县全面贯彻中央和省、市各项决策部署，以迎接中共十九大胜利召开、学习贯彻十九大精神为动力，扎实推进“四大行动”（项目双进、创新引领、美丽德清、担当作为）“十大工程”（项目引进“双百双六”工程、项目推进“1555”工程、重大改革试点突破工程、科技成果转化“亿千百十”工程、水气土共治提升工程、美丽城镇先行工程、美丽乡村升级工程、全国文明城市创建工程、“双勇”铁军建设工程、作风建设提升工程），经济持续平稳较快增长，社会总体保持和谐稳定。全县实现地区生产总值470.2亿元，同比增长8.5%；财政总收入83.7亿元，增长15%，其中地方财政收入48.7亿元，增长15.5%；城镇、农村居民人均可支配收入分别提高至50450元和29842元，分别增长8.6%和10%。工业强县排名全省20强，高新区跻身全国百强，成立省级莫干山国际旅游度假区，实现省农业现代化发展水平综合评价“三连冠”，获批国家科技成果转移转化示范县，浙工大德清校区、杭州绕城西复线德清段等重大项目正式开工，“五水共治”三夺大禹鼎，获评省基本“无违建”县，城乡收入比降至1.69:1，平安德清建设实现“十三连冠”。

【实体经济稳中向好】 “三次”产业协调发展。全县一、二、三产业结构比重由上年的5.0:52.7:42.3调整为4.7:51.9:43.4，实现第一产业增加值22亿元，同比增长2.0%；分别实现规模以上工业产值和增加值1246.8亿元、225.4亿元，分别增长16.3%和8.8%；实现服务业增加值204.1亿元，增长9.6%。有效投资较快增长。坚持“项目为王”理念，引进“大好高”项目84个，鼎力机械、开元森泊等47个重大项目新开工建设，中天建筑、中创科技园等13个重大项目竣工。完成固定资产投资324.79亿元，增长13.5%，居全市第二，其中工业投资160.1亿元，增长13.2%，居全市第一，完成现代服务业投资117.76亿元，增长17.8%。其中县“重大项目百亿工程”完成投资152.06亿元。企业转型持续推进。制定实施“中国制造2025”德清行动计划，集中开展工业平台提档升级、“厂中厂”“低小散”企业整治和“五未”土地（批而未供、供而未用、用而未尽、建而未投、投而未达标等各类低效利用土地）处置专项行动，盘活存量和低效用地165公顷，处置“僵尸”企业15家，整治提升企业1014家，腾出用能空间8万吨标准煤。电商零售额突破50亿元，增长35.2%。新增“浙江制造”标准3项、省名牌产品7个，参与制定国际标准5项、国家标准15项，落实中小企业“专精特新”发展政策，减轻企业负担32亿元，新增上市公司3家，上市公司并购重组金额达43.4亿元，获评省“小微企业三年成长计划”工作先进县。服务业强县建设深入推进。地理信息企业增至159家，“德清一号”成为全国首颗以县域冠名的商业遥感卫星。入围省首批全域旅游示范县创建名单。现代农业稳步发展。组建莫干黄芽等4个特色产业“农合联”，建设精品渔业、蚕乡古镇等示范带，完成农业生产管理用房整治，淡水珍珠传统养殖与利用系统入选中国重要农业文化遗产。

【创新驱动迸发活力】 创新驱动能力增强，研究与试验发展经费支出占地区生产总值比重达2.8%，比上年提高0.08个百分点。高新技术产业增加值113.2亿元、增长10.5%，实现技术交易额4.4亿元。新认定高新技术企业29家、省级科技型企业84家和省级企业研究院3家，中航通飞研究院浙江分院、中科院遥感所德清研究院、浙江大学人工智能研究所德清分所落户，中科院微波目标特性测量与遥感实验室成为省级重点实验室。启动建设全国首个新一代人工智能应用县，智能生态城揭牌，举办新一代人工智能“莫干山会议”，成立由9名中国工程院院士组成的专家咨询委，编制发布《新一代人工智能应用县发展规划》。深入实施“5151”人才工程，新入选“国千”人才5名，入选“南太湖精英计划”项目37个；入选省“海外工程师”3名，引进海外院士2名，全市首个院士领衔创业项目落户，三项工作均实现“零突破”。

【改革开放纵深推进】 重点改革加快落地。建立“六办”（“网上简办”“限时即办”“承诺免办”“就地快办”“全程代办”“上门约办”）审批服务模式，制订全省首个县级地方政务办事服务标准，公布县级部门“最多跑一次”改革事项658项，覆盖率达96.3%，“零上门”事项达58.9%；在全省率先成立县级大数据管理发展中心，首发县级政务数据资源共享目录。在全省率先开展“标准地”和企业投资项目发改委“一窗服务”试点，出让全省首宗“标准地”，首个承诺制改革项目开工，率先启用企业投资项目在线审批监管平台2.0版，实现“平台应用、系统打通、网上申报、网上审批”四个100%。户籍制度33项城乡差异政策全面并轨，改革红利惠及8.1万新居民。国资国企改革扎实推进，组建建发、文旅、高新国企集团，构建多层次国企监管体系。对外合作稳步推进。外贸形势持续好转，完成进出口总额163.3亿元，其中出口139.5亿元，分别增长16%和14.7%，成功争取省级境外外经贸综合服务体系建设试点。成立邵逸夫医院德清院区，成功申办2022年杭州亚运会部分赛事。首届联合国世界地理信息大会定于今年在我县召开，筹备工作扎实开展。

【全域美丽持续彰显】 生态环境不断优化。积极稳妥抓好中央环保督察问题整改，办结信访交办件71件。全面打响剿劣攻坚战，完成治理面积10066.67公顷，339处挂号问题小微水体整治通过省、市验收，河湖清淤335万立方米，新建污水收集管网55公里，改造雨污分流管网53公里，16个县控以上断面水质稳定在Ⅲ类水以上。全年PM2.5年均浓度下降4.65%，空气优良率增幅和臭氧浓度降幅均列全省第一。完成“三改一拆”2868万平方米，深入推进41个城中村改造项目，解决87个建设项目遗留问题。美丽城乡提标提档。联动提升康乾新区等区块品质，私营城整治拆违工作扎实开展，中心城区的3个老旧小区治理改造顺利实施，完成城镇危旧房治理改造471幢。钟管镇干山集镇、莫干山镇、下渚湖街道成为省首批整治达标小城镇，新市镇、禹越镇等7个创建对象通过省级验收，乾元镇旧城有机更新项目获中国人居环境范例奖，全国、全省小城镇环境综合整治会议在德清县召开。10条美丽乡村景观线、10个精致小村和7个省级美丽宜居示范村建设扎实推进，完成12个精品示范村、30个提升村创建，4个村入选首批省级传统村落，4个村创建为国家AAA级旅游景区。基础设施不断完善。长虹街东延等53个项目扎实推进，104国道、09省道等重点项目加快建设。新增停车位1181个，主城区绿色出行率达73.5%，成为首批省美丽经济交通走廊示范县。省现代水利示范区开工建设，扩大杭嘉湖南排、苕溪清水入湖等工程基本完成，智慧水利建设做法入选全国基层治水十大经验，以最高分获省水利“大禹杯”金杯奖。

【民生供给不断改善】 财政用于民生支出38.5亿元，年内，十件民生实事较好完成。就业和社会保障不断加强。新增城镇就业人员2.1万人，失业人员再就业6906人，城镇登记失业率控制在2.46%的较低水平。成为省城乡居民医疗保险普通门诊按人头付费改革试点，保障住房困难家庭1549户，20家“幸福邻里”中心完成建设，公办养老机构公建民营改革加快推进。社会事业协调发展。优先发展教育，实施新高中等29个项目，春晖小学等3所学校投入使用，建立全市首个幼教集团。深入实施综合医改，入选省首批县域医疗服务共同体建设试点，创新推进健康共同体建设，组建武康、新市两大健保集团。创建为国家体育产业示范基地，群众体育工作先进集体和个人代表获习近平总书记接见。社会治理取得实效。统筹抓好社会治安、公共安全、信访维稳、消防安全、食品药品安全和应急管理等工作，构建“1+X”安全生产运转体系，完成148个村、26个社区统一换届，加快实施撤村建居，实现县、镇、村三级法律公共服务平台全覆盖，在全市率先全面建成基层治理体系“四个平台”并实体化运作，矛盾纠纷调处成功率达99.87%。人民武装、国防动员、人防、“双拥”、民族、宗教、港澳侨台、外事、统计、邮政管理、通信、新闻出版、气象、老干部、关心下一代、慈善、红十字、老年体协、档案和史志等工作取得新进展。（陈　驰）

·长兴县·

【概况】 至2017年年末，全县辖9个镇、2个乡和4个街道；户籍总人口63.45万人，其中男性31.74万人，女性31.7万人，全年出生人口6902人，死亡人口5183人，人口自然增长率2.71‰。年内，全县围绕打造高水平全面小康社会县域典范目标，扎实开展“双提十攻坚”（“双提”：效益提升行动、品质提档行动；“十攻坚”：项目引推双百、全面创新改革试验区建设、工业转型及平台提升、长三角区域物流中心建设、现代农业强县与美丽乡村示范县建设、美丽县城试点与美丽城镇建设、治危拆违、五水共治、301省道沿线环境综合整治、全国文明城市创建）行动，努力推动效益提升、品质提档，较好地完成目标任务。全年实现地区生产总值553.2亿元，同比增长8.1%；财政总收入87.03亿元，增长10.1%，其中地方财政收入49.5亿元，增长8.9%；规模以上工业增加值236.2亿元，增长8.6%；固定资产投资440.3亿元，增长13.4%；工业性投入198.4亿元，增长13.1%；社会消费品零售总额258.4亿元，增长11.5%；金融机构本外币存款余额733.2亿元，增长13.3%，贷款余额606亿元，增长14.4%；城乡居民人均可支配收入分别达50286元、29341元，分别增长9.3%和9%。以参评县第一名的成绩获评“全国文明城市”；获批“中国制造2025”浙江行动试点示范县、省振兴实体经济试点县、省级军民融合创新示范区和传统制造业改造提升分行业省级试点。

【实体经济再上新台阶】 “强工业、兴实体，对标2025再发力”主题实践活动全面开展，工业强县综合评价排名实现进位。新能源、装备制造产业规模以上工业产值分别达305.5亿元和113.3亿元，同比分别增长15.8%和24.3%，新能源产业规模以上产值占全县规模以上工业产值的23.4%。化纤织造行业改造提升扎实推进，印染传统产业改造提升标准化项目获批省标准化试点；耐火、非织造布和电子电容等传统产业转型成果不断巩固，蓄电池产业基地入选国家新型工业化产业示范基地；处置“僵尸”企业11家，整治和淘汰“低小散”企业（作坊）311家，淘汰落后设备1285台（套）。“两化”深度融合综合性示范区建设不断深化，新增工信部“两化”融合管理体系贯标试点企业3家。全国质量强市示范城市创建深入开展，引导企业为主参与制修订国家标准12个，新增“浙江制造”培育企业7家。对接多层次资本市场步伐加快，新增股改企业42家、新三板挂牌企业4家和长兴科技板挂牌企业36家。粮食生产功能区面积保持稳定、产量有效增长，“农园新景”入选省级现代农业园区创建名单。新发展和改造提升七大农业特色产业1733公顷；新增无公害农产品85个、绿色食品9个；绿芦笋等4种农产品首次入选全国名特优新农产品目录。新登记家庭农场153家、农民专业合作社16家，获评省级骨干农业龙头企业4家。举办农事节庆活动15场，新增农产品电商主体12家，农产品网络营销额达3亿元。服务业增加值占地区生产总值比重比上年提高1个百分点。省全域旅游示范县创建全面铺开，太湖演艺小镇被列入省第三批特色小镇创建名单，太湖龙之梦项目快速推进，水口悬臼岕整治提升全面完成，小浦八都岕整治扎实开展，全县游客接待量、旅游总收入均增长30%以上。省级流通业综合改革试点深入推进，新农都农产品物流中心、东鱼坊历史文化街区顺利开业。房地产市场稳中向好，商品房销售面积增长37.9%。新增金融新业态机构422家，实现社会融资总额294.7亿元。新增电商应用企业185家，实现网络零售额41亿元，增长53.5%。

【改革发展焕发新活力】 改革不断深入，供给侧结构性改革扎实开展，“三去一降一补”成效明显。“最多跑一次”改革全面推进，“跑一次”和“零上门”事项覆盖率分别达98.6%和65.1%，涉审中介市场化改革省级试点、乡（镇）便民服务中心标准化建设等工作有序推进，档案公共服务实现乡（镇）、村全覆盖。农村承包土地经营权确权登记颁证、全国农村承包土地经营权抵押贷款试点、“三位一体”改革稳步推进。绿色金融改革全面启动，“绿色金融与科技融合创新先导区”加快建设。国资国企改革深入推进，县属四大国企集团顺利转型。全面创新改革试验区建设成效明显，实现高新技术产业增加值99.2亿元，同比增长10.7%；研究与试验发展经费支出占地区生产总值比重提高至2.8%。新认定省级企业研究院3家、省级高新技术企业研发中心6家，天能、超威入选全省首批创新型领军企业；新增发明专利授权554件，被列入省级新产品试制计划项目168项，获得省、市科学技术奖17项；促成产学研合作项目126项；知识产权综合管理改革试点顺利推进，全省首个县级知识产权司法保护服务中心挂牌成立。“1+5+N”科技创业孵化平台加快建设，国家大学科技园二期建成投用，新能源小镇被列入首批省级高新技术特色小镇。集聚省级以上“千人计划”专家12人，国家“万人计划”实现零突破。全年完成出口总额136亿元，增长14.3%，新增出口实绩企业90家、境外投资项目12个。中德产业园一期投用、二期开工，与杭州市西湖区战略合作全面展开，深度谋划融入大湾区大花园大通道大都市区、宁杭生态经济带和滨湖一体化等区域合作战略。新增军民融合项目15个、军民融合企业7家。

【有效投入带动新发展】 选商引资卓有成效，选商引资“一盘棋”体制不断完善，举办“长洽会”“长商大会”等活动，引进市认定“大好高”项目40个、科技型中小微项目129个，完成合同外资及港澳台资5.8亿美元、实到外资及港澳台资1.9亿美元，浙商回归到位省外资金145.7亿元。项目推进扎实有力，百个重点项目全面推进，德玛克注塑、诺力四期等项目竣工投产，欢乐水岸等停缓建项目有效盘活。杭长高速北延工程建成通车，申嘉湖高速西延、商合杭高铁、湖长二通道和画溪大道南延等工程顺利推进。水利“5550”工程加快实施，苕溪清水入湖河道整治、泗安水库除险加固等扎实开展。泗安中学、小浦小学扩建和回龙山幼儿园新建等工程竣工投用，人民医院二期、中医院二期、太湖博物馆等项目有序推进。企业投资信心进一步增强，现代化技改持续深化，占工业性投入比重达86.3%；民间投资增长26.7%，占固定资产投资比重提高至81.3%。平台建设不断拓展，“1+3+2”产业大平台加快完善，开发区、煤山、和平等平台均具备承载千亩以上重大项目的空间能力，南太湖绿色智能制造万亩大平台整理出空间400公顷。全县处置“四类土地”1000公顷，盘活存量土地214.67公顷，完成“腾笼”企业51家、“换鸟”项目48个，其中开发区盘活低效用地86.67公顷、闲置厂房建筑面积40万平方米，新引进项目32个；“五未一中心”专项行动全面启动。

【城乡面貌得到新改善】 新一轮县域总体规划修编、“多规合一”编制有序推进。美丽县城试点深入实施，县前东街、海兴路改造工程竣工通车。小城镇环境综合整治全面开展，中心镇发展改革持续深化，泗安镇成为省级小城市培育试点。“美丽田园”建设全面推进，整治农业生产设施用房8.2万平方米；美丽乡村创建实现全覆盖，创成省级美丽乡村示范乡（镇）2个、省级美丽乡村特色精品村7个，上泗安村入选中国传统村落名录，郑家村入选全国改善农村人居环境示范村，仰峰村成为省历史文化村落保护利用重点村并入选省传统村落名录。省“基本无违建县”创建扎实开展，完成“三改一拆”1981.6万平方米，治理城镇、农村危旧房2768幢，改造提升老小区7个，完成城中村整治2.5万户；“除险安居”工作提前两年完成省定计划目标。“四边三化”完成各类问题点位整治787个。城乡生活垃圾分类处理全面启动，被列入第二批省级餐厨垃圾资源化综合利用和无害化处置试点城市。“路长制”、工程车“三化”管理等机制健全落实，中心城区住宅小区物业覆盖率达85.2%。“五水共治”纵深推进，完成农村生活污水治理46个增点扩面治理村项目，全省农村生活污水治理设施运维管理工作现场会在长兴县召开；国家节水型县城试点通过复核。治气“六大工程”全面实施，关闭矿山3家，南方水泥输送带完成80%土建工程量，PM2.5年均浓度降至42微克/立方米，同比下降6.7%。合溪水库上游生态建设成效明显。中央环保督察整改任务有效落实，大理石、废丝和废塑料加工及琉璃瓦生产等行业整治全面启动。

【人民生活增添新福祉】 教育质量稳步提升，高考成绩一段上线率领跑全市，现代学徒制试点、校地合作试点深入推进，柔性引进特级教师3名，新增名师工作室3个，获评“全国农村职业教育与成人教育示范县”“省学习型城市”。医联体建设取得实质突破，浙医二院长兴院区挂牌，县中医院虹星桥、县人民医院小浦2家医共体运行，引进高层次医疗人才9名，新建名医工作室3个、专家工作站2个，被评为“公立医院综合改革国家级示范县”，县卫计局获评“全国卫生计生系统先进集体”。新建农村文化礼堂10个，举办基层群众文化活动1000余场；环太湖国际公路自行车赛、全国围甲联赛和太湖图影马拉松赛等成功举办，获批省运动休闲基地；水口乡、林城镇获评省“民间文化艺术之乡”，太湖街道获评省“文化强镇”，李家巷鸳鸯龙受邀参加意大利国际民间艺术节。社会保障不断加强，全年新增就业1.7万人，帮扶失业人员再就业9332人，城镇登记失业率为2.44%。人力社保便民服务大厅投入使用，被征地农民基本生活保障制度与企业职工基本养老保险制度衔接顺畅。居家养老服务照料中心与医疗机构实现医养合作全覆盖，独居老人、空巢老人全部纳入养老服务补贴对象。全市首家企业主体阳光庇护中心顺利建成，低保、临时救助和困难家庭救助等机制进一步完善。竣工各类保障性住房4200套，新增租赁补贴保障家庭185户。安全生产领域改革持续深化，安全监管与事故预防体系进一步健全，各类专项整治和大检查工作有力推进，控制性指标明显下降。省食品安全县创建扎实开展。“铁拳一号”等行动成效明显，刑事发案数同比下降26.4%，县公安局获“评全国优秀公安局”。建成全省首个打破社会治理信息孤岛的CIG系统，“一个中心+四个平台+全科网格”架构基本形成。信访工作机制不断完善，“社区矫正指挥中心管理规范”试点工作全面完成，村（社区）公共法律服务点实现全覆盖，各类矛盾纠纷调处成功率达99.7%。十九大等各项安保任务顺利完成，平安长兴实现“十二连冠”，获“金鼎奖”。

【以参评县第一名的成绩获评全国文明城市】 2017年，根据《全国文明城市测评体系》要求，全县坚持问题导向，从健全体制机制、创新工作方法、夯实基层基础、强化督查考核和注重氛围营造等方面入手，大力开展“文明创建攻坚年”活动，重点推进社区共建活动、商场市场整治、市容市貌整治、交通秩序整治、“线乱拉”整治、窗口单位整治、网吧秩序整治、“五小行业”整治、综合楼宇环境整治和美化乡村长效管理“十项整治”，一举夺得“全国文明城市”荣誉称号，以参评县第一名的成绩跻身全国文明城市。11月17日，全国精神文明建设表彰大会在京举行，长兴县被中央文明办授予“第五届全国文明城市”荣誉称号，长兴县委书记周卫兵在人民大会堂代表长兴县领奖，泗安镇、超威集团分别被授予“全国文明镇”和“全国文明单位”荣誉称号。（郭玲玲）

·安吉县·

【概况】 2017年，安吉县全面贯彻落实中央、省、市各项决策部署，上下同心全力抓落实，推动经济社会平稳创新发展，“两山”红利不断得到释放。全年实现地区生产总值360.3亿元，同比增长8.8%；完成财政总收入67.3亿元，增长11.5%，其中地方财政收入39.5亿元，增长13.9%；城镇、乡村居民人均可支配收入分别达到48237元和27904元，分别增长8.7%和9.5%。

【项目推进提速增效】 总投资超100亿元的娃哈哈国际科创小镇、100亿元的海游天地度假城、50亿元的养生堂智能生活科技园和4.6亿美元的敏实集团安吉总部等一批重大产业项目相继签约或落地，累计新引进项目99个，其中总投资1亿元以上工业项目28个，“大好高”项目42个，合同外资、实到外资和浙商回归省外资金分别达5.03亿美元、1.71亿美元和67.58亿元人民币。“四季比拼”“双百”行动深入开展，华丰纸业、天振竹木等28个重点工业项目竣工投产，长龙山抽水蓄能电站、申嘉湖高速西延等重大项目加速推进，商合杭高铁过境站升格为始发站。“双百”项目新开工43个，竣工18个。完成社会固定资产投资202.8亿元，同比增长13.3%。用地管控更加精准，破解“双停”企业33家，完成供地415.93公顷，累计盘活土地151.46公顷。节能降耗减排不断深化，关停“低小散”企业188家，提升174家。降本减负成效明显，累计为企业减负16.5亿元。

【产业质效双向提升】 工业经济加速壮大，获评国家火炬安吉高端功能坐具特色产业基地。绿色家居产业转型升级提速工程全面实施。全国首个A1类通用机场建成运营。完成规模以上工业增加值127.8亿元，同比增长8.6%。完成战略性新兴产业工业增加值22.8亿元，增长15.4%。现代服务业更趋活跃，完成服务业增加值174.9亿元，增长10.4%，社会消费品零售总额156.6亿元，增长11.0%。绿色金融更加集聚，新增银行金融机构2家，证券机构1家，本外币存贷款余额均突破500亿元，直接融资131.7亿元，其中企业股权融资30.9亿元。房地产去库存成效突出，累计销售面积117.1万平方米。休闲旅游持续向好，创建灵峰国家级旅游度假区，获评中国十大乡村旅游目的地、国际乡村生活示范地，中南百草原获“中国驰名商标”，新增国家AAAA级旅游景区1家，全年接待游客2237.5万人次，实现旅游总收入282.7亿元。现代农业稳步发展，获评“全国首个乡村振兴林业示范县”。笔架山农业高新技术产业园区建设加快推进，获批创建省级现代农业园区、省级农业科技园区。“田园鲁家”成为全国首批田园综合体试点示范区。新增粮食功能区373.33公顷，高标准基本农田1566.66公顷。获评“全国首批茶叶标准化示范县”，安吉白茶获评“中国优秀茶叶区域公用品牌”。安吉冬笋获评“全国十佳蔬菜地标品牌”，品牌质量管理全程可追溯体系全面建成。

【发展活力持续增强】 洁美科技、恒林股份成功实现主板上市，中用设计、万昌家具“新三板”挂牌，完成股改7家。新增年产值超10亿元企业2家，省、市“两化”融合示范试点企业9家，“浙江制造”品牌认证企业2家，完成“个转企”310家、“小升规”41家。安吉绿色制造高新技术产业园区获批省级高新技术产业园区。完成高新技术产业增加值55.2亿元，占规模以上工业增加值的43.2%。新增国家高新技术企业22家，省级科技型企业52家，新建企业院士专家工作站2家。新引育“国千”5名，“省千”3名，“南太湖精英计划”33个，“美丽英才计划”23个，高技能人才2409名。完成进出口总额219.7亿元，同比增长18.4%，其中自营出口215.9亿元，增长17.6%，占全省比重达11‰。安吉港被列入浙江省参与“一带一路”建设重大项目名录，年吞吐量达24.2万标准箱。“飞地型”合作成功破题，顺利与杭州市江干区建立产业园战略合作。

【城市品质全面提升】 城中村改造攻坚清零专项行动强势推进，精干力量下沉一线、组团攻坚，广大群众充分理解、普遍支持，奋战五个月，全面打赢征迁攻坚战，平稳拆迁1925户，整理征收各类建设土地560余公顷。功能布局更趋完善，城市总体规划、总体设计完成修编，县域控规实现全覆盖。齐云路、穆王路、石佛路和玉华路4条断头路实现贯通。胜利路、浮玉南路、绕城南线等8条道路完成改造。“一主五副”公交换乘体系加快构建，850辆纯电动汽车分时租赁投入运营。凤凰区块雨污分流改造全面完成。10条背街小巷整治、20幢中心城区楼宇亮化工程顺利完工。1:2000基础地理信息数据实现全覆盖，云平台、大数据中心等一批智慧城市项目加速推进，无线网络覆盖区域不断扩大。

【镇村面貌不断更新】 风情小镇建设、小城镇环境综合整治深入推进，集镇功能全面提升，累计完成治理3947处，整治达标率100%。孝丰镇获评“全国特色小镇”，鄣吴镇成为中国森林文化小镇，山川乡创建成为全省首批国家卫生乡（镇），灵峰街道大竹园省级村庄规划设计和农房设计落地试点全面完成。新增美丽乡村精品示范村8个、水环境优美村12个。农村生活垃圾分类实现全覆盖，成为全国农村生活垃圾分类和资源化利用示范县。基础配套更加完善，高铁大道及场站配套工程、长湖申航道等基础设施项目全面开工，西南片区交通规划完成编制。农村公路大中修和改造提升193公里。“清水入湖”主体工程基本完工，西苕溪防洪标准达到20年至50年一遇，平原土斗区“逢涝必淹”的历史得到彻底改变。

【生态人居持续优化】 全国首个《美丽县域建设指南》地方标准成功发布。成为全国首批“绿水青山就是金山银山”实践创新基地，余村村获评“全国文明村镇”。人民日报社、新华社、中央电视台等中央媒体频频聚焦安吉。成功举办首届全国休闲农业与乡村旅游大会、全国生态文明建设现场会等8个全国性会议及活动。全力做好中央环境保护督察问题整改。成功夺取“大禹鼎”，创成全省首批无违建县。完成拆违150万平方米、“三改”286万平方米，拆后土地利用率达92.5%。整治“两路两侧”问题381个，剿灭小微劣质水体1064个。新增污水管网104公里、供水管网88公里。“林长制”全面实施，新增珍贵彩色森林1000公顷，整治毁林开垦800公顷。农药废弃包装物回收率90%、处置率100%。治气治霾持续推进，工程运输车“三化”管理全面实施，机制砂、水泥制品企业整治成效明显，完成工业企业小锅炉清洁能源升级替代523台，PM2.5浓度均值同比下降7%。

【社会保障更为健全】 全年新增财力的70%以上用于民生改善。人居保障不断夯实，新增公积金缴存职工1.5万人。完成经济适用房、公共租赁房494户。完成农村困难群众危房改造120户。地质灾害治理66户、搬迁71户。基本养老保险、基本医疗保险参保率分别达89.51%和98.95%。实现创业9100人，带动就业2.7万人，城镇登记失业率控制在2.46%。新增居家养老服务照料中心20家，成功创建省级老年友好城市。实施残疾人“两项补贴”8624人次。

【社会事业全面发展】 文化事业取得突破，历时5年的《吴昌硕全集》成功首发，古城遗址、龙山越国贵族墓群被列入国家级考古遗址公园。新增文化礼堂15家，农村影院5家。“安吉游戏”幼教模式得到教育部肯定和推广。高考一段上线人数首次突破500人。灵峰小学、天荒坪小学、育澜中学建成启用。公立医院改革不断深化，责任医生重点人群签约率达69.86%。县人民医院急诊大楼、浙北腔镜中心和心血管病中心投入使用，县第三人民医院顺利落成。成功创建全国基层中医药工作先进县。全民健身深入开展。国防动员、人防、应急管理和双拥优抚安置等工作得到新加强。工青妇、老龄、慈善、红十字会、气象、档案、史志、民宗台侨及关心下一代等工作取得新成效。

【社会大局保持稳定】 成功夺得全省首批“平安金鼎”，获评“全国平安建设先进县”。“四个平台”（综治工作平台、市场监管平台、综合执法平台、便民服务平台）基层治理体系基本建成。基层民主法治建设得到加强，成功创建全国首批农村社区治理实验区。“无欠薪”试点县深入开展，欠薪案发率同比下降43.75%。企业债务风险、金融风险得到有效控制，银行贷款不良率持续下降。社会治安防控体系不断完善，网络治理能力持续增强，完成“十九大”护航。食品安全监管更加严格，成功创建省级农产品质量安全放心县。各类安全事故起数、死亡人数、直接经济损失三项指标持续下降。（莫小龙）

人　物

·先进人物·

邱汝民　男，1962年9月生，中共党员，大专学历，长兴意蜂蜂业科技有限公司技术总监，高级农艺师。曾荣获“湖州市劳动模范”“浙江新农村建设带头人‘金牛奖’提名”等称号。

邱汝民自1984年从事蜜蜂养殖以来，历经33年刻苦钻研，成功选育出“长兴意蜂”新品系，达到世界先进培育水平，在全国省、市养蜂户中得到推广。“长兴意蜂”蜂王浆产量每群单产比原来提高15倍，蜂蜜产量提高10%，年培育蜂王10000只，年改良全国低产劣质蜂种50万箱，为全国蜂农直接增收效益达到1.2亿，为农作物授粉，使瓜果蔬菜等农作物每亩产量提高38%左右，蜂种在国内外得到一致认可。经过多年的潜心探索，邱汝民总结出养蜂新技术、饲养蜜蜂新模式，撰写国家级论文20余篇，其中1篇入选亚洲蜂联论文集；获得国家发明专利7项，实用新型专利30项，外观设计专利18项；参与国家标准制定2项，1项科技成果被列入国家星火计划，2项科技成果列入浙江省科技成果转化项目。《中国蜂业》《光明日报》《浙江日报》《浙江科技报》和《湖州日报》等媒体多次报道邱汝民的育种技术，推动全国蜂业的发展。2017年，获全国五一劳动奖章。

黄崇德　男，1979年7月生，中共党员，湖州永兴特种不锈钢股份有限公司炼钢一厂生产运营科科长，工程师。曾荣获“湖州市劳动模范”称号。

黄崇德作为农家子弟，部队退役后进入工厂当一线工人，凭借勤学好问和刻骨钻研精神，边干边学，善于创新，圆满完成了各项生产任务和产品研制任务。结合工作实际，刻苦钻研相关理论知识和技术本领，在企业支持下报考东北大学本科远程教育冶金工程专业并顺利毕业，积极把所学知识与现场生产及项目研发结合起来，带领技术创新团队通过多次试验、总结和改进，使企业吨钢电耗从原来的412千瓦时降低到402千万时，吨钢节省9千万时，年降电耗612000千万时；吨钢萤石用量减少5千克/吨以上，年节约辅料成本30万元，有效降低环境污染。黄崇德坚持每天到车间巡回，检查生产作业计划单的安排和审核、配料过程的元素控制要求、新炼钢种的工艺作业指导书的编写、AOD炉的炉况、生产过程中工艺的执行情况等等，日复一日，年复一年。黄崇德特别注重对一线操作人才和年轻技术员工的培养，先后为公司培养一大批一线生产技术骨干，努力为企业持续发展做好高素质人员储备工作。经过十余年的努力，黄崇德在不锈钢冶炼、生产技术管理、特殊钢冶炼开发等方面掌握扎实的理论功底，强烈的创新意识，丰富的实践经验和高超的业务水平，为永兴特钢打破国外多项特种不锈钢钢种垄断和特钢产品替代进口做出积极贡献。2017年，获全国五一劳动奖章。

（蒋华杰）

·逝世人物·

徐重庆　男，1945年9月出生，安徽怀宁人，1961年进入湖州电影公司工作，直至退休。徐重庆一生热爱读书，专注写作。自弱冠起，即与时贤往从，先后与茅盾、叶圣陶、赵景深、丁景唐、孙席珍、黄源、汪静之及郁达夫妻子王映霞等文学界名人往来，并保持着长期的“忘年”之谊。徐重庆原有学历虽浅，但其毕生勤奋好学，博览群书，治学严谨，写作甚勤，于1987年被全国总工会授予“中国职工自学成才者”称号。徐重庆对于现代文学史料的研究，考据扎实，见解独特。曾在《新文学史料》《文汇月刊》《鲁迅研究》等国内多家报纸杂志以及在《香港文学》《读者良友》《广角镜》等港台刊物上发表过许多研究文章，备受国内外学术界所瞩目。生前著有《文苑散叶》，并与友人合著长篇小说《沪军都督·陈英士传奇》。徐重庆是一位现代文学研究者，在国内外文学界和文化界具有较高的知名度，被誉为“江南才子”。

徐重庆热爱家乡的文化事业，从20世纪80年代开始，在其奔走、沟通和牵线搭桥下，一些文化名人将毕生的收藏回归家乡，先后引进“赵紫宸·赵萝蕤父女纪念馆”“沈行楹联艺术馆”“包畹蓉京剧服饰艺术馆”“赵紫宸·赵萝蕤·赵景德家族纪念馆”（明清古典家具陈列），徐重庆被赞誉为“湖州文脉的守望者”。徐重庆曾任湖州市政协委员，民盟湖州市委会副主委、秘书长，九三学社湖州市委会副秘书长，市文学学会、写作学会副会长，市作协理事会和陈英士研究会理事会会长。是中国鲁迅研究学会、中国茅盾研究学会、中国现代文学研究会会员，浙江省作家学会、文学学会、写作学会会员。徐重庆逝世后，遵从本人遗愿，其亲属将其一生珍藏的名人信札、图书文献等全部捐赠给湖州市人民政府，并由湖州师范学院永久收藏。徐重庆于2017年1月30日在湖州逝世，享年73岁。　（徐　湖）

于　友　男，原名庞学棠，1916年2月出生，浙江湖州人，是我国当代新闻界的“老报人”、著名记者。曾就读于湖州东吴大学附属第三中学（湖州二中前身），高中毕业后考入上海《立报》从事新闻工作，积极投身抗日救国运动。曾任国际新闻社记者、新加坡《南洋商报》记者、《星岛日报》记者，在《大刚报》、美新社主持新闻翻译，为进步刊物《文萃》策划写稿，报道抗日新闻。1949年4月，于友受胡愈之邀请，从香港到北京参加《光明日报》的创办，并担任国际新闻部主任和编委。1980年，于友被调派参与筹备英文版《中国日报》工作，64岁的于友不辞辛劳勇挑重担，担任夜间新闻版发稿主编。1985年离休。同年，于友又应民盟中央邀请，创办《群言》杂志，出任主编。于友一生著作颇丰，年轻时曾翻译出版《反苏大阴谋》《一千个美国人》《美国内幕》等中文译本。于友曾和中国新闻界名人胡愈之、范长江、刘尊棋、萨空了、恽逸群等一起工作过。1989年，已74岁的于友离开《群言》杂志，开始在家整理自己的记录，到97岁，共出版《名记者的脚印》《胡愈之传》《刘尊棋》《记者生涯缤纷录》《不服老的报告》《解读范长江》《见贤集》《报人往事》等10本著作。其间，还翻译出版了《华盛顿丑闻》《摩托罗拉的创业》等中文本。1992年，于友被国务院命名为有特殊贡献的专家。于友对家乡湖州有深厚的感情，和湖州日报社几代报人有密切的联系，关心家乡的经济和文化建设，为办好报纸出谋划策。2017年3月30日，于友在北京逝世，享年102岁。（陆林宝）

统计资料

·统 计 表·

2017年湖州市经济社会主要指标一览表

表5

	单位	2017年	±%或百分点
年末常住总人口	万人	299.50	
年末户籍总户数	万户	86.74	
年末户籍总人口	万人	266.14	
#城镇人口	万人	108.02	
生产总值（GDP）	亿元	2476.13	8.5
#第一产业	亿元	127.35	2.2
第二产业	亿元	1173.65	7.8
#工业	亿元	1059.74	8.3
第三产业	亿元	1175.13	10.0
人均GDP（按户籍人口）	元	93265	8.0
人均GDP（按户籍人口、美元）	美元	13813	
人均GDP（按常住人口）	元	82952	7.7
人均GDP（按常住人口、美元）	美元	12286	
规模以上工业增加值	亿元		8.7
#战略性新兴产业	亿元		9.5
高新技术产业	亿元		10.4
装备制造业（省口径）	亿元		14.5
规模以上工业主营业务收入	亿元		17.5
规模以上工业利税总额	亿元		22.1
#利润	亿元		27.3
农林牧渔业总产值	亿元	220.05	1.0
财政总收入	亿元	408.89	13.3
#地方财政收入	亿元	237.43	15.2
#地方财政税收收入	亿元	202.45	14.0
地方财政支出	亿元	325.02	12.6
城镇居民人均可支配收入	元	49934	9.0
农村居民人均可支配收入	元	28999	9.4
金融机构本外币存款余额	亿元	4045.35	13.9
#住户存款	亿元	1914.81	9.0
金融机构本外币贷款余额	亿元	3281.05	19.0

续表 5

	单位	2017 年	±%或百分点
金融机构年末本外币不良贷款余额	亿元	31.22	-9.9
金融机构本外币不良贷款比例	%	0.95	-0.30
规模以上工业能源消费量	万吨标准煤	758.68	-0.6
#千吨以上企业	万吨标准煤	621.26	-3.3
全社会用电量	亿千瓦时	244.33	10.0
#工业	亿千瓦时	182.16	9.9
#制造业	亿千瓦时	166.00	10.0
服务业	亿千瓦时	26.23	12.9
居民生活	亿千瓦时	28.12	7.4
固定资产投资	亿元	1730.98	13.7
#工业	亿元	716.62	12.2
服务业	亿元	1003.06	15.1
#房地产	亿元	301.17	9.8
商品房销售面积	万平方米	743.92	33.6
社会消费品零售总额	亿元	1188.15	11.2
#限额以上	亿元	379.12	14.5
新批利用外资项目个数	个	182	1.1
合同外资	亿美元	23.60	10.7
实到外资	亿美元	10.53	5.2
进出口总额	亿元	777.97	14.5
#出口	亿元	687.31	14.6
进口	亿元	90.66	13.7
客运周转量	亿人公里	17.17	-3.9
货运周转量	亿吨公里	176.35	15.3
内河港口货物吞吐量	万吨	10540	21.7
集装箱吞吐量	标箱	353578	71.5
年末民用汽车保有量	万辆	73.38	14.2
#私人汽车	万辆	66.89	13.6
#轿车	万辆	66.39	58.7
机动车上牌量	万辆	11.69	0.2
#小型汽车	万辆	10.26	-0.8
城市居民消费价格总指数	%	101.8	1.8
工业生产者出厂价格指数	%	105.2	5.2
工业生产者购进价格指数	%	115.0	11.5
国内旅游人数	万人次	10552.60	20.6
入境旅游人数	万人次	111.66	21.9
旅游总收入	亿元	1104.95	25.2
#旅游外汇收入	万美元	43799	22.5
主要景点门票收入	亿元	10.40	22.8
保险业务收入	亿元	90.50	15.1

续表 5

	单位	2017 年	± %或百分点
#财险	亿元	34.98	7.1
寿险	亿元	55.52	20.8
保险赔款和给付支出	亿元	29.91	0.6
#财险	亿元	19.77	-
寿险	亿元	10.13	1.8
年末个人证券资金账户	个	531252	17.2
股票交易额	亿元	5524.20	-12.3
#代理 A 股成交额	亿元	5520.65	-12.2
电信业务收入	亿元	36.03	5.6
移动电话用户数	万户	443.06	6.5
#4G 移动电话用户	万户	266.07	12.0
固定电话用户数	万户	80.32	-3.8
#宽带用户	万户	157.76	34.7
年末上市公司数	家	30	增 7
全年出版各类报纸	万份	4042	-0.8
#湖州日报	万份	1639	0.9
湖州晚报	万份	2247	0.4
湖州广电报	万份	156	-26.8
全年专利申请量	件	28808	23.8
全年专利授权量	件	12025	-12.2
#发明专利	件	2190	-13.9
驰名商标	件	38	增 2
高等教育毛入学率	%	60.60	1.29
十五年教育毛入学率	%	99.49	0.07
医院、卫生院床位数	张	14370	1.82
卫生技术人员	人	22762	6.33
#医生	人	8080	6.05
城镇基本养老保险参保人数	万人	143.84	6.1
#离退休人员	万人	42.97	9.8
年末城镇职工基本医疗保险参保人数	万人	124.78	6.7
年末城乡居民基本医疗保险参保人数	万人	143.57	-2.7
年末工伤保险参保人数	万人	83.57	6.7
年末生育保险参保人数	万人	71.64	8.0
年末失业保险参保人数	万人	72.32	10.2
结婚登记	对	20082	-1.2
离婚登记	对	8096	12.5
城镇登记失业率	%	2.22	-0.30

说明：1. 因户籍制度改革，2015 年起取消农业和非农划分口径，改用城镇和乡村人口

2. 表中“#”表式其中项

2017年湖州市地区生产总值一览表

表6　　　　单位：亿元

	2017年	±%
地区生产总值	2476.13	8.5
吴兴区	515.51	8.6
南浔区	384.80	8.5
开发区	158.73	9.8
德清县	470.19	8.5
长兴县	553.21	8.1
安吉县	360.31	8.8
△市区	1088.64	8.9
第一产业	127.35	2.2
第二产业	1173.65	7.8
#工业	1059.74	8.3
吴兴区	193.27	9.0
南浔区	193.37	8.5
开发区	46.81	8.6
德清县	226.72	8.9
长兴县	248.19	8.4
安吉县	146.57	8.3
△市区	434.16	8.6
第三产业	1175.13	10.0
#吴兴区	278.33	9.6
南浔区	147.84	9.6
开发区	99.98	11.2
德清县	204.11	9.6
长兴县	244.56	10.0
安吉县	174.91	10.4
△市区	551.95	10.2
#交通运输、仓储和邮政业	101.52	9.6
批发和零售业	292.90	8.4
住宿和餐饮业	85.55	7.2
金融业	172.45	10.6
房地产业	147.78	9.3
其他服务业	366.67	12.4

2017年湖州市人口、婚姻及计划生育一览表

表7

	单位	2017年	2016年	±%或千（百）分点
总户数	户	867415	865329	0.2
#吴兴区	户	209271	207809	0.7
南浔区	户	142088	142190	-0.1
德清县	户	134135	133703	0.3
长兴县	户	228607	228289	0.1
安吉县	户	153314	153338	0.0
△市区	户	351359	349999	0.4
总人口数	人	2661413	2648446	0.5
#吴兴区	人	627015	622404	0.7
南浔区	人	489970	488747	0.3
德清县	人	441394	438787	0.6
长兴县	人	634486	632382	0.3
安吉县	人	468548	466126	0.5
△市区	人	1116985	1111151	0.5
#乡村人口	人	1581257	1624455	-2.7
城镇人口	人	1080156	1023991	5.5
#男	人	1315421	1310823	0.4
女	人	1345992	1337623	0.6
#18岁以下	人	375573	365317	2.8
18~35岁	人	549186	566814	-3.1
35~60岁	人	1075921	1081487	-0.5
60岁以上	人	660733	634828	4.1
出生人口	人	29073	24675	17.8
人口出生率	‰	10.95	9.34	1.61
死亡人口	人	21879	16974	28.9
人口死亡率	‰	8.24	6.42	1.82
自然增长人口	人	7194	7701	-6.6
人口自然增长率	‰	2.71	2.91	-0.20
迁入人口	人	16501	12105	36.3
省内迁入	人	4660	3682	26.6
省外迁入	人	11841	8423	40.6
迁出人口	人	10642	8020	32.7
迁往省内	人	7357	4950	48.6
迁往省外	人	3285	3070	7.0
结婚	对	20082	20326	-1.2
离婚	对	8096	7197	12.5
计划生育率	%	98.88	98.83	0.05
已婚育龄妇女独生子女领证率	%	32.42	33.30	-0.88

说明：1. 因户籍制度改革，2015年起取消农业和非农划分口径，改用城镇和乡村人口；
2. 表中“△市区”包括吴兴区，南浔区和开发区以及市属单位合计数据

2017年湖州市农林牧渔业总产值及播种面积一览表

表8

	单位	2017年	±%
一、农林牧渔业总产值	亿元	220.05	1.0
#吴兴区	亿元	35.98	0.8
南浔区	亿元	43.19	0.4
德清县	亿元	40.13	-1.6
长兴县	亿元	61.34	2.2
安吉县	亿元	39.42	2.6
1. 农业产值	亿元	98.51	2.7
#粮食产值	亿元	18.25	0.5
油料产值	亿元	1.16	4.6
蔬菜产值	亿元	24.93	1.8
2. 林业产值	亿元	22.72	1.7
3. 牧业产值	亿元	26.65	-22.2
#蚕茧产值	亿元	2. 51	-12.1
4. 渔业产值	亿元	60.56	11.7
5. 农林牧渔服务业	亿元	11.61	9.0
二、农作物播种面积	公顷	166069	
1. 粮食播种面积	公顷	88645	
#晚稻	公顷	57615	
2. 经济作物播种面积	公顷	77444	
#蔬菜面积	公顷	37869	
油菜籽面积	公顷	7994	
花卉苗木面积	公顷	23031	

说明：粮油面积采用粮食监测调查，不可比

2017 年湖州市主要农产品产量一览表

表 9

	单位	2017 年	±%
粮食总产量	吨	625423	
#吴兴区	吨	106824	
南浔区	吨	137739	
德清县	吨	59079	
长兴县	吨	226096	
安吉县	吨	95685	
△市区	吨	244563	
#晚稻	吨	493612	
油菜籽产量	吨	18712	
园林水果产量	吨	135590	-0.3
蔬菜产量	吨	912422	4.5
茶叶产量	吨	10797	2.4
蚕茧饲养张数	万张	11.25	-20.4
蚕茧产量	吨	5842	-19.5
奶类产量	吨	4429	-13.1
水产品产量	吨	421766	10.1
肉类产量	吨	88314	-34.3
禽蛋产量	吨	34327	-18.4
生猪年末存栏数	万头	18.75	-29.9
生猪全年出栏数	万头	47.85	-49.6
羊年末存栏数	万只	32.13	-14.8
羊全年出栏数	万只	41.99	2.8
家禽年末存栏数	万只	719.27	-31.3
家禽全年出栏数	万只	2690.56	-26.9
家兔年末存栏数	万只	18.58	-21.1
牛年末存栏数	头	2302	-15.2

说明：粮油产量采用粮食监测数据，不可比

2017 年湖州市规模以上工业增加值一览表

表 10 单位：亿元

	± %
总　　计	8.7
#吴兴区	8.9
南浔区	9.2
开发区	8.6
德清县	8.8
长兴县	8.6
安吉县	8.6
△市区	8.9
#大型企业	10.1
中型企业	6.6
小型企业	8.8
微型企业	12.1
#轻工业	7.3
重工业	9.6
1. 分登记注册类型	
国有企业	9.6
股份合作制	-33.7
有限责任公司	10.9
股份制企业	7.7
私营企业	8.2
港澳台投资企业	6.4
外商投资企业	8.1
2. 分行业大类	
非金属矿采选业	7.6
农副食品加工业	8.1
食品制造业	11.9
酒、饮料和精制茶制造业	3.5
纺织业	1.8
纺织服装、服饰业	1.1
皮革、毛皮、羽毛及其制品和制鞋业	-21.5
木材加工和木、竹、藤、棕、草制品业	4.8
家具制造业	10.9
造纸和纸制品业	3.2
印刷业和记录媒介复制业	7.4
文教、工美、体育和娱乐用品制造业	6.3
石油加工、炼焦和核燃料加工业	148.6
化学原料和化学制品制造业	15.3
医药制造业	21.3
化学纤维制造业	11.0
橡胶和塑料制品业	14.1

续表 10

	±%
非金属矿物制品业	8.7
黑色金属冶炼和压延加工业	-7.1
有色金属冶炼和压延加工业	-18.8
金属制品业	12.5
通用设备制造业	19.6
专用设备制造业	6.0
汽车制造业	5.7
铁路、船舶、航空航天和其他运输设备制造业	36.8
电气机械和器材制造业	12.9
计算机、通信和其他电子设备制造业	37.0
仪器仪表制造业	7.8
其他制造业	18.6
废弃资源综合利用业	27.6
电力、热力的生产和供应业	8.5
燃气生产和供应业	29.1
水的生产和供应业	15.6
3. 战略、高新技术和装备制造业	
#战略性新兴产业	9.5
#吴兴区	8.1
南浔区	8.0
开发区	9.4
德清县	9.8
长兴县	12.6
安吉县	15.4
△市区	8.3
#高新技术产业	10.4
#吴兴区	11.1
南浔区	10.0
开发区	10.1
德清县	10.5
长兴县	10.7
安吉县	10.1
△市区	10.4
#装备制造业	14.5
#吴兴区	19.3
南浔区	18.2
开发区	11.3
德清县	12.2
长兴县	11.2
安吉县	11.5
△市区	17.2

2017年湖州市规模以上工业经济效益一览表（一）

表11 单位：亿元

	±%
营业收入	15.3
#主营业务收入	17.5
营业成本	15.0
#主营业务成本	17.5
三项费用合计	11.4
销售费用	9.3
管理费用	11.2
财务费用	18.2
#利息支出	7.6
利税总额	22.1
利润总额	27.3
#亏损企业亏损额	-2.5
税金总额	12.4
#应交增值税	12.6
应收账款	6.6
存货	11.8
#产成品存货	10.8
银行贷款余额	1.2
资产总计	10.1
流动资产合计	10.8
负债总计	2.4
全部从业人员平均数（人）	1.2
应付职工薪酬	10.3

2017年湖州市规模以上工业经济效益一览表（二）

表12　　　　单位：亿元

	单位数（个）	增速（%）		
		主营业务收入	利税总额	#利润
总　　计	2851	17.5	22.1	27.3
#吴兴区	349	21.1	30.3	42.1
南浔区	559	23.4	26.7	35.5
开发区	132	17.1	10.5	26.6
德清县	705	14.6	14.1	14.8
长兴县	699	14.4	29.8	33.7
安吉县	407	18.9	14.1	16.7
△市区	1040	21.6	25.4	36.2
#大型企业	36	17.8	4.7	8.1
中型企业	191	18.5	28.4	39.1
小型企业	2456	17.2	25.5	29.3
微型企业	168	13.6	19.7	26.6
#轻工业	1495	13.4	11.0	11.4
重工业	1356	21.5	32.1	41.3
1. 分登记注册类型				
国有企业	6	12.8	-42.9	-25.2
股份合作制	2	-41.0	-241.4	-508.2
有限责任公司	463	26.0	48.8	64.3
股份制企业	94	16.8	16.3	21.1
私营企业	1864	15.7	24.6	28.8
港澳台投资企业	228	16.0	10.6	11.8
外商投资企业	194	11.0	-3.4	-2.5
2. 分行业大类				
非金属矿采选业	28	13.4	21.6	41.9
农副食品加工业	64	8.4	40.9	20.8
食品制造业	31	-0.8	-3.1	-2.2
酒、饮料和精制茶制造业	22	5.9	-22.4	-26.6
纺织业	608	4.2	9.4	9.2
纺织服装、鞋、帽制造业	102	2.9	-9.1	-1.9
皮革、毛皮、羽毛（绒）及其制品业	34	-8.6	-26.4	-34.5
木材加工及木、竹、藤、棕、草制品业	152	8.1	21.4	25.0
家具制造业	179	10.0	0.6	-9.1
造纸及纸制品业	48	28.0	4.9	31.8
印刷业和记录媒介的复制	20	3.0	-5.8	-7.5
文教体育用品制造业	84	8.3	1.6	5.5
石油加工、炼焦及核燃料加工业	4	191.0	198.9	205.5

续表 12

	单位数（个）	增速（%）		
		主营业务收入	利税总额	# 利润
化学原料及化学制品制造业	177	27.5	15.2	13.0
医药制造业	43	10.7	23.4	27.8
化学纤维制造业	29	39.7	65.5	76.4
橡胶和塑料制品业	94	22.0	22.1	24.0
非金属矿物制品业	227	25.2	75.9	98.6
黑色金属冶炼及压延加工业	79	19.2	20.5	32.4
有色金属冶炼及压延加工业	55	19.9	47.4	42.8
金属制品业	105	53.1	13.1	20.2
通用设备制造业	203	18.2	46.7	62.8
专用设备制造业	68	25.0	43.4	57.9
汽车制造业	61	16.2	20.5	21.8
铁路、船舶	12	31.8	8.3	50.8
电气机械及器材制造业	207	21.0	18.0	21.5
通信设备、计算机及其他电子设备制造业	45	36.2	53.4	61.8
仪器仪表及文化、办公用机械制造	9	-12.0	-0.8	-14.0
其他制造业	7	38.8	32.5	17.4
废弃资源综合利用	5	44.5	-678.0	-259.3
电力、热力的生产和供应业	31	9.9	-2.0	2.5
燃气生产和供应业	9	39.0	11.7	10.9
水的生产和供应业	9	9.0	14.2	18.9
3. 特色、战略和高新技术产业				
# 战略性新兴产业（省口径）		18.7	22	25.2
# 吴兴区		19.8	32.8	45.7
南浔区		19.2	17.9	23.3
开发区		18.3	-11.9	-7.8
德清县		17.5	17.8	19.5
长兴县		13.1	27.4	27.3
安吉县		37.1	42.7	55.0
△市区		19.4	18.4	25.0
# 高新技术产业	888	18.7	20.7	25.0
# 吴兴区	106	24.7	33.5	45.5
南浔区	159	25.5	26.0	35.4
开发区	58	16.9	-4.4	2.6
德清县	229	17.0	15.8	19.1
长兴县	219	12.3	24.0	24.6
安吉县	117	20.1	20.2	20.8
△市区	323	23.8	22.4	31.5

2017年湖州市工业主要产品产量一览表

表13

产品名称	单位	±%
石灰石	万吨	10.0
饲料	万吨	11.5
饮料	万吨	9.0
布	亿米	-8.5
印染布	亿米	9.0
毛机织物（呢绒）	万米	1.9
蚕丝	吨	-13.4
化纤长丝机织物	万米	-8.6
蚕丝被	万条	2.8
服装	万件	-4.9
轻革	万平方米	-37.4
手提包（袋）、背包	万个	24.3
人造板	万立方米	8.6
人造板表面装饰板	万平方米	0.1
实木木地板	万平方米	11.8
复合木地板	万平方米	0.6
家具	万件	9.1
单晶硅	万千克	81.7
化学纤维	万吨	16.2
塑料制品	万吨	18.2
硅酸盐水泥熟料	万吨	-14.2
水泥	万吨	2.9
商品混凝土	万立方米	19.4
预应力混凝土桩	万米	29.6
陶质砖	万平方米	-6.0
沥青和改性沥青防水卷材	万平方米	6.0
平板玻璃	万重量箱	-22.0
钢化玻璃	万平方米	7.0
耐火材料制品	万吨	5.0
钢材	万吨	10.8
用外购钢材再加工生产钢材	万吨	13.1
铝材	万吨	8.4
金属包装容器	吨	18.4
气动元件	万件	27.9
工商用制冷、空调设备	万台（套）	33.5
两轮脚踏自行车	万辆	53.5
电动机	万千瓦	24.6
通信及电子网络用电缆	万对千米	13.5
光缆	万芯千米	61.3
锂离子电池	万只（自然只）	64.0
铅酸蓄电池	万千伏安时	2.4
碱性蓄电池	万只（自然只）	-39.4
太阳能电池（光伏电池）	万千瓦	0.2
房间空气调节器	万台	48.5
家用洗衣机	万台	4.9
电光源	万只	-10.5
灯具及照明装置	万套（台、个）	-3.4
光电子器件	亿只（片、套）	93.5
电子元件	亿只	5.5

2017年湖州市交通运输一览表

表14

	单　位	2017年	2016年	±%
公路通车里程（含村道）	公里	7958	7724	
#不含村道	公里	4009	3931	
#高速公路	公里	319	289	
客运量	万人	5261	5006	5.1
#公路	万人	5166	4925	4.9
内河	万人	95	81	16.9
客运周转量	万人公里	171708	178716	-3.9
#△市区	万人公里	87178	90222	-3.4
德清县	万人公里	24439	24975	-2.1
长兴县	万人公里	24223	25175	-3.8
安吉县	万人公里	35868	38344	-6.5
#公路	万人公里	171172	178259	-4.0
内河	万人公里	536	457	17.5
货运量	万吨	16756	14526	15.2
#△市区	万吨	5202	5062	2.3
德清县	万吨	1573	1326	18.7
长兴县	万吨	6934	5735	20.9
安吉县	万吨	3047	2403	26.8
#公路	万吨	9817	8618	13.6
内河	万吨	6939	5908	17.4
货运周转量	亿吨公里	176.35	152.78	15.3
#△市区	亿吨公里	45.81	45.49	0.2
德清县	亿吨公里	14.43	12.13	19.0
长兴县	亿吨公里	79.01	65.42	20.8
安吉县	亿吨公里	37.10	29.74	24.8
#公路	亿吨公里	77.37	65.82	17.2
内河	亿吨公里	98.98	86.96	13.8
内河港口货物吞吐量	万吨	10540	8664	21.7
#出港	万吨	6148	5183	18.6
进港	万吨	4392	3481	26.2
集装箱吞吐量	标准箱	353578	206189	71.5
年末民用汽车拥有量	辆	733755	642262	14.2
#△市区	辆	338952	300040	13.0
德清县	辆	120204	105843	13.6
长兴县	辆	145989	125705	16.1
安吉县	辆	128610	110674	16.2
#私人汽车	辆	668947	588840	13.6
#△市区	辆	308599	273627	12.8
德清县	辆	108569	95486	13.7
长兴县	辆	132518	116268	14.0
安吉县	辆	119261	103459	15.3
#轿车	辆	663933	418392	58.7
#△市区	辆	307278	202911	51.4
德清县	辆	108053	68116	58.6
长兴县	辆	130561	78677	65.9
安吉县	辆	118041	68688	71.9
年末拥有载客汽车	辆	681170	597612	14.0
年末拥有挂车	辆	2511	1846	36.0
本年机动车上牌量	辆	116853	116623	0.2
#小型汽车	辆	102596	103413	-0.8
年末摩托车拥有量	辆	262009	238678	9.8
#私人摩托车	辆	261243	238067	9.7

2017年湖州市全社会用电量一览表

表15　　单位：亿千瓦时

	2017年	±%
总　　计	244.33	10.0
#吴兴区	55.49	12.3
南浔区	44.41	8.5
德清县	40.31	9.2
长兴县	72.77	6.6
安吉县	29.22	18.0
△市区	102.03	10.6
一、全行业用电	216.21	10.3
1．第一产业	4.54	1.9
2．第二产业	185.44	10.2
工业	182.16	9.9
#吴兴区	35.05	13.5
南浔区	34.65	8.6
德清县	30.71	8.8
长兴县	60.57	6.1
安吉县	19.04	21.5
△市区	71.83	11.0
#轻工业	93.12	11.8
重工业	89.05	8.0
#采矿业	2.43	12.0
制造业	166.00	10.0
#吴兴区	31.08	13.8
南浔区	33.14	9.5
德清县	27.47	8.3
长兴县	57.42	6.2
安吉县	16.90	21.4
△市区	64.21	11.5
#纺织业	46.14	8.3
非金属矿物制品业	25.36	3.8
建筑业	3.28	26.0
3．第三产业	26.23	12.9
#商业、住宿和餐饮业	10.63	10.7
二、城乡居民生活用电	28.12	7.4
城镇居民	15.23	7.6
乡村居民	12.89	7.1

2017年湖州市规模以上工业企业能源消费量一览表

表16　　单位：万吨标准煤

	规模以上工业		#千吨以上	
	2017年	±%	2017年	±%
总　计	758.68	-0.6	642.65	-3.3
#吴兴区	70.12	-0.7	57.57	-0.5
南浔区	110.36	2.4	83.66	-2.5
开发区	43.27	10.3	34.17	10.6
德清县	141.01	3.5	110.64	1.6
长兴县	300.93	-6.6	284.50	-9.5
安吉县	92.72	6.6	72.12	3.5
△市区	223.75	2.8	175.40	0.7
#八大高耗能行业	590.34	-2.4	542.30	-4.4
#非金属矿采选业	11.45	-8.7	9.58	-8.0
农副食品加工业	6.92	-3.6	4.07	-12.9
食品制造业	3.25	3.4	1.44	6.2
酒、饮料和精制茶制造业	2.59	3.7	2.00	-10.0
纺织业	113.23	6.3	84.08	3.4
纺织服装、服饰业	3.36	-9.0	0.78	-1.2
皮革、毛皮、羽毛及其制品和制鞋业	1.68	10.9	1.13	12.7
木材加工和木、竹、藤、棕、草制品业	15.85	1.2	6.74	-1.8
家具制造业	5.50	13.2	0.94	27.9
造纸和纸制品业	17.14	8.8	16.17	3.4
印刷和记录媒介复制业	1.44	-11.6	0.78	-22.8
文教、工美、体育和娱乐用品制造业	10.02	1.3	7.50	-2.6
石油加工、炼焦和核燃料加工业	0.02	12.6		
化学原料和化学制品制造业	46.48	-1.2	38.32	-3.5
医药制造业	4.87	35.7	4.89	40.0
化学纤维制造业	47.42	15.0	52.81	14.8
橡胶和塑料制品业	8.50	13.6	3.68	-6.5
非金属矿物制品业	229.99	-4.7	205.29	-6.0
黑色金属冶炼和压延加工业	41.57	-24.0	26.35	-28.7
有色金属冶炼和压延加工业	14.71	3.2	13.33	3.0
金属制品业	10.74	0.5	7.21	-0.9
通用设备制造业	13.84	19.0	9.57	16.4
专用设备制造业	4.75	25.1	3.57	20.0
汽车制造业	6.83	17.9	4.12	19.0
铁路、船舶、航空航天和其他运输设备制造业	0.45	39.6	0.25	-9.5
电气机械和器材制造业	39.15	-0.2	30.24	-2.1
计算机、通信和其他电子设备制造业	4.22	43.0	2.72	33.4
仪器仪表制造业	0.20	-8.9	0.00	-100.0
其他制造业	0.54	1.1	0.23	4.2
废弃资源综合利用业	0.51	15.8	0.45	18.9
电力、热力生产和供应业	94.32	-9.9	82.27	-10.0
燃气生产和供应业	0.16	31.0	0.10	157.7
水的生产和供应业	1.43	22.6	0.64	70.9

说明：千吨以上企业统计口径以上年度达到为标准

2017年湖州市固定资产投资一览表

表17 单位：亿元、万平方米

	2017年	±%
一、固定资产投资总额	1730.98	13.7
#非国有投资	1287.49	20.0
#民间投资	1187.62	18.4
国有投资	443.49	-1.4
#基础设施投资	576.23	30.5
1. 按县区分		
#吴兴区	327.91	14.6
南浔区	218.25	13.5
开发区	159.54	13.4
德清县	324.79	13.5
长兴县	440.29	13.4
安吉县	202.78	13.3
△市区	763.11	14.1
2. 按产业分		
第一产业	10.24	7.2
第二产业	717.68	11.9
#工业	716.62	12.2
#吴兴区	116.19	13.2
南浔区	107.41	13.1
开发区	40.53	4.6
德清县	160.10	13.2
长兴县	198.43	13.1
安吉县	93.96	10.1
△市区	264.12	11.7
第三产业	1003.06	15.1
#房地产	301.17	9.8
#住宅	229.36	30.5
#吴兴区	82.07	-2.0
南浔区	25.60	14.5
开发区	46.53	56.7
德清县	38.61	21.3
长兴县	51.69	-7.2
安吉县	34.33	17.2
△市区	176.53	12.1
3. 按构成分		
建筑工程	916.85	6.6
安装工程	110.48	-0.5
设备工器具购置	420.13	21.7
其他费用	283.47	38.3
#土地购置费	182.42	78.3

续表 17　　　　单位：亿元、万平方米

	2017年	±%
二、投资项目		
投资项目数（个）	2573	9.3
#新开工项目	1775	10.0
#亿元以上	354	26.0
#工业	193	35.9
第三产业	159	17.8
项目投资额（亿元）	1429.81	14.6
#新开工项目	753.12	15.6
#亿元以上	416.48	18.9
#工业	222.71	24.2
第三产业	192.63	14.7
三、房地产开发		
商品房施工面积	2193.60	3.2
#住宅	1579.40	7.2
商品房竣工面积	342.15	-22.8
#住宅	246.16	-19.4
商品房销售面积	743.92	33.6
#住宅	639.23	30.5
#吴兴区	209.63	36.3
南浔区	67.28	17.4
开发区	75.37	80.2
德清县	119.84	1.6
长兴县	117.26	37.9
安吉县	117.12	61.0
△市区	389.70	38.5
商品房销售额	621.40	60.6
#住宅	540.59	62.8
#吴兴区	180.79	62.6
南浔区	50.76	22.6
开发区	65.55	88.0
德清县	105.01	37.8
长兴县	76.27	56.2
安吉县	104.16	101.6
△市区	335.95	59.9
商品房待售面积	337.88	-11.3
#住宅	144.58	-15.7
#吴兴区	112.64	39.4
南浔区	40.69	-25.1
开发区	6.55	-60.0
德清县	11.53	-49.8
长兴县	109.44	-18.7
安吉县	46.56	-11.3
△市区	170.35	-0.4

2017年湖州市预算内财政收入一览表

表18　　单位：亿元

	2017年	±%
财政总收入合计	408.89	13.3
#吴兴区	51.91	18.8
南浔区	50.02	30.5
开发区	36.68	21.7
度假区	2.96	20.9
德清县	83.72	15.0
长兴县	87.03	10.1
安吉县	67.28	11.5
△市区	170.86	14.9
一、上划中央“六税”收入合计	171.46	10.8
1. 上划中央增值税（75%部分）	62.78	15.9
2. 消费税	9.30	-10.0
3. 企业所得税（60%部分）	39.69	26.4
4. 个人所得税（60%部分）	28.87	7.1
5. 营业税	0.25	
6. 改征增值税	30.56	-4.3
二、地方财政收入合计	237.43	15.2
#吴兴区	31.15	21.5
南浔区	28.97	32.6
开发区	19.95	22.0
度假区	1.90	22.6
德清县	48.66	15.5
长兴县	49.50	8.9
安吉县	39.52	13.9
△市区	99.75	19.0
（一）税收收入	202.45	14.0
#吴兴区	26.83	17.7
南浔区	25.72	29.8
开发区	18.84	26.1
度假区	1.80	24.2
德清县	42.56	13.8
长兴县	42.05	10.2
安吉县	34.95	14.4
△市区	82.88	16.0
1. 增值税	93.34	8.4
#增值税（25%部分）	62.78	15.9
改征增值税	30.56	-4.3
2. 营业税	0.25	
3. 企业所得税（40%部分）	26.46	26.4
4. 个人所得税（40%部分）	19.25	7.1
5. 城市维护建设税	11.72	11.4
6. 其他地方各税	33.90	12.0
7. 耕地占用税	2.69	107.7
8. 契税	14.85	41.4
（二）非税收入	34.98	22.6
#专项收入	20.18	16.5
#教育费附加收入	5.75	15.8
行政事业性收费收入	12.83	11.3
罚没收入	6.06	-10.9

2017年湖州市预算内财政支出一览表

表19 单位：亿元

	2017年	±%
预算内财政支出总计	325.02	12.6
#吴兴区	30.83	19.5
南浔区	32.59	20.7
德清县	51.13	11.0
长兴县	63.08	9.8
安吉县	62.00	8.4
△市区	148.80	16.3
#一般公共服务	34.20	18.2
#吴兴区	3.04	34.3
南浔区	2.92	13.7
德清县	5.94	14.4
长兴县	5.65	13.6
安吉县	7.44	12.5
△市区	15.17	24.9
公共安全	24.49	5.1
教育	63.67	9.6
科学技术	11.30	21.2
文化体育与传媒	5.54	3.7
社会保障和就业	32.73	26.9
医疗卫生与计划生育	28.14	20.1
节能环保	13.68	24.0
城乡社区	19.59	32.9
农林水事务	36.68	-8.9
交通运输	13.94	-14.7
资源勘探信息等支出	8.80	-0.1
商业服务业等支出	4.64	-8.4
金融	0.58	40.0
援助其他地区	0.72	6.6
国土海洋气象等支出	1.49	-9.4
住房保障	5.25	-0.7
粮油物资储备	0.46	2.4
一般债务付息及发行费用	14.96	120.8
其他支出	4.16	43.4
#民生改善支出	241.07	11.3
#吴兴区	24.29	13.8
南浔区	26.92	20.1
德清县	38.97	9.1
长兴县	47.25	8.1
安吉县	49.44	12.1
△市区	105.41	13.2

2017年湖州市金融机构信贷收支一览表（一）

表20　　单位：万元

	2017年	±%
年末本外币存款余额	4045.35	13.9
#德清县	666.78	13.6
长兴县	733.20	13.3
安吉县	535.75	11.6
△市区	2109.61	14.8
#住户存款	1914.81	9.0
#德清县	319.14	9.3
长兴县	338.67	10.8
安吉县	264.66	11.1
△市区	992.33	7.8
年末本外币贷款余额	3281.05	19.0
#德清县	583.37	17.9
长兴县	606.00	14.4
安吉县	499.98	16.2
△市区	1591.70	22.2

2017年湖州市金融机构信贷收支一览表（二）

表21 单位：亿元

	2017年	比年初增减	
		今年	去年
金融机构本外币存款余额	4045.35	492.92	462.70
#住户存款	1914.81	158.45	200.45
非金融企业存款	1381.78	183.17	195.91
广义政府存款	722.94	168.54	60.96
金融机构人民币存款余额	3963.05	486.24	442.16
#住户存款	1904.64	159.53	196.62
非金融企业存款	1309.97	174.43	179.96
广义政府存款	722.86	168.64	61.12
金融机构本外币贷款余额	3281.05	523.47	222.57
金融机构人民币贷款余额	3266.82	526.46	230.53
#住户贷款	1282.56	302.44	151.92
#短期贷款	437.03	92.31	29.74
消费贷款	124.86	58.02	19.67
经营贷款	312.17	34.30	10.07
中长期贷款	845.53	210.13	122.18
消费贷款	636.99	157.35	105.07
经营贷款	208.54	52.78	17.10
#非金融企业及机关团体贷款	1981.67	222.40	80.96
#短期贷款	846.33	-18.81	-68.70
中长期贷款	1099.44	289.39	126.68
票据融资	34.94	-46.43	24.09

2017年湖州市对外贸易一览表

表22

	单位	2017年	±%
进出口总额	亿元	777.97	14.5
#吴兴区	亿元	94.31	13.6
南浔区	亿元	90.24	10.5
开发区	亿元	53.12	15.8
德清县	亿元	163.25	16.0
长兴县	亿元	154.91	9.8
安吉县	亿元	222.14	18.6
△市区	亿元	237.66	12.9
#出口	亿元	687.31	14.6
#吴兴区	亿元	78.37	13.9
南浔区	亿元	76.85	8.7
开发区	亿元	39.81	12.6
德清县	亿元	139.53	14.7
长兴县	亿元	136.88	14.2
安吉县	亿元	215.87	17.6
△市区	亿元	195.03	11.5
进口	亿元	90.66	13.7
1．出口按贸易方式分			
#一般贸易	亿元	640.89	15.7
加工贸易	亿元	40.50	0.9
其他贸易	亿元	0.06	104.9
2．出口按企业性质分			
#生产企业	亿元	435.72	20.9
流通企业	亿元	97.72	14.6
外资企业	亿元	148.00	-0.4
3．出口按地区分			
#亚洲	亿元	199.57	12.8
#日本	亿元	27.28	1.3
印度	亿元	22.41	19.6
非洲	亿元	33.23	20.4
欧洲	亿元	175.02	12.1
拉丁美洲	亿元	52.21	14.2
北美洲	亿元	201.89	17.9
#美国	亿元	185.65	18.0
加拿大	亿元	16.24	17.2
大洋洲	亿元	19.52	16.5
#澳大利亚	亿元	17.36	18.0
4．出口按产品分			
#纺织原料及纺织制品	亿元	196.84	9.6
#纺织品	亿元	148.63	16.7
纺织服装	亿元	48.21	-7.8
机电产品	亿元	230.90	15.0
化工产品	亿元	35.90	21.9
农副产品	亿元	38.16	-15.5
高新技术产品	亿元	22.11	14.8

说明：分县区进出口含“一达通”数据，其他分类为海关统计口径

2017 年湖州市利用外资一览表

表 23　　　　单位：个、亿美元

	2017 年	± %
新批准及增减资项目	182	1.1
# 新批外商投资企业	115	4.5
批准增资项目	50	-5.7
减资项目	6	-33.3
# 总投资千万美元以上项目	82	-3.5
外资项目总投资	35.29	0.6
外资项目注册资本	21.85	-10.9
合同外资	23.60	10.7
# 新批外商投资企业	13.14	-21.1
批准增资项目	4.79	92.6
# 总投资千万美元以上项目	15.49	-11.4
# 第一产业	0.21	-68.5
第二产业	9.89	42.1
第三产业	13.50	-1.5
# 吴兴区	3.68	0.5
南浔区	2.61	2.4
开发区	3.03	3.0
德清县	4.20	237.2
长兴县	5.85	56.8
安吉县	5.03	55.4
△市区	8.51	-35.0
实际外资	10.53	5.2
# 吴兴区	2.18	-2.5
南浔区	1.36	-38.5
开发区	2.47	26.2
德清县	1.77	171.7
长兴县	1.93	68.5
安吉县	1.71	-6.2
△市区	5.13	-19.8
# 第一产业	0.05	-94.4
第二产业	4.33	-2.6
第三产业	6.16	30.3
# 香港	7.03	47.8
投资性公司及其他	0.90	92.3
美国	0.36	144.9

地方文件选编

中共湖州市委　湖州市人民政府关于印发《湖州市美丽乡村建设2017年行动计划》的通知

湖委发〔2017〕1号　（2017年2月13日）

各县（区）委、县（区）人民政府，市直属各单位：

《湖州市美丽乡村建设2017年行动计划》已经市委、市政府同意，现印发给你们，请结合实际认真贯彻落实。

湖州市美丽乡村建设2017年行动计划

2017年是实施美丽乡村建设“十三五”规划的重要一年。全市美丽乡村建设工作的总体要求是：深入贯彻党的十八大、十八届历次全会和习近平总书记系列重要讲话精神，按照中央、省委农村工作会议及省、市委全会的部署要求，坚定不移践行“绿水青山就是金山银山”重要思想，坚持以五大发展理念引领赶超发展，按照“产业升级强融合、环境优化抓提升、改革攻坚重落地、社会治理善创新、民生改善促均衡”的思路，以推进农业供给侧结构性改革、培育农业农村发展新动能为主线，深化“四个年”活动，加大补齐短板力度，大力推进现代农业发展、美丽乡村升级、农村改革落地、农民持续增收、市校合作深化，全力打造城乡一体发展和“三农”工作标杆市，努力为“十三五”期间打造“四个升级版”奠定更加扎实的基础，为高质量建设现代化生态型滨湖大城市、高水平全面建成小康社会做出新贡献，以优异成绩迎接党的十九大和省第十四次党代会、市第八次党代会胜利召开。

主要预期指标是：全市农业增加值增长2%；农村居民人均可支配收入增长8%以上；省美丽乡村建设示范县建成率力争达到60%，美丽乡村建设示范乡镇和精品村建成率进一步提高，市级美丽乡村建成率达到85%；美丽经济加快发展，休闲农业和农家乐休闲旅游业经营收入增长20%以上；财政预算内资金用于“三农”的投入增幅确保高于财政经常性支出增幅，财政对农业的投入进一步增加。

一、深入推进农业供给侧结构性改革，促进现代农业提质增效。以率先全面实现农业现代化为目标，以加快现代生态循环农业和休闲农业发展为抓手，深入实施“1861”行动计划（即以加快发展休闲农业为新引擎，着力提升粮油等8大主导产业，进一步健全基础保障等6大体系，深入实施稳粮增效促进等10大重点工程），不断提高农业有效供给能力、市场竞争力和融合发展水平。

（一）深化农业结构调整。按照“稳定粮油、提升蚕桑、减少畜禽、做强水产、做特果蔬、做精林茶、壮大种业、发展生产、富裕农民”的思路，积极推进农业供给侧结构性改革。全面完成永久基本农田和示范区划定工作，大力实施“3256”耕地保护工程（即“十三五”期间，全市要垦造耕地3万亩，复垦建设用地2万亩，建设高标准基本农田56万亩）。加快推进粮食生产功能区建设，新建粮食生产功能区4.64万亩，提前一年完成81万亩建设任务。制定出台定单粮食、农业保险等支农惠农政策，提高农户的种粮积极性，稳定种粮面积，确保完成省定179万亩粮食种植面积、80万吨粮食生产任务。以畜牧业、渔业、笋竹、花卉苗木转型升级为重点，大力发展生态渔业、特色蔬菜瓜果等产业，新增特色水果3000亩，完成生态塘改造建设66550亩，创建省级渔业转型升级先行区1个，形成强有力的主导产业优势。做大做强现代种业，建设一批种子繁育基地和育苗中心，培育一批育繁推一体化种业龙头企业，重点建设种质资源繁殖保存圃、核心保种场、濒危稀有种质资源保护区保护地。深入贯彻全国培育新型经营主体发展农业适度规模经营座谈会精神，大力发展壮大新型农业经营主体，新增市级农业龙头企业10家以上、挂牌上市农业企业2个以上、省市级示范性家庭农场各50家、示范性农民专业合作社（联合社）20家。加大农业“大好高”项目招引推进力度，新引进项目30个以上、竣工30个以上，完成投资额25亿元以上。

（二）促进产业集聚融合发展。打破行政隶属界限，在空间布局上突出“依山、傍湖、沿路”产业带的引领，以“两路两侧”农田整治行动为抓手，做好农产品的种植布局规划，努力形成更具区域特色的现代农业发展格局。大力推进农业产业集聚区和特色农业强镇建设，促进产业布局集中融合，全年新培育农业产业集聚区1个以上、推进建设2个，新培育特色农业强镇3个以上、推进建设2个，创建省市级森林城镇5个。加快推进现代农业园区“设施增地”“机器换人”，新增设施农业10000亩，物联网智能化园区10个。按照“淘汰一批、提升一批、新建一批”的要求，着力推进休闲农业园区提质发展。大力培育村域旅游景区，重点推进吴兴妙山村等6个村创建3A级旅游景区，创建省级休闲旅游示范村5个。以安吉、德清农村产业融合发展试点为引领，大力推动三产融合发展，促进农业全产业链建设。

（三）大力发展生态循环农业。推进现代生态循环农业示范区建设，建成10个生态循环示范区并通过省级终期评估，新增20个示范主体建设并通过考核验收。推进畜禽养殖污染防治长效监管，严格执行畜禽养殖场准入制度，全面完成南浔区商品温室龟鳖养殖整治任务。推进农业“两区”土壤污染防治工作计划的落实，全年农药、化肥用量分别减少100吨和1975吨。推广秸秆综合利用模式与机制，确保综合利用率达到95%以上。狠抓农产品质量监管，深入推进农产品质量安全追溯体系建设。以整市推进农产品质量安全示范创建为抓手，扎实推进“三大一严”和“两推两打”专项行动，全年农产品质量抽检合格率达到98.5%以上，新增“三品”认证产地面积10万亩。

（四）强化科技人才支撑。实施新一轮深化浙江大学湖州南太湖农推中心建设合作，进一步加强农技推广联盟体系建设，健全产学研联盟联系基地服务机制。深化科技人才技术入股分红工作。选派好第七批科技特派员。组织实施农业科技重点研发计划项目，大力支持种业开发和农产品精深加工产业化发展，创建认定一批“湖州市现代农业科技示范基地”。提升农民学院办学水平，加强农村人才培养，培育认定新型职业农民2000名。

二、深入推进美丽乡村提档扩面，促进安全宜居水平提升。按照“安全、宜居、美丽、文化、富裕、和谐”的要求，加大美丽乡村示范创建和小城镇环境综合整治力度，规范完善长效管理机制，形成“点上更加出彩、带上更有风情、片区更有特色、面上更加美丽”的美丽乡村建设格局。

（一）突出安全强规划建设。把安全理念和防灾减灾意识融入美丽乡村规划建设，加强农村防灾预警体系和紧急避让体系建设，提高抵御和规避自然灾害的能力。加快实施地质灾害重大隐患点的村庄避让搬迁和综合治理工程，推进农村危旧房治理。推动全域规划向乡镇延伸，加强对小城市、特色小镇、中心镇建设的规划编制，完成所有乡镇政府驻地建成区环境综合整治规划编制。持续推进百名规划师联系服务百个传统特色村活动，全面完成149个村村庄规划修编、52个中心村村庄设计编制，实现村庄规划修编和中心村村庄设计全覆盖。做好村庄建设发展主题提炼工作，围绕主题推进功能布局、景观风貌、业态培育、配套设施等。

（二）突出宜居强环境治理。大力推进小城镇环境综合整治，选出一批条件好、见效快、影响大的乡镇、小集镇先行先试，打响美丽城镇先行地品牌，高质量完成整治32个。加强东部水乡平原特别是市本级环境连片整治提升。巩固农村生活污水治理三年行动成果，全面完成提标改造任务，规范农家乐污水治理。以智能化推进面域管理、精细化推进终端管理、专业化推进管网管理，持续发挥治理效应。加大农村垃圾分类处理力度，完成300个村以上。推行“一把扫帚扫到底”城乡环卫一体化模式，提升农村环境治理水平。以“无违建乡村创建”为载体，积极开展村庄生态化有机更新和梳理式改造提升。继续实施河湖塘清淤工程，清淤河道520公里，综合整治河道270公里。充分发挥河长制作用，推动“治管保”职责落地。以农业生产管理用房整治为重点，大力推进“打造整洁田园建设美丽农业”行动。深入推进绿化造林工作，完成人工造林5760亩、平原绿化1.4万亩，每个县区平原林木覆盖率达到19%以上。加大湿地保护力度，恢复湿地植被2万亩，湿地保护面积比例达到90%以上，力争创建省级以上湿地公园1个。持续推动安吉竹林碳汇试验区建设。深入开展“811”美丽湖州建设行动，生态环境质量公众满意度继续走在全省前列。

（三）突出精品强示范创建。巩固提升安吉、德清省美丽乡村示范县创建成果，推进长兴、吴兴、南浔创建示范县。大力推进美丽乡村和示范乡镇创建，广泛开展美丽家庭样板户创建，新建市级美丽乡村40个。整合美丽宜居示范村建设、历史文化村落保护利用等工作与资源，建成首批美丽乡村精品村40个以上。加大美丽乡村示范带（网）、片区建设力度，全力推进吴兴滨湖溇港文化和妙新线美丽乡村示范带、南浔临乌美丽乡村示范片和新城古驿景观线等美丽乡村重点片区建设。

（四）突出富裕强创建转化。坚持强村富民导向，积极引导、鼓励、支持精品村、历史文化村落重点村、森林人家特色村等发挥典型示范作用，深入挖掘农村的生态资源、田园风光、特色产业、人文景观等优势，大力培育度假养生、农事体验、户外运动、文化创意等新业态，加快推动“美丽资源”向“美丽经济”转变，更多提供“绿水青山就是金山银山”的湖州样本。

三、深入推进农村改革落地生根，促进发展动力更加强劲。尊重和鼓励基层创新，全力推动农村重点领域和关键环节改革落地见效，充分激发发展活力。

（一）深化“三位一体”改革。在建立市、县区、乡镇三级“三位一体”农民合作经济组织体系的基础上，积极培育一批改革成功典型，完善运行管理机制，促进农合联高效运转。积极稳妥推进涉农部门职能转变和为农服务资源整合，促进农民合作基金和资产经营公司正常运作。规范提升农合联会员，建立稳定的产销协作关系和利益连接机制，支持以产权为纽带的合作经营主体发育壮大。

（二）深化农村产权改革。做好农村宅基地和农房确权登记发证提升完善工作，推进规划区内农村宅基地和农房发证工作，建立长效管理机制。稳妥推进农村土地承包经营权确权登记颁证工作，力争2017年6月底前基本完成。安吉县试点先行林权统一登记工作，年底前在全市推开。深化农村集体资产股份合作化改革，建立健全利益分配机制。完善市、县区、乡镇、村四级农村产权交易管理平台建设，推动农村集体资产资源交易全部纳入平台并按规范操作，鼓励和提倡农户拥有的产权入市流转交易。完善产权交易体制机制，探索农村产权价值评估、处置等制度，强化监管，规范交易。完善城乡建设用地增减挂钩政策，探索建立市级交易平台，允许各地产生的节余增减指标进行交易。

（三）深化农村金融改革。以积极争创全国绿色金融改革创新综合试验区为动力，积极开发更多符合农村产权特点和农村改革的金融产品。加大农村综合产权抵质押贷款创新力度，推广“地权贷”“林权贷”等贷款产品，探索建立水利资产抵押融资机制，确保确权后的各种农村产权实现有效抵质押。深入推进德清、长兴县农村承包土地经营权抵押贷款试点工作，进一步扩面增量，努力形成可复制的试点模式。以深化“金融创新与美丽乡村升级互促共进示范点”建设为抓手，引导、推进国有金融机构更好服务“三农”。鼓励组建政府出资为主、重点开展涉农担保业务的县域融资担保机构或担保基金。完善农村信贷损失补偿机制，探索建立地方财政出资的涉农信贷风险补偿基金。巩固扩大政策性农业保险试点成果，创新农业政策性保险产品。

（四）深化改革试点试验。完善国家和省级“多规合一”、德清农村集体经营性建设用地入市、“坡地村镇”建设和村级土地民主管理等改革试点，提升吴兴八里店南片和南浔城南城乡一体化改革等试验区建设，推进国家级旅游业改革创新先行区和安吉“两山”理论实践试点县发展，统筹推进土地征收制度改革，努力创造更多新鲜经验。

四、深入推进创业创新和公共供给，促进农村民生不断优化。以持续增强农村居民的获得感和幸福感为目标，以确保农民收入持续较快增长为重点，积极培育农业农村发展新动能，多渠道增加农村居民尤其是低收入农户的收入，加快补齐农村公共服务供给短板，不断提升基本公共服务均等化标准化水平。

（一）着力促进农民持续增收。加快农家乐休闲旅游业规范发展和转型升级，着力提升发展水平和效益。大力发展农村电子商务，重点打造20个“一乡一品”、培育30个以上电子商务专业村。优化农村创业孵化平台，搭建农村综合性信息化服务平台，依托农业“一区一镇”、美丽乡村、历史文化村落、特色小镇等，建设一批乡村创客空间、农民创业基地。深入实施农民素质提升工程，完善落实引导支持大中专毕业生、返乡农民工、退伍军人、大学生村干部等在农村创业的政策服务体系，大力推动创业就业。全年完成农民素质提升培训12440人，其中农村实用人才5640人，转移就业技能培训4800人。按照新办法认定好低收入对象，建立健全数据库，提高帮扶精准度和有效性，确保低收入农户人均可支配收入增长15%以上，全面完成低收入农户收入倍增计划各项目标。

（二）着力加强基础设施建设。实施“百项千亿”防洪排涝工程，太嘉河、环湖河道整治工程全面建成，苕溪清水入湖、扩大杭嘉湖南排河道主体工程基本建成，开工建设苕溪清水入湖后续工程（开发区段）；整治杭嘉湖圩区11万亩、除险加固水库山塘32座、完成高效节水灌溉1.5万亩，新增农村安全饮用水人口4.8万人。扎实推进农村公路提升工程，完成180公里等级提升、40座病危桥梁加固与改造、280公里大中修、70公里生命安全防护工程建设。提升农村电网、通信、邮政等网络建设和利用水平，推动德清争创国家小康电示范县，全面完成市县气象现代化建设目标。

（三）着力促进公共服务改善。围绕打造农村20分钟文化圈，深化农村文化礼堂、乡镇文化广场、企业文化车间、学校文化校园、社区文化家园、城市文化公园等基层“六文”阵地建设，新建文化礼堂50个、乡村文化广场5个。鼓励更多义务教育阶段优秀骨干教师向农村、相对薄弱的学校流动，参与交流的骨干教师占符合交流条件骨干教师的比例达到15%以上。认真实施“乡村教师支持计划”，提高乡村教育优质化发展水平。以加快“健康湖州”建设为引领，深入推进“双下沉、两提升”工程，加快省级以上卫生乡镇创建，加大农村医疗卫生机构软硬件建设力度。

（四）着力提升社会保障水平。全面实施全市统一的大病保险办法和城乡居民基本医疗保险制度。深入实施全民参保计划，推动实现法定人员参保全覆盖，扎实开展社会保险标准化“先行城市”创建。加强基层社会救助能力建设，完善社会救助平台，统筹整合社会救助资源，不断提升社会救助水平。加快推进养老服务业发展，以乡镇卫生院闲置床位转型为护理型床位为抓手，大力推进医养结合发展；推进公建（办）民营工作，委托专业组织运行管理养老机构、城乡社区居家养老服务照料中心。

五、深入推进党的建设和社会治理，促进农村社会文明和谐。以确保农村社会和谐稳定为目标，深化“基层组织加强年”活动，积极构建党政主导、农民主体、多方参与的多元治理机制，着力提升农村社会治理水平。

（一）切实抓好基层党建。精心组织好村级组织换届工作，突出选优配强村（社区）党组织书记，引导党员群众把过得硬、善治理的优秀人才选进村（社区）班子。深化“领头雁”队伍建设，开展第二轮“美丽乡村建设优秀带头人”推选。坚持整乡推进、整县提升，实现69个乡镇（街道）整乡提升，培育10个先行示范乡镇（街道）、100个先锋示范村党组织。积极创新“党建+生态”“党建+创业”“党建+治理”“党建+服务”“党建+互联网”等有效方式，创设基层党组织和党员作用发挥的平台载体，推动基层党建更好融入中心、服务大局。

（二）发展壮大集体经济。突出薄弱村重点，通过依托好物业项目、发展好服务项目、包装好经营项目、利用好“三资”项目等途径，大力发展村级集体经济，全面完成“五年强村计划”目标任务，研究制订新一轮强村计划。发挥好农村工作指导员（第一书记）作用，推进软弱落后村和集体经济欠发达村发展。

（三）加强创新社会治理。制定出台全市城乡社区协商指导意见，健全村党组织领导下、以村民自治为基础的农村社区治理机制。试点培育社区民主协商会，探索基层社会治理新模式。继续推进村务公开和民主管理，按时发布“阳光村务指数”。按期完成乡镇综合执法、综治工作、便民服务、市场监督四个平台的建设目标，逐步向村级延伸。加快推进部、省基层社会治理实验区建设。全面开展农村民主法治标准化建设，优化农村公共法律服务，着力提升农村依法治理水平。

（四）大力弘扬文明乡风。以争创全国文明城市为契机与动力，深入开展文明村镇创建活动，深入开展“百千结对、共建文明”活动，全面提升城乡联创共建水平。深化“四美”系列典型选、树、育、学工作，广泛开展“最美湖州人”道德模范事迹宣传。组织开展以“垃圾不落地、出行讲秩序、办酒不铺张、邻里讲和睦”为主要内容的小城镇文明行动，深化家风家训和“乡风评议”活动，推动移风易俗。培育弘扬新乡贤文化，更好地发挥其作用。

六、深入推进组织保障强化，促进美丽乡村建设共建共享。坚持把美丽乡村建设作为“一把手”工程，不断加强领导、加大投入、深化合作、优化作风，切实强化美丽乡村建设保障。

（一）强化组织领导。坚持把美丽乡村建设作为重中之重来抓，主要领导要亲自研究、亲自部署，分管领导要靠前指挥、狠抓具体；各级新农村建设领导小组及其办公室，要充分发挥牵头抓总作用，协调各方、推动工作；各职能部门要立足岗位、发挥优势，全力支持、积极配合，进一步形成“三农”工作各方重视、齐抓共管的推进格局。优化美丽乡村建设绩效评价机制，加强对“三农”各项工作责任制落实情况的考评。

（二）加大有效投入。坚持把美丽乡村建设作为公共财政投入的优先保障领域，进一步健全稳定增长机制，强化统筹使用，提高资金使用效益。进一步拓展美丽乡村建设融资与投入渠道，发挥好农业产业引导基金作用，积极探索农业领域的PPP模式，带动金融和社会资本更多地投入“三农”。进一步加大对市本级美丽乡村建设尤其是农业的财政投入力度。

（三）深化合作共建。以湖州与浙江大学十年合作共建为新起点，全面启动实施第三轮“1381行动计划”（即以为湖州“两高”建设提供更强动力为新目标，不断健全科技创新辐射、人才智力支撑、体制机制优化三大平台，大力实施产业发展提升、美丽乡村升级、生态文明示范、幸福民生打造、文明素养提高、社会治理创新、基层党建强化、改革创新深化八大工程，坚持抓好项目合作这一有效载体），在打造产业发展新优势、建设生态文明示范区、深化城乡一体化改革、创新强化社会治理、不断提升群众获得感等方面持续深化和拓展市校合作，努力取得更大成效。以市校合作为引领，深化省部联建、军民共建、村企合建、群团参建，进一步形成各方参与的新局面。

（四）弘扬实干作风。以深化“四个年”活动为契机，进一步加强和改进作风建设，紧盯目标任务，撸起袖子加油干，踏石留印抓推进。建立健全“最小化、人格化、倒查化”的责任机制，一级抓一级、层层抓落实，切实将行动计划落到实处。

中共湖州市委
关于深化“两学一做”开展“新标杆新业绩新形象新征程”主题实践的意见

湖委发〔2017〕11号　（2017年3月8日）

按照习近平总书记“在全面从严治党中作出新业绩、树立好形象”和“两学一做”学习教育常态化制度化的要求，围绕贯彻落实市第八次党代会精神，团结动员各级党组织和党员干部群众提振精气神、加快大赶超，为高质量建设现代化生态型滨湖大城市、高水平全面建成小康社会而努力奋斗。经市委研究，现就深化“两学一做”，开展“新标杆新业绩新形象新征程”主题实践，提出如下意见。

一、实践要求

全面贯彻党的十八大和十八届三中、四中、五中、六中全会精神，认真学习习近平总书记系列重要讲话精神，围绕省委、省政府决策部署和市第八次党代会目标任务，按照推进“两学一做”学习教育常态化制度化要求，以“新标杆、新业绩、新形象、新征程”为主题，深入实施大动员、大展示、大比拼、大督查、大考核，进一步聚力赶超、聚焦“两高”，创新创业、创优争先，奋力扛起“秉持浙江精神，干在实处、走在前列、勇立潮头”新使命，以优异的成绩迎接党的十九大和省第十四次党代会胜利召开。

二、实践内容

——对齐新标杆。认真学习习近平总书记系列重要讲话精神，切实增强“四个意识”，把思想和行动统一到中央和省、市委的决策部署上来。强化思想对标，牢固树立政治意识、大局意识、核心意识、看齐意识，旗帜鲜明讲政治，经常主动向党中央看齐，向党的理论和路线方针政策看齐，向党中央决策部署看齐，始终同以习近平同志为核心的党中央保持高度一致。强化目标对标，紧紧围绕市第八次党代会确定的目标任务，立足各地各部门实际，对标对表、深化细化，以奋发有为的精神状态狠抓各项工作的推进落实。强化主体对标，各县区准确把握历史方位，瞄准先进、拉高标杆、自我加压、争先进位，打造强县强区，奋力加快赶超；市级各部门围绕大局、优化服务、争创一流，勇于在全省、全国范围内争先进、创优秀、当示范。

——创造新业绩。围绕“五位一体”总体布局和“四个全面”战略布局，持续打好以“拆治归”为主要内容的转型升级系列组合拳，不断开创赶超发展新局面。推动经济转型升级迈出新步伐，全面落实“三去一降一补”五大任务，积极创建“中国制造2025”试点示范城市，加快构建“4+3+N”现代产业体系，着力做好产业平台提升，集中精力推进重大项目，切实加强实体经济培育，全面实施创新驱动战略，不断壮大经济综合实力，确保未来五年实现地区生产总值突破3000亿元、人均生产总值突破10万元、财政总收入突破500亿元的目标。推动重点领域改革取得新进展，以供给侧结构性改革为主线，以“最多跑一次”改革为牵引，狠抓资源要素配置市场化、城乡体制机制、商事制度、国资国企等各项改革落地，不断释放发展红利。推动城乡统筹发展呈现新面貌，市域发展空间布局持续优化，深入实施重大基础设施建设项目，中心城市能级不断增强，美丽城镇建设全面推进，美丽乡村建设提档升级，着力构建以城带乡、以乡促城、城乡互动的新格局。推动文明创建攻坚实现新突破，确保成功创建全国文明城市，着力提高市民素质和城市文明程度；以先行示范区建设为抓手，深入打好环境治理攻坚战，探索创新可复制、可推广的制度成果，持续提升生态文明美誉度。推动平安湖州建设取得新成效，全面提高社会治理现代化水平，办好就业、社保、教育、医疗、住房等方面的民生实事，全力维护社会和谐稳定，努力建设基础更牢、水平更高、群众更满意的平安湖州，不断提高人民群众的获得感和幸福感。推动基层组织建设得到新加强，巩固深化集中换届成果，努力实现基层党建全面进步、全面过硬，充分激发广大党员干部干事创业的激情与活力。

——树立新形象。积极践行“好干部”标准，引导各级党组织和党员干部树立湖州铁军新作风、新面貌、新形象。进一步树立敢于担当的形象，面对发展重任敢于负责、敢于碰硬、敢于拼搏，以“猛虎扑食、虎口夺食”的干劲狠抓经济报表、改革报表、民生报表、平安报表、生态报表、党建报表，为全市大局多做贡献。进一步树立善于实干的形象，坚持办实事、出实招、求实效，以一天也不耽搁、一刻也不放松、一点也不马虎的态度，只争朝夕推进各项工作。进一步树立勇于创新的形象，准确把握新形势，深入研究新情况，着力解决新问题，积极创新思路、创新办法、创新举措，不断增强推动赶超发展的素质能力。

——走好新征程。按照市第八次党代会确定的奋斗目标和主要任务，立足良好基础，发挥特色优势，不断开拓创新，努力在加快赶超发展的新征程上越走越开阔。以翻篇归零的姿态再出发，戒骄戒躁、下定决心、埋头苦干，不断创造新的辉煌。以驰而不息的韧劲再前进，坚持不懈、久久为功、善作善成，一步一个脚印把党代会描绘的美好蓝图变为现实。以争创一流的勇气再攀登，拉高标杆、永不满足、追求卓越，奋勇夺取改革开放和现代化建设事业新胜利，为“浙江的今天”建设成“中国的明天”提供更多的湖州样本、湖州经验、湖州方案。

三、实践方式

（一）大动员。通过全市上下深入发动、广泛动员，统一思想、凝聚共识，切实增强投入主题实践的思想自觉和行动自觉。市级班子率先行动，采取集体学习、现场观摩、专题部署等形式，重温习近平总书记“绿水青山就是金山银山”重要讲话和“一定要把南太湖建设好”重要指示精神，重温入党誓词，重温湖商辉煌发展历史和湖州2300多年建城史，回溯历史、启迪未来，不忘初心、继续前进。各县区层层发动，动员各乡镇（街道）、村（社区）迅速行动起来，认真贯彻市委、市政府部署要求，扎实推进主题实践各项任务。各部门全面发动，动员广大机关干部增强参与主题实践的责任感、使命感和紧迫感，找准助推主题实践的结合点、着力点和切入点，不断提升服务水平。

（二）大展示。通过市、县区媒体联动，设立专题专栏，突出正面引导，突出评论言论，突出数字亮晒，突出讲好故事，充分展示决心、展示目标、展示干劲，形成推进主题实践的强大声势。各县区、各部门和各级领导干部要充分展示贯彻落实市第八次党代会的鲜明态度，充分展示加快推动赶超发展的思路打算，充分展示抓好各项工作的实际举措，努力营造团结一心干事业、齐心协力促赶超的浓厚氛围。

（三）大比拼。通过“四新”主题实践，把打好转型升级系列组合拳、深化“四个年”活动、推进“六重”工作作为比拼擂台，比担当、拼作风、求实效。比拼指标完成，围绕省对市考核的主要经济指标和县区主要经济指标，主动对表对标，集中亮晒指标，形成你追我赶、竞相发展的良好局面。比拼项目进度，深化“谋划大产业、招引大项目”工作，完善项目集中开竣工、每季度互看互学互比等制度机制，以大项目支撑大发展。比拼重点工作，全面落实省委、省政府打好转型升级系列组合拳决策部署，狠抓“五水共治”“三改一拆”“四边三化”、小城镇环境综合整治、治气治矿等各项任务，努力走在全省前列。比拼服务效能，深化领衔破难，推动重心下移，推进“最多跑一次”等重点领域改革，完善领导干部直接联系服务群众等机制，为基层企业当好“店小二”。

（四）大督查。通过对照展示目标，突出项目推进和重点工作，加强督促检查，常态化推进主题实践各项任务落实。在力量上，成立由退出现职市领导、局级班子同志和优秀年轻干部组成的5个市委专项督查组，负责抓好督查工作。在方式上，采取座谈访谈、巡回检查、现场查看、解剖典型、跟踪问效等办法，定期不定期督查，及时通报情况，对问题的整改加强督办，切实做到部署有检查、推进有跟踪、落实有反馈。在协同上，各新闻媒体积极配合，继续办好湖州电视台“联播调查”专栏；每季度开展一次“百姓考场——局长面对面”，引导广大群众深入参与，充分发挥社会监督的重要作用。

（五）大考核。通过完善考核办法，强化考核导向，以考核“指挥棒”鼓励先进、鞭策后进。坚持把县区综合考核、部门分类考核、“万名群众评议机关”作为推进“四新”主题实践的重要手段，建立健全考核体系。坚持把大督查与大考核有机结合起来，提高考核的科学性和实效性。坚持把考核结果作为衡量县区、部门政绩的重要依据，作为考核评价干部的重要依据，强化考核结果运用。

四、实践保障

（一）强化组织领导。市委、市政府成立“四新”主题实践领导小组，下设办公室，并建立督查、宣传、考核等工作小组，负责工作统筹协调和组织实施。市委办公室、市政府办公室抓好总体方案和各专项方案的制定。市委组织部统筹安排人员，为主题实践提供力量保障。市委宣传部牵头做好宣传工作，为主题实践提供舆论保障。市级各部门立足职能实际，主动参与、通力协作。各县区按照意见要求，加强组织领导，抓好工作落实。

（二）强化宣传引导。充分运用报刊、电视、广播、网络等宣传平台，采取新闻报道、典型宣传、言论评论、工作综述、专题访谈等形式，加强主题实践宣传，营造浓厚社会舆论氛围。精心组织开展外宣工作，唱响湖州“好声音”，不断提升主题实践影响力。及时总结推广好经验好做法，充分发挥典型示范的带动作用。

（三）强化工作合力。各级各部门牢固树立全市“一盘棋”意识，同心同德、合力合拍，切实形成推进主题实践的强大力量。各级人大、政协充分发挥“一线”作用，加强监督视察，积极献计出力。各级工会、共青团、妇联等群众团体充分发挥职能优势，广泛动员各界群众参与到主题实践中来，在加快赶超发展中立新功、创新业、做贡献。

中共湖州市委　湖州市人民政府关于深入践行“两山”重要思想加快推进湖州绿色发展的意见

湖委发〔2017〕15号　（2017年7月7日）

为深入贯彻党中央、国务院和省委、省政府关于加快推进生态文明建设的决策部署，大力推动形成绿色发展方式，加快推进湖州绿色发展，全力争做践行“两山”重要思想样板地、模范生，提出如下意见。

一、总体要求

（一）指导思想

深入贯彻习近平总书记关于“树立‘绿水青山就是金山银山’的强烈意识，努力走向社会主义生态文明新时代”的重要指示和全国生态文明建设工作推进会议精神以及省委车俊书记在调研余村时提出的要求，以加快建设湖州生态文明先行示范区为载体，认真落实主体功能区战略，优化空间布局，培育绿色动能，推进绿色发展，加快生态修复，推广绿色消费，积极探索绿水青山转化为金山银山的实现路径，努力实现经济生态化、生态经济化，奋力率先走向社会主义生态文明新时代，为加快赶超、实现“两高”做出新贡献。

（二）基本原则

——坚持统筹兼顾协调。立足当前、着眼长远，统筹经济建设与生态建设同步推进，统筹经济效益与生态效益同步提高，统筹产业竞争力与生态竞争力同步提升，统筹物质文明与生态文明同步前进，促进经济社会发展与人口、资源、环境相协调。

——坚持节约保护优先。以保护自然生态为前提，把资源节约放在优先位置，加强生态环境保护，减少污染物排放，降低资源消耗，推进资源高效循环利用，提高资源产出和空间利用效率，实现在发展中保护、在保护中发展。

——坚持绿色低碳循环。大力推进经济生态化，依据资源环境承载力优化空间格局、产业结构、生产方式、消费模式，加快转变发展方式。大力推进生态经济化，依托生态资源发展生态经济，促进生态资源转化为发展资本、竞争优势。

——坚持融合集聚创新。推动“生态+”向经济发展各领域加速渗透，最大程度集聚各类创新力量，促进绿色生产要素跨界融合，不断催生新业态、新模式、新产业、新经济，成为绿色发展的新动能、新支柱。

（三）主要目标

到2020年，主体功能区布局和绿色低碳发展格局基本形成，经济发展质量效益、能源资源利用效率、生态系统稳定性和环境质量稳步提升，生态文明主流价值观全面推行，太湖流域生态屏障、美丽湖州建设取得新成效，成为践行“两山”重要思想的样板地、模范生。

——空间开发格局更加优化。与资源环境承载能力相匹配的城镇布局得到优化，经济、人口布局更趋协调，生态空间布局、农业空间布局、城镇化布局更趋科学合理，促进生产空间集约高效，生活空间宜居适度，生态空间山清水秀。

——生态环境质量持续改善。主要污染物排放总量持续减少，PM2.5日均浓度降至42微克/立方米，市控以上地表水断面达到或优于Ⅲ类水质比例达100%。土壤环境质量保持稳定。森林覆盖率达50%以上，湿地保有量达71.7万亩。

——绿色产业体系初步建立。高新技术产业增加值占规上工业比重达45%，服务业增加值占GDP比重达50%，主要农产品中无公害、绿色、有机食品认证比例达70%。单位生产总值能耗下降率等完成省下达任务，非化石能源占一次能源消费比重达18%，万元工业增加值用水量控制在26.6立方米以内。

——绿色保障体系更加完善。“法规、标准、体制”三位一体的绿色发展制度体系基本形成，自然资源资产产权和用途管制、生态保护红线、生态保护补偿、生态环境保护管理体制等关键制度建设取得决定性成果。

二、主要任务

（一）推进空间绿色开发。加快落实主体功能区布局。推动经济社会发展、城乡建设、土地利用、生态环境保护等规划“多规合一”。全面评价市域资源环境承载能力，统筹谋划人口分布、产业布局、国土利用和城镇化格局。优化城乡建设用地结构和布局，严格保护城乡生态环境，扩大城乡绿色空间，构建科学合理的城镇发展格局、农业发展格局、生态安全格局。大力推进绿色城镇化。开展城中村改造攻坚和建设项目遗留问题清零专项行动，加快发展绿色建筑，积极建设绿色生态城区，提高城镇供排水、防涝、雨水收集利用、供气、综合管廊、市容环卫等基础设施建设水平，加快建设海绵城市。注重城市历史人文底蕴挖掘，推动城镇化发展由外延扩张式向内涵提升式转变。规划建设特色小镇，统筹旅游、社区和产业功能，打造特色产业集聚平台。持续推进美丽乡村建设。完善县域村庄规划，推进农村环境整治，实现美丽乡村“一处处美”向“一片片美”迈进。高标准提升22条美丽乡村示范带（网），力争到2020年，80%的县区成为美丽乡村建设示范县区，40个左右的乡镇成为美丽乡村建设示范乡镇。

（二）培育绿色发展新动能。培育绿色发展新引擎。加快推进“中国制造2025”试点示范城市建设，坚持以绿色智造为主线，突出龙头培育、创新引领、人才支撑、链条延伸、集群配套，打造绿色低碳产业体系，探索绿色制造、智能制造和创新体系建设“湖州模式”。支持合同能源管理、合同节水管理、资源循环利用服务业、环境综合治理服务托管、环境污染第三方治理等节能环保绿色服务业发展。提升传统产能绿色化水平。促进“两化”深度融合，建设一批智能工厂、智能车间，推动传统产业向价值链高端攀升，加快金属新材、绿色家居、现代纺织等传统优势产业绿色化改造提升。加快淘汰高能耗、高污染落后产能，深入实施“腾笼换鸟”，完善落后产能退出机制。强化绿色发展的科技支撑。加快湖州科技城规划建设，强化科技创新平台支撑，重点围绕生态资源的转化利用，整合创新资源，扎实推进科技创新服务中心、众创空间、科技企业孵化器、企业研发中心和科技中介组织等平台建设。深入实施创新驱动发展战略，大力推动技术创新发展，全面建设创新型城市。

（三）推进绿色低碳循环发展。全面推进重点领域节能减排。深入推进建筑节能、交通运输节能、商业及民用节能和公共机构节能，大力发展绿色公共交通。大力发展和推广应用低碳技术，推进低碳产业、低碳建筑、低碳交通、低碳科技、绿色消费，打造低碳城市。探索开展碳排放权交易。推进资源节约集约利用。充分利用工业厂房、居民屋顶建设光伏发电项目，推广光伏应用。实施最严格的水资源管理，制定实施全民节水行动计划。严控新增建设用地，大力推广应用节地技术和模式。大力发展循环经济。加快推进园区循环化、生态化布局和改造，推行企业循环式生产、产业循环式组合，加快建立循环型工业、农业、服务业体系，推进生产系统和生活系统的循环链接，加大废弃物综合利用力度，加强垃圾分类处置及再生利用，推进建筑废弃物综合利用，拓宽秸秆综合利用领域，发展再制造产业，推进餐厨废弃物资源化利用，率先构建覆盖全社会的资源循环利用体系，全面提高再生资源综合利用水平。

（四）保护修复自然生态系统。加大生态修复力度。从山水林田湖共同体出发，系统实施生态保护和修复工程，开展绿化行动，在重点流域、中小河道、湖库、湿地和重要野生动植物栖息地实施生态修复。加大水土流失治理力度。建设全国绿色矿业发展示范区，全域推进绿色矿山建设，到2020年全市绿色矿山建成率达100%。建设绿色生态屏障。加大对重要生态功能区、生态环境敏感区和脆弱区的保护力度，严守森林和林地、湿地、物种三条林业生态保护红线。深入持续开展平原绿化行动，加快珍贵彩色健康森林的培育和发展，推进森林城市、城镇、村庄建设，到2020年平原区林木覆盖率稳定在20%以上。推进生态环境综合治理。加强重点流域、主要污染河段及平原河网治理，加快城镇污水处理设施建设与改造。加快清洁能源基础设施建设，开展城市扬尘和生活废气治理。构建完善土壤污染监测体系。推进农田土壤和面源污染治理修复及重金属、持久性有机污染物防治。加强危险废物安全处置。

（五）倡导推动绿色消费。加强宣传教育。开展多种方式的教育宣传活动，倡导勤俭节约的消费观，推动形成全民节约适度、绿色低碳、文明健康的生活方式和消费模式，形成全社会共同参与生态文明建设的良好风尚。培育生态文化。挖掘湖州历史生态文化资源，充分展示湖笔文化、丝绸文化、太湖溇港文化、桑基鱼塘文化等地域特色生态文化。将生态文化作为现代公共文化服务体系建设的重要内容，打造生态文化地标和景观廊道，加快生态文化基础设施建设。推行绿色创建。开展绿色社区、绿色学校、绿色旅游基地、节能型公共机构、生态村等示范创建活动。发挥党政机关、国有企业示范作用，带头厉行节约，倡导绿色消费。

三、保障措施

（一）完善政策激励机制，加强绿色转化保障。注重制度创新，强化政策支持，完善运作机制，加强对绿色发展的规范和引导。推进绿色金融改革创新试验区建设，完善资源环境价格形成机制，推行“绿色资本”市场，完善“绿色信贷”制度，推进绿色政府采购制度，健全绿色财税政策制度，重点支持资源节约和循环利用、新能源开发利用等绿色项目。健全绿色政绩考核机制，完善考核办法。

（二）完善创新驱动机制，激发绿色转化活力。深化科技体制改革，建立绿色科技支撑保障和应用推广机制，加快绿色科研成果转移转化、产业化和示范推广。完善产学研协同创新机制，重点支持节能减排、废弃物资源化利用、有毒有害原材料替代、循环经济产业链接、污染治理、生态修复等关键技术和装备的产业化示范。强化创新驱动政策环境建设。

（三）完善项目带动机制，增强绿色转化支撑。建立和完善生态建设、绿色发展重点项目征选平台和机制，健全完善项目储备库管理制度。完善项目推进机制，建立分年度分阶段落实目标责任制，优先保证生态建设和绿色发展重点项目的用地需求。强化督导、检查和考核机制，不断健全分级分层调度机制，全面压实责任，加强统筹联动，扎实有力地推进项目建设。

（四）完善集聚提升机制，提高绿色转化效益。优化工业功能布局，以国家级、省级经济开发区、产业集聚区、高新技术产业园为主体，融入产城互动、产业融合的发展理念，提升产业园区集聚发展水平。调整优化农业功能布局，以农业“两区”建设为主平台，深化发展“依山、傍湖、沿路”三大生态农业产业带，巩固提升省级现代农业综合园区，推进国家现代农业示范区建设。

（五）完善依法治理机制，夯实绿色转化基础。健全高效的执法监管机制，依法严格实施现有的环境准入、土地资源与水资源利用总量控制、能源消费总量控制以及碳排放总量管制。健全环境资源司法保护机制，严厉打击危害环境资源领域的违法犯罪活动，推动国土资源领域、环境保护领域非诉行政执行案件“裁执分离”机制的落地。

（六）完善联动执法机制，整合绿色转化资源。全面推进“河道警长”制度，做到“河道警长”与“河长”一一对应。完善行政刑事衔接机制，建立常态化联合执法机制，加大环境执法保障力度，探索环保案件公安提前介入制度，畅通案件移送通道，搭建行政刑事信息共享平台，形成常态化的环保资源司法保护机制。探索跨区域协同治理和保护机制。

中共湖州市委　湖州市人民政府
关于加快市属国企集团公司改革发展的意见

湖委发〔2017〕20号　（2017年8月11日）

为贯彻落实市第八次党代会精神，推动国有企业成为湖州加快赶超、实现“两高”的重要力量，现就加快市属国企集团公司（以下简称四大集团）改革发展提出如下意见。

一、总体要求

（一）指导思想

认真贯彻落实党的十八大和十八届三中、四中、五中、六中全会精神，深入学习贯彻习近平总书记系列重要讲话精神和治国理政新理念新思想新战略，坚持创新、协调、绿色、开放、共享的发展理念，坚持“两个毫不动摇”方针政策，坚持“三个有利于”价值判断，坚持稳中求进总基调，紧紧围绕国有企业做强做大、国有资产保值增值的目标要求，深入开展“四新”主题实践，突出主业发展、突出效益提升、突出资产证券化，加强党的领导，加快改革发展，不断增强市属国企集团公司的实力、活力和抗风险能力，为湖州加快赶超、实现“两高”做出积极贡献。

（二）主要目标

四大集团改革发展取得显著成果，实现以下主要预期目标：

——国企综合实力更加巩固提升。到2020年，四大集团资产总额达到1500亿元，年均增长15%以上；净资产总额达到600亿元，年均增长12%以上；营业收入超过100亿元，年均增长30%以上；利税总额超过20亿元，年均增长30%以上；国有资本收益上缴公共财政比例提高到30%；力争实现上市公司零的突破，国有资产证券化率明显提高。

——国有资本配置更加合理高效。国有资本集中到城市、交通、旅游、产业等战略性、基础性、公益性、民生性的重要行业、关键领域、优势产业、重点企业，国有资本的配置绩效和主导作用明显提高。

——公司治理机制更加科学规范。现代企业制度逐步完善，企业公司制改革全面完成，法人治理结构更加健全，董事会的决策作用、监事会的监督作用、经理层的经营管理作用、党组织的领导核心和政治核心作用充分发挥，企业家作用有效发挥。

——国企党的建设更加全面加强。两个“一以贯之”的党建要求始终坚持，企业党组织在公司法人治理结构中的法定地位更加巩固，企业党组织研究讨论是董事会、经理层决策重大问题的前置程序全面落实，党风廉政建设两个责任切实到位，为企业改革发展提供更加坚强有力的政治保证、组织保证和人才支撑。

二、优化国有资本布局结构

（三）推动国有资本优化配置。优化国有资本重点投资方向和领域，推动国有资本向城市、交通、旅游、产业四大集团集中，重大经营性项目交由四大集团建设、运营和维护。分类分批将党政机关、事业单位管理使用的非经营性资产变更为经营性资产，交由四大集团经营管理。按照党政机关办公用房有关规定，参照市场价格，试行党政机关、事业单位办公用房和其他设施租赁制度。四大集团负责经营管理国有资产，投资建设党政机关、事业单位办公设施和城市基础设施。

（四）推进产业结构优化升级。加强战略谋划和顶层设计，准确定位四大集团主业、辅业，明确发展方向和目标，积极推进内部业务板块优化整合，重组优质资产、激活闲置资产、处置不良资产，促进各类资源要素高效配置，形成主业突出、再造多元，以主业带动辅业、以辅业促进主业的发展格局。市城市集团要做优城市开发建设核心主业，做强基建、地产、民生、金融四大板块，打造我市城市开发与公共服务领域的领军企业和全国市级国有企业资本投资平台标杆。市交通集团要做优交通基础设施投资运营核心主业，做强交工建设、商贸物流、能源矿产、金融服务、信息科技五大辅业，打造投资建设运营交通产业省内领先的市级国有企业。市旅游集团要做强旅游投资核心主业，做优文化创意、经典商贸、健康养生、电子商务、旅交物流等产业板块，打造全国全域旅游投资服务示范国有企业。市产业集团要强化产业基金运作核心，加快产业投资、金融综合平台运作、社会事业发展等板块并举的多元化投资步伐，打造全省有影响力的产业投资国有企业。

（五）推进企业混合所有制改革。稳妥分类推进四大集团二级及以下企业混合所有制改革，先行试点、逐步推开。对主业处于充分竞争行业和领域的二级及以下企业，以提高经济效益和创新商业模式为导向，积极引入其他国有资本或各类非国有资本实现股权多元化；对主业处于重要行业和关键领域的二级及以下企业，要保持国有资本控股地位，支持非国有资本参股。鼓励国有企业通过投资入股、联合投资、重组等多种方式，与非国有企业进行股权融合、战略合作、资源整合。探索实行混合所有制企业员工持股，支持混合所有制企业经营管理者、核心技术人员和业务骨干持股，员工持股主要采取增资扩股、出资新设等方式，员工持股价格按照市场公允价格或与战略投资者同股同价的原则确定，建立健全股权流转和退出机制，确保员工持股公开透明，严禁暗箱操作，防止利益输送。

三、完善现代企业制度

（六）健全公司法人治理结构。加强董事会建设，切实落实和维护董事会依法行使重大决策、选人用人、薪酬分配等权利，落实董事会年度工作报告制度，贯彻落实“三重一大”决策制度。保障经理层经营自主权，激发经理层活力。加强和改进外派监事会监督，着力强化对企业的当期和事中监督，增强监事会的独立性和权威性。明确和落实党组织在公司法人治理结构中的法定地位，处理好党组织与其他治理主体的关系，形成各司其职、各负其责、协调运转、有效制衡的公司治理机制。董事会应与党组织充分沟通，加强对经理层的管理和监督，在四大集团二级及以下企业开展董事会选聘经理层试点。建立健全符合市场化要求的企业经营管理制度和风险管控机制，切实防范投资、债务、市场等经营风险，提升企业内部管理水平。

（七）推行职业经理人制度。积极推行四大集团二级及以下企业职业经理人制度，实行内部培养和外部引进相结合，畅通企业经理层成员与职业经理人的身份转换通道，构建公开招聘、外部寻聘、内部选聘、现有人员转聘等多种聘用渠道，合理提高经营管理人才市场化选聘比例。职业经理人实行任期制和契约化管理，按照市场化原则决定薪酬。建立规范的经理层授权管理制度，严格职业经理人任期管理和绩效考核，建立职业经理人进入、退出机制。开展出资人机构委派国有独资公司总会计师试点。

（八）推行重大投资项目咨询论证。建立四大集团重大投资项目专家咨询论证评估制度，组织专家对国民经济和社会发展有重大影响的建设项目、使用财政预算和纳入财政管理的各种政府性专项建设基金投资的重点建设项目、国有资产投资或参股建设的对经济和社会发展具有战略意义的重大建设项目，开展咨询论证评估，进一步提高投资决策质量。

（九）深化企业内部用人制度改革。建立四大集团机构编制和人力资源管理制度，构建科学合理、精干高效的企业组织结构和运行体系。建立健全四大集团各类人员公开招聘、竞争上岗等制度，对特殊管理人员可以通过委托人才中介机构推荐等方式，拓宽选人用人视野和渠道。建立分级分类的企业员工市场化公开招聘制度，切实做到信息公开、过程公开、结果公开。构建和谐劳动关系，依法规范企业各类用工管理，建立健全以合同管理为核心、以岗位管理为基础的市场化用工制度，真正形成企业各类管理人员能上能下、员工能进能出的合理流动机制。

四、鼓励多渠道多方式扩大融资

（十）推进资产证券化。大力推进企业上市，鼓励四大集团核心、优势业务资产上市挂牌，以上市资源为目标开展对外投资和并购重组，推进上市资源在企业内部及企业之间统筹配置，将企业内部资产注入上市公司。实施企业上市挂牌奖励制度，按照市政府关于进一步加快推进企业上市挂牌的若干政策意见，对完成股改、上市挂牌和持续资本运作的企业负责人及有功人员进行奖励。鼓励四大集团创新融资机制，利用债券市场、基金市场、信托市场等多层次资本市场融资，发起设立产业整合基金吸纳社会资本，依托基金平台建立和完善企业股权融合机制。

（十一）增强企业融资能力。推进四大集团设立统一的集团融资平台和财务运作平台，强化资金财务资源统筹管控能力，提升资金财务资源配置整体效益。加强四大集团与银行、保险、信托等金融机构的战略合作，从有利于融资规模长期稳定、融资成本相对最优等角度出发，通过公开竞标、企业谈判等方式，建立良好的融企战略协同关系，提升企业与金融机构的战略协同效应。推动四大集团之间“抱团”发展，建立企业富余资金在企业之间的合理调配流动机制，有效降低资金沉淀，提高资金使用效率。

（十二）建立公益性项目补偿机制。逐步提高国有资本收益上缴公共财政比例，更多用于保障和改善民生，同时加大国有企业资本金注入支出预算安排。

对四大集团承担的政府指令性建设项目，由政府协调解决项目资本金。建立稳定可靠、补偿合理的企业公共服务支出补偿机制，企业的政策性亏损由政府合理补偿。对公益性及准公益性项目采取单独核算、单个项目平衡，以及项目整体打包、综合平衡等方法，由承担项目的企业与项目所在地的政府及相关部门算好项目平衡账，通过资产划转、资本金注入、特许经营权授予、落实税费减免、财政贴息、预算弥补等多种手段整合集约资源，保障企业回收投资并获取适当回报。对可以交由社会组织承接的公共服务事项，四大集团优先作为政府购买服务承接主体。

五、完善考核激励机制

（十三）规范企业负责人及员工薪酬分配。深化企业负责人薪酬制度改革，完善“重业绩、讲回报、强激励、硬约束”的薪酬管理体系，实现业绩考核与薪酬分配协同联动。由组织选任的四大集团负责人，薪酬原则上为机关同职级的2倍左右；对承担我市重大战略性任务且成绩突出、在改革创新方面取得重大成果、在项目建设方面取得重大成效、在资产证券化方面取得重大进展以及经济效益大幅增长的企业，在年度考核中给予适当奖励；统筹企业负责人享受的符合国家规定的企业年金、补充医疗保险和住房公积金等福利性待遇。对市场化选聘的企业负责人薪酬，可根据人才市场及企业情况采取协商的方式确定。推进四大集团二级及以下企业功能分类，实行差异化考核。推行四大集团全员绩效考核，建立健全与劳动力市场基本适应、与企业经济效益和劳动生产率挂钩的工资决定和正常增长机制，合理拉开收入分配差距，形成“绩升薪升、绩降薪降”机制。

（十四）建立长效激励约束分配机制。四大集团有条件的企业可实行科技成果入股、管理团队入股、股票期权、激励基金、岗位分红权、专项奖励等激励方式。符合法定条件、发展目标明确、具备再融资能力的国有控股上市公司，允许实施股权激励或激励基金计划。对战略性新兴产业项目，鼓励采用项目团队跟投、市场化项目收益分成等方式。对国有创投企业，鼓励采用项目团队参股、股权投资管理公司的方式，探索建立跟投机制。健全与长效激励相配套的业绩挂钩、财务审计和信息披露、延期支付和追索扣回等约束机制。

（十五）实施激励改革创新干事创业容错纠错机制。贯彻《中共湖州市委办公室湖州市人民政府办公室关于印发〈湖州市激励干部改革创新干事创业容错纠错实施办法（试行）〉的通知》（湖委办〔2017〕40号），切实把干部在推进改革中因缺乏经验、先行先试出现的失误和错误，同明知故犯的违纪违法行为区分开来；把上级尚无明确限制的探索性试验中的失误和错误，同上级明令禁止后依然我行我素的违纪违法行为区分开来；把为推动改革发展的无意过失，同为谋取私利的违纪违法行为区分开来，保护改革者、支持担当者、宽容失误者、纠正偏差者。四大集团干部在履职尽责、干事创业过程中，特别是在推进体制机制创新、推动重大项目重点工作、执行急难险重任务、解决历史遗留问题等工作中出现失误错误，具备条件的，给予容错。

六、加强企业党组织建设

（十六）健全完善党建工作体制。把国有企业党建工作的落脚点放在推动企业做强做优做大上，促进企业提高效益、增强竞争力，实现国有资产保值增值。全面推动党建工作要求进公司章程，明确党组织在企业决策、执行、监督各环节的权责和工作方式，落实党组织研究讨论是董事会、经理层决策重大问题的前置程序，使党组织成为公司治理结构的领导核心和政治核心。建立统一归口、责任明晰、有机衔接的四大集团党建工作领导体制，进一步厘清和落实各层级各方面的责任，党委组织部门要负起牵头抓总的责任，国资监管部门党委要落实管资本就要管党建的责任，企业党委要负起党建工作主体责任，明确党务工作机构，配强党务工作力量，落实党建工作经费，形成党委统一领导、部门齐抓共管、企业党组织履职尽责的工作格局。

（十七）落实管党治党政治责任。四大集团党委要切实履行好主体责任，纪检机构要履行好监督责任。以推动“两学一做”学习教育常态化制度化为抓手，加强党性教育、法治教育和警示教育，引导企业领导人员坚定理想信念，增强纪律意识。坚持把纪律挺在前面，高标准落实中央八项规定，完善党风廉政建设各项制度，努力构建不敢腐、不能腐、不想腐的有效机制。加强企业基层党组织建设，发挥战斗堡垒作用和党员先锋模范作用。

（十八）加强企业家和人才队伍建设。按照“对党忠诚、勇于创新、治企有方、兴企有为、清正廉洁”标准，严把政治关、品行关、能力关、廉洁关，选好配强四大集团领导班子，建设一支懂经营、善管理、有创新、敢担当的企业家队伍。指导四大集团加快引进产业急需的高层次人才和团队，将人才工作列为四大集团党委落实党建工作责任制情况述职的重要内容，将人才引进纳入四大集团领导班子年度综合考核常态指标，考核结果作为评优评先、干部任用的重要依据。四大集团引进高层次高技能人才产生的人才专项投入成本，可视为当年考核利润。试点高层次人才协议工资制、项目工资制，对做出重要贡献人才的奖励支出，可在单位工资总额外单列。

七、营造改革发展良好环境

（十九）推进简政放权。依法落实企业法人财产权和经营自主权，进一步激发企业活力、创造力和市场竞争力。切实转变政府职能，减少审批、优化制度、简化手续、提高效率。国有资产监管机构要准确把握依法履行出资人职责的定位，科学界定国有资产出资人监管的边界，建立监管权力清单和责任清单，规范审批事项及操作指南，实现以管企业为主向以管资本为主的转变。

（二十）完善配套政策。完善有关工商登记、税费管理、土地流转、资产处置等方面的政策规定，落实国有企业重组整合涉及的资产评估增值、不动产变更登记和国有资产无偿划转等方面的税收优惠政策，减免、降低行政事业性收费和中介服务收费。完善土地资产管理的配套政策，研究以国有划拨土地采用国家作价入股的方式支持企业发展，探索企业参与土地二次开发利益分配的机制。促进企业在安全生产、信访维稳、环保生态、节能减排等方面发挥示范引领作用，成绩优秀的可在单位列支奖励经费。依法妥善处理劳动关系调整、社会保险关系接续等问题。

（二十一）履行社会责任。充分发挥四大集团履行社会责任中的引领和表率作用，围绕市委、市政府的决策部署，提高政治站位，立足服务大局，追求经济、社会、环境的综合价值最大化，努力在实现资产保值增值、落实国家政策、推进供给侧结构性改革、参与全市中心工作、完成急难险重任务、维护职工合法权益、加强安全生产、开展社会公益活动等方面取得积极进展，成为全社会企业的模范和榜样。

（二十二）加强组织领导。各级党委、政府要统一思想，以高度的政治责任感和历史使命感，切实履行对深化国有企业改革发展的领导责任，加强统筹协调、明确责任分工、细化目标任务、强化督促落实，确保四大集团改革发展顺利推进、取得实效。

湖州市人民政府
关于印发湖州市劣Ⅴ类水体剿灭行动
实施方案的通知

湖政发〔2017〕8号　（2017年3月7日）

各县区人民政府，市府各部门，市直各单位：

《湖州市劣Ⅴ类水体剿灭行动实施方案》现印发给你们，请认真贯彻实施。

湖州市劣Ⅴ类水体剿灭行动实施方案

为认真贯彻落实省委、省政府“五水共治”决策部署，全面打好劣Ⅴ类水体剿灭战，确保实现“绝不把污泥浊水带入全面小康”的目标，根据《浙江省劣Ⅴ类水剿灭行动方案》要求，结合湖州实际，制定本实施方案。

一、目标要求

深入践行习近平总书记“绿水青山就是金山银山”重要思想，始终秉持“干在实处、走在前列、勇立潮头”的浙江精神，严格按照省委“决不把脏乱差、污泥浊水、违章建筑带入全面小康”工作要求，紧紧围绕市委、市政府“生态立市”和“赶超发展”战略部署，以提高水环境质量为核心，以河长制为抓手，全力打好全域水体劣Ⅴ类剿灭战、“清三河”防反弹保卫战和“河长制”深化巩固战“三场硬仗”，深入推进“八大行动”，持续改善水环境质量。到2017年底，全市所有断面水质保持稳定，确保Ⅴ类及劣Ⅴ类水质不反弹，13个国考断面水质不降级、水环境安全不出事。巩固深化“清三河”成效，保持河流、湖泊、池塘、沟渠等各类水域水体洁净。

二、重点任务

（一）截污纳管提升行动

不断提升污水处理厂“三率”，以提高污水处理率、运行负荷率、达标排放率为目标，切实加强城镇污水收集和处理能力建设。结合城镇环境整治工作，突出城中村、城郊接合部、老集镇等重点区域，加大新建管网配套、老旧改造和破损修复的力度，开展居民小区阳台废水收集改造，通过源头控污、雨污分流、管网联通等综合措施，有效解决污水直排、渗透排等问题。全市新建污水管网190公里，新扩建污水处理厂3座，新增污水处理能力2.75万吨/日，县以上城市污水处理率达到92%，城镇污水处理厂负荷率明显提升。有效规范污水处理厂管理，出台《湖州市城镇污水厂运行监督管理办法》，成立污水处理厂专家服务团，实现对污水处理的常态长效服务。加大污水处理厂监管，所有污水处理厂完成出水在线监测并与环保、建设部门联网，定期开展污水处理厂监督性监测，全市污水处理厂监督性监测达标率达到96%以上。（责任部门：市建设局、市环保局）

（二）清淤治污深化行动

围绕清淤控源、规范处置和长效管理等重点环节，推动“清淤治污”持续深化。科学实施河湖库塘清淤，全年完成河湖清淤520公里1100万方以上，航道疏浚20.55公里20.2万方。实施德清湘溪、十字港，安吉浒溪，长兴泗安塘，南浔和孚漾为重点的5个中小流域系统治理项目，完成河道综合整治270公里。强化水土流失治理，完成水土流失治理面积16平方公里，建设生态河岸15.58公里，造林更新6600亩，平原绿化1.4万亩，恢复湿地植被2万亩，治理湿地面积5万亩。积极探索淤泥资源化利用，深入推进淤泥资源化利用试点建设，淤泥循环利用堆场4个。切实规范污泥无害化处置，启动全市危险固废填埋场及安吉、南浔污泥无害化处置建设项目，全市污泥无害化处置率100%。（责任部门：市水利局、市林业局、市交通运输局、市环保局、市经信委）

（三）工业治污强化行动

严格按照“培育一批示范企业、集聚一批小散企业、消减一批危重企业”原则和重点行业整治提升标准，深入推进重污染高耗能行业整治提升。大力开展金属表面处理、砂洗、氮肥、废塑料、农副产品等6大涉水重点行业整治，全面完成金属表面处理行业（酸洗）整治任务。倒逼“低小散”行业转型升级，关停并转不符合安全生产、环境保护、节能降耗要求的“低小散”企业1000家以上。开展重点园区专项整治，完成“两地两园两区”专项整治行动方案编制；所有工业集聚区按规定建成污水集中处理设施，并安装自动在线监控装置；推行重点行业废水输送明管化，加强企业雨污分流、清污分流，强化企业污染治理设施运行维护管理。启动长兴铅蓄电池园区示范领跑园区创建，完成2家以上环保领跑示范企业创建，促进行业污染防治水平整体提升。（责任部门：市经信委、市环保局）

（四）农业农村治污扩面行动

巩固畜禽污染治理实效，加强养殖场污染防治设施运行管理，继续推进规模养殖场线上防控体系建设，全市50头以上生猪养殖场全面纳入在线智能化防控平台。全力推进温室龟鳖清零行动，拆除温室龟鳖养殖大棚138万平方米以上，市域范围温室龟鳖养殖实现“全域清零”。实施肥药“双控”减量工程，积极推广节水节肥技术、农作物病虫害统防统治和绿色防控工作，完成化肥减量1975吨，农药减量100吨。加快建立农药废弃包装物、农膜回收与综合利用的运作体系，废弃包装物回收率达到90%以上、无害化集中处置率100%。深入推进渔业转型促治水行动，实施养殖塘生态化改造66550亩，稻鱼共生轮作14000亩，水生生物增殖放流9000万尾。推进生态循环创建，努力打造“主体小循环，园区中循环、县域大循环”的生态循环农业发展格局，建设生态循环示范主体20个。不断加大农村生活污水治理范围，对2014年前建成的农村生活污水治理设施开展全面排查，完成143个村的农村生活污水治理提标改造任务，新增受益农户17374户，农户受益率达80%以上。全面推进农村生活垃圾分类收集处置，提高减量化、无害化、资源化处理水平，确保建制村生活垃圾集中有效收集处置率达到96%以上、生活垃圾分类处理建制村覆盖率达到30%。（责任部门：市农业局、市农办、市建设局）

（五）“清三河”防反弹巩固行动

以河道污染源排查、日常巡查、专业化保洁、水质监测为重点，建立“乡镇每周自查、县区每旬检查、市级每月督查”常态化的“清三河”防反弹隐患排查和评估机制，切实巩固“清三河”创建成果。深入推进“清三河”工作向小沟、小渠、小溪、小池塘等小微水体延伸，参照“清三河”标准开展全面整治，做到治理无盲区、全覆盖，切实提高城乡居民门前屋后的水体环境质量。继续深入推进“清三河”达标县区创建，确保“清三河”达标县复评通过率100%，力争实现省级“清三河”达标县区满堂红。完善河道长效保洁机制，推广“4+N”河道保洁体系，实现河道保洁和日常监管全覆盖。深入推进排污（水）口标识化和整治工作，加大对非法排污口的封堵和整治力度，加强对保留入河排污口的日常巡查和监管，并把排污口监管作为各级“河长”履职的重要内容。实施生态配水与修复工程，打通断头河，逐步恢复坑塘、河湖、湿地等各类水体的自然连通，增强水体流动性，提高水体自净能力，构建良好的水生态系统。（责任部门：市治水办、市建设局、市水利局）

（六）河长机制示范领跑行动

制定出台进一步深化完善河长制工作方案，明确工作进度安排，着力构建责任明确、协调有序、监管严格、保护有力的河长工作体系。进一步完善市、县区、乡镇（街道）、村（社区）四级河长和河道警长配备，不断加大市级河长覆盖面，市四套班子所有领导均担任市级河长，各级党委或政府主要负责人担任本地区总河长，积极设立小微水体河长，逐步推广“民间河长”等有效做法，形成横向到边、纵向到底的河长组织体系。不断强化“河长制”智慧体系建设，充分发挥“河长制”管理信息化系统作用，全面推广“电子眼”“无人机”“河长工作站”等信息化管理模式，开发推广“河长APP”公众版，不断提升“河长”履职实效。健全常态化的基层“河长”业务培训机制，完善基层治水网络建设和动态化的信息公开机制。切实加大考核问责体系建设，出台基层“河长”履职考核管理办法，强化考核结果运用，实行责任追究和问责机制。（责任部门：市治水办）

（七）长效管理机制创新行动

健全完善市县区联动、部门联动、区块联动的“五水共治”督查体系，将劣V类水剿灭行动实施情况作为“五水共治”各级督查的必查项目。进一步完善“五水共治”考核，强化平时考核，实现奖优罚劣，探索建立治水提醒、约谈制度，对推动不力、影响恶劣的涉水事件，约谈当地政府主要负责人。将“五水共治”考核与县区综合考核、干部绩效考核挂钩，做到“以实绩论英雄”。不断创新全民参与载体，推广运用“湖州五水共治”微信公众号为主导的市、县区两级治水微信微博矩阵，组织开展“河长带头、万人游泳”公开水域游泳、“治水赋”文学作品征集、“我身边的河”摄影比赛等10大专题活动，积极发动社会百姓参与河道长效管护。构建舆情回应机制，设立五水共治“曝光台”，充分借助社会监督力量，提升全民监督意识。（责任部门：市委宣传部、市治水办）

（八）精品示范工程创建行动

深入开展治水精品示范项目创建，以清淤治污、长效管理、市场化运维、全民参与等工作为重点，着力打造一批典型示范项目和特色亮点工程。全市完成精品示范项目创建不少于20个，各县区结合自身实际，确定探索攻坚主题，并制定工作计划，明确工作目标和时间节点要求，先行先试，形成各具特色的治水新模式，为全市乃至全省提供可复制、可推广、可借鉴的经验。（责任部门：市治水办）

三、实施步骤

（一）排查摸底阶段（1月－3月）。制定出台市、县区两级剿灭劣Ⅴ类水行动实施方案，并向社会公开。以县区为单位，通过现场检查、水质监测等方式，3月中旬前完成对辖区所有河道以及农村池塘、沟渠、山塘水库、小溪流以及城市内河、排渠等所有水体的彻底排查，做到排查无盲区、全覆盖。在全面摸排的基础上，建立劣Ⅴ类水体或存在反弹隐患的水体清单。

（二）整治攻坚阶段（4月－10月）。4月底前对所有存在问题的水体制定“一点一策”整治方案，明确治理目标和治理措施、完成时间和责任主体。实行作战式推进、项目化管理、清单化管理，制作作战图、进展表，每月通报治理进展。建立挂号、结报和销号制度，整治完成后逐一销号，9月底前所有问题水体均完成治理。

（三）巩固提升阶段（11月－12月）。全面完成剿劣各项目标任务，总结剿劣工作中的经验做法和问题不足，健全和完善长效管理机制，落实长效管理措施，为继续巩固提高治理成效明确方向、提出要求，杜绝水质反弹。在各县区自查的基础上，对各县区问题水体整治情况进行抽查验收。

四、保障措施

（一）加强组织领导。各县区各部门要站在战略和全局的高度，把剿灭劣Ⅴ类水行动摆在年度“五水共治”工作中心之一的重要位置加以深入推进。进一步加强组织领导，健全完善治水工作组织体系，抽调精干力量充实到治水办，实行实体化集中办公。进一步健全工作机制，出台具体措施，充分发挥治水机构统筹谋划、综合协调、宣传发动和督查考核作用，扎实推进各项工作。

（二）强化责任落实。各县区是劣Ⅴ类水剿灭行动的责任主体、落实责任、完善措施，扎实推进各项工作。各县区主要领导是本地区劣Ⅴ类水剿灭行动的第一责任人，要亲自抓、负总责。建立健全目标责任制和工作推进机制，制定各县区实施方案，明确工作目标和工作推进机制，做到任务项目化、项目清单化，明确项目表、时间表、责任表，实行挂图作战。强化上下游、左右岸、相邻地区治水工作的协调联动。市级各部门要各司其职、各负其责，形成合力，共同推进劣Ⅴ类水剿灭行动。

（三）加大要素保障。强化资金保障，围绕“政府主导、社会参与”的多元化融资模式，各级财政要加大截污纳管、工农业污染整治、河道清淤等治水资金保障力度。积极探索PPP等公私合营模式，通过市场化、社会化的运作机制，鼓励和引导民营资本、社会资金等参与治水。强化科技保障，利用市校合作、政企合作等平台，推广先进成熟技术成果的转化应用。强化执法保障，建立跨区域、跨部门的联动治水机制，加大对涉污涉水违法犯罪的联合执法，着力构建上下游、左右岸联动联防治水格局。

（四）强化督查考核。将劣Ⅴ类水剿灭行动作为各级督查重点，健全完善市县联动、部门联动、区块联动的“五水共治”督查体系，实行专项督查与综合督查结合、市级督查与部门督查结合、人大与政协监督与媒体社会监督结合，对治水治污重点区域、重点领域实行常态化重点督查。进一步严格工作考核，将劣Ⅴ类水剿灭工作作为“五水共治”工作考核的重要内容。强化考核结果运用，对不能完成消劣任务或新出现劣Ⅴ类水质断面的县区，实行一票否决。

（五）注重宣传引导。充分发挥电视、广播、报纸、网络等媒体的作用，在重要节点和重要版面开展深度宣传，用好《治水大擂台》《治水好声音》等重点栏目，强化宣传的系统性、连续性，形成浓厚氛围。借助APP等信息平台，做好信息公开和载体设计，积极引导公众参与。

湖州市人民政府
关于印发湖州市加快推进“最多跑一次”
改革实施方案的通知

湖政发〔2017〕11号　（2017年3月23日）

各县区人民政府，市府各部门，市直各单位：

《湖州市加快推进“最多跑一次”改革实施方案》已经市政府同意，现印发给你们，请认真贯彻执行。

湖州市加快推进“最多跑一次”
改革实施方案

为贯彻落实省十二届人大五次会议通过的《政府工作报告》提出的加快推进“最多跑一次”改革工作要求，深化简政放权、放管结合、优化服务各项工作，加快政府职能转变，根据《浙江省人民政府关于印发加快推进“最多跑一次”改革实施方案的通知》（浙政发〔2017〕6号）精神，制定本实施方案。

一、总体要求

（一）指导思想

认真贯彻以人民为中心的发展思想，按照群众和企业到政府办事“最多跑一次”的理念和目标，深化“四张清单一张网”改革，充分运用“互联网+政务服务”和大数据，全面推进政府自身改革，倒逼各地各部门简政放权、放管结合、优化服务，大幅减少行政审批事项，大幅缩短审批服务时间，大幅下放行政审批权限，大幅提升网上审批能力，大幅降低审批服务收费，使群众和企业对改革的获得感明显增强、政府办事效率明显提升、发展环境进一步改善，不断增强经济社会发展活力。

（二）基本原则

1. 坚持需求导向。从与群众和企业生产生活关系最紧密的领域和事项做起，全面覆盖各地行使行政权力和公共服务的部门单位，全面覆盖群众和企业到政府办事的事项。

2. 坚持问题导向。针对群众和企业到政府办事跑多次的问题，全面梳理各类办事事项、制订清单，因地因事制宜、分类分步施策，分批公示承诺、接受社会监督。

3. 坚持科技导向。全面深化“互联网+政务服务”，推动实体办事大厅与浙江政务服务网融合发展，提高政府办事事项和服务事项网上全流程办理率，努力让数据、物流、政府“多跑路”换取群众和企业“少跑甚至不跑路”。

4. 坚持效果导向。市级部门与基层政府上下联动，明确标准、强化监管，加快推进“最多跑一次”改革落地见效，切实增强群众和企业获得感，并以此检验和评价改革的成效。

（三）工作目标

全面梳理公布群众和企业到政府办事“零上门”和“最多跑一次”事项，成熟一批，公布一批，年内实现全市“最多跑一次”事项覆盖率达90%以上、“零上门”事项覆盖率达40%以上、群众和企业满意率达90%以上。

二、工作任务

（一）主要任务

1. 全面梳理事项，细化“一清单”。对照改革工作目标，进一步细化“最多跑一次”和“零上门”事项清单。按照事前申请（受理）、事中审批（支付）、事后送达三个办事阶段，找准问题症结，细化改革举措，研究建立在线申请、全程代办、即审即办、全流程网上办理、就近办理、同城通办、在线支付、快递送达、集中进驻等一系列事项清单，实行责任倒逼、时间倒排。在此基础上，梳理出年内难以实现“最多跑一次”的事项，以及涉及多个部门办理且群众和企业仍需跑多次的事项，及时研究提出深化改革、提高效率、优化服务的对策措施和意见建议。

2. 加快服务流程，打造“一站式”。加快各地行政服务中心窗口服务功能升级改造，全面实施审批服务流程优化再造。加快推进“一窗受理、集成服务”改革，深化审批服务“两集中、两到位”，逐步将部门分设的办事窗口整合为“投资项目审批”“商事登记”“不动产交易登记”“医保社保”“公安服务”“社会事务”等综合窗口，实行前台综合受理、后台分类审批、统一窗口出件，避免群众在不同部门之间来回奔波。对单个部门事项，进一步精简环节、材料等，逐步提高即审即办和容缺审批率；对投资项目审批等涉及多个部门的复杂事项，深化“全流程、三联动”审批机制，逐步推行全程代办，在有条件的县区继续推行企业投资项目承诺制、园区前置审批“化零为整”等改革试点。

3．网上网下融合，做强“一张网”。推进政务服务网上网下整合，全面打通“事前网上申请、事中在线办理、事后快递送达”的全流程服务链，逐步提升“零上门”事项覆盖率。加快各地各有关部门行政权力运行系统功能升级、联通整合，深化电子证照、电子印章、电子文件等应用，推进数据共享和业务协同，不断扩大全流程网上办理事项范围。加快各地行政（便民）服务中心办事大厅智慧化建设，深化统一公共支付平台、预约平台、排队叫号平台、快递平台、政务服务一体机、移动客户端等应用，推动更多事项通过移动互联网办理，切实提升群众和企业办事体验。

4．全市上下联动，推进“一体化”。全面开展放权事项“回头看”，推动服务功能向乡镇（街道）、村（社区）等基层平台和银行等各类服务网点延伸，逐步实现多点办理、异地办理、同城通办。组织各个窗口服务单位推行“一口清”明白办、“一窗式”综合办、“一张网”在线办、“一条龙”代理办、“一个端”预约办等便民服务新举措，努力让企业和群众少跑腿、不跑腿。

5．提升服务质量，健全“一标准”。推进企业和群众到政府办事“最多跑一次”事项办理标准化，制定发布我市群众和企业到政府办事“最多跑一次”地方标准，形成《办理指南参考目录》，明确办理条件、办理材料、办理流程，取消没有法律法规依据的证明和盖章环节，同时建立服务、受理场所建设和监督评价等管理规范，确保审批服务的每一件事项、每一个窗口、每一步环节标准可量化、质量可预期、过程可跟踪、结果可考核，以标准化促进规范化、便捷化，保障改革真正落地。

（二）配套措施

1．深化审批体制机制创新。继续精减行政审批事项，适时开展相对行政集中许可权改革试点，推进中介服务规范化，推行中介服务“多评合一”机制。推进政府核准投资项目目录“瘦身”，逐步推行投资项目各种审批后置事项“串改并”，审查与验收“单改综”，检验、检测、认定、认证事项“多变少”，进一步降低审批服务收费。优化并全面应用企业投资项目在线审批监管平台，依托行政权力事项库，组织维护更新企业投资项目“最多跑一次”事项，全面落实投资项目统一代码制、审批监管事项平台受理制和投资项目办件同步共享制。推进职业资格改革，全面梳理职业资格资质事项，清理我市自行设置的职业资格，建立我市职业资格正面清单制度，向社会公开职业资格实施情况，建立职业资格规范实施的长效机制，在职业资格认定、社保办理等方面取得重点突破。推进户口办理、出入境有关证照办理、机动车辆和驾驶人员证照办理以及相关资格资质证明、身份认定等便民服务事项简化优化工作。完善政府非税收入接入浙江政务服务网统一公共支付平台推进方案，构建线上线下一体化收缴体系，建立完善促进各地各部门加快推进平台实施和平稳运行的长效机制，推进行政征收简化优化工作。推进商事制度改革，全面梳理工商登记以及前置、后置审批事项，推进企业“五证合一、一照一码”登记制度改革，探索推行电子营业执照，推进证照联办。

2．深化统一政务咨询投诉举报平台建设。充分发挥“12345”政务服务热线的咨询监督作用，加快政务咨询投诉举报平台与政务服务网上网下平台信息互通、有效对接。凡是群众和企业到政府办理的事项，都可通过“12345”政务服务热线电话或三方通话进行咨询，详细了解办事流程、所需材料和其他相关信息；凡是关于政府已经公布的“最多跑一次”和“零上门”事项，群众又跑了多次的投诉举报电话，一经查实，追究相关人员责任。

3．深化政府监管。提出行政许可事项、其他权力事项和公共服务事项适用“最多跑一次”改革的法律意见，加强改革合法性审查评估工作。对行政检查、行政处罚等政府部门依职权作出决定的事项，规范裁量标准，杜绝多头执法、重复检查，建立部门联合、随机抽查、按标执法、一次到位机制。推进综合行政执法体制改革，建立健全行政执法协调指挥机制，推行“双随机、一公开”监管，探索智慧监管、审慎监管，形成事前管标准、事中管达标、事后管信用的监管制度，以更强的监管促进更好的放权和服务。

4．深化基层治理“四个平台”建设。全面推进基层治理“四个平台”建设，进一步提高乡镇（街道）响应群众诉求和为民服务的能力。不断完善县级部门设置在乡镇（街道）的服务窗口，优化行政资源配置，更好地承接和落实“放管服”各项改革，为群众和企业生产生活、创业创新营造良好环境。深化经济发达镇行政管理体制改革，构建符合基层政权定位、适应城镇化发展需求的新型行政管理体制，进一步激发经济发达镇发展内生动力，推进基层治理体系和治理能力现代化，提高新型城镇化质量水平，加快实现城乡统筹发展。

5．深化社会信用体系建设。发挥社会信用体系在简政放权、推进“最多跑一次”改革中的基础性作用，健全信用联合奖惩机制，推进诚信典型红名单和严重失信主体黑名单制度建设。完善全市人口、法人综合数据库和公共信用信息库，深化企业信用信息公示工作，加强市场主体信用信息归集、存储和应用，并与政府部门许可、处罚和监管工作有效衔接。

三、保障措施

（一）加强组织领导

市政府成立由市长担任组长，常务副市长担任常务副组长，分管秘书长、市编委办主任、市行政服务中心主任担任副组长，各县区及市有关部门主要领导担任成员的“最多跑一次”改革领导小组，统筹推进各项改革工作。各县区、各部门要建立相应工作机制，切实加强组织领导，加快推动改革落地。

（二）加强督查考核

“最多跑一次”改革列入各县区、市级有关部门目标责任制考核。建立“最多跑一次”改革专项督查制度，对不认真履行职责、工作明显滞后的地区和部门，启动追责机制。各县区、各部门要建立相应的考核督查机制，强化制度刚性，确保改革顺利推进。

（三）加强宣传引导

各县区、各部门要充分利用报纸、电视、互联网和新媒体广泛宣传“最多跑一次”改革，及时准确发布改革信息和政策法规解读，正确引导社会预期，积极回应社会关切，创新社会参与机制，拓宽公众参与渠道，凝聚各方共识，营造良好氛围。

湖州市人民政府
关于深入推进农业供给侧结构性改革
促进农业绿色发展的十条意见

湖政发〔2017〕15号　（2017年4月25日）

各县区人民政府，市府各部门，市直各单位：

根据《中共中央、国务院关于深入推进农业供给侧结构性改革加快培育农业农村发展新动能的若干意见》（中发〔2017〕1号）等上级文件精神和强农惠农富农政策以及市委、市政府建设国家生态文明先行示范区总体部署，不断深化农业供给侧结构性改革，奋力开辟“绿水青山就是金山银山”的新境界，努力把我市打造成为长三角地区绿色农产品供应基地、都市型现代农业品质高地、休闲农业与乡村旅游首选之地，结合《湖州市“十三五”现代农业发展规划》，制定如下意见。

一、积极推进农业结构调整优化。深化“依山”、“傍湖”、“沿路”三大生态高效农业产业带发展，优化现代种植业、渔业、畜牧业和林业发展空间。全面落实粮食安全责任制，大力发展优质粮油生产，确保完成粮食种植面积、产量的省定任务。强化政策引导，稳步提升水产、茶叶、蔬菜、笋竹产业，优化发展水果、花卉、中药材产业，鼓励蚕桑产业探索发展新模式，着力提升农业产业发展层次和市场竞争力，促进农业增效、农民增收。强化生态公益林建设和天然林保护，积极推进平原绿化，加快珍贵彩色森林建设。坚决打赢畜牧业转型升级攻坚战，严格控制生猪养殖规模，适度发展湖羊、蜜蜂等产业。大力推进水产健康养殖，加快淘汰高密度高污染高排放的生产方式。到2020年，现代农业区域布局更加合理，特色优势产业产值占农业总产值比重达到85%以上。

二、着力夯实农业产业基础平台。深入实施藏粮于地、藏粮于技战略，深化高标准农田和粮食生产功能区建设，不断健全耕地数量、质量、生态“三位一体”保护机制。巩固现代农业园区建设成果，推进园区农田基础设施改造提升，推广高效节水灌溉技术，提高排灌能力和旱涝保收水平。强化园区生产装备改善及仓储、物流等设施配套，切实提升农业综合生产能力。加快推进农业产业集聚区和特色农业强镇建设，着力打造农业“两区”升级版，努力创新农业经营方式、生产方式、管理方式和资源利用方式。加强“菜篮子”基地建设，着力提高蔬菜、肉蛋奶等主要“菜篮子”产品生产能力。到2020年，建成现代农业园区500个以上，创建农业产业集聚区3个和特色农业强镇10个左右，创建省级渔业转型升级先行区2个。

三、加快培育新型农业经营主体。深入推进新型职业农民培育，全面提升农业从业人员能力素质，激发创业创新热情。鼓励大学毕业生、返乡下乡人员和有志青年投身现代农业，实施新型农业经营主体带头人轮训计划，培育一批在农村留得住、用得上、能带动的“土专家、田博士、农创客”。大力发展家庭农场，逐步提高家庭农场在农业生产中的地位与比重。鼓励农民专业合作社创新发展和规范化建设，引导组建农民合作社联合社，打造一批大社强社。引导工商资本参与农业产业化，扶持一批产业关联度大、带动能力强的加工型农业龙头企业，支持成长型涉农企业挂牌上市，鼓励农业企业联合重组。建立健全农业社会化服务体系，加快培育经营性社会化服务组织，提升全程化、规模化、专业化、标准化服务水平。到2020年，示范性家庭农场达到200家以上，示范性农民专业合作社达到200家以上，年销售100万元以上农业龙头企业达到2000家以上，培育新型职业农民1.5万人以上。

四、不断强化农业科技创新驱动。加强农业科技创新能力建设，鼓励发展农业产业创新平台、农业科技型企业和企业研究院，支持市农科院各项建设。加强农业科技成果转化，重点支持农业新品种新技术新机具、集约化设施化种植养殖、农产品精深加工、防灾减灾等领域的科技成果应用和示范。深化市校合作成果，健全完善“1+1+N”农技推广联盟体系，鼓励组建产业技术创新团队。加强乡镇农业公共服务体系规范化建设，不断提升基层农技推广能力。完善农业科技体制机制，鼓励农业科技人员离岗创业创新。加快发展现代种业，着力培育一批具有核心竞争力的“育繁推一体化”种业企业，推进种子种苗产业化发展，鼓励蚕桑、水产、湖羊等种业走出去，不断提高湖州种业知名度和影响力。到2020年，主导品种覆盖率达到95%以上，主推技术覆盖率达到90%以上。

五、大力提升农业装备和信息化水平。围绕农业产业升级和生产方式转变，以主要农作物全程机械化示范创建为突破口，组织开展农机装备优化升级改造、农机化示范创建和设施农业建设，强化农机与农艺、农机化与信息化融合，提升农机社会化服务能力，加快推进农业“机器换人”步伐。围绕农业精准化、智能化、设施化建设，推进物联网应用示范和智慧农业园区建设，推广农技云APP服务。加快农业“大数据”运用，积极推进渔业渔政管理、畜牧业养殖污染治理等智能化监控平台建设。大力发展农村电子商务，加快农业领域“电商换市”，培育多种电商发展模式，壮大农产品电子商务经营主体。到2020年，高效设施农业基地面积达到50万亩以上，主要农作物耕种收综合机械化水平达到90%以上，农产品电子商务销售额达到50亿元以上。

六、扎实推进一、二、三产业融合发展。以农业产业集聚区、特色农业强镇、农业全产业链、农业“大好高”项目为重点，以市场需求为导向，着力构建农业与二、三产业融合发展的现代产业体系。大力发展农产品精深加工业，鼓励农产品加工企业改造提升技术设备和管理水平。加快农产品批发市场升级改造，围绕粮油、蔬菜、水果等重要农产品布局，完善仓储物流设施建设，强化农产品冷链物流体系建设。大力发展休闲农业与乡村旅游，推进农业与旅游、教育、文化、健康养老等产业深度融合，鼓励发展健康农业、城市微农业、创意农业等新业态。加大重要农业文化遗产传承保护力度，发掘创新农事节庆活动载体，不断提升休闲农业文化软实力和竞争力。到2020年，建成示范性农业全产业链10条以上，休闲农业与乡村旅游年收入达到100亿元以上。

七、全力保障农产品质量安全。以创建国家农产品质量安全市为载体，把农产品质量安全放在更加突出位置。全面推行农业标准化生产，积极推广农产品产地环境质量评价和标准化生产技术。切实加强农产品质量和食品安全监管，着力推进农产品质量安全监管体系、追溯体系和信用体系建设，加快建立以食用农产品质量合格为核心内容的产地准出管理与市场准入管理衔接机制。建立健全农产品质量安全风险评估、监测预警和应急处置机制，加强动植物检疫防疫联防联控。深化农业品牌建设，不断健全优质优价的导向机制，鼓励农业经营主体发展安全优质农产品，参与无公害农产品、绿色食品、有机农产品、农产品地理标志认证。到2020年，有效“三品一标”生产基地面积达到140万亩以上，主要食用农产品“三品”认证率达到70%以上，农产品质量安全抽检总体合格率达到98.5%以上。

八、切实加强农业生态环境保护。围绕整建制推进现代生态循环农业建设，补短板，扬优势，促均衡，统筹开展农业水、气、土污染综合治理，加快推广农牧结合、农渔结合生态种养模式，促进绿色发展。加快推进畜牧业、渔业转型升级，深入实施化肥农药减量增效行动，积极推广测土配方施肥，加快推进病虫害统防统治和绿色防控融合发展。加强农业废弃物管理，创新完善农作物秸秆、沼液等资源利用模式和技术，扎实推进病死动物无害化处置、农业废弃包装物分类回收处置和农机报废更新等工作。以农业“两区”为重点，加快改善耕地土壤环境，组织实施农田土壤污染防治计划。以打造整洁田园、建设美丽农业行动为抓手，积极打造基础完善、设施整齐、生产清洁、生态循环、布局合理的整洁田园，推动美丽农业建设实现“全域美、持久美、内在美”的目标。到2020年，农村清洁能源利用率、农作物秸秆综合利用率、畜禽粪便资源化利用率分别达到80%、95%、98%以上，建成美丽生态牧场100个。

九、持续深化农业农村体制改革。深化农村土地承包经营权确权赋权活权改革，按照“三权分置”原则，进一步明确所有权、稳定承包权、放活经营权。全面加强农村集体经济“三资”管理，加快完善村集体经济股份制改革，积极探索股份合作等多种经营方式。规范提升农村产权交易平台，完善产权交易体制机制。鼓励农户流转土地，积极发展多种形式适度规模经营。支持发展以村集体经济为主导的土地股份合作社，引导农户以土地承包经营权入股形式，与农业投资主体共同组建合作农林牧渔场。深化生产、供销、信用“三位一体”改革。建立健全农业农村发展用地保障机制，完善农业用地政策，积极支持农村新产业新业态发展。加快发展农村普惠金融和合作金融，不断创新金融产品和服务，发挥农村产权融资功能，推进农村承包土地经营权抵押贷款等试点工作。健全政策性农业保险制度，不断扩大保险覆盖面、增加保险品种、提高风险保障水平。

十、积极优化财政支农政策体系。进一步加大对农业供给侧结构性改革的财政支持力度，主动适应和引领财政支农方式改革，按照政策性配套、阶段性补助、引导性奖补的分类，突出集中引导作用，重点保障对基础性、公益性、公共类建设的投入，进一步提高农业补贴政策的精准性、指向性和实效性。扎实推进农业三项补贴政策综合改革试点工作，支持耕地地力保护和粮食适度规模经营。积极开展政府购买农业公益性服务试点，加大向社会力量委托和购买农业公共服务力度。加大对农业产业投资基金、农业风险补偿基金、银行信贷、信用担保、政策性保险等扶持力度，探索财政撬动金融支农新模式，推广农业领域政府和社会资本合作（PPP）新模式，增强农业发展新动力。

本意见自公布之日起施行。《湖州市人民政府办公室关于印发加快推进国家现代农业示范区建设若干政策的通知》（湖政办发〔2013〕122号）同时废止。

湖州市人民政府
关于强化招商引资“一号工程”
加快赶超发展的八条意见

湖政发〔2017〕41号　（2017年11月20日）

各县区人民政府，市府各部门，市直各单位：

为充分发挥湖州的区位交通和生态人文等优势，紧紧抓住“一带一路”、长江经济带、大湾区大花园建设等重大战略机遇，深入推进“四新”主题实践，全力促进加快赶超、实现“两高”目标，现就招商引资工作提出以下意见。

一、强化“一号工程”责任落实。各级各部门“一把手”要认真落实招商引资“一号工程”。各级政府主要领导要定期听取招商引资汇报，分析招商引资形势，研究招商引资对策。各级各有关部门“一把手”要亲自主持重大招商会议和活动，亲自参与重大项目的联系洽谈，亲自组织重大项目的推进落地，亲自联系服务已建成的重大项目。实施“一把手项目工程”，市、县区、省级以上产业平台及市四大国有集团、工业强镇，每年分别引进1个100亿元、50亿元、20亿元、5亿元以上重大产业项目，特别是重大工业项目。

二、完善招商引资协调机制。成立市政府主要领导任组长的招商引资工作领导小组，负责对全市招商工作部署、招商政策制定、重大项目推进、组织督查考核等重大事项的决策协调。坚持市政府主要领导召集的全市招商引资及项目推进工作月度例会制度。强化市商务局的投资促进工作职能，充实工作力量，落实专项经费，统筹协调全市投资促进服务工作。市级相关部门要积极参与招商引资工作，在各自业务范围内主动谋划招商引资项目，形成招商引资工作合力。统筹建立全市招商引资信息和招商项目数据库，共享项目信息，优化项目布局，推进项目在全市范围内合理流动。

三、全面加强招商力量。各县区、各平台及市级有关部门要统筹抓好老中青结合的专业化招商、以商引商的企业家招商和招商大使等三支队伍建设。要充分发挥政府驻外联络处、在外湖州商会的作用，科学组织市、县区、平台在重点国家（美国、德国、以色列等）、国内重点城市建立境内外商务代表处，大力引进高端外资、高新项目和高层次人才。对赴境外开展重点招商引资活动的人员，按照“有事才去、因事定人、完事即回”原则，给予重点保障、优先安排。

四、突出重点抓招引。突出重点产业抓招引，围绕“4+3+N”现代产业体系，以工业项目为重点，结合12个重点产业推进工作，大力引进事关全局发展的重大产业项目。突出重点地区抓招引，以北上广深杭等中心城市、西安武汉等高校集中地区、欧美日韩以色列等发达国家和地区为重点，加强国内、国际产业合作园建设，定时定点举办招商引资推介活动。突出重点企业抓招引，以世界500强、行业领军企业、央企国企、民企500强、上市公司以及国内重要军民融合企业等为重点，研判企业发展战略需求，精准对接引进龙头企业。

五、深化“大好高”项目引进。按照“更好的产业方向、更实的投资强度、更低的资源消耗、更高的技术含量、更大的税收贡献”的要求，进一步完善各产业“大好高”项目标准。强化项目引进评估，建立第三方专家咨询评估机制，提高项目质量和科学决策水平。推动一批优质“大好高”项目的引进、开工和投产，确保项目投资效果系数和亩均税收产出高于全省平均水平。

六、坚持引资引技引智相结合。围绕我市传统优势产业转型和未来战略性新兴产业发展，深入实施“南太湖精英计划”，进一步重视对尖端技术、“国千”“省千”人才、创新创业团队等高端生产要素的招引。大力引进一批科技前沿、引领未来科技发展方向的人才和技术，增强我市转型升级、创新发展的内生动力，力争培育出在国际国内有重大影响的创业公司。

七、创新招商引资方式。强化社会化招商，各县区、市级各部门要加强与国家部委、行业协会、专业学会、著名高校及其校友会、中介机构、咨询管理公司等的战略合作，建立布局合理、务实高效、市场化运作的委托招商网络。鼓励企业家利用自身人脉和信息资源，实现以商引商、以企引企、以外引外。定期组织本地企业发布有关技术和产业发展项目信息，鼓励本地优强企业通过合资合作、增资扩股、并购重组等方式做大做强。建立和完善政府产业引导基金，积极引进风险投资等各类社会资本，为优质项目、先进技术和高端人才提供支持。

八、建立完善考核评价体系。制定务实管用的考评体系，组织各县区、湖州开发区、太湖度假区每季度开展重大项目招引比拼，年底进行集中考评，考评结果作为年度县区综合考核的重要参考依据。市政府每年评出若干个以商引商企业家、招商大使、对外招商项目、高端人才项目、优秀招商干部、优秀招商团队，并给予物质奖励或荣誉表彰。强化政策宣传和舆论引导，加大对招商引资先进典型的宣传力度，全力营造“比学赶超”的良好氛围。

本意见自公布之日起施行。

湖州市人民政府
关于促进大数据发展的实施意见

湖政发〔2017〕48号　（2017年12月7日）

各县区人民政府，市府各部门，市直各单位：

为贯彻落实《国务院关于印发促进大数据发展行动纲要的通知》（国发〔2015〕50号）和《浙江省人民政府关于印发浙江省促进大数据发展实施计划的通知》（浙政发〔2016〕6号）精神，深入实施国家大数据战略，进一步加快推进我市大数据发展，助推“放管服”和“最多跑一次”等改革工作，提升行政管理、公共服务和社会治理水平，促进智慧城市建设和大数据产业同步发展，提出如下意见。

一、总体要求

（一）指导思想

以《国务院促进大数据发展行动纲要》为指导，以体制机制创新为动力，以政府大数据共享开放为先导，推动大数据技术与社会经济各领域应用的深度融合，着力推进数据汇集和发掘，深化大数据在各领域创新应用，重点打造若干优势环节，全面提升我市大数据发展水平，为湖州加快赶超、实现“两高”提供重要的数据支撑。

（二）工作目标

通过顶层设计和统筹管理，加快推进全市一体化的政府大数据平台建设，2018年底前，建立以云计算平台为基础、以大数据管理为核心、以大数据应用为主导、以大数据安全体系为保障的大数据总体框架，形成数据汇聚能力强、共享开放程度高、分析挖掘应用广的大数据发展格局，推动大数据在政务管理、社会治理、公共服务以及产业领域的广泛应用，为智慧城市以及共享经济等新经济发展模式提供重要支撑，为全市经济社会转型发展提供有力保障。

（三）基本原则

1. 统筹规划、分步实施。加强统筹规划，总体设计基础平台和支撑环境，推进智慧城市、共享经济和大数据产业融合发展，有重点、分步骤实施，并不断进行动态调整和优化。

2. 标准规范、共享开放。以大数据平台为核心、以大数据技术标准和管理标准为基础，建立健全信息资源归集、共享和开放的规范体系，加快提升数据服务能力。

3. 安全保障、繁荣有序。建立健全大数据安全保障体系，强化安全管理和防护，保障数据安全。加强数据资产和个人隐私保护，在信息安全保障前提下合理合法发挥大数据效用。

二、主要任务

（一）夯实大数据承载基础

1. 加强大数据基础设施建设。进一步加快基础传输网络和感知网络建设，积极推进下一代互联网络建设，提高数据网络传输能力和覆盖率。加快城市公共设施物联网平台建设，促进城市道路、地下管网、排水、照明、环保、建筑物等公共设施感知设备布设和物联网建设，形成比较完备的物联网传输和平台支撑环境。

2. 加强政务云平台集约化管理。全面推行云服务模式，按照“上云为常态，不上云为例外”的要求，推动政府部门信息系统向电子政务云平台迁移。除国家、省、市另有规定外，各级政府部门应用系统应全部依托统一的电子政务云平台部署和实施。原则上不再新建独立机房、数据中心和专用网络。

（二）推进大数据平台建设

1. 推进数据标准规范建设。建立健全标准规范体系，明确各方责任义务，保护数据产权、安全和隐私，构建完善大数据技术标准体系，制定数据采集、管理、开放、应用等标准规范。

2. 提升数据整合共享能力。建立健全全市统一的数据交换体系，编制信息资源共享目录，实现全市数据资源的汇集和统一管理。明确数据格式、汇集方式、提供单位、共享条件、更新时限等要素，加强数据动态更新，提高数据准确性。建设统一的数据服务平台，提供多方位的数据服务接口，不断提升大数据平台数据服务能力。

（三）加快大数据应用推广

1. 提高政府治理水平。加快推进政府行政管理、公共管理、社会综合治理等领域跨部门大数据应用体系建设，利用各类大数据应用平台，精准定位管理服务对象，多部门协同聚焦管理事项，不断提升政府监管精准度和综合决策能力，形成一体化的新型政府服务模式。

2. 提高公共服务能力。结合新型城镇化发展、信息惠民工程实施和智慧城市建设，以优化提升民生服务、激发社会活力、促进大数据应用为重点，引导调动政府、企业、社会组织等多方积极性，推动交通、医疗、养老、教育、体育、旅游、就业等与群众生活密切相关领域的大数据应用，鼓励提供基于大数据的专业化、个性化服务，形成需求导向、多方参与、便捷惠民的信息服务供给体系。

3. 促进产业发展应用。建立公共数据资源开放目录，制定数据开放标准，实施分年度数据开放计划，落实数据开放和维护责任。推动信用、医疗、卫生、人力社保、环境、安全监管、档案等民生保障服务领域的政府数据集向社会开放，推动水务、电力、燃气、通信、广播电视等公用企事业单位和其他社会公共服务机构逐步开放数据资源。在保障安全和保护隐私的前提下，扩大数据开放领域，鼓励各类社会主体进行增值开发利用，促进农业、工业、服务业等产业发展和信息消费，充分发挥大数据的社会效益和经济效益。

（四）构建大数据安全防护体系

1. 提升安全技术保障能力。强化大数据安全顶层设计，加强对基础信息网络和关键行业领域重要信息系统的安全保护，提升大数据环境下防攻击、防泄露、防窃取的监测预警和应急处置能力建设。引导大数据安全可控和有序发展。积极推动采用自主可控的大数据产品和服务。

2. 提升大数据安全管理水平。贯彻《全国人大常委会关于加强网络信息保护的决定》《电信和互联网用户个人信息保护规定》等法律法规，落实等级保护、风险评估等制度，定期组织对大数据平台的可靠性和安全性测评。建立健全信息系统安全管理制度规范，明确数据采集、传输、存储、使用、开放等各环节安全的范围边界、责任主体和具体要求，明确开放数据的原则和要求，强化对大数据资源使用的安全管理。

三、保障措施

（一）加强组织领导

成立市大数据发展领导小组，由市政府主要领导任组长，常务副市长任常务副组长，相关副市长任副组长，领导小组下设办公室，负责统筹推进大数据发展的各项工作。市大数据管理机构负责统筹全市大数据推进、信息系统基础设施建设、数据共享开放和数据服务工作。引导社会各行业大数据能力建设和开放共享，指导、督促、检查有关任务和政策措施的落实。

（二）加大支持力度

加大对电子政务云、大数据平台、电子政务网络等建设的投入，落实促进大数据产业发展的专项资金，重点扶持数据采集、挖掘、整合、分析咨询、开放、交易等新业态的发展，加强资金管理，提高财政资金使用效率。引导金融资本、产业资本和其他社会资本加大对大数据发展的投入。鼓励各县区制定扶持大数据发展的相关政策。

（三）加快人才引育

加强政府、高校、社会和企业之间合作，构建完备的人才体系。引导高校开展数据科学和大数据专业学历教育，依托社会化教育资源，培育大数据跨界复合型人才和高端技术人才，提高我市大数据产业相关人员的业务水平。培养和引进大数据技术人才，推进产学研合作，鼓励和支持大数据高端人才创业。

（四）营造宣传氛围

充分利用各类媒体，采取灵活多样的形式，加大对大数据发展政策、措施、成果的宣传力度。强化宣传的全方位、多角度、深层次、广覆盖，提高宣传的针对性、时效性，增强宣传的渗透力、辐射力，为大数据发展营造良好的舆论环境。

中共湖州市委办公室　湖州市人民政府办公室关于落实“五个着力”推动民营经济新发展的实施意见

湖委办〔2017〕23号　（2017年4月17日）

为深入贯彻“五个着力”要求，支持民营经济加快发展，按照省委办公厅、省政府办公厅《关于落实“五个着力”推动民营经济新发展的若干意见》（浙委办发〔2016〕68号）文件精神，经市委、市政府同意，提出如下实施意见。

一、着力强化金融保障，畅通民营企业融资渠道

（一）促进企业直接融资。完善上市挂牌后备资源库培育机制，重点将优质、规模民营企业纳入上市挂牌后备库，实行梯度培育、动态推动，从股改、申报、审核等各环节、全过程安排专人负责指导和服务，助推民营企业在资本市场上市挂牌融资。积极引导民营上市挂牌企业加快再融资和并购重组步伐，提升创新能力和市场竞争力。支持符合条件的企业发行银行间债务融资工具和公司债，扩大债券发行规模。支持私募股权投资、创业投资、风险投资等机构投资初创期企业，通过多种渠道增加企业资本，改善企业财务结构，降低企业负债率。

（二）扩大有效信贷。完善金融资源配置引导机制，充分发挥货币政策、监管制度、考核机制的引导作用，将支持民营小微企业作为银行机构机构设置、高管任职、机构评级等方面的重要参照指标，引导银行机构优化金融资源配置，加大对民营小微企业的支持力度。完善银行行长走访服务企业的工作机制，深化“百名行长进千企”活动，推动银行深入民营企业，对接融资需求、服务企业转型升级。大力发展信用贷款，引导银行机构回归信用本源，为优质民营企业提供信用贷款。

（三）降低企业融资成本。进一步完善利率定价机制，针对不同企业合理定价，适度调整贷款利率定价水平，有效降低企业融资成本。继续推动企业还款方式创新，减少不必要的续贷环节，提高企业续贷办理效率，鼓励银行机构在风险可控前提下逐步扩大还款方式创新企业覆盖面范围。进一步创新融资方式，逐步提高信用贷款比重。鼓励银行机构加大与政策性融资担保机构的合作力度，对政策性融资担保机构担保的小微企业贷款，利率尽量不上浮或少上浮。进一步做好上市企业培育，支持企业在多层次资本市场上市融资。

二、着力降低企业成本，减轻民营企业发展负担

（一）降低税费负担。深入贯彻落实《国务院关于印发降低实体经济企业成本工作方案的通知》《浙江省人民政府办公厅关于进一步降低企业成本优化发展环境的若干意见》《浙江省人民政府办公厅关于进一步减轻企业负担降低企业成本的若干意见》和《湖州市降低企业成本减轻企业负担三十六条》《湖州市进一步减轻企业负担降低企业成本政策十八条》等相关减负政策要求，制定湖州市降成本三年行动方案和第二批降本减负政策意见，进一步降低民营企业生产成本，增强民营企业盈利能力。全面推开营改增试点，确保营改增后试点行业税负只减不增。落实省物价局、审改办、减负办三部门《关于引导降低行政审批中介服务收费的意见》精神，对第一批引导降低收费标准的服务项目在现行收费标准基础上降低20%以上，执行时限3年。进一步落实高新技术企业减按15%征收企业所得税的优惠政策和企业研究开发费用税前加计扣除政策。开展减负政策落实情况专项督查，并对各部门落实减负政策情况进行及时通报。

（二）降低资源要素价格。制定出台《湖州市用能权有偿使用和交易办法》，优化能源资源配置效率。贯彻落实省级部门电价和天然气价格调整政策，有效降低企业用能成本。积极推行直供电交易试点工作，扩大直接交易的电力用户，提高企业的受惠面。对于高可靠性供电费用和临时接电费用的收费标准，按国家规定的收费标准下限执行；对省政府鼓励的高新技术投资项目，其高可靠性供电费用按收费标准的70%执行。坚持放管结合，进一步简化行政审批事项，深入推进“零土地”技改审批方式改革，加大事中事后监管力度，定期开展行政审批核查。

（三）降低企业用工成本。深入推进行业“机器换人”，推动企业通过“机器换人”降低用工成本。加大对改变生产方式的以先进设备投资为主的行业“机器换人”和“零土地”技改示范项目的推广应用。落实“机器换人”鼓励政策，全面推进“机器换人”工作扩面升级，组织实施百项“机器换人”智能制造重点项目和千项技术改造升级项目，示范应用1000台工业机器人，有效降低企业用工成本。

三、着力加快兼并重组，促进民营企业发展壮大

（一）加快培育“双金双高”企业。研究制定

“金象金牛”大企业培育三年行动计划（2017—2019年），明确今后三年“双金”企业的培育目标，鼓励“双金”企业加大技术创新力度，开展联合兼并重组，整合市场资源，实施走出去发展战略等，为全市中小企业发展形成示范带动。进一步完善企业评价体系，引导企业突出重点，加快发展。指导“双金”培育企业启动编制今后三年发展规划，找准定位，率先实现智能制造、品质制造、绿色制造。加快培育科技型企业，重点加强高技术、高成长的工业“双高”企业培育，建立健全“双高”企业培育工作机制，认真落实联席会议协调推进制度、市领导联系服务制度、专家联系指导制度及监督考核通报制度，推进相关政策和服务的落地，提升产业竞争力，推进我市高新技术产业发展。

（二）深化创新驱动。依托首台（套）、优秀新产品、浙江制造精品、湖州首创产品、技术（研发、设计）中心等载体，引导企业加大技术研发设计投入。2017年，力争全市规上工业新产品完成产值1840亿元，新增国家级企业技术中心1家、省级企业技术中心5家、省级工业新产品1000项。推进现代物流装备技术研究院、水处理中心和13个中科院的产业化创新中心建设。贯彻落实《关于深化人才发展体制机制改革支持人才创业创新的实施意见》和省装备制造业工程硕士联合培养计划，加快创新领军人才、领军型创新团队、新生代企业家和企业经营管理人才的引进与培育。继续引进培育各类技术中介服务机构，加速推进技术成果交易和转化。

（三）推动扶小升规。建立2017年度“小升规”企业和工业行业“隐形冠军”企业培育库。突出产业导向，重点围绕我市新兴产业和传统优势产业培育“小升规”企业，提升培育质量。实施工业行业“隐形冠军”企业培育行动计划，建立定期跟踪服务机制，协调解决创建过程中企业遇到的难题，引导企业“专精特新”发展，着力培育一批新技术、新产业、新业态、新模式的“四新”小微企业。培育135家“小升规”企业和10家左右市工业行业“隐形冠军”。

（四）促进兼并重组。进一步落实《关于进一步促进企业兼并重组的实施意见》，引导民营企业开展跨地区、跨行业兼并重组，进一步加强政策解读和宣传，加快推动政策落实。引导民营企业实施兼并重组战略，整合有效资源，发挥产业链优势，形成行业话语权，进一步做大做强。引导上市企业和行业龙头企业通过产权转让、资产置换等方式，兼并重组一批具有一定发展能力的“僵尸企业”。通过政府购买服务的形式，为企业提供兼并重组业务培训、并购辅导等。加强并购中的协调和并购后的服务，提高企业并购质量。

四、着力开放市场准入，拓展民营经济发展空间

（一）扩大民间投资。全面贯彻落实国家、省、市促进民间投资各项政策措施，进一步释放民间投资活力。围绕民间投资与全社会投资同比例增长、民间投资占比占全社会投资比重稳定在70%左右目标要求，落实各项工作。鼓励投融资方式创新，积极推广政府和社会合作（PPP）模式，继续滚动完善我市PPP项目库。突出民间投资主力军作用，深入开展“谋划大产业、招引大项目”和浙商回归工作，全力争取具有引领性、标杆性的重大产业项目在湖州布局、落地。

（二）鼓励创业创新。深入实施《湖州市人民政府办公室关于发展众创空间推进创新创业的实施意见》及《湖州市众创空间认定管理办法（试行）》，支持鼓励社会力量投资建设或管理运营创客空间、创业咖啡、创新工场等众创空间。依托我市高新园区、科技企业孵化器、小企业创业基地和高校、科研院所等，形成一批创新创业、线上线下、孵化投资相结合的新型众创空间；鼓励有条件的县区充分利用现有的闲置办公楼、商业设施、老旧厂房等资源进行整合和改造提升，为众创空间提供专门场所。鼓励企业联合高校、科研院所、央企等共建研发机构，实施行业关键技术难题攻关，积极开发创新产品，提升企业研发能力。加大知识产权保护力度，发挥知识产权引擎作用。

（三）扩大对外开放。主动对接国家“一带一路”战略，积极扩大对外开放。加快推动我市优势行业剩余产能向境外转移，引导我市出口3000万美元以上或出口品牌企业建立境外自主营销渠道，支持我市民营企业以工程总承包、项目分包等多种形式参与沿线国家的重大工程项目，带动我市产品、技术和标准“走出去”。大力扶持民营企业开拓海外市场，重点培育我市现代纺织（童装）、新能源、高端装备、绿色家居、电梯等特色优势产业外向发展，努力扩大自主品牌、高附加值、高技术等产品及服务出口份额。大力发展外贸新业态，支持中小微企业利用外贸综合服务平台、跨境电子商务拓展对外贸易业务。合理引导跨国并购和股权投资，鼓励外资以参股、并购等方式参与本土企业的改造提升和兼并重组，探索民营企业以境外上市、引入战略投资者和风险资金等方式与外商合资开展合作。加快国际产业园建设，进一步推进开发区整合优化提升，提高平台承载项目能力，加强产业招商、国别招商与平台对接力度，实现错位发展、特色发展，引导外资企业向专业平台集聚。

五、着力健全公共服务，优化民营经济发展环境

（一）健全公共服务体系。以“扩面提标、补齐短板、走在前列”为工作要求，抓好《湖州市基本公共服务均等化“十三五”行动纲要》的实施，重点突出基本公共教育、就业创业服务、社会保障服务、基本健康服务、基本生活服务、基本公共文化、环境保护服务和公共安全服务等八大领域，加大民生投入，强化督查考核，促进“四级联动”，确保“十三五”期间健全“符合市情、覆盖城乡、可持续”的基本公共服务体系，全市120个保障和改善民生的服务项目完成投资1500亿元以上，不断缩小基本公共服务在城乡之间、区域之间、领域之间、群体之间的差距，切实增加城乡居民的获得感和幸福感。

（二）深化审批制度改革。积极推进“最多跑一次”改革，深化“四张清单一张网”改革，充分运用“互联网+政务服务”和大数据，全面推进政府自身改革，进一步加快简政放权、放管结合、优化服务，大幅度减少审批事项，缩短审批时间，下放审批权限，提高网上审批比例，降低各项涉审收费，加快建立行政审批、公共服务等领域“一次办结”和各项便民服务“零上门”运行机制，加快推动工作重心由“事前审批”向“事中事后监管”转变，使群众和企业对改革的获得感明显增强、政府办事效率明显提升、发展环境进一步改善，不断增强经济社会发展活力。

（三）优化市场环境。健全政府职能转变机制，推进权力事项标准化和规范化建设，清理缺乏法定依据权力事项。理顺部门职责交叉重叠和职责“真空”等问题，运用责任清单破解慢作为、不作为、乱作为等现象。实施服务型政府建设“1113”行动计划，进一步强化公共服务功能。整合各类资源，建立鼓励发展众创、众包、众扶、众筹空间的政策体系，激发各类市场经营主体的创业热情。加快湖州科技大市场建设，促进形成科技成果与技术供需对接、交流、展示等多种方式的交易模式。健全体制机制，加强知识产权保护和运用。

湖州市人民政府办公室
关于促进中心城市房地产市场
持续平稳健康发展的意见

湖政办发〔2017〕15号　（2017年2月24日）

各县区人民政府，市府各部门，市直各单位：

为贯彻落实国家关于房地产市场分类调控、因地施策要求，以化解房地产结构性库存、防止房价过快上涨为重点，合理引导住房消费和房地产开发建设，促进我市房地产市场持续平稳健康发展，根据《浙江省人民政府办公厅关于促进房地产市场平稳健康发展的通知》（浙政办发〔2015〕76号）、《浙江省房地产供给侧结构性改革行动方案》（浙政办发〔2016〕64号）精神，结合我市实际，经市政府同意，提出如下意见。

一、科学把控土地供应。充分发挥房地产市场调控管理手段，对土地出让实行统一管理，经营性用地（不含工业用地）出让方案需报市中心城市房地产市场协调小组同意后实施。根据房地产市场供求变化情况，合理确定土地供应规模、结构和时序。既要防止部分区域住宅存量短缺，又要防止新一轮住宅库存严重反弹。对于在售商品住宅库存消化周期超过20个月的，或者在售、在建待售及已出让待建商品住宅消化周期超过30个月的区块，暂停商品住宅用地供应；对于在售商品住宅库存消化周期小于8个月，且后续商品住宅供应不足的区块，应及时增加商品住宅用地供应。

二、稳定市场预期。科学引导房地产市场预期，努力稳定销量、稳定房价、稳定地价、稳定供应、稳定投资，保持房地产市场持续平稳发展。创新土地出让机制，土地出让适时要以房价竞地价，分区域、分类型在土地出让条件中设定最高备案均价。已出让土地住宅项目的备案均价，将现行的开发企业自主定价调整为开发企业与评估制度相结合的模式，根据土地出让楼面价、建设成本评估确定备案价，避免定价的盲目性、随意性。

三、支持居民自住购房需求。一是实行购买住房契税补贴。自2017年1月1日至2017年12月31日，个人购买中心城市范围内家庭第一套、第二套住房（家庭成员范围包括购房人、配偶以及未成年子女，下同），实行住房契税补贴。购买144平方米及以下普通新建商品住房，并在此期间网签提交备案《商品房买卖合同》，在2020年12月31日前取得不动产权证并提交补助申请的，凭备案的《商品房买卖合同》、不动产权证、不动产登记信息查询记录和完税凭证，按所缴纳的契税地方分成部分给予全额补贴；购买144平方米以上新建非普通住房，并具备前述相同条件的，按所缴纳的契税地方分成部分给予减半补贴。购买144平方米及以下普通存量住房（二手房，下同），并在此期间签订《房屋买卖合同》、取得不动产权证并提交补助申请的，凭《房屋买卖合同》、不动产权证、不动产登记信息查询记录和完税凭证，按所缴纳的契税地方分成部分给予全额补贴；购买144平方米以上非普通存量住房，并具备前述相同条件的，按所缴纳的契税地方分成部分给予减半补贴。二是实行购买新建商业、办公用房契税补贴。自2017年1月1日至2017年12月31日，单位和个人购买新建商业、办公用房，并在此期间网签提交备案《商品房买卖合同》，在2020年12月31日前取得不动产权证并提交补助申请的，凭备案的《商品房买卖合同》、不动产权证和完税凭证，按所缴纳的契税地方分成部分给予全额补贴。

四、加大人才购房奖励。对引进或培养的高层次人才、急需紧缺人才和高技能人才在中心城市未享受过相关住房优惠政策。自2017年1月1日至2017年12月31日，在中心城市购买第一套住房的，凭与企业签订5年以上服务合同或所创企业连续6个月纳税证明、不动产登记信息查询记录和不动产权证，给予一次性购房奖励（购买新建商品房的在2020年底前办结，存量房在2017年底前办结），所购住房满5年后方可上市交易。标准为：中国科学院、工程院院士100万元；国家“千人计划”专家、国家“万人计划”专家、国家级重点学科、重点实验室、重点工程技术研究中心的学术技术带头人，国家“百千万人才工程”一、二层次人员，国家有突出贡献中青年专家，国家杰出青年科学基金获得者，长江学者特聘教授，以及获国家科学技术奖的前两位完成人等国家级重点人才50万元；省“千人计划”专家、省领军型创新创业团队负责人、省“151”人才工程第一、二层次人才，享受国务院特殊津贴人员等省部级重点人才30万元；南太湖精英计划领军人才、市“1112人才工程”培养人选和急需紧缺专业博士或具有正高职称（高级技师）人员20万元；急需紧缺专业硕士或具有副高职称（技师）人员6万元；211、985重点高校全日制大学本科毕业生（不含机关、参照公务员管理的事业单位在编人员）4万元。经认定，相当于上述层次的人才（含留学归国人员和外籍专家），按照同等次人才享受补助标准，具体由市委人才办会同市级有关部门进行认定。购房奖励按服务地市、区财政各承担一半。

五、全力转化结构性库存。按照供给侧结构性改革、化解房地产结构性库存的要求，针对城市规划布局中商业比例相对偏高的状况，进一步深化城市规划研究，多措施推进主动减量。一是扶持发展楼宇经济。对中心城市范围内单幢建筑面积5000 （含）以上的商务、商业、科研楼宇和总建筑面积在10万（含）以上的城市综合体落户的新注册企业（含总部型企业、新兴服务业企业）给予扶持，由各区政府（管委会）按照“一楼一策”的原则制定相关扶持政策，市财政、商务部门给予政策指导。二是优化规划布局。对原城市规划布局中商业比例偏高的区域要进行合理调整，在源头上进行科学规划。对已出让未建的商业用地，根据市场需求，适度调整商业办公、住宅比例，合理转化部分新库存。三是实行用途转换。对已建和在建空置待售滞销的商业办公地产，在满足消防、设施配套、相关利害人利益的前提下，允许房地产企业按规定实行整体用途转换，切实解决商业、办公地产去化难问题，化解房地产结构性库存。四是推动跨界地产发展。对开发企业利用自持库存商品房发展健康养老、休闲度假、电子信息、人才培训、文化创意、金融服务等产业，各有关部门在条件允许的情况下予以支持，简化办事流程、缩短审批期限，符合条件的可参照扶持发展楼宇经济政策，推动跨界地产发展。

六、深入推动征迁安置方式改革。一是国有、集体土地房屋征迁，货币化或购买商品房安置比例不低于50%。二是原则上不再新建公（廉）租房，采取市场购买商品房或货币补助等方式实施公（廉）租房保障。三是完善房票制度，推进跨行政区域使用房票。

七、突出城市规划引领。要充分发挥城市规划的引领作用，加强城市规划研究。一是严格控制各类城市综合体，实现产业与居住分开出让。二是严格控制沿街带状商业，避免城市交通拥堵，提高城市形象。三是加强配套设施的统一布局，加快建设重点区域学校、医院、文化体育、公园绿化、道路交通等公共配套设施，方便市民生活；加强新建住宅小区水、电、气、供热、通信、有线电视等配套管线建设协调管理，提升新建住宅小区品质。

八、积极培育房产租赁市场。积极发展住房租赁业，鼓励社会力量购买库存商品房开展规模化、专业化出租经营，鼓励房地产企业开展住房租赁业务，支持房地产企业长期持有部分房源用于出租，鼓励房地产中介机构、物业服务企业开展长租业务。建立完善住房租赁信息服务平台，优化市场配置。要按照《国务院办公厅关于加快培育和发展住房租赁市场的若干意见》（国办发〔2016〕39号）精神，对利用自持库存商品房开展房屋租赁业务的开发企业，以及专业从事房屋租赁业务的企业、机构和自然人，给予扶持政策。积极鼓励企业进行试点，试点项目两年内所产生的税收地方所得部分全额奖励，促进房屋租赁市场壮大发展。

九、规范经营行为维护市场秩序。为净化房地产市场环境，维护房地产市场秩序，保护消费者合法权益，按照《住房城乡建设部关于进一步规范房地产开发企业经营行为维护房地产市场秩序的通知》（建房〔2016〕223号）精神，加强指导，进行宣传培训、教育引导，提高开发企业业务水平，规范开发企业经营行为。发挥行业协会作用，突出企业自律。加强监管创新，加快构建事中事后监管体系，依法保护合法经营房地产开发企业的正当利益，严肃查处房地产开发企业违法违规等不正当经营行为，营造公平竞争的房地产市场环境。

十、加快推进住宅全装修。推行住宅全装修，实行成品交房，是贯彻落实省委“两美浙江”建设的重要举措，是推动建筑产业供给侧结构性改革的重要内容，有利于减少污染、节能降耗，有利于提高资源利用效率、改善人居环境，对加快我市建筑业和住宅产业转型升级、实现绿色发展具有重要意义。按照《浙江省关于推进绿色建筑和建筑工业化发展的实施意见》（浙政办发〔2016〕111号）和《浙江省关于加快推进住宅全装修工作的指导意见》（浙政办发〔2016〕141号）有关精神要求，积极稳妥加快推进我市住宅全装修。一是科学划定实行住宅全装修的中心城区范围。中心城市中心城区范围南至环城南路（老318国道）、东至三环东路（高速连接线）、北至三环北路、西至杭长桥路。各县中心城区范围由各县划定。二是分类实施住宅全装修。在范围上，中心城区范围内2017年3月1日后出让或划拨国有土地上的新建住宅，全面实行全装修，实现成品交房。中心城区范围外其他区域内的新建住宅，积极鼓励实行全装修和成品交房，实行全装修的比例原则上不低于30%，并逐步提高实行比例。在类型上，按照科学化、个性化的要求有序推进，三层（不含三层）以上多层、小高层、高层住宅全面实行全装修和成品交房，三层（含三层）以下低层住宅积极鼓励实行全装修和成品交房。三是加快制定我市住宅全装修的实施意见。

本意见自公布之日起施行。

湖州市人民政府办公室
关于全面推进民宿规范提升发展
的实施意见

湖政办发〔2017〕40号　（2017年5月4日）

各县区人民政府，市府各部门，市直各单位：

为全面贯彻落实《中共中央、国务院关于深入推进农业供给侧结构性改革加快培育农业农村发展新动能的若干意见》（中发〔2017〕1号）和《浙江省人民政府办公厅关于确定民宿范围和条件的指导意见》（浙政办发〔2016〕150号）文件精神，进一步加强我市民宿业规范化管理，大力发展富有乡村特色的民宿，促进民宿产业转型提升，实现民宿经济持续快速健康发展。经市政府同意，特制定如下意见。

一、总体目标

“十三五”期间，按照加快建设国际生态休闲度假城市的战略部署，深入贯彻五大发展理念和“绿水青山就是金山银山”重要思想，依托湖州独有的自然资源、生态禀赋和区位优势，以民宿经济为载体，将生态经济转化为富民经济，实现经济效益、社会效益、生态效益的统一，推动旅游业供给侧结构性改革，全面推进形成民宿经济持续快速健康发展的现代化体系，打响“乡村旅游第一市”休闲度假旅游目的地品牌。

二、主要任务

紧紧围绕我市“十三五”产业规划布局，以“六个一”工程为抓手，以体系化、标准化、产业化、特色化、品牌化为重点，全面构建推进民宿发展体系。

1．编制一本民宿发展规划。按照全域旅游和“多规融合”发展战略，依据国家、省市涉旅规划和《湖州市旅游发展总体规划（2015～2020）》《湖州市休闲旅游产业发展“十三五”规划》两大总体规划以及《湖州市乡村旅游发展规划》《湖州市乡村旅游集聚示范区产业发展专项规划》原则思路，结合当地资源禀赋和人文历史、自然景观、生态环境等因素，编制《湖州市民宿发展专项规划》，进一步明确全市民宿产业定位、空间布局、品牌特色、公共服务，切实解决当前民宿主题不突出、发展不平衡、同质化明显等问题，逐步形成梯次配置合理、规模集聚适度、特色主题鲜明的民宿发展格局。（责任部门：市旅委、市规划局）

2．制定一套民宿行业标准。结合全市乡村旅游经济发展现状，制定《湖州市乡村旅游条例》和《湖州市民宿标准与服务管理规范》。进一步明确全市民宿单体经营用房、消防安全、治安管理、食品卫生、环境保护、服务规范、民宿文化等标准，指导民宿经济规范有序、形成特色、健康发展。民宿经营规模，原则上单栋房屋客房数量不超过15间、建筑层数不超过4层且总建筑面积不超过800平方米。各县区（含湖州开发区、太湖度假区，下同）根据市场发展需要，结合各自实际，可适当放宽民宿规模界定标准，但应相应提高消防安全技术要求，并报省政府备案。加强对民宿的引导与监管，完善民宿质量与监管制度，开展星级品质评定，规范等级标志使用，实行年度动态管理。加强民宿协会建设，引导民宿经营者通过行业自律和利益联结等方式有序发展，形成政府管理引导下的良性竞争环境。（责任部门：市旅委、市质量技监局、市市场监管局、市环保局、市文广新局、市公安局、市消防支队）

3．培育一批民宿重点样板。围绕全省民宿发展战略布局，以“重个性、慢生活、深体验”为导向，大力实施湖州民宿发展“十百千万”工程，着力培育“十家示范民宿、百家精品民宿（湖州人家）、千家特色民宿、万家社会民宿（农家乐）”。坚持特色化、差异化、品质化，推进全市民宿转型升级。深入挖掘和利用山水林田湖等自然资源和农耕文化、人文历史、传统民俗等人文资源，不断丰富民宿文化内涵。到2020年，全市示范民宿达到10家，精品民宿（湖州人家）达到100家，特色民宿达到1000家，社会民宿（农家乐）达到10000家。（责任部门：市旅委、市农办、市农业局、市林业局、市水利局、市建设局、市规划局、市综合执法局，各县区政府）

4．打造一个民宿特色产业。大力发展民宿产业，以乡村旅游供给侧结构性改革为导向，逐步形成乡村民宿、城市民宿、古镇民宿、渔家民宿、水乡民宿等民宿产业发展体系。以“十大乡村旅游集聚示范区”为主体，培育一批乡村民宿产业发展平台；以风情小镇和特色小镇为主体，培育一批小镇民宿产业发展平台；以中心城区和小城市为主体，培育一批城市民宿产业发展平台；以南太湖和南浔为主体，培育一批渔家民宿和水乡民宿产业发展平台，不断推进民宿产业集聚发展，发挥集聚效应，使民宿产业成为乡村旅游产业中的主体产业。推动民宿产业向纵深发展，培育民宿吃住、购物、服务、营销，不断拉长民宿产业链。到2020年，全市民宿产业实现经济总值达100亿元，民宿接待游客2000万人次。（责任部门：市旅委、市农办、市农业局、市林业局、市水利局、市经信委、市建设局、市规划局、市统计局、市综合执法局）

5．打响一只民宿个性品牌。依托举办第二届国际乡村旅游大会，宣传推广湖州民宿产业发展，打造“乡村旅游第一市”民宿产业个性品牌。依托全市乡村旅游十大集聚示范区和乡村民宿特色示范村，培育形成一批“洋家乐”“上海村”“星球村”“台湾村”“渔家村”“韩国村”“知了村”等民宿发展区域品牌。突出创新发展，突出单体民宿的个性化、品牌化，培育一批“裸心谷”“裸心堡”“郡安里”“莫梵”“老树林”“隐居莫干”“后坞生活”“芳草地”“花间堂”等产品个性品牌。（责任部门：市旅委、市委宣传部，各县区政府）

6．建立一支民宿特色队伍。加强全市乡村民宿发展人才名录库建设，出台乡村民宿人才培养相关扶持政策，举办民宿管理和从业人员专业培训、服务培训、安全培训等各类岗位培训，培育一支涵盖管理和服务的专业化特色化民宿从业人才队伍，不断提高全市乡村民宿专业化管理和特色化服务水平。引导经营户更新管理理念，提升服务技能、安全意识和应急处置能力，为游客提供贴心满意的个性化服务。不断加强民宿产业培训机构建设，打造成为民宿产业的交流平台，加快建设民宿协会和自驾游与旅游车船协会自律组织。（责任部门：市旅委、市农办、湖州师院、湖州职院、湖州国际旅游学院，各县区政府）

三、保障措施

1．强化组织领导。建立市民宿发展领导小组，由市政府主要领导任组长，市政府分管领导任副组长，各县区政府主要负责人以及市旅委、市委宣传部、市农办、市发改委、市财政局、市规划局、市国土资源局、市环保局、市市场监督局、市质量技监局、市经信委、市建设局、市公安局、市农业局、市林业局、市水利局、市金融办、市国税局、市文广新局、市卫计局、市统计局、市安全监管局、市综合执法局、市消防支队等部门负责人为成员，领导小组下设办公室（设在市旅委）。各级政府要将全面推进民宿规范提升发展，作为大力发展乡村休闲旅游产业、带动农民持续增收致富、加快提升美丽乡村建设、促进城乡统筹协调发展的一项基础性工程，进一步提高思想认识，加强组织领导，创新工作思路，提升管理服务。各县区政府作为民宿规范提升发展第一责任主体，要强化责任意识，配备机构和人员，专门负责民宿产业建设经营以及服务管理等工作，全力推进民宿产业发展。各级旅游主管部门要牵头做好民宿发展工作的统筹指导协调，各有关职能部门要认真履行职责，强化指导服务，推动民宿产业的持续健康发展。（责任部门：市民宿发展领导小组成员单位，各县区政府）

2．合力扶持共推。落实税收政策，各级税务部门要积极支持民宿产业发展，切实落实月营业额不超过3万元（含）的免征增值税政策；对年应纳税所得额不超过30万元（含）且符合条件的小型微利企业，其所得减按50%计入应纳税所得额，按20%的税率缴纳企业所得税。加大财政扶持，要继续加大对民宿产业的扶持，制定相对统一、公正透明、科学合理的民宿产业扶持政策。在“美丽乡村专项资金”专项安排相关资金的基础上，市本级两区要在市政府每年拨付的旅游发展专项资金中安排不少于15%的资金用于民宿产业的规范提升发展和市场促销。强化金融服务，金融机构要加快普及民宿产业经营户（点）销售终端（POS机）等设备，提供便捷的结算服务，并降低收费费率。积极探索符合各地实际的民宿住客意外伤害综合险，引导民宿产业集聚村整村投保，提高民宿产业的抗风险能力。提升配套设施，优先支持和指导民宿产业示范村完善垃圾、污水、油烟处理等环保基础设施，健全配套服务体系。对民宿产业集聚区域，优先建设医疗卫生服务中心（卫生室），探索建立县级医院挂钩协助机制和医疗救治、转诊绿色通道，支持建立养生养老乡村民宿常住游客健康档案。完善用地保障，对纳入“十百千万”工程的民宿优先

安排用地。(责任部门：市旅委、市财政局、市农办、市国土资源局、市卫生计生局、市金融办、市规划局、市建设局)

3. 健全制度机制。建立健全市民宿发展领导小组例会制度，专题研究解决全市民宿产业经济发展中的重大问题。各县区对符合相应条件的民宿简化审批手续；对不符合条件的，业务主管部门要当面告知申请人。进一步健全乡村旅游和民宿发展工作考核指标体系，将民宿发展工作纳入年度国际生态休闲度假城市建设目标责任考核；加强民宿产业监测分析，及时准确把握乡村民宿产业运行态势，增强分析的时效性、前瞻性、针对性和指导性。(责任部门：各县区政府，市民宿发展领导小组成员单位)

四、本实施意见自公布之日起施行。

湖州市人民政府办公室
关于印发2017年湖州市“中国制造2025”
试点示范城市建设推进计划的通知

湖政办发〔2017〕50号　（2017年5月23日）

各县区人民政府，市府各部门，市直各单位：

《2017年湖州市“中国制造2025”试点示范城市建设推进计划》已经市政府同意，现印发给你们，请结合实际，认真组织实施。

2017年湖州市“中国制造2025”
试点示范城市建设推进计划

为深入贯彻市第八次党代会和市“两会”精神，全面推进我市“中国制造2025”试点示范城市建设，按照《湖州市建设“中国制造2025”试点示范城市实施方案》(以下简称《实施方案》)，特制定本年度推进计划。

一、指导思想

全面贯彻落实党的十八大和十八届三中、四中、五中、六中全会精神，认真学习贯彻习近平总书记系列重要讲话精神，深入落实美丽中国和制造强国、制造强省战略，聚力赶超、聚焦“两高”，扎实开展“四新”主题实践，以“六重”工作为总抓手，以促进制造业提质增效升级为中心，以绿色制造和智能制造为主线，主攻信息技术、高端装备、生物医药、金属新材、绿色家居、现代纺织、时尚精品七大领域，着力构建新型制造业、区域协同创新、人才培养、政策保障四大体系，深入推进供给侧结构性改革，不断增强制造业核心竞争力和可持续发展能力，为建设绿色制造名城和智能制造强市打下坚实基础，成为践行“两山”重要思想的样板地、模范生，努力走向社会主义生态文明新时代。

二、主要目标

——壮大总量规模。在做强我市制造业的同时，持续保持中高速增长，进一步做大制造业的总量规模。规上工业增加值增长7.5%以上，全部工业增加值超千亿；累计培育“双金”企业14家。

——提升发展质效。不断增强制造业发展质量和效益。规上工业利税增长8%；规上工业增加值率达到18.5%；规上工业全员劳动生产率达到24万元/人·年左右。

——优化产业结构。主攻产业七大重点领域，着力构建新型制造业产业体系。信息经济增加值，战略性新兴产业、高新技术产业、高端装备等产业规上工业增加值增速快于面上。

——加快绿色制造。积极推动制造业绿色制造改造升级，打造6家绿色制造试点示范产业园区，培育100家绿色工厂，建成100个绿色项目，整治“低小散”企业（作坊）1000家以上，腾出10万吨标煤以上的用能空间，力争成为全国绿色制造标准实践基地。

——力推智能制造。开发100项智能产品，实施100项智能制造“机器换人”项目，新建智能工厂20家、数字化车间30个，“两化融合”贯标企业2家、“两化融合”试点示范企业15家，推动5000家企业上云，推进2个省级智能制造试点示范区建设。

——增强创新能力。加快建成国家创新型城市，加快推进湖州科技城建设，积极打造创新的湖州模式。实现规上工业新产品产值增长15%，规上企业R&D经费支出占主营业务收入比重达到1.33%；发明专利授权达到2300件，万人有效发明专利达到20件；新增1家国家级企业技术中心、30家以上省级技术（研发）中心，新建院士专家工作站10家以上。引进领军型创业创新团队及人才150个、重点产业紧缺人才1000人以上，新增国家和省“千人计划”、“万人计划”15名。

——创新体制机制。建立试点示范城市建设的评价、监测、督查、考核等方面的工作推进机制；建立较为完善的产业准入、市场化资源配置、政策激励、技术引进、人才引育等方面的产业发展机制；建立与高校、科研院所、行业协会、工程服务公司、行业领军企业的合作机制，共同探索研究绿色制造标准体系的实现路径。努力形成在全国可推广可借鉴的湖州经验、湖州样板。

三、重点任务

突出我市绿色发展的特色和优势，着力在构建新型制造业体系、区域协同创新体系、人才培养体系、政策保障体系等四大方面，深入推进“中国制造2025”试点示范城市建设。

（一）全力打造新型制造业体系

1．主攻七大重点产业。一是加大项目外引内育力度。深入开展“谋划大产业、招引大项目”活动，编制重点产业招商目录，谋划一批重大工业投资项目，全年力争引进超50亿元项目3个以上，新引进百亿级制造业项目有重大突破。组织实施重点工业项目“十百千计划”，“十百千计划”完成投资550亿元，重点技术改造投资增长15%。不断提高南太湖产业集聚区等各类产业平台集聚化、差异化、特色化发展水平和效益产出，聚力推进万亩大平台建设，高质量推进特色小镇规划建设。二是着力培育发展信息技术、高端装备、生物医药三大新兴产业。以新型电子元器件、地理信息等为重点，促进信息技术产业做大做强；以新能源汽车、物流装备、智能电梯、节能环保装备等为重点，促进高端装备产业做高做新；以生命技术等为重点，促进生物医药等产业做优做深。确保规模以上工业增加值增速快于全省。三是改造提升金属新材、绿色家居、现代纺织和时尚精品四大传统优势产业。实施传统产业“互联网+”“机器人+”“标准化+”，积极实施“三品”战略，不断提升品种开发能力、标准和质量水平、品牌竞争力。强化“互联网+”的带动作用，全面推进技术创新、产品创新、管理创新和商业模式创新。提升标准研制水平，鼓励参与国际、国家、行业和地方标准制修订。（责任单位：市经信委、市发改委、市科技局、市质量技监局）

2．加快推进绿色制造。一是建立健全工作推进体系。以电力、建材、纺织、化纤、金属压延行业为重点，实施100项以上绿色化改造项目，9家燃煤电厂清洁化改造全面完成；以“五水共治”“节水型城市”建设为载体，以化工、印染、造纸、食品等高耗水行业为重点，开展清洁生产和水平衡测试，实施水资源利用高效化改造，完成50家企业清洁生产审核，创建节水型企业10家以上；深化水泥、平板玻璃、锅炉、铅酸蓄电池、电镀、制革、印染、造纸、化工等重点行业、领域整治，升级改造环保设施，确保稳定达标排放。二是构建绿色制造体系。制定湖州市绿色制造体系建设实施方案，构建绿色制造发展评价指标体系和区域绿色制造指数，出台绿色工厂、绿色园区星级评价办法，鼓励行业龙头企业参与制定绿色工厂、绿色产品标准；培育一批绿色制造示范项目，以七大产业的龙头企业为重点，培育绿色工厂100家；在长兴经济技术开发区、湖州经济技术开发区、南浔经济开发区率先启动绿色园区创建，培育绿色园区（工业功能区）6个；在电梯、蓄电池、农机、木地板、金属制品等行业选择一批龙头企业，在绿色供应链方面树立标杆。三是制定绿色制造政策体系。严格项目准入，对八大高能耗行业列入负面清单管理，落实用能“等量置换”或“减量置换”方案，强化节能监察；推进区域能评、区域环评改革，全面实施“区域能评、区域环评+区块能耗、环保标准”，对区域内项目实行分行业分类管理，优化节能审查流程；推进用能配置市场化改革，制定全市用能权有偿使用和交易实施方案。四是加快传统细分行业绿色转型升级。按照每个细分行业“一个方案、一套班子、一个标准、一个政策、一套考核”的“五个一”工作机制，全面推动小毛纺、小木业、砂洗印花、小铸造、小织造、竹业、童装、皮鞋、膨润土等9个“低小散”“四无”“脏乱差”情况相对突出的细分行业改造提升，整治和淘汰“低小散”企业（作坊）1000家以上；深化涉水涉气重点污染行业、区域块状行业和重点工业园区整治提升，完成100家以上金属表面处理企业行业规范整治，市级以上重点工业园区按规定建成污水集中处理设施。力争全年处置“僵尸企业”40家。（责任单位：市经信委、市发改委、市环保局、市质量技监局）

3．大力发展智能制造。一是开展智能产品创新行动。围绕智能电梯、农业机械、智能物流等重点领域，创新升级智能装备产品；加快研制智能立体搬运机器人、高精度伺服电机、地理信息装备等智能化新产品新装备，力争全年开发智能产品100项。二是开展智能车间示范行动。组织医药、冶金、纺织等流程制造行业，加快建设一批“智能工厂”；推进物流装备、汽车零部件、电梯等离散制造业，加快建设一批“数字化车间”；推进危险化学品、农药等危化行业企业，加快智能监测管理体系建设。全年组织实施智能制造“机器换人”项目100项，推进建设智能工厂20家、数字化车间30个。三是开展智能管理提升行动。积极推进“两化融合”对标贯标，试行首席信息官制度；推进企业引入和集成SCM、CRM、MES、PLM、ERP等智能管理系统，实现设计研发、内部管理、生产过程、品牌营销等环节的信息技术应用；围绕产品研发创新、生产监测与预警、设备故障诊断与维护、供应链优化管理等方面的集成应用，鼓励企业应用大数据技术。全年新增“两化融合”贯标企业2家、示范企业15家、示范项目60个。四是开展智能服务培育行动。加大“织里产业带”“织里童装批发商圈”“童购网”等平台建设力度，加快创建全国童装产业大数据中心；依托安吉椅业、南浔木地板等产业集群，创建“众创”“众设”平台；加快电子商务示范城市建设，引进和培育一批提供方案设计、装备开发、检测认证的专业服务机构和系统集成企业。力争全年推动5000家企业上云。五是开展智慧园区改造行动。重点推进南浔智能电梯小镇、吴兴现代物流装备、德清生物医药、安吉椅业、长兴新能源小镇、湖州开发区新能源汽车小镇等特色产业园、特色小镇建设，积极培育智能制造示范基地；推进织里童装、长兴新型电池、安吉椅业、南浔木地板、德清装备制造、吴兴金属新材等产业集群，加快云计算、云服务等新型生产方式在产业集群的应用；大力推进长兴、吴兴、德清等两化融合示范区建设，积极打造公共服务平台。（责任单位：市经信委、市发改委、市科技局、市商务局）

4. 培育壮大企业梯队。一是加快发展大企业。制定新一轮“三名”和“金象金牛”大企业三年培育计划，完善企业准入标准，创新培育举措，加强政策引导；充分发挥多层次资本市场作用，推动“三名”“双金”企业加快股份制改造和上市挂牌，引导上市公司加快并购重组和再融资，积极引入股权投资战略合作伙伴，实现资源整合和转型升级，打造产业龙头，力争省“三名”培育试点企业达到10家，培育“双金”企业14家。二是着力培育“双高”企业。完善“双高”培育企业服务机制，着力构建科技企业“微成长、小升高、高壮大”的梯次培育机制，实施分类指导、研究对策、开展服务，全年培育“双高”企业100家。三是促进小微企业发展。实施小微企业三年成长计划，引导中小微企业“专业化、精品化、特色化、创新型”发展，全年培育省“隐形冠军”企业2~3家、市“隐形冠军”企业10家左右，全年培育“小升规”企业135家。（责任单位：市经信委、市金融办、市科技局、市市场监管局）

（二）加快构建区域协同创新体系

5. 强化企业创新主体。一是实施创新标杆企业培育工程。围绕传统产业转型升级和新兴产业培育发展，力争培育上市和挂牌企业35家，新认定国家重点扶持高新技术企业72家以上，新认定省科技型企业290家以上。二是加速企业研发机构培育。鼓励企业联合高校、科研院所、央企等共建博士后工作站、院士工作站等研发机构，实施产业链关键技术难题攻关，开发具有市场竞争力的新产品。力争全年新认定1家国家级企业技术中心、5家省级企业技术中心、30家省级研发机构，认定和培育市级企业技术中心100家。（责任单位：市科技局、市经信委、市科协）

6. 加快创新载体建设。一是全力推进湖州科技城建设。紧紧围绕高、新、强、特、优的总体要求，全力建好科创平台、配套载体、基础设施，全力引进科研机构、科技产业、高端人才、众创项目，全力强化用地、政策、资金、机制保障，全面提升南太湖科创中心科技成果产业化水平。二是加快建设区域制造业创新中心。依托南太湖科技中心和微宏动力、超威、天能等动力电池龙头企业，积极组建新型动力电池创新中心；依托南太湖科创中心生物医药领域的科研院所、德清县生物医药产业基地，组建生物医药创新中心。三是引进共建和培育创新载体。积极探索湖州国际科技合作综合服务平台建设，加大国际科技合作项目招商力度；加快推进围绕南浔区智能电梯、德清县地理信息、安吉县现代椅业、吴兴区现代物流装备等行业发展，由企业牵头组建产学研用创新联盟。力争全年新建创新载体15家以上。（责任单位：市科技局、市经信委、湖州开发区管委会、市科协）

7. 打造创新服务平台。一是搭建“研发服务平台”。在莫干山国家高新区、湖州省级高新技术产业园区、湖州省级现代物流装备高新园区集中建设一批公共技术平台，加快推动湖州科技城建设，力争全年推广创新券3000万元以上应用于服务平台。二是搭建“科技合作平台”。努力打通科技成果转化“最后一公里”的瓶颈，举办湖州市第八届政产学研合作大会暨第二届军民融合促进大会、科技接轨上海系列活动，推进德清科技成果转化实验区建设，全年实施100项科技成果转化和产业化项目。三是搭建“创业孵化平台”。加快推进吴兴区北航投星空众创空间、长兴县集合智造4.0众创空间、安吉县的“两山”创客小镇二期的建设。力争新认定市级以上众创空间5家。四是搭建“中介服务平台”。加快引进培育中试孵化、技术转移、成果转化、知识产权、风险投资、技术评估等各类科技中介服务机构，以县区为重点，培育一批重点科技中介服务机构。五是搭建“科技金融平台”。加快推进湖州科技金融服务平台、吴兴创业融资服务平台、德清科技金融服务中心建设与运行。力争全年支持科技保险企业30家以上，专利权质押融资总额达4.5亿元。（责任单位：市科技局、市经信委、市科协）

（三）着力健全人才引育体系

8. 打造高层次科技领军人才队伍。一是实施“南太湖精英计划”。编制重点产业领军人才地图，组织开展南太湖精英峰会，赴北美、欧洲等地驻点招才引智。全年新引进领军型创业创新团队和人才150个左右，新建院士专家工作站10家以上。二是实施“南太湖高层次人才特殊支持计划”。制定出台“南太湖高层次人才特殊支持计划”，有重点地遴选支持一批自然科学、工程技术等领域的本土高层次人才，形成与“南太湖精英计划”相衔接的高层次人才队伍建设体系。全年新增国家、省“千人计划”、“万人计划”15名以上。（责任单位：市委人才办、市经信委、市科技局、市人力社保局、市商务局、市科协）

9．壮大高素质创新型专业人才队伍。一是深化“9360”联盟。深入开展“9360”急需紧缺人才引进战略合作联盟建设，引进重点产业急需紧缺人才1000名以上，其中制造业人才800名以上。二是实施“湖州籍人才归雁计划”。制定实施“湖州籍人才归雁计划”，支持湖州籍人才向我市重点产业集聚，全年引进湖州籍急需紧缺人才达到400名左右，其中制造业人才300名左右。三是实施“1112”人才工程。进一步优化完善“1112”人才工程，全年新选拔“1112”人才工程学术技术带头人培养人选和后备人选150名左右，其中制造业人选80名左右，入选省“151”人才3人以上。（责任单位：市委人才办、市人力社保局、市经信委）

10．建设高水平经营管理人才队伍。一是推进“三个一批”企业家建设工程。以“双金”“双高”企业培育为重点，以提升企业家素质为目的，分行业举办信息化建设、智能制造、工商管理等专题培训班，全年培训企业经营管理人才1.35万人次以上。二是推进“311”领航计划。深化新生代企业家培养“311”领航计划，完善导师结对、挂职锻炼、教育培训、联谊交流等培育机制。继续与高校合办湖州市新生代企业家研习班，实行开放办班、联合活动；组织新老传承活动；办好新生代企业家创新创业论坛，着力培养我市明日之星企业家。（责任单位：市委人才办、市人力社保局、市经信委、市委统战部、市工商联）

11．造就高素质技术技能人才队伍。一是加大制造业技能人才培养力度。支持湖州工程技师学院（筹）等创建国家级产教融合基地；指导市职技院校围绕七大重点产业发展，全年培养各类制造业技能人才6000人左右，推动职技院校学生留湖发展。二是加大企业内部培训力度。深化企业技能人才自主评价和直接认定工作，积极发动制造业企业做好企业技能人才自主评价试点工作，力争完成100家以上。三是推进企业技能大师工作室建设。贯彻实施全省“千企千师”培养行动计划，鼓励技术含量较高的规模以上企业、重点行业，选择“省首席技师”“南太湖新技师”获得者以及掌握传统技能、民间绝技的高技能人才，建成制造业企业技能大师工作室5家以上。四是激发高技能人才服务地方活力。加大高技能人才建设项目和人员培训资金支持力度，对市级高技能人才培训基地、技能大师工作室和高级工、技师给予政策扶持。（责任单位：市委人才办、市人力社保局、市经信委、市教育局、湖州师院、湖州职院）

（四）健全完善配套政策体系

12．完善绿色金融服务体系。一是强化绿色金融供给保障。绿色制造领域信贷投入增量不低于上年水平，增幅高于各项贷款平均增幅；绿色债券融资实现新发展，争取绿色金融专项债有突破。二是健全绿色金融经营机制。推动农信法人机构绿色金融事业部（支行）和全市银行机构的绿色信贷流程再造实现全覆盖。三是创新绿色金融服务领域。以“绿色项目储备库”为重点，加强绿色企业项目融资对接，争取年内绿色信贷余额占比达到15%。四是大力推进直接融资。积极引导绿色企业上市融资和绿色债券融资，指导金融机构做好债券发行配套服务。（责任单位：市金融办、市人行、市银监局、市发改委）

13．加大财政政策支持力度。一是强化财政支持。在目前工发资金的基础上，参考借鉴宁波市的经验和做法，进一步加大财政支持力度，支持试点示范城市建设。二是创新扶持方式。设立“中国制造2025”试点示范城市政府性产业发展基金，围绕重点产业、绿色制造、智能制造，全力支持试点示范城市建设工作。三是加大政策性融资担保体系建设力度。加快市本级政策性融资担保公司组建，完善运行机制，强化银行担保合作，2017年全面运行市级政策性融资担保公司。推动三县加快政策性融资担保公司组建工作，力争年底前启动运行。（责任单位：市财政局、市经信委、市金融办、市产业集团）

14．创新土地供应利用方式。一是建立节约集约利用土地新机制。健全亩产效益综合评价排序机制，根据《湖州市区域建设用地集约利用综合评价考核办法》，对各县区开展评价工作；深化低效用地市场退出机制，深入开展低效用地再开发，全年计划完成3500亩；继续推行工业用地弹性年期出让机制。二是实行差异化地价政策。优先保障战略性新兴产业和绿色制造、智能制造等重大项目用地，并按工业用地最低限价确定为出让起始价；关注产业用地新需求，优化土地供应结构，促进产业结构和土地利用结构双调整双优化。（责任单位：市国土资源局、市发改委、市经信委）

15．深化体制机制改革。一是加快推动相关立法。积极协调市人大常委会出台关于推进“中国制造2025”试点示范城市建设的决定，进一步凝聚发展共识与合力，举全市之力推进“中国制造2025”试点示范城市建设。二是深入推进供给侧结构性改革。健全企业综合绩效评价机制，扩大综合评价范围，强化资源差别化配置，2017年底实现五亩以上企业综合绩效评价全覆盖。认真贯彻落实国家和省各项减负政策，落实《湖州市降低企业成本减轻企业负担三十六条》《湖州市进一步减轻企业负担降低企业成本政策十八条》等减负政策要求，全年减轻企业各类成本负担50亿元。三是加快行政审批制度改革。以“最多跑一次”为理念和目标，进一步深化企业投资项目审批、商事登记等“一窗受理、集成服务”改革，简化优化审批服务流程，建立健全绿色通道、容缺受理、多图联审、多评合一、证照联办、全程代理、统一收费、邮寄送达等高效审批制度。（责任单位：市政府办、市发改委、市经信委、市行政服务中心）

四、保障措施

（一）加强组织领导。一是建立领导机构。成立市“中国制造2025”试点示范城市建设工作领导小组，由市委书记陈伟俊，市委副书记、市长钱三雄任组长，市委常委、统战部部长崔凤军，市人大常委会副主任董立新，市政府副市长李上葵，市政协副主席李建平任副组长，有关部门主要领导为成员。领导小组下设办公室，办公室设在市经信委，市政府副市长李上葵兼任办公室主任，市政府副秘书长丁芳芳、市经信委主任熊全龙兼任办公室常务副主任。二是配强工作力量。“中国制造2025”试点示范城市建设工作领导小组办公室实行实体化运行，与市经信委合署办公。落实工作经费保障，全力推进“中国制造2025”试点示范城市建设工作。三是明确部门职责。明确领导小组各成员单位和县区工作任务清单，按照工作分工，切实履行好各自工作职责，并加强各成员单位间的协调配合。（责任单位：市委办、市政府办、市经信委、市财政局）

（二）强化智力支撑。一是成立湖州制造业发展战略咨询委员会和重点产业专家指导组。依托中国工程院建立制造业发展战略咨询委员会，对试点示范城市建设的整体推进，包括目标路径、标准体系、考核评估、体制机制等进行顶层设计。同时，下设7个专家指导组，按照“一个产业、一个院士、一个团队、一个政策”的思路，依托高校、科研院所、行业协会、行业领军企业，分产业成立专家指导组，为战略性新兴产业培育发展和传统产业绿色化改造指明技术路径，提供技术服务。二是组建湖州市绿色智能制造研究院。依托浙江工业大学，联合中国工程院、中国国际工程咨询公司、工信部赛迪研究院、湖州师院和国内高校院所的力量，组建湖州市绿色智能制造研究院。主要承担研究构建绿色制造、智能制造体系的对策建议；探索研究绿色标准体系的实现路径；开展试点城市创建成效年度评估工作；对接国家政策资源等任务。三是加强地校合作。依托北京、上海、杭州、南京等城市的人才资源，与清华大学、浙江大学、浙江工业大学、华东理工大学、同济大学、南京大学等知名院校在信息产业、新能源汽车、生物医药等不同领域合力推进，全面促进绿色智能制造发展，探索形成制造业发展的“湖州模式”。四是加强第三方支撑。加快推进与第三方支撑机构的合作，充分发挥第三方在技术、资金等方面的支撑作用。探索与华为、阿里巴巴合作，依托网络企业云平台实现政府和企业信息化的转型升级；探索与海尔、海康威视、平安银行等企业合作，推进绿色制造、智能制造发展，加强金融支撑。（责任单位：市经信委、市委办、市政府办、市委人才办、市编委办、市发改委、市财政局、市科技局、市科协、湖州师院）

（三）狠抓“六重”推进。一是推进重点工程和重点产业发展。着力形成“1+2+7”制造业发展推进体系，“1”就是《湖州市建设“中国制造2025”试点示范城市实施方案》，“2”就是绿色制造和智能制造两大工程，“7”就是信息技术、高端装备、生物医药、金属新材、绿色家居、现代纺织、时尚精品七大重点产业三年推进计划。二是推进重大平台和重大项目建设。建设循环经济产业园、现代物流装备产业园、地理信息产业园等一大批绿色经济产业园，打造丝绸小镇、美妆小镇、新能源汽车小镇等特色平台。编制三年试点示范城市建设项目清单，每年围绕“机器换人”、“两化融合”和智能产品，实施百项智能制造项目；围绕企业清洁生产、节能节水、循环经济、资源综合利用等方面，实施百项绿色制造项目。三是推进重大政策和重点要素保障。聚焦“中国制造2025”试点示范城市保障政策，制定出台“中国制造2025”试点示范城市建设若干政策意见和金融支持制造业发展政策意见，设立政府性产业发展基金。提高工业建设用地比例，优先保障制造业重大产业、重大平台项目用地需求。全面开展区域能评改革，在确保完成能源“双控”目标任务的前提下，以县区为单位，形成“能源‘双控’+分类管理+能效标准”的节能评价工作机制。出台新排污权有偿使用和交易管理办法并配套出台实施细则，全面启动新一轮排污权有偿使用工作。从源头上把好项目准入关，对不符合国家环保要求和产业政策的项目坚决实行生态环保“一票否决制”。（责任单位：市发改委、市经信委、市科技局、市财政局、市金融办、市国土资源局、市环保局）

（四）创新推进机制。一是建立目标分解落实机制。按照《湖州市建设“中国制造2025”试点示范城市实施方案》，抓好各项目标任务的分解落实；制定重点部门任务清单和试点示范城市建设作战图，把握时间、进度、成效三个环节，每季通报目标任务的完成情况。二是建立评价考核激励机制。制定“中国制造2025”试点示范城市建设评价和考核办法，定期开展对市有关部门和各县区“中国制造2025”工作推进情况的专项督查，每年开展评估和考核，考核结果纳入到市委对市有关部门和各县区的年度考核中。三是建立统计监测分析体系。根据推进试点示范城市建设以及工信部有关推进工作的要求，建立统计分析体系，加强日常监测，定期完成产业分析报告。（责任单位：市经信委、市委办、市政府办、市统计局）

（五）大力营造氛围。一是制定宣传推进方案。大力宣传习总书记“两山”重要思想、绿色发展、创新发展和生态文明建设在湖州的实践；宣传绿色发展、智能制造在各县区、各行业的先进典型；宣传解读实施方案重点内容；宣传各县区、各部门工作推进情况。二是召开相关会议。召开推进“中国制造2025”试点示范城市建设动员大会，并定期组织召开“中国制造2025”试点示范城市建设现场会。三是建立培训体系。邀请工信部领导、省政府领导、中国工程院院士、专家学者、知名企业家来我市进行宣讲，对“中国制造2025”相关内容进行解读和分析；组织学习《实施方案》，加深部门、干部、企业对实施“中国制造2025”战略的理解认识，帮助我市干部进一步提高专业化水平。（责任单位：市委宣传部、市委组织部、市委党校、市经信委）

湖州市人民政府办公室关于加快开发区转型升级创新发展的实施意见

湖政办发〔2017〕69号　（2017年8月17日）

各县区人民政府，市府各部门，市直各单位：

为进一步贯彻落实《国务院办公厅关于促进国家级经济技术开发区转型升级创新发展的若干意见》（国办发〔2014〕54号）和《国务院办公厅关于促进开发区改革和创新发展的若干意见》（国办发〔2017〕7号）精神，推动实施我市“六重”工作的决策部署，加快开发区转型升级创新发展，全面提升发展质量和水平，经市政府同意，现就加快开发区转型升级创新发展提出如下实施意见：

一、总体要求

以五大发展理念引领赶超发展，加大创新驱动工作力度，加快做大总量提升发展质量，加快结构调整提升产业发展层次，加快对内对外经济技术合作提升开放发展水平，紧密结合“中国制造2025”试点示范城市和国家生态文明先行示范区建设要求，把开发区打造成为我市创新发展的先行区、转型升级的样板区、开放合作的主导区、绿色发展的示范区和“中国制造2025”试点示范城市建设的主阵地、主平台，进一步提高开发区对全市经济的贡献度，为我市加快赶超、实现“两高”贡献积极力量。

二、发展目标

到2020年，全市开发区经济规模稳步壮大、培大育强全面推进、转型升级全面加速、创新驱动全面提速、产城融合形象凸显，集聚集约发展的水平进一步提高，为我市经济增长提供重要支撑。

（一）经济规模稳步壮大。规上工业增加值年均增长10%；地方财政收入年均增长8.5%；到2020年进出口总额达到51亿美元以上；累计利用外资35亿美元以上。

（二）培大育强全面推进。累计引进总投资50亿元以上大项目15个，其中100亿元以上项目5个；年销售收入超30亿元大企业累计达到20家以上，其中超100亿企业累计达到5家以上；新增上市、挂牌企业25家以上。

（三）转型升级全面加速。高新技术企业产值年均增长11%；累计新增拥有省级及以上名牌产品或驰名（著名）商标企业40家。

（四）创新驱动全面提速。到2020年规模以上工业企业研究与试验发展（R&D）经费支出占主营业务收入比重比全市面上高0.5个百分点，年新增发明专利授权量达到800件以上；累计新增“国千”“省千”人才50名以上、“南太湖精英计划”团队170个以上；积极引进世界500强研发中心等高端研发机构。

（五）争先进位不断突破。新创建国家级开发区1个；省级以上国际产业园区累计达到5个以上。

（六）产城融合形象凸显。开发区进一步由工业园区向工业、商业、文化等复合功能的现代化新城转变，以产促城、以城带产、产城协同效应凸显，二、三产业协调发展。

三、主要任务

全市开发区要紧紧围绕创新发展、产业转型升级、开放合作发展、绿色集约发展四个方面，主要做好以下工作：

（一）促进创新发展

1. 积极打造创新创业平台。各开发区要围绕科技发展趋势和自身主导产业发展态势，积极打造创新创业平台。湖州开发区要以“科技芯”“智汇谷”“梦工厂”和“高铁城”为内容，积极建设湖州科技城，加快建设南太湖科创中心、智慧电动汽车产业园、生物医药园等产业发展平台；长兴开发区要加快建设太湖资本广场、国家大学科技园；吴兴开发区要加快建设美妆产业园、电子信息产业园；南浔开发区要加快建设智能电梯产业园；安吉开发区要加快建设高新技术产业园。要紧抓“互联网+”发展机遇，加快中科院湖州产业化创新中心、吴兴众创空间、南浔科创园、长兴“星创客”、安吉“两山”创客小镇等创新平台建设。积极支持企业加大研发投入，设立研发中心，引入区域性研发总部，提升企业创新能力。强化科技创新检测服务平台建设，切实发挥长兴电池检测中心、织里童装技术创新服务平台、南浔木地板技术创新服务平台、国家电梯产品质量检验中心南浔基地等重点行业服务平台作用，进一步完善平台功能，提升服务水平。到2020年末，全市开发区规模以上高新技术产业工业增加值占开发区规上工业增加值的比重达到50%以上。

2. 推动金融创新。各开发区要积极建设投融资服务平台，鼓励更多社会资本以PPP模式参与开发区各项建设。积极引进社会资本开展融资租赁、风险投资基金等新金融业态。发挥社会资本的招商作用，通过“基金+项目+园区”的模式，推动优质项目的引进。发挥政府产业引导基金、创业投资基金等财政资金的引导和橇动作用，推动各类社会资本为项目落地、企业培育产品和开拓市场提供资金支持。到2020年末，各开发区的直接融资比重达到70%以上。

3. 加快人才聚集。各开发区要深入实施“南太湖精英计划”，进一步加大“国千”“省千”人才引进力度，力争2020年末全市开发区“国千”“省千”人才存量占全市50%以上。各开发区要加强与国内外大专院校、科研机构的深度合作，积极创建国家级、省级留学人员创业园和国家级科技企业孵化器、省级“千人计划”产业园。逐步建立完善科技计划体系、科研人员评价制度，有序推进科技成果使用处置和收益管理改革，提高科研人员成果转化收益分享比例。

4. 推进体制机制创新。市级各部门、各县区政府要积极推进审批制度改革，进一步下放行政审批权限，逐步实现开发区审批不出区。各开发区要创新管理体制，整合区域资源，对区内专业性功能区块实行“一区多园、一区多能”的管理模式，发挥最大协同效应。积极倡导社会招商、以商引商、以才引商和产业链招商等多种招商模式，推进招商模式市场化，完善统一的招商协调机制，形成全市招商引资“一盘棋”格局。进一步推进涉企服务市场化改革，提升社会化服务水平。

（二）推进产业转型升级

1. 推进特色发展。各开发区要坚持“4+3+N”产业体系发展不动摇，并根据资源禀赋、产业基础、产业定位，走特色化、专业化、精细化发展道路，打造特色产业集群。湖州开发区要壮大新能源汽车、生物医药、信息技术等产业；长兴开发区要壮大新能源及汽车关键零部件、高端装备和生物医药等产业；吴兴开发区要壮大高端装备制造、时尚产业、特种新材料和电子信息等产业；南浔开发区要壮大智能电梯、智能电机和绿色家居等产业；安吉开发区要壮大通用航空、信息经济、绿色家居等产业。到2020年末，每个省级以上开发区前三大主导产业产值占比达到70%以上，力争培育出若干个在全国乃至全球具有影响力的产业集群。

2. 突出领军企业发展。各开发区要以微宏、芯启源、特瑞斯、诺力、康迪、巨人通力、百成、珀莱雅、恒林等重点骨干企业发展为核心，支持企业开展多种形式的并购重组，促进企业技术创新，健全产业链，加快培育壮大一批主业突出、核心竞争力强的领军企业，争取到2020年末，培育出若干个具有全国和全球竞争力的企业。

3. 狠抓大项目招引。各开发区要实施大项目带动战略，着力招引一批投入大、辐射带动力强、产出效益高的重大项目，以大项目推动开发区产业转型发展。进一步加快现有重大项目推进，集中抓好新能源汽车整车制造基地、纯电动区域物流车整车制造基地、中国化妆品长三角生产基地、智能电梯电机制造基地等一批事关开发区长远发展的大项目。要进一步加大基础设施建设，着力提升平台承载力，构建招商引资大平台。到2020年末，力争每个省级以上开发区引进一个以上总投资超100亿的大项目。

（三）促进开放合作发展

1. 完善贸易功能。落实国家和省有关推进贸易便利化政策措施，加强“贸、关、检”合作，逐步建立保税仓库、保税物流中心，争取建设湖州综合保税区，促进通关一体化。全力推进湖州市跨境电商产业园、安吉上港跨境电商产业园、长兴普泰跨境电商产业园等园区建设，促进跨境电商产业发展。发挥内河航运优势，大力发展江河海联运，建设好国家内河水运转型发展示范区，加快建设南太湖铁公水综合物流园、长兴综合物流园、安吉上港物流园、吴兴汉唐综合物流园等货运枢纽。提升物流园区贸易功能，促进开发区向集制造基地、贸易销售、交易分销结算、物流配送等为一体的多功能区方向转变。

2. 推进国际产业园建设。在全市开发区创建一批国际产业园，提升开发区国际合作水平和核心竞争力。湖州开发区要加强与美国、圣马力诺等国家的合作，加快建设以新能源汽车、生物医药、高端金融服务为主的国际产业园；长兴开发区要加强与德国等国家的合作，加快建设以新能源汽车及关键零部件、机械装备制造为主的产业园；吴兴开发区要加强与韩国等国家的合作，加快建设以化妆品开发生产为主的产业园；南浔开发区要加强与欧洲国家的合作，加快建设以高端电梯电机为主的产业园；安吉开发区要加强与澳门和葡语系国家的合作，加快建设以健康休闲、高端装备制造为主的产业园。到2020年末，确保每个省级以上开发区建成1个合作良好、运行顺畅的省级以上国际产业园。

3. 促进区域合作。各开发区要积极参与长江经济带建设，主动融入上海、杭州两大都市圈，着力推进湖州与上海、杭州的园区合作共建，加强与北京、上海、广州、深圳、杭州在科技、人才、资本、产业等方面的合作，力争在各开发区中打造1-2家合作共建园区。加强与长江中上游城市的战略合作，推动产业梯度转移，构建贸易物流通道。

4．扩大外贸总量提升发展质量。各开发区要大力推进现代纺织、金属材料、绿色家居等传统优势产业海外拓市力度，进一步拓展国际市场空间。全力推进新能源汽车、生物医药、时尚产业、节能环保等新兴产业参与国际市场竞争，加快形成以渠道、品牌、技术、质量、服务为核心的出口竞争新优势。积极扩大机电和高新技术产品出口，各开发区机电和高新技术产品出口比重增速每年要高于全市面上0.5个百分点。2020年末，全市开发区服务贸易占开发区对外贸易的比重达到15%以上。要积极支持企业扩大先进技术、关键设备和零部件进口，引导企业通过引进国外先进技术推动现有产业转型升级。

5．积极引导企业“走出去”。各开发区要鼓励引导企业抱团进驻国家级、省级境外经贸合作区，推动优势产业剩余产能向境外转移。大力推动企业主动参与全球研发分工，鼓励企业并购、合资、参股国际研发企业或设立海外研发中心，不断提升企业自主创新能力。各开发区要积极引导出口额5000万美元以上和省级出口名牌企业，建立自主的国际营销网络。

（四）坚持绿色集约发展

1．坚持绿色发展。各开发区要严把项目环境准入关，增强环境监测监控能力，大力发展循环经济和环保产业，支持企业开展ISO14000认证，推动建立绿色、低碳、循环发展的产业体系。积极创建国家生态工业示范园区、国家循环化改造示范试点园区、国家低碳工业园区等绿色园区，力争有2~3家开发区进入国家绿色园区行列。

2．强化土地节约集约利用。各开发区要严格土地利用规划管控和用途管控，落实建设用地总量和强度“双控”行动，建立健全节约集约用地制度。鼓励对现有工业用地追加投资、转型改造，提高土地利用强度。鼓励中小企业与园区大企业配套，引导中小微企业向标准厂房集中，提高厂房的使用效率，实现集群化发展。总结和推广湖州开发区“四破”经验，加大对落后产能和“低小散”企业的淘汰力度，推进各开发区“三去一降一补”。

3．促进产城融合。各开发区要以“产城融合”发展理念为引领，进一步加强开发区在商业、教育、医疗、文化、娱乐等社会服务领域的建设。加快美妆小镇、智能电梯小镇、智能电动汽车小镇、新能源小镇、天使小镇等一批特色小镇建设，推动产业融合发展。

四、组织保障

（一）加强组织领导。市级各有关部门要各司其职，密切配合，强化指导，狠抓落实，形成支持开发区转型升级的合力。各县区政府要加强领导，落实促进开发区转型发展的各项扶持政策，主动承担推动开发区转型升级的重任。

（二）注重规划引领。各开发区要完善规划体系，科学制定开发区经济社会发展规划、产业发展规划等，严格依据土地利用总体规划和城市总体规划开发建设，坚持科学、高效、有序开发，保持规划的科学性、完整性、连续性。

（三）强化统计考核。市政府每年组织实施对全市开发区的综合评价考核，并将考核结果纳入市对县区综合考核。各县区也要加大对开发区转型升级创新发展的考核力度。各开发区要按照《国务院办公厅关于完善国家级经济技术开发区考核制度促进创新驱动发展的指导意见》（国办发〔2016〕14号）和《浙江省开发区综合考评办法（2014修订）》（浙商务发〔2014〕175号）有关要求，加强统计工作。

湖州市人民政府办公室关于推进文化设施整合利用的实施意见

湖政办发〔2017〕90号　（2017年10月27日）

各县区人民政府，市府各部门，市直各单位：

为贯彻落实《中华人民共和国公共文化服务保障法》和《中共湖州市委办公室湖州市人民政府办公室印发关于加快构建现代公共文化服务体系实施意见的通知》（湖委办发〔2016〕45号）等法律和文件精神，推进全市各级各类文化设施整合利用，加快构建现代公共文化服务体系，结合我市实际，经市政府同意，提出如下实施意见。

一、总体要求

（一）主要目标

深化文化供给侧结构性改革，通过建设综合性文化网络平台，创新管理运行机制，推进各级各类文化设施资源整合、高效利用，充分发挥弘扬文化、教化人心、记录历史、推动发展的重要作用，不断完善公共文化服务体系，更好地保障人民群众基本文化权益，为加快赶超、实现“两高”提供文化支撑。

（二）基本原则

——政府主导，社会参与。在政府统筹、文化部门牵头、部门协作的前提下，加强各类文化设施的整合利用，引导、鼓励、支持社会力量参与建设、管理和运行。

——统筹管理，创新机制。在保持各类文化设施原有隶属关系不变的前提下，逐步形成全市文化设施统筹管理体系，创新建立统一管理平台、统一服务规范、统一绩效评价、统一奖励补助的运行机制。

——以点带面，分步推进。建设数字化、一站式、综合性文化服务平台，先期纳入文广新系统各类文化场馆，随后分步推进各类文化设施整合利用。

——政策引导，多措并举。切实加强各类文化设施管理，不断优化运行和服务，全面实施绩效考评，确保文化设施健康运行、高效利用。

二、主要任务

（一）建设网络平台，分类分步整合。实施“互联网＋公共文化服务”，建设综合性文化网络平台“湖上云”。整合各类文化设施及其产品、活动、服务等资源，建成公共文化服务门户和数据中心。以“湖上云”平台为依托，精准对接群众文化需求，实现服务项目、内容和用户的高度聚合、优化集成，方便群众参与，激发设施活力，带动社会参与，推进全市基本公共文化服务均等化。2017年底前，将市文广新系统的文化场馆纳入平台试运行；2018年开始，逐步将其他各类公共文化设施纳入平台，鼓励民办文化场馆积极参与、主动纳入。

（二）丰富活动内容，深化分合联动。各类文化设施要根据自身类别和特色，积极开展全民阅读、全民普法、全民健身、全民科普、全民艺术普及和优秀传统文化传承等活动。要围绕各种节日、纪念日，联合策划主题活动，精心组织学生等各类人群参与，定期推出服务计划和主题活动，不断丰富活动数量，提高活动质量，真正实现文化设施之间有分有合、协调联动。各级各部门可采取出租场地、联办活动等方式，借力社会组织，引入社会资本，创新社会服务模式。

（三）实施联盟行动，完善内部管理。各类文化设施要结合自身行业特点，组建以国有公共文化场馆设施为龙头、其他同类场馆和民办场馆共同参与的场馆联盟，推动各场馆之间紧密联系、互通信息、统筹活动、共享资源。各类文化设施在线上加入网络平台、线下加入场馆联盟、相互之间协调联动的同时，要围绕中心、服务大局，不断优化硬件设施，强化现代技术手段的运用，完善内部管理，健全制度规范，加强人才队伍建设，充分发挥设施的功能。

（四）优化服务供给，提升服务水平。各类文化设施要着力开展与设施功能、特点相适应的服务，形成以效能为导向的公共文化服务模式。要严格遵循法定要求，明确各类文化设施的开闭馆时间和基本服务项目，并向公众公示。鼓励有条件的文化设施探索社会化、品牌化管理运行，推动建立立体型、全覆盖的文化设施网络，促进公共文化产品生产和服务提供的社会化、专业化和多元化。发挥“文化走亲”等特色品牌优势，推动文艺精品创作和文化产品开发，充分运用“互联网＋”，提供菜单式服务。

（五）落实鼓励政策，科学考核评估。由市文广新局会同市财政局研究制定文化设施绩效考核办法，采用线上、线下相结合的考核评估模式，对各类文化设施的利用情况作出科学评估。根据考评结果，对各类文化设施定位、规划、发展、活动提出意见建议，并实施奖励补助，激励各类文化设施持续优化与提升，推动文化设施整合利用工作向纵深发展。

三、保障措施

（一）加强组织领导。文化设施整合利用是一项系统工程，涉及不同部门、不同层级、不同系统、不同体制，需要强化支持配合，形成工作合力。建立市推进文化设施整合利用领导小组，分管副市长担任组长，相关部门及公共文化设施管理部门为成员单位，负责组织领导和统筹协调。

（二）落实经费保障。各级政府要根据公共文化服务的事权和支出责任，将文化设施整合利用所需经费纳入本级预算。为落实财政保障与绩效挂钩的要求，充分调动相关部门、各类场馆、社会组织等各方面的积极性，建立健全长效机制，各级财政整合并安排专项经费，用于网络平台建设、运营维护、场馆奖励补助等。

（三）强化宣传引导。建立信息发布机制，各类媒体要发挥在宣传推广和信息发布中的优势，扩大信息覆盖面。要在具体运行过程中，提炼总结工作经验，优化信息传播方式，及时发布相关资讯，积极推介重点项目，切实发挥示范作用，提高社会各界的知晓度、认同度、支持度和参与度。

四、本意见自公布之日起施行。

湖州市人民政府办公室
关于进一步扶持众创空间发展的十条意见

湖政办发〔2017〕92号　（2017年11月13日）

各县区人民政府，市府各部门，市直各单位：

为进一步贯彻《国务院办公厅关于发展众创空间推进大众创新创业的指导意见》（国办发〔2015〕9号）精神，全面落实《浙江省人民政府办公厅关于加快发展众创空间促进创业创新的实施意见》（浙政办发〔2015〕79号），实现到2021年，全市建设各类众创空间200家以上（其中市本级120家以上），市级众创空间100家以上，省级众创空间50家以上，国家级众创空间20家以上，双创团队超过3000个，创客人才超过10000名的目标任务，经市政府同意，特制定如下政策意见：

一、支持众创空间建设。对运行面积在0.3万平方米以上，可提供每万平方米500个工位且大学生工位不少于200个、引育创客企业和创业团队在每万平方米30个以上的众创空间运营主体（具体补助按同比例折算），经市众创空间培育工作联席会议（本意见中的审核单位，下同）审核认定，给予五年补助，第一年按每年150元/平方米、第二年按每年125元/平方米、第三年按每年100元/平方米、第四年按每年75元/平方米、第五年按每年50元/平方米的标准予以补助，对每万平方米工位集聚每增加100个的，则每年按比例增加10元/平方米的补助。对众创空间引育南太湖精英计划人才，每引育1人当年的补助每平方米增加5元/年；对引育省千人才、国千人才的，每引育1人当年的补助增加10元/年、20元/年。对评上市级、省级、国家级众创空间的，每平方米补助增加10元/年、20元/年、30元/年。

二、鼓励构建面向社会开放式的众创空间。对面向社会开放式的众创空间，自注册成立年度起，众创空间和空间内企业根据其地方贡献，确定适当补助额度，按前三年100%、后两年50%的标准予以补助。鼓励打造众创田园，市级众创空间中众创田园的比例不少于10%，对于经认定的国家级、省级和市级众创田园运营单位，以带动群众规模和应用新技术为主要评判标准，给予一次性10万~100万元奖励。

三、激发科技人员创新创业激情。落实高校、科研院所等专业技术人员离岗创业政策，经原单位同意并报同级人力社保部门备案后，5年内可将人事关系保留在原事业单位。鼓励湖州师院、湖州职院、中德工程师学院等高校加强地校合作，支持高校专家学者、科研人员在我市创新创业，有效提升创客企业科技创新能力。

四、支持众创空间开展创业辅导。鼓励众创空间聘请创业成功的领军人才、本土企业家、天使投资人、知名专家等担任创业导师。聘任创业导师服务满一年并经审核认定的，按照实际支付聘任费用的50%给予众创空间运营单位补贴，单个众创空间运营单位，每位创业导师聘任费用补贴年度最高3万元，单个众创空间运营单位年度补贴总额最高20万元。

五、完善创客企业培育机制。每培育一家“小升规”企业、国家重点扶持的高新技术企业、“双高”企业，经审核认定，分别给予众创空间运营单位5万元、10万元、20万元奖励；每培育一家新三板挂牌企业、上市企业，分别给予众创空间运营单位20万元及100万元奖励。湖州科技创业园科技创业种子资金优先支持众创空间推荐的项目，符合条件的给予10万元项目资助。

六、推广使用科技创新券。每年安排不少于500万元的资金用于众创空间内“科技创新券”的兑现。鼓励众创空间内入驻企业申请使用科技创新券，通过政府购买“创新服务”，用于补助创客企业向高校、科研院所及科技平台购买科技服务、科技成果以及自主实施科技成果转化项目的支出。

七、积极推进创投基金建设。鼓励社会资本发起设立种子基金、天使基金、众筹基金等，支持其优先投资众创空间内初创企业，加速科技成果转化。市财政出资设立或参股创投基金，部分收益可适当让渡给众创空间内企业。

八、组建众创空间联盟。在各类众创空间中积极引导建立众创空间联盟。对于众创空间联盟每年按照开展活动费用的50%给予补助，最高10万元，充分发挥联盟的主体作用，定期开展交流和活动，实现共同发展。

九、支持开展各类创新创业活动。鼓励众创空间内创客企业及创业团队参加各类创客大赛、创客沙龙、创业训练营、院校创新创业大赛等创新创业活动，对获得省级及国家级奖项的优秀项目经审核认定后，分别给予20万元及30万元的一次性奖励。充分发挥工青妇等群团组织作用，给予相应的政策支持，鼓励群团组织整合各方资源，构建具有群团特色的众创空间，形成职工、青年、妇女投身“大众创业、万众创新”的社会氛围。

十、加快建立容错机制。积极培育湖州创客文化，宽容对待众创空间内创业失败的企业，在全社会弘扬鼓励创新、宽容失败的创新创业氛围。健全落实创新创业推进工作容错免责机制，经权限机关确定予以容错的单位和个人，免予行政追责和效能问责，在绩效考核、评优评先、职务晋升、职称评聘和表彰奖励等方面不受影响。

本意见中财政补助经费市、区各按50%比例分担（不含已按财政体制规定比例分担的事项）。市科技局会同市财政局、市委人才办、市人力社保局、市市场监管局等部门研究制定相关政策的实施细则。本意见三县可参照执行。

本意见自2017年12月1日起施行，有效期至2021年12月31日。原《湖州市人民政府办公室关于发展众创空间推进创新创业的实施意见》（湖政办发〔2016〕25号）同时废止。

湖州市人民政府办公室关于湖州市建设国家绿色金融改革创新试验区的若干意见

湖政办发〔2017〕95号　（2017年11月13日）

各县区人民政府，市府各部门，市直各单位：

根据中国人民银行等国家7部委印发的《浙江省湖州市、衢州市建设绿色金融改革创新试验区总体方案》，为加快推进湖州市国家绿色金融改革创新试验区建设，发挥金融在促进绿色产业发展、生态文明建设等方面的积极作用，加快形成“生态+”与“金融+”的叠加效应，助推湖州“加快赶超、实现‘两高’”，经市政府同意，全市每年安排绿色金融改革创新试验区建设专项资金10亿元（其中市本级5亿元），鼓励全市绿色金融改革创新，并提出如下政策意见：

一、全力增加绿色金融供给

（一）鼓励金融机构扩大融资规模。对年度新增融资规模达到100亿元以上（其中投入市本级不低于50亿元），且新增融资额占本系统全省总量（不含宁波）10%以上的金融机构，给予一次性奖励200万元。对年度新增融资规模超过50亿元的地方法人金融机构，给予一次性奖励100万元。

（二）支持设立全国性总部金融机构。对新设或异地迁入的银行、保险、证券等全国性总部金融机构，按照首期实缴资本的5%给予开办奖励，奖励金额最高5000万元；开业当年起5年内，根据其地方贡献确定适当补助额度，按前三年100%、后两年50%的标准予以补助。全国性金融机构在我市注册设立的业务总部或功能性总部，按照首期实缴资本的2%给予开办奖励，奖励金额最高2000万元；开业当年起5年内，根据其地方贡献确定适当补助额度，按前三年100%、后两年50%的标准予以补助。对新引进或新设立的全国性总部银行，在财政资金竞争性存放上予以倾斜。

（三）支持设立区域性总部金融机构。对金融机构在我市设立的区域性总部，按照区域性总部等级，给予一次性开办奖励，其中对区域性总部属于华东级别的，按照首期实缴资本的5%给予开办奖励，奖励金额最高1000万元；对区域性总部属于浙江省级别的，按照首期实缴资本的2%给予开办奖励，奖励金额最高500万元。金融机构区域性总部，开业当年起5年内，根据其地方贡献确定适当补助额度，按前三年100%、后两年50%的标准予以补助。

（四）支持金融机构绿色化改造。对连续2年绿色银行评级前三名的银行机构，给予每家50万元奖励。将绿色银行评级情况纳入财政资金竞争性存放评分体系，评分权重不低于总权重（含加分项）的5%。

（五）支持绿色金融专营机构建设。对经监管部门批准设立或认可的绿色金融事业部（业务中心）、绿色金融专营分支行等专营机构，给予单家银行一次性奖励50万元。

二、精准服务实体经济发展

（六）着力深化产融结合。对服务保障“大湾区”、“大花园”、“六重”工作、“中国制造2025”试点示范城市建设以及“4+3+N”产业发展，有较大贡献且受到市级及以上通报表彰的金融机构，优先作为政府项目的合作对象。鼓励市级商业银行加大对实体经济及绿色制造的支持力度，重点投向我市高端装备、信息经济、新能源汽车、生物医药、绿色家居、时尚精品等产业，对支持制造业发展成绩突出的银行给予一定奖励。鼓励金融机构加大对大学生创业的金融支持，对金融机构为大学生创业发放的绿色贷款，给予补助和奖励。

（七）加大上市政策扶持力度。对绿色企业股改上市，参照支持企业上市挂牌十条、“中国制造2025”试点示范城市建设等政策意见中，有关企业股改、上市挂牌以及上市企业并购重组的扶持政策执行。对地方法人银行机构股改上市再适当加大政策扶持力度。

（八）鼓励绿色小微企业挂牌融资。小微企业在中证机构间报价系统或浙江股权交易中心成长板挂牌的，给予企业一次性财政奖励20万元。在中证机构间报价系统或浙江股权交易中心成长板挂牌并实现融资的小微企业，按照其融资额给予1%的财政奖励，财政奖励总额最高50万元。

（九）建立绿色贷款贴息补偿机制。企业（项目）绿色评价识别标准建立后，根据绿色企业（项目）的绿色等级，按一定标准对符合条件的绿色企业（项目）实行差别化贴息奖励政策，单家企业贴息奖励每年最高50万元。对向绿色企业（项目）发放的符合条件的信用贷款，若发生风险后，按照实际损失的一定比例给予金融机构补偿。对发放科技型中小企业专项贷款的银行，给予贷款本金1%的利息补贴。推进专利权质押贷款，对获得专利权质押贷款的企业，给予不高于年贷款基准利率50%的补助，最高补助金额25万元。对实际发放专利权质押贷款超过1000万元的经办银行，按贷款额1‰给予奖励，最高奖励金额3万元。

（十）健全绿色融资担保体系。政府出资组建政策性融资担保机构，重点支持绿色小微企业发展。建立完善风险补偿机制，对符合条件的政策性融资担保业务给予适当风险补助，增强政策性融资担保机构的可持续经营能力。对与融资性担保机构合作并承担风险的银行机构，其实际发生坏账后的绿色贷款净损失，符合条件的，按银行承担风险比例给予一定风险补偿，单家银行最高补助200万元。鼓励金融机构、担保机构和社会资本共同出资设立绿色产业担保基金，为绿色企业（项目）提供增信服务。

三、积极鼓励产品和服务创新

（十一）拓展绿色保险创新试点。支持推行环境污染强制责任保险制度，试点期间给予参保企业保费20%～50%的补助。支持实施船舶油污损害责任保险制度。完善政策性农业保险试点，按规定给予保费25%～45%的补助。支持探索绿色企业贷款保证保险试点，对高新技术企业实施科技保险补贴，按保费的20%～50%予以补助，单个企业当年最高补助10万元。推进专利保险，对企业购买专利保险的，给予保费50%的补助，单个企业一年最高限额3万元。实施科技型中小企业专项贷款保证保险保费补贴，对符合条件并取得科技型中小企业专项贷款的企业，给予贷款本金1%的保费补贴。鼓励和支持保险机构围绕支持实体经济绿色发展创新服务方式和产品。

（十二）促进绿色证券创新发展。对在银行间市场发行贴标绿色债券的本地民营企业或本地金融机构，按照实际募集金额的1‰给予补助，最高补助50万元。

（十三）设立绿色产业类发展基金。以湖州市政府产业基金为引导，吸引社会资本发起设立绿色产业类发展基金，力争基金规模不少于150亿元（其中市本级不少于50亿元）。基金以市场化方式运作，主要围绕我市重点产业体系，结合我市产业发展实际和转型升级要求，促进绿色产业做大做强做优。

（十四）推进绿色融资租赁创新发展。对经批准在我市注册成立的融资租赁公司，开业当年起5年内，根据其地方贡献确定适当补助额度，按前三年100%、后两年50%的标准予以补助。鼓励小微企业通过融资租赁方式加快改造提升，对小微企业通过融资租赁实现生产设备技术改造且当年融资租赁生产设备金额在200万元以上的，按其融资总额的1%给予一次性奖励，最高奖励10万元，同时对融资租赁公司按1∶1给予配套奖励。支持融资租赁企业按规定计提风险准备金。

（十五）鼓励绿色金融产品服务创新。组织开展绿色贷款、绿色保险、绿色证券、金融新业态等创新案例评选，突出创新性和实效性，每年度评选创新典型案例（市本级最多5个），给予每个最高50万元奖励。

四、着力强化保障体系建设

（十六）推进绿色金融标准体系建设。鼓励通过引入第三方智力支持，加快构建多维度的绿色金融基础设施体系，对绿色企业（项目）识别体系、绿色银行评级体系、绿色专营机构评价体系、绿色信用体系、绿色金融统计指标体系、绿色金融发展评价体系、金融风险防控体系等具有首创性、引领性的绿色金融标准体系建设给予经费补助。需由特定机构支持的，根据政府采购相关规定，可采取“单一来源”方式向第三方购买服务。加强与国内外绿色金融组织和机构的合作，视需要聘请相关专家为试点工作提供决策咨询。

（十七）支持绿色支付体系建设。支持金融机构推广应用电子商业汇票、手机支付等电子支付工具，深入开展“电子支付应用示范县区、镇、村”创建工作，大力推动“智慧支付”在民生领域的广泛应用。

（十八）健全绿色资源交易机制。支持构建环境权益交易中心平台，扩大和深化排污权、用能权交易，积极推进水权、农村综合产权等交易试点，完善定价机制和交易规则，营造公开公平公正的交易市场环境。

（十九）培育引进绿色金融高端人才。对具有重大贡献的绿色金融机构、金融中介组织和研究咨询机构，给予其高级金融人才奖励，奖励金额以高级金融人才工资薪金个人所得地方贡献为限，奖励期限为3年。具体奖励人数规定如下：金融机构形成的年地方贡献达3000万元的，金融中介组织和研究机构形成的年地方贡献达200万元的，给予该金融机构人才奖励名额2名；年地方贡献超上述标准较多的，视情况适当增加奖励人员名额。对保险精算师、证券保荐人等紧缺型的金融高端人才，直接给予人才奖励，奖励金额以个人所得地方贡献为限，奖励期限为5年。对于在绿色金融领域具有全国性影响力且对我市绿色金融发展做出突出贡献的专家和学者，给予重点奖励，奖励标准参照“南太湖精英计划”等人才扶持政策。

（二十）支持绿色金融中介和研究机构建设。对具有参与全国金融市场推荐、评级、咨询、交易等服务资格，或其服务得到全国金融市场主体广泛认可的绿色金融中介组织和研究咨询机构，如注册在湖州或注册地迁入湖州，按照首期实缴资本的5%给予一次性补助，补助金额最高500万元，分5年兑现；开业当年起5年内，根据其地方贡献确定适当补助额度，按前三年100%、后两年50%的标准予以补助。注册地不在湖州、但在湖州设立或参与设立分支机构的，给予一定补助，单家机构补助最高20万元；注册地不在湖州，但由其主导并在湖州举办的具有全国性影响的论坛、研讨等活动，按照活动影响力和实效给予一次性补助，单次补助最高100万元。

五、不断优化金融生态环境

（二十一）强化创先争优的激励引导。开展绿色贷款实施情况评价，绿色银行评级，金融机构绿色要素保障、绿色产品服务创新、对上政策和资源争取等综合考核，评价评级及综合考核结果，与宏观审慎评估、金融机构综合评价、监管评级、机构准入、业务发展、高管任职等挂钩。

（二十二）支持绿色金融聚集平台建设。支持南太湖现代金融产业园、太湖绿色金融小镇、浙北金融中心、南浔金融港等集聚平台建设，对注册在集聚平台内、纳入指导目录范围的绿色金融新业态企业，按“一平台一政策”给予支持（涉及市级财政部分由市财政补助给各区）。绿色金融新业态培育指导目录，由市金融办牵头编制发布。加大对绿色金融新业态的支持力度，对获得省年终考核优秀（A级）、良好（B级）等级的小额贷款公司，根据其地方贡献，按A级50%、B级25%的标准予以补助。对科技创业创新平台、外贸公共服务平台、民间融资服务中心等给予补助。

（二十三）支持绿色金融综合服务平台建设。对绿色金融服务平台、绿色证券服务平台、绿色保险创新服务平台、绿色信用和公共信用信息平台、金融风险大数据监测平台等基础平台建设给予补助。

（二十四）维护金融秩序、安全和防范金融风险。构建跨部门联动机制，依法打击非法集资、金融诈骗、非法金融活动等金融违法行为，依法取缔未经批准开展金融业务的各类组织，维护地方金融安全与秩序。依法保护金融机构合法权益，严厉打击恶意逃废债行为，加快金融债权案件审理和执行。加大金融法律法规以及典型案件宣传力度，增强金融风险防范意识。支持金融机构通过“以物抵债”的方式加快不良贷款处置。

（二十五）健全金融监管协调机制。加强金融领域功能监管和行为监管，统筹推进传统金融机构与新型金融业态、总部机构与分支机构、持牌金融组织与不具备金融资质但具有一定投融资功能企业的监管，将金融监管主体扩展到与金融管理相关的政府部门，将协同监管内容扩展到金融生态环境的各个环节，实现风险监管全覆盖，切实守住不发生系统性、区域性金融风险这条底线。

六、附则

1. 本意见中有关政策落实，由相关部门制定具体操作办法。原有关于融资租赁、金融人才、保险等政策与本意见不一致的，以本意见为准。涉及财政奖励政策仅限市区范围，涉及地方贡献按财政体制规定的市、区共享收入分成比例分担。如遇国家重大财政体制调整，政策可作相应修改。对同一事项涉及多项奖励的，不重复安排，按最优惠一项执行。本意见三县可参照执行，各区应在此政策意见基础上另行制定区级相关政策。

2. 本意见自公布之日起实施，有效期至2021年12月31日。

湖州市人民政府办公室
关于进一步支持企业上市挂牌的十条意见

湖政办发〔2017〕105号　（2017年12月4日）

各县区人民政府，市府各部门，市直各单位：

为进一步加大我市企业上市挂牌工作力度，鼓励企业通过资本市场规范发展、做大做强，促进我市产业结构调整和经济转型升级，根据《浙江省人民政府关于印发浙江省推进企业上市和并购重组“凤凰行动”计划的通知》（浙政发〔2017〕40号）精神，结合本市实际，经市政府同意，制定如下意见：

一、鼓励优质企业加快股改

1. 对企业为上市而进行的股改过程中，以未分配利润和盈余公积转增个人股本的，按相关规定所缴纳的个人所得税地方留成部分，由同级财政给予全额奖励。

2. 对企业在股改过程中，因历史原因，部分无建设规划、无用地审批手续但无争议的土地、房产，依法补办建设规划、用地审批手续，核发土地权证、房产权证后列入企业资产，手续从简并只收取工本费。对企业在股改和兼并重组过程中，涉及土地使用权和房屋所有权变更登记的，按照相关政策以非交易过户处理，过户环节所缴纳的契税，由同级财政按地方留成部分全额奖励给企业。

3. 拟上市企业在整体改制为股份公司时，经审计或评估的净资产增值部分，在依法补交企业所得税后，由同级财政给予相当于地方留成部分的奖励。

4. 对企业在股改过程中支付的有关规费，凭合法凭证并经税务部门核准后，可计入当年经营成本，有困难的企业可以分年度摊销。

5. 对进入上市辅导期的企业，以进入辅导期前一年的计税利润为基数，三年内每年递增计税利润比上年增长10%的，超过部分的企业所得税地方留成部分，由同级财政给予奖励。

二、支持企业上市融资

6. 对在主板、中小板、创业板和境外证券市场成功上市的企业，一次性奖励企业高管团队200万元；对完成借壳上市并注册在市本级的企业或注册地迁至市本级的上市公司，由市财政给予200万元的奖励。

7. 对在全国股转系统（新三板）完成挂牌的企业，由市财政给予50万元的奖励；对在浙江股权交易中心成长板或中证机构间报价系统完成挂牌的企业，由市财政给予20万元的奖励。

8. 对在全国股转系统（新三板）、浙江股权交易中心成长板和中证机构间报价系统实现融资的企业，给予其融资额1%的财政奖励，财政奖励总额最高50万元。

三、推进企业开展并购重组

9. 上市公司实施并购重组，经中国证监会批准并且符合《上市公司重大资产重组管理办法》规定的重大资产重组项目，给予相关上市公司一次性150万元奖励。被重组企业自重组年度起3年内地方财政贡献（增值税、企业所得税）超过上年基数10%的部分，全额奖励给企业，最高限额500万元。

10. 上市公司并购本地其他企业且符合国家产业政策导向的，经有关部门批准，被并购企业的用水、用电和已申购的排污容量可由并购企业承继。

四、附则

本意见自公布之日起施行，有效期5年，有关补助、奖励从2017年度开始计算。

原有企业股改、上市挂牌政策与本意见不一致的，以本意见为准。涉及财政奖励政策仅限市区范围，涉及地方贡献按财政体制规定的市、区共享收入分成比例分担。

名　录

·光荣榜·

“四新”主题实践 2017 年度考核优秀单位

县（区）综合考核优秀单位

三县两区

一等奖：

德清县

吴兴区

二等奖：

长兴县

安吉县

南浔区

湖州开发区　太湖度假区

二等奖：

湖州开发区　太湖度假区

市级部门分类考核优秀单位

A 类单位一等奖

市发改委

市公安局

市经信委

市交通运输局

市住房和城乡建设局

市国土资源局

市中级人民法院

市水利局

市审计局

B 类单位一等奖

市委宣传部

市委组织部

市委政法委

市农办

市编委办

C 类单位一等奖

市消防支队

市国税局

市气象局

国家统计局湖州调查队

·光荣榜·

2017 年，全市人才工作紧紧围绕加快赶超、实现“两高”目标，深化人才发展体制机制改革，加快人才资源集聚，强化人才平台建设，推进人才服务“最多跑一次”改革，着力打造人才生态最优市，取得了新成效。全市省领军型创新创业团队入选数量列全省第一，国家“千人计划”专家入选人数列全省第二，连续四年荣获全省人才工作目标责任制考核优秀市。现对新入选的国家“千人计划”专家、国家“万人计划”专家、省领军型创新创业团队和省“千人计划”专家予以通报表彰。

第十四批国家“千人计划”专家入选者

林鸿飞（美欣达集团有限公司）

渡边充广（浙江东尼电子股份有限公司）

王德义（湖州睿高新材料有限公司）

范毡仔（浙江世友木业有限公司）

胡甫正（湖州圣龙汽车动力系统有限公司）

欧阳晖（浙江省长三角生物医药产业技术研究园）

冯晓帆（浙江三色光电技术有限公司）

卡兰塔（浙江三色光电技术有限公司）

斯特凡（浙江欧诗漫集团有限公司）

谢尔盖·阿布拉梅科（浙江国遥地理信息技术有限公司）

武建飞（超威电源有限公司）

姚水良（安吉润风空气净化科技有限公司）

翟道远（中国科学院湖州应用技术研究与产业化中心）

第三批国家“万人计划”专家入选者

孙延先（浙江超威创元实业有限公司）

刘金松（浙江惠嘉生物科技股份有限公司）

2017 年度浙江省领军型创新创业团队入选者

生物废弃物资源化利用创新团队（美欣达集团有限公司，团队负责人：林鸿飞）

先进快堆燃料组件结构材料创新团队（浙江久立特材科技股份有限公司，团队负责人：刘奎）

特瑞思单抗药物开发及产业化创新团队（浙江特瑞思药业股份有限公司，团队负责人：唐蕾）

高功率混合动力汽车用锂离子电池及系统创新团队（浙江天能能源科技股份有限公司，团队负责人：权镐真）

网络通信芯片核心 IP 研发及产业化创业团队（芯启源电子科技有限公司，团队负责人：卢笙）

2017 年度浙江省“千人计划”专家入选者

朱　宇（湖州师范学院）

吉川邦夫（浙江宜可欧环保科技有限公司）

叶国伟（浙江东尼电子股份有限公司）

王德义（湖州睿高新材料有限公司）

钟志宏（浙江久立特材科技股份有限公司）

欧阳晖（浙江省长三角生物医药产业技术研究园）

卡兰塔（浙江三色光电技术有限公司）

冯晓帆（浙江三色光电技术有限公司）

祁　英（长兴制药股份有限公司）

权镐真（天能电池集团有限公司）

黄　震（浙江路得坦摩汽车部件股份有限公司）

彭　娜（湖州清源生物科技有限公司）
马　军［微宏动力系统（湖州）有限公司］
翟道远（中国科学院湖州应用技术研究与产业化中心）
林鸿飞（美欣达集团有限公司）
范毡仔（浙江世友木业有限公司）
斯特凡（浙江欧诗漫集团有限公司）
谢尔盖·阿布拉梅科（浙江国遥地理信息技术有限公司）
武建飞（超威电源有限公司）

（排名不分先后）

·光荣榜·

2017年，全市服务业工作按照市委、市政府的决策部署，以加快赶超、实现“两高”为总体目标，以开展“四新”主题实践为契机，以“六重”工作为主抓手，聚焦平台项目企业，积极推动全市服务业增量提质，涌现了一批先进集体和个人。为总结经验、鼓励先进，进一步促进全市服务业提质增效，根据《2017年度湖州市服务业发展工作考核办法》（湖服务业办〔2017〕14号）、《2017年湖州市服务业优强企业评选办法》（湖服务业办〔2017〕11号）等文件精神，经市服务业领导小组综合评定，现对2017年度市服务业发展工作先进集体、优强企业和先进个人予以通报表彰。

服务业发展工作先进集体

一等奖

德清县人民政府
安吉县人民政府
南浔区人民政府

二等奖

吴兴区人民政府
长兴县人民政府
湖州开发区管委会

转型提升优胜奖

太湖度假区管委会

服务业重点行业先进单位

一等奖

市旅发委
市商务局
市住建局

二等奖

市委宣传部
市交通运输局
市经信委

三等奖

市人行
市金融办
市科技局
市民政局

服务业发展工作优秀服务单位

一等奖

市发改委
市统计局
市财政局

二等奖

市市场监管局
市国土资源局
市规划局
市质量技监局

三等奖

市人力社保局
市文广新局
湖州海关
湖州检验检疫局

省级现代服务业集聚示范区先进单位

一等奖

德清·长三角金融业公共后台服务基地
南浔古镇文化休闲旅游集聚区
湖州太湖旅游休闲集聚区
湖州南太湖科研设计服务集聚区

二等奖

安吉灵峰休闲旅游集聚区
长兴综合物流园区
德清临杭物流园区
吴兴科创园

三等奖

中国·南浔国际建材城
湖州多媒体产业园
湖州织里童装生产性服务业集聚区
浙江省地理信息产业园

服务业重点项目“双百计划”推进先进单位

一等奖

吴兴区人民政府

二等奖

太湖度假区管委会
德清县人民政府
安吉县人民政府

三等奖

长兴县人民政府
湖州开发区管委会
南浔区人民政府

服务业优强企业名单

批发业

浙江升华物产有限公司
德华兔宝宝装饰材料销售有限公司
久立集团股份有限公司
浙江升华控股集团有限公司
德清乾盛建材贸易有限公司
德清普华能源有限公司
浙江绿翔能源有限公司
浙江欧诗漫美容科技有限公司
华东医药湖州有限公司
浙江金超威能源有限公司
浙江华圣药业集团有限公司
浙江德华兔宝宝进出口有限公司
湖州富盈再生物资回收有限公司
丝绸之路控股集团有限公司
国药控股湖州有限公司

零售业

中国石化销售有限公司浙江湖州石油分公司
浙北大厦集团有限公司
长兴金陵商城发展有限公司
湖州老大房超市有限公司
安吉浙北购物有限责任公司
长兴昌盛汽车销售服务有限公司
长兴八佰伴商贸有限公司
长兴之星汽车有限公司
安吉县供销石油有限公司
湖州南浔浙北大厦购物中心有限公司
湖州星火百货有限公司
湖州胜隆物资石油有限公司
湖州沙力电器有限公司
湖州苏宁云商商贸有限公司
湖州银佳百货有限公司

住宿、餐饮业

老娘舅餐饮有限公司
湖州东吴开元名都酒店有限公司
浙江天籁之梦旅游投资有限公司湖州喜来登酒店

金银岛国际大酒店有限公司
浙江湖州丝绸大厦有限公司国际大酒店
湖州南浔花园名都大酒店有限公司
长兴开元芳草地酒店有限公司
德清国贸花园酒店合伙企业（有限合伙）
浙江莫干山饭店
安吉维笙香溢大酒店有限公司
德清县莫干山大酒店有限公司
湖州荻港徐缘生态旅游开发有限公司
湖州凤凰山庄餐饮有限公司
安吉美林度假村有限公司

软件和信息服务业

中国移动通信集团浙江有限公司湖州分公司
中国电信股份有限公司湖州分公司
中国联合网络通信有限公司湖州市分公司
湖州华数广电网络有限公司
湖州天心天思互联网软件有限公司
浙江九州云信息科技有限公司
湖州市南浔创业测绘与土地规划院股份有限公司
浙江国遥地理信息技术有限公司
浙江正元地理信息有限责任公司
湖州先锋网络科技有限公司
浙江省通信产业服务有限公司湖州市分公司

科技服务业

浙江庆渔堂农业科技有限公司
浙江省国土勘测规划有限公司
安吉国千环境科技有限公司
浙江贝盛新能源开发有限公司

现代物流业

顺丰速运（湖州）有限公司
浙江兴一物流有限公司
浙江德清升华临杭物流有限公司
长兴天顺物流有限公司
浙江越顺物流股份有限公司
湖州鑫达国际物流有限公司
浙江天跃物流有限公司
安吉上港国际港务有限公司
湖州一通物流有限公司
浙江百诚物流有限公司
湖州长运祥瑞物流中心有限公司
浙江长兴捷通物流有限公司
浙江美都物流股份有限公司
浙江德泰港务有限公司
安吉陆顺物流有限公司

现代金融业

浙江德清农村商业银行股份有限公司
浙江长兴农村商业银行股份有限公司
浙江南浔农村商业银行股份有限公司
佐力科创小额贷款股份有限公司
浙江长兴联合村镇银行股份有限公司
湖州银行股份有限公司

文创服务业

湖州影视城有限公司
湖州海洋城商业管理有限公司
安吉天使小镇乐园有限公司
安吉县广播电视网络有限公司
安吉县大年初一旅业投资有限公司
浙江百叶龙文化发展股份有限公司
湖州时代德纳国际影城有限公司
湖州万达电影城有限公司
湖州浙北国鹰美术装潢广告有限公司
湖州王一品斋笔庄有限责任公司

旅游景区

中南百草原集团有限公司
浙江南浔古镇旅游发展有限公司
安吉江南天池度假村有限公司
安吉山水灵峰休闲农业发展有限公司
长兴城山沟桃源山庄生态农业开发有限公司
安吉竹子博览园有限责任公司
德清县下渚湖湿地旅游发展有限公司
长兴仙山湖旅游投资开发有限公司
长兴大唐贡茶院文化发展股份有限公司
长兴太湖图影景区经营管理有限公司

旅行社

湖州新国际旅行社有限公司
湖州春秋国际旅行社有限公司
浙江美都旅游有限公司
长兴中青旅旅游有限公司
中国国旅（湖州）国际旅行社有限公司
湖州中青旅旅游有限公司
湖州康辉国际旅行社有限公司
浙江省中国旅行社集团长兴有限公司
长兴县天马旅行社有限公司
长兴万宏交通旅行有限公司

健康服务业

湖州康复医院
长兴国泰康复护理医院
长兴雉州医院
湖州爱尔眼科医院有限公司
湖州邦尔骨科医院有限公司

社区服务业

湖州万众房地产物业管理中心
浙江京兴物业管理有限公司
浙江经典物业服务有限公司
湖州美佳物业管理有限公司
安吉洁兰物业管理有限公司

新业态新模式产业融合等

浙江穿越川行企业管理咨询有限公司
湖州绿康老年康复护理院有限公司
湖州塔夫健身管理服务有限公司
浙江东南建设管理有限公司
浙江南浔建材市场开发有限公司
湖州银东购物中心有限公司
浙江奥特莱斯置业有限公司
德清县西坡酒店管理有限公司
德清郡安里旅游开发有限公司
德清县莫干山里茶园旅游开发有限公司
浙江天元项目管理有限公司

服务业发展工作先进个人

曹国良（吴兴区发改委）
沈婧莹（吴兴区发改委）
张俊毅（南浔古镇旅游度假区管委会）
朱　虹（南浔区发改经信委）
盛丹华（德清县发改委）
丁伟良（德清县统计局）
王　亮（长兴县发改委）
王厚功（长兴县旅游委员会）
马贻松（安吉县发改委）
莫士杰（安吉县发改委）
闵菁菁（湖州开发区发改经贸局）

方　芳（太湖度假区经统局）
严祎红（太湖度假区经统局）
林　晖（市委宣传部）
蔡丽丽（市经信委）
李晓华（市旅发委）
许　泳（市旅发委）
吴夏平（市商务局）
温启予（市商务局）
徐　柾（市民政局）
李梦蕾（市科技局）
陈绍宾（市住建局）
邓　婵（市住建局）
汤　浩（市运管局）
宋国琴（市港航管理局）
朱舟帆（市金融办）
杨　兰（市人行）
张　峰（市财政局）
褚学兵（市财政局）
凌　敏（市统计局）
曹　慧（市统计局）
邹新强（市质量技监局）
叶郁郁（市市场监管局）
李耿翀（市人才资源开发管理办公室）
陆慧敏（市规划局）
王伟梅（市国土资源局）
陈纯志（市政府督查室）
徐　晟（市政府办公室）
俞子娴（市服务业办）
孙　瑗（市发改委）

·光荣榜·

2017年，全市金融系统在市委、市政府的领导下，围绕“两高”建设和赶超发展的战略部署，以“四新”主题实践为载体，以建设国家级绿色金融改革创新试验区为主抓手，切实发挥金融支撑引领作用，不断做强保障、做深改革、做大产业、防范风险，持续提升金融服务实体经济的能力和水平，各项工作均取得了显著成效。期间，涌现出一大批先进集体和先进个人。为总结经验，鼓励先进，现对2017年度绿色金融改革创新试验区建设先进单位和先进个人、推进企业上市工作先进县（区）、金融支持地方经济发展先进单位及金融支持制造业发展先进单位予以通报表彰。

2017年度湖州市绿色金融改革创新试验区建设工作先进单位和先进个人

先进县（区）

德清县人民政府
吴兴区人民政府
南浔区人民政府

先进部门

市金融办
市人行
市银监局
市委宣传部
市发改委
市经信委
市科技局
市财政局
市公安局
太湖度假区管委会
市保险协会

先进金融机构

农业银行湖州分行
湖州银行
兴业银行湖州分行
安吉农村商业银行
工商银行湖州分行
人保财险湖州分公司

先进个人

刘　慧　闵云忠　许震深　鲍　瑾
周陆云　孙文杰　陈建平　方夏莹
杨　榆　王　伟　王　芳　吴汉堂
周盛东　徐胤能　张晓艳　杨晓青
李延红　尤　健　杨　莹　潘雪婷
周亚红　陆芳芳　王少华　邵佩洁
闵晓东　朱建华　陈世斌　邱红星
杨剑锋　车骥冲　王新勇　吴荣林
刘　欢　郑惠钦　慎悦蕊　刘宏伟
沈　晖　石　杨　张　澜　邱锦辉
吴张欢　关　兵　沈　吉　邱国欣
吴　炜　黄丁伟　朱舟帆　胡　维
许勤峰　崔　嵘　缪得志

2017年度推进企业上市工作先进县（区）

德清县人民政府
安吉县人民政府

2017年度金融支持地方经济发展先进单位

银行机构综合先进单位

农业银行湖州分行
兴业银行湖州分行
招商银行湖州分行
工商银行湖州分行
建设银行湖州分行
湖州银行

银行机构专项先进单位

融资保障先进单位：
中国银行湖州市分行
华夏银行湖州分行

支持实体经济先进单位：

浙商银行湖州分行
中信银行湖州支行

支农支小先进单位：

邮储银行湖州市分行
泰隆商业银行湖州分行

2017年度政保合作先进单位

人保财险湖州分公司
太平洋产险湖州中心支公司
国寿财险湖州中心支公司
平安产险湖州中心支公司
浙商财险湖州中心支公司

2017年度金融服务创新先进单位

浙商证券湖州营业部

2017年度金融支持制造业发展先进单位

工商银行湖州分行
南浔农村商业银行
浦发银行湖州分行
泰隆银行湖州分行
台州银行湖州分行

·光荣榜·

2017年，全市农业系统在市委、市政府的领导下，深入贯彻落实党的十九大和省、市重要会议精神，紧紧围绕推进农业供给侧结构性改革这一主线，坚定高效生态的现代农业发展方向不动摇，以实施乡村振兴战略为重点，深入开展“四新”主题实践，加快转变农业发展方式，大力培育新型农业经营主体，着力构建新型农业经营体系，不断提升农业现代化水平。现对2017年度市级重点农业龙头企业，予以通报表彰。

2017年度市级重点农业龙头企业（18家）

湖州美果汇食品有限公司
湖州思达机械制造有限公司
老娘舅餐饮有限公司
湖州聚源正食品有限公司
浙江景明玫瑰产业发展有限公司
湖州绿腾生态农业有限公司
浙江经大生物技术有限公司
湖州天河食品有限公司
星光农机股份有限公司
湖州南浔南元里生态农业科技有限公司
浙江凯润药业股份有限公司
长兴远近农业发展有限公司
浙江荣美浩翔旅游开发有限公司
长兴轩瑞堂茶业有限公司
浙江华味亨食品有限公司
安吉县天驰竹木业有限公司
浙江索纳克生物科技有限公司
浙江宜可家居用品有限公司

·光荣榜·

2017 年，全市重点建设在市委、市政府的正确领导下，强化“项目为王、实干为先”理念，以重大项目为牵引，深入实施“四个一批”项目滚动机制，持续打好重大项目建设攻坚战，为湖州加快赶超发展提供了强有力的支撑保障。市重点建设项目累计完成投资 1005 亿元，超年度计划 26.3%，充分发挥了重点项目建设对扩大有效投资的示范引领作用。期间，涌现出一大批先进集体和先进个人。为激发广大建设单位和建设者的积极性、主动性和创造性，进一步推进重点建设工作，市政府决定对 2017 年度市重点建设和重大项目前期工作以及立功竞赛的先进单位、先进个人予以通报表彰。现将名单公布如下：

重点建设和重大项目前期工作推进奖

综合推进奖：
吴兴区人民政府
德清县人民政府
长兴县人民政府
市交通运输局

重点建设工作推进奖：
南浔区人民政府
市住房和城乡建设局
湖州市城市投资发展集团有限公司
湖州市交通投资集团有限公司
国网浙江省电力公司湖州供电公司

重大项目前期工作推进奖：
安吉县人民政府
湖州经济技术开发区管理委员会
湖州太湖旅游度假区管理委员会
市水利局
湖州市旅游投资发展集团有限公司

重点建设和重大项目前期工作优秀服务奖
湖州市发展和改革委员会
湖州市经济和信息化委员会
湖州市公安局
湖州市财政局
湖州市国土资源局
湖州市住房和城乡建设局
湖州市规划局
湖州市审计局
湖州市环境保护局
湖州市政务服务管理办公室

重点建设工作先进集体
德清县建设开发有限公司
正大青春宝（德清）药业有限公司
德清县莫干山镇人民政府
德清县发展和改革委员会
德清县禹越镇人民政府
长兴县交通运输局
长兴经济技术开发区管理委员会
长兴发展和改革委员会
长兴县煤山镇人民政府
浙江安吉高速公路有限公司
长龙山电站建设办公室
安吉县城市建设投资集团有限公司
中铁二十四局集团商合杭铁路站前十七标项目经理部二分部
浙江自然博物园核心馆区项目建设指挥部
吴兴区发展改革和经济委员会
湖州吴兴城市投资发展集团有限公司
新凤鸣集团 湖州中石科技有限公司
浙江东尼电子股份有限公司
湖州老恒和酿造有限公司
南浔区发展改革和经济委员会
南浔区交通局
南浔区住房和城乡建设局
南浔区练市镇人民政府
南浔区旧馆镇人民政府
湖州经济技术开发区发展改革与经济贸易局
湖州经济技术开发区行政审批服务中心
湖州海王健康产业发展有限公司
浙江爱康实业有限公司
湖州太湖旅游度假区长田漾湿地管理处
湖州太湖旅游度假区管委会建设与交通局
湖州市交通工程质量安全监督（造价管理）站
湖州市交通建设管理局
湖州市南太湖建设投资管理有限公司
湖州市住房和城乡建设局计划财务处
湖州市住房和城乡建设局村镇建设管理处
湖州市太湖水利工程建设管理局
国网湖州供电公司配电工程分公司
湖州市城市投资发展集团有限公司
湖州房总地产开发集团有限公司
湖州湖皖高速公路有限公司
湖州市交通投资集团有限公司工程管理部
浙江西塞山旅游投资开发有限公司
中铁十七局商合杭铁路站前十八标项目经理部
湖州市太湖流域水环境综合治理领导小组办公室
湖州市总工会
湖州广播电视传媒集团（总台）
浙江省工程咨询有限公司 湖州代建项目部
中国人民银行湖州市中心支行

重点建设和重大项目前期工作先进个人

（一）重点建设工作先进个人
蔡伟国（德清县新市镇人民政府）
孔文伟（德清县经济和信息化委员会）
施震海（德清县钟管镇人民政府）
姚欢亮（湖州莫干山高新区国土与规划建设局）
章洪春（德清县发展和改革委员会）

闫佳琦（长兴县住房和城乡建设局）
陈　炜（长兴县画溪街道办事处）
徐利方（长兴县李家巷镇人民政府）
赵雨平（长兴县行政服务中心）
李顺银（长兴县和平镇人民政府）
蒋晓燕（安吉县水利局）
施振鸿（安吉县城市投资发展集团有限公司）
李升平（浙江自然博物园核心馆区项目建设指挥部）
唐　斌（安吉县经济和信息化委员会）
吴峰雷（安吉县发展和改革委员会）
陈昌来（吴兴区区政府办公室）
倪海潮（吴兴区发展改革和经济委员会）
沈　珏（湖州市规划局吴兴区分局）
汤雪东（湖州市织里镇人民政府）
徐　斌（吴兴区发展改革和经济委员会）
冯　悦（湖州市南浔区交通投资集团有限公司）
何俊奇（南浔区发展改革和经济委员会）
王　峰（湖州市南浔城市投资发展集团有限公司）
顾　亭（南浔区南浔镇人民政府）
殷小平（湖州经济技术开发区管理委员会发展改革与经济贸易局）
夏吉胜（湖州经济技术开发区管理委员会办公室）
朱宏良（浙江湖州环太湖集团有限公司）
闵菁菁（湖州经济技术开发区管理委员会发展改革与经济贸易局）
方　勇（湖州市人民政府滨湖街道办事处）
顾正浩（湖州太湖旅游度假区管理委员会）
夏利先（湖州市规划局度假区分局）
陆树荣（湖州市交通规划设计院）
周燕强（湖州市交通建设管理局）
沈　云（湖州市交通运输局）
姚学平（湖州市发展和改革委员会）
胡佐平（南太湖建设投资管理有限公司）
曹胜杰（湖州市房地产物业管理服务中心）
何晓丹（湖州市住房保障办公室）
沈亦琴（湖州市水利局）
魏阜森（湖州市水利投资发展有限公司）
温云波（泰仑送变电分公司）
杨建忠（湖州市水务集团有限公司南浔分公司）
陈瑞华（湖州市城建投资有限公司）
章国荣（湖州湖皖高速公路有限公司）
王筱骅（湖州市交通投资集团有限公司）
顾　英（湖州旅游投资发展集团有限公司）
郭亚军（中铁十七局商合杭项目指挥部）
付　毓（湖州市旅游发展委员会）
管　盛（湖州市统计局）
张　峰（湖州市财政局）
周雅丽（湖州市经济和信息化委员会）
沈　哲（湖州市国土资源局）
林　兰（湖州市环境保护局）
陆慧敏（湖州市规划局）
杨丹琰（湖州市公共资源交易监管服务中心）
刘　慧（工商银行湖州分行）
陈　铮（湖州市安全生产监督管理局）
朱倩雯（中国人民银行湖州市中心支行）
吴奕婷（湖州市住房和城乡建设局）
王吉临（安吉县发展和改革委员会）
杨雪伟（湖州市政府办公室）
居世宾（湖州市政府办公室）
黄邢滨（湖州市重大项目稽查特派员办公室）
丁　捷（湖州市六重办）

（二）重大项目前期工作先进个人

甘　侠（德清县建设局）
姚　琦（德清县交通运输局）
范斌方（长兴国土资源局）
周丰玉（长兴经济和信息化委员会）
朱越峰（安吉县交通运输局）
楼　军（安吉县发展和改革委员会）
杨元江（吴兴区发展改革和经济委员会）
陈　力（吴兴区发展改革和经济委员会）
盛惠良（南浔区发展改革和经济委员会）
吴　斌（南浔区菱湖镇人民政府）
钦惠良（湖州市国土资源局湖州开发区分局）
沈佳莹（湖州市环保局湖州开发区分局）
嵇丽辉（湖州太湖旅游度假区管委会经济发展与统计局）
姚芳芳（湖州市国土资源局度假区分局）
宋恭俭（湖州市交通运输局）
黄全文（湖州市交通建设管理局）
吴赵宏（湖州市房屋征收补偿管理办公室）
季　斌（湖州市环境卫生管理处）
陆升升（湖州市农村水利管理处）
杨惟文（湖州市水利局）
许德元（国网湖州供电公司）
马　麟（湖州市城投资产管理有限公司）
彭祝华（浙江吉宁高速公路有限公司）
杨立军（浙江西塞山旅游投资开发有限公司）
杨红伟（湖州市铁路建设管理处）
冯　胤（湖州市旅游发展委员会）
潘　帆（湖州市发展和改革委员会）
沈良彪（湖州市经济和信息化委员会）
陈洪全（湖州市财政局）
马重远（湖州市国土资源局）
潘　月（湖州市环境保护局）
沈　吉（湖州市环境保护局）
王一帆（湖州市规划局）
潘　磊（湖州市政务服务管理办公室）
李　翔（湖州市银监分局）
张立民（湖州市商务局）
宋晓燕（湖州市审计局）
宋祖新（湖州市公安局治安支队）

万　勇（浙江吉宁高速公路有限公司）
徐基财（安吉县国土资源局）
王新勇（湖州市委办公室）
王　震（湖州市政府办公室）
沈玉峰（湖州市政府办公室）
王海强（湖州市服务业发展工作领导小组办公室）
计春笑（湖州市发展规划研究院）
吕　翔（湖州市企业项目承诺报备制领导小组办公室）
项顺利（湖州市谋大招大领导小组办公室）
曹义明（湖州五水共治工作领导小组办公室）

重点建设立功竞赛先进集体

中建五局华东建设有限公司湖州市吴兴区人民医院建设（一期）项目经理部
中交一航局湖州项目部
上海建工五建集团有限公司
上海建工五建集团第一工程公司
浙江长龙山抽水蓄能有限公司
中国建筑第八工程局有限公司浙江鑫达医院一期建安工程项目部
湖州市申嘉湖高速公路西延（湖州鹿山至安吉孝源段）项目建设指挥部
湖州市房地产开发实业总公司
浙江天泽水电建设有限公司
湖州旅发旅游开发有限公司

重点建设立功竞赛先进个人

吴　晨（浙江中屹建设集团有限公司）
冯海祥（浙江三行电气科技有限公司）
周轶群（上海建工五建集团有限公司）
甘利平（长兴县总工会）
孔　虹（安吉县总工会）
官宗贵（湖州新奥燃气有限公司）
曹培华（浙江湖州环太湖集团有限公司）
沈志荣（湖州市交通建设管理局）
李　骘（湖州市建设安全工程质量监督站）
邱继红（中铁二十四局集团商合杭铁路站前十七标二分部）

·光荣榜·

2017年，在市委、市政府的正确领导下，湖州市认真学习贯彻党的十九大精神，全面落实省委、省政府的各项决策部署，以加快赶超、实现“两高”为总目标，以“中国制造2025”试点示范城市建设为总牵引，以“六重”工作为总抓手，深入开展“四新”主题实践，全力统筹推进各项工作，全市工业和信息化工作呈现出良好的发展态势，涌现出一大批先进单位，现予以通报表彰。

2017年度湖州市“金象”企业

天能集团
超威集团
升华集团控股有限公司
佐力控股集团有限公司
永兴特种不锈钢股份有限公司
美欣达集团有限公司
浙江泰普森休闲用品有限公司
久立集团股份有限公司
浙江大东吴集团有限公司

2017年度湖州市“金牛”企业

德华集团控股股份有限公司
巨人通力电梯有限公司
浙江恒林椅业股份有限公司
桐昆集团浙江恒腾差别化纤维有限公司
浙江欧诗漫集团有限公司
新凤鸣集团湖州中石科技有限公司
华祥（中国）高纤有限公司

2017年度湖州市纳税大户

天能集团
升华集团控股有限公司
超威电源有限公司
美欣达集团有限公司
湖州南方水泥有限公司
佐力控股集团有限公司
湖州市城市投资发展集团有限公司
永兴特种不锈钢股份有限公司
德华集团控股股份有限公司
巨人通力电梯有限公司
金洲集团有限公司
浙江天振竹木开发有限公司
久立集团股份有限公司
浙江恒林椅业股份有限公司
香飘飘食品股份有限公司
浙江泰普森休闲用品有限公司
万邦德新材股份有限公司
诺力智能装备股份有限公司
浙江尤夫高新纤维股份有限公司
浙江大东吴集团有限公司
浙江江森自控电池有限公司
珀莱雅化妆品股份有限公司湖州分公司
桐昆集团浙江恒腾差别化纤维有限公司
浙江富钢金属制品有限公司
湖州老恒和酿造有限公司
浙江振兴阿祥集团有限公司
永艺家具股份有限公司
沃克斯电梯（中国）有限公司
浙江鼎力机械股份有限公司
恒达富士电梯有限公司
辛子精工股份有限公司
浙江我武生物科技股份有限公司
浙江欧诗漫集团有限公司

2017年度湖州市政府质量奖企业

中电科技德清华莹电子有限公司
森赫电梯股份有限公司
浙江天能能源科技股份有限公司
浙江博泰家具有限公司
浙江大东吴集团建设有限公司

2017年度湖州市“中国制造2025”试点示范城市建设先进县（区）

长兴县
吴兴区
德清县

2017年度湖州市“中国制造2025”试点示范城市建设先进单位

A类先进单位

市财政局
市质量技监局
市委人才办
市科技局
市金融办
市发改委
市统计局
市国土资源局
市人力社保局

B类先进单位

市委宣传部
市委统战部

市安全监管局
市商务局
市产业集团
市国资委
市人民银行
市银监局
国网湖州供电公司
湖州师院
湖州职技院
市总工会

C类先进单位

市编委办
市委政法委
市公安局
市贸促会
市工商联
湖州广电集团
湖州日报集团
市中级人民法院
国家统计局湖州调查队
移动湖州分公司
联通湖州分公司
电信湖州分公司

2017年度湖州市十大工业强镇

八里店镇
南浔镇
天子湖镇
李家巷镇
织里镇
雷甸镇
和平镇
新市镇
练市镇
乾元镇

2017年度国家绿色制造示范名单

浙江天能动力能源有限公司（绿色工厂）
超威电源有限公司（绿色工厂）
浙江美欣达纺织印染科技有限公司（绿色工厂）
浙江久立特材科技股份有限公司（绿色工厂）
久盛地板有限公司（绿色工厂）
浙江超威创元实业有限公司（绿色工厂）
湖州现代物流装备高新技术产业园区（绿色园区）

2017年国家级工业设计中心

浙江欧诗漫集团有限公司工业设计中心

2017年国家制造业单项冠军企业

浙江久立特材科技股份有限公司

2017年国家智能制造新模式应用项目

微宏动力系统（湖州）有限公司
年产2.5GWh锂离子动力电池及系统数字化车间
中电科技德清华莹电子有限公司
面向4G/5G移动通信的射频微声材料与器件智能工厂建设项目
浙江泰普森休闲用品有限公司
高端户外产品数字化工厂

2017年国家制造业与互联网融合发展试点示范项目

浙江天能能源科技股份有限公司
新能源汽车动力电池生产智能化工厂

2017年国家制造业“双创”平台试点示范项目

浙江泰普森休闲用品有限公司
泰普森户外“双创”云平台建设项目
超威电源有限公司
超威绿色能源技术“双创”平台

2017年度智慧城市建设示范项目

国家级智慧健康养老示范街道　朝阳街道
智慧城市建设省级试点示范　织里镇

浙江省进一步深化“三名”培育市县

长兴县
德清县

2017年度浙江省新型工业化产业示范基地

长兴县电气机械和器材制造业（蓄电池）

2017年度浙江省省级工业设计中心

浙江鼎力机械股份有限公司浙江鼎力机械工业设计中心
浙江恒立数控科技股份有限公司恒立数控工业设计中心
浙江华夏杰高分子建材有限公司工业设计中心
浙江天马轴承有限公司天马轴承设计中心
湖州纳尼亚实业股份有限公司绿色生态功能性面料工业设计中心
浙江海悦自动化机械股份有限公司铅酸蓄电池智能化装配设备工业设计中心
浙江超威创元实业有限公司超威创元锂离子动力电池工业设计中心
浙江盛发纺织印染有限公司盛发特种面料工业设计中心
中源家居股份有限公司中源高端功能沙发设计中心
浙江玛拓驱动设备有限公司浙江玛拓驱动设备工业设计中心
怡达快速电梯有限公司浙江省怡达快速电梯工业设计中心

2017年度省级企业技术中心

浙江科宁电机有限公司企业技术中心
浙江贝盛光伏股份有限公司企业技术中心
浙江天能电源材料有限公司企业技术中心
浙江超威创元实业有限公司企业技术中心
浙江和也健康科技有限公司企业技术中心
浙江兆龙线缆有限公司企业技术中心
漂莱特（中国）有限公司企业技术中心
浙江七星电容器有限公司企业技术中心
浙江天力建设集团有限公司企业技术中心（建设行业）

2017年度浙江省装备制造业重点领域首台（套）

浙江德马科技股份有限公司
基于物联网的智能物流系统
星光农机股份有限公司
9YFL－19型履带自走式方草捆打捆机
浙江立泰复合材料股份有限公司
防弹陶瓷复合材料（高端装备核心材料）

浙江鼎力机械股份有限公司
GTBZ19AS 蜘蛛式自行走高空作业平台
浙江华立智能装备股份有限公司
双线并联式高端农机模块化智能涂装生产线
浙江恒立数控科技股份有限公司
金属板材高精度校平机
浙江双林机电科技有限公司
特大口径聚乙烯 HDPE2600 实壁管材生产装备
浙江创为智能装备股份有限公司
中密电池全自动包板机

2017 年度浙江省优秀工业新产品（新技术）

一等奖
浙江三星新材股份有限公司
自动定位结构门体
浙江宇清热工科技股份有限公司
YQ－ZT－6 型高精密激光玻璃退火炉
二等奖
浙江金洲管道科技股份有限公司
多工位中频感应加热内衬 PE 复合钢管
浙江东尼电子股份有限公司
超硬脆材料切割用极细金刚石线
中电科技德清华莹电子有限公司
北斗接收射频前端模块 NDM9001
浙江明泉工业涂装有限公司
MQTZ 节水型涂装前处理清洗设备
长兴云峰炉料有限公司
YFHT－07 环保型致密铁沟浇注料
浙江三星材料股份有限公司
高保温性能的中空玻璃门体

2017 年浙江省智能制造试点示范市县（区）

湖州市（现代农机及物流装备智能制造试点示范区）

2017 年浙江省制造业与互联网融合发展示范试点企业

浙江东尼电子股份有限公司
布劳恩电梯有限公司
美欣达集团有限公司
香飘飘食品股份有限公司
浙江升华云峰新材股份有限公司
浙江泰普森休闲用品有限公司
德玛克（长兴）自动化系统有限公司
德华兔宝宝装饰新材股份有限公司
浙江大东吴集团有限公司
诺力机械股份有限公司
浙江德宏汽车电子电器股份有限公司
浙江欧诗漫集团有限公司
浙江德马科技股份有限公司
浙江布衣草人服饰有限公司
中电科技德清华莹电子有限公司
超威电源有限公司
浙江天能动力能源有限公司
浙江恒林椅业股份有限公司
浙江中晶科技股份有限公司
沃克斯电梯（中国）有限公司
浙江佐力药业股份有限公司
珀莱雅化妆品股份有限公司湖州分公司
先登高科电气有限公司
浙江巨人控股有限公司
安吉祖名豆制食品有限公司
怡达快速电梯有限公司
浙江飞剑杆塔制造有限公司
华祥（中国）高纤有限公司
森赫电梯股份有限公司
中源家居股份有限公司

第一批浙江省军民融合示范企业

浙江浦森新材料科技有限公司
浙江解放机械制造有限公司
浙江幸福航天科技有限公司
湖州东方汽车有限公司
浙江久立特材科技股份有限公司
浙江长兴电子厂有限公司
浙江盛发纺织印染有限公司

2017 年浙江省第一批上云标杆企业

浙江久立特材科技股份有限公司
超威电源有限公司
老娘舅餐饮有限公司
美欣达集团有限公司
中源家居股份有限公司
浙江布衣草人服饰有限公司
天能电池集团有限公司
森赫电梯股份有限公司
浙江德宏汽车电子电器股份有限公司

2017 年度浙江省管理创新示范企业

珀莱雅化妆品股份有限公司湖州分公司
诺力机械股份有限公司
美欣达集团有限公司
超威电源有限公司
天能电池集团有限公司
浙江欧诗漫集团有限公司

2017 年度湖州市工业行业“隐形冠军”企业

浙江杭摩合成材料股份有限公司
浙江隆泰医疗科技股份有限公司
浙江太湖远大新材料股份有限公司
湖州睿高新材料有限公司
安吉县科声磁性器材有限公司
力聚热力设备科技有限公司
浙江艾格生物科技股份有限公司
浙江七星电容器有限公司
浙江爱诺药业股份有限公司
湖州三井低温设备有限公司
浙江东胜物联技术有限公司
湖州珍贝羊绒制品有限公司
浙江四达新材料股份有限公司
湖州电动滚筒有限公司
浙江丰帆数控机械有限公司

2017 年度湖州市软件和信息服务业重点骨干企业

浙江海因德专用车科技有限公司
浙江合信地理信息技术有限公司
浙江海源地理信息技术有限公司
浙江中海达空间信息技术有限公司
湖州深蓝计算机科技发展有限公司
浙江海瑞网络科技有限公司
长兴县金点软件科技有限公司
浙江网承科技有限公司
浙江文澜信息发展有限公司
安信信息有限公司

·光荣榜·

2017 年，全市支持浙（湖）商创业创新工作按照市委、市政府统一部署，精准发力，攻坚克难，圆满完成年初确定的工作目标和重点任务，取得了积极成效，并涌现了一批先进集体和个人，现予以通报表彰。

2017 年度湖州市支持浙（湖）商创业创新工作先进集体、先进个人

(一) 支持浙（湖）商创业创新工作先进集体

县区

一等奖

长兴县人民政府

吴兴区人民政府

二等奖

德清县人民政府

南浔区人民政府

湖州开发区管委会

三等奖

太湖度假区管委会

安吉县人民政府

市级部门

一等奖

市发改委

市商务局

市工商联

市经信委

二等奖

市科技局

财政局

市市场监管局

市金融办

市外事侨务办

市国土资源局

三等奖

市人力社保局

市环保局

市旅游发展委员会

市公安局

市农业局

市住建局

省外湖州商会

一等奖

北京市湖州商会

上海市湖州商会

深圳市湖州商会

二等奖

广东省浙江湖州商会

成都市湖州商会

海南省湖州商会

(二) 支持浙（湖）商创业创新工作先进个人

谈　波（吴兴区商务局）

樊金艳（南浔区商务局）

朱弘良（德清县商务局）

余国纪（长兴县商务局）

欧元春（安吉县投资促进局）

梁凤丹（湖州开发区浙商办）

章　博（太湖度假区招商局）

刘　翔（市委办）

殷　杰（市府办）

张丹峰（市工商联）

孙亚群（市发改委）

冯娅英（市经信委）

顾明明（市教育局）

汪　平（市科技局）

沈　帆（市公安局）

徐　桠（市民政局）

叶蕊荔（市财政局）

周　琦（市人力社保局）

金中达（市国土资源局）

沈玉凤（市环保局）

李尧良（市建设局）

陆文渊（市农业局）

吴培中（市商务局）

徐地强（市文广新局）

杜晓刚（市卫生和计划生育局）

高　俊（市市场监管局）

冯　胤（市旅发委）

沈　列（市外事侨务办）

周昳文（市金融办）

吴娟娟（市发改委）

·光荣榜·

为大力弘扬工匠精神，凝聚职工力量，激发职工创新创业活力，推进新时代产业工人队伍建设改革，助推“中国制造 2025”试点示范城市建设，市总工会、市经信委、市人力社保局、市科技局联合开展“南太湖工匠”推荐评选活动。通过层层甄选推荐，发现和挖掘了一批长期坚守在一线，爱岗敬业、技艺精湛、勇于创新、追求卓越的技能人才，经评审研究，决定命名王佩剑等 20 名同志为“南太湖工匠”。

希望被命名的同志继续弘扬精益求精、严谨细致、追求完美、创造极致、攻坚克难、创新超越的工匠精神，不断开创新局面、取得新业绩、做出新贡献；希望各相关部门继续加大工匠精神的宣传力度，采取多种方式提升职工技术技能水平，为职工成长成才搭建舞台创造条件；希望全市广大职工以“南太湖工匠”为榜样，立足本职岗位，学习工匠精神，提升技能素质，为推动国家绿色制造名城和智能制造强市建设，加快赶超、实现“两高”建功立业。

2017 年度“南太湖工匠”名单

王佩剑　浙江大东吴汽车电机股份有限公司数控车工技师

张　冲　浙江三一装备有限公司焊工技师

陈云明　金洲集团有限公司车工高级技师

钮建华　浙江佳雪微特电机集团有限责任公司维修电工高级技师

马志良　湖州市善琏湖笔厂毛笔制作工高级技师

沈少魁　浙江洪波科技股份有限公司电缆、电线制造工高级技师

张云峰　浙江久立特材科技股份有限公司焊管工技师

钱菊平　星光农机股份有限公司机修钳工高级技师

张建锋　浙江五龙新材股份有限公司化学分析工高级技师

陈荣方　浙江德清大方餐饮管理有限公司中式烹饪师高级技师

蔡建国　德清新明辉电光源有限公司维修电工技师

周宗建　长兴新城环保有限公司锅炉操作工技师

郑　美（女）　长兴华强电子股份有限公司电容技术工程师

胡勇雄　浙江海悦自动化机械股份有限公司维修电工高级技师

周　伟　浙江冠林机械有限公司机修钳工技师

陈爱兴　安吉鄣吴念风轩工艺扇经营部制扇大师

郭才宝　湖州炜业锅炉容器制造有限公司焊工高级技师

章义军　国网浙江安吉县供电公司继电保护及自动化技师

罗开通　浙江辛子精工机械股份有限公司机修钳工高级技师

雷炳良　湖州机床厂机修钳工高级技师

·光荣榜·

2017年，湖州市商务系统深入学习贯彻党的十九大、省市党代会和全省商务工作会议精神，紧紧围绕“四新”主题实践，全面深化商务领域供给侧结构性改革，全市商务经济保持平稳发展态势，各项商务指标实现新增长，各项重点工作取得新成效。为进一步促进全市商务经济的发展，决定对2017年度商务工作先进集体（个人）予以表彰。

2017年度湖州市商务工作先进集体（个人）表彰名单

（一）商务工作先进县（区）

德清县

安吉县

长兴县

（二）开放型经济工作先进县（区）

德清县

安吉县

吴兴区

（三）利用外资先进开发区

湖州经济技术开发区

长兴经济技术开发区

吴兴经济开发区

（四）第三批电子商务示范单位

湖州王一品斋笔庄有限责任公司

浙江世友木业有限公司

德华兔宝宝装饰材料销售有限公司

安吉芳羽白茶有限公司

浙江海瑞网络科技有限公司

长兴星网电子商务园

安吉两山创客小镇

浙江南浔古镇旅游发展有限公司

吴兴梦工场创业基地

浙江茶乾坤食品股份有限公司

（五）外商投资“亩产效益”示范企业

巨人通力电梯有限公司

湖州中环原水有限公司

湖州久鼎电子有限公司

怡达快速电梯有限公司

沃克斯电梯（中国）有限公司

浙江江森自控电池有限公司

嘉瑞福（浙江）家具有限公司

湖州融汇嘉恒融资租赁有限公司

天能电池集团有限公司

超威电源有限公司

（六）进出口贸易先进企业

浙江泰普森休闲用品有限公司

浙江恒林椅业股份有限公司

永艺家具股份有限公司

浙江天振竹木开发有限公司

浙江尤夫高新纤维股份有限公司

浙江中山化工集团股份有限公司

高田（长兴）汽车安全装置有限公司

诺力智能装备股份有限公司

中源家居股份有限公司

浙江鼎力机械股份有限公司

（七）招商引资引技引智工作先进县（区）

吴兴区

长兴县

德清县

（八）优秀招商大使

侯军呈　珀莱雅化妆品股份有限公司董事长

梅寅声　华夏幸福南浔区域总经理

张柏林　浙江启聚实业有限公司董事长

孙高敏　上海金州实业发展有限公司董事长

郑立克　爱康实业（上海）有限公司董事长

郑生华　上海飞洲集团董事长

江　帆　上海长峰集团副总裁、龙之梦乐园项目总经理

·光荣榜·

2017年，全市科技创新工作深入贯彻党的十九大精神和省、市党代会精神，紧紧围绕市委、市政府工作部署，按照“四新”主题实践的要求，以“六重”工作为抓手，全面推进国家创新型试点城市建设，在创新环境优化、创新平台建设、创新主体培育、科技成果转化、创新能力提升等方面取得了新的突破和进展，涌现了一大批先进和典型，现予以通报表彰。

2017年度县（区）党政领导科技进步目标责任制考核优秀单位

吴兴区　南浔区　德清县

长兴县　安吉县

湖州经济技术开发区

2017年度新认定国家级科技创新平台

国家级科技企业孵化器

南浔区科技企业园

安吉两山创客小镇孵化器

国家火炬计划特色产业基地

安吉高端功能坐具高新技术特色产业基地

国家备案众创空间

七幸众创空间

创客邦垂直电商众创空间

国家级星创天地

康德卓越星创天地

颐居美丽乡村星创天地

龙溪玖瑰星创天地

湖州青创农场星创天地

聚丰创业之家星创天地

2017年度新认定省级科技创新平台

省级创新服务综合体

安吉椅艺产业创新服务综合体

德清地理信息产业创新服务综合体

长兴新能源产业创新服务综合体

省级高新技术特色小镇

德清地理信息小镇

长兴新能源小镇

省级高新技术产业园（区）

安吉绿色制造高新技术产业园（区）

长兴新能源装备高新技术产业园（区）

省级科技企业孵化器

湖州七幸科技创业园

泗安西湖科技园

省级农业科技园（区）

安吉县“两山”农业科技园区

省级重点实验室

浙江省微波目标特性测量与遥感重点实验室

省级优秀众创空间

金融客吧

安吉两山创客小镇

省级众创空间

吴兴梦工场创业基地

湖州师范学院众创空间

湖州职业技术学院众创空间

浙北家居建材众创空间

南太湖青年电子商务创业园

德清创客邦垂直电商众创空间

德清泛创空间

“菁英部落”众创空间

莱克空间
长兴 Cannova 能创空间
安吉星星创天地
颐居美丽乡村众创空间

省级星创天地

金农现代农业星创天地
康德卓越星创天地
三零农业星创天地
阿鲁阿家乡土乐园星创天地
聚丰创业之家星创天地
龙溪玫瑰星创天地
极白安吉白茶星创天地

省级重点农业企业研究院

星光智能化农机装备省级重点农业企业研究院
欧诗温珍珠产业省级重点农业企业研究院
中山绿色农药省级重点农业企业研究院

2017 年度新认定省领军型创新创业团队

生物废弃物资源化利用创新团队
　依托单位：美欣达集团有限公司
先进快堆燃料组件结构材料创新团队
　依托单位：浙江久立特材科技股份有限公司
特瑞思单抗药物开发及产业化创新团队
　依托单位：浙江特瑞思药业股份有限公司
高功率混合动力汽车用锂离子电池及系统创新团队
　依托单位：浙江天能能源科技股份有限公司
网络通讯芯片核心 IP 研发及产业化创业团队
　依托单位：芯启源电子科技有限公司

2017 年度新认定国家知识产权示范优势企业

示范企业

天能电池集团有限公司
久盛地板有限公司
永艺家具股份有限公司
浙江瑞明节能门窗股份有限公司

优势企业

浙江天能动力能源有限公司
浙江洁美电子科技股份有限公司
浙江明泉工业涂装有限公司
浙江达峰汽车技术有限公司
浙江东尼电子股份有限公司

2017 年度国家专利奖优秀奖

将实木地板应用带地热环境的方法及实木地板铺装结构
　实施单位：浙江菱格木业有限公司
无线智能铅酸蓄电池组
　实施单位：超威电源有限公司
一种铅锡—石墨烯复核材料及其制备方法和应用
　实施单位：天能电池集团有限公司
一种压孔纸质载带的制作方法及其冲孔装置
　实施单位：浙江洁美电子科技股份有限公司

2017 年度新认定市级众创空间

吴兴梦工场创业基地
南太湖青年电子商务创业园
菁英部落
泛创空间
莱克空间
安吉县电商创业孵化基地
湖州师范学院众创空间
湖州职业技术学院众创空间
北航投湖州星空众创空间
楼友会·人力资源众创空间
南浔创客邦
三零众创空间
商汇创客工坊
长兴新能源小镇红色动力众创空间
长兴县公共创业服务中心
启迪之星（安吉）
安吉县残疾人电子商务创业服务中心

2017 年度最具发展潜力工业“双高”企业

浙江东尼电子股份有限公司
浙江力聚热水机有限公司
先登高科电气有限公司
湖州三峰能源科技有限公司
湖州明朔光电科技有限公司
波士顿电梯（湖州）有限公司
湖州刻强制版有限公司
欧诗漫生物股份有限公司
浙江精雷电器股份有限公司
力聚热力设备科技有限公司
浙江谊科建筑技术发展有限公司
浙江达峰汽车技术有限公司
浙江润阳新材料科技股份有限公司
浙江凯瑞博科技有限公司
英特换热设备（浙江）有限公司
浙江天草生物科技股份有限公司
浙江杭摩合成材料股份有限公司
湖州以创精工机械有限公司
湖州佳格电子科技股份有限公司
湖州创亚动力电池材料有限公司

2017 年度湖州市科学技术进步奖

一等奖

面向复杂非结构问题的信息降维决策理论与应用
　完成单位：湖州师范学院、浙江大学、江南大学
废铅蓄电池资源再生利用污染防治关键技术研发与产业化
　完成单位：浙江天能电源材料有限公司

二等奖

大型石油化工装置用镍铬耐蚀合金系列管道及高温工艺管
　完成单位：浙江久立特材科技股份有限公司
MQTZ 铝型材立式自动化涂装生产线
　完成单位：浙江明泉工业涂装有限公司
高功率长寿命均衡水平电池
　完成单位：超威电源有限公司
纳米复合功能性纤维健康产品关键技术及产业化
　完成单位：浙江和也健康科技有限公司、南京林业大学、浙江纳博生物质材料有限公司
超级奥氏体不锈钢材料关键技术的研发及产业化
　完成单位：永兴特种不锈钢股份有限公司
金属卷板自动开卷系统技术的开发及应用
　完成单位：浙江恒立数控科技股份有限公司
CIVIL 带节能缓冲器载货电梯
　完成单位：浙江西沃电梯有限公司
腹膜透析治疗重症急性胰腺炎的理论创新、推广应用与慢性化阻抑

完成单位：湖州市第一人民医院

三等奖（略）

·光荣榜·

2017年，全市上下在市委、市政府的正确领导下，全力共推“小微企业三年成长计划”工作，将其作为落实“两山”理念，推动经济转型升级的重要抓手，取得了新的成效。全市小微企业发展态势强劲，成长指数和活力指数均位居全省前三，其中综合贡献力指数位居全省第一，全市创业投资活力得到充分释放。期间，涌现出了一大批先进典型，现予以通报表彰。

2017年度湖州市小微企业成长之星

湖州三井低温设备有限公司
浙江宜可欧环保科技有限公司
浙江远特新材料有限公司
湖州吴兴金农生态农业发展有限公司
湖州志捷仓储物流设备有限公司
湖州神牛生态农业发展有限公司
湖州大周高分子材料有限公司
湖州南浔泽能织布厂
浙江关亨木业有限公司
湖州睿高新材料有限公司
浙江精雷电器股份有限公司
浙江德隆氟塑科技有限公司
浙江合信地理信息技术有限公司
浙江本凡机械有限公司
德清中瑞金属制品有限公司
浙江久鼎机械有限公司
湖州博卡能源科技有限公司
浙江艾默可科技有限公司
浙江中锂新能源科技有限公司
浙江兜兰智能设备股份有限公司
浙江天创环境科技有限公司
安吉吉满盛地板有限公司
安吉彩虹网络科技有限公司
浙江弘毅道远人力资源管理有限公司
安吉尚丰茶叶有限公司
湖州卡邦科技有限公司
湖州创和科技有限公司
浙江鼎晶医学检验有限公司
湖州美奇医疗器械有限公司
湖州随身游网络科技有限公司

2017年度“小微企业三年成长计划”工作优秀单位

优秀县（区）

一等奖

南浔区人民政府
长兴县人民政府

二等奖

吴兴区人民政府
德清县人民政府
安吉县人民政府
湖州开发区管委会
太湖度假区管委会

优秀部门

市委组织部
市发改委
市经信委
市科技局
市财政地税局
市人力社保局
市商务局
市统计局
市金融办
市国税局

2017年度“小微企业三年成长计划”工作先进社会机构

湖州市律师协会
湖州市注册会计师协会
农业银行湖州分行
湖州银行
泰隆银行湖州分行
浙江六合（湖州）律师事务所
浙江广诚律师事务所
湖州冠民会计师事务所
湖州市恒生会计师事务所
湖州品创孵化器

2017年度“小微企业三年成长计划”工作先进个人

刘　欢　市委组织部
赵敏翔　市工商联
俞子娴　市发改委
唐　倩　市经信委
蒋柏焰　市人力社保局
吴夏平　市商务局
朱　凯　市金融办
孔众众　市国税局
朱倩雯　市人行
徐华君　市银监局
胡　胤　国家统计局湖州调查队
张旭中　吴兴区市场监管局
张齐南　吴兴区科技局
王　珠　吴兴区市场监管局
温婕岚　南浔区市场监管局
袁梦华　南浔区发展改革和经济委员会
邵柳斌　南浔区市场监管局南浔镇分局
王利兰　德清县市场监管局
沈文杰　德清县经信委
沈慧英　德清县市场监管局
钱忠平　长兴县科技创新委员会
朱轶凡　长兴县商务局
陆国斌　长兴县市场监管局
曹　颖　安吉县人民政府办公室
张建国　安吉县市场监管局
谢文荣　安吉县商务局
殷小平　湖州开发区发展改革与经济贸易局
褚卫华　湖州市市场监管局开发区分局
朱　敏　湖州市市场监管局度假区分局
周　琦　度假区经济发展与统计局

·光荣榜·

2017四大“最美”系列评选活动表彰名单

“2017最美湖州人”名单（按姓氏笔画排序）

丁火根　湖州南太湖产业集聚区长兴分区水利专管员
朱小松　德清县新安镇卫生院院长、书记
朱仁斌　安吉县递铺街道鲁家村支部书记
吴兴区平安大姐社会工作室
沈　杰　湖州庆渔堂农业科技有限公司董事长
钱建琴　湖州市第二中学中小学高级教师、年级组长
湖州市公安局侦破织里晟舍“1995·11·29”特大抢劫杀人案专案组
湖州援疆医疗团队
慎建民　浙江久立特材科技股份有限公司维修电工
潘平福　南浔区和孚镇荻港村“一元茶馆”店主

“2017最美湖州人”提名奖名单（按姓氏笔画排序）

田　冲　浙江省第九地质大队、浙江省核工业二六二大队技术员
朱谦谦　湖州电信吴兴区高新支局装维班班长
吴兴区消防大队爱山分队
邱汝民　湖州市蜂业研究院院长
邹新飞　长兴县泗安镇东村村村民
张菊春　德清县第一中学教师
“青柚空间”红领巾校外德育工作站
赵益平　市公用事业管理中心路灯亮化科副科长
胡　畅　市环保局污防总量处处长、市治水办综合组长
闻　栋　市疾病预防控制中心传染病预防控制科科长
臧建军　安吉县公安局递铺派出所民警

2017年度湖州市“最美家庭”名单

闵锦水　吴兴区织里镇晟舍村
朱纪明　吴兴区南太湖高新区幻溇村
安代庆　吴兴区龙泉街道潘公桥社区
徐培江　南浔区菱湖镇建丰村
邱国英　南浔区旧馆镇潘家庄村
吴　英　南浔区南浔镇浔南村
邹建强　南浔区千金镇千金村
沈建平　德清县阜溪街道兴山村
潘阿龙　德清县钟管镇干山村
俞珍娣　德清县舞阳街道塔山社区
陈后将　长兴县李家巷镇青草坞村
林　华　长兴县龙山街道双拥社区
许水娥　长兴县煤山镇新槐村
章秀娟　长兴县雉城街道南门社区
丁　盛　安吉县昌硕街道灵峰社区
陈爱兴　安吉县鄣吴镇鄣吴村
陈克斌　安吉县溪龙乡新丰村
谢素清　湖州开发区凤凰街道滨河社区
孟荣根　太湖度假区滨湖街道横塘桥村
王　翔　太湖度假区长田漾管理处太史湾村

湖州市“最美班组”名单

浙江大东吴集团钢构有限公司主钢加工车间
浙江久立特材科技股份有限公司射线探伤室
浙江五味和食品有限公司酱油厂投料组
浙江省长兴县国家税务局纳税服务科
安吉县科声磁性器材有限公司“磨检车间”班组
湖州南太湖公共交通有限公司南太湖旅游公交班
湖州市城市规划设计研究院市政设计所
湖州市环境卫生管理处道路冲洗班组
湖州市第三人民医院老年精神科
中国邮政集团公司湖州市分公司包裹快递部织里基地营揽部

湖州市“最美班组”提名奖名单

浙江蓝天海纺织服饰科技有限公司特种功能面料研发团队
浙江长方木业有限公司自动化淋漆线二组
浙江贝特日用品有限公司注塑车间机修B组
浙江珑珀京兴天然气发电有限公司检修班
浙江普特医疗器械有限公司焊接组
湖州港华燃气有限公司流动服务安检组
湖州市社会福利院儿童部社教班组
湖州出入境检验检疫局安吉港检验检疫组
湖州市城建投资有限公司房建工程一部
湖州市交通投资集团实业发展有限公司
湖州市交通枢纽建设有限公司资产物业部
浙江湖州港务有限公司装卸服务部
国网湖州供电公司客户服务中心营业班
湖州站客运服务班组

2017年度湖州市“最美窗口”名单

湖州市中级人民法院诉讼服务中心
湖州市市级机关会计核算中心服务窗口
湖州市公安局交警支队事故处理大队调解服务大厅
湖州市市场监督管理局行政审批窗口
湖州移动吴兴分公司红旗路营业厅
国网湖州供电公司城东供电营业所
湖州银行股份有限公司吴兴支行营业部
96345湖州市民服务中心
湖州市吴兴区人民医院急诊科
南浔区练市镇便民服务中心
度假区阳光假日社区便民服务中心
德清县乾元国地税联合办税服务厅
湖州市住房公积金管理中心长兴县分中心业务大厅
安吉思源供水有限公司孝丰营业厅
湖州天煌大酒店有限公司总服务台

6月14日，全国政协文史与学习委员会副主任、中国国际茶文化研究会会长周国富（前排右二）在吴兴区考察茶文化和美丽乡村建设

3月23日，省政协副主席陈艳华（前排左二）在吴兴区督导“五水共治”工作

7月11日，市委副书记陈浩（前排右三）在吴兴区调研农旅项目和美丽乡村建设

5月27日，吴兴区委书记吴智勇（后排中）在金禾幼儿园开展“六一”慰问活动

7 月 15 日，吴兴区委副书记、区长陈江（前排右二）慰问奋战在全国文明城市创建一线的社区工作者

12 月 14 日，华为湖州云计算中心揭牌签约仪式在吴兴区举行

2月16日，湖州国际乡村旅游度假精品示范区项目开工仪式在吴兴区西塞山旅游度假区举行

5月4日，中节能（湖州）节能环保产业园开园揭牌仪式在吴兴区举行

3月7日，吴兴区举办钱山漾文化交流中心（中国蚕桑丝织技艺非遗传传承中心）开业仪式

4月8日，吴兴区与金洲集团、中军金工发展有限公司举行军民融合产业园项目签约仪式

12月27日，全市首家企业档案馆——久立集团股份有限公司档案馆揭牌仪式在吴兴区久立集团举行

8月24日，吴兴区太湖溇港水利风景区被列入第十七批国家水利风景区名单

7月25日，区委书记夏坚定看望慰问武警、消防官兵

12月29日，由南浔区委、区政府主办的“不忘初心　牢记使命”清廉南浔文化汇演在南浔区举行

6月30日，2017湖州市南浔区接轨上海活动月启动仪式在中国（上海）金融信息中心举行

8月21日至22日，新中国档案教育奠基人吴宝康100周年诞辰纪念活动在南浔区举行

7 月 6 日，南浔区《水晶晶南浔》精品展演在上海举行

4 月 8 日，南浔区双林镇第二届杜鹃盆景展开幕

第五届湖羊文化节

10月26日，浙江省湖羊产业大会暨第五届南浔湖羊文化节在南浔区练市镇申浩农庄举办。本次大会以“生态产业、湖羊文化、魅力水乡”为主题，突出牧旅融合与特色消费，安排有湖羊赛羊会、品牌发布与推介、红烧羊肉烹饪赛、湖羊产业绿色发展论坛等活动。

市民品尝到最正宗的红烧羊肉

市民观看到最“健美”的湖羊

2月10日，南浔区和孚镇举办“喜迎元宵闹新春，文化惠民新农村”活动

5月25日，南浔区和孚镇举办首届江南·民当端午民俗文化节

8月7日，德清县召开农业供给侧结构性改革集成示范试点动员会

11月17日，德清县召开国家科技成果转移转化示范县建设动员会

7月12日，德清县莫干山国际旅游度假区成立发布仪式在上海市举行

德清县打造全国首个新一代人工智能应用县

9月26日，德清县召开中国新一代人工智能应用县发展规划咨询会。会上，聘请潘云鹤、李伯虎等九位中国工程院院士为专家咨询委员会主任、委员。会议现场还举行德清县“智能生态城”揭牌仪式和项目集中签约仪式，浙江大学人工智能研究院等19个人工智能领域项目进行了签约。

德清县领导向中国工程院院士颁发聘书

德清县智能生态城项目签约仪式

咨询会现场

德清县第七届游子文化节

首届莫干山国际诗歌节

12月8日，2017德清县第八届游子文化节暨投资贸易人才洽谈会开幕。此次文化节以“游子心·浙（德）商情”为主题，由“大好高”项目集中签约仪式、重大项目集中开（竣）工活动、桑梓邀友相约德清乡贤活动、首届莫干山国际诗歌节、新能源汽车电子高峰论坛等内容组成，意在进一步弘扬德清游子文化和乡贤文化，为实现德清更高水平新崛起增添新动力。

开幕式上举行项目签约

8 月 31 日，浙江工业大学德清校区项目举行开工仪式

11 月 22 日，浙江大学医学院附属邵逸夫医院与德清县人民政府合作共建“健康中国示范县”签约揭牌仪式在德清县举行

10 月 31 日，杭州绕城高速公路西复线湖州段工程开工仪式在德清县举行

11 月 6 日，无人机行业应用飞行表演在德清县地理信息小镇举行

10月29日，长兴县县委书记周卫兵在2017中国·太湖明珠——长兴国际投资贸易洽谈会暨第三届长商大会开幕式上发言

2月3日，春节后第一个工作日，省委书记、省人大常委会主任夏宝龙（左三）赴长兴县太湖龙之梦乐园建设现场了解项目建设情况

1 月 22 日，杭长高速公路北延（泗安至浙苏界）工程举行通车仪式

10 月 29 日，2017 中国 · 太湖明珠——长兴国际投资贸易洽谈会暨第三届长商大会在长兴县开幕。图为项目集中签约仪式现场

1月27日，中央电视台四套中文国际频道《传奇中国节·春节》，向全球直播长兴县泗安镇上泗安村村民过大年（水舞青龙）

4月4日，中央电视台四套中文国际频道大型直播节目《传奇中国节·清明》，向全球直播湖州长兴“茶圣陆羽清明祭典”

8 月 31 日，长兴县首期大型融媒体舆论监督问政栏目《直击问政》录制

12 月 6 日，俄罗斯圣彼得堡彼得大帝理工大学中俄《新材料与增材技术》科研教育基地揭牌仪式在长兴县举行

8 月 30 日，长兴县人民医院挂牌浙江大学医学院附属第二医院长兴院区

5月26日，浙江中锂锂电研发生产基地奠基暨150万只电池生产线开工典礼在长兴县举行

7月16日，总投资50亿元的浙能智慧能源科技产业园项目举行签约仪式

7月28日，第九届江南吐鲁番·长兴（画溪）葡萄节在长兴县画溪街道万亩葡萄园开幕

4 月 16 日，在长兴县太湖图影生态湿地文化园举办 2017 龙之梦・太湖图影国际半程马拉松赛

4 月 29 日，2017“龙山杯”全国山地自行车冠军赛总决赛在长兴县渚山村开幕

4月10日，农业部部长韩长赋（前排左三）在安吉县考察休闲农业和乡村旅游工作

9月2日，省委副书记、省长袁家军（前排右二）和环保部部长李干杰（前排右一）在安吉县考察生态文明建设工作

11 月 8 日，中共宣讲团成员、中央文献研究室主任冷溶（左四）围绕中共十九大精神的学习贯彻，与安吉县余村村的党员干部群众进行“面对面”交流

7 月 3 日至 4 日，省政协主席乔传秀（前排左二）在安吉县开展“最多跑一次”改革举措落实情况专项集体民主监督集中行动

11月11日，县委书记沈铭权（左一）在京参加中共十九大期间，接受中央人民广播电台党的十九大特别报道《做客中央台》采访

5月27日，首个“全国科技工作者日”浙江分会场活动在安吉县余村村举行

11 月 11 日，2017 第十届中国美丽乡村 · 安吉投资贸易洽谈会开幕

12 月 19 日，安吉县《美丽县域建设指南》地方标准规范在安吉县余村村发布

6 月 30 日，安吉县天子湖通用机场举行首航庆典

11 月 10 日至 13 日，“航空工业杯”第五届国际无人飞行器创新大奖赛暨 2017 安吉航空嘉年华活动在安吉县举行

4 月 7 日，浙江（安吉）洁美电子科技股份有限公司在深圳证券交易所上市

12 月 13 日，建设银行安吉支行与安吉县余村村结对签约暨安吉支行“全国文明单位”揭牌仪式在安吉县举行